irren ist menschlich

Klaus Dörner
Ursula Plog
Christine Teller
Frank Wendt

Klaus Dörner, Prof., Dr. med., Dr. phil., Jahrgang 1933.
1980 –1996 Ärztlicher Leiter der Westfälischen Klinik für Psychiatrie, Psychosomatik und Neurologie, Gütersloh. Lehrte Psychiatrie an der Universität Witten-Herdecke. Autor zahlreicher Publikationen, u. a. »Bürger und Irre« (Hamburg 1996) »Tödliches Mitleid« (Gütersloh 1993) und »Der gute Arzt. Lehrbuch der ärztlichen Grundhaltung« (Stuttgart 2001)

Ursula Plog, Dr. phil., Dipl.-Psychologin, Jahrgang 1940, bis Ende 2000 Leiterin dreier Tageskliniken in Berlin. Vielfältige Lehrtätigkeit, seit 1976 prägende Mitarbeit im Ausschuss Fort- und Weiterbildung der DGSP.

Christine Teller, Jahrgang 1947, seit 1990 Ärztin im sozialpsychiatrischen Dienst Reinickendorf. Zuvor hat sie in Gütersloh gearbeitet, wo sie im damals noch bestehenden Langzeitbereich tätig war.

Frank Wendt, Dr. med., Jahrgang 1966, AiP in der Rechtsmedizin und Psychiatrie. Seit 1996 Assistenzarzt in der Psychiatrie (Tätigkeiten in Landesklinik, Fachklinik und an einer psychiatrischen Abteilung im Allgemeinkrankenhaus). Auch Tätigkeit im SpD. Zurzeit am Institut für Forensische Psychiatrie der FU Berlin.

irren ist menschlich

Lehrbuch der Psychiatrie / Psychotherapie

Klaus Dörner
Ursula Plog
Christine Teller
Frank Wendt
unter Mitarbeit von
Hartmut Bargfrede (forensische Psychiatrie)
und Peter Mrozynski (Sozialrecht)

Psychiatrie-Verlag

Klaus Dörner, Ursula Plog, Christine Teller, Frank Wendt:
Irren ist menschlich. Lehrbuch der Psychiatrie / Psychotherapie

Neuausgabe 2002, 2. korrigierte Auflage, 2004
3-88414-400-6

Bibliografische Information der Deutschen Bibliothek
Die Deutsche Bibliothek verzeichnet diese Publikation
in der Deutschen Nationalbibliografie;
detaillierte bibliografische Daten sind im Internet über
http://dnb.ddb.de abrufbar.

Bibliographic information published by Die Deutsche Bibliothek
Die Deutsche Bibliothek lists this publication in the Deutsche Nationalbibliografie;
detailed bibliographic data is available in the Internet at http://dnb.ddb.de.

Psychiatrie-Verlag im Internet: www.psychiatrie.de/verlag
Siehe auch **www.irren-ist-menschlich.de**: Geschichte und Geschichten,
Rezensionen, Meinungen zu diesem Buch

Umschlaggestaltung: Dorothea Posdiena, Fröndenberg
Typographie und Satz: Iga Bielejec, Nierstein
Druck und Bindung: Clausen & Bosse, Leck

Detaillierte Inhaltsverzeichnisse finden Sie jeweils am Anfang der Kapitel

Abkürzungen

AA Anonyme Alkoholiker
AT Arbeitstherapie
BGB Bürgerliches Gesetzbuch
BSHG Bundessozialhilfegesetz
BT Beschäftigungstherapie
BtG Betreuungsgesetz
CT Computer-Tomographie
DGSP Deutsche Gesellschaft für soziale Psychiatrie
DGVT Deutsche Gesellschaft für Verhaltenstherapie
DSM-IV Diagnostisches und Statistisches Manual psychischer Störungen 4. Ausgabe
EEG Elektroenzephalographie
EKT Elektrokrampftherapie
Enquête Bericht der Sachverständigenkommission über die Lage der Psychiatrie in der BRD (im Auftrag des Bundestages)
GT Gesprächspsychotherapie
ICD Internationale Diagnosen-Klassifikation der WHO
IQ Intelligenz-Quotient
JGG Jugendgerichtsgesetz
M Medikament
Nl Neuroleptika
PEG Pneumenzephalographie
PKH Psychiatrisches Krankenhaus
PSAG Psychosoziale Arbeitsgemeinschaft
PsychKG Gesetz über Hilfen und Schutzmaßnahmen für psychisch Kranke
Reha Rehabilitation
RPK Reha-Einrichtung für psychisch Kranke
RVO Reichsversicherungsordnung
SchwBG Schwerbehindertengesetz
SGB Sozialgesetzbuch
SpD Sozialpsychiatrischer Dienst (meist am Gesundheitsamt)
StGB Strafgesetzbuch
StPO Strafprozessordnung
SVG Standardversorgungsgebiet
Tl Thymoleptika
TK Tagesklinik
Tq Tranquilizer
WfB Werkstatt für Behinderte
WHO World Health Organization (Weltgesundheitsorganisation)
ZNS Zentralnervensystem

Vorwort

Mit der hier vorliegenden 4. – wieder einmal weitgehend umgearbeiteten – Neuausgabe lohnt es sich allmählich, der »Gebrauchsanweisung« ein eigenes Vorwort voranzustellen, um das Buch in seiner Entstehung und in den Phasen seiner Entwicklung verständlicher zu machen. Dies umso mehr, als die beiden Alt-Autoren mit dieser Neuausgabe damit begonnen haben, das Buch in jüngere Hände weiterzugeben, in die Hände von Christine Teller und Frank Wendt. Gleichwohl finden Sie nachfolgend noch vor der kurzen Buchgeschichte zunächst die programmatische Titel-Kommentierung.

■■ Was soll der Titel »Irren ist menschlich«?

Es soll uns daran erinnern, dass die Psychiatrie ein Ort ist, wo der Mensch besonders menschlich ist; d. h. wo die Widersprüchlichkeit des Menschen oft nicht auflösbar, die Spannung auszuleben ist: So das Unmenschliche und Übermenschliche, das Banale und Einmalige, Oberfläche und Abgrund, Passivität und Aktivität, das Kranke und Böse, Weinen und Lachen, Leben und Tod, Schmerz und Glück, das Sich-Verstellen und Sich-Wahrmachen, das Sich-Verirren und Sich-Finden. Die Frage »Was ist ein psychisch Kranker?« ist fast so allgemein wie die Frage »Was ist ein Mensch?«.

■■ Was will das Buch?

Es will darstellen, was in der Psychiatrie geschieht und geschehen soll. Psychiatrie besteht aus Begegnung zwischen Menschen. Nun beginnt jede Begegnung nicht erst mit dem gesprochenen Wort, sondern mit einer Vielzahl von sinnlichen Eindrücken. All dieses schwer Benennbare wollen wir zur Sprache bringen. Das geschieht etwa in den Abschnitten über die »Landschaft« oder die »Grundhaltung«, durchzieht von da aus das ganze Buch. Im Schutz des Unsagbaren stellen wir immer auch das Sagbare dar, also das, was man wissen kann. So hoffen wir zu erreichen, dass das Wissen nie selbstherrlich wird und dass wir die Psychiatrie auf diese Weise einigermaßen vollständig darstellen können. Das macht das Lesen manchmal befremdlich. Daher ein Lese-Tipp aus Georges Devereux, Angst und Methode in den Verhaltenswissenschaften, S. 14: »Die Lektüre dieses Buches wird sich für diejenigen als leicht erweisen, die, mit einer scheinbar schwierigen Passage konfrontiert, nach innen schauen, um herauszufinden, was ihr Verständnis hemmt – sowie ich selbst beim Schreiben dieses Buches nach innen schauen musste, um herauszufinden, was mein Verständnis hemmte.«

■■ An wen wendet sich das Buch?

a. Es soll den lernenden Leser befähigen, das Examen in Psychiatrie/Psychotherapie zu bestehen, egal, ob er sich in der Ausbildung zur Krankenpflege, zum Arzt, Sozialarbeiter, Psychologen, Ökotrophologen, Ergo- oder Bewegungstherapeuten befindet. Deshalb haben wir die Prüfungsrichtlinien für diese Berufe berücksichtigt, vermitteln einerseits Wissen und Fähigkeiten, andererseits aber auch Haltungen.

b. Es soll den psychiatrisch tätigen Leser in all den erwähnten Berufen befähigen, seine Alltagsarbeit nachdenklicher, vollständiger, wahrhaftiger, leichter und mit mehr Freude zu tun. Die Allgemeinverständlichkeit der gewählten Sprache soll helfen, eine berufsübergreifend verständliche Team-Sprache zu finden.
c. Es ist aber genauso für Psychiatrie-Erfahrene, also für Patienten lesbar, auch für Angehörige psychisch Kranker und für alle Interessierten. Denn wir wollen die auch notwendige objektivierende Sprache der Wissenschaft über die Betroffenen einbetten in eine Sprache, in der Betroffene und Professionelle chancengleich miteinander sprechen können. So können Betroffene verhindern, dass wissenschaftliche und praktische Profis zu besitzergreifend sind, können vielmehr deren Verantwortlichkeit beanspruchen. Die Verständlichkeit der Sprache soll zudem die Psychiatrie in ihren Möglichkeiten und Gefahren durchsichtig und öffentlich kontrollierbar machen.
d. Das Buch soll den Leser schließlich auch privat befähigen, mit sich und Anderen besser umzugehen. Das ist unvermeidlich. Denn wir als Menschen aus Fleisch und Blut sind letztlich das einzige Mittel, das im psychiatrischen Arbeiten zählt, mehr noch wie wir sind, als was wir tun. So entdecke ich in jeder Begegnung mit einem Anderen an mir eine neue Empfänglichkeit – oder es ist keine Begegnung.

■■ Wie ist dieses Buch entstanden?

Die beiden Alt-Autoren – Psychologin und Psychiater – hatten das Glück, in den 70er Jahren acht Jahre lang fast ohne jede personelle Veränderung in dem beruflich gemischten Tagesklinik-Team der Psychiatrischen Universitätsklinik Hamburg-Eppendorf zu arbeiten, fünf Jahre mit Langzeitpatienten, drei Jahre mit Akutpatienten aller Diagnosen. Unter den vielen dort gemachten Erfahrungen ist auch heute noch eine wohl die wichtigste: Wie das Leben und damit auch die psychischen Erkrankungen eines Menschen sich in seinen Beziehungen ausdrückt, kann es zwischen mir als Profi und einem psychisch Kranken nur dann eine Beziehung geben, wenn es auch zwischen mir und seinen Angehörigen eine Beziehung gibt – und zwar (zunächst) getrennt voneinander; denn ohne diese letztere Beziehung hätte ich aus dem psychisch Kranken ein gar nicht denkmögliches isoliertes Individuum mit nur seiner Sicht der Dinge und damit eine künstliche Abstraktion gemacht – auch eine Form meiner – ethisch wie logisch verbotenen – imperialistischen Aneignung des Anderen. Außerdem haben wir in all den Jahren möglichst regelmäßig an den grundsätzlich beruflich gemischten Arbeitsgruppen von DGSP- bzw. »Mannheimer-Kreis«-Tagungen teilgenommen. Dadurch konnten wir Psychiatrie vielseitiger und alltäglicher erfahren, als dies durch Diskussionen mit berufsgleichen Kollegen möglich ist. Durch all das entstand allmählich eine Sprache, die sich zwischen Team-Kollegen sowie zwischen psychiatrisch Tätigen, Angehörigen und psychisch Kranken bewährte. Daher auch die Stilmittel unseres Psychiatrie-Psychotherapie-Lehrbuches: häufige Verwendung der Ich-Form; persönliches Ansprechen des Lesers; Gesprächsverläufe sowie Gesprächs-

und Dialogfragmente; Fall- und Situationsbeispiele; Übungen für den Leser, z.T. mit Anleitung zum Rollenspiel. Übrigens verwenden wir, wenn nicht anders vermerkt, den Begriff »Psychiatrie« in der Regel als Kürzel für »Psychiatrie und Psychotherapie«; denn beides ist nicht trennbar. Die weiteren Erfahrungen der beiden Alt-Autoren – die eine in Berlin, der andere in Gütersloh –, die das praktische und theoretische Gesamtspektrum der Psychiatrie ziemlich weitgehend berühren, haben die Umarbeitungen des Buches geprägt.
Klaus Dörner und Ursula Plog waren und sind sich einig, dass das Buch »Irren ist menschlich« der Einbindung in die Praxis bedarf. Nicht nur ist es im Hinblick auf Lernen und praktisches Handeln geschrieben, gleichzeitig sollte das Schreiben durch die Erfahrung und Auseinandersetzung mit dem Alltag belegt und begrenzt sein. Insofern ergab sich für beide nach Beendigung ihrer aktiven Zeit als Arzt und Psychologin die Notwendigkeit, Menschen, die noch im Arbeitsprozess stehen, an dem Buch zu beteiligen. So kommt es, dass für diese überarbeitete und erweiterte Ausgabe vier Personen verantwortlich zeichnen. Christine Teller hat lange mit Klaus Dörner in Gütersloh zusammengearbeitet, bevor sie zum Sozialpsychiatrischen Dienst in Berlin Reinickendorf wechselte. Dort war auch Frank Wendt tätig. Christine Teller und Frank Wendt arbeiteten jeweils teilzeitlich im sozialpsychiatrischen Dienst und auf der entsprechenden Sektorstation eines Versorgungsbezirkes in Berlin-Reinickendorf als Verbindungsärzte. Diese geteilte Erfahrung macht die Sicherheit und Qualität ihrer Zusammenarbeit aus. In dem gleichen Versorgungssektor arbeitete Ursula Plog bis Ende 2000 als Psychologin.

▪▪ Phasen der Umarbeitung bis 2002

Nun liegt mit der 4. Neuauflage die 3. Fortschreibung oder besser Umarbeitung unseres Buches vor. Die Lebendigkeit des eigenen Denkens mag sich an der Fähigkeit zur Selbstkritik erweisen: Unsere jeweils neuen Erkenntnisse stellen sich teilweise als neue Schuppen auf unseren Augen heraus, die es abzutragen gilt. Dies geschieht im Licht sowohl neuen Wissens als auch neuer sozialer Bewegungen. Wenn wir hier kurz die Phasen der Umarbeitungen zusammenfassen, dann vielleicht so:
Mit der ersten Fassung von 1978 haben wir versucht, die Psychiatrie in einer Lehre vom Menschen, also anthropologisch zu begründen, wobei wir die Aufmerksamkeit vor allem nach innen gelenkt haben, auf die bisher praktisch wie wissenschaftlich vernachlässigte Subjektivität des Menschen. Wir waren geprägt von der 68er Bewegung, die u.a. auch das Psychische wieder der öffentlichen Aufmerksamkeit zugänglich gemacht hatte, sowohl in Form des Psychischen in jedem einzelnen Menschen als auch in Form der bis dahin vergessenen psychisch Kranken, vor allem unter den »elenden und menschenunwürdigen Verhältnissen« in den Anstalten. Daraus ergab sich fast wie von selbst die Aufbruchstimmung der Psychiatriereform-Bewegung, die unser Buch geradezu erzwungen hat.
Mit der Fassung von 1984 kamen die Denkanstöße der ökologischen Bewegung (im weitesten Sinne des Wortes) hinzu. Da man primär nicht isolierte Individuen, sondern Beziehun-

gen zwischen Menschen vorfindet, wurde unser Denkansatz sozialanthropologisch. Die Anregungen von G. Bateson (»Ökologie des Geistes«), dass der Kontext wichtiger und beeinflussbarer sei als der Text, trugen zu unserem Bild der »Landschaft« bei und zu unserer Herausarbeitung einer Krankheitslehre, wonach das Auftreten der unterschiedlichen psychischen Erkrankungen vor allem im biografischen Kontext zu sehen ist. Dass psychosoziale und körperliche Bedingungen psychischer Erkrankung nicht ideologisch zu polarisieren sind, sondern sich eher komplementär ergänzen, hat auch mit der engeren Beziehung von Geistes- und Naturwissenschaften zu tun, wie sie Prigogine in »Dialog mit der Natur« formuliert hat, wonach jede Wissenschaft aus harten und weichen Daten, aus Mathematik und Dichtung besteht; denn das in der klassischen Wissenschaft Ausgegrenzte (der Kontext von etwas, die Randbereiche, das Ungeordnete, Nicht-Gerichtete, Unstabile, Schwankende, Störende, Verzweigende, Selbstorganisierte, Unkontrollierbare, Unerwartete, Entropie, Subjektivität, Freiheit, Geschichte, Zufall usw.) gehört genauso zu Wirklichkeit, wie das, was man zuvor daraus isoliert und dadurch auf allzu einfache Gesetze getrimmt hat. Vergangenheit, Gegenwart und Zukunft sind nicht dasselbe – weder für das Atom noch für den Stein, für den Menschen, die Familie, die Gesellschaft, den Kosmos.
Die Umarbeitung von 1996 ist nicht nur vom Zusammenbruch des Ost-West-Gegensatzes sowohl der Welt als auch Deutschland geprägt sowie von der Globalisierung ökonomischer Strategien und ihrer Gegenbewegungen, dem Regionalismus, der die Organisation gemeindepsychiatrischer Hilfesysteme begünstigt hat. Vielmehr wurde für uns noch wirksamer die Kraft und Aufbruchstimung der Selbsthilfebewegung, als eine Entfaltung der weltweiten zivilgesellschaftlichen und kommunitaristischen Bewegung (Etzioni, Sennett). Hatten sich Anfang der 80er Jahre die Angehörigen psychisch Kranker organisiert, so schlossen sich Anfang der 90er Jahre die psychisch Kranken selbst zum »Bundesverband der Psychiatrie-Erfahrenen« zusammen. Auf dem Weltkongress für Sozialpsychiatrie in Hamburg 1994 trat dieses als »Trialogische Bewegung« in Erscheinung. Damit wurde der Umsturz des klassischen hierarchisch-vertikalen Verhältnisses zwischen psychisch Kranken und Profis zugunsten des Aushandelns von Möglichkeiten auf derselben, horizontalen Ebene zunächst denkmöglich, mit noch gar nicht auslotbaren praktischen Konsequenzen und Chancen, eine Angst machende Provokation für die psychiatrisch Tätigen. Durchaus in Zusammenhang damit ist zu sehen, dass im Unterschied zur Psychiatrie-Enquête von 1975 die »Empfehlungen der Expertenkommission der Bundesregierung zur Psychiatriereform« von 1988 erstmals die chronisch Kranken als die Schwächsten in den Mittelpunkt stellten. Jetzt konnte die Bewegung der De-Institutionalisierung der angelsächsischen Länder (Goffman) auch bei uns greifen: Wir rückten die Befriedigung der Grundbedürfnisse der chronisch Kranken nach Wohnen und Arbeiten in der Kommune in den Mittelpunkt. Es ging um die De-Institutionalisierung nicht nur in der Praxis, sondern auch in den Köpfen der psychiatrisch Tätigen.
Für diesen Prozess war es hilfreich, dass wir Anfang der 80er Jahre begonnen haben, uns aktiv mit der Psychiatrie während des Nationalsozialismus auseinander zu setzen, die unter

dem Motto »Heilen und Vernichten« in Anwendung eines extremen Nützlichkeitsdenkens Menschen ermordet hat.

Mit dieser letzteren Erkenntnis hat es durchaus auch zu tun, wenn wir jetzt 2002 – also schon nach relativ kurzer Zeit – eine weitere Umarbeitung unseres Buches vorlegen. Denn ebenfalls seit Beginn der 80er Jahre haben wir eine höchst beunruhigende und gefährliche neue Bewegung weltweit zu registrieren, die es wieder erlaubt, vom »lebensunwerten Leben« zu reden und die ebenfalls mit einer Nützlichkeitsphilosophie (Utilitarismus) das Lebensrecht von Behinderten und anderen Gruppen der sozial Schwachen in Frage stellt, gelegentlich die Mitleidstötung empfiehlt und das Ganze als Bioethik verkauft. Wenn auch die vorerwähnten positiven Bewegungen weiterhin wirksam sind, so ist doch diese neue Nützlichkeitsphilosophie vor allem deshalb so alarmierend, weil sie in Einklang mit anderen gefährlichen Trends steht: Die ökonomische Globalisierung folgt zunehmend dem neoliberalen Motto »Kapitalismus pur«. Die ständig wachsende Arbeitslosigkeit gerade der Schwachen wird eher billigend in Kauf genommen, da diese ökonomisch überflüssig seien; und es bleibt auch nicht beim Abbau des Sozialstaates, sondern es kommt zu einer tief greifenden Ökonomisierung des sozialen Bereichs. Für die psychisch Kranken und ihre Angehörigen schlägt sich das vielfältig nieder, nicht zuletzt aber auch darin, dass die öffentlichen und gemeinnützigen Träger psychiatrischer Institutionen nicht mehr – wie bisher – zugunsten der psychisch Kranken ihre Einrichtungen auflösen und durch ambulante Betreuungshilfen ersetzen, sondern ihr Eigeninteresse am Erhalt und an der Ausweitung psychiatrischer Institutionen geltend machen: Es besteht zumindest die Gefahr einer Re-Institutionalisierung der Psychiatrie.

Wir haben das zum Anlass genommen, unseren eigenen Ansatz zu überprüfen und mussten feststellen, dass dieser in einigen Hinsichten zu besitzergreifend und durchaus nicht immer immun gegen Aneignungsstrategien ist. Vor allem unser Verstehensbegriff, unser Bemühen, den psychisch Kranken als Anderen zu verstehen, uns in ihn einzufühlen, achtet nicht immer radikal genug die Andersartigkeit, Fremdheit und damit die Würde des Anderen. Es ist zu fragen, ob unser bisheriger Ansatz »einer nochmaligen strengen kritischen Prüfung standhält. Er impliziert nämlich, dass der Andere nicht wirklich ein ganz und gar Fremder, sondern im Grunde doch ein mir Gleicher sei. Dem aufgehobenen Fremdsein scheint eine verstohlene Angleichung anzuhaften, die dem Anderen nicht sein radikales Anders-Sein lässt« (Plog 1997). Offensichtlich ist unser Ansatz immer noch nicht frei von der egoistischen Selbstverwirklichung des Ich gegenüber dem Anderen. Es spricht auch nicht gerade für uns, dass wir bisher für die psychisch Kranken, gerade wo sie am schwächsten und ausgegrenztesten sind, die geringste Aufmerksamkeit übrig hatten: Das betrifft einmal die psychisch kranken Straftäter im Maßregelvollzug; zum anderen die Langzeitpatienten, die – wie wir sehr wohl wissen können – aus den Landeskrankenhäusern überwiegend nicht etwa in die Gemeinde entlassen, sondern in Heime verlegt und damit nur umhospitalisiert sind, obwohl die meisten von ihnen auch in der Gemeinde leben könnten, nun aber ohne Not und Grund aus Geiseln der Landeskrankenhäuser zu Geiseln der Heime und ihrer Träger geworden sind. Diese Selbstkritik, die darauf Bezug nimmt, dass in der nächsten Zeit nicht nur technisch-pragmatische Fortschritte zu erkämpfen, sondern auch neue und vielleicht radikalere Grundsatzpositionen zu finden sind, verdanken wir einmal der trialogischen Selbsthilfebewegung der Psychiatrie-Erfahrenen und Angehörigen, der wir uns auszusetzen haben. Zum anderen wurde uns neben dem individualistischen Gerechtigkeitsmodell das soziale Sorge-Modell (care) in der ethisch-moralischen Orientierung zunehmend wichtiger. Schließlich hat uns der Philosoph Emmanuel LEVINAS stark beeinflusst, für den – auf dem Hintergrund seiner persönlichen Erfahrung des Holocaust noch radikaler – meine Freiheit in meiner Verantwortung für die Freiheit des Anderen gründet und philosophisch theoretisches Erkennen sich vom praktischen Tun der Menschen ableitet.

Unsere theoretischen Gewährsleute sind: P. WATZLAWICK, Kommunikationstheorie; E. GOFFMAN, De-Institutionalisierung; M. MERLEAU-PONTY, Wahrnehmungs-Philosophie; G. DEVEREUX, Psychoanalyse und Ethnologie; C. R. ROGERS, Psychotherapie; J. HABERMAS und Th. W. ADORNO, kritische Theorie; A. GEHLEN und H. PLESSNER, Anthropologie; E. LEVINAS, H. JONAS und C. GILLIGAN, Ethik; M. BLEULER, Schizophrenie; A. PIRELLA und F. BASAGLIA, italienische Psychiatrie; M. BUBER, Philosophie der Begegnung; N. PÖRKSEN und M. BAUER, Gemeindepsychiatrie; A. FINZEN, Psychiatrie als Aushandeln; G. BATESON, Ökologie; L. CIOMPI, Sozialpsychiatrie und Vulnerabilitätskonzept; I. PRIGOGINE, Wissenschaftstheorie; U. BRONFENBRENNER und R. KEGAN, ökologische Entwicklungspsychologie; A. ETZIONI und R. SENNETT, Kommunitarismus; W. R. WENDT und B. MÜLLER, Soziale Arbeit; R. BAUER, Beziehungspflege; M. ARNDT und A. v. d. AREND, Grundhaltung und Ethik der Pflegenden; F. SAAL, Selbstverständnis der Behinderten-Selbsthilfebewegung. (Alle Titel s. Literatur am Ende des Buches.)

Gebrauchsanweisung

Ich bin Du, wenn ich ich bin.

Paul Celan

Geschichte der Frau aus Verl: »Also wissen Sie, wenn es mir schlecht geht, traue ich mich meist nicht, mit jemandem darüber zu sprechen.« – »Warum nicht?« – »Aus Angst, der Andere könnte mir helfen wollen!« – »Was wünschen Sie sich denn stattdessen?« – »Ich wünsche mir einen Anderen, von dem ich sicher sein kann, dass er mir unendlich lange zuhört, damit ich solange reden kann, bis ich selbst wieder weiß, was los ist und was ich zu tun habe.«

Das Geschöpf, das gegen seine Umgebung siegt, zerstört sich selbst.

Gregory Bateson: Ökologie des Geistes, S. 632

■■ Philosophie und Aufbau des Buches

Da Menschen zunächst immer in Beziehungen leben, noch bevor sie handeln, ist Psychiatrie die Begegnung nicht von zwei, sondern von mindestens drei Menschen: dem psychisch Kranken, dem Angehörigen und dem psychiatrisch Tätigen. Wo einer von ihnen real fehlt, muss er hinzufantasiert werden.

Ein psychisch Kranker ist ein Mensch, der bei der Lösung einer altersgemäßen Lebensaufgabe in eine Krise und Sackgasse geraten ist, weil seine Verletzbarkeit und damit sein Schutzbedürfnis und sein Bedürfnis, Nicht-Erklärbares zu erklären, für ihn zu groß und zu schmerzhaft geworden sind (M. Bleuler 1987). Das Ergebnis nennen wir Krankheit, Kränkung, Störung, Leiden, Abweichung. Weil so etwas jedem von uns jeden Tag widerfahren kann und zumindest in Ansätzen schon passiert ist, ist dieser Mechanismus uns grundsätzlich innerlich zugänglich und bekannt, was nichts damit zu tun hat, den Anderen in seiner Andersheit und Einzigartigkeit annehmen zu können.

Ein Angehöriger ist ein Mensch, der der Störung des psychisch Kranken ausgesetzt, in sie verstrickt ist, sich mit – grundsätzlich unsinnigen – Schuldgefühlen herumschlägt, nie unterscheiden kann, ob der psychisch Kranke böse oder krank (»bad or mad«) ist und darunter mindestens so sehr leidet, wie der psychisch Kranke, zumal er (gerade auch gegenüber den Anwürfen Dritten) keinen Schutz durch Symptombildung hat. Er bedarf dringend des kritischen Beistands anderer Angehöriger, um seinen eigenen Standort wiederzufinden. Nur so kann er hilfreich für den psychisch Kranken sein.

Ein psychiatrisch Tätiger ist ein Mensch, der dafür bezahlt wird, so auf der Beziehungsebene zu sein und auf der Handlungsebene sich um die Grundbedürfnisse des psychisch Kranken zu sorgen und ersatzweise seine Störung zu stören, dass der psychisch Kranke ihren Sinn erfasst und sie dadurch überflüssig werden kann. Wir erinnern an die Frau aus Verl aus dem Motto dieses Kapitels. Entscheidend ist zunächst die Beziehung, nicht das Handeln. Sie findet – wie alle Beziehungen – immer auf zwei Ebenen statt. Zunächst bin ich dem Anderen gegenüber Subjekt (subjectum = unterworfen): Ich setze mich ihm aus, bin empfänglich für ihn. Sein nacktes, ungeschütztes, leidendes Antlitz spricht, noch bevor Worte gefallen sind: »Du sollst mich nicht töten, du sollst mich dir nicht aneignen, mich dir nicht angleichen.« Ich spüre die Versuchung, aber indem ich mich dem öffne, mich auf ihn einlasse, auch mich riskiere antworte ich auf seine Forderung mit Ver-antwortung, entsteht Nähe zum Anderen auf der Basis der Anerkennung seiner absoluten Andersheit: Fremdheit und Würde seines So-Seins, im Schutz des unendlichen Abstandes zwischen mir und ihm. Dies ist der einzige Fall, in dem mit der Nähe auch der Abstand zunimmt. Das von oben nach unten Wohlmeinende, aber Selbst-gefällige, Angleichende, Nichtselbst-lose »ich verstehe dich« ist hier ausgeschlossen.

BEISPIEL »Ich habe mal gezählt: In den letzten drei Jahren hatte ich wegen meiner psychischen Erkrankung Kontakte mit zehn Ärzten und Therapeuten. Alle haben immer wieder betont, wie gut sie mich verstehen. Nur einer hat das nie gesagt: er ist der Einzige, mit dem eine wirkliche Beziehung zustande gekommen ist.«

Fredi Saal, körperbehindert, hat sein Leben lang gegen die Wut der Nichtbehinderten gekämpft, stets irgendetwas an ihm ändern zu wollen, bevor sie ihn in seinem Sosein anerkannt hatten. Daher gab er seiner Autobiografie den Titel: »Warum sollte ich jemand anderes sein wollen?«

Die Beziehung zwischen dem Anderen und mir ist zunächst asymmetrisch, der Andere erwählt mich zur Verantwortung. Zuspitzung der Asymmetrie dieser Beziehung durch Levinas: Ich kann auch Gott auf keine andere Weise als nur im anderen Menschen begegnen. Sekundär kann natürlich daraus auch eine wechselseitige Beziehung eine Ich-Du-Beziehung (Buber) werden.

In Anerkennung dieses atemberaubenden Anderssein und der Würde des Anderen, möchten wir nur daran erinnern, dass das Wort »Verstehen« ursprünglich aus der Handwerkersprache kommt und reflexiv gebraucht wurde: »Ich verstehe mich auf etwas ... auf dich.« Wenn man nun noch bedenkt, dass das Wort »Begegnung« in allen europäischen Sprachen mit »contra« und »Gegnerschaft« zu tun hat, also der Satz »In der Begegnung begegnen sich Gegner« seine Berechtigung hat, ergibt sich als hilfreiche Denkfigur für die Grundhaltung der Beziehung zwischen mir als psychiatrisch Tätigem und dem psychisch Kranken – mit und ohne Worte: Wenn ich meine neue, noch unbekannte Begegnung mit dir zwar nicht als feindliche, wohl aber erst mal als gegnerschaftlich auffasse, bringe ich damit meine Achtung vor deiner Fremdheit und Würde zum Ausdruck. Dies ermöglicht uns zugleich, uns gegenseitig gegensätzliche Interessen zu gestatten, wie das unter Fremden normal ist. Also kein Dankbarkeitszwang für Helferwillen. Vor allem anerkennen wir, dass wir kein gemeinsames Maß haben, nicht Gleiche, sondern Unver-gleichliche sind. Dessen müssen beide sich sicher sein. Wenn ich jetzt angesichts dieses Abstandes zwischen uns mich an die schwierige Aufgabe des Verstehens deines Problems mache, kann es gut sein, dass ich dich nicht verstehen kann. Vielleicht gelingt es mir aber, mich selbst im Hinblick auf dein Problem besser zu verstehen, indem ich mich dir aussetze, mich offen mache für dich, mich empfänglich mache für dein dir eigenes daher mir unbekanntes Problem. Das muss dir zwar nichts nutzen, da es ja meine Sicht der Dinge ist, aber vielleicht macht dir meine Suchhaltung, mich einer neuen Sicht zu öffnen, Mut, vielleicht steckt sie dich an, sodass du dich selbst deiner dir verloren gegangenen Suchhaltung wieder öffnest und zu einer neuen Sicht deines Problems kommst. LEVINAS: »Die Freiheit des Anderen kann niemals in der meinen ihren Anfang haben« (1992, S. 40) oder »Sich finden, indem man sich verliert« (S. 42). So habe ich als psychiatrisch Tätiger zumindest die Chance, in der Grundhaltung meiner Beziehung zum psychisch kranken Anderen durch Aufgeben meines egozentrischen Standpunktes zu einer alterozentrischen Sichtweise zu kommen.

Innerhalb dieser Grundhaltung macht natürlich jeder den anderen auch zum Objekt, macht ihn zum Gegenstand von Beobachtung, Fremdwahrnehmung, beschreibt, erforscht, diagnostiziert und therapiert ihn, bildet Theorien über ihn. Das ist die Subjekt-Objekt-Ebene. Der Schutz einer solchen Grundhaltung ist aber bitter nötig, damit die Objektivierung des Anderen nicht eigengesetzlich wird, den anderen nicht angleicht, aneignet, vergewaltigt, vernichtet.

Um das noch einmal erlebnisfähig zu machen, handelt das erste Kapitel des Buches sehr bewusst vom psychiatrisch Tätigen, zeigt den Weg des Menschen mit »sozialem Beruf« ins psychiatrische Arbeiten, wobei das Professionelle daran nicht im Helfen besteht; denn dieses ist allgemein-menschlich. Das Kapitel ist genauso gegliedert wie die Patienten-Kapitel. Das soll zeigen, wie viel Gemeinsames der »Weg in die Psychiatrie« für werdende Patienten und für werdende psychiatrisch Tätige hat. Es zeigt sich ferner, dass sich die Begegnung eines psychiatrisch Tätigen mit einem Kollegen oder mit einem Patienten im Grundsatz nicht unterscheiden.

Kapitel 2 bis 13 sind die Patienten-Kapitel, beschreiben die verschiedenen Typen psychischer Erkrankungen oder Störungen. »Krank« ist von uns umfassend gemeint, etwa orientiert an der sozialen Wirklichkeit des Patienten, der »krankgeschrieben« und dessen Therapie von der »Krankenkasse« getragen wird. Da »krank« in der Psychiatrie aber meist nicht »körperkrank« bedeutet, sprechen wir gern von Kränkung. Das kann man körperlich und seelisch auffassen. Vielseitig genug ist auch das Wort »Störung«. Man kann sagen: Jemand hat eine Störung, wird gestört, stört sich selbst, stört andere, kann eine »Betriebsstörung« sein; auch Beziehungen und Entwicklungen können gestört sein.

Zur Krankheitssystematik (Nosologie) haben wir in diesem Lehrbuch eine biografische Ordnung gewählt: Wer die Patienten-Kapitel der Reihe nach durchliest, verfolgt damit den Lebensweg eines Menschen von der Geburt bis zum Tod, wobei er ihn (und sich selbst) durch die verschiedenen, aufeinander folgenden Altersstufen mit ihren alters spezifischen Lebensaufgaben und Krisen und mit seinen unterschiedlichen, gelingenden oder scheiternden Problemlösungen begleitet. Logischerweise wird dadurch der »geistig behinderte Mensch« zum ersten Patienten-Kapitel; dann geht es durch die Kindheit und Jugend zu den Problemen der Liebe, der Ablösung von der Familie, dem Autoritätskonflikt, dem Erwachsen-Werden, den vielfältigen Partner-Abhängigkeitsproblemen zu den Lebensaufgaben des Trennens, Verlierens, Abschied-Nehmens bis zum Sterben. Bei der Bearbeitung des Kapitels zur Kinder- und Jugendpsychiatrie (Kapitel 3: der junge Mensch) konnten wir auf Dr. Günther Häfeles fachkundigen Rat zurückgreifen, für den wir uns an dieser Stelle bedanken möchten. Das Kapitel für die psychisch kranken Straftäter über forensische Psychiatrie ist neu in das Buch aufgenommen, womit wir eine empfindliche Lücke schließen; denn eine Psychiatrie, die sich nicht von den schwächsten und gefährdetsten Menschen ihres Verantwortungsbereiches her begreift, hat sich nicht begriffen. Das Problem der Menschen im Heim ist jetzt an verschiedenen Stellen des Buches stärker berücksichtigt. Wahrscheinlich wären wir problembewusster, wenn wir auch hierfür ein eigenes Kapitel reservieren würden.

Eine andere Einteilung der Störungen betrifft die unterschiedlichen Bedingungen oder Kontexte. Wir unterscheiden körperliche und psychosoziale Bedingungen. Das Konzept des »Endogenen« haben wir ersatzlos gestrichen, weil es wissenschaftlich nicht haltbar ist. Dem folgt inzwischen auch die internationale Diagnosen-Klassifikation ICD-10. An die Stelle dieser in der Vergangenheit oft fatalen Leerformel hat häufiger der Mut zu treten, Nichtwissen einzugestehen. Wenn wir uns – bescheidener – von der pathogenetisch-ätiologischen Bedingungsebene auf die phänomenologische Lebensebene zurückziehen und psychische Erkrankungen grundsätzlich als allgemein-menschliche Ausdrucksmöglichkeiten für bestimmte Problemsituationen ansehen, dann besteht Kränkbarkeit nach drei Richtungen: als Kränkung des Körpers, der Beziehungen und des Selbst. Diese drei Typen der Kränkbarkeit können wir aus dem Erleben der Patienten und aus unserem Leben ableiten. Alle drei Richtungen sind freilich bei jedem einzelnen Patienten beteiligt, nur mit unterschiedlichen Schwerpunkten. So kommt folgende Einteilung zustande:

▪▪▪ A Selbstkränkung (Kapitel 5 bis 7, z. T. 4):

Menschen mit schizophrenen oder zyklothymen Methoden der Problembeantwortung, wobei die Beziehung zu ihrem Selbst beeinträchtigt ist.

Bedingungen: überwiegend unbekannt oder so allgemein-menschlich, dass sie schwer zu spezifizieren sind, daneben auch körperlich-genetische oder psychosoziale Bedingungen. Die Erfahrungen mit der Rekonstruktion der Lebensgeschichte von Langzeitpatienten (Rehistorisierung) der letzten zehn Jahre sprechen allerdings doch für ein größeres Gewicht spezifischer biografischer Problemkonstellationen.

▪▪▪ B Beziehungskränkung (Kapitel 8 bis 11, z. T. 4):

Neurotische, psychosomatische, abhängige, suizidale, sexuell oder persönlichkeitsgestörte Menschen, die bei der Lösung ihrer Lebensprobleme ihre Beziehung zu sich und anderen lebensunfähig gemacht haben.

Bedingungen: überwiegend psychosoziale, aber auch körperliche und unbekannte.

▪▪▪ C Körperkränkung (Kapitel 2, 12 und 13):

Hirnorganisch Kranke, aber auch ohne Hirnbeteiligung an ihrem Körper Leidende sowie geistig behinderte Menschen.
Bedingungen: überwiegend körperliche, aber auch unbekannte und psychosoziale.

▪▪▪ D Lebensalterskränkung (Kapitel 3 und 13):

Junge bzw. alte Menschen, deren Umgang mit lebensaltersgemäßen Schwierigkeiten zu einer der Kränkungstypen A, B oder C führt.

Für Schema-liebende Leser: Wenn Sie sich A, B und C als die Ecken eines Dreiecks vorstellen, können Sie auf dem Schenkel AB Persönlichkeitsstörungen, auf AC geistige Behinderung und auf BC psychosomatische Störungen lokalisieren.
Und noch ein Schema, aber, bitte, nur als Verständniskrücke gemeint: Erlebnismäßig könnte der beziehungskranke Mensch sagen: »Ich bin zwar ich selbst (habe mein Selbst), aber ich habe meine Beziehung zu mir und anderen eingeengt.« Der depressive Mensch könnte ausdrücken: »Ich bin nicht ich selbst, sondern unter mir.« Der Manische: »Ich bin nicht ich selbst, sondern über mir.« Der schizophrene Mensch: »Ich bin nicht ich selbst, sondern neben mir oder schräg zu mir.« Der persönlichkeitsgestörte Mensch: »Ich bin nicht ich selbst, sondern nur das momentane identitätsgefangene Ich, habe kein reflexives Mich und damit keine Anderen.« Der körperkranke Mensch: »Ich ringe um den Erhalt meines gefährdeten Selbst.«
Die Kapitel 14 bis 16 sind Beiträge zur Psychiatrie als Institution und Wissenschaft. Der praktischen Psychiatrie liegt heute das territoriale Konzept der Gemeindepsychiatrie zugrunde. Wie dieses umzusetzen und weiterzuentwickeln ist, stellt Kapitel 14 dar. Kapitel 15 schildert die Entwicklung der Psychiatrie, sozusagen ihre Biografie als Einrichtung und Wissenschaft. Die NS-Psychiatrie wird in der Kontinuität der Gesamtgeschichte geschildert, um für heutige Gefährdungen daraus lernen zu können. Kapitel 16 beleuchtet – unter dem Leitgedanken »Recht und Gerechtigkeit« – das Verhältnis der beiden Normen-Wächter Justiz und Psychiatrie und damit den sozialen Ort, den wir psychisch kranken Menschen heute einräumen bzw. einräumen sollten. Wir danken Peter Mrozynski für die klare, komplette und grundlegende Bearbeitung dieses Kapitels. Dieser Bereich hat sich seit der Zeit, als das Buch entstand, enorm ausdifferenziert, sodass für uns seine Erkenntnisse und Erfahrungen von großem Nutzen und Gewinn waren.
Kapitel 11 handelt von der forensischen Psychiatrie und damit von einem Ort, der immer in Gefahr ist, von uns ausgeblendet zu werden. Deshalb haben wir dieses Kapitel neu aufgenommen. Zum einen werden viele in ihrer Persönlichkeit gestörte oder durch sie störende Menschen institutionell in diese Einrichtung verwiesen, wenn sie aufgrund von Aggression und Gewalt mit Recht und Gesetz in Konflikt kommen. Zum anderen ist die Frage, ob die gemeindlich organisierte Allgemeinpsychiatrie diese Menschen aus ihrer Zuständigkeit aus-

grenzt – und wie eine Zusammenarbeit sinnvoll möglich sein kann – nicht beantwortet. Wir konnten Hartmut Bargfrede gewinnen, uns mit Seinem ausgeprägten Sachverstand zu unterstützen. Er war bis Anfang des Jahres 2000 im Westfälischen Zentrum für Forensische Psychiatrie in Lippstadt verantwortlich für »Rehabilitation und Nachsorge«, er wurde zur De-Institutionalisierung der überdurchschnittlich lang Untergebrachten promoviert und ist durch eine Vielzahl von Veröffentlichungen und Forschungsarbeiten zu dem Thema hervorgetreten. Er hat das Kapitel 11 für dieses Buch geschrieben. Heute arbeitet Hartmut Bargfrede als Professor an der neuen Fachhochschule in Nordhausen/Thüringen.

Während es in den Kapiteln 2 bis 13 aus der Sicht der psychiatrisch Tätigen um die jeweils angemessene Grundhaltung und die jeweils tragfähige Alltagsbeziehung (s. u.) geht, werden in den Kapiteln 17 bis 19 die professionellen Techniken dargestellt, die die verschiedenen Berufsangehörigen des psychiatrischen Teams einzubringen und wofür sie Anspruch auf Bezahlung haben. Soziotherapie ist dabei zugleich die Basis für die anderen Techniken. Und zwar in dem Maße, wie die Pflegeberufe das therapeutische Milieu gestalten, durch ihre Ausbildung spezialisiert für die Wahrnehmung alltäglicher, besonders hautnaher Grundbedürfnisse und – als Spezialist fürs Allgemeine – für die Unterscheidung und Vermittlung privater und öffentlicher Bereiche. Hier möchten wir Sie ermutigen, unsere Wortwahl zu hinterfragen und nach besseren Worten zu suchen: Wenn wir »psychiatrisch Tätige« und »psychisch Kranke« als »Patienten« gewohnheitsmäßig gegeneinander setzen, gibt es nämlich gute Gründe dafür, diese Beziehung umzudrehen: Tätige sind eigentlich eher die psychisch Kranken und die Angehörigen, während wir Professionellen die »patientes«, also die Geduldigen zu sein haben, eher passiv für den jeweils Anderen empfänglich. Um noch einmal an die Frau aus Verl zu erinnern, haben wir Profis Geduld von uns und gerade nicht vom Anderen zu verlangen. Über diese Konsequenz der Trialog-Bewegung sollten wir in der nächsten Zeit nachdenken.

▪▪▪ Gliederung jedes einzelnen Patienten-Kapitels

Jedes Patienten-Kapitel beginnt in der Regel mit einem Bild der »Landschaft«, in der die jeweilige Störung sich abspielt. Hier versuchen wir, für uns und die Leser den komplexen, schwer in Worte zu fassenden Sinn auszumalen, den die jeweilige Störung als riskante Problemlösungsmethode hat – im Rahmen einer Biografie, im Rahmen der familiären, kommunalen und gesellschaftlichen Bedingungen und im Zusammenhang mit der inneren und äußeren Natur des Menschen. Diese Versuche der Landschaftsgestaltung in Sprachbildern wollen auch das Unsagbare, das Elementare, Atmosphärische und das wissenschaftlich Unbekannte ausdrücken. Sie dienen dem Erahnen des Bedeutungshorizonts und des Anderssein des Anderen. Sie sind unvollkommen, da wir darin wenig geübt sind. Der Abschnitt B hingegen benennt, was zu beobachten sein muss, damit einem Menschen die Diagnose des jeweiligen Kapitels einigermaßen passt. Es ist der Abschnitt der Fremdwahrnehmung, der Subjekt-Objekt-Ebene, der beschreibenden Psychopathologie der klassischen Lehrbücher, der Symptomsammlung, der Syndrom- und Diagnose-Konstruktion. Erst mit dem Abschnitt C sind wir auf der Ebene der Beziehung zwischen mir und den Anderen, womit in der Alltagspraxis jede Begegnung beginnt. In Begriffen der Hirn-Hemisphärenforschung: wir beginnen unter A rechtshemisphärisch mit der ganzheitlich-bildhaft-analogen Wahrnehmung (Der Wald) und lassen mit B linkshemisphärisch die beobachtend-benennend-digitale Wahrnehmung (Die Bäume) folgen, um beides dann unter C der Beziehung zwischen mir und dem Anderen dienstbar zu machen. Etwas holprig lässt sich das als Begegnungs-Psychopathologie benennen. Da es Ziel unserer Beziehung und unseres Handelns ist, dass der Patient über Selbstwahrnehmung und Selbst-Diagnose zur Selbsttherapie kommt, beginnt Therapie zugleich mit der Diagnose.

Da Angst grundsätzlich Angst vor Undurchschaubarem, Unwägbarem ist, wozu auch das Fremde gehört, das Fremde in uns, der fremde Andere und das Fremde um mich herum, ist Kernstück des Abschnitts C der Umgang mit der Angst (die Angst zulassen, auf sie hören, sie teilen, sie nutzen) in der Begegnung zwischen mir und dem Anderen, das Mich-Öffnen, das Mich-Aussetzen dem Anderen und damit die schmerzhafte Ersetzung des nicht möglichen Verstehens durch eine hilfreiche Such- und Grundhaltung. Die helfende – wie auch jede – Begegnung mit dem Anderen setzt die Bereitschaft voraus, sich an die eigene Nase zu fassen. Die Herausforderung ist immer wieder: um offen zu sein für den Anderen, muss ich zunächst bei mir Maßnahmen ergreifen, was oberflächlich als Egozentrik erscheinen mag. Wenn ich dem Anderen helfen will, muss ich bei mir beginnen, um die Voraussetzungen zu schaffen. Es ist unmöglich, dem Anderen gerecht zu werden, und es ist nicht möglich (und auch nicht erlaubt), einen anderen Menschen zu ändern, während es durchaus möglich ist, dass ich mich ändere – und zwar so, dass gerade dadurch auch der Andere sich ändern kann. Für all das, was wir Grundhaltung nennen, hat sich für uns die Unterscheidung dreier Aspekte bewährt, die sich am ehesten nacheinander der gesprächstherapeutischen, der verhaltenstherapeutischen und der psychoanalytischen Haltung verdanken:

Selbstwahrnehmung: Wenn ich auf den Anderen zugehen will, muss ich gehen können. Um mich nähern zu können, muss ich bei mir anfangen. Es ist von Fall zu Fall, immer wieder neu, die Aufgabe zu bewältigen, sich dem Anderen, seinem Leiden, seinem ungeschützten Antlitz zu öffnen, bis ich berührt werde. Die Bereitschaft, mich berühren, auch angreifen zu lassen, mich dem Anderen auszusetzen, kann nur verwirklicht werden, wenn ich von dem Anderen nicht Besitz ergreife. Ich lasse ihn mich ergreifen, ohne eine besitzergreifende Verbindung mit ihm einzugehen – so weit, dass er zugleich mit dieser Näherung meiner Anerkennung des menschlichen Abstandes zwischen uns, der völligen Fremdheit und seiner Existenz sicher sein kann. Ich achte ihn nicht einfach als Mitmenschen, der und weil er mit mir gemeinsame Züge hat. Das ist bereits vereinnahmend. (Insofern enthält noch die Formel »Irren ist menschlich« die Gefahr von Missverständnissen.) Es ist eine Aufgabe, die eine ständige Selbst-prüfung erfordert, immer wenn ich die Such-Haltung praktiziere, besteht die Chance, dem Anderen ein Beispiel zu geben, wie er seine Egozentrik und die ihn isolierende Selbstbefangenheit überwinden kann. Ich kann Verantwortung für mich und den Anderen nur übernehmen, wenn ich eine Ich-Identität entwickle, die fragil bleibt: oszillierend zwischen der Gefahr, den Anderen immer mehr zur Selbstbestätigung zu nutzen oder ihm zu helfen, zu einer Selbstbefreiung und zu wechselseitigen Beziehungen mit z. B. den Angehörigen und anderen Anderen zu gelangen.

Vollständigkeit der Wahrnehmung: Dies bezieht auch die äußere Seite der Wahrnehmung ein, auch die Ausschöpfung des jeweiligen Bedeutungshorizontes, also z. B. dass ein psychisch Kranker stets Opfer und Täter seines Krankseins ist (selbst im Delir), dass er sein Kranksein immer auch in Beziehung zu Anderen lebt, dass er die Bedingungen seines Krankseins – innere und äußere – unterscheiden lernt und dass seine Symptome stets von seinen Lebensproblemen ihren Sinn bekommen: als ihr Ausdruck, als Abwehr und Vermeidung, aber auch als Selbsthilfeversuch.

Normalisierung der Beziehung: Mit der Wahrnehmung der Gefühle, die der Patient in mir auslöst, als meiner Vorleistung (Gegenübertragung) beginnt zwar die Aufhebung der Isolation des Patienten, aber nicht seine Angleichung, seine Besitzergreifung durch mich, sondern im Schutz der Anerkennung seiner unbedingten Fremdheit und Würde die Herstellung von Offenheit, damit die Chance für den Austausch unterschiedlicher Positionen, und damit die Herstellung einer normalen Beziehung, in der ich die Symptome des Patienten weder ausblenden noch angreifen noch auf sie hereinfallen muss, einer Beziehung, in der wir – jeder für sich – daran arbeiten, dass sie überflüssig oder ersatzweise in die Biografie integriert werden.

Abschnitt D beschreibt die Therapie, d. h. das, was sich aus Landschaft, Diagnose, Grundhaltung und der Beziehung zwischen mir und dem Anderen als Handeln und im Rahmen des Handelns auch als Behandeln ergibt. Es geht also um die Beeinflussung der Kontext-Beziehungen und ihrer Bedeutung für den Patienten und den Angehörigen. Es geht auch um die Integration der Bewegungen, in denen ich mich ändere, der Patient sich ändert, die Angehörigen sich ändern, ich den Patienten ändere – wozu auch die Medikation gehört – und er mich ändert. Auf diesen Wegen und Umwegen ist immer Selbst-Therapie die angestrebte Richtung. Vor allem geht es aber auch um die Begleitung der Menschen, die wir chronisch psychisch krank nennen.

Wenn wir in der Begegnung mit dem Patienten soweit sind, kann diese erste Begegnung etwa nach folgendem Schema dokumentiert werden:

- Schilderung der Beschwerden im Rahmen der gegenwärtigen Lebensprobleme in körperlich-seelisch-sozialer Hinsicht. Je mehr konkrete Beispiele für das Erleben und Handeln des Patienten, gerade auch schon aus dem aktuellen Gespräch zwischen ihm und mir, desto besser.
- Schilderung der Lebensgeschichte (Anamnese), ebenfalls körperlich-seelisch-sozial, mit den Schwerpunkten nach dem jeweiligen aktuellen Problem. Die Fähigkeiten des Patienten kennen zu lernen ist mindestens so wichtig wie seine Unfähigkeiten.

- Darstellung der Situation, Eigen-Sicht und Eigen-Bedeutung der Angehörigen.
- Schilderung des Eindrucks (psychischer Befund): Beschreibung des sprachlichen und nicht-sprachlichen Austauschs, mit der Unterscheidung zwischen seinen und meinen Gefühlen. Der Anfänger geht dann systematisch weiter: äußere Erscheinung, Mimik, Gestik, Beziehungsgestaltung; Aufmerksamkeit und Wahrnehmung/Selbstwahrnehmung; Bewusstsein und Orientierung; Merkfähigkeit und Gedächtnis; Antrieb und Bedürfnisse; Stimmung und Gefühlsäußerungen; Primärpersönlichkeit (Charakter und Temperament) und Verhaltensgewohnheiten Menschen und Aufgaben gegenüber; Denken – inhaltlich und formal; Umgang mit Angst und Symptomen; Ich-Erleben und Beziehung zum Selbst.
- Testpsychologischer Befund, selten erforderlich.
- Befund der körperlichen Untersuchung (klinisch und apparativ).
- Diagnose: Vorläufige Zusammenfassung des Problems – körperlich-seelisch-sozial. Sie sollte neben der nosologischen Zuordnung beschreibend die wichtigsten Züge der Problemkonstellation in drei bis vier Zeilen umfassen.
- Vorläufige Zielsetzung der Therapie, wie zwischen den psychiatrisch Tätigen und dem Patienten vereinbart, mit Angabe der ersten Schritte. Dies wird am häufigsten unterschlagen, ist gleichwohl am wichtigsten und in der Dokumentation des Verlaufs fortlaufend zu korrigieren und fortzuschreiben.

WICHTIG **Gerade weil ein solcher Bericht der Wahrheit möglichst nahe kommen soll, ist er umso besser, wenn Sie häufiger Ich-Sätze verwenden. Sie signalisieren damit dem Leser, dass der Bericht Ihre Sicht der Dinge und damit Ihre Wahrheit ist, machen sich für den Leser auf diese Weise kontrollierbar, der ja eine ganz andere Sicht haben könnte. Und für die Annäherung an die Wahrheit sind gerade die Unterschiede zwischen verschiedenen Sichtweisen besonders ergiebig.**

Als Therapeuten können wir nur günstige Bedingungen für Selbst-Therapie schaffen. Mit dieser Aussage knüpfen wir an Hippokrates an: »Der Patient selbst ist der Arzt. Der Arzt ist nur der Helfer.« Wie es bei der Diagnose um das Sich-Wahrnehmen ging, so bei der Therapie um das Sich-Wahrmachen des Patienten, ein Begriff, den wir der italienischen Psychiatrie verdanken (verifica). Ziel-Vereinbarung kann es sein, dass jemand etwas ändern will, aber auch, dass jemand lernen will, sich so anzunehmen, wie er ist. Denn bei jedem Menschen gibt es änderbare, aber auch feststehende Anteile, die man nur annehmen kann. Der Abschnitt »Epidemiologie – Prävention« beschließt jedes Patienten-Kapitel, meist als E. Manche Leser mögen den Begriff »Sozialpsychiatrie« in diesem Buch vermissen. Wir halten ihn für überflüssig: Psychiatrie ist soziale Psychiatrie oder sie ist keine Psychiatrie. Andererseits finden Sie in diesem Abschnitt E einen Teil von dem, was speziell mit Sozialpsychiatrie gemeint sein kann: Epidemiologie ist die Erforschung seelischer Erkrankungen

a. nach ihrer Verbreitung,
b. nach ihren körperlichen und psychosozialen Bedingungen und

c. nach ihrer ökologischen, historischen und anthropologischen Bedeutung. So ist es kein Wunder, dass wir an dieser Stelle auch auf den gesellschaftlichen Kontext zu sprechen kommen, z. B. Arbeitslosigkeit, Automatisierung, Globalisierung, Umweltschutz, Isolation, Wachstumsorientierung der Wirtschaft. Was beim einzelnen Patienten die Diagnose für die Therapie ist, ist auf der allgemeinen Ebene die Epidemiologie für die Prävention: jene liefert dieser die Daten für Maßnahmen, die das Auftreten einer Erkrankung seltener machen, es bei gefährdeten Personen verhindern oder einem Rückfall vorbeugen sollen. All unser Tun sollte daher auch eine präventive Dimension haben. Das fängt schon bei der Arbeit mit dem einzelnen Patienten an, wo »Hilfe zur Selbsthilfe« unsere Leitidee ist. Ein Teil der Arbeitszeit oder freien Zeit sollte aber zudem der Teilnahme an einer direkt präventiven Aktivität vorbehalten sein (z. B. in einer PSAG). Das macht die oft entmutigende Alltagsarbeit erträglicher und ist langfristig wirksamer.

WICHTIG **Freilich ist auch hier eine Grenze zu beachten: Wir dürfen nie – wie im Nationalsozialismus – Fürsorge für einen konkreten Anderen durch Vorsorge ersetzen wollen: das endet in Vernichtung.**

Da wir der Auffassung sind, dass eine neue Psychiatriebewegung ihre Kraft von der Orientierung an den Bedürfnissen der Schwächsten, insbesondere der chronisch Kranken, bezieht, bedarf es wohl einer gewissen Radikalisierung sowohl der gemeindepsychiatrischen Programme als auch unserer Grundhaltung. Daher stellen wir so etwas wie einen kategorischen Imperativ zur Diskussion:

WICHTIG **Handle für deinen Verantwortungsbereich so, dass du mit dem Einsatz all deiner Ressourcen (an Kraft, Zeit, manpower, Aufmerksamkeit und Liebe) immer bei dem Schwächsten beginnst, bei dem es sich »am wenigsten lohnt«!**

Natürlich ist das nur eine Norm, d. h. keiner von uns kann sie zu Lebzeiten erfüllen. Andererseits hat aber jeder von uns mindestens einmal am Tag die Wahlmöglichkeit und Gelegenheit, dieser Norm zu folgen. Wenn wir dies tun, wirkt sich das sehr wohl langfristig aus.

1 Der sich und Anderen helfende Mensch

A Die Landschaft der psychiatrisch Tätigen

■ Im gesellschaftlichen Zusammenhang

Wie die Psychiatriegeschichte lehrt, ist die Psychiatrie immer abhängig von dem Gesellschaftssystem, in dem sie arbeitet. Lange Zeit waren Landeskrankenhäuser vorrangig Orte der Verwahrung, der völligen Entprivatisierung des Einzelnen. Die damit verbundene Entrechtung fand ihren Höhepunkt in der Nazizeit, in der der vorherrschende Rassismus dazu führte, psychisch Kranke als Gefahr für den »gesunden Volkskörper« zu sehen. Diese Menschenverachtung gipfelte in der Ermordung von 300.000 psychisch Kranken. Mit der Entwicklung demokratischer Gesellschaftssysteme musste auch die Psychiatrie sich ändern. Die Prinzipien demokratischen Denkens müssen nicht nur in die psychiatrischen Institutionen hinein, sondern auch im alltäglichen Handeln psychiatrisch Tätiger wirken. Wo das nicht geschieht, findet Ausgrenzung statt. Professionelles Handeln in der Psychiatrie ist nicht gleich demokratischem oder autoritärem Handeln, sondern erst einmal unabhängig davon. Ähnlich wie autoritäre Strukturen professionelles Handeln negativ beeinflussen können, kann professionelles Handeln mit naiven Demokratisierungsstrategien verhindert werden. Hier kommt es darauf an, zu bedenken, dass die Psychiatrie nicht unabhängig von dem sie umgebenden gesellschaftlichen Umfeld geschieht, sondern dieses reflektiert. Gleichzeitig gibt es auch hier Entscheidungs- und Verantwortungsträger.

Heute leben wir – nicht nur was die Psychiatrie betrifft – in einer Zeit des noch nicht abgeschlossenen Umbruchs. Es besteht auch durchaus die Gefahr, dass erzielte positive Veränderungen wieder rückgängig gemacht, dass zum Beispiel abgeflachte Hierarchien wieder aufgebaut oder Informationen nicht ordentlich, sondern hierarchisch weitergegeben werden.

Mit der Veröffentlichung der Psychiatrie-Enquête des Deutschen Bundestages im Jahre 1975 wurde erstmals nach dem Krieg eine Bestandsaufnahme über den Zustand der Psychiatrie in der Bundesrepublik gemacht. Es wurde aufgezeigt, dass die Zustände in vielen Landeskrankenhäusern menschenunwürdig waren. Es wurden Ideen entwickelt, die großen Anstalten zu verkleinern, von der Idee her aufzulösen, Hilfe in überschaubaren Institutionen anzubieten, dort, wo die Probleme der Menschen entstehen, in ihren Lebensbereichen, sodass sie und die Institutionen nicht in Vergessenheit geraten. Hilfe wird möglichst ambulant angeboten, stationäre Einheiten sind ebenfalls gemeindenah und so klein wie irgend möglich. Alle für die psychische Gesundheit Tätigen, die Betroffenen und die Angehörigen entscheiden gemeinsam über die Art der Versorgung. Es ist für viele deutlich geworden, dass der Umgang mit psychisch Kranken und die Organisierung von Hilfen vorrangig eine gesellschaftliche und politische Aufgabe ist.

So weiß man heute, dass ärztliche Hilfe nur ein Aspekt des Helfens sein kann. Bewegungstherapie, Psychotherapie, Hilfen beim Arbeiten und Wohnen müssen den medizinischen Hilfen zugeordnet sein. Nicht nur dem Individuum ist zu helfen, sondern auch die Umgebung, das System, ist in die Wahrnehmung einzubeziehen. Mit Hilfe von Modellpro-

grammen der Bundesregierung, vor allem dem so genannten »großen Modellprogramm«, das 1988 mit der Vorlage der Empfehlungen der Expertenkommission abgeschlossen wurde, sind viele neue psychiatrische Institutionen und Versorgungsstrukturen sowie gesetzliche Änderungen vorgenommen worden. Eine bewertende Bestandsaufnahme ist vor allem wichtig, um regionale Unterschiede zu beschreiben, auch Regionen zu benennen, in denen die Reformen gelungen sind – und um aufzuzeigen, welche Gruppen psychisch Kranker nach wie vor nicht gut versorgt und behandelt werden. Es war in den letzten Jahren wichtig – und wird es in der Zukunft bleiben –, nicht nur die Institutionen zu ändern, sondern Einfluss auf das professionelle Handeln zu nehmen, auf den Umgang mit psychisch Kranken.
Gleichzeitig jedoch wird von Verantwortlichen immer noch und schon wieder viel Geld ausgegeben, die alten Institutionen zu renovieren, immer noch und schon wieder werden Strukturen ökonomisch gefördert, die den Erhalt der autoritären Begegnungsweise fördern. Zum Beispiel gibt es nach wie vor nur wenig Arbeitsplätze für Krankenpflegende im ambulanten Bereich und die Finanzierung vieler als sinnvoll erkannter Institutionen ist keineswegs gesichert. In dieser Zeit des Umbruchs müssen psychiatrisch Tätige sich ihres Handelns bewusst werden. Neben dem Wissen kommt gerade in der psychiatrischen und psychotherapeutischen Begegnung dem Menschenbild, nach dem der psychiatrisch Tätige handelt, besondere Bedeutung zu. Bewusstsein über Bedingungen der Begegnung in und mit der Psychiatrie kann über die Psychiatrie hinauswirken und zum Ansatzpunkt für Nachdenken über menschenwürdiges Umgehen mit Kranken werden.
Für das Handeln in der Psychiatrie sind die Entwicklung einer gemeinsamen Suchhaltung, die koordinierte Anwendung des jeweiligen professionellen Wissens und eine spezifische, für alle Berufstätigen geltende Ethik erforderlich.

■ Die Begegnung mit der Psychiatrie aus der Nähe

Wie kann ich in der Psychiatrie arbeiten – egal ob als Schwester, Arzt, Psychologe, Pfleger, Sozialarbeiter usw. – und zwar so arbeiten, dass es auch für mich erträglich ist, einen Sinn hat, und dass nicht nur andere, sondern auch ich etwas davon habe?
Zur Beantwortung der Frage wollen wir in diesem Kapitel einen psychiatrisch Tätigen auf dem Weg in die Psychiatrie begleiten – und zwar speziell im Umgang mit Kollegen und mit sich selbst. Das geschieht genau so, wie wir in den »klinischen Kapiteln« den Weg der jeweiligen psychisch Kranken und Angehörigen durch die Psychiatrie begleiten – speziell in ihrem Umgang mit uns (und unserem Umgang mit ihnen). Deshalb ist dieses erste Kapitel fast so gegliedert wie die klinischen Kapitel 2 bis 13. Die Untertitel geben das je entsprechende Element an.
Es genügt nicht, mir die Psychiatrie nur zum Objekt meiner Wahrnehmung zu machen. Denn gleichzeitig löst die Begegnung mit der Psychiatrie in mir etwas aus, nimmt mich gefangen, beeinflusst und verändert mich. Wie jede Begegnung hat auch diese zwei Anteile:

Einmal mache ich mir als Subjekt den Anderen zum Gegenstand, zum Objekt, zum anderen trete ich als Subjekt mit dem Anderen als Subjekt in eine Wechselbeziehung, in einen Austausch. Im ersteren Fall lasse ich die Begegnungsangst nicht an mich heran, lasse mich innerlich nicht davon berühren, wehre ab. Im zweiten Fall lasse ich die Begegnungsangst in mich hinein, lasse mich vom Anderen anrühren, in Frage stellen, schwinge mit, lasse den Anderen mit mir etwas machen. Also habe ich nicht nur meine neue Umgebung wahrzunehmen, sondern auch mich in ihr. Zur Wahrnehmung kommt die Selbstwahrnehmung. Nur in dem Maße, in dem ich das für mich und mein Handeln gelten lasse, kann ich es von den Patienten auch fordern: ich kann für sie Modell sein. Da jedes psychiatrische Handeln modellhaft wirkt, muss in ihm das sichtbar werden, was erreicht werden soll.

■■ Die soziale Psychiatrie: Arbeiten im Team

Teamarbeit ist nicht die einzige Möglichkeit psychiatrischen Arbeitens. Der niedergelassene Nervenarzt oder Psychotherapeut z. B. ist im Denken und Handeln überwiegend auf sich allein gestellt. Es gibt auch im Team immer Situationen, in denen besser einer allein denkt oder entscheidet. Teamarbeit soll dies auch nicht verhindern, sondern gerade verantwortlich absichern. Jede Person des Teams hat sich zu fragen, wie viel soziales, gemeinsames Handeln sie zur Verfügung stellen kann und mag – und wie viel sie allein tun mag.
Da wir unsere Erfahrungen im Team gesammelt haben und diese auch an potenzielle Team-Mitarbeiter weitergeben wollen, soll die Nützlichkeit der Teamarbeit für das psychiatrische Handeln begründet werden.

■■ Die existenzielle Notwendigkeit der Gruppe

Der Mensch als Einzelwesen ist unvollkommen angelegt. Er ist vom Leben in der Gruppe abhängig. In unserer Erziehung, in unserer Gesellschaft, oft auch in unseren psychologischen Theorien wird diese Grundbedingung menschlichen Seins vernachlässigt. In unserer heutigen liberalen Gesellschaft sind Selbstverwirklichung und Autonomie des Einzelnen allgemein verbindliche Werte, was leicht ausblenden lässt, dass der Mensch zur Entwicklung seiner Individualität auf Gruppen angewiesen ist und bleibt. In der Gruppe findet der Einzelne eine gewachsene, unmittelbare Sicherheit und Geborgenheit. Wenn die Fähigkeit zur Bindung an die Gruppe weitgehend verloren gegangen ist, sind diese Grundbedürfnisse nicht erfüllt. Der Mensch ist in seinem ganzen Lebenslauf darauf angewiesen, Mitglied von Gruppen zu sein. Entsolidarisierung und Vereinzelung sind Folgen der Ausbeutung des Individuums, aber das Schicksal des Einzelnen wie der Gesellschaft ist bedingt und geprägt durch das Zusammenspiel zwischen Individuen in Gruppenzusammenhängen. Der Mensch denkt, fühlt und handelt nie nur als autonomes Individuum, sondern immer auch als Mitglied von Gruppen. Gleichzeitig können Gruppen nur dann zur Gesundung von Menschen beitragen, wenn sie der Entwicklung jedes einzelnen Menschen genügend Spielraum geben.

Wissens- und Erfahrungsaustausch

Weder der Arzt noch der Sozialarbeiter, die Krankenschwester, der Psychologe, der Beschäftigungstherapeut, der Bewegungstherapeut noch sonst wer kann heute als Einzelner die Wirklichkeit angemessen wahrnehmen oder verstehen. In dem, wie ich mich verstehe, ist enthalten, wie ich die umgebende soziale und physische Welt und ihre Spannungen in mich aufgenommen habe, zu Teilen von mir gemacht habe. Das führt dazu, dass Konflikte als *meine* Konflikte wieder auftauchen, die nicht nur durch meine Kraftanteile geprägt sind, sondern auch durch fremde. Diese wahrzunehmen ist für mich allein schwer. Ich kann Zugang dazu bekommen, wenn ich mit Anderen darüber spreche, versuche, mich zu öffnen und herauszufinden, wie ich mich und die Welt heute verstehen kann. Was für mich gilt, gilt auch für den Patienten. Therapeutischer und diagnostischer Alleingang auf einer Station schließt andere »Wissende« aus. Dies kann fahrlässig sein, weil dem Patienten das Wissen, das er braucht, um sich besser zu verstehen, nicht vollständig zur Verfügung gestellt wird. Ein ausschließendes Vorgehen verzerrt für den Patienten die Welt: Er sieht einige als Handlanger, andere als die, für die sich die richtige Information aufzubewahren lohnt. Nehmen die Patienten ihre Handlungspartner in dieser Weise wahr, entsteht eine typische, tödlich-passive Atmosphäre: Auf einer Station z. B. sitzen die meisten Patienten schweigsam wartend herum, profitieren nicht von den Erfahrungen der Mitpatienten, sondern erleben jeder für sich die eigene Krankheit als absolut. Entsprechend ist die Krankenschwester für den Arzt keine Gesprächspartnerin, bestenfalls Zureicherin von Information. Bewegungs-, Beschäftigungs- und Arbeitstherapie sind nicht anerkannt, sondern dienen der Ablenkung. Alle starren auf die »kranken Anteile« eines Menschen, alles andere wird diesen untergeordnet. Teamarbeit macht es möglich, dass die unterschiedlichen Sichtweisen gleichberechtigt zusammengesehen werden. So ist ein abgerundeteres und differenzierteres Wahrnehmen und Handeln möglich.

BEISPIEL 1 Wir haben gelernt, wie sehr die Kenntnis der ökonomischen Situation für das Verständnis eines Menschen erforderlich ist. Nun kann man zwar als Akademiker viel über solche Zusammenhänge wissen, nichts ersetzt einem aber die *Erfahrung* und die direkte Auseinandersetzung im Team. Als es einmal darum ging, ob die Arbeitsbelastung in der Klinik noch zumutbar sei, zunächst eine von Akademikern im Vergleich zu anderen Berufskollegen gestellte Frage, konnte zum einen die Sozialarbeiterin aus ihrer Praxis von anderen Berufen erzählen. Entscheidend war jedoch der Wutausbruch einer Krankenschwester, die unsere Arbeitssituation mit der ihres Mannes und seiner Kollegen verglich und uns vorwarf, dass wir keine Ahnung hätten von den Arbeitsbedingungen durchschnittlicher Arbeitnehmer. Die emotionale Beteiligung machte nicht nur die Klagen überflüssig, sondern trug auch dazu bei, dass wir auf die Arbeitssituation der Patienten besser eingehen konnten.

ÜBUNG Tauschen Sie sich mit Anderen darüber aus, wie Sie Erfahrungen mit dieser Gesellschaft machen und wie Sie Wissen und Erfahrung vergrößern können. Welche gesellschaftlichen Orte kennen Sie gut? Welche entwerten Sie? Welche meiden Sie?

BEISPIEL 2 Wir wissen auch, dass es in Abhängigkeit von der sozialen Schichtzugehörigkeit unterschiedliche aggressive Ausdrucksweisen gibt. Als einmal ein Patient angetrunken Mitpatienten und Teammitglieder mit einem Hammer bedrohte und gerade akademisch geschulte Kollegen schon angstvoll überlegten, wie er auf die geschlossene Station zu bringen sei, konnte wieder die Krankenschwester den richtigen Ton für den Patienten finden und die Lage entspannen, während die Psychotherapeutin theoretisch bei der Einordnung des Geschehens half: diese Aggressivität nicht als den Ausdruck von Krankheit zu sehen, sondern als Ausdruck dieses Menschen, der sprachlich seine Wut und Spannung nicht äußern konnte.

ÜBUNG Mit Anderen Gespräche führen, in denen man nicht nur unterschiedlicher *Meinung* ist, sondern zum gleichen Sachverhalt unterschiedliche *Gefühle* hat. Die Gespräche sollten zunehmend so werden, dass einer die Gefühle des Anderen als andere annehmen kann, merken kann, dass es gleichberechtigte Gefühle sind, dass nicht der eine Recht und der andere Unrecht hat, und dass Gespräche über solche Themen nicht zu Ringkämpfen ausarten müssen. Merken Sie, dass es keine richtigen und falschen Gefühle gibt, sondern dass Gefühle je individuelle Seinsweisen kennzeichnen.

■■ Modellwirkung der Beziehungsvielfalt und -offenheit

Wenn der Patient am eigenen Leibe spürt, wie gut Beziehungen zwischen Menschen sein können, kann er davon für sich profitieren. Das heißt aber, dass möglichst viel Bewegung in einer Behandlungseinheit gegeben sein muss, dass Begegnungen auf ihre Vielfalt hin überprüft sein müssen, dass der Patient auch teilnehmen kann, um die Erfahrungen, die für ihn nützlich sind, machen zu können. Also kann ein Team nicht nur dazu genutzt werden, den Patienten vielfältiger wahrzunehmen, sondern der Patient kann auch das Team nutzen, Begegnungsmöglichkeiten, Umgehensweisen besser wahrzunehmen. Somit wird nicht nur die Diagnostik von kranken Anteilen und deren Trägern, sondern umgekehrt auch die Diagnostik von Gesundheit und deren Trägern – nämlich für den Patienten – möglich.

BEISPIEL 1 Ein Besucher einer Beratungsstelle teilte schriftlich mit, dass er die Beratungsstelle künftig nicht mehr besuche, weil alle gegen ihn arbeiteten. Beim Nachdenken über diesen Brief kam heraus, dass zwar die einzelnen Team-Mitglieder gute Beziehungen zu dem Besucher unterhielten, dass er aber der war, der die unausgesprochenen Spannungen zwischen den Team-Mitgliedern aushalten musste. So wurde größere Nachdenklichkeit und Offenheit zwischen den Team-Mitgliedern angeregt. Der Besucher konnte wieder kommen.

Eine solche Offenheit dient dem Patienten als Modell und hilft zugleich, die Arbeitssituation der Mitarbeiter selbstbestimmter und zufriedener zu gestalten.

BEISPIEL 2 Nicht nur das Widersprechen, auch das Bestärken und Anerkennen und Wahrnehmen ist etwas, was Patienten, deren Beziehung zu Mitmenschen gestört ist, nicht mehr können, ohne zu befürchten, sie könnten sich was vergeben, der andere könnte sich auf sie stürzen oder Schlimmeres: Eine Schwester begegnet in einer Behandlungseinheit dem Sozialarbeiter und einer Patientin. Sie sagt: »Das freut mich, dass Sie noch Zeit gefunden haben, mit Frau X zu sprechen. Sie hatten es ihr für heute früh versprochen, und sie hatte schon Zweifel. Ich hatte sie getröstet. Jetzt sind wir beide wieder glaubwürdiger geworden, und Frau X wird möglicherweise ruhiger.«

Hier wieder ist die Offenheit *nach zwei Seiten* wirksam: Zum einen ist sie ein gutes Modell für die Patientin, zum anderen festigt sie die Arbeitsbeziehung zwischen Sozialarbeiter und Schwester.

ÜBUNG Beispiele ausdenken und im Rollenspiel durcharbeiten, die Handlungen umfassen, die gleichzeitig meiner Selbstbestimmung am Arbeitsplatz gerecht werden und Modell sein können. Und: Wie halte ich es aus, zum ungeliebten Partner zu werden, derjenige im Team zu sein, an dem Aggressionen abgearbeitet werden?

■■ Lebenszufriedenheit und Gesundheit der Teammitglieder

Ein drittes Argument für Teamarbeit (es könnte auch das Erste sein): Da sie gleichzeitig Originalität des Einzelnen und gemeinsames Entscheiden und Handeln fördert, macht sie Arbeit zu dem, was sie bestenfalls im Leben eines Menschen sein kann: Sie trägt entscheidend zur Lebenszufriedenheit und damit Gesundheit der einzelnen Teammitglieder bei. Nur insofern dies gelingt, ist Teamarbeit berechtigt. Teamarbeit kann nicht nur zur Verbesserung von Psychiatrie beitragen, sondern auch zum Wachstum der in der Psychiatrie Tätigen. Dann können von der Psychiatrie Impulse ausgehen, auch andere Arbeitsplätze menschenwürdiger zu gestalten.

BEISPIEL 1 Es taucht auf einer Station die Frage auf, wie man eigentlich das Körperbewusstsein von Menschen schulen könnte, ihnen ein Gefühl von Entspannung und Anspannung, Kraft und Schwäche geben könnte, ohne eine gezielte Art von Schulung haben zu müssen, sondern mit der Möglichkeit, spielerisch in Gruppen Bewegung und das Bewusstsein von Bewegung zu fördern. Eine der Schwestern sagt: »Das möchte ich machen. Ich find' das ganz toll, und da fällt mir jetzt schon viel zu ein. Ob ich das wohl lernen kann?« Durch Fortbildungskurse in Bewegungstherapie und durch die Möglichkeit, im Team ihre Erfahrungen kontrollieren zu lassen (denn wir haben alle einen Körper!), bildet sie ihre Fähigkeiten aus und übernimmt die Bewegungstherapie auf der Station.

BEISPIEL 2 Ein Student der Arbeitstherapie, der im ersten Beruf Installateur war, erlebte die beiden Ausbildungen als nicht zueinander passend. In einem Praktikum wurde er angeregt, mit einer Gruppe psychisch Kranker im Gewächshaus eine Wasserleitung zu legen. Die Erfahrung hat ihn in seiner beruflichen Identität bestärkt und für ihn noch ein anderes Licht auf die Bedeutung der Arbeitstherapie für psychisch Kranke geworfen.

B Notwendige Störungen (Wahrnehmung der Auffälligkeiten)

Zu Anfang ein Einstellungsgespräch – der Leser wird aufgefordert, die Gedanken des Beispiels für sich selbst zu klären: wie sieht es bei mir und anderen damit aus? Die Unterhaltung findet zwischen zwei Teammitgliedern und einem Bewerber statt.

T1: Ist es Ihre erste Stelle in der Psychiatrie?

B: Ja, schon. Ich habe einmal ein Praktikum gemacht, aber ich interessiere mich schon lange für dieses Gebiet.

T1: Und was interessiert Sie?

B: Zum einen glaube ich, dass man in der Psychiatrie besonders gut helfen kann. Ursprünglich wollte ich mit Kindern arbeiten, aber dann hat mich mal jemand drauf gebracht, dass es auch notwendig ist, Erwachsenen zu helfen, dass denen niemand hilft. Bei Kindern ist das etwas anderes. Und dann finde ich das Thema spannend: Psychiatrie. Ich habe viele Filme gesehen und auch viel gelesen. Das muss schön sein, diesen Kranken zu helfen.

T2: Sie sagten, Sie möchten helfen. Was heißt das für Sie, helfen?

B: Ich weiß ja nicht genau, aber ich kann geduldig sein, ich kann auch andere ermuntern, ich bin auch verständnisvoll. Sie machen doch Therapie, oder?
Ich möchte gerne Therapie lernen.

T1: Geben Sie gern?

B: Ja.

T1: Ist es Ihnen auch schon mal in den Sinn gekommen, dass es wichtiger sein kann, jemandem etwas wegzunehmen als ihm etwas zu geben?

B: Nein, eigentlich nicht, denn Wegnehmen ist ja meist etwas Unangenehmes, und ich denke, es kommt darauf an, den Kranken zu zeigen, dass sie auch wer sind, es kommt darauf an, ihnen etwas zu geben.

T1: Und wenn ich sage, dass es häufig genug darauf ankommt, nichts zu geben, sondern etwas zu verweigern …?

Anmerkung: Aussagen wie »Das gibt mir was«, »das gibt mir nichts« sind unsinnig. Hier wird das Gespräch abgebrochen. Die zu Grunde liegende Frage lautet: Welche Wunsch-, Meinungs- und Motiv-Anteile (Symptome) eines Menschen sind günstig für die Arbeit in der Psychiatrie?

Wer in der Psychiatrie arbeiten möchte, begegnet den gleichen Vorurteilen wie jemand, der in der Psychiatrie Hilfe sucht: »Du spinnst ja, ausgerechnet bei den Verrückten, da wirste ja selbst bekloppt.« Es gibt auch so was wie mahnende Bewunderung: »Warum ausgerechnet da, kannst du dir nicht etwas Leichteres aussuchen, wie willst du das bloß durchhalten, da muss man aber sehr gesund sein.« Damit sind jedoch nicht nur Vorurteile angedeutet, sondern es wird auch danach gefragt, was *ich* in der Psychiatrie will, wieweit ich dem, was mir in dem Rahmen begegnet, offen begegne, inwieweit die Psychiatrie mir fremd bleibt, inwieweit ich mich verschließe.

Sich einlassen, sich riskieren, reifen

Mit jeder Beziehung, auf die ich mich in der Psychiatrie einlasse, verändere ich mich ein bisschen. Hervorzuheben ist, dass ich oft gar nicht selbst bestimme oder kontrolliere, ob ich mich einlasse. Ich werde berührt, ergriffen, angesprochen. Ob ich bewussten Zugang zu diesem Prozess habe oder ob er mir erst konflikthaft – und durch Andere – bewusst wird, ich kann mich, wie in jeder anderen Beziehung auch, riskieren. Teamgespräche, Gespräche mit Angehörigen, Supervision können Hilfe sein. Ich kann diesem Risiko nicht ausweichen. Da es unmöglich ist, nicht zu kommunizieren, löse ich auch Gefühle aus und riskiere mich auch, wenn ich mich panzere, verstecke, zurückziehe, mich bemühe, in großer Distanz zu bleiben. Allerdings schaffe ich dann nicht wirklich Bedingungen für eine hilfreiche Beziehung. Ich kann mich nicht den ganzen Tag und nicht auf jeden und jede einlassen, werde auch nicht von jeder und jedem berührt. Es kann zu größerem Verständnis des helfenden Vorgehens und auch von mir selbst und damit mehr persönlicher Reife führen, wenn ich um die Gegenseitigkeit des Risikos und der Chancen weiß. Der psychisch Kranke gibt mir einen Vertrauensvorschuss und riskiert sich ebenfalls. In dem Gesagten ist als Gedanke enthalten, dass wir nur über die Begegnung mit dem Anderen zu uns selbst kommen können.

Krank, abweichend, verrückt, irre

Wer in der Psychiatrie arbeiten will, muss sich mit dem auseinander setzen, was dort unter krank, abweichend, verrückt und irre verstanden wird. Ursprünglich hat die Bezeichnung der Menschen mit psychischen Problemen als »krank« geholfen, sie besser zu behandeln. Man gewöhnte sich an, auch in der Psychiatrie etwa nach dem folgenden Krankheitsbegriff zu arbeiten:

Krankheiten sind Störungen im Ablauf der Lebensvorgänge, die mit einer Herabsetzung der Leistungsfähigkeit einhergehen und meist mit wahrnehmbaren Veränderungen des Körpers verbunden sind. Die Krankheitsursachen sind äußere wie Hitze, Kälte, Nässe, krankheitserregende Lebewesen, mechanische und chemische Schädlichkeiten oder innere wie ererbte Krankheitsanlagen oder im Laufe des Lebens erworbene Bereitschaft zu bestimmten Krankheiten. Es werden akute (rasch ablaufende) und chronische (schleichend verlaufende) Erkrankungen unterschieden. Befragung und Untersuchung des Kranken dienen der Feststellung der Krankheit (Diagnose), die sich aus den verschiedenen Krankheitszeichen (Symptomen) ergibt. Sie ist Voraussetzung einer möglicherweise wirksamen Behandlung (Therapie) und einer einigermaßen sicheren Voraussage des Krankheitsausganges (Prognose).

Genauere Beobachtungen nach diesem Schema führten zu einer feineren Einteilung psychischer Krankheitseinheiten (Nosologie), zu einem Umgang mit psychisch Kranken wie mit körperlich Kranken und zu der Sicht, dass der einzelne Mensch der Träger einer Krankheit ist, von der er möglicherweise geheilt werden kann. Im Laufe der letzten Jahrzehnte haben wir gelernt, einen anderen Aspekt psychischer Erkrankung zu sehen: dass ein Mensch, der krank, abweichend, irre, verrückt ist, in Beziehung zu Anderen, zu sich selbst und seinen Gefühlen und zu seinem Körper verfehlt handelt. Beginnt man, den Aspekt der Beziehung zu berücksichtigen, ist es nicht mehr möglich, nur von einzelnen Krankheitsträgern auszugehen und nur diese wahrzunehmen. Es sind auch die anderen Teile des Geflechtes mitzusehen. Die Bedingungen des Handelns bzw. des gestörten Handelns sind dann zu erspüren und evtl. zu ändern. Eine solche Sichtweise ermöglicht, dem Begriff »krank« eine breitere Bedeutung zu geben: *Die Suche nach den kranken Anteilen in einem Menschen wird zur Suche nach den derzeitigen Möglichkeiten und Unmöglichkeiten, eine Beziehung zu sich, zu anderen oder zur Umwelt aufzunehmen.* Krank ist immer ein Mensch. Das heißt aber nicht, dass andere durch ihr Verhalten zum Da-sein und So-sein von Erkrankung nicht beitragen. Eine solche Sichtweise erübrigt auch die leidige Diskussion darüber, wer krank, irre oder verrückt ist, der einzelne Mensch, die Gesellschaft, die Familie.

BEISPIEL Jemand kommt in die Praxis, weil er verzweifelt darüber ist, am Arbeitsplatz zu versagen. Das Versagen besteht vor allen Dingen darin, dass er zu langsam ist, von daher häufig in Konflikt mit Kollegen und Vorgesetzten gerät, das Gefühl entwickelt, nicht zu genügen. Er bittet um Hilfe. Nehmen wir an, die Frage, was hindert den Menschen, mit dem Tempo zurechtzukommen, ließe drei Antworten zu: Erstens kann eine Analyse ergeben, dass dieser Mensch langsamer geworden ist, dass diese Verlangsamung nicht alterungsbedingt ist, auch in anderen Bereichen seines Handelns auftritt und dass Medikamente helfen können, sein Tempo zu beschleunigen (die Verlangsamung wäre Symptom einer Krankheit). Zweitens kann sich ergeben, dass dieser Mensch ein langsamer Typ ist. Für ihn wäre es wichtig, sich und sein Tempo kennen zu lernen und einen Ausbildungsplatz zu suchen, der weniger Tempo, sondern andere (günstigere) Fähigkeiten von ihm fordert (die Beziehung zu sich selbst und der eigenen körperlichen Ausstattung herstellen). Drittens ist denkbar, dass die Anforderungen an dem Arbeitsplatz für alle zu hoch sind, dass wir aber nur diesen Menschen zu sehen bekommen, weil seine Kollegen andere Lösungen für die Überforderung suchen und nicht verzweifelt mit selbstkritischen Minderwertigkeitsgefühlen reagieren. In diesem Fall wäre es unverantwortlich, dem Betreffenden Medikamente zu geben oder das Tempo zu seinem individuellen Problem allein zu machen (Beziehung zu anderen Menschen und zu sozialen Normen).

ÜBUNG Suchen Sie ähnliche Beispiele aus Ihrer Erfahrung, damit Sie das Beispiel für sich verallgemeinern können.

Helfen, Gutes tun, therapieren, versorgen, heilen

Psychiatrisch Tätige wie Lernende müssen immer wieder für sich klären, was für sie Helfen bedeutet. Auch hier sind die allgemeinen und die individuellen Aspekte getrennt zu bearbeiten. Zum einen habe ich zu klären (dies ist eine Aufforderung): Was verstehe ich unter Hilfe? Wie fühle ich mich, kurz bevor ich helfe – also: was in mir stiftet mich zum Helfen an? Wie fühle ich mich, wenn mir geholfen wird? Unter welchen Bedingungen mag ich Hilfe gern, unter welchen nicht? Tut mir Hilfe immer gut …? Oder: Wie lasse ich mich zum Helfen anstiften? Wie lasse ich mich ansprechen oder betroffen machen? Wie höre ich, ohne hörig zu werden? (Auch hier ist es erforderlich, sich mit Anderen auszutauschen, um Unterschiede und Gemeinsamkeiten festzustellen, um auch zu erfahren, wie sehen die Anderen mich?)

BEISPIEL Jemand, der schon eine ganze Weile in der Psychiatrie tätig war, wurde gefragt, welche emotionale Eigenschaft er an sich gut findet. Nach einigem Nachdenken kam: »schützend«, als ein Aspekt von helfend, als die Eigenschaft in Frage, die die Person selbst, aber auch die Primärgruppe (Familie), besonders akzeptierte und unterstützte. In der Team-Besprechung sagte der Leiter unmittelbar: »Das kann man ändern!« Nach der ersten Betroffenheit kam die Nachdenklichkeit und dann das Lernen und dann die Einsicht: Dass Schützen in manchen Situationen für manche Menschen angemessen, in anderen Situationen bei anderen Menschen aber fatal sein kann. Also die Erkenntnis, dass nicht eine Eigenschaft auf jeden Fall gut ist, sondern dass es darauf ankommt, im Einzelfall zu erfahren, wann ist sie gut und für wen ist sie schlecht eingesetzt oder untauglich.

Nun zum allgemeinen Aspekt: Nenne ich jemanden »krank«, gilt er auch als »hilfsbedürftig« und darf Hilfe fordern, ist dafür aber auch verpflichtet, Hilfe zu akzeptieren und den Helfer zu unterstützen. Es gibt aber auch Situationen, in denen ich hilfsbedürftig bin und nicht krank, z.B. wenn ich das erste Mal in der Psychiatrie arbeiten will, nicht recht weiß, was von mir erwartet wird, ob ich auch genug kann, mich unsicher und gehemmt fühle und recht orientierungslos bin. Es gibt zwei mögliche Wege aus dieser Unsicherheit heraus. Entweder ich lasse mich führen, bitte um Rat und Anweisung, profitiere davon, dass ich denke, die Anderen wüssten das alles schon besser als ich. Oder ich mache selbst Erfahrungen, über die ich nachdenken und mit Anderen sprechen kann: z.B. »Welchen Sinn sehen Sie in dieser oder jener Aktivität? Mir ist aufgefallen, dass ich allmählich sicherer werde, wenn ich dieses oder jenes tue … usw.« Es gilt also, den Unterschied von »krank« und »hilfsbedürftig« wahrzunehmen. Die übliche Art, wie man aus Krankheit und Hilfsbedürftigkeit heraushilft, ist die erwähnte Führung, die mit Anweisung, Aufmunterung, Beratung einhergeht (hierzu gehört z.B. das Reichen von Tabletten, das Reichen von »Strohhalmen«). Diese Art der Begegnung verhindert etwas, was auch Ziel einer Begegnung in der Psychiatrie sein kann: dass jemand gerade unabhängig wird von Ratschlägen und Geführtwerden, vielmehr zu sich selbst findet und seine eigenen Möglichkeiten und Fähigkeiten kennen lernt. Die Art Hilfe, die dem letzteren Ziel dient, muss auf Ratschläge und Führung verzichten. Es ist »Hilfe bei der Selbsthilfe«. Welche Art der Hilfe »besser« oder »effizienter« sei, darauf wurde bisher keine endgültige Antwort gefunden. Es hängt auch vom Menschenbild des Handelnden und der Gesellschaft ab, nicht nur dass, sondern auch wie man hilft. Die Diskussion darüber ist erst jetzt möglich, wo Helfen in einem mühsamen Prozess wenigstens zu Teilen etwas Öffentliches geworden ist und nicht mehr nur auf den privaten (heimlichen) Bereich der Familie beschränkt ist. Oder auf die Kirche, die zwischen »öffentlich« und »privat« angesiedelt und zwar jedem zugänglich ist, wo aber Hilfe uneinsehbar mit der Gnade Gottes verknüpft ist. Die Notwendigkeit, Helfen zum öffentlichen Interesse zu machen, unterwirft auch die »helfenden Berufe« und die Art ihres Handelns der öffentlichen Kontrolle und Diskussion, wie dies auch für andere Bereiche der Öffentlichkeit gilt. Das Helfen wurde zwar öffentlich, jedoch ist das Ziel der Hilfe zu einem Teil der private Bereich geblieben. Dieser Widerspruch führt zu Spannungen und Missverständnissen. Die Beziehung zwischen Patienten und Helfenden ist außerordentlich verletzbar und an Vertrauen gebunden. Sie ist auch anfällig für Missbrauch. Für die Entwicklung einer Haltung des Helfens ist es von Bedeutung, dass ich mich immer neu berühren lasse, neu binden kann, ein Stück mitgehen und mich wieder lösen kann.

■ Zwingen, drängen, manipulieren, erziehen, unterjochen, drohen, Macht ausüben

Ein drittes Problem, das jeder auf seinem Weg in die psychiatrische Arbeit für sich zu überlegen hat, ist die Anwendung von Zwang. Es hilft nicht, den Zwang zu leugnen. Man muss auch zwingen und drängen können. Eine einfache Frage, um sich der individuellen Seite zu nähern, ist die, ob man das, was man in der Psychiatrie tut und wie man es tut, auch mit sich selbst geschehen lassen möchte. Wir werden eine ganze Reihe von Handlungen entdecken, bei denen wir genau den Zwang ausüben, den wir für uns nicht gern hätten. Wir würden uns wehren, widersprechen, ärgerlich davongehen, was jedoch dem Patienten schwer möglich ist. Erst recht, wenn er wenig Übung im Umgang mit öffentlichen Institutionen, mit der akademischen Sprache oder mit Kranksein hat. Ein essenzielles Gebot: Was du nicht willst, das man dir tu, das füg auch keinem andren zu.

ÜBUNG In welchen Gruppen und Schichten dieser Gesellschaft passiert das leichter?

Wenn ich Zwang ausübe, gegen den der Patient sich nicht wehren kann, wird unsere Beziehung sich verschlechtern, die Zusammenarbeit wird erschwert. Zudem wird der Patient sich leicht verschließen, sodass wir beide immer schwerer entscheiden können, welche Anteile unserer Beziehung durch die Situation des Zwangs bedingt sind und welche »kranke« und »gesunde« Anteile sind.

Wichtig ist: in Kontakt zu bleiben, nach Abklingen der Situation miteinander zu sprechen.

Die umgekehrte Gefahr: Wenn ich keinen Zwang ausübe, können notwendige Grenzen und Strukturen nicht eindeutig werden. Wenn wir hier von Zwang sprechen, ist persönlicher Zwang gemeint, der sowohl sanft wie grob, laut wie leise, freundlich wie unwirsch daherkommen kann. Es ist schwer, bei mir selbst zu entdecken, wie ich Leute zwinge. Hier brauche ich immer einen Partner, der mir mitteilt, wann er sich gezwungen fühlt. Auch hier werden sich manche Menschen durch einen meiner Züge gezwungen fühlen, andere gerade nicht. Bin ich z. B. bemüht, immer freundlich und heiter zu sein, kann ich jemanden, der eine Mordswut hat, zwingen, diese zu unterdrücken und auch freundlich zu sein, was die Begegnung verzerrt und den Menschen von sich selbst entfremdet. Ich habe mich selbst also als zwängend kennen- und annehmen zu lernen sowie auszuprobieren, wo ich mehr Rücksicht nehmen kann, ohne Schaden zuzufügen, und auch, wo ich auf keinen Fall Rücksicht nehmen kann, sondern zum Äußersten entschlossen bin.

ÜBUNG Was tun Sie, wenn bei Ihnen ein Mensch ist, der sich – oder einen Anderen – töten will? Was tun Sie, wenn ein Gruppenmitglied andauernd – oder gar nicht – spricht?

In jeder Situation, wirklich in jeder, müssen wir darauf achten, den Patienten als autonomen Partner zu behandeln, seine Rechte, seine Würde und seine Einzigartigkeit zu wahren.

ÜBUNG Was tun Sie, wenn ein Mensch nicht isst? Keine Medikamente einnimmt? Sich nicht wäscht? Nicht arbeitet? Bitte erarbeiten Sie sich ihre Gefühle und Handlungsmöglichkeiten in Rollenspielen.

Der psychiatrisch Tätige arbeitet zugleich für die Gesellschaft, z. B. dadurch, dass er die Arbeitsfähigkeit oder die Sozialfähigkeit wieder herstellt, und für das Individuum. Er muss immer wieder neu bestimmen, in wessen Namen er handelt. Er muss sich dem Kranken im Namen der Gesellschaft aufdrängen, ebenso muss er sich der Gesellschaft im Namen des Kranken aufdrängen. So muss er sich stets mit seinen eigenen Normen und Erwartungen, dem, was er für normal oder sinnvoll hält, auseinander setzen, um jeweils zu einem handlungsfähigen Standpunkt zu kommen. Er kann nicht einfach die Kranken von der Gesellschaft nehmen und verwahren, denn das führt dazu, dass psychisch Kranke sozial unsichtbar werden. Er kann auch nicht unbefragt Normen übernehmen, an die er die Kranken anpasst, denn das könnte ihre Verkrüppelung bewirken, da gerade die Wirklichkeit, an die ich anpasse, zur Aufrechterhaltung des Leidens beitragen kann. Während der gesamten Zeit der Berufstätigkeit ist es immer wieder richtig, die Macht als Pflicht und Gefahr bei Helfenden zu reflektieren. Es ist für Helfende zunehmend schwer, nicht die Macht zu übernehmen. Dabei kommt es darauf an, zu hören, weniger, sich Gehör zu verschaffen.

Es ist die Illusion aufzugeben, die Psychiatrie habe gute Gefühle zu verbreiten. Die Härte ständiger Auseinandersetzung bringt ebenso notwendig Spannungen mit sich.

Ein Team ist keine Kuschelgruppe. Menschen im Team können nicht nur nett sein. Sie müssen eine Menge – auch von Patienten übertragene – Spannung aushalten. Das Team ist immer auch ein Spiegel der Patientengruppe. Das Team ist eine Arbeitsgruppe. Selbstverständlich spielen die persönlichen Züge und Eigenheiten einzelner Team-Mitglieder eine Rolle. Sie sind ebenfalls Wirkfaktoren im psychiatrischen Alltag, ein Teil des Sozialen. Selbst wenn andere sich an mir stoßen, kann ich eben damit hilfreich sein.

■ Würdig, tolerant, Kontrolle

Wenn Psychiatrie schon unvermeidlich mit Zwang zu tun hat, kommt es entscheidend auf die Kontrolle seiner Ausübung an. Die eigenen Anteile, die es hier kennen zu lernen gilt, sind Aspekte des eigenen Menschenbildes, der eigenen Moral: Was halte ich für würdig? Welche Aspekte meiner Erziehung haben mir gefallen? Was halte ich für gerecht – und worin bin ich mit anderen einig? Wie tolerant kann ich sein, und wie groß ist der Spielraum, den ich anderen lassen kann, ohne mich beengt zu fühlen? Zum allgemeinen Aspekt: Die Verantwortung und Solidarität einer Gesellschaft lassen sich u.a. daran ablesen, welche Chancen sie Schwachen und chronisch Kranken einräumt. Hier wieder spielt die Psychiatrie eine besondere Rolle: jede Gesellschaft produziert dadurch, dass sie Werte und Normen setzt, solche Menschen, die von den Normen nicht erfasst werden, bzw. die Tabus brechen, die darunter leiden und unter denen möglicherweise Andere leiden. In unserer Gesellschaft ist die Pflicht, auch diesen Menschen ein menschenwürdiges Leben zu ermöglichen, ein Grundwert. Und: Wie kann ich mit den Würdelosigkeiten umgehen, die mir geschehen, die ich zufüge und denen ich begegne?

C Arbeitshaltung in der Psychiatrie

Bisher haben wir die Bedingungen aufgeführt, die jeder schon auf dem Weg zur psychiatrischen Arbeit sehen und mit seinen Wunsch- und Motiv-Anteilen vergleichen muss. Sicher aber werden in mir neue Fragen auftauchen, auch Unsicherheiten, die ich zu verstecken versuche. Ich werde mich zu meinen Gunsten verstellen. Es wird eine Weile dauern, bis ich bei mir das zulassen kann, was für die Psychiatrie insgesamt eine Bedingung ist: Offenheit. Darum geht es im Folgenden.

Bei der Frage »Was ist die richtige Arbeitshaltung in der Psychiatrie?« werden wir trotz der »Einzelkämpfer« meist vom Team sprechen, weil dies der Regelfall ist. Es können sich nicht einfach ein paar Leute zusammensetzen und beschließen: wir *sind* jetzt ein Team. Man kann sich vornehmen, ein Team zu *werden*. Jedoch ist außer dem Vorsatz die Bereitschaft erforderlich, eine lange Zeit geduldig an mir und mit den Anderen zu arbeiten – im Sinne des gemeinsamen Ziels. Wer weiß, wie viel Hemmungen, Eifersucht, Kränkung, Neid, Konkurrenzgefühle, auch Gefühle des Besser-Seins, der Überlegenheit erlitten werden und immer wieder auftauchen, der ist gegen jeden Vorsatz misstrauisch. Wir werden jetzt drei Aspekte einer für psychiatrisches Arbeiten angemessenen Grundhaltung vorschlagen, die Sie im Umgang mit sich und Ihren Kollegen (dem Team) erarbeiten und dann – in den klinischen Kapiteln – in Ihren Begegnungen mit Patienten verwirklichen können.

Wichtige Vorbemerkung

Jede Begegnung zwischen Menschen ist gekennzeichnet dadurch, dass der Partner bei mir Gefühle auslöst und dass ich bei ihm Gefühle auslöse. Diese Gefühle und gefühlsmäßigen Stellungnahmen treten nicht nur in der Beziehung mit mir auf, sondern in allen ähnlichen Beziehungen *(Übertragung)*. Mit dem, wie er mir begegnet, löst er bei mir Gefühle aus, die dazu führen, dass ich ihn behandle wie andere Personen aus meinem Leben *(Gegenübertragung)*. – Unsere Absicht ist, beide Seiten zu verstehen und in unser Handeln einzubeziehen. Indem wir das tun, denken wir nicht nur über den Anderen nach und geraten in eine Beziehung zu ihm. Der Versuch der Wahrnehmung der eigenen subjektiven Anteile und der Gefühle, die durch den Anderen in mir ausgelöst sind, verändern zwangsläufig auch mich. In dem bisher Gesagten ist viel Platz gelassen für die Überlegung, was ich in dem Anderen (auch in »der Psychiatrie«) auslöse und wie er/sie damit umgeht bzw. was ich von dem Anderen (auch der »Psychiatrie«) wahrnehme und wie ich damit umgehe. Der Versuch geht dahin, die durch den Anderen ausgelösten Gefühle wahrzunehmen und ihm als durch ihn ausgelöste Gefühle mitzuteilen, sodass er versuchen kann, etwas damit anzufangen. Jedoch nur, wenn er mich zurückweisen kann, wenn ich zulasse, dass er mir auch über mich etwas sagen kann, wenn Äußerungen zu ihm teilbar sind in einen für ihn und einen für mich gültigen Anteil. Dann wird die Begegnung vollständig und hat die Möglichkeit zur Normalisierung. Wenn eine Handlungsweise eines Menschen (oder ein Aspekt der Psychiatrie) mich fasziniert oder wütend macht, so ist die Feststellung und die Mitteilung des Gefühls allein zwar bedeutungsvoll, jedoch wird die Begegnung nur dann normal sein, wenn nicht nur von dem Anderen erwartet wird, dass er mit meiner Wahrnehmung etwas macht, sondern wenn ich auch für mich etwas machen kann.

Selbstwahrnehmung: Suchen bei mir selbst, Übertragung

Beim Team in der Psychiatrie sind Leistung und Produkt anders als beim Team einer Marketing-Firma. Das Produkt in der Psychiatrie ist der Mensch, der wieder gesund werden will – d.h. wie auch das Team-Mitglied selbst – der besseren Kontakt zu sich, seinem Körper und seinen Sinnen, zu seinen Mitmenschen und zu seiner Umwelt gewinnen will. Dies gelingt besser, wenn das Team ein gutes Modell nicht nur für Wissen, sondern vor allem für Gefühle ist. Bei solcher Zielsetzung sind Patienten gewissermaßen als Team-Mitglieder gegenwärtig: Denn jedes Gefühl, das in Patienten auftaucht, ist auch in jedem Teammitglied möglich, und so ist die Sensibilisierung für mich selbst gleich Sensibilisierung für den Patienten. Selbstwahrnehmung wird nicht durch eine Haltung erreicht, in der ich Erlebnisweisen beobachtend kategorisiere, also aus mir heraushalte, von mir weg, als Sache behandele. Vielmehr ist die Frage zu stellen: Kenne ich und kennen die Kollegen auch solche Gefühle, wie erleben die sie, wie bewerten die sie, was machen die damit, was hindert uns, diese Gefühle zu haben?

Die Angst

Ein wichtiges Grundgefühl, das immer wieder auftaucht, vor vielen anderen als (unerlaubt gewerteten) Gefühlen steht, ist die Angst. Als Angst verstehen wir die Besorgnis und Erregung in Situationen, die objektiv und/oder subjektiv als meist noch undeutliche Bedrohung zu sehen sind, z.B. Bedrohung der Selbstachtung, der Selbstwahrnehmung oder der körperlichen Unversehrtheit. Angst ist eine Energie, eine bestimmte Aufmerksamkeitsmenge für Gefahren, damit auch eine Aufforderung zum Handeln. Grundsätzlich gibt es zwei Möglichkeiten für dieses Handeln.

- Angst als Aufforderung zur Angstkontrolle (Angstabwehr),
- Angst als Aufforderung zur Gefahrenkontrolle, d.h. Entwicklung einer Gegenstrategie gegen diejenige Bedrohung, die durch Angst signalisiert wird.

Angst ist dafür da, die Sinne zu schärfen, ist also gesund. Angst und Furcht sind keine Gegensätze, sondern ein Kontinuum. Bei Begegnungen mit Fremden wird deutlich, dass dabei ein Gemisch vorliegt aus Angst einerseits, Lust und Neugier andererseits. (In der Begegnung begegnen sich Gegner.) Wem es gelingt, die Angst vor dem Tod und dem Sterben nicht wegzumachen, sondern zu halten, dem wird diese Angst zu einem Signal mit der ihn begleitenden Frage, wofür er lebt. Ähnlich haben wir gelernt, dem Kind, das Angst hat, die Angst schnell wegzumachen, entweder es schnell zu trösten oder es schnell zu strafen; stattdessen kommt es darauf an, dem Kind erst einmal die Angst zu lassen, damit es lernt, sie als Teil seines Lebens zu akzeptieren, etwas aus der Angst zu machen.

Angst ist ein lebenswichtiges Gefühl. Dies vor allem immer dann, wenn sie reale Gefahren anzeigt. Trauen sich die Menschen nicht, die reale Gefahr zu sehen, z.B. vor Trennung, Tod, Unfall oder Krieg, können gerade diese Ängste in den Wahnsystemen von Menschen auftauchen. Oft aber wird Gefahr und die sie anzeigende Angst geleugnet. Die daraus resultierende Gefahr ist für jeden einsichtig. Angst sollte nicht mit allen »Huchs« und »Achs« zelebriert werden, sondern auf etwas bezogen werden, um in ihrer Bedeutung erkannt zu sein. Angst sollte immer als Impuls zum Nachdenken, zum Suchen genutzt werden.

Zwar zwingt Angst mich, etwas zu machen. Bloß sind wir durch falsche Erziehung dazu verführt, etwas gegen die Angst zu machen statt aus der Angst etwas zu machen. Gegen Angst kann man aber gar nichts machen, genauso wenig wie gegen andere Gefühle (z.B. Liebe). Wer versucht, gegen seine Angst etwas zu machen, der verdrängt bzw. steigert nur seine Angst, bis sie panisch wird. Der erste Schritt des seelisch gesunden Umgangs mit Angst besteht also darin, Angst zuzulassen, d.h. auch anzuerkennen, dass man sich ohnmächtig und hilflos fühlt. Dies hat an die Stelle der Einstellung zu treten, aus der man gegen die Angst etwas machen will, sie bewältigen, sie überwinden will, sie knacken will. Dies wäre ein gewalttätiges Umgehen mit Angst, das sich rächt und ins Gegenteil umschlägt. Genauso wenig, wie man gegen Angst etwas machen kann, kann man Angst verstehen. Umgekehrt kann Angst mir dazu verhelfen, dass ich mich selbst besser verstehe. Innerhalb einer Beziehung heißt das: Ich kann dir deine Angst nicht nehmen, kann sie auch nicht bekämpfen, aber ich kann

da sein, damit du darauf kommst, was dir deine Angst sagen will; denn du musst selbst darauf kommen, deine Angst dir aneignen, sie zu einem Teil von dir selbst machen, von da heraus zu einem aktiven Leben kommen.
Statt also mit der Angst etwas zu machen, wie man mit einer Sache etwas macht, ist das seelisch gesunde und angemessene Sprachbild vielmehr der Umgang mit der Angst: Um die Angst herumgehen, sie von allen Seiten angucken, ihr zuhören, um nicht gelebt zu werden, sondern aktiv zu leben, um die Gefahr, die Bedrohung zu kontrollieren – um nicht gegen die Angst, sondern für sein Leben etwas machen zu können. Der seelisch gesunde Umgang mit der Angst heißt also: Mit der Angst etwas anfangen, aus der Angst etwas machen.

Die ersten Schritte

Am besten fangen Sie bei einfachen Gefühlen an, z. B.: »Ich fürchte mich, zu versagen« – denn es fällt Ihnen leicht, zu vermuten, dass auch andere diese Befürchtung haben. Also können Sie fragen, sich über Gemeinsamkeiten freuen und von Unterschieden lernen. Aber schon bei Fragen der Zuneigung, der Wut, der Selbstdarstellung, des Ekels, der Kritik wird die Schranke größer (das Tabu stabiler); die körperlichen Reaktionen erschweren das Sprechen, und Sie brauchen mehr Zeit und Geduld mit sich, um sich äußern zu können.
Wenn ich – als nächsten Lernschritt – verstehen lerne, dass der Satz: »Du bist blöd, nett, schwachsinnig, schizophren, kooperativ« etwas ganz anderes über mich und meine Einstellung zum Anderen aussagt als der Satz: »*Ich* lehne dich ab, fühle mich angezogen usw.«, wird die Wendung zur Selbstwahrnehmung leichter. Häufig lässt sich nur im Gespräch klären, welche Anteile einer Aussage »zu mir gehören« und welche zum Anderen. Jedoch lässt sich die Fähigkeit zur Unterscheidung schärfen.

ÜBUNG Davon ausgehend, dass die meisten Menschen mit so genannten Du-Äußerungen aufgewachsen sind: »Du bist artig, ungezogen, böse, leichtsinnig, schlampig, ein guter Schüler«, was fühlen Erziehungsberechtigte, wenn sie solche Äußerungen machen? Und weiterführend: Alle möglichen Du-Sätze, wie ich sie selbst benutze, darauf überprüfen, was ich dabei fühle und in Ich-Sätze übersetzen.

Kann ich so besser mich selbst sehen, so wird es mir auch leichter gelingen, den Zugang zu den Quellen, Auslösern, Zusammenhängen meines Fühlens und Empfindens in mir zu suchen. Damit gewinne ich an Freiheit, den Anderen nicht nur als Objekt meines Handelns zu sehen, als jemanden, den ich betrachte: sondern bei allen Vorbehalten und aller Scheu werde ich den Anderen leichter als Partner sehen können, ihn nicht mehr nur z. B. als merkwürdiges Wesen, das nicht ganz normal ist, behandeln, sondern mich mit ihm auf eine Begegnung einlassen. Das hört sich, so gesagt, freundlicher an, als es ist.
Denn die eigene Scheu, Wut, Ermüdung, Gereiztheit, aber auch die des Anderen, bringen immer neue Spannungen, sodass ich immer neu herausgefordert werde. Ich kann mich

nicht darauf verlassen, dass »irgendetwas gelaufen« ist, weder bei mir noch beim Anderen noch in unserer Begegnung. Das gilt für die Beziehung zum Kollegen wie zum Patienten. Ich muss wissen, dass ich immer neu befremdet sein werde, gleichzeitig auch, dass ich immer neu verschrecken kann.

ÜBUNG Was erschreckt? Wenn andere wirr reden, wenn sie im Temperament ungezügelt sind, wenn ich sie nicht verstehe, weil sie mir klar zu machen versuchen, dass wir eigentlich alle grün sind (darüber lachen kann ein Teil von »befremdet« sein), wenn sie mit dem Kopf wackeln oder die einfachsten Sachen nicht wissen, von denen ich gelernt habe: das weiß doch jedes Kind (Empörung kann ein Teil von »befremdet« sein). – Herausfinden, womit ich erschrecken kann: Wenn jemand leidet und ich sage: das wird schon wieder, wenn jemand von einer Invasion durch die Marsmenschen erzählt und deutlich Angst hat, ich aber darüber lachen muss ... – Und: Warum ist das Modewort »etwas ist gelaufen« so verräterisch dumm?

Sowohl im Team als auch in der Begegnung mit dem Patienten ist es fahrlässig und verlogen, eine heile, sanfte, vor Schmerzen und Unbill schützende Welt herstellen zu wollen. Das wäre an allen Wirklichkeiten vorbei. Ich würde nicht nur für mich Teile der Wirklichkeit leugnen, sondern damit auch dem Anderen weismachen wollen, dass es nur sein Fehler ist, wenn es in seinem Leben immer wieder Spannungen, Ängste, Zerwürfnisse gibt. Beschönigung gilt nicht. Daher gehört die Auseinandersetzung mit Kritik, mit Selbstzweifel, mit der Fähigkeit oder Unfähigkeit, den Anderen zu attackieren, ihm zu sagen, was er in mir auslöst, ihn herauszufordern, mich zur Verfügung zu stellen, in der Aufmerksamkeit nicht nachzulassen, zum Alltag. In einem Team sind diese Haltung, diese Aufmerksamkeit und dieses Suchen von jedem anzustreben. Natürlich ist eine solche Anstrengung nur möglich, wenn jeder auch Pause machen kann. Ein gutes Team zwingt auch mal jemanden dazu, Pause zu machen, wenn der das noch nicht so gut kann; es schickt auch mal jemanden, der sich im Team oder privat schwer tut, für einen oder ein paar Tage nach Hause, achtet nur darauf, dass auch solche Entspannungsmöglichkeiten einigermaßen gleich verteilt sind. Zur Pflege gehört Selbstpflege! Genauso ist dafür zu sorgen, dass »Schuld« und »Verantwortung« nicht die Bürde des Einzelnen bleiben. Es wird qualvoll, wenn ich mich für alles verantwortlich fühle oder wenn ich mich allein fragen muss: Habe ich die Schuld, wenn sich jemand tötet, trage ich die Verantwortung für eine Scheidung? Diese Fragen tauchen als Vorwürfe, Zweifel, Selbstzweifel immer wieder auf. Ich kann aber nur überprüfen, welchen Anteil der Schuld oder Verantwortung ich habe, wenn das Team mir die Sicherheit gibt, dass ich nicht von vornherein alle Schuld habe.

Verantwortung zu haben, ist hauptsächlich nicht beladend und belastend, sondern mit dem positiven Gefühl verbunden, etwas Eigenes geleistet zu haben, sinnvoll tätig gewesen zu sein. Es gilt also zu lernen, die eigenen Anteile an einer Handlung besser wahrzunehmen, zu lernen, »bei mir zu suchen«, eine Suchhaltung zu entwickeln.

BEISPIEL Wenn ich jemanden frage: »Könnten auch Sie Fehler gemacht haben?«, erhalte ich oft die Antwort: »Natürlich, wir machen alle Fehler. Ich habe auch meine Fehler, das gebe ich zu.« Meist ist der Sinn solcher Antworten, dass ich mich bitte nicht weiter für die Fehler interessieren soll. Ich kann jedoch erst Zugang zu mir finden oder der Andere zu seinen Fehlern, wenn ich nicht nur weiß, dass ich Fehler mache, sondern wenn ich mich für sie interessiere, sie zu schätzen beginne, weil ich daraus lernen kann – und sei es die Einsicht in meine Begrenztheit.

Ich habe ferner zu lernen, dass die Anwendung der Suchhaltung mich auch für den Anderen offener macht, mich das suchen lässt, was von dem Anderen in mir anklingt, sodass ein Gespräch möglich wird und der Andere offener zu sich werden kann. Wichtig daran ist, dass ich mich nicht nur um mich bemühe, sondern mit dem Anderen so umgehe, dass er von meiner Suchhaltung als von einem Bemühen um ihn erfährt. Ich habe also so zu handeln, dass der Andere (Kollege, Patient) etwa Folgendes – auch in dieser Reihenfolge – erlebt:

a. Ich fühle mich besser *verstanden*.

b. Ich fühle mich *anders* wahrgenommen als bisher.

c. Das ermöglicht mir, *mich selbst* besser zu verstehen und auch anders wahrzunehmen als bisher.

d. Ich kann daher sehen, dass meine Unzufriedenheit (Beschwerden, Symptome) mit meinen wirklichen Lebensproblemen in Beziehung stehen und zwar so, dass darin die bisherigen ungeeigneten Versuche stecken, meine Lebensprobleme zu lösen.

e. Aus dem anfänglich diffusen Wunsch, mich ändern zu wollen, wird eine Absicht, die Lösung auf einem anderen Weg zu versuchen.

f. Ich möchte die Änderung *selbst* zu Stande bringen. So wie ich unter Mühen allein laufen gelernt habe, will ich die Fähigkeit, die ich da auch unter Mühen allein gelernt habe, weiterentwickeln.

g. Ich sehe, dass ich so weiterkomme und *besser leben* kann.

Bei jedem dieser Schritte kann es Schwierigkeiten geben, die das Handeln und damit die Beziehung unterbrechen, stören, verhindern, sodass es zum nächsten Schritt nicht kommt.

ÜBUNG 1 Machen Sie mit einem Partner ein Rollenspiel, in dem Sie jede der sieben Stufen erreichen möchten. Sie können entweder das Gespräch aus dem letzten Beispiel oder vom Anfang des Kapitels aufgreifen oder sich selbst eins ausdenken. Achtung: Im Rollenspiel muss auf jeden Fall ein Rollenwechsel vorgenommen werden.

ÜBUNG 2 Gesprächsverläufe ausdenken für jeden einzelnen Stufenübergang, dabei sich Zeit lassen, nicht alle Stufen auf einmal nehmen wollen, keine überspringen, d.h. technisch: in kleinen Rollenspieleinheiten herausfinden, wie ein möglicher Partner die Äußerungen machen könnte, wie sie von **a.** bis **g.** aufgeführt sind.

Für die Übungen und allgemein gilt: Verstehen heißt nicht, sich erdrücken zu lassen, sondern auch den eigenen Druck wahrnehmen, Widerstand leisten, nicht freundlich sein bis zur Unterwürfigkeit, auch Grenzen setzen. Verstehen heißt, den Anderen anders sein zu lassen, ihn zu unterstützen, sich zu verstehen, sodass er sich gehalten fühlt, sich entwickeln und lösen kann.

Es ist zu lernen: Das hier beschriebene Vorgehen trennt nicht zwischen diagnostischem und therapeutischem Handeln. Vielmehr versuchen wir, eine einheitliche Grundhaltung zu erarbeiten. Dass gelegentlich doch wieder über jemanden gesprochen wird und weniger Beziehungen bedacht werden, hilft uns, uns zu bemühen, aus den Rollenvorstellungen, die den Patienten zum Objekt machen, herauszukommen.

Das ist zu lernen: Selbstwahrnehmung und Suchhaltung ermöglichen mir auch noch auf andere Weise die Arbeit in der Psychiatrie – etwa so:

- Die Suchhaltung macht mich freier, anzuerkennen, dass der Andere ein anderer Mensch ist, d. h. sie hilft mir, im Rahmen der Nähe der Begegnung Distanz zu bewahren.
- Suchen bei mir selbst hilft, weniger entwertend, sondern achtungsvoll zu sein.
- Suchhaltung schützt gegen die Gefahr »weggeschwemmt« zu werden, z. B. in Mitgefühl, in Hilflosigkeit und Verzweiflung oder in Ablehnung und Verachtung.
- Suchen bei mir selbst wirkt als Modell auf den Anderen, »steckt an«: ich bestärke nicht die Abhängigkeit und die Hilfserwartung des Anderen, indem ich für ihn suche, sondern ich vermittle die Haltung: »Ich weiß selbst, wie schwer es ist, allein zu suchen, aber ich kann es dir nicht abnehmen, ich kann es nicht für dich tun. Ich kann dich bei deinen Bemühungen unterstützen, indem ich bei dir bin, dich nicht aufgebe und dich durch mein Beispiel ermutige, selbst weiter zu suchen.« (Übung und Selbsterfahrung: was ist Solidarität?)
- Suchen bei mir selbst schützt auch den Anderen vor mir, etwa dass ich ihm mein Bild überstülpe. Ich weiß, dass ich nichts *für ihn* tun kann. Dies Prinzip der Hilfe bei der Selbsthilfe hilft mir, den Anderen nicht zu bevormunden, zu beherrschen, abhängig zu machen.

Zum Abschluss dieses Abschnitts möchten wir noch einmal hervorheben, dass das Nachdenken über mich und mein Verbundensein mit der Welt Grundlage und Ausgangspunkt der Suchhaltung ist. Die Suchhaltung wiederum ist Grundlage und Ausgangspunkt der Grundhaltung. Suchhaltung und damit verknüpft Grundhaltung werden als allgemeine Prinzipien des psychiatrischen Handelns gesehen, die erfüllt sein sollten, bevor Therapien wirksam werden, die Therapien also übergreifen, und die von allen psychiatrisch Tätigen erbracht werden müssen.

Ein weiterer Aspekt soll angedeutet werden. Wir haben uns oft gefragt, was der Unterschied zwischen therapeutischen und »normalen« Begegnungen vom Therapeuten her ist. Abgesehen davon, dass letztlich jeder dies für sich selbst klärt, und abgesehen davon, dass wir mit den Überlegungen nicht am Ende sind, lässt sich sagen: Die Grundhaltung ist dann keine

Rolle, sondern echt, nämlich ständiges Bemühen um Verständnis, wenn gilt: Menschen, denen ich außerhalb meiner Arbeit begegne, werde ich genauso begegnen, wenn ich sie verstehen will. In der psychiatrischen Arbeit kann ich weniger frei entscheiden, ob ich will, dass jemand sich besser versteht. Ich werde dafür bezahlt, meine Fähigkeit zu verstehen, zu fördern. Man soll nicht denken »es ist doch immer schön, einen anderen Menschen verstehen zu können«. Wenn ich »draußen« bin, kann ich entscheiden, wie weit ich noch etwas verstehen will. Sicher ist jedoch, dass mit der Zunahme der beruflichen Verstehensfähigkeit auch meine Bereitschaft außerhalb größer wird.

BEISPIEL Wieweit will ich über die Arbeitszeit hinaus mich mit Psychiatrie beschäftigen? Will ich noch Gruppen betreuen? Freizeitclubs? Wohngemeinschaften? Ferienreisen organisieren? Familienbesuche? Lasse ich mich abends bzw. außerhalb der Dienstzeit zu Hause anrufen? Gehe ich mit Patienten aus? Verbringe ich das Wochenende mit ihnen, lebe ich mit ihnen zusammen? Diese Fragen müssen individuell entschieden werden, individuell vom psychiatrisch Tätigen und individuell vom Patienten. Insofern ist eine Überprüfung der eigenen Wohn-, Freizeit- und Bindungswünsche wichtig auch auf dem Hintergrund des eigenen Gesamt-Lebensplans. Zwar haben alle im Team die gleiche Grundhaltung, doch die berufliche und persönliche Spezialität und Unterschiedlichkeit macht das Team erst sinnvoll.

Es muss betont werden, dass es sich bei der »Selbstwahrnehmung« nicht um einen abzuschließenden Prozess handelt. Jeder entwickelt sich weiter, bewegt sich in Zeit und Raum, andere Dinge werden wichtig, es treten Krisen auf, neue Erkenntnisse, Wissen und Informationen sind da. Insofern hört das Explorieren, das Nachdenken über Zusammenhänge, über mich, über die Bedeutung, die andere Menschen und Dinge für mich haben, nicht auf.

BEISPIEL Eine sehr engagierte Ärztin in einem sozialpsychiatrischen Dienst entdeckte nach vielen Jahren Dienst allmählich ihre Unlust, zur Arbeit zu gehen. Erst schob sie es auf die Jahreszeit, auf den fehlenden Urlaub, auf die Belastung im Privatleben. Allmählich fand sie heraus, dass sie vorübergehend oder immer das Arbeitsfeld ändern müsse, gar nichts mehr mit Psychiatrie zu tun haben dürfe. Das Gefühl, in all den Jahren nichts Entscheidendes geändert zu haben, die Einsicht, dass nach Leid immer nur neues Leid kommt, die Einsicht, wie wenig änderbar der Mensch ist, es sei denn, er will sich selbst ändern und gibt sich Mühe, die Erfahrung, dass ihre Arbeit nicht durch die angestrebte Verkleinerung der Großkrankenhäuser honoriert werde, hatten sie so mürbe gemacht, dass sie den Patienten vorwurfsvoll, kritisch, kühl, versachlichend begegnete. Noch einige Zeit vorher hatte sie eine ältere Sozialarbeiterin wegen deren Verbitterung heftig angeklagt und war sich sicher gewesen, dass ihr das nicht passieren könnte.

All dies gilt für alle gleich. Es gilt nicht für den Arzt mehr und für die Sozialarbeiterin weniger. Es gibt bei der Grundhaltung kein irgendwie geartetes Gefälle, auch in den Begegnungen mit den Patienten nicht. Dies garantiert Solidarität und professionelles psychiatrisches Handeln, das so innerhalb einer demokratischen Gesellschaft leichter ist, aber auch in anderen politischen Verhältnissen standhalten sollte.

Vollständigkeit der Wahrnehmung – Meine Rolle als Ersatzspieler: Übertragung

In diesem Abschnitt muss die Frage stehen: Was macht die Psychiatrie mit mir, was löst sie in mir aus? Antwort: Das Gefühl, nie genug zu tun, das Gefühl, die Last der Welt zu tragen, eigentlich vor lauter aktuellen Nöten völlig aus der Ruhe zu kommen, weil jede mit gleichem Recht zuerst nach Linderung drängt. Wie leicht bin ich bereit, gerade diesen Impuls (Übertragung) anzunehmen, jedoch: je mehr ich tue, desto mehr Not sehe ich (eine Lösung von »mehr desselben«). Wenn ich bereit bin, dies anzunehmen, werde ich bald lahm und spielunfähig. Neue Lösungen fallen mir nicht ein. In dieser scheinbar ausweglosen Lage liegt die Chance für Erweiterung der subjektiven Wahrnehmung und dann auch für die Normalisierung. Dass man im Moment der Begegnung erkennt, dass eventuell auch Andere helfen können, da die ersten Partner die Angehörigen sind, dass Angehörige nicht Hilfshelfer sind, sondern selbst Betroffene, dass andere Institutionen, auch solche außerhalb des Systems Psychiatrie, auch Hilfe leisten, dass Helfende scheitern können, dass das Anerkennen der eigenen Hilflosigkeit hilfreicher sein kann als die Übernahme des Druckes: Du musst jetzt sofort helfen. Die Veränderung in der Psychiatrie kann nur erzielt werden, wenn die Übertragungs-Anteile genau erkannt werden, wenn man sich nicht zum Opfer macht. Denn indem man das tut, wird man zum Täter des »kranken« Anteils.

BEISPIEL 1 Die Pflegenden und darüber hinaus alle in psychiatrischen Institutionen Arbeitenden werden oft für die miserablen Zustände in der Psychiatrie verantwortlich gemacht. Lange genug haben sie diesen Vorwurf angenommen, haben unter ihm gelitten. Sie haben nicht erkennen können, dass ja die Gesellschaft die Menschen an die Psychiatrie abgibt. Die psychiatrisch Tätigen sind also Ersatzspieler. Deshalb müsste der Konflikt auf eine andere Weise ausgetragen werden.

BEISPIEL 2 Oft hören Mitarbeiter in einer Tagesklinik, dass es so freundlich und hoffnungsvoll zugehe in der Tagesklinik. Gar nicht wie draußen. Zu welchem Guten ist man da Ersatz?

Es ist nicht zu vergessen, dass psychiatrisch Tätige in der beschriebenen Weise Ersatzspieler sind. Sie haben die Aufgabe, herauszufinden, wie die eigentlichen Spieler zusammenspielen. Was von Einem kommt, was vom Anderen, und dann muss er mit den Betroffenen nach ihnen möglichen neuen Handlungsweisen und Spielräumen suchen.

Normalisierung der Begegnung

Wenn ich meinen Anteil an der Begegnung durch Wahrnehmung meiner Gefühle besser verstehe und wenn ich erkenne, welches die Bedingungen des bisherigen Problemlöseverhaltens sind, habe ich die Voraussetzung für die Normalisierung der Beziehung geschaffen. Von dem ausgehend, was Aufgabe ist – Sorge um psychisch kranke Menschen in einem demokratischen Staat – und ausgehend von dem bisherigen Problemlöseverhalten, kann man neue Wege, neue Möglichkeiten der Lösung finden und die gesunden Anteile bewahren. Das gilt für den Umgang mit dem einzelnen Patienten, für den Umgang mit Institutionen oder auch Systemen. Wichtig ist, dass ich mir dabei Zeit lasse und gründlich bin, dass ich nicht nur bekannte Wege gehe, sondern auch Trampelpfade und Schleichwege zulasse, dass ich mich nicht nur durch Vorschriften und Regeln beherrschen lasse, sondern mich auf einen Erkenntnisvorgang einlasse, der auch originelle Lösungen hervorbringen kann. Der Königsweg ist der jeweils einzige Weg des Individuums, nicht die Autobahn von »man macht das so«.

Normalisierung der Beziehung ist demnach der Entwurf neuer Handlungsmöglichkeiten und die Zuwendung zu der Angst, die es macht, neue Wege zu gehen. Um nicht zu verzagen, sollte ich mich mit anderen zusammentun. Auch sollte ich über Möglichkeiten meiner Selbstkontrolle nachdenken. Wenn ich anfange mit der Grundhaltung und mir meiner Beziehungen bewusster werde, brauche ich Gelegenheit für Korrekturen und Bestätigungen. Statt Selbstkontrolle können wir auch Selbstüberprüfung sagen.

▪▪ Fortbildung (s. Ausbildung)

Sie ist wichtig, weil ich mein Wissen erweitern kann, vor allem aber, weil ich andere psychiatrisch Tätige aus meinem und aus anderen Berufen und Einrichtungen treffe, mit denen ich über gemeinsame Probleme aus der Arbeit sprechen kann. Ich kann erfahren, wie sie ihre Arbeit tun, welche Spannungen und Zufriedenheiten sie erfahren. Ich kann praktisch und theoretisch überprüfen, ob mein Tun mich und die Patienten weiterbringt.

Auch Weiterbildungen sind gut. Zu achten ist auf berufsübergreifende Bildungsangebote, weil sie die Kooperationsfähigkeit fördern.

▪▪ Team

Es ist mein ertragreichster Kritiker und Bestärker. Allerdings wird es an dieser Stelle nur der Vollständigkeit halber noch einmal aufgeführt. Denn das bisher in diesem Kapitel Gesagte handelt davon.

BEISPIEL So berichtet eine Kollegin nach der Gruppentherapie, dass sie deutlich spüre, wie angestrengt und bemüht sie sei. Das Team verweist sie auf ihre Strenge, und sie kann die Strenge als Teil ihres Bemühens verstehen. Während einer Vollversammlung, bei der die Patienten überlegen, ob sie nicht einen anderen Tagesablauf entwerfen können, unterbricht diese Kollegin nach einer Weile die Diskussion und sagt: So ginge es nicht, schließlich sei der Tagesablauf festgelegt, die Patienten hätten an sich zu arbeiten, nicht den vereinbarten Ablauf des Tages zu ändern. Die Zusammenschau der in dieser Äußerung enthaltenen Strenge und der vorher gemachten Selbstbeobachtung brachte sie dann im Team zu der Überlegung, dass in Wirklichkeit die Vorstellung einer Änderung sie ängstigte. Obwohl sie wusste, wie wichtig die Erfahrung von Änderung ist, wollte sie sie den Patienten nicht zubilligen, weil das Unordnung gebracht hätte. Am Beispiel von Bürgerinitiativen bekam sie Zugang zu dem Thema und konnte beweglicher mit Wünschen nach Änderung umgehen, Diskussionen anregen und nicht autoritär, sondern sachlich begründen, wenn sie den Tagesablauf für sinnvoll hielt.

Das Team arbeitet auch daran, Missgunst, Misstrauen, Hohn und Schadenfreude, Hemmung und Feindseligkeit abzubauen und Solidarität herzustellen. Auch dies geht nicht per Absichtserklärung, sondern ist ein Prozess.

■■ Die Neuen und die Besucher von außerhalb

Schließlich ist es ein Zeichen für die Bereitschaft eines Teams, sich immer neu zu überprüfen, wenn das Auftauchen eines »Neuen« oder »Fremden« nicht nur als Bedrohung, sondern auch als *Chance* gesehen wird. Denn jeder Neue sieht anders und macht alles Eingefahrene fraglich. Solche Chancen sind: Jeder neue Kollege, jeder Schüler, Praktikant, Student; evtl. ein Supervisor; jeder interessierte Besucher aus einer anderen Einrichtung; jeder, der mit einem Forschungsinteresse »eindringt«, stellt auf seine Weise nützliche »dumme« Fragen, jede Herausforderung zur Kooperation mit anderen Einrichtungen.

■■ Supervision

Supervision ist die systematische Aufarbeitung psychodynamischer Prozesse des Teams und seiner Arbeit unter Leitung eines externen Supervisors. Sie sollte eine Gelegenheit sein, bei der man sich über die eigene Wirkweise klar werden kann, auch über die Wirkung der Institution, auch über die Wirkung einer gesellschaftlichen oder ökonomischen Bedingung. Vor allem ein Ort, wo man gefahrlos gucken kann, welches die Grenzen der eigenen Hilfsfähigkeit sind, ob man sich ändern kann, wie man andere vor sich schützen kann. Einzelarbeiter können in Supervisionsgruppen, auch in Balintgruppen ihre Arbeit wieder in größere Zusammenhänge stellen.
An einigen Orten gibt es die Arbeitsplatz-Selbsthilfegruppe statt der Supervision. Streng nach den Regeln der Selbsthilfegruppenarbeit, die Sie bei der regionalen Selbsthilfe-Kontaktstelle erfragen können.

■■ Die Öffentlichkeit

Ein wichtiges Kriterium für die Selbstkontrolle ist, inwieweit ich in der Lage und bereit bin, Öffentlichkeit herzustellen. Oft sind nicht nur die psychisch Kranken aus dem Bild und aus dem Bewusstsein der Öffentlichkeit verschwunden, sondern umgekehrt auch die Öffentlichkeit aus dem Bewusstsein der psychiatrisch Tätigen. Öffentlichkeit bezieht sich jedoch nicht nur auf die Menschen außerhalb der Institution, sondern ist auch in der Institution als Mittel der Selbstkontrolle wirksam einzusetzen. Da gibt es Möglichkeiten, Vollversammlungen einzurichten, wo Betroffene und Helfer Wünsche und Bedürfnisse, Regeln und Pflichten (dies gilt gegenseitig), Kritik und Anerkennung austauschen und die organisatorischen Möglichkeiten gemeinsam festlegen. Als wirksam hat sich eine innerbetriebliche Zeitung erwiesen, die auch für die Kontakte nach außen nutzbar ist. Es ist klar, dass dieser Bereich der Selbstkontrolle am ehesten dann nicht gelingt, wenn die Normalisierung der Beziehung nicht geglückt ist. Insofern ist auch das ein Indiz.

MERKE **Es ist besser, eine schlechte Nachricht über die Psychiatrie in der Zeitung zu finden als gar keine.**

ÜBUNG Denken Sie sich aus, wie unterschiedliche psychiatrische Institutionen Öffentlichkeit herstellen können.

D Handeln (Behandeln, Verhandeln)

Wie mache ich die Grundhaltung wahr?

Bisher haben wir hauptsächlich vom Wahrnehmen gesprochen. Handeln war schon immer enthalten. Es ist ja nicht nur Erkennen gemeint, sondern auch Erkanntes anzustreben, sich ihm zu nähern. Wie schwer es ist, vom Wahrnehmen zum Wahrmachen zu gelangen, vom Vorsatz zum Handeln, das kennt jeder.

BEISPIEL Wer hat sich schon mit welchem Erfolg eine schlechte Gewohnheit wieder abgewöhnt?

Wichtig: Wir wissen schon, wie lange es dauern kann, bis wir etwas anders machen. Und dennoch erwarten wir von Patienten und sie von uns, dass »die Hilfe«, die Änderung schnell erfolgen soll. Hier lohnt sich die Kenntnis der Verhaltensmodifikation (s. Kapitel 19, SCHWÄBISCH und SIEMS).

Oder: Manchmal geht es, wenn es mir gelingt, ein krankmachendes Hindernis in der Umwelt zu beseitigen.

■ Versuchte Annäherung oder: die Angst der ersten Schritte

Durch alle Überlegungen, durch alles Wissen kann ich noch so gewappnet sein, die Wendung in die Handlung lässt die bekannten Ängste vor dem Fremden, dem Unheilbaren, dem Versagen wieder aufkommen. Die Schwierigkeit, die Gehemmtheit anzugehen, ist für den Anfänger größer als für den Geübten. Der Außenseiter wird schwerfälliger sein als jemand, der auf soziale Integration angelegt ist, aber nicht schwerfälliger als die »Betriebsnudel«. Besonders schwer wird der erste noch so kleine Schritt, wenn man denkt, die Anderen wollten einen ändern und nicht die Chance geben, die eigene Wirkungsweise kennen zu lernen. Das Ändern kann immer dem Erkennen nachstehen, weil auch Anerkennung oder Bewahren die Folge von Erkennen sein kann. Und der zweite Schritt, und sei er noch so klein, wird erschwert, wenn der erste nicht wahrgenommen und offen anerkannt wird.

BEISPIEL Eine Krankenschwester hat gelernt, wie wichtig Ausflüge für Heimbewohner sind. Sie nimmt sich vor, mit einer Gruppe von Patienten schwimmen zu gehen. Am Tag vor dem Ereignis tauchen eine Menge Fragen auf: Wird sie gelassen bleiben können, wie wird die Reaktion der Fahrgäste im Bus sein, wie die Reaktion der Gäste im Schwimmbad, wird sie, werden die Patienten scheel angeguckt? Sie schämt sich, über diese Fragen zu sprechen, vertraut sich dann einer Kollegin an, die so einen Ausflug schon einmal gemacht hat. Diese regt ein Gespräch im Gesamt-Team an. So kann erkannt werden, welche Bedeutung der Ausflug für die Krankenschwester hat, und sie kann – mit der Unterstützung – die Angst im Handeln nutzen.

Es ist unausweichlich, jedem psychiatrisch Tätigen immer wieder diese anfängliche Bewegungsscheu zuzubilligen. Als Signal genommen kann sie behutsam machen für die eigenen Möglichkeiten und die Möglichkeiten des Anderen und so das Handeln gerade fördern. Die Gefahr liegt darin, auftretende Angst als absolute Grenze für das eigene Handeln zu nehmen. Die Gefahr liegt auch da, sich zu überfordern, den Widerstand, das Fremde nicht zuzulassen. Damit überfordert man auch den Anderen.

■ Angehörige

Die Frage nach den Angehörigen ist bei jeder Begegnung im Rahmen der Psychiatrie zu stellen. Denn die Angehörigen sind – auf welche Weise auch immer – selbst Betroffene. Man muss die Begegnung suchen, sie fragen: warum sie keinen Kontakt haben, warum sie so bevormundend sind, ob sie den Angehörigen noch als Angehörigen sehen, ob sie sich von ihm trennen wollen, wie ihre eigene innere Entwicklung ist, wo sie sich vom Angehörigen nicht ernst genommen, unter Druck gesetzt fühlen, was sie mögen, schätzen, lieben, ablehnen. Und wenn man gemeinsam weitermachen will: was sie für sich tun können, um die Beziehung zu ändern.

ÜBUNG Jeder psychiatrisch Tätige macht einige Zeit Angehörigen-Gruppen. Er lernt in dieser Zeit u.a. seine eigene Familie neu zu sehen und seine Beziehungen zu ändern (garantiert!). Auch meine eigenen Angehörigen, die Angehörigen der psychiatrisch Tätigen, dürfen nicht vergessen werden.

■ Die Wirkung des Unsystematischen

Eine Vorstellung, die das Handeln psychiatrisch Tätiger beherrscht, ist die des Systematischen. Bei der Medikamentenvergabe (s. Kapitel 18), der Anwendung von Psychotherapie (s. Kapitel 19), der Einhaltung von Stationsplänen und anderen Regeln (s. Kapitel 17 und 14). Das geht so weit, dass nur, wenn Systematisches vorliegt, von »echt« gesprochen wird: »echte« Psychotherapie. Und viele, vor allem Geldgeber und andere auf Kontrolle Angewiesene, lassen sich davon blenden. Die Systematik des Unsystematischen gibt es nicht – und dennoch können wir nicht umhin, sie lernen, begreifen zu wollen. Das heißt, eine Offenheit für Unordnung zu entwickeln und sie aushalten können, sogar bei aller Bindung an Regeln zur Unordnung beitragen können.

BEISPIEL Eine Studentin hatte mitbekommen, dass die Besucher – Patienten ebenso – einen schizophren handelnden Besucher aus der Gruppe ekelten. Er, der sich nicht einordnen konnte, von außerhalb irgendetwas sagte, wenn gerade ein ordentliches Gespräch stattfand, war auch einer der Ärmsten und mochte den Kaffee nicht bezahlen. Darüber gab es den inhaltlichen Streit. Der Besucher blieb weg. Als die Studentin diesen Besucher auf der Straße sah, ging sie hin und sagte, dass sie sich freuen würde, wenn er wiederkäme. Dies half ihm, den Ort der Unterstützung zu behalten, weil er wiederkommen konnte.

ÜBUNG Außerhalb von Institutionen und ihrem besonderen Schutz Kontakte knüpfen. Wo begebe ich mich in Gefahr? Die eigenen Grenzen kennen lernen.

Oft begegnet man Menschen, die gar keinen guten Kontakt zum eigenen Lebenslauf haben, die »immer mal« kommen wollen, die tatsächlich nur kommen, wenn es ihnen schlecht geht (häufig vergessen gerade therapeutisch Tätige, dass es das ist, wofür sie bezahlt werden) – für all die gilt es, Netz zu sein, sie nicht auf Systematik und Regelmäßigkeit zu verweisen.

Die Gefahr, und da braucht man auch Aufrichtigkeit, ist die, dass man gleichgültig wird. Und wenn es das ist, dann dienen Institutionen und gerade die festen, der Selbstkontrolle der psychiatrisch Tätigen. Den Überlegungen liegt nicht nur ein moralisches Prinzip zu Grunde, sondern das Wissen um die eigene Schwäche und Unzuverlässigkeit, auch das Wissen um die Notwendigkeit, auf Plötzliches, Aufbrechendes, Jähes, Scheuendes, Verborgenes, Sprühendes einzugehen.

Es gibt viele Einschränkungen und Kränkungen, die den Menschen dem systematischen Zugriff entziehen. Die Menschen können sich erst in der Offenheit einer Kontaktstelle, eines Clubs, einer Tagesstätte allmählich sich selbst und damit auch der Welt nähern.

Auch auf Stationen sind Zuwendungen unsystematisch. Wichtig ist, dass dabei nicht systematisch jemand ausgelassen wird. Die mögliche gedachte Lösung, die Zuwendung innerhalb der Institutionen total zu systematisieren, ist unmenschlich.

Die Berufsrollen im psychiatrischen Team (Therapeutische Techniken)

Zwar streben im Team alle die gleiche Grundhaltung an, doch die berufliche und persönliche Spezialität und Unterschiedlichkeit macht das Team erst sinnvoll. Ein Team ist dann therapeutisch wirksam, wenn sowohl die individuelle Besonderheit jedes einzelnen Teammitgliedes als auch die seiner beruflichen Spezialerfahrung voll zum Tragen kommen. Welche Berufsgruppen gehören zu einem psychiatrischen Team? Dies ist je nach der Art (und den Mitteln) der Einrichtung unterschiedlich. Auch wenn dies vielerorts noch nicht so ist, gehen wir davon aus, dass jemand in einem psychiatrischen Team auf folgende Berufsangehörige trifft: Schwestern/Pfleger, Arzt, Sozialarbeiter, Beschäftigungstherapeut, Psychologe und Bewegungstherapeut. Dies kann – wie gesagt – unvollkommen oder indirekt (Psychologe nur auf derselben Abteilung) sein. Gleichwohl machen diese Berufe das Kernteam aus. Dann können je nach Einrichtung Soziologen, Pädagogen, Pfarrer, Laien, Musiker zu einem Team dazugehören oder Biochemiker, Laborant, Werkmeister oder Erzieher.

ÜBUNG Ein Organisationsspiel, in dem die Teilnehmer sich darauf zu einigen versuchen, welche Berufsangehörige in welcher Zahl in welchen Einheiten oder Institutionen ein Team bilden.

■■ Pflegeberufe

Bisher wird die Arbeit der Pflegeberufe immer vom stationären Tun her beschrieben. Die Frage ist jedoch: Was ist die Basis? Ohne Pflege der Beziehungen, der Umwelt, der Wohnung, der Wäsche, des Körpers, der Zähne, der Seele kommt ein Mensch nicht aus. Da man vor allem die Pflege der Seele nicht gut lernt und immer eines auch Ausdruck des anderen ist, ist die Wahrnehmung der Pflege überall unerlässlich. Das können und das tun Angehörige anderer Berufsgruppen nicht. Die Angehörigen der Pflegeberufe sind die Spezialisten für die Wahrnehmung aller menschlichen Bedürfnisse und Notwendigkeiten (s. Kapitel 17 über Soziotherapie). Die Pflege im Krankenhaus ist gewissermaßen einseitig konzentriert. Wertvoller ist sie, wenn sie in allen psychiatrischen Institutionen vorhanden ist. Wertvoller ist sie auch, wenn sie Pflege des Körpers, der Beziehungen, des Milieus ist und bei der Selbstpflege unterstützt. Psychiatrische Pflege begleitet den einzelnen Kranken aus seinem individuellen Rückzug oder seinem anderen psychischen Leiden bei seinem Weg in das Soziale. Dort wird sie vom Sozialarbeiter abgelöst oder arbeitet mit ihm zusammen.

ÜBUNG (Selbst-)bewusste Beschreibung der Pflege in unterschiedlichen Institutionen.

Die Gefahr ist, dass Angehörige gerade der Pflegeberufe denken, in der Gemeinde hätten sie es nicht mit Gewalt zu tun. Schon besteht die Neigung, so zu tun, als ob außerhalb von Kliniken nur Nettigkeit herrsche. Da aber in den Gemeinden dieselben Menschen sind wie in den Kliniken, werden auch die gleichen Probleme und Lösungsmöglichkeiten vorkommen, nur eben im Normalzustand und nicht gehäuft und konzentriert.

■■ Arzt

Im Team ist der Arzt der, der am besten mit den körperlich-kranken Teilen eines Menschen umgehen und der Einzige, der Medikamente verordnen kann. Dazu gehören nicht nur Diagnostik sowie die körpertherapeutischen Techniken (s. Kapitel 18). Das, was der Arzt aus seiner Ausbildung am wichtigsten einbringt, betrifft die Reaktionen von Körper und Seele auf bestimmte Einflüsse, die aus dem Körper selbst kommen, die in Form von Krafteinwirkung (z. B. Hirnverletzung) oder Gifteinwirkung von außen kommen, die aufgrund gestörter Beziehungen zum Selbst oder zur Umwelt entstehen (z. B. psychosomatische Erkrankungen oder Isolationsfolgen). Er ist damit Experte für die Natur sowie für

Krankheit und Gesundheit (!) des Körpers und der Seele des Menschen. Traditionell war der Arzt der verantwortliche Leiter einer Station oder einer Einheit. Er führte, ordnete an, verantwortete. In einem psychiatrischen Team kann der Arzt als einer von mehreren gedacht werden. Alle sollten etwas von Verantwortung, Leitung, Anordnung übernehmen. Bleiben sie trotzdem am Arzt hängen, kann es daran liegen, dass der Arzt diese Aufgaben und Funktionen gern hat oder dass die anderen sie (meist uneingestanden) ihm immer wieder zuschieben. Oft verquickt sich beides. Es gehört für den Arzt eine Portion Durchstehvermögen dazu, sich hier (auch gegen Widerstand!) zu ändern, da außerdem auch und gerade der Arzt berufspolitisch in einer hierarchisch geordneten Umwelt steht, in der »nach oben« gestrebt wird. Gleichwohl kann der Arzt, nachdem solche von ihm ausgehenden »Berufsgefahren« gebannt sind, für andere im Team ein gutes Modell sein für den »Blick fürs Ganze« und für selbstständig-verantwortliches Handeln in Ausnahmesituationen.

■■ Sozialarbeiter

Der Sozialarbeiter ist im Team in erster Linie ein Netzwerker mit eigenem Profil. Er kennt sich in den umgebenden Landschaften in besonderer Weise aus, kann auch und besonders dort, wo Sozialarbeiter beispielsweise in Sozialpsychiatrischen Diensten, im Betreuten Wohnen und im Feld »Tagesstruktur und Beschäftigung/Arbeit« die wesentlichen Betreuungsaufgaben wahrnehmen, auf den Bedarf des einzelnen Patienten zugeschnittene nachsorgende Hilfsangebote arrangieren und durch optimale Nutzung der Sozialgesetze Hilfebedarf und Hilfeleistung zusammenbringen. Dabei zieht er seine gewonnenen Erkenntnisse zu früheren psycho-sozialen und etwa ökonomischen Lebenslagen des Patienten ebenso heran, wie die durch ihn zu entdeckenden Ressourcen in der konkreten sozialen Umwelt und in der Lebensgeschichte des Patienten. Daneben nimmt er auch die Aufgabe wahr, die Patienten dabei zu unterstützen, ihre sozialstaatlich gegebenen Rechte und Pflichten wahrzunehmen. Sozialarbeiterisch stellt sich sehr häufig dann auch die Aufgabe, leidensbedingte Verelendung oder drohende Verelendung zu ordnen bzw. ihr vorzubeugen. Darüber hinaus ist es Aufgabe der Sozialarbeiter, für die Patienten Soziales wieder erfahrbar zu machen, soziale Räume zu erschließen und erreichbar zu machen. Seine »Berufsgefahr« besteht sicher darin, als Sozialtechniker allem und jedem eine soziale Erklärung aufzupressen. Für das Team ist er Experte sowohl für den Bezug zu den Verwaltungen als auch für die sozialen »gemeinsamen« und »gemeinsinnigen« Anteile, also die Gruppen-Anteile von Menschen, wobei er oft genug die Interessenspannung zwischen beidem auszutragen hat. Seine wichtigste Aufgabe: Immer wieder auf die Folgen sozialer Ungerechtigkeit aufmerksam zu machen, nicht sie für die Gesellschaft zu vertuschen.

Bewegungstherapeut

Er wird vielerorts auch noch Krankengymnast genannt. Uns allen geht es so, dass wir zu bestimmten Zeiten verspannt, verkrampft sind, auch nicht mehr sagen können, wie sich unser Körper eigentlich fühlt, wie groß oder klein, stark oder schwach, wie es – körperlich – ist, sich fallen zu lassen oder abzuspringen, was Begegnung körperlich heißt: hierfür ist der Bewegungstherapeut Experte. Die besondere »Berufsgefahr« liegt darin, zu schnell zu sein, mit der eigenen Begeisterung (auch Leistungsehrgeiz) den Anderen in Angst und Überforderung hineinzutreiben. Eigentlich sollte er nicht Therapeut heißen, sondern vielleicht Fachmann oder eben auch Arbeiter, weil es nicht um Heilen geht, sondern um Kennenlernen, die Chance zur Veränderung geben, Bewusstwerden der eigenen Gliedmaßen, der eigenen Ausdehnung, des Wunsches nach Distanz und Nähe, auch der Möglichkeit von Distanz und Nähe: wann fühle ich mich allein (fern), wann fühle ich mich erdrückt, wie trete ich auf, wie große Schritte kann ich machen, aber auch, wie erlebe ich Raum – mit geschlossenen Augen z. B. – oder Zeit? Viel Spielerisches kommt in diese Tätigkeit, wenig Systematisches, denn es wird entscheidend von der Gruppe abhängen, was erfahren wird, ob Gesichtspunkte des Tempos oder der Verzerrung und Entstellung, Verbiegung oder Entspannung vorrangig zum Tragen kommen. Ambulante Teams könnten sich, wie das in einigen Gruppenpraxen geschieht, mit niedergelassenen Krankengymnasten zusammentun.

Arbeits- und Beschäftigungstherapeut

Es war schon gesagt, dass Arbeiten, Sich-Beschäftigen wesentliche Bestandteile der menschlichen Teilhabe am gesellschaftlichen Leben sind, sodass das häufige Missverständnis, die Beschäftigungstherapie diene der Ablenkung, die eine »Berufsgefahr« der Arbeits-/Beschäftigungstherapie darstellt. Die andere ist: jemanden zu aktivieren, statt ihn dabei zu unterstützen, aktiv zu werden. Wenn die Beschäftigungstherapie mich schon nicht ablenkt: wo lenkt sie mich dann hin? Was habe ich davon, wenn ich mit Ton, Bast, Holz und anderem Material arbeite, was macht es in mir für Gefühle? Sicher kann es nicht darauf ankommen, das »schöne Körbchen« zu basteln, sondern: die Selbstwahrnehmung auf das Tun, auf die Aktivität zu lenken, auf das, was ich kann, was ich nicht kann, wie ich mich anstrenge, konzentriere, durchhalte, wie ich mit Fehlern umgehe, wie ich allein arbeite oder in der Gruppe. Beschäftigungstherapie und Arbeitstherapie: wie unterscheiden sie sich? Mit Arbeit verdient man Geld, verschafft sich die Möglichkeit zur Teilnahme an den Konsumgütern und an wesentlichen Bereichen der Gemeinschaft (von Kneipe bis Golf-Club). Zugleich werden die meisten bei der Arbeit kontrolliert, bekommen gesagt, was sie arbeiten sollen, fürchten, nicht zu genügen. Beschäftigung ist freier, kreativer, teilweise auch individueller im Sinne von privater. Der Arbeits- und Beschäftigungstherapeut hat Ahnung von der Arbeitswelt und kann entsprechend anregen, arbeitendes (das ist auch beschäftigendes) Handeln auszuprobieren: in Gruppen zu arbeiten, den Arbeitsplatz zu organisieren, Druck auszuhalten, Pausen zu machen, die Qualität der Arbeit einschätzen zu lernen, nicht so hektisch zu arbeiten, mit der Arbeit aufzuhören, zuzugucken. Wesentlich ist der ständige Bezug zur alltäglichen Arbeit. Der Arbeits- und Beschäftigungstherapeut ist im Team also der Experte für das Alltagshandeln (Arbeit und Freizeit) der Menschen: Arbeitstherapie darf nicht als Ersatz verstanden werden, sondern als Möglichkeit, arbeitendes Handeln auszuprobieren. Mit der Bedeutung der Arbeitslosigkeit und der Möglichkeit von Selbsthilfefirmen hat er sich besonders auseinander zu setzen. Arbeit garantiert den Zusammenhalt der Gesellschaft, sie dient der sozialen Kontrolle. Was bedeutet es, wenn viele chronisch Kranke keine Arbeit finden oder nur solche, die von der Gesellschaft nicht mehr gebraucht wird?

■■ Psychologe

Psychodiagnostik und Psychotherapie bestimmen die Tätigkeit des Psychologen in der Klinik. Gleichzeitig bringt der Psychologe auf Grund seiner Ausbildung eine Menge Wissen von Grundlagen und Allgemeinem über den Menschen mit, z. B. über die menschliche Entwicklung und das Lernen, auch von Wahrnehmung. Kenntnisse psychotherapeutischer wie psychodiagnostischer Techniken sind ihm nützlich. Auch sie entsprechen einem bestimmten Menschenbild, über das er sich Rechenschaft ablegen muss. Auf diese Weise wird der Expertenbeitrag eines Psychologen im Team darin bestehen, das Nachdenken darüber anzuregen und mit seinem Spezialwissen zu unterstützen, nach welchem Menschenbild man eigentlich sich und die Patienten sein lassen will. Der Psychologe kann auf Grund seiner Ausbildung eine große Menge von Themen einbringen, die für die Arbeit in der Psychiatrie von Bedeutung sind: Gefühl, Leistung, Intelligenz, Fähigkeit, Eigenschaft, Kleingruppe, Ich-Identität, Denken, Selbst usw. Auch für ihn ist es wichtig, sich der Änderung seiner Wissenschaft bewusst zu sein. Je nach Ausbildung besteht eine »Berufsgefahr« darin, dass der Psychologe der Vielfalt menschlichen Handelns nicht gerecht werden kann, weil er bemüht ist, sie auf operationalisierbare Dimensionen zu reduzieren, und darin, dass er in jedem Tun psychotherapeutisches Tun erblickt und somit unsystematischem Handeln, das der Grundhaltung entspricht, nicht die Qualität des von ihm höher geschätzten psychotherapeutischen Handelns zubilligt.

In dem Gebiet »Gemeindepsychologie« wird versucht, nicht nur das Individuum zu sehen, sondern dessen Probleme auch von seinem Ökosystem her zu beschreiben, von der Landschaft, vom Kontext. Klinisch arbeitende Psychologen, vor allem die in der Gemeinde, sollten viel sozialpsychologisches Wissen haben und anwenden können: Vorurteile, Gruppen, Einstellungen, Strukturen usw.!

Hier ist der Versuch unternommen worden zu beschreiben, welche Spezialleistungen von einzelnen Berufsvertretern zu erwarten sind. Es ist deutlich geworden, dass die Spezialanteile eines Team-Mitgliedes gleichzeitig auch anteilig in jedem anderen Team-Mitglied enthalten sind, sodass man miteinander reden, sich gegenseitig fragen, anregen, überprüfen kann, ohne besserwisserisch zu sein.

Der Rahmen psychiatrischer Arbeit

Wenn ich psychiatrisch arbeiten will, werden mich die unterschiedlichen Einrichtungen (s. Kapitel 14) mehr oder weniger erschrecken, befremden, fordern. Deswegen sollte ich – am besten schon während der Ausbildung – alle möglichen Institutionen besuchen und überprüfen, wie meine gefühlsmäßigen Einstellungen zu der Institution sind.

Zur Beschreibung des Rahmens der Begegnung gehören Vereinbarungen über die Zusammenarbeit, den Ort und die Zeit der Handlung sowie die Ziele. Konferenzen und Netz-Werke sind die neuen Institutionen der Psychiatrie. Es ist anzunehmen, dass zukünftige Teams mit anderen Problemen der Aufgabenverteilung und des Rollenverständnisses zu tun haben als jetzige Teams: schon weil es mehr Wissen über Teams gibt und weil entsprechend die Einstellungsänderung in den einzelnen Berufsgruppen nicht mehr so grundsätzlich sein muss, sondern eine Frage der persönlichen Ausgestaltung werden kann. Das Team ist verpflichtet, die Spanne der beruflichen Spezialisierung und der Rollendiffusion (alle können alles) immer neu zu vereinbaren. Diese beiden Aspekte, die Arbeit des Einzelnen und die Notwendigkeit der Integration in die Grundhaltung sind am ehesten in regelmäßigen (wöchentlichen) Team-Besprechungen zu kontrollieren. Dabei wird es immer auch um Verantwortung gehen. Verantwortung wird oft gleichgesetzt mit Führung. Wenn wir uns selbst ernst nehmen, gilt, dass jeder für sich, seine Arbeit, die Arbeit des Teams verantwortlich ist, dass die so genannte »letzte« Verantwortung dem Teamprinzip widerspricht. Die Spannungen, die aus der noch vorgegebenen Verantwortungshierarchie und den im Team erarbeiteten und von allen verantwortlich vertretenen Entscheidungen entstehen, sind durchzusprechen. Verantwortung ist nicht nur Last. Vielmehr werden meine beruflichen Handlungen erst dadurch sinnvoll, dass ich sie verantworte.

Die »Team-Gefahr« ist die Verantwortungsdiffusion: Keiner weiß so recht, was seine Aufgabe ist, wofür er sich verantwortlich fühlen muss und wofür er zur Verantwortung gezogen werden kann. Jeder Mensch braucht einen überschaubaren Aufgabenbereich, und es ist äußerst überfordernd, sich immer für alles verantwortlich zu fühlen, eine Gefahr, die gerade für gewissenhafte und in ihrer Arbeit kontrollierte Menschen gilt. Andererseits verlässt man sich dann und wann ganz gern auf die Verantwortung von anderen und entlastet sich dadurch, wodurch die Gefahr von größerer Abhängigkeit und verstärkten Leistungsansprüchen gegeben ist. Diese Gefahr ist immer dann besonders groß, wenn Wechsel im Team stattfinden oder wenn Krisen, z. B. nach einem Suizid, auftreten, die an die Angst und die Schuldgefühle des Einzelnen rühren. Hier hilft es nicht, Schuldgefühle dadurch zu vermeiden, dass die Verantwortung auf einen »letztlich Verantwortlichen« abgeschoben wird. Vielmehr ist die Frage hilfreich: »Was ängstigt mich und was kann ich für die Zukunft daraus lernen?«

Wo findet die psychiatrische Arbeit statt?

Da mein Arbeitsplatz gleichzeitig der Ort der Patienten ist, kann ich ständig überprüfen, ob die Bedingungen, unter denen sie gesund werden sollen, wirklich die Bedingungen sind, unter denen ich gesund bleiben (arbeiten) kann. Lärm, Licht, Platz, Eingeschlossen-Sein, Bewegungsraum, Blumen, andere anregende Reize, Möglichkeiten, Privates unterzubringen, können Kriterien meiner Bewertung sein. Reizdeprivation (Wegnahme von gewohnten Umweltreizen) führt bei Menschen zu Veränderungen, die zwar gern ihrer »Krankheit« angelastet werden, jedoch Auswirkungen des Milieus sind. Also werde auch ich in einer Atmosphäre leiden, die zu reizarm ist, wird auch meine Wahrnehmung zumindest irritiert. Die andere Gefahr ist die Reizüberflutung. Oder: wenn alles so fest gefügt ist, dass keine Spielräume mehr gegeben sind.

ÜBUNG Was brauche ich an Reizen? Was ist zu viel (Reizüberflutung)?

Menschen sind in dem, was sie als Reize brauchen (angenehm empfinden) auch unterschiedlich. Schon ein Blick in die Wohnung der einzelnen Team-Mitglieder zeigt, wie groß die Unterschiede sind. Auch hier wirken sich soziale Unterschiede aus (Wohnraumgröße, auch Geschmack). Ich habe also bei der Gestaltung meines Arbeitsplatzes die Bedürfnisse und Wünsche der Patienten zu berücksichtigen: sie mitbestimmen zu lassen, wie ein Zimmer einzurichten ist. Das Argument, dass Zimmer, besonders »Krankenzimmer« funktional eingerichtet sein sollen, kann sich nur der leisten, der nicht 24 Stunden am Tag und das wochen- oder monatelang, in dem Zimmer zu leben hat. Umgekehrt ist auch Reizüberflutung zu vermeiden. Manche meinen es besonders gut und überfrachten bestimmte Ecken (gemütliche) mit Anregung, als solle sich der Patient hier auf lebenslängliches Wohnen einrichten. Ganz wichtig ist die Frage, wie viel *privaten Raum* ich zur Verfügung stelle: einen Nachtschrank, eine Nachttischlampe, einen großen Schrank, eine Zimmerecke. Viele von uns können sich schwer vorstellen, wie es ist, völlig entblößt zu sein oder völlig *öffentlich* zu leben, sich nicht zurückziehen zu können, immer kontrolliert zu sein. Dabei sind wir selbst schon viel früher verletzt: Wenn jemand unsere Intimsphäre antastet, unser psychisches »Territorium« betritt, sich in unsere Dinge einmischt. Hier steht Raum auch für eine psychische Dimension.

Zeitliche Rahmenbedingungen der Team-Arbeit

Hiermit ist nicht nur an die tägliche oder wöchentliche Arbeitszeit gedacht, vielmehr hat die »Zeit« noch andere Bedeutungen:

- Meine Tätigkeit in der Psychiatrie geschieht zu einer bestimmten historischen und politischen Zeit. Änderung von Psychiatrie und Gesellschaft stehen in engem Zusammenhang. Das wirkt sich auf mein Handeln aus. Kenntnis über Fragen und Probleme in einer Zeit, über Moden und Zeitgenossen, geben nicht nur zusätzliche Auskunft über mögliche Konflikte von Patienten, sondern helfen mir, meine Arbeit sinnvoll zu bestimmen.

- Meine Arbeit geschieht innerhalb der Psychiatrie an einem Ort, an dem Zeit eine Rolle spielt. Hier steht die Zeit still, dort läuft sie weg. Es geschieht leicht, dass man sich dem wahrgenommenen Zeitempfinden anpasst und sich dann selber wundert, wie anders die Zeiten anderer psychiatrischer Einrichtungen sind.

BEISPIEL 1 In Wohngemeinschaften ist die Arbeitsweise langsamer und ruhiger. Was heute nicht geschieht, geschieht morgen. Es ist leicht, sich an das langsame, schlurfende Tempo zu gewöhnen. Wir wissen inzwischen, wie diese Gewöhnung für Patienten zu Angst vor der Umwelt, zur Hospitalisierung, zu Institutionsartefakten, zur Isolation führt, da sie von Angehörigen oft vergessen und schließlich von der Gesellschaft ausgeschlossen werden. Es ist aber bisher wenig auf die Auswirkung dieser »Zeitlosigkeit« auf die Arbeitenden geachtet worden. Wenn ich mich für die Tätigkeit in einer Langzeit-Einrichtung entscheide, sollte ich wissen, wie trügerisch und gefährlich der Verlust des alltäglichen Zeitempfindens sein kann.

BEISPIEL 2 In einer Tagesklinik für Krisenintervention, in der die Patienten höchstens vier Wochen bleiben können, entspricht dies der Dauer eines Jahresurlaubes. Damit wird die Zeit vergleichbar, es wird auch deutlicher, dass Zeit zu nutzen ist. Für Team-Mitglieder besteht die Möglichkeit eines überschaubaren, konzentrierten Arbeitens, aber auch die Gefahr größeren Leistungsdrucks: in vier Wochen dem und dem Anspruch zu genügen. Dem Zeitlupen-Effekt der Langzeitbehandlung entspricht hier der Zeitraffer-Effekt. Das führt leicht dazu, dass Handlungen unterlassen werden, weil es einem zu viel wird, immer wieder dieselben Dinge zu diskutieren, sich immer wieder von Patienten in Frage stellen zu lassen, die notwendige Wiederholung als sinnvoll anzuerkennen, weil sie einem zum Halse raushängt.

BEISPIEL 3 Die gesellschaftlichen Bedingungen ändern sich: Dies bringt andere Menschen mit anderen Problemen in die Institutionen.

MERKE **Chronisch heißt nichts weiter als »in der Zeit stattfinden«. Und »chronifizieren« ist eine Wortschöpfung, die die Sozialpsychiatrie begleitet.**

Überlegung: Reflektieren Sie bitte diese Aussage in Bezug auf die Institution, in der Sie tätig sind oder die Sie kennen.

- Ein dritter Aspekt der Zeit zeigt: ich beginne zu einem bestimmten Zeitpunkt meines Lebens die Arbeit in der Psychiatrie, was für mein Leben und für meinen Aufenthalt in der Psychiatrie eine Rolle spielt.

Unterschiede wirken sich auch auf die Zusammenarbeit im Team aus, da sie beschleunigend oder verzögernd, anregend oder störend sein können. Es wird auf diese Weise »Traditionsträger« geben und solche, die mehr die Veränderung im Auge haben. Der Vorteil ist, dass die Diskussion über zu viel »Aktion« oder zu viel Beständigkeit auf dem Laufenden bleibt. Jedoch ist es für Zeitgefühl und Planung im Team wichtig, dass ungefähres Wissen über die Dauer des Engagements vorliegt.

Wenn die Bedeutung der Zeit für das eigene Leben deutlich wird, kann auch bewusster werden, welche Rolle Aufenthaltsdauer, Krankheitsdauer usw. für einen Patienten spielen.

Erwartungen an die Teamarbeit (Ziele)

Bei jeder Begegnung verspreche ich mir etwas: Bei einem neuen Arbeitsanfang erwarte ich etwas, es soll anders werden, ich will Freude haben, ich will etwas Neues kennen lernen. Dies sind Ziele, über die meistens diffus gesprochen wird. Genauso wenig erfahre ich meist über die Ziele der anderen und über die der Institution, in der ich arbeite. Wie oft klaffen die Ziele des Patienten, wieder gesund zu werden oder weiter psychotisch zu bleiben, und die der Institution, »gebessert« zu entlassen, auseinander, was zu Enttäuschungen führt.

Verlauf psychiatrischer Arbeit (Therapieverlauf)

Zum Verlauf

Auf was ist im Verlauf des Arbeitens im Team zu achten? Das Team muss ein Gefühl für seine eigene Geschichte entwickeln. Gespräche über »weißt du noch?« sind nicht nur sentimentales Geschwätz und zeitraubend, sie erleichtern es – und das kann ihre Funktion werden –, dass in neuerlichen Krisensituationen auf gemeinsam erworbenes, in der Gruppe vorhandenes Wissen zurückgegriffen werden kann. Sie halten auch wach für das individuell und im Team Erreichte. Jedoch ist nicht nur dieser Leistungsaspekt wichtig. Vielmehr wird durch das Bewusstsein für die eigene Geschichte auch der Gruppenzusammenhalt (Kohäsion) gefördert. Gelegentliche Feste helfen: Für die Station, die Beratungsstelle, nur für das Team, für das ganze Krankenhaus, Straßenfeste. Auch die gemeinsame Teilnahme an Kongressen, Fortbildungsveranstaltungen (z.B. DGSP), Teambesuche anderer Einrichtungen oder gemeinsame Herstellung von Veröffentlichungen sowie Darstellung der Teamarbeit in einer größeren Öffentlichkeit können das Bewusstsein für die eigene Geschichte fördern. Dasselbe gilt für neue Aufgaben, die das Team sich stellt: z.B. die Organisation von Schulbesuchen zur Information über Psychiatrie, einer Angehörigengruppe, einer Nachsorgeambulanz oder einer Veränderung, die sich auf die ganze Einrichtung auswirkt.
Es ist nicht zu vermuten, dass es an meinem Arbeitsplatz immer schön ist. Das Wissen, das wir den Patienten zu vermitteln verpflichtet sind: dass weder das Leben noch die Gesellschaft noch die Psychiatrie einen Anspruch auf Glück eingebaut haben, dass es nicht immer »schön« sein kann, dürfen wir auch für uns nicht verleugnen. Immerhin gibt mir die Arbeit in der Psychiatrie die Möglichkeit zu lernen, dass meine Arbeit etwas mit mir selbst zu tun hat. Damit erhalte ich auch die Chance, ändernd einzugreifen. Aber auch darin ist nicht die Gewähr enthalten, dass Arbeit schön ist. Genauso wie im Gesundwerden für den Patienten nicht die Gewähr enthalten ist, dass Gesundsein »schön« ist. Obwohl die ständige gedankenlos-böse Aufforderung »Nun werd mal schön gesund!« sicher zu der Fehleinschätzung beiträgt. In manchen Fällen ist sicher Kranksein schöner. Das kritische Nachdenken über diese verbreitete und werbungsgesteuerte Heilserwartung erleichtert auch meine Arbeit.

Eine der größten Gefahren für die Beständigkeit psychiatrischer Tätigkeit soll noch benannt werden. Vor allem Teams aus jungen Kollegen gehen gern nach dem Motto vor: Je mehr Nähe zueinander, desto schöner! Solche Teams fallen in der Regel nach einer Begeisterungsphase schnell auseinander. Daher hier eine herzliche Warnung davor! Es ist viel gesünder, dass die Teammitglieder zwar ein hoch empfindliches Interesse für das private Wohlergehen untereinander haben und sich jede Unterstützung geben, dass sie aber ihre Arbeitsbeziehungen und ihre Privatbeziehungen weitgehend auseinander halten, also ein Gleichgewicht zwischen Nähe und Distanz aushalten. Das gibt dem Team jede Stabilität. Auch für Patienten ist es entscheidend, dass sie das Leben in der Institution nicht mit ihrem Privatleben verwechseln. Auch von daher ist es günstig, wenn das Team nicht nur beruflich, sondern auch nach Alter, Lebenserfahrung, Geschlecht, persönlicher Eigenart und Temperament gemischt ist. Denn in einem personell gleichbleibenden Team sich über möglichst lange Zeit auf sich und Andere einzulassen, ist immer noch die beste Art, psychiatrisch arbeiten zu lernen.

■■ Zur Aufhebung der Begegnung

Wenn der in der Psychiatrie Tätige gut arbeitet, hat er mehr als jeder andere die Chance, Menschen intensiv kennen zu lernen. Dies Kennenlernen, wenn es helfen soll, kann nicht routinemäßig absolviert werden. Es handelt sich bei jeder Beziehung um den Ernstfall. So kommt es über kurz oder lang immer wieder zu Abschieden. Das will gelernt sein. Jeder in diesem Bereich Tätige sollte sich gerade dadurch wertvoll fühlen, dass er seine Einflussnahme so kurz wie nötig hält. Die Wahrnehmung der eigenen Grenzen bedeutet die Freiheit des Anderen.

Literatur

Brocher, Tobias (1982): Gruppendynamik und Erwachsenenbildung. Braunschweig, Westermann, 16. Aufl.

Devereux, Georges (1998): Angst und Methode in den Verhaltenswissenschaften. Frankfurt/M., Ullstein, 4. Aufl.

Kielhofner, Gary (1995): A Model of human occupation. Theory and application. Baltimore, London, Williams & Wilkins

Krüger, Helmuth (1971): Therapeutische Strategien in der Sozialpsychiatrie. *Sozialpsychiat. Inf.* Nr. 6: 48–77

Krüger, Helmuth (1987): Therapeutische Gemeinschaft. In: Psychiatrie der Gegenwart, Bd. III. Berlin, Springer

Möller, Michael Lukas (1992): Anders helfen. Selbsthilfegruppen und Fachleute arbeiten zusammen. Frankfurt/M., Fischer

Möller, Michael Lukas (1978): Selbsthilfegruppen. Reinbek, Rowohlt

Mosher, Loren R.; Burti, Lorenzo (1994): Psychiatrie in der Gemeinde. Bonn, Psychiatrie-Verlag, 2. Aufl.

Rave-Schwank, Maria; Winter-v. Lersner, Christa (1994): Psychiatrische Krankenpflege. Stuttgart, Fischer, 6. erg. Aufl.

Richter, Horst Eberhard (1974): Lernziel Solidarität. Reinbek, Rowohlt

Richter, Horst Eberhard (2000): Umgang mit Angst. Düsseldorf, Econ, 2. Aufl.

Rogers, Carl Ransom (1994): Entwicklung der Persönlichkeit. Stuttgart, Klett-Cotta, 13. Aufl.

Schmidbauer, Wolfgang (1992): Hilflose Helfer. Reinbek, Rowohlt, überarb. u. erw. Neuausg.

Tergeist, Gabriele (2001): Führen und Leiten in psychiatrischen Einrichtungen. Bonn, Psychiatrie-Verlag

2 Der geistig sich und Andere behindernde Mensch

A Landschaft ohne passende Schuhe 67

- Begriff, Definition, Einteilung 68

A Landschaft ohne passende Schuhe

Geistige Behinderung – und nur um diese Behinderung geht es hier – gehört zu dem, was ich auf die Welt mitbringe, wie die Hautfarbe, die Körpergröße, das Temperament. Sie ist eine Eigenart, die mir bis zum Tode eigen ist.

Deshalb gehöre ich als Mensch mit einer (geistigen) Behinderung als solcher ganz und gar nicht in ein psychiatrisches Lehrbuch – genauso wenig wie ein Mensch ohne (geistige) Behinderung; denn Menschen ohne und mit Behinderung machen gemeinsam die Menschheit aus. Spätestens die Behindertenbewegung, angefangen mit der »Krüppelbewegung« hat uns beigebracht, dass man mehr behindert »wird« als »ist«, dass »Behinderungen« mehr die nicht von mir zu verantwortenden Hindernisse auf meinem Lebensweg sind. Oder wie ein körperbehinderter Freund Claudio Kürten sagt: »Behinderung entsteht nur dadurch, dass ich Anderes und mehr will, als es meinen Fähigkeiten entspricht, als ich kann«; denn dann bewege ich mich durch die Landschaft unserer Lebenswelt ohne passende Schuhe, stolpernd, geistig mich und Andere behindernd, und dann brauche ich nicht nur pädagogischen, sondern auch psychotherapeutisch-psychiatrischen Beistand, gehöre sehr wohl in dieses Lehrbuch. Und die Landschaft unserer heutigen Lebenswelt ist in der Tat voller Hindernisse, die es wahrscheinlich machen, dass ich häufig mich und Andere geistig behindern werde:

So sieht sich die Wirtschaft von den Behinderten derart behindert, dass sie sie wegrationalisiert. Die ihnen möglichen einfachen Arbeiten werden von Maschinen durchgeführt, sodass kaum für das Konjunkturmittel der ausländischen Arbeiter etwas übrig bleibt. Unter diesem Aspekt der steigenden Anforderungen am Arbeitsplatz an Tempo, Konzentration, Flexibilität, Umstell- und Entscheidungsfähigkeit fällt ohnehin ein immer größerer Teil der Bevölkerung als behindert, als arbeitsbehindert unter den Tisch. Der wirtschaftliche und damit der gesellschaftliche Wert der Arbeit wird objektiv immer geringer. Aber davon lebte bisher das Selbstwertgefühl jedes Menschen.

Auch im kulturellen Teil der Landschaft haben wir seit langem an der Entwertung der Behinderten gearbeitet, besonders seit Descartes mit dem Satz »Ich denke, also bin ich« die Neuzeit und damit die Wissensgesellschaft eingeläutet hat. Unsere Eltern benutzen sie – die Schwachsinnigen – als Erziehungsmittel: »Du bist wohl nicht gescheit. Du stellst dich mal wieder an wie ein Schwachsinniger. Sei doch nicht so dumm. So, das war vernünftig!« Wir selbst benutzen sie spätestens ab dem Kindergartenalter, um uns gegen andere abzugrenzen: »Du Idiot! Du Trottel! Mit dem spiele ich lieber nicht, der hat 'ne matschige Birne!« Im Schulalter werden sie als Angstmacher eingesetzt: »Du bist ein Versager. Wenn du nicht bald spurst, kommst du auf die Sonderschule!« Manchmal sollen sie auch unser Mitleidsgefühl trainieren: »Guck mal, das niedliche Mongölchen, das arme Ding!« Kein Wunder also, wenn Sie auch jetzt beim Lesen auf dieselben sozial-bewährten Abwehrmethoden stoßen, sowohl bei sich selbst als auch bei Ihren Lehrpersonen. So wenden die meisten psychiatrischen Lehrbücher nur wenige Seiten für die geistig Behinderten auf.

Am tief greifendsten ist jedoch die Entwicklung des Landschaftsteils der Familie behindert. Ein behindertes Kind zu bekommen, erschüttert jede Familie in ihren Grundfesten, löst panische Angst aus, verunsichert sämtliche Familienmitglieder, bringt Träume und Zukunftserwartungen zum Einsturz, verhindert freie Wahl der Wohnung und des Wohnortes, macht abhängig von sozialen Instanzen, lässt Urlaubsmöglichkeiten fortfallen, engt den Kreis der Bekannten, Freunde und Verwandten ein, macht Schuldgefühle, lässt den Glauben ans Machbare, an Veränderung und an Entwicklung überhaupt schwinden und treibt in die Isolation. Der Trost, die Familie könne stattdessen zu mehr innerem Reichtum kommen, ist zunächst billig, da erst mal ausschließlich Behinderung erlebt wird. Die ganze Familie hat die für unsere gewohnte Landschaft passenden Schuhe verloren.

ÜBUNG Stellen Sie sich vor, Sie möchten gern Kinder haben, können keine bekommen und haben die Möglichkeit, ein noch nicht geborenes Kind zu adoptieren. Da man ein Kind nur bedingungslos annehmen kann, müssen Sie zur Adoption ja sagen, auch für den Fall, dass es behindert sein könnte. Besprechen Sie diese Vorstellung mit Ihrem Partner, was dies für Sie beide bedeuten würde.

Gleichwohl will der geistig Behinderte – wie jeder Mensch – für Andere notwendig sein. Dazu gehört nicht nur die Befriedigung der sinnlich-vitalen, privaten Bedürfnisse, sondern auch der sozialen und produktiven Bedürfnisse, die ihm die Kontrolle der eigenen Lebensbedingungen erlauben und ihn zum Träger gesellschaftlicher Werte machen – als Arbeitender, Lernender, Verkehrsteilnehmer, Kulturangehöriger, Freund, Partner, Genießender und Leidender. Daran können Sie ablesen, eine wie schwere Aufgabe es ist, den geistig Behinderten aller Schweregrade die von der Verfassung geschützten Rechte voll zu ermöglichen.

■ Begriff, Definition, Einteilung

Das Problem kann benannt werden: Intelligenzminderung, Schwachsinn, Oligophrenie, geistige Behinderung, geistige Unterentwicklung, Entwicklungsstörung, mental retardation, mental deficiency, mental subnormality. Wir werden meistens von den geistig Behinderten sprechen. Der Begriff hat – als ein Produkt der Sozialgesetzgebung – den Vorteil, körperlich, seelisch und geistig Behinderte auch mit ihren Rechten nebeneinander stellen zu können. Daher kann ein Betroffener diesen (wenn auch bürokratischen) Begriff noch am ehesten auch auf sich selbst anwenden. Denn ein Mensch mit geistiger Behinderung ist grundsätzlich ein Mensch wie jeder andere, nicht krank, sondern eben behindert, der wie der körperbehinderte Fredi Saal von sich sagt: »Warum sollte ich jemand anderes sein wollen?« Für eine Definition hatte man sich früher mit der Gleichung begnügt: Schwachsinn = angeborener oder früh erworbener Intelligenzmangel. Wir folgen einer Formulierung von Ch. Gaedt (1981): Geistige Behinderung besteht a) in einem Defizit der Kapazität der Aneignung gesellschaftlich vorgeformter Bedürfnisse und Fähigkeiten; und b) aus Alltagsstrategien, mit denen der Behinderte ein Verhältnis zu seiner Behinderung sucht, also ein Selbstwertgefühl zu entwickeln versucht. Nur wenn diese Alltagsstrategien misslingen, sodass jemand für das soziale Zusammenleben sich und Andere so sehr behindert, dass dies Krankheitswert hat, kommt er mit der Psychiatrie in Berührung. Wir haben dafür nur den unschönen Begriff »Verhaltensstörung«.

Schwerpunktmäßig zeigt sich das Defizit beim Kleinkind als Reifungs- beim Schulkind als Lern- und beim Erwachsenen als Anpassungsstörung.

Daher wichtig: Geistig behindert ist man grundsätzlich zwar lebenslang, aber konkret nur bezogen auf seine jeweilige Situation und sein jeweiliges Alter.

BEISPIEL Herr P., jetzt 38 J., nichtehelich, Mutter alkoholabhängig, scheiterte wegen Leistungs- und Verhaltensmängeln selbst in der Sonderschule, IQ 43. Er fand einen ihn befriedigenden Arbeitsplatz als Hilfsarbeiter, ist dort seit 19 Jahren, heiratete, kann mit seinen zwei Kindern (13 und 15 J.) zufrieden sein, auch leistungsmäßig. Der Begriff »geistig behindert« wäre jetzt lächerlich für seine Situation. Wer aber einmal das Etikett hat, wird es schwerer haben, sich anders zu entwickeln. Daher ist – von schweren Störungen abgesehen – diese Diagnose nicht zu früh zu vergeben.

Mehr noch bringt uns in Verlegenheit, dass niemand so recht sagen kann, was Intelligenz ist, obwohl deren Mangel doch geistige Behinderung definieren soll. Intelligenz, intellektuelle Leistungen oder Funktionen und Geist werden weitgehend gleichgesetzt. Begriffspaare sind Intelligenz und Persönlichkeit, Geist und Seele. JASPERS definiert 1923 Intelligenz: »Das Ganze aller Begabungen, aller Talente, aller Werkzeuge, die zu irgendwelchen Leistungen in Anpassung an die Lebensaufgaben brauchbar sind.« Wichtig dabei seien vor allem Urteils- und Denkfähigkeit, Sinn für das Wesentliche, Fähigkeit zum Erfassen von Ideen und Gesichtspunkten, Spontaneität und Initiative. Persönlichkeit dagegen definiert er als »das Ganze der verständlichen Zusammenhänge, besonders des Trieb- und Gefühlslebens, der Wertungen und Strebungen, des Willens«. Was jeder Leser gleich empfindet, räumt auch JASPERS ein: beide Begriffe sind nicht exakt – und zwar mit Recht; denn die Sache ist es auch nicht! 1971 formuliert K. ATKINS pragmatischer, sonst ähnlich: »Intelligenz ist die Fähigkeit, Probleme zu lösen, sich an neue Situationen anzupassen, abstrakte Vorstellungen, Ideen und Begriffe zu entwerfen und von Erfahrung zu profitieren.«

Daher wichtig: Geistig behindert ist jemand grundsätzlich nicht absolut, sondern bezogen auf die Wert- und Leistungserwartungen seiner jeweiligen Gruppe bzw. Gesellschaft.

Es geht immer unsere soziale Wahrnehmung, das Werturteil unseres »gesunden oder normalen Menschenverstandes« mit ein, wenn wir einem Menschen eine normale oder abnorme Intelligenz zuschreiben. Daran ändern auch die hilfreichen Hilfsmittel nichts: medizinische Befunde, soziale Anamnese und psychologische Tests. Gerade Letztere machen das Problem besonders deutlich. Denn etwa der übliche Intelligenztest (Hamburg-Wechsler) ist an dem geeicht, was man durchschnittlicher- oder normalerweise in einer Gesellschaft an Intelligenzleistungen zur Lebensbewältigung findet.

Dem genauen Durchschnitt ist der Intelligenzquotient 100 zugeordnet. Wer in seinen Leistungen vom Durchschnitt um mehr als die doppelte Standardabweichung (2×15) abweicht, gilt als geistig behindert, also ab IQ 70. Nach der Normalverteilungskurve liegen statistisch 16 Prozent der Bevölkerung unter IQ 85, 2 Prozent unter IQ 70. Auch hier bestimmt also der Durchschnitt, wer Abweichler ist. (Wissenschaftlich ist jetzt erwiesen, dass die Messung der Intelligenz unterhalb von IQ 50 unwissenschaftlich ist.)
Immerhin kommt man auf diese Weise zu einer groben *Einteilung nach Schweregraden:* nach der WHO gilt IQ 70–80 als Grenzbereich der Minderbegabung; IQ 50–70 betrifft den Bereich der leichten, 20–50 der mäßigen und 0–20 der schweren geistigen Behinderung. Die früheren Begriffe Debilität, Imbezillität, Idiotie sind nicht mehr zu benutzen. Konnten frühere Jahrhunderte unter religiösem Aspekt auch die geistig Behinderten so, wie sie sind, zur einen Welt Gottes zählen, so sind wir heute durch das Band der Normalverteilungskurve mit den geistig Behinderten verbunden: denn sie, wie wir, sind ein Teil davon – eine Art statistischer Zwangssolidarität, die aber eben die Besonderheit der geistig Behinderten leugnet. Und wer bekennt sich schon gern dazu, wenn es sich bei dem Merkmal, der Intelligenz, um den brisantesten gesellschaftlichen Wert, die soziale Aneignungs- und Leistungsfähigkeit handelt? Weshalb manche auch nicht vom Intelligenzquotienten, sondern vom *Sozialquotienten* reden!
So zeichnet sich ab, dass das Problem der geistigen Behinderung dreigeteilt ist. Es ist

- eine Frage des *genetischen* Anteils: Die Menschen unterscheiden sich je nach der Ausprägung ererbter Merkmale wie Körpergröße, Haarfarbe, Konstitution und eben auch Intelligenz; dies ist die Basis der einzigartigen Individualität und damit auch der Würde jedes Menschen;
- eine Frage des *psychosozialen* Anteils: Überzufällig häufig finden wir gerade leichte und mäßige geistige Behinderung da, wo der Zugang zu Bildungsmöglichkeiten behindert ist, also in den unteren Sozialschichten, auf dem Lande und in schädigendem Milieu;
- eine Frage des *körperlichen* Anteils: Gerade in den letzten Jahrzehnten konnte eine große Zahl körperlicher Krankheiten oder Störungen identifiziert werden, die vor, während oder nach der Geburt hirnschädigend und damit intelligenzmindernd wirken. Entsprechend verteilen sich die geistig Schwerbehinderten eher gleichmäßig über die sozialen Schichten. Für weiterführende Forschung bedarf es der engen Zusammenarbeit gerade von Genetikern und Soziologen.

Da geistige Behinderung ein Normalfall menschlichen Lebens ist, stellt die »Geburt« eines Behinderten einen gesellschaftlichen Vorgang dar:

FALLBEISPIEL (GAEDT): Herr X., 35 Jahre, IQ um 60, ist Bote in einer großen Behörde. Er hat sich ein System ausgedacht, um sich die Adressaten der Post und Akten, die er verteilen muss, besser merken zu können, dennoch ist er fast überfordert. Da er in seiner Freizeit meist schläft, hat er keinen großen Bekanntenkreis, lebt aber selbstständig. Schwerpunkt seines Lebens sind größere Reisen, für die er spart. Nach einer Rationalisierungsmaßnahme in der Behörde ändert sich das Verteilersystem bei gleichzeitiger Erweiterung des Zuständigkeitsbereichs. Herr X. wirkt seither störend im Betrieb, die Verteilung funktioniert nicht mehr. Er wird getadelt, gemahnt, und man weist ihm Nachlässigkeiten nach. Herr X. kann nicht mehr schlafen, hat während der Arbeit Herzklopfen, reagiert gereizt und ausfallend. Als die Fehler sich häufen, wird er zum Psychiater geschickt, der Neuroleptika verschreibt. Herr X. wird depressiv, schließt sich zu Hause ein und droht mit Selbstmord. Der sozialpsychiatrische Dienst wird informiert, die Berentung beantragt. Die entstehende finanzielle Not macht seine üblichen Reisen unmöglich. Herr X. verliert das Interesse an einer Lebensplanung. Der sozialpsychiatrische Dienst informiert den Sozialdienst, die Rentenangelegenheiten werden für ihn geregelt, Wohngeld wird beantragt, man sorgt für soziale Kontakte im Patientenclub, organisiert Freizeitaktivitäten und sorgt dafür, dass regelmäßig der Arzt aufgesucht wird. Irgendwann tritt eine akute Depression auf mit Einweisung in eine psychiatrische Klinik, diese lehnt jedoch bald die Zuständigkeit ab, eine Betreuung wird eingerichtet und die Aufnahme in ein Heim eingeleitet. Ein Behinderter ist – in Teamarbeit – »geboren«.

Da Unkenntnis der Besonderheit geistig Behinderter in Krankenhäusern und anderen sozialen Einrichtungen häufig zu Schädigungen, auch zum Tod führen, hat Wolfensberger in »Der neue Genozid« einen »Leitfaden für Angehörige und Freunde« entwickelt, um dies zu verhindern.

B Auffälligkeiten (Symptom-Diagnose)

■ Psychosoziale Entwicklung

Was die Frage nach dem Vorliegen einer geistigen Behinderung aufwerfen und somit als Symptom gewertet werden kann, ist selbst schon vom Kontext, vor allem vom Lebensalter abhängig.

Im *Säuglings- und Kindesalter* machen sich leichtere Behinderungen in der Regel noch nicht bemerkbar. Abgesehen von Befunden, deren möglichst frühzeitige Erhebung bei oder kurz nach der Geburt durch den Kinderarzt oder Kinderneurologen für eine präventive Therapie entscheidend sein kann, ist es das Zurückbleiben biologischer Entwicklungsschritte hinter vernünftigen Erwartungen (und nicht solchen, mit denen heute wohlmeinende »Aufklärung« den Eltern zusätzlich Angst macht: »Mit drei Jahren *muss* das Kind ...«), was die Eltern um Rat fragen lässt: »Haben wir ein zurückgebliebenes Kind?« Von Bedeutung sein können etwa: Trinkschwäche; mangelhafter oder verspäteter Ausdruck sinnlicher oder motorischer Tätigkeit, gefühlsmäßiger Anteilnahme oder aktiver Interessiertheit; verzögertes Gehen- oder Sprechenlernen. Die Säuglinge bzw. Kinder können weniger regsam und lebhaft wirken, kaum oder nur pauschal auf die Umwelt reagieren, weniger mit den Augen folgen oder nach Gegenständen greifen. Sie können stumpf oder teilnahmslos sein, aber auch in ständiger, zielloser motorischer Unruhe sich erschöpfen. Später fehlen beim Spielen Fantasie und Neugier, während mechanisches Gehorchen oder Auswendiglernen u. U. gut gelingen. Wir haben den Eindruck, dass das Kind und seine Umwelt sich nicht in zu erwartender Weise einander nähern, so als ob dem Kind seine Landschaft ungeeignet-unbrauchbar, uninteressant-reizlos, überfordernd-kompliziert oder fremd-bedrohlich erscheint. Immer muss geklärt werden, wieweit unsere Wahrnehmungen durch eine körperliche Störung des Kindes oder durch einen Mangel der psychosozialen Umwelt (Bezugspersonen!) mitbedingt sind.

Im *Schulalter* ist es überwiegend das Schulversagen, das die Eltern auf die besorgte Frage bringt: »Unser Kind kommt nicht mit; ist es geistig behindert?« In diesem Alter sind Schwer-Behinderte meist schon entdeckt und an der Schule vorbeigeleitet. Im Übrigen machen die allgemeine Schulpflicht, die Orientierung der Schule an zumindest durchschnittlichem Leistungsvermögen und die Belohnung höherer Leistungen durch die Verheißung sozialen Aufstiegs die Schule zum empfindlichsten und u. U. rücksichtslosesten gesellschaftlichen Diagnosemittel für mäßige und vor allem für leichte geistige Behinderungen. Die Betroffenen (und ihre Familien) werden hier mit den Werten und Forderungen konfrontiert, die vom Durchschnitt an aufwärts gelten sollen, gleichgültig, welche Werte sie bisher als für sich passend empfunden hatten. Totales Versagen in manchen Fächern, Sitzen bleiben, Herausfallen aus der Grund- oder gar aus der Sonderschule sind meist nicht die einzigen Folgen der Auffälligkeiten, die sich im Einzelnen als Schwäche des abstrahierenden und theoretischen Denkens, der Begriffsbildung, des Schlussfolgerns und Urteilens, des Auffassens von Bedeutungsunterschieden und Sinnzusammenhängen zeigen können. Vielmehr stellt die Schule ja auch Anforderungen hinsichtlich psychosozialer Kompetenz und Persönlichkeitsentfaltung. So können sich im gleichen Maße Schwächen der Durchsetzungs- und Konkurrenzfähigkeit, der Initiative und des Selbstbewusstseins, der disziplinierten Anpassungs- und Kooperationsfähigkeit sowie des sozialen Austauschs mit Partnern des gleichen oder des anderen Geschlechts äußern. Nicht selten können dann zunächst Verhaltensstörungen im Vordergrund stehen, also sozial unerwünschtes Handeln (z. B. sozialer Rückzug, regressives Kind-Spielen, aggressives Stören oder sexuelle Ersatzhandlungen), das seinerseits die Leistungschancen wieder verringert und das als Ausdruck der Not des um sein Behinderten-Selbst ringenden Kindes oft nicht oder zu spät erkannt wird – besonders während der (hier verspäteten oder verlängerten) Pubertät.

Als *Erwachsene* werden geistig schwer Behinderte nur dann erstmals psychiatrisch sichtbar, wenn sie bis dahin von ihren Eltern versorgt und meist verborgen gehalten wurden, die Eltern nun aber mit der Pflege überfordert, zu alt oder gestorben sind. Systematische Förderungschancen für diese Patienten, die oft nicht sprechen können, unsauber sind, sich den Tag über mit Zerreißen von Papier, Sammeln von Gegenständen oder Musik beschäftigen und sich nur von ihrer Mutter pflegen und leiten lassen, sind dann meist schwierig. Leichter Behinderte kommen jenseits des Schulalters nur noch selten wegen der Intelligenzschwäche mit psychiatrischen bzw. sozialpädagogischen Einrichtungen in Berührung. Es hat sich gezeigt, dass ihnen das Finden einer halbwegs befriedigenden sozialen Existenz – wenn auch oft in einer »sozialen Nische« – besser gelingt, als ihnen im Schulalter prophezeit wurde.

Manche finden jedoch keine für sie passende »Nische«, andere verlieren sie, sei es aus ökonomischen Konjunkturschwankungen oder weil die »Nische« an einem zu labilen Gesellschaftsrand angesiedelt war oder weil sie weniger Möglichkeiten als Andere haben, eine körperliche oder psychosoziale Stress-Situation auszuhalten. Psychische Auffälligkeiten entstehen dann als Folge des Zusammenbruchs der bei den schlechten Startbedingungen ohnehin nur mühsam gehaltenen sozialen Anpassung: Wir lernen sie dann kennen, weil sie alkohol- oder medikamentenabhängig geworden sind; bei einem Verlust in eine depressive Krise oder eine Psychose geraten; sich in eine Krankheit geflüchtet oder sonst einen Kummer hysterisch verarbeitet haben; »einfach nicht mehr können«; einen Persönlichkeitszug extrem ausleben und damit überall anecken; mangels besserer Fähigkeiten oder Gelegenheiten mit ihrer Sexualität sozial unerwünscht umgehen (pädophil, exhibitionistisch, Inzest, Prostitution); aufgrund ihrer Verstimmung, Erregbarkeit oder Lethargie nicht mehr tragbar sind; sich total isoliert haben und verwahrlosen; kriminell geworden sind. Bei solchen »Verhaltensstörungen« spielen Verführbarkeit,- Urteils- und Steuerungsschwäche, Vermutung schneller Bedürfnisbefriedigung, Frustrationsintoleranz und die höhere Wahrscheinlichkeit der Entdeckung und Bestrafung eine bahnende Rolle.

■ Medizinische Diagnose

Wenn auch die Entwicklungsdiagnose absoluten Vorrang hat, so ist doch oft auch eine medizinische Diagnostik angezeigt, kennt man doch inzwischen ca. 500 medizinisch definierbare Behinderungsformen. Die Indikation ist freilich eigentlich nur gegeben, wenn der diagnostische Befund therapeutische oder präventive Konsequenzen hat, was selten der Fall ist; denn ohne solche Konsequenzen kann genetische Bedingtheit als diagnostischer Selbstzweck auch zu Förder-Resignation führen. So ist z. B. das fragile X-Syndrom zwar die häufigste erbliche Ursache einer geistigen Behinderung (Prävalenz 1:2000 bis 5000); sein »Verhaltensphänotyp« (Hyperaktivität und Aufmerksamkeitsstörung) kommt aber auch ohne genetische Bedingtheit noch viel häufiger vor, weshalb dafür erprobte pädagogisch-therapeutische Strategien ohnehin bekannt sind. Ähnlich dürfte es bei der genetisch bedingten Variante zwanghaften Essverhaltens (Prader-Willi-Syndrom, Prävalenz 1:10 000) stehen (Sarimski 1997).

In den nächsten Abschnitten folgt eine systematisierte Aufstellung körperlicher Bedingungen, bei denen geistige Behinderung auftreten kann. Wir halten diese aus mehreren Gründen für sinnvoll, u. a.:

- Es gibt eine solche Übersicht in den meisten medizinischen Lehrbüchern (z. B. der Kinderheilkunde) nicht. Man findet dort die einzelnen Störungen über viele Kapitel verteilt.
- In der Begegnung mit den Familien während der Nazizeit Zwangssterilisierter hat uns erschreckt zu erfahren, dass die betroffenen Familien auch noch in den folgenden Generationen in ihrem Kinderwunsch beeinflusst waren.

- Auch die in der Öffentlichkeit wirksamen überzogenen Heilserwartungen an die moderne Medizin machen es wichtig, die körperlichen Bedingungen möglichst genau zu kennen.

Erbliche Stoffwechselstörungen

Es handelt sich meist um genetisch bedingte Enzymdefekte (Enzymopathien), überwiegend rezessiv vererbt, die zu internistischen, neurologischen Symptomen und über Hirnvergiftung zu meist schwerer geistiger Behinderung führen. Auch normal-intelligente Verwandte können einen fehlerhaften Abbau der betreffenden Substanz haben. Erst ein Teil von ihnen kann durch frühzeitig einsetzende Stoffwechsel-Kompensation teilweise oder ganz therapiert werden. Die praktisch wichtigsten Störungen – nach Stoffwechselgebiet geordnet – sind:

Proteinstoffwechsel

- **Phenylketonurie:** Jeder 50. von uns ist Anlageträger; jedes 6400. lebend geborene Kind erkrankt; das bedeutet etwa ein Prozent aller geistigen Behinderungen. Symptome: verbogene oder gebeugte Haltung, ungeschickte Motorik, leichte Mikrocephalie, geringere Pigmentierung, meist (nicht immer) schwere geistige Retardierung, die frühestens im zweiten Lebenshalbjahr erkennbar ist. Der Mangel der zuständigen Hydroxylase verhindert den Abbau von Phenylalanin zu Tyrosin; dadurch Anstieg von Phenylalanin in Blut und Gewebe sowie Ausscheidung von Phenylbrenztraubensäure im Urin. Labor: Bestimmung des Phenylalanins im Blut (Guthrie-Test) und Nachweis der Phenylbrenztraubensäure im Urin. Therapie: Ab dem ersten Lebenshalbjahr konsequente phenylalaninarme Diät für mindestens die ersten zehn Lebensjahre; bei späterem Therapiebeginn nur Teilerfolge.
- **Ahornsirup-Krankheit:** Hemmung der Decarboxylierung von Valin, Leuzin und Isoleuzin; Körper- und Uringeruch der Kinder auffallend, eben ahornsirup-ähnlich.
- **Hartnup-Krankheit:** Störung des Tryptophanstoffwechsels; außer der geistigen Behinderung pellagraartige Dermatose und episodische ataktische Gehstörungen mit Nystagmus.
- **Wilsonsche Krankheit:** s. Kapitel 12.

Kohlehydratstoffwechsel

- **Galaktosämie:** Bei normaler Milchernährung kommt es durch Abbaustörung zu überhöhtem Galaktosespiegel im Blut, was zu Leberzirrhose, grauem Star, geistiger Retardierung und frühem Tod führt. Therapie: milchzuckerfreie Diät.
- **Gargoylismus** (Pfaundler-Hurler): auch zu den Lipoidstörungen zu rechnen, bedingt durch Ablagerung von Mukopolysacchariden und Glukolipoiden in Bindegewebe,

Knorpel, Gehirn, führt zu Minderwuchs, vielfältigen Knochendeformierungen mit typischer Verformung des Gesichtsschädels, schwerer geistiger Retardierung und spätestens im dritten Jahrzehnt zum Tod.

■■ Lipoidstoffwechsel (Lipoidosen, Lipoidspeicherkrankheiten)

gekennzeichnet durch Enzymdefekt, der zur Ablagerung von abnormen bzw. abnorm vermehrten Zwischenprodukten des Fettstoffwechsels im Zentralnervensystem und anderen Teilen des Organismus führt.

- **Morbus Gaucher:** Speicherung eines Zerebrosides, nicht immer geistige Retardierung.
- **Morbus Niemann-Pick:** Speicherung von Sphingomyelin; Leber-Milz-Vergrößerung, teils Erblindung und Ertaubung; früher Tod.
- **Morbus Tay-Sachs** (amaurotische Idiotie): Speicherung von Gangliosiden; Manifestation vor der Geburt, als Kind oder nach der Pubertät mit entsprechend unterschiedlicher Lebenserwartung und Ausprägung der Retardierung.

■■ Leukodystrophien (angeborene Entmarkungskrankheiten)

- **Metachromatische L.:** Speicherung von Sulfatiden bei Defekt der Zerebrosid-Sulfatidase im zentralen und peripheren Nervensystem; auch hier kindliche, jugendliche und erwachsene Form.
- **Globoidzellen-L. Krabbe:** Ablagerung von Zerebrosiden, von Beginn an auch spastische Lähmungen, sehr bald Enthirnungsstarre und tödlicher Ausgang.
- **Chron. infantile Zerebralsklerose** (Pelizaeus-Merzbacher): Wahrscheinlich Störung des Glyzerin-Phosphatidstoffwechsels der Markscheiden; Beginn mit Gehstörungen und Nystagmus, später spastische Lähmung, Sprachstörung und Retardierung; Krankheitsverlauf nur selten mehrere Jahrzehnte.
- **Andere Stoffwechselstörungen**, die geistige Behinderung verursachen können, sind z.B. Enzymstörungen der Schilddrüsenfunktion oder Hormonstörungen, wie angeborener Hypo- oder Athyreoidismus (etwa Kretinismus) oder renaler Diabetes insipidus.

■ Entwicklungsstörungen des Gehirns

Sie sind z.T. erblich bedingt, z.T. in ihrer Entstehung unbekannt. Zu unterscheiden sind Fehlbildungen, die eher als Missbildungen, von solchen, die eher als Neubildungen anzusehen sind.

■■ Hirn- und Schädelmissbildungen

Am häufigsten ist die Mikropolygyrie, d.h. es finden sich zahlreiche, zu schmale Windungen in mehr oder weniger großen Anteilen der Hirnrinde. Andere Missbildungen sind: Fehlen von Großhirnsubstanz (Porenzephalie) bis zur Anenzephalie, angeborener

Hydrozephalus, Makro- oder Mikrozephalie, Kraniostenose, Anomalien des kraniozervikalen Übergangs sowie die verschiedenen Formen des mangelhaften Abschlusses des embryonalen Neuralrohres (Meningoenzephalozelen). Letztere sind meist therapeutisch durch Operation anzugehen.

■■ Phakomatosen

Hier handelt es sich um Fehlbildungen, die sich außer am Zentralnervensystem auch an anderen Organen, besonders an der Haut manifestieren und sich z. T. wie Neoplasmen auswirken.

- **Tuberöse Hirnsklerose** (Bourneville-Pringle): Dominant vererbte Störung der Histogenese, führt zu knotiger Auftreibung der Hirnwindungen, Knotenbildung (Neuroglia) an der Retina, Tumorbildung an Nieren und Herz (Rhabdomyome) und zum charakteristischen Adenoma sebaceum (Pringle), eine bisweilen schmetterlingsförmige, mal diskrete, mal knotig-entstellende Hautveränderung über Nase und Stirn. Die Knötchen im Gehirn verkalken und sind dann im Schädel-Röntgenbild sichtbar. Retardierung wird u. U. nur im Sozialverhalten erkennbar.
- **Enzephalo-trigeminale Angiomatose** (Sturge-Weber): Gesichtsnävus im Trigeminusbereich, verkalkte geschlängelte Meningealgefäße (Röntgenbild), Angiome der Retina, Buphthalmus (Augapfelvergrößerung mit Drucksteigerung), Krämpfe und Retardierung.
- **Hippel-Lindau-Krankheit:** Hier kann sich die Retina-Angiomatose im mittleren Lebensalter mit einem Kleinhirnangiom kombinieren; Heilung bei frühzeitiger Operation.
- **Neurofibromatose** (v. Recklinghausen): Zahlreiche Neurofibrome, die sich aus den bindegewebigen Nervenscheiden entwickeln, und zwar an peripheren Nerven (Lähmungen), an Nervenwurzeln (Sanduhrtumor, Querschnittssymptome), im Schädel als Neurinome am Nervus vestibulocochlearis (Kleinhirnbrückenwinkeltumor), am Nervus opticus und an der Retina (Sehstörungen) und im Zentralnervensystem (Krämpfe, Retardierung); zugleich an der Haut Neurofibrome und graubraune Pigmentanomalien. Die Tumore können sowohl wachsen als auch bösartig wuchern.

■ Chromosomen-Störungen

Obwohl die hierdurch bedingten Zustände eindeutig abgrenzbar sind, sind ihre Ursachen unbekannt.

■■ Down-Syndrom

Die Körperzellen haben hier 47 statt 46 Chromosomen, aufgrund einer Teilungsstörung bei der Gametogenese meist des Paares 21 (Trisomie 21). Nur etwa fünf Prozent der Fälle scheinen durch sog. Translokationstrisomie erblich zu sein. Das Down-Syndrom hat jedes 600. Neugeborene sowie zehn Prozent der hospitalisierten geistig Behinderten. Der wichtigste bedingende Faktor ist das Gebäralter der Mutter: Unter 30 Jahre ist die Erwartung 1:2000, über 40 Jahre jedoch 1:50. Auch das Alter des Vaters scheint eine Rolle zu spielen. Die Augen stehen weit auseinander, Lidspalten schief nach außen gezogen, Epikanthus-Falte, breite Nasenwurzel, Mund leicht geöffnet, Zunge dick und rissig, kurzer Hals auf gedrungenem Körper, Hände und Füße plump (Vier-Fingerfurche), Haar struppig, Haut trocken und rauh, Wachstum und geistige Entwicklung bleiben zurück (IQ selten unter 20 oder über 60). (Die frühere Bezeichnung »Mongolismus« oder »mongoloide Idiotie« für das bei allen Rassen gleichermaßen vorkommende Down-Syndrom lässt sich historisch als Produkt des europäischen Rasse-Vorurteils des 19. Jahrhunderts nachweisen.)

▪▪ Geschlechtschromosomen-Störungen

- **Klinefelter-Syndrom:** Jedes 600. männliche Neugeborene ist geschlechts-chromatin-positiv (Abstrich Mundschleimhaut), d. h. chromosomaler Zwitter mit einem XXY-Muster. Neben anderen Störungen der Geschlechtsausstattung liegen Züge eines endokrinen Psychosyndroms, häufig Überanpassung sowie leichte Retardierung vor.
- **Turner-Syndrom:** Hier ist bei einem Geschlechtschromosomogramm von XO häufiger die seelische als die geistige Entwicklung der Mädchen bzw. Frauen zurückgeblieben.

▪ Exogene Schäden vor, während oder nach der Geburt

▪▪ Pränatal

Hirnschädigung durch vorgeburtliche Infektionen, offenbar am häufigsten durch Zytomegalie (Virus-Infektion, zugleich mit dem ZNS wird vor allem die Leber geschädigt, soll für etwa zwanzig Prozent des jährlichen Zuwachses an geistig schwer behinderten Kindern verantwortlich sein), aber auch durch Röteln, Toxoplasmose, Listeriose, Herpes, Lues. Andere Enzephalopathien entstehen durch Schwangerschaftstoxikose der Mutter, Hypothyreose, Blutungen, Funktionsschwäche der Plazenta und andere Ursachen für Sauerstoffmangel des Kindes sowie Strahlenschäden.

- **Embryofetales Alkoholsyndrom:** Es ist inzwischen bekannt, dass Alkoholgenuss in der Schwangerschaft möglicherweise die häufigste keimschädigende Noxe ist. Es kommen vor allem vielfältige Gesichts- und Organmissbildungen, häufig Mikrozephalie sowie geistig-seelische Retardierung vor. Die negativen Auswirkungen einer Medikamenten-Einnahme in der Schwangerschaft auf die geistige Entwicklung des Kindes ist noch nicht immer einschätzbar. Wo irgendmöglich sollte auf eine Medikamenteneinnahme – insbesondere im ersten Schwangerschaftsdrittel – ganz verzichtet werden. Für die Psychopharmaka gilt, dass für viele Medikamente keine hinreichend sicheren Aussagen über die Risiken getroffen werden können. In jedem Fall ist äußerste Vorsicht geboten!

Perinatal

Hirnschäden z.B. durch mechanische Geburtstraumen mit Blutungen, Hirnmangelversorgung durch verlängerte Asphyxie, Azidose, Hypoglykämie, Hypernatriämie, Unterkühlung und kalorische Mängel.

Postnatal

Hirnschäden durch frühkindliche Infektionen wie Masern usw., aber auch wieder Zytomegalie, ferner durch Impfungen, schwere sonstige Krankheiten und Ernährungsstörungen sowie durch Bilirubin-Enzephalopathie (Kernikterus), wobei es über eine schwere Gelbsucht zu Bilirubineinlagerungen vor allem in den Basalganglien kommt, bedingt durch Unverträglichkeit des Rhesus-Faktors, anderer Blutgruppenarten oder perinatale Sepsis; ohne sofortige Transfusionsbehandlung ist entweder Tod oder schwere geistige Behinderung und zerebrale Kinderlähmung die Folge.

MERKE **Über 90 Prozent der geistigen Behinderungen sind in diesem Sinne exogen (also prä-, peri- oder postnatal), nur wenige Prozent sind genetisch bedingt, ein Verhältnis, das sich bei den Vorurteilen, wie bei den Forschungsgeldern umkehrt!**

Über die Berücksichtigung dieser Bedingungen hinaus ist im Rahmen der Frühförderung auch eine sorgfältige kinderärztliche medizinische Untersuchung erforderlich. Denn es kommt immer wieder vor, dass der »Eindruck« einer geistigen Behinderung fälschlich dadurch entsteht, dass eine andere Körperstörung, eine Legasthenie oder vor allem eine Beeinträchtigung von Sinnesfunktionen (Sehen, Hören) übersehen oder therapeutisch nicht hinreichend berücksichtigt wird.

Die Unterscheidung der geistigen Behinderung von neurotisch bedingter Lernbehinderung, von frühkindlichem Autismus, von später erworbener Demenz und von psychotischen Zuständen, die im Übrigen hier nicht häufiger sind als bei anderen Personen, wird in der Regel erst möglich, wenn wir durch die Begegnung mit dem Behinderten und seinen Angehörigen die Situation aller Beteiligter auch von innen kennen lernen. Dabei steht uns nur noch unsere Person selbst zur Verfügung, um deren hier angemessene Grundhaltung es im Folgenden geht.

C Begegnung mit dem Behinderten und seinen Angehörigen

Wie bei jeder Begegnung steht am Anfang die Frage: Wie nutze ich die Begegnungs-Angst, die hier groß ist, da der geistig Behinderte mir besonders fremd ist, ich zum Beispiel bei Sprachunfähigkeit selbst sprachlich für ihn da sein muss. Wie nehme ich mich wahr, damit ich – ohne Hörigkeit – auf ihn höre und in seinen Dienst finde? Liegt ein Scheitern an seinem oder an meinem Unvermögen?

Selbstwahrnehmung

Beim geistig Behinderten ist es besonders klar: Die Haltung »Ich verstehe dich«, ist unmöglich. Der Andere ist zu fremd. Er hat nicht mal eine »schönere« Vergangenheit wie jemand mit einer (erworbenen) Demenz. Der geistig Behinderte war immer schon so, schicksalhaft verhängt, im Leistungsvergleich von sich und anderen als minderwertig eingestuft, ein Anlass für Ärger, Enttäuschung, eine Last, eine Beleidigung, oft schon wegen der ungeschickten (z. B. spastisch gestörten) Bewegungen, wegen des groben, abstoßend hässlichen Aussehens; denn er ist oft gleichzeitig körperbehindert, und jede Landschaft hat auch ihre ästhetische Hackordnung. Also ist nur die Haltung möglich: »Ich verstehe dich nicht, aber vielleicht – innerhalb unserer Beziehung – verstehe ich mich auf dich.« Und: »Ich kann das (wortlose) Sprechen deiner Augen nur hören und (ver)antworten, wenn ich gerade nicht deren Farbe wahrnehme.« Wie fange ich das an?

Zur Suche nach schwachsinnigen Anteilen in mir selbst, muss ich mich zwingen. Würde alle Welt mich für geistig behindert erklären, ich könnte es nicht annehmen, würde dagegen kämpfen, leugnen oder resignieren – mich dadurch noch mehr behindern. (Früher schrieb man Schwachsinnigen ein erethisches = streitsüchtiges oder ein torpides = apathisches Temperament zu, ohne zu begreifen, dass auch sie sich gegen ihr Schicksal sträuben, wodurch sie sich nicht selten noch mehr behindern.) Dabei stoße auch ich jeden Tag an grundsätzliche Grenzen meiner Aneignungs- und Leistungsfähigkeit: Wenn ich bei einer Prüfung durchfalle, mache ich mir tausend Erklärungen, um mein Versagen, meine Geistesschwäche und Wertlosigkeit nicht annehmen zu müssen. Ich hatte immer schon eine Schwäche, etwa in Mathematik oder in der Fantasie, im Sport, Tanzen oder Flirten, bin der Elefant im Porzellanladen oder sehe hässlich aus: Ich werde deswegen gehänselt, bemitleidet oder abgelehnt, nehme mir das zu Herzen, wodurch ich noch unsicherer werde und dadurch den Angreifern Recht gebe. Akzeptieren Sie mal eine eindeutige Schwäche als Ihre Besonderheit und Eigenart! – Schließlich: Ich beginne eine Ausbildung oder Arbeit und merke, dass ich hier meine endgültige Grenze überschritten habe, dass ich im Verhältnis zu den Erwartungen an mich geistig behindert bin. Ich verstehe nichts mehr, die Überforderung isoliert mich existenziell: Alle außer mir kennen das Spiel, bemühen sich vergeblich um mich. Die anderen und ich bleiben uns fremd, bedrohlich, weil das Leistungsgefälle Austausch und Sprache verhindert. Wenn ich nun, anstatt einen Schritt zurückzugehen, mich noch mehr bemühe, werde ich für die anderen »als Mensch«, als Ich unerreichbar, bin zusätzlich noch verhaltensgestört, was für alle unerträglich ist. Eben dies ist für den geistig Behinderten Dauerbedrohung. In diesem unerträglichen Dilemma rettet mich jetzt nur noch entweder der totale Rückzug oder das »Wunder«, dass jemand mich als Mensch wahrnimmt, in meinen Dienst tritt, mein Assistent wird, unabhängig von meiner ausweglosen Leistungsschwäche. Nur dadurch kann ich so frei werden, *einen* Schritt zurückzugehen, meine Schwäche als meine Eigenart zu akzeptieren, sodass ich trotz meiner quantitativen Minderleistung zwar einen anderen, aber qualitativ keinen geringeren Wert habe als die anderen. Dass ich meinen Wert in mir habe, macht mich von dem Vergleichszwang mit den Leistungen der anderen frei und macht es mit meinem Selbstwertgefühl vereinbar, dass ich mich aus dem überfordernden, mich behindernden und isolierenden Leistungsbereich zurücknehme und für mich passendere Schuhe suche. Solche panischen Vernichtungsängste und ihre Nutzungsmöglichkeiten muss ich bei mir wahrnehmen, damit der geistig Behinderte in der Begegnung mit mir so viel Vertrauen haben kann, sich selbst wenigstens ansatzweise ähnlich wahrzunehmen. Sonst bleibt er das hilflose Objekt meiner ebenso hilflosen Fremdwahrnehmung seiner sich gerade dadurch steigernden Minderwertigkeit.

Das alles nützt mir aber buchstäblich nichts, wenn ich nicht zugleich auch die bodenlose Existenzangst der Eltern in mir wiederfinde, die sich mit der Behinderung ihres Kindes nicht abfinden können; oder das Gefühl der »Familienschande« der Geschwister; oder die abgrundtiefe Verlustangst der Angehörigen, die ihr behindertes Kind in eine Reha-Einrichtung abgeben sollen; oder die gnadenlosen Schuldgefühle der alt gewordenen Eltern, die ihr Kind endgültig loslassen sollen, oder ganz besonders das anscheinende Desinteresse, worin sich Erblichkeitsangst, Scham und Schmerz von Angehörigen organisiert, die ihr behindertes Kind scheinbar »empörend« lange nicht besuchen. Das Leiden der Angehörigen ist hier eher größer als das des Behinderten. Daher bedürfen sie einer mindestens ebenso aufwendigen Aufmerksamkeit und Selbstwahrnehmung unsererseits, um sich selbst wahrzunehmen, freizusprechen und wieder handlungsfähig machen zu können.

BEISPIEL Herr A., 27 Jahre, mäßig geistig behindert, kam mit Zwangseinweisung in ein Landeskrankenhaus, nachdem er mehrfach aggressiv-verwirrt-paranoid die Eltern zusammengeschlagen hatte. Dies wiederholte sich bei jedem Entlassungsversuch. Er hatte bis dahin bei den inzwischen altersschwachen, über 70-jährigen Eltern gelebt, von ihnen aufopfernd behütet, und war von dort aus seit acht Jahren in eine Behindertenwerkstatt gegangen. Zwei Jahre lang schleppten sich die Eltern, am Rande ihrer körperlichen und geistigen Kräfte, jede Woche aus zwölf Kilometern Entfernung zur Angehörigengruppe. Solange dauerte es, bis sie allmählich sich mehr um sich als um ihren Sohn kümmern und dadurch akzeptieren konnten, dass der Sohn auch über ihren Tod hinaus nun seinen eigenen Weg zu gehen habe. Und erst seit demselben Zeitraum war der Sohn dazu auch wirklich in der Lage; inzwischen hat er sich in einem Übergangsheim verselbstständigt, kann von dort einer beschützten Arbeit nachgehen und peilt eine eigene Wohnung an.

■ Wahrnehmungsvollständigkeit

Je schwerer die Behinderung, desto größer die Gefahr, dass wir die unterschiedlichen Bedeutungen des Behinderten-Handelns nicht wahrnehmen. Desto nützlicher aber auch die Definition von Ch. Gaedt (1981), wonach stets das Defizit der Aneignungskapazität und die Ausbildung von Alltagsstrategien des Behinderten im Umgang mit seiner Behinderung zu unterscheiden sind. Unter diesem Aspekt ist das »schwachsinnige« Festhalten am Konkreten, Bekannten und Gewohnten nicht nur als Minus-Symptom zu werten. Vielmehr

kann es auch ein Schritt zur Selbstbeschränkung und damit zur Selbstachtung sein, wodurch sich jemand vom zwanghaften Vergleich mit der Durchschnittsnorm freimacht. Ferner geht es um die Unterscheidung von Schwächen und Stärken: Nicht nur, dass eine Behinderung nach dem Schulalter gleichsam »weggelebt« werden kann. Vielmehr hat auch jeder Behinderte, wie jeder andere Mensch, grundsätzlich schwächere und stärkere Leistungsbereiche. Die Aufmerksamkeit ist von Ersteren auf Letztere zu lenken. Noch wichtiger ist es, dass auch die geistige Behinderung in ihrem Ausmaß von der Situation und von den zwischenmenschlichen Beziehungen abhängt. Bei jeder Anforderung erlebt der Behinderte einmal seine Selbsteinschätzung, zum anderen aber auch die Einschätzung seiner Familienangehörigen bzw. unsere Einschätzung als den »Ersatzspielern« für die Familie. Daher ist es allen Tests überlegen, dass wir mit dem Behinderten möglichst viele unterschiedliche Situationen durchspielen, um ihn die Unterschiede wahrnehmen zu lassen: Etwa in der Familie, in der Tagesstätte, in unterschiedlichen Arbeitssituationen.
Schließlich ist jedes Handeln nach mindestens fünf Bedeutungsaspekten zu unterscheiden:

1. Ausdruck biologischen Mangels
2. Auswirkung ungünstiger psychosozialer Bedingungen (eine ausgleichende Änderung kann den IQ um 10 bis 20 Punkte verbessern)
3. Äußerung der mit den Defiziten von 1. und 2. zusammenhängenden Gefühlen der Angst, Verunsicherung, Scham, worin der Patient zuallererst aufzusuchen ist
4. Als Versuch der Bewältigung, Kompensation und damit Selbsthilfe, um seine Situation kontrollieren zu können
5. Als Abwehr, d. h. als misslungene, weil selbstbehindernde Alltagsstrategie; dies kann – wie bei allen anderen Symptomen – Vermeidungshandeln sein, z. B. regressiv-kindhaft, somatisierend, paranoid-misstrauisch, aggressiv-explodierend. Oder es können Überkompensationen sein, wenn jemand zum Ausgleich einer Schwäche das gewählte Mittel so überstrapaziert, dass es nicht zur Befreiung, sondern zur Selbst-Behinderung beiträgt. Nach der bloßen Verhaltensbeobachtung diagnostizieren wir dann »Verhaltensstörung«, reagieren mit Strafe, was den negativen Kreislauf beschleunigt, oder greifen zur Einweisung in das zuständige Psychiatrische Krankenhaus.

Stattdessen ist wichtig, auch in jeder misslungenen Bewältigung (»Verhaltensstörung«) die Bemühung um den Umgang mit der Behinderung, um Selbsthilfe zu erkennen und zu stärken. Genauso wichtig ist es, die Familie ebenso gut wie den Patienten zu kennen, da wir nur dann wahrnehmen, dass der Patient bei jeder »Verhaltensstörung« bemüht ist, entweder Anschluss an das gesellschaftliche Wertesystem der Familie zu finden oder aber sich gerade davon abzusetzen, um seinen eigenen Lebensstil zu finden. In dem Maße, wie wir darauf nicht achten, kann jemand einen Persönlichkeitszug zum Zwecke der Alltagsstrategie zu einem mehr oder weniger perfekten Panzer ausbauen, der dann ihn selbst ebenso wie die Umwelt zusätzlich behindert. So kam früher der Begriff des »Psychopathen« zu Stande, weshalb man ihn auch »moralischen Schwachsinn« nannte. Was inhaltlich mit

»Psychopathie« gemeint war, könnte statt bei den »Persönlichkeitsstörungen« auch hier bei der geistigen Behinderung abgehandelt werden. Isoliert und von uns allein gelassen, kann jemand aus seinem Minderwertigkeitsgefühl die Haltung entwickeln: »Ich kann gar nichts, ich liefere euch jeden Beweis dafür.« Aus »Genießen-Können« wird der Panzer oder das Etikett »Fauler Genießer«. Aus »Vorteile erkennen können« wird der »heimtückisch Schlaue«. Aus Mangel an wechselseitiger Beziehung auf derselben Ebene, (die doch nur dadurch möglich wäre, dass einer von uns, nämlich ich, damit beginnt, indem ich in passiv mich dem Anderen aussetzende, ihm assistierende, asymmetrische, bedingungslose Vorleistung trete) wird die »soziale Rücksichtslosigkeit der Schwachsinnigen«. Aus Unsicherheit, Selbsthass und Ablehnung des eigenen Körpers wird überkompensierend zur Entschädigung für sämtliche anderen Schwächen das, was andere dann als »sexuelle Haltlosigkeit« oder »exzessive Onanie« etikettieren, was den Selbsthass wieder steigert. Auch Angehörige können die Überkompensation in Gang setzen: Wenn sie etwa Musikalität so missbrauchen, dass sie das Kind seine »Kunststückchen« immer wieder vorführen lassen, die Fähigkeit zu Tode reiten, sodass aus einem Vergnügen ein Rollengefängnis wird.

BEISPIEL dafür, wie behindertes Kind und Eltern gemeinsam Selbst-Behinderung produzieren: Brigitte O., 18 Jahre, durch Phakomatose (s. dort) behindert, noch schulfähig, führt jeden Morgen folgende Situation herbei: Sie sagt zu den Eltern: »Ich möchte euch gern den Kaffee machen.« Mutter: »Das ist nett, aber du weißt ja: acht Löffel Kaffee!« Brigitte: »Ja, ich weiß«, geht in die Küche und nimmt 16 Löffel; sie weiß, dass die Eltern den Kaffee dann ungenießbar finden. Währenddessen Mutter zu Vater: »Geh bitte in die Küche und passe unauffällig auf, dass der Kaffee nicht wieder ungenießbar wird.« Vater erscheint in der Küche: »Ich will nur was holen«, gibt der Tochter damit Gelegenheit zu einem Tobsuchtsanfall: »Warum wollt ihr mich schon wieder kontrollieren!« Fazit der Mutter: »Das arme Kind weiß es nicht, es hat eben einen Entwicklungsrückstand!«

ÜBUNG Klären Sie im Rollenspiel, wie Eltern bzw. Brigitte handeln bzw. sprechen können, wenn sie versuchten, die Situation *vollständig* wahrzunehmen!

Im Rückgriff auf die Schilderung der Landschaft des Behinderten gehört es endlich auch zur Wahrnehmungsvollständigkeit, dass wir auf den Unterschied zwischen der Privatexistenz und der öffentlich-gesellschaftlichen Existenz des Behinderten achten. Insbesondere bei Schwerbehinderten ist es ebenso schwierig wie notwendig, auch die geringsten Ansätze dafür zu sammeln und auszubauen, dass der Behinderte seine Lebensbedingungen kontrolliert und dass er Teilnehmer und Träger menschlicher Gesellschaftlichkeit im wirtschaftlichen, kulturellen und sozialen Bereich wird – innerhalb ebenso wie außerhalb einer Einrichtung.

Normalisierung der Beziehung

Wie jeder andere Mensch existiert der von Geburt an Behinderte gesellschaftlich nie nur als Individuum. Unsere Qualität als Person gewinnen wir insbesondere als Teil einer Familie. Wenn ich eine normale Beziehung will und daher alle Gefühle in mir zulasse, die der Behinderte in mir auslöst, dann muss ich auch seine Angehörigen dazu bringen – allein oder in einer Angehörigengruppe. Sonst werden auch sie nicht zu freien und damit normalen Handlungspartnern des Behinderten. Wie hart und brutal das ist und wie wenig die Angehörigen ohne meine Hilfe dazu kommen können, mag folgende Selbstschilderung andeuten: Bei den Gefühlen, die er in mir auslöst, unterliege auch ich zunächst dem Vergleichszwang. Ich finde, ich bin »mehr«, er »weniger«. Seine Dummheit beleidigt mich. Seine Benachteiligung macht mir Schuldgefühle. Seine Hilflosigkeit weckt meinen Helferinstinkt, mein Mitleid. Er ist hässlicher als ich, entstellt; ich spüre Ekel, Abscheu. Seine Gewalttätigkeit macht mir Angst. Ich suche nach Sicherheit vor ihm. Er ist böse, unartig, nutzt mich aus, will meiner Vernunft nicht folgen; er macht mich ungeduldig, resigniert, aggressiv. Mir wie ihm wird das Vergleichen zum Zwang: Ich bin ein durchschnittlicher Mensch, er ist also ein Untermensch. Ich erschrecke: So darf ich doch nicht denken, das ist unmoralisch. Also reiße ich mich zusammen. Ich versuche, all diese Gefühle zu unterdrücken. Ich gehe gleichsam auf ihn zu, klopfe ihm auf die Schulter und sage: »Wir sind doch alle Menschen, wir sind doch alle gleich.« Aber ich werde rot dabei, ich merke (und er auch!), dass ich den Unterschied leugne: Es stimmt nicht, wir sind nicht alle gleich, das ist nicht die ganze Wahrheit. Meine unterdrückten Gefühle melden sich als »Fürsorglichkeit« und verführen mich zu der Empfehlung: »Das Beste für ihn (für mich) ist, wenn er in die Anstalt geht/in der Anstalt bleibt.« Ich kann die Empfehlung fabelhaft begründen. Und doch spüre ich dabei meinen Wunsch: Dann habe ich (haben wir Angehörigen) nichts mehr mit ihm zu tun, dann ist er weg. Und doch weiß ich während dieses ganzen Vorganges: Die Unbefangenheit, die Freiheit »normalen« Handelns habe ich nur, wenn es mir gelingt, weder die eine noch die andere Seite zu leugnen, weder die Gleichheit noch die Ungleichheit, d.h. wenn ich weder ihn noch mich schone, wenn ich beides – das Gleichsein und das Ungleichsein – in der Begegnung, in meinem Handeln zum Ausdruck bringe. Das ist das, was ich eigentlich in jeder normalen Beziehung tue, was aber in diesem Fall so schmerzhaft schwer ist. – Wenn es mir als »Ersatzspieler« schon so schwer fällt, wie viel Vertrauen, Ermutigung und Begleitung werden dann die Angehörigen auf der einen, der Behinderte auf der anderen Seite brauchen? Oder: Ist es nicht die passive Tugend der unendlichen Geduld, die ich hier mehr als anderswo brauche, die mich nur der geistig Behinderte lehren kann – sein Geschenk an mich? Aber auch: Wo, wenn nicht hier, kann ich meine eigene anthropologische Abhängigkeit anerkennen, in der ich als Kind war, in der ich im Alter sein werde und die mir lebenslang täglich widerfahren kann (Mac Intyre 2001).

D Bildung, Erziehung, Therapie, Dauerhilfe, Selbsthilfe

Mit »Bildung« ist am umfassendsten das beschrieben, was ein geistig Behinderter – wie jeder andere Mensch – braucht. Denn Bildung ist die unbefristete, grundsätzlich lebenslange Förderung sowohl der Leistungen als auch des Gefühlslebens eines Menschen. In diesem Rahmen betrifft Erziehung mehr Leistungsfähigkeit und soziale Anpassung, während Therapie auf den richtigen Umgang mit der eigenen Angst, also die Umwandlung der »Verhaltensstörungen« in brauchbare Alltagsstrategien zielt. Geistig Behinderte benötigen in unterschiedlichem Umfang *Dauerhilfe*. Krankheit hat ein Ende, Behinderung nicht. Sämtliche Bemühungen haben die Richtung auf solidarische *Selbsthilfe*. Der Begriff »Rehabilitation« ist hier fehl am Platze, da es für denjenigen kein »Re-« gibt, der von Geburt an behindert ist.

■ Es geht stets um die ganze Familie und Gesellschaft

Ob ein geistig Behinderter ganz in seiner Familie aufwächst oder nur teilzeitlich oder ob er sich in einer Einrichtung entwickelt: Er kann zu einer eigenen Person nur werden, so weit er Teil einer Familie ist und bleibt, weshalb eine Einrichtung stets fragwürdig ist. Deshalb ist die Hilfe für die Familie genauso zeitaufwendig wie die Hilfe für den Patienten. Das gilt auch für den Fall, in dem keine Familie vorhanden ist. Dieselbe Hilfe brauchen dann diejenigen von uns, die als besonders enge Ersatzspieler einspringen, ebenso der rechtliche Betreuer, den wir bisher genauso sträflich vernachlässigt haben wie die Angehörigen.

ÜBUNG Stellen Sie sich vor, Sie lebten ohne jeden Familienkontakt, könnten nicht das Gefühl haben, Teil einer Familie zu sein: Sie kämen sich vielleicht als »Individuum« vor, wohl kaum jedoch als »Person«.

Für die Wahrnehmung einer Familiensituation sind etwa folgende Aspekte wichtig: Kontinuität und Ausmaß der mütterlichen Zuwendung in den ersten Jahren; Rolle des Vaters (enttäuschte Erwartungen) und der Geschwister (gehänselt wegen der »Familienschande«); sensorische, intellektuelle und soziale Anregung des Kindes durch die Familie oder Isolation (Reizdeprivation); sozioökonomische Lage und kultureller Werthaushalt der Familie, Nachbarschaft und Gemeinde; Umgangsstil des Patienten und der Familie mit Aggressionen, Depressionen, Rivalität; familiärer Erziehungsstil; Kompensationsmöglichkeiten für Behinderungen; Konkurrenz und Solidarität; Ausdrucksmöglichkeiten für Angst, Selbstachtung, Geschlechtsidentität und persönlichen Eigenwert; Erholungsmöglichkeiten.

Die Methoden der Ausgrenzung der geistig Behinderten in den vergangenen 100 Jahren bestanden in der Verweigerung normaler sozialer Beziehungen, gleichgültig, ob als Ausschluss aus dem genormten Bildungswesen, als Anstaltsunterbringung oder als Vernichtung. Seit

1965 setzt sich zunehmend das Prinzip der Eingliederung durch, »die Teilnahme am Leben in der Gemeinschaft« (BSHG). Daraus ergibt sich als erster handlungsleitender Grundsatz, dass das geistig behinderte – wie jedes andere – Kind, wenn irgend möglich, in der Geborgenheit seiner natürlichen Familie in seiner Entwicklung gefördert werden soll. Viele Familien fühlten sich damit hilflos und allein gelassen. Nicht zuletzt dies führte zur Angehörigen-Selbsthilfeorganisation »Lebenshilfe für geistig Behinderte« – Lebenshilfe auch für die Selbstkontrolle der Therapeuten! Die »Lebenshilfe« ist die erste und größte Bürgerinitiative in der BRD, die aus der Erfahrung der NS-Psychiatrie ihr Problem in die eigene Hand genommen hat. Daher gilt heute: Jede Familie mit einem geistig behinderten Kind hat Anspruch auf ständige Hilfe. Das gilt insbesondere für Familien, deren Werte sich eher an Wettbewerb, Leistung und Erfolg als an Solidarität orientieren, soll nicht das »Problemkind« die ganze Familie lähmen, zu einem seelischen Kriegsschauplatz machen oder in eine Festung verwandeln.

Schematisch kann man drei Krisen der Familien unterscheiden: *Diagnose-Krise:* Schock bei der Mitteilung »Sie haben ein behindertes Kind«. Es ist wichtig, dass mehrere Gespräche geführt werden, alle Familienmitglieder beteiligt sind, alle Gefühle angesprochen werden, an der Prognose nichts verschwiegen wird (auch wenn es Ihnen Angst macht!), die Lernmöglichkeiten in positiven Begriffen beschrieben werden. Die Gesprächsergebnisse werden schriftlich zusammengefasst, damit sie nicht wieder ausgeblendet werden. *Wert-Krise:* In jedem Fall handelt es sich um eine »narzisstische« Kränkung des Selbstwertgefühls der Familie, um eine Enttäuschung der oft ohnehin zu großen Erwartungen der Eltern, um einen Konflikt zwischen Liebes- und Ablehnungsgefühl dem Kind gegenüber. Dies verursacht Schuldgefühle, deren Abwehr sich äußern kann in Überbehütung, in Mitleid, in Leugnung der Behinderung mit besonders harten Erziehungsforderungen an das Kind oder im Abschieben (Projizieren) der Schuld auf andere. *Wirklichkeits-Krise:* Materielle Notlage durch notwendigen Mehraufwand; ständige aggressive Unruhe oder Apathie des Kindes; sexuelle Auffälligkeiten; Angriffe und Verspottung der Eltern durch Nachbarn oder der Geschwister durch Nachbarkinder; Scheitern des Kindes bei einem wichtigen Entwicklungsschritt (z. B. Einschulung); Veränderungen in der Familie (Scheidung der Eltern, jüngeres Geschwister überholt das Problemkind, Tod einer Pflegeperson).

Entscheidend für die Eltern ist deren Vertrauen auf die Dauerhaftigkeit der Hilfe. Sie kann erfolgen durch Hausarzt, Sozialstation, Familienfürsorge, Erziehungsberatungsstelle oder Sozialpsychiatrischen Dienst, am besten jedoch durch eine Spezialambulanz mit mobilem Team. Bewährt haben sich: Elterngruppen; Hausbesuche mit Einüben von entwicklungsförderndem Verhalten; Familientherapie; stundenweises Hospitieren der Mutter in der Tagesstätte ihres Kindes; Bewilligung einer Waschmaschine oder einer Teilzeithauspflegerin für die Mutter; Entlastung der Familie durch Ermöglichung des Jahresurlaubs. In einem unserer Fälle bestand die wichtigste Maßnahme in der Bewilligung schalldämpfender Platten durch das Sozialamt für die Wohnung einer Familie mit einem schwerstbehinderten, gelegentlich lauten Kind. Nachdem die gesetzlichen Voraussetzungen z. B. durch das BSHG gegeben sind, fehlt es uns oft nur an Einfällen, um die Lösung zu finden, die den Bedürfnissen der Familie, des Behinderten und der Gesellschaft gleichermaßen am besten entspricht. Bagatellisieren und Resignieren fällt uns immer noch leichter. So kann es passieren, dass wir den festen Zusammenhalt einer Familie mit behindertem Kind als Erfolg verbuchen. Dabei übersehen wir, dass die Familie das behinderte Mitglied vor jedem Besucher wegschließt und sich selbst gegenüber der nur vermuteten Feindseligkeit ihrer Landschaft isoliert und selbst krank macht. Hier fällt es uns schwer, die Familie zu ermuntern, mit ihrem behinderten Mitglied zunehmend in Austausch mit der Öffentlichkeit zu treten. Dabei ist gerade das unerlässlich. Denn wie für uns alle, ist für den geistig Behinderten die Familie die Drehscheibe der Vermittlung der privaten mit den öffentlichen Bedürfnissen. Und ein im vollen Sinne des Wortes lebenswertes Leben führen wir alle nur, wenn wir uns nicht nur privat, sondern auch öffentlich verwirklichen können, d. h. Teilnehmer und Träger auch der kulturellen und wirtschaftlichen Verkehrsformen unserer Lebenswelt (Landschaft) sind.

■ Wie verwirklicht der geistig Behinderte sich selbst?

»Die geistig Behinderten sind dankbare Patienten, lieb und anhänglich, in der Menge ihrer Arbeitsleistung verlässlicher als ›Normale‹ – nur ihre aggressiven oder passiven ›Verhaltensstörungen‹ machen sie unerträglich.« So oder ähnlich haben wir alle geredet, solange wir die Behinderten als Objekte unserer Fürsorge gesehen haben. Entsprechend hatten wir für die »Verhaltensstörungen« (Einnässen, Einkoten, Schaukeln, Apathie, Lügen, Stehlen, Feuerlegen, Weglaufen, Stören, sexuelle Handlungen, Schlagen und andere lebensbedrohende Angriffe) – und haben wir – ein Arsenal von Gegenmitteln: Strafen, Psychopharmaka, Zwangseinweisung, Verhaltenstherapie. Die übertriebenen Hoffnungen gerade in letztere Methode (»Geistig Behinderte kann man nur dressieren«) sind Gott sei Dank im Abklingen. Nun werden wir zwar auch in Zukunft auf dieses Arsenal zurückzugreifen haben, jedoch in einem anderen Rahmen, das seinen Stellenwert verändert. Sehen wir nämlich den geistig Behinderten als Subjekt in seiner Landschaft, dann wissen wir aus unserer Erfahrung mit der Grundhaltung, dass er es mit seiner Angst besonders schwer hat: Er kann die seiner Angst zu Grunde liegenden Gefahren weniger gut kontrollieren und muss schon bei geringeren Anlässen und früher als Andere anstelle der Gefahrenkontrolle zur Notlösung der Angstkontrolle greifen, d. h. gegen die Angst kämpfen, statt sie zu nutzen, was die Angst größer macht, nur als Angstleugnung oder Angstabwehr durch Rückzug nach innen oder Aggression nach außen vorübergehend Entlastung bringt. Nicht nur so einschneidende Ereignisse wie die Pubertät, sondern auch jede noch so geringe Unter- oder Überforderung ist eine Bedrohung, bedeutet Isolationsgefahr und bewirkt ein existenzielles Angstsignal. Das ist das ganze Geheimnis des Umgangs mit »Verhaltensstörungen«: Der Beginn unserer Assistenz besteht

also in jedem Fall nicht in »Maßnahmen«, sondern im gemeinsamen Umgang mit der gegebenen Angst, um sie zu teilen, ihren Sinn zu entschlüsseln und die ihr zu Grunde liegenden Bedrohungen kontrollierbar zu machen. Für unseren Umgang mit dem geistig Behinderten und für die Frage, wie er sich selbst verwirklichen kann, haben wir bei jeder einzelnen Aufgabe uns daran zu erinnern: Ein geistig Behinderter ist ein Mensch, der von Geburt an auf Grund des Mangels seiner Aneignungskapazität besonders früh und besonders umfassend Angst hat und bei der Entschlüsselung seiner Angstsignale besonders hilflos ist.
Innerhalb dieses Rahmens ist alles Handeln mit geistig Behinderten – vom pflegerischen Akt des Fütterns bis zur Berufsfindung – von zwei Grundsätzen bestimmt. Auch sie leiten sich von der Grundhaltung ab. Der Erste ist der *Besonderungs-Grundsatz:* Jeder Behinderte ist aus seiner besonderen Lage, aus seinem Unterschiedlich-Sein heraus zu verstehen und zu fördern. Der Zweite ist der *Normalisierungs-Grundsatz:* Jeder Behinderte hat so normal wie für ihn möglich zu leben. Darin steckt der Widerspruch aller zwischenmenschlichen Beziehungen: »Jeder Mensch ist anders« – »Alle Menschen sind gleich«. Eine Beziehung und die Selbstverwirklichung eines Menschen innerhalb seiner Landschaft gelingt nur, wenn beide Seiten dieses Widerspruches gleichzeitig und gleichermaßen Berücksichtigung finden.

■■ Zum Besonderungs-Grundsatz

Wenn das Ziel gemeinsamen Handelns in der eigenverantwortlichen Alltagsgestaltung besteht, muss der Lebensraum jedes einzelnen Behinderten so sein, dass für ihn maximale Aneignung der gesellschaftlich vorgegebenen Bedürfnisse und Fähigkeiten möglich ist, wobei nie Unter- oder Überforderung entstehen darf. Das gilt für seine Rollen als Lernender, Arbeitender, Freund, Partner, insbesondere auch – was besonders schwer ist – für seine Rollen als Teilnehmer und Träger der üblichen gesellschaftlichen Strukturen. Das bedeutet für die Gesellschaft nach Gaedt: Sie muss so weit »gestreckt werden«, dass sie noch den letzten geistig Behinderten erreicht. Diese Berücksichtigung der Unterschiedlichkeit jedes Menschen heißt aber auch, dass »Integration um jeden Preis« abzulehnen ist. Denn z. B. in den Bereichen der Liebe, der Freundschaft, der Partnerschaft hat jeder Behinderte Anspruch darauf, auch Kontakt mit seinesgleichen zu haben, da alle Nicht-Behinderten, auch wir als Ersatzspieler, in diesem Bereich nichts wert sind und der Selbstverwirklichung im Wege stehen. Der Behinderte, der um sich herum nur Nicht-Behinderte, also Betreuer, hat, ist der »total betreute Mensch«, kann sich nicht für ihn normal selbst verwirklichen. Jeder Behinderte braucht also für seine Landschaft sowohl Behinderte als auch Nicht-Behinderte. Er braucht in seiner Landschaft Zonen, in denen er, ohne sich zu überfordern, »normal« leben kann. Er braucht aber auch Zonen, in denen er seine Alltagsstrategien, seine Eigenarten, seine Schrulligkeiten, seine Unterschiedlichkeit leben kann. Nur so ist er für sich und Andere gleich wenig behindernd. Das würde aber auch bedeuten, dass auch die Anderen, die Gesellschaft, ein bunteres Gemisch an Zonen, Milieus und Szenen zulässt, was in der heutigen Spätmoderne auch wesentlich mehr der Fall ist.

Besonderung heißt in dem einen Fall: Ich kann selbstständig essen und mich ankleiden, jeden Tag Tisch decken und Blumen gießen, und mache mich Anderen bedeutsam, z. B. durch meine Verlässlichkeit. In einem anderen Fall: Ich habe in einer Behindertenwerkstatt Elektromontage gelernt, verdiene meinen Lebensunterhalt selbst, habe geheiratet, bin bei meinen Nachbarn wegen meiner technischen Geschicklichkeit unentbehrlich und bei meinen Freunden wegen meiner Fröhlichkeit geschätzt. Zwei unterschiedliche Welten – und es fällt uns schwer, sie als gleichwertig zu sehen: Jede Existenz hat in ihrer Besonderheit ihren Wert in sich.

Dafür sprechen inzwischen auch empirische Forschungsergebnisse: Wie bei alten Leuten (s. dort) sind bei geistig Behinderten Wahrnehmen, Lernen, Leisten usw. nicht nur als »weniger«, sondern auch als »anders als der Durchschnitt« zu sehen. Damit liegt der Maßstab für jede Förderung nicht bei mir, sondern beim Behinderten. Dabei ist auszugehen vom für den Behinderten sinnlich erfahrbaren Bedeutungszusammenhang. Jeder neue Schritt muss als sinnvoll und brauchbar erlebt werden können. Er beginnt mit dem Gespräch über das jeweilige Angstsignal. Neues wird für mehrere Sinne erfahrbar eingeführt (z. B. dreidimensionale Buchstaben – Gegenstände für das Lesenlernen), muss zunächst aus einem Fremden zum Vertrauten werden, wobei sich jeder winzige neue Schritt sinnvoll und sinnlich dem vorhergehenden anschmiegt, stets eingebettet in das Bemühen um Erhalt und Erweiterung des Vertrauen-Selbstvertrauen-Zusammenhangs. Dem haben sich die pädagogischen und therapeutischen Techniken der beteiligten Berufsgruppen anzupassen.

■■ Zum Normalisierungs-Grundsatz

Er bedeutet nicht Anpassung an den Durchschnitt um jeden Preis, auch nicht um den Preis therapeutischer Dauerbetreuung, damit ein Behinderter bloß nicht auffällt. Denn dies würde gegen den Besonderungs-Grundsatz verstoßen und gegen das Ziel der Schaffung des Lebensraumes mit den besten Chancen für Aneignung und Selbstverwirklichung. Aber innerhalb dieser Grenzen und bezogen auf den Entwicklungsstand der Persönlichkeit gilt der Normalisierungs-Grundsatz, wie ihn z. B. Nirje / Schweden, ausgearbeitet hat:

1. Normaler Tagesrhythmus
2. Normaler Ortswechsel für die Bereiche Wohnen-Arbeiten-Freizeit, wie für alle Menschen üblich
3. Normaler Jahresrhythmus, z. B. Jahresurlaub, Reisen und Familienfeiertage
4. Normaler Lebensablauf: Für das Kind die Grundsicherheit der Familie oder einer familienähnlichen, kleinen Gruppe mit beständigen Bezugspersonen. Für das Schulkind möglichst Schulbesuch außerhalb seines Wohnbereiches bzw. innerhalb einer normalen Schule, zudem Freizeitkontakte an jugendüblichen Orten. Das Erwachsen-Werden dauert länger, ist ungewisser, ist schmerzlicher (Verstimmungen dauern über den Anlass hinaus: das ganze Leben ist eine Wunde, eine »Krise«). Auch Erwachsen-Werden ist mit Ortswechsel verbunden. Der behinderte alte Mensch schließlich braucht wie

jeder Alte eine Lebensmöglichkeit in erreichbarer Nähe seines bisherigen Lebensraumes.

5. Normale Erwartung, dass Wünsche, Willens- und Gefühlsäußerungen im möglichen Umfang Resonanz finden.
6. Normale Beziehungen zum anderen Geschlecht: Einübung normaler Methoden des Abstandhaltens und der Annäherung, u. U. bis zur Ermöglichung des Heiratens unter angemessenen (z. B. empfängnisverhütenden) Bedingungen, wobei auch geistig behinderte Menschen grundsätzlich, wie wir alle, das Recht haben, Eltern zu werden.
7. Normaler ökonomischer Standard mit finanzieller Grundsicherung, leistungsgerechter Arbeitsbewertung und Umgang mit freiem Geld.
8. Normalisierung des Wohnens in Einzel-, Paar- oder Gruppen-Wohnungen, jedenfalls so, dass die umgehende Gemeinde-Öffentlichkeit nicht über- und nicht unterfordert ist. Normalisierung des Arbeitsbedürfnisses, nach Möglichkeit in einem normalen Betrieb.

■■ Wege und Orte zum Leben

Wir sind vom Vorrang der Entwicklung des behinderten Kindes in seiner Familie ausgegangen. Eine Alternativlösung ist die Pflege-Familie. Auch die Psychiatrie-Enquête (S. 260–265) geht von der Familie aus. Für die Frühförderung bedarf es mobiler Spezialambulanzen. Bei Kindergärten und Schulen wird es auf absehbare Zeit noch ein Nebeneinander von integrierten und gesonderten Formen geben. Jedenfalls weiß für die Bildung schon die Enquête: »Es gibt praktisch keine untere Grenze mehr für Entwicklungs- und Förderungsfähigkeit und damit für die Bildungsfähigkeit der Behinderten.« Was das Arbeitsbedürfnis angeht, haben wir heute immerhin schon ein breites – kreativ zu nutzendes Spektrum von der normalen Beschäftigung (mit und ohne »besonderen Betreuungsaufwand«) über die – intensive Arbeitsassistenz in normalen Firmen, Selbsthilfe- und Zuverdienstfirmen bis zur Werkstatt für Behinderte. Und all dies dem Mangel an geeigneten Arbeitsplätzen abgetrotzt, was insbesondere – auch zukünftig – im Dienstleistungsbereich am ehesten zu gelingen scheint, wenn wir Profis noch mehr als bisher bereit sind, unserer uns von der Behinderten(selbsthilfe)bewegung anbefohlenen Assistentenrolle uns auszusetzen, was die Grundbedürfnisse der Behinderten angeht.

Womit wir beim Wohnen, dem anderen Grundbedürfnis, wären. Hier ist in der zweiten Hälfte der 90er Jahre in der BRD eine spannende Dynamik in Gang gekommen: Gerade dadurch, dass immer mehr leicht Behinderte normale Wohnungen bevorzugt haben, wurde in den Anstalten und Großheimen die Konzentration der Schwerstbehinderten so groß und – für alle so unerträglich, dass man auch diesen kommunalere Lebensformen zuzutrauen begonnen hat. So haben etwa die diakonischen Einrichtungen Hephata/Mönchengladbach und Alsterdorf/Hamburg bereits über die Hälfte ihrer geistig Behinderten in ausgelagerte Wohngruppen entlassen. Ähnliche Prozesse gab es in der Bonhoeffer-Nervenklinik/Berlin und in Gütersloh (Dörner 1998): Freilich haben wir damit nur eine Bewegung nachvollzogen, die in den skandinavischen Ländern (ANDERSSON 1996), England, den USA und Kanada schon lange unterwegs ist, weshalb es dort Regionen gibt, in denen in gleichwohl verantwortlicher Begleitung »Heim« ein Fremdwort ist.

Wollen auch wir diese Bewegung (nicht der Enthospitalisierung, sondern) der Deinstitutionalisierung verantwortlich gestalten, haben wir dreierlei zu bedenken:

1. Es gibt hierzu keine Alternative; denn kein geistig oder seelisch Behinderter kann – in Kenntnis der heute schon erprobten kommunal-ambulanten Alternativen! – freiwillig von sich aus das Leben in einer Institution wählen, genauso wenig wie wir das können.
2. Wie weit wir auf dem Weg zu einer »heimlosen Gesellschaft« kommen, *dürfen* wir heute noch nicht wissen, um ideologisches Wunschdenken und Behindertenistrumentalisierung zu vermeiden; wir *müssen* aber wissen, dass wir uns sehr lange Zeit dafür zu lassen haben, wenn wir nicht neue Reformopfergruppen schaffen wollen.
3. Da dieser Prozess eine tief greifende gesamtgesellschaftliche Operation darstellt, die nichts unverändert lässt, bedürfen der liebevollen und zeitraubenden Begleitung dabei nicht so sehr die Behinderten, nicht mal die Angehörigen, sondern vor allem die – bisher von uns fast völlig ausgeblendeten – normalen Durchschnittsbürger; denn deren »Recht auf soziale Verantwortung für Andere« wird insbesondere durch diesen Prozess aktiviert, besser: re-aktiviert.

All dem entspricht das aus den erwähnten Ländern stammende neue Konzept der »Community Care«, das das bisherige Besonderungs- und Normalisierungprinzip ersetzt oder ergänzt (Tagungsband 2001). Dieses Konzept besagt in einem Satz: Mit den Behinderten kehrt die Care, die Sorge aus den sozialen Institutionen wieder in die Kommune zurück und macht sie wieder sozial. Daher sind alle kommunalen Serviceangebote gleichermaßen für Menschen ohne und mit Behinderung da; nur soweit und solange das noch nicht realisiert ist, gibt es einen behinderten-spezialisierten Sonderservice. Man kann sich leicht vorstellen, dass wir für die Umsetzung dieses Konzeptes für geistig Behinderte und für chronisch psychisch Kranke in der Tat mindestens 50 Jahre brauchen werden!

E Epidemiologie und Prävention

Verbreitung

Der Enquête-Bericht geht von 0,6 Prozent bezogen auf die Gesamtbevölkerung förderungsbedürftigen geistig Behinderten nach Korrektur der Übersterblichkeit aus. Leicht, mäßig und schwer Behinderte verhalten sich wie 75:20:5. Das Sichtbar-Werden der geistig Behinderten in Abhängigkeit von den Leistungsnormen der Schule ergibt sich aus den Zahlen von PENROSE: Von 10 bis 14 Jahren 2,56 Prozent, jedoch unter 6 Jahren und über 20 Jahren unter 1 Prozent, Schwerst- und Mehrfach-Behinderte 0,05 Prozent. Nur bei Schwer-Behinderten überwiegen männliche Personen.

Bedingungen

Schwere Behinderungen kommen überwiegend durch organische Schädigung des ZNS zu Stande. Bei der häufigeren leichteren Behinderung sind – wie schon gesagt – erbliche, körperliche und soziale Bedingungen ökologisch zusammenzusehen. Unbestritten ist, dass solche Personen überwiegend in sozialen Unterschichten, in der Landbevölkerung oder in sonst wie benachteiligten Situationen aufwachsen und daher die durchschnittlich geforderten Leistungsnormen weniger wahrscheinlich erreichen. Kinder geistig behinderter Mütter, die in höhere Sozialschichten hinein adoptiert werden, entwickeln sich eher nach den Normen ihrer Sozial-Mütter. Da bei weitem die meisten geistigen Behinderungen durch Körper- und Sozialschädigung zu Stande kommen, spielt das Erblichkeitsrisiko nur selten eine Rolle.

Bedeutung

Je mehr eine Gesellschaft vom Wert ökonomischer und intelligenter Leistungen, von Wettbewerb und von der »Ausmendelung« der besten Leistung sich steuern lässt, desto weniger mag sie die Begrenzung menschlicher Kapazität und damit auch geistige Behinderung wahrnehmen. Heute spitzt sich die Frage zu: Soll die vorhandene Arbeit von immer weniger Menschen geleistet oder auf alle Menschen verteilt werden? Die Antwort ist aber durchaus offen und hängt nicht zuletzt von uns Sozialprofis ab.

Wolfensberger hat für die USA eine historische Analyse der Rolle der geistig Behinderten und des Umgangs mit ihnen verfasst, die weitgehend auch für Europa zutrifft:

1. Förderungsperiode ab 1850: Die geistig Behinderten werden als förderungsfähig angesehen und in schul-ähnlichen Einrichtungen auf ein möglichst normales Leben vorbereitet.
2. Mitleidsperiode ab 1870: Sie werden als arme, leidende Kinder gesehen, müssen vor der Gesellschaft geschützt, können nicht gefördert werden, werden daher infantilisiert, isoliert und daueruntergebracht in – wegen der Wirtschaftlichkeit – riesigen Anstalten auf dem Lande.
3. Beschuldigungsperiode ab 1880: Sie werden gesehen entweder als vegetierende, nichtmenschliche Wesen (daher in »idiotensicheren Anstalten« ausgegrenzt) oder als drohende Gefahr, weil durch sie erblich die ganze Gesellschaft degeneriert (daher Heiratsgesetze, lebenslange Unterbringung, Sterilisierung oder Vernichtung) oder als sozioökonomische Ballastexistenz (daher Kosten auf Existenzminimum oder Vernichtung).
4. Eigenleben der Anstalten ohne Ziele ab 1920: Die Sinnlosigkeit der bisherigen Sicht war erkannt, aber keine neue Zielsetzung trat an ihre Stelle.
5. Normalisierungsperiode ab 1950: Allmähliche Neuorientierung nach dem Normalisierungs-Grundsatz gegen den Widerstand des gesellschaftlichen und die Trägheit des psychiatrischen Systems. – Aus der deutschen Geschichte wäre zu ergänzen: Während des

Nationalsozialismus dachten Psychiater in der Tat, durch »Therapie um jeden Preis« (=Vernichtung) eine maximal leistungsfähige und leidensfreie Gesellschaft zu schaffen. Da »tödliches Mitleid« heute wieder ein wirksames Motiv ist: geistig Behinderte leiden eher weniger, sind eher fröhlicher als die Durchschnittsbürger. Daher: kein Mitleid mit Behinderten! Wohl aber Solidarität.

■ Prävention

Was für die Diagnose die Therapie, ist für die Epidemiologie die Prävention. Es sind gleichermaßen die biologischen und die sozio-ökonomischen Bedingungen der geistigen Behinderung zu berücksichtigen.

Die wichtigsten Maßnahmen der primären Prävention sind: Verbesserung der Schwangerschafts-Vorsorge, z.B. genetische Beratung, Impfung von Mädchen (Röteln). Alle Maßnahmen und Programme, die die Herstellung der Chancengleichheit für unterprivilegierte Gruppen zum Ziel haben (für Arbeits-, Wohn-, Erziehungs- und Freizeitbereich). Alkohol-Aufklärung.

Aber: Prävention ist auch immer moralisch riskant. Die Abkoppelung der pränatalen Diagnostik von der Risiko-Indikation, ihre unbegrenzte Vermischung mit der normalen Schwangerschaftsvorsorge und das Fehlen der an sich vorgeschriebenen ausführlichen humangenetischen Beratung haben nicht nur z.B. die Geburtenrate von Down-Kindern erheblich gesenkt, sondern haben auch über die Illusion der Behinderungsvermeidbarkeit die Angst vor Behinderten (und damit vor der Schwangerschaft selbst) geschürt und die Behinderten-Akzeptanz verringert.

ÜBUNG (Gaedt): Stellt euch vor, ihr sitzt als Trisomieträger im Uterus einer Frau, die gerade an einem genetischen Beratungsgespräch teilnimmt. Die Trisomie ist entdeckt worden, es werden die Konsequenzen besprochen. Für und Wider eines Schwangerschaftsabbruchs werden diskutiert. Welche Argumente werden wohl von wem vorgebracht? Und warum? Wie fühlt ihr euch, wenn ihr zusätzlich noch wisst, dass gerade bei Trisomieträgern geglückte Lebensläufe keineswegs selten sind? Wirkt bei dieser Art Prävention nicht der Gedanke der Vernichtungs-Euthanasie fort – etwa mit der Meinung, dass Behinderte nicht am Leben teilnehmen, vor der Geburt erkannt und vernichtet werden sollten?

Maßnahmen der sekundären Prävention: Verbesserung der Neugeborenen-Untersuchung, sofortige Behandlung und weitere Kontrolle peri- und postnataler Schäden. Frühzeitige Erfassung und Behandlung zusätzlicher Behinderungen, wie Beeinträchtigungen der Motorik und der Sinnesorgane oder Legasthenie. Erfassung psychosozial geschädigter (depravierter) Kinder und Jugendlicher und Hilfe durch kompensatorische Lernprogramme.

Es zeigt sich also, dass die geistige Behinderung auch insofern für uns eine Provokation ist, als nirgends so sehr wie hier ein Kooperationszwang unserer gesundheits-, bildungs- und sozialpolitischen Aktivitäten von uns verlangt ist – und das mit großen, z. T. errechenbaren Chancen.

Literatur

Anderson, L. (1997): Schweden ohne Heime für geistig Behinderte und psychisch Kranke? In: Dörner, Klaus u. a. (1997): Aufhebung der Heime. Gütersloh, Jakob van Hoddis, S. 75–82

Community Care, Tagungsband (2001): Ev. Stiftung Alsterdorf. Hamburg

Dörner, Klaus (2001): Der gute Arzt. Stuttgart, Schattauer, S. 117 ff

Dörner, Klaus (2001): Ende der Veranstaltung. Gütersloh, Jakob van Hoddis

Flynn, Robert John; Nitsch, K. E. (Hg.) (1999): Normalization, social integration, and community services. Baltimore, University Park Press

Gaedt, Christian (1981): Einrichtungen für Ausgeschlossene oder »ein Ort zum Leben«. Jahrbuch für kritische Medizin, Bd. 7. Berlin, Argument-Verlag

Gaedt, Christian u. a. (1993): Psychisch krank und geistig behindert. Dortmund, Modernes Lernen

Hahn, M. u. a. (1998): Menschen mit geistiger Behinderung auf dem Weg in die Gemeinde. Reutlingen, Diakonie Verlag

Kruckenberg, Peter u. a. (1999): Von institutions- und personenzentrierte Hilfen in der psychiatrischen Versorgung. Bd. 116 Schriftenreihe des Bundesministeriums für Gesundheit. Baden-Baden, Nomos

Kugel, Robert Benjamin; Wolfensberger, W. (1974): Geistig Behinderte – Eingliederung oder Bewahrung? Stuttgart, Thieme

Oe, Kenzaburo (1964): Eine persönliche Erfahrung. Frankfurt / M., Suhrkamp. In diesem wohl autobiografisch fundierten Roman schildert der Autor einen jungen Mann, dessen erstes Kind geistig behindert ist und deshalb erst mal plant, dieses Kind zu töten. Die Begegnung mit seinem geistig behinderten Sohn wird von dem japanischen Autor in vielen seiner Bücher beschrieben.

Mac Intyre, Alasdair (2001): Die Anerkennung der Abhängigkeit. Hamburg, Europäische Verlagsanstalt

Petry, Detlef; Bradl, Ch. (1999): Multiprofessionelle Zusammenarbeit in der Geistigbehindertenhilfe. Bonn, Psychiatrie-Verlag

Platen-Hallermund, Alice (2001): Die Tötung Geisteskranker in Deutschland. Bonn, Psychiatrie-Verlag, 4. Aufl., Reprint der Erstausg. von 1948

Saal, Fredi (1996): Warum sollte ich jemand anderes sein wollen? Biografischer Essay. Gütersloh, Jakob van Hoddis, 2. Aufl.

Sarimski, Klaus (2000): Entwicklungspsychologie genetischer Syndrome. Göttingen, Hogrefe, 2. unveränd. Auflage

Specht, F. (1972): Soziotherapie der Oligophrenien. Psychiatrie der Gegenwart, Bd. II/2, 2. Auflage. Berlin, Springer, S. 895–954 sowie andere Beiträge dieses Bandes

Theunissen, Georg (2000): Wege aus der Hospitalisierung – Förderung und Integration schwerstbehinderter Menschen. Bonn, Psychiatrie-Verlag, 2. neu bearb. Aufl., 2. Aufl. der Neuausgabe von 1999

Theunissen, Georg (1998): Enthospitalisierung – ein Etikettenschwindel? Bad Heilbrunn, Klinkhardt

Von der Betreuung zur Assistenz, Tagungsband (2000): Verein für Behindertenhilfe, Holzdamm 53, 20099 Hamburg

Wolfensberger, Wolf (1996): Der neue Genozid an den Benachteiligten, Alten und Behinderten. Gütersloh, Jakob van Hoddis, 2. Aufl.

Zerres, Klaus u. a. (1993): Selbsthilfegruppen und Humangenetiker im Dialog. Stuttgart, Enke

3 Der junge Mensch (Kinder- und Jugendpsychiatrie)

A Anthropologisch-ökologische Wahrnehmung

■ Landschaft: Die Situation von Kindern und Jugendlichen

Das 20. Jahrhundert ist einmal das Jahrhundert des Kindes genannt worden. Davon stimmt sicher, dass über Kinder und Jugendliche sehr viel Wissen gesammelt wurde, und dass in vielen Ländern der Welt die Situation der Kinder und Jugendlichen wesentlich verbessert wurde. Im Jahr 1998 ist der Zehnte Kinder- und Jugendlichenbericht in der Bundesrepublik veröffentlicht worden. Es ist ein Bericht über die Lebenssituation von Kindern und Jugendlichen und die Leistungen der Kinder- und Jugendlichenhilfe in Deutschland. In dem Bericht wird für eine Kultur des Aufwachsens geworben. Wie können wir helfen, Bedingungen des gelungenen Aufwachsens zu fördern, bzw. welche gesellschaftlichen Bedingungen stehen einer gelingenden Kultur des Aufwachsens entgegen? Dies sind zu besprechende Fragen. Es ist bestimmt nicht richtig, der Gesellschaft als Ganzer Kinderfeindlichkeit nachzusagen, obwohl diese Kennzeichnung sicher ein Spiegel wichtiger Aspekte der Haltung vieler in der Gesellschaft ist. Es gibt – im Zeitalter der Individualisierung – wenig Muster, an die Mütter oder Väter oder Eltern sich anlehnen können. Das schafft Unsicherheit, die das Leben des Kindes begleitet. Die Fragen, ob, unter welchen Umständen und wann im Lebenslauf ein Kind gewollt wird, können heutzutage relativ frei entschieden werden. Die Möglichkeit des Wollens stellt Eltern und Kinder unter einen besonderen Zwang. Zu diesem trägt auch bei, dass mehr Erwachsene sich für die Kinderlosigkeit entscheiden. Der Konflikt zwischen Menschen mit und ohne Kinder spielt in der Gesellschaft – vor allem bei der ökonomischen Verteilung – eine aktuelle Rolle. Kinder und Jugendliche sind auch Investitionsobjekte, sie stehen unter dem Zwang des Wertzuwachses, sie lohnen mit einer »ordentlichen« Entwicklung. Obwohl die Lebensbedingungen für Menschen mit Kindern nicht immer leicht sind (es gibt Bemühungen der Politik, dies zu ändern, und zwar nicht nur im finanziellen Bereich), schaffen es die meisten Eltern mit ihren Kindern trotz allem, die unterschiedlichen Anforderungen von Arbeit und Vergnügen, Zeit, individuellen Ansprüchen und Bindungsansprüchen, Emotionen und Beziehung, Erholung und finanziellen Möglichkeiten in ein halbwegs ausgewogenes Verhältnis zu bringen, jedoch nicht ohne Kosten für alle Beteiligten, auch für die Kinder. Alle an diesem Prozess Beteiligten spüren, wie viel physischen und psychischen Aufwand es verlangt, diesen spannungsvollen Lebensabschnitt zu gestalten. Für die Kinder besteht die Gefahr, dass sie zu den Opfern des Individualisierungsdrucks der Eltern werden. Bei allem ist es klar, dass Kinder in Deutschland in einer Welt leben, in der es sich zu leben lohnt.

ÜBUNG Stellen Sie sich vor, wie die Welt für Kinder heute aussieht: Was hat sich in den letzten 10, 20, 30, 50, 100 Jahren geändert? Welche Bedeutung hat das für die Kinder? Zu denken ist an: veränderte Grenzen, Kinder allein erziehender Mütter oder allein erziehender Väter, die Rolle der Väter, die Arbeitslosigkeit, die Werte-Erziehung, die Entwicklung des Schulsystems und auch an die Veränderung dessen, was man die Bedeutung der Kindheit nennt? Und wie ist all dies im internationalen Vergleich? Wie viele sind Kinder von Migranten, Kinder aus Kriegsgebieten, Kinder mit Aids?

Die öffentlichen Räume von Kindern und Erwachsenen sind in Deutschland, vor allem in den Städten, sehr getrennt. Hinzu kommt, dass es in vielen Gegenden schlechte Spielmöglichkeiten gibt, es gibt rigide Regeln zum Schutz der Erwachsenen, es gibt wenig Räume (reale und gesellschaftliche), in die Kinder zur Zeit vorstoßen können. Da gerade die persönliche Zusammengehörigkeit für das Aufwachsen der Kinder eine anthropologische Bedingung ist, ebenso wie die Vermittlung eines Sinns, liefert der Blick auf die Bedingungen kindlichen Lebens eine Möglichkeit für die Kritik an der Gesellschaft. Viele Kinder wachsen als Einzelkinder auf.

ÜBUNG Wie und wo lernen Kinder Gesellungsformen? Wie kommen sie ins Soziale?

Sicher finden die meisten Kinder zu anderen, oft jedoch bedarf es großer Organisationsbereitschaft, um die Bedürfnisse der Kinder in die komplizierten Zeitpläne und die divergierenden Interessen der Erwachsenen zu integrieren. Oft stellen diese Absprachen für Eltern ein eigenes Konfliktpotenzial dar. Misslungene Sozialisation kann nicht einfach der Familie angelastet werden, sondern ist von der Gesellschaft als Ganzer zu verantworten. Der autoritäre Erziehungsstil ist vielfach abgebaut, jedoch ist demokratisches Handeln und ein Bewusstsein über einen Interessensausgleich zwischen Eltern und Kindern nicht so weit in den Alltag eingedrungen, als dass Erziehungspersonen im Handeln sicher wären. Viele Verantwortliche entziehen sich der orientierenden Verantwortung und überlassen die Kinder sich selbst. Streng autoritäre Erziehung wie allzu permissive Erziehung führen am ehesten zu Gewalt.
Dies ist eine Zeit, in der junge Menschen, die unsere Kinder sein können, aus Langeweile ressentiment-geladene Gewalttaten begehen. Für die Lebensbedingungen dieser Jugendlichen tragen auch wir Verantwortung. Es ist zu fragen, welche Aufgaben, welche Bedingungen für junge Menschen offen stehen. Auch ist zu fragen, wo sich die Jugendlichen messen und geschlechtsspezifisch orientieren können. Die unterschiedlichen Lebensbereiche des Menschen müssen in einen neuen integrierenden Zusammenhang gestellt werden. Das instinktunsichere und damit lernfähige Kind gerät in einen komplizierten Lernprozess, in dem es ein gewaltiges Wissen erwerben muss. Ein Wissen, das nicht nur die Sprache, sondern Gebärden und alles soziale Verhalten umfasst. Das Kennenlernen des Ökosystem vollzieht sich in der Spannung des Gefühls und des Verstandes, wobei in den ersten Lebensjahren die gefühlsmäßige Beziehung zur Umwelt überwiegt. Ein Gelingen dieser Aufgabe setzt das zweifelsfreie Vertrauen auf die Wahrheit der Sinneseindrücke voraus.
Das Kind kann sich durch die Sprache noch nicht schützen. Schmerz, Verzicht, Wünschen

und allen Gefühlen ist es sehr viel konkreter ausgeliefert, es kann sich nicht hinter Konjunktiven und anderen Sprachkünsten verstecken, es kann die Welt auch noch nicht rational, sprachlich durchdringen. Die lange Zeit der Kindheit ist fundamentale Voraussetzung für die Entwicklung der Gefühle und der Imagination. Ein zu starkes Durchdringen der Kindheit mit rationalem Wissen, wie es von vielen im Sinne besserer Leistungschancen nach der Schulzeit gefordert wird, gefährdet die Entwicklung. In dieser Forderung liegt ein Irrtum, denn es wird der Mensch um das Fundament betrogen. Es gibt Pädagogen, die fordern, dass in der frühkindlichen Erziehung Märchen, Lieder, Spiele die Inhalte sein sollen, keinesfalls Buchstaben und Bücher. Es soll wieder anerkannt werden, dass unsere Kindheit unser ganzes Leben durchzieht, dass wir immer, in produktiven wie gefährdenden Krisen vor allem, auf das zurückgreifen, was wir als Kinder im Bereich der Gefühle und der Fantasie gelernt haben. Nur so erhalten wir einen geschichtlichen Bezug, nur so erhalten wir einen Bezug zur Natur, auch der eigenen.

Wir müssen lernen, dass die Befolgung des Satzes »mein Kind soll es einmal besser haben als ich«, in uns beginnen muss. Nur wenn wir für uns die Natur achten und schonen, ist sie für die Kinder noch da. Nur wenn wir für uns sorgen und uns pflegen, können Kinder lernen, wie wichtig Selbstpflege ist. Nur wenn wir die Kinder lieben, indem wir ihnen auch Grenzen setzen, wenn wir sie befähigen, auch Hürden zu nehmen, kann der zitierte Satz Geltung gewinnen.

Die Beschreibung der Landschaft muss einen Hinweis darauf enthalten, dass in Deutschland, einem der reichsten Länder der Welt, immer weniger Kinder an dem Reichtum teilhaben. Auch wenn Reichtum hier wiederum relativ zu verstehen ist, so kommen neuere Analysen zu dem Ergebnis, dass im Jahr 1998 etwa jedes siebte Kind bzw. jeder siebte Jugendliche in einer Familie lebte, die mit weniger als der Hälfte des durchschnittlichen Einkommens auskommen musste und damit als arm bezeichnet wird. In dem gleichen Jahr waren etwa drei Millionen Personen auf Sozialhilfe angewiesen, darunter etwa eine Million Kinder und Jugendliche. Hinzu kommt eine etwa gleich große Gruppe, die mit ihrer Familie unterhalb der Sozialhilfegrenze lebt, aber aus unterschiedlichen Gründen den Anspruch auf Sozialhilfe nicht wahrnimmt. Kinderarmut lässt sich nicht bestimmten Problemgruppen zuordnen. Die Wirklichkeit ist komplizierter, denn arme Kinder und Jugendliche gibt es in allen Regionen, wenn auch in den sozialen Brennpunkten der Städte eine Häufung zu verzeichnen ist. Auch leben arme Kinder und Jugendliche häufiger in vollständigen Familien, wenn auch die Kinder Alleinerziehender armutsgefährdet sind. Kinder aus kinderreichen Familien sind armutsgefährdeter, aber auch viele Kinder und Jugendliche aus Kleinfamilien fallen unter die Armutsgrenze. Die Befunde sind deshalb so wichtig, weil all diese Kinder kaum eine Chance haben, ihre soziale Position zu verlassen. Die sozialen Grenzen sind in den letzten Jahren weniger durchlässig geworden. Armutsgefährdet sind vor allem auch Kinder und Jugendliche ohne deutschen Pass, dennoch stellen Kinder und Jugendliche mit deutschem Pass immer noch die größere Gruppe dar.

Familien, in denen Kinder mit Behinderungen aufwachsen, stehen unter psychischen, sozialen und ökonomischen Belastungen. Sie brauchen – unabhängig vom Grad der Behinderung – soziale Akzeptanz, Hilfen und materielle Unterstützung bei der Betreuung und Förderung ihrer Kinder. Dabei ist die Frühförderung besonders wichtig. Über das Kinder- und Jugendlichen-Hilfe Gesetz (KJHG) gibt das Rechts-Kapitel Auskunft.

■ Eine Theorie der Entwicklung

Es gibt eine ganze Reihe von Theorien der Entwicklung. In der Psychiatrie spielt die psychoanalytische Theorie eine besondere Rolle. Sie eignet sich auch zur Selbstwahrnehmung (denn auch wir haben uns entwickelt).

Die folgende Darstellung des Entwicklungsganges ist am psychoanalytischen Modell orientiert, enthält aber auch anderes Wissen. In der Beschreibung der kindlichen Entwicklung beziehen wir uns auf Erik Erikson. Er berücksichtigt sowohl die soziokulturellen als die biologischen Bedingungen der Entwicklung und leitet daraus Psychisches, das meist Produkt, auch Kompromiss ist, ab.

Wir haben im Folgenden nicht nur den »normalen« Entwicklungsgang aufgezeigt, sondern auch Störungen angegeben. Dadurch soll vor allem die Wichtigkeit der Beziehung zwischen Kind und Bezugsperson hervorgehoben werden. Die Entwicklung des Kindes ist immer auch eine Entwicklung der Angehörigen. Von diesem Grundgedanken können wir psychiatrisch Tätigen lernen. So kann z. B. ein Vater im Konflikt mit seinem schizophrenen 25-jährigen Sohn erwachsen werden.

Egal, wie ein Mensch bei der Geburt ist, ob schnell oder langsam, ruhig oder nervös, leicht erregbar oder phlegmatisch, dumm oder klug, hässlich oder schön: mit dem, was er mitbringt, nimmt er unmittelbar Kontakt mit seiner Umwelt auf. Die nicht anerkannte Ungleichheit von Menschen kann schon in den ersten Tagen nach der Geburt zu erheblichen Missverständnissen führen. Eine ruhige Mutter kann sich dadurch erheblich gestört fühlen, dass sie ein unruhiges Kind bekommt: Die Art ihrer Kontaktaufnahme kann das gemeinsame Handeln von beiden »neurotisch« machen.

■■ Das Neugeborene und Kleinkind: Geburt bis etwa 8.–9. Monat

Das Kind muss sich in diesem Alter physiologisch an das extrauterine Leben anpassen. Es ist völlig abhängig, es drückt Bedürfnisse instinktmäßig aus, wobei es bei Enttäuschungen schreit. Im Vergleich zu den Tieren ist die Abhängigkeit überlang. Das Kind kommt reizoffen und instinktunsicher in die Welt und erst etwa ein Jahr nach der Geburt ist es ähnlich festgelegt wie andere Lebewesen bei der Geburt. Nur durch diese Instinktunsicherheit und die Reizoffenheit, die zunächst die Abhängigkeit bedingen, ist der Mensch überhaupt in so großem Maße lern- und entwicklungsfähig. Abhängigkeit ist demnach zunächst nicht etwas, was wir bedauern müssen, sondern wo wir Sorge tragen müssen, dass sie in guter Weise genutzt wird. Die Gefahr heutzutage ist, dass von Kindern zu früh zu große Selbstständigkeit verlangt wird, oft werden sie zu früh aus ihrer Abhängigkeit abgehängt. Das Kind beginnt, zu dem Erwachsenen, mit dem es hauptsächlich zu tun hat, Vertrauen zu haben, und es beginnt zu erwarten. Für die Bezugsperson ist es in diesem Abschnitt wichtig, die Abhängigkeit des Kindes nicht zu oft zu enttäuschen, denn bei zu viel Enttäuschung entwickelt sich als Grundhaltung der Begegnung im späteren Leben ein Ur-Misstrauen. Das Kind ist auf das Geben durch die Erwachsenen angewiesen, und die Art des Gebens bestimmt das Verhältnis von Ur-Vertrauen zu Ur-Misstrauen. Geben heißt in diesem Fall Anregung geben, Zärtlichkeit geben, Geborgenheit geben, Nahrung geben. Häufig genug wird Geben mit Überfütterung verwechselt. Wegen der Bedeutung der Haut- und Mundreizung für die Entwicklung der lustvollen Lebensenergie wird diese Entwicklungsphase in der psychoanalytischen Theorie die orale Phase genannt.

Welchen katastrophalen Einfluss Reizmangel auf die kindliche Entwicklung hat, ist in zahlreichen Untersuchungen nachgewiesen. Es lässt sich zeigen, dass sowohl intellektuelle wie auch emotionale Lernverzögerungen und Lernunfähigkeiten auftreten, die bis ins Erwachsenenalter nachweisbar sind. Bisher nicht erforscht ist der Einfluss der Reizüberfütterung. Anthropologisch betrachtet: Was ist Reizarmut, was ist Reizüberflutung für das kleine Kind? Welchen Einfluss mag die Stellung des Kindes in der Geschwisterreihe haben, welchen Einfluss die Tatsache, ob ein Kind erwünscht oder unerwünscht ist? Ferner ist zu fragen, ob das Geschlecht des Kindes den Erwartungen der Eltern entspricht, in eine wie materiell gesicherte Umgebung das Kind hineingeboren wird, welche Bedürfnisse die Eltern mit dem Kind befriedigen, ob das Kind für die Mutter zum Anlass wird, die Arbeit aufzugeben, wie sich die emotionale und ökonomische Beziehung zwischen den Eltern durch die Geburt des Kindes ändert.

Essstörungen und Verdauungsprobleme, Schlafstörungen, exzessives Saugen, Schreien und die Unfähigkeit, sich trösten zu lassen, können als Signale einer gestörten Beziehung gewertet werden. Lethargie, allmählicher seelischer und körperlicher Verfall *(Marasmus)*, kindlicher *Autismus* und Stillstand der Entwicklung sind Zeichen einer schweren Störung der Beziehung des Kindes zur Welt.

Diese schwerwiegenden Störungen im Handeln treten vor allem dann auf, wenn dem langandauernden Angewiesensein nicht Rechnung getragen wird. Verlust eines Elternteils durch Tod, lange Trennung von den Eltern durch Krankenhausaufenthalt oder schwere Depression eines Elternteiles können zu der beschriebenen depressiven Handlungsweise führen (*anaklitische Depression*). Zu den aufgeführten Gründen zählen frühe und häufig auch wechselnde Heimaufenthalte, vor allem aber häufige Wechsel der Bezugspersonen und mangelnde emotionale Bedürfnisbefriedigung wie sie durch häufig wechselnde Anpassungsanforderungen in dieser Lebensphase gegeben sein können. Dazu gehören auch Aspekte von elterlichem Suchtverhalten und elterliches Gewaltverhalten sowie Vernachlässigung.

Solche Störungen in der extrem abhängigen Beziehung der frühen Kindheit haben anhaltenden Einfluss auf die Persönlichkeitsbildung des Kindes und können zu ausgeprägten depressiven Persönlichkeitsmerkmalen beitragen. Bei unumgänglicher oder notwendiger Trennung von den Abhängigkeitspartnern kann der Schock des Kindes dadurch gemildert werden, dass sehr schnell andere warmherzige und bergende Bezugspersonen, wie z.B. Großmütter, die Aufgaben übernehmen. Im Krankenhaus und in Heimen ist es wichtig, dass das Kind nicht nur »gehandhabt«, versorgt wird, sondern dass durch eine zärtliche, auch schmusige, nicht karge, sondern lebendige Atmosphäre den Bedürfnissen des Kindes Rechnung getragen wird. Auf diese Weise kann auch der Heimhospitalismus vermieden bzw. eingeschränkt werden.

ÜBERLEGUNG Welche Vorstellung besteht von der Entwicklung eines Kindes in Abhängigkeit von der sozioökonomischen Statusbeschreibung? Und: Ein Blick in die Welt: Wie wachsen Kinder in anderen Ländern auf? Was sind die Aufgaben der UNESCO?

Das ältere Kleinkind bis etwa 24 Monate

Die wesentliche Aufgabe des Kindes in diesem Entwicklungsabschnitt besteht darin, größere Zuverlässigkeit und Selbstkontrolle zu entwickeln, das eigene Selbst von der Mutter zu trennen, wacher und aufmerksamer zu werden und mehr Sinne zu gebrauchen. Es setzt ein Wandel der Abhängigkeitsbeziehung ein: die Person des Kindes wird deutlicher, auch die Äußerungsfähigkeit wird vielfältiger. Es ist nach wie vor auf den Schutz durch die Bezugsperson angewiesen. Während dieses Zeitabschnittes entwickeln sich sprachliche Ausdrucksfähigkeit, das Spiel, die Sensomotorik. Die Sauberkeitserziehung beginnt. Wegen der Verlagerung des Vorranges der lustvoll erlebten Lebensenergie auf die Muskulatur der Verdauung und des Bewegungsapparates wird diese Entwicklungsphase (psychoanalytisch) die anale Phase genannt. Das Kind entwickelt Eigenwilligkeiten. Im Laufe dieses Zeitabschnittes beginnt das Kind, alles Mögliche nachzuahmen. Aufseiten der Bezugsperson ist es in diesem Zeitabschnitt neben dem Austausch von Zärtlichkeit wichtig, dass sie zum einen mit der Entwicklung des Kindes Schritt hält, zum anderen die Signale des Kindes besser verstehen lernt. Für Bezugsperson und Kind beginnt hier eine widersprüchliche Beziehung: Das Kind lernt in der Abhängigkeit, es selbst zu werden. Die Eltern lernen, die Abhängigkeit nicht zur Machtdemonstration auszunutzen, sondern das Kind in seiner Selbstständigkeit zu fördern.

Fragen: Wie wirken sich die sozioökonomisch bedingten Unterschiede auf die Entwicklung des Kindes in diesem Lebensabschnitt aus? In Mietwohnungen, wo Kinder leise sein müssen, häufig auch kein eigenes Zimmer haben, im Wohnzimmer nur selten Spielecken eingeräumt bekommen, der nächste Spielplatz weit weg ist, lernt man sich anders bewegen als in relativ großen Räumen, wo Kinder hin und her laufen können, oder Häusern mit eigenem Garten, wo Rücksichtnahme auf Mieter in der Wohnung darunter nicht nötig ist. Bedenkt

man die Bedeutung der sensomotorischen Entwicklung nicht nur für das Gefühl der Selbstständigkeit, sondern auch für die intellektuelle Entwicklung, so lässt sich ausmalen, welche Bedeutung gerade in diesem Bereich Umweltbedingungen haben.
Große Bedeutung hat auch die Frage der Sauberkeit. Häufig stößt gerade in diesem Lebensabschnitt die Neugier des Kindes den eigenen Ausscheidungen gegenüber, aber auch die Neugier allgemein auf Zweifel oder Ekel der Mutter.
Was bedeutet es für die Mutter, ein sauberes und artiges Kind zu haben? Hat man als Mutter weniger oder mehr versagt, wenn ein Kind früher sauber ist, still bei Tisch sitzt oder sich nicht zu rennen traut? Wie hängen, wieder in Abhängigkeit von kulturellen Bedingungen, die Vorstellungen von Sauberkeit, Pünktlichkeit und Ordnung zusammen, sodass der Schluss nahe liegt: wer sein Kind gründlich zur Sauberkeit erzieht, der hilft ihm auch dabei, später ein besserer Arbeitnehmer zu sein, und was heißt dabei »besser«?
Wutanfälle, ausgedehntes Weinen, Ungeduld, Verdauungs- und Ausscheidungsstörungen (als Ausdruck des gestörten Übens von Loslassen und Festhalten), z.B. chronische Durchfälle oder chronische Verstopfung ohne organische Grundlage sowie Bewegungsstereotypien zeigen übliche Störungen der Handlungen und Begegnungen in diesem Alter an.
Jähzorn, Apathie, Unbeweglichkeit und Rückzug, zwanghaftes Lutschen, Hin- und Herschaukeln oder Kopfschlagen, Interesselosigkeit sowohl an Objekten als auch an der Umgebung oder am Spiel, sexuelle Auffälligkeiten wie exzessive Selbstbefriedigung sind häufig zu beobachten. Es kann zu extremer Abmagerung kommen. Keine Bindung an Beziehungspersonen, Gleichgültigkeit gegenüber Erwachsenen, Rückzug und das Nachlassen des Wachsens zeigen erhebliche Störung der Beziehung bzw. der Handlungsweisen an. Aufseiten der Erwachsenen kann die Beziehungsstörung durch zu viel und zu wenig Liebe gekennzeichnet sein, durch Vernachlässigung, Zwang, Kummer, Sorge, auch den Wunsch, es richtig zu machen.
Bedenkt man, dass auch das Lernen aggressiver Handlungsweisen (Selbstbehauptung und Durchsetzungsfähigkeit!) in diesen Zeitabschnitt gehört, so lässt sich bei der Aufzählung der Störungen leicht ablesen, wie viel Wut und Verzweiflung in die Handlungsweisen eines Kindes einfließen können. Bei der Beobachtung des Autismus spielen anlagebedingte Ursachen eine größere Rolle, wobei es auf diesem Hintergrund zu erheblichen Beziehungsstörungen kommen kann.

▪▪ Das Kleinkind bis zum 5. Lebensjahr

Es kommt für das Kind darauf an, in der analen Phase erworbene Handlungsmöglichkeiten zu stabilisieren (motorische Aktivität, Sauberkeit, Selbstständigkeit), darüber hinaus (ethische) Werte anzunehmen, Verständnis für die eigene Geschlechtsrolle und Geschlechtsunterschiede zu entwickeln. Als wesentliches gefühlsmäßiges Ereignis dieses Lebensabschnittes wird im Rahmen der Differenzierung der Geschlechtsrollenwahrnehmung die Liebe des Kindes zum gegengeschlechtlichen Elternteil und die Unmöglichkeit der Verwirklichung dieser Liebe gesehen (*ödipale Phase* nach FREUD). Für diese Phase kennzeichnend ist die zunehmende Bedeutung der Sexualorgane und die Liebe. Das Kind entwickelt sexuelle Neugier, die lustvoll erlebte Lebensenergie verlagert sich in die Sexualorgane. Diese Phase der Entwicklung wird die ödipale Phase genannt, weil Freud die Geschichte von Ödipus als Gleichnis für die Entwicklung dieses Lebensabschnittes genommen hat. Es handelt sich um kindliche Vorläufer des erwachsenen Liebesvermögens. Die Trennung der Generationen ist in dieser Phase sorgfältig zu beachten. Sie ist wichtig, weil bei Auflösung der Grenzen unangemessene und falsche Rollenzuschreibungen entstehen könnten; z.B. macht die Mutter sich in ihren Versorgungswünschen die Tochter zur Mutter, oder der Vater sich die Tochter zur begehrenswerten Frau, oder die Mutter sich den Sohn zu dem bestimmenden Entscheider in sie überfordernden Lebenslagen. Die Klarstellung der Grenzen zwischen den Generationen ermöglicht gleichzeitig die freie und angemessene Wahrnehmung der Rechte des Kindes und der Jugendlichen. Die Zuwendung zu gleichaltrigen Spielpartnern, die Auseinandersetzung in der Kindergruppe (Kindergarten), in der Geschwistergruppe, das Finden von Rollen und Positionen ist ein wesentlicher Erlebensbereich dieses Alters. Die Sozialisation außerhalb des Elternhauses spielt zunehmend eine Rolle, und die missglückte Sozialisation in diesem Alter kann ebenfalls Ursache späterer Störung sein, kann spätere Beziehungsaufnahmen vor allem dann kennzeichnen, wenn das Kind eine zu geringe Anerkennung seines Bemühens um erwachsene Handlungsweisen erfährt. Das Kind erlebt intensive Gefühle, wie Scham, Schuld, Freude, Liebe und den Wunsch zu gefallen, wobei es sich auch seiner eigenen Beweggründe zunehmend bewusst wird. Sehr wesentlich für diesen Zeitabschnitt ist die beginnende und zunehmende Überprüfung von dem, *was wirklich ist*. Und damit im sozialen Bereich die Übernahme der Standards von Gut und Böse. Das Kind entwickelt sexuelle Neugier. Es fragt nach Geburt und Tod. Kinder in diesem Alter brauchen die Vorstellung von dem, was sie einmal werden können: Väter, Mütter, Prinzessinnen, Räuber, Batman, Fußballer, Eisenbahner, Polizisten, Feuerwehrmann, Krankenschwester, Hebamme, Bräute, Eltern, Indianer. Der wünschenswerten Initiative und dem Lernen von Schuld und Verantwortungsfähigkeit steht als Störung die Entwicklung von massiven Schuldgefühlen gegenüber, die jegliche Initiative, jegliche Neugier, jegliches Hineinbewegen in die Welt verhindern.

Fragen und Anmerkungen: Auch hier wieder der Hinweis auf die kulturellen Unterschiede. Wo herrschen welche sexuellen Tabus, wo hat das Kind welche Aussicht auf Erfolg mit seiner Neugier, wo hat das Kind bezüglich seiner Zukunft, d.h. auch bezüglich seiner erwachsenen Handlungsmöglichkeiten erfolgreichere Modelle? Der Satz »Wenn ich einmal groß bin«, hat für diese Altersstufe eine große Bedeutung. Insofern ist zu bedenken, welche Vorstellungen von der Zukunft in Abhängigkeit von den Bedingungen im Elternhaus dem Kind möglich sind. Es gibt Untersuchungen, die zeigen, dass monotone Arbeit geringe Zukunftsvorstellungen bewirkt, was sich auch sprachlich ausdrückt. Die ständig wiederkehrende Handlung bei der Arbeit wirkt sich auf das gesamte emotionale und geistige Handeln aus.

Die Betreffenden können für sich kaum eine Perspektive entwickeln. Ganz sicher hat das auch eine Auswirkung auf ihre Kinder.

Schlechte motorische Koordination, Sprachprobleme, Schüchternheit, Ängste und Alpträume, Schwierigkeiten mit Essen, Schlafen, Ausscheiden, Irritierbarkeit, häufiges Weinen, Jähzornsausbrüche, auch der Rückfall in schon abgelegte Handlungsweisen *(Regression)*, Unfähigkeit, allein zu bleiben, und mangelndes Interesse zeigen übliche Störungen der Beziehung zwischen Kindern und ihrer Welt.

Ausgesprochene Lethargie, Sprach- und Beziehungslosigkeit, bzw. Kleben an der Bezugsperson, psychosomatische Beschwerden, wie Erbrechen, Verstopfung, Durchfall, Ausschlag und Tics, kindlicher Autismus und kindliche psychotische Handlungsweisen, d.h. die Unfähigkeit, die Wirklichkeit zu testen, weitgehender Rückfall auf frühere Handlungsweisen sowie zwanghafte Handlungen (wo es sich nicht um sinnvolle Rituale handelt, die das Kind in diesem Alter auch lernt und die für seine Wahrnehmung und Ordnung der Welt von großer Wichtigkeit sind) oder impulsives destruktives Handeln des Kindes kennzeichnen erhebliche Störungen in diesem Lebensabschnitt.

Eine wichtige Überlegung ist, was die Aufgabe der Erwachsenen in diesem Lebensabschnitt des Kindes ist. Selbstständigkeit und Interessenbildung des Kindes hat selbstverständlich mit Selbstständigkeit und Interessenbildung der Erwachsenen zu tun. Und dann bedenke man, welche Anforderungen an die Aufrichtigkeit der Erwachsenen dem Kind gegenüber gestellt sind.

■■ Die Zeit bis zur Vorpubertät (5.–12. Lebensjahr)

In diese Zeit fällt es, die größere körperliche Kraft und Ausdrucksfähigkeit zu bewältigen, eine größere Unabhängigkeit von den Eltern zu erreichen, Beziehungen zu Gleichaltrigen herzustellen und einen Sinn für Lernen und neue Fähigkeiten zu erwerben. Aufgabe der Bezugspersonen ist es, das Kind in diesem Entwicklungsabschnitt an ein Bewusstsein von Welt heranzuführen. Diese Zeit, die häufig als *Latenzzeit* bezeichnet wird, ist eine Zeit der motorischen und intellektuellen Entwicklung und Verfeinerung. Die Eltern haben dem Kind nicht nur neue Möglichkeiten zu zeigen (Interessenbildung), sondern haben z.B. auch einen Widerstand für das Kind darzustellen, »Sparringspartner« zu sein. Darin deutet sich ein weiterer Wandel der Abhängigkeit an: Die Kinder wachsen in die Partnerschaftlichkeit hinein. Zum Beispiel wird es günstig sein, bei gleichen Interessen von Vater und Sohn oder Mutter und Tochter diese gemeinsam zu pflegen (Fußball, Schwimmen, Musik).

Anmerkungen und Fragen: Dies ist der Lebensabschnitt, in dem Menschen mehr als in jedem anderen die Grundhaltung einer Gesellschaft lernen, z.B. in der Schule vom ersten Schultag an. Überall in der Welt erhalten Kinder in dieser Zeit Unterweisungen. In manchen Ländern sind sie näher an der Arbeitswelt. Und wiederum in manchen Ländern werden Kinder auf vielfältige Weise ausgebeutet. In der Schule ist nicht nur der Leistungsaspekt zu berücksichtigen. Vielmehr kann auch das Erlernen von Solidarität, Gesellschaftsbezogenheit, Rücksichtnahme (als Anregung zum Nachdenken) gerade durch die Einordnung, Anpassung, Unterordnung (nämlich unter die Gruppenordnung, unter die Bedürfnisse anderer) gelernt werden. In diesem Lebensabschnitt ist es für das Kind wichtig, die Balance zwischen Pflichtgefühl und Disziplin sowie Freiheit und Entfaltung, Kreativität und Initiative zu lernen. Wo in der Schule vom ersten Schultag an bessere Noten, Überlegenheit, bessere Chancen, Ehrgeiz gedacht wird, dort werden Kinder weniger wahrscheinlich Solidarität, Gemeinschaftlichkeit, Rücksichtnahme und eine freie Bindungsfähigkeit lernen können. In diesem Lebensabschnitt wächst der Mensch zu einem sozialer Bindungen fähigen Wesen heran. Das ist wichtig für die Überwindung von Einsamkeit und für die Fähigkeit, allein sein zu können.

Ängstlichkeit und Übersensibilität bei neuen Erlebnissen, Lernschwierigkeiten bzw. mangelnde Neugier und Aufmerksamkeitsstörungen, aber auch Handlungen wie Lügen, Stehlen, Jähzorn und andere unangemessene Umgehensweisen im sozialen Bereich, Regressionen wie Einnässen (Enuresis nocturna und Enuresis diurna), Einkoten (Encopresis), kindliche Ängste, das Erscheinen von Zwangshandlungen, auch somatische Erkrankungen oder Furcht vor Krankheit und Körperverletzung, Schwierigkeiten bei der Kontaktaufnahme, die sich vor allem in ständiger Kampfbereitschaft ausdrückt, starke destruktive Tendenzen und die Neigung zum Rückzug bzw. zur Launenhaftigkeit aufseiten des Kindes deuten übliche Störungen der Beziehung und Handlungsweisen an.

Selbstzerstörerische Tendenzen, verbunden mit ausgeprägter Neigung zum Rückzug, zu Apathie und zu Depression, Lernunfähigkeiten, Sprachstörungen, vor allen Dingen Stottern, auffallende und unkontrollierte antisoziale Handlungsweisen, wie Aggressionen, Zerstörungen, chronisches Lügen, Stehlen, schwerwiegende Zwangshandlungen, die Unfähigkeit, Fantasie und Wirklichkeit auseinander zu halten, schwere körperliche Erkrankungen, die Abwesenheit bzw. die Vernachlässigung persönlicher Beziehungen zeigen erhebliche Störungen der Beziehung.

ÜBUNG Welches sind die Aufgaben der Erwachsenen für sich in diesem Lebensabschnitt des Kindes?

■■ Pubertät und frühe Adoleszenz (12.–18. Lebensjahr)

Die Jugendlichen müssen mit ihren körperlichen Veränderungen in Übereinstimmung kommen, ebenso wie mit ihrer sexuellen Entwicklung und den psychosexuellen Wünschen. Sie müssen einen festen Sinn für *Identität* entwickeln und jetzt aktiv die Ausgestaltung der Geschlechtsrolle betreiben. Sie werden größere Eigenständigkeit, Eigenwilligkeit, Eigenverantwortlichkeit anstreben und allmählich einen Lebensplan entwerfen. Für die Eltern wird es wichtig sein, nicht nur die Unabhängigkeitsbestrebungen des Kindes zu unterstützen (auch durch Widerstand dagegen!) und auftauchende Zweifel aufzufangen, sondern auch dem Kind Grenzen zu setzen und mit Standards zu konfrontieren. Körperliche Kraft, Stärke, gelegentliche psychosomatische Anfälligkeiten, Ausreifung der Geschlechtsmerkmale, Aufflackern der frühkindlichen Auseinandersetzung mit den Eltern, unbeständiges, unvorhersagbares und paradoxes Handeln, Experimentieren mit sich und der Umgebung, Gier nach Anerkennung, enge moralische und edle Vorstellungen, Entwicklung der intellektuellen Fähigkeiten, ausufernde Lern- und Spielmuster (es wird Nächte durchgelernt oder gespielt z. B.), überkritisch sich selbst und anderen gegenüber sein, zwiespältig in der Einstellung den Eltern gegenüber mit der ängstlichen Vorstellung, die elterliche Unterstützung verlieren zu können, Feindseligkeit gegenüber den Eltern und häufig verbal geäußerte Aggressionen, zwischendurch schmusiges, zärtliches und beteuerndes Auftreten sind normalerweise zu erwartende Kennzeichen in diesem Altersabschnitt. Der Beziehungsanteil der Eltern ist wesentlich durch Präsenz im Hintergrund gekennzeichnet. Wenn die Eltern in dieser Zeit lernen, ihre eigenen Interessen wieder mehr zu betonen, können sie Modell für die Jugendlichen sein. Hilfe für die Jugendlichen wird zunehmend nur noch indirekt gegeben (Hilfe bei der Selbsthilfe). Eltern werden Neid über die Möglichkeiten der Heranwachsenden erleben, auch Ungeduld und die eigene Anfälligkeit gegenüber den Störungen durch die Jugendlichen. Im Jugendlichenalter kann fast alles, was die Jugendlichen zeigen, normal sein. Am auffallendsten wären die Jugendlichen zu nennen, die ständig stabil, ohne Schwankungen durch diesen Lebensabschnitt kommen. Es wird oft als schwierig betrachtet, mit Jugendlichen dieses Alters psychotherapeutische Beziehungen einzugehen. Der therapeutische Umgang mit ihnen setzt größtmögliche Offenheit, Authentizität, Akzeptanz ihrer Widersprüchlichkeit und Sprunghaftigkeit voraus. Wenn das gelingt, ist Psychotherapie mit Jugendlichen genauso möglich wie mit Menschen anderer Altersbereiche. Manche Jugendliche bereiten sich in diesem Alter auf die beginnende Berufstätigkeit vor, für andere dehnt sich die Zeit der Abhängigkeit bis ins Studium aus. Für manche ist es in der sozialen Umgebung akzeptiert, ihre sexuellen Bedürfnisse auszuleben, andere müssen mit ihren Wünschen nach Zärtlichkeit, Sexualität gewissermaßen im Untergrund verschwinden. Die Gesellschaft hat sich hinsichtlich der Sexualität stark gewandelt. Probleme bestehen darin, dass trotz aller Aufklärung die erwachsenen Gesprächspartner zum Thema Sexualität weitgehend fehlen, dass darüber hinaus Jugendliche vor neuen Herausforderungen stehen, z. B. AIDS, damit aber allein gelassen werden.

Oft wird die Ausgestaltung der eigenen sexuellen Identität als sehr belastend erlebt, wie z. B. bei jungen Menschen, die vor einem Coming-out als Homosexuelle stehen.

Erstmals wird für Jugendliche deutlich spürbar, welche Statussymbole für sie konkret erreichbar sind und welche im Bereich des Wünschens und des Träumens bleiben, es sei denn, man strengt sich an oder wird kriminell. Beim Nachdenken über diesen Lebensabschnitt ist die große Kluft zwischen dem, was die Natur des Menschen ist, und dem, was daraus gemacht wird, zu bedenken. Als Beispiel sei genannt die in diesem Lebensabschnitt vorhandene große körperliche Kraft und der Mangel an entsprechenden Bewegungsmöglichkeiten. Hier sei auf den Generationenkonflikt hingewiesen. Was lassen die

Alten für die Jungen, bzw. wie aggressiv müssen die sein, um Räume in der Gesellschaft zu erringen? Lehrstellen, Studienplätze, Arbeit usw. Der auffallende Mangel an Eindeutigkeit und an eindeutigen Anerkennungen macht die von innen schon turbulente Zeit auch von außen unsicher und nicht stabil. Hilfreich für die Jugendlichen und dennoch oft störend für die Erwachsenen ist in diesem Lebensabschnitt die Bildung von Cliquen und Gangs, wo die Jugendlichen ihre Unabhängigkeit und ihre Kultur entwickeln können.

B Kränkungen

Es ist in der Kinder- und Jugendpsychiatrie noch schwerer als in der »normalen« Psychiatrie, zwischen krank, erziehungsbedingt, auffällig, verhaltensgestört zu unterscheiden, zumal alle diese Benennungen nur unterschiedliche Aspekte desselben Problems sein können. Wortmarken (Benennungen) können für das Kind noch stigmatisierender sein als für den Erwachsenen. Vielfach ist darauf zu bauen, dass Verhaltensweisen sich auch wieder auswachsen. Jedes Mal, wenn ein Kind mit seinen Auffälligkeiten vorgestellt wird, sollte unbedingt auch nach den Entwicklungsmöglichkeiten der Erwachsenen gefragt werden. Es folgt die Darstellung der wichtigsten Typen der Kränkungen im kindlichen und jugendlichen Alter.

■ Autismus

Dieses Syndrom ist seit den 30er Jahren beschrieben. Die anlagebedingten Ursachen überwiegen, allerdings ist die Entstehung des Syndroms nicht aufgeklärt. Diese Störung ist besonders deswegen qualvoll, weil das Kind die Welt meidet. Sie ist gekennzeichnet durch extreme Beziehungslosigkeit (Weltlosigkeit), durch (Sich-)Versagen des Gebrauchs der Sprache zum Zweck der Verständigung. Es kommt zu einem weitgehenden Verlust der emotionalen und sozialen Kontaktfähigkeit; bzw. diese wird gar nicht erst ausgebildet (Ausbleiben des sozialen Lächelns bereits im ersten Lebensjahr). Die Interessen sind sehr eingeengt. Häufig besteht für ein Kind der einzige Zugang zur Welt darin, bestimmte Handlungen zwanghaft zu wiederholen, z. B. Licht an- und auszuknipsen. Die Kinder müssen an bekannten Situationen festhalten. Schon kleine Veränderungen, wie das Umstellen einer Vase, lösen panische Angst mit motorischer Unruhe bei ihnen aus. Bei noch stärkerer Beziehungslosigkeit kommt es zu bizarren Formen der Bewegungen (*Stereotypien*), zu bizarren sprachlichen Wendungen, Wortwiederholungen (*Echolalie*) und zu Wortneuschöpfungen (*Neologismen*). Auf die Frage nach dem Zusammenhang von Autismus und Intelligenz lässt sich sagen, dass wegen der starken Abhängigkeit der intellektuellen Entwicklung von Umwelteinflüssen nur ein Drittel der autistischen Kinder annähernd altersentsprechend intellektuell entwickelt ist. Häufig ist zu beobachten, dass eine Fähigkeit extrem ausgeprägt ist, z. B. die Merkfähigkeit für Geschichtszahlen oder eine handwerkliche Fähigkeit. Oft scheinen diese Kinder sehr empfindlich, beinahe preisgegeben. Das Kind hat, möglicherweise gestützt durch eine Wahrnehmungsstörung und andere organische Faktoren, nicht gut gelernt, zwischen »Ich« und »Du« und »Welt« zu differenzieren. Vermutlich ist die Begegnungsfähigkeit mit der Welt, dem Selbst und den Anderen so wenig ausgebildet, dass selbst die Fähigkeit zum Bezug erst hergestellt werden muss. In letzter Zeit hat man gute Erfolge mit gestützter Kommunikation, also dem Einsatz von Computern. Der Umgang mit dem Computer kann zur Selbstwahrnehmung des Kindes führen und zu dem Glück, verstanden zu werden. Die Wahrscheinlichkeit bleibt, dass der Mensch dennoch nicht sozial wird. Hier ist ein Hinweis zu geben auf Kinder, die geistig behindert sind und zu starken autistischen Verhaltensweisen neigen. Oft ist den Eltern die Diagnose Autismus angenehmer als die Beschreibung der geistigen Behinderung. Autismus ist somit viel seltener als die gestellte Diagnose Autismus. Allerdings ist die Betreuung geistig behinderter Kinder mit autistischen Störungen nicht wesentlich anders als diejenige für die Kinder, die autistisch im eigentlichen Sinne sind.

■ Hirnschädigungen

Sie führen beim Kind entweder zu hirnorganischen Syndromen (s. Kapitel 2) oder zu geistiger Behinderung (s. Kapitel 2). Vorgeburtliche (pränatale), durch die Geburt bedingte (perinatale), nachgeburtliche (postnatale) und stoffwechsel-bedingte Schädigungen spielen die Hauptrolle. Hirnorganisch bedingte Störungen des Handelns sind von psychisch bedingten Störungen oft noch schwerer zu unterscheiden als bei Erwachsenen, da das Kind aufgrund einer noch weniger differenzierten Entwicklung weniger, dafür totalere Ausdrucksmöglichkeiten für Kränkung hat; Körper und Seele sind noch näher beieinander. Gerade deshalb können leichte frühkindliche Hirnschäden verkannt und zu einem Lebensproblem werden. In der Erscheinungsweise spielen Veränderungen der Motorik eine Rolle, häufig aber auch undeutliche Beeinträchtigungen der Aufmerksamkeit, wobei Schwankungen der Bewusstseinswachheit, Beeinträchtigungen der Orientierung (z. B. rechts-links), der Konzentration, der Lernfähigkeit, des Gedächtnisses, des abstrakten Denkens und der motorischen Fertigkeiten zu unterscheiden sind. Genauso falsch wäre es, seelische Störungen beim Kind als hirnorganisch bedingt abzutun. Dies geschieht häufig bei den Kindern, bei denen man ein Hyperkinetisches Syndrom (HKS) oder ein Aufmerksamkeitsdefizitsyndrom (ADS) vermutet, die aber oft keine hirnorganische Störung (im Transmittersystem) haben, stattdessen jedoch unter ihrer psychosozialen Belastung leiden und deshalb unruhig und unaufmerksam sind. Daher ist es sehr wichtig, hirnorganische und seelische Ursachen zu unterscheiden. Es hat sich eingebürgert, Kindern, bei denen ein Aufmerksamkeitsdefizitsyndrom diagnostiziert wurde, mit der Gabe von Ritalin helfen zu wollen. Hier sollten erst alle anderen Möglichkeiten versucht werden. Der medikamentengestützte Eingriff ist als Ultima Ratio zu begreifen. Er beeinflusst die Entwicklung des Kindes auf andere Weise nachhaltig, z. B. in dem Glauben, sozial erwünschtes Verhalten durch die Einnahme von Medikamenten bewirken zu können. Oft sind auch scheinbar unbegründete Angst und Wutausbrüche für das Kind im Handeln störend (affektive Kontrolle). Wegen der zunehmenden Zahl der Autounfälle (auch wegen des häufigeren Alkohol- und Medikamentenmissbrauchs der Mutter in der Schwangerschaft) steigt die Häufigkeit der hirnorganischen Beeinträchtigungen. In jedem Einzelfall ist therapeutisch-pädagogisch neu zu prüfen, wie viel Gewicht man dem Vorliegen und dem Ausprägungsgrad einer hirnorganischen Schädigung in der Gesamtbeurteilung eines Kindes gibt. In jedem Fall handelt es sich auch hier um ein Gesamt-Familienproblem.

■ Psychoneurotische und psychosomatische Kränkungen

Kindliche psychoneurotische und psychosomatische Handlungen können, wenn sie bald nach ihrem Auftreten als solche gewertet werden, meist durch Beratung, z. B. durch Änderung der Umgebung, durch Einstellungsänderung aufseiten der Eltern und durch Gespräche bzw. Spielsituationen mit dem Kind wieder aufgehoben werden. In der Vorpubertät und der Adoleszenz ähneln neurotische Handlungsweisen zunehmend denen von Erwachsenen. Sie sind im Vergleich durch größere Heftigkeit und geringe Verhaltenheit der Äußerung gekennzeichnet. Zwei Äußerungsformen kindlicher bzw. jugendlicher Kränkung, die sowohl mit der Kränkung der Beziehung zu den Bezugspersonen als auch mit der Kränkung der Beziehung zu sich selbst zu tun haben, seien besonders erwähnt:

1. Die Fettsucht (*Adipositas*), die meist schon durch Übergewicht beim Übergang vom Säugling zum Kleinkind bemerkbar wird. Da sich in diesem Alter zum einen die Fettzellen ausbilden, zum anderen auch die orale Grundhaltung stabilisiert wird, ist die Prognose dort, wo lediglich diätetisch therapiert wird, recht ungünstig. Oft steckt hinter dem übermäßigen Füttern entweder die Angst der Mutter, Fehler zu machen und zu versagen, oder eine verborgene, abwehrende und feindselige Haltung, in der hinter jedem Schreien nach Zuwendung, Abwechslung, Unterhaltung immer nur Hunger vermutet und das Kind abgefüttert wird. Daher ist Untergewicht bei kleinen Kindern oft der Ausdruck des Widerstands gegen die Neigung Erwachsener, alles in das Kind hineinzustopfen, während Übergewicht Wehrlosigkeit gegen diese Handlungsweisen durch Eltern kennzeichnet. Kinder mit Fettsucht leiden oft an nicht erkannten depressiven Verstimmungen und brauchen entsprechende Hilfe.

2. Die Pubertätsmagersucht (*Anorexia nervosa*) tritt bei Mädchen dreißigmal so häufig auf wie bei Jungen. Durch die Entwicklung der sekundären Geschlechtsmerkmale und durch das Auftreten der Menstruation, d. h. durch biologische Reifungsvorgänge in der Pubertät, wird die Auseinandersetzung mit der eigenen Geschlechtsrolle erneuert. Durch Nahrungsverweigerung und durch die ihr folgende sekundäre *Amenorrhö* (Ausbleiben der Menstruation) wird im übertragenen Sinne eine Verweigerung der Übernahme der weiblichen Rolle erzielt. Hass und Wut und letztlich Trauer sind die verdrängten Gefühle. Häufig wird die Anerkennung dadurch gesucht, dass diese Jugendlichen im Leistungsbereich Besonderes zu erringen trachten. Der Umgang mit diesen Jugendlichen ist schwierig, da es zu ihrer Grundhaltung gehört, nicht verstanden zu werden. In kritischen Situationen ist die Ernährungszufuhr mit der Sonde unerlässlich. Erst wenn man sich bemüht, sie nicht nur mit der Selbstverständlichkeit ihrer Geschlechtszugehörigkeit zu konfrontieren, sondern in ihrem Unwillen auch die abgewehrte Traurigkeit zu verstehen, auch wenn man bereit ist, sehr viel Geduld aufzuwenden und erlebter Ablehnung nicht durch Abwendung zu begegnen, auch wenn es einem gelingt, den Kampf um das Gewicht nicht zum eigenen Kampf zu machen, sodass Gewichtsverlust zum eigenen Versagen wird, d. h. wenn es einem gelingt, sich nicht zum Opfer dieser Jugendlichen zu machen, kann man eine Beziehung herstellen.

■ Depressionen bei Kindern und Jugendlichen

Depressive Äußerungsformen im Handeln von Kindern und Jugendlichen sind nicht selten. Häufig versteckt, werden sie übersehen oder verkannt. Zum Beispiel kann eine depressive Verstimmung auch hinter häufigen Unfällen stecken, die ein Kind erleidet, und stehen unmittelbarer in Beziehung zu Liebesverlust (und Objektverlust). Die Abhängigkeiten des Kindes sind offensichtlicher und natürlicher und insofern sind die depressiven Reaktionen auch unmittelbarer, wenn den Abhängigkeiten nicht Rechnung getragen wird. Hier wäre es daher ganz unsinnig, zwischen endogener und reaktiver Depression zu unterscheiden. Die Abhängigkeit von »Mitmenschlichkeit« ist also ganz entscheidend. Es kann hier für Erwachsene und Kinder entlastend sein, zu erfahren, dass Kinder auch von Kindern das erhalten können, was sie brauchen. Wenn Depressionen bei Kindern zunehmen, d. h. den Notwendigkeiten der Abhängigkeit nicht Rechnung getragen wird, so ist auch zu vermuten, dass Kinder nicht sozial werden, sondern auf Grund der sie umgebenden Bedingungen isoliert bleiben. Bei Jugendlichen sind depressive Äußerungen, Suizidgedanken, Suizidversuche (zum Glück jedoch nicht vollzogene Suizide) extrem häufig. Während der Pubertät löst sich der Jugendliche zum einen von der Familie, er gibt Geborgenheit auf. Zum anderen ist er aber auch oft noch nicht dazu in der Lage, traut sich und den Anderen noch nicht, sodass häufig tiefer Weltschmerz, der mit starken, verzweifelten und traurigen Gefühlen einhergehen kann, die Stimmung prägt. – Während der letzten Jahre hat sich die Zahl der Suizide bei den Kindern erhöht. Die beobachtete Erhöhung der Suizidrate gilt für Kinder zwischen 10 und 15 Jahren. Bei den Jugendlichen ist der Anstieg der Suizide weniger auffällig. Suizide sind aber die zweithäufigste Todesursache bei Jugendlichen. Meist spielt eine gebrochene Eltern-Kind-Beziehung insofern eine Rolle, als jedes andere Unglück durch die Eltern dann nicht aufgefangen werden kann. Es gibt nie nur einen Grund. Bei der Begründung des Anstieges von Suiziden und Depressionen kommt der Schule große Bedeutung zu: Die Schule gibt in den letzten Jahren gleichzeitig immer stärker und immer früher den Druck für sozialen Auf- und Abstieg schon auf die Kinder weiter. Schule ist oft als entscheidende und alleinige Instanz für Lebens- und Berufschancen verantwortlich zu machen. Gleichzeitig liefert sie dem Kind wegen der immer größer werdenden Mannigfaltigkeit der Welt immer weniger Überblick über das, was in der Welt wichtig ist und wonach es seine Welt strukturieren kann. So wird nachvollziehbar, dass Schule die Quelle von Angst, Schuldgefühlen, Verzweiflung und Scham sein kann und dass häufig eine große Portion seelischer Gesundheit (z. B. die Fähigkeit zu »gezielter Unaufmerksamkeit«) dazu gehört, in der Schule eine Quelle von Lebensfreude zu haben. Die Anzahl der Kinder, die beim Psychiater vorgestellt werden, weil sie mit den Leistungsanforderungen in der Schule nicht fertig werden, ist drastisch gestiegen (das hängt auch damit zusammen, dass in den letzten Jahren 20–30 Prozent der Kinder das Abitur ablegen, d. h. mehr Kinder sind der Dauerbelastung Schule ausgesetzt – statt früher 3 Prozent). Zu berücksichtigen ist auch, dass es keine Auswege bzw. Alternativen gibt, sodass Schule schon als Härtetest zu werten ist. Schule fordert nicht nur immer mehr Leistung. Schule fordert mehr noch den genormten Einheitsschüler. Abweichungen von der Norm, z. B. Kinder mit unruhigem, spontanem, reizoffenem Verhalten werden zunehmend ausgegrenzt, als krank bezeichnet und in großer Zahl von Kinderärzten, aber auch Kinder- und Jugendpsychiatern mit Medikamenten behandelt (z. B. Ritalin, einem Amphetaminpräparat mit bedenklichen Nebenwirkungen) ohne ausreichend auf die Individualität des Kindes zu achten. Es werden aber auch Kinder mit dem Etikett Hochbegabung ausgegrenzt, weil sie ebenfalls nicht der Norm entsprechen. Probleme in der Schule oder mit der Schule führen oft zum Vermeiden des Schulbesuches. Hierbei gilt aber exakt zu unterscheiden, ob es sich um eine allgemeine Schulunlust handelt (ich habe Besseres vor), das wäre Schulschwänzen, um eine konkrete Belastung in der Schule (Prügelknabe, falsche Beschulung etc.), also eine Schulangst oder um eine Störung, die mit der Institution Schule gar nichts zu tun hat, wo die Ursache des Schulvermeidens in der Familie liegt: Schulphobie.

■ Aggressive Handlungen bei Kindern und Jugendlichen

Wir lehnen das Konzept »Verhaltensstörung« ab, da bei einer solchen Benennung die aggressive Handlung nur und ausschließlich zum Problem von zu schwacher Kontrolle gemacht wird. Das Verhalten wird höher bewertet als die spontane Handlung, wenn ich von Verhaltensstörung spreche. Die Nähe zur Verhaltenheit macht diese Begriffsbildung fragwürdig. Aggressive Handlungen und Jugendkriminalität sind nicht dasselbe, wenn auch beides zusammenhängt. Jugendkriminalität ist keine psychiatrische Beschreibung, sondern eine juristische Kategorie. Sicher werden aggressive Handlungen von Unterschicht-Jugendlichen häufig polizeilich festgehalten und füllen damit die Kategorie Jugendkriminalität an, während aggressive Handlungen von Mittel- und Oberschichtjugendlichen zur Zuweisung zu Erziehungsberatungsstellen und psychiatrischen Institutionen führen. Jugendlichen der

Mittel- und Oberschicht, die mehr Sprache zur Verfügung haben, gelingt es häufiger, ihre Aggressionen sprachlich loszuwerden, d. h. im Streit mit jemandem oder aber in aggressiven Fantasien, wie sie sich in Zerstörungs- und Racheträumen zeigen. Kindern und Jugendlichen, denen die Sprache weniger zur Verfügung steht und die auch mehr direkte aggressive Modelle haben, neigen zum unmittelbaren Umsetzen ihrer Spannungen in Taten (mit wem verbünden sich die in der Psychiatrie Tätigen?). Man kann formulieren, dass die aggressiven Handlungen der Mittel- und Oberschicht-Jugendlichen »verwahrter« (verhaltener) sind, die der Unterschicht-Jugendlichen *verwahrloster*. Zu der Zeit nach der Vereinigung der beiden Deutschlands hat es vermehrt aggressive Handlungen durch Jugendliche gegeben. Diese haben zu der Vermutung geführt, dass die Jugend insgesamt gewaltsamer geworden sei. Man muss genau hinschauen, wer solche Urteile fällt, denn der Eindruck trügt. Wer vergleicht zum Beispiel, wie viel Gewalt von 1967 bis in die Mitte der 70er Jahre in der Gesellschaft war mit der, die heute da ist. Die Bedingungen haben sich geändert. Das soll beschrieben werden. Bei den Jungen kommt es im Wesentlichen zu aggressiv zerstörerischen Handlungen, bei Mädchen zum Ausprobieren ihrer sexuellen Fähigkeiten, wobei es sich oft um eine Mischung zwischen Ausprobieren der sexuellen Impulse, einem Ausprobieren der Macht, die in der Anwendung der sexuellen Impulse steckt, und einem Bedürfnis nach Anerkennung, das auf diese Weise einfach zu befriedigen ist, handelt. Ein weiteres häufiges Symptom bei Mädchen ist das Weglaufen. Wir sollten unter aggressiven Handlungen auch verstehen, wenn jemand unter vorsätzlicher Missachtung sozialer Normen sich verweigert, sich zurückzieht (Arbeitsscheu, Drogenszene), da die Leugnung der aggressiven Anteile häufig bewirkt, dass wir die Jugendlichen dann nicht erreichen. Bei den nach außen gerichteten aggressiven Handlungen überwiegen die Jugendlichen, die aus sozial desintegrierten Umgebungen, aus enttäuschten, beengten, in den Erwartungen zurückgeworfenen Bedingungen kommen.

Einige Fragen zum Weiternachdenken: Wo sollen Jugendliche heutzutage hin mit ihrer Kraft? Wie mit der Enttäuschung fertig werden, wenn sie merken, dass die Güter der Welt ungerecht verteilt sind? Was tun, wenn sie aggressive Impulse spüren und rundherum eingeengt sind und hören, dass Aggression sinnlos, unangemessen, unerwünscht ist? Wie kann man – pädagogisch – eine Sozialisation der Aggression ermöglichen? Wenn Therapie, ist es wesentlich, dass die Jugendlichen das Ausmaß ihrer Aggression kennen lernen und integrieren. Ihre Aufmerksamkeit ist zu füllen mit sinnvollen Betätigungen, auch mit sinnvollen Aggressionen (z. B. sportliche Auseinandersetzung, jede Art von Wettkampf!) und nicht mit stumpfsinnigen Tätigkeiten, die einen nur apathisch machen. Wie wachsen Mädchen heran? Einerseits sollen sie »ankommen« – und es wird viel getan, um sie sicher in der Verführung zu machen, andererseits gilt es als »verfehlt«, wenn sie ihren sexuellen Impulsen nachgeben. Wie können sie lernen, die ungeheure Wucht der neuen Gefühle zu integrieren? Wie können sie gleichzeitig gleichberechtigt und – Jungen und Mädchen – je eigen sein? Welche Möglichkeiten der Verwirklichung auch des narzisstischen Ausdrucksverhaltens gibt es heute, sodass jemand sich als die Schöne oder der starke Mann fühlen kann, ohne sich überall zu stoßen oder gestoßen zu werden? Wenn die Jugendkriminalität in den nächsten Jahren weiter zunimmt, will man alle Jugendlichen einsperren oder will man Maßnahmen in der Umgebung ergreifen, um von daher aggressives oder kriminelles Handeln zu erübrigen? Ist Alkoholismus bei Jugendlichen aggressives Handeln, selbstaggressives Handeln oder süchtiges Handeln? Wie wird die Frage nach dem Sinn des Lebens (auch moralisch, auch politisch) für die Jugendlichen beantwortet, bzw. mit wie viel Fatalismus, Apathie, Resignation und Verzweiflung werden sie allein gelassen? Wie kann man der Wohlstandsverwahrlosung, die dadurch bedingt ist, dass Eltern es sich leisten können, die Wünsche ihrer Kinder zu befriedigen und es ihnen psychisch unmöglich ist, nein zu sagen, begegnen?

■ Schizophrene Handlungen

Auch die Welt der Kinder und Jugendlichen ist nicht heil! Wir haben davon auszugehen, dass es in der kindlichen und jugendlichen Entwicklung zu Brüchen und Spaltungen kommt, dazu, dass jemand auf die Verrücktheit seiner Welt mit eigener Verrücktheit (quer) reagiert, dass er sich durch Rückzug unverfügbar macht. Es ist genauso unnütz und fahrlässig, schizophrene Problemlösungen in Kindheit und Jugend zu leugnen, wie es unnütz und fahrlässig ist, Kinder mit gekränkten Beziehungen zu sich selbst nur medikamentös zu behandeln oder in Heime abzuschieben. Schizophrenes Handeln ist die typische Störungs-Methode der Adoleszenz. Dort, wo genetische und Entwicklungsbedingungen eine ökologische Einheit bilden, verfestigt sich dieses Handeln leichter. Nur sehr selten gelingt dieses Handeln schon Kindern. Da die Brüche bei Kindern dort sind, wo das »Ich« sich von dem »Anderen« abtrennt, ist in einer solchen Konstellation Autismus wahrscheinlicher.
Es ist unerlässlich, das Kapitel 5 über den sich und Andere fügenden Menschen zu lesen.

C Begegnung

Meist sind Erwachsene gewöhnt, *über* das Kind zu sprechen und nicht *mit* dem Kind. Sie sind erstaunt, in der Psychiatrie einem dort Tätigen zu begegnen, der mit dem Kind in gleicher Weise zu sprechen versucht wie mit ihnen. Es ist eine Grundhaltung zu finden, die die gleiche Offenheit sowohl für die kindlichen als auch für die erwachsenen Personen der Familie ermöglicht und damit zu einem Modell von Verständigung für die Familie wird.

■ Selbstwahrnehmung

Beim Nachdenken ist zu fragen: was bedeuten mir Kinder und Jugendliche? In der Begegnung mit Kindern und Jugendlichen ergreife ich leicht die Partei der Jüngeren, ich sehe sie als Opfer der Erwachsenen. Es fällt schwer, die Macht, die Kinder ausüben, zu sehen.

Auch Erwachsene brauchen Verständnis für die Ungeduld und die Hilflosigkeit. Es ist leichter, aber einseitig, Erwachsene schärfer mit Bedürfnissen von Kindern zu konfrontieren als Kinder mit den Bedürfnissen von Erwachsenen. Von Erwachsenen erwartet man Einsicht, weil sie die Last des Großwerdens doch kennen. Das labile Gleichgewicht der Erwachsenen kann durch solche Forderung aus den Fugen geraten, und man kann zu den Schuldgefühlen und Versagungsängsten beitragen. Es kann eine große Kränkung für Eltern sein, ein »missratenes« Kind zu haben, und es bedeutet eine tiefe Verunsicherung, wenn ein Kind psychisch krank wird.

BEISPIEL Ein Junge kam zur Beratung, weil er gern zündelte und nun das elterliche Schlafzimmer in Brand gesteckt hatte. Reaktion: dem fehlt es an Liebe, deswegen ist er aggressiv, die Eltern müssen sich *für ihn* ändern.

ÜBUNG Überlegen Sie, was daran warum falsch ist – und finden Sie Beispiele aus der eigenen Erfahrung.

Weitere Überlegung: Was bedeuten mir meine Kindheit und Jugend: Welche Gefühle wollte ich wirklich verbergen? Bei welchem Gefühl wird mir heute noch heiß? Wofür habe ich meine Eltern gehasst? Wie habe ich gelebt? Was kann ich mir vorstellen, wie ein Kind die Vielfalt seiner Gefühle seinen Eltern mitteilen kann? Wie ist es mir in der Schule ergangen? Wie habe ich die Mitschüler kennen gelernt? Wie hab ich meine Lehrer erlebt und fremde Erwachsene? Dann aber auch solche Fragen wie: Sind Sie peinlich berührt, wenn jemand etwas an Ihnen entdeckt, das kindlich oder kindisch ist? Auf welchen Eigenheiten, die Sie als Kind hatten, verzichten Sie gern, auf welche ungern?

Vollständigkeit der Wahrnehmung

Die Vollständigkeit der Wahrnehmung gelingt, wenn ich das Kind aus dem Problem heraus verstehe, in dem es jetzt steht, wenn ich nicht in schnelle Parteilichkeit verfalle, sondern sein jetziges Handeln als seine jetzige Möglichkeit begreife, ein Problem zu bewältigen. Ebenso ist das Handeln der Eltern, für die das Handeln des Kindes das Problem ist, deren momentane Möglichkeit des Problemlösungsverhaltens. Für beide ist das derzeitige Handeln die Lösungsmöglichkeit für eine schwierige Situation.

BEISPIEL Ein Kind ist unruhig, hektisch, kommt schwer zur Ruhe, besonders morgens ist es zappelig, noch beeindruckt von allerlei nächtlichen Ängsten. Die Eltern glauben »die Träume« nicht, befehlen Ruhe und Stillsitzen, es kommt zu mehr Zappeligkeit, Streit, Strafen. Schließlich glauben die Eltern an eine organisch bedingte Schlafstörung und gehen zum Arzt.

ÜBUNG Was kann eine Lösung für dieses Problem sein, an der alle beteiligt sind?

Kinder verstehen sehr schnell, den »neuen« Erwachsenen in ihre Falle zu locken, ihn zum Guten oder Bösen zu machen. Es dauert lange, bis sie den Erwachsenen wirklich als

Partner annehmen. Zur Vollständigkeit der Wahrnehmung gehört nicht nur das unmittelbar Bestehende, sondern auch das Mögliche, das Gewünschte, sodass Konflikte sichtbar werden.

Normalisierung der Beziehung

Für die Normalisierung der Beziehung ist zu beachten, dass es eine ganze Reihe von Handlungen gibt, die von Kindern anders bewertet werden als von Erwachsenen. Das Auftreten solcher Handlungen kann Erwachsene in Alarmbereitschaft versetzen, wiewohl sie für das Kind normal sind. So erzählen Kinder gern unwahrscheinliche Geschichten und berichten über Ereignisse, die sie erlebt oder getan haben, ohne dass sie Angeber oder Lügner sind. Dazu werden sie durch die Angst und das Urteil der Erwachsenen (Opfer-Anteil). So nehmen alle Kinder etwas weg, ohne dass sie stehlen, auch dies besteht zunächst nur in der Angst und im Urteil der Erwachsenen (Opfer-Anteil).
Erst wenn das Kind die Wertung der Erwachsenen mitspielt, wenn es die Macht spürt und so zum Täter wird, also die Handlungen zum Ausdruck von aggressiven oder bedürftigen Wünschen werden, kann man von Stehlen oder Lügen sprechen.
Zur Normalisierung meiner Beziehung mit dem Kind gehört, dass ich mich nicht zu dem verlängerten Arm der Autorität der Eltern mache noch dass ich mich mit dem Recht des Kindes identifiziere. Dies kann ich vor allem im Umgang mit den Kindern lernen. Denn es gilt auch für alle psychischen Störungen der Erwachsenen. Auf dreierlei kommt es an:
1. den Signalwert der kindlichen Handlung zu verstehen, d. h. welche subjektive Bedeutung das Kind, die Eltern bzw. die Gemeinschaft einer Handlung beimessen, sodass die kindliche Handlung zu dem wird, was sie ist;
2. die Bedürftigkeit bzw. die Wünsche des Kindes zu verstehen, mich also z. B. zu fragen, ob hinter dem Stehlen der Wunsch nach mehr Liebe und Auseinandersetzung steht oder hinter dem Lügen der Wunsch nach mehr Anerkennung dessen, was das Kind leistet, oder hinter den Zwangshandlungen oder den Ritualen der Wunsch, die Eltern zu ärgern.
Der **3.** Übersetzungsschritt besteht darin, den Grad der Ausbalancierung zwischen natürlichen Impulsen und Verwirklichungsmöglichkeiten in der sozialen Umwelt (zwischen Lustprinzip und Realitätsprinzip) abzutasten. Hierzu muss ich wieder meine eigenen Tabus als Wahmehmungsschranken kennen.

BEISPIEL Im Verlauf einer Spieltherapiestunde ballert der 6-jährige Patient mit einer Spielzeugpistole nicht nur wie wild in der Gegend herum und schießt alle vorhandenen Puppen und Spieltiere tot, sondern richtet seine Aggressivität auch gegen die Therapeutin, die zunächst eine ganze Weile auf dieses Spiel eingehen, auch ihre Gefühle wahrnehmen kann; jedoch hat sie vergleichsweise schnell das Gefühl: »So, jetzt ist Schluss, nun reicht es mir.« Ein Mehr an ausagierter Aggressivität wäre ungut. Je nach eigenen Fähigkeiten kann sie diesem Eindruck Ausdruck geben. Zum Beispiel kann sie sagen: »Jetzt ist aber Schluss, pack die Pistole weg, ich verbiete dir weiterzumachen!« Oder sie kann sagen: »Ich habe solche Angst, ich gebe mich geschlagen.« Auf jeden Fall muss sie sich hinterher fragen, was dazu geführt hat, dass sie diese Einschränkung vornahm und was in *ihr* es verhindert hat, dass sie das Finden einer vertretbaren Grenze seiner aggressiven Wünsche und Handlungen nicht zu seinem Problem gemacht hat.

Ein ähnliches Beispiel ließe sich für das Ausprobieren der Verwirklichung von Zuwendungs- und Schmusewünschen denken.

Im Sinne einer geglückten Sozialisation ist die Zielvorstellung des Heranwachsens: Der Mensch kann selbstständig entscheiden, ob Regungen abgewiesen, aufgeschoben, verändert oder unmittelbar zur Handlung zugelassen werden, und zwar aufgrund der Überprüfung von an sich selbst gestellten Erwartungen und einem verinnerlichten Maßstab. Ein Mensch ist solange unreif oder wird unreif gehalten, solange nur die Wünsche auf seiner Seite sind, jedoch die Entscheidung über die Befriedigung oder Versagung aufseiten der Außenwelt (wie im letzten Beispiel). Um überhaupt über natürliche Impulse und ihre sozialisierten Kontrollmöglichkeiten nachzudenken, muss ich gleichzeitig eine Vorstellung haben von dem, was ich als natürlich erachte (und zwar nicht im Sinne von »selbstverständlich«, sondern im Sinne von »Natur«), und ein Konzept von dem, welchen Spielraum die menschliche Gesellschaft diesen natürlichen Regungen gibt, bzw. welchen Veränderungen, Einschränkungen und Anpassungen sie unterworfen werden müssen, um aus dem Kind einen Menschen zu machen, der die Chance hat, an der Gesellschaft teilzunehmen.

BEISPIEL Wenn also der 6-jährige Patient die Grenzen seiner aggressiven Wünsche an der Therapeutin im Handeln erfahren hätte und möglicherweise auch erarbeitet wäre, dass sich hier eine Mischung aus ungezügelter Wildheit und Zorn auf die Eltern ausdrückt, so wäre dann zu überlegen, welche Möglichkeiten bestehen, dass der Junge sowohl den Zorn auf seine Eltern wahrnehmen und auch ausdrücken als auch diese seinem Temperament entsprechende Wildheit ohne Angst und unbefangen erleben kann.

Diese Überlegungen begründen die besondere Forderung nach Echtheit bei der Normalisierung der Beziehung zwischen dem Kind und mir. Kinder und Jugendliche haben noch weniger als Erwachsene ihr Rollenverhalten gefunden; d. h. ein Teil ihrer Schwierigkeiten und Stärken besteht darin, dass sie spontan, unkontrolliert, impulsiv, natürlich, unverstellt, ungezügelt, sich ausprobierend handeln, was mit dem gefügteren, verhalteneren Handeln der Erwachsenen kollidiert. Zur Pflege meiner Echtheit gehört die Ausdehnung meines Verstehens in den Bereich der Sprachlosigkeit. Dabei kann ich davon ausgehen, dass Kinder fühlen und dass sie ihren Gefühlen Ausdruck geben. Dies geschieht meist und auf allen Altersstufen im Spielen oder in anderen Aktionen, später auch über das Gespräch. Erst wenn das Kind spürt, dass ich nicht der Erwachsene bin, der von ihm am liebsten hätte, dass es schon wie der Erwachsene sprechen kann, kann es als gleichberechtigter Partner in der Beziehung auftreten. Um Identität zu ermöglichen, braucht das Kind die Anregung, sich auch mir verständlich auszudrücken. Das heißt die Forderung nach dem Bemühen um Verständnis kann nicht nur einseitig an mich formuliert sein, sondern gilt gleichzeitig als Herausforderung an die Ausdrucksfähigkeit des Kindes.

ÜBUNG Eigene Gefühle und Einstellungen den einzelnen Kindern gegenüber in der Gruppe besprechen und Möglichkeiten der Normalisierung im Rollenspiel ausprobieren: das schwächliche Kind, das fette Kind, das petzende Kind, das hässliche Kind, das verschlagene Kind, das schielende Kind, das süße Kind, das aufgeweckte Kind, das clownige Kind, das armselige Kind, usw.

D Handeln

Durch die besonderen Bedingungen der Abhängigkeit sind Kinder und Jugendliche umgeben von Leuten, die etwas *mit* ihnen machen wollen oder *aus* ihnen machen wollen oder *für* sie machen wollen. Das ist der Normalzustand, der in Konfliktsituationen dadurch überboten wird, dass noch mehr Leute von ihrer Sichtweise aus für die Kinder und Jugendlichen etwas machen. Der Therapeut oder Erzieher oder Heilpädagoge läuft stets Gefahr, als verlängerter Arm elterlicher (gesellschaftlicher) Autorität missbraucht zu werden. Für den Therapeuten hängt auch ein Stück eigenen Selbstwertgefühls daran, von den Eltern akzeptiert zu sein, nicht nur von den Kindern und Jugendlichen. Aber von Eltern akzeptiert zu sein, beinhaltet oft auch, ihnen ein Kind nach ihren Vorstellungen zu formen, in dem Sinne z. B., dass sie für ihr Geld bzw. für ihr Vertrauen auch ein passendes Kind bekommen.
Von der Grundhaltung ausgehend hat ein Therapeut also nur dann eine Chance, wenn er neu, fremd, anders ist als alle anderen – für Eltern wie Kind. Damit hängt auch zusammen, dass entgegen oft geäußertem Zweifel gilt: in jedem Fall ist das Kind in der psychiatrischen Begegnung zur Selbsthilfe anzuhalten. Es ist also das Ziel dieses Handelns mit Kindern und Jugendlichen, so weit wie möglich zu erreichen, dass diese sich selbst nach den Bedingungen ihres Handelns befragen lernen und bestimmen lernen, welchen Weg sie gehen bzw. vermeiden wollen. Aber: wenn das Kind noch natürliche Abhängigkeit (Zuwendung, Geborgenheit) braucht, dann ist diese nicht zu Gunsten größerer Eigenständigkeit zu leugnen, sondern es sind Bezugspersonen zu finden, die bereit sind, mit diesem Kind die Abhängigkeit zu leben. Die Erziehung zur Selbsthilfe gilt in gleicher Weise für das Kind und für die Eltern. Einmal, um die Täter-Opfer-Beziehung zu berücksichtigen, zum anderen, um die Überprüfung zu ermöglichen, wie viel Bindung noch möglich und nötig ist. Diese Zielvorstellung beinhaltet, dass ich sowohl dem Kind als den Eltern als Partner verpflichtet bin, und wenn ich nicht sicher bin, dass ich beiden dienen kann, sollte ich die Eltern oder das Kind zu einem anderen Therapeuten schicken. Wichtig ist eine Zusammenarbeit mit den Eltern auch dort, wo sie bei zunehmender Selbstständigkeit des Kindes ihre Verbote überziehen oder in Resignation versinken. Es ist mit ihnen daran zu arbeiten, dass die Suche des Kindes nach seinem Weg, d. h. die Befähigung des Kindes und Jugendlichen zur Selbsthilfe sie schmerzt, ihren Rahmen stört und ihn auch möglicherweise sprengt, aber auch die Chance für die Eltern bedeutet, endlich »egoistisch« ein eigenes Leben zu leben (Selbsthilfe der Eltern). In einem solchen Fall sollte mit dem Kind oder dem Jugendlichen zusammen eine

Trennung zwischen ihm und der Familie erwogen werden. Entscheidend ist, dass Kinder bzw. Jugendliche lernen, dass *sie* es sind, die ihr Leben führen. Dieses spricht nicht für eine völlige Verselbstständigung, sondern anerkennt Abhängigkeitswünsche als eine Möglichkeit der Selbstbestimmung, macht Abhängigkeit aber nicht abhängig von Auslieferung.
Darüber hinaus beinhaltet größere Distanz die Möglichkeit der Umwandlung von Abhängigkeit in Bindung! Zu entscheiden ist schließlich zwischen Einzel- und Gruppentherapie. Gruppentherapie hat den Vorzug, dass das Gefälle zwischen mir als dem Erwachsenen und dem einen Jugendlichen wegfällt, dass gemeinschaftliches und soziales Handeln ausprobiert werden kann, dass das Erlebnis der Unabhängigkeit größer ist, auch das Erlebnis, sich gegenseitig helfen zu können. Gleichzeitig ist in der Gruppe die Möglichkeit gegeben, zu sehen, wie Andere mit ihren Schwierigkeiten umgehen, wie Andere mit dem Therapeuten als Autorität umgehen. Außerdem ist in Gruppen mehr unmittelbares Handeln möglich, mehr direkte und konkrete Gefühle können geäußert werden (inklusive Streit), sodass die Auseinandersetzung für den Einzelnen um das, was seine Natur ist, und um das, was erforderlich ist, damit er in der Gemeinschaft integriert ist, möglicher und sinnvoller wird. Einzeltherapie ist am Anfang ganz sicher bei autistisch handelnden Kindern anzuwenden. Kinder und Jugendliche, die sich sehr weit weg bewegt haben, die dissoziiert sind, können zunächst nur über die Bindung zu einem Menschen gehalten werden; die Vielfalt einer Gruppe würde sie mit größerer Wahrscheinlichkeit zerbrechen lassen. Dort wo die Begegnung mit Kindern und Jugendlichen nicht ambulant möglich ist, sondern wo ein stationärer Aufenthalt nötig wird, ist zu berücksichtigen, dass Situationen all das enthalten müssen, was in der Entwicklung von Kindern und Jugendlichen eine Rolle spielt: Es muss Möglichkeiten zum Toben, zum Verstecken, zum Abhängigsein, zum Gestalten geben.

ÜBUNG Wie kann »Kinder- und Jugendpsychiatrie« in der Gemeinde vor Ort aussehen? Wo sind Kooperationspartner (Jugendhilfe, Schulverwaltung)? Wo sind die Grenzen der Kinder- und Jugendpsychiatrie? Welche Möglichkeiten bietet das KJHG?

Beim Bearbeiten dieser Übung ist über die Bedeutung »persönlicher Beziehungen« zwischen Kindern und Erwachsenen nachzudenken. Wie oft wird diese Beziehung, diese Bindung infrage gestellt: durch Trickserei, durch Diebstahl, durch Anmache – und dennoch ist die Kontinuität von Personen, Zeiten und Räumen Voraussetzung. Auch gemeinsame – echte – Aufgaben, sind nötig. Und nachzudenken ist über Besitz, territorial: wo ist meine Höhle, und auch gesellschaftlich: was ist unser gemeinsamer Besitz?

E Epidemiologie und Prävention

Verbreitung

Bei den derzeitigen Überlegungen und Planungen in der Bundesrepublik wird von zwei Zahlen ausgegangen. Nimmt man eine weiche Zahl, d.h. zählt man Kinder und Jugendliche, die anhand von Fragebogen und Beobachtungen durch Lehrer und Angehörige Beschwerden ankreuzen, und nimmt man die steigende Zahl derer, die Erziehungsberatungsstellen und psychiatrische Dienste aufsuchen, so zeigt sich, dass 10–17 Prozent aller Kinder in ihren Handlungen gestört und gekränkt sind, wobei sich die Störungen von Angst vor der Dunkelheit bis zu schweren Angstzuständen dehnen. Dabei wurde bei der Korrektur der Zahl in Rechnung gestellt, dass mit großer Wahrscheinlichkeit bei allen Kindern und Jugendlichen einmal Stehlen oder Lügen, aggressive Handlungen, Einnässen, regressive Handlungen, depressive Verstimmungen vorkommen. Nimmt man eine harte Zahl, also zählt man nur die, die längerfristig in psychiatrische Betreuung kommen, so handelt es sich um etwa 5 Prozent der Kinder. Unterschichtkinder neigen wahrscheinlicher zu Schulschwierigkeiten, übersteigerter Empfindlichkeit, Übelkeit, Schlafstörungen, Angst vor Menschen, Weinen und sie laufen eher von zu Hause weg. Kinder aus der Mittel- und Oberschicht fühlen sich leichter schwächlich, lutschen häufiger am Daumen, leiden häufiger unter Kontaktstörungen und nässen wahrscheinlicher auch tagsüber ein.

Bedingungen

Es gibt bisher wenige epidemiologische Untersuchungen im Bereich der Kinder- und Jugendpsychiatrie bzw. -psychosomatik. Man weiß, dass so genannte »broken homes«, d.h. zerbrochene Familien, mit höherer Wahrscheinlichkeit zu Störungen im Handeln führen. Allerdings ist nicht geklärt, ob es daran liegt, dass die Wunden so lange und so tief klaffen, oder ob es daran liegt, dass zerbrochene Familien bzw. die Restbestände es ökonomisch und sozial sehr schwer haben, Kontakt zu behalten, oder ob es eine Kombination von diesen und anderen Gründen ist (z.B. Mehrfachbelastung der Bezugsperson). Im Übrigen gibt es über die Bedingungen der Entstehung von Störungen des Handelns bei Kindern und Jugendlichen eher Untersuchungen, die der Untermauerung von Theorien dienen: So gibt es z.B. psychoanalytische Fallbeispiele, die den Zusammenhang zwischen Erziehungsbedingungen und Charakterstruktur nachzuweisen versuchen. Dann gibt es im Bereich des sozialen Lernens lerntheoretisch fundierte Untersuchungen, die zeigen, dass die bestärkten Handlungsweisen eines sozial hoch stehenden Modells wahrscheinlicher nachgeahmt werden. Die Bedingungen des Heranwachsens ändern sich, sodass sie immer neu bedacht werden müssen. Und abhängig vom Sozialstatus der Eltern ändert es sich gerade wieder.
Es gibt viele Fragen: Die ausländischen Kinder, die öffentliche Erziehung? Die Bedeutung der Privatheit? – Und welche noch?

Bedeutung

Die Kinder- und Jugendpsychiatrie ist in der Geschichte der Psychiatrie spät entstanden. Zu ihrer Entstehung tragen u.a. zwei Gründe bei: **1.** um herauszufinden, ob und welche Erscheinungen der Erwachsenenpsychiatrie auch bei Kindern und Jugendlichen vorkommen (gewissermaßen eine Validierung); und **2.** als Reaktion auf die zunehmende Spezialisierung der Bildungsgänge und damit die zunehmende Normierung. Jede Bildungseinrichtung definiert ihre Aufgaben so eng, dass nicht alle Kinder aufgenommen werden können; vielmehr müssen störende, auffällige Kinder, denen man mit pädagogischen Mitteln allein nicht beikommen kann, Spezialisten zugewiesen werden. Eine große Rolle spielt sicher auch das »gesellschaftliche Kontrollbedürfnis«. Wir brauchen die Theorie der Entwicklung, die nicht im 18. Lebensjahr aufhört, sondern eine Entwicklungstheorie, die klärt, dass Erfahrungen der Kindheit und Jugend weit in das Erwachsensein hineinreichen. Durch Lernen (Anpassung, Sozialisation gehören dazu) werden aus der ungeheuren Vielfalt von Möglichkeiten nur bestimmte verwirklicht. Wir messen der Natur des Menschen einen eigenen Wert bei, wobei auch die lange Unselbstständigkeit, Hilflosigkeit und Abhängigkeit des Menschen Aspekte des biologisch Gegebenen sind und nicht primär Aspekte des Sozialen. In vielen Theorien über die menschliche Entwicklung wird die Bedeutung der Natur geleugnet oder heruntergespielt. Häufig wird davon ausgegangen, dass der Mensch zur Zeit seiner Geburt ein weitgehend unbeschriebenes Blatt ist, das am Ende seines Heranwachsens ein sozialisiertes Wesen geworden ist. Folgt man einer solchen Überlegung unkritisch, dann heißt das, dass das Wesen der menschlichen Natur unendlich formbar ist, dass man dem Menschen alles beibringen kann, wenn man nur die richtigen Techniken der Sozialisation kennt. Läuft dann im Leben eines Menschen irgendetwas nicht glatt im Sinne der sozialen Erwartung, dann wird das leicht auf mangelnde Eingliederung oder Kommunikation geschoben. Die biologische, die naturhafte Seite wird kaum erwähnt. Es wird auf die gestörte Sozialisation geschlossen und nicht der Widerspruch zwischen Sozialisation und Natur ernst genommen. Auch wissen wir, dass die Natur des Menschen sich wehren kann gegenüber Forderungen, gegen ein Zuviel an Sozialisation.

Prävention

Hierher gehört alles, was man verwirklichen kann, wenn es fordernd heißt: Unsere Gesellschaft muss kinderfreundlicher werden. Zur Prävention von Psychiatrisierung eignen sich Treffpunkte in Wohngemeinden, in denen Kinder, Jugendliche und Erwachsene sind. Die Kinder haben eigene Territorien und familienunabhängige Bezugspersonen. Es handelt sich um die Begegnung im Ernstfall. Es werden keine »Angebote« gemacht, die Gestaltung der Räume ist nicht fest und vorgeschrieben, es entstehen Werkgruppen, Sport, gemeinsamer Besitz an Fahrrädern, Nachhilfe und Beziehungen zu Menschen, die schwierige Situationen aushalten und den Kindern in Krisen helfen. Der Rahmen solcher Bindung müssen in unserer Gesellschaft demokratisch strukturierte Institutionen sein. Es müssen auch die Eltern und andere Erwachsene mit ihren konfrontierenden Interessen integriert werden. Unter den gefährdeten Jugendlichen sind vor allem die Jugendlichen ohne Schulabschluss zu nennen. Sie sind häufig von Perspektivlosigkeit und Sinnlosigkeit bedroht. Hier entstehen besonders leicht Hilflosigkeit und Wut.

Literatur

AICHHORN, August (1987): Verwahrloste Jugend. Bern, Hans Huber, 10. unveränd. Aufl.

AWO Bundesverband (Hg.) (2000): Gute Kindheit – schlechte Kindheit. Armut und Zukunftschancen von Kindern und Jugendlichen. Bonn, AWO Bundesverband-Verlag

AXLINE, Virginia M. (1980): Dibs. München, Scherz, Sonderausg. Berlin

BETTELHEIM, Bruno (1990): Der Weg aus dem Labyrinth. München, dtv, 2. Aufl.

DGSP (Hg.) (1981): Soziale und psychische Not bei Kindern und Jugendlichen. Rehburg-Loccum, Psychiatrie-Verlag

ERIKSON, Erik H. (2000): Ich-Identität und Lebenszyklus. Frankfurt/M., Suhrkamp, 18. Aufl.

FREUD, Anna (1993): Wege und Irrwege in der Kinderentwicklung. Stuttgart, Klett-Cotta, 5. Aufl.

GORDON, Thomas (2001): Familienkonferenz. München, Heyne, 33. Aufl.

HANESCH, Walter; KRAUSE, Peter; BÄCKER, Gerhard (2000): Armut und Ungleichheit in Deutschland. Reinbek bei Hamburg, Rowohlt Taschenbuch

HARBAUER, Hubert u. a. (1980): Lehrbuch der speziellen Kinder- und Jugendpsychiatrie. Berlin, Springer, 4. neubearb. u. erw. Aufl.

KNOPP, Marie Luise; HEUBACH, Barbara (Hg.) (2001): Irrwege, eigene Wege – junge Menschen erzählen von ihrem Leben nach der Psychiatrie. Bonn, Psychiatrie-Verlag

KNOPP, Marie Luise; NAPP, Klaus (Hg.) (2000): Wenn die Seele überläuft – Kinder und Jugendliche erleben die Psychiatrie. Bonn, Psychiatrie-Verlag, 4. Aufl.

KÖTTGEN, Charlotte (Hg.) (1998): Wenn alle Stricke reißen. Kinder und Jugendliche zwischen Erziehung, Therapie und Strafe. Bonn, Psychiatrie-Verlag

KÖTTGEN, Charlotte; KRETZER, Dietgart; RICHTER, St. (Hg.) (1990): Aus dem Rahmen fallen – Kinder und Jugendliche zwischen Erziehung und Psychiatrie. Bonn, Psychiatrie-Verlag

Kursbuch 113 (1993): Deutsche Jugend. Berlin, Rowohlt

Lebenslagen in Deutschland (2001). Der erste Armuts- und Reichtumsbericht der Bundesregierung

NICKEL, Horst (1982): Entwicklungspsychologie des Kindes- und Jugendalters. Bern, Huber, 4. unveränd. Aufl.

OERTER, Rolf; MONTADA, Leo (1998): Entwicklungspsychologie. Weinheim, Psychologie VerlagsUnion, 4. korrig. Aufl.

PIAGET, Jean (1993): Probleme der Entwicklungspsychologie. Frankfurt/M., Europ.-Verlagsanstalt, Neuaufl.

PORTMANN, Adolf (1999): Vom Lebendigen. Frankfurt/M., Suhrkamp, 2. Aufl.

RICHTER, Horst Eberhard (1998): Eltern, Kind, Neurose. Stuttgart, Klett-Cotta, 2. Aufl.

RICHTER, Horst Eberhard (1972): Patient Familie. Reinbek, Rowohlt

WEIHS, Thomas J. (1995): Das entwicklungsgestörte Kind. Stuttgart, Verlag Freies Geistesleben, 4. Aufl.

Wenn die Seele überläuft ... junge Menschen erleben Psychische Krisen (2001). Hörbuch zu KNOPP, NAPP: »Wenn die Seele überläuft« und KNOPP, HEUBACH: »Irrwege, eigene Wege«. Bonn, Psychiatrie-Verlag

Wenn die Seele überläuft ... junge Menschen erleben Psychische Krisen: Angst – Ess-Störungen – Suizid (2001). Lehrerbegleitband zu KNOPP, NAPP: »Wenn die Seele überläuft« und KNOPP, HEUBACH: »Irrwege, eigene Wege« incl. Hörbuch. Bonn, Psychiatrie-Verlag

WISSMANN, Matthias; HAUCK, Rudolf (Hg.) (1983): Jugendprotest im demokratischen Staat. Enquête-Kommission des deutschen Bundestages. München, Edition Weitbrecht

Zehnter Kinder- und Jugendbericht (1998). Bericht über die Lebenssituation von Kindern und die Leistungen der Kinderhilfen in Deutschland. Bundesministerium für Familie, Senioren, Frauen und Jugend, Bonn

4 Der sich und Andere liebende Mensch (Schwierigkeiten der Sexualität)

A Landschaft: Lieben glückt nur auf Umwegen

»In zahlreichen Sprachen gibt es ein Wort, das zugleich Geben und Nehmen, Wohltätigkeit und Habgier, Barmherzigkeit und Begehren bezeichnet – das Wort Liebe ... Man spricht von Liebe, wenn die Sorge um sich selbst auf die Spitze getrieben und ebenso, wenn die Sorge um den Anderen in den Himmel gehoben wird.«

A. Finkielkraut betrachtet diese Paradoxie durch die Brille der Moderne. Seither nämlich halten die meisten Theoretiker den Menschen nur noch für egoistisch und selbstliebend, während alle selbstlose Liebe entweder als selbstsüchtig zu entlarven sei oder ins Reich der Ideale gehöre.

»Doch diese Verbannung der Nächstenliebe in die Sphäre des Idealen versetzt uns nicht unbedingt in die Lage, das Wirkliche besser zu begreifen. Vielleicht brauchen wir im Gegenteil altmodische Begriffe und ein anderes Verhältnis als das des Besitzers, um die ursprüngliche Beziehung zum Anderen zu verstehen und davon ausgehend, die Liebesbeziehung ebenso wie den Hass auf den anderen Menschen.«

Wie es zu dieser Entwicklung kam, beschreiben R. Sennett und G. Schmidt: Mit der Industrialisierung und (utilitaristischen) Marktwirtschaft wurde der vormoderne Haushalt als Einheit von Wohnen und Arbeiten zerschlagen. Indem das Produzieren in Fabriken »entfremdet« wurde, war der Haushalt seiner wichtigsten sachlichen, unpersönlichen Aufgaben beraubt. An die Stelle der Hausherrschaft, die Privates und Öffentliches verband, trat die Marktherrschaft. Zurück blieb die bürgerliche Kleinfamilie, die aber in der Folge auch noch von ihren Aufgaben der Versorgung der Schwächeren (durch soziale Institutionen) und der Reproduktion (durch öffentliche Dienstleistungen, Wohn- und Küchentechnik) »befreit« wurde. Es blieb für die Familie nicht viel übrig – am ehesten (über ihre Psychologisierung) die Verwaltung der Gefühle mit den nur noch privaten Idealen Häuslichkeit, romantische Partnerwahl, Gattenliebe und Elternliebe. Da aber auf flüchtige und nackte Gefühle zwar eine »Tyrannei der Intimität« (Sennett), jedoch keine dauerhafte Beziehung zu bauen ist, nutzte auch die »Sexualisierung der Ehe« (v. d. Velde) in den 20er Jahren wenig.

Die 68er Bewegung griff die Halt gebenden Institutionen der Familie wie der Ehe an als Orte sexueller Unterdrückung und forderte vehement ein individuelles Recht auf Sexualität. Seither leben wir zunehmend in nur noch gefühlsbegründeten Paarbeziehungen, deren Haltarmut in einer Fülle psychosexueller Störungen erlebt wird, die Psycho-, Paar- und Sexualtherapeuten zu kompensieren bemüht sind. Da zugleich unseren Überflussgesellschaften die für sie systemnotwendigen Bedürfnisse ausgehen, wird Sexualität immer mehr zur funktionslosen Erlebnisware, während wir biografisch immer längere Zeiten nicht mal als Paar, sondern nur noch als Single leben und die Reproduktionsmedizin ihre Angebote verbessert, auch noch das Kinderkriegen von Ehe, Paar, Liebe und Sexualität abzukoppeln. Ob die Aids-Diskussion einerseits, der feministische Kampf gegen (männliche) Gewalt in der Sexualität andererseits neue Halt gebende, verfeinerte, kontrolliertere und zivilisiertere

Umgangsformen der Liebe zwischen den Geschlechtern bewirken, werden wir erst später wissen.

Das ist die geschichtliche Landschaft, in der wir uns bewegen. Da wir vom ersten bis zum letzten Atemzug von der Liebe leben und an ihr leiden, ist ihre räumliche Landschaft gleichermaßen bedeutsam: Normal ist es, dass die Wege in Windungen und Biegungen durch die Landschaft führen. Normal sind Umwege, da sie den Spielraum der Erfahrungsmöglichkeiten bereichern. Für eine Gebirgslandschaft sind Serpentinen normal. Weniger normal sind zu große Umwege, da sie zwar die Erlebnismöglichkeiten verbreitern, jedoch verbunden mit der Gefahr, dass die Umwege sich in Abwegen (= De-viationen) verlieren. Weniger normal sind ebenso Wege, die wie mit dem Lineal gezogen stromlinienförmig und leistungsorientiert auf ein Ziel zustreben, verbunden mit dem Risiko der Erlebnisverarmung und dadurch der Funktionsstörung, da eben das Erleben die Funktion steuert; sie zerstören die Landschaft und damit den Menschen.

Die Landschaft des Liebens (unwissenschaftlich-*reduziert*: der Sexualität) ist grenzenlos. Sie erlaubt mir das größtmögliche Glücksgefühl überhaupt, mit grundsätzlich unbegrenzten Steigerungsmöglichkeiten. Das macht sie zugleich bedrohlich. Damit ich mich nicht bis zur Selbstaufgabe und/oder auf Kosten anderer ins Grenzenlose versteige, haben alle Gesellschaften das Lieben durch ein kompliziertes Netz geschriebener und ungeschriebener Gesetze, Werte und Regeln kanalisiert und sich damit eine Kultur gegeben. Liebe ist der Anlass für die Gestaltung der wichtigsten kulturellen Einrichtungen (z. B. Familie, Ehe, Moral, Religion) und für die meisten Vorschriften für die Beziehungen wie für die Entwicklungsmöglichkeiten meiner Person. Abwege (Abweichungen) haben Strafen zur Folge, auch Selbstbestrafung und Schuldgefühle; denn ein Teil von mir ist Grenzen sprengende sexuelle Gestaltungsfreiheit, ein anderer Teil von mir aber setzt *selbst* die eingrenzenden kulturellen Gebote dagegen. Zwischen den Wünschen des »Es« und den Vorschriften des »Über-Ich« ringt das »Ich« um den für mich passenden Weg. Lieben nimmt also nicht nur Angst, sondern löst auch Angst aus, bringt auch grenzenloses Unglück, kann mich zum Suizid oder zum Totschlag treiben.

BEISPIEL für einen gradlinigen, zweckrationalen, zielstrebigen Weg: Es kann sein, dass die kulturelle Wertung für einen jungen Mann aus den unendlich vielen Gestaltungsmöglichkeiten Folgendes auswählt: Er beschränkt sein sexuelles Handeln und Erleben darauf, eine Frau zu heiraten, die – wie er – unberührt in die Ehe geht, angemessen jünger ist, nicht blutsverwandt, aber auch nicht zu fremd (keine Ausländerin), aus gleich guter Familie, gesund, derselben sozialen Schicht und Konfession angehört, mit der er nur so lange und immer in derselben Weise ausschließlich genitalen Geschlechtsverkehr hat, bis sie »ihm« zwei Kinder geboren hat, ohne sie z. B. auch nur einmal nackt gesehen zu haben.

Man könnte ein solches streng genitales Kulturideal – gemessen an der Spielbreite sexueller Ausdrucksmöglichkeiten – auch als die schwerste aller Perversionen bezeichnen. Es ist aber ein Beweis für eben diese Spielbreite, dass einerseits auf diesem Wege er impotent

oder sie frigide werden könnte, dass aber andererseits auch die Möglichkeit besteht, dass dies Paar nur auf diesem Wege das für sie größtmögliche Glück finden kann.
Umgekehrt hat spätestens KINSEY uns die Augen dafür geöffnet, wie viele Menschen kurvenreiche, auch risikovolle Umwege gehen, um ihren Stil und ihr Glück zu finden.
Auch in der Liebe haben wir es nie mit nur einem Menschen, sondern stets mit mindestens zwei Menschen zu tun. Und jede Beziehung ist ein Gemisch aus Elementen mehrerer Dimensionen, so etwa:

- Es gibt in jeder Ich-Du-Beziehung zwei Subjekte, die sich vom Anderen zu seinem Objekt machen lassen. Sie streben aber auch nach Nähe, Geborgenheit, Auflösung der Ich-Grenzen und Verschmelzung.
- Es handelt sich zugleich um zwei Subjekte, die beide den jeweils Anderen zum Objekt machen. Es findet ein Kampf zwischen Gegnern statt, durchaus mit Elementen von Feindseligkeit, worin beide den Gegner zu etwas Anderem machen, in Grenzen fetischisieren (STOLLER); und dieses Spiel mit der Gewalt, mit der Angst, mit der Fremdheit des Anderen garantiert den Abstand zwischen beiden, hält die Spannung der Beziehung aufrecht und sorgt für die Faszination der Begegnung.
- Zugleich wiederum leben beide Subjekte innerhalb der Begegnung ihre Beziehung mit sich selbst – sowohl in der Gegenwart als auch in der Vergangenheit, durch die Erinnerung ihren geschichtlichen Weg bis in die Kindheit zurückgehend. Denn im Schutz der Begegnung können sie alte Wunden, Niederlagen und Ängste erinnern und zulassen, müssen sie nicht abwehren, sondern können sie mit der Erfüllung der Begegnung, z.B. mit der Liebeserregung, wenigstens kurzfristig in einen Triumph oder ein Glücksgefühl verwandeln.

MERKE **Für eine geglückte Begegnung müssen Nähe, Sorge und Abstand, müssen Angst, Geborgenheits- und Gewaltwünsche gleichgewichtig zusammenkommen. Billiger ist sie nicht zu haben – jedenfalls für die meisten von uns. Und: Nicht der gerade Weg, sondern der Umweg ist normal, anthropologisch für uns Menschen vorgesehen; denn der Alltag bestimmt die Sexualität und nicht umgekehrt.**

Gleichgültig, welche Umwege ein Mensch geht, psychiatrisch sind wir für den liebenden Menschen nur zuständig, wenn sein Gleichgewicht und damit sein Selbsthilfeversuch nicht mehr gelingen, wenn Angst und Schmerz zu groß werden, nur noch abgewehrt werden können, wodurch insbesondere der Gewaltanteil des Liebens sich verselbstständigt.
Diese Sichtweise ist mehrfach hilfreich:

- Sie lehrt uns, dass jede Sexualstörung sowohl Bedingung als auch Folge einer anderen psychischen Störung sein kann. Das Liebeserleben ist ein sehr empfindlicher Anzeiger für das Befinden eines Menschen.
- Selbstbefriedigung, Homosexualität und Heterosexualität sind in sich gleichermaßen normale Wege. Denn ihr Sinn ist Kennenlernen, Zärtlichkeit, Vertrauen und Selbstversi-

cherung im Umgang mit dem eigenen Körper oder mit dem eines anderen Menschen. Alle drei Richtungen des Liebens sind hilfsbedürftig, wenn sie leidend oder störend erlebt werden.

- Jeder Mensch ist teils unveränderbar, teils änderbar in seinem Weg des Liebens. Therapie-Ziel ist im ersteren Teil, sich anzunehmen, im letzteren Teil, sich zu ändern.
- Während das Kind noch in allen möglichen Richtungen sein Handeln und Erleben auch sexuell-lustvoll-befriedigend besetzt (Freud: polymorph-pervers ist), steht an der Schwelle zum Erwachsensein das Resultat schon ziemlich fest, wie sehr wir unsere Liebeswünsche in unsere Persönlichkeit integriert haben, aber auch, in welchem Umfang wir Teile der Liebeswünsche – auch gegen die Kultur-Wertung – zu unserem Stil machen, in welchem Umfang wir Umwege riskieren, sie zur Hilfskonstruktion, sogar zur »Plombe« für die Füllung einer Lücke in unserer Persönlichkeitsentwicklung brauchen (Morgenthaler) und in welchen Teilen unsere Angstabwehr uns unfrei macht.

B Möglichkeiten (Typen) sexueller Schwierigkeiten

Die Systematik ist unbefriedigend, da zu fasziniert von den kulturell anstößigen Symptomen. Die psychiatrische Angstabwehr zeigt sich in den vielen Fremdworten, die sich nun mal fabelhaft eignen, die eigenen, eigentlich gemeinten Gefühle zu verbergen.

■ Leiden an Selbstbefriedigung

Wir benutzen dies deutsche Wort statt der Wortungeheuer Onanie und Masturbation, weil es den Sinn angibt: Sich selbst befriedigen, also Selbsterfahrung der erotischen Qualitäten des eigenen Körpers, zu sich selbst zärtlich sein, sich mit Hilfe des eigenen Körpers Entspannung, Geborgenheit, Trost und Selbstwertgefühl geben. Selbstbefriedigung ist also ein kostbares Gut für das Gelingen sexueller Lust, aber auch sexueller und anderer Partnerbeziehungen: Denn nur wenn ich mir etwas geben kann, kann ich auch Anderen etwas geben. Männer befriedigen sich am häufigsten in der Jugend, Frauen häufiger erst als Erwachsene, kommen oft leichter so zum Orgasmus: Um wie viel unfähiger sind also die Männer, zur sexuellen Zufriedenheit der Frau beizutragen, als umgekehrt! Weiter hat Selbstbefriedigung eine Schutzfunktion: Ich kann in den sie begleitenden Fantasien kindliche oder verbotene Wünsche ausleben und so einen lebensfähigen Kompromiss zwischen meinen Wünschen und den Forderungen der Kultur bzw. meines Gewissens finden.

ÜBUNG Sagen Sie sich selbst und Anderen, dass Sie mit sich selbst zufrieden, also »selbstzufrieden« seien; untersuchen Sie die Herkunft der negativen, z.B. bedrohlichen Gefühle, die das bei Ihnen und Anderen auslöst. Die Kultur bestimmt, dass Herstellung von Zufriedenheit auf dem »Umweg« über Andere besser ist, als auf direktem Wege. So entsteht Leiden an der Selbstbefriedigung. Vielleicht kann man von Hemmungs-

Selbstbefriedigung sprechen. Jemand bleibt bei der sexuellen Beziehung zu seinem eigenen vertrauten Körper, weil er zu viel Angst hat vor einem fremden Körper eigenen oder gar fremden Geschlechts. Diese Angst kann psychotisch, neurotisch oder organisch (z. B. Hirnschädigung, geistige Behinderung) bedingt sein; oder erzwungen durch Verbote anderer Sexualbetätigung, z. B. in der Pubertät oder in unseren zur Lebenshilfe gedachten Einrichtungen (PKHs, Einrichtungen für geistig Behinderte oder Gefängnisse). Was kann aus dieser Angst werden? Einmal kann man sich in seinen eigenen Körper narzisstisch vernarren. Oder man kann sich in die Selbstbefriedigung zwanghaft hineinsteigern, also etwas nicht wollen, was man zugleich tut. Hierbei sind es die Gefühle der Scham, der Schuld und des jämmerlichen Versagens, die die ursprüngliche Angst ins Maßlose steigern. Nicht die Selbstbefriedigung, wohl aber die mit ihr verbundenen Gefühle bedürfen u. U. der beratenden bzw. therapeutischen Hilfe!

Leiden an Homosexualität

Homosexualität bezeichnet sexuelles Begehren, Erleben und Handeln bezogen auf Partner des gleichen Geschlechts. Spätestens seit den Untersuchungen von KINSEY wissen wir, das ein hoher Prozentsatz heterosexuell orientierter Menschen über homosexuelle Erfahrungen verfügt.

Davon unterscheidet sich die stabile homosexuelle Orientierung, die das auf einen Partner gleichen Geschlechts gerichtete Begehren meint, verbunden mit dem Wunsch von einem solchen auch begehrt zu werden, die dann unabhängig von vorhandener heterosexueller Erfahrung das sexuelle Erleben bestimmt. Nachdem 1973 die amerikanischen Psychiater Homosexualität aus dem Katalog psychiatrischer Störungen gestrichen haben und mit der Strafrechtsreform 1969 die bedingte, nach der deutschen Einheit die endgültige Straffreiheit für homosexuelle Handlungen erreicht ist, müssen wir uns fragen, wie weit wir in der Lage sind, Homosexualität als »eine in der menschlichen Anlage bereitliegende Möglichkeit« (DANNECKER), einen so normalen Umweg wie die Heterosexualität zu akzeptieren.

Gerade für psychiatrisch Tätige gibt es da einige Hindernisse, definiert doch die psychoanalytisch geprägte, gängige Theorie der Sexualentwicklung die genital gelebte Heterosexualität als das zu erreichende Klassenziel und unterstellt homosexuell orientierten Menschen noch immer eine narzisstische Persönlichkeitsstruktur (LOCH 1999) und werten damit die homosexuelle Orientierung als defizitär ab.

Aber es kann auch problematisch sein, die Unterschiede heterosexueller und homosexueller Entwicklungen zu übersehen. Auch heute noch gibt es einen meist mit der Pubertät beginnenden Abschnitt im Leben homosexueller Männer und Frauen, der so nicht in der Entwicklung heterosexuell orientierter Menschen vorkommt. Gemeint ist die meist über einige Jahre sich hinziehende Phase des Coming-out, in der der homosexuelle Mensch sich seines gleichgeschlechtlichen Begehrens bewusst wird und auch heute keineswegs immer konfliktfrei lernt, dies zu akzeptieren und seinen Lebensweg zu finden. Neben der fortwirkenden gesellschaftlichen Ächtung, die natürlich auch als normative Kraft die Erziehung des später sich homosexuell erlebenden Menschen bestimmt, wird er die Erwartungen auch liberaler Eltern enttäuschen, stößt er mit seinem Begehren in seiner Altersgrupppe nicht auf Resonanz, selbst wenn dort erste homosexuelle Erfahrungen möglich werden sollten. Er sieht sich im Gegensatz zu der religiösen Tradition, in der er sich bisher aufgehoben fühlte. Er muss von bisher als selbstverständlich begriffenen Lebensentwürfen Abschied nehmen in einer Lebensphase, in der sie seinen heterosexuell orientierten Altersgenossen als stützende Orientierung in den Turbulenzen der Adoleszenz dienen. Dannecker führt mit Recht als Argument gegen die narzisstische Persönlichkeitsstruktur an, dass dies den meisten homosexuellen Menschen ohne größere Probleme gelingt.

Ist das Coming-out gelungen, hat der homosexuelle Mensch sein Begehren akzeptiert, stellen sich andere, wichtige Fragen, die sich nicht so für seinen heterosexuellen Altersgenossen stellen.

Kann er außerhalb der homosexuellen Szene seine Art des Liebens öffentlich machen? Erzählt er an seinem Arbeitsplatz, mit wem er zusammenlebt oder mit wem er einen Ausflug am Wochenende gemacht hat genauso, wie die Anderen von sich erzählen?

Auch heute im Zeitalter glanzvoller, schwul/lesbischer Paraden und angesichts einer in den Zentren gesellschaftlichen Lebens von schwulen Männern fantasievoll inszenierten Darstellung von Körper und Sexualität, stellen sich diese Fragen immer noch für den Einzelnen und fordern eine ganz individuelle Risiko-Nutzen Einschätzung. Homosexuelle Menschen werden immer noch wegen ihrer sexuellen Orientierung benachteiligt oder Opfer von Gewalt. Von den dreitausend 1996 befragten homosexuellen Männern gaben 11 Prozent der in Ostdeutschland und 13 Prozent der in Westdeutschland Lebenden an, im Verlaufe der letzten zwölf Monate beleidigt und angepöbelt worden zu sein, weil sie als schwul zu erkennen waren. Weitere 3,5 Prozent der Westdeutschen und 4,1 Prozent der Ostdeutschen wurden im gleichen Zeitraum Opfer körperlicher Gewalt (Bochow).

Wenn hier meist die Rede von schwulen Männern ist, so stellen sich diese Fragen genauso oder sehr ähnlich den lesbischen Frauen und unterscheiden ihre Lebenssituation deutlich von der ihrer heterosexuellen Geschlechtsgenossinnen.

Aus dem Gesagten ergibt sich, dass der homosexuelle Weg des Liebens krisenanfälliger sein mag, als es die ohnehin risikoreiche Entdeckung und Erfahrung der Liebe für die heterosexuelle Mehrheit ist. Wichtig bleibt für uns unter der Voraussetzung prinzipieller Gleichwertigkeit, die auch heute noch deutlichen Unterschiede in der Entwicklung und der gesellschaftlichen Situation nicht zu übersehen.

ÜBUNG Hier kann ein kleines Rollenspiel für die heterosexuellen Leser hilfreich sein mit dem Thema: Ich habe mir vorgenommen, meinen Eltern endlich zu sagen, dass ich schwul/lesbisch bin.

FAZIT **Homosexualität und Heterosexualität sind grundsätzlich gleich normale Umwege des Menschen. Getrennt davon ist Therapie erforderlich, wenn jemand nicht in der Lage ist, seinen Umweg des Liebens zu akzeptieren und zu organisieren. Wieder getrennt davon ist der politische Kampf gegen gesellschaftliche Diskriminierung gemeinsam und solidarisch zu führen.**

Wieder etwas anderes sind die Zärtlichkeitserlebnisse mit Angehörigen des eigenen Geschlechts bei heterosexuellen Menschen. Sie können so fundamental verwirren, dass sie u.U. therapiebedürftig sind. Denn sie nur mit der Angst- und Ekel-Abwehr zu »bekämpfen«, kann schlimme Folgen haben:

BEISPIEL des Schicksals des 28-jährigen Angestellten Herrn R.: Seine Abwehr der Angst vor homosexuellen Wünschen brachte ihn dazu, schon in der Gestik und Mimik zufälliger Passanten homosexuelle Andeutungen und Verfolgungen wahrzunehmen. Er gönnte sich selbst nicht die geringste sexuelle Betätigung, nicht einmal die der Selbstbefriedigung. Als zwei angetrunkene Männer sich in seinem Geschäft zu schaffen machten, wähnte er in seiner sexualitätsverdrängenden Hochspannung auch hier eine homosexuell-körperliche Bedrohung und erschoss sie.

Ein Drittel der Bevölkerung kennt gleichgeschlechtliches Erleben und Handeln, wenn in der Pubertät das sexuelle Bedürfnis schon empfunden wird, der Schritt zum anderen Geschlecht aber noch nicht dran ist. Die Landschaft dafür sind gleichgeschlechtliche Gruppenbildung (Peer-Group) und Nachahmung älterer Vorbilder (Gruppenleiter, Lehrer). Wenn akzeptiert, ist dies eine bleibende Bereicherung der erotischen Selbsterfahrung – und zwar des ganzen Körpers, nicht nur der »Geschlechtsorgane«. Überhaupt bedeutet das Gesundheitsideal des erfüllten Erwachsenenlebens nicht die »Bewältigung« und den »Abschluss« der Jugend, sondern das Mitleben und Miterleben der Seinsweisen des Kindes und des Jugendlichen als Erwachsener – zumal wenn das erfüllte Leben an seinem Ende ein Lebensabenteuer gewesen sein soll.
Neurotisch beziehungsgehemmte und überlang an die Eltern gebundene Menschen, die sich gegenüber dem fremden Geschlecht minder- oder überwertig fühlen, schizophren verängstigte Menschen und Menschen, die aufgrund des Alters oder hirnorganischer Prozesse erlebniseingeengt sind, können sich in gleichgeschlechtliche Fantasien oder Beziehungen retten. Das hat aber nichts mit Homosexualität, sondern nur etwas mit misslingenden Umwegen der Heterosexualität zu tun.

■ Leiden an Heterosexualität

Als Mann kann ich impotent (=ohnmächtig, unfähig) werden, als Frau frigide (=gefühlskalt). Also: Als Mann fordert man/fordere ich von mir Macht und Leistung, als Frau Gefühl. Andere Wertungen wären auch hier fällig. Ebenso ist der hier übliche Begriff Funktionsstörung pseudo-scharf: Die Funktionen sind extrem unterschiedlich. Nur wenn ihre Störung die Abwehr der Angst vor der Spielbreite des eigenen Umweges und der Begegnungsangst ausdrückt: weil wir zu zielstrebig sein wollen, leiden wir.

Befriedigungsstörungen des Mannes

Erektionsstörung

Fehlende, zu schwache oder zu kurze Versteifung des Gliedes, sodass die Vereinigung der Partner, das Orgasmuserleben und damit die sexuelle Beziehung unbefriedigend werden kann (daher impotentia coeundi).
Körperliche Bedingungen: Allgemeinerkrankungen; Querschnittslähmung; Phimose; Erschöpfungszustände; Alterung, jedoch sind mit 60 Jahren noch 50 Prozent, mit 70 Jahren 30 Prozent, mit 80 Jahren 20 Prozent der Männer potent, was vor allem davon abhängt, ob ein*e* sexuell interessierte Partner*in* noch vorhanden ist; negativen Einfluss auf die Potenz haben: Hormone (Östrogene); chemische Mittel wie Alkohol, »Schlafmittel«, Psychopharmaka, Opiate, Haschisch.
Psychosoziale Bedingungen *sind* häufiger, vor allem wenn eine Beziehung nur von Gefühlen lebt. Vonseiten des Mannes: Zweifel an der Männlichkeit; Angst vor Zärtlichkeit; Eifersucht und andere aggressive Haltungen; Erwartungs-, Versagens- oder Strafangst (Leistungsorientierung); Mutterbindung; Selbstbeobachtung; Hingabeunfähigkeit. – Vonseiten der Frau: Vorwürfe, Spott, strafende Haltung (Kastrationsangst des Mannes vor der starken »phallischen« Frau); Desinteresse an der Person des Mannes; Überforderung des Anderen; Wünschen oder Unterhalten einer anderen Beziehung.

Ejakulationsstörung

Vorschneller Samenerguss (Ejaculatio praecox) bei oder kurz nach Einführung des Gliedes, meist seelisch (s. o.) bedingt. Oft verlangt heute die kulturelle Wertung, gleichzeitig zum Orgasmus zu kommen. Auch das kann Leistungszwang sein, zumal der Orgasmus bei der Frau sich länger Zeit nimmt. Daher hat sich für viele Paare die Vereinbarung bewährt, erst der Frau Zeit für ihr Orgasmus-Erleben zu geben. Ähnliches gilt für den seltenen verzögerten Samenerguss (Ejaculatio retardata).

Befriedigungsstörungen der Frau

Orgasmusstörung (Frigidität)

Trotz genitaler Vereinigung kommen die physiologischen Vorgänge für das Erreichen des Orgasmus bzw. des Befriedigungsgefühls nicht in Gang. 25 bis 40 Prozent der Frauen haben nach einjähriger fester Beziehung noch keine orgastische Befriedigung erlebt, lernen es jedoch z. T. später bei guter Liebesbeziehung. Die offene Einstellung zur Sexualität hat für viele einen »Orgasmuszwang« mit neuen Ängsten gebracht, für andere aber die Erfahrung, dass das Dasein der »unbefriedigten Frau« zu ändern ist. Körperliche Bedingungen: Änlich wie beim Mann.

Psychosoziale Bedingungen *sind* auch bei der Frau häufiger: Vonseiten der Frau: Zweifel an der Weiblichkeit, Feindseligkeit gegen Männer, Angst vor Ablehnung, Unterlegenheit, Verlust der Selbstkontrolle oder Schwangerschaft; Vortäuschen des Orgasmus, aus Versagensangst oder Freundlichkeit; Eifersucht; Selbstbeobachtung mit Erwartungsangst oder Entspannungsunfähigkeit; Bindung besonders an den Vater mit Angst vor Verletzung und Tod; Erinnerungen an gewaltsame Ereignisse wie Inzest oder Vergewaltigung. – Vonseiten des Mannes: Zu wenig Erfahrung, Interesse und Zeit für die Partnerin; sexuelle Vermeidung oder Überforderung; Vorwürfe, Spott oder Strafhaltung; Mechanisierung des Zusammenlebens; Wünschen oder Unterhalten einer anderen Beziehung.

Vaginismus

Unwillkürlicher Krampf der Vaginalmuskulatur, sodass Einführung des Gliedes unmöglich wird, ist Gegenstück zum vorschnellen Samenerguss des Mannes, ist immer seelisch bedingt (s. o.) und hat den Sinn, die Frau vor dem mehr gefürchteten als gewünschten Koitus zu schützen (Konversions-Symptom). Ähnlich kann man – nach Ausschluss organischer Gründe – die Dyspareunie verstehen, die eine koitale Situation und das Einführen des Penis nur als schmerzhaft zu erleben erlaubt.

Bedürfnisstörungen

Schwächung des Bedürfnisses (Hyposexualität)

Fehlendes Bedürfnis kann auch ein normaler Umweg sein. Nur wenn wir uns diese Möglichkeit verbieten und die Beziehung sonst nichts hergibt, leiden wir. Körperlich und psychosozial bedingt wie die Befriedigungsstörungen. Die Stärke des Geschlechtstriebs (Libido) ist individuell unterschiedlich und unterliegt biologischen Schwankungen. Sie kann nie für sich allein genommen und damit »messbar« werden, hängt immer von unserem »Alltag« ab. Situationen extremer Isolation (Psychose, Vereinsamung, Langzeitbereich, Gefängnis, Konzentrations- und Internierungslager) können den Geschlechtstrieb schwächen oder versiegen lassen, aber auch quälenden Triebüberdruck erzeugen.

Steigerung des Bedürfnisses (Hypersexualität)

Man sollte nur dann davon sprechen, wenn über längere Zeit alltägliches Fühlen, Denken und Handeln aufgrund der Vorbesetztheit durch das Bedürfnis nicht mehr möglich ist. Der Begriff »Hypersexualität« kann bei Vernachlässigung der Gesamtsituation missbraucht werden für falsche Therapie-Indikationen (z. B. stereotaktische Operation).
Körperliche Bedingungen: Hirnschäden im limbischen System und Hypothalamus (Klüver-Bucy-Syndrom); psychomotorische Epilepsie (mit Sexualdelikten im Dämmerzustand); hirnorganisch bedingter Kontrollverlust; Medikamente wie Amphetamine, Opiate und Androgene, wohingegen die sog. Aphrodisiaka wirkungslos sind; Menopause.
Psychosoziale Bedingungen häufiger: Manische Zustände; Persönlichkeitsstörungen; Isola-

tionszustände. Dies sind freilich ebenso wenig echte organische Triebsteigerungen wie die Promiskuität bei Mann und Frau (*Don-Juanismus* Erotomanie, Satyriasis Nymphomanie) wo jemand durch endlose Serien von Eroberungen sein sexuelles Wertgefühl ebenso häufig wie erfolglos zu bestätigen sucht, sich in diese Haltung zwanghaft-süchtig hineinsteigert, ewig auf der Suche nach der »wahren Liebe« und nach wirklicher Befriedigung, die er durch eben dieses Handeln verhindert.

■ Pädophilie

In einer Landschaft weitgehend schrankenloser sexueller Libertinage sind die Männer, deren sexuelles Interesse ausschließlich Kindern gilt, fast die Einzigen, deren Neigung grundsätzlich als verabscheuungswürdig gilt, unabhängig von ihren tatsächlichen Handlungen. Pädophilie wird nicht nur wegen der strafrechtlichen Folgen, sondern vor allem wegen der in den letzten 20 Jahren noch erheblich verstärkten, immer von der Vernichtung der sozialen Existenz bedrohten gesellschaftlichen Ächtung in sozialer Isolierung gelebt.
Pädophile Männer fühlen sich meist von Jungen, seltener von Mädchen angezogen, die sich kurz vor oder gerade in der Pubertät befinden. Dabei gelingt es ihnen meist, sich in die Erlebniswelt dieser Altersgruppe in besonderer Weise einzufühlen und an ihr teilzunehmen, keineswegs nur um im Schutze dieser Sphäre zu sexuellen Kontakten zu kommen, sondern weil sie meist eine besondere Affinität zur Gedanken- und Gefühlswelt dieser Altersgruppe haben. Das sexuelle Interesse an den Kindern erlischt meist abrupt mit der deutlichen Ausprägung sekundärer Geschlechtsmerkmale.
Der Grad der gesellschaftlichen Tabuisierung gerade dieser Art von Sexualität ist besonders eng an die Änderungen gesellschaftlich kultureller Normen gebunden. So war es dem Autor von »Alice im Wunderland« Lewis Carroll möglich, ausgerechnet im prüden viktorianischen England seine Neigung zu kleinen Mädchen relativ unbehelligt zu leben, wie das auch James M. Barrie mit seiner Neigung zu Jungen gelang, der sich als Autor des nie erwachsen werdenden »Peter Pan« einen pädophilen Wunschtraum erfüllte.
Pädophile neigen selten zu aggressiven sexuellen Handlungen, beschränken sich meist auf solche Formen von Zärtlichkeiten, wie sie ohnehin in der von ihnen bevorzugten Altersgruppe vorkommen. Was aber beim Kind noch spielerisch situativ gelebt wird, wird von den beteiligten Erwachsenen als partnerbezogene Sexualität intendiert, wie es das Kind so für sich nicht kann. Durch diese Definitionsmacht des Erwachsenen bleibt die Beziehung immer asymmetrisch auch bei anscheinend einverständlichem Handeln.
Von dem bisher Beschriebenen scharf zu trennen sind die meist sehr viel aggressiveren sexuellen Handlungen, bei denen die Kinder nur leicht verfügbare Ersatzobjekte von Männern sind, die meist nicht pädophil orientiert sind.
Vollends verwirrend wird die Situation durch die seit Beginn der achtziger Jahre mit Vehemenz geführte »Missbrauchsdebatte«, in der es nicht möglich ist, das Problem der Pädophi-

lie mit der Gelassenheit zu erörtern, die hier schon im Interesse der beteiligten Kinder nötig wäre, weil in diesem Diskurs fast alle bisher üblichen, zärtlichen Umgangsweisen von Erwachsenen mit Kindern unter Verdacht geraten sind. Hier erscheinen uns die Überlegungen von G. SCHMIDT hilfreich, der meint, dass der Furor dieser Debatte sich dem Zusammenbruch bisher gültiger, innerfamiliärer Tabugrenzen und den damit verbundenen Ängsten verdankt.

Leiden an sexueller Andersartigkeit

Jedes Individuum ist sexuell »andersartig«, weil es einen je einmaligen Umweg zwischen erlaubten/unerlaubten sexuellen Teilwünschen und Verzichtleistungen beschreitet. Wenn eine Gesellschaft einen Umweg als verbotene (unnatürliche) Lösung etikettiert, darf und muss der Betroffene ihn im kulturellen Abseits gehen. Dies Doppelte fasziniert und macht leiden, weshalb man ihn verlegen als Perversion (= Verkehrtheit) oder Deviation (= Abweichung) bezeichnet. Solche Umwege lassen sich zurückführen auf je eine der unendlich vielen Möglichkeiten, die im polymorph-perversen Zustand des Kindes noch offen und »unschuldig« gelebt werden, also auf einen der sexuellen Teilwünsche (= Partialtriebe). Misslingt deren Zähmung auf »Normalmaß«, dann drückt das auch ein Stück Protest gegen die »normale« Unterdrückung aus. Daher mischt sich in unsere Abwehrgefühle des Abscheus und Ekels gelegentlich Neid (etwa »der gönnt sich, was ich mir verboten habe«); denn irgendwo steckt in uns allen der Wunsch nach (in der Tiefe und in der Zahl der Möglichkeiten) totaler Selbstverwirklichung auch im Lieben.

Andererseits: je luxuriöser und randständiger ein Umweg, desto mehr Leiden (Funktionalisierung als Angstabwehr) und Stören (Verselbstständigung gerade der Gewaltwünsche im Lieben).

Meist mit oder nach der Pubertät erscheinen uns unsere sexuellen Wünsche als unausweichliche Gegebenheiten, bei abweichenden Wünschen mit mehr Angst. E. SCHORSCH hat vier Möglichkeiten unterschieden, wie wir mit dieser Angst umgehen können:

- **Bejahung:** Diese günstigste und häufigste Versöhnung der Person mit ihrem Umweg verhindert ein Leiden an ihm, er wird im möglichen Umfang gelebt. Die Person bleibt stabil.
- **Teilweises Zulassen:** Ermöglicht als Bejahung des Umwegs vor sich selbst und Verheimlichung nach außen einen Kompromiss und ein Doppelleben zwischen »bürgerlichem Alltag« und einem exakt begrenzten Raum zum partiellen Ausleben des Andersseins, z. B. in Fantasien, die die Selbstbefriedigung oder die erlaubten sexuellen Beziehungen begleiten, im Prostitutionsmilieu oder in rituell abgeschlossenen subkulturellen Gruppen von Gleich-Erlebenden.
- **Abwehren:** Überwiegt dies, wird ein Nebeneinander unmöglich. Der Umweg (Sexualität überhaupt) wird abgespalten, als nicht zu mir gehörig erlebt. Der dann doch erfolgende

Durchbruch (z. B. Exhibitionshandlung) bei einem scheinbar ausgeglichenen Menschen wird dann umso mehr von innen und außen als fremd erlitten. Hier wird der Umweg zum Abweg (Deviation).

- **Verleugnen:** Wünsche sind vollständig abgewehrt, was von Gruppe drei angestrebt, aber nie erreicht wird: sie sind subjektiv weg und unkenntlich in andere soziale Handlungsweisen eingebaut (z. B. sadistische Wünsche in Erziehungssadismus gegen Kinder, aber auch in sozial belohnten beruflichen Erfolg).

Leiden am Anderssein nimmt also vor allem mit dem ewig-erfolglosen Abwehrkampf dagegen zu, wodurch der Triebdruck endlich die übrige soziale Existenz der Person überschwemmt und besetzt.

Wenn Sie sich im Folgenden mit den Ausdrucksformen sexuellen Andersseins bekannt machen, halten Sie bitte fest, dass sie erstens eher selten zu Leidenszuständen führen, sondern meist – mal als Last, mal als Lust – gelebt werden können, dass sie zweitens mit einem Teil-Wunsch zu tun haben, den wir alle aus unserer Entwicklung kennen, und dass sie drittens nur aus einer unendlich großen Zahl möglicher Besonderheiten herausgegriffen sind:

- **Sadismus:** Sexuelle Befriedigung durch Unterwerfen und Quälen des Anderen, während bei **Masochismus** dasselbe durch Erleiden von Qual und Schmerz erreicht wird. Sadomasochistisch kann die Haltung eines Menschen oder eine Beziehung sein. Anteilig kennen wir diese Neigungen, die eine z. B. aus Potenz- und Autoritätsproblemen, die andere z. B. aus Schuldgefühlen. Sexuelles Anderssein liegt nur vor, wenn Quälen oder Leiden selbst Ziel wird, statt Mittel in einer Beziehung zu sein. Extremer Sadismus kann zu Vergewaltigung oder Tötung des Partners führen. Der Begriff »Lustmord« ist als irreführend zu streichen.
- **Exhibitionismus:** Zurschaustellung des erregten Gliedes in anonymer Öffentlichkeit, besonders vor Frauen oder Kindern. Beziehungsgehemmte, ängstliche Männer wollen in Kontrast zu ihrer sexuellen Ohnmacht so ihre Macht demonstrieren. Befriedigung durch Reaktion des anonymen Partners: Beachtung, Erregung, Schreck, Empörung, Verachtung. Abschließend Selbstbefriedigung und die quälendsten Schuldgefühle, die unweigerlich die Wiederholung bahnen. Therapie hat die Bestrafung dieser in aller Regel harmlosen Handlung zu ersetzen. Die allgemeine Form ist die Lust am Demonstrieren der eigenen Macht überhaupt. Für Frauen erlaubt offenbar schon die Mode in hinreichendem Maße die Zurschaustellung. – Auch hierzu ein Gegenstück: Der **Voyeur** findet sexuelle Befriedigung im ebenfalls anonymen Anschauen sexueller Handlungen anderer – Verselbstständigung dessen, was als kindliche Neugier, im Vorspiel und als Klatsch »normal« bzw. in Pornografie, Striptease oder Varieté ökonomisiert erlaubt ist. Verwandt ist der **Frotteur**, der in anonymen Menschenmassen durch Sichanpressen an einen Anderen zum Orgasmus kommt (u. U. mit Aufschlitzen der Kleidung).
- **Fetischismus:** Wir alle haben Vorlieben bezüglich der Reizquellen in unseren Beziehungen, von einem Körperteil unseres Partners bis zu Wäschestücken oder nahezu beliebi-

gen Gegenständen. Beim Fetischismus verselbstständigt sich die Vorliebe, der Fetisch; d.h. Befriedigung nicht mehr durch einen Partner, sondern nur noch durch dessen Vergegenständlichung (z.B. Brust, Haare, Slip, Hut, Strümpfe, Schuhe oder erotisch scheinbar neutrale Gegenstände, bis zu Geldscheinen). Bei Männern wie Frauen auch als Sammelsucht, ein sexuelles Motiv für **Kleptomanie** bzw. für Warenhausdiebstähle.

- Als Verkleidungsfetischismus kann **Transvestitismus** verstanden werden: möglichst perfektes Herstellen der äußeren Erscheinung des anderen Geschlechts nach Kleidung und Aufmachung bringt Befriedigung über den Blick in den Spiegel, Selbstbefriedigung oder Partnerbeziehung.
- **Sodomie:** Nicht übliche Zärtlichkeit, sondern Geschlechtsverkehr mit Tieren. Bedingung ist menschlich isolierte Lebensweise bei Umgang mit Tieren, also Landarbeiter, vereinsamte Hausfrauen (»Schoßtier«), geistig Behinderte. Wegen des besonders strengen Tabus gegen Sodomie wird hier die häufigste sexuelle Andersartigkeit vermutet.

4

Leiden an der Geschlechtsrolle (Transsexualität)

Transsexuell ist, wer sich mit der Geschlechtsrolle identifiziert, die seinem biologischen Geschlecht entgegengesetzt ist, wer also ein personales Selbstverständnis hat, das den körperlichen Gegebenheiten widerspricht. Dies ist eindeutig unterschieden von Transvestitismus, Homosexualität oder Hermaphroditismus. Da auch der Transsexuelle sich der gesellschaftlichen Forderung beugt, dass Geschlechtskörper und -rolle zueinander passen müssen, strebt er den zu seiner Rolle passenden Körper, also Geschlechtsumwandlung, an. Und das mit allem leidenschaftlichen Nachdruck; denn auch hier zeigt sich, dass das Erleben stärker prägt als der Körper. Sexualität ist nur beiläufig wichtig, da es hier um das Gesamt-Selbstverständnis als *Person* geht. Das Leben Transsexueller gegen viele kulturelle Wertungen führt zu quälender Isolation, Depressionen, Suizidversuchen und Selbstverstümmelungen. Daher ist eine Anpassungsoperation erlaubt, wenn die Betroffenen (statistisch kommen drei Männer auf zwei Frauen) älter als 20 Jahre sind, ein bis zwei Jahre in der gewünschten Geschlechtsrolle gelebt haben, sich in dieser Zeit einer hormonellen Substitutionstherapie unterzogen haben und therapeutische Betreuung gewährleistet ist. Auch eine Personenstandsänderung ist möglich. Heute ist die Indikation für eine Operation strenger, da Nachuntersuchungen gezeigt haben, dass die Therapeuten früher auch hier zu begeistert von der technischen Problemlösung waren.

C Grundhaltung der Begegnung

■ Selbstwahrnehmung

Da wir alle Schwierigkeiten des Liebens von uns selbst kennen, ist die Suchhaltung bei mir selbst in diesem Fall eher leicht – geradezu verführerisch leicht. Damit sie nicht misslingt, ist Folgendes zu beachten:

- Nicht der zielstrebige, gerade Weg, sondern der Umweg des Liebens ist normal.
- Jeder Mensch hat einen einmaligen Stil des Liebens; wer ihn kennen lernen will, muss auf jeden Vergleich verzichten.
- Der Liebesstil eines Menschen ist nie isoliert zu sehen; er ist vielmehr der empfindlichste Seismograf für seinen Lebensstil, seinen Alltag.
- Mein Verstehen kann durch unwillkürliche Ablehnung blockiert werden, insbesondere wenn ich Gewaltwünsche aus meinem Bild des Liebens verbanne.
- Heute ist jedoch der entgegengesetzte Fehler gefährlicher: ich muss mich hüten, den Anderen vorschnell mir gleichzumachen, mich mit ihm zu identifizieren, seine Not als nur durch gesellschaftliche Diskriminierung bedingt zu verharmlosen oder ihn durch *aneignendes Subjekt-Objekt-*»Verstehen« noch weiter in solche einseitigen Abwehrmanöver hineinzutreiben.
- Ich habe es nie nur mit einem Menschen und seiner Not zu tun, sondern grundsätzlich stets mit mindestens zwei Menschen und ihrer je besonderen Liebeslandschaft, ihrem Bezug zur Öffentlichkeit.
- Da jeder, der am Lieben leidet, Angst vor *zu viel* Nähe oder *zu viel* Abstand hat, zu viel Freundschaft oder Feindschaft in der Beziehung sucht, werde auch ich es schwer haben, in der Begegnung mit ihm *einen gegnerschaftlichen* Austausch herzustellen.

Nur innerhalb dieser Grenzen kann ich mich so auf den Anderen verstehen, dass ich auch von mir sagen kann: Ich war in einer Beziehung zu gradlinig, zu zielgerichtet, nicht umweghaft genug, hatte nicht genug Zeit für uns, fand meine Arbeit, meine Leistung wichtiger als den Partner, war impotent / frigide. Oder ich hatte Angst vor der Brutalität oder vor der Hingabe, weil der Andere mich verletzt hat oder ich Freude daran hatte, ihn zu verletzen, weil ich den Anderen mit Haut und Haaren besitzen oder mich ihm ganz hingeben wollte, habe meinen eigenen Standort verloren. Oder ich spüre zugleich Hingabe und Abwehr gegenüber einem Menschen meines eigenen Geschlechts. Oder ich fühle mich sexuell unattraktiv, minderwertig und ohnmächtig, möchte umso mehr Macht demonstrieren oder durch Unterwerfung imponieren. Oder da ich die ganze Erfüllung der Sexualität nicht kriegen kann, aber will, mache ich einen Teil zum Ganzen, tue damit etwas, was ich mir zugleich selbst vorwerfe – ähnlich wie beim Ladendiebstahl. – Nur solche Suchhaltung, in der das Zuhören frei von Faszination und / oder Faszination der Erlebniswelt ist, ermöglicht es dem Anderen auch hartnäckiger bei sich (nicht nur bei den Umständen) zu suchen, muss sich nicht mehr durch Bejammern seines Symptom-Gefängnisses schonen, kann dies besser im

Zusammenhang mit seinen grundlegenden Ängsten und Lebensproblemen wahrnehmen. Versteht er sich selbst in der Begegnung mit mir besser, ist dies mit seiner Isolation unvereinbar.

■ Wahrnehmungsvollständigkeit

Wer leidet, nimmt eingeengt wahr. Das Symptom fasziniert, soll alle Aufmerksamkeit auf sich ziehen. Dem entspricht Aufmerksamkeitsmangel für alle anderen Lebensbereiche. Hier haben Sie aktiv gegenzusteuern, denn im Bereich des Erlebens und der Gefühle ist nichts direkt, sondern alles nur durch Um-Gang indirekt zu erkennen und zu ändern. Der Kontext ist wichtiger als der Text. Am Symptom ist alles andere wichtiger als das Symptom. Sie nähern sich dem Leiden eines Liebenden »am direktesten«, indem Sie sich nicht ihm, sondern dem Leiden seines Partners nähern. Die Wahrnehmung des Unterschieds zwischen Situationen, in denen Schwierigkeiten auftreten oder nicht, vermittelt das Selbstgefühl, auf sich selbst Einfluss nehmen zu können. Die Unterscheidung von eigenen und kulturell aufgedrückten, künstlichen Sexualwünschen befreit oft schon aus der Leidensspirale.

■ Normalisierung der Beziehung

Wie schwer dies gerade hier fällt, zeigt schon die normale Übung der Gegenübertragung, dem Patienten alle Gefühle mitzuteilen, die er in Ihnen auslöst. Oder haben Sie Ihrem Ehe- oder sonstigen Intimpartner alles erzählt, was Sie wünschen, tun oder getan haben? Oder haben Sie ihm alle Gefühle mitgeteilt, die seine Wünsche oder sein Tun in Ihnen auslösen? Oder was Sie an ihm vermissen? Lieber lassen Sie sich gegenseitig mit Ihren ängstlichen Vermutungen allein. Stellen Sie sich nur einmal vor, Sie öffneten sich. Und dann tun Sie es wirklich: Sie können so erfahren, wie Sie selbst Angst in Vertrauen verwandeln können.

Wie wehren Sie »offenen Austausch« mit dem Patienten ab? Beobachten Sie sich: Entweder Sie vermeiden das Thema Liebe (– ähnlich übrigens das Thema Hygiene: jemand ist schmutzig, riecht schlecht, »stinkt Ihnen«!). Oder Sie fragen zwar, fragen sogar genauer, werden vielleicht geil darauf, noch mehr von den Absonderlichkeiten zu erfahren? Sie fragen also den Anderen aus, buchstäblich »aus« (vgl. das Wort »Exploration«!). Und dann? Wenn irgendwo, können Sie hier lernen, was wirkliche Beschränkung aufs »Hören« bedeutet, Hören bis der Andere sich selbst auf die Schliche kommt: Hören – »zu-gehörig« – ohne Hörigkeit! Wenn ich dem Anderen danach dann doch antworte, mag es noch nahe liegen, ihm Angst, Ekel oder meinen Abscheu, wie er mit sich bzw. mit seinem Partner umgeht, rückzumelden. Weiterführend können aber auch andere Gefühle sein: z. B. sein langweiliges Leben, seine Überangepasstheit oder sein Selbstmitleid machen mich gereizt. Wirkungslose Überbemühtheit erregt Mitleid. Impotenzschilderung lässt mich triumphieren: »Du

Schlappschwanz, da bin ich aber besser!« oder »Gegenüber deinen vielen homosexuellen Kontakten bin ich mit meiner einen Beziehung wertvoller«. Oder umgekehrt: »Es macht mich neidisch, dass du um die ... Erfahrung reicher bist, dir etwas gegönnt hast, was ich mir verkniffen habe.« »Es beeindruckt mich, dass du dich nicht damit abfindest, womit sich alle zufrieden geben, immer weitersuchst, deine ganze Liebe auf ein Detail der Sexualität verschwendest, das alle anderen übersehen oder verachten.« »Es tut mir weh, wie du dich immer mehr einengst, dir alles verbietest.« »Es empört mich, dass du wie ein Kind alles haben, nicht verzichten willst.« »Deine Entscheidungsunfähigkeit regt mich auf: Willst du nun sein wie alle anderen oder willst du deine Besonderheit leben?« – Nur wenn ich mit der Öffnung anfange, ermäßigt sich die Isolation des Anderen, hat er die Chance zu einer tieferen Selbst-Diagnose und damit zu einer anderen Wertung oder zu einer Änderung seines Handelns aus sich selbst heraus.

MERKE **Normalisierung der Beziehung heißt nie Offenheit um jeden Preis, als Selbstzweck, sondern stets: Gleichgewicht zwischen Offenheit und Öffentlichkeit. Denn Befreiung aus der quälenden Isolation erreiche ich zwar einerseits, wenn ich offener zu mir und Anderen sein kann, aber andererseits und ungleich stabilisierender dadurch, dass ich hinreichende Bezüge zu der mich umgebenden und tragenden Öffentlichkeit wiederherstelle – auch um den Preis eingeschränkter Offenheit!**

D Beratung, Therapie, Hilfe zur Selbsthilfe

Wie immer besteht der schlimmste und häufigste therapeutische Fehler darin, das sexuelle Handeln, selbst vordergründig als Störung, Symptom oder Krankheit zu sehen und es therapeutisch zu bekämpfen – psychotherapeutisch, medikamentös oder operativ. Die eben entwickelte Grundhaltung kann den Fehler verhindern. Fast immer besteht das Ziel darin, dass jemand seinen Weg bzw. seinen Umweg zu akzeptieren lernt, während Änderung nur in Frage kommt, wo jemand sich und/oder anderen anhaltend Leiden bereitet. Diese Hilfe zur Selbsthilfe (Selbst-Therapie) lässt sich mit körper- und psychotherapeutischen Techniken kombinieren, ist auch die Basis des Beratungsgesprächs, das für die meisten Sexualschwierigkeiten bereits eine hinreichende Starthilfe ist. Denn oft reichen Informationen, da wir zwar alle lernen können zu lesen, zu rechnen oder den Nahrungstrieb zum Genießen einer guten Mahlzeit zu veredeln, während das Lernen des Liebens eher Glücksache ist, auch sein muss?
Therapie der Homosexualität wäre ebenso unsinnig wie die der Heterosexualität. Unabhängig davon bedürfen viele Menschen der beratenden oder therapeutischen Entscheidungshilfe, ob der homo-, der hetero- oder der bisexuelle Umweg der für sie geschaffene ist. Ziel wäre es daher zumeist, einen Menschen gemeinsam mit seinem Partner zu befähigen, die Besonderheit der eigenen Liebes- und Lebenswelt – getrennt von Vergleich und Verteidigung – bis auf den Grund zu erfahren, sie vielleicht auch aus ihrer Verwendung als

plombierendes Neurose-Reparaturmittel bei beiden beteiligten Personen zu befreien, damit sie in ihrem Reichtum und in ihren Grenzen eindeutiger bejaht und freier gelebt werden kann.

Nun zu den so genannten »Funktionsstörungen«: Seit wir wissen, dass es sich dabei zumeist gar nicht um Funktionsstörungen, sondern um Erwartungs- und Beziehungsstörungen handelt, wobei ein oder beide Partner das Lieben nicht als in der Gesamtbeziehung verankerten, unabsichtlich – spielerisch – kurvenreichen Umweg ausgestalten, sondern als zu stromlinienförmig-gradlinigen, aus der Beziehungsgesamtheit isolierten, zielstrebig-absichtlichen und leistungszwanghaften Weg managen, die wegweisenden Ängste abwehrend, etwa weil zwei Leute über ihre Arbeitnehmerrolle und insbesondere über ihre Elternrolle ihre Ehepartnerrolle vergessen haben – seitdem wissen wir auch, dass eine angemessene therapeutische Hilfe die Beziehung in ihrer Gesamtheit zum Gegenstand hat. Masters und Johnson – um nur an einem Beispiel das Prinzip zu verdeutlichen – haben auf dieser Grundlage das folgende Therapiekonzept entwickelt:

Der Symptomträger muss mit seinem Partner zur Paar-Therapie bereit sein, denn die Beziehung leidet. Da eine Störung dadurch entsteht, dass in der langen Lerngeschichte des Liebens ein Schritt blockiert ist, wird ein ambulanter Nachholunterricht durchgeführt, der mit dem ersten Schritt anfängt: Ein Verbot koitalen Geschlechtsverkehrs verhindert weitere Misserfolge, Versagens- und Schulderlebnisse. Die Partner müssen für die Therapiezeit von einigen Wochen genügend Zeit füreinander haben. Dadurch finden sie wieder zur unbefangenen, nicht-sexuellen Alltags-Aufmerksamkeit für ihr Gegenüber, was oft schon entscheidend ist, da sie den eigentlichen nicht-sexuellen Reichtum ihrer Beziehung – falls vorhanden – wiederentdecken. Sie müssen Tagebuch führen. Sie bekommen die Instruktion, dass Lieben nicht Leistung, sondern ein möglichst vollständiges Spielen miteinander ist. Sie sollen nur solange zusammen sein, wie beide Lust haben. Keiner soll etwas nur dem Anderen zuliebe tun! Im zweiten Schritt sollen die Partner gegenseitig ihren gesamten Körper (außer den Geschlechtsregionen) durch Streicheln und Zärtlichsein kennen lernen. Im dritten Schritt werden die Geschlechtsregionen in das Liebkosen einbezogen und erst im vierten Schritt auf intensivere Weise. Alle Schritte haben das entspannende Gefühl, nicht die Erregung zum Ziel. Abwehrreaktionen (Kitzelgefühl, Ekel, Vermeidungen) werden besprochen und durch weiteres Üben überflüssig gemacht. So wird allmählich eine Atmosphäre hergestellt, die das Lieben wieder zu einem unabsichtlich-natürlichen, spielerischen Geschehen macht und die unvereinbar mit Schuld- und Versagensängsten ist. Diese Grundhaltung wird, wenn erforderlich, mit bestimmten Techniken für die einzelnen Befriedigungsstörungen kombiniert.

Dies Vorgehen beschränkt sich auf Hilfe zur Selbsthilfe. Selbst in der Rehabilitation Querschnittsgelähmter kann sexuelle Befriedigung über sinnlich verfügbare Körperregionen gelernt werden. Wo kein Partner existiert oder bei allgemeiner Gehemmtheit ist eine umfassendere Psychotherapie erforderlich.

Sexuelle Aufputschmittel sind schädlich. Auch andere Medikamente, wie Tranquilizer oder Viagra, richten Unheil an, da sie Hoffnungen auf dem falschen Wege erwecken und später enttäuschen, also das Symptom verfestigen. Indikationen für Hormontherapie (Androgene) sind höchst selten. – Fehlen oder Steigerung des Sexualbedürfnisses verlangen, wenn es sich nicht um ein kulturelles Kunstprodukt handelt, einen Therapieansatz, der den organischen oder psychosozialen Kontext zu beeinflussen versucht. Was bei Vereinsamung oder im Gefängnis wie »Hypersexualität« aussieht, ist oft Produkt dieser Bedingungen. Daher ist medikamentöse oder operative Kastration fast immer voreilig.
Frühere Versuche, Menschen mit sexuellem Anderssein therapeutisch auf Normalverhalten umzupolen, waren entweder erfolglos oder »erfolgreich« um den Preis des Verlustes an sexuellen Ausdrucksmöglichkeiten überhaupt. Deshalb kommt »Therapie« nur im Falle der Existenzbedrohung in Betracht. Erstes Ziel muss die Bejahung der sexuellen Besonderheit sein, sie für die Betroffenen und deren Partner akzeptabel zu machen, sie in Partnerschaften einzubauen oder sie in definierte Bedingungsgefüge zu kanalisieren, um die süchtige Entwicklung zu verhindern. Wo aber aggressiv-sadistische Menschen für andere Menschen gefährlich sind oder wo eigene sexuelle Bedürfnisse die Grenzen anderer verletzen (z. B. Pädophilie), muss versucht werden, die nicht tolerablen Gewalt- oder anderen Wünsche in für alle Beteiligten verträgliche Handlungsweisen zu integrieren. Dafür kann manchmal auch triebdämpfende Behandlung mit Neuroleptika oder Anti-Androgenen (chemische Kastration) die Voraussetzung schaffen. So weit solche Therapieverfahren wenig befriedigend sind, ist in Einzelfällen der Verzweiflungsschritt der operativen Kastration zu erwägen. Günstiger ist die Entwicklung von Psychotherapieverfahren für Exhibitionisten, da diese nach dem neuen Strafrecht in der Regel nicht mehr bestraft, sondern einer Behandlung zugewiesen werden. – Die Therapiemöglichkeiten für Transsexuelle wurden bereits (s. o.) besprochen.

E Epidemiologie und Prävention

■ Verbreitung

Zahlen sind hier – wie bei den Neurosen – Geschmacksache, denn wir alle haben Schwierigkeiten mit unserer Sexualität und haben homosexuelle, heterosexuelle und andere Anteile in unserem Umweg. Nach KINSEY soll bei 37 Prozent der Männer und 13 Prozent der Frauen homosexuelles Handeln vorkommen. Als homosexuell gelten 4–5 Prozent der Männer und 1–2 Prozent der Frauen; jedoch leben Frauen »normaler« zusammen als Männer. Noch schwerer ist es, die Häufigkeit der heterosexuellen Schwierigkeiten festzustellen. Zudem: Wie viele Männer schicken – noch – lieber ihre Frauen zum Arzt?
Einen Überblick über die Verteilung der sexuellen Schwierigkeiten gibt die Statistik der Sexologischen Poliklinik Hamburg: Die in einem Jahr behandelten 489 Patienten erhielten

folgende Diagnose (Männer/Frauen in Prozent): Befriedigungs- oder Funktionsstörungen 58/68; Bedürfnis- oder Libido-Verlust 0/4; Partnerkonflikt ohne Funktionsstörung 3/10; Homosexualität 14/2; Anderssein oder Deviationen 12/0; Transsexualität 5/7; andere psychiatrische Diagnosen 7/7.

■ Bedingungen

Allgemein findet man – neben möglichen, aber unbekannten Anlagefaktoren sowie organischen Faktoren – folgende Kontexte: Ungünstige soziale Lernbedingungen; verletzende sexuelle Prägungserlebnisse; zu enge oder zu distanzierte Familienbeziehungen; seelisch oder sozial bedingte Isolation; Angst mit selbst einengender Abwehr; wirkliche oder vermutete Mängel der körperlichen Attraktivität oder Kompetenz. Dies ist für die einzelnen Schwierigkeiten zu ergänzen:

Wir finden höhere Raten homosexuellen Handelns, wo Menschen desselben Geschlechts über längere Zeit miteinander leben, z. B. in der Jugend bei gleichgeschlechtlicher Gruppenbildung, in der Armee und anderen männerbündlerischen Lebensweisen, bei in Wohnheimen lebenden Krankenschwestern, in Gefängnissen und anderen Langzeiteinrichtungen, solange sie getrenntgeschlechtlich organisiert sind. Die Konkordanz bei eineiigen Zwillingen von 80 Prozent spricht für einen Anlagefaktor. Homosexualität hätte dann freilich auszusterben. Sie bleibt aber zahlenmäßig konstant. Denn Wirkung der Anlage und der Biografie lassen sich nicht trennen. Ein ökologisches Konzept ist auch hier zu entwickeln.

Verhängnisvoll für den Anstieg der Befriedigungs- und Bedürfnisstörungen ist die Überflussgesellschaft, die immer neue Bedürfnisse mit Befriedigungszwängen produzieren muss, während in der Dritten Welt die Menschen verhungern.

Sexuelle Andersartigkeit wird nach SCHORSCH begünstigt durch: Angst in der Herkunftsfamilie, seelische und spätere soziale Isolation, frühzeitige Sexualbetätigung (Selbsttröstung?), Ausweichen ins Heimliche, Selbstquälen durch Schuldgefühle, Unfähigkeit der Integration der sexuellen Besonderheit in das soziale Gesamthandeln, wofür der Mann weniger Chancen hat als die Frau. Besonders oft handelt es sich um überunauffällige, überangepasste, überkorrekte, gehemmt-unfreie Menschen, denen ihr sexuelles Anderssein die einzige – zweischneidige – Faszination in einem langweilig-ereignisarmen Leben bedeutet.

■ Bedeutung

Die Gesellschaften sehen in der Liebe nicht nur das Verbindende, sondern auch das Bedrohlich-Sprengende. Sie haben dies als Anlass gerade für die einengenden Vorschriften der Sozialordnung benutzt. Das Inzest-Tabu ist in den meisten Kulturen die am strengsten durchgesetzte Beschränkung des freien Umgangs zwischen Menschen, weniger zum Schutz der Fortpflanzung, mehr zum Aufbau von Sozialstrukturen. Es scheint jedoch, dass vor allem mit der Industrialisierung die individuelle Spielbreite sexueller Unbefangenheit eingeengt wurde. Zwar gibt es seit der Aufklärung einerseits einen auch sexuellen Glücksanspruch des Individuums (z.B. Anstößigkeit des verhinderten Liebespaares in der Literatur als Protest gegen überkommene Schranken). Auf der anderen Seite erleben wir eine Art Normalisierung und Sozialisierung der Liebe: Sie, die von der Spannung der Unterschiede lebt, wird auf Menschengleichheit verpflichtet; die für sie notwendigen Um-wege werden begradigt; sie wird technisch gesehen (auch therapeutisch!), vom Leistungsprinzip (z.B. Orgasmuszwang) geformt, dem Konsumverhalten angepasst, auf ein verlogenes Ideal ewiger Jugend getrimmt und zum Hygiene-Ideal (»Sex ist gut für Gesundheit und Entspannung«) verharmlost. So liberal ist man. Wie beschrieben, hat der Anstieg der Befriedigungsstörungen damit zu tun. Pubertät verliert ihre existenz-infragestellende und welterschütternde Dramatik, wird »wegsozialisiert«, »wegnormalisiert«.

Mit dieser »Zähmung« der Sexualität muss auch zusammenhängen, dass Homosexualität und sexuelles Anderssein, obwohl es sie immer schon gab, erst im letzten Drittel des 19. Jahrhunderts systematisch als störend und auffällig und damit Gegenstand verschärfter Gesetze und der Psychiatrie (als Krankheit, Perversion, Abweichung) wurden. Ihre Abwehr und Abwertung sind oft der einzige Ausdruck unseres eigenen Bedürfnisses nach Besonderheit und Unterschiedlichkeit, das wir im Übrigen dem Glauben an partnerschaftliche Harmonie-ohne-Leid zuliebe leugnen. Daher werden z.B. die Ehepartner, die ihre gleichgeschlechtlichen Freundschaften vernachlässigen und verlieren, an Selbstständigkeit einbüßen und ihre Ehe wird oft an einer Isolation-zu-zweit und Depression (s.dort) ersticken. Und daher haben die Möglichkeiten sexuellen Anderssein auch die Bedeutung, die Öde der begradigten Sexualität sichtbar und damit die Umrisse einer »landschaftlicheren« Liebe erahnbar zu machen – selbst in der Verzerrung süchtig-qualvollen Leidens. So zeigt z.B.: Exhibitionismus Fremdheit, Distanz, Aufhebung der Verheimlichung; Fetischismus symbolisch-spielerische Liebe zum Anderen als Objekt und Aufhebung der Partnerideologie; Sadomasochismus die Unbedingtheit gegenseitiger Zuwendung, Luxus an Zeit und Aufhebung der Harmonie- und Verharmlosungsideologie; Koprophilie (=lustvoller Umgang mit Kot) die Aufhebung der Ekelschranke, Pädophilie die der Altersschranke; und Gerontophilie die Aufhebung der Jugend- und Schönheitsideologie, unter der heute zahllose alte oder als hässlich geltende Menschen zu leiden haben. So stellen die Möglichkeiten sexuellen Andersseins Fragen, die uns alle betreffen.

■ Prävention

Zur sekundären und tertiären Prävention bedarf es für die Bevölkerung der allgemeinen Erreichbarkeit solcher Beratungs- und Therapieeinrichtungen, wie sie z.B. in Hamburg und Frankfurt/M. als sexologische Polikliniken existieren. Das dort erarbeitete Wissen muss eingehen in das allgemeine ambulante Beratungs- und Therapieangebot.

Für die primäre Prävention ist in den letzten Jahren viel getan worden, etwa die Einführung des Sexualkundeunterrichts an den Schulen. Zweifellos sind solche Aufklärungsaktionen schuldentlastend und kompetenz-erweiternd. Oft gehen sie aber einseitig nur von der technokratischen Tendenz aus: Liberalisierung als Wachstum des Bereichs des Erlaubten, Moralentlarvung (statt Entwicklung einer gültigeren Moral), Technisierung, Konsumausweitung, Verharmlosung, Orientierung an Partnerschaftsharmonie und Hygiene-Beglückung sowie Überschwemmung des öffentlichen Raums durch Privat-Sexuelles schafft neue Zwänge und neue Leiden. SCHORSCH: »Eine quantitative Ausweitung verhindert qualitative Intensivierung.«

Literatur

ARENTEWICZ, Gerd; SCHMIDT, G. (Hg.) (1986): Sexuell gestörte Beziehungen. Konzept und Technik der Paar-Therapie. Heidelberg, Springer, 3. bearb. Aufl.

BECK, Ulrich; BECK-GERNSHEIM, Elisabeth (2000): Das ganz normale Chaos der Liebe. Frankfurt/M., Suhrkamp Taschenbuch, 9. Druck der Erstausgabe

BOCHOW, Michael (1997): Schwule Männer und AIDS. Eine Befragung im Auftrag der Bundeszentrale für gesundheitliche Aufklärung, Köln, Berlin, AIDS-Forum, Deutsche Aids-Hilfe 31, S. 101

BUDDEBERG, Claus (1996): Sexualberatung. Stuttgart, Enke, 3. Überarb.

DANNECKER, Martin (1986): Der Homosexuelle und die Homosexualität. Frankfurt/M., Syndikat

DANNECKER, Martin (2000): Psyche. Heft 12, S. 1273

DOLTO, Francoise (2000): Weibliche Sexualität. Stuttgart, Klett-Cotta

FINKIELKRAUT, Alain (1989): Die Weisheit der Liebe. Reinbek, Rowohlt

FREUD, Sigmund (ab 1969): Gesammelte Werke. Studienausgabe in 10 Bänden. Frankfurt/M., Fischer

FROMM, Erich (1998): Die Kunst des Liebens. Frankfurt/M., Ullstein

KINSEY, Alfred Charles (1970): Das sexuelle Verhalten der Frau. Frankfurt/M., Fischer

KINSEY, Alfred Charles; WARDELL B. Pomeroy; CLYDE E. Martin (1970): Das sexuelle Verhalten des Mannes. Frankfurt/M., Fischer

LOCH, Wolfgang; HINZ, Helmut (Hg.) (1999): Die Krankheitslehre der Psychoanalyse. 6. Aufl. Stuttgart/Leipzig, Hirzel

MASTERS, W. H., JOHNSON, V. E. (1969): Beratung bei sexuell gestörten Ehen. In: Sexualität: Beratung und Forschung, hg. von BRECHER, R. und E., Frankfurt/M., Akademischer Verlagsgesellschaft

MORGENTHALER, Fritz (1974): Zur Theorie und Therapie von Perversionen. Psyche, Band 28

RASCH, Wilfried (1964/1995): Tötung des Intimpartners. Stuttgart, Enke; Nachdruck (1995), Bonn, Psychiatrie-Verlag

SCHELSKY, Helmut (1989): Soziologie der Sexualität. Reinbek, Rowohlt

SCHMIDT, Gunter (1992): Neue Verhältnisse, neue Lieben? In: KOHLHAGEN, N.: Tabubrecher. Hamburg, Luchterhand

SCHMIDT, Gunter (1996): Kindersexualität, Inzest, Missbrauch. In: Das Verschwinden der Sexualmoral, Hamburg, Ingrid Klein

SCHORSCH, Eberhard; SCHMIDT, Gunter (1976): Ergebnisse zur Sexualforschung. Köln, Kiepenheuer & Witsch

SCHORSCH, Eberhard (1978): Die Stellung der Sexualität in der psychischen Organisation des Menschen. *Nervenarzt* 49, S. 456–460

SCHORSCH, Eberhard; BECKER, Nikolaus (2000): Angst, Lust, Zerstörung. Beiträge zur Sexualforschung Bd. 78. Gießen, Psychosozial-Verlag

SENNETT, Reinhard (2000): Verfall und Ende des öffentlichen Lebens. Die Tyrannei der Intimität. Frankfurt/M., Fischer, 11. Aufl.

SIGUSCH, Volker (Hg.) (1980): Therapie sexueller Störungen. Stuttgart, Thieme, 2. neubearb. Aufl.

STOLLER, Robert J. (1976): Sexual excitement. Arch. Gen. Psychiat. 33, S. 899–909

VELDE, VAN DE, Theodor Hendrik (1926): Die vollkommene Ehe. Rüschlikon, Müller

WIESENDANGER, Kurt (2000): Schwule und Lesben in Psychotherapie, Seelsorge und Beratung. Göttingen, Vandenhoeck & Rupprecht

5 Der sich und Andere fügende Mensch (Schizophrenie)

A Landschaft der Zerreißprobe

»Nach unserem heutigen Wissen bedeutet Schizophrenie in den meisten Fällen die besondere Entwicklung, den besonderen Lebensweg eines Menschen unter besonders schwerwiegenden inneren und äußeren Bedingungen, welche Entwicklung einen Schwellenwert überschritten hat, nach welchem die Konfrontation der persönlichen inneren Welt mit der Realität und der Notwendigkeit zur Vereinheitlichlichung zu schwierig und zu schmerzhaft geworden ist und aufgegeben worden ist.«

Manfred Bleuler (1987)

Der Mensch hat viel erfunden, um Trennendes, Getrenntes auch, zu halten, Fremdes auszuhalten, aus den Fugen Springendes passend zu machen und Leerräume zu überbrücken. Schizophrenes Handeln ist eine allgemein-menschliche Möglichkeit. Es kann dann entstehen, wenn eine Trennung, eine Teilung nicht ausgehalten wird. Bilder aus Architektur und Holzhandwerk sind geläufig. So wird das Maß der Spannung und Belastung bestimmt, denen Konstruktionen ausgesetzt sind: Wie groß darf ein Raum sein, damit er noch überdacht werden kann? Ein anderes Beispiel ist der Brückenbau. Eine wichtige Assoziation liefert das Bild – so gilt es ja auch in der Übertragung –, wenn etwas aus den Fugen springt. Vorher war alles gut gefügt, passte. Aus welchen Gründen auch immer, wegen Materialschwäche, zu großen oder geringen Drucks, starker Reibung kann ein Teil aus den Fugen geraten. Damit geht das ganze System entzwei. Schizophrenes Handeln charakterisiert das Bemühen sich von den Lebensverhältnissen nicht trennen könnender, aus den Fugen geratener Menschen, gleichzeitig sich zu trennen und anwesend zu sein, gleichzeitig unverfügbar und gefügt zu sein, gleichzeitig anwesend und abwesend, im extremen Rückzug.

Die allgemeine Erfahrung des Reißens, Trennens, Teilens in der Entwicklung des Menschen liegt in der späten Pubertät und den folgenden Jahren. So entstehen schizophrene Störungen am häufigsten in der Adoleszenz zwischen dem 15. und dem 25. Lebensjahr, nur gelegentlich in höherem Alter. Und oft sind die Verhaltensweisen von Pubertierenden ganz ähnlich dem schizophrenen Problemlösungsverhalten, ohne sich jedoch dazu zu verengen. Was ist das Allgemeine? In diesem Lebensalter sind Trennung vom Elternhaus und Bindung an fremde Menschen gleichzeitig Aufgabe. Gegensätze, Entfremdungen, Widersprüche müssen ausgehalten werden und zu neuen Qualitäten der Beziehungen und Weltanschauungen führen. Nicht »Alles-oder-Nichts«- oder »Schwarz-oder-Weiß«-Lösungen sind zu finden, sondern die Welt ist in all ihren Nuancen und Schattierungen wahrzunehmen und zu akzeptieren. Dazu gehört auch die Einsicht, dass Gutes und Böses zusammengehören, dass nicht der eine Mensch nur gut und der andere nur böse ist, dass das Freund-Feind-Denken die Beziehungsaufnahme zu anderen Menschen nicht bestimmen kann.

Eine zweite Aufgabe ist die festere Bindung an Interessen oder berufliche Ziele. Eine dritte Aufgabe ist die zunehmende Übernahme von Verantwortung, all das, was man von der Welt mitbekommt, allein für sich zu ordnen.

Während die Welt des Kindes (relativ) eindeutig aufgebaut ist, findet jetzt die ganze Welt mit ihren unterschiedlichsten Aspekten Eingang in das Leben des Menschen. Es gilt, viele neue Informationen in eine Ordnung zu bringen und nicht im Chaos zu belassen. Alles scheint gleichzeitig einfach und ist dennoch kompliziert. Kennzeichnend für diesen Lebensabschnitt ist die Gleichzeitigkeit von allem Möglichen, die Aneignung des für einen selbst Möglichen, das Aushalten aller möglichen Widersprüche bei gleichzeitiger Unfähigkeit, sie alle auszuhalten, das plötzliche Ausgeliefertsein an sehr starke Empfindungen und Gefühle, die nie vorher im Leben so stark waren, das gleichzeitige Ausprobieren von Kontrolle; die Erfahrung, die Gefühle bis zum nicht mehr Vorhandensein wegdrücken, abspalten zu können, das angstvolle Suchen nach den eigenen Gefühlen und Empfindungen, das Verfluchen momentan erlebter Langeweile, Leere und Öde; die Frage, was an der Welt und den Anderen echt und verlässlich ist, wer sie sind, bei gleichzeitiger Infragestellung jeglicher Haltung bei sich selbst, die Suche nach Vertrauen, wo doch alles unvertraut wird und nach einer neuen, der eigenen Ordnung verlangt. Unbedingt dazu gehören auch Zweifel und das Verlangen nach Eindeutigkeit.

Bisher ist der Konflikt aus der Entwicklung des einzelnen Jugendlichen heraus formuliert. Die Entwicklungsaufgabe dieses Alters ist die Trennung, Gefügtes zu lösen und neue Fügung zu finden. Von daher ist es falsch, die aufgezeigten Widersprüche und Konflikte nur in einem Menschen zu sehen. Die typische Entstehungskonstellation ist die Familie, in der ein Hoch-Sensibler (genetisch und psycho-sozial bedingt) mit seinen Angehörigen die Zerreißprobe lebt. Zusammensein und Trennung, Liebe und Freiheit sind gleich stark. Oft sind die Erwachsenen oder ist einer der Erwachsenen selbst unschlüssig, kann nicht eindeutig sein, ist ängstlich dem Leben gegenüber, sorgt sich um den Jugendlichen, hat gleichzeitig den Wunsch, der Jugendliche möge sich lösen, erwachsen sein. Die Trennung wird von der Familie nur innerlich, oft nur gedanklich vollzogen. Beispielhaft sind die Eltern, die ihrer Tochter einen lieben Freund wünschen, gleichzeitig aber alles tun, dass sie nicht von ihnen loskommt: sie vor den Gefahren warnen, sie mit allerlei Verwöhnung an das Haus binden, auch klagen, dass sie immer noch keinen Freund habe, und beteuern, dass es zu Hause immer am besten sei. Jeder kennt diese Ambivalenz, diesen Zwiespalt, Erwachsene wie Heranwachsende, aber man kommt doch irgendwie los: als Erwachsener z. B. findet man eine neue Aufgabe, sodass man den Heranwachsenden in Ruhe lassen kann, als Heranwachsender findet man oft Brücken: andere Erwachsene, die die Trennung von zu Hause erleichtern, Jugendclubs und Ähnliches. Ist in der Umgebung eine solche Änderung nicht möglich oder zufällig verstellt, trauen die Erwachsenen den Möglichkeiten nicht, und überwiegt die Sorge um das Kind, so wächst die Angst bei jedem Schritt in die Unabhängigkeit. Gleichzeitig entsteht eine Zwickmühle: jede Lösung ist keine, denn sie befriedigt nicht: die Trennung entspricht nicht der Sorge, das Bleiben entspricht nicht der Entwicklung. Die Spannung, die daraus entsteht, ist unerträglich. Um die Angst zu bewältigen, werden bizarre Konstrukte, Brücken, gebaut. Dies geschieht, um wieder eine lebbare Situation herzustellen. Die Lösung besteht in dem Widerspruch, dass die Familie gleichzeitig getrennt und nicht getrennt lebt.

Zu der Familie gehört auch ein Außen, gehört die Umwelt, die oft als böse und feindselig, bedrohlich und gefährlich erlebt wird. Das ist sie ja immer auch. Aber dann, wenn *nur* die Familie als Vertrauenssache erlebt werden darf, das Böse in der Familie nicht gesehen werden darf, nie zum Beispiel jede Art von Gewalt und Missbrauch oder das Schmerzende gesehen werden darf, oder das Kalte oder das sich übermäßig emotional Äußernde, dann kann der junge Mensch die Familie nicht verlassen. Bedrohungen in der Gesellschaft und in der Umwelt, die in Bildern auftauchen, sind vielfältig und haben oft mit den in der Gesellschaft tabuisierten oder verdrängten Themen zu tun: dem Gift im Essen, der Umweltzerstörung, den inneren Krankheitsprozessen, den Überwachungssystemen, den Wünschen nach Erlösern, um nur einige Beispiele zu nennen.

B Auffälligkeiten (Lösungen, Symptomdiagnose)

Die Schizophrenie gibt es nicht.

Oder: Jeder entwickelt seine eigene Schizophrenie.

Einerseits genetisch-organisch-biochemische und andererseits psycho- und soziogene Faktorenbündel führen in wechselnder Kombination zu verletzlichen, praemorbiden Persönlichkeiten, welche dazu neigen, auf Belastungen überdurchschnittlich stark mit Spannung, Angst, Verwirrung, Denkstörungen, Derealisations- und Depersonalisationserlebnissen bis zu Wahn und Halluzinationen zu reagieren. Nach (einer oder mehreren) akutpsychotischen Phasen ist die weitere Entwicklung in Wechselwirkung mit der Ausgangspersönlichkeit wahrscheinlich vorwiegend durch psycho-soziale Faktoren bestimmt, woraus die enorme Vielfalt der Verläufe zwischen völliger Heilung, Residualzuständen verschiedenen Ausmaßes und schwerster Chronifizierung resultiert (Luc Ciompi, 1994). Diese Überlegungen mündeten in der Konstruktion des gegenwärtig international üblichen Vulnerabilitäts-Stressmodells.

Es gibt keinen Ausdruck und keine Haltung, die als typisch schizophren bezeichnet werden kann. Allerdings sind charakteristische Störungen von Denken, Wahrnehmen und Affekten kennzeichnend.

1. Das Ich, das Selbst, die Person, der Andere, die Welt haben keine Grenzen mehr, bzw. die Grenzen verschwimmen. Zu den Zeiten, in denen Menschen schizophren handeln, also versuchen, sich gleichzeitig zu entwickeln und nicht zu entwickeln, werden diese Menschen nicht nur extrem verletzbar, auch verletzend, sie wirken auch entgrenzt, bei gleichzeitigem scharfen Blick für Grenzen, manchmal nehmen sie aufgebaute Grenzen gewaltsam. Ein Mensch kann nicht mehr sicher sagen, wer er eigentlich ist (ich werde beeinflusst, in mir ist noch ein Anderer). Häufig besteht der Eindruck, die Gedanken oder die Gefühle werden abgezogen, sodass nur Leere und Kälte übrig bleiben. Eine andere Möglichkeit: Die Gefühle und Gedanken bedrohen den Menschen von außen, andere Personen oder übernatürliche Kräfte beeinflussen sein Tun, und er fühlt sich ihnen ohnmäch-

tig ausgeliefert. Wenn Menschen solche Gedanken aussprechen, wird auf eine Ich-Störung im Rahmen einer psychiatrischen Erkrankung geschlossen. Damit ist gemeint, dass das Individuum sich nicht mehr als Person wahrnehmen kann, sich nicht mehr »identifizieren« kann. Häufig wird die Störung des sozialen Kontaktes (zwischen Sender und Empfänger können Nachrichten nicht mehr eindeutig hin- und herfließen) als »Kontaktstörung« bezeichnet.

2. Die Wahrnehmung ist gestört. Dinge werden zusammengehörig gesehen, die nicht zusammengehören – oder als zur eigenen Person gehörig, die nicht zur Person gehören. Häufig fällt es schwer, Wesentliches von Unwesentlichem zu trennen. Unwesentliche Aspekte erhalten eine subjektiv so starke Bedeutung, dass sie für die Wahrnehmungsstrukturierung der Person zentral werden (z. B. bestimmte Geräusche, bestimmte Bilder). Gewisse Teile der Umwelt – Gesichter, Pflanzen, Straßenzüge z. B. – werden in einer Weise bedeutungsvoll, dass der Mensch meint, er werde von ihnen gemeint, beobachtet, bedroht. Häufig wird von dem Gefühl, im Mittelpunkt der Wahrnehmung Anderer zu stehen, berichtet. Manchmal schildern Menschen, dass alles, die Umwelt und die anderen Menschen, aber auch die Zeit und die Luft, fremd, verändert, verzerrt, schemenhaft oder schematisch wahrgenommen wird. Gleichzeitig oder auch unabhängig davon haben Menschen den Eindruck, der eigene Körper werde ihnen fremd, bestimmte Gliedmaßen seien entweder größer oder kleiner, weiter weg oder näher dran, die Körperbewegung sei nicht so wie sonst, auch das Gesicht sei zu einer Maske erstarrt. Diese Gefühle der Verfremdung werden entweder als Derealisation (Verfremdung der Umwelt) oder als Depersonalisation (Verfremdung der eigenen Person) bezeichnet. Wenn es sich vor allem um merkwürdige, fremdartige, oft kaum beschreibbare Wahrnehmungs- und Gefühlsstörungen des Körpers handelt (70 Prozent der Patienten klagen darüber), spricht man von Störungen der Zönästhesie, das heißt des Leibempfindens, dies im Unterschied zu den Einzelsinnen. Mit solchen Wahrnehmungen sind die gemeint, für die es in der Umwelt keine entsprechenden Reize gibt: z. B. ich höre Stimmen, obwohl keiner da ist, der mit mir spricht (akustische Halluzinationen). Ich fühle mich berührt, obwohl keiner mich anfasst (haptische Halluzinationen). Es gibt ferner Geruchshalluzinationen und optische Halluzinationen.

3. Störungen der Denkabläufe: Ähnlich wie bei der Wahrnehmungsstörung ist auch beim Denken zu beobachten, dass Wichtiges und Unwichtiges nicht auseinander gehalten werden können. Das Denken erscheint dem Beobachter zusammenhanglos und unlogisch, wobei häufig Sperrung des Denkens (der Gedanke ist weg), Gedankenreißen oder Gedankensprünge (die Gedanken sind inkohärent) zu beobachten sind. Es kann geschehen, dass der Mensch sich gewissermaßen nicht entscheiden kann, welche Gedanken er zuerst aussprechen will (Ambivalenzen und Ambitendenzen können bei Gedanken, Gefühlen, Motiven und Handlungen auftreten), sodass es zu verschrobenen und verschachtelten Gedankenabläufen und Sätzen kommt. Diese Unsicherheit kann sich bis ins

einzelne Wort fortsetzen. Es kann sein, dass Worte in einem bestimmten zweideutigen Sinn benutzt werden, dass zwei Gedanken in einem Wort enthalten sind (Kontaminationen), dass Wortneuschöpfungen auftreten (Neologismen). Damit sind die formalen Denkstörungen beschrieben. Zu den inhaltlichen Denkstörungen gehören Wahnvorstellungen, -ideen, -bildungen. Gewisse Teile des Wahns entsprechen oft allgemein anerkannten Vorstellungen oder übernommenen Vorstellungen aus der Familientradition, der eigenen kindlichen Welt und so fort. Mittels zwanghafter Konstruktionen und Erklärungen wird es dem Patienten möglich, eine Orientierung in der Außenwelt zu finden. Mittels Wahnbildungen werden häufig Anforderungen der Außenwelt abgewehrt, oft auch eigene aggressive oder liebende Wunschvorstellungen. Ein Wahn kann gleichzeitig als Abwehr von einem inneren, als unlösbar erscheinenden Konflikt gesehen werden und als Ausdruck, wenn auch oft sehr versteckt, eines tiefen menschlichen Bedürfnisses. Der Wahn dient der Regulierung und der Steuerung des Handelns von Menschen. Bestimmte Handlungen werden aus dem Wahn heraus verständlich. Wenn man bei sich überprüft, wie stark man sich von Ideen leiten lässt, von denen man überzeugt ist, so wird die Festigkeit des Handelns von Leuten mit Wahnbildungen nachfühlbar. Über Wahnvorstellungen ist es dem Patienten möglich, einen Rest von Identität und Kontakt zur Umwelt aufrechtzuerhalten. Wird der Wahn angezweifelt, entsteht ungeheure Angst. Wahnhafte Überzeugungen sind dem Einspruch und der Vernunft weitgehend unzugänglich. Häufig geschieht es auch so, dass derjenige, der am Wahngebilde zweifelt, als Feind mit in den Wahn aufgenommen wird. Gelingt es dennoch, einen Menschen mit einem Wahn zu seinen Zweifeln zu führen, hat man eine gute, glaubwürdige Beziehung. Häufig unterstützen Halluzinationen die subjektive Bestätigung des Wahns. Häufigste Erscheinungsformen sind Verfolgungswahn, Beeinflussungs- und Beziehungswahn. Bei dem Bemühen, jedes wahnhafte Geschehen verstehen zu wollen, wird man sich die Frage stellen müssen, inwieweit Kontrolle über das Erleben verloren gegangen ist und inwieweit der Wahn dazu dient, diesen Verlust zu kompensieren. Es ist wichtig zu wissen, dass der Wahn nicht nur in schizophrenem Handeln auftaucht.
Wahnideen und Wahninhalte unterliegen sehr stark den gesellschaftlichen Einflüssen und verweisen häufig auf soziale Tabus oder Selbstverständlichkeiten.

4. Die Gefühle und die gefühlsmäßigen Beziehungen zur Umwelt: Die Gefühle wirken flach, wobei häufig nicht nur die Intensität des Ausdrucks beeinträchtigt ist, sondern auch die Gefühlswelt verarmt erscheint. Sie wirken spröde, kühl und gläsern. Gelegentlich stimmen die Gefühlsäußerungen in Mimik und Gestik auch nicht mit dem überein, was gesagt wird, oder sie passen nicht zur Situation. Es tauchen auch sehr heftige Gefühle auf. Oft haben schizophrene Menschen nur wenige Beziehungen zu anderen Menschen. Sie scheinen bindungsunfähig, oft auch zu einer Person (Mutter oder Ehepartner) zwiespältig: gleichzeitig übergebunden und interessenlos. Eine extreme Form der Weltlosigkeit, d.h. der Zurückgenommenheit aus Kontakten, zeigt sich in autistischen Ver-

haltensmustern, die sich im Handeln auswirken. Die Gleichzeitigkeit von Wollen und Nicht-Wollen führt nicht selten zur Handlungsunfähigkeit (Stupor), die Zwiespältigkeit in den Einstellungen zu Unterbrechungen, Abbrüchen, zu mutlosen Neuanfängen. Die Unentschlossenheit kann ausgesprochen apathisch wirken.
In Situationen, in denen Patienten sich bedroht fühlen, überwiegen Erregung, Spannung, Angst, was sich oft auch in Handlungen umsetzt. Das verstehen die Partner häufig nicht, da sie den Grund der subjektiven Bedrohung nicht sehen können, und sie ihrerseits verängstigt. Besonders schwierig ist, wenn die gesamte Dynamik bis hin zur Motorik gesperrt ist (katatoner Stupor), sodass der Mensch sich überhaupt nicht mehr äußern kann, jedoch innerlich bis zum Siedepunkt gespannt ist.

In den vier angegebenen Bereichen ist beschrieben, was der augenblicklichen Beobachtung im Handeln eines Menschen zugänglich sein muss, um zu diagnostizieren, dass ein Mensch extrem bemüht ist, sich zusammenzuhalten und die vom Zusammenbruch bedrohte Identität zu retten.
Der Begriff »Schizophrenie« wurde 1907 von Eugen Bleuler eingeführt. Bei dem Versuch, den Verlauf schizophrener Erkrankungen zu beschreiben, stand für ihn die Beobachtung im Vordergrund, dass Menschen zunehmend zersplittern und zerfahren können. Er sprach daher von »Spaltungsirresein«, was die Übersetzung von Schizophrenie ist. Kraepelin hatte vorher den Verlauf der Erkrankung in Schüben und als unaufhaltsamen hirnorganischen Prozess beschrieben und die »Verblödung« (Dementia praecox = vorzeitige Verblödung) als zwangsläufigen »Endzustand« benannt. Wegen der unterstellten (und hergestellten) Unbeeinflussbarkeit des Verlaufs sprach man auch von »Prozesspsychose«. Die Bewertung der inzwischen vorliegenden Verlaufsforschung (vor allem durch M. Bleuler, G. Huber und L. Ciompi) zeigt, dass es den Verlauf der Schizophrenie gar nicht gibt. Die Entwicklung einmal akut schizophren gewordener Menschen ist als »ein offener Lebenslauf« (M. Bleuler, 1987) zu sehen. Der Verlauf schizophrener Erkrankungen ist nicht regulär beschreibbar. Oft wird von Schüben gesprochen, von Episoden, die einmal, mehrmals oder immer wieder auftreten können. Stigmatisierung, zusätzliche Isolierung durch die Psychiatrie und falsche Behandlung, z. B. falsche Anwendung von Zwang können den Verlauf ebenso beeinflussen wie Faktoren, die in der gewohnten sozialen Umgebung sind, z. B. Belastung am Arbeitsplatz, zu starke, auch feindselige Emotionalität in der Familie. Auch zeigt sich, dass bei der Prognose Psychopathologie und Diagnose eine nebensächliche Rolle spielen, wohl aber die Erwartungshaltung von Angehörigen, psychiatrisch Tätigen und Patienten einen großen Einfluss nehmen. Die lange Zeit übliche Sicht der schizophrenen Erkrankung als »unheilbar« kann nicht aufrechterhalten werden. Akut krank könnten die Menschen genannt werden, die die schizophrene Krise nur ein oder wenige Male in ihrem Leben brauchen. Chronisch krank wäre dann derjenige, der den Schutz der Psychose über längere Zeit in Anspruch nimmt, der ein relativ neues Innen-Außenwelt-Gleichgewicht herstellt, wenn auch um den Preis einer langen Hilfsbedürftigkeit. Wenn ich mich auf das Leben eines schizophren Handelnden ein-

lasse, verliert die Frage, ob jemand »heilbar« oder »unheilbar« ist, an Bedeutung. Sich auf einen veränderten Umgang einzustellen, jemanden aus einer Lebens-Situation heraus zu verstehen, in die hinein er sich entwickelt hat, ermöglicht die Suche nach Hilfeleistungen.

In der Internationalen Klassifikation psychischer Störungen, die von der Weltgesundheitsorganisation herausgegeben wird, dem derzeitigen ICD-10, werden folgende Untergruppen der Schizophrenie aufgeführt: paranoide Schizophrenie, hebephrene Schizophrenie, katatone Schizophrenie, undifferenzierte Schizophrenie, postschizophrene Depression, schizophrenes Residuum, Schizophrenia simplex, andere Schizophrenie, nicht näher bezeichnete Schizophrenie.

Wie schwer eine Zuordnung schizophrener Störungen zu einer Kategorie ist, zeigt sich ferner, wenn man gleichzeitig die angegebenen Verlaufsbilder ansieht: kontinuierlich, episodisch mit zunehmendem Residuum, episodisch mit stabilem Residuum, episodisch remittierend, unvollständige Remission, vollständige Remission, andere.

Wichtig ist, nicht zu übersehen und zu vergessen, dass jeder schizophren Kranke seine eigene Schizophrenie lebt. Der Sinn der Namengebung liegt vor allem in der Verständigung mit anderen Professionellen. Die Auseinandersetzung mit den in dem ICD-Schlüssel aufgeführten Diagnosen ist nützlich, um die Vielfalt des Möglichen kennen zu lernen. Sie werden auch vielfach für die Forschung angewendet.

a. Paranoid-halluzinatorische Form: Häufigste Form der Schizophrenie. Treten zu Störungen der Gefühle, des Willens und der Motorik Wahrnehmungsstörungen, Halluzinationen und Wahnbildungen in den Vordergrund der Handlungen, so ist vor allem die paranoide Abwehr eines Menschen angesprochen. Sie kann sich akut zeigen, einhergehend mit großer Erregung, Zerfahrenheit, wobei es dem Kranken unmöglich ist, zwischen Wirklichem und Unwirklichem, Gedachtem und Vorhandenem zu unterscheiden. Bei der Diagnose der Halluzination ist der Unterschied zur Illusion zu bedenken. Bei der Illusion wird ein in der Wirklichkeit vorgegebener Reiz, sei es ein Strauch, ein Lichtstrahl, ein Geruch, meist angstvoll umgedeutet, d. h. der Strauch kann zum bedrohenden Menschen werden, der Lichtstrahl zu einem sich nähernden Fahrzeug. Bei der Halluzination sind für Andere wahrnehmbare Außenreize nicht gegeben, der Patient handelt aber so, als wären sie vorhanden.

b. Den Begriff »hebephren« sollten wir nicht mehr benötigen. Er meint psychotische Zustände junger Menschen, die sich vor allem darin äußern, dass Gefühle flach und unangemessen wirken. Ferner sind Kontaktaufnahme und Bindungsfähigkeit (äußerlich) dadurch gestört, weil jemand dazu neigt, sich abzusondern, sich selbstgenügsam und sich überlegen darzustellen. Gleichzeitig wird er von Anderen als hohl und wenig warmherzig wahrgenommen. Oft genug sind es ein- oder mehrmalige jugendliche Entwicklungskrisen.

c. Katatonie: Es gibt schwere Störungen der Willkürbewegungen eines Menschen, wobei jemand zur Bewegungslosigkeit erstarren, zur Statue werden kann; oder jemand ist nicht zu bremsen, schlägt wild um sich. In beiden Fällen ist der Mensch äußerst gespannt, verkrampft, innerlich erregt (katatoner Sperrungs- oder Erregungszustand). Die – heute selten gewordene – extreme Steigerung der Bewegungsstörung (akute perniziöse Katatonie) kann tödlich enden, ist nur durch hohe Dosen Neuroleptika und Infusionen auf der Intensivstation durchzustehen. Bei dieser Störung kommt es neben der Handlungsunfähigkeit durch extrem hohe Körpertemperaturen und Austrocknung zu Kreislaufkrisen. Die Indikation für Elektrokrampftherapie (EKT) ist nur in lebensbedrohlichem Zustand und bei Versagen anderer Beeinflussungsmöglichkeiten gegeben.

d. Leidet ein Mensch eindeutig an einer Schizophrenie, ohne dass eine der drei bisher beschriebenen Unterformen vorliegt, oder sind zeitgleich mehrere Charakteristika aus diesen Unterformen vorhanden, so spricht man von einer undifferenzierten Schizophrenie.

e. Im Anschluss an eine schizophrene Krankheitsphase kommt es häufiger zu trauriger Verstimmung, zu Interessenverlust, zur Unfähigkeit, Freude zu empfinden und zu einer gesteigerten Ermüdbarkeit. Dann kann man von einer postschizophrenen Depression sprechen. Es ist besonders schwierig zu erkennen, worauf eine solche Befindlichkeit zurückgeht: auf die schizophrene Erkrankung selbst, die Neuroleptika oder eine hinzukommende Depression.

f. Wenn es bei einem Menschen, der schizophren erkrankt ist, später zu ausgeprägter Verlangsamung und Passivität, zu einem vermindertem Kommunikationsbedürfnis und zu einer eingeschränkten Sorge um das eigene Wohlergehen (Nahrungsaufnahme, Körperpflege) kommt, sprechen viele von einem schizophrenen Residuum. Aber Vorsicht: solche Zustände entstehen leicht, wenn es dem Betroffenen nicht gelingt, das für ihn förderliche Maß an Stimulation zu finden, also Überforderungen ebenso zu vermeiden wie Unterforderungen. Solche Entwicklungen sind umkehrbar.

g. Besonders symptomarm und schwer zu fassen sind Zustände der (seltenen) Schizophrenia simplex, die von vielen oft nur im Nachhinein, also nach einer Längsschnittbeobachtung so genannt wird. Sie ist gekennzeichnet durch ein über lange Zeit Nicht-mehr-Können oder Nicht-mehr-Wollen. Dazu kann z.B. das Sich-nicht-mehr-pflegen-Können oder -Wollen gehören. Oft genug wird dies von psychiatrisch Tätigen nicht als Symptom gewertet, vielmehr werden Kategorien des Gehorsams für den Umgang mit dieser Art Symptom angewendet. Dabei kann es sich um einen folgenschweren Irrtum handeln.

Bei den meisten Menschen, die Jahre und Jahrzehnte sich und Andere aus den Fugen bringen, schizophren handeln, ist dies Handeln zusammen mit ihrem Alltagshandeln zu einer biografischen Einheit verschmolzen und befriedet. Sie können ihr Leben zumeist auch außerhalb einer Einrichtung, oft in eigener Wohnung leben.

C Begegnung (Umgang mit der Angst)

Die Begegnung mit Menschen, deren ungefügtes zwischenmenschliches Beziehungsverhalten ihnen zum Problem wird, ist für die psychiatrisch Tätigen zugleich faszinierender und angstauslösender, oft auch abstoßender als die mit anderen Menschen. Inzwischen strengt man sich mehr an, sich der Angst in der Beziehung zu stellen. Oft jedoch führt die Angst zu recht entwürdigenden Behandlungsmaßnahmen oder Forschungsfragestellungen.

Das Bemühen, sich auf schizophren Erkrankte einzulassen, führt aber nicht in jedem Falle zum Erfolg. Immer wieder zeigen Untersuchungen, dass etwa 20–30 Prozent der Erkrankten ihr ungefügtes Handeln »chronisch« lang leben. Oft sind es gerade diese Menschen, die in den professionellen Helfern Retterfantasien, Konkurrenz- und Macht-Fantasien oder eben Ohnmachts-Fantasien aufkommen lassen. Da wir jedoch nicht wissen, für wen das gilt, wer chronisch krank wird und da auch die Anzeichen für eine Langzeitentwicklung (z. B. geringe Erwartungshaltung des Ökosystems, schon vor der Erkrankung viele Probleme im Leben) nicht das Engagement behindern dürfen und diese Entwicklung sich jederzeit ändern kann, sollten wir in jedem Fall einem schizophren Handelnden immer wieder neu begegnen.

■ Selbstwahrnehmung

Ich hatte, bevor ich den durch sein schizophrenes Handeln in eine Krise geratenen Menschen kennen lernte, gelernt, dass das Gefühl der Unheimlichkeit in mir läge und dass es an mir läge, die Begegnung klar, übersichtlich, offen, aber nicht zu nahe und zu warm zu strukturieren. So hatte ich zwar einen wichtigen Hinweis für mein Lernen, denn da gab es für mich was zu lernen, aber das half mir erst allmählich. Anfangs bin ich durch sämtliche Ängste des Unheimlichen, die in mir waren, hindurchgegangen und nicht selten war ich kurz davor, eine Begegnung abzubrechen, den Menschen an eine Kollegin zu verweisen, an eine Veränderung der Medikamente zu denken – obwohl es fahrlässig ist, gerade dies zum Entscheidungskriterium für Medikamente zu machen, Zwang anzuwenden, z. B. eine Klinikeinweisung vorzunehmen. Dies vor allem dann, wenn Angst vor aggressiven Handlungen gegen mich alle meine Fantasien freisetzte. Bei der Suche nach Alternativen hat mir immer das Gespräch mit Kollegen, denen ich persönlich-fachlich vertraute, geholfen, meine Angst auszuhalten, d. h. mit Kollegen, die in gleicher Weise wie ich bemüht waren, solche Ängste in ihrem inneren Anteil von ihrem äußeren zu trennen, bzw. bemüht waren, die Ambivalenz lange zu ertragen. Da habe ich gelernt, wie schnell auch ich Eindeutigkeiten brauche, um nicht in Angst zu verkommen oder die Angst abzuwehren. So konnte ich mein Wissen um mich in einen Zuwachs an Aushalten von Ambivalenz umwandeln. Es ist zu vermuten, dass es zur Gewaltsamkeit schizophren Kranker beitragen kann, wenn psychiatrisch Tätige zu sehr ihre eigene Angst vor Strukturverlust erleben, Grenzen kaum halten können. Das Auf-

treten gewaltsamer Situationen ist für schizophren Kranke oft ein Grund für eine Krankenhauseinweisung, öfter als bei anderen Patientengruppen. Sie selbst erleben sich als weniger gewaltsam, als sie von außen erlebt werden. Sie erleben sich auch nicht als spaltend. Es ist entsprechend eigentlich eine Frage in der Art angebracht: »Ich, die therapeutische Person, erlebe eine Situation von Gewalt, was empfinden Sie?« Die als Gewalt interpretierte Äußerung ist meist mit den aktuellen Lebensproblemen dieser Menschen und mit dem zunehmenden Misslingen ihres schizophrenen Handelns verbunden.
Eine weitere Gefahr für den Patienten ist, wenn er mich in seiner Skurrilität fasziniert, wenn sein Leiden liebenswürdig ambivalent daherkommt.

BEISPIEL In einer Vollversammlung wird eine neue Praktikantin vorgestellt.

P: Mein Name ist Torhorst.

Frau M.: Ach, Sie heißen Tollhaus.

Leiter: Das ist ja eine sehr freimütige Assoziation.

P: Mein Name kommt aus dem Friesischen, tor heißt zu und Horst ist eben so etwas wie ein Nest, ein Horst.

Frau M.: Tor ist die mittelalterliche Bezeichnung für jemanden, der ein Toller ist, und Horst ist ein Haus, also heißen Sie Tollhaus oder auch Irrenanstalt, wo Sie ja jetzt auch sind.

Was für Gefühle löst diese Episode in Ihnen aus? Schmunzeln, Amüsement, Abwehr, Angst? Inhalt und Ton der Aussage mögen sich nicht ganz entsprechen, sodass das Skurrile noch akzentuierter hervortritt. Ich darf in der Wahrnehmung und im Handeln nicht bei der Skurrilität und meiner Irritation stecken bleiben, sondern muss schon die Wahrnehmung des Skurrilen als Gegenübertragung nehmen, die einbezogen werden muss. Sonst wehre ich ab und dränge den Patienten noch tiefer in sein Leid.

■ Vollständigkeit der Wahrnehmung

Die Suchhaltung, die ich eben auf mich angewendet habe, ist eine Haltung, mit der ich auch dem Patienten begegnen kann. Das erfordert nicht nur, dass ich mich bemühe, einen Eindruck von der Gesamtsituation des Patienten zu bekommen, auch Wissen darüber, wo er sich wohl fühlt, was er macht, was er kann. Möglicherweise wird momentan für den Patienten das Gefühl, aus den Fugen zu springen, noch größer. Dennoch ist es von Bedeutung, dass der Patient sich auch da zu beobachten lernt, wo er sich freut, versagt, sich frei fühlt, einfach nur ängstlich ist, sich ekelt, missmutig ist, Zuneigung empfindet. Er ist leicht zu irritieren mit einer solchen Forderung. Deshalb wird es umso wichtiger, ihn an der Suchhaltung teilnehmen zu lassen, z. B. mittels Selbstbeobachtungsskalen. Es kommt vor, dass ein abgekapselter, gespannter Mensch, sich misstrauisch von allem abwendet und z. B. bei der Visite mit dem Arzt (entweder weil er so gefragt wird oder weil der Arzt nur darauf hört oder weil er überempfindsam für das ist, worauf der Verdacht des Arztes aus ist) von seinen Spannungen spricht, dass er aber beim Genuss einer Mahlzeit lächelt und zufrieden aussieht. Das scheint wenig. Es ist aber wichtig, darauf zu achten, dass ein Mensch nicht immer unter Spannung steht. Insofern ist die in der Visite gemachte Beobachtung zu relativieren. Egal, ob ich dem Patienten »guten Tag« sage, ihm eine Tasse Kaffee anbiete, ihn um Feuer bitte, ich bin handelnder Partner für ihn, und ich löse genauso Gefühle in ihm aus, wie er welche in mir auslöst. Dass auch seine normalen Anteile in unser Handeln einfließen können, ist entscheidend für unsere Begegnung. Ziel ist, dass der Patient beginnt, sich als den wahrzunehmen, der wahrnimmt und fühlt und handelt, sich nicht nur als Opfer, sondern auch als Täter seines Tuns erlebt. Dies ist ein großes Ziel, das sich in der Haltung aber schon in kleinen Quanten auf das Handeln auswirkt. 5

Es beeinflusst den Patienten, der fürchtet, dass sein Essen vergiftet sei, ob ich ihm sage: »Sie wissen, dass das Unsinn ist, die Anderen essen das schließlich auch« (Konfrontation), oder ob ich sage: »Es beunruhigt Sie zu denken, das Essen könnte vergiftet sein; ich überlege, was können Sie tun, um sich zu beruhigen, damit Sie zu Ihrem Essen kommen?« So gesprochen, ist der Patient ermutigt, seine Vorsichtshaltung zu überprüfen und zu überlegen, was er tun kann, um sich zu beruhigen (Realitätskontrolle). Auf diese Weise kommt er sich als Handelndem näher.

BEISPIEL Eine Patientin war wegen ihrer Gefühle, von männlichen Mitarbeitern verfolgt zu werden, in die Klinik gekommen, da sie sich auch in der Beratungsstelle nicht mehr sicher fühlte. Nach dem Klinikaufenthalt begann sie – trotz Warnung – heftig einen Freund zu suchen, sie gab Anzeigen auf und suchte aus den Antworten den zu ihr passend scheinenden Partner aus. Diese Beziehung enttäuschte schnell. Danach gab die Patientin ihre Suche auf und sagte, Sexualität empfinde sie nicht, also lebe sie besser ohne Freund. Dieser Teil der Geschichte muss bei künftigen Begegnungen mit der Patientin mitbedacht werden. Sonst steht ein wichtiges Wissen, das Grundlage der Normalisierung ist, nicht zur Verfügung.

Das Wissen um Grundbedürfnisse, die Frage danach, wie im bisherigen Leben damit umgegangen wurde, wie jemand mit den bisherigen Lösungen lebt und was möglicherweise zu tun ist, um die Grundbedürfnisse doch zu befriedigen, ist gerade für den Umgang mit Menschen, die aus den Fugen gehen, sich nicht direkt zur Verfügung stellen, unbedingt nötig. Auch habe ich dem Patienten seinen Wahn und die Stimmungen als »seine« zu lassen und als seine bestehende Wirklichkeit anzuerkennen.

Zum Ausklang dieses Abschnittes soll noch einmal wiederholt werden, dass die Spannung, die Gewalt, die Aggression, die entsteht, wenn ein System aus den Fugen gerät, nie der Ausdruck eines Einzelnen ist. Jemand wird zum Patienten, weil er die Spannung nicht mehr ertragen kann und weil die bisherigen Mittel, das System doch noch zu halten, nicht mehr ausreichen. Zur Vollständigkeit der Wahrnehmung gehört demnach auch die Geschichte der bisher zusammengefügten Anlässe der Veränderung und bisherige Lösungsversuche.

Normalisierung der Beziehung

Wie kann es gelingen, *normal* ins Handeln zu kommen, d. h. so, dass ich die kranken *und* die gesunden Anteile, die Symptome *und* die Person des Patienten gleichzeitig ernst nehme.

Zu den Voraussetzungen der Normalisierung gehört, dass ich zu akzeptieren und mich auf folgende Aspekte einzustellen (adjustieren) lerne:

- Widersprüche in der Umgebung und in anderen Personen sind für den sich und Andere aus den Fugen bringenden Menschen ein momentaner Anlass, tätig zu werden.

Es kommt darauf an, sich um Eindeutigkeiten zu bemühen. Das heißt, dass existierende Widersprüche als momentan notwendig existierend dargestellt und ausgehalten werden müssen. Lässt man sich auf das Gewalt-Spiel, die Widersprüche durch Bestärkung einer Seite lösen zu wollen, ein, vertieft man die Gefahr des Aus-den-Fugen-Geratens und erhöht die Wahrscheinlichkeit der Gewalt. Zweifel zuzulassen und dennoch der Realität sicher zu sein, erleichtert die Normalisierung.

BEISPIEL Es ist der Frage eines Patienten an eine Therapeutin: »Sind Sie nur die Hexe oder die verletzbare Frau?« weder kokett noch aggressiv zu begegnen. Falsche Antworten sind z. B. »Was geht Sie das an, Sie wissen doch, wie verletzbar ich bin«, »Hexen gibt es doch gar nicht«.

Die Frage meint die Person der Therapeutin. Nimmt sie die Beziehung ernst, versucht sie, jemand zu sein, mit dem man über böse und gute Anteile der eigenen Person, die Schwierigkeit der Selbstkontrolle, die Angst vor Entgleisung sprechen kann.

ÜBUNG Versuchen Sie, im Rollenspiel Antworten zu erarbeiten, die die Frage des Patienten authentisch, d. h. aus der Person der Therapeutin heraus, beantworten.

- Je mehr ein Mensch mit dieser spezifischen Verletzbarkeit einer ständig hoch aufgeladenen, emotionalen Atmosphäre ausgesetzt ist, desto wahrscheinlicher wird dieser Mensch dazu neigen, sich dem Gefügtsein auf psychotische Weise zu entziehen.

Bezugspersonen, Angehörige und »Ersatzspieler« müssen lernen, Näherung und Rückzug für die Beziehung neu zu bestimmen. Zu viel Nähe führt zu großer Angstabwehr und der Konflikt, mit den Menschen sein zu wollen, sie aber nicht ertragen zu können, zu psychotischen Lösungen. Zu viel Ferne führt zu weit weg von den Menschen, vom Sozialen, zu Angst und auch zu psychotischen Lösungen.

- Medikamente können ein wichtiger Schutz sein.

Viele Menschen wollen versuchen, die psychotischen Krisen ohne Medikamente zu durchleben. Manchen gelingt es. Im eben genannten Beispiel kann es hilfreich sein, sich medikamentös abzuschirmen – immer dann, wenn eine emotional belastende Situation vorhersehbar ist.

Die Patienten wie die Helfenden sollten sich vor Idealisierung und Ideologisierung schützen. Wichtig ist, dass Menschen lernen, ihren Weg zu finden, und dass die nötige Offenheit dafür besteht.

- Der Ausbruch aus den Fugen, der Ausbruch einer solchen psychotischen Krise liegt meist drei bis vier Wochen nach einem kritischen Lebensereignis.

Solange bemühen sich die Menschen, die ausgelösten Turbulenzen auszuhalten, sich einzuspinnen, die Gefühle abzukapseln. Das Lebensereignis braucht nicht eklatant und für Andere von gleicher subjektiver Bedeutung zu sein. Was sich als ein »life event«, als kritisches Lebensereignis erweist, ist eben subjektiv. Häufig werden die eher gravierenden Lebensereignisse, die Gesunde in schwere Krisen stürzen können, überraschend gut mit ganz üblichen Reaktionen, aber nicht mit psychotischer Dekompensation überstanden.

- Der Kranke kann mit seiner Krankheit auch drohen. Sie überfällt ihn nicht nur, er setzt sie auch ein.

Die Beziehungsaufnahme und das Halten von Beziehungen mit Menschen, die in dieser Weise krank werden, neue Anfänge suchen oder leben, ist schwer und fragil. Erfahrungen haben gezeigt, dass die Aufnahme der Beziehung meist von »den Anderen« erfolgen muss. Auch in noch so bunten und freundlichen sozialpsychiatrischen Institutionen können Menschen im Rückzug verharren und vereinsamen. Freiwillig aus sich herauszukommen, kann schon das Ergebnis von Beziehungsaufnahme sein. Dafür ist Kontinuität eine wichtige Vorausetzung. Die beruflichen Helfer müssen die Beziehung wollen, herstellen und halten. Sonst gehen gerade die schizophren Erkrankten in der Gemeinde verloren: sie irren umher.

Wir haben also anderes von uns zu verlangen, als nur den Patienten gut zu versorgen und gut zu pflegen. Gerade bei zurückgenommenen und abgekapselten Menschen, bei denen es schwierig ist, mich ihnen zu nähern, gebe ich leicht auf. Wenn ich die Wand spüre, mich davon kontrollieren lasse, nicht scharf aufpasse und mich nicht konzentriere, lasse ich mich sehr schnell auf das Handeln des Patienten ein. Wenn seine Sprünge mich unwillig machen, seine Distanz in mir Versagensgefühle aufsteigen lässt, seine Gefühlskälte meine Warmherzigkeit idiotisch erscheinen lässt, werde ich weniger leicht die Selbstwahrnehmung zulassen »ich bin mir in dieser Situation fremd« als die Fremdwahrnehmung »der Patient ist schizophren« – und schon bin ich in seiner Art des Handelns gefangen.

Wie aber kann es gelingen, anders, also »normal« ins Handeln zu kommen, d. h. so, dass ich die kranken und die gesunden Anteile, die Symptome und die Person des Patienten gleichzeitig ernst nehme. Wir wollen versuchen, an zwei Beispielen aufzuzeigen, wie es mit kleinen Schritten möglich scheint:

BEISPIEL 1 Ein Patient sitzt im Tagesraum mit den Anderen und schweigt. Der Pfleger kann nur dieses Schweigen beobachten und als Symptom am nächsten Tag dem Arzt mitteilen. Das bedeutet, Fortbestehen der Krankheit, die Änderung hat vom Patienten auszugehen (schließlich hat er ja die Krankheit).

ALTERNATIVE **Der Pfleger geht hin und sagt: »Mir ist aufgefallen, ich habe Sie noch nie gefragt, worüber Sie sich gerne unterhalten. Ich möchte gerne mit Ihnen sprechen, weiß aber nicht worüber.« Das bedeutet: Ich bemühe mich, die Art unserer Begegnung zu ändern, und viele haben gespürt, wie froh es macht, sagen zu können: »Ich habe mich mit ihm unterhalten« oder »Er hat sich auch gefreut, dass unser Verein gewonnen hat«.**

BEISPIEL 2 Zu den täglichen Treffen im Club kommt eine Patientin, die sich nicht setzen kann, die auch nicht mitreden mag. In der Ecke stehend, jeden Blickkontakt meidend, redet sie mit sich selbst, manchmal fluchend, manchmal freundlich. Um überhaupt mit ihr in Kontakt zu kommen, kann es erforderlich sein, quer zur Situation, an ihr vorbei Kontakt aufzunehmen, immer mal wieder, fast zufällig einen Satz fallen zu lassen. Unflexibles Bemühen führt leicht zu Resignation. Das Schlimmste ist die Gleichgültigkeit.

D Handeln, Therapie, Selbsthilfe

■ Die Begegnung mit den Angehörigen

BEISPIEL 1 Die Mutter eines eben ins Krankenhaus eingelieferten jungen Mannes kommt in die Angehörigengruppe. Sie sieht die schizophrene Erkrankung in Zusammenhang mit der Scheidung der Eltern. Der Vater ist weggezogen. Die Mutter, um alles wieder gut zu machen für den Sohn, will den Vater bewegen, wieder zurückzukehren und es noch mal zu versuchen. Es ist unerlässlich, mit der Mutter und dem Vater zu erarbeiten, was ihr Weg ist, wie sie ihre Trennung aushalten können, wie sie sich entfalten können, was sie sich versprochen haben und wovor sie sich fürchten. Dazu gehört die Härte des Satzes, dass die momentane Krankheit des Jungen bei diesen Erwägungen kein Rolle zu spielen hat, denn er hat seine Lösung kennen zu lernen. Die Mutter tut dann das Beste – auch für ihren Sohn –, wenn sie sich so sehr auf die eigene Lebensgestaltung konzentriert, dass sie mit ihm nur noch beiläufig umgeht und so auch der Vater.

BEISPIEL 2 Ganz langsam kann eine Patientin empfinden lernen, wie sehr auch Hass in ihr ist auf ihre Eltern und die Bedingungen ihres Aufwachsens. Nur die Mutter kommt in die Angehörigengruppe. Der Vater bleibt weg. Beide können die Krankheit der Tochter und die auftauchenden Fragen nach Kränkung, Abwehr und Aggression nicht verstehen: Ihre Tochter habe es so schön gehabt in der Kindheit. Langsame Annäherung führt dazu, dass die Mutter lernt, sich besser zu verstehen, und sich zu erinnern, wie schwer sie es gehabt hat, das Kind anzunehmen. Die Beziehung wird offener.

BEISPIEL 3 Immer mal wieder ist eine psychotische Erkrankung sowohl bei Jungen wie bei Mädchen ein Versteck für die Kränkung, die sich aus sexuellem Missbrauch ergeben hat. Da das Geflecht von Bindung, Schuld, Angst vor Trennung, Gewalt, Unkontrollierbarkeit in diesen Fällen besonders verknotet ist, ist die Öffnung des Gesprächs schwer.

ACHTUNG **Die Angehörigen haben Schuldgefühle, keine Schuld. Es ist wichig, diesen Unterschied zu klären. Es gibt viele Forschungsergebnisse, die zeigen, dass die Angehörigen den Verlauf einer Erkrankung günstig oder ungünstig beeinflussen können. Und: Angehörige beeinflussen das Dasein und das Sosein der Erkrankung. Deswegen brauchen die Angehöri-**

gen Hilfe: Damit sie nicht ihren Schuldgefühlen und der unzureichenden Problemlösung ihres Kranken unterliegen, sondern frei ihren Weg gehen können, damit auch der Betroffene neue Lösungen für sich finden kann.

Therapie und Selbsttherapie

Ich habe nicht für den Patienten zu entscheiden, was für ihn gut ist, sondern die Vorteile und Nachteile einer möglichen Therapie mit ihm zu besprechen. Dabei sollte ich mit meiner Meinung und den Gründen dafür nicht hinter dem Berg halten. Weder die Erwartung, dass der Patient meine Meinung letztlich doch übernimmt, noch die Erwartung, dass in jedem Fall die Patientin schon weiß, was für sie richtig ist, führt zu einem sinnvollen Gespräch. Da schizophrenes Handeln auf ein Problem der Entwicklung weist, ist für die Begleitung längere Zeit erforderlich. Wir wählen als Beispiel ein ausführliches Gespräch, vor allem um kenntlich zu machen, dass es Zeit und Einfühlung braucht, um zu Wegen zu finden. Es sind vier Gesprächspartner: zwei Mitarbeiter, ein Patient, eine Angehörige.

Ein Patient kommt in Begleitung seiner Frau.

M1: Was führt Sie zu uns? Was erwarten Sie, was wir für Sie tun können?

Ang.: So kann es nicht weitergehen, der muss in Behandlung.

Pat.: Ich bringe alle um, keiner bleibt am Leben, keiner. Sie sind Russin.

M2: Nein, ich heiße Roßfeld.

Pat.: Roßfeld, Pferdeschlacht, Krieg, Roß, Russ, keiner bleibt am Leben.

Ang.: Die Nachrichten der letzten Tage haben meinen Mann wieder völlig aus dem Häuschen gebracht. Er schläft nicht mehr, ständig laufen alle Radios und Fernseher in der Wohnung, unterschiedliche Sender und Kanäle, damit er ja nichts versäumt. Es gibt keine ruhige Minute. Bitte helfen Sie uns.

Pat.: Ich nehme keine Tabletten, ich bringe alle um, keiner bleibt am Leben, ich lasse das nicht zu.

M1: Im Moment sind Sie bei uns ganz sicher. Ich nehme große Angst und Hilflosigkeit wahr, wie kommt es dazu?

Es entsteht ein gespanntes Schweigen. Die Atmosphäre ist bedrohend.

M2: Ich hole mal etwas zu trinken, wenn über so schwere Themen gesprochen wird, kann ein Getränk entspannen.

M1: Wenn wir hier sitzen und über alles zu sprechen versuchen, werden Sie noch ängstlicher und gespannter.

Pat.: *nickt.*

Ang.: Es kommt leicht zu solchen Ausbrüchen, wenn irgendwo auf der Welt eine kriegerische Krise ausbricht oder wenn ein Gedenktag in der deutschen Geschichte ist, zum Beispiel 8. Mai oder 20. Juli oder 3. Oktober. Ich hab schon zu meinem Mann gesagt, er soll sich nicht mehr darum kümmern, aber er ist nun mal ein politischer Mensch.

M1: Was ist es heute?

Pat.: Sie werden uns niemals besiegen, niemals. Ich bringe sie alle um.

M1: Ich frage Sie, welche Nachricht Sie heute so beunruhigt, oder ist ein Gedenktag, von dem ich nichts weiß?

Ang.: Es hat mit Sarajevo und den Russen und den Amerikanern zu tun. Immer sind es die Russen und die Amerikaner.

M1: Wie alt waren Sie, als der Zweite Weltkrieg zu Ende ging?

Pat.: Fünf Jahre.

M1: Und wo haben Sie gelebt?

Pat.: In Hessen auf dem Land, der Mann, der mein Vater gewesen sein soll, war auch da. Auch die Frau, die nicht meine Mutter war.

M1: Leben Ihre Eltern noch?

Pat.: Frau Lehmann lebt in Fürth.

M1: Das ist Ihre Mutter?

M1: Und Ihr Vater?

Pat.: Ist gestorben. Ich bringe sie alle um.

Ang.: So ist das immer. Ich hab Angst, dass er wirklich mal was macht, auch gegen mich.

Pat.: Du weißt, dass ich dir nie etwas tue.

M1: Ihrer Frau gegenüber können Sie die Aggression halten, geht es auch den Anderen gegenüber?

Pat.: Ich bringe Sie alle um, keiner bleibt am Leben. Ihnen tue ich auch nichts, ich bringe sie alle um.

M2: Ich suche immer noch einen gedanklichen Zusammenhang zwischen den Russen und Amerikanern, Sarajevo und Ihrer Angst und Mordswut. Und ich möchte Sie fragen, wo Sie sich sicher fühlen können.

Pat.: Ich will nicht ins Krankenhaus. Und ich will keine Tabletten.

Ang.: Aber zu Hause kannst du auch nicht bleiben.

M2: Was sollen wir da tun? Sehen Sie irgendeinen Ansatz, dass sich zu Hause etwas ändern lässt, sodass Sie und Ihre Frau etwas angstfreier und entspannter leben könnten? Sie könnten ja am Tage in die Tagesklinik kommen.

Pat.: Alles Russen, alles Amerikaner, Sie müssen doch auch auf unsere Würde achten.

M1: Darum bemühen wir uns. Wann ist Ihre Würde von den Russen oder Amerikanern verletzt worden?

Pat.: Ich bringe alle um, alle, keiner bleibt am Leben.

M2: Fühlen Sie sich denn hier sicher? Ich merke, dass unsere Fragen nach Ihrer Biografie Sie im Moment beunruhigen. Sie möchten mit Würde behandelt werden und Sie brauchen momentan Schutz.

Pat.: Alle sollen mich in Ruhe lassen.

M1: Dann ist es doch vielleicht besser, Sie gehen für eine kurze Weile ins Krankenhaus und schirmen sich ab.

Pat.: Aber nicht länger als eine Woche, und *zu seiner Frau* du sollst mich jeden Tag besuchen.

Dies ist bei aller in dem Gespräch enthaltenen Gefahr und Dynamik ein harmloses Gespräch. Häufiger passiert es, dass in dieser Weise bedrohte und drohende Menschen mit Zwang in die Klinik eingewiesen werden. Die Zwangssituation setzt in größter Erregung ein, steigert die Erregung dann noch mal, sodass es üblich ist, sofort Neuroleptika zu verabreichen, weil ich und Andere die Menschen, die so in Erregung sind – heutzutage – nicht anders aushalten können oder wollen. Die Aufnahme der Beziehung muss die Gewalt berücksichtigen. Sie darf nicht verharmlost werden. Bei Verdrängung der Gewalt, bei dem Versuch zu schnellen Fügens, kann sich die ganze Gewaltsamkeit der schizophrenen Lösungs- oder Angstabwehrmethode gegen sich (quält sich bis zur Selbstverstümmelung) und Andere (Psychoterror oder physische Lebensbedrohung) richten. Die Kontaktaufnahme ist Gebot. Sie ist noch nicht Therapie. Der Beginn einer Therapie setzt eine freiwillige Beziehung voraus.

Nicht jeder Mensch, der zu schizophrenem Handeln neigt, wird gewaltsam, oft lassen sich die spannungsgeladenen Situationen durch andere, auch innere Konstruktionen lösen.

MERKE **Jeder und jede lebt seine / ihre eigene Schizophrenie.**

■ Ort und Struktur des Handelns

Von wo die Beziehung auszugehen hat, in welcher Einrichtung sie aufgenommen wird, richtet sich nach folgenden Bedingungen:

- Wie stark ist das Ausmaß der inneren Spannungen? In welchen Situationen kann der Patient entspannt sein?
- Wie kann der Patient mit seinen Spannungen umgehen, wie schnell kann die Spannung auf den Siedepunkt steigen?
- Welche Umweltreize tun dem Patienten wohl / unwohl?
- Ist der Clinch mit Angehörigen und / oder Kollegen so groß, dass nur eine zeitweise oder dauerhafte Trennung die Entspannung herbeiführen kann?
- Wie groß ist die Gewalt, die sich gegen sich selbst, gegen Andere oder gegen Sachen richten kann?
- Ist es möglich, der Umwelt die störenden Handlungen des Patienten zuzumuten, sodass ein Verbleiben in der Situation möglich ist?
- Wie gut gelingt es dem Patienten, Beziehungen aufzunehmen, bzw. wie groß ist seine Beziehungslosigkeit? Dabei ist es wichtig, auch das Alleinsein der Anderen zu sehen.
- Wie groß sind Ausmaß des körperlichen Verfalls (z. B. Abmagerung) oder Probleme der

hygienischen Selbstversorgung, z. B. sich nicht waschen können, »weil durch die Leitung Strahlen geschickt werden«? *Aber:* Wahnideen sind immer Begründungen, nie Gründe.

- Wie gut kann der Patient seine eigenen Sachen noch zusammenhalten und in welchen Bereichen?

Bei akuter Zuspitzung ist das Krankenhaus der Ort für die Therapie, jedoch sollte die Dauer des Aufenthaltes möglichst schon in der Aufnahmesituation besprochen werden. Neuroleptika haben eine wichtige Funktion bei der Aufnahme und Strukturierung der Beziehung. Sie können Gespanntheit vermindern und machen den Patienten fähig, zwischen sich und seiner Krankheit besser zu unterscheiden. Oder Medikamente bewirken, Angst weniger wahrzunehmen und daher weniger abwehren zu müssen, daher weniger Wahn entwickeln zu müssen, sodass der Patient anderen Menschen freier begegnen kann und beginnen kann, selbst Mitarbeiter an seiner Therapie zu werden.

Zur medikamentösen Unterstützung kommen heute überwiegend *Neuroleptika* in Frage. Wenn man davon ausgeht, dass das Auftreten schizophrenen Handelns an sehr tief liegende Ängste von Menschen rührt, eben mit Ungeborgenheit, Beziehungsabbruch, Realitätsverlust, Grenzverlust und all den dazu gehörenden angstvollen Fantasien zu tun hat, dann sollten Medikamente so eingesetzt werden, dass Menschen angstfreier und ruhiger werden.

Langzeitpräparate können nur bewirken, dass Patienten nicht wieder so leicht zusammenbrechen, wenn sie den täglichen familiären oder beruflichen Anforderungen begegnen müssen. Sie verschieben also das Schwergewicht der Therapie auf die Ambulanz, was mehr Distanzierung des Patienten vom Krankenhaus und Loslösung aus der Abhängigkeit bedeutet. Dadurch wird die Begegnung mit schizophrenen Patienten gemeindenah, wird psychotherapeutische und soziotherapeutische Arbeit besser möglich. Wir haben noch zu lernen, die durch Neuroleptika gewonnene Lernfähigkeit schizophrener Patienten besser zu nutzen: Sowohl für die Rehabilitation der schon lange Zeit schwer gestörten Patienten als zur die Prävention von »große psychiatrischen Karrieren« bei beginnender Krankheit. Bei der Verwendung atypischer Neuroleptika ist zu bedenken, dass sie die Psychose schnell, nebenwirkungsärmer und damit anscheinend komfortabler ausbremsen. Das ist aber nicht die ganze Behandlung, die hat als psychosoziale Behandlung dann erst zu beginnen.

Oft ist es wichtiger, den Patienten in Ruhe zu lassen und an seinem Umfeld, seiner Landschaft, seinem Ökosystem zu arbeiten. Zum Beispiel kann es wichtiger sein, den Wunsch des Patienten zu unterstützen, dass die Mutter endlich beginnt, ein eigenes Leben zu haben, und dass der Vater selbst »zum Mann« wird, damit der Patient es auch werden kann. Für den Umgang mit dem sich nicht fügenden, daher ungefügten, dem nicht zur Verfügung stehenden Menschen ist darum daran zu erinnern, dass er nicht nur als der leidende Mensch gesehen wird. Es ist wichtig, ihm in einer für ihn angemessenen positiven Erwartung zu begegnen. Er soll die Möglichkeit haben, an strukturierten Aktivitäten teilzunehmen, zunehmend Verantwortung zu übernehmen. Wichtig ist eine stabile, voraussehbare Umgebung bzw. eine, die bei auftretenden Widersprüchen zur Reflexion bereit ist.

Entscheidend für die Ausgestaltung des Behandlungsortes sind die Bedürfnisse der Patienten. So fordert der Bund der Psychiatrie-Erfahrenen (BPE) für den Behandlungsort Krankenhaus:

1. Patiententelefone in einer Kabine auf jeder Station.
2. Münzkopierer deutlich sichtbar im Eingangsbereich jedes Krankenhauses.
3. Auf jeder Station deutlich sichtbar ein Anschlag, dass auf Wunsch Briefpapier, Briefumschläge und Marken zur Verfügung gestellt werden.
4. Aufhängen des BPE-Flugblattes auf jeder Station.
5. Anbieten eines täglichen Spazierganges unter freiem Himmel von mindestens einer Stunde Dauer.
6. Einrichten einer Teeküche auf jeder Station, dass man sich rund um die Uhr zu essen und zu trinken machen kann.

Die Planung und Betreibung von Orten der Behandlung psychisch Kranker und Belasteter sollte mit Einwirkungsmöglichkeit der Betroffenen geschehen.

■ Verlauf der Begegnung

Die Begegnung mit einem ungefügten Menschen kann nicht einmalig sein. Vielmehr geht es darum, mit dem Patienten den Prozess der Entstehung der Spannung, des Aus-den-Fugen-Gehens, zu verstehen, wahrzunehmen und mitzuerleben. Es kann darauf ankommen, darum zu kämpfen, den Prozess aufzuhalten, auf einer Stufe anhalten zu lassen, den Patienten zu helfen, mit den verfügbaren Anteilen ihrer Persönlichkeit sich ein Leben aufzubauen. Nur selten erfolgt das Aus-den-Fugen-Geraten so, wie der Blitz einen Baum zerteilt, explosionsartig. Auch das Sich-Fügen erfolgt selten als Verschmelzung. Vielmehr ist das Aus-den-Fugen-Geraten und das Sich-neu-Fügen ein langsamer und wechselhafter Vorgang. Obwohl für viele psychiatrisch Tätige die Vorstellung, immer wieder den gleichen Menschen zu begegnen, enervierend ist, ist an dieser Stelle darauf hinzuweisen, dass es gerade den Patienten mit verstärkt schizophrenen Anteilen und ihren Eltern und Geschwistern gut tun kann, den jahrelangen schmerzhaften Umgestaltungsprozess von denselben Menschen begleitet zu wissen.

Von daher gewinnt auch der Begriff der Drehtürpsychiatrie im Umgang mit den zerbrochenen und ungefügten Zügen eines Menschen einen positiven Akzent: Sie müssen immer wieder die Möglichkeit der Begegnung mit denselben in der Psychiatrie tätigen Menschen haben. Sicher muss man dabei aufpassen, dass man ihre Hospitalisierungstendenzen (die Neigung eines Menschen, an einem sicheren Ort zu verharren) nicht bestärkt. Auf der anderen Seite wird jede »verfügte« Verweisung (»Verschubung«) an wieder neue Bezugspersonen und neue Institutionen auch die Zunahme innerer Zerrissenheit des Patienten fördern, auch seine Vermeidungs-Neigung, sich auf zwischenmenschliche Begegnungen wirklich einzulassen. Viele Patienten, die lange im Krankenhaus sind, ähnlich wie Gefangene oder

andere Internierte, passen sich mit ihren Gewohnheiten der Umgebung an, d.h. vieles, was für sie ehedem normal war, wird durch die reizarme und weniger anregende Umgebung überformt.
Bei der Arbeit mit chronisch Kranken ist darauf zu achten, welchen Spielraum, d.h. Handlungsraum, d.h. »Territorium« dem Einzelnen belassen wird. Es trägt zur Entindividualisierung bei, wenn einem alles, was eine Person kennzeichnet, weggenommen wird. So bleibt einem Menschen häufig nichts anderes übrig, als aus seiner Fantasie Gestaltungsmöglichkeiten hervorzubringen, die ihm zeigen, dass er er selbst ist. In den besten Fällen ist dieses bizarre Malerei, in den schlimmsten Fällen sind es stumpfe *Stereotypien* (ständiges Wiederholen ein und derselben Körperbewegung). In Heime umgewandelte Langzeitbereiche in Kliniken sollte es immer weniger geben. Wie verhalte ich mich im Langzeitbereich Wohnung oder Heim (das es auch immer weniger geben sollte)?
An dieser Stelle soll auf die Bedeutung der Arbeit im Team hingewiesen werden. Alles, was in Kapitel 1 über Teamarbeit gesagt war, gilt für schizophren Handelnde in besonderem Maße. Wir wissen heute noch nicht genug, wie sich die Menschen unter den veränderten Bedingungen der Institutionen und Behandlungsmöglichkeiten entwickeln. Klar ist, dass nicht die Veränderung der Psychiatrie das psychische Leiden abschafft. Klar ist auch, dass vielfältigere Wünsche und Bedürfnisse an die Helfer herangetragen werden. Insofern gehören das Krankenhaus und seine Mitarbeiter zum Ökosystem eines Patienten, aber auch die Angehörigen. Zu bedenken ist, dass die politische Verantwortung für alle psychisch Kranken und ihre Entwicklung in den Gemeinden sein muss, sodass alles, was sie zu ihrer Entwicklung und Förderung brauchen, dort vorhanden ist. Man muss sich auf die Lebensgeschichte des Patienten einlassen, mit ihm erspüren, welche Bedingungen des Ökosystems für ihn förderlich sind. Allgemein lässt sich sagen, dass die Bereiche des Wohnens, des Arbeitens und der Teilhabe am kulturellen Leben zu berücksichtigen sind. Es müssen ebenso Wohngruppen wie Einzel- oder Paarwohnungen zur Verfügung gestellt werden. Es stimmt nicht, dass die gemeinschaftliche Wohnform immer gewollt wird. Auch hier gibt es inzwischen Varianten: z.B. einzelbetreutes Wohnen in einer Gemeinschaftswohnung. Manchmal profitieren besonders schwer beziehungsgestörte Menschen davon, scheinbar ohne Beziehung mit anderen Menschen in »Hörweite« zu leben. Jedenfalls dürfte das klassische Wohngemeinschaftsmodell, wie es von den Studenten der 60er Jahre versucht wurde zu leben, selten die angemessene Lösung sein. Ganz besonders wichtig ist es, Mietvertrag und Betreuungsangebot zu trennen, damit nicht jemand wohnungslos wird, weil er Betreuungsangebote nicht mehr akzeptiert. Zur Wohnfähigkeit gehören auch haushalterische Tätigkeiten. Der Mensch muss sich ernähren, er muss mit Geld umgehen, er muss sauber machen, für Wäsche sorgen können. Auch hier ist möglichst Selbstständigkeit zu erwirken. Besuch muss möglich sein. Die Arbeit in den Wohngruppen krankt bisher oft daran, dass Besuche nicht informell sind und dass die Wohngemeinschaftsmitglieder nicht einladen. Es handelt sich meist um die Besuche von Professionellen zu vereinbarten Zeit in vereinbarten Riten. Dadurch bleibt ein

Gefühl von Kontrolle und Abhängigkeit von Institutionen aufrechterhalten, ein Stück Normalität verwehrt.
Neben den erwähnten Aspekten ist in jedem Ökosystem eines Menschen der Bereich des sinnvollen Tuns und Arbeitens zu ergründen. Es ist falsch, angesichts der Arbeitsmarktlage zu resignieren. Zu lernen ist daraus, dass wir mit den Menschen andere Wege gehen, um Arbeit und Bereiche sinnvollen Tuns zu finden. Wir haben uns davor zu hüten, innerlich zur Ausgrenzung von Menschen beizutragen, indem wir die derzeitigen Bedingungen auf dem Arbeitsmarkt als die allein möglichen akzeptieren. Zu den Ökosystemen in unserer Gesellschaft gehört auch die Fähigkeit zur Wahrnehmung der Mitbestimmung. Sicher deshalb bemüht sich auch die WHO um eine Struktur der Gesundheitsarbeit, die neben der Teamarbeit vor allem die *Teilhabe der Betroffenen* betont. Es ist wahr, dass die Ergründung des gesellschaftlich-politischen Systems, seine Annahme oder Ablehnung mit zu den Voraussetzungen von Gesundheit gehört.

E Verbreitung, Bedingungen, Bedeutung, Prävention

■ Verbreitung

In psychiatrischen Abteilungen/Kliniken stehen die Patienten mit der Diagnose Schizophrenie mit 20–25 Prozent an zweiter Stelle der Erstaufnahme. Gleichzeitig sind mehr als die Hälfte der langfristig Kranken solche, die ursprünglich die Diagnose Schizophrenie erhalten haben. In den letzten Jahren ist eine Änderung insofern eingetreten, als Patienten mit der Diagnose Schizophrenie eine kürzere Verweildauer in den Krankenhäusern haben und mehrmals aufgenommen werden.
Zur *Häufigkeit des Auftretens der Schizophrenie*: Zu einem beliebigen Zeitpunkt leben in Europa unter 100.000 Menschen zwischen 250 und 530 Menschen, die an einer Schizophrenie erkrankt sind (Prävalenz). Unter Erwachsenen erkranken während eines Jahres in Deutschland zwischen 10 und 20 Menschen pro 100.000 Einwohner neu (Inzidenz). Das heißt, bei diesem Prozentsatz von Menschen ist die Zerrissenheit so deutlich, dass Hilfe notwendig wird. Bei etwa 1–2 Prozent der Bevölkerung verdichten sich Spaltendes und Zerrissenes einmal im Leben so, dass sie deswegen mit der Psychiatrie in Berührung kommen. Frauen und Männer erkranken etwa gleich oft.
Neuere Untersuchungen zeigen, dass Männer früher erkranken als Frauen. Männer erkranken am häufigsten zwischen dem 20. und 24. Lebensjahr, Frauen zwischen dem 25. und 30. Lebensjahr. Vergleiche über die Zeit und unterschiedliche Kulturen hinweg ergeben bei den schizophrenen Erkrankungen immer das gleiche Bild. Die Wahninhalte sind von der Zeit und der Kultur beeinflusst, auch von der Mythologie und von den politischen Bedin-

gungen. Jedoch sind Erkrankungshäufigkeit und Erkrankungsalter im Vergleich nicht unterschiedlich, so weit man den Methoden der transkulturellen Psychiatrie vertrauen kann. Das Erkrankungsalter liegt zwischen dem 15. und 25. Lebensjahr mit einem Gipfel um das 20. Lebensjahr, wenn später, dann eher nur paranoid bei Personen mit projektiver Abwehr. Vom 45. Lebensjahr an, wenn zunehmend Trennungs-, Abschieds- und Verlust-Probleme auftreten, reagieren Menschen häufiger paranoid-depressiv. Dabei scheinen Frauen, vor allem solche, die sich aus mehreren Rollen oder Konventionen gleichzeitig lösen, besonders gefährdet. *Schizophren nennt man nur das, was in der Jugend beginnt.*

■ Bedingungen

Über Entstehungs- und Verlaufsbedingungen schizophrener Erkrankungen ist vergleichsweise viel geforscht worden. Wir können aber bis heute keine verbindlichen Aussagen machen, weder über den psychosomatischen Zusammenhang noch über biochemische Zusammenhänge. Von »Ursachen« kann schon gar nicht gesprochen werden.

- Es wurde bei einem Teil der als schizophren bezeichneten Patienten ein geringfügig pathologisches craniales Computertomogramm mit Erweiterung der stammgangliennahen Abschnitte des Ventrikelsystems, besonders des dritten Ventrikels beschrieben, woraus man auf eine *Hirnatrophie* besonders des limbischen Systems geschlossen hat.
- *Biochemische Untersuchungen* haben sich vor allen Dingen mit der für Schizophrenie vermuteten spezifischen Störung des Serotonin- oder des Adrenalinstoffwechsels befasst. Jedoch haben alle Untersuchungen bisher nicht zu systematischen Ergebnissen geführt, wohl aber zur Hypothese eines Enzymdefektes, was zur *Dopamin-Hypothese* führte.
- Die Forschung im Bereich der *Endokrinologie* hat demgegenüber an Interesse verloren. Forscher meinten einen Zusammenhang zwischen hormonellen Störungen, vor allem des weiblichen Sexualhormons Östrogen, und schizophrenen Erkrankungen zu sehen.
- *Vererbung:* Nach Familien-, Zwillings- und Adoptivstudien erscheint eine mögliche Vererbung denkbar (z. B. Gottesman und Shields 1982). Es ist aber festzustellen, dass der langjährige Streit, ob Vererbung oder soziale und psychische Faktoren zur Genese der Schizophrenie beitragen, offensichtlich überwunden ist. Einerseits anerkennen diejenigen, die die sozialen und psychischen Faktoren vorrangig wahrnehmen, dass diese nur deswegen wirken können, weil sie auf eine entsprechende ererbte Struktur treffen, d. h. auf den Menschen mit dem, wie er auf die Welt kommt, mit seiner »Ausstattung«, z. B. »Vulnerabilität«. Andererseits anerkennen diejenigen, die vorrangig auf die biologische, somatische Seite gucken und dort forschen, dass es sozialer und psychischer Faktoren bedarf, um ein Individuum zu schizophrenem Handeln zu nötigen (»Stress«). Diese Zusammenhänge werden auch in der finnischen Adoptionsstudie von Tienari, Wynne u. a. dargestellt. Sie untersuchten dabei die Adoptivfamilien von 184 Kindern, die von ihren an Schizophrenie erkrankten Müttern zur Adoption freigegeben worden waren.

Dabei scheint sich die unterstellte genetische Belastung dieser adoptierten Menschen nur dann signifikant als schwere seelische Störung zu manifestieren, wenn sie einem emotional belastendem Milieu in ihrer Adoptivfamilie ausgesetzt sind.

Auf der *seelischen Seite* haben die psychodynamisch orientierten Therapeuten versucht, Hypothesen für die Entstehung des »Spaltungsirreseins« zu formulieren, wobei sie mit den Fragen, warum gerade jetzt und warum gerade dies, näher an das Verständnis herankommen wollten. Mögliche Hypothesen sind:

- *Biografische Hypothese:* Jugendliche und ihre Familie scheitern an der Aufgabe des Abnabelns, weil Bindung, Liebe, Hass und Trennungswunsch gleich stark sind. Der Mensch will gleichzeitig gefügt sein und kann sich doch den gegebenen Bedingungen nicht fügen. Die auftretenden Spannungen bringen das System zur Veränderung, manchmal zum Bersten. Umgestaltung ist Weg und Ziel.

Diese Hypothesen sind im Wesentlichen Interpretationen von beobachteten Krankheitsverläufen in Therapien. Bedeutsam ist hier, dass sie helfen können, das Wesen des einzelnen Kranken zu verstehen.

- Die Ergebnisse aus der *Familienforschung* sind in letzter Zeit fraglich geworden, zumindest so weit sie parteiisch für den Patienten sind und der Mutter die Schuld zuweisen. Stattdessen ist die Komplexität der ganzen familiären Konstellation zu sehen, wo auch die biografischen Aufgaben jedes Einzelnen bedacht werden. Immerhin legt die Konvergenz der Ergebnisse unterschiedlicher Untersuchungen nahe, dass eine ambivalente (double-bind) Bindung an das Kind, gleichzeitige Feindseligkeit und übermäßig ausgetragene Zuneigung, dazu beiträgt, dass das Kind »Ich-schwach« wird. Das würde heißen, dass eine unklar strukturierte psychosoziale Gesamtsituation mit mangelnder Vorhersagbarkeit die geringe Belastbarkeit und große Sensibilität dieser Menschen überfordern könnte. An Langzeituntersuchungen hat sich immer wieder bestätigt: Noch nach Jahrzehnten war der Krankheitsverlauf umso besser, je ausgeglichener das Familien-System und das weitere soziale System vor Ausbruch der ersten Krise waren. Eine aktuellere Entwicklung in diesem Bereich, ohne Schuldzuweisungen, ist die Expressed-Emotion-Forschung, die sich mit dem Einfluss des emotionalen Klimas auf den weiteren Lebenslauf des Erkrankten beschäftigt.
- Der *Rückzug des Ichs* von Bewusstseinsinhalten, die gewissermaßen nicht zu verdauen sind, wobei die Inhalte in vollem Umfang und in unverminderter Stärke im Bewusstsein bleiben, das Individuum sie aber abspaltet, d.h. es kann nicht »Ich« dazu sagen. So erscheinen Gedanken und Gefühle als nicht von einem selbst gemacht, sondern wie in magischer Fernwirkung.
- *Subjekt-Objekt-Umkehr:* Aus einem nicht-tolerierbaren »Ich hasse den Anderen«, wird wahnhaft (paranoid = projektiv) »Er hasst mich«. Diese Umkehr garantiert die Verminderung von Schuldgefühlen, denn die Gefühlsregungen, die man bei sich nicht ertragen kann, kommen jetzt scheinbar von außen und können dort bekämpft werden.

- *Ich-Mythisierung:* Um von Schuld frei zu sein, identifiziert sich das schwache Ich mit Figuren, die über jegliche Schuld erhaben sind. Dabei kann der Mensch nur noch schwer sich selbst leben, entzieht sich auch der persönlichen Verantwortlichkeit und wird stattdessen, indem er sich zu Jesus oder zu einem anderen Heilsbringer macht, unangreifbar; er macht sich unverfügbar.

Das »Vulnerabilitäts-Stress-Modell« integriert die organischen und psychologischen Hypothesen über die Entstehung der Schizophrenie. Unter Anerkennung somatischer Faktoren für die Entstehung und den Verlauf gilt die Schizophrenie selbst aber nicht als vererbt, sondern lediglich die Vulnerabilitätsmerkmale. Durch Einwirkungen auf den Interaktionsebenen Körper, Umwelt und soziale Bindungen/Bedingungen bilden sich dann im Zusammenwirken die schizophrenen Symptome. Es besteht somit keine Chance für eine Entweder-oder-Antwort. Immer geht es um einen somatisch-psychisch-sozialen Zusammenhang. Psychische und soziale Faktoren wie auch das Ökosystem allgemein beeinflussen die Gene, geben Informationen des gelebten Lebens im Sinne einer Handlung zwecks Anpassung weiter, wie umgekehrt die Gene die jeweilige Situation mit dem beeinflussen, was sie als Möglichkeiten für das jeweilige Individuum zur Verfügung stellen können.

Beiträge der *soziologischen Forschung*: Spalten, Zerbrechen, Zerreißen des Erlebens stehen schon lange im Interesse derer, die über die Gesellschaft nachdenken: Philosophen, Künstler, Theologen, Kulturkritiker aller Berufe. Wesentliche Erkenntnisse und deren Deutung sind:

1. Schizophrene Erkrankungen kommen in den unteren Sozialschichten häufiger vor. Mögliche Erklärungen sind:
   - **a.** Da die Diagnose von Ärzten, d.h. Angehörigen der oberen Mittelschicht gegeben wird und da der, der mit der Diagnose leben muss, mehr soziale Nachteile erfährt als andere Kranke, vermeiden die Diagnostiker die Diagnose bei denen, die ihnen ähnlich sind. Ein Aspekt ist dann auch, dass die Diagnostiker als Angehörige der oberen Mittelschicht das, was sie am meisten fürchten, nämlich das Zerbrechen in ihrem sozialen Milieu, nicht wahrnehmen, diese Wahrnehmungssperre aber weniger dort haben, wo es ferner von ihnen auftritt.
   - **b.** Materielles und geistiges Belastetsein, ständige Perspektivlosigkeit, mangelnde Möglichkeiten sozialer Teilhabe, damit einhergehend soziale Isolierung zwingen schneller und eindeutiger zur Unverfügbarkeit (Stress- and Strain-Hypothese); d.h. es handelt sich weniger um eine Frage der Wahrnehmung und um Fragen der psychischen und biologischen Ungleichheit. Dann würde folgen, dass die Handlungsweisen und Lebensstile der Mittelschicht dazu beitrügen, Erkrankung zu verhindern. Es ist gesagt worden, dass schizophrenes Erleben zur »Kultur der Armut« wird. Dies mag insofern richtig sein, als Arme weniger Möglichkeiten der Bindung haben an ihr Leben, an die Zeit, an die Zukunft, an andere Menschen, aber auch an Interessen.
   - **c.** Eine weitere Hypothese besagt, dass schizophren Erkrankte »an den Boden der Gesellschaft« gespült werden und absacken (Drift-Hypothese). Dies ist bei dem Zu-

sammenhang von Obdachlosigkeit und schizophrener Erkrankung und den entsprechenden Folgen zu bedenken.

d. Ähnliches beinhaltet die Hypothese, dass das Ausbrechen und die Verdichtung schizophrener Anteile durch Versagen in Schule, Ausbildung und Beruf das Erreichen eines höheren Status verhindern (Non-starter-Hypothese). Dazu gehört der Gedanke, dass die erlebten Zurückweisungen bei der Partnerwahl und in der Verwandtschaft die Motivation zur Anstrengung vermindern. (Wozu soll ich noch gesund werden, lohnt es sich überhaupt noch?)

2. Forschungsergebnisse, die aus den USA kommen, besagen, dass bei Menschen, die in Stadtkernen leben, schizophrene Anteile offener hervortreten als bei Menschen in Vorstädten. Umwelt beeinflusst die Wahrnehmung enorm, und es ist auch zu vermuten, dass dort, wo in der Umwelt das Gemüt nicht mehr angesprochen wird, die Widersprüche einer Industriegesellschaft besonders klaffend nebeneinander stehen, der Wahrnehmende ein Teil dessen wird, was er wahrnimmt, mit anderen Worten das wahrmacht, was er wahrnimmt, zumal, wenn er nicht geschult ist, auf kritische Distanz zur Umwelt zu gehen.
3. Bei schizophren diagnostizierten Menschen kommen mehr Ledige vor als in der vergleichbaren Durchschnittsbevölkerung. Das trifft für schizophren diagnostizierte Männer eindeutiger zu als für Frauen. Entweder führt soziale Isolierung, wie sie Ledige erleben, zur Krankheit, oder die Persönlichkeit ist so kontaktarm, dass von daher wenig Bindungen vorkommen.
4. Schizophrene Störungen sind häufiger bei abrupten familiären Entwurzelungen.

Bedeutung

Wenn auch bei der Begegnung mit zerrissenen und zerklüfteten Menschen möglicherweise nicht herausgefunden werden kann, welche Inhalte eine Gesellschaft abspaltet, für fremd erklärt, nicht wahrnehmen möchte, so ist sicher, dass die schizophrenen Patienten selbst zum Fremdkörper werden. Darin ist enthalten, dass die wenigsten Menschen, auch die wenigsten Therapeuten, gelernt oder geübt haben, mit Ungefügtem, Verzerrtem, Zerrissenem umzugehen. Dennoch hat sich gezeigt, dass Menschen, die versuchen, dem Ungefügten zu begegnen und das Bizarre, das Andere, das Fremde zu verstehen, erfolgreich darin waren, Kontakte zu den jeweils abgespaltenen Anteilen in den schizophrenen Patienten aufzunehmen bzw. zu der irren Anstrengung dieser Menschen, sich zusammenzuhalten und Brücken zu bauen. So sind Parteien, Familien, Länder, Ehen vom Zerplatzen, einer Trennung oder Teilung bedroht; oder Gruppen werden auf eine Zerreißprobe gestellt. Für sich dennoch teilende Einheiten ist die Wahrscheinlichkeit groß, dass im Laufe der Zeit zwei neue Identitäten entstehen. Wir haben eine sehr geringe Toleranz für Widersprüche, für Verrücktheit, für Chaos! Wer sich den Anderen unverfügbar macht, und zwar so, dass die Anderen weder Ja noch Nein zu ihm sagen können, der verwirrt die Anderen so, dass sie sich bedroht und gelähmt fühlen.

ÜBUNG Denken Sie darüber nach, wo in Ihrer Umgebung Ungefügtes existiert, wie Sie selbst mit Ungefügtem umgehen, wie Sie es erleben, wenn bestehende, gefügte soziale Systeme so unter Veränderungsdruck geraten, dass ein Mitglied rausgeschleudert zu werden droht. Und überlegen Sie, wie vieldeutig alles ist. Wann wird Liebe zum Wahn? In die Übung sind die Aussagen aus dem Abschnitt über die Begegnung einzubeziehen.

Noch ein Wort zur Bedeutung des Wahns. Es ist wahrscheinlich für jemanden, ins Krankenhaus zu kommen, der sich bedroht und verfolgt fühlt, und es ist unwahrscheinlich für jemanden, der allen Menschen traut oder der immer alles in Ordnung findet.

Der naive Wahn tut uns gut. Es gibt Dinge, Denkinhalte, Wahrnehmungsinhalte, Erlebnismöglichkeiten, die wir nicht für möglich halten und die wir in dem Moment, da andere Leute sie für sich wahrmachen, für irre und unnormal erklären. Damit spalten wir etwas von uns ab, als nicht zu uns gehörig, als unserem Wesen fremd. Jedoch anders als den schizophrenen Patienten gelingt es uns, unter dieser Abspaltung nicht zu leiden. Das mag vor allem daher kommen, dass bei uns die Abspaltung ziemlich vollständig ist: denn wenn wir zulassen, zu denken und zu fühlen, wie bedroht, wie zerrissen, wie kaputt, wie verfolgt wir tatsächlich sind: »Da kann man verrückt werden!« Wir machen uns eine heilsame Fiktion, wofür schizophren Handelnde zu ehrlich sind (Bateson 1983). Wenn uns die Zerrissenheit in Form von schizophrenen Patienten begegnet, fällt es uns entsprechend schwer zu zeigen, dass die Zerrissenheit auch ein Teil von uns ist, dass wir in fürchterliche Spannungszustände geraten, derer wir kaum Herr werden können, wenn wir alle möglichen oder auch nur die wesentlichen Bedrohungen in uns zulassen, und dass auch wir alles, was wir *in* uns nicht mögen, und Widersprüche, die wir *in* uns nicht dulden können, *außen* bekämpfen, also umdrehen. Dass auch wir dann, wenn man uns zwei *gleichwertige* Informationen gibt, völlig aus den Fugen geraten und nicht handeln können. Wir lassen es nicht zu, dass auch wir wahnhaft unsere Wirklichkeit zusammenhalten, und deswegen können wir dem schizophrenen Patienten keinen Raum lassen, sondern müssen ihn in Räume abschieben, wo er unser mühsam aufrechterhaltenes Gleichgewicht nicht stört. Es ergeben sich in den Wahnbildungen schizophren Kranker Beziehungen zur Mythologie (z. B. Heiler, Retter, Erlöser, der Böse etc.).

ÜBUNG Welche Mythen haben wir heute?

■ Prävention

Wichtig zu wissen ist: *Jeder kann schizophren werden, es ist eine allgemein-menschliche Möglichkeit.* Es gibt Menschen, die weniger anfällig sind, weniger Anlagen haben. Andere wiederum sind von vornherein so empfindlich (und das scheinen konstant ein Prozent zu sein), dass geringfügige innere oder äußere Anlässe genügen, um das Brüchige sichtbar werden zu lassen. Es ist nicht wünschbar, eine total harmonische Welt herzustellen. Aber selbst in einer Welt, in der nur eindeutig kommuniziert wird, wo innere und Umweltbedingungen in Balance zu halten sind (das nächste Erdbeben kommt bestimmt), wird es brüchige und zerbrochene Menschen geben. Das heißt, dass eine »primäre Prävention« (die Verhinderung des Krankheitsausbruches) schwer möglich ist. Eines allerdings ist zum Thema primäre Prävention wichtig: Wenn wir lernen können, Ungefügtes und Gespaltenes, Brüchiges, Zerreißendes wahrzunehmen als in uns und in unserer Welt enthaltene Möglichkeit des Lebens und es »wahrzumachen«, es zu tolerieren, da, wo es so ist, so brauchen wir nicht mehr so zu tun, als sei das etwas uns Fremdes; wir brauchen nicht mehr nur von außen draufzugucken, sondern wir können näher rangehen. Wir können zu empfinden versuchen, an welchen Stellen der Wirklichkeitsbezug noch besteht, wo der Erkrankte sich angstvoll klammert und wo er versucht, verloren gegangenen Wirklichkeitsbezug in Verzweiflung wieder herzustellen oder aufrechtzuerhalten. Wenn man genau aufpasst, wo schizophrene Erkrankungen sich häufen bzw. hindriften, dann kann man zweierlei tun: 5

- Dies als Signal für brüchige Stellen der Gesellschaft nehmen und entsprechend an den Stellen verhindern, dass noch mehr Brüchigkeit entsteht. Es ist zu vermuten, dass die Stellen, an denen sich Brüchiges häuft, variieren können.
- Die bereits als schizophren diagnostizierten Menschen mit den Möglichkeiten der »sekundären Prävention« (Versuch der Vermeidung der Wiedererkrankung) so in Kontakt zu bringen, dass sie nicht von ihrer Krankheit und der Psychiatrie abhängig werden, sondern sich selbst zu helfen lernen, also Hilfe bei der Selbsthilfe erhalten.

Wichtig sind wenige verlässliche und eindeutige Beziehungen, aber auch Schutz gegen zu viel Nähe! Oft können Vertrauenskrisen durch die vorübergehende Gabe von Medikamenten aufgefangen werden.

In dem Maße, in dem es gelingt, das für uns Ungeheuerliche an schizophrenen Erkrankungen zum einen nicht an die erkrankten Personen zu binden, sie zum Ungeheuer zu machen, zum anderen nicht als das Ungeheuerliche schlechthin wahrzunehmen – es gibt noch viel Ungeheuerlicheres –, in dem Maße kann es gelingen, für die unverfügten Anteile in uns und in den Anderen Verständnis zu entwickeln. Von daher kann es uns gelingen, nicht nur für den schizophren Erkrankten Schutzräume zu organisieren, sondern ihn an der Wirklichkeit der menschlichen Gemeinschaft teilnehmen zu lassen. Dieser Gedanke beinhaltet, dass alle präventiven Maßnahmen gemeindenah (d. h. bürgernah) eingerichtet werden müssen, weil die Gemeinde die einzige Möglichkeit der Bindung ans Normale, ans Alltägliche, an das, was wir Wirklichkeit nennen, ist (Normalisierung). Dabei ist zu berücksichtigen, dass auf jeden Fall Platz für unverfügte Menschen und Anteile bleibt – dies sind dann aber keine »schizophrenen« Anteile.

Literatur

AEBI, Elisabeth; CIOMPI, Luc; HANSEN, H. (Hg.) (1996): Soteria im Gespräch. Über eine alternative Schizophreniebehandlung. Bonn, Psychiatrie-Verlag, 2. Aufl.

BÄUML, Josef. u.a. (1994): Psychosen aus dem schizophrenen Formenkreis. Ein Ratgeber für Patienten und Angehörige. Berlin, Springer

BATESON, Gregory (1999): Ökologie des Geistes. Frankfurt/M., Suhrkamp, 7. Aufl.

BATESON, Gregory; JACKSON, Don D. u.a. (1996): Schizophrenie und Familie. Frankfurt/M., Suhrkamp, 5. Aufl.

BLEULER, Eugen (1988): Dementia praecox oder Gruppe der Schizophrenien. Tübingen, Edition diskord, Nachdruck

BLEULER, Manfred; ANGST, J. (1971): Die Entstehung der Schizophrenie. Bern, Huber

BLEULER, Manfred (1972): Die schizophrenen Geistesstörungen im Lichte langjähriger Kranken- und Familiengeschichten. Thieme, Stuttgart

BLEULER, Manfred (1987): Schizophrenie als besondere Entwicklung, in: DÖRNER, Klaus (Hg.): Neue Praxis braucht neue Theorien. Gütersloh, Jakob van Hoddis, S. 18–25

BOCK, Thomas u.a. (2001): Stimmenreich. Mitteilungen über den Wahnsinn. Bonn, Psychiatrie-Verlag, 7. Aufl.

BOCK, Thomas u.a. (1998): Im Strom der Ideen – Stimmenreiche Mitteilungen über den Wahnsinn. Bonn, Psychiatrie-Verlag, 2. Aufl.

CIOMPI, Luc; MÜLLER, Christian (1976): Lebensweg und Alter der Schizophrenen. Heidelberg, Springer

CIOMPI, Luc (1994): Affektlogik. Stuttgart, Klett-Cotta, 4. Aufl.

CIOMPI, Luc (Hg.) (1994): Sozialpsychiatrische Lernfälle. Bonn, Psychiatrie-Verlag, 2. Aufl.

FINZEN, Asmus (2000): Schizophrenie – Die Krankheit verstehen. Bonn, Psychiatrie-Verlag, 4. Aufl.

FINZEN, Asmus (2000): Schizophrenie – Die Krankheit behandeln. Bonn, Psychiatrie-Verlag

GOTTESMAN, Irving I., SHIELDS, J. (1982): Schizophrenia: The epigenetic puzzle. London: Cambridge University Press

GREEN, Hannah (2000): Ich hab dir nie einen Rosengarten versprochen. Stuttgart, Radius, Neuausgabe

HUBER, Gerd; SCHÜTLER, R., GROSS, G. (1979): Schizophrenie. Eine Verlaufs- und sozialpsychiatrische Langzeitstudie. Heidelberg, Springer

KATSCHNIG, Heinz (Hg.) (1989): Die andere Seite der Schizophrenie. München, Urban & Schwarzenberg, 3. erw. Aufl.

MENTZOS, Stavros (1996): Psychodynamische Modelle in der Psychiatrie. Göttingen, Vandenhoeck & Ruprecht, 4. Aufl.

MÜLLER, Christian (1987): Psychotherapie und Soziotherapie der endogenen Psychosen. In: Psychiatrie der Gegenwart, Bd. II/1. Berlin, Springer, 3. völlig neu gestaltete Aufl.

Propping, Peter (1989): Psychiatrische Genetik. Berlin, Springer

Tienari, P. u. a. (1994) »The finish Adoptive Family Study of Schizophrenia. Implications for Family Research.« British Journal of Psychiatry 164 (suppl. 23): 20–26

Watzlawick, Paul (2001): Wie wirklich ist die Wirklichkeit? München, Piper, 27. Aufl.

Wienberg, Günter (Hg.) (1999): Schizophrenie zum Thema machen. Psychoedukative Gruppenarbeit mit schizophren und schizoaffektiv erkrankten Menschen. Grundlagenwerk sowie Manual mit Materialien. Bonn, Psychiatrie-Verlag, 3. Aufl.

Zerchin, Sophie (1990): Auf der Spur des Morgensterns. Psychose als Selbstfindung. München, Paul List

6 Der sich und Andere aufbrechende Mensch (Manie)

A Landschaft in Aufruhr

Wir befinden uns manisch meist in der Lebensphase Anfang des dritten Lebensjahrzehnts. An der Pubertät und Nach-Pubertät, der zugleich großartigsten und schrecklichsten Zeit des Lebens, sind wir nicht gescheitert: an der Phase, in der man die Grundsatzfrage aufwirft, jeder Gedanke die Welt in Frage stellt, jedes Gefühl die Existenz bedroht, jede Moral radikal ist, wir uns zwischen uns und der Welt aufzuteilen haben. Das haben wir hinter uns – ohne daran schizophren geworden zu sein. Damit sind grundsätzlich die Positionen zwischen uns, den Eltern, Geschwistern und Fremden so weit klar, dass wir uns sicher genug fühlen, in die Welt der Erwachsenen aufzubrechen – privat, beruflich, politisch. Dort aber sind alle Positionen von Autoritäten besetzt. Wir müssen sie erobern. Das können wir nur mit der Optik, dass die Erwachsenen-Autoritäten kleinkariert, verknöchert und korrupt sind. Wir durchschauen sie. Wir können und wollen die Welt neu schaffen, großzügiger und fröhlicher, lebendiger, demokratischer und partnerschaftlicher, gerechter und lebenswerter, freier, gleicher und brüderlicher. Das geht nur, indem wir die Autoritäten überzeugen oder besiegen, indem wir zeigen, dass man anders besser leben kann, indem wir vorbildlich alternativ leben, heiterer, menschlicher, natürlicher, auch die Natur achten, notfalls Wut, Zorn und Gewalt dazu einsetzen. Wenn die Erwachsenen ihr überlegenes Gewaltarsenal dagegen ins Feld führen, umso besser: es ist der beste Beweis unserer moralischen Überlegenheit, auch wenn wir dabei umkommen. Das ist die Welt der immer wieder anderen Jugendbewegung, des Wandervogels, der antiautoritären Bewegung, der Ostermarschierer, der Hippies, Rocker und Punker, der Grufties, der Hausbesetzer, der ökologischen und der Friedensbewegung, der Skins – die Landschaft der permanenten gewaltlosen und gewaltsamen Provokation, mit der wir uns selbst und die Anderen aufbrechen.

Da niemand dabei in sich sicher und alles ein ständiges Experimentieren ist, macht das Aufbrechen Angst. Doch eher würde man sich die Zunge abbeißen, als diese Angst und diesen (heimlichen) Schmerz des Besserwissens den Eltern und ihren gesellschaftlichen Ersatzautoritäten zu zeigen, während man versucht, sie zu entlarven, lächerlich zu machen, auszutricksen, zum Weinen zu bringen, zu besiegen, um zur Überlegenheit der eigenen Welt und Person zu kommen. Auch hier ist das Spiel nicht nur das des Jugendlichen oder Jung-Erwachsenen, sondern zugleich auch das der Eltern und anderen Autoritäten: auch sie glauben, ihre Angst nicht zeigen zu dürfen, fürchten, Zugeben einer Schwäche führe zum Chaos. Dabei würde – früh genug – das Zeigen der Angst, ein Signal, dass auch Eltern schwach sind, das Nachgeben beim Wertemonopol freilich bei unerbittlicher Verteidigung der eigenen letzten Werte, die den Erwachsenen bei dieser Gelegenheit meist erst klar werden, ein paar gemeinsam vergossene Tränen aus Verzweiflung darüber, dass man sich nicht mehr verstehen kann – etwas von alledem würde schon genügen, um aus dem gegenseitigen Vernichtungskampf eine Begegnung von Gegnern zu machen, die vom wechselseitigen Respekt lebt. Nur so käme die Begegnung auf ein erwachsenes Niveau des dauerhaften, gegenseitig befruchtenden Austauschs.

Das ist die Landschaft, in der ein Jung-Erwachsener den notwendigen und auch von ganzem Herzen gewünschten Aufbruch zugleich nicht riskiert, brav ist, wo er nicht brav sein will, und beide Seiten Angst und Verunsicherung nicht zeigen, sondern abwehren. Verlierer ist dabei vor allem der biografisch Jüngere. Er erstickt an seinem Unabhängigkeitswunsch, für den er nichts zu tun riskiert, was ihn innerlich traurig und verzweifelt macht. Aber da er auch das überspielt und die Unterdrückung der Angst und des Unabhängigkeitswunsches diesen immer dranghafter und übertriebener macht, kommt es irgendwann zur Explosion: Er wird manisch. Im Schutz dieses »unzurechnungsfähigen Zustandes« kann er endlich seine Gefühle äußern und jedem seine Meinung ins Gesicht schreien, alles niedermachen. Manche kommen leichter auf diesen gefährlichen Weg, nachdem sie längere Zeit Alkohol, Medikamente oder Drogen genommen haben, was die Abwehrkontrollen lockert und die Fiktion einer Befreiung erzeugt. Manche kommen erst dann auf diesen Weg, wenn sie zu früh geheiratet haben, wobei der biografisch »ältere«, also unäbhängigere Partner die Rolle des Verantwortlichen in diesem Autoritätskonflikt übernimmt oder sich in diese Rolle hineindrängen lässt, ohne es früh genug zu merken. Für das weitere Leben gilt auch hier: Wer einen Ausweg einmal gelernt hat, wird ihn später schon bei geringeren Anlässen leicht wieder benutzen.

BEISPIEL Der jetzt 26-jährige Herr B. lebt in einer Schausteller-Großfamilie. Er ist jetzt zum dritten Mal jeweils Anfang des Jahres wegen einer Manie zwangseingewiesen worden, in der er zu Hause lauter Unsinn machte und die Möbel kurz und klein schlug. – In der Angehörigengruppe lernten wir Ehefrau und Vater kennen, beide vital, kontrolliert, vernünftig. Wir erfuhren, dass Herr B. das ganze Jahr über brav und sensibel wie ein Kind lebt und arbeitet. Nur zum Jahresbeginn bekommt er seine »Krise«: Dann nämlich ist die Zeit, in der man »beweisen muss, dass man ein Mann ist«. Innerhalb eines Monats muss man schnell und entscheidungsfreudig die besten Auftrittsverträge bekommen und abschließen, die über das Einkommen der Familie für das ganze Jahr entscheiden. Jedes Jahr möchte Herr B. dies von ganzem Herzen besonders gut machen und wird – stattdessen – manisch. Folge: Jedes Jahr muss die Ehefrau mehr »die Hosen anziehen«.

ÜBUNG Überlegen Sie, welche präventiv orientierte Therapie hier erforderlich ist.

Selten bekommt jemand erst im 70. Lebensjahr seine erste Manie. Das erinnert daran, dass keine unserer Lebensphasen je ganz abgeschlossen ist. Am leichtesten aber werden wir manisch in dem Alter, in dem wir den Umgang mit Autorität zu lernen haben.

Dazu ein weiteres **BEISPIEL**, das für viele steht. Herr F., 33 Jahre, ledig, ältester Sohn von vier Kindern, Schlossermeister, wohnt im Haus der Eltern, hat jetzt das väterliche Geschäft übernommen. Bisher fünfmal stationär, z. T. mit Zwangseinweisung. Diagnose jedes Mal »Manie«, einmal »Angst-Glücks-Psychose«. Symptome gleichbleibend: Erregungszustände und Aggression zu Hause, Alkoholkonsum, verschleudert Geld, verärgert Kunden, fühlt sich zu menschheitsbeglückenden, auch religiösen Taten berufen, in der Krise für einige Tage paranoid-halluzinierend. In der Zwischenzeit unauffällig, erfolgreich im Geschäft, harmonisch mit den Eltern. Während er bisher die Krankheitszeiten als Schicksal erlebt und jeweils schnell »vergessen« hatte, kamen er und die Familie diesmal mit Hilfe der Angehörigengruppe zu folgender Selbstwahrnehmung, wobei die Schwester – durch ihre Mischung von Nähe und Abstand – der beste »Ersatzspieler« war.

Herr F.: Vater ist ein ebenso tüchtiger wie tyrannischer Schwabe, der zweimal die Selbstständigkeit aus dem Nichts erkämpfte, Mutter überaus liebevoll-fürsorglich. Als ältester Sohn war ich für Vater der natürliche Geschäftserbe. Auf mir lag deshalb seine ganze Aufmerksamkeit und Strenge, zumal ich als einziges Kind zurückblieb, während die anderen wegzogen, teils akademische Wunschberufe lernten. (Schwester: Wir haben uns auf seine Kosten davon gemacht.) In meiner Jugend hatte ich künstlerische Neigungen. Mit 17 Jahren fand ich eine gleich veranlagte Freundin. Die Eltern lehnten sie ab, Mutter: Eifersucht, Vater: ist keine Geschäftsfrau. Zur gleichen Zeit musste ich die verhasste Schlosserlehre beginnen und verlobte mich mit der Freundin heimlich. Das war höchstes Glück und zugleich höchste Angst, da ich wusste, dass ich mich gegen die Eltern nicht durchsetzen könnte. Ergebnis: mit 20 Jahren die erste Manie und mein Verzicht auf die Verlobte. Mit 25 Jahren hatte ich die zweite Lehre beendet und trat ins väterliche Geschäft ein. Folge: tägliche Niederlagen gegen den Vater. Denn was immer ich aufgrund meiner Ausbildung besser wusste, ich steckte gegenüber Vaters Entscheidungen zurück. Das tat weh. Nur in der Fantasie und mit Alkohol fühlte ich mich besser und stärker als Vater. Bloß das entgleiste mir: zweimal kurz hintereinander »Manie«. (Schwester: Nur in diesem Zustand konnte er den Vater brutal niederbrüllen.) Danach war ich wieder »brav«. Mit 29 Jahren übernahm ich das Geschäft, hatte jetzt auch die kaufmännische Verantwortung. Doch das änderte nichts: Vater traf doch die Entscheidung, und ich hatte dem nichts entgegenzusetzen. Ich war zu schwach, denn gefühlsmäßig war meine Bewunderung der Tüchtigkeit meines Vaters stärker. Ich hielt den Widerspruch nicht aus und flippte in die vierte Manie weg. Danach dachte ich, jetzt hätte ich es geschafft. Vater zog sich zurück, und ich machte erste schüchterne Versuche, mir meinen Wunsch zu erfüllen, eine Familie zu gründen. Aber ich habe mir wieder etwas vorgemacht: der erste Versuch scheiterte an der Eifersucht meiner Mutter, war wieder eine Niederlage, und ich bin jetzt mit der fünften Manie hier. Jetzt erst ahne ich meine Abhängigkeit. Denn einmal habe ich nicht meinen Vater besiegt, sondern er ist senil geworden. Zum anderen bin ich gegenüber meiner Mutter noch so abhängig wie ein Kind: sie macht mir die Wäsche, kocht für mich, erledigt auch noch den schriftlichen Kram im Geschäft und kontrolliert meinen Umgang. (Schwester: Sie ist ja auch erst 53 Jahre!) Ja, sie ist wie eine Ehefrau für mich, ich mag ihr auch nicht wehtun; außerdem ist das Verhältnis bequem. Ich glaube, es liegt noch einiges vor mir!

Herr F. irrte: Einmal den Sinn seiner Manien akzeptierend, konnte er offenbar Angstkontrolle durch Gefahrenkontrolle ersetzen; denn er hat inzwischen geheiratet und musste bis heute – fünf Jahre danach – nicht mehr manisch werden. Protestspannungszustände löste er, indem er sich etwa einmal im Jahr eine Woche lang voll laufen lässt, was seine Umgebung mitträgt.

Zur Abrundung des manischen Landschaftsbildes noch ein Gedanke: Jedes Manisch-Sein kann auch mit schizophrenen Symptomen, vor allem Stimmen und Wahnideen einhergehen. Vielleicht waren also die alten Psychiater nicht so dumm, wenn sie die manischen und fast alle schizophrenen Störungen gemeinsam unter dem Begriff »Manie« sahen. Beide Wege sind verwandt und typische Notbremsen bei der jugendphasischen Lebensaufgabe, des (sich und Andere) Teilens, Lösens, Fügens und Aufbrechens. Nur: Wer manisch wird, hat ein paar Grundsatzprobleme der Existenz schon gelöst und sich bereits ein Stück weit auf die realen Lebensprobleme des Erwachsenen-Daseins einlassen können, steht schon im Bruch mit der Tradition, dabei allerdings Angst machend statt in Angst lebend.

B Auffälligkeiten (Außenansichten)

Niemand ist weniger für sich und mehr für die Öffentlichkeit auffällig als der manische Mensch: Er sprengt jeden Rahmen, setzt jede soziale Übereinkunft für sich außer Kraft: Takt, Geschmack und alle Erwartungen, auf die sich die Menschen im Umgang miteinander üblicherweise verlassen können. Jede sonst verlässliche Distanz ist aufgehoben. Das geht von der nachlässigen oder abenteuerlichen Scheidung über das rastlose und unerwartete Tätigsein und Außer-sich-Sein bis zur Einmischung in alles und jedes – das Bewitzeln, Lächerlich-Machen, Besser-Können oder gewalttätiges Angreifen. Für die Diagnose »Manie« muss ich Folgendes beobachten, wobei nicht in allen Aspekten das Gegenbild des Depressiv-Seins entsteht:

▪ Stimmung gehoben

Dies kann sich heiter, witzig, ansteckend, mitreißend, menschheitsumarmend äußern; oder provozierend, gereizt, angriffslustig, zornig, arrogant; oder nur gehoben im Sinne von gefühlsleer, nur auf einer anderen Etage als die depressive Stimmungsleere. Nur der Begegnung von innen, nicht der Beobachtung erschließt sich die gleichzeitige unterschwellige Traurigkeit.

▪ Antrieb gesteigert und beschleunigt

Es zeigt sich ein schwindelndes Ausmaß aller körperlichen, seelischen und sozialen Aktivitäten, ein nicht nachvollziehbares Tempo. Bei nur leichter (hypomanischer) Ausprägung kann das normale Handeln nur in seiner Produktivität gehoben, mit Kreativität verwechselbar sein. Ist der Antrieb stark oder extrem (Tobsucht), ist ein Handlungsvollzug unmöglich: Ein Handlungsimpuls jagt den andern. Wer sich alles erlaubt, kommt eben dadurch in den Zwang, auf alle Umweltreize sofort, gleichzeitig und total reagieren zu müssen, was gar nicht geht. Es entsteht ein chaotischer Wirbel von Handlungsfragmenten (verworrene Manie), enthemmt, da unfähig zu Distanz oder Pause. Wie der Depressive in seinem Innenfeld, so verliert sich der Manische im Außenfeld.

▪ Denken ideenflüchtig

Die schutzlose Offenheit gegen Reize von innen und außen verhindert jeden »roten Faden«. Ablenkung vom »Hundertsten ins Tausendste«. Jedes Fragment hat nur in sich seinen Sinn. Nachdenken misslingt. Der Mensch *wird* als grandiose und unkritische Selbstüberschätzung *gelebt*: »Ich kann alles, alle anderen können nichts.« Alles geht leicht und sofort: Firmengründungen, Erfindungen, Kredite, Schulden, unsinnige Käufe (drei Autos), Liebesbeziehungen. Alle anderen werden durchschaut, provoziert, bloßgestellt, bedroht. Scham und Schuldgefühle sind außer Kraft gesetzt. Der Mensch steht über den Dingen (vor allem über seiner Angst). Alles steht im Dienst der Selbsterhöhung, des Größenwahnes. Aber auch für echten Wahn fehlt die Ausdauer. Im Ergebnis droht die Ruinierung der eigenen sozialen Existenz und/oder der Existenz von anderen.

■ Vitalgefühle und Vegetative Funktionen

Der manische Mensch steht auch über den Körpersignalen: Er isst übermäßig oder »vergisst« das Essen bis zur Abmagerung. Ohne Schmerzsignale werden ernsthafte Krankheiten übersehen. Sexualität wird als Funktion kurz, total und schamlos jemandem aufgedrängt. Während der depressive Mensch schon unter leichter Schlaflosigkeit leidet, kommt der manische lange ohne Schlaf aus – als Beweis seiner Überlegenheit. »Ich brauche keinen Schlaf mehr.« Er kann lange Zeit heiter und gesellig sein, sich überlang aber auch – bis zum tödlichen Erschöpfungszustand – extrem anspannen, ohne es zu merken. Die Gesetze der Natur scheinen für ihn aufgehoben.

So vollständig gibt es diese Beschreibung eines »Typus« natürlich nur im Lehrbuch, sie ist jedoch wichtig als diagnostische Leitidee. Dies besonders bei der leichten »Hypomanie«. Sie wird von der Umgebung nicht erkannt, eher ausgenutzt oder als besonders glückliche Zeit erlebt. Der große Theaterregisseur Jürgen Fehling z. B. schuf in solchen Phasen seine besten Inszenierungen. Aber es kann auch anders kommen:

BEISPIEL Ein hypomanischer millionenschwerer Unternehmer, »übergesund« und entsprechend unsinnig spekulierend, war vom zuständigen Gesundheitsamt-SpD begutachtet worden: die rechtliche Betreuung war unter dem Hinweis auf die »stadtbekannte Persönlichkeit« abgelehnt worden. Erst als der zugezogene Psychiater unter Mühen den Steuerberater als Zeugen laden konnte, musste der Richter seine Angst nicht mehr abwehren: Nur so waren Betrieb und damit Arbeitsplätze für über 300 Arbeitnehmer zu retten.

Differenzialdiagnostisch kann man den manischen Zustand verwechseln mit der expansiv-euphorischen Form der progressiven Paralyse, mit der manischen Episode einer Schizophrenie, mit der Reaktion auf eine Körperkrankheit, mit einem seelischen Ausnahmezustand oder mit dem dauerhaften (hyperthymen) Zug einer besonderen Persönlichkeitsstruktur. Übergänge zwischen depressiven, manischen und paranoid-halluzinatorischen Zuständen haben frühere Beobachter zur Konstruktion einer »Einheitspsychose« angeregt, deren Verlauf nur eben manchmal Stufen überspringe oder auf einer Stufe stehen bleibe. Neben der heute üblichen, mehr botanischen Systematik des Nebeneinanders psychotischer Zustände hat die Idee der Einheitspsychose zumindest den Vorteil, das Nacheinander psychotischer Zeiten im Zusammenhang mit dem Lebenslauf eines Menschen wahrzunehmen. Nur: Beides sind künstliche Ordnungsversuche, Denkmodelle.

C Innenansichten der Begegnung

■ Selbstwahrnehmung

Damit mich überhaupt emotionale Erlebnissignale eines manischen Menschen erreichen können, habe ich meine Aufmerksamkeit als Erstes auf Zwei-Minuten-Kontakte zu beschränken, da dem manischen Menschen ein längerer »roter Faden« nicht möglich ist. Danach geht es um die Suche bei mir selbst, wobei jeder von uns manische Möglichkeiten in sich entdecken kann.

BEISPIELE »An einem neuen Arbeitsplatz überspiele ich meine Angst, spiele den Sicheren, frage nicht, wie etwas geht, tue so, als ob alles ein Kinderspiel sei. Oder ich gehe gleich zum Gegenangriff über, komme von oben, mache gleich in den ersten Tagen Verbesserungsvorschläge. So steigere ich mich in eine unmögliche Situation hinein, aus der ich nicht mehr herausfinde. Die anderen finden mich arrogant, sind hilflos, da sie mir nicht helfen können, sodass ich ein paar Mal gleich wieder entlassen wurde.«
»Die Angst vor dem Examen lässt mich albern über alles lachen, womit ich die anderen anstecke. Wenn die Prüfung kommt, überspiele ich wieder die Angst, gebe mich überlegen und rede viel und schnell, damit der Prüfer entweder nicht mehr zu Worte kommt oder denkt, ich wüsste sowieso alles. Wenn ich dabei die Kontrolle nicht verliere, komme ich auf ein Gebiet, auf dem ich sicher bin; dann habe ich gewonnen.«
»Es gibt Zeiten, da gelingt mir einfach alles, bin ich gelöst, erfüllen sich meine Wünsche sozusagen von selbst. Dann bin ich übermütig, wische anderen gern eins aus. Das kommt von innen, irgendwie übernatürlich. Ich weiß nur, dass es wieder aufhört.«
»Wenn ich begeistert bin, fühle ich mich von etwas getragen, weggerissen, spüre den Körper nicht mehr, bin selbstvergessen, rede ich hemmungslos, rutscht mir alles raus, mache ich alles öffentlich. Erst hinterher merke ich, dass ich viel Mist gemacht habe, taktlos Leute gekränkt habe. Soll ich mich dann schämen oder mich über mein Befreiungsgefühl freuen?«
»Nach einem unerträglichen seelischen Schmerz habe ich mich tagelang daran gehindert, zur (schmerzhaften) Besinnung zu kommen, war dauernd in Bewegung, reagierte überaufmerksam sofort und massiv auf jeden Reiz. Ich nahm jedem das Wort aus dem Mund, aus Angst, er könnte auf den schmerzhaften Punkt kommen. Ich redete pausenlos über alle beliebigen Dinge gleichzeitig. So konnte ich in mir eine innere Leere aufrechterhalten, mir den Schmerz wegreden. Erst die Erschöpfung brachte mich von dem Baum wieder runter. Erst da merkte ich meine Isolation und die Hilflosigkeit der Anderen, konnte ich meinen Schmerz endlich wahrnehmen.«

Jeder von uns kann den lustigen, aber eigentlich traurigen Clown nachvollziehen oder den »Galgenhumor« dessen, der von seinem Partner laufend gekränkt wird, oder den Zwang zum Lachen nach einem schweren Verlust oder während der Trauer. Es sind Zustände, in denen wir uns auf »übernatürliche Weise« unangreifbar machen, wenn es auf natürliche Weise nicht geht.

Eine weitere Hilfe zum Verstehen sind die Opfer der Situation, die Angehörigen, aus denen heraus die Gesamtkonstellation verstehbar wird, etwa der Protest gegen Macht, die Provokation, die Empörung über die Kontrollen der Anderen oder die Wut über die eigene Unselbstständigkeit. Vor allem habe ich mich von der Angst des manischen Patienten treffen zu lassen, die dem ganzen weltumspannenden Feuerwerk immer – als abgewehrte Angst – zu Grunde liegt. Das gelingt mir in dem Maße, wie ich sie unterstelle, wie ich von ihr kontrafaktisch ausgehe, was sich im Nachhinein – fast – immer als stimmig erweist. Dabei darf ich von mir auf andere schließen. Das ist die Basis der Grundhaltung. Sie ist anstrengend, weil sie ständige, jeweils nur für Sekunden belohnte, gleichbleibende Aufmerksamkeit, Gegenwärtigkeit (Präsenz) fordert, wobei nur ein eingespieltes Team das Tempo mithalten kann. Jeder allein wäre überfordert. So aber können wir dem manischen Menschen auf die Blitzsignale seines Innenlebens Antwort geben und ihn immer wieder – jedes Mal nur kurzfristig – auf die Suche nach dem verlorenen Halt an sich selbst schicken.

■ Wahrnehmungsvollständigkeit

Wenn man darauf achtet, überrascht es, dass der Patient nie ganz den Kontakt zu sich und seiner Situation verliert, sie oft hellsichtiger durchschaut, als es ihm sonst möglich wäre. Dies gilt es festzuhalten. Am besten gelingt das während einer gemeinsamen Tätigkeit. Statt des Gesprächs im Sitzen, ist ein gemeinsamer Spaziergang besser, weil dann zwei Menschen gemeinsam und sich begleitend, parallel tätig sind. Dies Empfinden erleichtert das Sprechen, macht es eher möglich, den Unterschied zwischen den Symptomen und den eigentlichen Lebensgefühlen wahrzunehmen: So heiter der manische Mensch sich gibt, für ihn ist sein Befreiungsgefühl immer unterlegt von quälender Angst, Unsicherheit, Gehemmtheit, Gebundenheit, ohnmächtiger Wut, mehr über sich als über Andere, Kränkung, Verletzung, Schmerz. Dies haben die Psychoanalytiker schon lange mit dem Begriff der »manischen Abwehr« von Schmerz, Empörung und Trauer erfasst. Zugleich ist die Manie freilich auch ein Lösungsversuch für die Angst und den Schmerz, wenn auch gewaltsam und daher misslingend. Dem Team kann es glücken, den Patienten allmählich zur Selbstwahrnehmung des Zusammenhanges von Manie und seinem Lebensproblem zu bringen. Etwa: Was er sich manisch erlaubt, ist das, was er sich in seiner Lebenswirklichkeit verbietet; seine größenwahnsinnigen Pläne haben zu tun mit den heimlichen Größenfantasien, die er im Leben sonst weder leben noch als unrealistisch aufgeben kann; sein Zorn, seine brutale Wut und seine Verletzungen, die zielsicher gerade die Schwächen seiner Nächsten bloßlegen, sind Protest gegen wirkliche oder vermeintliche Unterdrückung, jedoch ein Protest, den er »normalerweise« selbst unterdrückt und nicht riskiert; sein Machtgefühl ist die Kehrseite seines Ohnmachtsgefühls.

Normalisierung der Beziehung

Was löst der manische Mensch in mir aus? Spontan werde ich mich einerseits schützen vor seinem unerträglichen Störpotenzial und seiner Gewalttätigkeit, werde mich andererseits von der Heiterkeit und dem schlagfertigen Witz anstecken lassen. Das Team kann auch von ihm profitieren, wenn er mit traumhafter Sicherheit die betriebsblinden Flecken und die Schwächen jedes Teammitgliedes bloßlegt. Schon die Floskel »Wie geht es Ihnen?« wird – wie alles – umgedreht und etwa gekontert: »Und wie geht es Ihnen?« – Spielen wir aber das manische Spiel nur mit, dann nutzen wir ihn nur aus. Der Gegenkurs, das Verbot jeder Extravaganz, ist genauso unmöglich. Ähnlich ist es den Angehörigen ergangen. Durch beide normalen Handlungsmöglichkeiten verlieren sie und kompromittieren sich ihm gegenüber. Das sagt mir auch meine manische Selbsterfahrung: Ob jemand sich von mir mitreißen lässt oder mich einzuengen versucht, er fällt dabei herein und verlängert dadurch mein Manischsein. Bleibt mir also als Ersatzspieler nur übrig, mich zwar zum Begleiter zu machen, doch ohne mich ihm auszuliefern. Auch hier: Hören – im Gehorsam – ohne Hörigkeit! Das bedeutet: der Patient sollte möglichst großzügig sein Freiheitsgefühl ausleben können, dafür aber auch, mit derselben Eindeutigkeit die Grenzen des Möglichen zu spüren bekommen. Das bedeutet zum anderen, dass ich ihm nicht nur die mitgeteilte Heiterkeit rückmelde, sondern auch die unterliegende Angst, Traurigkeit, Verletzung seiner Selbstachtung, seine Wünsche und Proteste, die er eben nur manisch ausdrücken kann. So wird die Grundhaltung »normal«. Das ist für das Team und die Mit-Patienten anstrengend, kann aber auch die Toleranz für Besonderheiten und die Einsicht in den Sinn des Gruppenzusammenhaltes fördern. Die Konzentration mehrerer manischer Patienten auf einer Station kann freilich die Kräfte aller übersteigen; sie sind – in ihrem wie unserem Interesse – nach Möglichkeit auf alle Stationen und damit auf alle Schultern gleichmäßig zu verteilen.

D Wie wird Therapie präventiv?

Wie erreichen wir es, dass ein manischer Mensch zur Selbst-Therapie kommt, d.h. dass er den Sinn seiner Störung bemerkt, seine Proteste und Wünsche auch nach dem Höhenflug wahrnimmt und wahrmacht, dass er unterscheidet, welchen Teil er für sich durchsetzen kann und auf welchen Teil er zu verzichten hat? (Herr F. hatte zuletzt Unabhängigkeit von der Mutter und Partnerwahl zu lernen – als Manie-Prävention.) Da kein Mensch ewig manisch sein kann, kommt es nicht darauf an, dass, sondern *wie* jemand wieder auf dem Boden landet. Trotz der anfänglichen Vertragsunfähigkeit des Patienten muss das Team vom ersten Tage an auf dieses »Wie« achten, auch um die Gefahr eines ungünstigen Ausganges der Manie zu verringern:

1. Übergang in eine paranoide Psychose oder in eine Art chronisch-hypomanischer Haltung (über Hospitalisierung);

2. Auffassung der Manie als Schicksalsschlag oder sinnlose Krankheit, die danach sofort »vergessen« wird, was eben dadurch die Wiederholung vorbereitet;
3. Umschlag ins Depressiv-Sein mit Suizidgefahr in Verbindung mit Überflutung durch Schuld- und Schamgefühle, wenn nämlich die manischen Handlungen und Erlebnisse vom Patienten *nur* als unsinnig, verantwortungslos und böse registriert werden und zur Selbstbestrafung führen, was durch Vorwürfe der Angehörigen begünstigt wird. Daher ist die parallele Arbeit mit den Angehörigen ebenso wichtig wie die mit dem Patienten: Sie haben denselben Prozess der Sinnfindung der manischen Störung durchzumachen. Manchmal gelingt das bei den Angehörigen leichter als bei dem Patienten, was therapeutisch und präventiv genauso gut ist, als wenn der Patient dies gelernt hätte, da es sich bei der Familie um *ein* System handelt, das hier zur Debatte steht, und da die Änderung eines Teiles des Systems zugleich auch das ganze System ändert. Sowohl der Patient als auch die Angehörigen haben das Gefühl zu bekommen, dass wir sie in ihrer Situation ernst nehmen, dass wir uns vom Theater der Symptome unabhängig halten, dass das auf die Dauer ermutigt, auf das Theater zu Gunsten normalen Handelns zu verzichten, dass aber zugleich das Befreiende und der Sinn des manischen Lösungsversuches festzuhalten ist, damit alle Beteiligten innerhalb der Familie miteinander aushandeln können, wie weit sie die Rollen und die Zonen der Selbstständigkeit und Macht untereinander neu aufteilen können. Für die Familie F. scheint dies einigermaßen gelungen zu sein.

Die Grundhaltung drückt sich in den speziellen Beiträgen der verschiedenen Berufsangehörigen des Teams aus: Ergo- und Bewegungstherapeuten können dem Aktivitätsbedürfnis des manischen Menschen besonders entsprechen und häufig über das gemeinsame Tun besser als über das Sprechen die ersten Schritte in Richtung Selbstwahrnehmung einleiten. Da den Schwestern/Pflegern die Stationsatmosphäre besonders obliegt, tragen sie am stärksten die Last der ständigen Gegenwärtigkeit, der Aufmerksamkeits-»quantelung«, der Einheitlichkeit des Team-Handelns, der öffentlichen Diskussion mit den Mitpatienten angesichts der Besonderheit eines Menschen, der Garantie des großzügigen Bewegungsraumes und der Eindeutigkeit der Grenzziehung. Sie haben zugleich am stärksten die psychischen und körperlichen Provokationen und Schläge abzufangen und zugleich die Wahrnehmung des Patienten immer wieder auf sich zurückzulenken. Die anderen Berufsangehörigen, die immer auch andere Aufgaben vorschützen können, sind in der Gefahr, gerade beim manischen Patienten die Schwestern/Pfleger mit dieser unerträglichen Situation allein zu lassen, wodurch jede präventiv orientierte Therapie scheitert. Je schwerer die Manie und je weniger gut die Grundhaltung und die Team-Solidarität, desto stärker hat der Arzt die medikamentöse Hilfe einzusetzen. Es kommen zunächst nur Neuroleptika und Phasenprophylaktika in Betracht (s. Kapitel 18). Ferner hat der Arzt auslösende oder aufgrund der Manie nicht registrierte Körperkrankheiten zu kontrollieren. Der Psychologe hat das Team vor allem auf die unterschwellige Angst und ihre Abwehr bei manischen Patienten aufmerksam zu machen, die Beziehung zu den Lebensproblemen herzustellen, sowie die Übernahme der manisch ausgedrückten Wünsche und Proteste in das Alltagsleben zu fördern. Der Sozialarbeiter schließlich hat die Ruinierung der sozialen Existenz des Patienten zu verhindern oder schon eingetretene Schäden durch Kontakte mit den jeweiligen Instanzen, z.B. unter Hinweis auf den Mangel der Geschäftsfähigkeit, wieder auszubügeln.

Die Manie ist vielleicht der eindeutigste Fall für die Notwendigkeit einer stationären Behandlung, so sehr wir häufig auch den Wunsch spüren, der Patient möge diesen Zustand in seiner Landschaft ausleben dürfen. In der Regel wird der Schaden für ihn und/oder für Andere zu groß sein. Wir sollten jedoch den Fehler vermeiden, den Patienten möglichst schnell und mit aller Gewalt symptomfrei zu machen und darauf noch stolz zu sein: Der Prozess der Selbstwahrnehmung und Sinnfindung kommt mit Sicherheit dabei zu kurz, was die Gefahr der Wiederholung fördert. Nur eine gut integrierte Familie und Nachbarschaft, zusammen mit einem großzügig ausgestatteten ambulanten Team, könnten es ermöglichen, dass ein Patient seinen manischen Aufbruch – mit angemessener Begleitung – außerhalb eines Krankenhauses auslebt. Es wäre zu wünschen, dass dies irgendwo einmal systematisch erprobt würde, um herauszufinden, ob dies langfristig für das Leben aller Betroffenen zu besseren Ergebnissen führt.

E Epidemiologie, Prävention, Literatur

Hierzu verweisen wir auf den entsprechenden Abschnitt im Kapitel 7 (Der sich und Andere niederschlagende Mensch). Ebenfalls dort finden sich Literaturangaben.

7 Der sich und Andere niederschlagende Mensch (Depression)

A Landschaft der Unfähigkeit zu trauern

Wer als junger Mensch jenseits der Eltern seinen eigenen Standort gefunden hat, sich auch beruflich mit der Welt auseinander setzt, den für ihn passenden Umweg der Liebe gefunden hat, Innen und Außen alltäglich vereinheitlichen kann, also sich und die Welt als Ganzes zu teilen vermag, kann ohne extreme Sonderbedingungen auf seinem Lebensweg nicht mehr schizophren werden. Führen ihn die nun folgenden Erwachsenen-Aufgaben zwischen 25 und 45 Jahren in eine Krise, wird er stattdessen typischerweise depressiv, auch süchtig oder neurotisch (s. Kapitel 8 und 9), vielleicht auch manisch. Depressiv kann er auch an der Bewältigung der danach folgenden Aufgaben des Rückbildungsalters (älter als 45 Jahre) werden – aber anders (s. dieses Kapitel, Abschnitt F). Was macht nun die Landschaft des mittleren Erwachsenenalters in unseren Breiten so depressionsfreundlich?

1. Sie hat räumlich und zeitlich ihre Unendlichkeit verloren, ist begrenzt. Für die umfassenden religiösen, philosophischen oder politischen Ambitionen hat man als Erwachsener »keine Zeit mehr«. Jede Frage nach dem, jede Transzendenz ist abgeschnitten. Man hat sich arrangiert. Aus dem unendlichen Meer des Möglichen stanzen wir eine Insel heraus, die wir uns als unsere Wirklichkeit aneignen. Wir teilen uns in Rollen auf und bündeln diese Rollen – unter Verzicht auf das Übrige – passend zu unserem Temperament. Was auf der Strecke bleibt – schon das bedarf des Betrauerns. Nehmen wir uns immer wieder Zeit dafür? 7
2. Wenn wir nicht den immer asozialeren Haushalt als Arbeitsplatz wählen, finden wir mit Glück auf dem immer kleineren Markt der verfügbaren Arbeit einen Arbeitsplatz. Auch dort müssen wir von unserem Traum der Welt- und Selbstverbesserung durch Arbeit Abstriche machen. Inhaltlich wird unsere Arbeit meist aus der Einebnung von Unebenheiten, der Streckenbegradigung und der Asphaltierung der Landschaft bestehen, damit sie verfügbarer und produktiver wird. Und unser Wunsch nach freier Entfaltung findet seine Grenze am Diktat der Leistungskonkurrenz und der Abhängigkeit. Wohin stecken wir unseren Antriebsüberschuss: in Trauer, Leistungsehrgeiz, Perfektionismus? Bleibt als Gewinn unsere finanzielle Freiheit: Wir können uns selbst unterhalten, »können was aus uns machen«.
3. Umso mehr verschieben wir unser Streben nach Unabhängigkeit und Selbstverwirklichung auf den dafür sozial funktionslosen und daher ziemlich ungeeigneten Privatbereich. Das verführt oft zu dem Fehler, zunächst nicht mal erst eine Zeit lang allein zu leben, sich der Einsamkeit mit sich selbst auszusetzen, um sich der Unabhängigkeit aus eigener Kraft zu vergewissern. Denn nur dann könnte ich in einer späteren Partnerbeziehung *freiwillig* meine Unabhängigkeit einschränken, da ich mir ihrer sicher bin. Ich könnte eine Abhängigkeit freiwillig eingehen, da sie für mich keine Gefahr bedeutet und nur das zählt. Stattdessen suchen sich viele von uns von der Geborgenheit des Elternhauses aus ihren »Partner fürs Leben« und sind daher zu wenig selbst- und welterfahren. Sie überstrapazieren das höchstvergängliche Liebesgefühl für ihre Beziehung, verwech-

seln beides, ziehen in eine zu kleine, einengende Wohnung, vergessen ihre bis dahin bestehenden gleichgeschlechtlichen Freundschaften, was sich spätestens in der ersten Partnerkrise rächt, kapseln sich von ihren Nachbarn ab, bekommen ein bis zwei Kinder und leben die »Isolation zu zweit«. Von allen umfassenderen, tragfähigen und öffentlichen Bezügen abgekoppelt, hat eine solche »Tyrannei der Intimität« (Sennett 1991) kaum noch Landschaft. Es besteht Erstickungsgefahr.

4. Die Partner begreifen meist nicht die Chance, mit ihrer Ehe/Familie gegenüber der betriebswirtschaftlichen Welt eine hauswirtschaftliche Gegenwelt zu gründen. Ihr Reden von »Freizeit« macht diese abhängig von der »gebundenen Zeit« des Arbeitsplatzes, statt dass sie etwa von »freier Arbeitszeit« reden, worin soziale und politische Aktivitäten, Nachbarschaft, Schwarzarbeit, schöpferische Kulturarbeit und in diesem Rahmen sogar »Arbeit an sich selbst« enthalten sein könnten (Gorz 1989). Sie planieren ihren Partnerschaftsweg nach dem betriebswirtschaftlichen Presslufthammer-Modell geradlinig, zielgerichtet und hochleistungs-effektiv, nicht ahnend, dass man zwar so mit Sachen umgehen kann, Beziehungen zwischen Menschen jedoch einer breitflächigeren Umwegsgestaltung mit Einbettung in gesellschaftliche Öffentlichkeit bedarf. Daher vergessen sie auch den Unterschied von Ehe und Familie, was das Schlimmste ist: Mit der Familiengründung gehen sie in der Elternrolle auf und werden kalt erwischt von der trostlosen Leere, wenn die Kinder sich verselbstständigen und die Elternrolle ausgespielt ist, da sie es versäumt haben, daneben stets auch ihre Rolle als Ehepartner, die sie mit der bürgerlichen Öffentlichkeit verknüpft, zu kultivieren. Das ist nur schwer nachzuholen; denn eine Beziehung an und für sich ist nichts, ist nicht tragfähig.
5. Dies landschaftslose, schmale und anfällige Gebilde der Partnerbeziehung soll nun sowohl als »trautes Heim« die schon im Elternhaus nicht erfüllten Geborgenheits- und Harmoniewünsche befriedigen als auch das Terrain für die noch größeren Wünsche nach Selbstverwirklichung und Unabhängigkeit abgeben. Damit nun ist es endgültig überfordert. Das traute Heim wird zum Kriegsschauplatz, zur Hölle eines gnadenlosen Machtkampfes mit allen Mitteln. Das kommt von der naiven Psychologisierung der Beziehung. Ohnehin ist es die bei weitem schwerste, ja, absolut unmögliche Lebensaufgabe des Erwachsenenalters, einem Menschen als Partner, also dauerhaft und vollständig auf derselben Ebene zu begegnen; sie macht die meiste Begegnungsangst und erzeugt die trickreichsten Ausweichmanöver, in denen man sich vom Stress derselben Ebene erholt und mal die unabhängigere, mal die abhängigere Position wählt. Das ist nicht schädlich, solange Abhängigkeit auch gewollt werden kann, nur kannten wir bisher aus der Jugend nur ungewollte Abhängigkeiten. Auch müsste, wenn man wirklich Wechselseitigkeit auf derselben Ebene will, einer in Vorleistung treten, d. h. einer damit anfangen, sich dem Anderen bedingungslos auszusetzen, also ich? Aber wieso gerade ich? Das ist doch ungerecht.
6. Zudem machen wir uns heute gern zu Opfern der allgemeinen Erwartung, dass Partner gleich, gleichberechtigt zu sein haben. Dabei vergessen wir, dass alle Menschen nach ih-

rem Tempo und vielen anderen Eigenschaften Gott sei Dank unterschiedlich sind, dass ihre Bedürfnisse nach den Entwicklungsphasen sich wandeln, dass jeder nach seinen Stärken und Schwächen im Vergleich zu seinem Partner mal hinten, mal vorne liegt und dass seine Partnerschaft mehr von der Pflege der Unterschiede als der Gleichheiten lebt. Auch hier wären Abstriche vom Ideal, also Trauer zuzulassen. Beide Partner hätten ihre Beziehung als Be-Gegnung von Gegnern zu beginnen, das Fremde mehr als das Bekannte aneinander zu achten. Da man sich aber eher an der Harmonieforderung orientiert (»Wir wollen vollständig offen sein und uns restlos verstehen«), riskieren sie nicht die konstruktive Gegnerschaft, sodass statt Streit vernichtende Feindschaft entsteht. Das Ringen um Unabhängigkeit endet im gnadenlosen Vergleichszwang: Man macht sich nicht die eigene, sondern die Leistungsfähigkeit des anderen zum Maßstab oder man macht sich zum Helfer (Schmidbauer 1983), zum »Entwicklungshelfer« des anderen. In jedem Fall ist die Beziehung damit kaputt. Für einen von beiden bleibt in diesem unglaublich anstrengenden, zermürbenden, feindseligen Kampf, in dem beide einander niederschlagen, nur die Rolle des weniger Leistungsstarken, des Hilfeempfängers, des Schwachen, des Hilflosen, des Depressiven, wobei diese Rolle mindestens so viel Energie kostet wie die des Starken.

All diese Bedingungen komponieren die Landschaft, die eine Partnerbeziehung depressiv werden lässt und die zugleich Wege aus der Depression heraus weist. Das gilt für psychotische wie für neurotische (s. u.) Depressionswege. Erst in einem solchen Landschaftsbild wird verständlich, warum wir fast nur im Rahmen einer Beziehung von zwei Menschen depressiv werden können. Auch wenn schließlich der eine als Opfer, der andere als Täter sich darstellt, einer depressiv, der andere komplementär und genauso unfreiwillig besonders vital geworden ist, so ist doch die Partnerbeziehung als solche diesen unerhört kräfteverschleißenden, niederdrückenden (= deprimierenden = depressiven = sich und den Anderen niederschlagenden) liebevoll-gewalttätigen Weg gegangen. Denn der Schwächere schlägt sich und den Anderen ebenso nieder wie der Stärkere. Meist übrigens war der später Stärkere anfangs der Schwächere. Dieser stromlinienförmig-geradlinige Gewalt- und Leidensweg der Selbsteinengung, der über viele unscheinbare Stationen verhinderter Trauer geht, ist eine echte Ko-Produktion beider Partner. So wird begründet, dass in den USA Kunstfehlerprozesse laufen, weil ein depressiver Mensch nur allein und nicht auch sein Ko-Produzent Behandlungshilfe bekam. Es ist für beide derselbe als eng und sinnlos geahnte Lebenskontext, der die Trauer-, Angst- und Wutsignale auslöst, die beide nicht zu entschlüsseln riskieren. Stattdessen schlagen sie die Wut, die Angst und die Trauer (»Unfähigkeit zu trauern«, Mitscherlich 1977) nieder, machen als Selbsthilfeversuch für den einen die Rolle des Hilflosen, für den anderen die Rolle des Helfers daraus. Und da es sich um Abwehr von Angst und Trauer handelt, leiden beide daran, und es wird für beide zunehmend unmöglich, den jeweiligen Selbsthilfeweg, der für beide zur Selbstzerstörung führt, durch Sprengung des System-Gefängnisses wieder zu öffnen.

Der depressive Weg bleibt der typische, das Leiden an den typischen Aufgaben des mittleren Erwachsenalters abzuwehren, auch wenn es je nach den beteiligten Personen Sonderwege gibt, dass jemand z. B. auch mit 35 Jahren paranoid werden kann, wenn er von früher her mehr zu der Abwehrmethode neigt, die Schuld an etwas nicht innen, sondern außen zu suchen. Auch wenn also jeder Einzelfall anders ist, gibt es eine besonders häufige Konstellation der Geschlechterrollen beim depressiv-niederschlagenden Weg: Beim Kennenlernen ist die junge Frau oft weiter in der Persönlichkeitsentwicklung, gefühlsreifer, unabhängiger, während der bisher von der Mutter behütete junge Mann unsicherer, sensibel-leidensfähiger, abhängiger ist. In der Partnerbeziehung gewinnt daher oft anfangs der Mann Sicherheit und Unabhängigkeit im Schutz und mit Hilfe seiner Frau. Unterstützt durch beruflichen Erfolg und Aufstieg – im Gegensatz zur Selbstabwertung der Hausfrauenrolle – zieht der Mann in der Folge auf Kosten seiner Frau an ihr vorbei. Bilanz: Er saugt seiner anfangs stärkeren Frau schließlich noch das letzte bisschen Selbstsicherheit aus dem Mark. Wichtigste Frage zum Verstehen eines Depressionsweges: »Wie waren Sie eigentlich beide damals, als Sie sich kennen lernten?« Auslöser für die Manifestierung einer – je nach Energie und anderer biologischer Mitgift – psychotischen oder neurotischen Depression können dann sein: der Verlust eines wichtigen Menschen, eine Geburt, eine Krankheit, die Summe aus vielen kleinen Kränkungen, besonders gern aber auch eine entlastende Situation, z. B. die Fertigstellung des eigenen Hausbaus. Im Rückbildungsalter, also ab dem 45. Lebensjahr, auch die mit dem Älter-Werden der Kinder und dem allmählich häufigeren Sterben in der Umgebung zunehmende Isolation und Selbstabwertung, wenn dies jetzt auch wieder häufiger mit dem paranoiden Selbsthilfeweg kombiniert wird.

Prägen Sie sich für Ihr Handeln eines ein: Die Weichenstellung für den depressiven Selbsthilfeweg ist viel früher, meist schon zu Beginn der Partnerbeziehung erfolgt und liegt in der »Unfähigkeit zu trauern«, in der Unwilligkeit, Unerträgliches zunächst als eigenes Problem anzuerkennen, bevor man über Änderungsmöglichkeiten nachdenkt, und in dem Versuch, Trauer, Enttäuschung und Abstriche vom Wunschbild nicht zu nutzen, sondern sich darüber wegzutrösten, dies zu beschönigen, zu entschuldigen, Trauer sich nicht leisten zu wollen, sich nicht hängen zu lassen, Angst zu unterdrücken, niederzuschlagen, dagegen anzukämpfen, sich zusammenzureißen: Daraus macht man, machen wir das partnerumgreifende Gefängnis des niederschlagenden Depressiv-Seins.

B Annäherung von außen (Symptom-Diagnose)

Nachdem wir versucht haben, ein Bild von der Gesamtsituation (Landschaft) zu malen, wollen wir getrennt darstellen, was wir von außen (Abschnitt B) und von innen (Abschnitt C) wahrnehmen können. Das Beispiel der Familie A. soll uns dabei fortlaufend begleiten.

Herr A., 44 J., Facharbeiter, bringt seine Ehefrau, 41 J., Hausfrau, zur Aufnahme. Beide haben zwei Töchter (20 u. 18 J.) und einen Sohn (13 J.). Ihr Gesichtsausdruck (Mimik) ist ernst, von der Umgebung unberührt, leer, zugleich vor innerer Anspannung vibrierend. Ausdrucksbewegungen (Gestik) gibt es kaum, drücken zugleich Untätigkeit und innere Unruhe aus. Während des langen Gesprächs sitzt sie kerzengerade auf der Stuhlkante, lehnt sich nicht an. Sie wirkt in allem gehemmt, wie ein Auto, das mit festangezogenen Bremsen Vollgas fährt. Der Ehemann wirkt dagegen kräftig, vital, nach allen Seiten überwach, aufmerksam, gleichsam ständig sprungbereit, sitzt gleichwohl bequem und scheinbar entspannt im Sessel. Die Frage, er habe wohl seine Frau gebracht, weil nun schon seit Wochen Beruf, Kinder und Haushalt für ihn zu anstrengend seien, wischt er souverän vom Tisch: »Ich bin Kummer gewöhnt, ich könnte die Belastung noch beliebig lange allein tragen, aber für meine Frau ist das jetzt zu gefährlich, sie ist krank, sie braucht Behandlung.« Dennoch wirkt er zum Platzen voll, und da jede Frage schneller von ihm als von ihr beantwortet wird, entlassen wir ihn, indem wir ihn in die Angehörigengruppe einladen, auch um mit ihr überhaupt ins Gespräch kommen zu können. Das geht nur stockend und mühsam:

Stimmungsmäßig fühle sie sich wie versteinert, hoffnungslos, könne nicht mal Traurigkeit empfinden, nicht das Nötigste im Haushalt tun, obwohl sie ständig dagegen ankämpfe. Ihr Denken drehe sich grübelnd im Kreis: Alles sinnlos, sie sei überflüssig, Ballast für die Familie, solle lieber aus dem Leben gehen. Die rührende Fürsorge der Familie mache ihr Versagen und ihre Schuldgefühle noch schlimmer. Wenn das Fernsehen von einem Unglück berichtet, müsse sie denken, sie sei schuld daran. Sowieso unheilbar krank, habe sie ständig Unterleibsschmerzen, könne nicht essen, habe in vier Wochen 15 Pfund abgenommen, seit Wochen nicht mehr durchgeschlafen.

Dies sei in vier Jahren die dritte Depression, jedes Mal drei bis vier Monate Krankenhaus, Behandlung mit Thymoleptika, einmal mit Elektroschocks. In den Zwischenzeiten habe sie ihre Aufgaben geschafft. Bis zur Eheschließung vor 21 Jahren habe sie bei den Eltern gelebt, Verkäuferin. Vor der ersten Depression starb ihre Großmutter. Zugleich zog die Familie in das eigene, selbst gebaute Haus. Die anderen Depressionen kamen ohne Anlass, von einem Tag zum anderen. Im letzten Jahr keine Depression, dafür Unterleibsschmerzen. Sie suchte mehrere Ärzte auf, bis man eine Gebärmuttersenkung operativ behob – ohne Erfolg. Jetzt hat sie die Ärzte solange gebeten, bis man sich zur Totaloperation entschloss. Die Schmerzen blieben unverändert. Auch von der Mutter sind depressive Zeiten bekannt.

Zuspitzung: Der Ehemann hatte noch berichtet, dass Frau A. in den letzten Tagen mehrfach plötzlich das Haus verließ, wohl mit Selbsttötungsabsichten. Nachbarn haben sie zurückholen können, riefen ihn dann telefonisch aus dem Betrieb. Sonst saß sie in den letzten Tagen nur noch unbeweglich auf dem Stuhl. Eigentlich sei seine Frau tatkräftig, pflichtbewusst und fröhlich. Der Haushalt war immer hundertprozentig. Die Ehe sei gut. Es gebe auch sonst keine Konflikte oder Belastungen. Die Familie habe seine Frau getröstet, auch zunehmend geschont und entlastet, ihr alles abgenommen.

Die Beobachtung folgender Symptome rechtfertigen die Diagnose: »Depression«:

1. **Stimmung depressiv**, d. h. leer, tot, ausgebrannt, gleichgültig, hoffnungslos, Gefühl der Gefühllosigkeit; während viele Patienten sich anfangs traurig fühlen, ist die Depression umso tiefer, je mehr sie selbst Schmerz, Angst, Trauer nicht empfinden können.
2. **Antrieb** gehemmt, d. h. keine Initiative, gelähmt, gebunden, entscheidungsunfähig, Nichtwollenkönnen, kann sich zu Erstarrung steigern: *depressiver Stupor*. Auch das Denken tritt – als Grübeln – auf der Stelle, ohne Zukunft. Da die Gehemmtheit nie Antriebslosigkeit, sondern Selbstblockierung, Selbst-Niederschlagung des eher starken Antriebs ist, resultiert quälende innere Unruhe und Angestrengtheit, die sich nur im Ergebnis als Untätigkeit, »Faulheit« äußert oder als hektisches Hin und Her (*agitierte Depression*) oder als auswegloses Klagen (*Jammerdepression*).
3. **Denken und Fühlen** vorbesetzt: Nach Kurt SCHNEIDER sind es »die Urängste des Menschen«, die jeder Mensch an seinem Grunde ständig hat: die Angst vor a) Schuld, b) Erkrankung, c) Verarmung und d) Versagen und Wertlosigkeit. Nennt man dies Wahn, sagt man damit, dass jeder Mensch an seinem Grunde wahnhaft ist. Zu a): Schuld- oder Versündigungsvorstellungen, die sich an einem früheren, vielleicht verheimlichten, jedenfalls vergessenen, wirklichen oder vermeintlichen Vergehen (z. B. Unterschlagung, Abtreibung) festmachen, wohin die *wirkliche* Angst verschoben wird: »Ich bin der schlechteste Mensch der Welt.« Zu b): Die Gesundheit oder ein Körperteil gilt als ruiniert (z. B. innerlich verfault, todkrank), was man *hypochondrisch* nennt: »Ich bin der kränkste Mensch der Welt.« Zu c): Verarmungswahn: Man könnte die Familie nicht mehr ernähren, werde am Hunger sterben: »Ich bin der ärmste Mensch der Welt.« Zu d): Das Gefühl absoluter Wertlosigkeit, Überflüssigkeit, Unbrauchbarkeit (Ballastexistenz, den anderen ein Klotz am Bein sein), verdichtet das Gefühl, nicht mehr zu existieren, total versagt zu haben, vor allem bezüglich der Leistung: »Ich bin der wertloseste Mensch der Welt, der größte Versager aller Zeiten.«
4. **Vitalgefühle und vegetative Funktionen** sind – früher als Gemeingefühl, Gemeinsinn (sensus communis) – die Art und Weise, wie man sich und seinen Körper nicht durch die einzelnen Sinnesorgane (Augen, Ohren usw.), sondern allgemein empfindet. So findet man depressiv Anschluss ans Allgemeine als: kaputt, nieder-geschlagen, im Schraubstock, schlaff; unter einem zermürbenden Druck (ganz oder Brust, Bauch, Kopf); ständig müde, dabei schlaflos; appetitlos (Gewichtsverlust), verstopft. Die erotische Erlebnisfähigkeit und Potenz sind verschwunden. Die Periode kann ausbleiben. Kreislauf-Messwerte, wie Blutdruck oder Puls-Atmungs-Quotient, können verändert sein, aber nicht notwendig objektivierbar; denn TÖLLE (1991) hat nachgewiesen, dass die berühmte Tagesschwankung eine Zeit-Erlebensschwankung ist: »Der Tag liegt wie ein Berg vor mir«, während nachmittags und abends der Druck sich ermäßigt.

Eine so vollständige Beschreibung des »depressiven Syndroms« ist eher selten. Frau A. entspricht dem einigermaßen. In Wirklichkeit ist die unendliche Vielfalt erlebter depressiver Zustände bei jedem Menschen anders. Unsere Begriffe sind immer nur Kunstprodukte, Konstruktionen, Modelle, Typen, um damit wenigstens einen Teil der Wirklichkeit einzufangen: *Begriffe sind nie die Wirklichkeit selbst!*

An die Stelle des oft missbrauchten Begriffs »endogen« setzt Tölle (1991) den Begriff *Melancholie*, wenn die Depression psychotischen Tiefgang hat und organisch wirkt. Jeder seelische Gesundheits- und Kränkungszustand (auch der neurotische) ist eine Mischung aus Beziehung zu Anderen, zum Körper und zum *Selbst*. Zum Selbst gehört – wenn auch nie isolierbar und berechenbar – die organische Natur des Menschen, Anlage, Konstitution, Temperament, Tempo, also das, was er mitbringt oder ist. Immerhin finden wir es »natürlich«, wenn Verstimmungen den Monatszyklus von Frauen begleiten. Freilich zahlen wir dies ihnen kollektiv in der Lohntüte heim, da solche natürlichen Verstimmungen gegen die (männlich-unnatürliche?) Norm gleichbleibender Leistungsfähigkeit verstoßen. – Man kann also ein Leiden, hier eine Depression, psychotisch nennen, wenn der letzte private Rest, die Kränkung des Selbst mit dem organischen Eigenanteil, mit der Eigenart, besonders beeindruckt, wenn die Depression wie eine Krankheit schicksalhaft zu kommen und zu gehen scheint, der Patient vielleicht eine hypomanische Nachschwankung und depressive Verwandte hat, das Erleben wahnhafte Intensität hat und wenn die depressiven bzw. manischen Zeiten wie »Phasen« verlaufen (*phasische Psychose*), während der Patient in den anderen Zeiten lebt, als ob nichts wäre. Die ICD-10 unterscheidet nur noch nach dem Schweregrad leicht-, mittel- und schwer depressive Episoden. Der Begriff »affektive Psychosen« umfasst alle unipolaren (manisch *oder* depressiv) und bipolaren (manisch *und* depressiv) Episoden mit psychotischem Tiefgang.

ABER MERKE **Ob Sie psychotisch oder neurotisch depressiv sind: Ihr biografischer Landschaftskontext (s. Abschnitt A) gilt gleichermaßen und ist für den praktischen Umgang mit der depressiven Neigung ausschlaggebend. Sind die Symptome schwach ausgeprägt, spricht man von einem »depressiven Verstimmungszustand«, werden sie körpernah erlebt, von »Vitalverstimmung«. Es gibt Mischungen mit anderen psychischen Symptomen oder Persönlichkeitsanteilen (s. Abschnitt E). Eine psychiatrische Diagnose – obwohl nur künstliche Übereinkunft – ist hilfreich als Leitidee. Sie hilft unserer Aufmerksamkeit, beim Vorliegen eines Symptoms auch an zugehörige, vielleicht verborgene Symptome zu denken. Hätte jemand die Leitidee »depressiv« gehabt, wären Frau A. womöglich zwei Operationen erspart geblieben. Steht das depressive Symptom »Störung der Vitalgefühle und vegetativen Funktionen« scheinbar allein im Vordergrund und gelingt es, den zugehörigen depressiven Lebenskontext wahrzunehmen, spricht man von »vegetativer Depression« oder »larvierter Depression«. Vollständige sozial-psychisch-körperliche Wahrnehmung könnte zahllose unsinnige und zusätzlich belastende, soziale Entlastungsmaßnahmen (z. B. Hauspflege durch Sozialstation), andererseits zahllose sinnlose oder schädigende körperliche Behandlungen und Operationen überflüssig machen.**

ABER MERKE AUCH **Eine Diagnose erfasst nie die Wirklichkeit eines Menschen; sie ist eine Leitidee und liefert ein Modell für die Beschreibung seiner psychisch-körperlich-sozialen Auffälligkeiten. Als vollständige Diagnose hat sie alle drei Aspekte zu enthalten, wäre erst damit »biologisch« zu nennen (Ulrich 1997).**

C Annäherung von innen (Grundhaltung)

Jedem psychiatrischen Problem liegt zu Grunde, dass ein Mensch und seine Angehörigen / Bezugspartner Gefühle von Angst, Schmerz, Verunsicherung, die ein gemeinsames Lebensproblem signalisieren, nicht nutzen, sondern abwehren. Daher haben wir psychiatrisch Tätigen so zu handeln, dass der Mensch und seine Angehörigen wieder genug Selbstvertrauen finden, sich der Angst von innen zu nähern, um das zu Grunde liegende Lebensproblem zu verstehen und zu lösen (vgl. die Geschichte der Frau aus Verl in der Gebrauchsanweisung). Das ist die Grundlage für jede Hilfs- und Veränderungsaktion. Ich habe mich also dem Anderen auszusetzen. Dabei muss uns klar sein, dass es sich um eine Be-gegnung von Gegnern handelt, beide Seiten mit Sicherheit anfangs Unterschiedliches wollen. Damit wir zu uns, der Patient zu sich und die Angehörigen zu sich kommen, damit an die Stelle der verclinchten Beziehung wieder Begegnungsspannung tritt, kann und darf ich nicht wissen, was der Andere will. Bleibt mir nur, durch Hören auf den Anderen mich von ihm entdecken zu lassen. Eine solche passive Grundhaltung haben Sie natürlich sowieso dauernd, z.B. wenn Ihr Freund Ihnen ein Problem erzählt. Damit sie Ihnen besser gelingt, ist es gut, wenn Sie sich die einzelnen Aspekte Ihrer Grundhaltung bewusst machen. Weil das kaum zu beschreiben ist, verzichten die meisten Lehrbücher darauf. Wir versuchen es trotzdem, können dabei natürlich nur von unserer eigenen subjektiven Erfahrung ausgehen. Das Folgende ist daher lediglich ein Vorschlag, den Sie nur durch Anpassung an Ihre eigene Lebens- und Berufserfahrung für sich nutzbar machen können. Die Grundhaltung erleichtert die Nutzung schon jedes Zwei-Minuten-Alltagskontaktes (beim zufälligen Treffen auf der Straße, beim Betten, im Bus). Eine ideale Selbsterfahrungsmöglichkeit Ihrer Grundhaltung ist – außer der Angehörigengruppe – das *Gespräch zu dritt:* In jedem wichtigen Gespräch, besonders im Erst-Gespräch, setzen zwei Team-Mitglieder sich dem Patienten aus, möglichst unterschiedlich nach Alter, Beruf, Geschlecht. Das ist außer der Nervenarztpraxis jeder Einrichtung möglich, zumal der Aufwand sich auszahlt. Hier ist ein Praktikant genauso gut wie ein Erfahrener. Jeder Patient akzeptiert das, da er spürt, dass die Dreier-Konstellation das Lebensproblem lebendiger, öffentlicher und alltäglicher abbildet, während das »eigentliche« Gespräch unter vier Augen mich zwar existenzieller infrage stellt, das Gesprächsergebnis aber unverbindlicher bleibt, da an die Heimlichkeit gebunden. – Das Gespräch zu dritt schützt mich davor, über eine Abwehr des Patienten oder über einen heiklen Punkt bei mir selbst schnell hinwegzugehen, mich mit einem »ich weiß nicht« des Patienten abzufinden oder ihm die mühsamere Suche bei sich selbst abzunehmen, weil »ich es schon weiß«. Schon die bloße Anwesenheit eines Dritten kontrolliert mich, wo Angst, Mitleid, Aggression, Begeisterung, mein Wissen, meine Macht oder mein schnelleres Tempo mit mir durchzugehen drohen. So ein Satz des Partners: »Das ist mir zu schnell« oder »Herr X., Sie machen ein Gesicht, als ob wir Sie jetzt überfahren würden«. Oder wo ich mich verhake: »Ich glaube, unser Gespräch ist in eine Sackgasse geraten, ich bin da hilflos (zum Partner), können Sie uns da raus helfen?« Ich kann so dem Patienten leichter meine eigene Schwäche offenbaren, was immer ebenso schwer wie heilsam ist. Ferner wird es so möglich, zum selben Problem unterschiedliche Wahrnehmungen zu äußern. »Ich sehe das Problem gerade umgekehrt, wie kommt das?« Beide Team-Mitglieder können dann ihre unterschiedlichen Sichtweisen im Dialog miteinander vertiefen, (während der Patient zuhört), und – wie im Rollenspiel – verschiedene Lebenspartner des Patienten spielen bzw. herausarbeiten, dass die eine Sichtweise den Wünschen, die andere dem Gewissen des Patienten entspricht. Der Patient kann dabei sinnlich erfahren, dass die Gleichzeitigkeit widersprüchlicher Strebungen in ihm sinnvoll und nichts Abzuwehrendes ist, worauf er im Zweier-Gespräch nicht kommen würde. – Endlich ist das Gespräch zu dritt in wechselnder Konstellation die beste Ausbildungsmöglichkeit für alle und bewirkt, dass im Laufe der Zeit das ganze Team zu einer gleichsinnigen Grundhaltung findet. Im Folgenden unterscheiden wir drei Aspekte der Grundhaltung, die der Reihenfolge nach am ehesten der gesprächstherapeutischen, verhaltenstherapeutischen und psychoanalytischen Sichtweise entsprechen:

■ Selbstwahrnehmung (gesprächstherapeutischer Aspekt)

Beim Einfühlen (Empathie) in einen Anderen kann ich ihn mir leicht aneignen: »Ich verstehe Sie« oder ich kann mich leicht in ihn verlieren: »Schrecklich, wie schlecht es ihnen geht«. Einfühlen geht gar nicht, kann vielmehr nur heißen, dass beide zugleich sich mehr in sich selbst einfühlen. Wie geht das?

ÜBUNG dringend zu empfehlen: Bitten Sie eine Gruppe von Freunden oder Team-Kollegen, jeder solle beschreiben, wie er sich depressiv fühlt. Die Vollständigkeit des Gruppen-Ergebnisses wird Sie überraschen.

BEISPIELE »Das Gefühl, dass mir alles misslingt, was ich anfasse, dass ich alle Menschen schädige, die mit mir in Berührung kommen, besetzt mich zwar nur manchmal; aber ich weiß, dass es eine Grundstimmung ist, die tief in meinem Inneren mein ganzes Leben begleiten wird.« – »Ich bin gelähmt und leer, wenn ich einen Schritt, z.B. zu mehr Unabhängigkeit tun möchte, ihn mir aber verbiete, weil mein Wunsch nach Abhängigkeit, Geborgenheit gleich stark ist. Ich rede mir dann ein: Ich verzichte um des lieben Friedens meines Partners willen.« – »Solange ich mich mit meinem Partner offen auseinander setze, spüre ich Angst. Vermeide ich sie, ziehe ich mich ins Bett zurück, bin ich wütend, fühle mich schuldig, bin gehemmt; aber die Angst ist dann weg.« – »Manchmal fühle ich mich grundlos niedergeschlagen, auch körperlich schlecht. Den Grund dafür kann ich erst wahrnehmen, wenn es mir wieder besser geht.« – »Ich spüre, dass ich nicht mehr kann. Will ich mich entsprechend fallen lassen, wird meine Leistungserwartung immer stärker (›das darfst du nicht‹) und treibt mich ausweglos in noch größere Unfähigkeit hinein.« – »Ich kenne von mir, dass ich in der Auseinandersetzung mit jemandem auch durch Hilflosigkeit, Langsamkeit oder Schwäche den Anderen niederschlagen und Sieger bleiben kann.« – »Ich kann meinen Freund auch so kontrollieren: Ich sitze für jeden sichtbar deprimiert, kummervoll herum. Der Freund fragt: ›Was ist?‹ Ich antworte: ›Nichts!‹«

Diese »Suchhaltung in mir selbst« erweitert die Chance jeder Begegnung mehrfach:

a. Früher wollten Psychiater den Patienten (= Objekt) besser verstehen. Unser Ziel sollte vielmehr sein, dass der Patient (= Subjekt) sich selbst besser versteht – auf dem Umweg über mich, indem ich mich vom Anderen zu seinem Mittel, Objekt machen lasse. Indem der Andere mich in Dienst nimmt, erschließt er in mir ein neues Organ, wodurch ich – auf ihn hörend – mich besser verstehe und er dadurch sich. Ich zeige in meiner Suchhaltung, dass ich durch Begegnung und Austausch mit dem Patienten mich besser verstehe und dadurch er auch sich. Ich suche in mir, nicht in ihm: nur dadurch kann eine Subjekt-Subjekt-Beziehung entstehen. Ich teile ihm mit Wort und Haltung mit: »Dich verstehen, geht gar nicht, denn ich kann nicht an deine Stelle treten. Du bleibst für dich, mir radikal fremd. Nähe entsteht nur über Respekt vor Abstand. Aber deinen depressiven Selbsthilfeversuch kenne ich – anders – von mir. Ich kann die Erfahrung mit dir teilen. Du musst mit ihr nicht mehr total isoliert sein. Es gibt Gemeinsames zwischen uns.« (Übrigens: »Ich verstehe dich« heißt vom Wortsinn her präzise: »Ich verstehe *mich* auf dich«. Das tritt an die Stelle des objektivierenden besitzergreifenden Anspruchs, einen Anderen überhaupt verstehen zu wollen.) Ich kann einem Patienten eine eigene depressive Erfahrung mitteilen. Noch besser ist es, Bilder zu suchen, die der Andere als für seinen Zustand zutreffend annehmen oder ablehnen kann und die die Erfahrung mitteilbar machen.

BEISPIEL »Ich bin so depressiv, alles ist sinnlos.« Antwort: »Ihre Verzweiflung ist uferlos und Sie haben keinen Strohhalm, an den Sie sich klammern können.«

MERKE **Gefühle können wir überhaupt nur in Bildern sprachlich ausdrücken.**

b. Indem der Andere mich (durch mein Hören in Gehorsam ohne Hörigkeit) in meine Suchhaltung in mir schickt, nimmt er mir zwar meine gesunde Selbsterhaltungs- und Aneignungs-Identität, setzt mich aber dafür in eine neue moralische Identität des Auf-ihn-Antwortens, der Verantwortung für ihn ein; denn die Freiheit des Anderen kann unmöglich in der meinen ihren Anfang finden (LEVINAS 1992).

c. Die Suchhaltung bei mir selbst wird fast zwangsläufig zum Modell für den Patienten: Meine ihm wahrnehmbare Haltung steckt ihn unmerklich an, verführt ihn. Statt, wie bisher, mich mit seinen endlosen Hilfserwartungen zu lähmen, kann sich meine auch für mich schmerzliche Zurückweisung, dass ich ihn nicht verstehen kann, allmählich auszahlen: Von mir angesteckt beginnt er, auch bei sich selbst zu suchen, sich zu fragen, sich wahrzunehmen, sich zu diagnostizieren. Damit tut er, wozu er seit langem den Mut verloren hatte, was unvereinbar mit seiner Depression ist. Er hofft nicht mehr hoffnungslos nur auf Hilfe von Anderen, sondern beginnt, auf Hilfe von sich selbst zu hoffen. Es entsteht eine gemeinsame Arbeitsatmosphäre, in der jeder bei sich selbst sucht. Zurückweisung von etwas, was nicht geht (direktes Verstehen oder helfen) ist nicht Ablehnung, sondern Voraussetzung für Annahme. Es entsteht eine Begegnungsstruktur: Ich bin ich, und du bist du, und: Ich bin Du, wenn ich ich bin (Paul CELAN).

d. Die Suchhaltung bei mir selbst schützt auch die Handlungsfreiheit des Patienten: Sie schützt ihn vor mir, nämlich vor meinem Aktivismus in Worten und Werken. Denn mit der Suchhaltung drücke ich aus: »Innerhalb unserer Begegnung bleibst du ein Fremder, Gegenüber, Gegner. Daher kann ich nicht etwas für dich tun oder dich für dich verstehen. Ich will dir auch nicht meine theoretische Erklärung über deinen Kopf stülpen; denn sie gilt für mich und nicht für dich. Meine Suchhaltung bei mir ist Ausdruck meiner Solidarität mit dir. Sie kann dich ermutigen, dass du tiefer in dir suchst, als du dich allein bisher getraut hast, weil das so schmerzlich ist; dass du nicht stehen bleibst; dich nach dem Sinn deines Depressiv-Sein fragst; dich fragst, welches Lebensproblem du mit dem Depressiv-Sein lösen bzw. verdecken wolltest.« Diesen Prozess kann ich etwa mit folgenden Äußerungen fördern: »Wie kommt es, dass das, was Sie gerade sagen, mir Angst macht?« – »Die Trauer, die Sie gerade äußern, möchte ich gern noch tiefer verstehen; können Sie sie noch genauer (mal anders) ausdrücken?« – »Ich frage mich (nicht: Ich frage Sie), was Ihnen das Gefühl X bedeutet.« – »Ich frage mich, wie stark Ihr Wunsch nach Unabhängigkeit eigentlich ist; ist er wie ...«, und dann biete ich immer umfassendere Bilder an, bis der Patient sich selbst einschätzt und mich korrigiert: »Das eine Bild trifft zu, das andere ist übertrieben.« Das Gemeinsame an diesen Äußerungen ist das Bemühen, die Suchhaltung, die Selbstwahrnehmung immer wieder auf die Seite des Patienten hinüberzuspielen, in diesem Sinn: kein Mitleid mit ihm zu haben. (Dörner 2001)

7

■ Wahrnehmungsvollständigkeit (verhaltenstherapeutischer Aspekt)

An einem Patienten ist alles andere interessanter als seine Symptome. Und an seinen Symptomen ist neben ihrem Sinn die situativ unterschiedliche Ausprägung am interessantesten. Kein Patient ist ganz, gleich stark oder immer von seinem Depressiv-Sein besetzt. Selbst beim reglosen und stummen (mutistischen) depressiven Stupor sprechen noch die Augen, und zwar situativ verschieden. Das wird eher die Ärzte unter den Lesern überraschen, die den Patienten jeden Tag nur kurz (bei der Visite) sehen, weniger die Krankenschwester, die mit dem Patienten sechs Stunden am Tag zu tun hat. Diese Erfahrung hat für die Grundhaltung Konsequenzen:

a. Schon durch die Art unseres Sprechens soll der Patient unterscheiden, wie weit er Spielball der Depression ist, von ihr *gelebt* wird, oder wie weit er das, was er tut, selbst tut, verbunden mit der Möglichkeit, auch anders handeln zu können. Ziel ist, dass er wahrnimmt, dass er es ist, der sein Depressiv-Sein *lebt*, es herstellt, nicht nur Opfer, auch Täter ist. Hier ist schon die Betonung meiner Worte wichtig:

BEISPIEL Auf die Bemerkung »Ich empfinde nichts«, kann ich antworten: »Sie leiden darunter, dass Sie *nichts* empfinden«, womit ich aber nur den Symptom-Anteil des Patienten wahrgenommen habe. Vollständiger nehme ich wahr, wenn ich betone: »Sie leiden darunter, dass *Sie* nichts empfinden.« In seiner Antwort darauf kann der Patient näher bei sich selbst als dem Handelnden sein.

b. Es lohnt sich, dem Patienten bei der Unterscheidung von Situationen (differenzielle Wahrnehmung) zu helfen. Etwa: »Ich frage mich, was es macht, dass Sie sich im Krankenhaus freier fühlen als zu Hause?« Oder Sie lassen ihn zwischen mehreren Situationen entscheiden, ob er sich mehr oder weniger depressiv fühlt, etwa im Schlaf, im Bett, auf der Toilette, beim Essen, auf dem Arbeitsplatz, in Anwesenheit der Familie oder allein, morgens oder abends, in Gemeinschaft oder ohne, bei welchen Tätigkeiten, beim Ärger über die Therapeuten usw. Wenn ihm dies in seiner Alltagswelt nicht gelingt, geben Sie ihm einen Selbstbeobachtungsbogen, in den er über mehrere Tage Stunde für Stunde seine Tätigkeiten und Befindlichkeiten einzutragen hat. Das bringt fast immer eine Annäherung an das Ziel.

c. Weiterführend können Sie den Vergleich von Alltagssituationen und dem jeweiligen Befinden nun mit dem eigentlichen Lebensproblem in Beziehung setzen. Dann fällt es ihm leichter, die depressiven Symptome als eigenen Problemlösungsversuch für eben dieses Lebensproblem wahrzunehmen. Wenn Sie seine ungeheure Angestrengtheit, die immer vorliegt, als Beweis für sein Bemühen anerkennen, in Selbsthilfe die Problemlösung zu finden, und ihn für sein endloses Bemühen bewundern, kann er eher unterscheiden, dass sein Bemühen in keinem Verhältnis zum Ergebnis steht, weil die Problemlösungsmethode ungeeignet ist, da sie mehr der Abwehr und der Vermeidung des Lebensproblems und der darauf verweisenden Angst dient als der offenen Auseinandersetzung mit ihm. Statt sich z. B. mit dem Wunsch, der Beste zu sein, auseinander zu setzen, kann man depressiv über die eigene Bedeutungslosigkeit jammern. Wenn aber jemand nachvollziehen kann, dass er sich selbst in diesen depressiven Zustand hineingelebt hat, kann er auch eher wahrnehmen, dass er durch sein eigenes Handeln sich und dem Anderen den Lebensraum eingeengt hat und ein anderes Handeln zumindest für möglich halten.

■ Normalisierung der Beziehung (psychoanalytischer Aspekt)

Jeder von uns, der mit einem depressiven Patienten zu tun hat, egal, ob ich mit ihm Kaffee trinke, ihm seine Medikamente reiche oder ihn körperlich untersuche, gehört damit zu seinem Umgang, zu seinen Beziehungen und damit zu seiner Depression, wird ein Teil davon, wie zuvor seine Familienmitglieder, die Arbeitskollegen, der Hauswirt oder Passanten auf der Straße. Das stellt die schwere und »normalerweise« unlösbare Aufgabe: Wie gestalte ich die Begegnung so, dass er wie ich ein »normales« Maß an Unabhängigkeit des

Handelns gewinnen und halten können? Wir wollen uns der Antwort in zwei Schritten nähern.

a. Was wir bei jeder Alltagsbegegnung selbstverständlich tun, haben wir bei der Begegnung mit einem Patienten bewusst und ausdrücklich zu tun, weil hier nichts mehr selbstverständlich ist, die Selbstverständlichkeit erst wieder herzustellen ist. Daher unsere ständige Begleitfrage: »Wie wirkt der Andere auf mich, was löst er in mir aus?« Es ist die Frage nach der *Gegenübertragung*, die Grundlage all unseres Handelns sein soll. Im Falle des depressiven Patienten lautet die Antwort naiv und »normalerweise« etwa so: Sein Ausdruck und sein Elend stimmen mich mitleidig; spontan möchte ich ihm helfen, ihn entlasten, schonen und fürsorglich sein; ihn gegen Andere, die ihn bös überfordern, in Schutz nehmen; ich möchte ihn in seiner Trostlosigkeit trösten, ihm Mut zusprechen, ihm sagen, es wird schon wieder; wir möchten seine Partei ergreifen und gegen die gefühllose Vitalität seines Ehepartners Stellung nehmen, möchten uns in ihn hineinversetzen, uns mit ihm identifizieren, wollen ihm beispringen – wir, die wir doch alle zudem einen »sozialen Beruf« haben. Seine Hilflosigkeit macht ihn zum idealen Patienten unserer professionellen Hilfslust und Fürsorglichkeit. Das ist ein folgenschwerer Irrtum. Allenfalls ist der depressive Patient ideal, uns den Unterschied zwischen falschem und richtigem Helfen zu lehren. Denn sobald wir nach unseren »normalen« Hilfs- und Trostgefühlen handeln, haben wir uns von unseren *eigenen* Bedürfnissen verführen lassen, sitzen wir in der Falle, sind von der depressiven Beziehung abhängig, sind »Mitspieler«, einmontiert in die Depression, sind handlungsunfähig. Woran merken wir das? Spätestens daran, dass wir nach einiger Zeit verblüfft wahrnehmen, dass derselbe Patient jetzt negative Gefühle in uns auslöst, uns wütend und sauer macht.

Wie ist das zu verstehen? Wenn wir »normalerweise« mitleidig, tröstend und hilfreich sind, dann sind wir gewohnt, dass sich das ein bisschen auszahlt (Mitleid ist nicht uneigennützig), d.h. dass es dem Anderen etwas besser geht. Im Falle des Depressiven ist es aber umgekehrt: Das Mitleid steigert hier typischerweise das Leid: die Hilfe die Hilflosigkeit, die Entlastung die Belastung, die Fürsorge die Sorgen und der Trost die Trostlosigkeit – ein unendlicher Kreislauf. Allmählich dämmert uns die Vermutung, dass hier auch ein Machtkampf stattfindet, in dem wir garantiert verlieren, dass die Schwäche hier mit verborgener und gegen sich gerichteter Stärke (Antriebsüberschuss, Aggressivität) zu tun hat, wodurch der Patient mein Handeln kontrolliert und blockiert, nicht nur sich, sondern auch mich niederschlägt. Wir lernen: Solange wir nicht *alle* Seiten des Patienten wahrnehmen, auch die verborgenen, werden wir seiner Gesamtsituation nicht gerecht, und unsere Begegnung kann nicht für diesen besonderen depressiven Fall »normal« sein; und solange geht unser Handeln in die Irre. Außerdem: Wenn ich *für* jemanden Mitleid empfinde, bin ich in Gefahr, ihn als Person nicht mehr ernst zu nehmen, ihn mir zum Objekt zu machen, *für* ihn, d.h. an seiner Stelle etwas zu tun, wofür er sich rächen wird. (Hat Ihr Ehepartner bzw. Freund Ihnen nicht auch schon mal diesen Vorwurf gemacht?)

BEISPIEL Schwester: »Frau X geht mir auf den Wecker mit ihrer ewigen Jammerei. Wenn man der was gibt, will sie nur noch mehr haben. Manchmal denke ich, sie macht das absichtlich. Die macht mich sauer.« – Arzt/Psychologe: »Es kommt aber darauf an, dass Frau X sich in ihrem Kummer verstanden fühlt.« Schwester, wenn sie sich nicht anpasst: »Sie macht mich trotzdem wütend.« Wer hat Recht? Wenn diese Frage nicht nach Autorität entschieden wird, kann man nur sagen: Beide! Denn Frau X muss in ihrem Kummer wie in ihrer Aggressivität wahrgenommen werden. Arzt/Psychologe und Schwester nehmen Unterschiedliches, Widersprüchliches wahr; denn sie leben unterschiedlich dicht mit der Patientin zusammen. Wir brauchen also beide Wahrnehmungen für eine angemessene Grundhaltung. Damit wäre die Frage »Wer hat Recht?« überflüssig!

Wenn ich nun mühsam gelernt habe, dass Mitleid und Trost zu Enttäuschung und Aggressivität führen, mich vom Patienten abhängig machen und sein Depressiv-Sein verlängern, kann ich mir an den fünf Fingern abzählen, um wie viel länger und intensiver die Angehörigen denselben Teufelskreis durchlitten haben: von »wir trösten, schonen und entlasten dich« bis »wir können nicht mehr, wir haben die Nase voll von dir«. Alle Angehörigen und sonstigen Bezugspartner sind bisher Mitspieler des niederschlagenden, u. U. tödlichen »Spieles« Depression geworden, haben es nur verstärkt.

b. Wenn das so ist, dann muss der Weg zu einer normalen, beiden Seiten Unabhängigkeit lassenden Beziehung schon mal mit Sicherheit anders aussehen als der Weg, der alle Angehörigen bisher in einen quälenden, ausweglosen Clinch geführt hat. Ein solcher Weg hat daher zwischen Mitleid und Ablehnung hindurchzuführen. Er hat vielmehr den drohenden Beziehungsclinch zu entzerren und beide Seiten als Gegner einer Be-gegnung auf eine wahrnehmungsfähige Distanz (so, dass Hören erst möglich wäre) zu boxen: denn dadurch, dass ich mich mit meiner Suchhaltung wahrlich nicht schone, wird die Begegnung dafür tragfähig, dass auch der Patient sich nicht schont. Und dies gelingt durch meine Empfänglichkeit für alle Gefühle, die er bei vollständiger Wahrnehmung in mir auslöst, aber auch ihre Rückmeldung. Dazu gehört etwa:

1. Seine Trostlosigkeit habe ich eher noch zu vertiefen, um endlich auf ihren Grund zu kommen; denn einen Trostlosen trösten heißt, ihn zu verspotten.
2. Seiner Hilflosigkeit habe ich noch passiver – als bloß hilflos – zu begegnen; denn in der Tat kann ihm niemand helfen außer er sich selbst.
3. Seine Selbstabwertung muss mit der Abwehr seiner Angst zu tun haben, sich so mittelmäßig, wie er ist, zu akzeptieren, und mit der Abwehr seiner Trauer darüber, dass er so ist.
4. Sein Mitleidsappell, der mich irgendwann wütend macht, und die Gewalt, mit der er sich und mich niederschlägt, zeigen seine Unterdrückung der Wut über seine Kränkungen und die Gewalttätigkeit, die seinen Problemlösungsweg zur Sackgasse macht.
5. Endlich zeigt mir seine unendliche Angestrengtheit auch sein Bemühen um Selbsthilfe und damit seinen Wunsch, dass er seinen gnadenlosen Kampf gegen sich und seinen Partner eigentlich als Kampf für sich und für seinen Partner führen möchte, wofür ich ihm Bewunderung und Respekt zu signalisieren habe.

Dies zusammengenommen sind die vor allem passiven Erst-Antworten auf den Anderen, mit denen ich die Beziehung zu einem depressiven Patienten zu einer beiderseits unabhängigen Begegnung von Fremden und damit von Gegnern (nicht Freunden und nicht Feinden) »normalisieren« kann. Damit stellen wir eine Arbeitsatmosphäre her, die es dem Patienten erlaubt, über die Auseinandersetzung mit seinem wirklichen Lebensproblem einen angemesseneren Weg auszuprobieren statt über die depressiven Symptome. Erst wenn sich ein solcher offenerer Weg als möglich abzeichnet, würde der niederschlagende Weg über das Depressiv-Sein – ohne bekämpft zu werden! – überflüssig und könnte – aber erst dann – aufgegeben werden.

■ Übungen

■■ Übung I: Aufnahmegespräch zu dritt

Zur Kontrolle des Gelernten stellen wir jetzt das Aufnahmegespräch mit der uns schon bekannten Frau A. dar. Außer ihr nehmen an dem Gespräch ein Psychiater P. und eine Krankenschwester K. teil. Nehmen Sie es als Übung und überlegen Sie, was *Sie* nach jedem Beitrag von Frau A. im Sinne der erarbeiteten Grundhaltung gesagt hätten:

P: Frau A, erzählen Sie uns bitte, warum Sie zu uns kommen!

A: Ich habe wieder eine Depression, und da meinte mein Mann, es wär besser, dass ich wieder ins Krankenhaus gehe.

P: Und Sie, was meinen Sie?

A: Mir ist das egal, mir ist alles egal.

P: Sie sagen Depression. Das bedeutet für jeden etwas anderes. Können Sie beschreiben, was das für Sie heißt?

A: Na, ich bin eben wieder depressiv, fertig ... Ich kann nicht mehr. Es ist alles aus. Sie sehen doch selbst.

P: Hm, wenn Sie so sagen, dass alles vorbei ist, dass Sie nichts mehr erwarten, frage ich mich, was Sie von uns erwarten?

A: Nichts, es hat doch alles keinen Zweck.

P: Wenn Sie von uns auch nichts mehr erwarten, ist das für uns schwierig; wir wissen dann gar nicht, was wir für Sie ...

K: *unterbricht P und sagt zu ihm* Ich glaube, Sie verlangen zu viel von Frau A. Sie kann sich nicht für das interessieren, was für uns schwierig ist. *Und dann zu Frau A gewandt* Sie sagten eben, dass Ihnen alles egal ist, dass für Sie alles aus ist und dass Sie keine Hilfe für sich mehr erwarten können. Verstehe ich Sie richtig, dass Sie damit ausdrücken wollen, dass Sie sich innerlich ganz hoffnungslos fühlen, so als ob das Leben keinen Hoffnungsschimmer für Sie hätte?

A: *hebt zum ersten Mal den Kopf, wirkt eine Spur beteiligt* Ja, genau.

K: ... dass in Ihrem Inneren alles ganz leer ist, dass Sie sich fragen, was das ganze noch soll, dass Sie auch gleich Schluss machen könnten?

A: Ja, so ist das, und das quält mich ganz entsetzlich.

Von diesem Zeitpunkt an ist Frau A mehr im Gespräch »drin«. Das Sprechen fällt ihr etwas leichter.

K und P beschränken sich darauf, Gefühle zu hören und zu teilen. A gibt zu verstehen, dass sie sich beteiligt vorkommt. Im Folgenden geht es um die Suchhaltung, die Beziehung zwischen Symptomen und Lebensproblem und die offene Rückmeldung ausgelöster Gefühle.

K: Ich frage mich: was ist das eigentlich, was Sie so hoffnungslos macht?

A: Ach, es ist alles, das ganze Leben. Ich sagte ja schon, ich fühle mich ganz und gar sinnlos.

K: Wenn Sie an dem Punkt weiter bei sich nachsuchen, gibt es da Unterschiede? Ich meine, Dinge oder Menschen, wo Sie sich mehr hoffnungslos und sinnlos finden, und solche, wo das nicht so stark ist?

A: *denkt sichtlich eine kurze Zeit bei sich nach* Nein, ich kann keine Unterschiede sehen, können Sie denn so etwas sehen?

K: Ich kann das nicht für Sie tun. Das würde vielleicht mir, aber nicht Ihnen nützen. Nun, wenn Sie da keinen Unterschied sehen können, dann sollen wir ...

P: *unterbricht K* Einen Augenblick bitte. Ich möchte doch noch bei diesem Punkt bleiben. Ich habe da so einen verrückten Einfall, weiß auch nicht, ob das was ist: Mich wurmt immer noch der Anfang unseres Gesprächs. Da fühlte ich mich irgendwie abgewiesen von Ihnen, ohne dass Sie das gesagt hätten. Ich weiß nicht, ob ich mich über mich ärgern sollte, weil ich zu schnell war, wie meine Kollegin meinte, oder über Sie. Dagegen fühlten Sie sich von meiner Kollegin besser angenommen. Da war doch ein Unterschied. Da haben Sie einen Unterschied gemacht zwischen mir und meiner Kollegin. Ich frage mich, womit das zusammenhängt? Vielleicht, dass Sie mit Frauen besser sprechen können als mit Männern, oder was ist es?

A: *wieder nachdenklich* Darüber habe ich noch nicht nachgedacht, aber etwas ist da doch ... Vielleicht haben Sie mich an meinen Mann erinnert. Der ist auch immer schneller als ich.

P: Das ärgert Sie; so wie Sie sich über mich geärgert haben.

A: Ja – Nein – d. h. ich habe gedacht, dass das längst vorbei wäre. Früher habe ich mich bis zur Weißglut geärgert, habe immer versucht, genauso schnell und genauso gut zu sein wie mein Mann. Da war ständig Streit. Ich habe gekämpft mit ihm, wollte meine Unabhängigkeit, habe zeigen wollen, dass ich genauso viel kann, genauso viel wert bin wie er, habe neben dem Haushalt und den Kindern noch gearbeitet, habe alles Mögliche gemacht ... und ich glaube, er hat das nicht mal gemerkt. Irgendwie war ich gar nicht da für ihn. Zeit füreinander gab es nicht. Für ihn gab es nur: Sich hocharbeiten, hat er ja auch geschafft, hat eine gute Stellung, ist im Betriebsrat, in zwei Sportklubs, hat nebenbei unser Haus gebaut und jetzt will er noch den Ingenieur machen.

P: Sie wundern sich, dass Sie selbst jetzt noch, wo Ihnen alles gleichgültig ist, diese Wut spüren?

A: Schon.

K: Mir ist da noch was anderes wichtig. Ich versuche, mir aus Ihren Worten ein Bild von Ihrem Leben damals zu machen. War das so, dass alles, was für Ihren Mann Erfolg bedeutete, für Sie eine Niederlage war? War das so eine Konkurrenz zwischen Ihnen?

A: Kann schon sein.

K: Ich stelle mir so ein Leben als maßlos anstrengend und aufreibend für Sie vor.

A: Weiß Gott. Deshalb bin ich ja auch zusammengeklappt, damals, wegen der ersten Depression.

P: Damals waren Sie zum ersten Mal so hoffnungslos und wertlos wie jetzt?

A: Ja. Das war, als wir gerade in das neue Haus eingezogen waren. Da saß ich in all der Pracht, war endgültig festgenagelt, was ich doch gerade nicht gewollt hatte. Außerdem war Großmutter gestorben, der einzige Mensch, bei dem ich mich ganz wohl fühlte. Nun war ich allein – trotz meiner Familie.

P: Aber nach den Krankenhausaufenthalten ging es Ihnen doch wieder gut.

A: Die Familie war zufrieden. Aber innen drin war das nicht ganz richtig. Den Kummer – und ja wohl auch den Ärger – habe ich behalten, in mich hineingefressen, um des lieben Friedens willen. Mein Mann hat ja auch alles so gut gemeint. Bis ich dann wieder nicht mehr konnte und die Depression wieder kam.

P: Wenn ich Sie richtig verstehe, vermeiden Sie es, Ihren Kummer und Ärger offen zu zeigen. So war das ja auch hier zu Anfang des Gesprächs; und vielleicht ist das ja auch immer dann so, wenn Ihnen alles gleichgültig ist, so wie jetzt. Vielleicht ist deshalb die Gleichgültigkeit so quälend für Sie?

A: Ich weiß nicht. Darüber müsste ich nachdenken.

P: Das interessiert Sie; das möchten Sie gern genauer herausfinden. Nun, ich versuche, mich in Ihren Mann hineinzuversetzen. Wenn Sie Ihre Gefühle bei sich behalten, machen Sie es ihm schwer, Sie zu verstehen.

A: Ich glaube nicht, denn seit ich depressiv bin, kümmert mein Mann sich mehr um mich. Er ist mehr zu Hause, nimmt mir ab, was ich nicht kann, bringt sogar Blumen mit, was früher nie vorkam.

P: Das hieße: dadurch, dass Sie depressiv, schwach sind, haben Sie Ihren Kampf mit Ihrem Mann mehr zu Ihren Gunsten entschieden als durch Ihre früheren Versuche, ihn an Stärke zu übertreffen. Wenn schon nicht die Stärkste, dann möchten Sie die Schwächste sein. Sie lösen Ihr Problem jetzt durch Ihre Schwäche.

A: Aber das ist ja eben keine Lösung! Ich kann nicht froh darüber sein. Im Gegenteil: Jetzt ist alles noch schlimmer, denn jetzt zeigt mein Mann mir auch noch, dass er neben allem anderen auch den Haushalt »mal eben mit links schmeißen« kann, kochen, putzen;

auch mit den Kindern kann er viel besser umgehen als ich. Jetzt bin ich restlos überflüssig, nur noch ein lästiger Ballast für die Anderen.

P: Daher auch, dass Sie sich so wertlos und hoffnungslos fühlen.

A: Ja, sicher.

P: Ich versuche, mir das vorzustellen: Sie lassen die Anderen Ihre Aufgaben erledigen und beweisen damit sich und den Anderen noch stärker Ihre Wertlosigkeit.

A: Aber ich will doch meine Arbeit tun; ich kann doch bloß nicht.

P: Ich sehe, dass Sie das jetzt nicht können, ich sehe da aber auch Unterschiede: In unserem Gespräch haben Sie uns ein paar Mal aufgefordert, für Sie nachzudenken; vorhin haben Sie jedoch zum ersten Mal geäußert, dass Sie selbst nachdenken wollen. Da hatte ich das Gefühl, dass Sie sich nahe waren.

A: Möglich. Das war auch neu für mich ... *nachdenkliche Pause* ... es kann schon stimmen: Ich habe manchmal den Wunsch, die Anderen machen zu lassen, keine Verantwortung zu haben, einfach nichts zu tun.

P: Sich so richtig gehen zu lassen.

A: Ja; aber das geht nicht: Wenn ich dann meinen Mann sehe, wie der sich abrackert, mache ich mir Vorwürfe und versuche wieder, mich zusammenzureißen.

K: Sie verbieten sich dann gleich wieder diesen Wunsch und leben weiter so angestrengt und verkrampft wie zuvor ... und wie hier in diesem Raum.

A *und* **P:** Wieso?

K: Ich frage mich schon die ganze Zeit, wie Sie das aushalten: Seit Gesprächsbeginn sitzen sie immer noch auf der Stuhlkante, ohne sich anzulehnen; ich könnte das keine fünf Minuten. Und da niemand Ihnen das vorschreibt, quälen Sie sich und verbieten sich das selbst.

A: *lehnt sich an, empfindet die Lösung der verkrampften Muskeln widerwillig als angenehm, lächelt leicht* Auf meinen Körper habe ich nicht geachtet.

K: Wenn ich Sie richtig verstehe, achten Sie überhaupt wenig auf sich selbst, z. B. auf Ihre Wünsche.

A: Wie meinen Sie das?

K: Was sind Ihre Wünsche?

A: Meine Wünsche? Oh Gott, darüber habe ich lange nicht ... Jedenfalls freut sich meine Familie immer, wenn ich alles in Ordnung habe.

K: Es fällt Ihnen schwer, sich darauf einzustellen, aber ich meine nicht die Wünsche Ihrer Familie an Sie, sondern *Ihre* eigenen Wünsche.

Wir unterbrechen hier das Gespräch. Es sollte zeigen, wie Frau A ansatzweise zur Suche bei sich selbst, d. h. von der Diagnose zur *Selbst-Diagnose* kommt.

Übung II: Ehepaargespräch zu viert

Als nächstes sollten Sie den Ehemann hinzunehmen und im Rollenspiel zwischen Frau A, Herrn A, K und P andere Aspekte des Lebensproblems der Familie A erarbeiten, z. B.:

1. dass die Unterleibsbeschwerden für Frau A vielleicht bedeuten, dass sie sich auch als Frau nicht bestätigt empfand und sich ihre Sexualität selbst verboten hat, auch um ihren Mann damit zu treffen, von dem sie sich vernachlässigt fühlte; aber auch die Bedeutung für beide, dass sie über ihrer Elternrolle ihre Ehepartnerrollen vergessen hatten, was sich jetzt rächt, da die Kinder sich verselbstständigen;
2. dass sie neidisch ist auf die Selbstständigkeit ihrer schon fast erwachsenen Töchter, während sie sich an ihren Sohn klammert, dass sie schon überlegt hatte, ihn in den Tod mitzunehmen;
3. dass ihre arbeitsamen Eltern sie stark leistungsorientiert erzogen haben, was sie einerseits übernommen hat und wogegen sie andererseits immer gekämpft hat, um ihren eigenen Unabhängigkeitsweg zu finden – was sich jetzt im Kampf mit ihrem Mann fortsetzt, der sich wesentlich mehr im Einklang mit seinen Eltern erlebt.

Dieses Rollenspiel soll einmal die Anwendung der Grundhaltungsaspekte auch auf den Angehörigen üben und zum anderen den Gesprächsunterschied mit der Patientin alleine und mit dem Ehepaar gemeinsam wahrnehmbar machen.

Noch ein paar Gesprächstipps: Immer wenn K oder P ein Gefühl, eine Handlung aus der gegenwärtigen Gesprächssituation, aus dem »Jetzt und Hier« aufgreifen, nimmt die Selbstwahrnehmung der Teilnehmer sprunghaft zu, mehr als sich aus irgendeiner Information über As Leben machen lässt. – »Verrückte Familie« ist nützlich, weil – egal, ob der Andere zustimmt oder ablehnt – eine neue, unerwartete Sichtweise eingeführt wird. Beiträge, die mit »Aber« anfangen sind schlecht, weil sie zur Abwehr, Verteidigung auffordern.

Übung III: Angehörigengruppe

Schließlich sollten Sie ein weiteres Rollenspiel machen, in dem Sie es mit Herrn A ohne seine Frau im Rahmen einer Angehörigengruppe zu tun haben.

Sollten Sie so etwas noch nicht gemacht haben, genügen zur Vorbereitung ein paar Bemerkungen, da das ganze Buch von der Erfahrung aus geschrieben ist, dass wir es in erster Linie mit gestörten Beziehungen, mit Störungen von Familien, »Landschaften« oder »Systemen« zu tun haben, erst in zweiter Linie und innerhalb dieses Rahmens mit Störungen von Individuen. Inzwischen können wir sagen, dass jede Einrichtung der Grundversorgung – also jeder Sozialpsychiatrische Dienst, jede Station eines Krankenhauses, jedes Heim (auch Altenheim!), jede Tagesklinik und jede ambulante Fachpraxis – eine eigene Angehörigengruppe notwendig braucht. (Dörner u. a. 1997) Denn 1. erkenne ich so am besten den Beziehungs-, System- und Entwicklungsaspekt des Problems; 2. ist bei jedem Problem eine Beziehung im »Clinch«, sodass beide Seiten erst einmal wieder zu sich selbst kommen müssen, um sich neu und anders wieder begegnen zu lernen; 3. lerne ich so neben der Opferseite auch die Täterseite des Patienten kennen und die Tatsache, dass Angehörige stets mindestens so viel leiden wie die Patienten; 4. kann ich dadurch nicht mehr den Angstabwehraspekt und den Gewalttätigkeitsaspekt jedes psychiatrischen Problemlösungsversuches »übersehen«; 5. wird meine Arbeit dadurch vollständiger, realitätsorientierter und spannender und – wenn ich alle anderen Angehörigenkontakte in der Regel ablehne – *spart Zeit!* Aus dieser Basis-Angehörigenarbeit kann sich ergeben, dass sich in Einzelfällen darüber hinaus die Indikation für eine aufwendigere familientherapeutische Behandlung ergibt. – Übrigens: Wenn Sie bei einer Angehörigengruppe mitmachen, macht das – neben Ihrer Kontrolle durch die anderen Patienten, durch die Team-Kollegen und durch die »dummen Fragen« der Praktikanten – einen weiteren speziellen Supervisor für Ihre Arbeit weitgehend überflüssig!

Jetzt noch ein paar bewährte Vorschläge für das praktische Vorgehen: Sie können die anfangs ungewohnte Gruppensituation etwa so einleiten: »Von Ihnen allen ist im Augenblick ein Angehöriger Patient. Er hat die Chance, seine Schwierigkeiten zu bearbeiten. Aber auch Sie sind von den Schwierigkeiten betroffen, vielleicht mit eigenen Anteilen beteiligt. Unsere Erfahrung hat gezeigt, dass es ebenso gerecht wie hilfreich ist, wenn auch Sie wenigstens einmal in der Woche die Gelegenheit haben, gemeinsam mit Anderen, die in derselben Lage sind wie Sie, Ihre eigene Betroffenheit oder Ihre eigenen Anteile besser zu erkennen und damit umgehen zu lernen.« Zu Anfang schütten die Angehörigen sich meist gegenseitig ihr Herz aus, fühlen sich unter Gleichgesinnten, sind erst mal in der Überzahl, dürfen endlich reden, während sie sonst zum Schweigen und Leiden verurteilt sind, durch Ärzte, Freunde oder ihr eigenes Gewissen zusätzlich mit Schuldgefühlen bezüglich des jeweiligen Patienten belastet. Sie werden beschämt sein hinsichtlich des Ausmaßes des Leidens der Angehörigen, das sonst nie so offen zum Ausdruck gekommen wäre.

Ein **BEISPIEL** »Machen Sie das mal mit; seit einem Jahr werde ich jeden Morgen durch das Stöhnen meiner Frau geweckt, es gehe ihr so schlecht, am liebsten möchte sie sich heute umbringen. Und dann muss ich trotzdem zur Arbeit. Wenn ich im Betrieb gerufen werde, denke ich jedes Mal, zu Hause ist was passiert, ist ja auch schon dreimal vorgekommen. Und abends komme ich kaputt nach Hause, da ist nichts gemacht; dann mache ich den ganzen Haushalt. Ich kann nicht mehr. Heimlich denke ich, dass ich mehr fertig bin als meine Frau mit ihrer Depression. Aber das darf man ja nicht laut sagen.« Da die Angehörigen – überrascht – entdecken, dass alle in ähnlicher Lage sind, entsteht allmählich eine Atmosphäre, in der sie sich verstanden fühlen, zunächst überwiegend auf Kosten der Patienten, als Nachholbedarf.

Haben Sie erst diese Entlastungsphase gefördert, haben Sie danach das Gespräch auf die eigenen Anteile der Angehörigen zu lenken, entsprechend der Grundhaltung. Jeder hat bei sich selbst zu suchen, wo er sich gekränkt, angegriffen, geängstigt, gehemmt, beeinträchtigt oder gefördert fühlt. Sie werden überrascht sein, wie scharf die Angehörigen sich gegenseitig wahrnehmen, auch angreifen, Unterschiede feststellen, etwa so: »Sie wirken auf mich wie eine Maschine, ganz tot; ich kann mir nicht vorstellen, dass Sie Ihrem Mann auch mal sagen, dass Sie ihn lieben.« Oder: »Sie geben sich wie ein Supermann, alles können Sie alleine; da muss Ihre Frau sich ja überflüssig vorkommen; haben Sie sie überhaupt schon mal an *Ihren* Sorgen und Ängsten teilnehmen lassen?« Oder: »Sie tun alles für Ihren Sohn; der muss sich schämen, wenn er wagt, mal eine Sache anders zu sehen als Sie; so kann der nicht selbstständig werden.« Aus solchen Beiträgen können Sie die Frage entwickeln: »Bisher haben Sie es so gemacht; dadurch wurde es immer schlimmer; ich frage mich, wie Sie es mal anders versuchen können?«, z. B. mehr auf die gefühlsmäßigen Bedürfnisse des Patienten eingehen, ihm weniger abnehmen, ihm mehr zumuten, ihn ernster nehmen oder sich mehr um die eigenen Probleme, Wünsche kümmern, als um die des Patienten.

Es hat sich gezeigt, dass bei diesem getrennten Suchhaltungssetting für Patient und Bezugspartner mehr Selbstständigkeit für beide herauskommt. Das ist wichtig, weil in den Beziehungen depressiver (und anderer) Patienten meist zu viel Nähe, Bewegungslosigkeit, »clinch« besteht. Wenn beide sich mehr um sich selbst kümmern als um die Anderen, können sie wieder den Abstand zueinander finden, der es ihnen ermöglicht, den jeweils Anderen mit seinen eigenen Bedürfnissen und mit seinem Fremdheitskern als selbstständigen Menschen wahrzunehmen und zu schätzen. Angehörigen-Gruppen können als Selbsthilfegruppe allein ohne Sie weitermachen, vor allem bei Langzeitpatienten.

(Ganz nebenbei müssen wir gestehen, dass wir durch unsere Teilnahme an Angehörigengruppen über unsere eigenen Partner- und anderen Familienbeziehungen ständig so viel Neues lernen, dass wir schon aus diesem »egoistischen« Grund nie mehr auf dieses psychiatrische Arbeitsmittel freiwillig verzichten werden!)

Zur Durchführung des Rollenspieles der Angehörigengruppe mit Herrn A sollten Sie vereinbaren, dass zwei Leute aus Ihrer Gruppe die Team-Mitarbeiter spielen. Sie sollten sich vor allem nach dem Alter unterscheiden. Je unterschiedlichere Familienbeziehungen in der Gruppe vorkommen, desto besser. So könnten z. B. zwei die Eltern eines schizophrenen jungen Mannes sein, einer die Ehefrau eines Alkoholikers, einer die Schwester eines geistig Behinderten, einer der Sohn oder Neffe einer geriatrischen Patientin, einer der rechtliche Betreuer eines wahnhaften Einzelgängers und einer eben Herr A. Während des Spielens werden Sie darauf kommen, dass für die Begegnung mit den Angehörigen dieselben Grundhaltungsregeln gelten wie für den Umgang mit Patienten, nur dass sie hier meist leichter und schneller zu einem Erfolg – für den Angehörigen *und für den Patienten!* – führen. Was wäre etwa für den Umgang mit Herrn A und sein Ziel zu bedenken:

Anfangs braucht er sicher viel Bewunderung für seine Märtyrer- und Helferrolle; denn würde diese zu früh in Frage gestellt, würde er gekränkt wegbleiben, da sie das Einzige ist, was er noch hat – wie seine Frau die Depression. Erst wenn ihm diese Bewunderung fast schon zu viel wird, können Sie sich fragen, ob dieses Leben für ihn nicht doch auch ungeheuer anstrengend sei. Erst wenn er das bejahen kann, kann er vielleicht auch zulassen, sich als leidend zu bezeichnen, was mit seiner Entwicklungshelferrolle schon nicht mehr vereinbar ist. Er wird sagen können, dass er sich sein Leben anders vorgestellt habe. Da hinein passt etwa seine maßlose Enttäuschung darüber, dass seine Frau das eigene Haus, den Gipfel seines eigenen Leistungsstolzes, »undankbar« mit ihrer Depression »niedergeschlagen« habe. Da dies und anderes so »gezielt« war, kann er sich jetzt auch öffentlich die Schicksalsfrage stellen: »Ist sie eigentlich krank oder böse, kann sie nicht oder will sie nicht?« Steckt in ihrer Depression eine (böse) Absicht? Von hier aus kann man ihn über die Unterschiede zwischen ihm und seiner Frau nachdenken lassen, allmählich auch über den Machtkampf, darüber, dass sie sich ständig vergeblich abgestrampelt hatte, ihn in seinem nun mal schnelleren Tempo einzuholen. Irgendwann kommt dann die Frage, warum er den Laden nicht hinschmeiße, sondern hartnäckig an seiner Frau hänge, wofür nicht sie ihn, sondern er sie eigentlich brauche? Er wird sich sehr anstrengen müssen, sich diese Frage zu beantworten. Vielleicht fallen ihm dabei nicht Nachteile, sondern Vorteile, »Tugenden« der Langsamkeit ein – wie z. B. größere Nachdenklichkeit, Empfindsamkeit, Wahrnehmung in die Breite und Tiefe, Gefühlsstärke usw., wo er nämlich der Schwächere ist und dringend auf Entwicklungshilfe durch seine Frau angewiesen ist, wenn – ja, wenn er ihr das nur einmal im Leben offen gesagt hätte! – Damit wären Sie aber schon mittendrin im Lebensproblem der Eheleute A und Sie werden selbst erleben, wie schnell sich die anderen Angehörigen-Rollenspieler (insbesondere die Alkoholiker-Ehefrau) in das Gespräch konstruktiv einschalten.

D Assistenzziel Selbst-Therapie

Wenn ich einem Depressiven erstmals die Hand gebe, trete ich als »Ersatzspieler« in ein Spiel oder Drama ein, in dem mindestens zwei der Hauptakteure sich spielunfähig gemacht haben, um für eine befristete Zeit das Spiel wieder in Gang und die Spieler so in ihre Positionen als Gegenüberstehende, als Gegner zu bringen, dass sie in Zukunft ohne mich ihr Spiel zu Ende bringen können. Dabei ist bessere Nutzung der Bühne, des Spielfeldes, der »Landschaft« und der Spieler so, wie sie sind, schonender und erfolgreicher als ständiges Herumfummeln an den Spielern selbst mit der mehr oder weniger gewalttätigen Aufforderung, sie müssten sich ändern. Es gibt hier nichts direkt zu bekämpfen – anders als in der Körpermedizin. Daher darf Be-handeln nur im Rahmen von Ver-handeln stattfinden, Diagnose (»Ich diagnostiziere dich«) nur im Rahmen von Selbst-Diagnose, Therapie (»Ich therapiere dich«) nur im Rahmen von Selbst-Therapie. Die Psychiatrie wäre weiter, wenn sie die »Krankheitseinsicht« hätte, dass sie niemanden direkt therapieren kann. Daher möge auch der geneigte Leser spätestens ab heute das Wort »Therapie« nur noch mit dieser Selbstbescheidung in den Mund nehmen. Sonst sind wir nur für die je gegenwärtige Symptom-Reparatur (kurativ), nicht für die Zukunft (präventiv) tätig, machen uns nicht überflüssig, sondern eher zum Dauerkorsett für einen immer größeren Teil der Bevölkerung.
Mehr noch: Da in der Gesamtbeziehung zwischen mir und dem (depressiven) Patienten schon auf Grund meines Macht- und Wissensvorsprungs und meiner Änderungsstrategien (schon wenn ich den Anderen mit Psychopharmaka manipuliere) eine aktiv-asymmetrische

Subjekt-Objekt-Dimension weder vermeidbar ist noch geleugnet werden darf, ist diese moralisch nur erlaubt, wenn sie eingebettet ist in den Rahmen einer umgekehrt passiv-asymmetrischen Grundhaltungsdimension, in der ich als psychiatrisch Tätiger das Objekt des Subjekts Patient bin, der mich in seinen Dienst nimmt, der mich sich aussetzt und der mich als seinen Assistenten mit dem Ziel seiner Selbst-Therapie einsetzt. Nur in dem Maße, wie diese passive Einbettung meiner Aktivitäten gewährleistet ist, kann auch die dritte, stets von allen gewünschte, aber so unendliche schwierige Subjekt-Subjekt-Dimension zwischen uns wenigstens vorübergehend, spurenhaft zum Tragen kommen (zur Assistenz vgl. auch Kapitel 2).

Ort der Handlung

Um den Ort richtig zu wählen, muss ich Folgendes wissen:

- das Ausmaß der Suizidgefahr (s. Kapitel 10): Sie ist erhöht, a) wenn die depressiven Symptome (Angstabwehr) noch nicht oder nicht mehr so »stabil« gelebt werden, also zu Beginn oder gegen Ende der Depression; b) wenn die Ausdruckshemmung für aggressive Gefühle sich kaum bewegen lässt; c) wenn ein Patient die Therapeuten dadurch erfreut, dass er »reibungslos schnell« weiterkommt, weil dann nämlich ein reibungsvolles Teilen der wirkliche Gefühle des Patienten gar nicht stattfindet. – Die Problemlösungsmöglichkeit Suizid ist *immer* zum Thema zu machen, sonst machen *wir* uns der Angstabwehr durch Vermeidung schuldig, nicht der Patient!
- das Ausmaß, wie sehr jemand aufgrund seines Körperzustandes erst mal als körperlich kranker Patient anzusehen ist;
- wie sehr jemand nur »Krankheits«-einsicht statt Problemeinsicht hat;
- ob jemand mehr durch einen akuten Verlust und Unterdrückung seiner Trauer depressiv ist oder mehr durch einen Partner-Clinch oder mehr durch noch kindliche Abhängigkeit von den Eltern-Erwartungen oder mehr von seinem Temperament her (Ausmaß seiner Ordentlichkeit, seines Pflichtbewusstseins, seines Anspruchs, Hundertprozentiges zu leisten);
- wie sehr ein Leben zwischen gleich starken Wünschen lähmt, z. B. Abhängigkeit / Unabhängigkeit, Herrschaft / Unterwerfung;
- schließlich, wie tief greifend sich jemand *seine* Möglichkeiten verbietet, weil er sich an den Maßstäben des Anderen orientiert – was vielleicht die allgemeinste Formulierung für den Sinn jedes Depressiv-Seins ist.

Der Ort der Handlung für depressive »Ersatzspiele« (Therapie) ist in der Regel der ambulante Bereich, schon damit alle im Problemfeld bleiben und weil das Krankenhaus die Abhängigkeitsgefahr gerade für depressive Menschen erhöht.

Der SpD oder die Sozialstation sind der Ort für die »undankbarsten« ambulanten Engagements: für die, die keine Hilfe wollen oder kriegen (Vereinsamte oder Alte).

Die Abteilung/Klinik ist der richtige Ort, a) wenn nur noch der Weg des Suizids gesehen wird (das Krankenhaus ist keine Garantie für Suizidverhütung!), b) wenn die Körperschwäche dies erzwingt, c) wenn der Patient nur noch Spielball seiner Symptome ist oder am häufigsten d) wenn der Familien-Clinch zunächst eine äußere Trennung für alle notwendig macht. – Die Tagesklinik vereinigt gerade für depressive Patienten die Vorteile des ambulanten und stationären Aufenthaltes, u. U. nach einigen Tagen stationären Schutzes.
In der letzten Zeit halten es manche für einen Therapie-Fortschritt, schwierige Patientengruppen (z. B. »Doppeldiagnose« Schizophrenie und Alkohol) Traumatisierte und eben auch Depressionen auf »Spezialstationen« zu konzentrieren. Motiv hierfür war zunächst konzeptuelle Überzeugung (Wolfersdorf 2000, Rahn u. a. 2000); heute ist es eher das marktorientierte Interesse von Krankenhausträgern, Betten zu füllen (längere Spezial-Verweildauer) und neue = überregionale Patienten zu rekrutieren (bundesweite Werbung). Wir halten das für einen falschen und gefährlichen Weg; denn 1. wird damit der gemeindepsychiatrische Reformkern dem Markt geopfert, indem 2. die für die genannten Patientengruppen besonders wichtige Verklinkung von stationärer, teilstationärer und ambulanter Betreuung erschwert oder verunmöglicht wird, während 3. wegen ohnehin unvermeidlicher weiterer Verkürzung der stationären Verweildauern der berechtigte Spezialtherapiebedarf sowieso überwiegend ambulant organisiert werden muss, wobei es 4. weltweit keine seriöse Untersuchung zum Vorteil oder zum Nachteil einer Spezialstationstherapie gibt, wohingegen man aus der Erfahrung 5. eines sehr wohl weiß: stationäre Monokulturen diagnostischer Patientengruppen fördern deren Chronifizierungsgefahr. Aus all diesen Gründen halten wir gerade auch für Depressive gemischtdiagnostische Stationen – trotz vordergründiger Unruhe-Nachteile – eindeutig und vor allem langfristig für besser (vgl. auch Werner 1998). Vorausgesetzt natürlich, die Station hält soteria-artig Zonen der Ruhe und des Rückzugs neben Zonen der Geselligkeit und Aktivität vor.

Gastspiel-Vertrag

Gerade weil depressive Patienten in der Regel wenig »vertragsfähig« wirken, da sie von der Medizin nur »Gesundheit« erwarten, ist es wichtig, sie sobald möglich zum Partner einer Vereinbarung über die Zusammenarbeit zu machen. Denn wer über einen Vertrag verhandelt, ist eine handelnde Person. Was ist wichtig dabei?

- **Der Ort:** selbst im Krankenhaus ist mein Therapie-Ersatzspiel ein Gastspiel auf der Bühne der familiären »Landschaft« des Patienten, sodass der Vertrag alle Hauptakteure umfassen muss.
- **Die Zeit:** weil depressive Patienten das Zeitgefühl verloren haben, sind Vereinbarungen über Zeitabschnitte sorgfältig zu strukturieren.
- **Die Ziele:** sie können nicht beschränkt und konkret genug sein; z. B. statt Änderung des Temperamentes: anderer Umgang mit ihm, nicht seine Nachteile, sondern seine Vorteile

entdecken. Erfolg in einem scheinbar nebensächlichen Teilbereich kann sich verallgemeinern (z. B. Körpererleben verändert das Erleben der Geschlechtsrolle).

Wichtiger noch sind Vereinbarungen über die Wege, auf denen die Annäherung an die Ziele erfolgen soll. Dazu ist

1. unverzichtbar, dass der Patient schon im Erst-Gespräch ein paar eigene Stärken oder Eigenschaften, die er an sich mag, nennt, was mit einem depressiven Selbstgefühl nicht vereinbar ist (z. B. »Ich verstehe etwas von Blumen«, »Ich kann gut zuhören«).
2. kann das Gegenteil des bisherigen Handelns vereinbart werden: Wer z. B. es anderen immer recht macht, probiert aus, sich mal ins Unrecht zu setzen.
3. Vereinbarungen über Aspekte des Lebensproblems sind erlaubt, über die depressiven Symptome jedoch verboten. Der Patient muss das Gefühl haben, während er an sich arbeitet, in Ruhe weiter depressiv sein zu dürfen. Erst wenn eine lebensfähige Problemlösung erarbeitet ist, braucht der Patient seine depressiven Symptome nicht mehr, können sie von selbst überflüssig werden. Depressivität darf nie bekämpft werden. Aufforderungen wie »Reiß dich zusammen!« kennt er bis zum Lebensüberdruss aus seiner Familie und von sich selbst. Sie treiben ihn tiefer in die Depression. Eher ist das Gegenteil, die bewusste Symptomverschreibung, wirksam. So z. B. die Verordnung von Schlafentzug über eine Nacht oder mehrere Nächte: wer bewusst und absichtlich schlaflos oder depressiv ist, kann der Schlaflosigkeit oder dem Depressiv-Sein nicht mehr als hilfloses Opfer ganz ausgeliefert sein.
4. Vereinbarung über die Aufteilung des Weges zu einem Ziel in Einzelschritte.
5. Der erste Schritt wird in der einfachsten und konkretesten Situation getan: »Ärger offener ausdrücken« z. B. hat sein »Trainingsfeld« erst im Umgang mit Mitpatienten, dann in der Gruppentherapie und erst danach auf den »Ernstfall« der Angehörigen übertragen.
6. An der Vereinbarung von Signalen können alle erkennen, dass der Patient sich auf dem richtigen Weg befindet: Der Mann, der seine Hemmungen gegenüber gleichaltrigen Frauen verlieren will, vereinbart, sich häufiger in der Nähe von Frauen aufzuhalten (Signal fürs Handeln), und zwar nur solange, wie er sich entspannt fühlt (Signal für die Gefühle).
7. Vereinbarungen sollten möglichst vom Patienten erarbeitet werden, wobei der psychiatrisch Tätige regelmäßig die Aufgabe hat, den Anspruch drastisch herabzuschrauben, da der Patient gewohnt ist, sich Niederlagen zuzufügen.

So entsteht allmählich ein Gastspielvertrag auf Zeit mit Ausführungsbestimmungen. Dies kann mündlich oder schriftlich geschehen. Richtig liegen wir, wenn ein Patient eine so strukturierte Therapiezeit etwa als »Lebensschule« bezeichnet, wobei wir freilich immer wieder zu kontrollieren haben, dass kein Leistungszwang entsteht.

Übung Fortsetzung des Aufnahmegespräches

Wir setzen hier das Gespräch mit Frau A fort, um zu zeigen, wie man bis zur Vereinbarung der Zusammenarbeit kommt:

K: ... ich meine nicht die Wünsche Ihrer Familie, sondern Ihre eigenen Wünsche.

A: Ich kann darauf nicht antworten, ich habe keine Wünsche. Für meinen Mann ist das einfach: Wenn der sich was wünscht, dann tut er was dafür und kriegt es auch. Der ist so, wie er ist.

K: Und Sie? Sind Sie auch, wie Sie sind?

A: Wie ich bin? Ich weiß nicht, es ist alles so durcheinander in mir; erst habe ich darum gekämpft, unabhängig zu sein, jetzt sitze ich herum, tue nichts mehr, und alles ist immer schlimmer geworden.

K: Mir macht das Angst, wie böse Sie mit sich umgehen; ich möchte nur wissen, warum ... Ich versuche es mal so: Was bedeutet eigentlich für Sie »unabhängig« und was für Ihren Mann? Ist das dasselbe, oder ist da ein Unterschied?

A: Für meinen Mann, das ist einfach: es bedeutet, mehr leisten als Andere, besser sein, schneller sein.

K: Und für Sie? Ich habe das Gefühl, Sie können sich besser in Ihren Mann als in sich selbst versetzen.

A: Komisch, das habe ich auch schon mal gedacht. *Nachdenken* Warten Sie mal, glauben Sie etwa, dass ich da auf meinen Mann hereingefallen bin?

K: Wie meinen Sie das? Können Sie es anders sagen?

A: Na ja, dass – wie soll ich sagen – dass ich mich mit der Unabhängigkeit und überhaupt nach ihm gerichtet habe.

K: Sie glauben, es könnte so sein?

A: Ich kann es kaum glauben, so habe ich das noch nicht gesehen. Das hieße ja ...

K: ... dass Sie Ihren Mann für sich zum Maßstab gemacht haben, statt Ihren Maßstab in sich selbst zu finden?

A: Ja, dann hätte ich seine Art der Unabhängigkeit, seinen Leistungsfimmel, mir zum Maßstab gemacht, obwohl Unabhängigkeit für mich vielleicht was ganz anderes ist.

P: Wenn ich Sie richtig verstehe, meinen Sie mit dem »was ganz anderes« noch mehr, etwa so: Für Sie galt, solange ich nicht bin wie mein Mann, bin ich schlechter und wertloser als er, z. B. langsamer, also wertloser; und jetzt überlegen Sie, dass sie vielleicht nicht wertloser, sondern nur *anders* sind als Ihr Mann und dass Sie vielleicht sich selbst, Ihre eigene Natur bisher vergewaltigt, niedergeschlagen, sich verboten, vergessen haben?

A: Kann sein; aber das geht mir wieder zu schnell, ich kann das alles so schnell nicht fassen.

K: Es gelingt Ihnen *schon* zu sagen, dass Ihnen etwas zu schnell geht – im Gegensatz zum Anfang unseres Gesprächs.

A: Tatsächlich. Mir fällt gerade ein, dass mich mein Mann so ja auch gar nicht verstehen konnte ... Aber jetzt läuft alles für mich auf die Frage zu: Wie bin ich denn wirklich?

Ach, ich habe schon begriffen: Ich bekomme auf solche Frage von Ihnen ja doch keine Antwort. Ich muss es wohl schon selbst herausfinden. Aber wie?

K: Wenn Sie so fragen, ist es so, dass Sie jetzt – bei aller Hoffnungslosigkeit – eine Frage gefunden haben, die dazu führen kann, in Zukunft vielleicht anders und leichter leben zu können, und dass Sie daran so wie in diesem Gespräch auch weiterarbeiten wollen?

A: Hoffen kann ich noch nicht; aber ich sehe, dass da vielleicht ein Weg ist.

K: Dann sollten wir jetzt gemeinsam Vereinbarungen für diesen Weg finden, damit Ihr Aufenthalt bei uns dafür sinnvoll wird, dass Sie Ihrem Ziel näher kommen, nämlich besser sich selbst kennen und mit sich umgehen zu lernen.

Nachdem das Assistenzziel Selbst-Therapie am Horizont aufleuchtet, folgt die Beschreibung des Sinns des Angebots der Einrichtung. Die Aufenthaltsdauer wird auf vier Wochen vereinbart. Da die Zieldefinition nur bis zu einer allgemeinen Formulierung gediehen ist, werden konkrete Situationsbezüge des Handelns bzw. einzelne Schritte zur Annäherung an das Ziel vereinbart: Frau A wird darauf achten, sich in ihrem täglichen Tun auf der Station unabhängig von der Bewertung durch Andere zu halten und sich stattdessen selbst zu bewerten. Zur Erleichterung und als Signal für sich und das Team wird sie anfangs jeden Abend eine Situation des Tages aufschreiben, in der sie mit ihrem Handeln zufrieden war. Sie wird weiter nicht auf Ähnlichkeiten, sondern auf Unterschiede zwischen sich und Anderen achten. Beides – Selbstbewertung wie Achten auf die Unterschiede – wird zunächst im Umgang mit den Menschen auf der Station geübt, bevor dasselbe auf die Beziehung zu ihrer Familie übertragen wird. Ferner wird sie versuchen, Gefühle vollständiger auszudrücken, vor allem Unzufriedenheit, Ärger und Wut. Darüber hinaus ist sie aufmerksam für das Auftauchen eigener Wünsche (zwei Ansätze ergaben sich schon im Aufnahmegespräch: Geborgenheit und Sich-gehen-Lassen). Dabei geht es darum, wie weit die Wünsche wirklich ihre eigenen oder von Anderen übernommen sind. Besonders auf diesen Umgang mit eigenen Wünschen wird sie öfter von Team-Mitgliedern angesprochen werden. Das Team wird Hilfe verweigern, wo sie die Erledigung eigener Angelegenheiten zu vermeiden sucht. Schließlich ist sie damit einverstanden, dass ihr Mann die Angehörigengruppe mitmacht, vielleicht auch die Kinder.

■ Spieldauer und -ende

Kein Mensch kann dauerhaft schwer depressiv sein. Es ist also eher lächerlich, das Ende einer Depression als therapeutischen Erfolg zu feiern. Der Sinn unseres Gast- und Ersatzspieles besteht vielmehr darin, die Zeit der Depression zu nutzen, damit die Beteiligten am Ende einen anderen Umgang mit sich und dem Anderen haben, was Wiederholungen womöglich unnötig macht. Insofern beginnen Diagnose, Therapie, Rehabilitation und Prävention gemeinsam am ersten Tag des Kennenlernens und dauern bis zum letzten.

Nicht selten erleben Sie, dass ein Patient nach gutem Start wieder depressiver wird. Gründe: der Patient fällt Ihnen zu sehr auf den Wecker oder Sie waren so zufrieden mit seinen »Fortschritten«, dass Sie aufgehört haben, ihn aus seiner depressiven Hoffnungslosigkeit zu verstehen. Sie haben vergessen, dass der Patient während seiner Arbeit an sich selbst gleichzeitig immer noch lange den Schutz seiner depressiven Symptome braucht. Durch Ihre Freude über den »Erfolg« haben Sie ihn gezwungen, sein Depressiv-Sein gesteigert auszudrücken. Eine andere Schwierigkeit im Verlauf der Handlung: Sie stehen dauernd in der Gefahr, Ihren Ersatzspielerstatus, den Sie vertraglich festgelegt haben, zu vergessen und sich vom Patienten zum echten Mitspieler seines Depressiv-Seins adoptieren zu lassen. Denn so wenig wie Sie kann der Patient auf Dauer sein Depressiv-Sein alleine leben. J. Gross: Ein Depressiver braucht einen nicht-depressiven Partner; oder: In einer Beziehung sind nie *beide* depressiv. Wehe, sie passen nicht auf. Schneller als gedacht, stehen Sie für den Patienten wirklich anstelle des Ehepartners, rotieren im Kreislauf von Mitleid und Aggression, verstärken die depressive Abhängigkeit, und die Unabhängigkeit Ihres Handelns ist weg.

BEISPIEL für das Verführerische solcher Beziehungen: Nehmen wir an, Sie teilen als Beschäftigungstherapeutin einer depressiven Patientin Ihre Beobachtung mit, dass sie bei der Arbeit immer lustloser wird. Patientin: »Sie wollen immer nur, dass ich hier mitmache. Was soll die Arbeiterei? Überhaupt bringt mir die ganze Station nichts, und keiner versteht mich. Herr Dr. X ist da anders, der hat Zeit für mich, obwohl der doch so viel zu tun hat, der hilft mir wirklich.« Am gleichen Tag ist Stationsbesprechung. Dr. X, jung und in psychotherapeutischer Ausbildung, berichtet, er habe mit dieser Patientin ein »paar gute Gespräche gehabt«; er habe jetzt ein Bild davon, wie sehr sie schon in der Kindheit vernachlässigt worden sei. Da haben Sie Ihr Fett: Dr. X ist für die Patientin der »gute« und Sie (und die Station) sind der »böse« Elternteil! – Stationsbesprechung eine Woche später, Dr. X: »Allmählich wird mir die Patientin unheimlich, überall lauert sie mir auf und will mit mir sprechen, ich kann mich kaum noch retten. Ich glaube, ich habe da einen Fehler gemacht. Was soll ich jetzt machen?« Jetzt sind Sie dran mit Ihrer Beobachtung. Das Team kann z. B. beschließen, dass Sie, Dr. X und die Patientin sich zusammensetzen, um sie wahrnehmen zu lassen, dass sie sich – wie sonst in ihrem Leben – von jemandem abhängig gemacht hat und Erwartungen nur noch an einen anderen, nicht mehr an sich selbst gerichtet hat. Also: Wer vom Patienten zum »Bösen« gemacht wird, kann therapeutisch durchaus der Wirksamere sein, wenn die Auseinandersetzung über eine solche Übertragung nicht vermieden, sondern offen geführt wird.

Dabei ist es notwendig, dass der Patient Sie überhaupt zum Bezugspartner macht und damit eventuell sich auch von Ihnen abhängig macht; denn das ist besser zu bearbeiten als seine bloße *Erzählung* von der Abhängigkeit von seinem Ehepartner. Wenn Sie freilich die Rolle des Bezugspartners nur mitspielen, ohne es zu merken, dann hätte der Patient auch zu Hause bleiben können. – Nicht selten werden Sie mit der Vereinbarung zur Selbst-Therapie warten, bis es dem Patienten besser geht; dann können Sie es aber auch bleiben lassen, da er nun seine alte, wenn auch schlechte (aber immerhin) Abwehr wieder aufgebaut hat und nicht mehr an Ziele denken mag (auch Sie denken an Veränderungen nur, wenn es Ihnen schlecht geht, nie freiwillig!). Manchmal ärgern Sie sich, dass der Patient das Gelernte nicht auf seine Alltagswelt übertragen will. Dafür hat er Gründe: »Wenn ich mich jetzt zu Hause wohl fühle, gebe ich der Voraussage meines Partners schon wieder Recht, dass es wieder besser wird. Eben das will ich nicht.« Oder: »Wenn ich jetzt zu Hause zurechtkomme, sagen meine Angehörigen: Warum denn nicht früher? Monatelang hast du uns schikaniert. Jetzt auf einmal geht es.« Dies zeigt Ihnen: Der Patient ändert sich noch nicht *sich selbst zuliebe*, ohne Rücksicht auf Andere. Er ist noch abhängig. Sie haben noch Arbeit vor sich – auch in der Angehörigengruppe.

Schließlich hat uns vor allem die italienische Psychiatrie gezeigt, dass die beste Bedingung für die Verwirklichung von Selbst-Therapie, d. h. für den Weg vom Sich-Wahr*nehmen* zum Sich-Wahr*machen*, darin besteht, dass das Team seine eigene Offenheit und seine eigene Öffentlichkeit zum Modell macht für die Beziehungen der Patienten. Fast alle, gerade auch depressive Patienten vermeiden Öffentlichkeit. Oder ihre Abkoppelung von der Öffentlichkeit war der Beginn der resultierenden Störungskarriere. Daher können Sie gar nicht genug Fantasie darauf verschwenden, therapeutische Begegnungen öffentlich werden zu lassen. Beispiele: a) therapeutisches Handeln möglichst ambulant im eigenen Problemfeld stattfinden lassen; b) Ausbau der Bedeutung der Stationsversammlung bei stationärem Aufenthalt; c) Zweier-Gespräche mehr beim begleitenden Spazierengehen, in der Kneipe oder an einem anderen sozialen Ort statt konfrontativ-sitzend in der künstlichen Heimlichkeit des Therapeutenzimmers; d) Erst-Gespräche zu dritt; e) Angehörigengruppen; f) das Handeln, das mehr auf die Nutzung der Bühne, des Spielplatzes achtet, den Kontext wichtiger findet als den Text: so können Sie anhand der Liste der typischerweise beim Depressiv-Sein verlorenen Landschaftsbezüge (s. Abschnitt A) durchspielen, welche Öffentlichkeitsbezüge der Familie A wieder herzustellen sind und wie dabei vorzugehen ist.

All dies sind im Übrigen nur Vorschläge dafür, die Grundsätze der Gemeindepsychiatrie von der Ebene der Versorgungsplanung auf die Ebene des Umgangs mit einzelnen Familien und Menschen zu bringen und lebendig werden zu lassen. Bei solcher Herstellung von Öffentlichkeit sind meist der Arzt oder die Stationsschwester die »Sorgenkinder« des Teams.

BEISPIEL Der Arzt verabschiedet sich nachmittags, um nach Hause zu gehen, oder vormittags, weil er Unterrichts- oder Forschungsaufgaben hat oder zu seiner Psychotherapieausbildung muss. Anschließend sagt jemand von der zurückbleibenden Pflegegruppe, nicht ohne vorher den überlasteten Arzt bemitleidet zu haben: »So, jetzt machen wir Psychiatrie ohne Ärzte.« Mit einem Mal wird die Sprache des Rest-Teams offener und praktischer. Undurchführbare, abstrakte Vorschläge des Arztes werden vergessen oder in lebensnähere »umgedeutet«.

ÜBUNG Schlagen Sie Ihrem Stationsarzt vor, mit einigen der folgenden Regelungen spare er Zeit, um mehr Öffentlichkeit auf der Station herzustellen und mehr Stationsarbeit außerhalb des Krankenhauses stattfinden zu lassen: 1. Gespräche muss er nicht mehr allein und später auch nicht mehr alle führen. 2. Aufnahmeberichte werden auch von anderen Team-Mitgliedern geschrieben. 3. Einzelgespräche hinter geschlossener Tür finden fast nicht mehr statt. 4. Visiten werden durch Stationsversammlungen ersetzt. 5. Verlaufs-Eintragungen werden bei der Dienstübergabe reihum gemacht. 6. Abschlussberichte werden (außer dem ärztlichen Anteil) von der Bezugsperson des jeweiligen Patienten geschrieben. Überlegen Sie ähnliche Vorschläge für die Stationsschwester: z. B. Erledigung der Verwaltungsarbeit rotiert zwischen allen Pflegekräften.

Ihren vielleicht gefährlichsten Fehler begehen Sie, wenn Sie mit dem Verschwinden der Symptome Ihre Ersatzspielertätigkeit für beendet halten. Immer noch ist unsere Wahrnehmung durch medizinisches Heilungsdenken so verdorben, dass wir dies für einen Grund zur Freude halten, während es in Wirklichkeit für uns Alarmstufe 1 bedeuten sollte – zumindest in allen Fällen, wo der Patient nun zwar des Schutzes seiner Symptome beraubt ist, er aber sein Lebensproblem noch nicht hinreichend wahrgenommen und daher noch nicht genug Halt an sich selbst hat, sodass der durch Symptome nicht mehr abgebundene Antriebsüberschuss bei noch bestehender Hoffnungslosigkeit ihn in die Selbsttötung treibt.

MERKE ALSO **Es ist verboten, gegen Symptome zu kämpfen. Es ist verboten, jemanden zu drängen, seine (depressiven) Symptome aufzugeben. Schon übliche Äußerungen sind falsch: »Na, Sie sehen ja heute schon etwas munterer aus«, »ich glaube, es geht Ihnen schon besser«, »jetzt wird es aber mal ein bisschen Zeit mit Ihnen« oder »wie Sie da eben gelacht haben, da sehen Sie, dass Sie gar nicht mehr so depressiv sind«. Die letzte Äußerung muss den Patienten besonders kränken, weil er sich ertappt, ironisiert und beschämt fühlt. Wir alle haben schon Menschen zu Tode gelobt. Alle Besserungs-Signale müssen vom Patienten kommen. Symptome sind sinnvoller Schutz und Selbsthilfe des Patienten so lange, bis er bessere Lösungen für sein Lebensproblem gefunden hat.**

Ihre Ersatzspieler-Aufgabe dauert also solange, wie Sie als Assistent für Wahrnehmung und Bearbeitung des Lebensproblems der Familie noch nötig sind. Das kann mal bei den Patienten, mal auch bei den Angehörigen länger dauern. Nur so werden die Folge-Gefahren der Depression weniger wahrscheinlich: Wiederholung der Depression der Umschlag in die Manie, das Chronisch-Werden und der Suizid.

■ Professionelle Techniken des Ersatzspieler-Teams

Wie lässt sich nun die gemeinsame Grundhaltung des Teams durch die besonderen Ausbildungen und Techniken der verschiedenen Berufsangehörigen alltagstauglich machen?

■■ Arzt

Ausschluss bzw. Behandlung organischer Krankheiten (übrigens ersetzen zwischenzeitlich auftretende Krankheiten oft die depressiven Symptome vorübergehend oder dauerhaft!). Thymoleptika nur im Rahmen der Grundhaltung ergänzend und mit strenger Indikation: 1. Wenn wichtige soziale/berufliche Gründe durch schnelle Linderung der Symptomatik den Patienten in der ambulanten Therapie halten sollen. 2. Wenn die Symptome/ Angstabwehr die Selbstwahrnehmung völlig blockieren bzw. die Qual an sich selbst unerträglich ist. 3. Wenn bei weniger schweren Depressionen die Selbstwahrnehmung auch nach längerer Zeit misslingt. 4. Wenn ein Patient so stark an den »medizinischen Weg« gewöhnt ist, dass es für ihn keinen anderen Weg geben kann. 5. Wenn Gründe für gesteigerte oder anhaltende Suizidgefahr vorliegen. Je besser das Team und die Grundhaltung, desto seltener Thymoleptica. Ihr Erfolg ist ohnehin nicht garantiert. Wegen des unter der Hemmung überdrehten Antriebs sind niedrigpotente Neuroleptika oft wirksamer, schonender und im Hinblick auf Suizid ungefährlicher. Sie ersetzen auch Schlafmittel. Vorsicht mit Tranquilizern: Sie wirken nicht auf die wirklich depressiven Anteile und mindern die Wahrnehmung der Angst, die doch dasjenige Signal ist, mit dem wir selbst-therapeutisch zu arbeiten haben. Nach Möglichkeit Schlafentzug. Elektrokrampftherapie (EKT) wird bei Chronifizierung der Depression wieder häufiger empfohlen. Abgesehen davon, dass für eine solche gewaltsame Depressions-Niederschlagung das hier vorgeschlagene Depressions-Verständnis kaum eine Indikation übrig lässt, sind die therapeutischen Ergebnisse mit EKT schon mittelfristig zumindest nicht besser (Buchan 1992). Zu den praktischen Einzelheiten der körpertherapeutischen Techniken siehe Kapitel 18.

ÜBUNG Diskutieren Sie, warum der Begriff Anti-depressiva statt Thymoleptika logisch falsch und ethisch bedenklich ist.

■ ■ Pflegende

In den schlimmsten depressiven Zeiten ist Anwesenheit statt Aktivität, Begleitung und Suchhaltung statt Trost auszudrücken. Denn: Trost in der Trost-losigkeit ist Spott, Präsenz und Suchhaltung ist ernst nehmend. Zu den vornehmsten Zeichen der Anwesenheit und Begleitung gehört auch die körperliche Berührung. Patienten, die zunächst als Körperkranke zu sehen sind, bedürfen der sorgfältigen und liebevollen Grundpflege. – Schwestern /Pfleger sind besonders für den Umgang mit menschlichen Bedürfnissen, körperlichen Ausdrucksmöglichkeiten und die Gestaltung der Atmosphäre einer Einrichtung ausgebildet. Das beginnt bei der Frage, ob und wie jemand sein Bett verlässt, und hört bei der Aufgabe, wie eine Patientin beim ersten Ausgang »etwas aus sich macht«, noch lange nicht auf. Da im Umgang mit Gefühlen nichts frontal, alles nur indirekt läuft, ist diejenige Pflegegruppe die beste, die ihre Ziele nicht durch direkte Ansprache, sondern durch Gestaltung der öffentlichen Atmosphäre der Station erreicht: Das Klima fordert dann zu Teilnahme, gegenseitiger Achtung und Selbstachtung selbst die Bettlägrigen gewissermaßen »von selbst« auf – Gefahren: Schwestern/Pfleger finden den moralischen Anspruch Depressiver, es allen recht zu machen, sich für andere aufzuopfern, sympathisch, da verwandt mit ihrer eigenen opferbereiten Berufshaltung. Wenn Sie dies fördern, z. B. depressive Patienten auf der Station gern helfen lassen, fördern Sie auch das anschließende verbitterte Jammern über

Undankbarkeit und damit den depressiven Kreislauf. Da so etwas – in abgeschwächter Form – immer noch eine Art Berufskrankheit der Pflegeberufe ist, können Sie, wenn sie hier richtig handeln, zugleich auch viel über sich selbst lernen (s. Kapitel 17).

■■ Psychologe

Er ist für das Gesunde seelischer Beziehungen und Entwicklungen ausgebildet. Daher bringt er besonders die Sicht auf das Lebensproblem ein, zusammen mit Aspekten wie Abhängigkeit, Leistungsehrgeiz, Opferbereitschaft, Unfähigkeit zu trauern oder zu hassen. Zudem befähigt ihn seine psychotherapeutische Ausbildung, die Grundhaltung des Teams durch gesprächs- oder verhaltenstherapeutische oder psychoanalytische Techniken zu ergänzen, was immer möglich, für manche Einzelfälle notwendig ist (s. Kapitel 19).

■■ Ergotherapeut

Er ist in der Gefahr, dem Patienten, der klagt, dass er nichts kann, zu beweisen, dass er »doch kann«, »aktiviert ihn« und – kann damit die Depressivität steigern! Stattdessen: In der Beschäftigungstherapie sollte der Patient erleben, »dabei zu sein«, ohne etwas zu »müssen«, dass jedes Tun einen Leistungs- und einen Gefühlswert hat (vgl. Frau A), dass Nehmen in einer Gruppe nicht »schlechter« ist als Geben. Und in der Arbeitstherapie: Hier erlebt er schon bei einfachen Tätigkeiten, wie er sich selbst in Leistungszwang hineinsteigert, in Autoritätsangst, sich also selbst die Umstände schafft, die ihn auf seinem Arbeitsplatz (Betrieb oder Haushalt) in Überforderung und Depression treiben. Er kann aber auch von anderen lernen, dasselbe entspannter, lässiger, mit mehr Pausen zu tun und dies ausprobieren. – Inzwischen ist mit dem Ökotrophologen ein neuer Beruf in psychiatrische Einrichtungen gekommen: zuständig dafür, jedem Menschen den Sinn und die eigenverantwortlich-künstlerisch-freie Arbeit eines Haushaltes im Bedeutungsrahmen von Betriebs- und Hauswirtschaft spannend zu machen und ihn so an das »soziale Leben« wieder anzukoppeln.

■■ Sozialarbeiter

Er ist Spezialist dafür, Seelisches über den sozialen Kontext wahrnehmbar und wahrmachbar zu machen. Wenn alle anderen nur noch fasziniert sind von dem Individuum Patient, denkt er ausgleichend mehr an alle anderen. Er denkt mehr »in« Familie, Nachbarschaft, Arbeitsplatz und Öffentlichkeit. Wenn bei einem Patienten nach der inneren auch eine äußere Umstellung sinnvoll ist (Arbeitsplatzwechsel, Scheidung, Tätigkeitssuche einer Hausfrau), hilft sein technisches Wissen über Gesetze, mehr noch seine Fantasie und seine guten Beziehungen im sozialen Geflecht der Gemeinde.

■■ Bewegungstherapeut (Krankengymnast)

Er ist Spezialist für den körperlichen Kontext und Ausdruck des Seelischen, den depressive Menschen besonders gern niederschlagen, vergewaltigen, einfrieren, abpanzern, während ihre Maßstäbe nach Schönheit, Stärke, Leistungsfähigkeit hochfliegend sind, sodass die Körper-Wirklichkeit als kränkend erlebt wird. Wenn nicht aufreißend-brutal, sondern spielerisch-schonend, wirken hier bewegungstherapeutische Situationen, Übungen und Spiele befreiend. Sie ermöglichen die Wahrnehmung, z. B. des Unterschiedes von Anspannung und Entspannung, Zuneigung und Hass, Geben und Nehmen, Gewinn und Verlust, Kommen und Gehen, Freundschaft, Feindschaft und Gegnerschaft. Der Patient erlebt, seine Selbstverwirklichung an eigenen und nicht an fremden Maßstäben zu orientieren.

E Mischzustände und -verläufe

Die Wirklichkeit ist immer eine Mischung aus dem, was wir aus theoretischer oder didaktischer Absicht zerlegen. Auch die Mischungsmöglichkeiten können wir wieder zerlegen:

- **Entwicklung:** Depressive Lebensläufe, die überwiegend von der temperament-charakterlichen sowie früh erworbenen Eigenart eines Menschen, von seinem Eigenanteil geprägt und daher auf so gewagte Grenzwege angewiesen sind, können sich in Krisen auch zu »depressiven Krankheiten«, psychotischen Selbstkränkungen zuspitzen.
- **Mischbild:** Depressiver und manischer Erlebensausdruck entweder gleichzeitig oder in sehr raschem Wechsel, zumal auch die Systeme »Stimmung« und »Antrieb« z. T. unabhängig voneinander gekränkt sein können; z. B. manischer Stupor, ängstliche oder hypochondrische Manie.
- **Schizo-affektive Psychose:** Mischung zyklothymen und schizophrenen Erlebensausdrucks, auch Mischpsychose, Emotionspsychose, atypische Psychose, zykloide Psychose genannt. Sie sollen überwiegend phasisch verlaufen und die Person wenig prägen. Während Kraepelin es bei der Gegenüberstellung von manisch-depressiv und schizophren beließ, haben Karl Wernicke, Karl Kleist und zuletzt Karl Leonhard diese zykloiden Psychosen polar (wie manisch-depressiv) unterteilt: 1. Angst-Glück-Psychose mit dem Leitsymptom der Gefühlsstörung (vgl. Herr F in Kapitel 6); 2. erregt-gehemmte Verwirrtheit mit dem Leitsymptom der Denkstörung und 3. hyperkinetisch-akinetische Motilitätspsychose mit dem Leitsymptom der Antriebsstörung (Leonhard 1980).

F Depressiv-paranoide Rückzugspsychosen

Wir bezeichnen diese Lebensphase zwischen 45 und 60 Jahren noch zu einseitig somatisch als Rückbildungs- oder Involutionsphase und hätten ihr auch ein eigenes Kapitel widmen können. So müssen Sie mit verstreuten Bemerkungen vor allem in den Kapiteln 5, 7, 12 und 13 vorlieb nehmen. Dennoch hier einige Gedanken im Zusammenhang:

Zur Landschaft

Das meiste haben Sie in diesem Alter der Lebenswende erreicht oder – nicht erreicht. Die bisherige Entwicklung im Sinne von Weiterkommen ist in der Regel gestoppt. Träume sind ausgeträumt. Sie haben sich abzufinden mit dem, was ist. Eigentlich könnten Sie damit auch ganz zufrieden sein, wenn Sie bis dahin den Lebensaufgaben der Persönlichkeitsentfaltung in früheren Phasen mit einigem Anstand und ohne schwerere psychische Kränkungen, Ausweichmanöver und Ersatzkonstruktionen gerecht geworden sind. Andererseits macht Ihnen jetzt schwerer zu schaffen, was Sie im Umgang mit sich und Anderen bisher versäumt haben. Denn die Zeit läuft jetzt schneller (»Torschlusspanik«). Der Lebensraum wird enger, wenn Sie mit Ihren ideellen, politischen und sozialen Bezügen nicht vorgesorgt haben. Entsprechend ändern sich Ihre Ängste. Die Menschen um Sie herum scheinen auseinander zu fliegen – wie der Kosmos nach unseren heutigen Vorstellungen. Dies nicht nur räumlich und zeitlich – wie Ihre Kinder, die sich undankbarerweise verselbstständigen, wobei Sie der Verlierer sind. Vielmehr sterben Menschen jetzt auch häufiger – erst in der entfernteren Bekanntschaft, dann in der Nachbarschaft, in der Familie und irgendwann lässt Sie auch Ihr Lebenspartner mutterseelenallein zurück. Haben Sie früh genug gelernt, Beziehungen auch mit toten Menschen weiterzuleben? Haben Sie sich früh genug darauf vorbereitet, nur noch mit Ihrem Lebenspartner zu leben? Oder aber ohne ihn? Haben Sie genug Gemeinsames und genug Gegnerschaft mit ihm, dass Sie an der Ehepartnerrolle genug Halt finden, auch ohne die Elternrolle? Auch dann noch, wenn Ihnen die Frühinvalidität oder die Arbeitslosigkeit die Selbstbestätigung und den Halt Ihres gebundenen oder unfreien Arbeitsplatzes in der betriebswirtschaftlichen Arbeitswelt genommen haben? Können Sie sich hinreichend tragen lassen von den sozialen und kulturellen Aktivitäten Ihrer freien = sozialen Arbeitszeit und von der gesellschaftlichen Bedeutung Ihrer Verbraucherrolle in der Hauswirtschaft? Sind Sie schließlich so reif – und dadurch Modell für Jüngere –, dass Sie genug Halt allein an sich selbst finden? Jetzt zeigt es sich, ob Sie bisher sich innerlich hinreichend unabhängig haben machen können, damit Sie die für Sie notwendigen und jetzt noch möglichen Abhängigkeiten eingehen und davon leben können. Denn wenn Sie die zunehmende Vereinsamung, den *Rückzug auf sich selbst* nicht akzeptieren können, beginnt jetzt das, wovor Sie sich bisher bewahren konnten: Sie können die damit verbundene Angst nicht annehmen und nutzen, sondern greifen zur Notbremse der Angstabwehr – als Vermeidung, Verleugnung, Verschiebung. Dies umso mehr, als nicht nur Ihr sozialer Halt und Kontext Sie allein lässt, sondern auch Ihr körperlicher Halt und Kontext (zunehmende Körperkrankheiten, klimakterisches Abschiednehmen von Körperfunktionen, beginnende hirnorganische Umbauprozesse des Alterns). Das bedeutet: Sie werden depressiv, paranoid oder beides.

In der Wahrnehmung von außen sieht das so aus: Richtete es sich in den vorangehenden 20 Jahren mehr nach der inneren Biografie und der Beziehungsfähigkeit, ob die Angstabwehr mehr und häufiger nach innen (depressiv) oder mehr nach außen (paranoid) gerichtet war, so ist jetzt im Rückzugsalter die Verflechtung der inneren Biografie mit dem sozialen und körperlichen Kontext so ausgeprägt, dass die nun auftretenden Psychosen weniger vom inneren Schicksal abhängen (geringere Erblichkeitsbelastung), stattdessen wesentlich mehr aus dem Lebenszusammenhang verständlich werden (Auslösung durch Klimakterium, Isolation, Umzug, Berentung, Entwurzelung, Verlust) und dass die Angstabwehr jetzt oft gleichzeitig nach innen und – nun häufiger – nach außen gerichtet ist. Es werden gleichsam beide Notbremsen gezogen. Die Hälfte der jetzt depressiv werdenden Menschen benutzt auch paranoide Symptome, und paranoid werdende Menschen sind auch missmutig, gereizt, depressiv gestimmt. Das innere Elend bei Rückzugspsychosen drückt sich meist so aus, dass sich die Sorgen nicht mehr mit der großen sozialen Welt beschäftigen, sondern sich kleinlich um die kleine Welt der eigenen Wohnung drehen. Diffuses, ängstliches Misstrauen mit Verarmungsangst, Verdacht, bestohlen, betrogen oder ausspioniert zu werden, was vom Streit mit den Nachbarn oder mit der Schwiegertochter ausgeht; erotische Wünsche werden abgewehrt in Beschwerden über Orgien in der Nachbarwohnung; daher auch Schuldgefühle und Selbstbestrafung; der Körper trägt nicht mehr, das Herz versagt, man erstickt an Verstopfung; mit Gas und Strahlen wollen »die Anderen« einem das Letzte nehmen, was zu aggressiver Verteidigung der Wohnung, des letzten Rückzugsortes der bedrohten Existenz auf dieser Welt führt. – Wen wundert es, dass wesentlich mehr Frauen als Männer zu solchen verzweifelten Selbsthilfemitteln greifen müssen.

Der Umgang mit diesen Situationen unterscheidet sich nicht wesentlich von denen in früheren Jahren. Nur dass jetzt noch leichter als früher unser Ersatz-Spielen – mangels anderer Menschen – zum Mitspielen werden kann und dass unser Bemühen sich noch mehr darauf zu konzentrieren hat, über die Wiederherstellung des körperlichen und des sozialen Kontextes eine halbwegs lebenswerte Landschaft zu gestalten, worin wir die Betroffenen oft selbst und nicht selten bis zum Lebensende zu begleiten haben. Daher liegt der Schwerpunkt dieses Arbeitens bei den Sozialpsychiatrischen Diensten, den niedergelassenen praktischen Ärzten und den Sozialstationen.

G Zyklothyme und chronisch-depressive Lebensläufe

Jeder ist mal bedrückt, mal heiter und mal ausgeglichen. Wenn wir dies aufzeichnen, haben wir eine Kurve, die für jeden unterschiedlich ist. Mal wissen wir den Grund dafür, mal nicht, und mal machen wir uns einen Grund vor. Leute, die in Antriebs- und Stimmungslage überwiegend unter bzw. über einer ausgeglichenen (syntonen) Normallage sind, nennt man depressive bzw. hypomanische Temperamente oder Persönlichkeiten. Schwankt dieses Selbstgefühl beständig hin und her, kann man das Temperament oder die Persönlichkeitsstörung zyklothym nennen (s. auch Kap. 9).

Von hier aus gibt es alle Stufen der Steigerung bis zu dem Punkt, an dem jemand als zyklothymer Patient mit psychotischen, depressiven oder manischen Phasen zu uns kommt.

Zyklothym nennen wir das Schicksal des Menschen, der so oft und schwer depressiv und/oder manisch ist, dass seine Entwicklung dadurch erheblich geprägt ist. Wir haben also nicht einen Zustand, sondern einen Lebenslauf im Auge. Wir unterscheiden unipolare Zyklothymien (nur depressive oder manische Zeiten) und bipolare Zyklothymien (depressive und manische Zeiten im Wechsel mit oder ohne einem freien = ausgeglichenen Intervall).
Von allen Schicksalen, für die man von der Psychiatrie etwas erwartet, ist das jahrzehntelange zyklothyme Fallen von einem Extrem ins andere, oft mit nur ganz kurzer Erholung in »Normallage« das Schlimmste. Nichts macht auch die Ohnmacht gegenüber einem gleichsam naturgesetzlich-automatisch abrollenden Geschehen deutlicher.

BEISPIEL Herr S., 34 Jahre, geschieden, kaufmännischer Angestellter, z. Z. seit einem halben Jahr depressiv, in den letzten zwölf Jahren siebenmal manisch, dazwischen meist depressiv, in dieser Zeit neun stationäre Aufenthalte, meist wegen manischer Zustände. Zum ersten Mal manisch kurz nach der Hochzeit. Nach fünf Jahren gab die Frau auf und ließ sich scheiden. Wie die Verlobung, so fanden die zehn Arbeitsversuche bei gesteigertem Selbstgefühl statt. Herr S. verwirrte den Betrieb nach kurzer Zeit manisch derart, dass die Entlassung die Folge war. Zweimal erlosch die Arbeitsfähigkeit erst depressiv. Längstes Arbeitsverhältnis anderthalb Jahre. Jetzt Berentung empfohlen. Trotz eigener Wohnung lässt Herr S. sich von der allein lebenden Mutter (und Großmutter) total mit Waschen, Kochen, Putzen usw. versorgen. Mutter ist von Großmutter so abhängig wie Herr S. von ihr. Großmutter bestimmt, wird aber noch übertroffen von der Ex-Frau. Diese, obwohl wieder verheiratet und 800 km entfernt, regelt als Betreuerin per Fernsteuerung jetzt noch die wichtigsten Entscheidungen, z. B. Einweisungen. Alle drei Frauen lassen sich von Herrn S. in Atem halten. Er alarmiert sie vor allem in depressiven Zeiten. Sie reagieren erwartungsgemäß und »helfen«. Am wenigsten kann sich die Mutter wehren. Sie dient Herrn S. auch als Aggressionsobjekt: wenn er sie herbeitelefoniert, damit sie ihn versorge, lässt sie sich beschimpfen, weil sie seine Selbstständigkeit verhindere.

Nicht nur, dass er seinen Maßstab in einem ausgeglichenen »Normalsein« kaum kennt, er lehnt ihn auch aktiv ab, orientiert sich mehr an seinen Fantasien: »Im Augenblick (depressiv) fühle ich mich nutzlos, nichtswürdig, leide darunter, was ich den Anderen antue. Wenn ich manisch bin, halte ich mich schadlos dafür: Dann fühle ich mich berufen, kriege jedes Mädchen rum, fange überall groß an. Bloß wenn der Alltag, die Routine kommt, ist es gleich wieder aus. Von allen Vorstellungen ist mir die schlimmste: normal, durchschnittlich, unauffällig zu sein; dann lieber Schluss machen. So schwanke ich ständig zwischen den Extremen: bin der Größte – in der Leistung wie im Versagen.« – Seit die Mutter in der Angehörigengruppe lernt, sich zu widersetzen, hat er seit einem Jahr die bisher stabilste Zeit.
Was ist hier die angemessene Grundhaltung? Einerseits nichts Neues: jetzt und hier habe ich es mit einem depressiven oder manischen Patienten zu tun. Andererseits vermittelt er mir das Gefühl totaler Beliebigkeit meines Tuns. Er fällt doch nur aus einem Zustand in den anderen: Kehrt er aus der Manie zurück, bereiten seine Schuldgefühle über die »manischen Untaten« schon sein Depressivwerden vor; kann er dies ermäßigen, weil er seine Aggression besser wahrnimmt, so schickt er sich schon an, sie manisch auszuleben.

Gerade Letzteres gibt für die Grundhaltung einige Ansätze her:

1. Ist zu jedem Zeitpunkt wahrnehmbar zu machen, dass dem Manischsein bzw. dem Depressivsein dasselbe Lebensproblem (oft Abhängigkeit) zu Grunde liegt und dass beide Handlungsweisen nur verschiedene Methoden sind (»sich alles erlauben« bzw. »sich alles verbieten«), die Auseinandersetzung mit dem Problem zu vermeiden.

ÜBUNG Stellen Sie im Rollenspiel die Situation »Prüfung« dar. Spielen Sie, wie man die Prüfungsangst depressiv = »ich unterlaufe die Situation« (ich bin klein und schwach) oder manisch = »ich überspiele die Situation« (ich bin groß und stark) gestalten bzw. vermeiden kann. Versuchen Sie auch noch, die Prüfungsangst schizophren zu kontern, etwa: ich mache ein »Verwirrspiel«, rede und verhalte mich zum Prüfer »schräg«, mache mich unverfügbar. Die Prüfungssituation ist daher auch ein ungemein lehrreiches Modell, dass es a) – wie in jeder Beziehung – nie nur um die Angst des Prüflings, sondern immer auch um die Angst des Prüfers geht, und dass b) Angstabwehr, wenn kontrolliert eingesetzt, erfolgreich sein kann und nur wenn unkontrolliert, zum Scheitern führt!

2. Haben Sie daher zu jedem Zeitpunkt ausgleichende Selbstwahrnehmung anzuregen, gleichsam »antizyklisch« zu handeln: manisch hat der Patient seine Angst und depressiv seine Wünsche erlebnisfähig zu machen. Ziel: Er soll aus dem Manisch-Sein sein Streben nach Selbstbefreiung ohne Schuldgefühl mitnehmen und festhalten, aus dem Depressiv-Sein sein Streben nach Selbstbegrenzung ohne Selbstabwertung.
3. Sind ihm alle Ansätze durchschnittlichen und ausgeglichenen Handelns wertvoll zu machen, von unten sein Mut zur, von oben seine Beschränkung auf Durchschnittlichkeit – im Sinne der Normalisierung.
4. Damit er oben wie unten seine Person als einheitlich akzeptieren kann, ist es gut, wenn er an beiden Zeiten auch das für ihn Positive wahrnehmen kann: die depressiven als nachdenkliche und die manischen als kreative Zeiten.

Wichtig dürfte gerade hier die Konstanz der ambulant wie stationär betreuenden Personen und Teams sein. Das hilft dem Patienten, zyklus-überdauernd Maßstab und Modell zu finden, verkürzt die stationären Aufenthalte und verhilft der beruflichen, sozialen oder wenigstens familiären Existenz zu mehr Kontinuität. – Eine zusätzliche, eher präventive Korsettstange sind Lithium, und andere Phasenprophylaktika wie Carbamazepin und Valproinsäure, bei uni- und bipolaren affektiven Störungen, besonders bei Überwiegen manischer Anteile und schnell aufeinander folgenden Phasen. Diese können dadurch weniger intensiv, kürzer oder seltener werden oder gar nicht mehr auftreten (s. Kapitel 18). Neben der unbekannten chemischen ist auch eine psychische Wirkung zu veranschlagen: a) regelmäßiger Kontakt mit einem Therapeuten anlässlich der laufenden Kontrolle; b) Akzeptieren des Regimes, jahrelang gewissenhaft »durchschnittlich« und nachprüfbar immer dasselbe »für sich zu tun«, sich keine »Extreme« leisten, auch nicht in Essen und Trinken, sogar unangenehme Nebenwirkungen in Kauf nehmend; c) Bereitschaft, eigenes Normalverhalten durch die Realität kontrollieren zu lassen; d) Unabhängigkeitsnachweis, da man die Therapie selbst steuert, indem man nach dem Serumbefund mehr oder weniger nimmt – wie Hochdruckkranke lernen, ihren Blutdruck selbst zu messen und medikamentös zu regulieren.

Außer zyklothymen gibt es chronisch-depressive Lebensläufe oder – sollen wir sagen – Schicksale, chronisch Kranke, seelisch Behinderte oder Unheilbare? Je mehr Jahre und Jahrzehnte diese dauern, desto weniger haben wir den Eindruck, dass es sich um eine Phase im Sinne einer Krankheitszeit handelt, sondern eher um eine Gewohnheitshaltung, eine erstarrte Rolle, die aktiv aufrechterhalten wird und sich irgendwann verselbstständigt hat, weil jede andere Lebensweise zunächst zu schmerzhaft, später unvorstellbar ist. Es gibt auch Menschen, die nach wenigen, nicht schwerwiegenden Krankenhausaufenthalten (z.B. wegen Depression oder Alkohol) etwa die Scheidung des Ehepartners als totalen Abbruch des Sozialbezuges und des Lebenssinnes erleben, schlicht und einfach verstummen und seither nie wieder eine nennenswerte Lebensäußerung von sich geben. Die beliebte Erklärung »Hospitalismus« ist zu pauschal. Wir müssen schon mehrere Bedingungen unterscheiden: 1. Hospitalismus gibt es auch in der eigenen Wohnung (z.B. Herr S); 2. wie schon gesagt – die Tiefe eines Schmerzes und damit die Totalität seiner Abwehr; 3. manchmal hat man den Eindruck, dass ein Depressiv-Sein in der Anfangszeit zu gewalttätig »geknackt« werden sollte (nicht nur durch EKT), was dem einen vielleicht geholfen hat, den anderen aber umso mehr erstarren lässt; 4. schließlich in der Tat die reizverarmende, total versorgende Verwöhnung in der Massenisolation einer Einrichtung.

Was haben wir hier zu tun? Wenn nicht hinzukommende Alterserkrankungen dauernde Pflege erfordern, haben wir uns statt der bisher üblichen Resignation lediglich umzustellen, und zwar in folgenden Schritten:

1. Wir haben einzusehen – und das ist für uns meist der schwerste Schritt –, dass wir es hier nicht mehr mit einer Krankheitszeit zu tun haben, sondern mit der Lebenszeit des Menschen, durchaus mit Krankheitselementen durchwirkt, mit einem gelebten Leben, mit einer bestimmten Lebensform, die in ihrer Abhängigkeit eben auch möglich, und zuerst und vor allem in ihrem Sosein gleichberechtigt mit anderen Lebensformen des Menschen anzusehen ist (»anerkennen« wäre eine kränkende Arroganz meinerseits, die mir nicht zusteht). Entsprechend hat unser Handeln nichts mehr mit Therapie zu tun, da Therapie eine Tätigkeit ist, die mit einer beschränkten Dauer rechnet, schon gar nicht haben wir etwas zu verändern. Wir müssen unsere Heilungsabsicht aufgeben.
2. Von dieser Selbstbeschränkung ausgehend haben wir mit dem Patienten den Sinn seines so und nicht anders gelebten Lebens zu finden. Nur vom biografischen Sinn der Vergangenheit werden wieder Wahlmöglichkeiten für die Zukunft sichtbar.
3. Statt – wie meist üblich – die »schreckliche« Langzeiteinrichtung verändern zu wollen, was im Sinne zunehmenden therapeutischen Klimas die Abwehr verstärken würde und daher schädlich wäre, haben wir millimeterweise die verschüttete Landschaft des Patien-

ten zu rekonstruieren, Bruchstücke eines sozialen Kontextes wiederherzustellen, der es erlaubt, dass der Patient sich nicht nur als Individuum, sondern auch wieder als Person fühlt. Dazu gehört insbesondere die Wiederherstellung und *Pflege* von Beziehungen zu Angehörigen, wobei aufgrund der massiven Schuldgefühle der Angehörigen (noch nach Jahrzehnten!) mit ihnen intensiver zu arbeiten ist als mit dem Patienten, bis sie sich von ihren Gewissensbissen freisprechen und formulieren können, einen wie geringen Kontakt sie in der Zukunft verlässlich und freiwillig halten wollen. Das ist fast immer erfolgreich, wobei auch heute noch gelegentlich der Suchdienst des Deutschen Roten Kreuzes oder ein Einwohnermeldeamt hilfreich sein können, um z. B. eine Schwester wiederzufinden. Es gehören dazu auch gemeinsame Besuche in der Heimatgemeinde des Patienten.

4. Nach diesen Vorbereitungen, können wir für alle chronisch Depressiven auch nach jahrzehntelanger Institutionalisierung im Krankenhaus oder Heim draußen eine Wohnung finden. In der Regel wird dies keine Wohngruppe sein, sondern eine Einzelwohnung, eine Zweier- oder höchstens eine Dreier-Wohnung – wie andere Menschen desselben Alters eben auch leben. All Ihren Ängsten zum Trotz geht das meistens gut. Die Patienten kommen zurecht, klagen viel und freuen sich manchmal – wie andere auch. Wir machen uns eben oft nicht klar, wie abhängig der größere Teil der Bevölkerung lebt, auch wenn er nicht durch die Psychiatrie gegangen ist. Manchmal empfiehlt sich zudem die Anbindung an einen Club der Psychiatrieerfahrenen, einen Senioren-Treff, Vermittlung einer Tätigkeit (Selbsthilfe- oder vor allem Zuverdienstfirma). Stundenweise Betreuung im Sinne des betreuten Wohnens (Schlüssel 1 : 12, Institutsambulanz oder Sozialstation reicht fast immer) – hier ist kaum ein Unterschied zum Umgang mit Langzeit-Patienten (Unheilbaren), die früher schizophrene Zeiten hatten. In Gütersloh lebten nach 15-jähriger Deinstitutionalisierung fast alle 435 Langzeitpatienten in eigenen Wohnungen, darunter auch 23 Menschen mit chronischer Depression bzw. affektiver Psychose (Dörner 1998).

H Epidemiologie und Prävention

Epidemiologie ist die Wahrnehmung einer Kränkung/Krankheit bezüglich ihrer Verbreitung, ihrer Bedingungen und der Bedeutung ihres Auftretens. Was für die Diagnose die Therapie, ist für die Epidemiologie die Prävention: Sie will die epidemiologisch wahrgenommenen Daten, d. h. die Bedingungen einer Störung/Kränkung beeinflussen.

■ Verbreitung

Die Häufigkeit zyklothymer = phasischer = affektiver = manisch-depressiver Psychosen liegt in Europa bei 0,4 bis 1 Prozent, in den USA bei 0,3 bis 0,4 Prozent der Bevölkerung. Unterschiede hängen wohl mehr von den Wahrnehmungsgewohnheiten der psychiatrischen Forscher als von der Wirklichkeit ab.

- **Phasenart:** 66 Prozent monopolar depressive, 8 Prozent monopolar manische und 26 Prozent bipolare Lebensläufe.
- **Geschlecht:** Beim Depressiv-Sein verhalten sich Frauen zu Männern wie 7:3, beim Manisch-Sein wie 1:1.
- **Sozialschicht:** Keine besonderen Unterschiede.
- **Alter:** Wir werden erst typischerweise schizophren, dann manisch, erst ab dem dritten Lebensjahrzehnt sind wir »depressionsreif«. Daher in der Kindheit kaum ausgeprägtes Depressiv-Sein. Den veränderten Ausdruck des Depressiv-Seins im Rückzugsalter haben wir beschrieben.
- **Phasendauer:** Mittelwert früher mit sechs Monaten angesetzt, heute kürzer. Beginn überzufällig im Frühling und Herbst.

Bedingungen

Statt von Ursachen (»Ätiologie«) sprechen wir gemäß der größeren Bescheidenheit der heutigen Wissenschaft lieber von Bedingungen, die die Entstehung eines Leidens fördern (Pathogenese). (Bis heute haben sich kaum Forscher gefunden, die systematisch die Bedingungen suchen, die einem Leiden abträglich sind.)

- **Erblichkeit (Heredität):** Manisch-depressive Erkrankungswahrscheinlichkeit (Morbidität) der Durchschnittsbevölkerung 0,3 bis 1 Prozent. Risiko der Verwandten eines manisch-depressiven Patienten: Für Eltern, Kinder, Geschwister 10 bis 15 Prozent, für seinen zweieiigen Zwilling 20 Prozent, für seinen eineiigen Zwilling 50 bis 80 Prozent. Bei Kindern von zwei manisch-depressiven Eltern 30 bis 40 Prozent. Unklar ist, ob es sich überhaupt um Vererbung i. e. S. handelt. Unklar ist auch, ob Krankheit oder Disposition vererbt wird. Jede Familie kann Handlungsmuster genetisch oder psychosozial »vererben«. Das können Forscher bis heute nicht gut unterscheiden. Ein idealer Forschungsansatz wäre daher: ein Team, gleich stark aus genetisch und psychosozial orientierten Forschern bestehend, entwickelt eine Gesamthypothese, deren genetische und psychosoziale Anteile gleich große Chancen der Bestätigung haben und untersucht eine möglichst große Gruppe eineiiger Zwillinge, die von Geburt an in unterschiedlicher Umgebung aufgewachsen sind.
- **Konstitution:** Dies meint alle körperlichen und seelischen Eigenschaften, besonders Körperbau und Temperament, im Einzelnen ebenfalls schwer von Umweltbedingtheiten abgrenzbar. Nach Kretschmer ist Zyklothymie die extreme Steigerung des normalen Persönlichkeitstyps mit zyklothymem Temperament und pyknischem Körperbau, wobei Letzteres als widerlegt gilt. Es gibt viele Typologie-Versuche, zuletzt hat Tellenbach (1974) den starr auf Ordnung fixierten »Typus Melancholicus« konstruiert und ihn besonders oft bei zyklothymen Patienten gefunden.
- **Biochemie:** Man findet Beziehungen zum Serotonin sowie Erniedrigung des Noradrena-

lin-Umsatzes bei depressiven, Erhöhung bei manischen Patienten. Dies soll auch neurotische und psychotische Depressionen unterscheiden, was durch die Unterschiede der Körpernähe erklärbar wäre.

- **Körperliche Bedingungen:** Depression bzw. Manie findet man zu 10 bis 25 Prozent bzw. 7 Prozent während und vor allem nach Körperkrankheiten, besonders bei Hirngefäßleiden, Encephalitis, Viruserkrankungen, Mononukleose, infektiöse Hepatitis, Hormonstörungen, Zuständen nach Operation, nach längerer hormoneller oder neuroleptischer Behandlung oder nach Hungerdystrophie. Im Wochenbett sind Psychosen (vor allem Depressionen) zehnmal häufiger als in der Schwangerschaft.
- **Psychosoziale Bedingungen:** Vor Depressionen findet man zu 10 bis 40 Prozent, vor Manien zu 7 bis 30 Prozent typische, meist belastende psychosoziale Situationen oder Ereignisse, häufiger mit zunehmendem Alter, besonders bei Frauen. Häufig dagegen findet man jahre- oder jahrzehntelange verdeckt-widersprüchliche zwischenmenschliche Beziehungen (»Clinch«) oder Serien menschlicher oder beruflicher Enttäuschungen, den Verlust wichtiger Bezugspartner, den Verlust von Möglichkeiten, Chancen und Wunschträumen. Für Situationen, die mit dem Aufgeben-Können von alten und der Ausrichtung auf neue Handlungsweisen zu tun haben, gibt es Diagnosen wie: Entwurzelungs-, Umzugs-, Berentungs- und Entlastungsdepression. Da es auch die Belastungsmanie gibt, können wir also das Erreichen eines Zieles depressiv, das Gegenteil davon auch manisch verarbeiten. Lange Zeit extremer Hoffnungslosigkeit (KZ, Kriegsgefangenschaft) können ein auch lebenslanges, quälendes und kaum zu beeinflussendes Depressiv-Sein zur Folge haben.

Zur Erklärung dieser Zusammenhänge stichworthaft vier theoretische Ansätze:

- **Soziologische Rollentheorie:** Ein gewohntes Rollenmuster ist (z. B. durch Umzug) verloren gegangen. Der Betroffene hat sich in seine alten Rollen so hineinformuliert, dass er mit ihnen auch viel von sich selbst verliert, wird dadurch unfähig/unwillig, neue Rollen wahrzunehmen, er wird depressiv. Daher sind besonders Spät-Depressionen psychosozial bedingt. Das Überwiegen depressiver Frauen wird mit ihren weniger befriedigenden und durch erreichte Ziele belohnten Rollen erklärt. In der Tat ist die depressive 35- bis 50-jährige Hausfrau, die ihr Tun sinnlos findet, während die Kinder sich verselbstständigen und der Ehemann größeres soziales und erotisches Prestige als sie in der Öffentlichkeit hat, der häufigste Typ – eben die »Hausfrauen-Depression«.
- **Verhaltenstherapie**: Lerntheoretisch tritt Depressiv-Sein auf, wenn ein bisher hinreichend belohntes Verhaltensmuster für einen Menschen seinen Belohnungswert verliert (Verstärkerverlustmodell nach LEVINSOHN), positive Erfahrungen ausbleiben und negative Erfahrungen überwiegen. Bei einer geringen Rate positiver Ereignisse wird Depressiv-Sein aufrechterhalten, auch durch kurzfristige Hilfsangebote, Sympathie und Anteilnahme. Es wird als *aktives* Verhalten verstanden, das durch kurze Zuwendung nicht nur provoziert, sondern durch den Mangel an Handlungsalternativen und gestörten Kommuni-

kationsformen weiter verstärkt wird. In den kognitionspsychologischen Hypothesen (z. B. Beck 1996) werden als Auslöser für Depressiv-Sein negative Erfahrungen, Verluste, Nichtkontrolle und sozialisationsbedingte Vorgaben gesehen. Auf der Grundlage einer kognitiven Störung, bei der das Denken einseitig, willkürlich, selektiv und übertrieben negativ ist, werden durch solche Ereignisse Schemata aktiviert, die sehr beharrlich sind, da sie durch generalisierte Überzeugungssysteme gesteuert werden.

- **Psychoanalyse:** Jedes Element der Gegenwart kann Symbol einer krankmachenden Konstellation der Kindheit sein. Freud zählt Depressionen zu den »narzisstischen Neurosen« wegen des übersteigerten Anspruchs des Selbstwertgefühles, das daher an der Wirklichkeit ständig enttäuscht wird. Häufig die Kombination aus Unersättlichkeit der Liebesbedürfnisse (orale Impulse) und Hemmung der aggressiven Impulse. Der Verlust eines geliebten, aber eben nie genug liebenden, daher auch *gehassten* Menschen (Objekt) macht aus dem bisher gehemmten Hass Schuldgefühle, was zu Selbsthass und depressiver Selbstbestrafung führt.
- **»Life event«-Forschung:** Wegen des Problems der subjektiven Bewertung durch den Untersucher haben Forscher wie Brown und Wing, *sämtliche* Ereignisse (events) bei einem Menschen wertfrei gezählt. Sie fanden in den letzten Monaten vor einer Depression wesentlich mehr Ereignisse als bei einer sonst gleichen nicht-depressiven Vergleichsgruppe.

FAZIT **Wir wissen nicht, warum Menschen depressiv werden.**

Bedeutung

Für die Bedeutung des Depressiven und Manischen sind Psychiatrie-Geschichte, transkulturelle Psychiatrie (= Vergleich zwischen verschiedenen Kulturen), aber auch der phänomenologische Ansatz von Goffman (1974) hilfreich. Solange und wo immer es Menschen gibt, gehört Depressiv-Sein und Manisch-Sein zu den Ausdrucksmöglichkeiten, wenn Menschen miteinander nicht zurechtkommen und sich ihre Situation unerträglich machen. Sie haben zu tun mit: Unabhängigkeit – Abhängigkeit, Verlust – Gewinn, Leisten – Versagen, Selbstwert – Wertlosigkeit, Macht – Ohnmacht, Selbsterhöhung – Selbsterniedrigung, einengende Ordnung – ausweitende Befreiung, Trauer – Glück, Hilflosigkeit – Hilfe usw. Menschen *leben* ihr Depressiv-Sein. Dieser Wahrheit kam Kraepelin mit seiner Formulierung »Manisch-Depressives Irre-*Sein*« näher als diejenigen, die heute das Ganze als »Krankheit« ansehen. Das »Krankhafte« ist nur ein Teilaspekt.

Was sich geschichtlich beständig wandelt, ist die Resonanz, unsere Bewertung des Manischen und Depressiven, was etwas über uns aussagt. In früheren Zeiten, in nicht-industriellen Kulturen und auch bei uns heute z. B. auf dem Lande ist Depressiv-Sein praktisch nie ein Grund, jemanden aus dem Familienverband zu entlassen: Depressiv-Sein wird zugelassen, als Möglichkeit akzeptiert, wird mitgetragen. Deshalb können wir es in manchen Kulturen nicht oder nur selten »finden«. Das Manische macht sich dagegen selbst sichtbar, wird daher eher bewertet (religiös, durch Bestrafung), wird auch transkulturell gleich häufig gefunden. Vor allem für das Manische wurde im 17./18. Jahrhundert die Einrichtung der Entmündigung geschaffen, als zwei Werte wichtig wurden: Die taktvolle Einhaltung der Grenze zwischen Privatbereich und Öffentlichkeit sowie der für die Wirtschaftsentwicklung notwendig gewordene Schutz des sich vermehrenden Kapitals. Manisch-Sein bedeutet geradezu die taktlose und bloßstellende Vermischung von Privatem und Öffentlichem (GOFFMAN 1974) sowie die Freude an Verschwendung. Auch die ersten speziell psychiatrischen Einrichtungen (um 1800) wurden vor allem für das expansiv störende Manisch-Sein gegründet. Erst während des 19. Jahrhunderts wuchs die Zahl der »gefundenen« und in die Anstalten gebrachten Depressiven, die von der Familie nicht mehr mitgetragen werden konnten, weil erstens im Zuge der Industrialisierung die Familienverbände zerschlagen wurden, zweitens nach einer neuen Norm alle Bürger zu arbeiten hatten und Untätigkeit moralisch unzulässig wurde, was drittens dazu führte, dass pflichtbewusstes und im Prinzip unbegrenztes Leistungsstreben zur obersten Gewissensinstanz wurde, ein Anspruch, von dem gerade die ohnehin pflichtbewusst-ordentlichen, depressionsgefährdeten Menschen sich willig überfordern ließen. Dies entspricht dem Typ der innengeleiteten Persönlichkeit des 19. Jahrhunderts von David RIESMAN. Im 20. Jahrhundert nimmt die Diagnose Depression zu Gunsten der Diagnose Schizophrenie ab, erst in den USA, später in Europa. Also wieder die Frage: ändern sich die Menschen oder ändert sich die Bewertung ihres Handelns – jetzt etwa gemäß dem außen-geleiteten (fremd gesteuerten) Persönlichkeitstyp des 20. Jahrhunderts? – Nachdenklich macht schließlich auch die Bedeutung des Zyklothym-Seins. Obwohl es dies immer schon gab, wurde es erst 1845 von FALRET »entdeckt«. Warum, so fragt man sich, konnten Psychiater es erst wahrnehmen, als die zyklische Betrachtung des Geschichtsablaufes üblich geworden und die Konjunkturzyklen der Marktwirtschaft entdeckt und ins Interesse der Öffentlichkeit gerückt waren? Welche Wertvorstellungen steuern heute meine Wahrnehmung? Wenn schließlich die zyklische Wiederholung erst gesehen werden konnte, als es schon seit Generationen psychiatrische Einrichtungen gab, könnte es dann nicht sein, dass wir durch unsere Einrichtungen in der bisherigen Form nicht nur das Chronisch-Werden fördern, sondern auch die »ewige Wiederkehr« der Patienten, also die Neigung zur Wiederholung der depressiven oder manischen Phasen, weil wir zu wenig von diesen menschlichen Ausdrucksmöglichkeiten zulassen und zu viel davon technisch wegorganisieren wollen? Immerhin schreibt die Bevölkerung in Meinungsumfragen den psychiatrischen Patienten an erster oder zweiter Stelle die Eigenschaft zu, dass sie immer wieder in psychiatrische Einrichtungen zurückkehren. Und Patienten sind auch ein Teil der Bevölkerung und haben dieselben Meinungen. Auch hier ist noch eine Antwort fällig.

Prävention

Sie ist – wie schon gesagt – angewandte Epidemiologie. Die Möglichkeit, depressiv oder manisch zu sein, ist nicht abzuschaffen. Sie gehört zum Menschen. Was kann Prävention dann tun? Sie kann versuchen, dafür zu sorgen, dass diese Möglichkeit weniger oft verwirklicht werden muss: in der Gesellschaft allgemein (primäre Prävention) ebenso wie bei gefährdeten Individuen (sekundäre Prävention).

Zunächst zu den Gefährdeten: Es gibt eine Menge Bedingungen, aus denen man geradezu eine »Risikogruppe« (wie bei Infarkt-Gefährdeten) konstruieren könnte. Dazu würde jemand gehören, der selbst-verbietend sich in Schwierigkeiten kleiner macht als er ist, der Leistungsehrgeiz und Unabhängigkeitskampf mit Leugnen realer Abhängigkeit und vergleichendem Messen an fremden Maßstäben kombiniert, der alles genau nimmt und Trauer, Schmerz, Trennung und Aggression zu leben unfähig ist. Wenn dieser Mensch ferner eine unzufriedene Hausfrau wäre (mit sich verselbstständigenden Kindern und einem vitalen Ehemann, der »alles kann«) oder sich mit dem eigenen Älterwerden nicht anfreunden könnte, wäre er hochgradig depressiv gefährdet. Präventive Maßnahmen ergeben sich aus der Beschreibung. Wäre er schon mehrfach kurz hintereinander depressiv/manisch geworden, käme die pharmakologische Prävention hinzu.

Entsprechend ist alles primär-präventiv wirksam, was gesamtgesellschaftlich depressive (manische) Handlungsweisen weniger wahrscheinlich und nötig macht. Dazu gehören alle Bemühungen, die das pflichtbewusst-selbstüberfordernde Leistungsstreben als Selbstzweck in Frage stellen und Untätigkeit moralisch wieder erlaubt sein lassen – eine Aufgabe, die wir wegen der bleibenden Arbeitslosigkeit ohnehin zu lösen haben. Damit hängt zusammen, dass Unabhängigkeit und Abhängigkeit in ein lebensfähiges Gleichgewicht zu bringen sind, d. h. Relativierung des Unabhängigkeits-Ideals zu Gunsten von Lebensformen anerkannter Abhängigkeit. Ferner sind alle Lebensformen wirksam, die den Typ der kleinfamilien-frustrierten Hausfrau, der sich selbst isolierenden Zweierbeziehung und des einsamen alten Menschen verhindern. Geradezu experimentell präventiv könnte es sein, eine Gruppe depressions-gefährdeter Jung-Erwachsener zum Zeitpunkt der Wahl einer Lebenspartnerschaft zu motivieren, ihre gleichgeschlechtlichen Jugendfreundschaften dauerhaft aktiv zu pflegen, damit sie bei den später unvermeidlichen Beziehungskrisen auf sie – als einerseits parteisch blind Vertraute, die andererseits gerade deshalb sie glaubwürdig an ihre Wirklichkeit (ihren Maßstab) binden, ihnen den Kopf waschen dürfen – zurückgreifen können (Dörner u. Netz 1993). Schließlich haben wir alle zu lernen, dass Trauer, Schmerz, Verlust, nicht (depressiv) niederzuschlagen, auch nicht pharmazeutisch oder psychisch wegzutherapieren, sondern unabänderlich zum Menschen gehören und daher auszuleben sind.

Literatur

Arieti, Silvano u. a. (1983): Depression. Stuttgart, Klett-Cotta

Beck, Aaron T.; Rush, A. J.; Shaw, B. F., Emery, G. (1996): Kognitive Therapie der Depression, 4. Auflage, Weinheim, Psychologie Verlags Union

Buchan, H. u. a. (1992): Who benefits from Electroconvulsive Therapy? *Brit. J. of Psychiat.* 160/3: 355–359

Celan, Paul: Lob der Ferne. In: Celan, Paul (2000): Mohn und Gedächtnis. Stuttgart DVA

Dörner, Klaus u. a. (1997): Freispruch der Familie. Bonn, Psychiatrie-Verlag

Dörner, Klaus (1998): Ende der Veranstaltung. Gütersloh, Jakob van Hoddis

Dörner, Klaus (2001): Der gute Arzt. Stuttgart. Schattauer

Dörner, Klaus; Netz, Peter (1997): Ansätze zur Prävention der Depression. In: Allhoff, P. u. a.: Krankheitsverhütung und Früherkennung. Heidelberg. Springer

Fuchs, Thomas (2001): Der manische Mensch. Zur Diagnose der Gegenwart. In: *Scheidewege*, Jahresschrift, Jg. 30, Saarstraße 7, 72270 Baiersbronn, S. 22–41

Goffman, Erving (1974): Das Individuum im öffentlichen Austausch. Frankfurt/M., Suhrkamp

Gorz, André (1989): Kritik der ökonomischen Vernunft. Berlin, Rotbuch (1998), 2. Aufl.

Katschnig, Heinz (Hg.) (1979): Sozialer Stress und psychische Erkrankung. München, Urban & Schwarzenberg (1980)

Kessler, Nicola (Hg.) (1995): Manie-Feste – Frauen zwischen Rausch und Depression – Drei Erfahrungsberichte. Bonn, Psychiatrie-Verlag, 2. Aufl. (1997)

Kuiper, Piet C. (1991): Seelenfinsternis – Die Depression eines Psychiaters Frankfurt/M., Fischer, 6. Aufl. 2000

Leonhard, Karl (1980): Aufteilung der endogenen Psychosen. Berlin, Akademie Verlag

Levinas, Emmanuel (1992): Jenseits des Seins oder anders als Sein geschieht. Freiburg. Alber, 2. Aufl. 1998

Lewinsohn, Peter M., Clark, G. N., Hops, H., Andrews, J. A. (1990): Cognitive behavioural treatment for depressed adolescents, 21, 385–401.

Mitscherlich, Alexander (1977): Die Unfähigkeit zu trauern. München, Piper, 15. Aufl. 1998

Müller, Peter (1995): Schlafentzug – Erfolgreich gegen Depressionen. Ein Erfahrungsbericht und Leitfaden für Betroffene, Nahestehende und Behandelnde. Bonn, Psychiatrie-Verlag

Mundt, Christoph (1991): Depressionskonzepte heute. Berlin, Springer

Rahn, Ewald; Mahnkopf, Angela (2000): Lehrbuch Psychiatrie für Studium und Beruf. Bonn. Psychiatrie-Verlag, 2. durchges. Aufl.

Schmidbauer, Wolfgang (1983): Helfen als Beruf. Reinbek, Rowohlt, 1999

SELIGMAN, Martin (1979): Erlernte Hilflosigkeit. München, Urban & Schwarzenberg, 2. Aufl. 1983

SENNETT, Richard (1991) Verfall und Ende des öffentlichen Lebens. Die Tyrannei der Intimität. Frankfurt/M., Fischer, 11. Aufl. 2000

TELLENBACH, Hubertus (1974): Melancholie. Berlin, Springer, 4. erw. Aufl. 1983

TÖLLE, Rainer (1991): Zur Tagesschwankung der Depressionssymptomatik. *Fortschr. Neurol. Psychiat.* 59: 103–116

ULRICH, Gerald (1997): Biomedizin. Die folgenschweren Wandlungen des Biologiebegriffs. Stuttgart, Schattauer

WERNER, Wolfgang (1998): Auflösung ist machbar. Bonn, Psychiatrie-Verlag

WOLFERSDORF, Manfred (2000): Krankheit Depression. Bonn, Psychiatrie-Verlag, 2. Aufl. 2001

8 Der sich und Andere versuchende Mensch (Abhängigkeit)

A Landschaft der Seelen-Kapitäne

Sucht (=Krankheit) ist ebenfalls eine Gefährdung, in die man überwiegend bei der Lösung der typischen Aufgaben des Erwachsenenalters, also zwischen 25 und 45 Jahren, gerät. Auch sonst werden Sie überraschende Ähnlichkeiten mit der Depressivität feststellen, z. B. die häufige Unabhängigkeits-Sucht. Auch Sucht ist grundsätzlich eine positive wie negative Möglichkeit für jeden Menschen: Denn einerseits kennen wir alle den Wunsch nach Rausch, Trunkenheit, Ekstase, Exzess, Transzendenz, Maßlosigkeit und Identität, also das Sprengen der Grenzen unseres alltäglichen, erlaubten Lebens – am besten erfasst in dem Wort Sehn-Sucht; und andererseits lassen wir uns lebenslang auf Menschen, Rollen, Dinge, Institutionen, Umstände ein, suchen Halt in ihnen, formulieren uns in sie hinein, werden ein Teil davon, machen uns von ihnen abhängig. Beides kann sich verselbstständigen und uns und Andere zerstören.

Wie sieht die Landschaft des süchtigen, abhängigen Weges aus? Die steigende Zahl der Suchtkranken verrät, dass die heutigen Bedingungen ihm günstig sind. Wir sind leicht zu der Ansicht zu verführen, dass alles Negative eigentlich nicht zu unserem Leben gehört: Schmerz, Schlaflosigkeit, Angst, Leiden, Unberechenbares, Unerwartetes sehen wir als überflüssige Umwege, die wir heute wegorganisieren können. Dafür gibt es technische Mittel. Umwege sind zeitsparend zu begradigen. Täler und Tiefen der Landschaft sind zu planieren, da wir Anspruch darauf haben, die Gipfel und Höhen mühelos und ungetrübt zu genießen. Wir wollen ständig die »Kapitäne unserer Seele« sein, worin BATESON (1983) zugleich den größten Irrtum des Abendlandes und das Geheimnis der Suchtdynamik in seiner immer noch besten Darstellung des Suchtproblems sieht. Nur das Positive zählt, das Negative wird weggemacht. Obwohl (oder weil?) die Zahnärzte technisch schmerzfreier arbeiten, ist die Angst vor ihnen gewachsen. Rationalisierung und Automation erlauben höhere Leistung mit weniger körperlicher Anstrengung. Die leidensfreie Gesellschaft ist machbar. Gleichzeitig kann man »sein wie die Anderen« (Anpassung, Sicherheit) und »besser sein als die Anderen« (Freiheit, Unabhängigkeit). Es gibt die Total-Lösung. »Das Heilige im Diesseits«, das Absolute ist jetzt und hier zu verwirklichen. Träume, Wünsche, Möglichkeiten sind nicht mehr jenseitig. Die Landschaft ist nach unseren, meinen Wünschen restlos anzueignen.

Natürlich erkennen Sie den Unsinn dessen, was Sie gerade gelesen haben. Positives ist ohne Negatives nicht zu haben. Keine Selbst- ohne Weltverwirklichung. Entwickeln können wir uns weitgehend über die Bearbeitung von Negativem. Das wusste schon HEGEL. Die begradigten Umwege lassen das Gehen des Weges verarmen und fördern Verkehrsunfälle. Die planierten Täler nehmen den Genuss an den Gipfeln. Automation erhöht den Stress für die Arbeitenden und die Arbeitslosen. Man kann nicht gleichzeitig gleich und besser sein. Die kaputten Zähne schmerzen mehr, wenn Schmerzfreiheit erreichbar scheint! Träume und Wünsche werden schal, wenn sie erfüllt werden. Nur wenn wir die Spannung zu ihnen aufrechterhalten, auf die Transzendenz zum Jenseits unserer Grenzen achten, können wir unsere Wirklichkeit anreichern. So hart, dann aber auch fruchtbar ist unser Verhältnis zum

Jenseitigen, zum Absoluten. Die Landschaft, die wir nicht nach ihren, sondern nur nach unseren Möglichkeiten manipulieren, verliert ihre Widerständigkeit uns gegenüber, kann uns nichts mehr geben, uns nicht mehr tragen, ist tot und macht uns leer. Wo ich nur noch ich selbst bin (Identität, Unabhängigkeit), findet Austausch, Stoffwechsel, Leben nicht mehr statt.

Nun ist der Sucht-Anteil in jedem von uns nicht bereit zu solchem »vernünftigen« Nachdenken, das schmerzhafte, armselige und einschränkende Kompromisse in Kauf nimmt. Dieser Anteil ist vielmehr unvernünftiger, hartnäckiger, ehrlicher als der Rest. Er will die Träume der Kindheit und Jugend nicht der Erwachsenen-Vernunft opfern. Er will das »Reich Gottes«, das »Schlaraffenland« sofort verwirklichen. »Es muss auf Erden mehr als alles geben.« Das Sisyphus-Scheitern macht unserem Sucht-Anteil nichts aus. Er versucht es wieder und wieder. Er versucht sich und Andere, auch die Götter: Er entspricht der Figur des Prometheus, der den Göttern das Monopol des Feuers entriss, um die Menschen ihnen gleichzustellen. Bei diesem ewigen Versuch, der Sehnsucht, sich Ausschließendes restlos zur Deckung zu bringen, bleiben Lücken. Wir plombieren diese Lücken: mit Alkohol, Medikamenten oder Drogen. Je endloser das auf der Stelle tretende Versuchen, desto mehr desselben. Gerade auch dann, wenn das Ablehnen von Angst und Schmerzen die Vermehrung von Angst und Schmerzen erzwingt. Der Weg wird weitergegangen. Strafen zählen nicht: Prometheus wurde zur Strafe an einen Felsen geschmiedet, wo ihm täglich ein Adler die Leber zerfleischte – ausgerechnet die Leber!

Wer derart unbeugsam und stur sich und Andere versucht, geht einen Weg, der zwar dem Wesen des Menschen näher kommen will, der zugleich aber auch gewalttätig ist, nicht nur gegen seine Landschaft, sondern auch gegen sich und Andere: Körperkrankheiten, Früh-Invalidität, sozialer Ruin, Suizid, Betriebsunfälle, Verkehrsunfälle, Straftaten. Das Hauptschlachtfeld dieses gnadenlosen Kampfes ist aber auch hier die Partnerbeziehung/Familie. Wie der depressive Weg, so wird auch der Weg in die Sucht entscheidend durch die Abwehr der Begegnungsangst zweier Lebenspartner gefunden. Auch hier hat meist einer der beiden seine Ursprungsfamilie zu früh verlassen, bevor er seine Gleichgewichtsformel zwischen Abhängigkeits- und Unabhängigkeitswünschen gefunden hat. Daher will er noch als Erwachsener seine Unabhängigkeit gegen die Autorität von Eltern erkämpfen. Dieser jugendliche Charme, die Weigerung, auf den »Traum der Jugend« zu verzichten, lässt ihn leicht von seinen Eltern in den »Besitz« eines Partners übergehen, der das ganz gern hat, weil er sich dadurch selbst in die Rolle des Unabhängigeren hineinpolarisiert und Freude an der Elternrolle hat. Dadurch wird die Beziehung von der Entwicklungshilfe des Einen für den Anderen infiziert, was Partnerbegegnung (= auf *derselben* Ebene) unmöglich macht. Sie können die Begegnungsangst nicht mehr nutzen: Sie wehren den Unterschied, die Fremdheit und Spannung zwischeneinander ab, entwerten die Eigenart des jeweils Anderen, versuchen endlos, ihn zu ändern, wogegen der Andere sich wehren muss und wodurch beide Partner zunehmend glauben, es ginge ums Rechthaben. Sie leben ihre Beziehung mehr symmetrisch als komplementär (Bateson 1983). Der eine fühlt sich durch das Anderssein des Anderen bedroht, möchte immer mehr Nähe und den Anderen nach seinem eigenen Maßstab sich gleichmachen. Da das ebenso aussichtslos wie anstrengend ist, werden die entstehenden Lücken »zur Erholung« mit Alkohol oder Medikamenten gefüllt. Diese erzeugen die Illusion, mit äußeren Mitteln die Sehnsucht nach Verschmelzung der Gegenüber, der Gegner stillen zu können. (Hier sollten Sie die Ähnlichkeit zu helfenden Beziehungen reflektieren.) Das wäre die Verwirklichung des Absoluten ohne Weg dorthin: Denn die meisten Suchtstoffe haben einen zugleich aktivierenden und passivierenden, zugleich stimulierenden und sedierenden Effekt. Ich kann mir damit das Gefühl erzeugen, meine einsame Einzigartigkeit zu leben und zugleich in den Erwartungen der oder des Anderen aufzugehen, da ich sie stillschweigend nach meinem Bilde geformt habe. Gleichzeitig – mal federführend, mal nachhinkend – wächst der Partner von selbst, ohne es zu merken, in die Rolle des Kontrolleurs hinein. Entwicklung findet für beide nicht mehr statt: Mit der Alkohol- oder Medikamentensucht auf der einen, nimmt die Kontrollsucht auch der anderen Seite zu. Es entsteht ein von der übrigen Landschaft isoliertes Gefängnis zu zweit, ein geschlossenes System, in dem beide aus eigener Kraft sich nur noch zerstören können, meist nicht mal mehr die Kraft zum Loslassen oder Weglaufen haben. Öffnung ist nur noch durch Dritte möglich. Depressive wie Abhängige leben sich oft auf ähnliche Weise in eine ungeheure Überangestrengtheit hinein, die sich äußerlich bei Ersteren in gehemmter Untätigkeit, bei Letzteren in pausenloser Tätigkeit ausdrückt. Unterschied: *Der depressive Mensch richtet sich nach dem Maßstab des Anderen, der abhängige Mensch versucht, den Anderen nach seinem Maßstab zu richten.* Die ursprünglich von allen beabsichtigte Partnerbegegnung auf derselben Ebene bleibt in beiden Fällen als Trümmerfeld auf der Strecke. Die Beteiligten können von Glück sagen, wenn sie mit dem Leben davonkommen. Noch anders und zusammenfassend ausgedrückt: Süchtig oder abhängig werde ich, wenn ich unerschütterlich – wirklich unerschütterlich – an mich selbst – und nur an mich selbst – glaube. (Es gibt auch süchtige Verhaltensweisen; siehe Kapitel 9.)

Dies häufigste und trostloseste aller Gesellschaftsspiele funktioniert, weil wir alle daran beteiligt sind. Alkohol trinken ist normal. Medikamente einnehmen ist noch normaler. Wir alle moralisieren: Wir schütteln den Kopf, lächeln darüber »wie kann jemand nur so haltlos sein!« oder »armer Teufel, aber ich kann doch nicht offen über sein Trinken sprechen, sonst bin ich noch am Verlust seines Arbeitsplatzes schuld«. Und wir bagatellisieren: »Na ja, aber immerhin tut er ja noch seine Arbeit« oder »ich helfe ihm, dass er nicht auffällt«. Wir garantieren damit das Spiel der betonten Unauffälligkeit, das die größte Auffälligkeit des Suchtkranken ist. Wir sind die notwendigen Komplizen der Heimlichkeit, der Selbstzerstörung.

Wenn die Katastrophe jedoch mit unserer verschwiegenen Mithilfe in Ruhe hat ausreifen können, äußern wir die Schuldgefühle wegen unseres Nichtstuns in einem aggressiv-schadenfrohen »Ich habe es ja immer gewusst, das konnte ja nicht gut gehen«. Wir sind sicher, dass jedem von Ihnen im Augenblick der Lektüre dieser Gedanken ein abhängiger Freund oder Verwandter einfällt. So weit Sie im Gesundheitsbereich arbeiten, fällt Ihnen mit noch größerer Sicherheit ein abhängigkeitsgefährdeter Kollege ein; denn am Arbeitsplatz sind wir noch »solidarischer«. Ob dieses Kapitel etwas taugt, ließe sich daran messen, dass Sie Ihre komplizenhafte Beziehung zu diesem gefährdeten »Nächsten« ändern.

ÜBUNG 1 Darüber nachdenken, ob die sozial erlaubten Abhängigkeiten und Süchte, wie die Arbeitssucht, sich ähnlich, z. B. partnerschaftszerstörend auswirken (»Arbeitholiker«, »workoholics«).

ÜBUNG 2 Jeder von uns überlegt sich, welche a) unerlaubte und b) erlaubte Droge er benutzt, weil einen falschen Gesellschaftszustand aufrechterhaltend.

ÜBUNG 3 Wo sind wir nicht »ökonomisch«, sondern »maßlos« – z. B. in Spiel, Musik, Tanz, Liebe (Hörigkeit, Eifersucht), in religiösem Glauben, im politischem Meinen und Kämpfen?

B Versuchte Nähe von außen (Diagnose)

■ Auffällige Unauffälligkeit

Während die Äußerungen der meisten anderen psychischen Störungen sich aufdrängen, arbeitet der Abhängige an der Verheimlichung des Symptoms (Trinken/Schlucken) gegen sich und Andere. Dies wird selbst zum Symptom. Das macht den richtigen Zeitpunkt für Hilfe fast unerkennbar, gibt uns als Mitspielern ein willkommenes Alibi: Wir sagen »Zu spät für Hilfe!« oder »Der ist noch nicht am Ende« – beides ist gleich zynisch.

BEISPIEL Examen: Ein Prüfling berichtet über seinen Fall: Herr X, 38 J., Verwaltungsangestellter, plötzlich von Freimaurern verfolgt, im Erregungszustand seine tatkräftige Frau angegriffen, von der Polizei auf die geschlossene Station gebracht. – Jugend vom Streit seiner Eltern beschattet. Er ist stolz darauf, es besser gemacht zu haben: harmonische Familie, zufrieden mit Beruf, kurz vor Fertigstellung des Eigenheims; die letzten zwei Jahre »nervöses Magenleiden«, mit Beruhigungsmitteln behandelt. Der Prüfling hatte die Diagnose der Station übernommen »paranoide Psychose«, aber irgendwie war er unzufrieden.

Prüflingsgruppe und Prüfer verwandeln sich durch Rollenspiel in ein Stations-Team: Was den Prüfling unzufrieden mache? Was Herr X bei ihm ausgelöst habe? »Mir fiel seine Angestrengtheit auf. Irgendwie hat er jede Frage von mir als Angriff erlebt und sich dagegen verteidigt. Überhaupt hat er betont, wie viel Anstrengung seine Lebensleistung (Symbol Eigenheim) gekostet habe und dass sein Leben wirklich in Ordnung sei. Das hat mich kribbelig gemacht.« – »Sind Sie auf seine und Ihre Gefühle eingegangen?« – »Ich glaube, das war mein Fehler: Ich habe die Angespanntheit gespürt, aber nicht zum Thema gemacht, mich von seiner Angespanntheit anstecken lassen. Je mehr ich ›gebohrt‹ habe, desto besser hat er sich verteidigt; wir haben uns gegenseitig eskaliert, und Herr X hat gewonnen.« Jemand fragt nach Alkohol. Prüfling: »Ach ja, habe ich vergessen; abends mal 'ne Flasche Bier.« Die Gruppe sammelt jetzt alles, was für Alkohol spricht: Überbemühtheit um soziale Anpassung, Harmonisierungs- und Verteidigungsbedürfnis; Ehrgeiz, es besser als die Eltern zu machen; angestrengtes Aufgehen in diesen Bemühungen; Leiden an der Stärke seiner Frau; Behandlung durch Tranquilizer; schließlich seine Methode, einen Frager sich vom Leibe zu halten. Prüfling: »Wie hätte ich es besser machen können? Wie treffe ich den Ton, dass Herr X sich nicht entlarvt, sondern verstanden fühlen kann?« Die Gruppe entwickelt folgenden Vorschlag: »Herr X, ich sehe, mit wie viel Anstrengung Sie Ihre Lebensleistung geschafft haben. Auch jetzt im Gespräch spüre ich Ihre Anspannung, unter die Sie sich setzen. Das steckt mich geradezu an. Welche Möglichkeiten der Erholung, Entlastung oder Entspannung haben Sie für sich?« – Ein weiteres, in diesem Stil geführtes Gespräch ergibt, dass Herr X in der Tat seit mindestens vier Jahren massiv alkoholabhängig ist, jedoch sozial bisher unauffällig, auch gegenüber seiner Frau erfolgreich verheimlicht, zumal er vor allem auf dem Weg zur und von der Arbeit zu trinken pflegt.

Wenn es also überhaupt eine Auffälligkeit des noch erfolgreich verheimlichenden Suchtkranken gibt, dann ist es die betonte Unauffälligkeit, die Überanpassung, das übertriebene, dauerangestrengte Bemühen, zugleich unauffällig und besser als Andere zu sein, was wir alle aufrechtzuerhalten helfen. Denn wir leiden am selben Leiden: »Bloß nicht zugeben, dass wir nicht mehr können, mag kommen was will, wir sind immer unser eigener Herr, der Kapitän unserer Seele, beherrschen zumindest uns selbst!« 8

Begriffe der Abhängigkeit
Abhängigkeit von Mitteln, Definition

- **Droge:** Sammelbegriff für alle das Gehirn bzw. das Handeln beeinflussenden (enzephalo- bzw. psychotropen) Mittel.
- **Abhängigkeit (Dependence):** tritt an die Stelle der alten Begriffe (*addiction*) und Gewöhnung (*habituation*). Aber Achtung: sich dadurch nicht zur Glorifizierung der Unabhängigkeit (als Therapieziel) verführen lassen!!
- **Definition für Drogenabhängigkeit** (in Anlehnung an die WHO): Zustand periodischer oder chronischer Vergiftung durch ein zentralnervös wirkendes Mittel, der zu seelischer oder seelischer und körperlicher Abhängigkeit von diesem Mittel führt und der das Individuum und/oder die Gesellschaft schädigt – Bestandteil der Definition ist also auch die Gesellschaft.
- **Seelische Abhängigkeit:** Das kaum bezwingbare Verlangen, durch eine zentralnervös oder psychotrop wirksame Substanz sich Entlastung zu verschaffen oder Genuss zu erleben. Mit Verselbstständigung des Mittels stellt sich ein Verlust der Konsumkontrolle ein und der Versuch, sich das Mittel um jeden Preis zu beschaffen. Die Grenze zur körperlichen Abhängigkeit ist fließend.

- **Körperliche Abhängigkeit:** Anpassungszustand mit Toleranzsteigerung, Zwang zur Dosissteigerung für dieselbe Wirkung und mit Abstinenzerscheinungen bei Absetzen oder Verminderung der Dosis.
- **Toleranzsteigerung:** der Organismus gewinnt die Fähigkeit, zunehmende Mengen des Giftes zu »vertragen«, bedingt durch zelluläre Gewöhnung, Beschleunigung des enzymatischen Abbaus, Verzögerung der Darmresorption und Aufnahme ins Gewebe, womit die Organschädigung gebahnt ist.
- **Gewöhnung:** sowohl dieser pharmakologisch-physiologische Prozess als auch der psychosoziale, entlastende Prozess der Gewohnheitsbildung.
- **Kreuztoleranz:** Toleranz gegen alle Präparate eines bestimmten Drogen-Typs (z. B. Morphin-Typ oder Barbiturat-Typ). Die WHO hat sieben Typen aufgestellt.
- **Missbrauch (Abusus):** jeder Gebrauch von Drogen in übermäßiger Dosierung, als Vorstufe der Abhängigkeit.
- **Zweckverschiebung eines Mittels:** spricht für den Übergang zur Abhängigkeit; z. B. Schmerzmittel zur Euphorisierung, »Schlafmittel« am Tage zur Anregung.
- **Polytoxikomanie:** die immer häufigere Praxis, unterschiedliche Drogen mit- oder nacheinander zu benutzen.

Süchte sind Krankheiten: Sie sind Krankheiten, weil psychosoziale und körperliche Umbauprozesse eigengesetzlich voranschreiten. Erkrankungen kann man nicht durch Bagatellisieren oder Moralisieren beikommen. Weil es sich um anerkannte Erkrankungen handelt, haben Patienten das Recht und damit die Möglichkeit, sich eine positive Selbstdefinition zu geben. In der BRD sind seit 1968 die Süchte als Krankheiten im Sinne des Sozialgesetzbuches anerkannt.

Typen der Abhängigkeit

Alkohol-Abhängigkeit (= A)

A-Abhängigkeit ist immer ein Ergebnis eines Versuchs der Anpassung, Angstabwehr und Selbsthilfe.

Einteilung, Verlauf (nach Jellinek):

- **Alpha-Typ:** Problem- und Erleichterungstrinker; kein Kontrollverlust; seelische Abhängigkeit, da diese Angstabwehr die Probleme vergrößert.
- **Beta-Typ:** Anpassungs- und Gewohnheitstrinker, um »mitzuhalten« mit den (Trink-) Sitten, an Situationen gekoppelt (Fernsehen, Wochenende, Arbeitswege, Hausarbeit); wenig seelische, aber später körperliche Abhängigkeit.
- **Gamma-Typ:** Eigentlicher Prozess-Trinker mit seelisch-körperlicher Abhängigkeit, Toleranzsteigerung, Kontrollverlust, Abstinenzsymptome, auch wenn Abstinenzzeiten möglich sind.

- **Delta-Typ:** Spiegel-Trinker; da über lange unauffällige, schleichende Gewöhnung der Alkohol-Spiegel sich langsam erhöht, bis er gebraucht wird, hat der Betroffene nie das Gefühl des Kontrollverlustes, und da er sozial überkorrekt ist, ist er bei dieser rauschlosen Dauerimprägnierung besonders schwer zu motivieren.
- **Epsilon-Typ:** Periodischer Trinker (früher Quartalssäufer oder *Dipsomanie*); auch diese im Alltag überkorrekten Menschen brauchen den Ausbruch ins zerstörerische Sozial-Unerlaubte, um überbemüht sozial erlaubt leben zu können; maskiert sich lieber mit Hilfe von Ärzten mit der »feineren« Diagnose phasischer Depressionen. Es gibt aber auch in der Tat fließende Übergänge zwischen phasischem Psychotischsein (manisch-depressiv) und phasischem Trinken.

Nach dem Verlauf spricht man von

- **prae-alkoholischer Phase,** wenn Alkohol vom Genussmittel zum Medikament wird, notwendiger für die seelische (alpha) oder soziale (beta) Alltagsanpassung wird.
- **Prodromalphase:** Zunehmend allein trinken; Partner soll mit wachsendem Spürsinn das heimliche Trinken und die Verstecke doch noch entdecken, um zum Komplizen zu werden und durch Protest gegen dessen Kontrolle weiteres Trinken zu rechtfertigen (Teufelskreis); Alkohol schmeckt nicht mehr, da Entspannungsmedizin; zunehmend misstrauisch; bezieht Anspielungen auf sich, verteidigt sich unnötig; Gedächtnislücken, Filmriss.
- **Kritische Phase:** Schon der erste Schluck löscht die Fähigkeit zum Aufhören (Kontrollverlust); durch Selbstverachtung Depression, Suizidversuch oder Großspurigkeit und Gewalttätigkeit; ständig Suche nach Alibi und Begründung; psychosoziale Isolierung; körperliche Abhängigkeit und Folgeschäden, Wesensänderung; letzter Rest des Selbstwertgefühles krampfhaft verteidigt: Verzweifelter Stolz, keine Hilfe zu brauchen, »es schon selbst zu schaffen«. Diese Phase entfällt beim Spiegeltrinker.
- **Chronische Phase:** Morgendliches Trinken, da schon die Nacht als Trinkpause zu lang ist; durch Leberschädigung Umkehr der erhöhten in erniedrigte Alkoholtoleranz, schon kleine Mengen werden nicht mehr vertragen; bei kurzer Abstinenz Anfälle und Alkoholpsychosen; zum Teil fortschreitender Abbau; doch Achtung: In dieser Phase besteht für einige die Möglichkeit auf der Einsicht psychosomatischer Abhängigkeit in einer dazu passenden neuen Landschaft ein neues Leben aufbauen.

Die Lebenserwartung des Gamma-Alkolholikers ist um zwölf Jahre verkürzt. Die Entwicklung bis zur Alkohol-Krankheit wird mit sechs bis zwölf Jahren gerechnet, bei jugendlichem Beginn aber schon mit drei Jahren!

▪▪▪ Körperliche Alkoholauswirkungen

Sie sind oft die ersten Auffälligkeiten. Das gibt dem Hausarzt die größte Chance und Verantwortung. Daher muss er die Verteidigungssprache der Abhängigen kennen: z. B. ist Bier für den Abhängigen kein Alkohol! Für die Trinkmengen Aufzeichnenlassen aller Tätigkeiten einer Woche in einem Stundenplan. Ein beiläufiges hausärztliches Gespräch mit einem Arbeitskollegen, Freund oder Nachbarn macht oft eher als mit einem »solidarischen« Familienangehörigen lebensgefährliches Herumrätseln überflüssig. Genauso wichtig ist die **Körpersprache** des A-Abhängigen:

- **Äußere Erscheinung:** Gesichtsdiagnose oft entscheidend; aufgeschwemmt, rot-bläulich, teigig-fettig, Gefäßerweiterung (*Teleangiektasien*), wässrige Augäpfel, Tränensäcke, vorgealtert. – Äußeres überkorrekt oder verwahrlost. Alkoholgeruch gern »überparfümiert«, oft selbst vom Ehepartner nicht bemerkt, »normalisiert«. Empfehlung: Während des Gespräches des Zimmer kurz verlassen, um die eigene Nase vom »Komplizeneffekt« zu befreien.
- **Internistische Schäden:** Achtung bei allen vegetativen Störungen (stoffwechseltoxischen oder Nervenschäden) und bei Magen-, Stoffwechsel- und Ernährungskrankheiten (Gastritis, Ulcus, Eiweißmangel, Avitaminose, Diabetes). – *Leber*: 30 Prozent der A-Abhängigen haben Lebergewebsschäden, 60 Prozent bioptisch Leberverfettung, 10 bis 25 Prozent portale Leberzirrhose, wobei die biochemischen Werte auch normal sein können. – *Pankreas:* Chronische Pankreopathien oft alkoholbedingt, akute Pankreasnekrose in 25 Prozent Todesursache des schweren Alkoholrausches. – *Herz:* Die Alkoholbedingtheit von Herzmuskelschäden wurde lange übersehen. Jugendlicher Hochdruck. – *Lunge:* Anfälligkeit für Tuberkulose u. U. Beziehungen zum Bronchialkarzinom.

MERKE **Herz-, Magen- und vegetative Beschwerden ohne anderen Grund weisen häufig auf einen A-Abhängigen in einem noch günstigen Vorstadium hin.**

- **Operative Fächer:** »Fundgrube« für unerkannte A-Abhängige, die wegen Verkehrs- oder Betriebsunfall, Schlägerei oder nach einem Sturz dorthin kommen. Für die Narkose ist Alkohol-Sofortdiagnose lebensrettend, da sonst Entzugsdelir unter der Narkose möglich ist!
- **Neurologische Schäden:** Polyneuropathie mit Funktionsausfällen, vor allem in den Beinen; Myopathien; Intrakranielle Blutungen schon nach leichten Kopfverletzungen; Kleinhirnatrophien; Sehstörungen (durch Schädigung des Nervus opticus); Funikulär-Myelotische Symptome; (Zusammenhang zwischen Leber-, Pankreas- und Hirnstörungen); bei 5 Prozent Anfallsleiden.
- **Neuropathologisch:** Diffuse Hirngewebsschäden ohne und mit Hirnatrophie, deren Häufigkeit und Folgewirkung in der Pionierzeit der Computer-Tomographie allerdings überzeichnet wurden. – Wernicke-Encephalopathie: Blutungsbedingte Gewebsnekrosen, Zelluntergänge, Bindegewebevermehrung um die Gefäße herum, in den Bereichen des Thalamus, des Hypothalamus, Umgebung des 3. und 4. Ventrikels, des Aquaeductus, des Vier-Hügel-Gebietes und der Augenmuskelkerne. Hauptursache ist Thiamin- bzw. Vitamin B 1-Mangel, auch direkte Schädigung.
- **Frauen- und Kinderheilkunde:** Nach Alkoholmissbrauch in der Schwangerschaft embryo-fetales Syndrom mit Missbildungen und geistiger Behinderung (s. dort).

Psychoorganische Alkoholauswirkungen

Diese vergiftungs-, also körperbedingten Psychosyndrome werden systematisch in Kapitel 11 dargestellt. Hier nur praktisch wichtige Besonderheiten:

- **Akute Alkoholintoxikation:** Beeinträchtigungen der Kreislauf-, Atmungs- und Bewusstseinsfunktionen. Über Abflachung der Atmung, Tachycardie, Blutdruckabfall, Schwinden der Sehnenreflexe, Pupillenerweiterung zum *Alkohol-Koma.* Tod durch Lähmung des Atmungszentrums: »Sich tottrinken« ist leichter als gedacht.

  Therapie: Bei Erregung im einfachen Rausch Herstellung eines wechselseitigen Gesprächs, Gemeinsamkeiten herstellen, z. B. Angebot einer gemeinsamen Tasse Tee oder Kaffee, »auf Zeit spielen«. Ständige Beobachtung mit regelmäßiger Überwachung von Blutdruck, Puls und Atmung. Vorsicht mit Psychopharmaka, allenfalls geringe Mengen eines Butyrophenon, z. B. 5–10 mg Haloperidol. Bei schwerer Alkoholvergiftung bzw. Koma: Intensivmedizinische Behandlung in Abhängigkeit von der Symptomatik.
- **Pathologischer Rausch:** Alkoholbedingter Dämmerzustand mit Situationsverkennung. Desorientiertheit, Halluzination, Angst, Reizbarkeit, Entladung in persönlichkeitsfremden (Gewalt-)Handlungen, meist Amnesie, Terminalschlaf. Dauer selten mehrere Stunden. Nicht von der Trinkmenge abhängig. Voraussetzung: besondere (z. B. epileptische oder reizbare) Disposition und/oder Hirnschädigung. Daher bei chronischen Alkoholkranken (Alkoholintoleranz!), Hirnverletzung, Hirngefäßleiden, geistiger Behinderung und in Ausnahmesituationen mit Angst, Erregung, oft körperlicher Erschöpfung und Übermüdung. 8
- **Delirium tremens:** A-Abhängige produzieren alle möglichen akut-organischen Psychosyndrome (s. Kapitel 11): Durchgangssyndrom, Verwirrtheit, halluzinatorische Episode (*Abortivdelire*), Krampfanfälle, prädelirante Zustände als Alarmsignale des Organismus. Beim eigentlichen Delirium tremens unterscheiden wir das Delir während des Trinkens (*Kontinuitäts-Delir*), das Delir bei Infektionen oder Belastungen (*Gelegenheits-Delir*) und das (häufigste) *Entzugs-Delir*, das meist drei Tage nach Entzug auftritt. Keine klare Beziehung zu Dauer und Menge des Alkoholkonsums. Man vermutet z. B. eine Stoffwechselstörung (Ammoniak) beim Entzug. Da Alkohol wie andere »Schlafmittel« Traumaktivität und Krampfbereitschaft des Gehirns senkt, kommt es beim Entzug als Rebound-Effekt zum »Einbruch der Traumphasen in den Wachzustand« (Delir dem Traum ähnlich) bzw. zu Krampfanfällen (in 10 Prozent der Fälle). Mit »*Beschäftigungsdelir*« ist die Neigung beschrieben, sich noch im Halluzinieren verzweifelt an der gewohnten Alltagsbeschäftigung festzuhalten. Leitsymptome für Lebensgefahr: Blutdruckanstieg, Pulsbeschleunigung und Temperaturanstieg. Delirdauer: zwei bis fünf Tage, länger und wellenförmig (!) bei körperlich kranken, hirngeschädigten und besonders bei zusätzlich medikamentenabhängigen Alkoholikern. Krämpfe, auch als Status epileptikus, oft vor Ausbruch des Delirs. A-Abhängige mit Delir sind eher motivierbar: Das Delir ist eine Krisensituation im Sinne der »Katastrophenabwehr« und Anstoß für eine Änderung.

Therapie: s. Kapitel 18. Zusätzlich Vitamin-B-Komplex bei Ernährungsmängeln.

- **Alkoholhalluzinose:** Selteneres akut-organisches Psychosyndrom mit (fast) klarem Bewusstsein, Angst und vorwiegend akustischen Halluzinationen (selbstbestrafend wird über sie gerichtet). – Abklingen in wenigen Tagen in $4/5$ der Fälle. Beim restlichen $1/5$ wird die Halluzinose chronisch.

  Therapie: Falls unumgänglich, vorübergehende, behutsame Gabe eines Neuroleptikums, z. B. Haloperidol.

- **Eifersuchtswahn:** Produkt der Versuche, Selbstvorwürfe als Anschuldigungen gegen den Bezugspartner umzudrehen, bis zur Wahnverdichtung, am typischsten Wut über das »Freisein« des Partners oder über seine Kontrolle (Kontrollumkehr) oder wegen der ekelbedingten Abwendung des Partners. Die eigene Impotenz bei u. U. gesteigerten sexuellen Wünschen wird mit vermuteter (bisweilen auch wirklicher) Untreue des Partners »erklärt«. Die organische Kritikschwäche begünstigt Maßlosigkeit der Anschuldigungen und Chronifizierung des Wahns.

- **Wernicke-Enzephalopathie:** Als Encephalopathia haemorrhagica superior das schwerste der alkoholbedingten akut-organischen Psychosyndrome. Ihr liegt die gleichnamige (s. Kapitel 12) Hirnschädigung zu Grunde. Sie tritt akut mit Übelkeit und Erbrechen oder aus einem deliranten oder *Korsakow-Syndrom* heraus auf. Symptome: Bewusstseinstrübung, Schläfrigkeit, Augensymptome (meist beidseitige Abduzensparese, Nystagmus, bisweilen Miosis, Anisokorie, Pupillenträgheit oder -starre), Ataxie, Anfälle. Meist Polyneuropathie. Sterblichkeit 16 Prozent. Die Wernicke-Krankheit ist die akute Form des chronischen Korsakow-Syndroms. Hauptursache ist der alkoholbedingte Thiamin-(B1)-Mangel, daher auch bei unterernährten Gefangenen, Karzinom-Kachexie und bei Hämodialyse möglich.

  Therapie: Hochdosiert Thiamin (Vitamin B1) 100 mg täglich i. m. oder sehr vorsichtig i. v. wegen der Gefahr anaphylaktischer Reaktionen. Überlebende behalten meist ein Korsakow-Syndrom.

- **Marchiafawa-Krankheit:** Zerstörung des Hirnbalkens (Corpus callosum) mit Verwirrtheit, aphasischen Störungen, spastischen Lähmungen, Pyramidenzeichen und Krämpfen; vor allem bei Konsumenten von billigem Rotwein. Andere A-Abhängige kommen in eine *Nikotinsäuremangel-Enzephalopathie:* Unterernährung, Pellagra-Symptome, delirante, extrapyramidale und pyramidale Störungen. – Therapie durch kalorien- und vitaminreiche Kost unter Zusatz von Mineralien.

- **Chronisch-organische Psychosyndrome:** Als chronische Halluzinose, Eifersuchtswahn, Korsakow-Syndrom und Alkoholdemenz möglich. Das alkoholische (freilich organisch stets nur mitbedingte) Handlungsmuster zeichnet alle Alkoholkranken schon früh: Die Abhängigkeit mit der verzweifelt-unmöglichen Versuchung des Absoluten, der immer schon verlorene Kampf gegen Selbstvorwürfe, der ebenso aussichtslose Kampf mit dem Partner um Recht oder Unrecht, die anfangs noch mögliche Wahrnehmung des sozialen

Abstiegs, der Zerstörung des Intimbereichs, der körperlichen Ruinierung und der hirnorganischen Einengung, zusammen mit den unablässigen und sinnlosen Versuchen der Begründung, Vermeidungs- und Projektionsabwehr. Der Außenbetrachter nimmt davon wahr: Rührseligkeit, Reizbarkeit oder Abstumpfung, Gefühlslabilität bei euphorisch-großartiger oder dysphorisch-weinerlicher Grundstimmung, Misstrauen, Verrohung, Enthemmung, Unaufrichtigkeit, Gewissenlosigkeit, Verlust der moralisch-ästhetischen Maßstäbe, Urteils- und Kritikschwäche. Bei einem Teil nur verfestigt sich das alkoholische Handlungsmuster zu einem stabilen Gewohnheitsumbau, auf den man sich therapeutisch verlassen kann (von »Persönlichkeitsabbau« sollte man nicht sprechen). Je führender die Hirnatrophie, desto mehr Einbußen der Steuerungsfähigkeit und der intellektuellen Funktionen. Das Korsakow-Syndrom (s. Kapitel 11) ist nur eine besondere Form der allgemeinen Hirnschädigungsmöglichkeiten.

Therapie: Gute Ernährung und u. U. monatelang Vitamin B-Komplex (s. Kapitel 11). Überhaupt kann auch bei alkoholbedingten Hirnschäden bei angemessener Landschaftsplanung im Rahmen einer ökologischen Abhängigkeitsnische auch noch nach Jahren ein selbstständiges Leben ermöglicht werden, wenn auch für A-Abhängige die Sterblichkeit dreimal, die Suizidrate zwölfmal höher als für die Durchschnittsbevölkerung ist.

MERKE **Die hirnorganische Beeinträchtigung berührt nicht das Recht und die Möglichkeit von Therapie und Rehabilitation (s. »Der Langzeitabhängige« im Abschnitt D dieses Kapitels).**

▪▪ Medikamenten-Abhängigkeit (= M)

Sie macht dem Alkohol als dem »sozial-medizinischen Problem Nr. 1« zunehmend Konkurrenz. Sie ist ein »noch strenger gehütetes Geheimnis«. Sie ist noch intimer verflochten mit ärztlichem Handeln. Sie passt sich geschmeidiger den Gesetzes- und Zuständigkeitslücken unseres Versorgungssystems an und hat den Rückenwind der Pharma-Industrie. Aus diesen Gründen wissen wir weniger über die Medikamenten-Krankheit, und so kann sie sich sorgloser ausbreiten. – Zurzeit 1,5 Millionen Bundesbürger, für die wir fast alle den »Hof« bilden, da kaum jemand immun ist.

▪▪▪ Stil-Besonderheiten der M-Abhängigkeit

Die Rechtfertigung fällt leichter, etwa so: »Medikamente nehmen ist normal. Das tun alle. Ich ruiniere mich nicht mit Alkohol, sondern tue was für meine Gesundheit. Ich bin ordentlich, nehme kein ›Genussmittel‹, sondern ein ›Heilmittel‹. Hat mir der Arzt doch selbst verschrieben. Um ihn nicht immer zu belästigen, kaufe ich mir die Tabletten selbst, entlaste dadurch die Krankenkasse. Es ist doch vernünftig, zu schlafen, keine Schmerzen oder Angst zu haben, entspannt und ruhig zu sein, freundlich zu Anderen zu sein, immer fit zu sein, mal abschalten zu können, nicht dick zu werden, regelmäßig Stuhlgang zu haben. Auch die Waschzettel geben mir Recht.«

Der Ort ist gefährlicher: Alkohol hat zumindest teilweise mit Öffentlichkeit (Kneipe) zu tun. Medikamente werden einsam genommen (Schlafzimmer, Bad, Toilette), sodass die zerstörerische Selbstisolierung sofort einsetzt.

Die soziale Wertung ist höher. Während der A-Abhängige als Ventil für seine Anpassungsanstrengung sich noch eher zum Schritt ins sozial Halb-Erlaubte (das beschmunzelt Anrüchige einer Kneipe) bekennt, holt sich der M-Abhängige sein aktivierend-passivierendes Absolutes beim Arzt oder in der Apotheke mit weniger Abwertungs-Risiko, mit makelloser Weste.

Die Verheimlichung ist perfekter. Man fällt durch Geruch, Aussehen oder Handeln weniger auf. Das Mittel ist winzig (noch im Vergleich zum kleinsten Flachmann) und erlaubt die sichersten Verstecke, wie Handtaschenfutter, doppelte Nähte, Gürtel, Dekolletee, Anus, Ritze hinter dem Küchenschrank, Strebe unter dem Arbeits- oder Wohnzimmertisch, Klospülung, präparierter Schuhabsatz. Zum Komplizen macht man oft den Arzt und den Apotheker.

Sie gründet in der ehrwürdigen Tradition der Volksmedizin und Selbsthilfe, aus der Zeit, als die Ärzte noch den besseren Gesellschaftsschichten vorbehalten waren. Zur verantwortlichen Hausfrau gehörte die Hausapotheke und das Eingemachte. Letzteres hat die Konserven-Industrie ihr abgenommen, Ersteres die Pharma-Industrie, dabei freilich die harmlosen Tees und Kräuter durch giftige und suchterzeugende Medikamente ersetzend, wobei jeder weiß, dass die hauswirtschaftlichen Verbraucher die klein gedruckte Waschzettel-Warnung nicht beherzigen können.

▪▪▪ Problem-Maskierung

Für den Fall, dass irgendetwas mit uns nicht stimmt, bevor wir wissen, was es ist, haben wir Signale: Angst, Unruhe, Schlaflosigkeit, Schmerz, Unwohlsein, Schwäche, Lustlosigkeit, Fehler bei der Arbeit, Gewichtszu- oder -abnahme, unklare Beschwerden. Hören wir auf die Signale, können wir herausfinden, was nicht stimmt, die Gefahr kontrollieren. Bekämpfen wir die Signale, kontrollieren wir nur noch sie, sodass die Gefahr sich ungehindert ausbreiten kann. Dies tun wir üblicherweise mit dem je »zuständigen« Medikament. Damit maskieren wir die Signale und das ihnen zu Grunde liegende Problem. Ihre Botschaft wird stumm, unscharf, mehrdeutig, irreführend. Solche Maskierung wird – auch ohne jede Form von Abhängigkeit – zur Gewohnheit und Lebenshaltung. Vielleicht kann man dies als soziale Abhängigkeit bezeichnen: Signale negativer Befindlichkeit werden nicht mal mehr der Sinnfrage gewürdigt, vielmehr nur noch bekämpft, weil dies (scheinbar) erfolgreich machbar ist. Die zu Grunde liegende körperliche, seelische oder soziale Bedrohung kann weiter wirken. Oder man jagt einer falschen Ursache nach. Oder man weiß nicht mehr, ob das Signal etwas über die Person oder über die Maske aussagt. Denn »Schlafmittel« verstärken schließlich die Schlaflosigkeit, Schmerzmittel die Schmerzen, Aufputschmittel die Schwäche, Tranquilizer die Angst, Abführmittel Verstopfung. Schon ohne eigentliche M-Abhängigkeit werden zahllose Menschen durch den bloßen Maskierungseffekt von Medikamenten in Katastrophen getrieben.

Hierzu eine Serie von uns dokumentierter **BEISPIELE** Folgende Personen waren so medikamenten-abhängig oder -maskiert, dass ihre eigentliche Störung weder für sie noch für ihre Therapeuten wahrnehmbar war: Der, dem sechsmal ergebnislos der Bauch eröffnet wurde. Die Mutter, der »wegen Erziehungsunfähigkeit« ihre drei Kinder genommen wurden. Die Frau, die seit zehn Jahren Sozialhilfe bekommt und die Unter-leibs-, Schilddrüsen- und Bauchoperationen ohne rechten Befund hinter sich hatte. Der junge Mann, der bei einer fraglich-notwendigen Blinddarm-Operation in der Narkose starb. Die Patienten, die mit Schmerzmitteln behandelt wurden, bis ihr Karzinom nicht mehr operabel war. Der Vater, der wegen Rückständen in der Unterhaltszahlung mehrfach im Gefängnis saß. Der Mann, dem fünfmal wegen unerklärlicher Fehler, bei anerkannt großem Bemühen, der Arbeitsplatz gekündigt wurde. Die Frau, die jahrelang vom Sozialamt eine Hauspflegerin und Ernährungszulage bekam, bis die Sozialarbeiterin sich wunderte, warum sie immer weiter abmagerte. Die Frau, die sechsmal wegen Ladendiebstahl verurteilt wurde. Der 75-jährige Mann, der zu Unrecht in ein Pflegeheim zwangseingewiesen wurde (Spalt-Tabletten). Die Frau, die dreimal durch Rauchen im Bett einen Wohnungsbrand verursachte. Viele Patienten, die mit fadenscheinigen Diagnosen zu Frührentnern gemacht wurden. Die 35-jährige Lehrerin, die in 27 Krankenhäusern (davon sieben psychiatrischen!) unter den abenteuerlichsten Diagnosen behandelt wurde. Die Hausfrau, der in sieben Jahren die Kieferhöhle, die Schilddrüse und der Unterleib operiert wurde und der zweimal als »Anorexia nervosa« die Kindheit durchanalysiert wurde, bis der erste Krampfanfall den richtigen diagnostischen Weg wies. Mehrere Patientinnen jüngeren Alters, die eines Tages tot in der Wohnung gefunden wurden, vom Not- oder Hausarzt mit der Todesursache »Herzversagen« versehen (auch ein Beitrag zur riesigen Dunkelziffer der M-Abhängigen). Die Patientin, die monatelang in einer Tagesklinik wegen zyklothymer Stimmungsschwankungen behandelt wurde. Schließlich die zahllosen Patienten / Klienten, die in ambulanter Einzel- oder Gruppenpsychotherapie unerklärlicherweise bei der Arbeit an sich selbst keine Fortschritte machen oder die Therapie abbrechen, weil die medikamentöse »Sonnenbrille für die Seele« (auch ein Name für die »Maske«) weniger anstrengend ist als die Arbeit an sich selbst.

MERKE 1 **Mit Patienten, die unklar leiden, können Sie nur arbeiten, wenn Sie sie ohne Medikamente kennen lernen. Sie brauchen die Angst, Angestrengtheit, Beschwerden, Leiden als gemeinsame Arbeitsmittel. Sonst wissen Sie nie, ob Sie es mit der Person oder der Maske zu tun haben. Daher: Beim ambulanten wie stationären Kennenlernen nie sofort Medikamente, auch wenn der Patient sie erwartet.**

MERKE 2 **Für Ihre Patienten gibt es keine Indikation für »Schlaf-«, Schmerz-, Beruhigungs-, Aufputsch-, Schlankheits-, Abführmittel, Tranquilizer. Von dieser harten Regel gibt es sehr selten Ausnahmen, die begründet und auf Besonderheiten zurückgeführt werden müssen. Der Arzt, der sich dennoch nicht traut, sich der Verschreibungserwartung zu entziehen, wähle allenfalls vorübergehend einen natürlichen Wirkstoff, im Extremfall Neuroleptika.**

Zwar gelten diese zwei Regeln besonders für die niedergelassenen Ärzte unter Ihnen; denn in freien Praxen erhalten 30 Prozent der Patienten »Schlafmittel« und 40 Prozent Tagesberuhigungmittel. Aber: viele Patienten werden erst im Krankenhaus auf den Geschmack gebracht, z. B. wenn ihnen regelhaft »für alle Fälle« ein Schlaf- oder Schmerzmittel aufgenötigt wird.

Zugänge zur Welt des M-Abhängigen

Wie halte ich meine Wahrnehmung offen? Am besten ist der mehrfache Hausbesuch: Überheizte, penibel ordentliche Wohnung (Verwahrlosung erst zuletzt), Fenster auch im Sommer geschlossen – regressiver Brutkasten. Patient meist betont schlank bis klapprig – dürr, blass, graue Gesichtsfarbe, dunkel umrandete, auch glänzende Augen, Zuwendung eigenartig wechselnd: eine Spur zu überschießend freundlich / abweisend. Blaue Flecken an Schienbeinen oder Unterarmen durch Hinfallen oder Anstoßen.

Sprachverständnis

Wie der Alkoholiker das Bier, so lässt der M-Abhängige »Schlaf-«, Schmerz-, Abführmittel usw. aus: er rechnet sie nicht zu den Medikamenten. Aufzählung etlicher behandelnder Ärzte oder Medikamente ist ein Hinweis. Bestes Diagnosemittel sind die Nachbarn: Sie erleben den Wechsel im Alltagsverhalten, die Krisen mit Polizei und Notarzt, den langsamen Gewohnheitsumbau. Sie sind distanzierter als Familienangehörige, die oft als erpresste Komplizen die Tablettenversorgung jahrelang leugnen. Das Nachschubrätsel löst sich mal über die hilfreiche alte Mutter, die nach ihrem »armen, kranken Kind« schaut, mal über Nachbarkinder, die sich so ein verlässliches Einkommen verschaffen. Nicht auszulassen ist der Kontakt zu den umliegenden Apotheken, die im Einzelfall konstruktiv mitarbeiten. undeutliche oder überbemüht-deutliche (!) Sprache bzw. treffunsichere oder überbemüht-sichere (!) Bewegungen helfen weiter, bis die Urinuntersuchung die letzten Zweifel ausräumt. – Ausschlaggebend ist es also, die gesamte und komplizierte Landschaft des M-Abhängigen kennen zu lernen.

Definition, Einteilung, Verlauf

Die Definition der M-Abhängigkeit entspricht der allgemeinen Abhängigkeits-Definition. Zur Einteilung hat die WHO 1964 sämtliche Drogen unter pharmakologischen Aspekten in sieben Typen eingeteilt: Morphin-, Barbiturat-, Alkohol-, Kokain-, Cannabis-, Amphetamin-, Khat- und Halluzinogen-Typ. Für eine person-orientierte Einteilung wäre z. T. Jellineks Typisierung (Alpha bis Epsilon) übertragbar. – Der Verlauf lässt sich ebenfalls ähnlich wie beim Alkohol in vier Phasen einteilen. Als erste bzw. nullte Phase hätten wir die leider noch »normale«, arzt- oder selbst verschuldete Maskierungsphase anzusetzen. Da es sich um eine chronische Vergiftung handelt, lassen sich auch die meisten alkoholbedingten Körperschäden durch M-Abhängigkeit herstellen, von substanzspezifischen Eigenarten abgesehen.

Typen der M-Abhängigkeit

»Schlafmittel« (Hypnotika)

Da es keine Mittel gibt, die den eigenen natürlichen Schlaf fremd-erzeugen können, sind sie als Betäubungsmittel zu bezeichnen (s. Kapitel 14). Sie produzieren die meisten

M-Abhängigen. Hier tobt seit Jahrzehnten ein gnadenloser Kampf, in dem der Staat rettungslos hinter den marktwirtschaftlichen Rechten der Pharma-Industrie hinterherhinkt: Seit der Contergan-Katastrophe und seit erst die Barbiturate und 1968 Noludar rezeptpflichtig wurden, dauerte es weitere zehn Jahre, bis die hoch toxischen und langzeitkumulierenden Brom-Harnstoff Präparate, die völlig überflüssig waren und zu etwa 1000 Todesfällen im Jahr führten, ebenfalls rezeptpflichtig wurden. Längst aber haben die Hersteller schon neue rezeptfreie Präparate auf den Selbsthilfe-Markt geworfen, die uns langfristig Ungefährlichkeit suggerieren sollen, z. B. die das Antihistaminikum Diphenhydramin enthalten, das bei Überdosierung besonders bei Kindern zu schwer beherrschbaren Vergiftungen führt. Der Tanz ist fortzusetzen. Oder ist die Rate der toten und zerstörten Menschen als notwendiger Kostenfaktor unseres freigewählten Gesellschaftszustandes zu bejahen?

ÜBUNG 1 Verlangen Sie in zehn Apotheken ein »Schlafmittel« und fragen Sie nach seiner Gefährlichkeit.

ÜBUNG 2 Schicken Sie stattdessen Ihr Kind.

Schlafmittel-Abhängige haben gelernt, sich auch tagsüber durch Schlaftabletten zugleich ruhig und fit zu machen (Suche nach dem Absoluten: Beruhigung und Belebung gleichzeitig), ohne dass ihre Leistung wirklich steigt. Andere nehmen vor der Psychotherapiestunde zwei bis vier Schlaftabletten, »um besonders gut zu sein«, was die Arbeit sinnlos macht, ohne dass man den Grund dafür erkennt. – Körpergewöhnung beginnt schon in der zweiten Woche der Dauereinnahme. – Alle »Schlafmittel«, Schmerzmittel und Tranquilizer gehören zum Barbiturat-Alkohol-Typ der Drogenabhängigkeit (WHO): Das heißt erstens Kreuztoleranz für alle zugehörigen Präparate, weshalb Präparatwechsel-Empfehlung unsinnig ist. Zweitens bewirken sie alle Anfälle und Delirien; daher stufenweiser Entzug erforderlich. Drittens: Folgen ähnlich wie Alkohol incl. Entzugsdelir, Halluzinosen, organischer Gewohnheitsumbau. Der Entzug kann sich »protrahiert« über Monate hinziehen: Mit Tremor, Muskelzuckungen, Erbrechen, Kreislaufschwäche, Schwindel, Angst, Unruhe, Schlaflosigkeit, Durchfall im Wechsel mit Verstopfung. Siehe hierzu auch Kapitel 18.

■□□ Tranquilizer (Ataraktika)

produzieren die meisten arztverschuldeten M-Abhängigen (s. Kapitel 18). Unmittelbar als angenehm empfundene »Erlöserwirkung« für Konsumenten wie Ärzte: Ohne Mühe werden so gerade die problematischen, unklaren, zeitraubenden Patienten in dankbare Patienten verwandelt. Dass langfristig der Preis dafür zu hoch ist, dieser Gedanke lässt sich in der Praxis-Hektik beim Rezeptieren gut wegschieben. Meist ist es eine Niedrigdosisabhängigkeit. Umso mehr führen seelische Abhängigkeit oder die unheimlich expansive Maskierung zur total problemvermeidenden Lebenshaltung und psychosozialen Verkrüppelung (Familienzerstörung, Frühberentung). Die »Valiophilie« ist eine von Ärzten und Patienten gemeinsam betriebene Sucht. Jahresweltumsatz von Valium und Librium über 400 Millionen

Dollar. 40 Millionen Einzeldosen an Benzodiazepinen werden auf der Welt täglich konsumiert. Kombinierte Alkohol-Tranquilizer-Abhängigkeit wird zunehmend zum Normalfall! Thymoleptika machen bei zu langer Behandlung ohne hinreichenden Grund abhängig. – Neuroleptika werden als so unangenehm empfunden, dass Abhängig-Werden unmöglich ist.

■□□ Schmerzmittel (Analgetika)

werden – wenn opiat-frei – auch als Antineuralgika, Antirheumamittel oder Fiebermittel (Antipyretika) geführt, sind meist rezeptfrei, daher ständig greifbar, machen seelisch und körperlich abhängig bis zum chronisch-organischen Psychosyndrom. Das gilt für Paracetamol und Acetylsalicylsäure, aber auch für die sog. antineuralgischen Mischpräparate. Ursprünglich die Mittel zur Schmerzbekämpfung einsetzend, lernen die Patienten nach einiger Übung die zentralerregende, euphorisierende und scheinbar leistungssteigernde Wirkung, die dem Paracetamol besonders in Kombination mit Coffein zu verdanken ist. Missbrauch verstärkt die ursprünglichen Schmerzen später. (Ist die Bundesbahn, die auf ihren ausgedruckten Zugbegleitern für Schmerzmittel wirbt, symptomatisch für den Gesellschaftszustand?)

Körperliche Folgen der Mischpräparate und des Paracetamol sind u.a. chron. interstitielle Nephritis mit Schrumpfniere oder Urämie, Störung der Blutbildung. Salizylsäure bewirkt Gastritis, Pylorospasmen, Allergien (Ekzeme, Asthma) und hämorrhagische Diathese.

□□□ Häufig missbrauchte Präparate

Aspirin (besonders gefährlich als Brausetablette!), Gelonida, Spalt, Treupel, Dolviran, Togal, Thomapyrin, Saridon, Melabon, Spasmo-Cibalgin, Antipyrin, Quadronal, Veramon, Novalgin, aber auch die hoch wirksamen Pentazocin (Fortral) und Tilidin (Valoron). – In Kombination damit werden *Migränemittel* (Cafergot, Hydergin, Ergosanol) und *Rheumamittel* (Imbun, Butazolidin, auch Kortisonpräparate!) missbraucht.

Beliebt sind die paracetamolhaltigen Thomapyrin-N, Treupel-N, Vivimed-N, Lonarid, Benuron.

Therapie: Da meist dem Barbiturat-Alkohol-Typ angehörig, entsprechend.

■□□ Aufputschmittel (Psychostimulantia, -analeptika)

vor allem Weckamine vom Amphetamintyp, Ephedrin, Benzedrin, Adrenalin, in Kombination auch Koffein, u.Ä. Das ist wichtig, da somit auch viele Asthmamittel, Belebungsmittel (Analeptika), Stärkungsmittel, Nervina, Schnupfenmittel, Appetitzügler, Entfettungs- und Schlankheitsmittel und die mit Letzteren meist verbundenen Abführmittel (Laxantien) allein oder in Kombination zu Missbrauch und schwerer Abhängigkeit führen. Amphetamine bilden mit dem z.T. vergleichbaren Kokain und Khat den Stimulantien-Abhängigkeitstyp: peripher adrenergisch, sympathikomimetisch und zentral erregend, euphorisierend. Von Nacht- und Schichtarbeitern (in der Gasttronomie, Fernfahrer, Taxifahrer, medizinische Berufe) und Leistungssüchtigen (Sportlern, Prüfungskandidaten) sowie bei Verstimmung und Erschöpfung (aufgrund falscher ärztlicher Behandlung) genommen. Sexuelle Wünsche gesteigert, Potenz gemindert. Leistungssteigerung nur scheinbar, erkauft durch Einengung der Leistungsfunktionen mit nachfolgender Erschöpfung und Schlaflosigkeit, was zur Fortsetzung und / oder Kombination mit »Schlafmitteln« animiert. Sie bewirken eine Steigerung des Selbstwertgefühles und erhöhen die Risikobereitschaft. Daher schnelle Dosissteigerung, seelische Abhängigkeit bei geringer körperlicher Abhängigkeit (erträglicher Entzug). Delirante, verwirrte und paranoid-halluzinatorische Psychosen, bisweilen von Schizophrenie kaum unterscheidbar. Sie können chronisch werden. Typisch ist überwache, aber eingeengte, von Detail zu Detail tanzende Aufmerksamkeit, massive Stimmungsschwankungen zwischen absolutem Hochgefühl und totaler Depression, Körperabbau bis zur Kachexie, Tachykardie, Bluthochdruck, pulmonale Hypertonie sowie organisch-psychosozialer Persönlichkeitsumbau.

□□□ Missbrauchte Präparate

Captagon, Katovit, AN 1 (Aponeuron), Ritalin, Avicol, Tradon, Coffein, Regenon, ephedrin-wirksame Asthmamittel und Nasentropfen. Metrotonin, Neurodyston, Pansedon, Vitaneiston, *Appetitzügler:* Mirapront, Ponderax, Adiposetten, Amorphan, Fugoa, Eventin. *Abführmittel* werden mit diesen kombiniert, aber auch allein, in abenteuerlichen Mengen missbraucht: Dadurch Verstärkung der Verstopfung, jedoch auch lebensbedrohliche Elektrolytstörung, nicht nur bei Anorexie.

Hierher gehören auch die Lifestyle- und / oder Designer-Drogen. Kokain, aus den Blättern des Kokastrauches gewonnen, nimmt die Angst und steigert bei leicht euphorisierender Wirkung das Selbstwertgefühl. Es dämpft das Schlafbedürfnis, schwächt das Hungergefühl ab und blendet die Erschöpfungssignale des Körpers aus. Unter der Kokainwirkung kommt es zum Anstieg der Körpertemperatur bis zu drei Grad, Blutdrucksteigerung, Herzrasen und mitunter zu Krampfanfällen. Während der akuten Wirkung kann wahnhaftes Angst- und Verfolgungserleben auftreten. Es entwickelt sich schnell eine psychische Abhängigkeit, besonders beim »Crack«-Rauchen (Freebase, Rocks und Crack werden aus Kokainpulver durch chemische Zusätze hergestellt. Beim Aufkochen kommt es zu einem knisternden Geräusch: »crack«). Chronischer Konsum führt in der Regel durch Appetitmangel und fehlenden Hungergefühl zum körperlichen Abbau und wahnhafte Symptome können persitieren. Die Designer-Drogen breiteten sich mit der Jugendkultur der 90er nicht nur im Rahmen der »Technoszene« aus und verdrängten im allgemeinen Bewusstsein die »klassischen Drogen« wie Heroin, das als »Looser-Droge« trotzdem weiter über einen die Jahre anscheinend stabilen Konsumentenkreis verfügt. Das MDMA, besser bekannt als Ecstasy (M-methylendioxymetamphetamin), wirkt in niedriger Dosierung antriebssteigernd und hat in höherer Dosierung halluzinogene Wirkung. Herzrasen, Überwärmung und Austrocknung des Körpers können zu lebensbedrohlichen Krisen führen.

Therapie: Bei akuter Amphetamin- oder Kokain-Intoxikation kann neben einer Atem-Kreislaufbehandlung bis hin zur Hämodialyse auch eine Sedierung angezeigt sein. Entzug: sofort und ohne Probleme. Bei Psychosen stationäre Behandlung, schon wegen gefährlicher Aggression, ggf. Neuroleptika.

■□□ Betäubungsmittel (Morphintyp)

Durch die Technisierung der Medizin (Injektionstechnik) wurden Mitte des 19. Jahrhunderts die Alkaloide des Opiummohns (Papaver Somnifierum, so Morphin und Codein) zum damals wichtigsten Schmerz- und Suchtmittel. Seither versucht die Pharma-Industrie durch Derivat-Isolierung und Herstellung synthetischer Ersatzpräparate Schmerz- und Suchtwirkung zu trennen. Vergeblich: Denn erstens ist Schmerz weitgehend seelische Aktivität (Morphine machen eher gegen Schmerz gleichgültig, indem sie nicht den Schmerz, sondern die mit ihm verbundene Angst unwahrnehmbar machen, weshalb Stirnhirnoperierte offenbar nicht süchtig werden); und zweitens wirken Morphine (wie andere »Schlaf«- und Schmerzmittel) zugleich hemmend und erregend auf fast allen zentral-nervösen Funktionsebenen, fördern das Streben nach dem Absoluten der Suchthaltung: zugleich unabhängig und abhängig zu sein.

Beim Morphin-Typ, wozu alle Betäubungsmittel (BTM) gehören, schon nach wenigen Tagen Toleranz- und Dosissteigerung, daher das Opiumgesetz von 1929 und das heutige BTM-Gesetz. Der therapeutische Einsatz von Polamidon und Methadon für Heroinabhängige über eine Clearingstelle hat sich durchgesetzt – Folgen noch unklar. Für Krebs- und Schmerztherapie bildet der Einsatz von Opiaten eine Ausnahme.

BTM-Abhängigkeit ist körperlich Hochschaltung des Parasympathikotonus (Vagotonus): trockene, graugelbe Haut, Haarausfall, Pupillenengstellung (Miosis), Puls und Blutdruck niedrig, Appetitlosigkeit, Verstopfung, Gewichtsverlust bis Kachexie, Verlust von Sexualbedürfnis und Potenz, Schlaflosigkeit, Frösteln, Zittern, Ataxie, undeutliche Sprache. *Psychosozial:* wenn auch viele sich längere Zeit »BTM-montiert« leistungsfähig fühlen, Verlust der Selbstkritik, Leistungsabfall, Gefühlslabilität, Antriebsverlust, psychosozialer Ruin. *Diagnose:* Außer den Symptomen Einstichstellen (Außenseite der Arme, Oberschenkel, Hände, Füße), Urinuntersuchung und Erzeugung eines Entzugssyndroms durch Morphin-Antagonisten. *BTM-Kriminalität:* Erstens Schmuggel bzw. illegaler Handel, zweitens Unrechtmäßigkeit von Erwerb oder Weitergabe von BTM. Drittens Verstöße gegen die BTM-Verschreibungsverordnung. Die Ausdehnung der Kriminalisierung von Händlern auf die Opfer ist bedenklich, da sie die Therapie-Bereitschaft verringert.

□□□ Missbrauchte Präparate

Temgesic, Dolantin, Polamidon, Methadon, Morphin, Dilaudid, Dicodid, Tinct. opii, Codein, Extr. opii, Paradodein. Auch andere Codein-haltige Hustenmittel. Von den neueren Schmerzmitteln ist das Tilidin (Valoron) zu nennen.

Therapie: Bei akuter Morphinvergiftung (Atemlähmung!) ein Morphin-Antagonist: meist Naloxon (Narcanti). – *Entzug:* mehr subjektiv quälend als gefährlich; selten Anfälle und delirante Zustände, sonst Unruhe, Schnupfensymptome, Übelkeit, Erbrechen, Durchfall, Pupillenerweiterung (Mydriasis), Muskel und Blasenkrämpfe, Knochen- und Muskelschmerzen, Blutdruck- und Temperaturanstieg. Dauer eine Woche bis monatelang (protrahierte Abstinenz), oft kleine Dosen von Neuroleptika erforderlich. Die weitere Therapie betrifft die Sucht-Haltung und ist nicht sprichwörtlich hoffnungslos.

Prävention: Die Einführung von Sonderrezepten für BTM 1974 war erfolgreich: diese »bürokratische« Erschwerung der Verschreibungssucht mancher Ärzte senkte die Verordnung im ersten Jahr um 40 Prozent. Was zeigt, dass auch bei den BTM, bei richtig eingeschränktem Indikationsrahmen, eine nur ökonomisch zu verstehende, unsinnige Überproduktion bestand.

ÜBUNG Diskutieren Sie, ob diese Methode der Bürokratisierung der Verschreibung, übertragen z. B. auf Tranquilizer, mehr Vor- oder Nachteile hätte.

■■ Rauschmittelabhängigkeit (= R)

Die weltanschauliche Drogenwelle der Jugendlichen (»Bewusstseinserweiterung«) ist abgeklungen. Der gesellschaftsaktive Protestimpuls ist weg. Stattdessen passen sich Jugendliche heute mehr über Alkohol-, »Schlaf-« oder Aufputschmittel an die bürgerlich-etablierten Suchtmuster an. Oder der Protestimpuls ist nur noch gesellschaftsnegativ: Aussteigen über die »harten Drogen«. Beides ist offenbar gefährlicher, wie die Zahl der Heroin-Toten und der wachsende Jugend-Alkoholismus zeigen.

■■■ Jugendliche Stil-Besonderheit

Nehme ich Rauschmittel (Psychodysleptika), verlasse ich eindeutiger als im Fall A, zu schweigen von M, den Raum des sozial Erlaubten, will ich sogar Illegalität. Ich bewerte mich positiv, wenn ich sozial negativ bewertet werde. Ich bekenne mich zum Genuss (Rausch, Flash, Thrill), zur »Bewusstseinserweiterung«, zur alten Tradition der ekstatischen Selbstverwandlung. Ich gehe nicht auf das Mögliche zu, sondern will es ohne Anstrengung »hier und jetzt« haben. Anstelle der Medizin schaffe ich mir für die Behandlung meiner Probleme einen eigenen Ort, eine subkulturelle Gegen-Öffentlichkeit der mir Gleichgesinnten: Nach außen auffällig, nach innen in meiner Gruppe unauffällig, mit ihr identisch. Statt schuldbewusster Verheimlichung gegen mich, suche ich bewusst und radikal das Risiko: »Lieber kurz, aber schön leben, als lange, aber verlogen.« Ich versuche mich und Andere – auf Leben und Tod. All dies ist jugendgemäß, wäre auch durch andere Inhalte zu füllen, wenn es sie gäbe. Jugendgemäß ist aber auch, dass selbst in der radikalsten Unabhängigkeitssuche unterschwellig ein Training in gesellschaftlicher Anpassung und Abhängigkeit mitläuft, gefördert durch Vermarktung (Abhängigkeit vom »Dealer«, Pop-Geschäft) und

Industrialisierung (synthetische Drogen). Obwohl im Einzelfall katastrophal, ist also nichts Geheimnisvolles an der Drogenwelt. Und wer sich in der psychiatrischen Alltagsarbeit plagt, ärgert sich leicht, dass für wenige R-Abhängige schnell mehr Mittel da waren als für die viel größere und dauerhaft bedrohlichere Zahl der A- und M-Abhängigen und der anderen psychiatrischen Patienten: Seit R-Abhängigkeit jedoch mehr die Unter- als die Mittelschicht betrifft, ist auch hier das Geld wieder knapper.

■■■ Definition, Einteilung, Verlauf

Die Definition der R-Abhängigkeit ist die der allgemeinen Substanz-Abhängigkeit. Die Einteilung erfolgt nach den benutzten Drogen. Für den Verlauf lassen sich Jellineks Alkohol-Phasen übertragen. Entscheidend: Kann jemand den R-Konsum in ein eigenes Lebenskonzept einpassen (Probier-, Gelegenheitskonsum) oder ist das Lebenskonzept nur noch in den R-Konsum eingepasst: Dauerkonsum mit Abhängigkeit bis zum Fixen bzw. zur Polytoxikomanie. Mit der Abhängigkeit ist auch das Emanzipationsmotiv (Selbstfindung in der Gruppe) gescheitert: Nach einem Jahr sind die meisten aus Gruppen- zu Einzelkonsumenten geworden – wie bei der Vereinsamung der bürgerlichen A- und M-Abhängigen. Jugendgemäß ist die Radikalität (»alles oder nichts«) mit häufigen unfreiwilligen und freiwilligen Todesfällen, aber auch der immer noch übersehene Umstand, dass die meisten auch nach jahrelanger Abhängigkeit eines Tages »irgendwie« aufhören – in Selbsthilfe, gerade auch ohne Therapie. Warum, wissen sie selbst nicht genau, sagen »Ich bin halt älter geworden«, womit sie der Wahrheit wohl am nächsten kommen. Die Besonderheiten der Begegnung entstehen aus den Schwierigkeiten, die Erwachsene im Umgang mit Jugendlichen im Allgemeinen haben (s. Kapitel 3).

■■□ Typen der Rauschmittel-Abhängigkeit

■□□ Cannabis

Das aus dem Indischen Hanf (Cannabis indica) gewonnene Haschisch (Harz aus dem weiblichen Blütenstand) und das schwächere Marihuana (Tabak aus Blüten und Blättern). *Wirkung:* Absolutes wird erlebnisfähig durch aktivierende und dämpfende Gleichzeitigkeit, dies friedlich-sanft, daher von der Erwartung abhängig: »High«-Sein, wohlig-gleichgültige Gelassenheit, Heitersein, das keinen Grund braucht. Genießen eines zeitlosen Passiv-Seins. Eins-Sein von Ich und Gruppe (»Joint«). Dämpfung aggressiv-genitaler Triebanteile. Aktivierung der Fantasie. – Die körperlichen Symptome des einfachen Rausches sind dezent adrenerg. Bei hoch dosiertem Langzeit-Haschischkonsum protrahierter Rausch im Sinne von dysphorischen, ängstlichen oder apathischen Durchgangssyndromen, selten psychotische Verselbstständigung. Gleichwohl ist es eine Vergiftung: Stoffwechselveränderung der Neuro-Transmitter u. a. im limbischen System. Keimschädigung ist im Tierversuch erwiesen. *Seelische Abhängigkeit:* Interessen und Fähigkeiten verkümmern, bis ein u. U. nicht mehr rückbildungsfähiger Gewohnheitsumbau das Ergebnis sein kann. Eine weitere

Gefahr: Umsteigen auf gefährlichere Drogen – sei es aus dem Bedürfnis der Wirkungssteigerung, sei es aus der Abhängigkeit von der Gruppe bzw. vom Dealer.

■□□ Halluzinogene (Psychotomimetika, psychedelische Drogen)

Wer Haschisch raucht, lebt – für andere provozierend – selbstzufrieden. Wer auf härtere Mittel umsteigt, folgt einem bürgerlichen Verhaltensmuster: Zwecks Steigerung einer Wirkung (Leistung, Produktivität) werden die damit wachsenden Gefahren bewusst und rücksichtslos gegen Andere und sich selbst in Kauf genommen. Das gilt schon für den Halluzinogen-Trip: Bevorzugt LSD 25 (Lysergsäurediäthylamid, Mutterkornbestandteil, synthetisch herstellbar). Seltener, aber ähnlich: Meskalin (Wirkstoff aus Peyotl) und Psylocybin (natürliches Produkt aus Psilocybe mexikana »magic mushrooms«).
Entzugssyndrom: Kreuztoleranz untereinander, doch nicht gegen Haschisch. Der Rausch (Trip) ist schon mit 0,01 mg LSD herstellbar. Zugleich von Aktivierung und Dämpfung, Erweiterung und Einengung der Wahrnehmung, ähnlich Haschisch, nur intensiver, gefährlicher, psychose-näher. *Symptome:* Wahrnehmungsverzerrungen bis zu Halluzinationen. Coen- und Synästhesien: Bilder, Musik, Landschaften werden zugleich gesehen und gehört, genossen oder erlitten. Veränderung des Zeitgitters. Verfremdung der Ich- und Körperwahrnehmung. Ineinanderfließen von Ich und Welt, Aufgehen im kosmischen All: Chemisch verstärkt wird die zuvor bestehende Gefühlslage: Angst, Misstrauen begünstigen den Horror-Trip (Panik, Entsetzen, Vernichtungsgefühl). Echo-Erscheinungen (flashback) sind gefühlsmäßig, nicht chemisch, ausgelöste Wiederholungen des psychotischen Erlebens noch Monate nach der letzten LSD-Einnahme. Sich verselbstständigende, schizophrenieähnliche Psychosen können ängstlich, stuporös, oneiroid, paranoid-halluzinatorisch sein. Es ist unklar, ob sie mehr chemisch oder mehr von der Person produziert werden. Sie können als Durchgangssyndrom wieder abklingen, aber auch chronisch werden: dann ist die Reise zur Erfüllung der Sehnsucht zu einer »Reise ohne Wiederkehr« geworden. *Todesrisiko:* durch halluzinationsbedingten Sprung aus dem Fenster, Verkehrsunfall oder durch Angst getriebene Selbsttötung.
Therapie: Bei der akuten Intoxikation: Überwachung von Herz- Kreislauffunktion und des Elektrolythaushaltes. Achtung: Menschen mit Halluzinogen-Psychosen handeln *weniger* erwartungsgemäß als schizophrene Patienten (organischer Anteil?). Deshalb sorgfältige stationäre Therapie, u. U. Sedierung oder Neuroleptika.

■□□ Andere Drogen als Rauschmittel

Es gibt genug Gründe, dass Jugendliche die eigentlichen Rauschmittel mit anderen Drogen kombinieren oder umsteigen: Erstens das Steigerungsbedürfnis: in kürzerer Zeit intensivere Wirkung (daher i. v. Form = »Fixen«) mit größeren Gefahren. Zweitens Beschaffungsschwierigkeiten: Zurückgreifen auf Ersatzmittel. Drittens Versuche, sich aus eigener Kraft zu entziehen. Viertens die nicht wahrgenommene Tendenz, sich wieder anzupassen durch bürgerlich-etablierte Konsum- und Suchtformen. Ein Ergebnis: Immer mehr Jugendliche, die »alles wollen« = polytoxikoman werden.

□□□ In Betracht kommen folgende Mittel

- **Drogen des Morphintyps** (s. d.), vor allem Heroin: durch i. v.-Injektion größter »Thrill« in kürzester Zeit, zugleich größter Risikograd durch schnelle Abhängigkeit und größte Abhängigkeit von den Händlern, die den Stoff durch Zusätze noch unberechenbarer machen. Daher größte Todesrate durch Atemlähmung, Blutdruckabfall oder Suizid. Zugleich Anpassung durch Rückkehr zu Opas Drogen-Typ! Auch wenn die Diskussion um die Methadonsubstitution noch nicht abgeschlossen ist, hat sie vielen betroffenen Einzelnen das nackte oder soziale Leben gerettet (Bühringer 1995)
- **Kokain:** hohes Risiko, da wegen des »flash« meist nicht geschnupft, sondern gefixt. Psychosenbildung, Kachexie, Suizidneigung, Todesfälle
- **Aufputschmittel:** ähnlich hohes Risiko, zumal durch i. v.-Konsum (»speed«, z. B. Orgasmusersatz), über Blutdruckanstieg, Hirnblutung oder Herzversagen. Ferner Kachexie, chronische Psychosen
- **»Schlafmittel« und Tranquilizer:** neben Alkohol häufigste R-Kombination. Beliebt sind: Valium, Medinox, Tavor, Distraneurin, Rohypnol
- **Schmerzmittel:** Kombination seltener, abgesehen von starken, morphinähnlichen Substanzen wie Valoron N, Tramal, Fortral
- **Weitere Mittel:** Auch um den Preis des eigenen Lebens werden unzählige Substanzen auf ihre Rauschwirksamkeit hin ausprobiert, angefangen von Hartgummizähnen (in Zigaretten) bis zu rezeptfreien Asthmazigaretten (Strammonium), Kaktusprodukten, Bananenschalen und DOM (synthetisches Amphetaminderivat). Wichtigste Einzelgruppe: *Inhalationsgifte*, die eingeatmet, geschnüffelt bewusstseinstrübend und -euphorisierend wirken. Benutzt werden Anästhetika (Äther, Chloroform), organische Lösungsmittel (Trichloräthylen, Azeton, Benzin, Benzol, Toluol, Xylol, z. T. als Verdünnungsmittel für Farben und Klebstoffe) sowie Sprays und Aerosole (Haarsprays, Reinigungsmittel, Entfroster, Insektengifte). Gerade diese Gruppe bewirkt Todesfälle sowie Knochenmarks-, Leber- und Nierenschädigungen. Die körperlichen, hirnorganischen und sozialen Schäden der bisher letzten R-Welle – Ecstasy und verwandte Drogen – werden im vollen Umfang erst allmählich sichtbar (Gölz, Poser).

■■ Nikotin-Abhängigkeit

Rauchen wird erst als Sucht wahrgenommen, wenn unsere Bewertung des Rauchens negativer wird. 1848 war »öffentliches Rauchen« noch eine Demokratieforderung der damaligen Revolutionäre.

ÜBUNG In jeder Gruppe werden Sie heute einen Antrag auf Rauchverbot mit einer Wahrscheinlichkeit durchsetzen, die vor Jahren undenkbar gewesen wäre.

Bei Kommerzialisierung der Raucher-Entwöhnung (verhaltenstherapeutische Programme, Raucher-Entzugskliniken) wird heute (zu sehr ausgeweitet) Nikotin-Abhängigkeit in die Nähe des Barbiturat-Alkoholtyps der Drogen-Abhängigkeit gerückt: Umdeutung des Genussmittels in ein Medikament, zur Selbstbehandlung von Angst, Spannung und Konflikten. Die psychotrope Substanz ist das Nikotin. Diese und / oder andere Bestandteile bewirken Gesundheitsrisiken wie Herzinfarkt, Bluthochdruck, Gefäßsklerose, Sehstörungen, Bronchitis, Lungenemphysem, Bronchialkarzinom, Magen-Darm-Krankheiten, Zeugungsunfähigkeit bei Mann und Frau und Schäden bei Neugeborenen. Fraglos bahnt Nikotin für Jugendliche und Kinder den Weg zu anderen Substanzen. Nikotin-Abhängigkeit wäre also wie andere Abhängigkeiten auf die allgemein-menschliche Suchthaltung zurückzuführen.

Wenn heute immer mehr Verhaltensweisen als Sucht oder Abhängigkeit aufgefasst werden (z. B. Lieben, Spielen, Arbeiten, Kaufen, Essen oder Fasten), ergeben sich daraus ernsthafte Fragen: **1.** Wie viel vom Menschen lässt sich nach dem Abhängigkeitsmodell besser ändern als auf anderen (therapeutischen) Wegen? **2.** Wenn immer mehr als negativ Bewertetes als Abhängigkeit definiert wird, entspringt das nicht selbst einer (krankhaften) Unabhängigkeits-Sucht? (Vogt) **3.** Kann diese Tendenz auch mit der Marktstrategie vieler Sucht-Fachkliniken, die ihre Betten füllen wollen, zu tun haben – natürlich nur für hoffnungsvolle Klienten und ohne regionalen Versorgungsanspruch?

C Versuchte Nähe von innen (Selbst-Diagnose)

■ Selbstwahrnehmung

Bei Diabetes oder Herzinfarkt wird Ihnen Ihre Lebensführungsschuld verziehen, nicht aber, wenn Sie Alkoholiker sind. Obwohl die Heilungserfolge bei Sucht nicht geringer sind als bei anderen Störungen, gilt sie sprichwörtlich als unheilbar. Einen Misserfolg wehren wir »rache-psychiatrisch« ab: Wir geben die Schuld dem Abhängigen, nicht uns. Wir haben also allen Grund, gerade bei der Suchtarbeit uns erst mal mit uns selbst zu beschäftigen.

Die Begegnung mit einem Abhängigen kommt anfangs meist gut voran, gerade das Verstehensgefühl. Der Patient äußert etwa: »Sie verstehen mich aber wirklich!« Wir fühlen uns bestätigt. Zweiter Akt – einige Zeit später hören wir von ihm: »Ich bin von Ihnen enttäuscht. Niemand versteht mich!« Dritter Akt: Wir reagieren darauf enttäuscht, wütend oder zynisch (»Undank ist der Welt Lohn!«), was leicht zur Berufshaltung wird: Die Erwartung des Misserfolges schützt vor Enttäuschung. Regelmäßig liegt unser Fehler am Anfang: Als wir uns wegen unseres »außergewöhnlichen Verständnisses« loben ließen und der Patient uns denken ließ, wir kämen ungeschoren davon und hätten ohne große eigene Mühe ein Vertrauensverhältnis hergestellt. Denn schon damit hat der Patient sich von mir und mich von ihm abhängig gemacht, die gegenseitige Begegnungsangst durch elegantes Überspielen abgewehrt, mich als Gegner entschärft, uns kurzschlüssig zu Freunden gemacht, was leicht in Feindschaft umschlägt, die Auseinandersetzung vermieden. Manchmal werden wir aus dieser angenehmen Einlullung erst durch die Nachricht geweckt, der Patient habe sich umgebracht. Umgang mit Abhängigen ist – wie mit depressiven Menschen – ein Spiel auf Leben und Tod. – Will ich nicht immer wieder beim Scheitern mithelfen, sondern die Begegnungsangst nutzen lernen, muss ich erst in mir nach meinen eigenen Abhängigkeitsneigungen suchen.

BEISPIELE wobei die benutzten »Mittel« austauschbar sind: »Arbeit wird mir zum Selbstzweck, womit ich vor der Begegnungsangst mit der Rolle in meiner Familie fliehe.« – »Ich fahre immer schneller Auto: Geschwindigkeitsrausch und Lebensgefahr eskalieren sich wechselseitig.« – »Ich steigere die Zahl meiner (sexuellen) Beziehungen, werde beziehungssüchtig, womit ich zugleich die Angst vor der einen, voll verbindlichen Beziehung, die ich zu suchen vorgebe, abwehre.« – »Ich tue heimlich zunehmend etwas, was ich mir selbst verbiete oder was von anderen als unerlaubt bewertet wird; z. B. Naschen, Warenhaus-Diebstahl, Fußballfanatismus, ins Spielkasino, in den Puff gehen, Fressen, Fasten, Rauchen, Drogen. Damit erlebe ich das Absolute: Zugleich meine Unabhängigkeit (von Verboten) und in der Selbst- oder Fremdbestrafung (Erniedrigung) meiner Abhängigkeit (von Verboten). Solch gleichzeitiger Genuss von Freiheit und Wiederherstellung von Unfreiheit, von Schuld und Sühne, von Leben und Tod ist absolut, macht unersättlich, möchte ewig wiederholt werden, ist ein »Spiel ohne Ende« (Watzlawick), eine »Reise ohne Wiederkehr«, Veränderung ohne Veränderung. Hängt damit zusammen, dass Künstler nicht selten süchtig sind und dass Hochleistungssport und Doping so schwer zu entkoppeln sind? In beiden Fällen geht es um Absolutes.

Dies Suchtgefühl in seiner schwindelnden Abgründigkeit kennt jeder von sich, mag es aber kaum wahrnehmen. Deshalb lasse ich mich gern vom süchtigen Patienten verführen, mich mit Verstehen bei halbem Tiefgang zu begnügen, mehr zu meiner als zu seiner Schonung. »Äußerstes Vertrauen« allein läuft genauso in die Falle wie die Haltung der alten Psychiatrie: z. B. Kraepelins »äußerstes Misstrauen« allein verhindert Begegnung. Denn abhängige Menschen haben noch stärker als andere den Wunsch, Unabhängigkeit zu genießen, ohne Abhängigkeit zu gefährden, vielmehr beides gleichzeitig zu steigern. Ich bin auch hier nur Ersatzspieler für den bisherigen Partner des Abhängigen, der mit allen Mitteln seines jahrzehntelangen Trainings versucht, die Verantwortlichkeit auch jetzt zu mir herüberzuspielen, um sich ihr dann durch »Rückfall« entziehen zu können. So hat er auch mich in seinem Spiel, kontrolliert mich, vor allem wenn ich – als Therapeut oder Mensch – »gern Verantwortung trage«! Und haargenau dieselben Probleme habe ich im Umgang mit dem Partner des Abhängigen, mit dem Angehörigen, der inzwischen »kontrollsüchtig« geworden ist, im selben Gefängnis sitzt.

Voraussetzung zur Begegnung mit dem Abhängigen bzw. mit seinem Angehörigen ist:

1. Geht es zunächst nicht um den Abhängigen (bzw. Angehörigen), sondern um mich, um meine Kunst der Gleichzeitigkeit von Ver- und Misstrauen, um meine bedingungslose

Empfänglichkeit für den Anderen, ohne mich von ihm zur Annahme der »Kapitänswürde« verführen zu lassen, also auch hier um »Hören zwar im Gehorsam, aber ohne Hörigkeit«, was mich zur Suchhaltung bei mir selbst qualifiziert. Diese ist eine ebenso notwendige Vorleistung von mir wie mein »Vormachen« des Schwersten, nämlich von so etwas wie einer Kapitulation; erst z. B. mein Schwäche-Eingeständnis (»Warum kann ich mich gegen Ihr Lob nicht wehren?«) kann den Patienten ermutigen und verführen, nicht – wie gewohnt – bei mir, sondern bei sich selbst zu suchen, sich zur eigenen Schwäche zu bekennen.

2. Muss die Suchhaltung »Ich verstehe mich auf dich« so weit vertieft werden, bis es für mich und für ihn brenzlig und kribblig wird, bis wir das Bodenlose, das Maß- und Grenzenlose, das Absolute der beteiligten Ängste und Wünsche erreichen. Das kann für eine schlafmittelabhängige Mutter von vier Kindern ein totaler erotischer Abenteuerwunsch sein, für einen alkoholabhängigen Ehemann die totale Angst, sich angesichts des Geborgenheitswunsches bei seiner mütterlichen Frau seine Männlichkeit (»Kapitän meiner Seele«) nie genug bestätigen zu können; oder bei einem rauschmittelabhängigen Jugendlichen das totale Eins-Sein mit der Gruppe.
3. Muss meine Suchhaltung so glaubhaft und tragfähig sein, dass wir unsere Begegnungsangst nicht mehr abwehren müssen, dass wir uns gegenseitig als Andere, Fremde achten können, sodass der Patient meinen Dienst an ihm und zugleich meine Verweigerung seines Verantwortungsteils (»seines Kapitänspatents«) im Schutz der Beziehung akzeptieren kann. – Meine Antwort auf die anfängliche Falle des Patienten »Sie verstehen mich wirklich!« muss also etwa sein: »Ich verstehe mich aber noch nicht auf Sie, auf die Situation, können Sie mir dabei helfen?« Auf dem richtigen Wege sind wir, wenn der Patient äußert »Ich verstehe mich jetzt schon besser« – der Beginn der Selbst-Diagnose, des Sich-Wahrmachens.

■ Wahrnehmungsvollständigkeit

»Warum trinkst du?« – »Immer Ärger mit der Frau!« – »Wozu führt das?« – »Immer Ärger mit der Frau!« Mit Witzen dieser Art machen wir uns über den trostlosen Teufelskreis und die Verlogenheit der Abhängigen lustig. Es fällt uns leicht, die Gründe als Vorwände zu durchschauen. Wir halten das dem Patienten vor. Was erreichen wir damit? Dass der Patient, der das ja *auch* weiß, sich noch geschickter rechtfertigt, sich wieder bevormundet fühlt. Wenn wir wollen, dass der Patient sich aus sich heraus versteht, haben wir Vorwände und Gründe gleich ernst zu nehmen. Denn sie machen seine subjektive Welt aus. Nur so kann er selbst die Unterschiede wahrnehmen zwischen dem, was er sich einredet und dem, was er auch damit meint. Dasselbe gilt, wenn wir von »Fehlhaltung« sprechen. Natürlich ist Sucht in der Außenbetrachtung eine entsetzliche Fehlhaltung, »Selbsttötung auf Raten«. Aber auch sie ist nur Teil einer Gesamthaltung. Und diese gilt es wahrzunehmen – in allen Antei-

len: den Ängsten und Wünschen, den Bewältigungs- und Vermeidungsversuchen der Lebensprobleme. Denn eine Ersatzbefriedigung ist zwar Ersatz, aber auch Befriedigung. Niemand ist so gewohnt, bewertet zu werden, wie der Abhängige. Daher: nur wenn ich jede Wertung verweigere, stattdessen vollständig wahrnehme und alles ernst nehme, kann der Patient sich selbst bewerten, selbst Unterscheidungen, später Entscheidungen treffen, sich selbst einen Wert beimessen. Erst dann kommt er davon herunter, sein Selbstbild pendeln zu lassen: zwischen Selbstzerfleischung, Überheblichkeit und Selbstmitleid.
Ähnlich ist die sprichwörtliche Unehrlichkeit bei vollständiger Wahrnehmung von innen verzweifelte, lächerlich-hoffnungslose, ja wahnsinnige Ehrlichkeit: Etwa *Kampf* gegen die Einsicht, dass Schmerz, Schlaflosigkeit, Angst, Einsamkeit, Verlust zum Leben gehören. Oder Weigerung, es hinzunehmen, dass man schlechtere Chancen hat, hässlich, lahm, graumausig, gehemmt, unattraktiv, unausstehlich ist (wo wir sagen: »Wenn Frau X ihre Tabletten drin hat, ist sie wirklich netter!«). Oder Protest dagegen, überhaupt wählen und damit verzichten zu müssen, als absurdes Versuchen, alles haben und leben zu wollen, Freiheit und Sicherheit, Unabhängigkeit und Abhängigkeit: in jedem Fall eine maßlose und absolut unvernünftige Haltung, aber konsequent und in sich ehrlich, bis zum Preis der Selbstzerstörung (so ist die hohe Suizidrate zu verstehen). Diese Ehrlichkeit, dies unendliche Versuchen kann man auch bewundern. Erst wer sich so tief und dadurch auch positiv sehen kann, hat die Chance, aus sich heraus »wieder ehrlich zu werden«, den Riesenberg an Schuldgefühlen loszuwerden und zu sehen, dass die jeweilige Droge in der Tat kein Selbstzweck, sondern nur ein Mittel ist – ein Mittel, zu dem es dann auch Alternativen der Lebensführung gibt. Dann wird der Patient auch bereit sein zu unterscheiden, in welchen Situationen er mehr oder weniger wahrscheinlich trinkt bzw. schluckt, was die Voraussetzung zum Wiedergewinn der Selbstkontrolle ist. Umgekehrt hat jeder inzwischen überkontrollierte Angehörige etwas von dem »Unvernünftigen« des Abhängigen zu lernen – damit auch er wieder vollständig wird.

■ Beziehungsnormalisierung zur Gegnerschaft

Wie wird die Begegnung normal im Sinne, dass ich, Patient und Angehöriger das Gefühl haben, unabhängig zu handeln, uns gegenseitig Raum zu lassen und Gefühle offen zu machen? Kontrollfrage: »Was macht er mit mir? Was mache ich mit ihm?« Ich muss verdammt gut aufpassen, um alle Gefühle zuzulassen und rückzumelden, besonders wie weit der Abhängige sich bei mir und nicht bei sich aufhält: »Wir wollen uns gut verstehen, uns nicht wehtun.« Die zu große Nähe und Anpassung ist die undurchschaubarste und todsichere Methode, sich als Person »draußen vor« zu halten, sich auf eine wirkliche Beziehung, in der ich mich auch dem Anderen auszusetzen habe, nicht einzulassen. »Verbindlichkeit« im Sinne von Höflichkeit garantiert innerliche Unverbindlichkeit. Ständig muss ich mich fragen, welche höfliche Antwort erwartet der Patient auf seine Äußerung und wohin will er mich damit haben?

BEISPIELE Vom Loben war schon die Rede, etwa »Sie können die Gruppe aber gut leiten!« Mögliche Antwort: »Ich frage mich, warum ich mich durch Ihr Lob eingeengt fühle!« – Häufig sind Bitten um Ent-schuldigung, bei Kleinigkeiten wie bei Rückfällen: »Schlimm, dass mir das wieder passiert ist, ich möchte es wieder gutmachen, mich bei Ihnen ent-schuldigen.« Mögliche Antwort: »Ich nehme Ihre Entschuldigung nicht an. Sie haben nicht mir, sondern sich etwas getan. Und da finde ich es besser, dass die Verantwortung dafür auch bei Ihnen bleibt.«

ÜBUNG Finden Sie im obigen Sinne »normale« Antworten auf folgende Äußerungen: »Ich verspreche Ihnen (!), ab heute nie mehr Tabletten zu nehmen!« – »Ich habe Ihnen verschwiegen, dass ich wieder getrunken habe, weil ich Sie nicht enttäuschen wollte.« – »Ich bin das verlogenste Subjekt, dass es gibt.« (Die erwartete, aber falsche Antwort wäre: »Na, so schlimm ist es auch wieder nicht.«) – »Ich will mich Ihren Anweisungen fügen, alle Ratschläge befolgen ... Bestimmen Sie, wie viel Ausgang ich haben darf.« – »Ich habe die ewige Bevormundung durch Sie satt.«

Im Bild des Boxkampfes: Wenn der Andere »zu sehr bei mir ist, in den Clinch gegangen ist, hat er sich gerade durch zu viel Nähe zu mir für mich unerreichbar gemacht. Ich oder der Ringrichter (=Team) müssen eine angemessene Distanz wiederherstellen, damit jeder hinreichend »bei sich selbst ist«, freien Handlungsraum hat und wir uns vollständig = normal austauschen, gute Gegner sein können. Das gilt auch gegenüber dem Helferdrang des Angehörigen. Gegnerschaft ist Gleichgewicht von Vertrauen und Kontrolle. Wenn der Andere dies in der Beziehung zu mir erlebt und dadurch erfährt, dass er Unabhängigkeit und Abhängigkeit gleichzeitig auch »normal« und ohne »Mittel« leben kann, hat er die Möglichkeit dies auch in seinen eigenen Beziehungen auszuprobieren, hat er die Möglichkeit zur Selbst-Therapie. Das unheimlichste Misslingen der Begegnung wollen wir durch ein *Fallbeispiel* unter die Haut gehen lassen:

BEISPIEL Frau I., 23 J., erfolgreiche Sekretärin, im Umgang mit Anderen immer gleich bleibend angenehm, verlobt, trinkt seit dem 16. Lebensjahr, jetzt depressiv, voller Schuldgefühle, ob sie sich dem Verlobten zumuten darf, kommt nach dem zweiten Suizidversuch in die Tagesklinik. Bei der Aufnahme werden als Therapieziele vereinbart: Alkoholverzicht; statt der überbemühten Dauerhaltung, immer nett für Andere da zu sein, mit der sie sich überanstrengt und sich davon durch Alkohol »entspannt«, will sie lernen, mehr für sich da zu sein; Entspannung und Selbstachtung nicht mehr aus dem Dasein für Andere, sondern aus sich selbst zu gewinnen. Sie nutzt den Therapieaufenthalt optimal, lernt spielend, sich ausgewogen für sich und Andere zu engagieren. Gegen Ende notiert das Team im Verlaufsbericht, es sei »fast unheimlich, wie glatt sie ihre Therapieziele erreicht«. Sie verlässt die Tagesklinik optimistisch, aber angemessen selbstkritisch. Team und Mitpatienten freuen sich mit ihr. Die Frage einer ambulanten Nachbetreuung soll nach vier Wochen »Ausprobieren« beantwortet werden. Wie geplant, heiratet sie zwei Wochen danach, teilt telefonisch mit, wie glücklich sie sei. Wieder eine Woche später zwingt sie ihren Mann abends, ihr eine Flasche Korn zu holen. Als er nach einer halben Stunde wiederkommt, hat sie sich aufgehängt und ist tot. Unter den drei Aspekten der Grundhaltung Selbstkritik des Teams: 1. In der Suchhaltung sind die eigentlichen Ängste der Frau I. nicht erreicht worden. 2. Keine Wahrnehmungsvollständigkeit: die Gefühle sind nicht vollständig wahrgenommen worden. Denn der Eindruck des »Unheimlichen« ist, obwohl von jemandem wahrgenommen, weder erörtert noch ist Frau I. mit diesem Eindruck konfrontiert worden. Vielmehr hat sich das Team die Freude der Frau I., die allen sympathisch (!) war, nicht kaputtmachen lassen wollen. 3. Es ist keine normale Begegnung zu Stande gekommen. So konnte Frau I. weiter symptomatisch handeln, nämlich »für Andere da sein« und angestrengt überangepasst sein – in diesem Fall: für das Team. Sie hat nicht nur mitgespielt, so getan als ob (simuliert). Vielmehr hat sie ihre Therapieziele mit Einsatz ihrer ganzen Person angestrebt und erreicht. Aber: Sie hat ihre ganze Person (wie bei allen früheren Überanpassungen) so absolut in diesem therapeutischen Lernen aufgehen lassen, dass sie als eigenständige Person dabei sich selbst verloren ging und daher genauso einsam, angstvoll und verzweifelt blieb wie zuvor – unbemerkt von allen Therapeuten, aber auch von ihr selbst. Dies ist die böseste Art, in einer Beziehung durch zu viel Nähe unerreichbar fern zu bleiben.

Also: Beziehungen sind für Sie erst dann »normal«, wenn Sie selbst in der Zustimmung des Anderen auch noch seinen Widerstand gegen Sie spüren und dies gemeinsam akzeptieren können. Zur Normalisierung einer Beziehung gehört es, dass Sie – wie schmerzlich auch immer – den Widerstand des Anderen zu provozieren haben (im Bild: den Anderen und sich selbst auf Distanz zu boxen haben). Erst dann ist eine Beziehung Begegnung von Gegnern. Weder in privaten noch therapeutischen Beziehungen kommen Sie darum herum.

D Was tun? – Beziehungen in Therapie und Selbsthilfe

■ Kontext – Angehörige

Für unser Handeln ist – wie immer – das Symptom (Trinken, Schlucken) am wenigsten interessant. Symptome bekämpfen wollen, macht abhängig von ihnen, führt zu nichts. Das haben Patient und Angehörige schon lange genug versucht. Es geht um das Eingeständnis der Ohnmacht gegenüber dem Symptom und um das Drumherum, um den Kontext: um die Landschaft mit all ihren Verflechtungen; um das, womit der Patient sich und Andere versucht; nicht nur um den Zustand des sozialen, sondern hier besonders auch des körperlichen Kontextes; um das stets dem Symptom zu Grunde liegende Lebensproblem und um die Methoden, mit denen die Angst vor ihm bisher abgewehrt wurde; schließlich und zunächst vor allem um die Menschen, mit denen der Patient sein Lebensproblem gemeinsam hat – um die Angehörigen.

Ohne sie ist jeder Therapieplan unsinnig. Denn wir sind als Ersatzspieler nicht für den Patienten da, sondern für das »ganze System«, für das Gefängnis, das den Abhängigen und seine/n Partner umfasst, und für dessen Landschaft. Ein wenig kennen wir die Angehörigen schon; denn wie der Patient zu uns ist, ist er auch zu ihnen. Wie den Patienten, so haben wir – getrennt davon – auch den Angehörigen *für sich* kennen zu lernen, mit derselben Aufmerksamkeit. Denn es geht darum, dass beide Seiten wieder zu sich kommen, um dank der wiedergewonnenen Distanz erproben zu können, ob sie auf einer anderen Ebene ihr Spiel besser weiterspielen können und wollen.

Dazu muss der Partner schmerzhaft lernen, den Patienten loszulassen, einzugestehen »Ich kann dir nicht helfen«. Er muss seine entweder zuvor oder später eingenommene Position des Entwicklungshelfers und Kontrolleurs aufgeben. Er muss das ewige Grübeln über Schuld ersetzen durch die Anerkennung des Umstandes, dass beide Seiten sich bisher gleichermaßen bemüht haben – wenn auch erfolglos. Sein Einstellungswandel ist nicht leichter als der des Patienten. Daher braucht er von mir zunächst die Anerkennung seines Leidens. Nicht selten leidet er mehr als der Patient. Während dieser in seinem Symptom ein Ventil hat, sich sein Leiden erträglich zu machen, lebt der Angehörige jahre- oder jahrzehntelang dasselbe tagtägliche Elend aus Angst, Sorgen, Misshandlung, Demütigung, Erpressung. Sein Beziehungsgefängnis ist ein aussichtsloses Gemisch aus Liebe, Komplizenschaft, Kontroll- und Hilfsbedürfnis, ohne eigene Hilflosigkeit zugeben zu dürfen. Nur wenn wir ihm dazu die Gelegenheit geben, kann er sich öffnen und ändern. Von zwei Menschen ist durchaus nicht immer der der gesündere, der unabhängiger und helfender wirkt: Dies können wir am besten durch Arbeit mit Angehörigen gerade auch für uns selbst lernen! 8

BEISPIEL Die 51-jährige Frau W. wurde in sieben Jahren das vierte Mal wegen Depression stationär behandelt. Sie hatte bisher verschwiegen, dass ihr Mann, kaufmännischer Angestellter, seit 20 Jahren alkohol- und tablettenabhängig und deutlich hirnorganisch verändert war. Sie war derart komplizenhaft identifiziert, dass sie nicht darüber sprach, um seinen Arbeitsplatz nicht zu gefährden. Lieber ließ sie sich von ihrem Mann schlagen, reinigte seine Kleidung von Urin- und Speiseresten, ließ sich von ihrer Familie ausstoßen, weil sie »bei so einem Kerl« blieb und sich lieber als »endogen« behandeln. Bisher einzige Hilfe: das Gesundheitsamt gab ihr den für sie brutalen Rat, einen Entmündigungsantrag für ihren Mann zu stellen. Eher hätte sie sich umgebracht! Aber das verstand niemand. Nachdem man sich um Entziehungskur und Nachsorge für ihren Mann kümmerte – und zwar gegen ihren Willen –, ist sie nicht wieder depressiv geworden.

Der Angehörige braucht also Hilfe wie der Abhängige – am besten in der Angehörigengruppe der jeweiligen Einrichtung. Nicht selten kann man auch über längere Zeit nur mit dem Angehörigen arbeiten. Seine Änderung bewirkt eine Änderung des »System-Gefängnisses«, wodurch nach einiger Zeit auch der Abhängige kooperationsfähiger wird. Der Weg ist immer derselbe: Einer von beiden muss anfangen, sich nicht mehr – wie bisher – um den Anderen zu kümmern, sondern um sich selbst. Die Kontrollsucht des Angehörigen kann so krankheitswertig sein wie die Alkoholsucht. Hört das Trinken auf, kann das Kontrollieren nicht genau so schnell aufgegeben werden – häufiger Anlass für Rückfälle. Dann braucht der Partner noch längere Zeit Therapie als der Patient. – Nur wenn die Wiederherstellung der Begegnung auf einer anderen Ebene endgültig misslingt, stehen *äußere* Entscheidungen an: Trennung, Scheidung, Auszug aus der Familie, der elterlichen Wohnung,

Veränderung des Freundeskreises, der Freizeitpartner, der subkulturellen Jugendgruppe, der Wohn- oder Lebensgemeinschaft, des Arbeitsplatzes, des Berufes.

Ort der Handlung bei Abhängigkeit von Mitteln

Man kann das Vorgehen in Kontakt-, Entzugs-, Entwöhnungs- und Nachsorge-Phase gliedern, wenn es nicht um eine Dauerbeziehung mit einem chronisch Suchtkranken geht. Allerdings müssen schon zu Beginn alle Phasen mit den beteiligten Mitspielern vorgeplant werden. Je nach der Art des Problems sind folgende Einrichtungen notwendig:

Fachambulanz (Beratungs- und Behandlungsstelle)

Da die niedergelassenen Ärzte mit der Therapie der Abhängigen überfordert sind, ist pro Kreis (SVG) eine Fachambulanz (als Teil der Institutsambulanz) einzurichten. Sie muss räumlich, zeitlich und sozial den schweren ersten Kontakt erleichtern und arbeitet ggf. als mobiles Team. Aufgaben: Neben Beratung, Motivierung zur stationären Therapie und Zwangseinweisung, ambulantes Therapie-Angebot: Mehr Abhängige als vermutet können sich in ihrem Problemfeld auseinander setzen, was – wie immer – das Beste ist. Therapeutische Wohngemeinschaften können manche stationäre Therapie ersetzen.

Kurzfristig-stationäre Therapie

Ebenfalls gemeindenah, in der psychiatrischen Fachabteilung oder -klinik. Neben Intensivpflege für lebensbedrohliche **Zustände** und Entgiftung ist eine Einheit für A-, M- und R-Abhängige notwendig, für Motivation zu längerer Therapie und für Kurztherapie auf Gruppenbasis für vier bis acht Wochen. So kann oft der Verlust familiärer Beziehungen bzw. des Arbeitsplatzes verhindert werden. Daher bevorzugen immer mehr Einrichtungen die Wiederholung mehrerer Kurztherapien gegenüber einer längeren Therapie, z. T. auch tagesklinisch mit ambulanter Nachbetreuung. Gemischtdiagnostische Stationen mit überstationären Spezialangeboten haben Vorteile (kleiner Sektor und lebendigeres Milieu).

Mittelfristig-stationäre Therapie

Sie findet als medizinische Rehabilitation (Entwöhnung) in einer Station oder Abteilung (+ Tagesklinik) der kommunal zuständigen psychiatrischen Einheit am besten gemeindenah statt; nur ausnahmsweise ist die Trennung von Patient und Lebenswelt in einer entfernten Suchtfachklinik (meist in freier Trägerschaft) angezeigt bis sechs Monate. Dagegen ist die Trennung vom bisherigen Milieu bei R-Abhängigen sinnvoll.
Die Kommerzialisierung der »Kur auf der grünen Wiese« bleibt eine Gefahr. Dasselbe gilt für »Doppeldiagnose«-Stationen (Alkohol und Schizophrenie), weil Schwierigkeitsvermeidungen durch Spezialisierung mit zu vielen Nachteilen erkauft ist.

Selbsthilfe

Gerade im Suchtbereich ist Selbsthilfe und Selbst-Therapie wirksamer als unsere noch so kunstvollen therapeutischen Angebote. Patienten, die in einer Selbsthilfegruppe aktiv werden, haben die dauerhaftesten Chancen. Für A-Abhängige die Anonymen Alkoholiker (400 AA-Gruppen in der BRD), Guttempler-Orden, Kreuzbund, Blaues Kreuz, Freundeskreise, auch für M-Abhängige geöffnet, was wegen der Tendenz zum Vieldrogenkonsum zu begrüßen ist. R-abhängige Jugendliche: Release-Gruppen, im Sinne therapeutischer Wohngemeinschaften, Daytop-, Phoenix- oder Lodge-Häuser. Die Gruppen werden von Ausgebildeten und ehemals Abhängigen (Ex-user) geleitet. Der Wandel von einem liberalen Solidaritäts-Stil zu einem hierarchisch gestuften verhaltenstherapeutischen Stil ist von der Grundhaltung her eine falsche Alternative. Eher scheint es sinnvoll, beide Stile zu verbinden, um den widersprüchlichen Bedürfnissen der Jugendlichen gerecht zu werden.
Auch inhaltlich haben wir von den Selbsthilfegruppen zu lernen: so beginnen die »12 Schritte« der AAs mit dem schonungslosen Verzicht auf jede Begründung, um Raum zu schaffen für die schlichte Feststellung »Ich bin ein Alkoholiker«, für den Verzicht auf den »Kapitän«-Anspruch und für die Kapitulation vor dem Alkohol, der nur durch Transzendierung auf eine andere »höhere« Ebene seine Macht verlieren kann. Wie grundernst die Sucht genommen wird, zeigt die Aussage, dass man zeitlebens Alkoholiker bleibt, bestenfalls »nicht mehr aktiv ist« und dass Abstinenz-Versprechungen anfangs nur für Stunden oder einen Tag angenommen werden, damit Wollen und Können, Wunsch und Wirklichkeit nicht – wie gewohnt – zu weit auseinander klaffen. Die Solidarität wird daran deutlich, dass die Gruppenmitglieder sich in Krisen gegenseitig notfalls Tag und Nacht stützen, dass die Bezugspartner ernst genommen werden und dass Neue, sobald möglich, in die aktive Verantwortung für Andere einbezogen werden (Bateson 1983).

Spielregeln

Schon nach der Enquête ist es unsere Aufgabe, »den Kranken zur Resozialisierung durch aktive Bewältigung bestehender Lebenskonflikte zu verhelfen«, also ihn und seine Angehörigen selbsthilfefähig zu machen. Auf der Basis der Grundhaltung ist auf folgende Spielregeln zu achten:

Team und Gruppe

Selbst wenn ich lehr-analysiert bin, stehe ich in Gefahr, dass Abhängige mich abwechselnd zum Freund oder Feind machen (Übertragung). Daher nehmen »bessere« Psychotherapeuten meist keine Abhängigen. Im Team verteilt sich das Mitübertragungs-Handeln auf mehrere Personen, muss der Patient in der Beziehung zu mir nicht total gepanzert sein, bin ich ihm nicht so allein ausgeliefert: seiner Hilfserwartung, den Abhängigkeitswünschen, der Idealisierung des Therapeuten, der Provokation von Ablehnung, dem

»Desperado-Spiel« am Rande der Selbstvernichtung. Daher schon Erst-Gespräch zu dritt! – Aus denselben Gründen ist es gut, dass umgekehrt auch der Abhängige seine Therapie im Rahmen einer Gruppe erfährt. Der Gruppenzusammenhalt, das »Gruppen-Ich« kann für sein schwaches Selbstvertrauen eine Hilfe, eine Brücke sein, ein wenig den Halt am Alkohol ersetzen (Battegay 1981). Außerdem entsprechen die Beziehungen in der Gruppe mehr der Lebenswirklichkeit, sind Übungsfeld für anderes Handeln.

■■ Alle Chancen des Zufalls

Gefühle (Ängste, Wünsche) kann man nicht bekämpfen. Zielgerichtetes Handeln geht dabei ins Leere. Die Logik der Gefühle ist vielmehr buchstäblich der Umgang mit ihnen: um sie herumgehen, auf sie hören, sie nutzen, überflüssig machen usw. In der Landschaft der Gefühle herrschen nicht die geradlinigen Bewegungen vor, sondern die gebogenen, gewundenen, kurvilinearen. Schon für Kleist (»Marionettentheater«) waren es elliptische Bewegungen. Daher sind Erfolge hier eine Frage der Wahrscheinlichkeit. Unser psychiatrisches Handeln hat deshalb darauf aus zu sein, viele gute Gelegenheiten zu schaffen, die Chancen für den Zufall systematisch zu erhöhen. Das gilt natürlich für alle psychiatrischen Probleme. Für Abhängigkeitsprobleme jedoch insbesondere, da ihre Landschaft körperlich, seelisch und sozial besonders weit verzweigt ist. Unsere Aufmerksamkeit soll gerade das Nebensächlichste wichtig machen. Und unser psychiatrisches Handeln sollte das Leben nicht beschönigen. (»Wer hat gesagt, dass das Leben leicht sei!«)

BEISPIEL Eine allein stehende 50-jährige Frau war wegen M-Abhängigkeit zum dritten Mal zwangseingewiesen, blieb danach seit vielen Jahren frei. Auf die Frage des Sozialarbeiters vom Gesundheitsamt, was beim dritten Aufenthalt für den Erfolg ausschlaggebend war, meinte sie: »Bei der Aufnahme, noch ganz benebelt, gab mir eine sehr behutsame Ärztin eine Vitaminspritze. Der Geschmack erinnerte mich irgendwie an die Kindheit. Mit einem Schlage wusste ich, dass ich loslassen konnte und dass diesmal alles gut gehen würde.«

Die Unterschiedlichkeit des Teams macht seine Aufmerksamkeit umfangreicher. Nehmen zwei Team-Mitglieder widersprüchlich wahr, sind sie u. U. einem widersprüchlichen Bedürfnis des Patienten auf der Spur, das dieser selbst gar nicht sehen kann. Die Aufmerksamkeit muss drei Richtungen gleichwertig berücksichtigen:

- **Die Oberfläche:** Auch die fadenscheinigsten Begründungen sind nicht zu »durch-schauen« und abzutun, sondern ernst zu nehmen, weil der Patient subjektiv in ihnen lebt.
- **Die Tiefe:** Wir haben den Patienten »im Tiefgang« des Verstehens (z. B. seiner Verzweiflung, seines Versuchens) noch zu übertreffen, um das Absolute der Sehn-Sucht, der Ängste und Wünsche für die Begegnung offen zu machen.
- **Die Breite:** Dies geht von den »Nebensächlichkeiten« des sozialen Kontextes (wie viel Kneipen liegen am Arbeitsweg?) bis zu den oft verborgenen Schäden des körperlichen Kontextes, wobei mal die Gebisssanierung, mal die neue Brille »zufällig« entscheidend sein können. Gerade eine Nebensache lässt sich zum entscheidenden Wendepunkt aufbauen.

■■ Vertrauen und Kontrolle

Erst muss durch die Grundhaltung die Begegnung vertrauensvoll werden, bevor im Schutz dieses Vertrauensrahmens auch Kontrolle akzeptiert werden kann. Insofern ist Lenin umzukehren: Kontrolle ist gut, Vertrauen ist besser. Die Art der Kontrolle (z. B. Urinprobe) und die Folgen nicht eingehaltener Abstinenz müssen mit dem Patienten im Voraus und sehr genau vereinbart werden. Hier darf es keine Grauzone geben. Im Übrigen ist nichts verhängnisvoller als das »Starren auf die Droge« (»Starren aufs Symptom«). Vielmehr ist im täglichen Umgang das Interesse an der jeweiligen Droge, am Trinken / Schlucken herunterzuspielen: Je mehr der Patient sich stattdessen mit sich selbst, seinem Lebensproblem und seiner stolzen Vereinsamung beschäftigt, desto eher gerät das Symptom, die Droge, »in den Nebenschluss«. Die Abstinenz ist dann nur noch eine ziemlich uninteressante Voraussetzung für das interessante Ziel des Teilens der zukünftigen Lebensgestaltung mit Anderen.

■■ Selbst-Interesse

Auch wenn es gegenteilig aussieht, haben wir es immer beim Patienten und beim Angehörigen mit hilflosen Menschen zu tun, zutiefst in ihrem Stolz verletzt und ohne Selbstachtung. Vielleicht sind wir aber ebenso ungeduldig wie der Abhängige, da er sich geradezu anbietet, für ihn sein Selbst-Interesse zu »wecken«, ihn zu aktivieren, ihm Ratschläge und Werte zu geben. Alles, was von uns kommt, verringert noch einmal seine Selbstachtung: *Wir* setzen dadurch den Impuls für Aggressionen und Selbsttötungen. Noch mehr sind wir verführt, das riesige Vakuum, »das Loch«, zu füllen, das durch die Abstinenz entsteht. Er selbst muss es durch alternative Aktivitäten füllen. Je passiver wir sind, desto besser. Wir können ihn dabei nur begleiten, ihm unsere aufmerksame Gegenwärtigkeit zeigen, Gelegenheiten schaffen, ihn seine Stärken und Interessen entdecken und geduldig ausprobieren lassen. *Zeit darf dabei keine Rolle spielen.* Die Chance für die Wende ist bei der 10. Aufnahme so klein und so groß wie bei der 20., wenn meine Aufmerksamkeit gleich groß bleibt! Nicht selten wird sonst »das Loch« später mit depressiven oder anderen Psychosen gefüllt. Auch für den Angehörigen entsteht »das Loch«, das er anderweitig zu füllen hat!

■■ Team als Modell

Wie der einzelne psychiatrisch Tätige durch seine Person wirkt, so wirkt das Team durch die Beziehungen seiner Mitglieder. Daher sollte das Team nicht nur beruflich, sondern auch nach Alter, sozialer Schicht, Temperament und Lebenserfahrungen unterschiedlich sein. Es wird dadurch zu einem diagnostischen und therapeutischen »Breitband-Instrument«. So vermehren sich die Chancen für den Zufall, das Glück. Wenn es dem Team zudem gelingt, Kontroversen öffentlich auszutragen, Gefühle glaubwürdig auszutauschen, Unterschied und Gemeinsamkeit, Nähe und Distanz, Abhängigkeit und Unabhängigkeit ausgewogen, also normal zu leben, dann kann das das beste Modell sein, wie man als Teil von etwas leben kann, ohne stets alles selbst schaffen und können zu müssen.

Der Rückfall

Noch schlimmer als das »Starren aufs Symptom« ist das gespenstische Warten auf den Rückfall. Die ängstliche Erwartung des Rückfalls produziert ihn. Solange sind wir noch im Teufelskreis. – Was haben wir hier zu tun? Wir haben in doppelter Hinsicht dem Rückfall zuvorzukommen: Einmal haben wir den Rückfall zu etwas Nützlichem umzuwerten. Wir erklären ihn zu einer fabelhaften Gelegenheit, etwas in sich selbst zu entdecken, was bisher noch verborgen geblieben ist. Zum anderen können wir ihn – etwa für einen Wochenendurlaub – geradezu verschreiben, machen ihn unter erschwerten Bedingungen (z. B. Kneipenbesuch) zu einer Übungsaufgabe.

Spielverlauf

Je früher die therapeutische Arbeit beginnt, desto besser. Angehörige können damit schon beginnen, auch wenn der Patient noch nicht so weit ist. Für den Patienten kann schon die Bearbeitung des Entzugs-Erlebens (in der Regel ohne Dämpfung durch Medikamente) oder des Delir-Erlebens ein wichtiger Hebel für die Eigenmotivation sein.

Für die **Vereinbarung** der Zusammenarbeit ist wichtig:

1. Sie darf weder den Patienten noch uns überfordern. Weiche ich nur »unbedeutend« davon ab, bricht das Vertrauen zusammen, da ja der Patient einen maßlosen Verzicht von sich verlangt.
2. Wichtiger als die Abstinenz ist die Formulierung nicht negativer, sondern positiver Ziele im Sinne des »Ehrlich-Werdens«, des Sich-wahr-Machens.
3. Wichtiger als aktive Ziele sind passive: z. B. Gelassen-Sein; Dinge auf sich zukommen und in sich hineinlassen; Abhängigkeit und Geborgenheit auch genießen können; Nichts-tun-Können; vor allem Kapitulieren-Können, z. B. gegenüber der Droge.
4. Wichtiger als die vereinbarte Veränderung ist ein annehmendes Inne-Werden der Eigenart der gegebenen persönlichen Besonderheiten.

Wir sind Ersatzspieler, nicht Mitspieler. Deshalb ist es für den Spielverlauf entscheidend, dass wir nicht an die Stelle der Spieler treten wollen. Stattdessen können wir sie begleiten, sie auf günstigere Spielmöglichkeiten aufmerksam machen, bis sie sich ihr eigenes Spiel wieder zutrauen. Das gilt für die Findung des Selbstwertes ebenso wie für das Loch und den Rückfall.

Das Wichtigste an der Wiederherstellung einer lebensfähigen Landschaft ist die Wiederherstellung von *Öffentlichkeit*. Die neu erworbene Selbstachtung und Fähigkeit, nicht zu trinken / schlucken / fixen darf nicht – wie bisher – heimlich bleiben. Sie muss öffentlich und immer öffentlicher werden, bis sie selbstverständlich ist. Das ist zu üben: Erst mit den Mit-Patienten, dann mit dem Partner, dann mit den anderen Angehörigen und Nachbarn und schließlich mit den Arbeitskollegen, u. U. in der gewohnten Kneipe. Das ist ebenso schwer wie not-wendig: Jeder neue Mitwisser ist ein Garant, entlastet den Patienten von der anfänglichen Strapaze, die er bei Aufrechterhaltung der Verheimlichung nie durchhalten würde. Dies ist im Rollenspiel ebenso zu trainieren wie die Befreiung aus der sozialen Isolation. Endlich ist der Patient von Anfang an – auch begleitend bei einer stationären Therapie – an eine ambulante Betreuungsperson und eine Selbsthilfegruppe zu vermitteln, sodass der Kontakt schon stabil ist, wenn der Patient entlassen wird, denn jetzt beginnt der schwierigste Teil der Arbeit – im eigenen Problemfeld – sowohl für den Patienten als auch für den Angehörigen. Von vornherein ist auch eine Betreuungsdauer von zwei Jahren zu vereinbaren. Die meisten Rückfälle finden nämlich innerhalb der ersten sechs Monate nach Therapieende statt. Wer dagegen zwei Jahre zurechtgekommen ist, hat nur noch die Wahrscheinlichkeit von einem Prozent für einen Rückfall.

Zum Schluss noch einmal ZUR ERINNERUNG **Nie den Abgrund vergessen – weder den im Abhängigen noch den in mir selbst!**

■ Der Langzeit-Abhängige – Ersatzspiel ohne Ende

Wie bei allen psychiatrischen und medizinischen Problemen gibt es Menschen, bei denen ist die Zeit der Therapie irgendwann erfolglos am Ende. Die Gesellschaft, die Angehörigen, die zuständigen Suchteinrichtungen und die meisten von uns zucken dann die Achseln: »Schade, kann man nichts machen!« – Das ist ein Irrtum. Jetzt fängt unsere Aufgabe erst richtig an. Statt der immer noch verbreiteten Beschimpfung dieser Bürger als »depravierte Alkoholiker« ist jetzt eine neue oder vertiefte Grundhaltung am wichtigsten: Der Abhängige ist – mehr noch als zuvor – als Abhängiger zu akzeptieren. Deshalb lehrt uns erst der chronisch Suchtkranke vollständig die Grundhaltung gegenüber dem akut Suchtkranken; das ist eines seiner Geschenke an uns. Ein wirklich gutes Lehrbuch müsste daher eigentlich mit dem chronisch Suchtkranken beginnen; aber so gut sind wir noch lange nicht. Die Abhängigkeit gilt als eine Eigenart des Patienten – wie seine Haarfarbe oder sein Temperament. Therapeutischer Ehrgeiz findet nicht mehr statt. Der Patient muss sich nicht mehr ändern. Es gilt sein Sosein. Jetzt ist auch nicht mehr so sehr der Patient für Selbstachtung, für »das Loch« oder für den Rückfall zuständig, sondern mehr wir – als Dauer-Ersatzspieler. An die Stelle der Abhängigkeit vom Alkohol tritt ersatzweise die Abhängigkeit vom Setting, vom Ort des Lebens – bestehend aus vielen sozialen Teil-Abhängigkeiten. Oft ist schon Teilabstinenz (gelegentliche Exzesse oder Phasen unterschwelligen Trinkens) ein Erfolg. Damit ist unsere Aufgabe aber keineswegs am Ende. Denn bei angemessener, zeitweise hautnah-dichter Begleitung, wenn ich mich wirklich diesem verachteten Anderen dienend aussetze, können die meisten (selbst mit Korsakow-Syndrom) nach einer Zeit von einem bis fünf Jahren wieder allein, zu zweit, zu dritt oder in einer Gruppe eine eigene Wohnung suchen, die aber auch jetzt noch eines nachsorgenden, ambulanten Dauer-Ersatzspielers bedarf. Für diesen Arbeitsschritt gilt dasselbe, was wir vom depressiven Langzeit-Patienten gesagt haben. Allerdings mit einem Zusatz: Langzeit-Abhängige sind, wenn sie schon nicht mehr so viel trinken, ersatzweise davon abhängig, dass sie ständig »etwas um die Ohren haben«. Dies jedenfalls noch mehr als andere Langzeit-Patienten. Sie sind mit der Hauswirtschaft, ihrer Wohnung nicht ausgelastet. Sie brauchen es vielmehr, außerdem noch einer für Andere bedeutsamen Arbeit in gebundener Arbeitszeit, wenn auch vielleicht nur in geringerem Umfang, nachzugehen. Wenige können ihren vertrauten Arbeitsplatz im Krankenhaus beibehalten. Besser ist eine Hilfstätigkeit in den Randzonen des sich verengenden Arbeitsmarktes. Der Kreisverband Gütersloh der Sucht-Selbsthilfegruppen hat als »Komet GmbH« eine Selbsthilfe- und Zuverdienstfirma gegründet. Diese Verantwortung der Selbsthilfefähigen für die chronisch Suchtkranken wäre in jedem Kreis möglich! Genauso wichtig ist es, dass die chronisch Suchtkranken ihre sozialen Teil-Abhängigkeiten (z. B. Skatrunde) und möglichst viel von dem haltenden Stationsklima des Kontrolliertseins und der Zugehörigkeit in die eigene Wohnung mitnehmen, geradezu minutiös transplantieren. Für die – notfalls auch dauerhaft-passenden Orte zum Leben sind wir heute so weit, dass wir auf das Heim auch noch für den letzten Suchtkranken verzichten können: dazu legt jede Region sich – verstreut – ein differenziertes Angebot von Einzel-, Paar- und Gruppenwohnungen zu:

a. für normales betreutes Wohnen (Schlüssel 1 : 12) für therapie-erreichbare Abhängige

b. für betreutes Wohnen mit verbessertem Personalschlüssel für nachhaltig nasse Alkoholiker;

und

c. für Pflegesatz-Eingliederung (formal: dezentrales Heim), aber mit hohem Personalschlüssel (bis 1:1) für langfristig pflegebedürftige, desorientierte selbst- und fremdgefährdende Abhängige.

Die Verselbstständigungsquote ist auf diesem Wege wesentlich größer als bei der konventionellen Heim-»Endlagerung« und die Arbeit hier spannender als sonst wo. Da alle Bürger dieselben Rechte haben, da wir vom Letzten her zu beginnen haben und da die chronisch Suchtkranken die ungewolltesten Bürger sind, dürfte zukünftig das Vorhalten eines solchen Systems der Maßstab für die Integrationsfähigkeit einer Kommune sein.

■ Berufsbezogene Schwerpunkte

■■ Pflegeberufe

Als Spezialisten für die allgemeinen und »hautnahen« Bedürfnisse sind sie unersetzlich für Abhängige, die ja nicht zufällig infantil bzw. oral verwöhnt oder frustriert genannt werden. Vertrauensbildung durch Aufmerksamkeit für Ernährung, Körperpflege, Kleidung, Umgang mit Schmerzen, für die »kleinen« Eigenheiten und Empfindlichkeiten. Bei Fixierung auf ein Bedürfnis bei Vernachlässigung des anderen bedarf es eines Ausgleichs. Der verwahrloste Alkoholiker, der antibürgerliche Fixer und die zwanghaft saubere M-abhängige Hausfrau sind aus *ihrer* Wertwelt heraus zu verstehen. Bedürfnisdiagnose und -therapie obliegt dem Pflegepersonal, das daher in keiner Fachambulanz / Beratungsstelle fehlen darf.

■■ Sozialarbeiter

Er hat es mit der sozialen Selbstvernichtung zu tun. Die Entlassung in eine unveränderte soziale Situation ist der häufigste Grund für Misserfolge.

■■ Ergotherapeut

Er hat auf das Verhältnis der Abhängigen zu ihrem körperlichen Einsatz, zu Arbeit und Freizeit zu achten. Schwerste Übung: Arbeit auf mittlerem Niveau so strecken, dass sie dauerhaft getan werden kann. Anstelle des Pendelns zwischen überbemühtem Leistungsehrgeiz und resigniertem Vermeiden ist der sinn- und lustvolle Wechsel von An- und Entspannung zu üben. Arbeit und Spiel sind in ihrer Gesellschaftsfähigkeit erfahrbar zu machen. Alles Blendende (Kreative) ist zu lassen. Ähnliches gilt für den **Bewegungstherapeuten**.

■■ Arzt bzw. Psychiater

Ihm obliegt neben den Körperschäden die Frage, ob die Therapie medikamentös zu stützen sei. Nach Möglichkeit ist darauf zu verzichten, weil dies die Hoffnung auf Hilfe von außen und damit die Abhängigkeitshaltung fördert. (s. Kapitel 18)

■■ Psychologe

Er wird für die Verhaltensanalyse zuständig sein, d. h. für das Sammeln sämtlicher Bedingungen, die für das Symptom (z. B. Trinken) förderlich und hinderlich sind, wenn die Grundhaltung durch verhaltenstherapeutische Techniken ergänzt werden soll. Zur Verhaltenstherapie s. Kapitel 19. Der Psychologe wird darauf achten, dass die gewählte Technik sich nicht von der Grundhaltung als »bloße Technik« verselbstständigt.

E Epidemiologie und Prävention

Der Ärger, den Abhängige auslösen, liegt auch daran, dass zumindest das Wachstum des Abhängigkeitsproblems unnötig wäre, wenn verschiedene gesellschaftliche Bedingungen anders wären. Wer mit Abhängigen zu tun hat, sollte daher auch an solchen Änderungen präventiv mitarbeiten, damit er sein therapeutisches Tun nicht für sinnlos halten muss. Die Daten dazu liefert die Epidemiologie.

■ Verbreitung

Je höher der Pro-Kopf-Verbrauch eines Suchtmittels in einer Gesellschaft, desto höher die Zahl der Abhängigen. Also finden wir:

- **A-Abhängigkeit:** Anstieg des Pro-Kopf-Verbrauchs an reinem Alkohol in der BRD von 3,2 l 1950 auf über 10,5 l 1999. Anstieg der alkoholbedingten Aufnahmen in psychiatrischen Kliniken auf 40 Prozent der Gesamtaufnahmen. Zahl der A-Abhängigen (18–69 Jahre) 1999 1,6 Mill. Mit den Familien leiden vier Millionen Menschen am A-Problem. Als gefährdet gelten 7 Prozent der Bevölkerung. In den USA sind 7 Prozent der A-konsumierenden Menschen abhängig.

  Tendenz: Weiterer Anstieg, Ausdehnung auf Frauen und Jugendliche, Kombination vor allem mit (ärztlich verschriebenen) Tranquilizern und »Schlafmitteln«.
- **M-Abhängigkeit:** 6–8 Prozent aller verordneten Medikamente besitzen ein Missbrauchs- bzw. Abhängigkeitspotenzial. 1999 wurden 1,58 Mrd. Arzneimittelpackungen mit einem Gesamtumsatz von 26,5 Mrd. EUR verkauft. 36 Prozent wurden ohne Rezept verkauft (4,1 Mrd. EUR Umsatz). Medikamentenabhängig sind 1,5 Millionen Menschen, davon sind 1,2 Mill. benzodiazepinabhängig. Die Verschreibung von Benzodiazepinen geht leicht zurück, dafür werden mehr Mittel aus der Gruppe der »neuen Antidepressiva« (SSRI siehe Kapitel 17) verordnet, deren Abhängigkeitspotenzial bei Langzeitgebrauch noch nicht eingeschätzt werden kann.

  Tendenz: Weiterer Anstieg, besonders bei Frauen (Männer : Frauen = 1 : 2) und Jugendlichen.
- **R-Abhängigkeit:** 1997 waren 250.000–300.000 Menschen Konsumenten harter Drogen (Heroin, andere Opiate, Amphetamine, Kokain und Ektasy), davon waren 100.000–150.000 Dauerkonsumenten.

  Tendenz: Beginn in jüngerem Alter, Verschiebung in untere Sozialschichten, von der Stadt aufs Land. Statt Subkulturbildung bleiben die Abhängigen mehr in ihrer Familie. Anpassung an die bürgerlich etablierten Suchtmuster. Das gilt für Angleichung der Heroin-Abhängigen an das »klassische« Muster der Morphium-Abhängigkeit ebenso wie für die Tendenz, mit Medikamenten und/oder Alkohol zu kombinieren oder umzusteigen.

Bedingungen

- **Genetik:** Ein angeborenes Enzymmuster soll den Alkoholabbau und damit die Abhängigkeit begünstigen. In Familien Abhängiger hat man vermehrt Abhängige bzw. Persönlichkeitsstörungen gefunden. Dies lässt sich nicht von der »sozialen Vererbung« von Gewohnheiten, eben auch »Abhängigkeitshaltungen« trennen.
- **Persönlichkeit:** z. B. abhängig-depressive, oral fixierte oder frustrierte, frühkindlich regredierende, ich-schwache, passive, narzisstisch-verletzbare, verzichtunfähige, unersättliche, sich mit der Geschlechtsrolle nicht wohlfühlende, sexuell ängstlich-gehemmte und daher prägenital orientierte Persönlichkeiten. Da man aber die Menschen meist erst untersucht, nachdem sie abhängig sind, sind solche Schimpfwortarsenale eher nicht Ursache, sondern Wirkung der Abhängigkeit und deren Bewertung.

- **Erziehung:** Überzufällig unvollständige oder gestörte Herkunftsfamilien (»broken home«). Eine verwöhnende Mutter und ein abhängig-schwacher, brutaler oder abwesender Vater sind meist sekundäre Interpretationen.
- **Soziale Lage:** Sozialschichten zunehmend gleich, Ab- und Aufsteiger mehr gefährdet. Berufe können durch ihre Tätigkeit, Griffnähe oder »weil es dazugehört« suchtgefährdet sein, z. B. Künstler, Intellektuelle, medizinische Berufe, Beschäftigte am Bau, in Druckereien, Medien, Brauereien oder im Gaststättengewerbe, Nacht- und Schichtarbeiter.
- **Soziale Wertung:** In Gesellschaften, die Alkohol verbieten (islamische Kulturen) oder die mäßiges Trinken erlauben, jedoch Betrunkenheit ablehnen (Italien), werden eher nur Menschen abhängig, die individuell geschädigt sind. Die Zusammenhänge zwischen Toleranz gegen Betrunkenheit (Frankreich) und Abhängigkeit sollten genauer untersucht werden.
  Auch in Deutschland wird Betrunkenheit oft eher augenzwinkernd entschuldigt (z. B. Betriebs- oder Familienfeiern): das soziale Leben ist von alkoholkonsumfördernden Wertungen durchzogen, wie »Männlichkeit« oder »Gemütlichkeit«.

ÜBUNG Finden Sie zehn ähnliche, alltagswirksame Wertungen. Nach dieser Übung werden Sie mehr Respekt vor der Anstrengung eines Patienten haben, dem Sie lässig Abstinenz verordnen. Wie ist das bei M-Wertung?

Krisen jeder Art können Abhängigkeitskarrieren ausklinken: schwere Körperkrankheiten und Schmerzzustände, Entwicklung- und Reifungskrisen, Identitäts- und Wertkrisen, Vereinsamung, Über- oder Unterforderung (z. B. Hausfrauen), Konkurrenz und Rivalität, Rollen- und Statuskrisen, Arbeitslosigkeit sowie sonstige ökonomische Notlagen – individuelle wie kollektive Konjunkturkrisen.

Bedeutung

Der Umgang mit Rauschmitteln zur Selbsthilfe gehört zum Wesen des Menschen. Aber warum sind daraus seit ca. 1830 Massenverelendungsmittel (Massenvernichtungsmittel!) geworden? Warum leisten sich gerade die entwickelteren Gesellschaften Milliarden Folgekosten des Suchtmittelgebrauchs, Erhöhung der Sterblichkeit und auch der Suizidrate, Zerstörung der Familien, Beteiligung des Alkohols an Kriminalität (bei 50 Prozent der Straftaten) und am Verkehrsterror (bei 25 Prozent der tödlichen Unfälle), körperliche und geistige Schädigung von Neugeborenen, Dauerimprägnierung der Jugend und die längst in uns allen ausgeprägte Abhängigkeitshaltung, mit der »normalen« Tendenz, Schmerzen, Probleme und Konflikte zu maskieren und zu vermeiden, als ob sie nicht zum menschlichen Dasein gehörten? Natürlich hat es Abhängige immer schon gegeben, aber die Massenhaftigkeit gibt es erst seither. Daher hilft uns die Aufzählung einzelner Bedingungen wenig.
Ein historischer Hinweis: Als Mitte des 19. Jahrhunderts die ersten »modernen« ökonomi-

schen Konjunkturkrisen (Überproduktionskrisen) das sich industrialisierende Europa erfassten, kamen Großgrundbesitzer auf die geniale Idee, ihr überschüssiges Getreide, auf dem sie sitzen blieben, vermehrt zu Schnaps zu verarbeiten. Damit kamen sie über die Absatzkrise hinweg, etablierten einen neuen Markt, indem sie systematisch größere »Griffnähe« herstellten, »trösteten« die verelendeten, arbeitslosen Massen und trugen durch deren Betäubung und Ablenkung von ihren wirklichen Schmerzen und Problemen und durch Weckung von künstlichen Bedürfnissen zur »Ruhe im Lande« und zur Anpassung geradezu körperlich-durchgreifend bei. Dies Prinzip gilt bis heute in allen an Industrialisierung und Wachstum orientierten Volkswirtschaften. Nur dass inzwischen die wirksameren Werbemethoden der Getränkeindustrie ihr Angebot »demokratisiert« haben: sie stellen freie und gleiche, d. h. absolute Griffnähe her – erfassen alle Sozialschichten und dehnen sich aus auf Frauen und Jugendliche, von den ökonomischen (Armut) auf die psychosozialen Probleme (Wohlstand, Sinnleere). Die mitgelieferte Betäubung und Vermeidung der wirklichen (seelischen, ökonomischen und politischen) Probleme garantiert zugleich die stillschweigende Billigung des jeweiligen Staates, der zudem über die Besteuerung daran verdient. In der BRD brachte 1976 Alkohol 2,5 Mrd. EUR Steuern, Tabak 4,6 Mrd. EUR. – Wer gegenwärtig Wirtschaftswachstum will, sagt »ja« zur Energiegewinnung um jeden Preis, zur Wegrationalisierung von Arbeitsplätzen, zu hoher Arbeitslosigkeit und zum weiteren Anstieg der Abhängigkeit und Frühinvalidität.

Nicht anders der M-Missbrauch: Als Hufeland 1836 den Begriff »Opiumsucht« prägte, meinte er noch einzelne Kranke. Sonst hätte Karl Marx nicht kurz darauf Religion »Opium für das *Volk*« nennen können. Aber die Pharma-Industrie vergaß das Volk nicht, tröstete es wirksamer als Marx: Vom Systemzwang ständigen Wachstums getrieben, produzierte sie nicht nur für den medizinischen, sondern auch für den Volksgebrauch. 1912 fanden immerhin schon 60 Staaten gesetzliche Maßnahmen erforderlich. Die Pharma-Industrie des 20. Jahrhunderts arbeitet wirksamer und expansiver: Da »Konsum« selbst heute ein wichtiger Wirtschaftsfaktor ist und immer mehr Daseinsbereiche in Konsumbereiche entfremdet werden, wurde auch »Medikamente-Nehmen« und »Selbstbehandlung« als Konsum deklariert und durch Werbung propagiert. Daher die wahnwitzige Überproduktion der meisten abhängig machenden Mittel über den medizinisch begründeten Bedarf hinaus. Der Verbrauch ließ sich über die Selbstbehandlung hinaus (Apotheken als Selbstbedienungsläden) dadurch steigern, dass über die Pharma-Vertreter die Ärzteschaft sich in einen Apparat zur Befriedigung künstlich geweckter Maskierungs- und Vermeidungsbedürfnisse umfunktionieren ließ. Dies war kein Problem, da zumindest auch die freie Ärzteschaft vom Marktgesetz des Wachstums abhängig ist. Schließlich macht die Angst der Verwaltung vor der freien Wirtschaft es möglich, dass die Pharma-Industrie – ebenso flexibel wie die Abhängigen – auf immer neue chemische Substanzen umsteigt und dadurch der Verwaltung immer um mehrere Nasenlängen voraus ist.

Der R-Missbrauch hat eine z. T. andere gesellschaftliche Bedeutung. Immerhin gibt es in der

Geschichte kaum eine vergleichbare Jugend-Bewegung. Ausgehend von der politischen Studentenbewegung von 1967/68 war die R-Bewegung teils ein persönliches Ernstnehmen der politischen Idee der »totalen Verweigerung« und der »neuen Sensibilität«, teils ein entpolitisierender Anpassungsvorgang. Anders als beim A- und M-Konsum reagierten Staat und Wirtschaft hier einheitlich. Verständlich; denn für die Wirtschaft ist der schwarze Markt des R-Konsums ein schädlicher unlauterer Wettbewerb, und für den Staat ist eine sich verweigernde Jugend gefährlicher, weil unangreifbarer, als eine Jugend, die wenigstens so viel Interesse an der öffentlichen Ordnung hat, dass sie sie politisch bekämpft. Deshalb war in kurzer Zeit Aufmerksamkeit und Geld da, was nichts dagegen vermocht hat, dass der R-Konsum ein von Ideen abgekoppelter, eigengesetzlicher globaler und ziemlich unangreifbarer Markt geworden ist.

Zum Schluss eine ernste Frage: Sind wir Autoren nicht selbst auf die Unabhängigkeits-Sucht hereingefallen, wenn wir Sucht = Abhängigkeit setzen und Letztere dadurch negativ sehen? Süchtige – und wir alle? – wollen ja gerade die schnelle Freiheit von sozialen Bindungen/Abhängigkeiten, vom Für-andere-Dasein – Vogt (1990): »Erst die in Abhängigkeit von anderen erworbene Autonomie macht frei und unabhängig.« Also besser wieder nur noch von Sucht sprechen?

Prävention

Auch sie ist im Rahmen dieser gesellschaftlichen Bedeutung zu sehen. Jede Prävention hat von den wenigen harten Tatsachen auszugehen: Eine Gesellschaft hat weniger massenhaftes Abhängigkeitselend, erstens je geringer der Pro-Kopf-Verbrauch der jeweiligen Droge und je eindeutiger die Gelegenheiten des Drogenkonsums definiert sind, zweitens je toleranter sie gegenüber passiven, weichen Rückzugsbedürfnissen sowie systemübersteigenden (absoluten) Bedürfnissen ist, weil dadurch die Individuen diese Bedürfnisse substanzfrei leben können, und drittens je eindeutiger Produktion und Handel kontrolliert werden.

Daraus ergeben sich zahlreiche **Einzelmaßnahmen**:

- Einstellung der Überproduktion der Getränke- und Pharma-Industrie sowie Kontrolle der Werbungs- und Handelsmethoden. Zahllose Medikamente sind medizinisch überflüssig. Ausdehnung der gesellschaftlichen Bereiche, in denen Drogen (Alkohol, Nikotin) nicht konsumiert werden (Betriebe). Abbau der Griffnähe. Herstellung untoxischer Präparate für die Selbstbehandlung. Herstellung kleiner Packungen.
- Strafrechtliehe Haltung nur gegenüber Verstößen bei Produktion, Werbung und Handel, nicht gegenüber Konsumenten.
- Aufklärung erhöht die Gefahr eher, solange sie mit Angst arbeitet. Krankenhäuser und freie Ärzte haben sich – in Selbstaufklärung – auf einen kleinen Kanon benutzter Medikamente zu einigen. Es senkt z. B. die Suchtgefahr erwiesenermaßen, wenn man Schmerzmittel über längere Zeit nur mit Zusatz eines Neuroleptikums gibt.

- Engagement für gesellschaftliche Ziele, für »natürliche« Bedürfnisse: z. B. wachstumskritisches Engagement gegen selbstzerstörerische und toxische Gefahren, also Umweltschutz im weitesten Sinne, Umverteilung der noch vorhandenen Arbeit, Umwandlung der »Freizeit« in freie und soziale Arbeitszeit (Bürgergesellschaft, Kommunitarismus). Dies macht Abhängigkeit von allen Ersatzbefriedigungen überflüssig, gerade weil sie nicht mehr bekämpft werden müssen.

Literatur

BATESON, Gregory (1983): Die Kybernetik des »Selbst«: eine Theorie des Alkoholismus. In: Ökologie des Geistes. Frankfurt/M., Suhrkamp, 7. Aufl. 1999

BATTEGAY, RAYMEND (1981): Sucht und Depression. In: Sucht und Psyche. Freiburg, Lambertus

BÜHRINGER, Gerhard u. a. (1995): Methadon Standards. Stuttgart

Deutsche Hauptstelle gegen die Suchtgefahren, Internetadresse: www.dhs.de

FALLADA, Hans (1950): Der Trinker. Reinbek, Rowohlt

FEUERLEIN, Wilhelm u. a. (1984): Alkoholismus. Stuttgart, Thieme, 5. überarb. + erw. Aufl. 1998

GÖLZ, Jörg (Hg.) (1998): Moderne Suchtmedizin. Stuttgart

HERHAUS, Ernst (1977): Kapitulation. München, Hanser

Jahrbuch Sucht 2001, Hg. Deutsche Hauptstelle gegen Suchtgefahren, Neuland Verlagsgesellschaft, Geesthacht

JELLINEK, Elvin Morton (1972): The disease concept of alcoholism. New Haven (Conn.): College and University Press in association with New Brunswick (N. J); Hillhouse Press, on behalf of the Christopher D Smithers Foundation

KÖRKEL, Joachim; KRUSE, Gunther (2000): Mit dem Rückfall leben. Bonn, Psychiatrie-Verlag

KRUSE, Gunther; KÖRKEL, Joachim; SCHMALZ, Ulla (2000): Alkoholabhängigkeit erkennen und behandeln. Bonn, Psychiatrie-Verlag

NEUMANN, Christina (1998): Ertrunkene Liebe, Geschichte einer Co-Abhängigkeit. Bonn, Psychiatrie-Verlag

POSER, Wolfgang u. a. (1996): Medikamente – Missbrauch und Abhängigkeit. Stuttgart

THOMASIUS, Rainer u. a. (1997): MDMA (Ecstasy)-Konsum. In: *Fortschr. Neurol. Psychiat.* 65: 49–61

VOGT, J. (1990): Abhängigkeit und Sucht: Anmerkungen zum Menschenbild in Suchttheorien. Drogalkohol 14: 140–148

WEINBRENNER, H. (1983): Wie kann ich Abhängigkeit akzeptieren und nutzen? In: DÖRNER, Klaus (Hg.): »Die Unheilbaren«. Bonn, Psychiatrie-Verlag

9 Der sich und Andere bemühende Mensch – neurotisches Handeln, Persönlichkeitsstörungen und Psychosomatik

A Die Aufgabe, die Landschaft, das Problem

Das Leben ist Mühe.

Es ist unausbleiblich, dass sich die Bezugssysteme von Menschen ändern.

Durch die eigene Entwicklung: durch Krankheiten, Gesundheiten, Unfälle, Verluste, Gewinne, Bindungen, Abenteuer, Geburten, Tode, Schwankungen der Vitalität, Ermüdungen, Kraftverlust oder Kraftgewinn, Altern.

Durch Veränderung der Umwelt: Umzüge, Partnerwechsel, Arbeitsplatzverlust, Kollegen oder Chefwechsel, durch das Heranwachsen der Kinder, durch die Veränderungen, die der Partner erfährt (Emanzipation, Krise des mittleren Lebensalters).

Durch Veränderungen des weiteren Ökosystems: Aufrüstung, Arbeitslosigkeit, Ausbeutung der Natur, Veränderungen der gesellschaftlichen Struktur.

Dies sind nur Anhaltspunkte. Es gilt, dass die Gestaltung eines erwachsenen Lebens vielen Gefahren, Rückschlägen, Risiken, Umwegen, Stillständen, Krisen, Neuanfängen ausgesetzt ist. Den ständigen Änderungen entspricht die mehr oder weniger große Offenheit unserer Zuwendungsanlage (Anpassungsfähigkeit). Sie ist allerdings nicht beliebig und unterliegt Schwankungen. Zur Anpassung gehört die Fähigkeit, sich binden und sich lösen zu können. Somit wird das Leben Mühe. Es läuft nicht, ist nicht glatt, ist nicht eine Frage des Willens und der Selbstbestimmung allein, ist nicht ein Problem der Kosmetik. Die Norm, es sei so, schafft mehr Leid als weniger. Es besteht die Gefahr, das Erleben der Sinne, das Leben der Gefühle, der Stimmungen zu vernachlässigen, nicht ernst zu nehmen. Es besteht die Gefahr, dass bei der Suche nach Lösungen leichter der technische, d.h. auch der medikamentöse, Weg beschritten wird, der Trennung, der Ausgrenzung. Damit stehen wir in der Gefahr, nicht mehr zu sehen, dass im inneren Leben Leid auch eine aufrufende Kraft sein kann und dass unsere Antwort auf diese Kraft auch die Maßstäbe für Leben mitbestimmt. Wir stehen in Gefahr, die Mühe zu leugnen, gerade damit tragen wir zur Mühe bei. Zum Gelingen des menschlichen Lebens gehört das Finden eines Lebenssinnes. Die bloße Erhaltung des Lebens kann immer nur Voraussetzung, aber nicht Sinn des Lebens sein. Dabei ist auch die Frage nach dem Sinn, den jeder dem Leben gibt, der Krise, der Wandlung, der Möglichkeit und manchmal auch der Notwendigkeit der Änderung ausgesetzt. Damit sind jeder Einzelne und die Gruppen immer neu vor die Aufgabe gestellt, die Veränderungen sozialer Beziehungen zu gestalten. Das Wägen zwischen Bewahren und Wandel ist eine ständige Aufgabe. Es kommt darauf an, die Synthese von relativ konstanten Naturgegebenheiten und jeweiliger historischer Situation zu suchen. Dieser letzte Satz ist bewusst offen formuliert. Politisch kommt es darauf an, das demokratische Gesellschaftsbild für alle lebensfähig zu machen und das Ziel sozialer Gerechtigkeit nicht aufzugeben. Die Bewegung daraufhin verursacht – wie jede Bewegung, jede Veränderung im sozialen System – *Angst*. Wenn man sich der Angst stellt, bekommt man vorübergehend noch mehr Angst, greift nach dem vertrauten Zuwendungs-, Anpassungs- und Abwehrsystem, um ihr zu entgehen. Die Notwendigkeit der Bewegung meldet sich wieder, es entsteht wieder Angst: Im Individuellen wie im Kollektiven, im Kleinen wie im Großen wird so die Lösung zum Problem. Um uns zu befreien, müssen wir Angst nutzen lernen.

Psychoanalytisches Denken, angeregt durch Freud, Adler und Jung, *hilft*, eine erklärende Theorie für die Entstehung und Entwicklung neurotischen Handelns zu beschreiben. Der Fortschritt und die nach wie vor bestehende Provokation für die Psychiatrie liegt darin, dass nicht das Neurotische, das Pathologische fein säuberlich vom Gesunden getrennt wird, sondern es wird für jeden Einzelfall überlegt, warum dieser Mensch nicht mit einer Anforderung fertig wird, mit der fertig zu werden »normal« ist, und warum er so leidet. Egal, ob Freud über die Entwicklung der Libido nachgedacht hat, Adler über Minderwertigkeitskomplexe oder ob über narzisstische Kränkungen gesprochen wird: immer wird eine Aussage über jeden Einzelnen von uns gemacht. Denn bei jedem von uns entwickelt sich die Libido, jeder von uns erleidet narzisstische Kränkungen, jeder von uns fühlt sich dann und wann minderwertig. Wichtig für die Bewertung dieser Theorien ist, dass sie die Natur des Menschen, die Triebe, und ihre mühsame, konflikthafte – und damit oft scheiternde – Ausformung im gesellschaftlichen Leben zu fassen versuchen. Ausgangspunkt dieses Menschenbildes ist immer der einzelne Mensch und seine Auseinandersetzung mit der (sozialen) Realität. Das bleibt auch so, wenn die Familie berücksichtigt wird. Es wird keine Aussage über die Gesellschaft gemacht. Schon der Blick auf die Gestaltung der Sexualität, auf die Möglichkeit, wirklich frei mit ihr umzugehen, zeigt die gesellschaftliche Abhängigkeit, auch die Abhängigkeit von der Arbeitsweise der Menschen. Gesund ist, so Freud, wer lieben und arbeiten kann.

Soll die Psychiatrie auch die soziale Gerechtigkeit und den sozialen Ausgleich im Auge haben, muss sie nach den Konflikten suchen, die durch Ungerechtigkeit, soziale und ökonomische Ungleichheit bedingt sind. Gerade wenn die psychiatrischen Institutionen sich wandeln, wenn ihre Verankerung in der Lebenswelt von Menschen ist, so ist nicht mehr nur die Bemühung des Einzelnen zu beschreiben, sondern auch und vor allem die Bemühung sozialer Gruppen. Es ist zu gucken, wie in Gemeinden gelebt wird, mit welchen Traditionen und welcher Geschichte, mit welchen sozialen Konflikten, mit welcher ökonomischen Basis, mit welchem Ein- oder Ausgrenzungspotenzial, mit welchen Gesellungsmöglichkeiten, mit welchen Bildern von gesund und krank und mit welchem Potenzial, schwer neurotisch Kranke hervorzubringen oder zu integrieren. Die Betrachtung des normalen und konflikthaften Umgangs mit der Arbeitskraft als einen wesentlichen Teil der Lebensenergie wird sachlich erforderlich. Ein zweiter Bereich ist der des Umgangs (und damit ist nicht die hemmungslose Überschwemmung gemeint) mit Information und Bildung.

Der Mensch lebt schon in einer Verfehlung, wenn er sich nur damit beschäftigt, aktuelle Bedürfnisspannung zu beseitigen. Er entwickelt sich hinein in einen sozialen Verband und in eine gesellschaftliche Wirklichkeit, die durch Arbeit entstanden ist und aufrechterhalten wird. Die Teilnahme an der gesellschaftlichen Realitätskontrolle kann nur durch Arbeit geschehen. Dieser Prozess dauert an, solange der Mensch lebt. Dadurch, dass der Mensch an dem, was in der Gesellschaft entsteht, teilnimmt und Einfluss darauf hat, entsteht ein Gefühl der Sicherheit. Hierzu gehört jedoch, dass er bei der Art, an Information teilzunehmen, gerüstet ist, für ihn bedeutsame Information wirklich zu erhalten.

Vieles, was neurotisch genannt wird, ist der Versuch, inadäquat, einseitig Lebensprobleme zu bewältigen. Man klammert sich an alte Lösungen, bemüht sich und andere auf immer die gleiche vergebliche Weise.

Einige Gesichtspunkte sollen noch verschärft werden, um den Bezug zu dem anthropologisch gemeinten »bemühend« im Titel deutlicher zu machen. Von einem bestimmten Alter, spätestens vom 25. Lebensjahr, an ist es in der Biografie der Menschen die Hauptaufgabe, die wesentliche Erwartung, gleichwertige Beziehungen auf derselben Ebene herstellen und halten zu können. Auch in Bezug zur Arbeit wird eine solche Beziehungsfähigkeit erwartet. Diese Beziehungen sollen gleichberechtigt, ausgewogen, autonom, d.h. verantwortet sein. Grenzen und Verschmelzung, Trennung und Bindung, Anpassung und Empörung – um nur einige Aspekte zu nennen – sollen gekonnt werden. Dies ist zwar die Aufgabe des erwachsenen Lebensalters, jedoch ist sie unmöglich zu erfüllen. Deshalb kommt es immer wieder neurotisch-beziehungskränkend dazu, dass (undemokratische) Abhängigkeit als Problemlösung gesucht wird. Gleichzeitig wird am Partner-Ideal oder auch am Autonomie-Ideal festgehalten. Ich bemühe mich, strenge mich an, Schwäche leugnend, angstvoll bekämpfend, vor den anderen und mir verbergend, dass ich im Moment oder für längere Zeit die Lebensaufgabe nicht erfüllen kann. Die Bemühung kostet unendlich viel Kraft, meine und die der Anderen. Ich will nicht aufgeben, nicht verlieren, was ich schon erreicht hatte, also kann ich nur klammern, festhalten, trotzen, mich unterwerfen, gehorchen, folgen, passiv werden, kratzen und beißen, krank werden.

Die Krisen tauchen immer auf, in jedem Leben. Für manche führt das ständige und unaufhörliche Bemühen oder das Bemüht-Werden (oder: wenn ich mich bemühen lasse, bemühe ich dann nicht auch gleichzeitig?) in eine Sackgasse, an deren Ende die Auflösung des Konfliktes nur mittels Anderer möglich ist. Für Professionelle ist wichtig, dass sie nicht sofort das Bemühen-Spiel mitspielen. Denn es ist nahe liegend, dass der Professionelle sich bemüht (Helfer-Syndrom). Er muss Distanz halten können, die Art des Bemühens des Anderen sehen lernen können, nicht sofort was tun wollen, sondern dem Anderen die Zeit lassen, seine Ziele, seine Möglichkeiten und seine Wege wiederzufinden. Der psychiatrisch Tätige muss auch die anderen Bemühten oder Bemühenden berücksichtigen. Auch die Berücksichtigung derzeit geltender Normen und Werte ist wichtig. Zum Beispiel liegt zurzeit der Ausweg der Scheidung, des Arbeitsplatzwechsels besonders nahe, auch das Ausweichen auf Alkohol und Tabletten als vermeintliche Problemlösungen. Die Fragen und Probleme, die sich aus dem wandelnden Geschlechterverhältnis ergeben, gehören zu diesen Überlegungen.

Es lohnt sich, die sprachliche Vielfalt des Wortes »gegen« zu berücksichtigen, das auch die Bedeutung »neben« zum Ursprung hat. Bisher ist unausgesprochen, dass die Partner immer auch Gegner sind. Wo Subjekte, Individuen sich gemeinsam entwickeln wollen, ist immer zu bedenken, dass der jeweils Andere auch Freund bleibt, dass man, indem man sich begegnet, Gegner wird. Das kann gesehen werden als notwendige Gegnerschaft wie bei einem Tennisspiel. Das kann gesehen werden als Hindernis: wo du mich hinderst, bist du mein Gegner. Das kann gesehen werden als Feindschaft: indem sich herausstellt, dass du mein Gegner bist, erkläre ich dich zu meinem Feind.

Wenn man Menschen fragt, was ihnen in einer bestimmten beziehungskränkenden Krise geholfen hat, so antworten sie oft: dass wir uns auseinander gesetzt haben. Auch hierin liegt eine Doppeldeutigkeit. Das Auseinandersetzen schafft die Distanz, die man braucht, um sich gegenseitig vollständiger zu sehen, um zu staunen, wer der Andere ist, wer der Andere für einen ist, wer man selbst ist und wer man selbst für den Anderen ist. So kann man sich mit sich, der Ehe, der Elternrolle, im Verein, in der Partei, am Arbeitsplatz auseinander setzen. Nicht um zuzuschlagen, sondern um aus der gewonnenen Distanz erneut, anders, Nähe zu versuchen. Man kann lernen, versachlichend und damit beziehungsentlastend mit Beziehungsstrukturen umzugehen. Auf diese Weise kann es gelingen, das Bemühen zu verringern, denn das ewige Bemühen gestattet einem und den anderen nicht die Versachlichung, die damit verbundene Entlastung und die dann erst mögliche Sinngebung. So kann man sich der Unmöglichkeit, Zweier-Partner-Gegner-Beziehungen auf derselben Ebene zu halten, erst stellen. So kann man in erwachsene Abhängigkeiten übergehen und sich dazu bekennen.

All dies ist angstfreier gesagt als gelebt. Darüber müssen wir uns immer wieder klar werden, wenn jemand beginnt, sich auseinander zu setzen. Die Angst, die dabei auftritt, kann genutzt werden: als Signal, dass man auf dem richtigen Weg ist, dass man lernt, Gefahren zu erkennen, dass man lernt, sein Tempo zu bestimmen. Angstabwehr bietet zwar Schutz, führt aber auch zu Panzerung, zur Starre, macht gerade das, was man lernen könnte, unmöglich.

B Auffälligkeiten (psychopathologisches Wahrnehmen)

BEISPIEL Zum Aufnahmegespräch kommt Herr F., 29 Jahre alt, Angestellter, seit einem halben Jahr verlobt. Er lebt bei der Mutter, die sehr herzkrank ist, und leidet unter massiven Schlafstörungen. Er war in den letzten Tagen zu Hause, machte sich dort noch mehr kaputt, konnte nichts tun, grübelte sich fest, machte sich auch Vorwürfe, dass er die Mutter so belaste. Zuspitzung am Tag zuvor, als er so sehr weinen musste, dass der Notarzt geholt werden musste, der Valium spritzte und den Einweisungsschein ausschrieb. Herr F. ist eingefallen, nach vornübergebeugt, »er lässt den Kopf hängen«, hat tiefe Ringe unter den Augen, die Hände zittern, er spricht ganz leise (in dem folgenden Gesprächsbeispiel spricht Herr F. mit zwei Therapeuten).

F: Ich leide an Schlafstörungen.

Th 1: Das steht ganz im Vordergrund für Sie.

F: Jetzt kann ich gar nicht mehr schlafen, Sie müssen mir doch helfen, es muss doch auch alles mal untersucht werden, ob es in Ordnung ist.

Th 1: Sie suchen nach den Zusammenhängen. Womit hängt das zusammen, dass ich nicht schlafen kann?

F: Ja, es muss doch etwas im Kopf sein, im Schlafzentrum.

Th 1: Andere Zusammenhänge mit Ihren Lebensbedingungen können Sie nicht sehen?

F: Nein, alles ist in Ordnung.

Th 1: Was sagen denn die anderen zu Ihren Schlafstörungen?

F: Die sind natürlich furchtbar bekümmert. Meine Mutter macht sich große Sorgen. Sie spricht abends immer ganz lange mit mir, damit ich mich nicht so quäle, dabei ist sie doch selbst ganz krank, sie hat es mit dem Herzen.

Th 1: Sie sind gleichzeitig dankbar und schuldbewusst?

F: Ich wüsste nicht, was ich ohne sie machen soll.

Th 1: Sie fühlen sich ganz stark gebunden?

F: Ja, meine Mutter und meine Verlobte, das sind die wichtigsten Personen in meinem Leben. Meine Mutter 50 Prozent und meine Verlobte 50 Prozent.

Th 2: Und wo sind Sie?

F: *Guckt erstaunt und versteht die Frage nicht.*

Th 1: Das verblüfft Sie richtig, dass wir nach Ihnen fragen, wenn Sie sagen, dass Ihre Verlobte und Ihre Mutter je 50 Prozent in Ihrem Leben ausmachen.

Th 2: Da ist noch etwas. Ich fragte mich gerade, ob nicht manchmal eine von denen versucht, die Überhand zu gewinnen?

F: Nein, die verstehen mich sehr gut. Sonntags gehen wir auch zu dritt aus, meine Verlobte kann mich sehr gut verstehen. Meine Mutter möchte auch gern, dass ich heirate.

Th 1: Wann wollen Sie heiraten?

F: Eigentlich wollten wir schon diesen Monat heiraten, aber diese verfluchte Krankheit. Jetzt haben wir es verschoben, erst mal um ein halbes Jahr.

Th 2: Waren Sie und Ihre Verlobte traurig?

F: Meine Verlobte hat viel Verständnis für mich. Ich kann ja auch nichts dafür. Warum fragen Sie mich das alles, das ist ganz in Ordnung. Ich muss wieder schlafen, verstehen Sie das nicht?

Th 1: Es fällt Ihnen leichter, von Ihren Schlafstörungen zu sprechen, und Sie fühlen sich nicht angenommen, wenn wir nach Ihren Beziehungen fragen. Das macht Sie ungeduldig.

F: Nein, Sie wissen sicher, was Sie tun müssen.

Th 1: Vielleicht ist es besser für unsere Beziehung, wenn Sie uns noch von den Schlafstörungen erzählen.

F: Ich leide nämlich schon lange darunter, seit meinem 17. Lebensjahr, aber es war nie so schlimm wie jetzt. Damals bin ich schon mit meiner Omi zum Arzt gegangen, das war ganz kurz vor ihrem Tod, als die Lehre anfing. Ich habe damals Valium bekommen, das hat eine Weile auch geholfen, dann brauchte ich andere Schlafmittel, und jetzt hilft einfach gar nichts mehr. Sie müssen mir doch helfen können.

Th 1: Sie haben während der ganzen Zeit nicht das Schlafen ohne Mittel kennen gelernt?

F: Praktisch nicht, nein. Manchmal habe ich auf Rat des Arztes versucht, ohne Mittel auszukommen, aber dann ging es gleich wieder schlechter, und dann brauchte ich wieder was.

Th 1: Haben sie je etwas anderes versucht als Medikamente, ich meine irgendwie auf natürliche Weise müde zu werden. Wie ist es im Urlaub?

F: Im Urlaub, wenn ich von zu Hause weg bin, ist es noch schlimmer. Wenn ich dann den ganzen Tag an der frischen Luft war und immer noch nicht schlafen kann, das ist furchtbar.

Th 1: Sie haben sich doch sicher schon oft gefragt, was das ist, was Sie vom Schlafen abhält. Zu welchen Antworten sind Sie gekommen?

F: Wenn ich das nur wüsste. Ich glaube, in meinem Gehirn ist etwas nicht in Ordnung, sodass man es mit Medikamenten kontrollieren muss.

Th 1: Damals als die Schlafstörungen das erste Mal auftraten, gab es da einen Grund?

F: Nein, eigentlich nicht. Vielleicht war ich ein bisschen überfordert mit der Lehre. Schwaches Nervenkostüm *lacht*.

Th 2: So ganz ernst mögen Sie das nicht nehmen.

F: Doch, doch, das wird's schon sein. Wenigstens hat der Arzt das damals gesagt. Das passt ja auch, dass irgendetwas in meinem Gehirn eben schwächer ist.

Th 1: Mir ist noch im Gedächtnis, dass Ihre Großmutter damals eine große Rolle für Sie gespielt hat.

F: Sie war alles für mich. Ich bin quasi bei ihr groß geworden. Sie hat immer für mich gesorgt. Als sie starb, brach für mich eine Welt zusammen.

Th 1: Sie fühlten sich furchtbar verlassen.

F: Ja, genau. Sie war immer für mich da gewesen. Es gab gar nichts anderes. Das war, als wenn man in die Kälte geht.

Th 1: Sie dachten plötzlich: Ich muss erfrieren!

F: Ja, genau. Erst allmählich ist das Gefühl wieder verschwunden, als ich merkte, dass mich meine Mutter doch verstand, da ging es mir ein bisschen besser.

Th 2: Was war vorher mit Ihrer Mutter?

F: Ach, wissen Sie, meine Eltern, ich habe meinen Vater nie gekannt, und meine Mutter musste immer arbeiten. Sie wollte mich wohl haben, aber Sie hatte nicht die Zeit für mich, sagte sie.

Th 2: Wenn Sie an Ihre Kindheit denken, das macht Sie jetzt noch bitter.

F: Ja.

Th 1: Wollen Sie selbst Kinder haben?

F: Meine Verlobte möchte eins oder zwei.

Th 1: Und Sie?

F: Ich kann darüber gar nicht nachdenken. Solange ich nicht gesund bin, kann ich keine Kinder haben.

Th 1: Sie fühlen sich da auch unter Druck gesetzt?

F: Nein, nein, meine Verlobte ist sehr geduldig.

Th 2: Das ist kein Thema für Spannungen? An was für Punkten gibt es Spannungen?

F: Es gibt keine Spannungen. Wir verstehen uns ausgezeichnet.

Th 1: Mir fällt auf, dass wir schon die ganze Zeit so ein Frage- und Antwortspiel spielen. Fast wie ein Verhör. Irgendwie habe ich den Eindruck, als setzten wir Sie erheblich unter Druck.

F: Sie müssen ja wissen, was Sie tun.

Th 1: Irgendetwas ist an uns, was Sie ärgert.

F: Ärgert, nein! Ich ärgere mich nicht. Ich möchte, dass Sie mir helfen, meine Schlafstörungen loszuwerden.

Th 1: Mir ist in dem gleichen Zusammenhang aufgefallen, dass es Sie irritiert, über Ihre Beziehungen zu sprechen. Ist es auch, dass Sie befürchten, wir können Ihnen nachweisen, dass da ...

F: Da ist nichts, Sie können mich ruhig fragen.

Es wird deutlich, dass die Gesprächspartner unterschiedliche Vermutungen haben über das, was den Patienten kränkt. Er sieht vorrangig seine Schlafstörungen und begründet sie mit einer Unsicherheit der Funktionen des Gehirns. Die Therapeuten sehen die Schlafstörung als Symptom; sie sehen die *Kränkung* in der Art, wie der Patient *Beziehungen aufnimmt*. Und zwar zu sich *selbst* und zu *Anderen*. Dabei ist die Zahl der Anderen in dem Gesprächsausschnitt beschränkt auf drei weibliche Personen seines Lebens und die beiden Gesprächspartnerinnen. Natürlich ist die Vermutung des Patienten zu prüfen, evtl. mit einem EEG. Aber selbst bei einem Hirnbefund wäre nicht auszuschließen, dass er »benutzt« wird, um die kranken Beziehungen zu verstecken, also: die Benennung eines Handelns als »neurotisch« ist nicht das Ergebnis von Ausschlüssen (da nicht hirnorganisch, muss es ja neurotisch sein): *sondern für »neurotisch« muss stets eine positive Bestimmung gefunden werden!*

■ Umgang mit Begriffen

Bei **neurotischem Handeln** ist der Mensch entweder deswegen unfrei und eingeschränkt, weil er einen dauerhaften seelischen Schmerz nicht zulassen kann, weil er die mit dem Schmerz verbundene (normale) Angst abwehren muss, sie damit aber gleichzeitig verstärkt. Oder der Mensch ist unfrei und eingeschränkt, weil ein frühkindliches seelisches Trauma (Verletzung) ihn festhält, sodass die Angst, die damit verbunden ist, nur als Signal für weitere Angstunterdrückung genommen werden kann (s. Kapitel 3). Oder ein verdrängter Konflikt erzeugt die Angst dadurch, dass seine Dynamik die Integrität des Individuums immer wieder irritiert oder beeinträchtigt (z.B. die Brust der Mutter gleichzeitig saugen und beißen oder gleichzeitig der Größte sein wollen und die eigene Kleinheit ahnen).

Psychogene Reaktionen (oder auch neurotische Reaktionen) sind im Unterschied dazu solche Störungen des Handelns, die bei akuten Belastungen (Stress) auftreten (bei Arbeitsplatzverlust, Verlust eines Partners, Versagen in Prüfungssituationen z.B.), die im Aussehen den neurotischen Störungen ähnlich sind. Der Bereich diffuser körperlicher Missempfindungen bis hin zu nachweisbaren organischen Befunden mit psychogener Beteiligung oder Verursachung wird unter dem Begriff psychosomatische Störungen zusammengefasst.

Eine strikte Trennung der Kategorien neurotisch und psychosomatisch scheint uns künstlich. Kränkungen der Beziehungen zu sich selbst oder zur Umwelt sind nicht nur eine Sache der Seele, sondern in jedem Fall auch eine des Körpers. Nur wird beim einen – der seelisch makellos sein muss – mehr der Körper sprechen, während beim anderen – der körperlich nicht krank sein kann oder darf – mehr die Seele sprechen wird. Wenn neurotisch gelegentlich nur der genannt wird, der die Kränkung seiner Beziehung nur mit der Seele ausdrücken kann, ist das eine Einengung, ein Mangel, ein Zeichen dafür, dass dem Betroffenen möglicherweise das Gesamt seiner Ausdrucksformen nicht zur Verfügung steht. Ein Therapieziel muss sein, ihm auch seinen Körper erfahrbar zu machen. Es gibt keine Unterscheidung von Körperlichem und Seelischem. Das ist Ansichtssache. Jeder Mensch löst ihm unlösbar erscheinende Situationen auf eine ihn charakterisierende Weise.

ÜBUNG die gut in Seminaren geeignet ist: da jede und jeder irgendwie neurotische oder psychosomatische Beschwerden hat, können die Seminarteilnehmer aus eigener Betroffenheit das Verstehen einleiten. Zum Beispiel schreibt eine Studentin: ich neige zur Neurodermitis. Zunächst wollte ich nur den somatischen Teil der Erkrankung sehen, zumal mir gesagt worden war, dass ich schon als kleines Kind ekzematische Haut hatte. So ging ich immer, wenn meine Haut wieder ausschlug, zum Hautarzt und holte meine Salbe. Dort fand ich eines Tages den Hinweis auf eine Selbsthilfegruppe für junge Frauen mit Neurodermitis. Es hat eine Weile gedauert, bis ich hinging. Aber ich ging hin und fand eine Gruppe von jungen Frauen, die alle an Neurodermitis litten, alle kamen aus gleicher Betroffenheit, manche hatten es noch schlimmer als ich. Im Gespräch mit den anderen habe ich mich besser beobachten gelernt, hier konnte und brauchte ich ja auch nicht so zu tun, als hätte das Seelische mit mir nichts zu tun. Da haben die anderen aus eigener Erfahrung nur geschmunzelt und haben gesagt, so haben sie auch mal angefangen. Ich habe begriffen, dass meine Neurodermitis dann besonders auftritt, wenn ich stark belastet bin oder Kummer habe und wenn ich darüber gleichzeitig wütend bin und gestreichelt werden möchte. Mir fiel ein, dass es mir früher gut getan hat, wenn meine Mutter mir ein schönes Bad gemacht und dann mit mir über meine Wut gesprochen hat. Aber wenn ich zu ihr hingegangen bin, dass war schon immer mit dem Vorwurf, dass sie wieder was ganz falsch gemacht hat. Wir waren dann mal zur Erziehungsberatung.

Da war es besser. Seit ich allein lebe und für mich selbst sorgen soll, merke ich, wie viel Widerstand ich dagegen habe und mir meine Mutter fehlt, ich die Dinge aber auch alleine schaffen will. Dann schlägt meine Haut immer aus und sagt: streichle mich, aber fass mich nicht an. Seit ich das begriffen habe, kann ich mit meiner Haut schon viel besser umgehen und ich kann mit den anderen in der Gruppe auch immer über meine Wut sprechen. Vielleicht mache ich mal eine Therapie. Wir haben auch schon überlegt, ob wir als Selbsthilfegruppe mal mit einer Therapeutin arbeiten wollen.

Welche Erfahrungen gibt es noch? Wie können wir uns von hier aus das Bemühen und die Mühe der Menschen verständlich machen? Beschreiben Sie Ihr eigenes neurotisches Expertentum.

Während bei den Begriffen neurotisch, psychosomatisch und psychogene (neurotische) Reaktion die lang hingezogene, aber auf jeden Fall erworbene Einschränkung des Handelns eine Rolle spielt, werden noch einmal davon abgesetzt solche Einschränkungen des Handelns, die mit einer gegebenen Eigenart des Individuums (abnorme Persönlichkeit, Psychopathie, Persönlichkeitsstörung) begründet werden.

Wir machen bei unserer Arbeit zwischen neurotischen und psychopathischen Menschen keine Unterschiede. Denn in jedem Falle liegt eine Störung im Umgang mit Beziehungen zu sich selbst und zu anderen vor. Psychopathische Anteile eines Menschen gelten als ererbt. Damit fallen sie nicht unter den üblichen Krankheitsbegriff, sondern werden als Normvarianten begriffen, als abweichende Äußerungsformen des eigentlichen Normalen. So wie es ganz große und ganz kleine Menschen gibt oder ganz helle und ganz dunkle, so gibt es Menschen, die z.B. ganz langsam oder ganz schnell sind oder ganz nervös, erregbar oder ganz stumpf sind. Diese Menschen haben es schwer, sich den durchschnittlichen Erwartungen zu stellen, egal woher sie kommen: Ob am Arbeitsplatz oder in der Familie, ob den eigenen Erwartungen gegenüber oder auch ihren eigenen Möglichkeiten gegenüber. Damit ist gemeint, dass jemand nicht einheitlich psychopathisch ist. Einige seiner Eigenschaften müssen so gesehen werden, dass er sich in ihnen erheblich von anderen Menschen unterscheidet, während er mit anderen Eigenschaften ganz gut lebt oder zu leben in der Lage wäre. Meist geschieht es im Umgang mit Menschen, dass sich die auffälligen Merkmale in der Wahrnehmung verdichten, dass jemand eben ganz »das ist«, was sein hervorstechendstes Merkmal ist, und dass er selbst und andere vergessen, ihm die Auseinandersetzung mit dem zu ermöglichen, was sonst noch ist. Wichtig ist, dass häufig das, was psychopathisch erscheint, die Art ist, wie jemand sich mit der Welt auseinander setzen kann. In den letzten Jahren tauchen in allen psychiatrischen Einrichtungen mehr und mehr Menschen mit Persönlichkeitsstörungen auf. Eine besondere Rolle spielt das für die forensische Psychiatrie. Deswegen ist in dem Buch ein Kapitel zu dem Thema aufgenommen (11. Kapitel). Es enthält Erläuterungen sowohl zur Frage der Persönlichkeitsstörungen als auch zur forensischen Psychiatrie.

BEISPIEL Jemand wird schwächer als andere geboren, lebt aber dort, wo seine Schwäche nicht wahrgenommen wird, sondern wo er in den ersten Lebensjahren Anpassungsweisen und Umgehensweisen entwickeln muss, die seiner Schwäche entsprechen. Er mag eng (anankastisch) werden, um so mit seiner Kraft Haus zu halten, oder zu einer selbstunsicheren (sensitiven) Persönlichkeit werden, weil er sich in seiner Schwäche nicht gut binden kann.

Im Umgang mit diesen wie aber mit jedem Menschen in der Psychiatrie kommt es darauf an, mit ihm herauszufinden, was der somatische, ererbte, biologische, natürliche Anteil an ihm ist und wie er mit diesem als Panzer mit sich, den Anderen und den Anforderungen umzugehen gelernt hat. Psychopathische und persönlichkeitsgestörte Anteile gehören unweigerlich zu uns, und es ist therapeutisch zu fragen, was an dem Menschen und was in der Umgebung bisher verhindert hat, sich so, wie er ist, in seiner einmaligen Individualität, zu akzeptieren. Gerade hier ist die Frage nach der Wertwelt der Umwelt ganz dringend: Denn bestimmte Eigenschaften gelten als besser für die Anpassung, sodass die anderen, die es nicht so gut tun, dann immer als psychopathische Anteile gelten. So hat sich in Untersuchungen gezeigt, dass als eindeutig psychopathisch diagnostizierte Menschen nach fünf Jahren nichts Psychopathisches mehr an sich hatten, als sie in ihrer *geänderten* Umwelt aufgesucht wurden. Dann gibt die Betrachtung des Psychopathischen und Persönlichkeitsgestörten die Möglichkeit herauszufinden, welche Eigenschaften und Charakterzüge eine Gesellschaft »bevorzugt«. Sind wir alle auf dem Weg zu süchtigen Psychopathen?
Hier lassen sich weitere Beispiele für die Therapie des Kontextes und die damit verbundene Änderung des Textes denken. Zum Beispiel hatten es Menschen, die gerne was sammeln, was handeln, mal aufbrausen, mit vielen auch gut Freund sind, sich nicht an Regeln halten, für einen Freund auch mal einen Deal machen, manchmal sehr enttäuscht sind, auch schlussendlich einsam und allein, in der sozialistischen Gesellschaft der DDR insofern schwerer, als sie leicht mit der Psychiatrie in Kontakt kamen. Welche sind es in unserer jetzigen Gesellschaft?
Möglicherweise wird eine primär-biologische Äußerungsweise im sozialen Feld zur Abweichung deklariert. Die mangelnde Eindeutigkeit und soziale Wertung zeigt sich auch in der Namensgebung und der Zeitabhängigkeit. Es werden asthenische, sensitive, anankastische, schizoide, depressive, hyperthyme (antriebsstarke), haltschwache, erregbare, gemütsarme, querulatorische, hysterische Psychopathen beschrieben (die Reihe ist je nach idealisiertem Menschenbild beliebig veränderbar und verlängerbar). Es wird schon aus den genannten Begriffen ersichtlich, dass es die Menschen sind, die mit den in der Gesellschaft negativ bewerteten Eigenschaften ausgestattet sind, die es mit der Psychiatrie zu tun haben. Daher ist es nicht verwunderlich, wenn sich diese Menschen tief minderwertig fühlen, obwohl intellektuell leicht einsehbar ist, dass sie anders, nicht jedoch schlechter oder minderwertiger sind.
Ein weiterer Begriff, der in diesen Zusammenhang gehört, ist der der Charakterneurose.
Was ist »Charakterneurose«? Gemeint ist, dass jemand einen ganzen Charakter in seine

Panzerung so integriert, dass die »Not« sehr deutlich ist und dass auch in dem Menschen und seiner Umgebung nicht das Gefühl von »fremd«, »krank« auftaucht.

Jemand, der immer ordentlich, unauffällig, makellos, zuvorkommend, unangreifbar ist, ist nicht als neurotisch zu bezeichnen. Sein Handeln ist insgesamt ein Versteck, weist auf das, was gesehen werden soll und nicht auf das, was möglicherweise nicht gesehen werden darf. So hilft diese Art der Selbstgestaltung, der Panzerung, Beziehungen zu gestalten. Oder: ist ständige Angriffslust (aggressives Handeln) ein Zeichen für einen psychopathischen Anpassungsversuch, eine Symptomneurose, oder ist sie als Charakterzug ein Versteck? Für uns ist wichtig zu wissen, dass Menschen mit symptomneurotischen Problemlösungsversuchen leichter den Status von Kranken erwerben, während so genannten Psychopathen oder Charakterneurotikern nur ungern die Krankenrolle zugebilligt wird, eher den Vorwurf moralischen Versagens.

Noch ein Begriff muss eingeführt werden, nämlich der der »Entwicklung«. Situationen können für einen Menschen so unüberschaubar, brisant, schwierig, widersprüchlich, unlösbar, beladen werden, dass er eine lebensbestimmende, vereinfachende Sichtweise entwickelt, die z. B. »verrückt« sein kann.

BEISPIEL Eine türkische Frau war als junges Mädchen gegen ihren Willen mit einem Mann verheiratet worden, den sie nie hatte ertragen können. Als beide nach Deutschland kamen, um bei einem Großkonzern zu arbeiten, ließ sie sich in einem mühsamen Prozess scheiden. Der Bruder wollte es ihr verbieten. Daraufhin brach sie mit dem Bruder. Als sie Mitte vierzig war, wurde sie wegen Arbeitsplatzreduzierung mit einer Abfindung entlassen. Plötzlich stand sie vor der Leere, und in diese Leere hinein fielen alle Trauer und alle Wut, aller Hass und alle Bitternis über ihr verfehltes Leben. Sie hatte sich sehr viel Mühe gegeben, war sehr stolz und plötzlich konnte sie nicht mehr die Arme bewegen, war starr und stumm, sodass sie hilfsbedürftig wurde.

In der Tat spielen alle genannten Gesichtspunkte im täglichen psychiatrischen Tun eine erhebliche Rolle, jedoch leiten wir aus den bestehenden Unterschieden zwischen Menschen nicht den Anspruch einer sich verfeinernden Diagnostik ab, sondern sehen in der Anerkennung der Unterschiede eine Möglichkeit zur differenzierten Selbstwahrnehmung. Wir sehen darin eine Möglichkeit, mit den einzelnen Betroffenen herauszufinden: Woran leide ich eigentlich, und welches sind die Bedingungen meines Leidens?

Wenn der Begriff »neurotisch« angewendet wird, wird davon ausgegangen, dass irgendwann im Laufe des Lebens so gravierende Missverhältnisse entstehen zwischen den Wünschen, Bedürfnissen, Antrieben des Menschen und den einschränkenden Bedingungen, die entweder real (nicht vorhandene Nahrung z. B.) oder sozial (Mutter denkt, es ist gut, nicht so viel zu schmusen, oder auch: Mutter hat keine Zeit zu schmusen) sein können, und der Art, wie sie sich beim Menschen festsetzen, dass im Handeln Störungen auftreten. Sie können sich gleich in der Kindheit äußern oder zu späteren kritischen Zeitpunkten in typischer Ausformung wieder auftreten.

Wir versuchen jetzt anhand des Fallbeispieles eine positive Bestimmung des neurotischen

Anteils von Herrn F. vorzunehmen. Dann werden die allgemeinen Erörterungen fortgeführt. Bisher wurde deutlich, dass Herr F. es schwer hat, seine Beziehungen zu sich selbst zu beschreiben und zu bestimmen. In seinem jetzigen Leben sind 50 Prozent die Mutter und 50 Prozent die Braut. Zudem fällt es ihm schwer, Gefühle der Selbstbehauptung zu äußern (Unzufriedenheit, Ärger):

Th 1: Als Sie vorhin kurz über Ihre Eltern sprachen, da klang das so ein bisschen bitter.

F: Es waren ja aber auch schlimme Zeiten damals, ich habe meinen Vater nie gekannt, und meine Mutter musste immer arbeiten.

Th 1: Ich kann mir vorstellen, dass Sie unglücklich waren.

F: Ich kann mich nicht genau erinnern, später habe ich manchmal gedacht, dass ich eigentlich das Kind meiner Großmutter sei.

Th 1: Dass Sie sich von Ihrer Mutter vergessen fühlten und ganz zur Großmutter gehörig.

F: Jetzt ist es anders, jetzt weiß ich ja, wie viel ich meiner Mutter bedeute. Sie hat es weiß Gott auch nicht leicht gehabt.

Th 1: Jetzt wissen Sie, wie wichtig Ihre Mutter für Sie ist. Sie hängen sehr an ihr.

F: Ja, deswegen ist es ja auch alles so schlimm.

Th 2: Ist es so, dass Sie sich manchmal vorstellen, wie es ist, wenn sie stirbt?

F: *Ringt mit Tränen* Ich weiß gar nicht, was dann werden soll. Sie ist immer so gut zu mir.

Th 2: Sie haben so gar nichts, was das aufwiegen könnte.

F: Ich weiß nicht. Mit meiner Verlobten habe ich schon darüber gesprochen. Sie sagt, sie sei ja auch noch da, aber das ist ja nicht dasselbe. – Und dann jetzt diese Schlafstörungen. Einerseits ist meine Mutter krank und sie sollte viel Ruhe haben, andererseits quält sie sich so mit mir. Bleibt jede Nacht auf, damit ich nicht so grüble.

Th 2: Sie sind richtig in der Zwickmühle. Einerseits haben Sie furchtbare Angst, Ihre Mutter zu verlieren, auf der anderen Seite beanspruchen Sie sie noch – das macht Sie richtig fertig.

Th 1: Da ist momentan nichts in Ihrem Leben, was Sie auch noch wichtig nehmen könnten.

F: Was meinen Sie?

Th 1: Ich dachte an Beruf oder Freunde oder ein Hobby.

F: An Beruf mag ich momentan gar nicht denken, und das andere habe ich nicht. Wozu auch.

Th 1: Ist es so, dass Sie nie irgendetwas allein gemacht haben, so ganz für sich. Ich meine, schon mit anderen, aber ohne Ihre Mutter oder früher Ihre Großmutter.

F: Nein.

Th 1: Die Frage erstaunt Sie richtig?

F: Die Großmutter hat schon manchmal gesagt, ich solle doch mal mit den Anderen was unternehmen, aber ich habe doch immer gespürt, wie sie sich gefreut hat, wenn ich zu Hause geblieben bin, und das ist heute bei meiner Mutter auch so.

Wir können jetzt sehen, dass der Patient sich nicht gelöst hat. Zudem wird nun die Angst des Patienten ganz deutlich, und so wird sichtbar, dass die Schlafstörungen einen Sinn haben, dass der Patient nicht nur darunter leidet, sondern dass er sie auch herstellt, sie damit sinnvoller Ausdruck seines Handelns sind, und gleichzeitig auch die gekränkte Beziehung zwischen Mutter und ihm aufzeigen.

■ Was machen wir mit Angst?

Bisher ist von der Angst noch kaum die Rede gewesen. Wir wollen nicht auf die einzelnen Theorien der Angst eingehen, vielmehr gehen wir davon aus, dass wir alle in bestimmten Situationen Angst erleben, mit der wir entweder so umgehen können, dass sie weniger wird, oder so, dass sie sich vermehrt. Wenn wir so mit ihr umgehen, dass sie weniger wird, kann es gelungene und verfehlte Lösungen geben. Gelungene sind solche, die in der gleichen Situation einen größeren Handlungsspielraum möglich machen, in denen die Angst zur Gefahrenkontrolle genutzt werden kann. Verfehlt (neurotisch) sind solche, die mich einengen, die mich panzern, wenn der Signalwert der Angst nicht erkannt wird, sondern die Angst als Gefahr krampfhaft vermieden wird. Es gibt viele unstrukturierte Situationen, also solche, die man (noch) nicht kennt, die man (noch) nicht benennen kann, die man nicht voll verstehen kann; zudem ändert sich unentwegt irgendetwas. Jeder erfährt, dass Teile dessen, was er selbst tut, unliebsam sind, unerwünscht, Ärger, Wut, Zorn, Angst im Anderen auslösen. Die Folge ist, ich fange an, so zu tun, als ob bestimmte Gefühle nicht zu mir gehören. Immer, wenn sie wieder auftauchen, irritieren sie mich, und ich sorge dafür, dass sie noch weiter (verdrängt) weggedrückt werden, bis es fast so aussieht, als seien sie nicht mehr da. Und damit mich diese Gefühle (Wünsche nach mehr Zärtlichkeit, nach mehr Macht, nach weniger Angst, nach weniger Bevormundung, nach mehr Geselligkeit, nach mehr Aggression, Gefühle von Neid, Liebe und Hass) nicht mehr irritieren, damit der Panzer (die Abwehr) stabil wird, handle ich so, dass ich mich so sehen kann, wie ich denke, dass man mich zu sehen wünscht. Dabei geht oft bereits sehr früh die Fähigkeit verloren, manche Gefühle als zu mir selbst gehörig zu erleben. Jede neue Begegnung und jede neue Beziehung, die man aufnimmt, birgt in sich die Gefahr, dass die Gefühle, die weggepanzerten, wieder auftauchen, sodass der Mensch angstvoll verzweifelt, mit Angst vor Blamage und Lächerlichkeit, mit Minderwertigkeitsgefühlen reagiert, die ihn unfähig machen, in eine reife Beziehung zu treten. Daher auch die Angst vor Neuem überhaupt. Da der Mensch seine Wirklichkeit selbst macht, fällt der Panzer häufig lange nicht auf. Erst in Krisensituationen, wenn von den verdrängten Gefühlen welche gebraucht werden, um eine neue Beziehung aufzunehmen oder um sich trennen zu können, kommt es zum Versagen der Abwehr und zur Ausformung eines Symptoms (das untergründig auch vorher schon existiert haben mag).

Für die Bestimmung eines neurotischen Anteils muss ich **1.** einen langjährigen – sich im Laufe der Zeit stabilisierenden – Panzer beschreiben können. Die Kenntnis der frühkind-

lichen Entwicklung hilft dabei, mit dem Patienten herauszuarbeiten, wo die wesentliche Kränkung liegt, welche Teile von sich selbst er oder die Umwelt nicht annehmen konnten.
2. Muss die Panzerung zu einer so starken Einengung geführt haben, dass der Mensch einer jetzt bestehenden Anforderung nicht gewachsen ist. Neurotische Anteile lassen sich nach zwei weiteren Gesichtspunkten beschreiben, die jedoch voneinander abhängig sind und sich miteinander verweben. Die Geschichte des Seelischen des Menschen ist auf dem Hintergrund seines Körpers und seines Sozialen zu beschreiben.

■ Typen des Auslebens (neurotische Syndrome)

Zum einen unterscheidet man die Typen des Auslebens (Agierens): Angstneurotisches, phobisches, hysterisches, hypochondrisches, zwanghaftes, depressives Ausleben. Die Arten treten in Wirklichkeit natürlich meist gemischt auf.

Angstneurotisches Handeln: wenn jemand mit einer Reihe von körperlichen und psychischen Angstsymptomen reagiert (Herzklopfen, feuchte Hände, Fluchtgedanken, Totstellreflex), ohne dass für ihn oder Andere eine reale Gefahrenquelle ergründbar wäre. Die Angst ist auch nicht an ein Objekt gebunden, sondern ist diffus bedrohlich und kann sich bis zur Panik steigern, ohne dass der Betroffene sich zu helfen wüsste (*frei flottierende Angst*).

Bei **phobischen Ängsten** kann eine Angstquelle angegeben werden, die jedoch häufig anderen Menschen keine Angst oder kein ausgeprägtes Unwohlsein bereitet. Bei Kindern werden eine Reihe von phobischen Ängsten meist als normales Durchgangsstadium in der Entwicklung verstanden (z.B. Angst vor Hunden oder vor zu schnellen Bewegungen). Man kann *agoraphobische* Angst (in Verkehrsmitteln, Kaufhäusern, Menschenmengen, Fahrstühlen) von sozialen Ängsten (Angst, dem Vorgesetzten zu widersprechen, sich möglichen Partnern zu nähern, Fremde um Hilfe zu bitten) und konkreten Ängsten (wie Tierphobien, Angst beim Zahnarzt, Angst vor ansteckenden Krankheiten) unterscheiden. Meist wird gegen die vermeintliche Angstquelle ein starkes Vermeidungsverhalten aufgebaut.

In politisch und therapeutisch fragwürdigem Zusammenhang taucht immer wieder die Person mit Panik- oder Angstattacken auf. Anfang der 70er Jahre war es die Militär-Psychiatrie, die Menschen mit Panik-Attacken diagnostizierte, um sie im »Ernstfall« aussondern zu können, weil man annahm, dass diese dann eine zusätzliche Gefahr darstellen würden. In diesem Zusammenhang ist immer danach zu fragen, wem es dient, dass Menschen keine Angst haben, wem es dient, dass Angst allein zu einem individuellen Problem gemacht wird – und was den Menschen zugemutet wird, wenn das Erleben von Angst zum Tabu wird. Es ist nicht zu vermuten, dass es jetzt mehr Menschen mit Angst gibt als in früheren Jahren. Aber Angst ist jetzt wohl ein Diagnosekriterium, als dürften wir sie nicht haben. Es wird nicht nach der gesellschaftlichen und anthropologischen Dimension von Angst gefragt, vielmehr wird allein das unangenehme, stark behelligende Gefühl wahr- und angenommen, der Mensch wird als Angstpatient auf Abstand gebracht und – marktgerecht – zum Professionellen, meist Verhaltenstherapeuten gebracht, der sich auf die Beseitigung von Angst spezialisiert hat. Dabei wird der Behandlungswunsch von Menschen, die an ihrer Angst leiden, nicht hinterfragt, nicht in Bezug auf motivationale Komponenten analysiert, sondern bereitwillig wird Psychotherapie hier zur Dienstleistung einer auf Anpassung gestellten Beglückungsmaschinerie. Gedanken an Transzendenz, an existenzielle Not, an Verfehlung und Schuld werden zu Gunsten einer monochromatischen Vorgehensweise ausgeblendet. Ob das wirklich die Therapie ist, die die Menschen wollen? Ob sie nicht lieber etwas über Zusammenhänge von Angst und Bewegung, von Angst und Kreativität erfahren wollen? HÜTHER macht in seinem Buch »Biologie der Angst« darauf aufmerksam, dass Angst immer dann auftritt, wenn die planierten Lebenswege zur Lösung eines neu entstehenden Lebensproblems nicht mehr ausreichen, wenn Krisen entstehen, wenn aber auch die Angst zum Wegweiser für Trampelpfade wird, die neue Bewältigungen ermöglichen. Er weist darauf hin, dass das Umgestalten ein biologischer Vorgang ist, der Zeit braucht.

Jetzt werden oft Menschen mit Panik- oder Angstattacken behandelt, ohne dass nach der anthropologischen Quelle der Angst gefragt wird. Es mag eine (unerwünschte) Nebenwirkung des außerordentlichen Individualismus-Gebotes in unserer Gesellschaft sein, dass Menschen sich jäh in Angst verlieren und sich nicht mehr auf die Anderen oder die Gruppe beziehen. Es gibt mit Sicherheit Selbsthilfegruppen, in denen über die Bewahrung von Angst als Vorsicht und Gefahrensignal gesprochen wird. Kulturelle Unterschiede sind zu berücksichtigen. Es ist nicht ausgeschlossen, dass das große Drogenproblem in den USA (oder auch die Abhängigkeit vom Psychoanalytiker) damit zusammenhängt, dass Angst als existenzielles Grundgefühl in der Philosophie und Weltanschauung Amerikas eine geringere Rolle spielt.

Hysterisch oder konversionsneurotisch wird ein Handeln benannt, wenn jemand sich durch nicht organisch-bedingte, also psychogene Körperfunktionsstörungen wie Lähmungen, Stimmverlust, Taubheit, Blindheit, auch Atemstörungen, Tics (z. B. Augenblinzeln, Kopfzucken) oder Krämpfen in seinen Kontaktaufnahmen behindert. Neben dem Krankheitsgewinn, der dabei abfällt, wird die Aufmerksamkeit von möglichen unliebsamen Gefühlen abgelenkt. Das heißt, ein Mensch handelt hysterisch, wenn er zwischen sich und Anderen auf keinen Fall Spannungen zulassen kann, auf jeden Fall sozial erwünscht handeln möchte, sodass auftauchende Spannungen als »Symptom« versteckt werden. Mehr noch als andere Typen neurotischen Auslebens ist der hysterische abhängig von kultureller Umgebung und Mode sowie von den Werten der Bezugsgruppe. In hysterischen Anteilen wird vor allem die Kränkung in Beziehung zu Anderen angstvoll abgefangen.

Hypochondrische Anteile lassen sich als Vorsicht im Umgang mit sich selbst verstehen. Es gibt viele Signale aus dem Körper, die wir überhören, auf sie nicht achten, solange nicht Eindeutigkeit besteht (z. B. Fieber). Hypochondrisch wird das Handeln eines Menschen, wenn er sich und seine Partner zwingt, nur auf *mögliche* Signale aus seinem Körper zu achten, auf sie einzugehen und sie zu pflegen. Die einzige Möglichkeit, angstfrei Kontakt aufzunehmen, besteht darin, über mögliche Beschwerden zu sprechen.

Menschen, die **zwanghaft** handeln, müssen eine bestimmte Handlung immer wieder ausüben (z. B. sich waschen, aufräumen, alle Schalter kontrollieren) oder bestimmte Gedanken immer wieder durchgrübeln. Dabei kann dieses gezwungene Tun so viel Zeit kosten, dass der Mensch zu nichts anderem mehr kommt. Während Pedanterie oder genaues Kontrollieren noch als angemessen erscheinen können, weiß der Zwangshandelnde, wie unsinnig sein Tun oder Denken ist. Er kann es jedoch nicht lassen, weil unmittelbare, extreme Angst die Folge des Unterbrechens von Zwangshandlungen sein kann. Oder weil anstelle der Zwangsgedanken plötzliche Wünsche auftauchen, die für seine zwischenmenschlichen Beziehungen gefährlich werden können.

Es gibt Menschen, für die **depressives Handeln** ein Versuch ist, mit Kränkungen der Beziehungen umzugehen. Jede Kränkung führt zu Traurigkeit, zu Gefühlen, nicht zu genügen oder versagt zu haben, zu Gefühlen der Schuldhaftigkeit und der eigenen Unveränderbarkeit oder Unverbesserlichkeit. Wichtig im Unterschied zu den affektiven Störungen ist hier, den Patienten noch mehr als den Gestaltenden zu sehen. Er ist weniger Opfer seiner depressiven Gefühle, als vielmehr jemand, der in Abwehr seiner Kränkung Beziehungen depressiv gestaltet.

Es gibt Menschen, die sind **Grenzgänger (borderline)**. Im neuen ICD-10 ist dies Syndrom mit vielen Bedenken aufgenommen, nicht eigentlich beschrieben. Aufgetaucht ist es in den 60er Jahren in New York (Kernberg). Inzwischen gibt es viel Literatur über die Grenzgänger (*Borderline-Syndrom*). Und über den Umgang mit ihnen wird ähnlich mysteriös gesprochen wie früher über den Umgang mit schizophrenen Kranken. Das ist dann auch das eine Grenzland: die Psychose. Das andere ist die Neurose. Von Menschen, die Grenzgänger sind, wird gesagt, sie könnten Entspannung, Harmonie, Nähe nicht aushalten, gleichzeitig sind sie auf der Suche. Wenn die Gefahr von Nähe oder zu großer Distanz und Vereinsamung für sie entsteht, stoßen sie sich ab und schaukeln sich weg, in ein anderes Grenzland – bis wiederum die Gefahr von Nähe entsteht. Viele Therapeutinnen und Therapeuten vermuten, dass Grenzgänger die Kategorie von Menschen bilden, die überall Ablehnung erfahren, deren Gier unstillbar ist, die auf Frustrationen mit (Selbst-)Aggression reagieren, die aus gebrochenen und oft gewaltsamen Milieus kommen. Manchmal finden Grenzgänger in Therapie – oft sind sie Reisende von einer Institution in die andere. Inzwischen sammeln sich um die Borderline-Patienten solche Therapeuten, die mit diesen Menschen in glasklaren und stahlgehärteten Beziehungen umgehen können.

Posttraumatische Belastungsreaktion: Sicher hat Herr Reemtsma durch seine Entführung ein Trauma erlitten, und er hat in seinem Buch »Im Keller« sehr genau beschrieben, wie dieses Trauma zu definieren ist und wie es sich auf die Beziehung zum Selbst, zu den anderen Menschen und zur Umwelt auswirkt. Das Trauma ist nicht die Entführung als solche, sondern das eigene Erleben und der Versuch einer Bearbeitung, der offenbar einen Rest lassen muss und die Psyche überschwemmt, beispielsweise mit Rachsucht, die er vor dem Ereignis nicht bei sich kannte. Auch Folter ist eine Ursache von Traumata. Bedeutsam ist, dass die Traumata in der Realität sind oder waren, dass sie nicht aus der Verdrängung herausgeschält werden, sondern nie vergessen werden können, was sie so besonders quälend macht. Insofern ist es irreführend, jedes Unglück, jedes Leid, jeden Verlust als Trauma zu definieren und der psychotherapeutischen bzw. Trauma-Behandlung zuzuführen. Und ganz abwegig ist es, in den mühsam entleerten Großkliniken Einrichtungen, Behandlungsstationen für Menschen mit posttraumatischen Reaktionen aufzubauen. Es gehört zur Würde eines Menschen, eigene Wege zum Umgang mit Erlebtem zu finden, frei zu bleiben von gesellschaftlichen Eingriffen und seien sie so wohlmeinend wie Psychotherapie oder Trauma-Therapie, auch wenn es mühsam, schmerzhaft und langwierig ist. Das gilt auch für Bürgerkriegsflüchtlinge. Sicher gibt es Menschen, die in tiefe posttraumatische Krisen geraten und dann auch professionelle Hilfe nötig haben können. Es ist aber unzulässig, aus dem Erleben möglicherweise traumatisch wirksamer Ereignisse schon zu schließen, dass die betroffenen Menschen ohne professionelle Hilfe nicht auskämen, weil die meisten Menschen stark genug sind, ihr Schicksal zu tragen. Sie müssen nicht besondert und nicht von Spezialisten behandelt werden.

Das Konzept der posttraumatischen Belastungsreaktion wurde in den USA nach dem Vietnamkrieg entwickelt, als man die Erfahrung machen musste, dass viele amerikanische Veteranen erhebliche psychische Störungen aufwiesen, die offensichtlich mit ihrem Erleben dieses Krieges – auch mit ihrer Täterrolle – zusammenhingen. Problematisch ist es daher auch, dass heute alle anderen schon vorher bekannten psychopathologisch ähnlichen Syndrome unter dieser Begrifflichkeit gefasst werden, als ob es keinen Unterschied mache, z. B. Überlebender eines Konzentrationslagers oder ein Vietnamveteran zu sein. Abgesehen von der sehr schmerzlichen Erfahrung, dass das sog. Überlebenssyndrom ehemaliger Konzentrationslagerhäftlinge sich meist als therapieresistent erwiesen hat, stellen sich doch hier völlig gegensätzliche Fragen nach dem Umgang mit der Beschädigung von Menschenwürde und der Verarbeitung von Schuld, die auch völlig unterschiedliche Antworten verlangen.

■ Abwehr- oder Panzermethoden

Neben den Typen des Auslebens muss ein anderer Gesichtspunkt bei der Beschreibung neurotischer Anteile berücksichtigt werden, nämlich die Abwehr. Dabei ist vor allem wichtig zu ergründen, welche Gefühle oder Wünsche jemand wie abwehrt. Da Abwehrmethoden normal gelernt werden, jedoch der weniger gepanzerte Mensch mehr Möglichkeiten der Wahl hat, ist vor allem auch auf die Beweglichkeit bzw. die Eingeengtheit zu achten, mit der ein Mensch handeln kann. Die Psychoanalyse hat den Begriff »Abwehr« eingeführt, der besonders in der Zusammensetzung Abwehr-Mechanismus fragwürdig ist. Folgende Abwehrmethoden können bei zu starker Ausprägung die Selbstwahrnehmung eines Menschen beeinträchtigen und die Beziehungen zu sich und seiner Umwelt charakterisieren.

Verdrängen ist eine Handlung, bei der ich unliebsame Gefühle so weit aus meiner Aufmerksamkeit für mich selbst herausdränge, dass ich sie nicht mehr als zu mir gehörig erlebe: ich kenne Hass oder Begierde, Neid oder den Wunsch nach Geborgenheit im Allgemeinen, ich habe solche Gefühle nicht; sie bei mir zu entdecken, wäre eine herbe Enttäuschung. Verdrängung richtet sich vor allem gegen Gefühle aus mir selbst und beleuchtet also, wie ich mit mir umgehe, wie offen ich für mich sein kann oder wie eng ich mich sehen muss.

Regredieren ist eine Handlung, bei der ich unliebsamen Anforderungen dadurch ausweiche, dass ich auf das jeweils kleinkindlichere Verhalten zurückgreife. Unliebsame Anforderungen können tatsächliche Anforderungen (auch Überforderungen) sein, aber auch Versuchungen, die mich ängstigen oder genieren.

Reaktionsbildung hilft die Verdrängung aufrechtzuerhalten.

Isolieren von Gefühlen meint eine Handlung, durch die es gelingt, rein intellektuell über Wut oder Zuneigung zu sprechen, jedoch das entsprechende Gefühl nicht zu empfinden. Wenn man mit einem Gefühl so umgehen kann, als betrachte man es als Gegenstand, der mit einem nicht zu tun hat, ist man sowohl nach innen als nach außen abgesichert (z. B. wissenschaftliche Begriffsbildung).

Ungeschehenmachen ist im Alltag z. B. sich für etwas entschuldigen: »Es war nicht so gemeint!«; »Wir wollen so tun, als sei nichts gewesen!« Diese Handlung setzt man ein, wenn man sich verraten zu haben glaubt, und wenn man vor allem gegen die Verurteilung durch das eigene Gewissen oder die befürchtete Strafe angeht. Oder man will den Verrat, von dem man glaubt, ein Anderer habe ihn an einem begangen, ungeschehen machen: eigentlich fühle ich mich gekränkt, aber der Andere meint das sicher nicht so. Diese Abwehr dient der Aufrechterhaltung einer harmonischen Beziehung und vor allem der Vermeidung von Vorwürfen und Schuldgefühlen.

Wenn bei Anderen die Gefühle gesehen und bekämpft werden, die man bei sich nicht mag bzw. nicht ertragen kann, dann wird diese Handlung **Projektion** genannt. Nicht: »Ich habe etwas gegen einen Anderen«, sondern: »Alle haben etwas gegen mich«. Oder: »Ich will nie verführen, aber die Anderen haben nichts anderes im Sinn.«

Genau so wie man unliebsame Gefühle projizieren kann, kann man sie auch **introjizieren**, d. h. sich zu eigen machen. Die beiden zuletzt genannten Abwehrhandlungen haben mehr als alle anderen mit dem Problem Distanz und Nähe zu tun. Zum einen distanziert man Gefühle über Gebühr, zum anderen holt man sie über Gebühr in sich hinein, um sie von außen nicht als Gefahr zu erleben.

Eine häufig zu beobachtende Abwehrhandlung ist die **Wendung gegen die eigene Person** (s. Kapitel 10): da es nicht gelingt, Wut und Hass gegen die Leute zu richten, die diese Gefühle betreffen, kann man nur die eigene Person hassen und alle Gefühle der Wut gegen sich selbst richten. Erlebte Unzufriedenheit wird immer nur als aus einem selbst kommend betrachtet. Man hat nicht den Mut, die Gründe für die quälende Unzufriedenheit außerhalb seiner selbst zu suchen.

Eine für den sozialen Bereich wirksame Abwehrhandlung ist die **Verkehrung ins Gegenteil**. Im normalen Umgang häufig als Höflichkeit verbrämt, kann diese Art der Abwehr dazu führen, dass man Personen, die man am allerwenigsten mag, mit besonderer Nettigkeit bedenkt oder umgekehrt, Personen, die man begehrt, schnöde und zurückweisend behandelt. Wenn es mit dieser Art der Abwehr nicht ganz gelingt, das unliebsame Gefühl wegzupanzern, kann es zu der Art von zweideutigem Handeln kommen, wo gleichzeitig das abgewehrte und das – gegenteilige – abwehrende Gefühl vorhanden sind: etwa in der Art »Komm her – geh weg«, oder wie es auch als Hassliebe beschrieben wird.

Bei der Darstellung der Abwehrhandlungen sind wir der Systematik von Anna FREUD gefolgt. Noch einmal: Die Abwehr hat ihren Sinn als Schutz der Person vor ihr unliebsamen Impulsen und Gefühlen. Der Preis ist die Einengung.

Wir möchten noch eine Art beschreiben, Abwehr aufzubauen bzw. Panzer zu bilden, die nicht isoliert zu benennen ist, sondern bei der eine bestimmte Haltung den Menschen so prägt, dass nur schwer beschreibbar ist, zu welchen Anteilen dieser Mensch mit der Haltung einen Panzer macht.

BEISPIEL Eine Patientin, körperbehindert, an den Rollstuhl gebunden, die jahrelang in der Abhängigkeit von den Eltern gelebt hatte, hat es geschafft, sich eine eigene Wohnung zu nehmen und sich auch innerlich von den Eltern zu distanzieren. Nach einer enttäuschten Liebesbeziehung war sie in die Klinik gekommen, die Eltern waren bereit, die Patientin wieder ins Haus zu nehmen, ihre Haltung war jämmerlich, eingefallen, genau die Haltung, die man von einem Menschen erwartet, der körperbehindert an einen Rollstuhl gebunden ist. Diese Haltung war so stark, dass jeder in der Umgebung darauf einging und auch die Psychotherapeutin erst nach vielen Stunden und in der Supervision darauf aufmerksam wurde, dass die Patientin gleichzeitig in ihren Äußerungen sehr viel Zuversicht, Mut, Willensstärke, Durchsetzungsbereitschaft, Trotz, Aufbegehren, Eigenständigkeit äußerte. Die Therapeutin, die bis dahin in ihren Handlungen eher durch Mitleid bestimmt war, auch Angst hatte, die Patientin zu überfordern, die sich ganz in die Jämmerlichkeit hatte einwickeln lassen, konnte nun unbefangener und freier auch die selbstständigen Gefühle der Patientin ansprechen und fördern.

ÜBUNG Denken Sie sich für die einzelnen Abwehrmethoden Beispiele aus Ihrem Alltag aus. Zum Lernen ist es nicht wichtig, die einzelnen Methoden auswendig zu lernen, sondern ein Gespür dafür zu bekommen, wie Sie selbst mit unliebsamen Gefühlen umgehen. Mit der Benennung der Abwehrhandlungen oder auch der vermuteten Konflikte können Sie leider auch zusätzliche Kränkungen setzen: Da Abwehrhandlungen von dem Betroffenen genauso schwer zu erkennen sind wie die abgewehrten Gefühle, ist es wenig hilfreich, jemanden zu konfrontieren: »Sie projizieren ja!« Das kann nur zu einer Verhärtung der Abwehr führen. Und bedenken Sie noch andere Abwehr-Formen, z. B.: das Weg-Kichern als aggressive Handlung, das Läppisch-Sein als Ausdruck von Depressionen, das Zureden …

Besonders schwierig ist Konfrontation im psychosomatischen Bereich: einerseits kommen Patienten mit körperlichen Missempfindungen zu uns, für die es keine organische Ursache gibt (Bettnässen z. B. oder – wie in unserem Beispiel – Schlafstörungen). Die Ursachen für solche Lösung von Spannungszuständen wird dann psychogen genannt. Dann gibt es auch die Lage steter körperlicher Befunde (Magengeschwüre, Krebs, Hautausschläge, Bluthochdruck); wo aber eine organische Behandlung allein den Menschen nicht von seinen Beschwerden befreit, sondern erst das Erkennen der Zusammenhänge von körperlichen und seelischen Beschwerden. Selbst bei akuten, rein organischen Krankheiten ist oft an psychogene Auslöser zu denken. Wird ein Mensch nun damit konfrontiert, seine Beschwerden seien psychosomatisch, so erlebt er das als zusätzliche Kränkung und Verunsicherung. Jemand, der von sich höchstens sagen kann, er sei krank, der es aber mit seinem Selbstbild nicht vereinbaren kann, Probleme mit seinen Gefühlen oder in seinen Beziehungen zu haben, wird bei der Konfrontation mit seinen psychischen Anteilen zutiefst erschrecken und noch mehr Angst bekommen. Wer in einer gestörten Beziehung nicht fühlen und nicht sagen kann: »Mir ist zum Kotzen, es geht mir an die Nieren, es schlägt mir auf den Magen, das ist, um die Krätze zu kriegen, das halte ich im Kopf nicht aus«, und mit Hilfe solcher Äußerungen die Beziehung beschreiben und ändern kann, der kann diese Beschwerden eben nur noch haben. Der einzige noch bleibende Gewinn besteht darin: »krank« zu sein. Also: es nützt nichts, dass ich für einen Menschen seine Abwehr erkennen und benennen (diagnostizieren) kann; ich muss vielmehr so handeln, dass *er* sie sich sichtbar und akzeptierbar macht.

C Die Begegnung

ÜBUNG Mit anderen darüber sprechen, wie man Fremden begegnet. Professionell, förmlich, herzlich, wie hätte man es gern selbst, wenn man in einer solchen Situation wäre. Wovor fürchtet man sich, kann man selbst sich ändern – und wie? Kann ich mich selbst als befangen, schüchtern, passiv, vorlaut, selbstbewusst, herrisch, mitleidsvoll, teilnehmend kennen lernen? Rollenspiele helfen, die Eigenart des Handelns zu verdeutlichen.

Ein zweiter Teil der Übung: mit Anderen darüber sprechen, wie man Partnern begegnet. Und dann ein dritter Teil der Übung, wie kann ich mich für Begegnungen öffnen, sodass ich mich und den Anderen darin wirklich sehen lernen kann.

In der ersten Begegnung kann der neurotische Mensch mir sein »Symptom« zeigen und er kann von mir wollen, dass ich nur mit diesem Teil von ihm umgehe. Er kommt mit einem von ihm gesehenen Defekt zu mir als Werkmeister, liefert sozusagen das reparaturbedürftige Stück von sich ab, um dann kurz darauf wieder funktionstüchtig zu sein. Diese Sicht von sich selbst gehört zunächst nicht zu den neurotischen Anteilen, vielmehr zu dem Lernen, wie man mit »kaputten« Gegenständen umgeht.

Selbstwahrnehmung

Der Beginn der Beziehungsaufnahme ist die Chance für das Kennenlernen, auch das Risiko des Verzögerns, Verstellens und Scheiterns. Zwei Aspekte sind für meine Selbstwahrnehmung bedeutsam: Bin ich frei, über meine oralen, zwanghaften, sexuellen, gewaltsamen, minderwertigen Handlungsanteile nachzudenken und darüber mit dem Partner der Begegnung, dem Gegner zu sprechen? Davor steht die Frage: mit welchen Gefühlen reagiere ich auf einen dieser Anteile im Partner?

Das Kennenlernen der Gegenübertragung und damit die Ermöglichung der Selbstwahrnehmung ist Voraussetzung für die Normalisierung der Beziehung zwischen dem Patienten und mir. Uns kommt es darauf an, jeden zu ermutigen, sich selbst und seine Art, Beziehungen aufzunehmen, zu berücksichtigen, sich selbst ernster zu nehmen und entsprechend die Suchhaltung, die er sich später für den Patienten wünscht, zunächst bei sich selbst herzustellen, sich selbst zu gönnen, sich zu stellen.

BEISPIEL einer Gruppe: Was würde geschehen, wenn dir einer sagt, du bist neurotisch? – Na, jeder ist ja ein bisschen neurotisch. – Nein, ich meine richtig. Du bist richtig neurotisch und nicht nur das, du bist hysterisch. – Du spinnst wohl, das bin ich nicht. – Doch, ich bestehe drauf, guck dich mal genau an. – Und du? Bist du nicht hysterisch, was willst du eigentlich von mir? – Ja, doch, ich bin in gewissem Umfang auch hysterisch, zumindest kenne ich mich da jetzt besser. Aber es hat auch lange genug gedauert. – Das sagst du jetzt bloß so, das kannst du doch eigentlich nicht einfach so zugeben, nicht ohne Angst. – Ich habe auch Angst. Habe ziemliches Herzklopfen, und meine Stimme ist auch nicht ganz sicher, schließlich weiß ich ja nicht, was ihr daraus macht. Ich liefer mich ja ganz schön aus. Obwohl das auch ein Teil von dem ist, ich kann das jetzt besser riskieren. Das ist es, was ich vorhin auch bei dir meinte. Ich hab bei dir beobachtet, wie ich früher immer alles verharmlosen und verniedlichen musste. An alles noch ein »chen« dranhängen – bloß damit es mir keine Angst macht. Vor Pferden kann man Angst haben, aber vor Pferdchen? Na, und so sprichst du auch. So als ob dir etwas ziemlich viel Angst macht – ganz deutlich habe ich das vorhin gesehen, als du von dem Herrn Müller als Müllerchen gesprochen hast, und der ist doch nun wirklich kein »chen«, das ist ein ziemlicher Brocken. – Jetzt fühle ich mich fast ertappt, vor dem habe ich wirklich ziemlich Angst. – Und was ist es, was dich beunruhigt? – Der ist so, ich denk immer, der will mir was. – Was? – Na, so ... – Fühlst du dich sexuell angesprochen? – Herrgott ja, es ist die gleiche Angst, die ich habe, wenn ich abends allein spazieren gehe, aber das ist noch lange nicht hysterisch, das ist ziemlich normal und schließlich, wer garantiert mir, dass ich nicht Recht habe? – Das habe ich nicht gemeint, dass du für dich momentan nicht Recht hast. Du hast ja diese Angst. Nur was du damit machst, dieses »chen«. Machst du das immer, wenn du dich in Gefahr fühlst? Weißt du, ich denke, du nimmst dir damit ja auch die Möglichkeit zu prüfen, ob du wirklich in Gefahr bist, wenn du immer mal ein »chen« dranhängst. – Ja, so leuchtet es mir ein.

Auf diese Weise ist es für diese Situation gelungen, eine Suchhaltung herzustellen, eigene gestörte Handlungsweisen in der Beziehungsaufnahme, eigene Anteile der Angstabwehr sichtbar und damit bearbeitbar zu machen.

ÜBUNG Den Ekel, die Wut, die Angst, die Zuneigung, die Verliebtheit in mir wahrnehmen und prüfen. Es ist zu einfach, die Gefühle nur wahrzunehmen und sie dem anderen entgegenzuschleudern, obwohl das schon manchmal besser ist, als gar nichts zu tun. Wichtig sind die Fragen: Was gibt mir mein Gefühl von mir und dem Anderen zu erkennen? Und: Wie kann ich ihm den Teil, der ihm gehört, hinhalten, damit er ihn annehmen kann, für sich was damit anfangen kann. Auch dabei gilt: was du nicht willst, das man dir tu ...

Gefahr: in bestimmten Kreisen hat es sich eingebürgert, mit den »eigenen Anteilen« zu spielen, z. B.: Eine Kollegin hat es schwer, ihre sexuell-erotische Verwebung mit Klienten zu sehen. Ein Kollege hämmert auf ihr rum, nun müsse sie es doch mal begreifen. Er sagt dann sehr selbstüberzeugt: »Ich kenne meine sadistischen Anteile, aber du gibst dir gar keine Mühe.«
Und eine weitere Gefahr, die möglicherweise in den gleichen Kreisen auftritt: dass das Äußern eigener Wut und eigenen Zornes als Äußerung von Authentizität missverstanden wird und dann noch darüber gestaunt wird, dass die Partnerin, die automatisch zur Gegnerin wird, damit nichts anfangen kann.
Und noch eine Gefahr: dass das Reden von den eigenen Anteilen als Schuld begriffen wird. Die Suchhaltung kann schon in kleinen Quanten dem Anderen gegenüber eine Einstellung herstellen, die ihn nicht zum Objekt meiner Gefühle macht. Ich kann sie ihm vermitteln, weil es meine Haltung ist: Man kann sich selbst zuwenden und sehen, wie die Art der Beziehung ist, die man zu sich, zur Welt, zu Anderen aufnimmt. Ich kann den Patienten ermutigen, das Gleiche zu tun. Wissend, wie schwer es ist, aber auch wissend, dass diese Geduld sich lohnt.

■ Vollständigkeit der Wahrnehmung

Der Patient wird mit seinen kranken Anteilen mit mir als Partner so umgehen, dass er bei mir wichtige Aspekte seiner früheren Beziehungen wiederholt, obgleich ich keinen angemessenen Anhalt dafür biete. Diese Übertragung wird besonders dann gefördert, wenn ein Wunsch nach Verständnis vorliegt und die Situation nicht zu stark vorstrukturiert ist.
Den meisten psychiatrisch Tätigen missfällt es, wenn sie als Menschen gesehen werden, die selbst keine Probleme haben. Man fühlt sich nicht vollständig, sondern einseitig und parteiisch wahrgenommen. Genauso einseitig ist es umgekehrt, wenn man sich nicht bemüht, die »normalen« Anteile eines Patienten zu sehen. So steckt in jedem neurotischen Problemlösungsversuch auch ein echter Sinn, und in jedem Widerstand, sich zu ändern, auch echte Kraft und Stärke. Das macht das Ringen oft so schwer.
Zwei Fehler sind leicht möglich. Einmal die Angst oder Unzufriedenheit als Teile der Krankheit zu sehen, wo doch der Patient erfahren soll, dass Teile der Unzufriedenheit oder Angst gesund sind. So z. B. hat sich die Psychoanalyse erst kürzlich der Angst vor dem Krieg als realer Angst angenommen. Der andere Fehler, den wir machen können, ist Leugnung. So ist

der Wunsch nach Emanzipation sicher in jedem Fall etwas zu Förderndes, oft ist dahinter jedoch die – neurotische – Angst weggepanzert, sich zu binden und sich einzulassen. So sind gesellschaftliche Verhältnisse sicher immer zu kritisieren, oft jedoch ist dahinter die – neurotische – Unwilligkeit weggepanzert, die Verantwortung für das eigene Handeln zu übernehmen. Also: ich darf es mir und dem Patienten gleichzeitig nicht zu schwer (»lässt sich leider nichts machen, völlig neurotisch«) und nicht zu leicht (»werden wir schon kriegen, da Sie ja gute Ziele verfolgen«) machen. Daher ist *jede Meinung probehalber einmal in Zweifel zu ziehen*: z. B. das ständige Gefühl, ich sei ein Versager, kann auch das – neurotisch – introjizierte Vorurteil meines Partners sein und damit meinem Wunsch nach Emanzipation im Wege stehen; oder mein ständiges Schuldgefühl, verknüpft mit dem Eindruck, immer für alles verantwortlich zu sein, kann auch die – neurotisch – ins Gegenteil verkehrte Wut gegen einen autoritären Vater, Vorgesetzten, Betrieb oder Teile dieser Gesellschaft sein!
Beziehung sehen wir umfassend. Wenn neurotisch immer heißt »Kränkung der Beziehung«, so schließen wir ein, dass sich diese Kränkung äußern kann in der Beziehung zum Partner, zur Arbeit, zur eigenen Person (d. h. auch zum eigenen Körper und zum eigenen Temperament z. B. bei selbstverletzenden Verhalten), zur Welt. Deswegen haben wir zur Unterscheidung »neurotisch« – »normal« stets nach der subjektiven Bedeutung der einzelnen Lebensbereiche zu fragen.

■ Normalisierung der Beziehung

Sie ist Voraussetzung für Selbstwahrnehmung und Therapie – und ist sie schon selbst. Was heißt das?

1. BEISPIEL Es heißt, dass ich die Bitte um »Schlaf-« oder Kopfschmerztabletten weder rundweg erfülle noch ablehne, sondern erst mal verstehe als einen, etwa im Krankenhaus angemessenen, Versuch und Wunsch eines Menschen, mit einem Anderen in Kontakt zu treten. Das sofortige Geben eines Medikamentes kann auch Zurückweisung heißen. Bevor der Patient und ich eine Entscheidung treffen, werden wir die Beweggründe, d. h. die subjektive Bedeutung des hier und jetzt auftretenden Wunsches nach Tabletten erörtern.

2. BEISPIEL Patienten wollen oft einen Rat. Wir wissen, dass Ratschläge in der Regel nichts nützen. Vielmehr sehen wir die Bitte um einen Rat als Versuch des Patienten, seine Hilflosigkeit auszudrücken. Gebe ich ihm einen Rat, bestätige ich ihm, dass er Recht hatte, hilflos zu sein. Diskutiere ich mit ihm, was ihm als Lösungsmöglichkeit einfällt, womit er zufrieden ist und was er sich gerade eben zutraut, so helfe ich ihm, an seiner Hilflosigkeit zu arbeiten oder sie zu umgehen.

3. BEISPIEL Eine Patientin steht weinend auf dem Flur; sie hat soeben gemerkt, dass die Tasse, aus der sie getrunken hat, nicht abgewaschen war; jetzt ist sie davon überzeugt, sterben zu müssen, weil sich die Bakterien mit Windeseile in ihr ausbreiten. Trost oder der Hinweis, dass auch andere Leute sich durch solche Versehen nicht vergiftet hätten, treiben die Patientin weiter in ihre Angst hinein. Angemessener ist ein Gespräch, das die Patientin ermutigt, ihre Angst, den

Tiefgang ihrer Angst kennen zu lernen, d. h. zu helfen, dass sie die Angst nicht vermeidet, sondern sie sich ansieht.

Rückgreifend auf das 3. Beispiel sind u. a. folgende Arten des Eingehens möglich, wovon nur die letzten beiden der von uns vorgeschlagenen Grundhaltung entsprechen:

1. Da müssen wir unbedingt den Arzt informieren.
2. Och, Sie wissen doch, dass das nicht so tragisch ist, gehen Sie mal in die Beschäftigungstherapie, das lenkt Sie bestimmt ab.
3. Wir werden mal sehen, dass Sie eine Tablette bekommen können, dann werden Sie wieder ruhiger.
4. Sie sind jetzt ganz sicher, sterben zu müssen, und Sie haben fürchterliche Angst. Gibt es irgendetwas, was Sie noch entgiften könnte? (Diese Frage ist oft von Bedeutung, weil Menschen manchmal Ungeheuerliches tun, um sich zu reinigen.)
5. Sie sind jetzt ganz panisch und aufgeregt, was können Sie tun, um mit der Angst umzugehen? (Mit einer solchen Frage lässt sich das Gespräch in die Richtung vertiefen, ob und inwieweit sich der Patient in der Lage sieht, sein eigenes Umgehen mit der Angst zu ändern.)

Die Haltung, die von mir gefordert wird, ist person-zentriert: Mir mag das ungewöhnlich erscheinen, dass man solche Angst bekommt, wenn man aus einer beschmutzten Tasse trinkt; für den Patienten jedoch stellt dies eine große Bedrohung dar. Die Haltung, die von mir gefordert wird, ist immer auch kontext-zentriert. Im Fallbeispiel: Wie kann ich in gleicher Weise auf Mutter und Verlobte eingehen?

ÜBUNG Beispielsweise habe ich Angst vor einer schweren Erkrankung. Wenig hilfreich wären Äußerungen anderer wie: »Ach, das haben doch alle!« oder »Stell dich nicht so an, geh doch zur Vorsorge!« Wie könnte eine verständnisvolle Zuwendung aussehen?

Die Haltung, die wir anstreben, lässt sich nicht erzwingen. Jeder von uns ist seinen Stimmungen und seinen eigenen Wahrnehmungs- und Einstellungsmöglichkeiten unterworfen und durch sie begrenzt.

D Handeln

■ Die Angehörigen

Bei der Aufrechterhaltung der Symptome sind immer Angehörige beteiligt. Sie fühlen sich in der Krise mit ihren Mitteln ebenfalls hilflos. Wichtig ist, sie nicht nur den Kranken verstehen zu lassen, sondern zu erarbeiten, sich selbst zu verstehen. Das Beispiel der Mutter von Herrn F. soll hier noch einmal aufgegriffen werden.

BEISPIEL Herr F. zum Beispiel hatte erzählt, wie seine Mutter sich für ihn aufopfere und er sich deswegen gleichzeitig Vorwürfe mache, andererseits aber auf ihren Beistand bei seiner Schlaflosigkeit angewiesen sei. Seine Haltung, seine tiefen Ringe unter den Augen, sein Eingefallensein machten einen so jammervollen Eindruck, dass es zu überfordernd erschien, ihm nahe zu legen, er solle seine Schlaflosigkeit allein durchstehen und seine Mutter zum Schlafen schicken. Leichte Andeutung in diese Richtung wehrte er auch damit ab, dass er sagte, seine Mutter werde ihn sowieso nicht allein lassen, wenn es nach ihm ginge, könnte sie ja schlafen, aber sie wolle dann auch gar nicht. Die Mutter wurde zur Mitarbeit in der Angehörigengruppe eingeladen. Auch sie wirkte eingefallen, übermüdet, machte einen ähnlich jammervollen Eindruck, sodass sie als Erstes gefragt wurde, ob sie in der letzten Zeit auch mal an sich gedacht habe oder sich etwas Gutes habe zukommen lassen. Sie sagte daraufhin, das ginge nicht, sie hätte keine Ruhe, solange ihr Sohn krank sei. Wie könnten wir von ihr verlangen, dass sie sich etwas Gutes zukommen lasse, wenn doch der Sohn unser Patient sei und wir doch eigentlich sehen, wie schlecht es ihm gehe? In dieser Äußerung zeigt sich, wie stark die Mutter auf die Krankheit des Sohnes eingeht, wie abhängig sie bereits in ihrem Handeln von der Befindlichkeit des Sohnes ist. Sie sieht nur, dass er »krank« ist, kann kaum sehen, dass sie mindestens genauso fertig ist, dies Gefühl hat für sie keinen Bestand. An diesem Gruppenabend entwickelt sich zwischen den Angehörigen ein Gespräch über die Opferhaltung, über die Wichtigkeit, nicht nur den Anderen zu sehen, sondern auch sich selbst, über die Schwierigkeit, mit den auftauchenden Schuldgefühlen fertig zu werden. Wie kann ich dem Anderen sagen, dass ich jetzt was tue, was nur für mich gut ist, wo er doch so leidet? Diese Art des Egoismus führt zu Schuldgefühlen, und es ist in der therapeutischen Arbeit wichtig, nicht zu viel zu fordern. Sicher könnte die Mutter von Herrn F. zu Beginn unserer Beziehung nicht einfach dann schlafen gehen, wenn sie sich müde fühlt; vielmehr muss auch ihr erleichtert werden, bei sich zu suchen, wie sie zu einer Veränderung im Handeln kommen kann. Einige Gruppenmitglieder schlagen vor, sie solle es sich gemütlich machen, wenn sie wieder eine schlaflose Nacht auf sich zukommen sieht, solle denken, sie sei schlaflos, und lesen oder sich wenigstens in eine Decke hüllen; sie mache sich und den Sohn ja ganz fummelig, wenn dann immer nur seine Schlaflosigkeit zur Debatte stehe. Dieses Angebot von »wenigstens«, das Aushandeln von Minimalmöglichkeiten ist sehr bedeutsam. Auf diese Weise kann auch verhindert werden, dass Angehörige mit noch mehr desselben reagieren: noch mehr Besorgnis, noch mehr eigene Aufopferung, noch mehr das Gefühl, selbst nicht zu zählen, weil es »seine« Krankheit ist. Angehörige können sich umgekehrt auch weigern, auf die Zuwendungswünsche »ihrer« Patienten einzugehen: »Wo kämen wir da hin, wenn wir bei jedem hysterischen Anfall gleich springen, wer denkt denn da an uns?« Auch hier wäre das Aushandeln von Minimalzuwendungsmöglichkeiten wichtig. 9

ÜBUNG Denken Sie darüber nach und/oder diskutieren Sie, was für Beispiele Ihnen noch einfallen, wo bisher erfolgreiche Lösungen von Konflikten selbst zum Problem werden. Denn sicher ist die Aktualisierung des Konfliktes nur ein Aspekt der momentanen Krise des Patienten; ein anderer ist, da die bisher erprobte Lösung nicht mehr klappt, alle Partner können »mehr desselben« nicht mehr leisten, weder psychisch noch physisch. Gehen Sie dabei wieder von der eigenen Betroffenheit aus.

Therapie und Selbst-Therapie

Wer hat mit Beziehungskranken zu tun?

Leichtere neurotische Handlungsweisen werden sich häufig durch »Spontanheilung« geben, etwa indem sich im Leben eines Menschen etwas Entscheidendes ändert, »die Richtung wieder stimmt«. Manchmal kann auch die Begegnung mit einem Psychotherapeuten das Entscheidende sein, was sich ändert.

Sicher ist bei schweren und dauerhaften Störungen der Beziehungsgestaltung die Möglichkeit, bei sich selbst andere Lösungsversuche kennen zu lernen, mit mehr Anstrengung, auch mit mehr Hilfestellung von außen verbunden. Die Möglichkeiten von Hilfe werden leichter sichtbar, wenn das neurotische Handeln mit einem seelischen Symptom verknüpft ist. Sie werden schwerer sichtbar, wenn die neurotischen Anteile zum Charakterzug oder zu einem Teil der Persönlichkeit geworden sind oder sich psychosomatisch äußern.

Seit Beginn des 20. Jahrhunderts etwa kennt man systematische Psychotherapie. Bei den meisten psychotherapeutischen Schulen (s. Kapitel 19) bedeutet Therapie Hilfe bei der Selbsthilfe. Jedoch unterscheiden sich die Schulen im Weg. Es hat lange gedauert, bis neurotisches Handeln als Handeln anerkannt war, das die Hilfe des psychiatrisch Tätigen braucht. Vorher waren es die »neurotischen Endzustände«, die als Bewahrfälle in psychiatrische Krankenhäuser kamen; oder es waren Zwangskranke, Hysteriekranke, die bei akuten Krisen aufgenommen, mit Pflege und den jeweils üblichen Medikamenten entlastet und meist nur beruhigt wieder entlassen wurden. Auch heute noch wird gerade bei neurotischem Problemlösungsverhalten häufig die Entscheidung verlangt, ob sie Krankheitswert haben oder nicht, so als ob man dann anders vorgehen müsse.

Nicht in jedem Fall wird der psychiatrisch Tätige die hilfegebende Bezugsperson. Für den Fall, dass er es wird, ist immer die Frage zu stellen, was macht es dem Anderen möglich, seine Lösungs- und Bindungsfähigkeit – seine Beziehungsfähigkeit – zu verändern? Die Maßnahme Psychotherapie ist dabei eine mögliche Maßnahme, genau diese Frage anzugehen. Aber auch ohne den Psychotherapie-Spezialisten (Techniker) wird in jeder Begegnung mit einem neurotisch Handelnden bereits ein Stück des Weges von der Hilfe bei der Selbsthilfe zurückzulegen sein. Damit ist gemeint, den Anderen wissen zu lassen, dass er nicht erwarten kann, ich würde für ihn arbeiten und er könne sich abhängig machen und in meine Hand geben, sondern dass es seine Anstrengung sein wird, bei der ich ihn unterstützen kann. Das kann ich natürlich nicht, indem ich Erklärungen abgebe, sondern nur, indem ich Modell bin für die Haltung, die ich erzeugen will.

Die »Härte« der therapeutischen Haltung

Es ist leicht, den, der sich unwohl fühlt oder »nicht fühlt«, ohne genau beschreiben zu können, welches die Grundlage seines Unwohlseins oder seiner Unzufriedenheit ist, zu dem bisher für Unwohlsein Berufenen zu schicken, nämlich zum Arzt, der wiederum aufgrund seiner beruflichen Sichtweise vom Menschen das Unwohlsein im Individuum ansiedelt, nicht aber nach verletzten Beziehungen fragt. Auf diese Weise lernt der Mensch, die Quellen seines Unwohlseins in seinem Körper zu suchen. Die Lösungen sind meist medizinisch-medikamentös. Sie engen die Sichtweise des Patienten darauf ein, seine Gefühle als Ausdruck oder Signal für körperliches Befinden zu werten. Menschen, die mit dieser Einstellung in psychiatrische Einrichtungen kommen, haben es schwer, die von uns beschriebene Suchhaltung einzunehmen.

Den meisten kommt es »hart« vor, in dieser Weise gefordert zu sein. Sie genießen es zwar, dass man sich ihnen zuwendet, dass sie mehr Zeit bekommen als bisher; gleichzeitig aber löst die Forderung nach eigener Anstrengung (nach Eigenbeteiligung) Protest aus. Dies ist ein Missverständnis. Wir denken, dass jedem die Angst zuzumuten ist, das Maß seiner Wünsche nach Regression, nach Sich-gehen-Lassen und Sich-fallen-Lassen, nach Entspannung kennen zu lernen. Gleichzeitig ist auch jeder in der Lage, nach seinen Möglichkeiten und Wünschen von Regression zu suchen. Nur eine Möglichkeit besteht darin, sich im Krankenhaus ins Bett zu legen, jedoch dies ist die Möglichkeit, die die Institution am leichtesten zur Verfügung stellen kann.

ÜBUNG Überlegen Sie sich eigene, gemochte, d. h. akzeptierte und abgelehnte Handlungen, die Regression beinhalten. Welche Regression ist in welcher Institution möglich und erlaubt?

Die Distanzierung, die »Objektivierung« ist im Umgang mit Menschen, deren Beziehungsaufnahme gekränkt ist, noch schwerer möglich als sonst, da die Begegnung bereits Teile dieser Kränkung enthält, sodass auch der Therapeut sich selbst besonders wenig schonen kann. Weiter gilt, dass »Kränkung« hier noch nichts über die Beweggründe dessen aussagt, mit dem wir zu handeln haben. Sicher tut ihm was weh, aber oft wäre es völlig falsch, wenn man mit den Schmerzgefühlen auch nur freundlich umgehen wollte, da es gleichzeitig sein kann, dass der Betreffende sich rächen will, dass er klammern will, dass er lästig sein will, bloß dass er nicht sagen kann, dass er genau das will. Häufig wird gerade von Patienten in diesem Zusammenhang das Wort des »unbewusst-Handelns« gebracht: Ein Anzeichen für Verstellung, irgendetwas nicht gewesen sein zu wollen, dass der Partner und vor allem Sie selbst nicht erkennen sollen.

Den Patienten ist zu ermöglichen, dass sie *alle* ihre Gefühle, die im Symptom gebunden sind, entdecken können, gerade auch die, die sie nicht mögen oder von denen sie fürchten, dass sie von Anderen nicht gemocht werden. Sie mit der Nase auf die ihnen unangenehmen Seiten ihres Handelns zu stoßen oder sie in Verdacht zu haben, »dass sich dahinter sicher was verbirgt«, erleichtert es ihnen, sich zu verstecken, und erschwert, selbst zu suchen, was sich verbergen könnte. Man kann eben nicht darauf vertrauen, dass man nur nett zu sein braucht, damit der Patient sich traut, die ihm verborgenen Seiten anzugucken. Vielmehr muss ich ihn darauf vorbereiten, dass er sich in dem, was ihm ungeheuerlich erscheint, annehmen kann. Dies gelingt leichter, wenn man ihn nicht nur in dem akzeptiert, was er sowieso schon sehen kann. Dabei bestünde die Gefahr der Beliebigkeit. Um der zu entgehen, muss ich beharrlich sein, geduldig, leichte Öffnungen bestärken, durch eigene Beispiele, eigene Zornesausbrüche, Schlampereien, Gierigkeiten Offenheit für Ängstigendes herstellen, also für das, was auf der anderen Seite der Abwehr sein kann. Sicher macht das ihm – und mir – Angst, er wird erschrecken, sich wehren. Wenn ich dann zurückschrecke, weil ich meinerseits nicht brutal sein möchte, weil ich ein schlechtes Gewissen kriege, weil ich nicht gern kämpfe, vermeide ich aktiv, dem Patienten bei der Herstellung einer Suchhaltung zu helfen. Im Gegenteil: Die Gefahr ist groß, dass man bestärkt, er habe zu Recht Angst, auf das Verborgene zu schauen; oder ich bestärke seine Abwehr: Er merkt, dass nicht nur seine Angehörigen sich durch seine Kampfmaßnahme zurückschrecken lassen, sondern er spürt auch im Kampf mit mir Überlegenheit. Gleichzeitig ist das für ihn ein trügerischer Sieg. Dazu ein

BEISPIEL Ein Patient kommt mit tief verzweifeltem Ausdruck, lässt Kopf und Schultern hängen, es geht ihm sichtlich schlecht und er sagt: »Mir kann keiner helfen.« Normalerweise lockt dieser Ausspruch den gesamten Ehrgeiz von uns therapeutisch engagierten Menschen auf den Plan. Wir denken dann leicht: »Na, das wollen wir doch mal sehen.« Dieser Gedanke schon macht uns zu wahrscheinlichen Verlierern, macht uns anfällig für Manipulation. Solche Patienten haben eine lange Beweiskette, dass ihnen nicht geholfen werden kann; sie haben schon mehrere Ärzte verschlissen, wenigstens einen Kuraufenthalt, wenigstens einen Krankenhausaufenthalt, sicher auch einige magische Versuche wie Akupunktur oder Yoga, und nichts hat bisher geholfen. Wieso in aller Welt fühle ich mich stark genug, den Kampf aufzunehmen? Was berechtigt mich mehr als andere dazu, dem Klienten zu versichern, dass ich ihm helfen kann? Die Wahrscheinlichkeit, dass ich in die Reihe derer eingehe, die auch nicht helfen konnten und dass nach mir noch viele andere therapeutisch Engagierte aufgesucht werden, ist sehr groß. Deswegen sollte ich mir lieber gleich überlegen, ob ich ein Hilfsversprechen gebe und welches. Ich werde dem Patienten vermutlich nützlicher sein, wenn ich ihm nicht helfen will, ihm sage: »Das sehe ich genauso wie Sie.« Es hätten sich schon so viele Kollegen um ihn bemüht, und ich könnte auch nicht sehen, was die Situation so geändert hätte, dass ausgerechnet ich ihm helfen könnte. Ich kann hinzufügen: Eigentlich wüsste ich nur einen einzigen Menschen auf der ganzen Welt, der ihm helfen könnte, und das wäre er selbst. Zu dieser Antwort muss man sich selbst ermutigen; denn es gehört zu den Ängsten von Therapeuten und »Helfern« zu denken, dass auf Verweigerung von Hilfe Strafe steht. Sicher wird dies eine beleidigte, gekränkte, eingeschnappte Äußerung zur Folge haben. Derart: »Das ist mir noch nie passiert, da kann ich ja gleich aus dem Fenster springen, aber irgendjemand muss mir doch helfen, was soll denn aus mir werden!« Hier bieten sich für mich schon mehrere Möglichkeiten, konstruktiv zu handeln, vorausgesetzt, ich bleibe dabei, dass ich sicher nicht der bin, der zu helfen beansprucht. Wenn ich mich zum Vertreter der Selbsthilfe mache, es mir auch gelingt, den Patienten ein Stück auf den Weg zu locken, und er dann, wenn ich gerade ein bisschen erleichtert bin, fragt: »Und sind Sie sicher, dass mir das hilft?«, dann darf ich alles außer »ja« sagen; denn erstens bin ich wirklich nicht sicher, und zweitens hätte ich garantiert, dass das Spiel von vorne losgeht.

Es ist freilich unumgänglich unterscheiden zu lernen, wann Hilfe wie nötig ist. Auch Verweigerung lässt sich nicht verallgemeinern. Denn auch den anderen Menschen gibt es:

Den, der seine Beziehungsstörung dadurch versteckt hat, dass er nie um Hilfe nachgekommen ist. Für ihn mögen die ersten Schritte in die Bindung (Abhängigkeit) die bedeutsamsten sein.

■■ Der therapeutische Rahmen: Ort, Zeit, Ziele

Für das Zustandekommen psychotherapeutischer Behandlungen ist es unerlässlich, dass ein klarer, freiwilliger Behandlungsvertrag geschlossen wird. Wichtig ist auch die Aufklärung über erwünschte und mögliche unerwünschte Wirkungen. Patientinnen vor allem müssen sich darauf verlassen können, dass sie nicht missbraucht werden. Das »Psychotherapeutengesetz« von 1999 ermöglicht ein breiteres psychotherapeutisches Angebot im ambulanten Rahmen. Die ambulante Behandlung ist für die meisten Patientinnen und Patienten günstig, weil sie im gewohnten Lebensbereich bleiben können. Das fördert die Auseinandersetzung und es verhindert Nachteile am Arbeitsplatz. Ein klinischer Aufenthalt auf einer psychotherapeutischen Station sollte der Ausnahmefall bleiben. Es ist zu klären, ob und in welchem Umfang es stationäre Psychotherapie geben sollte. Zu diskutieren sind Erfordernisse und Grenzen der Differenzierung. Die sollte nach unserer Ansicht möglichst vermieden werden: vor allem auch Spezialstationen für neurotisch Kranke auf dem Gelände ehemaliger psychiatrischer Landeskrankenhäuser. Andererseits ist es für bemühte und sich bemühende Menschen manchmal erholsam, wenn sie für eine Weile aus der üblichen Umgebung herauskönnen. Wichtig ist die Vermittlung ambulanter Weiterbehandlung. Ambulante Behandlungen werden hinsichtlich der Länge und der Zwecke der Vereinbarung abhängig sein von dem gewählten Behandlungsverfahren (s. Kap. Techniken), von dem Ausmaß der Störungen und von der durch die Kassen eingerichteten Kontrolle. Sowohl Patientinnen und Patienten als auch Therapeutinnen und Therapeuten sind fünf Probestunden zugebilligt, damit die Chancen der Zusammenarbeit in der Beziehung geprüft werden können. Häufiges Wechseln und zu langes Zögern vor Beziehungsaufnahme macht die therapeutische Arbeit schwieriger. Den Patientinnen und Patienten sollte – unabhängig von den Vorgaben der Kassen – ein zeitlicher Rahmen gegeben und begründet werden. Die Niederlassung von Psychotherapeutinnen und Psychotherapeuten ist regional geregelt. Es bleibt zu überprüfen, ob wirklich jede und jeder, die und der psychotherapeutisch behandelt werden will, dies auch erreicht. Es zeigt sich jetzt bereits, dass für die psychotherapeutische Behandlung von Psychosekranken besondere Hürden zu nehmen sind, obwohl gerade diese Menschen gute Gründe haben, Psychotherapeuten aufzusuchen.

Häufig ist gerade die Vereinbarung über den therapeutischen Rahmen bei den Beziehungskranken vernachlässigt und verschwommen. Es wird von »allgemeiner Persönlichkeitsveränderung«, Stabilisierung usw. gesprochen, ohne dass klar würde, was das ist, und ohne dass die Legitimität solcher Zielsetzung mit dem Patienten abgesprochen ist. Dies ist nur möglich, weil die Erwartungen der Patienten diffus sind, denn die Fähigkeit zur genaueren Bestimmung von »beziehungskrank« setzt das Einsetzen der Suchhaltung bereits voraus. Für alle Menschen ist es schwer, Auskünfte über sich selbst zu geben, »sich im Spiegel zu betrachten«, auch mit Angst verbunden. Das Angehen dieser Angst gehört zum Abstecken des therapeutischen Rahmens. »Zeitlos« sich auf einen nach vorn offenen Lebenslauf als Entwicklung einzulassen, ist oft auch mit der Vorstellung von »unheilbar« verknüpft. Der Therapeut sollte wissen, für welche Zeit er Kontakte eingehen kann, ob er ein Mensch ist, der sich lange binden kann oder dem Beziehungen nach einer Weile schal werden; denn der Patient ist mehr abhängig von der Person und Toleranz des Therapeuten, als wir ahnen, und nur Eindeutigkeit kann ihm erleichtern, diese Abhängigkeit zu meistern. Wir haben es auch hier mit vertraglichen Vereinbarungen zu tun. Psychotherapie dient einem Zweck – und der muss benannt sein. Bei der Vereinbarung der Ziele gilt, dass die Veränderung des Patienten in Abhängigkeit vom Menschenbild des Therapeuten geschieht. Wenn wir hier von »beziehungskrank« sprechen, ist eben dies Teil unseres Menschenbildes, genau wie »Persönlichkeit« ein Teil eines Menschenbildes ist.

WICHTIG **Immer auf die Möglichkeit von Selbsthilfegruppen als auch einer Form von Hilfe – und sei es eine zusätzliche – hinweisen!**

E Epidemiologie, Prävention, Bedeutung

■ Verbreitung

Es gibt wenige feste Zahlen, und zwar zu Recht, denken wir. Geht man von der Feststellung aus, dass in wirtschaftlich stabilen Zeiten mehr Menschen als »beziehungskrank« gesehen werden als in Notzeiten oder dass in Abhängigkeit von der sozioökonomischen Einordnung Frauen leichter diese Diagnose erhalten als Männer, so stellt sich die Frage nach der Kausalität dieses Zusammenhanges. Auch das Phänomen der spontanen Heilung, das gerade bei neurotischen Anteilen oft genannt werden kann, legt die Frage nahe, wie das wohl kommt. Zu vermuten ist, dass Ereignisse, die der Therapeut nicht wahrnimmt, weil sie nicht in seinen Bezugsrahmen gehören, stärker sind.

Epidemiologische Fragestellungen bei der Erforschung von Neurotischem müssten immer die Veränderung beinhalten, nie nach dem Ist fragen. Also: Was trägt dazu bei, dass etwas so oder so geworden ist? Welche innere oder äußere Bedingung muss verändert werden, damit der Mensch zu sich und seiner Umwelt wieder normale Beziehungen herstellen kann? Nirgendwo kann Wissen so trügerisch sein, wie in diesem Bereich, weil durch die darin enthaltene Möglichkeit der Festschreibung gegeben ist, dass immer dieselben Lösungen angewendet werden, wo längst neue erforderlich sind. Dennoch: Untersuchungen legen nahe, dass etwa ein Viertel der erwachsenen Menschen im Laufe des Lebens psychotherapeutische Hilfe in Anspruch nehmen, sich also selbst als in diesem Sinne hilfsbedürftig definieren. 8 bis 12 Prozent gelten als neurose-krank.

Bedingungen

In jedem Einzelfall ist über das Verhältnis zwischen eigenem Vermögen und den Anforderungen des Lebens nachzudenken. Ohne die Fähigkeit, erprobte Lösungen für künftige Wiederverwendung zur Verfügung zu haben, wäre unser Leben chaotisch; und ohne die Fähigkeit, aus Erfahrungen Leitfäden für das eigene Handeln zu abstrahieren und in neuen Situationen anzuwenden, könnten wir Identität nicht entwickeln; jedoch liegt darin auch die Gefahr der Vereinfachung, nämlich Regeln rein gedanklich von den konkreten Anlässen zu trennen, die zu ihrer Aufstellung führten, und diese von ihrer Erfahrung amputierten Regeln dann auf alle Hürden, Hindernisse, innere wie äußere Aufgaben, Schwierigkeiten, Beziehungslosigkeiten und Beziehungskränkungen anzuwenden. So berichtet ein älterer Mann, der großes Verständnis für die Entfremdung der Jugend in unserer heutigen Welt aufbringt, von einer typischen Enttäuschung: Er bot zwei Jungen, die sehr an Autos interessiert waren, freie Ausbildung in seiner Reparaturwerkstatt an, was beide mit Freuden annahmen. Als er ihnen aber sagte, dass sie zur Vermeidung von Unfällen zur Arbeit ihr langes Haar zurückkämmen müssten, konnten beide in dieser Sicherungsmaßnahme nur das typische Vorurteil der älteren Generation für diesen Ausdruck ihrer Individualität sehen und sie lehnten sein Angebot ab. Viele neurotische oder unreife (überholte) Handlungsweisen und Lösungsversuche sind das Ergebnis der unentwegten Anwendung einer und derselben »bewährten« Lösung auch dann, wenn sich die Umstände längst geändert haben. Wie schon gesagt, Wiederanwendung ist nicht an sich falsch; die Herauskristallisierung dessen, was ich für »typisch« halte, durch die private wie durch die berufliche Brille gesehen, ist Voraussetzung für Vereinfachung, Ökonomie und Vertrauen in allen Lebensbereichen. Doch sind Lösungen an einen bestimmten Kontext gebunden und werden zu »schrecklichen Vereinfachungen«, wenn sie sich nicht den Veränderungen des Kontextes anpassen. Das gilt auch für die Lösung, zwanghaft *nur neue* Lösungen zu suchen. Die Bedingung des Neurotischen, so betrachtet, ist, dass es dem Individuum nicht gelingt, sein Handeln in einem Kontext neu zu arrangieren oder einfallsreich zu sein. Alle Menschen organisieren, disorganisieren und reorganisieren sich lebenslang. Wenn ich die Lust oder Kraft verliere, zu faul, zu ängstlich bin, nicht belohnt werde dafür, dass ich mein Handeln diesen Veränderungen anpasse oder auch mich schon für vollendet halte, die Lösung schon »habe«, d.h. dieselben alten Lösungen nicht aus Rat- und Hilflosigkeit, sondern auch aus Überheblichkeit anwende, ist eine Beziehungskränkung sehr wahrscheinlich. Am wahrscheinlichsten ist die Kränkung der Beziehung zu mir selbst, denn in einem solchen Moment bin ich nicht in der Lage, mir Einfälle zu machen. Das heißt, dass ich bestimmte Anteile von mir übersehe und dadurch in die Klemme gerate. Das lässt sich von der individuellen Ebene auf die soziale übertragen. So kann es sein, dass ich nicht aus mir heraus in der Lage bin, eine angemessene Lösung zu finden, sondern dass Andere die Information haben, die mich befähigen könnte. Und es kann sein, dass ich in einer Gruppe lebe, in der wir alle nicht die nötigen Informationen haben. Es gibt z.B. »betriebsspezifische« psychosomatische Erkrankungen. Etwa die Anfälligkeit der Postboten für Erkältungskrankheiten im Sommer, jedoch ihre stabile Gesundheit zur Weihnachtszeit. Der einzelne Postbote kann kaum feststellen, dass er nicht der Einzige ist, der im Sommer erkältet ist. Die Personalabteilung kann Fehlzeiten festhalten; erst der Betriebsarzt kann die betriebsspezifische Erkrankung feststellen, wobei die Lösung darin läge, den Postboten auch im Sommer das Gefühl dafür zu geben, dass sie eine wichtige Berufsgruppe sind und nicht nur zur Weihnachtszeit.

■ Bedeutung

Es ist gerade die Herausforderung an uns, nicht nur für den einzelnen Patienten, sondern auch im Sinne einer Gesamtverantwortung herauszufinden, wie es zu dem »verfehlten Leben« kommt, sodass nicht der Einzelne in Verantwortung genommen wird für etwas, worunter wir möglicherweise alle leiden. Eine Bedeutung des Kennenlernens von Beziehungsstörungen liegt darin, dass ich meine Wahrnehmungsgrenzen, meine Tabus kennen lerne und dann an der Veränderung des Individuums und meiner Umgebung arbeiten kann. Was hindert uns, da wir alle um den Zusammenhang zwischen bestimmten Aspekten von Arbeit und Störanfälligkeit in den Beziehungen wissen, veränderte Formen von Arbeit zu schaffen? Und Familie? Das Leben macht Mühe, insofern zeigt uns diese Art der Erkrankung, was in unserer Gesellschaft am meisten Mühe macht und welche Möglichkeiten des Umgangs zugelassen sind. So ist das Zwanghafte wahrscheinlich besser integriert als das Depressive, und das Hysterische hat sich sehr gewandelt.

■ Prävention

Das Folgende klingt pathetisch, ist illusorisch-utopisch: In allen Vorstellungen über Prävention, die von der freien Entfaltung der Persönlichkeit, der freien Sexualität, der Freiheit der Kommunikation sprechen, davon, dass nicht zu früh im Leben eines Menschen tabuierende Einengungen stattfinden sollen oder dass der Zwang der Leistungsgesellschaft uns alle in der freien Äußerung einengt – in allen ist der Gedanke von »frei« enthalten. Menschen, die zu neurotischen Lösungen neigen, sind aus Gründen innerer Unausgeglichenheit genötigt, sich im Sinne unseres Wunschbildes und damit auch auf sozial erwünschte Weise darzustellen. Sie und wir lassen nicht zu, sie als emotional labil, unterwürfig, mutlos (um nicht zu sagen: feige), argwöhnisch, schwankend, schuldhaft, undiszipliniert und gereizt wahrzunehmen und leben zu lassen. Und häufig dienen therapeutische Maßnahmen dazu, bessere Verstecke für diese Seiten menschlicher Existenz zu finden, als diese wirklich aufzudecken. In dem Zusammenhang haben wir uns zu fragen: können wir das Labile, Schwankende, Mutlose, Unterwürfige in uns zulassen. Können wir leben, dass wir nicht immer funktionieren und nicht immer stabil sind. Nur die Anerkennung dieser allgemeinmenschlichen Bedingung macht Prävention und macht Therapie möglich!

Literatur

BALINT, Michael (2001): Der Arzt, sein Patient und die Krankheit. Stuttgart, Klett-Cotta, 10. in der Ausst. veränd. Aufl.

BALINT, Michael (1994): Angstlust und Regression. Stuttgart, Klett-Cotta, 4. veränd. Aufl.

BRÄUTIGAM, Walter (1985): Reaktionen, Neurosen, Abnorme Persönlichkeiten. Stuttgart, Thieme, 6. neubearb. Aufl.

DULZ, Biger; SCHNEIDER, Angela (2000): Borderline-Störungen – Theorie und Therapie. Stuttgart, Schattauer, 3. durchges. u. erg. Aufl.

ERIKSON, Erik Homburger (1976): Ich-Identität und Lebenszyklus. Frankfurt / M., Suhrkamp, 18. Aufl. 2000

FREUD, Anna (1936): Das Ich und die Abwehrmechanismen. Frankfurt / M., Fischer, 16. Aufl. (2000)

GRODDECK, Georg (1994): Das Buch vom Es. Berlin, Ullstein, 5. Aufl.

HÜTHER, Gerald (2001): Biologie der Angst, Wie aus Stress Gefühle werden. Sammlung Vandenhoeck, Göttingen

MITSCHERLICH, Alexander (1984): Der Kampf um die Erinnerung. München, Piper, 2. Aufl.

MOSER, Tilmann (1992): Vorsicht Berührung. Frankfurt / M., Suhrkamp

REEMTSMA, Jan Philipp (1998): Im Keller. Reinbek, Rowohlt

REICH, Wilhelm (1999): Charakteranalyse. Köln, Kiepenheuer & Witsch, 6. Aufl.

RICHTER, Horst Eberhard (1998): Eltern, Kind, Neurose. Stuttgart, Klett-Cotta, 3. Aufl.

RICHTER, Horst Eberhard (1998): Patient Familie. Reinbek, Rowohlt

SCHWIDDER, Werner (1987): Klinik der Neurosen. In: Psychiatrie der Gegenwart, Bd. II / I. Berlin, Springer, 3. völlig neugest. Aufl.

UEXKÜLL, Thure VON (2001): Psychosomatische Medizin. München, Urban & Schwarzenberg, 6. Aufl.

WATZLAWICK, Paul u. a. (2001): Lösungen. Bern, Huber, 6. unveränd. Aufl.

10 Der sich und Andere tötende Mensch (Krise, Krisenintervention)

A Landschaft mit Sprung

Der Mensch unterscheidet sich vom Tier durch seine »exzentrische Position« (PLESSNER): Er ist nie nur bei sich, in seinem Zentrum, sondern immer auch sich überschreitend – zur Welt, zum Du, zur Zeit, zu Gott oder von dorther –, sich entwerfend, sich transzendierend, also auf dem Sprung.

Sich oder Andere töten ist daher beim Menschen *auch* anders als beim Tier: es ist die endgültige Art, eine Ausweglosigkeit auszudrücken, ein Lebensproblem zu lösen und daher immer auch *eine* Lösungsmöglichkeit *jeder Krise.* Deshalb ist dieses Kapitel wichtig für jede psychiatrische Akutsituation.

Wie sieht die Landschaft der Krise aus? Voraussetzung ist stets ein ungelöstes Lebensproblem, am häufigsten ein zwischenmenschliches, vor allem Partnerproblem. Da dessen Angstsignale seit langem überwiegend abgewehrt wurden, ist der oder sind die Betroffenen bereits von vielen Landschaftsbezügen abgekoppelt und in ihrer Privathölle vereinsamt – wie im Depressionskapitel beschrieben. Die Landschaft ist eng und hart geworden. Aufmerksamkeit und Energie werden nicht in die Lösung des Problems, sondern in die Kontrolle der eigenen Angstsignale investiert – nicht selten über Alkohol, Medikamente, depressive, neurotische oder somatische Symptome. Nach dem Motto: »Mehr desselben« sind der oder die Betroffenen längst im Teufelskreis der Angst vor der Angst ... Die Verarmung der Landschaft treibt die Hochspannung höher, da es für Handlungen keine unschuldigen Realitätsbezüge und damit Entlastung mehr gibt. Loslassen oder Wechsel des Weges (der Angstabwehr, der Problemlösungsmethode) ist nicht mehr möglich. Möglich ist nur noch, den eingeschlagenen Weg noch konsequenter zu gehen. Jeder Schritt bewirkt, dass die damit verbundene Aktivität noch mehr nach innen schlägt, die Gefühlsspannung höher, ambivalenter, totaler und diffus-allgemeiner wird. Irgendwann ist der nächste Schritt buchstäblich der Letzte: So geht es nicht mehr weiter, dieser Weg ist am Ende. Die Krise ist zugespitzt – so spitz, dass die gesamte psychische Aktivität von einem oder zwei Menschen sich auf einen Punkt zusammengezogen hat und dass die zugehörige Landschaft weg ist, zu einer Wand verhärtet, zu einem Abgrund abgeschlossen und – geöffnet. Rücktritt ist ebenso ausgeschlossen wie Auf-der-Stelle-Treten. Möglich und zugleich zwingend ist nur noch der gewaltsame Sprung. Nur einem Wesen, das wie der Mensch gegenüber seiner Landschaft über einen Antriebsüberschuss verfügt, ist eine so totale und ungerichtete Antriebszuspitzung möglich. So ungerichtet, dass ein zielgerichtetes Töten herauskommen kann. Der Sprung geht ins Offene. Und die Sprung-fragen lauten: So oder anders? Ich oder du? Ich oder nichts? Und das »Gottesurteil«, d. h. so springen, dass man »es darauf ankommen lässt«, was der präzise Sinn des merkwürdigen Wortes Suizid*versuch* ist.

Jede Krise ist also auch eine Frage von Leben und Tod. Jeder »unernste« Suizidversuch ist auch als ein Stück vollendeten Suizides ernst zu nehmen. Und jeder vollendete Suizid ist auch ein Stück Versuch. Denn in beiden Fällen ist weniger der Tod das Ziel. Mehr geht es um den verzweifelten, gewaltsamen Sprung, da das »normale« Springen verstellt ist. Ob dabei

mehr Selbst- oder Fremdtötungen herauskommen, entscheidet mehr die Landschaft: Im 19. Jahrhundert stieg in den sich industrialisierenden Gesellschaften nicht die Mordrate, wohl aber (gemeinsam mit der Gewaltsamkeit gegen die Natur) die Suizidrate – um bis zu 400 Prozent. In traditionellen Gesellschaften, in denen die Aktivität mehr nach außen, in den Kampf ums Überleben fließt, enden zwischenmenschliche Krisen eher in Fremdtötungen. In unseren heutigen ent- und verwickelten Gesellschaften dagegen, in denen Aktivität durch die Veränderung der Arbeit und die »Entlastung vom Negativen« mehr als psychische Aktivität innere Dauerspannung erzeugt, sich leichter gegen sich selbst richten kann, ist auch in Krisen die Hemmschwelle vor der Selbsttötung geringer als vor der Fremdtötung.
Wie verflochten Selbst- und Fremdtötung für uns sind, mag eine Situationssammlung (HANSEN 1982) zeigen: Der erweiterte Suizid, bei dem die Tötung des Anderen die Selbsttötung bahnt; die Fremdtötung, um selbst getötet zu werden; die Selbsttötung, um der Tötung zuvorzukommen; der Suizid nach Tötung eines Anderen; der Suizid statt der Tötung des Anderen oder statt des ewigen Streites (»um endlich Ruhe zu haben«); der Suizid nach Partnerverlust (Mitgehen in den Tod); der Amoklauf, bei dem das Ungerichtete der Gewalttätigkeit besonders deutlich wird; das Duell (»Gottesurteil«); die Tötung aus Eifersucht; und jede Psychose kann als Tod erlebt werden (LINDNER 1993: »Viele Tode stirbt der Mensch«). MENNINGER hat die Verflechtung auf den Begriff gebracht. Für ihn gipfeln in der Selbsttötung die drei Wünsche: Töten, Getötet-Werden und gemeinsames Sterben.
Wir sprechen von einer »Tötungskrise« wie von einer »suizidalen Krise« (RASCH 1964, DE BOOR 1982): Sie setzt einen zermürbenden Partnerkonflikt voraus und dauert bei ihrer krisenhaften Zuspitzung in der Regel mehrere Tage. Ob sie zur Tötung führt, hängt von situativen Zufällen, mehr noch vom »Mitspielen« des Partners ab. Wenn es zur Tötung kommt, kann dies in der beschriebenen zugespitzten, affektiven Aktivitätssummierung erfolgen (Maximaleffekt). Es kann auch der Zusammenbruch des körperlichen und/oder sozialen Kontextes die Tötungshemmung abbauen (Hirnerkrankung, Erschöpfung, auslösende Rolle dritter Personen). Bei Sexualtötung bahnt die sexuelle Aktivitätszuspitzung die Tötung. Man kann auch sprechen von Selbst- oder Fremdtötung zum Zwecke der eigenen Abgrenzung, zur Identitätsfindung sowie zur Rettung des Selbstwertes (AMERY 1975).
Schließlich gibt es die Tötung als Zuspitzung einer psychotischen Isolation, wenn z. B. verselbstständigte Stimmen das Töten befehlen.
Dass Sie unser *gemeinsames* Durchdenken von Selbst- und Fremdtötung anfangs befremdlich fanden und dass auch wir uns dazu »vergewaltigen« mussten, liegt daran, dass wir psychiatrisch Tätigen gern alles Gewalttätige aus unserer hilfreichen Arbeit verdrängen. – Wie wir ja auch die psychisch kranken Straftäter in Sondereinrichtungen ausgrenzen und über unsere dort arbeitenden Kollegen herziehen, weil die Atmosphäre dort so gewalttätig sei. Unsere Angstabwehr gibt uns auch ein geschicktes Argument: »Mit suizidalen Krisen haben wir dauernd zu tun, aber wann schon mal mit einer Tötungskrise?« Wieder mal ist das ein Produkt unserer hospitalisierten Arbeitsweise: Es liegt daran, dass Menschen, die gegen sich

selbst sind, zu uns kommen, während Menschen, die sich zu helfen versuchen, indem sie zuschlagen, nicht zu uns kommen, obwohl ihre innere Not genauso groß ist. Wenn wir aber »gemeindepsychiatrisch« nicht nur reden, sondern auch arbeiten wollen, dann haben wir Menschen und Familien in Tötungskrisen aufzusuchen. Es liegt also an uns. Wenn wir im Folgenden dennoch häufiger vom suizidalen Menschen sprechen, da er gleichwohl häufiger ist, ist die Anwendung auf die Tötungskrise stets mitzudenken.

ÜBUNG Wie kommt es, dass um 1900 aus demselben liberalen Fortschrittsglauben heraus erstmals gleichzeitig das Recht auf Selbsttötung (»Freitod«) und das Recht auf »Freigabe« der Tötung Anderer, des »lebensunwerten Lebens«, der »Ballastexistenzen«, der seelisch und geistig Behinderten, der »Unheilbaren« gefordert wurde? Erzwingt die eine Forderung die andere?

B Krisen-Diagnose

Nicht nur bei der Selbst- und Fremd-Tötung, sondern auch bei jeder ausweglos gewordenen Problemlösungsmethode können wir von »Krise« sprechen: z. B. depressive, manische, paranoide, autistische, Leistungs-, Wert-, Selbstwert-, Partner-, Entwicklungs-, Reifungs-, Vereinsamungs- oder Zwangskrise usw. Stellen Sie daher bei jedem akuten Kontakt eines Menschen mit der Psychiatrie zunächst nur eine Krisen-Diagnose.

■ Befragung der Krise

Damit mir und dem Patienten die Gefahren und Chancen der aktuellen Krise klar werden, habe ich folgende Aspekte zu berücksichtigen und in Fragen zu übersetzen:

- **Beschreibung** der Krise, wie sie jetzt und hier erlebt wird: »Was ist es, dass Ihre Lage, Ihr Leben jetzt ausweglos macht?« Unterscheidung zwischen Lebensproblem (»Wie leben Sie eigentlich?«) und Problemlösungsmethoden (»Haben Sie die ganze Zeit gegen Ihre Angst, Wut, Wünsche angekämpft?«).
- **Ernstnehmen** der Krise: »Sie sind sicher, dass es so wie bisher auf keinen Fall weitergeht, dass nichts mehr möglich ist, dass Sie nur noch Schluss machen können, dass nur noch ein Sprung Sie retten kann?!« Das gilt auch für banale Krisen.
- **Was verstärkt** die Krise, was nicht? Welche Antworten sind den Anderen, Angehörigen (Familie, Arbeit, Umfeld) auf den Patienten noch möglich?
- **Schuldzuschreibung:** »Welche Anteile Ihrer Krise sind durch Sie, welche durch Andere bedingt?«
- **Erwartungen:** »Wie empfinden Sie das, wie die Anderen auf Ihren Zustand eingehen?« Oder »Stellen Sie sich vor, alle für Sie erreichbaren Menschen sind weg, was täten Sie?« Das heißt, ist der Patient hilfefordernd, abhängig, verschämt, hilfeablehnend (»Ich muss allein fertig werden!«)?

- **Frühere Krisen** (wichtig für Prävention): »Als es Ihnen schon einmal schlecht ging: Wie haben Sie damals herausgefunden?«
- **Krisensinn:** »Welche Bedeutung hat Ihr jetziger Zustand für Sie?« Jeder ist nach Todes-/Tötungswünschen zu fragen.
- **Krisenvertiefung:** Da viele Patienten, wenn wir sie als psychiatrisch Tätige kennen lernen, ihre alte, ungünstige Abwehr schon wieder hochgezogen haben, ist es notwendig, dass Sie den Tiefgang der Krise noch ernsthafter sehen als der Patient selbst und darauf auch bestehen, z. B. nach einem Suizidversuch: »Eigentlich sind Sie ja schon drüben gewesen, haben Ihre Freiheit gefunden?«
- **Krisennutzungspotenzial:** Dazu dürfen Sie erst kommen, nachdem Sie im Gespräch den Tiefpunkt der Krise garantiert erreicht haben; sonst wird Ihre Begegnung ein billiges Trostmittel: »Was mögen Sie an sich? Was sind Ihre Stärken?« (z. B.: »Dass ich bescheiden/stolz bin«, »Wie ich mich kleide«) Bestehen Sie hartnäckig darauf, dass der Patient drei Stärken nennt! –
- »Was mögen Sie an sich nicht? Was ist Ihr Ziel? Wohin wollen Sie? Wollen Sie anders sein oder wollen Sie sein, wie Sie sind?« Dazu die Kontrollfrage: »Ist dies Ihr Wunsch oder der Wunsch der Anderen?« Dasselbe beim Suizid: »Wie sehr wollen Sie sich Ihretwegen, wie sehr des Anderen wegen umbringen?« –
- »Was mögen Sie an Ihrem Partner, was nicht? Was könnte das mit Ihnen zu tun haben?« – »Welche Zugehörigkeiten wünschen Sie sich?«
- Der erste Schritt: »Wenn wir dies nun gemeinsam so sehen, was wäre das Einfachste, was können Sie als Erstes (bis morgen) tun?« Kontrollfrage: »Ist das nicht zu schwer, wollen Sie nicht zu viel auf einmal? Es soll Ihnen auf jeden Fall gelingen! Es soll Ihnen und uns ein Signal sein, dass Ihr Sprung geglückt ist, dass Sie am anderen Ufer, auf einem anderen Weg, auf einer anderen Ebene sind!«

Sie merken, wie diese Aufeinanderfolge von Fragen Sie mit dem Patienten allmählich von der Selbst-Diagnose zur Selbst-Therapie bringt. – Gleichwohl ist die Gefahr der Krise nicht immer auszuloten. Ihr suizidales Tun kündigen 80 Prozent mit Worten/Handlungen an (Aufräumen, Verschenken, Rückzahlen). Zudem gibt es Signale für ein *vergrößertes Risiko*:

1. Bei wiederholt ruhig und offen geäußertem Todes-/Tötungswunsch,
2. bei panisch gesteigertem Kampf gegen die Angst (Angst vor der Angst) und
3. wenn dieser Kampf psychotisch ist (wenn depressiv, dann eher Selbst-, wenn paranoid, dann eher Fremdtötung).
4. Weitere Umstände: Frühere Selbst- oder Fremdtötungsversuche; dasselbe in der Umgebung (»Griffnähe« einer Problemlösungsmethode: z. B. Medikamenten-, aber auch Schusswaffenbesitz); Neigung zu gewaltsamen Methoden; häufige Unfälle bzw. Selbstverletzungen; frühere psychotische Krisen; chronische oder aussichtslose Körperkrankheiten; Krise nach einer Geburt oder nach (verstümmelnder) Operation; jede Form von

Abhängigkeit und Unabhängigkeitssucht; nicht akzeptiertes Altern; soziale Isolation, aussichtslose Beziehung zum Partner, zu den Eltern; Fehlen einer Aufgabe oder des Lebenssinnes über längere Zeit; Verlust eines Menschen; finanzielle Perspektivlosigkeit; jede Berührung mit der Psychiatrie, vor allem, wenn die Therapie medikamentös (Anti-Depressiva!), psycho- oder soziotherapeutisch zu schnell und zu aktivierend-anstoßend ist und zudem nicht von den Selbsthilfemöglichkeiten des Patienten ausgeht. Besonders bei antriebsmäßiger »Besserung« eines depressiven oder paranoiden Patienten, wenn dieser noch nicht hinreichend seine Traurigkeit und andere weiche Ausdrucksformen zugelassen hat, besteht Gefahr. Ansporn ist daher verboten! – Insbesondere bewirken Alkohol und Schmerz eine ungerichtete psychische Aktivierung und erhöhen dadurch, vor allem wenn auch noch durch Fremdantrieb aufgeladen, die Selbst- oder Fremdtötungsgefahr. Endlich ein oft übersehenes Signal: je mehr jemand die Tötung »für sich« unternimmt, »braucht«, und je weniger »für / gegen Andere« (Hilfsappell, Rache, Erpressung), desto wahrscheinlicher ist das Gelingen.

■ Krisen-Theorien

Es gibt sie bisher in der Psychiatrie – wohl wegen ihrer Gewalt-Verleugnung – überwiegend nur als Suizid-Theorien. Sie harren der Ergänzung. Krisen-Theorien passen nie auf den Einzelfall, sind aber fürs Verstehen hilfreich. Die wichtigsten Theorien: 10

- Die zeitlich erste Theorie ist *soziologisch* und stammt von Durkheim (1897): Zur Selbsttötung kommt es, wenn jemand zu wenig oder zu viel Distanz zu den gesellschaftlichen Werten und Einrichtungen hat oder wenn seine Ziele und Mittel in eine für ihn unauflösbare Verwirrung (Anomie) geraten.
- *Psychoanalytisch* gesehen kommt jemand zum Suizid, wenn er einen Menschen verliert, an den er ambivalent – liebend und hassend – gebunden ist. Im Schmerz über den Verlust macht er die verlorene Person zu einem Stück von sich selbst. Liebe und Hass richtet er somit gegen sich. Der Hass wird zum Selbsthass. Das Morden des 1. Weltkriegs hat Freud dazu gebracht, dem Lebenstrieb den Todestrieb selbstständig gegenüberzustellen. Diese Theorie macht der Mehrheit der Theoretiker heute noch Angst, ist also offenbar noch fruchtbar; sie betont die nahe Beziehung zwischen Töten und Selbsttöten.
- Aus dem *medizinischen* oder Krankheitsaspekt hat Ringel (1969) das »präsuizidale Syndrom« konstruiert: erstens: Einengung der Wahrnehmung, Rückzug auf sich, Gefühl der Vereinsamung, Sinn- und Ausweglosigkeit; zweitens: ohnmächtige Aggressionen und Vorwürfe gegen Andere, schmerzliche Resignation, Ankündigung der Suizidabsicht; und drittens: Flucht in die Fantasie, die zunehmend von der Selbsttötungsabsicht und der den Anderen entstehenden Leiden besetzt wird. Gilt z. T. auch für die Tötungskrise.
- *Narzissmustheorie:* Neo-psychoanalytisch (z. B. Henseler 1981) sind suizidale Menschen besonders (narzisstisch) kränkbar: Verluste oder Angriffe werden als Katastrophen

erlebt, können nicht als Chance der Selbstkorrektur genutzt werden. Vielmehr Vermeidungs-Schwanken zwischen Minderwertigkeits- und Größenfantasien oder Rückzug (Regression) in Verschmelzungsfantasien: Geborgenheit des Mutterschoßes, »Einswerden mit dem All«, »an nichts mehr denken müssen«, »endlich Ruhe haben«, »ewiges Leben«. Solche kränkbaren Menschen suchen oft »passende« Partner auch für ihre Suizidpläne (Heinrich v. Kleist und Henriette Vogel).

- *Lerntheoretisch-sozialpsychologisch* kommt es zu einer Krise, wenn eine Situation zu neu, zu schnell, zu selten, zu ungewohnt, zu fremd, zu schwer, zu schmerzhaft ist, sodass das bisher gelernte Verhalten unbrauchbar wird, keine Bestätigung (reinforcement) mehr bekommt. Experimentell kann man solche Zustände erzeugen, durch Reizentzug (sensorische Deprivation) in einem reiztoten Laborraum (camara silens) oder missbräuchlich in Gefängnissen bzw. in »totalen Institutionen«: Alle bisherigen Erwartungen werden sinnlos gemacht, sodass der Betroffene für jeden neuen Reiz (Selbst- oder Fremdschädigung) suggestibel-empfänglich wird, den der jeweilige »Veranstalter« für wünschbar hält. Suizid/Tötung als Antwort auf eine solche Situation ist der Versuch, wenigstens durch den Tod doch »noch« und »wieder« eine Beziehung zu den Anderen (Trauer, Schuldgefühle, Rache) und zum Selbst (Würde) herzustellen.

C Grundhaltung

Selbstwahrnehmung

Dass ich mich in einer ausweglosen Krise von jemandem verstanden fühle, ist paradox: Verstehen hebt den Beziehungsabbruch und damit die Ausweglosigkeit auf. Daher der Versuch, einen Menschen »vor dem Sprung« solange im Gespräch zu halten, bis die Ausweglosigkeit geteilt ist und aus dem Sprung ins Töten, ins Nichts, ein gemeinsames Springen an ein anderes Ufer, auf eine andere Ebene werden kann. Das kann nur jemandem gelingen, der seine eigenen (suizidalen) Ausweglosigkeiten nicht verleugnet. Einige Anregungen fürs Nachdenken: Ich kann/will nicht mehr; will kapitulieren. Was ich tue, ist nichtig. Ich will Ruhe, Entlastung, will weg sein. Ich will einer schlimmeren Zukunft zuvorkommen. Ich lehne mich ab. Ich kann mit meinem Tod leben. Ich bin innerlich zum Platzen gespannt, kann keinen klaren Gedanken mehr fassen, keinen Weg sehen, mir wird schwarz vor Augen, will Schluss machen, will um mich schlagen. Ich habe in Gedanken schon oft meinen Partner, meine Eltern getötet. Meine Beziehung ist ein »Spiel auf Leben und Tod.« Für weitere Selbstaufklärung sei Amerys »Hand an sich legen« empfohlen, wenn auch der Selbstbestimmungsstolz, mit dem hier alles durchgestrichen wird, was nicht Ich ist, nicht jedermanns Sache ist. – Wer in einer Krise ist, schont sich nicht. Ich bin für ihn nur glaubwürdig, wenn ich mich ebenso wenig schone. Entscheidend: wie kann ich in meiner Passivität für ihn glaubwürdig werden, darin, dass ich nur höre, nichts als höre (vgl. Frau aus Verl in der Gebrauchsanweisung)? Einen ausweglosen Menschen kann man nur bei seiner Ausweglosigkeit erreichen, sonst zunächst nirgends. Das ist ein hartes, brutales Geschäft. Wer darin erfahren ist, sagt: »Ich bin zu mir und zu ihm brutal, wie er zu sich selbst.« Ich muss mir den nahe liegenden, tödlichen Trost verkneifen: »Denken Sie doch daran, wie schön das Leben sein kann ..., denken Sie denn gar nicht an Ihre Frau, Ihre Kinder?« Trost für einen Trostlosen ist Spott. Stattdessen habe ich ihn, der vielleicht im Begriff ist, seine alte Abwehr wieder hochzuziehen, bei seinem Sprung, bei seiner Tötungsabsicht festzuhalten, sie noch zu übertreiben (»Eigentlich waren Sie schon drüben, haben sich frei gemacht«), um seine Verzweiflung und Ausweglosigkeit zu erreichen, zu vertiefen, auf den Grund zu bringen, mit ihm zu teilen. Er und ich müssen uns die Freiheit nehmen, davon auszugehen, dass die Verzweiflung so groß war, dass Selbst- oder Fremdtötung die einzige Möglichkeit zu sein schien, also *innerlich* erlaubt und rechtens war. Mehr noch: Dass es die einzige noch mögliche und zugleich seit langer Zeit die erste wirklich selbstständige und freie Handlung war nach einer langen Zeit zermürbender Handlungsunfähigkeit, vielleicht die erste wirklich freie Handlung im ganzen bisherigen Leben. Nur dadurch kommen wir beide dahin, dass es in der Krise nicht um das Töten ging oder geht, sondern um den Sprung. Und nur so komme ich vom Risiko zur Chance des Sprunges, zur Chance des Neubeginns, die stets nur nach Erreichen des Nullpunktes, der Talsohle sichtbar werden kann. Dieses Tun verlangt von mir tiefsten Respekt vor dem, der aus Verzweiflung sein Selbstbestimmungsrecht verabsolutiert (»Ich gehöre *nur* mir selbst«). Nur dann kann er mit meiner Begleitung etwas anfangen, ahnen, dass er *nicht nur sich selbst* gehört. **Unser häufigster Fehler: Es ist absolut verboten, nach den Gründen und Motiven einer Selbst- oder Fremdtötungskrise zu fragen, was wir fälschlicherweise jedoch immer wieder tun!** Hertha Kräftner schrieb 1951 kurz vor ihrer Selbsttötung: »Aber ich bin überzeugt, dass es keinen geben wird, dessen Trauer um mich so groß ist, dass die Frage nach dem Motiv in seinem Herzen keinen Platz findet.« (Dietze) Wollen und können wir sie widerlegen?

Vollständigkeit der Wahrnehmung

Jeder erlebt sich und seine Landschaft in der Krise als unerträglich und zugleich sich als entschlossen, das Unerträgliche nicht länger zu ertragen, als total eingeengt und zugleich auf dem Wege zur ebenso totalen Befreiung. Daher das Nebeneinander von Wunsch nach Ende und Veränderung, der Haltung, selbst zu entscheiden, und das Schicksal entscheiden zu lassen, »es darauf ankommen zu lassen«; das Nebeneinander der Entscheidung, alle Beziehungen loszulassen, und die Beziehungen verändert fortzusetzen (die Anderen zu ängstigen, zu beschämen, sie oder sich zu bestrafen usw.). Dies ist eine undurchdringliche Einheit für den Täter – selbst in der heiteren Ruhe nach dem Selbsttötungsentschluss (»wie zwei fröhliche Luftschiffer«, Kleist). Für uns gilt: All diese Anteile sind vollständig wahrzunehmen, zu entzerren, die Unterschiede der Anteile herauszuarbeiten (Lina-Brake-Effekt: Die alte Frau in diesem Film konnte wieder leben, als sie wusste, *wogegen*). Bei jedem tötungsentschlossenen Menschen finden Sie diese beiden Seiten, die, die leben, und die, die sterben will – ebenso wie bei Ihnen selbst.

BEISPIEL Herr O., 36. J., Facharbeiter, zwölf Jahre lang darin erfolgreich, seiner Frau jeden (materiellen) Wunsch zu erfüllen. Sie wurde dennoch immer unzufriedener, weil sie keinen Widerstand und damit keine Persönlichkeit bei ihm spürte, provozierte und kränkte ihn, bis sie ihn mit seinem besten Freund betrog, Scheidung und Sorgerecht für die von ihm heiß geliebten Kinder erzwang und den Freund heiratete. Herr O. konnte nichts davon verstehen, isolierte sich, versuchte, sich totzusaufen. In der Geborgenheit der Station taute er auf und konnte nach fünf Wochen zuversichtlich sich von dem Team verabschieden: Man hatte ihn gestärkt! Nach vier Wochen kam er auf dieselbe Station: Ein entschlossener Suizidversuch hatte ihn nur knapp am Tod vorbeigeführt. Das Team merkte jetzt, dass es sich von ihm zum Bestärken hatte verführen lassen, ihn also nicht vollständig wahrgenommen hatte. Es versuchte daher jetzt, ihn in seinem Schmerz, seiner Traurigkeit und seiner Gekränktheit zu verstehen. Folge: Herr O. verlor seine »Fröhlichkeit«, wurde still, war »bei sich«. Er konnte den Sinn seiner Suizidhandlung wahrnehmen: Nämlich zum ersten Mal im Leben radikal Nein zu sagen, genau das, was ihm während seiner Ehe nie gelungen war. Damit hatte er endlich Zugang zu seinem Lebensproblem. Jetzt konnte er seine Erfahrung für die zukünftige Lebensplanung berücksichtigen.

■ Normalisierung der Beziehung

Was bewirkt schon die Zeitungsnotiz über die Selbsttötung/Tötung eines mir bekannten Menschen? Angst, Aufregung, Unsicherheit. Hat er mir das angetan? Bin ich verantwortlich? Hätte ich das verhindern können? Das führt zu dem Gedanken: Jeder tötende Mensch, der ja ebenso wie ich weiß, dass er solche Gefühle auslöst, könnte u. a. diese Auslösung bei Angehörigen/mir bezwecken. Also setzt er mich seinem Zwang aus. Nur wenn ich mich diesen Gefühlen öffne, kann ich meine häufigsten Fehler erkennen:

- Die meisten kündigen ihr Vorhaben an. Das heißt, dass ich oft die Signale gar nicht wahrhaben will (bloß keine schlafenden Hunde wecken!) oder sie bagatellisiere (bellende Hunde beißen nicht), weil ich meine eigene Angst vor dem Tod abwehre.
- Um meine Angst zu beruhigen, rede ich auf den Anderen ein, bis er Einsicht zeigt, das Positive sieht – mir zuliebe, verhindere so, dass er seine Verzweiflung mitteilt, fördere also seinen späteren Suizid.
- Ich werde ihm Fragen stellen, meine Gefühle aber für mich behalten. Ich bin verantwortlich für ihn, er soll Halt an mir finden, was geht ihn also meine Angst an? So treibe ich ihn noch mehr in die Isolation.
- Verantwortlich treffe ich Maßnahmen, setze medikamentöse, psychotherapeutische oder soziale Eingriffe, ohne Rücksicht darauf, ob die Veränderung schon von dem Patienten selbst ausgehen und ertragen werden kann. Ich forciere die Krise nach meinem Tempo. Damit begünstige ich die zahllosen Selbsttötungen gerade zu Beginn und am En-

de therapeutischer Aktivitäten. Und warum? Weil ich mich aneignungslogisch zum Herrn über Leben und Tod mache, ohne den Anderen an sich selbst zu beteiligen, ohne von seiner Zeit her das Tempo zu wählen.

Aus diesen Fehlern ergibt sich, wie ich zu einer *Be-gegnung freier Gegner* komme:

1. Ich lasse die Angst so zu, dass ich Tötungssignale wahrnehme und offen mache. Je offener, desto eindeutiger kann ich mich (notfalls auch für Zwang) entscheiden.
2. Ich mindere nicht die Verzweiflung, sondern vertiefe sie noch, damit wir gemeinsam an ihren Grund gelangen. Es hat sich kaum je ein Mensch umgebracht, mit dem das gelungen ist. C. Rogers: »Wenn jemand damit einverstanden ist, dass u. U. auch der Tod gewählt wird, wird das Leben gewählt werden.«
3. Ich teile »schonungslos« alle mit der Tötungsabsicht ausgelösten Gefühle mit, womit ich Einengung und Isolation des Anderen aufhebe.
4. Ich zeige dem Anderen, dass ich sein Recht auf Tod als eine für ihn in diesem Augenblick sinnvoll erscheinende Lösung achte. Das heißt, ich nehme Beziehung auf nicht nur zu seiner Fremdbestimmung (Krankheit, soziale Lage), sondern auch zu seiner Selbstbestimmung, an der meine Bestimmungsgewalt ihre Grenze findet. Wer diese Achtung nicht erfährt, bringt sich eher um. Darüber hinaus mache ich bei jedem Patienten seine Todeswünsche zum Thema. Denn Therapie hat immer mit Veränderung zu tun.
5. Ich drücke mit meiner Grundhaltung aus: »Zeit spielt keine Rolle!« Damit mache ich mich glaubwürdig in meiner Assistenz: »Meine Zeit zählt weniger als deine«. (Nebenbei: paradoxerweise spart dies auch noch »objektive« Zeit, weil der Andere sich jetzt nicht mehr gegen mein Tempo, gegen meine fremde Zeit wehren muss.)

MERKE **Jede Veränderung jedes Menschen hat stets einen möglichen Ausgang in der Selbst- oder Fremdtötung.**

Mit dieser solidarischen Haltung kann ich wenigstens die Zahl der Selbsttötungen, die die Berührung eines Menschen mit der Psychiatrie mitbedingt, verringern. Ganz kann ich sie nicht verhindern. Denn Chance und Risiko sind bei jeder Therapie, Hilfe, Veränderung untrennbar. Das hat jeder auszuhalten, der psychiatrisch arbeitet.

D Krisenintervention (Selbst-Therapie)

Jede Region braucht für die Krisen ihrer Mitglieder einen Kriseninterventionsdienst (KID), der rund um die Uhr zugänglich sein, die Gefahrenorte mobil erreichen und im Hintergrund über tagesklinische und stationäre Möglichkeiten verfügen muss: Keimzelle dafür kann sein: Der SpD des Gesundheitsamtes, jedes Krankenhaus, Telefonseelsorge oder Beratungsstelle eines freien Trägers, Sozialstation, ein eigener Verein oder die jeweilige PSAG, von wo aus mit (Laien und) psychosozial Tätigen ein KID aufgebaut wird. Bei hinreichender Ausstattung (zwei Personen pro Schicht) kann ein großer Teil der Krisen ambulant, d.h. im Problemfeld mit den Krisenpartnern, genutzt werden. Bei anderen Krisen ist stationäre Aufnahme auf kurze Zeit zu begrenzen. Danach oder sofort Kriseninterventions-Tagesklinik, die den Vorteil hat, dass die Krisenpartner in ihrem unerträglichen Krisenfeld für acht Stunden getrennt, sich dann aber auch wieder ausgesetzt sind. Befristung des Aufenthaltes schon am ersten Tag auf vier Wochen, was die Krisennutzung fördert. Der jeweilige Partner bedarf getrennt davon der Stütze (Angehörigen-Gruppe). Ein weiterer Teil früher stationärer Patienten geht in der kritischen Anfangszeit (ein bis vier Wochen) in eine täglich stattfindende ambulante Therapiegruppe. Danach läuft die Gruppe einmal pro Woche weiter.

Folgende Grundsätze der Krisenintervention (KI) haben sich für eine auch präventiv wirksame Selbst-Therapie praktisch bewährt:

- KI so schnell wie möglich, um den Sprung noch umzulenken oder wenigstens danach seinen Schwung zu nutzen. Denn jeder weiß: Im akutesten Zustand der Psychose oder direkt nach Aufwachen aus der Bewusstlosigkeit, nach Sprung aus dem Fenster oder nach Tablettenvergiftung ist der Patient extrem schutzlos, offen und vermag im Gespräch Anteile von sich wahrzunehmen und mitzuteilen, an die er sonst nicht herankommt. Schon Stunden später begegnet er uns wieder mit seiner alten, lächelnden Abwehrfassade, damit kann die Chance der Selbst-Therapie schon vertan sein.
- Daher muss er von mir tief verstanden sein, vor allem so, dass sein Suizid oder sonstiges Krisenhandeln Selbsthilfe ist, womit wir die notwendige andere Problemsicht schon erreicht hätten. Achtung: Meistens muss ich den Patienten ernster nehmen, als er sich selbst ernst nehmen kann.
- KI so nah wie möglich dort, wo der Patient seine Krise lebt. Entfernung so lange wie nötig für sein oder des Partners Leben. Dies zur präventiv wichtigen Erfahrung, Krisen *in* der eigenen Situation nutzen zu können.
- Krise so lange wie möglich offen halten: Da jeder nach Entblößung schnell wieder seine Abwehrfassade hochzieht, habe ich die Krise zu verlängern und zu vertiefen, nicht zu beruhigen und abzukürzen. Seine und meine Angst ist das Material, mit dem wir gemeinsam arbeiten. Daher ist es ein Fehler, dem Patienten seine Angst zu nehmen – mit Worten oder Medikamenten. Medikamente nur in dem Maße, um ihn begegnungsfähig zu halten, wenn die Angst überwältigend ist.
- Den Sinn der Krise hat der Patient aus sich zu finden, sonst nehmen Fremdbestimmung und Suizidgefahr zu. Meist kann er (wie wir) schneller lernen, *gegen* etwas als *für* etwas zu leben.
- Sämtliche Bedürfnisse sind Entlastungsmöglichkeiten. Daher darf die pflegerische, körpermedizinische und soziale Kontextarbeit an der KI nicht übersehen werden. Krankschreibung ist jedoch nicht selten ein Fehler, weil dies dem Patienten mit dem Arbeitsfeld seine letzte Beziehung nimmt und seine Isolation vergrößert. Oft ging dem Suizid oder der »Tötung des Intimpartners« (Wilfried Rasch 1964) eine Krankschreibung voraus –

ohne gleichzeitige angemessene KI-Hilfe. Ein Vertrag mit einem suizidalen Patienten ist fragwürdig, ist erlaubt höchstens im Maß seiner Vertragsfähigkeit; sonst dient er nur der Absicherung des Therapeuten.

- Fast jede Krise hat einen Krisenpartner, der – zunächst getrennt – dieselbe Nutzungshilfe braucht.
- Dieselben Schwierigkeiten, die den Patienten in seiner Alltagswelt in die Krise gebracht haben, sind durch die KI in den Beziehungen zu uns wiederherzustellen. Nur dann kann man Alternativen zunächst im therapeutischen Milieu üben, bevor man das Gelernte auf die Alltagswelt überträgt. Erst dies zeigt, ob das Gelernte geeignet ist, die bisherigen Vermeidungsstrategien (Symptome) bzw. Todessprünge überflüssig zu machen.

FAZIT **Ohne Nullpunkt keine Krise. Ohne Krise keine Entwicklung des Menschen.**

Im Verlauf der KI hat der Patient Problemlösungen für künftige Krisen im Vorgriff durchzuspielen, etwa mit Hilfe der Frage: »Was tun Sie, wenn ...?« Dies schon, weil die größte Wahrscheinlichkeit für die Wiederholung eines Suizidversuchs in den ersten sechs Monaten danach besteht. Daher in Abständen Nachbetreuungsgespräche. Bei isolierten Patienten werden Sie Ersatz-Bezugspartner (»Hilfs-Ich«), weil Selbstvertrauen anders nicht zu lernen wäre. Sie haben auf Ihren »Ersatz«-Charakter hinzuweisen und auf die spätere Trennungs-Enttäuschung vorzubereiten. Das KI-Team hat einen Teil seiner Arbeit für die Beratung anderer Personen oder Einrichtungen zu reservieren, z. B. für das Pflegeteam einer internistischen Station, für einen praktischen Arzt, Laienhelfer, Polizei, Lehrer, Pfarrer, Sozialamt. 10

In eine Krise gerät das Team selbst, wenn dennoch ein Patient sich oder den Anderen tötet. Bei der Team-KI sind zwei Aspekte ins Verhältnis zu setzen: Einerseits die selbstkritische Aufmerksamkeit für eigene Angst-Vermeidung, die die Wahrnehmung eingeschläfert hat; zum anderen Achtung vor der harten Tatsache, dass ein Mensch (trotz oder wegen der therapeutischen Hilfe?) seine Selbsthilfe in der Selbst- oder Fremdtötung gefunden hat. Es ist nicht alles machbar. Immerhin hat ein so über jeden Zweifel erhabener Mensch wie Adolph Meyer (selbst Patient und Psychiater) dazu gesagt: »Ein psychiatrisches Krankenhaus, in dem kein Suizid vorkommt, kann kein gutes Krankenhaus sein.«

E Epidemiologie und Prävention

■ Verbreitung

Noch in den 70er Jahre haben sich jährlich in der BRD ca. 13.000 Menschen umgebracht (etwa so viel wie Verkehrstote, bei ca. 2.500 Fremdtötungen). Inzwischen ist die Suizidrate seit Jahren rückläufig, und zwar so konstant, wie es das seit Einführung von Suizidstatistiken nicht gegeben hat. Auch die stets etwa zehnmal höhere Rate der Suizidversuche ist rückläufig. Gleichzeitig beklagen die Kriminalisten eine größere Gewaltbereitschaft gegen Andere. Sicher ist die Zeit zu kurz, um plausibele Gründe für diesen epochalen Wandel anzugeben, auch wenn manche hierin ein Symptom für das Ende der Moderne sehen. Unabhängig davon begehen allgemein Menschen in Selbst-Krisen, männlichen Geschlechts und vor allem mit zunehmendem Lebensalter eher Suizid. Dagegen sind Suizidversuche bei Menschen in zwischenmenschlichen Krisen, Frauen und Jüngeren häufiger. Je eindeutiger die Suizidhandlung, desto härter die Mittel (Erhängen, Sprung aus dem Fenster, Erschießen, E 605). Meist werden Schlafmittel benutzt ($^2/_3$ der Fälle), wobei die Griffnähe, die Verwandtschaft von Todes- und Ruhewunsch und der offene Ausgang der Handlung ausschlaggebend sind. Ein Drittel erleichtern sich die Selbsttötungsentscheidung mit Alkohol.

■ Bedingungen

Menschen sind unter folgenden demographischen Bedingungen eher suizidgefährdet: Wohnort in der Stadt; Familienstand: Geschiedene, verwitwete und kinderlose Personen (Familie als »leeres Nest«); Zeiten extremen wirtschaftlichen Elends (oder Reichtums); Fehlen tragfähiger psychosozialer, kultureller Bindungen (z.B. Flüchtlinge, Emigranten, Gefangene; aber auch Protestanten eher als Katholiken); zunehmendes Alter, wenn dies in der Bezugsgruppe mit Rollenverlust einhergeht. All diese Bedingungen haben als Gemeinsames die Sinnentleerung der Beziehung zu sich, zu Anderen und zur eigenen Tätigkeit, sowie die Vereinsamung, die auch in der »einsamen Masse« oder der »Tyrannei der Intimität« stattfindet.

Über das Verhältnis zwischen Selbst- und Fremdtötung haben wir schon nachgedacht: In einer Partnerkrise kann beides nahe beieinander liegen oder im »erweiterten Suizid« zusammenfallen. Der Familienstand des Verheiratetseins ebenso wie der Zustand des Krieges und Bürgerkrieges zeichnen sich durch eine niedrige Selbsttötungs- und eine hohe Fremdtötungsrate aus.

ABER MERKE Sämtliche Zahlen der Suizidforschung sind ungenau! Es ist schon schwer zu entscheiden, was als Suizidhandlung zu gelten hat: Sie können auf dem Balkon das Gleichgewicht verloren, aus Versehen zu viel Tabletten genommen haben oder mit dem Auto am Baum zerschellen, weil Sie geblendet waren, wie Ihre Familie es im Nachruf formuliert. Noch nach Ihrem Tod wird Ihre Tat Bewertungen unterliegen. Im katholischen Irland, das den Suizid scharf verurteilt, wird die Anerkennung einer Handlung als Suizid weit weniger Chancen haben als in Japan, wo dasselbe Tun als Heldentat verehrt werden kann. J. DOUGLAS (1970) hat nachgewiesen, dass es für eine brauchbare Suizidstatistik erforderlich wäre, zunächst einmal die Theorien, Vorurteile und Absichten der feststellenden Behörden bzw. Forscher zu untersuchen. Und so weit ist man bisher nirgends.

Es ist daher verboten, Zahlen zur Panikmache oder als Schuldzuweisungswaffe zu missbrauchen – etwa das Krankenhaus, die Ambulanz, die Reha-Station usw. produziere mehr Suizide. Dazu wissen wir zu wenig. Fragen freilich sind erlaubt, etwa: Senken oder erhöhen Kontakte mit der Psychiatrie die Suizidrate? Sollen wir psychiatrisch Tätigen mehr die Selbstverwirklichung von Menschen (Gefahr therapeutischer Selbst-Sucht – »ich gehöre nur mir«) fördern oder die Herstellung von Zugehörigkeiten von Menschen (Gefahr des Kollektivismus – »du bist nichts, dein Volk ist alles«)? Oder: Benutzen wir nicht manchmal zu leichtsinnig die Suizidgefahr als Mittel, um eine Krankenhausaufnahme oder eine Abtreibung durchzusetzen? Oder: Entsorgen wir uns durchs Reden von der scheinbar freiverantwortlichen Selbsttötung nicht mitleidig-ökonomisch von den alten, chronisch kranken und pflegebedürftigen Menschen?

■ Bedeutung

Jede Selbst- oder Fremdtötung hat einen Freiheitsanteil, aber keine ist *ganz* frei. Alle Menschen würden mit ihren normalen Transzendierungs-Sprüngen auskommen und kein Mensch würde freiwillig sich oder Andere töten, wenn seine Lebensbedingungen zur Tatzeit ihm gemäß wären. Die Menschen-Solidarität hat also *immer* Hilfsmöglichkeiten – wenn auch oft nur schmerzhaft-theoretisch im Nachhinein. Kein Suizid muss sein. Den reinen Bilanz-Suizid gibt es nicht, ist eine Schutzbehauptung.

Wie kam es überhaupt zu der allgemeinen Verurteilung des Tötens? Die Kirche wandte ihr »Du sollst nicht töten« erst auf den Suizid an und verdammte ihn zur Sünde, als zu viele Christen vorzeitig das Jammertal gegen das Paradies einzutauschen suchten und man um den Bestand der Gemeinden fürchten musste. Die Regierungen erklärten Blutrache, Selbstjustiz überhaupt und damit den Suizid erst zum Verbrechen, als sie machtpolitisches Interesse am Besitz möglichst vieler gesunder Menschen entwickelten. Die Psychiatrie interessierte sich erst Ende des 19. Jahrhunderts für das Töten, im Rahmen der Entwicklung zur Sozialversicherung und zum Sozialstaat. Erst seither kann sich jeder von uns von einem beliebigen Tötungsfall betroffen fühlen. So erklärte die Psychiatrie den Suizid, später zunehmend auch die Fremdtötung, zum Krankheitsfall. Sie machte sich damit zur zuständigen Instanz, schuf gleichzeitig eine Möglichkeit der Entlastung von Schuldgefühlen. Parallel hatte E. Durkheim 1897 die erste empirische soziologische Untersuchung überhaupt vorgelegt: Über den Suizid. Damit beanspruchte er die Zuständigkeit der Sozialwissenschaften für das Thema Suizid, machte auch mit dieser Untersuchung die Soziologie zur anerkannten Wissenschaft. Heute wird freilich Methoden-Kritik an dieser Art psychosozialer Wissenschaften geübt, wieder am Beispiel des Suizids. Der schon erwähnte Douglas formuliert das so: Soziologen, Psychologen und Psychiater stülpen ihre Theorien und Interessen dem (suizidalen) Menschen über, schreiben ihm den Sinn seiner Handlungen zu, ohne ihn zu fragen. Es müsste aber umgekehrt sein: der (suizidale) Mensch muss bei dem, was er sagt, so ernst genommen werden, dass er den Sinn seines Tuns aus sich selbst findet. Erst daraus können Theorien entwickelt werden. Dies entspricht unserer hier vorgeschlagenen Praxis. – Freilich wirft das Nachdenken über Sterbehilfe, NS-Euthanasie und Freitod Fragen auf: Wenn wir

Herr über unser Leben sind, sind wir dann auch Herr über unseren Tod und über das Leben anderer? Lässt sich das trennen? Sollen wir uns an Normen binden, die das Leben schlechthin schützen? Wenn der Mensch wesentlich fragmentarisch ist (LUTHER 1991), also durch Andere(s) ergänzungsbedürftig, dann besteht seine Freiheit auch in seinem nach vorn offenen Lebens-Entwurf. Will er als Herr über seinen Tod auch den Zeitpunkt des Todes selbst bestimmen, macht er sich deterministisch zum Tier, beraubt sich seiner Freiheit als Mensch. Von einem gewissen Grad an stehen die beiden Grundrechte des Selbstbestimmungsrechts und des Rechts auf Leben im Gegensatz zueinander – oder sagen wir besser, dass sie sich gegenseitig kontrollieren damit keines dieser Rechte sich verabsolutiert?

■ Prävention

Wir haben versucht, die Prävention schon bei der Darstellung der KI zu berücksichtigen. Es hat also einen Sinn, Therapie als *tertiäre Prävention* zu bezeichnen. Beweis: 10 Prozent der Personen mit Suizidversuchen sterben später durch Suizid. Wer einen Suizidversuch unternommen hat, ist also 500-mal stärker gefährdet als der Bevölkerungsdurchschnitt (10 Prozent:0,02 Prozent). Allerdings kann ein Suizidversuch auch ohne Therapie sich im Nachhinein als wirksamer Akt der Selbsthilfe erweisen. Wer »über den Grund gegangen ist«, »am Nullpunkt neu angefangen hat«, »mit einem Bein drüben war«, »gesprungen ist«, kann sich nicht selten aus einer zwanghaft engen Bindung oder aus einer Vereinsamung lösen, der er bis dahin hilflos ausgeliefert war. Nachuntersuchungen haben ergeben, dass die Hälfte ein Vierteljahr nach einem Suizidversuch ohne Therapie die eigene Situation zufrieden stellender erlebt – durch Änderung der eigenen Haltung und/oder der Haltung der Bezugspartner. ETTLINGER hat zwei Patientengruppen nach Selbsttötungsversuch verglichen, die eine ohne, die an-dere mit großzügigen KI-Maßnahmen: Lebenssituation sowie Suizidrate unterschieden sich nach fünf Jahren in beiden Gruppen nicht wesentlich. Es kommt also – wenn überhaupt – mehr auf die Haltung an als auf die Maßnahme! Das bezieht sich ebenso auf Gefängnis und Maßregelvollzug. Sollte es stimmen, dass in den der BRD vergleichbaren Gesellschaften Suizide im und nach dem Klinikaufenthalt zugenommen haben (WOLFERSDORF 1996), dann wäre ein Grund dafür zu wenig bedacht: nämlich die ebenfalls weltweit zunehmende Abneigung der sich individualisierenden spätmodernen Menschen gegen jede Institutionalisierung (Klinik, Heim), die sie als zusätzliche Selbstentwertung empfinden.

Umso wichtiger wird die sekundäre Prävention, also vor allem die möglichst frühe Beziehungsaufnahme zu Menschen, die in eine Tötungskrise hineinzugeraten drohen. Hier sind ständige Erreichbarkeit und Mobilität des psychosozialen Krisendienstes (KID) entscheidend, vielleicht aber mehr noch die schon erwähnte Beratung und Fortbildung für Personen, die eine große Chance haben, mit gewalt-krisengefährdeten Menschen zusammenzukommen, mit dem Ziel, die eigenen Ängste vor dem Tod so anzusprechen, dass in der alltäglichen Arbeit die Frage nach Gewalt gegen sich und Andere immer wieder aktiv gestellt werden kann. Denn z. B. schon zur Pflege einer ernsteren Körperkrankheit gehört die Frage an den Patienten, wofür oder wogegen zu leben es für ihn sich lohne.

Die *primäre Prävention* geht über den psychiatrischen Bereich hinaus. Sie ist daher Aufgabe von uns allen als politisch am Gemeinwesen interessierten Bürger. Hier geht es um den Kampf gegen die gewaltfördernden Bedingungen im weitesten Sinne, also um den Kampf gegen alles, was die Beziehungen der Menschen zu sich selbst und zu Anderen und was ihre Tätigkeit entwertet, gegen alles, was sie vereinsamt oder zwanghaft einengt, ob es sich dabei um Wohnungsbau, Stadtplanung, um die Situation der Alten oder der allein erziehenden Mutter oder um die Marktwirtschaft handelt. Dies ist zugleich ein Kampf für alles, was die wechselseitige Solidarität der Menschen untereinander fördert, verbunden freilich mit der Frage, wie unsere bei der »Entlastung vom Negativen«, von motorischer Aktivität frei werdenden Gewaltwünsche zu die Fremdheit des Anderen achtenden Gegnerbeziehungen werden können und wie Selbstbestimmungsrecht und solidarische Zugehörigkeit ihr Gleichgewicht finden. Nur *mit* dem Tod als vertrautem, ständigen Begleiter ist unser Leben zu leben.

Zur Hilfe bei weiteren Präventionsfragen bietet sich an: Die Deutsche Gesellschaft für Suizidprävention.

Literatur

AMERY, Jean (1975): Hand an sich legen. Stuttgart, Klett, 10. Aufl. 1999

BOOR, Wolfgang de (Hg.) (1982): Antrieb und Hemmung bei Tötungsdelikten. Basel, Karger

DIETZE, Gabriele (Hg.) (1981): Todeszeichen. Freitod in Selbstzeugnissen. Darmstadt, Luchterhand, 1989

DÖRNER, Klaus (1991): Krisenintervention bei suizidgefährdeten Personen. Wege zum Menschen 43: 288–293

DOUGLAS, Jack Daniels (1973): The social meanings of suicide. Princeton N.Y.

DURKHEIM, Emile (1897): Der Selbstmord. Neuwied, Luchterhand

FINZEN, Asmus (1997): Suizidprophylaxe bei psychischen Störungen. Bonn, Psychiatrie-Verlag

HANSEN, J. (1982): Suizid und Homozid. In: REIMER, C. (Hg.): Suizid. Heidelberg, Springer

HENSELER, Heinz; REIMER, Ch. (1981): Selbstmordgefährdung. Stuttgart, Frommann-Holzboog

KLEIST, Heinrich v. (2001): Sämtliche Werke und Briefe. München, dtv

LINDNER, Heidi (1994): Viele Tode stirbt der Mensch. Gütersloh, Jakob van Hoddis

LUTHER, H. (1991): Leben als Fragment. Wege zum Menschen 43: 262–273

MENNINGER, K. (1969): Das Leben als Balance. Seelische Gesundheit und Krankheit im Lebensprozess.

Morrice, J. K. W. (1976): Crisis intervention – studies in community care. Oxford, Pergamon

Rasch, Wilfried (1964/1995): Tötung des Intimpartners. Stuttgart, Enke; Nachdruck (1995), Bonn, Psychiatrie-Verlag

Ringel, Erwin (Hg.) (1969): Selbstmordverhütung. Bern, Huber, 5. und Aufl. 1997

Rupp, Manuel (1998): Gewalt Notfall. Im Notfall Gewalt? Krisenintervention zwischen Zwang und unterlassener Hilfeleistung. In: *Soziale Psychiatrie* 22: 12–15

Schmidtke, Armin u. a. (1998): Epidemiologie von Suiziden und Suizidversuchen in Deutschland. In Suizidprophylaxe (Sonderheft) S. 37–48

Stoffels, Hans; Kruse, Gunther (1996): Der psychiatrische Hausbesuch. Hilfe oder Überfall? Bonn, Psychiatrie-Verlag

Stengel, Erwin (1969): Selbstmord und Selbstmordversuch. Frankfurt/M., Fischer

»Suicidprophylaxe«, Zeitschrift. Regensburg, S. Roderer (Organ der Deutschen Gesellschaft für Suizidprävention)

Wienberg, Günther (1993): Bevor es zu spät ist. Bonn, Psychiatrie-Verlag

Wolfersdorf, Manfred (1996): Suizidalität im psychiatrischen Krankenhaus. In: *Nervenheilkunde* 18: 507–514

Wolfersdorf, Manfred (2001): Krankheit Depression. Erkennen, verstehen, behandeln. Bonn, Psychiatrie-Verlag

11 Der für sich und Andere gefahrvolle Mensch (die forensische Seite)

A Landschaft

Ein forensisch-psychiatrischer Patient berichtet:
»In Eickelborn war es für mich auch so, ich kam in Eickelborn eigentlich klar, ich kam da klar, weil ich mich nur noch auf Eickelborn konzentriert habe. Ich habe da so gelebt, als wär' das selbstverständlich oder so. Ich kannte da fast jeden. Durch die Jahre lernt man mehr kennen, man hat da genug Freunde und Bekannte und Leute, mit denen man sich abgibt, mit denen man sich nicht abgibt oder so. Irgendwo ist es auch mein Leben dort gewesen. Ich weiß nicht, es war ein anderes Leben, aber es ist auch ein Leben da. Man musste da auch irgendwie klarkommen, um nicht unter zu gehen. Irgendwann hat man sich nur noch auf Eickelborn konzentriert, auf die Leute und so, hat mit denen mal 'nen Kaffee getrunken oder so, oder mal in die Kantine gegangen oder so. Das war auch ein Leben da.«

Der Patient sagte dies, als er im Rahmen einer Langzeitbeurlaubung auf Bewährung nach über 10-jährigem Aufenthalt im stationären Maßregelvollzug in seine Herkunftsregion im Ruhrgebiet zurück gekehrt war.
Bevor Sie im weiteren Text dieses Kapitels etwas über den felsigen Weg aus der Forensischen Psychiatrie, dem Maßregelvollzug erfahren, beschreiben wir zunächst die Grundlagen, auf denen eine Einweisung beruht, weil die Kenntnis der gesetzlichen Grundlagen, ihre Unterschiede und die darauf aufbauenden Verknüpfungen von Rechtsvorschriften für das Verständnis der Landschaft der forensischen Psychiatrie unumgänglich sind.

§ 64 StGB

Weil wir uns im Wesentlichen auf die psychisch kranken und persönlichkeitsgestörten Patienten, die gem. §63 StGB untergebracht sind, beschränken wollen, sei kurz zuvor die Unterbringung nach §64 StGB in einer Entziehungsanstalt – wie es der Gesetzgeber genannt hat – lediglich bezüglich einiger Besonderheiten und Unterschiede umrissen. Die Behandlung und Sicherung der Drogen-, Alkohol- und medikamentenabhängigen Rechtsbrecher folgt einer Reihe von Eigengesetzlichkeiten der Behandlungskonzepte an fast immer separaten Standorten, die meist für ein Bundesland zentral organisiert sind. Die Wege der Rehabilitation verlaufen vielfach – besonders bei denen, die abhängig von illegalen Suchtmitteln sind und bei Anschlussmaßnahmen an die stationäre Therapie – fern ab gemeindenaher Versorgungssysteme. Aber es gibt noch einige weitere wichtige Unterschiede: Im Gegensatz zu einer Maßregel gem. §63 StGB, die dem Grunde nach zeitlich unbefristet ist, soll eine Maßregel gem. §64 StGB den Zeitraum von zwei Jahren nicht überschreiten. Wenn gar nicht selten und in jüngerer Zeit noch häufiger diese Höchstfrist überschritten wurde, so hängt dieses mit den parallel zur Maßregel verhängten höheren Freiheitsstrafen zusammen. Die vom Gesetzgeber vorgesehene Vollstreckungsreihenfolge sieht dann oftmals einen Ablauf vor, in dem der suchtmittelabhängige Rechtsbrecher zunächst in den Behandlungsvollzug einer Maßregel gem. §64 StGB verwiesen wird. Diese Unterbringungszeit wird auf die Gesamtfreiheitsstrafe angerechnet: Jedoch kommt es nun häufiger vor, dass noch ein Strafrest zu verbüßen ist, der so hoch ist, dass er mit Beendigung der Maßregel nicht zur Bewährung auszusetzen ist. Also wird auf die Maßregel eine Verbüßung der Reststrafe in einer Justizvollzugsanstalt folgen. Wenngleich eine langjährige Begleitfreiheitsstrafe auch im Maßregelvollzug – bei entsprechend erfolgreichem Therapieverlauf auch mit verantwortbaren Vollzugslockerungen – zu verbüßen wäre. Dieser Praxis steht jedoch seit einiger Zeit das gesellschaftspolitische Klima entgegen. So führt der Maßregelvollzug zunehmend häufiger eine »haftvorbereitende« Therapie durch. Das heißt auch, die Maßregelvollzugsklinik muss im Sinne des Betroffenen auf die Rehabilitation und damit auf die schrittweise Erprobung der Behandlungsfortschritte unter zunehmend realen Lebensbedingungen verzichten. Am Ende einer solchen Behandlung wartet dann das vergitterte Fahrzeug der Vollzugsbehörden mit dem Ziel: Haftanstalt. Es gehört sicher nicht allzu viel Fantasie dazu, sich vorzustellen, was dann aus möglichen Behandlungserfolgen wird, wenn diese Menschen in einen Strafvollzug gebracht werden, wo jede Art von Rauschmittelkonsum vorkommt. Und später folgt dort ein überhaupt nicht »weicher« Übergang von der Strafvollzugsanstalt zum Leben unter realen Bedingungen mit einer unvermittelt hohen Flut an Reizen, Versuchungen und Enttäuschungen. Dieses ist der Situation geschuldet, dass in der derzeitigen gesellschaftlichen Atmosphäre der offene Vollzug – der nach Strafvollzugsgesetz eigentlich der Regelvollzug sein sollte – zur Zeit eher zurückgefahren wird. Diese bedrohliche Aussicht einer anschließenden Haftzeit im Justizvollzug ist für den Maßregelvollzugspatienten, seine Behandler dort sowie das gesamte Stationsklima so unbefriedigend, dass sie letztlich auf die Behandlungsmotivation nicht nur des Maßregelvollzugspatienten durch-»färben« dürfte. Der Ausweg aus dieser, durch die gesetzlich festgelegte Vollstreckungsreihenfolge vorgezeichneten Lage liegt oftmals nur darin, die Behandlungsdauer unter den gesicherten Bedingungen der Klinik zur Behandlung von Abhängigkeitserkrankungen so auszudehnen, dass ein späterer Antrag auf Aussetzung der Reststrafe unter Bewährungsauflagen Erfolg haben könnte.

Eine weitere Besonderheit der Maßregel gem. § 64 StGB liegt darin, dass die Unterbringung in einer Entziehungsanstalt nur dann verhängt werden darf, wenn die begründete Aussicht auf einen Behandlungserfolg besteht, während die Unterbringung in einem psychiatrischen Krankenhaus gem. § 63 StGB auch dann erfolgt, wenn eine solche Erfolgsaussicht (bis auf weiteres) nicht besteht. Steht beim § 64 StGB mit anderen Worten eindeutig das Besserungsziel im Vordergrund, was sich auch aus § 137 Strafvollzugsgesetz (StVollzG) ergibt, kann es bei § 63 StGB im Einzelfall mit der Erfüllung eines Sicherungsauftrages sein Bewenden haben (vgl. dazu § 136 StVollzG).

Wir verlassen unsere Gegenüberstellung, um das inhaltliche und rechtliche Fundament der Maßregeln in Augenschein zu nehmen.

§ 63 StGB

In Deutschland haben wir, wie in vielen anderen Nachbarländern auch, kein Tat-, sondern ein Schuldstrafrecht. Das heißt, eine Strafe richtet sich nicht vorrangig nach der Schwere der rechtswidrigen Tat, sondern nach der Schwere der jeweils zugemessenen Schuld. Grundsätzlich ist jeder erwachsene Mensch für sein Tun im Sinne des Schuldprinzips voll verantwortlich. Eine Ausnahme kann vorliegen, wenn eine psychische Erkrankung oder ein entsprechender Ausnahmezustand die Fähigkeit zu verantwortlichem Handeln beseitigt oder erheblich einschränkt. Wer eine erhebliche rechtswidrige Tat unter dem Einfluss einer solchen psychischen Erkrankung oder in einem solchen Zustand begeht, handelt zwar gegen geltendes Recht, jedoch ohne zurechenbare Schuld oder nur mit verminderter Schuld.

Bei dem Vorliegen einer psychischen Erkrankung, die zu einer Schuldunfähigkeit angesichts eines konkreten Rechtsbruches geführt hat, wird auch von Exkulpation (§ 20 StGB) gesprochen, wohingegen bei der Dekulpation eine Schuldminderung (§ 21 StGB) infolge einer psychischen Störung vorliegt. Zwischen der Exkulpation und der Dekulpation besteht ein wesentlicher Unterschied: Der Exkulpierte ist als Schuldunfähiger freizusprechen, wohingegen der Dekulpierte ein strafrechtlich verantwortlicher Mensch bleibt. Bei ihm kann (aber muss nicht) die Zubilligung einer verminderten Schuldfähigkeit zu einer Herabsetzung des Strafmaßes führen.

In den §§ 20, 21 StGB werden spezifisch psychiatrische Gründe einer aufgehobenen oder verminderten Schuldfähigkeit benannt. Hieraus begründet sich die Existenz einer eigenständigen Institution »Maßregelvollzug«. Oder anders formuliert, ohne diese Paragrafen, in denen unser Schuldstrafrecht Ausdruck findet, gäbe es die forensische Psychiatrie nicht. 11

Die Kernaussagen der beiden Paragrafen, die in Kapitel 16 dieses Buches vollständig nachzulesen sind, lauten, dass ohne Schuld (§ 20 StGB) der handelt, wenn zum Zeitpunkt der Tat wegen einer krankhaften seelischen Störung oder wegen einer tief greifenden Bewusstseinsstörung, wegen Schwachsinns oder einer schweren anderen seelischen Abartigkeit die Fähigkeit fehlt die Rechtswidrigkeit seines Handelns einzusehen oder nach dieser Einsicht zu handeln. Bei demjenigen, bei dem die Einsichtsfähigkeit und/oder Steuerungsfähigkeit aus den zuvor genannten Gründen erheblich vermindert ist, liegt eine verminderte Schuldfähigkeit (§ 21 StGB) vor, die zu einer Milderung der verhängten Strafe führen kann.

ACHTUNG **An dieser Stelle ist aber zu betonen, dass nicht jede psychische Krankheit bei einer Delinquenz unmittelbar unter die Voraussetzungen der §§ 20, 21 StGB fällt.**

Weiter können wir festhalten, dass für eine (unbefristete) Maßregel der Besserung (= Behandlung) und Sicherung gem. § 63 StGB in einem Strafprozess zunächst zu prüfen ist, ob die Voraussetzungen der §§ 20, 21 StGB vorliegen. Dazu zieht das Gericht ein psychiatrisches und von Fall zu Fall auch noch ein psychologisches Gutachten heran. In diesem Gutachten hat sich in zwei Schritten abzubilden, ob erstens zum Zeitpunkt der Tat eine solche psychische Störung vorgelegen hat, die einem der vier Rechtsbegriffe der §§ 20, 21 StGB zuzuordnen ist.

In einem zweiten Schritt ist vom Gutachter zu prüfen, ob die im ersten Schritt aufgefundene Eingangsvoraussetzung zu diesen vier Rechtsbegriffen als konkrete Störung in einen wesentlichen Kausalzusammenhang zur Tat steht. Dabei muss belegt werden, dass diese Störung zum Tatzeitpunkt mindestens zu einer erheblichen Beeinträchtigung der Einsichtsfähigkeit und / oder der Steuerungsfähigkeit bzw. des Hemmungsvermögens geführt hat. Es ist nicht so wichtig, welche Diagnose etwa zum Zeitpunkt der Begutachtung zu stellen ist, vielmehr geht es um die psychische Verfassung des Täters zum Tatzeitraum. Es sind also immer retrospektive Feststellungen, die hier erwartet werden. Dabei geht es weit mehr und häufiger um die Frage der Hemmungsfähigkeit des Handelns trotz der Einsicht in das Verbotene des Tuns. Die zu treffenden Feststellungen richten sich demnach mehr auf die Steuerungsfähigkeit als auf die Einsichtsfähigkeit. Angemerkt sei dabei, dass bei einer akuten psychotischen Symptomatik die Einsichtsfähigkeit für sich genommen bereits aufgehoben ist. Mit Einsichtsfähigkeit ist im Kern ein kognitives Wissen darüber angesprochen, dass das, was der Täter zu tun beabsichtigt und tatsächlich dann auch als Tat begeht, verboten ist. Ein Wissen, das entweder vorhanden ist oder nicht. Demzufolge kann dieses nicht im Zusammenhang mit einer erheblichen Minderung, wie sie der § 21 StGB vorsieht, geprüft werden.

Schauen wir uns nun kurz die genannten vier Rechtsbegriffe aus dem § 20 StGB noch einmal an. Unter die *krankhafte seelische Störung* sind psychotische Störungen aus dem schizophrenen und affektiven Formenkreis ebenso zu fassen, wie auch psychotische Residualsyndrome, hirnorganisch bedingte Störungen, Intoxikationen, hier insbesondere die akute Berauschung als akute hirnorganische Störung. In diesem ersten Rechtsbegriff aus dem § 20 StGB verbirgt sich auch die Modellvorstellung einer psychotisch motivierten Tat, die in einer akuten Psychose begangen wurde. Diese Vorstellung ist leitend für die Schwere einer Störung, die im Störungsgrad vergleichbar bei den drei übrigen Begriffen anzulegen ist. *Die tief greifende Bewusstseinsstörung* ist eine Bewusstseinseinengung, die durch hochgradige, affektive Erregung aus dem normalpsychologischen Kontext heraus bedingt ist. Beim *Schwachsinn* als dritten hier relevanten Rechtsbegriff handelt es sich um eine angeborene Intelligenzminderung, die im IQ-Bereich ca. unter 70 liegt, mit dementsprechenden Defiziten intellektueller und sozialer Kompetenzen (die Zahl allein sagt dabei nichts aus). Bei der *schweren anderen seelischen Abartigkeit* – einem Begriff, der nach Rasch (1982) einer Wehrmachtsanweisung entstammt – haben wir es mit einer schweren Persönlichkeitsstörung, einer suchtbedingten Persönlichkeitsveränderung, einer sexuellen Deviation und mit ausgeprägten, längerfristigen Anpassungsstörungen zu tun.

Kommt das Gericht auf der Grundlage des Sachverständigengutachtens zu der Auffassung, dass die Schuldfähigkeit bei Begehung der Tat aufgehoben oder erheblich vermindert war, ordnet es gemäß § 63 StGB die Unterbringung in einem psychiatrischen Krankenhaus an, wenn weitere erhebliche Taten vor dem Hintergrund dieser Erkrankung des Täters zu erwarten sind. Dann ist einerseits seine Behandlung sicherzustellen, und zum anderen ist dem Rechtsanspruch der Gesellschaft, vor weiteren Straftaten geschützt zu werden, zu entsprechen. Das Gericht kann die mit Freiheitsentzug verbundene Unterbringung verhängen, muss es jedoch nicht. Denn: die Anordnung zur Unterbringung und Vollstreckung der Maßregel kann auch zugleich mit der Anordnung zur Bewährung ausgesetzt werden. Geregelt ist dieses im § 67b StGB. Diese Verfahrensweise kommt jedoch vergleichsweise selten vor und scheitert häufig an den fehlenden ambulanten, hier zumeist angezeigten psychotherapeutischen Behandlungsmöglichkeiten, die Bestandteil einer Bewährung(sauflage) werden könnten.

Der Unterbringung gem. § 63 StGB geht häufig eine einstweilige Unterbringung gem. § 126 a StPO voraus. Über diese Rechtsvorschrift wird ein Rechtsbrecher bereits vorläufig und hinsichtlich seiner Rechte (Post, persönliche und telefonische Kontakte) ähnlich einem Häftling in Untersuchungshaft im psychiatrischen Krankenhaus geschlossen untergebracht. An diesem Ort seiner vorläufigen Unterbringung findet dann auch häufig die Begutachtung durch einen externen Gutachter oder durch hauseigene Fachgutachter statt. Kommt es dann in der Hauptverhandlung

1. nach der Klärung der Frage, ob die Tat im Zustand fehlender oder verminderter Schuldfähigkeit verübt wurde,
2. nach einer Gesamtwürdigung des Täters und
3. mit der Einschätzung, dass in Folge seines Zustandes weitere erhebliche rechtswidrige Taten zu erwarten sind,
4. durch richterliche Anordnung zur Unterbringung in einem psychiatrischen Krankenhaus gem. § 63 StGB, dann richtet sich deren Dauer wesentlich nach den erreichten Behandlungsfortschritten.

Die Anordnung und die Beendigung der Maßregel ist durch Bundesgesetze geregelt. Am Anfang der Maßregel steht der forensisch-psychiatrische Patient einem Gericht gegenüber und bei der Beendigung auch. Hier ist es dann eine Strafvollstreckungskammer, die über die nochmalige Fortsetzung der Unterbringung bis zur nächsten Anhörung oder über die Beendigung der Maßregel befindet. Die Beschreibung und Dokumentation der Behandlungsfortschritte muss, um später zu einer Entlassung zu führen, in eine positive Gesamtprognose münden, die den eindeutigen Schluss zulässt, dass künftige schwerwiegende Straftaten unterbleiben. Das Augenmerk liegt hier auf schwerwiegenden Straftaten. Das Fahren im öffentlichen Nahverkehr ohne gültigen Fahrschein ist damit – beispielsweise – nicht gemeint. Ein fortgesetzter Freiheitsentzug durch Beschluss der Strafvollstreckungskammer wird demzufolge nur über eine fehlende günstige Prognose gerechtfertigt.

Und wiederum spielt wie bei der Anordnung der Maßregel ein gesetzlich vorgeschriebenes psychiatrisches Gutachten die entscheidende Rolle.

Anders als die Anordnung und Beendigung der Maßregel, die durch Bundesgesetze geregelt ist, obliegt die Ausgestaltung des Maßregelvollzuges der Ländergesetzgebung. Dazu finden sich dann zahlreiche vielfältige Unterschiede in den landesgesetzlichen Regelungen und Durchführungsverordnungen, die auch nach intensiver Beschäftigung nicht leicht zu überschauen sind. Unterschiede gibt es bei der Vollzugslockerung, der Organisation des Maßregelvollzuges, in der Frage, ob ein eigenständiges Maßregelvollzugsgesetz besteht oder die hierzu erforderlichen Regelungen Bestandteil eines Landes-PsychKG sind, und auch etwa bei der Rolle der Justiz in Angelegenheiten des Vollzuges, beispielsweise in Fragen der Zustimmungspflicht zu Vollzugslockerungen.

Die Unterbringungsdauer im Maßregelvollzug übersteigt landauf, landab, Haftzeiten bei vergleichbaren Straftaten von Menschen mit voller Schuldfähigkeit bei weitem. Entsprechend äußern dann auch Patienten, die zuvor schon einmal zur Verbüßung von Freiheitsstrafen im Strafvollzug waren, dass sie die Verhängung einer Freiheitsstrafe immer der Anordnung einer Maßregel im psychiatrischen Krankenhaus vorziehen würden, weil dort das voraussichtliche, mindestens aber das letztmögliche Datum einer Entlassung bekannt sei. Dies empfinden sie gegenüber der grundsätzlich unbefristeten Maßregel als Vorteil.

Den unterschiedlichen landesgesetzlichen Regelungen zur Durchführung des Maßregelvollzuges entsprechen fast ebenso unterschiedliche Organisationsformen des Maßregelvollzuges. So gibt es einige Bundesländer mit zentralem Maßregelvollzug an einem oder wenigen Standorten und Bundesländer mit ansatzweise dezentral strukturierten Behandlungseinrichtungen, wo diese hoheitliche Aufgabe (Maßregeleinrichtungen sind psychiatrische Krankenhäuser und nachgeordnete Vollzugsbehörden in einem) an mehreren Orten eines Bundeslandes wahrgenommen wird. Der Maßregelvollzug wird in eigenständigen Kliniken ebenso durchgeführt wie auch in forensischen Abteilungen an größeren Kliniken. Ferner gibt es einzelne Patienten, die auf der Grundlage des § 63 StGB in allgemeinpsychiatrischen Kliniken behandelt werden.

Wo, welche und wie viele psychisch kranke Rechtsbrecher behandelt und untergebracht sind, hängt von vielerlei Faktoren ab. Hier sind zunächst einmal historisch gewachsene Kontinuitäten an entsprechenden Orten zu nennen. Beispielsweise gab es in Deutschland schon vor Einführung des Gesetzes gegen gefährliche Gewohnheitsverbrecher mit den darin enthaltenen Maßregeln der Sicherung und Besserung in Deutschland (verabschiedet: 24.11.1933; in Kraft ab: 1.1.1934) sog. »feste Häuser«, in denen die »verbrecherischen Geisteskranken« auf der Grundlage des § 42b (R)StGB untergebracht wurden. Dabei soll hier nicht der Eindruck entstehen, dass die Maßregeln der Sicherung und Besserung eine »Erfindung« der Nationalsozialisten waren. Vielmehr holten diese lediglich detaillierte Gesetzentwürfe »aus der Schublade«, die bereits in der Weimarer Republik ausgearbeitet worden waren und die den ideologischen Ansichten der Machthaber im III. Reich zu den »Volksschädlingen« inhaltlich entgegenkamen.

Ein weiterer Faktor standortpolitischer Entscheidungen auf landes- und kommunaler Ebene ist der Konflikt mit der Angst und dem Bürgerwillen an den Orten, die für eine überschaubare forensische Unterbringungs- und Behandlungseinheit anvisiert werden. Bei der

Versorgungsplanung geht es immer auch um Emotionen, die sich nicht einfach kanalisieren lassen oder mit Sachargumenten zu relativieren sind. Sachverhalte werden verkürzt und angstbesetzt interpretiert. Regionale und überregionale Medien können Beiträge zu einer Sachdiskussion leisten. Und manche tun dies auch, wenn sie umfassend und gut informiert werden. Die sachliche (Hintergrund-)Information ist jedoch nicht das Anliegen aller Blätter und Sender.

Die Frage, ob, wie viele und welche forensischen Patienten in dem Versorgungskrankenhaus ihrer Herkunftsregion gemeindenah behandelt und rehabilitiert werden, hängt vielfach von der Einstellung einzelner Personen ab. Da gibt es (abteilungs-)leitende Ärzte, die sich auch für diese Patienten zuständig fühlen und diese Aufgabe gemeinsam mit ihren Mitarbeitern und den Professionellen in ihrer Region kompetent leisten wollen. Auch die verantwortlichen Menschen beim Krankenhausträger und bei den Trägern gemeindenaher Hilfen können hier wesentliche Beiträge zu den aufgeworfenen Fragen leisten – aber auch Wege versperren. Die gemeindepsychiatrische Wende nun auch der Forensik steht also – wen wundert das – erst am Anfang und ist doch zugleich ihr Gütesiegel!

Noch stärker als in der übrigen Psychiatrie wird der Charakter des Maßregelvollzuges und damit das Unterbringungs-, Behandlungs- und Rehabilitationsklima für die Patienten vom aktuellen rechts- und kriminalpolitischen Klima einer Gesellschaft bestimmt, das seinerseits von den jeweiligen gesellschaftlichen Strömungen und dem damit korrespondierenden Wandel moralischer Werte und des Menschenbildes abhängig ist. So fand die letzte große Strafrechtsreform in Deutschland nicht zufällig in den 70er Jahren statt, eine Zeitspanne allgemeiner gesellschaftlicher Reformen, in der auch die Auseinandersetzung mit der Geschichte der Psychiatrie während des Nationalsozialismus und in der Allgemeinpsychiatrie der Aufbruch zu vernetzten Hilfesystemen auf örtlicher Ebene anstelle der Großkrankenhäuser begannen. Ein entscheidendes Signal war auf bundesgesetzlicher Ebene die Vorrangstellung der »Besserung« gegenüber der bis dahin vorrangig gesehenen »Sicherung« der forensischen Patienten im § 63 / 64 StGB. Dieser politische Mut des Bundestages bewirkte, dass es nun auch konkret über Verordnungsinitiativen auf Landesebene zu einem eigentlichen Behandlungsklima in der Forensik und zur Eröffnung von Rehabilitationswegen kam. Richterliche Entscheidungen, die die Verhältnismäßigkeit zwischen Unterbringung und Delikt neu bewerteten und eine verbesserte Ausstattung im baulichen und vor allem im personellen Bereich waren ebenfalls hilfreich. So konnte der Maßregelvollzug sich langsam, aber stetig vom Charakter einer »Schlangengrube« lösen, in die man zuvor nicht nur unliebsame Rechtsbrecher, sondern auch unliebsames Personal verbannt hatte. Die Durchschlagskraft des Gesellschaftsklimas gerade auf den Maßregelvollzug zeigt sich natürlich auch negativ, am extremsten am Schicksal der gem. § 42 b RStGB untergebrachten seinerzeit so genannten »gemeingefährlichen, geisteskranken Gewohnheitsverbrecher« im nationalsozialistischen Deutschland. Die Propaganda stellte in Sonderheit sie als »Ballastexistenzen« und »unnütze, asoziale Esser« dar. Viele von ihnen wurden auf Grundlage schon 1933 erlassener Gesetze (Erbgesundheitsgesetz, Gesetz gegen die gefährlichen Gewohnheitsverbrecher) sterilisiert oder kastriert. Später, während des Krieges, wurden sie im besonderen Maße Opfer der Mordaktionen durch Gas, Zwangsarbeit und Hunger.

ÜBUNG Diskutieren Sie im Team, wie sich heute der Zusammenhang Gesellschaftsklima – Maßregelvollzug auswirkt.

B Begegnung

■ Was für ein Mensch bin ich als Forensiker?

Werfen wir einen Blick in eine Maßregelvollzugsklinik oder in eine forensische Abteilung. Was sind das für Menschen? Was hat sie hierher geführt? Welchen Lebenswegen begegnen wir hier? Um diese Menschen an dem Ort ihrer Behandlung kennen zu lernen, muss sich der Besucher erst einmal durch eine bauliche und technische Sicherung schleusen lassen. Vergitterte Fenster, Mauern und Zaunanlagen in Beton, Stein und Metall; Summtöne lassen akustisch das Öffnen von Türen erkennen, Türen werden auf- und zugeschlossen und häufig ist das Klappern von Schlüsselbunden zu hören. Die Stationen sehen auch heute noch vielfach so aus, wie es vor gut zwanzig Jahren so eindrucksvoll für die allgemeine Psychiatrie von den Fenglers (Fengler Ch. & T., 1980. beschrieben worden ist. Ein Patient der forensischen Psychiatrie in Lippstadt-Eickelborn, der sich mit dem folgenden Text in der Patientenzeitung an neu aufgenommene Patienten wendet, beschreibt seinen Alltag so:

Liebe 63er!
Ihr habt alle den § 63 vom Gericht bekommen. Weil ihr für eure Straftaten nicht (§ 20) oder nur beschränkt (§ 21) verantwortlich gewesen seid.
Ihr wollt alle wissen, wie es in Eickelborn abläuft; hier sind meine Beobachtungen:

1. Das Wichtigste in der Forensik ist der lange Flur. Der lange Flur ersetzt Ausgänge fast vollständig ...
2. Zum Leben gehört Kaffee, vor allem in der Forensik: »Der Stoff, aus dem die Träume sind, um die Medikamente zu neutralisieren.« Die Woche besteht aus Dienstagen und dem Rest. Dienstags gibt es nämlich Kaffeetrinken und Plenum. Das heißt, das Wichtigste ist das Kaffeetrinken, um das Plenum zu überleben.
3. Das Rauchen, um abgelenkt zu sein von der Forensik. Rauchen gleich Therapie, weil es hilft, das Psychologische zu ertragen. Ein Zigarettenautomat hängt glücklicherweise im Eingang. Nichtraucher brauchen nicht erwähnt werden, eine aussterbende Rasse!
4. Postausgabe ...
5. Das Schlafen von 6.00 – 15.00 Uhr ist besonders wichtig ...
6. Das Mittagessen ist besonders für das leibliche Wohl vonnöten. Kugelbäuche werden sich angefressen, um als Forensiker erkannt zu werden ... (R.A.)

»*Nervensäge*« Nr. 2/96 (10. Jg.), S. 18

Wen treffen wir bei unserem Besuch heute in den Wohngruppen des Maßregelvollzuges an?

Als Erstes fällt auf, dass es kaum Frauen gibt. Von den gem. § 63 StGB Untergebrachten sind nur 5 Prozent Frauen. Der typische Patient in der forensischen Psychiatrie ist also männlich, und der Altersdurchschnitt liegt zwischen 30–35 Jahren. Von den Einweisungsdelikten der Patienten stellen die Taten gegen Leib und Leben als schwere Gewaltdelikte den verbreitesten Einweisungshintergrund dar (etwa 40 Prozent). Die zweitgrößte Gruppe (gegen 30 Prozent) bilden die Taten gegen die sexuelle Selbstbestimmung. Hier sind Vergewaltigungen und sexuelle Nötigung ebenso erfasst wie die Sexualdelikte, deren Opfer Kinder waren, und auch exhibitionistische Handlungen. Leygraf hat festgestellt, dass die Sexualdelikte mit offener Gewalt zunehmen (vgl. Leygraf 1996, S. 68). Rund 20 Prozent der Insassen begingen Eigentumsdelikte, wobei heutzutage Eigentumsdelinquenten, die sich ohne Gewalt fremdes Eigentum aneignen wollten, seltener im Maßregelvollzug zu finden sind. Die vorletzte Gruppe in dieser Aufzählung bilden Brandstiftungen. Dann findet man noch eine kleine Gruppe (ca. 3 Prozent) von bunt gemischten übrigen Deliktformen: Straßenverkehrsdelikte, Vollrauschtaten, Sachbeschädigungen ...

Welche Störungen und Krankheiten wurden bei diesen Menschen diagnostiziert?

Bei knapp der Hälfte der Patienten in der Forensischen Psychiatrie wurde eine Persönlichkeitsstörung festgestellt. Darunter finden sich auch die Patienten, bei denen eine sexuelle Deviation im Mittelpunkt ihrer Störung steht, ebenso wie auch die Persönlichkeitsgestörten, die zugleich intellektuelle Defizite aufweisen. (Ungefähr jeder zehnte Patient fällt durch eine intellektuelle Behinderung mit zusätzlichen Verhaltensstörungen auf.) Mit den Patienten dieser drei Gruppen – so sagt man – sei es besonders schwierig, eine entwicklungsförderliche Beziehungskultur zu erarbeiten. Sie gelten als schwer zu behandeln, haben schlechte Rehabilitations- und Deinstitutionalisierungschancen und daher oft lange Verweildauern. Bei ihnen ist es eben nicht damit getan, »an der Medikamentenschraube zu drehen«. Dabei sind es diese Menschen, die – auch allein zahlenmäßig betrachtet – den »Normalfall« in der forensischen Klinik darstellen. Es sind nicht die Menschen mit einer psychotischen Erkrankung, die dem Psychiater anderenorts vom Krankheitskonzept und den Behandlungswegen her mehr vertraut sind. Jene Patienten stellen mit weniger als 40 Prozent die zweitgrößte Gruppe. Deren mittlere Verweildauer beträgt in letzter Zeit 6–10 Jahre. Die restlichen gut 10 Prozent verteilen sich auf Patienten mit neurotischen Störungsbildern, primären Suchterkrankungen mit Mehrfachdiagnosen und Anfallskranke.

■■ Welche typischen Stationen auf dem Lebensweg der Patienten in der forensischen Psychiatrie können wir immer wieder entdecken?

Der Lebensweg vieler, wenn nicht gar der meisten, ist von einem Kontinuum von Brüchen und Abbrüchen geprägt. Mit dem Begriff »Brüche« sind unvollständige familiäre Hintergründe umschrieben, wie auch das Fürsorgeerziehungsheim o. Ä. Ein Heimaufenthalt in der Kindheit findet sich häufig in den Krankengeschichten. Abbrüche, beispielsweise ein Schulwechsel, bedingt durch Umzug der Familie. Oft ist es aber auch der Wechsel von einer Regelschule zur Sonderschule als Abbruch einer regelhaften Schullaufbahn. Solche Abbrüche setzen sich häufig nach der Schulzeit während der Berufsfindung fort. Über eine abgeschlossene Berufsausbildung verfügen die wenigsten forensischen Patienten. Recht jung wird das Gros der späteren forensisch-psychiatrischen Patienten straffällig. Gerade die Patienten, deren Einweisungsdelikt in den Maßregelvollzug ein Gewaltdelikt war, waren bereits zuvor mit einschlägigen Delikten, etwa mit einer Körperverletzung aufgefallen. Aber auch die Sexualdelinquenten in der forensischen Psychiatrie haben in nicht unbeträchtlichem Umfang bereits Haftstrafen wegen anderer Sexualdelikte verbüßt. Nicht nur diese Gruppe der gestörten Rechtsbrecher fiel häufig zunächst durch kleinere Eigentumsdelikte auf.
Nicht nur die Justizvollzugsanstalt stellt die eine und andere Station mit freiheitsbegrenztem Charakter im Leben dieser Menschen dar. Der größte Teil von ihnen kennt neben dem Strafvollzug auch schon psychiatrische Klinikstationen. Unter ihnen finden sich Langzeitpatienten der Allgemeinpsychiatrie genauso wie frühere Drehtür-Patienten. Jeweils weniger als ein Viertel der »Forensiker«, wie sie sich oft selbst nennen, kennt aus eigener Anschauung entweder nur psychiatrische Kliniken oder nur Vollzugsanstalten als Orte des zeitweiligen Lebens. Die Patienten, die zuvor eine reine Strafvollzugskarriere durchlebt haben, zeichnen sich im »Maßregelvollzug« u. a. durch besonders hohe Verweildauern aus. Es ist nur ein verschwindend kleiner Teil der forensischen Patienten, die mit ihrer Aufnahme in der forensischen Psychiatrie das erste Mal im Leben eine totale Institution betreten.
Die Eigengesetzlichkeiten und Rituale, denen der Insasse einer totalen Institution unterworfen ist, hat uns Goffman eindrücklich vor Augen geführt und wie wir heute wissen, führt die Dauer ihrer Einwirkung gerade auch bei forensisch-psychiatrischen Patienten dazu, dass sie die darin erworbenen Überlebenstechniken und Stigmamanagement-Strategien auch in ein Leben in Freiheit exportieren (Bargfrede 1999).
Die Dauer der Behandlung und die Unendlichkeit des Wartens auf den unbestimmten Tag eines wieder selbstbestimmteren Lebens gräbt sich tief in die gebrochene Biografie der forensischen Patienten ein, wie wir von einer Patientin erfahren können, die neun Jahre stationär untergebracht war. Sie hatte während einer psychotischen Episode in Verkennung der Wirklichkeit ihre Mutter nach einem Bagatellstreit mit einem Messer durch Stiche in den Bauch verletzt und »pflegte« sie dann tagelang, bis Nachbarn dem Geschehen ein Ende bereiteten:

»... und dass ich so lange da war, vielleicht brauchte ich auch die Therapie, denn zum Schluss war ich ja krankheitseinsichtig. Nee, aber trotzdem, die Zeit war lang. Die schönsten Jahre meines Lebens haben sie mir da genommen, so seh' ich das. Die schönste Periode vom Leben ...
Ja, ich hab' ja schon gesagt, Therapie ist wichtig, aber im Grunde genommen, neun Jahre, ist ja auch 'ne Zeit. Na, ich hab' 'nen Delikt gemacht, das ist meine Schuld, das seh' ich so, ne. Aber irgendwie ist das verlorene Zeit für mich, tja, weil ich auch immer älter werde, ich werd' ja nich' jünger, nee ...
Das wünsch' ich mir auch. Ja ( ) und einen Schlüssel. Man hört da immer die Schlüssel klappern und man hat selber keinen, deshalb. Man möchte so gern mal raus und kommt einfach nicht raus ...«

Tatsächlich kann man angesichts der guten Behandelbarkeit der Grunderkrankung dieser Patientin und im Wissen darum, dass Mutter und Tochter schon während der Unterbringungszeit wieder in einem tragfähigen Austausch miteinander standen, manche Frage zur Notwendigkeit der neunjährigen Dauer des Freiheitsentzuges haben. Fragen stellen sich auch angesichts der Gegebenheit, dass jeder zehnte Patient sein Einweisungsdelikt beging, während er stationär oder ambulant psychiatrisch behandelt wurde. Das Einweisungsdelikt geschah also im Umfeld des Behandlungs- und Betreuungsortes ganz dicht bei den professionellen Helfern.

■■ Die forensisch Tätigen

Lassen wir uns an dieser Stelle nun kurz auf eine Begegnung mit dem forensisch-psychiatrisch Tätigen ein. Selten beginnen die in der forensischen Psychiatrie Tätigen dort als Berufsanfänger. Fast alle haben zuvor in der Allgemeinpsychiatrie gearbeitet. Im Maßregelvollzug erleben wir, dass unsere bisherige Berufserfahrung nur bedingt angewendet werden kann.

Abgesehen von den Sicherungsanlagen, die den Blick begrenzen und nach »Drinnen« lenken, dehnt sich die Zeit der Begegnung mit den im Maßregelvollzug untergebrachten Patienten ins nicht Messbare. So sind Zeiträume über Jahre schwer zu strukturieren, was die Planung therapeutischer Prozesse belastet.
Die Atmosphäre auf den meist voll belegten Stationen wird mehr von persönlichkeitsgestörten als von psychotischen Patienten bestimmt.
Noch mehr Zeit als in der Allgemeinpsychiatrie entfällt für den Tätigen auf reine Schreibtischarbeit, weil schon durch entsprechende rechtliche Vorschriften umfangreich dokumentiert werden muss. Schließlich beruht jede Vollzugslockerung bzw. deren Ausbleiben auf inhaltlichen Entscheidungsgrundlagen. Das ist lästig, vermindert die Zeit des direkten Umgangs mit den Patienten, ermöglicht aber das eigene Handeln kritisch zu reflektieren.
Für Psychologen und Ärzte ist der Maßregelvollzug eher eine Durchgangsstation, sie bleiben an diesem Arbeitsplatz meist nicht so lange wie die Pflegenden, die Sozialarbeiter und Ergotherapeuten.

Es ist noch schwerer vorauszusehen als in der Allgemeinpsychiatrie, ob positive Verhaltensänderungen z. B. nach Vollzugslockerungen oder gar nach Entlassungen bestehen bleiben, oder ob der Patient möglicherweise erneut straffällig wird. Es wird aber eine exakte, zutreffende Prognose erwartet. Bei unzutreffender Prognose kann es neben der persönlichen Enttäuschung auch zu strafrechtlichen Konsequenzen für die forensisch-psychiatrisch Tätigen kommen.

Es ist uns noch nicht gelungen, eine angemessene Grundhaltung für forensisch Tätige zu entwickeln. Wahrscheinlich haben wir die Begegnung mit dem Bösen in uns noch nicht ausreichend zugelassen. Wir meinen aber, dass SARTRE in seinem Buch über den Schriftsteller Jean Genet da weiter gekommen ist und sich seine Gedanken zu einer Grundhaltung entwickeln ließen. Jean Genet hat seine Jugend in Fürsorgeheimen und Gefängnissen verbracht und hätte mit seiner von Brüchen und Abbrüchen gezeichneten Biografie genauso gut in der forensischen Psychiatrie landen können. SARTRE schrieb über ihn:

»Der Päderast muss ein Objekt bleiben, Blume, Insekt, Bewohner des antiken Sodom oder des fernen Uranus, ein Automat, der im Rampenlicht herumhopst; alles, was man will, nur nicht mein Nächster, nur nicht mein Bild, nur nicht ich selbst. Denn man muss schon wählen: wenn jeder Mensch der ganze Mensch ist, muss dieser Abweicher entweder nur ein Kieselstein oder ich sein.« (SARTRE, Saint Genet, 1982, rororo, S. 910)

Auch wir meinen, dass zu jedem Menschen grundsätzlich alle menschlichen Möglichkeiten – die guten wie die bösen – gehören. Aus diesem Wissen ließe sich, wenn man sich traut, eine Grundhaltung für forensisch-psychiatrisch Tätige entwickeln. Dies haben wir uns in dieser Auflage von »Irren ist menschlich« noch nicht zugetraut.

Das Konzept der Persönlichkeitsstörungen

Auffällige Persönlichkeitseigenschaften werden meistens erst dann mit dem auch stigmatisierenden Etikett »Persönlichkeitsstörung« belegt, wenn diese Eigenschaften wesentlich mit einem Leiden des Betroffenen verknüpft werden. Ein Leiden, etwa in dem Sinne, dass der Betroffene offensichtlich unter der Last leidet, dass sich diese, seine Eigenschaften so entwickeln konnten. Doch sichtbar wird zuvor und vor allem, dass die anderen unter den Eigenschaften des Betroffenen leiden. Das Etikett wird gerade auch dann verhängt, wenn diese Eigenschaften Verweise auf antisoziale Devianz beinhalten.

Wir wissen aus der Soziologie abweichenden Verhaltens wie auch aus der Anthropologie, dass die Schnittbereiche zwischen sozial, gesellschaftlich akzeptierten und den mit sozialer Ächtung und Bestrafung bewehrten Abweichungen im Sozialverhalten (wir sprechen hier von Sanktionen) in den Randzonen weich, vor allem kontextabhängig und an den Binnengrenzen fließend sind. So sollte eine Diagnose »Persönlichkeitsstörung« immer auch unausweichlich in einem Bereich persönlicher, interpersoneller, gesellschaftlich-kultureller und wissenschaftlicher Austausch- und Konfliktfelder erfolgen.

So ist es kaum verwunderlich, dass die Erklärungs- und Behandlungskonzepte der Persönlichkeitsstörungen nicht nur zwischen verschiedenen Kulturen, sondern auch innerhalb der verschiedenen psychologischen, psychiatrischen und psychotherapeutischen Richtungen, Traditionen und Schulen wechseln.

Bis in die heutige Zeit hinein hält sich der Begriff »Psychopath« für einen Menschen mit einer Persönlichkeitsstörung. Man kann in letzter Zeit besonders in der einschlägigen Literatur aus den USA feststellen, dass dieser stark stigmatisierende Begriff sogar eine Renaissance erlebt. Den »Psychopathen« in dieser Denktradition kennzeichnen extreme, krankheitswertige Störungen des Erlebens zwischenmenschlicher Beziehungen und seines Sozialverhaltens, die in doppelter Perspektive zu betrachten sind: einmal wird dort ein extremes, häufiger mit einem subjektiven Leiden einhergehendes Versagen in den Bereichen zwischenmenschlicher Beziehungen und gesellschaftlich erwünschter und akzeptierter Leistungen sichtbar und zweitens eine mehr oder weniger ausgeprägte Tendenz (manchmal wird gar von »Hang« gesprochen) zu häufiger Normen- und Regelverletzung. Für die besonders verletzenden, zerstörerischen und von fehlendem Verantwortungsbewusstsein gegenüber den Rechtsgütern der Mitmenschen geprägten Erscheinungsformen psychopathischer Störungen überleben immer noch die Begriffe »Soziopathie« und »Soziopath«.

Über die in Psychiatrie und in Rechtssprechung verwendeten Begriffe ist es schwer, zwischen krankheitswertiger Persönlichkeitsstörung und der Persönlichkeitsartung bei Kriminalität von Personen, mit uneingeschränkter Einsichts- und Steuerungsfähigkeit ihres Tuns wissenschaftlich begründbar zu unterscheiden. Das hat Tradition. Bereits zu Beginn der Psychiatrie Anfang des 19. Jahrhunderts wurde versucht, die nosologische Einordnung gestörter Persönlichkeiten zu begründen. Schon damals versuchte man, den Unterschied zwischen psychopathisch-krankhafter und individuell verantwortbarer Dissozialität und Kriminalität wissenschaftlich fundiert herauszuarbeiten. Im Ergebnis klangen die Beschreibungen der Psychopathie jedoch wie ein Katalog schlechter Eigenschaften, abweichenden Verhaltens und asozialer Prägungen. Das wahrscheinlich älteste Konzept einer dissozialen Persönlichkeitsstörung ist bei Pinel (1809) zu finden, der seine »manie sans délire« mit einer beeinträchtigten Affektivität und einer spontanen Neigung zu impulsiven Durchbrüchen beschrieb. Der Amerikaner Rush (1812) fügte diesem Konzept ein fehlendes Moralempfinden hinzu. Ein Defizit, das sich nach seiner Auffassung in Aggressivität, fehlender Rücksichtnahme im zwischenmenschlichen Bereich und Verwahrlosung zeige (moral alienation of mind). Vergleichbar war der (französische) Begriff einer auf ein bestimmtes Deliktverhalten spezialisierten Monomanie. Erweitert wurde dieses Bild mit der Kennzeichnung »moral insanity« vom Engländer Prichard um den Aspekt einer organischen und konstitutionellen Verursachung. Im deutschsprachigen Raum war es dann Koch (1891) der mit seiner Monographie über die »psychopatischen Minderwertigkeiten« weltweit dafür sorgte, dass der Psychopathie-Begriff eingeführt wurde. Seine Abhandlung über die angeborenen psychopathischen Degenerationen als intellektuelle und moralische Schwächezustände, infolge einer minderwertigen, organ-pathologisch veränderten Gehirnkonstitution verlor zwar recht bald ihre wesentliche Aussagekraft; im Sprachgebrauch und Denken lebte sie fort. Mit dem Ringen um Anerkennung als wissenschaftliche Disziplin beanspruchte die Psychiatrie Ende des 19. Jh. und Anfang des 20. Jh. vor allem über die forensische Begutachtung Deutungsmacht auch für die Kriminologie. So trug die Psychiatrie dazu bei, dass sich bestimmte Begriffe, wie der des »gemeingefährlichen Psychopathen« im Sprachgebrauch stabilisieren konnten. Auf diese Weise hält sich hartnäckig dieser Katalog schlechter Eigenschaften, asozialer Tendenzen und menschlichen Fehlverhaltens als Beschreibung der Psychopathie, mit Begriffen wie »unreife Persönlichkeit«, »Triebtäter«, und »Hangtäter«.

Der Stigmatisierungsgehalt, der nicht nur diesen Begriffen innewohnt, sondern noch mit der Diagnose »Persönlichkeitsstörung« einhergeht, beruht darauf, dass damit nicht nur einzelne Verhaltensbereiche oder Erlebnisepisoden als störend bzw. gestört beschrieben sind. Häufiger wird die Persönlichkeitsabweichung über eine Verallgemeinerung der Beurteilung der tatsächlichen Devianzmuster hinaus auf die Person als Ganzes ausgedehnt.

Man spricht von einer Persönlichkeitsstörung, wenn die Struktur einer Persönlichkeit durch die Ausprägung bestimmter Persönlichkeitsmerkmale so besetzt ist, dass sich hieraus Leidenszustände für sich und andere und/oder tief greifende Konflikte ergeben. Dabei beschreiben die zuvor genannten Merkmale an sich viel weniger das Krankhafte an diesen Störungen, sondern eher die Prägnanz und Dominanz ihres Auftretens.

Im heutigen Sprachgebrauch liegt den Persönlichkeitsstörungen keine einheitliche Konzeption zugrunde, vielmehr handelt es sich um eine Art Oberbegriff für eine recht heterogene Gruppe psychischer Störungen, die als Prägnanztypen auffälliger Persönlichkeitsstrukturen auch differenzialdiagnostisch leitend verwandt werden. Dabei sollte man sich bewusst sein, dass ein derart herausgestellter Typus einer Persönlichkeit immer nur Facetten – wenn auch zuweilen im Verhalten dominierende Facetten – einer realen, individuellen Person wiedergibt. In der therapeutischen Arbeit mit diesem Menschen wird es immer weit mehr um die individuelle und einmalige Person des Gegenübers gehen als um seine Zuordnung zu einem bestimmten Typus.

Am Beginn der Entwicklung einer Lehre von den »psychopathischen Minderwertigkeiten« stand ein genetisch determiniertes Anlagemodell. Psychoanalytische Modelle rück(t)en entwicklungs- und konfliktpsychologische Erklärungen in den Vordergrund. In den 70er Jahren beginnend wurden interaktionsdynamische Modelle favorisiert und in jüngster Zeit machen Hoffnungen mehr an neurobiologischer Ursachenforschung und den davon abgeleiteten Behandlungsstrategien fest. Mit diesen wellenförmigen – man könnte auch sagen: pendelartigen – Entwicklungen folgt die Psychiatrie, folgen die Erklärungsansätze und Behandlungsstrategien für Persönlichkeitsstörungen in der forensischen Psychiatrie den allgemein-gesellschaftlichen Trends lediglich ein wenig zeitversetzt.

Von einer entwickelten und gereiften Theorie – wenn überhaupt möglich – sind sämtliche Erklärungsstränge der Persönlichkeitsstörungen noch ein ganzes Stück entfernt, wenn wir einmal von einer unterschiedlich dichten Streuung von Einzelbefunden absehen. Da es sich jedes Mal um ein einmaliges Individuum handelt, könnte eine solche »Theorie« ja auch ein falsches Ideal sein? Bis auf weiteres gilt die etwas platte, weil immer richtige Aussage, dass die Entstehung von Persönlichkeitsstörungen multikonditional zu beschreiben ist.

Auf die Frage danach, wie viele Persönlichkeitsstörungen es denn nun gibt, kann man, so Fiedler (2001), selbst bei der inzwischen erreichten Annäherung an eine zuverlässig einsetzbare Prototypendiagnostik keine abschließende Antwort geben. In seinem Werk sind 165 Konzeptualisierungsversuche von Persönlichkeitsstörungen wenigstens grob vorgestellt. Die Autoren, die in den letzten Jahren Systematisierungsversuche unternahmen, die sich an den Persönlichkeitsstörungen orientierten, die vorrangig in Kliniken aufzufinden sind, zeigen jeweils 5 bis 15 Kennzeichnungen auf. Eine sorgsame Recherche, so ist bei Fiedler nachzulesen, würde jedoch unschwer auf mehr als 200 Bezeichnungen kommen.

Bei einigen Persönlichkeitsstörungen kann man ihre Herkunft aus der psychiatrischen Krankheitslehre bereits an ihrer Bezeichnung erkennen: etwa paranoide, schizoide oder depressive Persönlichkeitsstörung. In diesem Krankheitsmodell zeichnet sich in der Beschreibung eine Nähe zu den Psychosen ab. Andere Typenbildungen – so die passiv-aggressive Persönlichkeitsstörung – gehen auf reaktionstypologische Konzeptbildungen zurück. Wieder andere – damit nah verwandt – sind die tiefenpsychologischen Konzeptionen zur narzisstischen und zur Borderline-Persönlichkeitsstörung, deren Ursprünge in der Psychoanalyse liegen. Daneben sind die Persönlichkeitsstörungen aufzufinden, die zu dem klassischen Modell der Charakterneurosen eine erkennbare Nähe haben: so die hysterische (heute: histrionische) Persönlichkeitsstörung. 11

Schließlich findet man noch die dissoziale und antisoziale Persönlichkeitsstörung, in deren Konzeption auch Wurzelstränge der Soziologie auszumachen wären. Hauptmerkmale dieser Persönlichkeitsstörung sind nach dem DSM-IV: ein tief greifendes Muster von Missachtung und Verletzung der Rechte anderer, das in der Kindheit oder frühen Adoleszenz beginnt. Dabei seien Täuschung und Manipulation zentrale Merkmale. Weitere Kriterien sind: wiederholte rechtswidrige Handlungen; Rücksichtslosigkeit; Impulsivität; Reizbarkeit sowie fehlende Reue als Ausdruck von Empathiemangel. Kriterien, die jeweils an konkreten Verhaltensweisen festzumachen sind. Kröber (1997) macht darauf aufmerksam, dass dissoziale Persönlichkeiten, Menschen mit antisozialer Persönlichkeitsstörung in der Regel polytrop straffällig werden; d. h. die Rechtsbrüche, mit denen sie in Erscheinung treten, sind auf wechselnden Delinquenzfeldern zu finden: neben Eigentumsdelikten kann beispielsweise ein Sexualdelikt stehen und auch eine Sachbeschädigung oder ein schweres Verkehrsdelikt. Das antisoziale Verhalten gilt heute weniger als Ergebnis einer mangelhaften Moral- und Gewissensbildung in der kindlichen Sozialisation. Vielmehr stellt man sich einen durch Impulsivität geprägten kognitiven Stil vor, der sich aus einseitig in dissozialen Kontexten ausgebildeten Modi entwickelt hat. Dazu tritt ein spezifischer, in den Ausprägungen extremer Stil des Umganges mit Impulsen: egozentrisch; Ziele und Werte bleiben diffus oder fehlen, soweit sie nicht einem schnellen Erfolg folgen; rasches und ungeplant erscheinendes Handeln; und ein selbstkritischer Prozess der Urteilsbildung fehlt oder erscheint wesentlich verkürzt; das Interesse an der Situation und am Gegenüber wird vom Unmittelbaren, vom konkret sogleich Fassbaren und vom persönlich Relevanten bestimmt; die jeweilige intersubjektive Situation nimmt völlig gefangen, ist bestimmt durch die erzielbaren Gewinne oder Vorteile und einem »irgendwie gut durchkommen«. Eindruck machen und den Anderen entwaffnen sind für den Menschen mit antisozialem Verhalten keine zweitrangigen, sondern dominierende Ziele der Interaktion. Therapeutisch zählt daher nicht, die Defizite in den Norm- und Moralvorstellungen rasch zu beheben und zu einer neuen Werte- und Normenorientierung mit Gewissensbildung zu kommen. Hier geht es vielmehr vorrangig um die Ausbildung einer kognitiven Integrationsleistung, die u. a. erforderlich ist, um Ziele langfristiger zu definieren und anzugehen, sowie darum, zu einer Entdeckung anderer Kompetenzen zu verhelfen, die nicht dort liegen, wo der dissozial geprägte Mensch ohnehin seine Fähigkeiten stilbildend entwickelt hat: Schnelligkeit im Reden und Entscheiden, soziale Beweglichkeit und Geschicklichkeit und zuweilen auch die Fähigkeit, charmant und anziehend wirken zu können.

Sprechen wir von einer sexuellen Deviation als Form der Persönlichkeitsstörung, so ist damit eine Fixierung auf ungewöhnliche Sexualziele oder -praktiken bezeichnet. Was dabei jeweils als deviant anzusehen ist, lässt sich nicht allein am Sexualverhalten des Devianten ablesen. Das kann nur in Abhängigkeit von den jeweiligen soziokulturellen Auffassungen und Wertungen zu den sexuellen Präferenzen und Praktiken geschehen. So müssen auch ungewöhnliche Sexualpraktiken als »normal« angesehen werden, solange sie bei übereinstimmendem Erleben der Sexualpartner in das erotisch-sexuelle Gesamterleben integriert bleiben.

Gegenstand der Behandlung sind stattdessen für die forensische Psychiatrie vor allem sexuelle Aggressivität, Vergewaltigung und Sexualmord. Die Schwelle zu einer devianten, sexuellen Aggressivität wird dort überschritten, wo das Verhalten vornehmlich auf die Dominanz über das Gegenüber abzielt und die sexuelle Befriedigung darüber zweitrangig wird. Diese Motivlage findet sich auch bei Vergewaltigungen, wobei sich oft noch weitere Motive aufdecken lassen. Beim Sexualmord im engeren Sinne sind sadistische Motive und Impulse herauszukristallisieren. Davon zu unterscheiden ist die Verdeckungstat einer Vergewaltigung oder einer sexuellen Nötigung durch die anschließende Tötung des Opfers.

Welche sexuelle Devianz sich welchen therapeutischen Techniken am ehesten erschließt, wissen wir bisher nur teilweise. Am einfachsten kann die Verhaltenstherapie ihr Vorgehen beschreiben: die spezifisch reizauslösenden Situationen identifizieren und zu Haltungs- und Situationsmanagementstrategien kommen, die nicht erneut zu devianten Lösungsmustern führen.

Hinsichtlich der schwierigen Therapie-Evaluation sind größere, überregionale katamnestische Untersuchungen zum längerfristigen Legalverhalten entlassener forensisch-psychiatrischer Patienten besonders dringlich. Die Gesellschaft hat aber auch erst kürzlich die Einrichtungen personell so ausgestattet, dass sie überhaupt in der Lage sind, Erfahrungen systematisch auszuwerten.

Ebenso verallgemeinernd gilt, dass die Behandlungsergebnisse

a. von der erreichbaren Behandlungsmotivation unter Zwangsbedingungen abhängen,

b. von der Behandlungsdauer,

c. von der Kompetenz der psychiatrisch Tätigen, aus den verfügbaren therapeutischen Techniken (und das sind ja nicht wenige!) ein Behandlungskonzept zu entwickeln, das auf die einmalige Situation des Patienten zugeschnitten ist, und

d. von dem Grad der übrigen Störungen des Patienten. Die letztgenannte Bedingung eines erfolgreichen Behandlungsansatzes bei sexueller Devianz hat auch dazu geführt, dass mancherorts Sexualstraftäter auf gesonderten Stationen in eigens dafür entwickelten Settings sozio- und psychotherapeutisch behandelt wurden. Wohingegen an anderen Kliniken die übrigen Störungsanteile, die als überwiegend beeinträchtigend angesehen wurden, in gemischten Settings zum zentralen Behandlungsgegenstand gemacht wurden. Was besser ist, ist auch hier noch offen.

Die medikamentöse Behandlung sexueller Deviationen wird hier erwähnt, schon weil darin von fachunkundiger Seite oft ein »Problemlöser« gesehen wird. Diese sog. temporäre, reversible Kastration, die zu einer Hemmung der sexuellen Appetenz führt und die Erektionsfähigkeit negativ beeinflusst, ist nur unter Einbettung in einer tragfähigen psychotherapeutischen Beziehung erlaubt. Unter ambulanten Bedingungen, bei denen dann vielleicht sogar eine Kontrolle des Alkoholkonsums unterbleibt, ist der Verzicht darauf fahrlässig.

■ Behandlung – geschlossen und gelockert

Die stationäre Therapie in der forensischen Psychiatrie unterscheidet sich bei den Psychosekranken im Wesentlichen nicht von der Allgemeinpsychiatrie. Einzige Unterschiede sind die Behandlungsdauer und die Tatsache, dass diese unter rechtlichen und institutionellen Zwangsbedingungen geschieht. Bei der Behandlung der Persönlichkeitsstörungen stehen – wie schon angedeutet – spezifische psychotherapeutische Konzepte im Vordergrund, wenngleich mancherorts Medikamente einen unzulässig breiten Raum einnehmen. In der Psychotherapie stehen tiefenpsychologische, gesprächs- und verhaltenstherapeutische Ansätze hier verknüpft und dort unverknüpft nebeneinander. Ergänzt werden diese therapeutischen Maßnahmen um ergotherapeutische Inhalte und mancherorts um kunst- und kreativtherapeutische Ansätze. Das Spektrum wird mit sport- und bewegungstherapeutischen Konzepten weiter vervollständigt. Mindestens so wesentlich für die Änderung von Einstellungen und Verhalten sind (wohn)gruppendynamische Prozesse mit milieutherapeutischem Hintergrund und integrierte, wie auch eigenständige, sozialtherapeutische

Verfahren. Tagesstrukturierende Angebote, hier besonders das Element »Arbeit«, helfen die Unendlichkeit der Zeit sinnhaft erlebnisfähig zu machen.
Dabei stellt die Arbeit die einzig (fast) normale Situation dar. Sie wird zwar auch unter geschlossenen Bedingungen erledigt. Weil sie aber der Bereich ist, in dem die meiste Normalität herzustellen ist, kommt ihr eine besondere Bedeutung zu. Hier ist die Fantasie der Verantwortlichen gefragt, wenn es darum geht, möglichst sinnhafte, und an normale Lebensbedingungen angenäherte Inhalte zu gestalten.
Ein wenn nicht bestimmendes, dann doch sicher mitschwingendes Moment bei allen therapeutischen Interventionen bildet die Tatsache, dass sie unter Zwangsbedingungen erfolgt. Damit erhält die Herstellung einer Anfangsmotivation, sich auf einen therapeutischen Prozess einzulassen, ein besonderes Gewicht. Eine weitere Besonderheit der psychotherapeutischen Behandlung unter geschlossenen Bedingungen erweist sich dort, wo die Tragfähigkeit und Nachhaltigkeit etwa von Veränderungen im Verhalten kaum unter realen Lebensbedingungen erprobt werden kann. Die Behandlungsfortschritte, die zu erzielen sind, können über lange Behandlungsstrecken lediglich unter den Käseglockenbedingungen einer geschlossenen Einrichtung erprobt werden. Lediglich die Vollzugslockerungen, also ein zeitlich befristeter Ausgang mit und später ohne Begleitung, allein oder zunächst in einer begleiteten Gruppe von Mitpatienten bis hin zu einer Kurzzeit- und Langzeitbeurlaubung bieten Anhaltspunkte dazu, ob und wie weit die Behandlungsfortschritte, die sich unter geschlossenen Vollzugsbedingungen abzeichneten, in der Konfrontation mit einer realen Lebenswirklichkeit und ihrer Flut an Reizen eine Verhaltensentsprechung haben werden. Dabei stellt der erste unbegleitete Ausgang eine kritische Schwelle dar. So wichtig die Lockerungen für die Überprüfung der erzielten Einstellungs- und Verhaltensänderungen auch sind, in der Behandlung bilden sie vielfach auch ein erschwerendes Moment. Der Grad der freiheitsentziehenden Maßnahmen richtet sich nach den Behandlungsfortschritten. Das weiß auch der Patient. Und so stellt sich in der Behandlung häufig die Frage, ob die Erreichung vordergründig erkennbarer Behandlungsteilziele bei dem Patienten nicht wesentlich dadurch motiviert ist, Vollzugslockerungen zu erhalten. Die nächste Lockerung, die nächste Lockerungsstufe ist also ein in der Behandlung vielfach mitschwingendes Element. Gleichzeitig birgt die Lockerung an sich für den verantwortlichen Therapeuten eine persönliche Gefährdung. Ein erneutes Delikt während einer Lockerung, die auf einer prognostischen Fehleinschätzung beruht, führt für den- oder diejenigen, die dafür direkt oder in Delegation verantwortlich gezeichnet haben, zu strafrechtlichen Ermittlungen und ggfls. auch zu strafrechtlichen Folgen. Auch daran sehen wir, dass die therapeutische Arbeit in der forensischen Psychiatrie eine große Herausforderung an die fachliche Kompetenz und an die Persönlichkeit der dort psychiatrisch Tätigen darstellt.

C Angehörige

Ohne Zugehörigkeit zu so etwas wie meiner Familie, selbst wenn ich die meisten ihrer Mitglieder blöd finde, ist es nur schwer möglich, dass ich mich als Person empfinde. Warum ist es so schwer, die Angehörigen psychisch kranker Rechtsbrecher in größerer Zahl im Krankenhaus anzutreffen? Warum ist es ein so schwieriges Unterfangen, eine Angehörigen-Gruppe an einer Forensischen Klinik zu initiieren? Sicher, es gibt sie, die Partnerin, die Mutter, die Eltern und Geschwister, die meist nur am Wochenende zu Besuch kommen können – und dann in der Regel den zuständigen Arzt oder Therapeuten nicht antreffen! Aber es sind vergleichsweise wenige. Woran liegt das? Dafür gibt es eine ganze Reihe von Gründen: Vor allem ist ein nicht unbeträchtlicher Teil der Delikte, die im Bezugsverfahren der Unterbringung verhandelt wurden, im näheren Umfeld der Familie geschehen, wenn nicht gar die Opfer der Taten selbst ein Elternteil, die Geschwister oder andere Verwandte waren. Eine solche Tatschilderung war beispielsweise in der »*Neuen Westfälischen*« im Januar 2001 zu lesen:

»Vom Teufel zum Blutbad getrieben« titelte diese Regionaltageszeitung, und der Untertitel lautete: »Geisteskranker (28) erschoss seinen Vater und streckte mit Pistolenschüssen fünf Familienmitglieder nieder.« Die Beschreibung des Herganges:
»Paderborn. Er hatte Visionen. Er träumte vom Davidstern und von einem türkischen Derwisch. Satan war ihm bei Kerzenlicht begegnet. »Der war manchmal gut drauf, manchmal hat er mir aber auch die Luft abgedrückt.« Worte des 28-jährigen Tamer G. vor dem Paderborner Schwurgericht. Sein Wille geschah nicht, seine Steuerungsfähigkeit und damit seine Schuld waren nicht vorhanden. Und so hat am Ende vermutlich der Teufel diesen jungen Mann zu einem fürchterlichen Blutbad getrieben. Am 10. Juni des vergangenen Jahres ging Tamer G. in die Wohnung seiner türkischen Familie in Paderborn.« 11
Zwischenüberschrift: »Wortlos das Feuer eröffnet« Weiter im Text: »Wortlos und völlig überraschend zog er eine Neun-Millimeter-Pistole aus dem Hosenbund und eröffnete wie im Wahn gezielt das Feuer. Zwölf Projektile trafen nacheinander den Vater Tavkan (56), die Mutter Sevgi (50), die Schwester Emel (26), den Bruder Tayfur (18) sowie die beiden Kleinkinder des Amokschützen, Ali (4) und Dilara (2). Nachdem die Opfer zusammengebrochen waren, flüchtete Tamer. Er unternahm auf einem Sportplatz vergeblich einen Suizidversuch – und wurde von einem SEK-Kommando verhaftet. Zu diesem Zeitpunkt war sein Vater im Krankenhaus bereits den Schussverletzungen erlegen. Wie durch ein Wunder überlebten die übrigen Opfer …«

Diese Pressemitteilung soll dem Leser mehr vor Augen führen als die darüber wahrscheinlich vermittelte Erkenntnis, dass es nur schwer vorstellbar ist, dass die Familie des an einer schizophrenen Erkrankung leidenden Tamer G., künftig zu den Besuchern in der forensisch-psychiatrischen Klinik zählt, die am Wochenende an der Einlassschleuse warten, bis sie zunächst zur Prüfung des Inhaltes ihrer Taschen eingelassen werden. Dieses – eher differenzierte – Beispiel, zeigt vielmehr, was die Presse interessiert, was sie von den Ereignissen für den Leser in den Vordergrund rückt, und wie sie damit natürlich auch öffentliche Meinung herstellt.

Welche Folgen kann das haben? Der Vater eines forensischen Patienten berichtete einmal, wie er sich mit seiner Lebenspartnerin der unbequemen Fragen und Anwürfen aus der Nachbarschaft und dem Kollegenkreis nicht mehr erwehren konnte, auch als sein Sohn, der ein Brandstiftungsdelikt begangen hatte, längst »aus der Schusslinie« unangenehmer Begegnungen heraus war. Der junge Mann war gem. § 126a StPO einstweilig in der psychiatrischen Klinik untergebracht, während der Vater keine Ruhe und Abstand finden konnte, denn die Medien berichteten rund um den Tatzeitpunkt, im Vorfeld der Hauptverhandlung und dann auch während der Verhandlungstage. In der Stadt, im Wohnviertel und im Betrieb kannte jeder den vollen Namen, der sich hinter den Initialen verbarg, die die Presse bei solchen Berichten wie auch im Beispiel zu sehen war, anstelle des vollen Namens verwendet. In vielen sozialen Bezügen sei er auch nach Jahren noch nicht der Herr Soundso, nicht der Betriebselektriker bei der Fa.Soundso, sondern immer der Vater von dem Brandstifter aus der Soundso-Straße gewesen. Bis er es nicht mehr ertragen hätte, seine Partnerschaft daran zu zerbrechen drohte und er den Lebensort und die Arbeitsstelle gewechselt hätte. Den Sohn sah er als Ursache all seiner widrigen Lebensumstände. Erst nach Jahren, am neuen Lebensort ohne offene und verdeckte Diskriminierung und tagtägliche Diskreditierbarkeit, war er innerlich bereit, einen ersten Besuch beim Sohn in der forensischen Klinik zu machen, während viele Angehörige nach solchen Erfahrungen – ohne Hilfe von uns – sich vollständig abwenden. So tat es diesem Vater gut, in einer aus den genannten Gründen sehr überschaubaren Angehörigengruppe darüber einfach nur sprechen zu können. Doch: es ist schwer, den Weg zu einer solchen Gruppe zu finden. Die Angehörigen, die zumeist außerdem noch lange Wege auf sich nehmen, um auf das eingesperrte Familienmitglied und dann auch noch auf andere Angehörige von forensisch-psychiatrischen Patienten zu treffen, haben Angst vor einem ersten Zusammentreffen, Angst auch davor, dass das konkrete Delikt des Angehörigen thematisiert werden könnte. Weil man sich als Angehöriger eines Rechtsbrechers ja fragt, ob das Delikt des eigenen Angehörigen nicht einer weit größeren sozialen Ächtung unterliegt als die Tat des Sohnes, des Partners des Angehörigen, der am Tisch gegenübersitzt. Weil man beispielsweise Angst haben müsste, als Mutter eines Sexualstraftäters oder eines Menschen, der das Leben eines Mitmenschen auf dem Gewissen hat, eine gewisse Mitschuld von wem auch immer zugeschrieben zu erhalten. Und schließlich haben Angehörige auch eine Scheu davor, gesicherte Gebäude zu betreten, in denen viele für sich und Andere gefahrvolle Menschen in ihrer Bewegungsfreiheit begrenzt sind. Aus allen diesen Gründen gilt der Merksatz:

MERKE **Die Angehörigen sind von mir dort emotional und räumlich abzuholen, wo sie sind. Denn die Erwartung, dass sie sich von sich aus bewegen, berücksichtigt nicht das Ausmaß ihres Leidens. So sind die Angehörigen so lange von mir zu Hause aufzusuchen, bis sie vielleicht zunächst in einer Regionalgruppe – noch fern der Klinik – auf andere Betroffene treffen, was ihnen den späteren Besuch der Klinik selbst erleichtern mag.**

Wenn die forensische Psychiatrie ihrem Auftrag gerecht werden will, muss es sie regelhaft geben: die Eltern, die den Sohn mit den entsprechenden Vollzugslockerungen für Wochenenden aufnehmen und den Bruder, der eine Wohn- und Arbeitsmöglichkeit nach der Entlassung offeriert. Denn unterstützende Angehörige sind entscheidend bei der Rehabilitation, schon damit für den Menschen drinnen »die Welt draußen« nicht ihre Eigenzeit im Dialog mit der eigenen Biografie verliert. Daher bin ich als forensisch Tätiger für das Leiden der Angehörigen (im weiteren Sinn auch der anderen Opfer) genauso verantwortlich wie für das der Patienten. Und daher sollte eine aufsuchende Angehörigenarbeit im Vordergrund stehen. Eine Kontaktaufnahme und -pflege zwischen Patient und Angehörigem muss für beide – zunächst getrennt voneinander – von der Klinik aus aktiv begleitet werden.

Obiger »Merksatz« lässt sich übrigens auch auf den Umgang mit den Medien übertragen: Auch hier ist agieren und nicht reagieren das Gebot. Das heißt, dass ich zwecks ständiger Pflege guter Beziehungen vom subjektiven Selbstverständnis der Medienvertreter auszugehen habe, statt erst dann, wenn sich die Medienlandschaft ohnehin einmal wieder aus aktuellem Anlass heraus für die forensische Psychiatrie interessiert, beleidigt und mich für den besseren Menschen haltend mit apologetischen Flügeln zu schlagen: nur so erarbeite ich mir Chancen, auch für meine Kritik Gehör zu finden. Wem eine solche Grundhaltung – auch Angehörigen gegenüber – nicht liegt, sollte die Finger von der Forensik lassen. Dies ist schon ein ziemlich brauchbarer Eignungstest!

D Rehabilitation

Was ist zu tun, wenn sich die lange Zeit noch länger dehnt, wenn es um langzeithospitalisierte forensisch-psychiatrische Patienten geht? Habe ich nicht meine verantwortende Grundhaltung von den Patienten her zu entwickeln, der am längsten in unserer Einrichtung ist?

Schauen wir uns die durchschnittlichen Verweildauern an, dann sind natürlich alle forensisch-psychiatrischen Patienten Langzeitpatienten. Denn die Werte der Verweildauern, die wir den jüngsten Studien zum Maßregelvollzug entnehmen können, die sich auch mit Unterbringungszeit und Langzeithospitalisation befasst haben, liegen bei 5,3 bzw. 5,9 Jahren durchschnittlicher Unterbringungszeit bei den gem. §63 StGB Untergebrachten (Dessecker 1997, Bargfrede, 1999). Diese Durchschnittsgröße gilt auf den ersten Blick für die Vertreter aller Deliktgruppen. Denn: es sind offensichtlich andere Faktoren, die in der Vergangenheit zu einer (Nicht-)Entlassung führten, als vorrangig die Bewertung der Schwere der Einweisungstat. Gerade deshalb macht es Sinn, den Blick auf diejenigen zu richten, deren Verweildauern bereits diese Durchschnittszeiten überschritten haben. Erst einmal ist es die Anzahl der Longstay-Patienten, die zum geschärften Blick hierher auffordert. In Lippstadt-Eickelborn wurde 1995 ein Drittel der Patienten zur Gruppe der über sechs Jahre

Untergebrachten gerechnet. Und es zeigte sich zudem, dass sich die Gruppe der Longstay-Patienten mit 10, 15 und (auch wieder) mit 20 Jahren im Verhältnis zu denen mit durchschnittlicher Verweildauer bereits seit Anfang der neunziger Jahre und in der Tendenz anhaltend ausweitet. Die extrem langzeithospitalisierten Patienten stellen nicht nur wegen des Umfanges ihrer auch durch Verwahrung entstandenen individuellen Schäden eine große Herausforderung an die Rehabilitation dar, sie sind auch durch ihre Zahl unübersehbar geworden, zumal sie den Gradmesser für die Behandlungs-, Rehabilitations-, Enthospitalisierungs- und Nachsorgepotenz einer Klinik bilden. Denn: alle Maßnahmen sollten so ausgerichtet sein, dass die Versorgung der randständigsten Patientengruppen zum vornehmsten Prüfstein für die Qualität wird. Diese Menschen, die von Lebensperspektiven außerhalb der Klinikmauern ausgegrenzt sind und daher eine Gruppe der Außenseiter unter den ohnehin randständigen Maßregelvollzugspatienten darstellen, können entweder – zumal als anwachsende Gruppe – für ein rehabilitatives und damit behandlungsmotivierendes Klima der Gesamtklinik sorgen, wenn wenigstens einige von ihnen – sicher mit größten Anstrengungen und großer Verantwortungsbereitschaft – entlassen und integriert werden können. Wenn diese Gruppe aber perspektiv- und damit hoffnungslos bleibt, dann kann solche Hoffnungslosigkeit auch zu einem bestimmenden Moment der Atmosphäre der ganzen Klinik werden. Wo aber finden wir die für die Integration erforderlichen ambulanten und komplementären Dienste? Innerhalb des Forensik-Systems (außer den Fachambulanzen und einigen Entlasswohngruppen) kaum. Und das ist auch gut so: denn die Integration der forensischen Patienten hat in die gemeindepsychiatrischen Verbünde der Allgemeinpsychiatrie zu erfolgen. Schon deshalb war die Vervollständigung dieses Buches durch das Forensik-Kapitel so überfällig.

Und in der Tat: Wenn man auch mancherorts noch Vermeidungsstrategien ausreizt, nimmt die Zahl der Regionen doch zu, wo die Verantwortlichen für »normale« psychisch Kranke sowie »normale« Haftentlassene auch die entlassenen Forensiker der Region mit zunehmender Entängstigung und Selbstverständlichkeit als zugehörig ansehen. So stellte sich auch der Ansatz dar, den mit leicht unterschiedlichen Schwergewichten vier Modellprojekte im Modellverbund Psychiatrie des Bundesministeriums für Gesundheit zu Beginn der 90er Jahre erprobten. Diesen Erfahrungen folgten die Empfehlungen, die das Institut für Forensische Psychiatrie der FU Berlin gemeinsam mit der Kriminologischen Zentralstelle e.V., Wiesbaden für die Entwicklung des Maßregelvollzuges in den neuen Bundesländern vorlegte. Im Hinblick auf die Stabilisierung der Akzeptanz zur Mitversorgung forensisch-psychiatrischer Patienten in den einzelnen Versorgungslandschaften kristallisierten sich einige Grundpfeiler heraus:

»Regionale Anbieter brauchen, um eine fachgerechte, kontinuierliche Mitversorgung dieser Randgruppe gewährleisten zu können,

a. frühzeitige und umfassende, lückenlose Informationen zum Klienten,

b. fachgerechte Begleitung und Supervision sowie

c. Fortbildung in forensischen Fragen, den kontinuierlichen Transfer forensischen Know-hows auf geeigneten Wegen.

Zur Erhöhung der Akzeptanz dieser Klientel trägt

1. eine fachgerechte Kriseninterventionshilfe bei, die zudem die Rücknahmemöglichkeit bei beurlaubten Patienten beinhaltet.
2. Die Gegebenheit kontinuierlich identischer und weitgehend erreichbarer Ansprechpartner der Maßregelklinik sowie
3. verbindliche Verfahren der Überleitung der Klientel in extramurale Felder.

Ferner (...) die Einbeziehung von Bewährungshilfe und Führungsaufsicht ...«
(Zit. Bargfrede 1999, S. 50)

Aufbauend auf diesen Grundpfeilern sind dort, wo das noch nötig ist, Verfahren der »Erschließung« regionaler Versorgungsstrukturen zu entwickeln. Das heißt zu erkennen, was leistet wer, mit wem, in welcher Region? Dann folgt eine Information über das Anliegen der Maßregelklinik – und es braucht dann den »ersten gemeinsamen Fall«, damit Verbindlichkeit, Vertrauen und die Qualität der Vernetzungsleistungen auf den Prüfstand kommen können.

In einer eigenständigen Organisationseinheit »Rehabilitation und Nachsorge« des Westfälischen Zentrums für Forensische Psychiatrie in Lippstadt-Eickelborn wurden mit dem Beschreiten dieses hier skizzierten Weges in einem Fünfjahreszeitraum bis Mitte 1998 über 120 Patienten in eine Langzeit-Beurlaubung mit dem Ziel der Entlassung auf Bewährung gebracht, dort begleitet, und allein 1995–98 konnte für $1/3$ der Longstay-Population eine Lebensperspektive außerhalb des Maßregelvollzuges begründet werden, darunter auch einer der beiden Patienten, die in dieser Klinik bereits seit über 20 Jahren untergebracht waren. 11

Mit der zusätzlichen Erwähnung der extrem langzeithospitalisierten Patienten im Kontext der Rehabilitation sind wir dann auch an dem Punkt angekommen, wo wir zwischen Rehabilitation, Nachsorge und De-Institutionalisierung eine (vorläufige) Begriffsklärung vornehmen. Vorläufig deshalb, weil die Begriffe »Nachsorge« und »De-Institutionalisierung« letztlich in dem Begriff »Rehabilitation« als einem lebenslangem Recht zusammengefasst werden sollten.

Rehabilitation im Maßregelvollzug bedeutet ein Vorgehen mit dem Ziel der Entlassung in stabile Lebensverhältnisse und mit den Hilfen, die der Patient (jeweils aktuell angepasst) braucht, um ein deliktfreies Leben führen zu können. Dieses Verfahren beginnt mit der stationären Unterbringung, verzahnt »drinnen und draußen« zunehmend vor allem in der wichtigen Abnabelungs- und Überleitungsphase und begleitet den Patienten in personaler Kontinuität auch noch in der Phase, in der die kommunalen Hilfen bereits greifen. Und zwar so lange, bis eine bruchlose Überleitung in die Verantwortlichkeiten von Bewährungshilfe und Führungsaufsicht sowie einer tragfähigen gemeindepsychiatrischen Beziehung gewährleistet ist. Wegen des veränderten Status der Betroffenen und der ab diesem Zeitpunkt gewandelten Verantwortlichkeiten sowie der anderen Finanzierungswege von erfor-

derlichen Hilfen wird hier hilfsweise der Begriff »Nachsorge« innerhalb eines gesamtrehabilitativen Prozesses benutzt. Dabei sind die begleitenden Hilfen – gleich ob für den langzeitbeurlaubten Patienten oder für den unter Bewährungsaufsicht Stehenden – jeweils der aktuellen Entwicklung des Rehabilitanden anzupassen.
Die speziellen Wege der Entlassung extrem langzeithospitalisierter Menschen ohne zunächst sichtbare Lebensperspektive außerhalb der Mauern und Gitter braucht profilierte Verfahren der Wiedereingliederung und Erfahrungswerte der Rehabilitation als Sockel. Während Rehabilitation mit der Einweisung beginnt, setzt »De-Institutionalisierung« dort ein, wo auch auf den zweiten Blick scheinbar perspektivlose Patienten keine Chance auf einen Lebensraum außerhalb der Klinik erkennen lassen, der den individuellen Bedürfnissen entgegenkommen würde. Hier geht es zunächst darum, mit allen beteiligten Berufsgruppen einen idealtypischen Empfangsraum zu zeichnen. Diesem Schritt folgt die Suche nach den regionalen, institutionellen und personalen und atmosphärischen Gegebenheiten, die diesem Ideal so nah wie eben möglich kommen. Daran anschließend beginnt ein vorsichtiger, umsichtiger und zuweilen jahrelanger Prozess der De-Institutionalisierung eines in der Identität massiv beschädigten Menschen, bei dem sich aus Erfahrungswerten heraus einige bedeutsame Momente heraus schälten. Diese soll hier an einem besonders bemerkenswerten Fall dargestellt werden:

Die Vorgeschichte:
Herr Q. ist 60 Jahre alt, als er auf eine Entlassung in greifbarer Nähe hin und auf 40 Jahre seines Lebens zurückblickt, die er mit freiheitsbegrenzenden Eingriffen verlebt hat. Gleich zwei Mal wurde eine Sicherheitsverwahrung gegen ihn verhängt. Beim zweiten Mal waren es wiederum eine ganze Reihe von Eigentumsdelikten, die ihm zur Last gelegt wurden. Dieses Mal hatte er nur einige Wochen in Freiheit gelebt. Eine Freiheit, die er sich unrechtmäßig durch Flucht aus dem offenen Vollzug selbst verschaffte. Diesmal war bei der Tat, bei der er ergriffen wurde, eine Schusswaffe dabei, die aus einem Einbruch in einen Jagdausstatter stammte, bei dem Herr Q. sich für sein Leben auf Waldlichtungen eigenmächtig ausrüstete. Her Q. ist wieder im Strafvollzug und wird nach Jahren, in denen er durch »Bambule« auffiel, zunehmend ruhiger. Er zieht sich zurück, erkrankt an einer Depression, wird erstmalig in die forensische Psychiatrie zur Behandlung verlegt. Die Sicherungsverwahrung nimmt ihr Ende und die Entlassungsversuche der JVA in betreute Wohneinrichtungen scheitern. Herr Q. steht jeweils nach ein, zwei Tagen vor dem Anstaltstor und will hinein, will »nach Hause.« Er wird in den Maßregelvollzug verlegt, um von dort aus einen Enthospitalisierungsweg zu beschreiten. Dort angekommen, ist er erst einmal weg. Drei Entweichungen kennzeichnen die erste Zeit. Er flüchtet in waldreiche Gegenden, lebt »von der Hand in den Mund« und kommt freiwillig zurück, wenn sein Geld, das er für die Entweichungen angespart hatte, aufgebraucht ist. Neue Eigentumsdelikte gibt es nicht.

Der idealtypische Empfangsraum
Herr Q. braucht Hilfen, die ihn im Hintergrund und unaufdringlich »bemuttern«. Einen gedeckten Tisch, jemanden, der/die ihn vorsichtig bestimmt an Regelmäßigkeiten heranführt und erinnert. Er lehnt »Programm« in jeder Form ab, muss soziale Nähe und Distanz selbstbe-

stimmt steuern. Er braucht so viel Natur, wie eben möglich um sich herum, sodass er vor der Tür sitzend den Vögeln lauschen kann und dazu nicht in die Wälder flüchten muss. Er braucht unbedingt seinen eigenen Lebensraum, sein eigenes Reich, aber er darf nicht vereinsamen. Er braucht ein permanentes Angebot zur Kommunikation, dass sich auf leiseste Zeichen von ihm auch wieder zurückzieht. Und er sollte sich als freien und wertvollen Menschen begreifen können. Und er sollte alte »Knast«-Gewohnheiten pflegen können, das »Bunkern« von Lebensmitteln und Süßigkeiten gehört dazu.
Fast all das konnte gefunden werden. Ein separates Appartement an einem Kleinstheim direkt am Wald mit einer professionellen Betreuerin im Haus, die genau das richtige »Händchen« für Herrn Q. hat. Nach einem Prozess, der letztlich mit vielen Aufs und Abs insgesamt über vier Jahre ging, wurde Herr Q. dorthin entlassen.
Als bedeutsame Momente dieses und vergleichbarer Prozesse stellten sich neben Rat und Rückendeckung unseres Tuns, die wir von gleich drei beteiligten Gutachtern erhielten, zwei Dinge heraus: Die Beachtung der Zeit, vor allem der Eigenzeit des Patienten und die Re-Historisierung seiner Lebensgeschichte. Herr Q. gab uns vor, wann er welche Schritte vollziehen konnte, ein aktives Herausdrängen (in Form eines Hinauswerfens ins kalte Wasser) hätte sicher alles zunichte gemacht. Er gab die Größe der Schritte, auch der Rückschritte, vor und nahm ganz langsam, bedächtig, also mit Bedacht auf seine Gefühle dazu, den aufgefundenen Lebensort als den seinen an. Dieses wurde begleitet durch ein Wiedererlernen einfachster Techniken des Überlebens außerhalb totaler Institutionen: das sich Zurechtfinden auf fremden Terrain, das Äußern von Kaufwünschen im Laden, der Umgang mit verfügbarer Zeit usw. Und es war begleitet von rehistorisierenden Unternehmungen mit dem Ziel, eine ganze Lebensgeschichte mit Anteilen aus eingesperrtem und selbstbestimmten Leben wieder integriert durch eigene Deutungsmöglichkeit zu betrachten. Die rehistorisierenden Unternehmungen, die darauf abzielten, gemeinsam mit Herrn Q. eine Vollzugsakte, eine Krankengeschichte mit den »unbeschriebenen« Lebensanteilen und dem Hier und Jetzt wieder in eine Lebensgeschichte mit eigenen Wertstellungen umzuschreiben, führten ihn an die Stätten seiner Kindheit. Eine ganz wichtige Erfahrung für ihn war dabei auch, dass er feststellte: »Ja, es gab offensichtlich auch ein Leben vor dem Knast und der ›Heil- und Pflege‹ (wie Herr Q. die Forensische Klinik bezeichnete) und ich kam draußen irgendwie zurecht. Das sollte mir jetzt und vor allem besser gelingen können.«
(Ausführlich nachzulesen bei: Bargfrede et al. 1999)

Dies ist das Beispiel eines Weges, der sich an den Bedürfnissen des Langzeithospitalisierten und nicht vorrangig an institutionellen Interessen des Krankenhauses orientiert. Ein zeit- und personalaufwendiges Verfahren der Entwicklung eines Lebensraumes außerhalb der Anstalt, dass sich für Herrn Q. gelohnt hat. Belohnt waren auch die, die diesen Prozess begleitet haben. Profitiert hat auch die gesamte Klinik, dadurch dass erfahrbar wurde, auch das geht, und, dass dann ja vielleicht auch alles geht! Wie auch der Träger des Kleinstheimes und die beruflichen Helfer dort ihren Erfahrungsgewinn hatten und nun pflegen können. Der Gewinn heißt: es geht!
Es geht das, was angesichts der Ausgangslage von allen Beteiligten als kaum möglich angesehen wurde einschließlich der die wichtigsten Person: Herrn Q.
Nachsorge ist zusammenfassend all das, was an Hilfen über den Zeitpunkt der Entlassung

hinaus erreichbar bleibt. Im Dialog mit Bewährungshelfer und Führungsaufsicht muss immer wieder bis zum Einvernehmen geprüft werden, was aktuell nötig und was entbehrlich geworden ist – auch an fortgesetzter sozialer Kontrolle .

Aber die Maßregelvollzugsklinik wäre keine Institution, wenn ihr Eigeninteresse sie nicht auch ständig der Versuchung aussetzen würde, sich der lästigen Langzeitpatienten auf bequemere Weise zu entledigen.

So werden die überdurchschnittlich lange untergebrachten Patienten oder wenigstens eine Teilgruppe von ihnen gern mit Begriffen wie »therapieresistent« und »unbehandelbar« bedacht. Von Umkehr der Vollstreckungsreihenfolge mit dem Ziel der Verweisung in den Strafvollzug ist hier die Rede und von den »Fehlbelegern«, für die gälte: »Wegschließen – und zwar für immer«.

Nun ist nichts dagegen einzuwenden zu überprüfen, ob der Maßregelvollzug in einzelnen Fällen wirklich der richtige Ort ist. Und selbstverständlich gibt es Patienten, bei denen mit den verfügbaren Behandlungskonzepten auch für eine lange, lange Zeit keine weitere Besserung zu erzielen ist, um eine Entflechtung der therapeutischen Maßregel von der alleinigen Sicherungsverwahrung zu ermöglichen, die den Schutz der Gesellschaft vor weiteren schwerwiegenden Straftaten zu gewährleisten hat.

Was nicht hinnehmbar ist, sind die z.T. verfassungswidrigen Begriffe und ihre schlimmen Folgen. Denn das Grundgesetz garantiert jedem Menschen das Recht und die Befähigung zur Eingliederung, so lange er lebt, selbst wenn dies sich im Einzelfall zu Lebzeiten nicht umsetzen lässt, weil *wir* den Weg nicht finden.

Was den Widerspruch erfordert, ist das Aufgeben eines unaufhörlichen Behandlungsanspruches, ja die Aufgabe von Menschen insgesamt und schlechthin. Auch dann, wenn »Modernisierer« eine »long-stay-unit« für diese Patienten fordern und betonen, dass es ja nicht für immer sei: die Verlegung dieser Patienten in gesonderte Abteilungen mit reduziertem Anspruch an die Mitwirkungsbereitschaft bei der Behandlung. Das Wort von der »forensischen Pflege« wird in diesem Kontext auch gepflegt. »Long-stay-Units«, ein modern-technokratischer Terminus, bei dem die Lebenslänglichkeit geleugnet wird, obwohl jeder weiß, dass sie die Regel sein wird; den Weg von Herrn Q. kann es von da aus nicht mehr geben.

Woher kommt diese Idee? Sie kommt aus den Niederlanden, wo sie im staatlichen Bereich des dortigen Maßregelvollzugssystems bereits Wirklichkeit geworden ist. Man lässt sich hierzulande auf Tagungen und Kongressen interessiert berichten und macht Besuche. Es geht um die Schaffung gesonderter Abteilungen, in die Patienten verlegt werden, deren Behandlung stagniert, schwierig ist und Besserung nur in kleinen Schritten erzielt werden kann. Dort wird die Behandlungsdichte zurückgefahren, was therapeutisch zwar für eine gewisse Zeit auch geboten sein kann, aber nur wenn die »Behandlungsdichte« im Prinzip erhalten bleibt, sich nur »passiviert«, da sonst die Besserungswahrscheinlichkeit sich noch einmal reduziert. An die Stelle eines mal dichteren, mal virtuellen Anspruches an die Gewinnung einer Therapiemotivation und der Bereitschaft zu veränderten Einsichten und

Verhaltensänderungen tritt ein Leben im Wegschluss »im goldenen Käfig«. Ein Faktum dabei, das hier nicht übersehen werden kann, ist der günstigere Tagessatz, mit dem diese Abteilungen betrieben werden können. Ein gegenüber den Behandlungsstationen reduzierter Kostensatz, der sich durch die deutliche Ausdünnung des akademischen, therapeutischen Fachpersonals ergibt. Das Aufbegehren, das sich angesichts solcher separater Stationen meldet, begründet sich auch in dem »Reiz«, den diese Langzeitabteilungen begleitet: Neben den ökonomischen Einspareffekt tritt der Ansporn, diese Abteilungen, so es sie auch in Deutschland geben wird, auch entsprechend der geplanten Größe zu füllen. Und dann sind wir ganz rasch bei den kritischen Fragen: Wer soll denn dort hinein, für wie lange und wer »selektiert« hinein und wer, in welchem Prüfverfahren, mit welchen Kriterien auch wieder heraus? Alles, was institutionell irgendwann eine Existenzberechtigung erhielt, übt allein über den Bestand eine Sogkraft der Auslastung aus. Allein das Vorhandensein gesonderter Gegebenheiten begründet also das Interesse an der Expansion. Das wissen wir nicht erst, seitdem wir Kenntnis davon haben, wie voll die Großkrankenhäuser der Vergangenheit waren, und mit welchen Patienten sie mit welchen Verweildauern belegt waren. Und letztlich: wer möchte sich nicht gern von den schwierigsten Patienten trennen? Und wenn diese dann weg sind, treten andere an die Stelle und sind die »Schwierigsten«!

Diese Kritik an der Preisgabe eines unaufhörlichen Behandlungs- und Rehabilitationsanspruches darf jedoch nicht als ein Aufruf dazu verstanden werden, angesichts unbefriedigender Besserungserfolge der gegenteiligen Verführung eines »therapeutischen Aktionismus« zu erliegen.

Die Gefahren, die damit angesprochen sind, lauern zunächst dort, wo sich Irrwege und Irrtümer der Behandlung unter geschlossenen Bedingungen mangels Realitätskontrolle nicht recht zeigen können. Oft fehlt zudem ein echtes Korrektiv von außen, auch, wenn man meinen könnte, dass dieses doch durch Gericht, Anwalt und externen Gutachter gegeben sei. Korrekturhinweise von diesen Seiten können jedoch leicht ausgeblendet werden. Gefahren lauern auch dort, wo ich als Behandler und/oder Verantwortlicher meine eigenen Interessen in den Vordergrund stelle, anstelle etwa einer Reflexion der institutionellen Bedingungen meines Handelns. Und nicht zuletzt ist da meine zeitweilig erfahrene extreme Hilflosigkeit als psychiatrisch Tätiger, die ich aber, statt sie mit dem Patienten zu teilen, oft lieber leugne, zumal von außen unter Erfolgszwang gesetzt. Auf dem Hintergrund der seit Jahren steigenden Zahlen von Zuweisungen in den Maßregelvollzug und der Zunahme von langzeithospitalisierten Patienten ist schließlich auch noch die Gefahr zu nennen, dass unter solchem Druck neue Wege in der Behandlung faszinieren, deren Ausgangserkenntnisse zwar auf derzeit wissenschaftspopulärem, jedoch hinsichtlich des Forschungshintergrundes auf einem zumindest fragwürdigen Boden stehen. So verführen die imponierenden Ergebnisse der Hirnforschung z. Zt. dazu, auf die kriminologisch, psychologisch, psychiatrisch und soziologisch bereits breit und tief erforschte Komplexität der Verhaltenserklärung zu verzichten und sich auf einfach-kausale Prüfungen und Grundannahmen zu verlassen, weil einfache biochemische Ursachen abweichenden Verhaltens ebenso einfache therapeutische Techniken versprechen könnten.

E Verbreitung – Prävention

Wir beschränken uns hier auf einige Beispiele dafür, wie wir durch unterschiedliche Umgangsformen mit den forensischen Patienten deren Verbreitung vergrößern oder – präventiv – verringern können.

Anfang 1998 trat die Änderung des §67d Abs.2 StGB, eine wesentliche Bestimmung über die Aussetzung von freiheitsentziehenden Maßregeln, in Kraft. Die bisherige Verantwortungs- und Erprobungsformel in dieser Rechtsvorschrift, die bis dahin eine wesentliche Grundlage des Verhältnismäßigkeitsgrundsatzes darstellte, wurde durch eine Erwartungsformel ersetzt. Anstelle der Formel »zu erproben« lautet jetzt die Bedingung für die Aussetzung einer Maßregel »... wenn zu erwarten ist, dass der Untergebrachte außerhalb des Maßregelvollzugs keine rechtswidrigen Taten mehr begehen wird«. Damit hat der Bundesgesetzgeber eine positive Erwartung als Entlassungsschwelle eingezogen, die ein Sachverständiger in einer entsprechenden Bewährungsprognose zu bestätigen hat. Ein verantwortungsbewusster Gutachter wird nur schwer solch weit reichende Prognosen abgeben können, denn hier ist ein Grad von Wahrscheinlichkeit in die Erwartungsformel eingezogen, der außerdem vom Gutachter eine Prognosewahrscheinlichkeit einfordert, die vom zu schützenden Rechtsgut abhängig ist. Je höher das zu schützende Rechtsgut, desto höher der erforderliche Wahrscheinlichkeitsgrad einer bewährungsprognostischen Aussage. Ohne solche gutachterlichen Aussagen aber verbleibt der psychisch kranke Delinquent – in letzter Konsequenz – auf unabsehbare Zeit im Maßregelvollzug, und diese psychiatrischen Krankenhäuser nähern sich damit weiter dem Typ der Verwahranstalt.

Mit steigendem Zuweisungsdruck auf den Maßregelvollzug, der seine Entlastungen nicht nur in neuen Standorten, sondern in der verführerischen Idee der Langzeitstationen sucht, zeichnet sich eine weitere Gefahr ab, die noch steigt, wenn der Rehabilitation kaum überwindbare Schwellen gegenüber stehen: dass nämlich die forensische Psychiatrie der Ort werden könnte, der jede De-Institutionalisierung wieder infrage stellt – mit Auswirkungen auch auf die Allgemeinpsychiatrie. Zudem lauert hier wie gesagt die Gefahr, dass das ausnahmslose Recht auf Wiedereingliederung in die Gesellschaft erneut in Zweifel gestellt wird.

Zusammenfassend haben wir also Anlass zur Wachsamkeit gegenüber Anzeichen für einen tief greifenden Wandel im Sinne einer Rehospitalisierung, der nicht nur alle Bereiche der Gesellschaft umfassen, sondern auch die jetzige Zahl von gut 4000 Menschen gem. §63 StGB und ca. 1800 gem. §64 StGB in 2000 im Maßregelvollzug in Deutschland erheblich wachsen lassen könnte.

Stattdessen wäre solche Gefahren bei Fortsetzung der bisher erfolgreichen De-Institutionalisierung allein schon präventiv zu begegnen. Und zwar Prävention im Sinne einer Vermeidung der stationären Unterbringung mit all ihren Unwägbarkeiten. Diese hat der Gesetzgeber – wie am Anfang des Kapitels bereits angesprochen – auch mit der gleichzeitigen Aussetzung der Unterbringung zur Bewährung vorgesehen. Das Gericht könnte nämlich stattdessen eine ambulante Behandlung in den Kanon der individuellen Bewährungsauflagen aufnehmen. Um dieses präventive Instrument häufiger nutzen zu können, bedarf es eines spürbaren Mehr an ambulanter Behandlungskompetenz, die sich nicht scheut, sich mit dem Bedarf von psychisch kranken Rechtsbrechern auseinander zu setzen und sich ihm auch zu stellen. Und wenn es diese ambulanten Behandlungsmöglichkeiten in zunehmendem Maße auch kommunal gäbe, dann müsste das in einem zweiten Schritt den infrage kommenden Gerichten in geeigneter Form so dargelegt werden, dass sie vermehrt davon Gebrauch machten.

Wenn sich aber eine stationäre Behandlung und Sicherung als unvermeidbar erweisen sollte, dann gibt es überhaupt keine Gesetzmäßigkeit dafür, dass sie immer in einer *forensisch*-psychiatrischen Klinik geschehen muss. Ein regionales Pflichtversorgungskrankenhaus kann in den Fällen, wo der Sicherungsbedarf für einen Patienten mit eigenen Mitteln gewährleistet werden kann, durchaus ein viel angemessenerer Ort der Behandlung und Rehabilitation sein, weil der Stigmatisierungsgehalt dieses Krankenhausaufenthaltes deutlich niedriger ist und der jeweilige gemeindepsychiatrische Verbund ganz »normal« zur Wiedereingliederung genutzt werden kann.

Dieser Weg über ein regionales Pflichtkrankenhaus kann als zweiter Aufenthalts- und Behandlungsort auch dann gegangen werden, wenn der Betroffene zuvor im Maßregelvollzug behandelt werden musste und dort bereits in den Vorteil von Vollzugslockerungen kommen konnte. Mit der Verlegung müssten freilich eindeutige Regelungen im Hinblick auf eine Rückverlegung vereinbart werden. Auf solchen Wegen könnten wir einen ambulanten wie stationären Integrationsprozess der forensischen und der allgemeinen Versorgungspsychiatrie vorantreiben, der schon begonnen hat. Offen ist, wie weit wir mit ihm so vorankommen können, dass den Bedürfnissen sowohl der Patienten als auch der anderen Bürger gedient ist.

Literatur

BARGFREDE, Hartmut (1999): Enthospitalisierung forensisch-psychiatrischer Langzeitpatienten. Bonn, Psychiatrie-Verlag

BARGFREDE, Hartmut; GRZONDZIEL, Bernhard; REHSE, Jürgen (1999): Von der Angst vor der ersehnten Freiheit oder: Die Bedeutung der Rehistorisierung einer Lebensgeschichte, von Zeit und der Achtung vor einer beschädigten Identität, auf dem langen Weg aus der sicheren Verwahrung. In: DUNCKER, Heinfried; DIMMEK, Bernd; KOBBÉ, Ulrich (Hg.): *Forensische Psychiatrie und Psychiatrie – Werkstattschriften* Heft 2, 1999, 6. Jg. S. 115–156

Dahle, Klaus-Peter (1995): Zur Versorgung forensisch-psychiatrischer Patienten in den neuen Bundesländern. In: Schriftenreihe des Bundesministeriums für Gesundheit, Band 53, Baden-Baden

Dessecker, Axel (1997): Straftäter und Psychiatrie – Eine empirische Untersuchung zur Praxis der Maßregel nach § 63 StGB im Vergleich mit der Maßregel nach § 64 StGB und sanktionslosen Verfahren. »Kriminologie und Praxis« Bd. 19, Schriftenreihe der Kriminologischen Zentralstelle e. V., Wiesbaden

Dimmek, Bernd; Bargfrede, Hartmut (1993): Ambulante Nachsorge für forensisch-psychiatrische Patienten im Rahmen der Beurlaubung oder Entlassung auf Bewährung. In: Schriftenreihe des Bundesministeriums für Gesundheit, Band 49, Baden-Baden

Egg, Rudolf (Hg.) (1996): Der Aufbau des Maßregelvollzuges in den neuen Bundesländern. In: KUP – Schriftenreihe der Kriminologischen Zentralstelle Band 18, Wiesbaden

Fengler, Christa; Fengler, Thomas (1980): Alltag in der Anstalt. Reprint 1994 in der Edition Das Narrenschiff. Bonn, Psychiatrie-Verlag

Fiedler, Peter (2001): Persönlichkeitsstörungen. Weinheim, Beltz, 5. völlig neubearb. Aufl.

Goffman, Erving (1972): Asyle – Über die Situation psychiatrischer Patienten und anderer Insassen. Frankfurt / M., Suhrkamp, 12. Aufl. 1999

Knahl, Andreas (1996): Nachsorge für forensisch-psychiatrische Patienten. In: Schriftenreihe des Bundesministeriums für Gesundheit, Band 82, Baden-Baden

Koch, J. L. A.(1891–1893): Die psychopathischen Minderwertigkeiten. Bd. 1–3. Maier, Ravensburg

Kröber, Hans-Ludwig (1997): Strafrechtliche Begutachtung von Persönlichkeitsstörungen. In: PTT – Persönlichkeitsstörungen, Theorie und Therapie, Nr. 4 / 97, S. 161–172

Kröber, Hans-Ludwig; Albrecht, Hans-Jörg (2001): Verminderte Schuldfähigkeit und psychiatrische Maßregel, Nomos Verlagsgesellschaft, Baden-Baden

Leygraf, Norbert (1996): Praxis des Maßregelvollzuges in den alten Bundesländern. In: Egg, Rudolf (Hg.): Der Aufbau des Maßregelvollzuges in den neuen Bundesländern. »Kriminologie und Praxis« Bd. 18, Schriftenreihe der Kriminologischen Zentralstelle e. V., Wiesbaden, S. 59–71

Pfäfflin, Friedemann (1997): Formen der Delinquenz – eine Einführung. In: PTT – Persönlichkeitsstörungen, Theorie und Therapie, Nr. 4 / 97, S. 156–160

Pinel, Philippe (1809): Traité médico – philosophique sur l´aliéntation mentale (2. Ebn.). Paris, Brosson

Polländne, Helmut (1999): Maßregelvollzug zwischen Strafvollzug und Psychiatrie, in: Weigand, Wolfgang (Hg.): Der Maßregelvollzug in der öffentlichen Diskussion, Münster, S. 37–54

Rasch, Wilfried (1982): Angst vor der Abartigkeit. Über einen schwierigen Begriff der §§ 20, 21 StGB. NStZ, 177–183

Rasch, Wilfried (1986): Forensische Psychiatrie. Kohlhammer, Stuttgart

Rush, Bertram (1812): Medical inquires and observations upon the diseases of the mind. Philadelphia: Richardson. Neu aufgelegt 1962, Hafner Press, New York

Sartre, Jean Paul (1982): Saint Genet, Komödiant und Märtyrer. Reinbek, Rowohlt

Simon, Hermann (1929/1986): Aktivere Krankenbehandlung in der Irrenanstalt. Nachdr. d. Ausg. Berlin, de Gruyter, 1929/mit e. Vorw. von Asmus Finzen u. Anm. von Christine Teller. Bonn, Psychiatrie-Verlag (1986)

12 Der sich und Andere körperkränkende Mensch (körperbedingte Psychosyndrome)

A Landschaft ohne Boden

Wie bewegen sich meine Landschaft und ich, wenn eine Körperschädigung seit der Jugend, meist in der Erwachsenenphase und zunehmend mit dem Altern, uns so fundamental in Frage stellt, dass wir den gemeinsamen Boden verlieren? Das Leben wird zum Kampf ums Überleben. Wie soll ich meine Landschaft er-fahren, wenn ich mich auf mein Fahr-zeug nicht mehr verlassen kann, sei es körperlich (Lähmung), sei es hirnbeteiligend (Bewusstseins- und Wahrnehmungsverunsicherung)? Wie soll ich in der Öffentlichkeit, in der Arbeitswelt Bestand haben, wenn mir meine Werkzeuge nicht mehr zur Verfügung stehen und ich für die Funktionsträger unbrauchbar geworden bin? Wohin soll ich mich entwickeln, wenn ich mich erinnere, dass meine Landschaft mir früher Orientierung gab, jetzt aber meine Orientierungsversuche immer seltener auf etwas treffen, das mir Halt gibt? Wie kann ich in der Begegnung ein gleicher Gegner sein, wenn ich dauernd auf Sicherheit aussein muss, mir der Abstand tollpatschig-distanzlos misslingt, ich den zwangsläufig ausweichenden Schritt des Partners verkenne und mit Wut und Gewalttätigkeit beantworte? Ein lebensunwerter Klotz am Bein, Krüppel, Wrack, Ballastexistenz inmitten einer immer wieder entgleitenden Welt erniedrigend-mitleidigen Lächelns, das ich am liebsten zerstören möchte.

Und doch habe ich mein mühselig-absurdes Leben jeden Tag aufs Neue zu leben, wie Sisyphos. Mein Körper, mein Gehirn haben auf ein primitives Notaggregat zurückgeschaltet, das sie mir zur Verfügung stellen. So bewege ich mich wie auf Fließsand, wie in einer Moorlandschaft: Es gibt einen engen, vorgezeichneten Weg, den ich zu gehen habe. Ein Schritt nach vorn – und ich falle (Anfall). Ein anderer Schritt, nur ein wenig ab vom Wege, nur ein kleiner (menschlicher) Umweg – und ich versinke. Schon den Fuß zu einem Schritt zu heben, ist gefährlich, da mir alle Schuhe zu groß sind. Die Wegmarken des schmalen Moorweges, an denen ich mich zwanghaft genau entlanghangeln muss, bestehen aus den eingeschliffenen Gewohnheiten von früher, an denen ich auch die geringste Kleinigkeit nicht ändern darf: der soziale Kontext muss mir den Halt, das blinde Vertrauen ersetzen, das mir der Körper, das Gehirn nicht mehr geben kann. So taste ich mich von einem zerbrechlichen Strohhalm zum anderen, ohne Aussicht auf ein lohnendes Ziel, nur um den Weg zu gehen. Aber gerade das gibt mir meine menschliche Würde: Dass ich nicht nur Opfer eines strafenden Schicksals bin, sondern auch Täter, dass ich das Schicksal zu meinem Geschick mache und es in die eigene Hand nehme. Wie Sisyphos, der endlos immer wieder denselben Stein denselben Berg hinaufwälzt, sich immer wieder dieselbe Aufgabe macht, voll Verachtung der Götter, Hass gegen den Tod und Liebe zum Leben – ein glücklicher Mensch (A. Camus 1950). Wie Sisyphos – also wie jeder Mensch!

Diese Kränkung und mein Umgangsstil mit ihr unterscheidet sich von anderen psychiatrischen Kränkungen etwa so:

1. Ich kann den Kampf offener und direkter führen, weil der Angreifer, die körperliche Schädigung, mir eher äußerlich ist, ich mich nicht so leicht durch Schuldgefühle und Angst lähme und weil es oft genug um das bloße Überleben geht.

2. Ich bin gleichwohl in diesem Kampf abhängig von dem Umgangsstil mit Kränkungen, den ich mir in meinem bisherigen Leben angeeignet hatte, und davon, welchen Wert ich meinem Körper und meinem Leben überhaupt gebe. Dabei hat
3. der Angreifer, die Körperschädigung, mir einen Teil der mir gewohnten Waffen genommen, weshalb es darauf ankommt, wie ich Selbstvertrauen verlagere und auf den mir gebliebenen Möglichkeiten neu oder anders wiederbegründe, wie ich Einbußen kompensiere und wie ich Hilfe annehme.
4. Da Kränkung Kränkung bleibt, bin ich darauf angewiesen, beim Gehen meines Sisyphos-Weges als Ausdruck meines Suchens, als meine Antwort mich und Andere zu beeinträchtigen, zu belasten, zu stören, zu testen – mit meinem Körper zu kränken. Ich brauche das Anecken zur Orientierung, Selbsthilfe: Es sichert mir den Zusammenhang zwischen mir und den Anderen, meine Landschaft. So sehr alle sich daran stoßen werden.

Kraepelin unterschied 1896 zwischen den von innen entstehenden, endogenen und den durch körperliche = äußerliche Schädigungen entstehenden, exogenen Psychosen. Andere Bezeichnungen: »Organische Psychosen« oder »körperlich begründbare Psychosen«. Aber schon 1910 formulierte K. Bonhoeffer seine bis heute gültige Kritik: Weil jede Körper- oder Hirnkrankheit zu verschiedenen (unspezifischen) psychischen Syndromen führen kann und jeder Mensch unterschiedlich auf dieselbe organische Schädigung (= Noxe) reagieren kann, dürfe man nicht von Psychosen sprechen, sondern von »exogenen Reaktionstypen«. In der Folge richtete sich die Aufmerksamkeit auf die Hirnlokalisierung: Beobachtbare seelische Funktionsstörungen wurden bestimmten Hirnregionen zugeordnet. Das ging von der Aphasieforschung aus und führte zur möglichst präzisen Beschreibung »hirnlokaler Syndrome«, besonders durch M. Bleuler (1954). Nach dem Prinzip der Mengenwirkung galt: Je mehr Hirngewebe, desto mehr Funktionen gehen verloren. Inzwischen weiß man, dass dies nur z. T. zu halten ist. Der gestaltpsychologische Ansatz von K. Goldstein (1934), Neuropsychologie, Neurobiochemie, kybernetische Modelle und neuronale Netzwerke selbstregulatorischer Steuerungssysteme ermöglichen eine wohl vollständigere Wahrnehmung der komplizierten Zusammenhänge zwischen Hirn und Handeln. Die hirnlokalen Syndrome werden auf ihren richtungsdiagnostischen Wert beschränkt. Das Prinzip der Mengenwirkung, das z. B. für Intelligenzstörungen kaum zutrifft, wird ergänzt durch das Prinzip der Äquivalenz. Danach können bei manchen herdförmigen = fokalen Hirnschäden andere Hirnregionen als »funktionelle Reserve« das bisherige Handeln aufrechterhalten. Während manche Funktionen im Gehirn vorprogrammiert sind, werden andere erst durch Lernen bzw. Konditionierung in bestimmten Regionen lokalisiert, was z. T. änderbar zu sein scheint – wichtig für die Rehabilitation. Hoch spezifische Hirnsysteme steuern offenbar nicht nur ihre eigene, sondern auch die Aktivität anderer Hirnsysteme. Vor allem bestehen zwischen der entwicklungsgeschichtlich jüngeren Hirnrinde (Cortex) und den älteren (subcorticalen) Hirnregionen mehr Wechselwirkungen als früher vermutet. Gerade die kompliziertesten Steuerungen funktionieren nur bei wechselseitiger Integration jüngerer und älterer Hirnbereiche (die wertenden Begriffe »höhere« und »niedere« Hirnbereiche sind zu vergessen). Die Unterscheidung von hirndiffusen und hirnlokalen Störungen gilt nur noch bedingt. Zudem werden die Unterschiede zwischen den beiden Hemisphären des Großhirns diskutiert: Danach reguliert bei einem Rechtshänder die jüngere linke Hälfte mehr die (digitalen) Mitteilungen von Inhalten mittels Sprache, dagegen die ältere rechte Hälfte mehr die bildhaften (analogen) Mitteilungen über Beziehungen zwischen Menschen mit nichtsprachlichen, gefühlsmäßigen Ausdrucksmöglichkeiten, die Gesamtgestalt von etwas. Dies erklärt Schwierigkeiten, wenn etwa jemand sprachlich und nicht-sprachlich Gegensätzliches ausdrückt (double-bind-Theorie) oder wenn in einer Stress-Situation die Verbindung zwischen beiden Großhirnhälften weniger zuverlässig ist, sodass »die Linke nicht weiß, was die Rechte tut« (WATZLAWICK 1978). Körperkränkungen – zugespitzt – sind ein Kampf zwischen zwei Handelnden. Einerseits wirkt die körperliche Schädigung aktiv auf den Menschen. Andererseits handelt auch der Mensch aktiv, er reagiert nicht nur. Deshalb müsste man vom Aktionstyp, nicht Reaktionstyp sprechen. Er kämpft gegen die Kränkung, die bodenlose Verunsicherung, zum Schluss aber nicht mehr gegen die bleibende Behinderung, wohl aber gegen die Menschen, die ihn behindern!

Vorgestellt werden zunächst typische »Psychosyndrome«. Erst dann wenden wir uns den einzelnen zu Grunde liegenden Störungen zu. Die folgende Einteilung der Syndrome: B Akut-organische Psychosyndrome, auch »symptomatische Psychosen« oder »akute exogene Reaktionstypen« genannt. C Chronisch-organische Psychosyndrome. B bzw. C werden von W. SCHEID und H. H. WIECK als reversible (= rückbildungsfähige) und irreversible Psychosyndrome unterschieden, was auch nicht ganz zutrifft. Als Faustregel gilt, dass B mehr den hirnbeteiligenden Körperkrankheiten und C mehr den hirneigenen Krankheiten zuzuordnen ist. Hinzu kommen freilich noch unter D Körperkränkungen ohne Hirnbeteiligung, die sich im Befinden und Handeln der Menschen, z. T. als Stigmatisierung, äußern.

B Akut-organische Psychosyndrome (AOP)

Man unterscheidet drei Syndrome mit Bewusstseinstrübung (*Delir*, *Verwirrtheit*, *Dämmerzustand*) sowie die Durchgangssyndrome ohne grobe Bewusstseinstrübung.

Bewusstsein hat hier weder das »Unbewusste« als Gegenbegriff noch die Bewusstlosigkeit, die es gar nicht gibt; denn die Intensivmedizin zeigt uns auch bei »Bewusstlosen« Kommunikation mit der Umwelt, so auch die Erfahrung mit Menschen im Wachkoma (ZIEGER 1998). Bewusst-Sein = Leben (DÖRNER 1993). Bewusstsein heißt hier das Bündel von Fähigkeiten, das Auswahl und Ausmaß der Wahrnehmungen und Vorstellungen zu einem situations- und erlebniseinheitlichen Handeln organisiert, eine Gitter- oder Filterfunktion hat. Das Bewusstsein begleitet reflektierend alles Tun, macht es erinnerungsfähig und ist – zwischen »innen« und »außen« vermittelnd – zugleich *Selbstbewusstsein*. Es reguliert die »Gestalt« des Handelns. Zu diesem Fähigkeitsbündel rechnet man: Wachheit, Orientierung (nach den vier Richtungen: Zeit, Raum, Person und Situation), Aufmerksamkeit, Auffassung, Denkablauf und Merkfähigkeit.

Bewusstseinsveränderungen

- **Quantitative Minderung:** Bewusstseinstrübung als Somnolenz (dösig, schläfrig, benommen), Sopor (getrübt, allerdings noch beeinflussbar) und Koma (nicht mehr zur Wachheit weckbar, zugleich Enthemmung älterer Reflexe). Orientierung wird Desorientierung, Aufmerksamkeit herabgesetzt, schwer zu fixieren. Auffassung verzögert sich zur Schwerbesinnlichkeit, Denken verlangsamt, mühsam, verwirrt, inkohärent=unzusammenhängend, wie im Halbschlaf Merkfähigkeit verringert. Einheitlichkeit der Gedanken und Handlungen geht verloren (Gestaltzerfall). Statt Minderung oft genauer Einengung zu einem inselhaften oder röhrenförmigen Bewusstsein; Gegensatz: zu reizoffene (=hyperprosektische) Weitstellung der Gitter- oder Filterfunktion.
- **Steigerung des Bewusstseins:** Überwachheit, gesteigerte Helligkeit des Bewusstseinsfeldes, Verkürzung der Auffassungs- und Reaktionszeit, um den Preis der Einengung, Sprunghaftigkeit und Konzentrationsunfähigkeit.
- **Qualitative Veränderung des Bewusstseins:** schwer beschreibbare Verschiebungen, Verlagerungen, Ausgangspunkt für illusionäre Verkennung, halluzinatorische oder wahnhafte Umdeutung der Lebenssituation, z. B. Dämmerzustand. Alle Veränderungen können in Stunden oder Minuten sich umkehren. Für die Bewusstseinsveränderung teilweise oder vollständige Amnesie = Erinnerungslosigkeit.

Syndrom-Diagnose

Delir (delirante Syndrome)

Die Patienten sind erstens bewusstseinsgetrübt, verwirrt sowie desorientiert, erst zeitlich, dann örtlich und nach der Person. Das »Zeitgitter« ist also am empfindlichsten. Aufmerksamkeit und Reaktionsfähigkeit gemindert; wenn gesteigert, dann punktuell und ablenkbar, von einem Reiz zum anderen tanzend. Zweitens angstvoll, wirken bedroht, trotz schläfriger Trägheit schreckhaft-erregt; die Angst hat den Sinn, die Landschaft festzuhalten, aus jedem Reiz bzw. »Punkt« der sich entziehenden Realität »etwas zu machen«; etwa über Situations- und Personenumdeutungen, die man fast beliebig suggerieren kann, oder über meist optische Halluzination, oft szenisch oder traumhaft. Stimmung wie unter Zwang euphorisch. Der Sprechtrieb bezieht sich auf anwesende (und abwesende) Personen, »macht mit ihnen etwas«. Die typische Halluzination vieler kleiner Figuren oder Tiere entspricht der Bewegungsunruhe (Greif- oder Zupfbewegungen, »Flockenlesen« auf der Bettdecke oder hilflose Leerlaufmotorik). Drittens körperlich-vegetative Symptome: Fieber, Tremor, Kreislaufinsuffizienz, Krämpfe, Dehydration, mit der Gefahr des Komas.

Schwer zu erkennen sind nur leichte Delire bzw. beginnende delirante Zustände: ungerichtete Ängstlichkeit, Konzentrationsstörung, Überempfindlichkeit gegen Geräusche und Licht, fibrilläres Wogen der mimischen Muskeln, Verwirr- und Reizbarkeit, eine »daneben stehende« oder befremdlich oft wiederholte Redewendung, Ablenkbarkeit, schwankende Gefühlslage, vermehrter Sprechantrieb.
Delirante Syndrome können auftreten bei Fieberzuständen, Infektions- und schweren Allgemeinerkrankungen, Hyperthyreosen, nach operativen Eingriffen, bei Alkohol- oder Medikamentenmissbrauch, nach Vergiftungen und bei medikamentöser Therapie überhaupt. Sie sind also eine psychiatrische Komplikation in nahezu allen Bereichen der Medizin. Früherkennung dieser lebensbedrohlichen Zustände ist entscheidend.

■■ Verwirrtheit (amentielle Syndrome)

Statt Bewusstseinstrübung und vegetativer Störung im Vordergrund: Unzusammenhängendes Denken, bruchstückhaft wie im Halbschlaf, am einmal aufgetauchten Gedanken sich festhaltend, wobei Angst sich in Ratlosigkeit äußert bezüglich des Misslingens der Realitätserfassung; oft Erregungszustand. Wenn verbunden mit Umdeutung (traumhaft = oneiroid), Übergang in chronisch-organisches Syndrom. – Bei Enzephalitis, zerebraler Durchblutungsstörung oder Hirnverletzung mit Verschlimmerung bei nächtlichem Blutdruckabfall.

■■ Dämmerzustand

Hier überwiegt die qualitative Bewusstseinsveränderung: Verschiebung – bis zum Gefühl, eine andere Existenz zu leben. Da die Patienten über Stunden und Tage – traumwandlerisch – vor allem in fremder Umgebung unauffällig wirken, können sich forensische Probleme ergeben. Denn in Wirklichkeit ist der Patient weder bewusstseinsklar noch selbstkritisch, vielmehr von wenigen Affekten gesteuert, die Landschaft verkennend, sodass es (selten) zu überraschenden Gewalthandlungen kommt. – Bei Epilepsie, im pathologischen Rausch, bei Enzephalitis oder in gefäßleidensbedingten Krisen. Verwandt sind die »akuten amnestischen Episoden« (Mumenthaler). Wichtig, dass ein ähnlicher Zustand auch auf eher psychischem Wege herstellbar ist: Als Nachtwandeln, als hochgradiger, verselbstständigter Affektstau (»Verdrängungsdelir«) oder – künstlich produziert – als hypnotischer Zustand.

■■ Durchgangssyndrome

Psychische Durchgangs-Auffälligkeiten bei Beginn bzw. bei Rückbildung einer hirnorganischen Schädigung: Bewusstseinseinengung kaum sichtbar, daher die Begriffe »geordneter Dämmerzustand« und »besonnenes Delir« hier ungenau. Wieck unterscheidet: isolierte Halluzinosen; »akutes Korsakow-Syndrom« (s.d.); hyperästhetisch-emotioneller Schwächezustand; aspontanes Durchgangssyndrom; affektives Durchgangssyndrom: depressiv, maniform oder hysteriform, wobei bei der letzteren Form aufgrund der Abwehr der psychiatrisch Tätigen gegen hysterische Patienten die Gefahr besteht, die hirnorganische Grundstörung zu übersehen (»organisches Hysteroid«); ferner paranoid-halluzinatorisches Durchgangssyndrom; und schizoformes Durchgangssyndrom. *Differenzialdiagnostisch:* wenn hirnorganisch, dann kein direkter Zusammenhang mit einem biografischen Lebensproblem, Symptomatik mehr auf Realitätsnäherung, weniger auf Realitätsvermeidung gerichtet. Die Aufmerksamkeit auf Durchgangssyndrome verhindert Fehler bei der Frühdiagnose, Krankschreibung, Berentung und Rehabilitation.

■ Grundhaltung – für mich und Angehörige

Für meine Begegnung mit dem »akut-organischen«, meist deliranten Menschen ist wichtig, dass der Andere gerade an seiner Selbstwahrnehmung gehindert ist. Insofern muss ich wirklich *für* den Patienten da sein, z.T. *an seiner Stelle* handeln. Umso mehr bin ich auf meine Selbstwahrnehmung angewiesen, will ich dem Patienten auch nur ansatzweise das Gefühl vermitteln, verstanden zu werden, Vertrauen haben zu können. Gleichsam als Ausgleich für diese Schwierigkeit muss ich im Falle des Delirs nicht so tief in mir suchen wie in anderen Situationen. Jeder von uns kennt akut-organisch bedingte Landschaftsentgleitungen: Fieber, Alkoholeinfluss; Reaktionen auf Medikamente; Abgleiten in bzw. Auftauchen aus Bewusstlosigkeit; Einschlaf- oder Aufwachreaktionen; Schock nach Verkehrsunfall.
Von daher kennen wir – wenigstens in Andeutung – sämtliche akut-organischen Symptome, auch das mehr organisch gelebte als seelisch erlebte akutorganische oder delirante Grundgefühl.
Etwa so: Ich spüre irgendwie, wie ich in einem Strudel weggerissen werde, weg von jedem Stand und Halt. Das macht Angst. Aber die Angst und Bedrohung sitzt so tief körperlich, dass ich sie kaum als abgehobenes seelisches Gefühl ausdrücken oder auch nur sagen kann »ich habe Angst«. Vielmehr ist die Angst ein totales biologisches Alarmsignal. Nicht ich drücke sie aus. Die Angst drückt sich selbst aus. Weniger ich handle, sondern ich werde auf einer biologisch älteren Ebene von äußeren und inneren Reizen gehandelt, gesteuert. Das heißt, ich ergreife jeden, noch so unsinnigen Strohhalm (Reiz), versuche ihn umzudeuten, zu einem Halt an der mir entgleitenden Wirklichkeit zu machen. Es schaltet in mir gleichsam auf Reserve, auf die Reserve eines einfacheren Instinkt-Umwelt-Steuerungsniveaus, freilich mit der Gefahr, mich in meinen vegetativen, motorischen und halluzinatorischen Alarmreaktionen zu erschöpfen und zu Tode zu strampeln, da diese Reserveschaltung nur ein Notaggregat ist. Von daher sind alle Symptome nachvollziehbar: Das »Sparprogramm« der Bewusstseinseinengung und -verschiebung; das Tanzen der Aufmerksamkeit von einem Reiz zum anderen, weil keiner befriedigen kann, oder das Haften an einem Reiz; die »Rederitis« und Leerlaufmotorik, die Bestätigung aus sich selbst zu ziehen sucht; das Äußern von sonst scham-kontrollierten Triebanteilen; das euphorische So-tun, als ob nichts ist; das

Her-Halluzinieren von irgendetwas Vertrautem; schließlich auch die Amnesie in dem Maße, wie nicht ich, sondern es gehandelt hat.
Kaum irgendwo in der Psychiatrie wird die mehrdimensionale Einheit und Sinnhaftigkeit des psychischen Symptoms so deutlich wie hier: es ist zugleich Ausdruck des Krankmachenden bzw. Kränkenden, Versuch der Problemlösung und Selbsthilfe sowie Angstabwehr mit der Gefahr, darin umzukommen. Die Unterscheidung dieser Symptom-Anteile erlaubt mir die Feststellung des Maßes, in dem ich den Patienten a) als Handelnden und b) als Behandelten aufzufassen habe, indem ich seine Steuerungsversuche (a) und indem ich seine Bedürfnisse nach Sicherheit (b) fördere. Schließlich auch hier: Wie wirkt der Patient auf mich? Vor allem bei leichten Deliren sowie bei Durchgangssyndromen können mir zwei Fallen zum Verhängnis werden:
»Der Andere will mir nur Theater vorspielen« oder »er will mir nur zeigen, dass alles in Ordnung ist; er ist gesund«. Vor einer Fehlentscheidung bewahrt mich die Wahrnehmung seiner Wirkung auf mich: Es bleibt ein kleiner Rest, z. B. dass das Theater eine Spur zu ungekonnt, zu brüchig oder zu distanzlos ist; dass er eine Spur zu betont, zu bemüht mir (und sich!) seine Normalität beweisen will, eine Spur zu stur auf sofortiger Entlassung besteht, eine Spur zu schnell oder zu langsam seine Aufmerksamkeit wechselt. Das ist das Geheimnis des »klinischen« Eindrucks, »er wirkt organisch auf mich«, ein Eindruck, den ich dem Umstand verdanke, dass ich die Begegnungsangst in mich eindringen lasse. Da die meisten AOP zu Hause oder in einem Allgemeinkrankenhaus beginnen und ständig schwanken, habe ich, dorthin gerufen, mehr die Wirkung des Patienten auf seine »Nächsten« für die Diagnose zu prüfen.

■ Handeln und Behandeln: Therapie

Da ein AOP heute medikamentös gut zu kontrollieren ist, wird es in der Regel im nächstliegenden Krankenhaus behandelt, schwere Delire auf dessen Intensivstation. Therapie ist Sache der medizinischen Berufe. Da die AOP-Symptomatik den Kampf des Patienten gegen die Bodenlosigkeit ausdrückt, also Selbst-Therapie ist, habe ich pflegerisch sein Bemühen, selbst zu handeln, zu fördern, aber darauf zu achten, dass er sich nicht »zu Grunde kämpft«.

BEISPIEL Frau T., 42 J., Hausfrau, kommt nach einer Herzoperation auf der Intensivstation jetzt schon seit zehn Tagen medikamentös nicht aus einem delirant-ängstlich-halluzinatorischen Zustand heraus, der das Operationsergebnis gefährdet: sie erschöpft sich durch motorische Unruhe und die Vorstellung, das Stationspersonal wolle sie umbringen. Es wird ein Programm entwickelt, durch das Frau T. Vertrauen buchstäblich »fassen« soll: Sie wird in Greif- und Sichtkontakt mit ihr vertrauten Gegenständen gebracht, mit einfachsten Dingen beginnend und in sich im Gefühls-Anspruch steigernder Reihenfolge: kleine Porzellanfiguren aus ihrem Haushalt; ihr Einkaufsportemonnaie; ihr Schlüsselbund; Foto ihres Kindes; gemaltes Bild ihres Kindes; Brief ihres Kindes; erst vorgelesen, bevor sie ihn selbst liest; Brief ihres Mannes; dann erst

Besuch ihres Mannes, den sie abgelehnt hatte, da sie ihre Familie als tot erlebte. All dies durch eine bestimmte Schwester, während die anderen weniger aktiv sind.

Pflegerisch gilt zudem: Lagerung mit leicht erhöhtem Oberkörper, in der Nähe von anderen Patienten oder Teammitgliedern. Nachts bleibt das Licht an. Da auch die oft notwendige Fixierung Angst steigert, sind die bloße Anwesenheit eines Menschen, Sprechen in suggestiv-ruhigem Tonfall, verlässlich-einfache Informationen, auch sanfte körperliche Berührung wichtig.
Medikamente (Distraneurin, Haldol) nehmen dem Patienten den Kampf ab, mit dem er sich selbst erschöpft, zu dem ggf. Anfallsprophylaxe. Gefahren des Distraneurins (siehe Kapitel 18), wobei aber hier schon einmal betont wird, dass es ein Kunstfehler ist, ambulant Distraneurin zu verschreiben!
Bei der Verwirrtheit alter Leute sind »ein paar Tässchen Kaffee« (tags, aber auch abends) nicht nur wirksam, sondern stellen zugleich etwas Vertrautes dar. Ferner ist bei allen AOP zu achten auf: Pneumonie- und Dekubitusprophylaxe; Freihalten der Atemwege; Ein- und Ausfuhrkontrolle, u.U. Infusions- oder Sondenernährung; Herz-Kreislaufbehandlung, schon zur Verbesserung der Hirndurchblutung; Auswahl der Infusionsmittel je nach Notwendigkeit dehydrierender Maßnahmen (Schrankenstörung!) und der Korrektur des Volumen- und Elektrolythaushalts.

C Chronisch-organische Psychosyndrome (COP)

Wir beschreiben hier Syndrome des längerfristigen Hirnab- und -umbaus.

BEISPIEL Herr Sch., 48 J., langjährig unfallfreier Busfahrer, gerät auf seiner gewohnten Linienbusstrecke in einen unbedeutenden Unfall. Der Polizei fällt das unsinnige und unbeteiligte Verhalten von Herrn Sch. auf; sie bringt ihn in die Klinik. Hier wirkt er dement, apathisch, erschöpft sich in der Wiederholung weniger Redensarten; zugleich bewusstseinsgetrübt, benommen. Dies steigert sich unbeeinflussbar, bis er nach drei Wochen im Koma stirbt. CT und die spätere Sektion beweisen, dass Herr Sch. an Morbus Pick (s. dort) gelitten hat. Die Familie kannte ihn als immer schon ruhigen und verantwortungsbewussten Menschen. Daher war ihr lediglich aufgefallen, dass er seit einem Jahr noch ruhiger und gelegentlich ohne Grund weggegangen war bzw. unmotiviert gelacht oder geweint hatte. Er habe dann gesagt, es sei nichts, und da er seine Pflichten erfüllte, habe man nichts veranlasst.

Das Beispiel zeigt die Bedrohlichkeit unerkannter COP und, wie sehr eine Persönlichkeitsstruktur und ein eingeschliffen gewohnter sozialer Außenhalt die Wahrnehmbarkeit auch eines schwersten Hirnabbauzustandes verhindert – für den Betroffenen wie für die Umgebung; wobei ein winziges, aber ungewohntes, ab-wegiges Ereignis alles zum Einsturz bringt. Es zeigt aber auch die Schwierigkeit der Unterscheidung hirnorganisch bedingter Psychosyndrome: Ein Jahr zuvor hätte man vielleicht eine hirnlokale Persönlichkeitsstörung beschrieben, kurz vor dem Unfall eine Demenz, während bei der Klinikaufnahme bereits ein AOP bestand.

Syndrom-Diagnose

Psychoorganische Schwächung

Zu Beginn oder nach einer Hirnschädigung als »Restzustand«, also vergleichbar mit den Durchgangssyndromen der AOP. Andere Begriffe: »chron. pseudoneurasthenisches Syndrom« (Huber), »Hirnleistungsschwäche« oder »Enzephalopathie« (v. Baeyer), gemeinsam mit einem Teil von organischen Persönlichkeitsveränderungen, s. u. Mit Mühe ist eine diskrete Hirnschädigung nachweisbar. Menschen mit solch einer Schwächung haben eine gute Chance, in ihrer Landschaft oder von Gutachtern als »immerschon-Versager« oder »Rentenneurotiker« wahrgenommen zu werden. Sie klagen über Erschöpfbarkeit, Konzentrationsschwierigkeiten. Andere sagen gar nichts. Man merkt ihnen nur an, dass sie schneller die Zähne zusammenbeißen als ihre Kollegen oder als früher. Was außerhalb ihrer Routine liegt, bringt sie aus dem Konzept. Resignative oder mürrische Stimmung, Empfindlichkeit bei alltäglichem Flachsen, Ärger über die »Fliege an der Wand«, vermehrtes Bestätigungsbedürfnis, Vermutung von Spitzen und Zurücksetzung, leicht »beleidigte Leberwurst«. All das kann man mit »reizbare Schwäche« beschreiben. Während alle Funktionen, einzeln geprüft, eigentlich intakt sind, lassen sich die Beschwerden nur als Minderung der gesamtseelischen Energie begreifen. Die Symptome liegen also in jener Grauzone, in der es (ohne komplexe Diagnostik) keine soziale und medizinische Anerkennung gibt, wo es heißt: »Wir haben es doch alle nicht leicht; der kann sich doch auch mal zusammenreißen!« So etwas lassen wir nach unseren üblichen Leistungserwartungen einem jungen oder erwachsenen Menschen nicht durchgehen, überbewerten es aber beim alten Menschen. Psychorganische Schwächung findet man nach frühkindlichen Residualschäden und nach traumatischen, enzephalitischen, sklerotischen oder hunger-dystrophischen Hirnschäden.

Organische Persönlichkeitsveränderungen

Störungen des Antriebs, des Tempos, der Affekte und der Stimmung ohne gröbere Intelligenzeinbuße im Sinne der Demenz. Besser: »organische Integrationsstörung«; denn zu der oben beschriebenen Minderung der seelischen Gesamtaktivität kommt eine Integrationsstörung einzelner Funktionen hinzu, weshalb hierher auch die hirnlokalen Psychosyndrome gehören.

Persönlichkeitsveränderung

Verlangsamung aller seelischen Aktivitäten, Haften an einem Verhaltensmuster, Perseverieren (Wiederholung desselben), Umstellerschwerung; erregbare, weinerliche, euphorische, ängstliche oder mürrisch-dysphorische Affektinkontinenz (=Entgleiten der Ge-

fühle), entsprechende Labilität der Grundstimmung. Charakterzüge nivelliert (abgeflacht), karikiert überspitzt, »persönlichkeitsfremd«, takt- oder schamlos; »man erkennt ihn nicht wieder«.
»Wesensänderung« sollte als Begriff durch »Persönlichkeitsveränderung« ersetzt werden, denn Wesen bleibt Wesen.

▪▪▪ Hirnlokale Psychosyndrome

M. Bleuler hat nach der Lokalisierung Syndrome unterschieden, die jedoch nach neueren Untersuchungen häufig weder voneinander noch von Syndromen bei diffusem Hirnschaden zu trennen sind. Für Einzelfälle treffen die Beschreibungen freilich zu. Gemeinsam ist eine Störung der integrierenden und steuernden Funktionen durch Schädigung »strategischer Regelkreise« im Stirn-, Schläfen-, Mittelhirn, im Hypothalamus oder im limbischen System, was sich als älteres Trieb-Affekt-Handlungsniveau, als »psychischer Infantilismus« unkontrolliert äußern kann: Zu- oder Abnahme von Einzeltrieben oder -bedürfnissen wie Sexualität, Aggression, Hunger und Durst, Schlaf, Kälte- oder Wärmebedürfnis; weiter unvorhersehbare Stimmungsänderungen sowie impulsive oder apathische Antriebsmuster. Dies alles episodisch oder dauerhaft. Im Einzelnen:

- **Stirnhirnsyndrom:** Gleichgültigkeit mit Einbuße an Anteilnahme, Takt, Motivation und Antizipation (= Vorwegnahme der Folgen eines Handelns), bisweilen verbunden mit Euphorie, Witzelsucht und (sexueller) Enthemmung, z. B. bei Morbus Pick, Tumor und Kontusion.
- **Zwischenhirnsyndrom:** Bei dieser »Dienzephalose« unvermitteltes Einschießen von Impulsen und Verstimmungen, z. B. Heißhunger, Durst, Störung des Schlaf-Wach-Rhythmus, dranghafte Sexualität, Weglaufen (= Poriomanie).
- **Stammhirnsyndrom:** Mürrische oder euphorische Verstimmung, Antriebsschwäche, psychomotorische Einengung, z. B. bei Hirngefäßsklerose, nach Enzephalitis oder nach Neuroleptika-Gebrauch.
- **Schläfenhirnsyndrom:** Verstimmung und Antriebsveränderung, z. B. bei Temporallappen-Epilepsie und Tumoren.
- **Endokrines Psychosyndrom:** Von den anderen Syndromen nicht regelhaft unterscheidbar, bei fast allen Krankheiten der innersekretorischen Drüsen meist in leichter Form möglich.
- **Wachkoma:** Bei weitgehender Trennung der Hirnrinden- von den Hirnstammfunktionen durch Marklagerschäden, auch »apallisches Syndrom« oder »Coma vigile« genannt: Bewusstseinszustand der bloßen Wachheit ohne erkennbare Bewusstseinsinhalte und komplexe psychische Aktivitäten, mit wenigen emotional-vegetativen Äußerungen, wobei entwicklungsgeschichtlich alte motorische Schablonen (Saug-, Greif- oder Schnauzreflexe) an die Stelle treten. Dieses Syndrom nimmt zu – als Folge der Technisierung der Medizin, z. B. als Folge von Operationen mit Herzstillstand, Reanimierungsversuchen, der

Dialyse. Wenn die Angehörigen so weit professionell unterstützt werden, dass sie auch zu ihrem eigenen Leben kommen, ist die systematische Beantwortung und Förderung der zunächst kaum wahrnehmbaren Beziehungsangebote des Patienten in der Familie der Heimförderung deutlich überlegen. Seit solche Förderungsmöglichkeiten entwickelt worden sind, wobei es »sachlich richtig« ist, zu sagen, dass sie von der Liebe ihren Ausgang nehmen, werden immer mehr Patienten wieder wach und finden zu einer mal geringeren, mal größeren, selten zu voller Selbstständigkeit zurück. Heute wissen wir, dass wir hier noch viel lernen können (Zieger 1988).

◎ **Aphasien, Agnosien, Apraxien:** Selbst hier geht man nicht mehr von bestimmten Hirnrindenschäden, sondern von einem Miteinander eines spezifischen und eines allgemeinen Funktionsverlustes aus. Deshalb spricht man nicht mehr von »Werkzeugstörungen«. Die Unterscheidung »höherer« und »niederer« Funktionen ist ein abendländisches Denkmodell, das der wirklichen Organisation des Gehirns nicht entspricht, wie auch die Hemisphärenforschung zeigt. Mit diesem Vorbehalt kann man folgende Störungen unterscheiden:

◎ **Motorische Aphasie:** Der Patient kann nicht spontan sprechen (bei intakten Sprechwerkzeugen), höchstens einige Wörter, etwa »überlernte« Redensarten, im Telegrammstil, besonders in Erregung. Er ist sich der Störung bewusst. Nachsprechen eher möglich. Verletzung betrifft meist die dritte Stirnwindung links (Broca-Zentrum). Die linke Hemisphäre ist bei Rechtshändern und bei den meisten Linkshändern für die Sprache zuständig.

◎ **Sensorische Aphasie**: Der Patient kann Worte und Sätze nicht verstehen, spricht mit Rededrang oft in semantischen Paraphasien, ist sich der Störung meist nicht bewusst. Unfähigkeit zu schreiben und zu lesen (Agraphie und Alexie) tritt oft kombiniert mit der sensorischen Aphasie auf, aber auch selbstständig. Lokalisation: Vorderteil der 1. und 2. Schläfenwindung (Wernicke-Zentrum), aber nicht verlässlich. Bei Beteiligung des temporoparietalen Bereichs und der Reilschen Insel meist totale Aphasie und Demenz.

◎ **Amnestische Aphasie:** Namen vertrauter Objekte werden nicht erinnert (Wortfindungsstörung), mehr in künstlicher Testsituation, weniger in einem vertrauten Handlungszusammenhang, lässt sich auch als leichte motorische Aphasie deuten. Lokalisation im dominanten Gyrus angularis unsicher.

◎ **Agnosie:** Der Patient kann Objekte nicht wahrnehmen, erkennen, ohne Störung der Sinnesorgane: optisch – Seelenblindheit, akustisch – Seelentaubheit. Verwandte Störungen: Rechts-Links-Störung (Unterscheidung nicht möglich), Fingeragnosie (Finger können nicht gezeigt werden), vielleicht auch das Phantomglied (das amputierte Glied wird empfunden). Lokalisierung nicht möglich. Isolierte Agnosien gibt es kaum, meist Verbindung mit Demenz-Symptomen. Man diskutiert den Zusammenhang von Agnosien mit seelischen Selbstschutztendenzen gegenüber der allgemeinen Hirnkränkung, etwa als Leugnung (Nicht-wahrhaben-Wollen als Selbsthilfeversuch: A-noso-gnosie).

- **Apraxie**: Der Patient kann ihm vertraute Bewegungen und Handlungen nicht planen und ausführen (ideokinetisch), nicht imitieren (ideomotorisch) oder vertraute Objekte nicht gebrauchen (ideational). Während eine Handlung (Zigarette anzünden) bei Aufforderung misslingt, kann sie in einem unwillkürlichen, größeren Handlungszusammenhang vollzogen werden.

  Im Alltag überwiegen Mischformen.

Demenz

Wenn ein hirnorganischer Prozess zum Verlust von Fähigkeiten – mehr oder weniger in allen Bereichen – führt, ist im Unterschied zu den beiden anderen COP-Typen das Handeln entdifferenzierter und weniger intellektuell gesteuert: eingeengt aufs stereotyp Gewohnte; »querschnittsmäßig« (ohne Bezug auf Vergangenheit und Zukunft); abhängig von inneren Reizen (Triebe und Affekte) und äußeren Reizen (Milieu); angewiesen darauf, konkreten Ereignissen zu entsprechen, jedoch überfordert und panisch, wenn es um Initiative, Umstellung, abstrakte Beziehungen, Beurteilung von Bedeutungen bzw. Symbolen geht. Dieser unvollkommene Definitionsversuch zeigt, dass Demenz etwas viel Komplexeres ist als der bloße Defekt von Geistesfunktionen. Was ist, ist schwerer zu beschreiben als das, was nicht ist!

Leitsymptom ist die *Gedächtnisstörung*: Merkfähigkeit und Frischgedächtnis eher als Altgedächtnis beeinträchtigt, da die Hirnstörung zuerst sich auf den besonders energieaufwendigen Eiweißstoffwechsel (Ribonucleinsäuresynthese) und damit auf die Engramme (Erinnerungsträger) auswirkt. Starke Merkschwäche bedingt Desorientiertheit. Werden die Gedächtnislücken mit Einfällen (»Konfabulationen«) ausgefüllt, um die bedrohte Erlebniskontinuität mit diesem Kunstgriff aufrechtzuerhalten, spricht man vom *Korsakow-Syndrom* – bei Alkoholiker-Demenz häufig, wohl weil Alkoholiker ein jahrzehntelanges Konfabulations-Training haben: das Erfinden von Gründen für das Trinken.

Ferner verlangsamt sich das Denken, engt sich röhrenförmig ein, wiederholt (perseveriert) Bekanntes. Mit Kritik, Unterscheidung, Bewertung und Schlussfolgerung schwächen sich die Voraussetzungen für den sinnvollen Zusammenhang von Wahrnehmen, Erkennen, Erleben und Handeln ab.

Als *Affekt- und Antriebsstörung* kommt alles vor, was wir bei den Persönlichkeitsveränderungen gelernt haben. Sie sind Bestandteil des umfassenden Rückzugs auf eine einfachere Handlungsebene: Der Organismus schaltet auf ein älteres Notaggregat herunter. Stimmung: missmutig-gereizt (= dysphorisch) oder unkritisch-bagatellisierend (= euphorisch). Affektinkontinenz: winzige Reize bringen zum Weinen, Lachen (»Zwangslachen«), zum Ausdruck von Angst, Zorn oder Wut, was alsbald beschämt.

- *Antriebsstörung*: Abstumpfung, Initiativlosigkeit (Abulie), Minderung – im Unterschied zur depressiven Hemmung, Anregbarkeit nur von außen, durch Fremdantrieb. Triebenthemmung: Kontrollverlust und Regression auf ältere, infantile oder »einfache« Gefühle und Teiltriebe, als Anklammern, Wut oder Auseinanderfallen der Sexualwünsche in ihre

Anteile (Selbstbefriedigung, exhibitionistisches, voyeuristisches oder pädophiles Tun), auch Einnässen, Spielen mit oder Essen von Kot. Außer in der Vereinsamung gründen hierin paranoide, halluzinatorische oder zwanghafte Symptome – als Angstabwehr.

- *Psychomotorik*: Mimik und Gestik verarmt (Hypomimie und Hypokinese), Sprache monoton, Gang kleinschrittig, Bewegungen steif; ein Gefühlsausdruck braucht länger zum Entstehen und Vergehen.
- *Gesamtpersönlichkeit*: verflacht, verarmt, vergröbert, auf die einfachsten Vollzüge eingeengt, daher »egoistisch« und starr. Jedes COP kann sich, z. B. nachts, zu einer akut-organischen Krise steigern.

Grundhaltung

Der COP-Patient teilt mir ebenso wie seinen Angehörigen durch seine bloße Existenz mit: »Ich habe auf ewig ein geschädigtes Gehirn, du nicht. Also, was kannst du mir überhaupt sagen?« Das macht mich sprachlos. Mein schlechtes Gewissen macht mich handlungsunfähig. Will ich mich ihm aussetzen, muss ich die Herausforderung seiner Frage annehmen, mich nach eigenen Hirnbeeinträchtigungen, nach den neurobiologischen Grenzen meiner Existenz fragen. Und durch dieselbe schmerzhafte Selbstwahrnehmungsaufgabe muss ich auch die Angehörigen, den Partner schicken, wenn unter den veränderten Bedingungen neue Begegnungsmöglichkeiten gefunden werden sollen.

Quälend hat Siegfried Lenz in seinem Roman »Der Verlust« diesen mühsamen, und wenn man den Schmerz zulässt, auch bereichernden Prozess beschrieben – am Beispiel eines Schlaganfall-Patienten und seiner Partnerin. Hier kommt niemand um die Frage: »Wofür will ich leben?« und »Welchen Wert haben Zugehörigkeiten für alle?« herum. Pflichtlektüre für psychiatrisch Tätige und COP-Angehörige! 12

Man kann das Gefühl quälender Unzulänglichkeit und beschämenden Versagens geradezu experimentell erzeugen.

BEISPIELE Angenommen, ich spiele leidenschaftlich gern und gut Skat; plötzlich soll ich mit Karten weiterspielen, deren Symbole mir fremd, den Mitspielern aber bekannt sind: Der Widerspruch zwischen einem geradezu blind-vertrauten Handlungsrahmen und der Unfähigkeit, die Handlung auszuführen, kann Merk-, Lern- und Umstellungsfähigkeit aufheben, mich praktisch-dement und vegetativ dekompensiert werden lassen – zum Gespött der Anderen. – Ich habe jahrelang meine Arbeit spielend bewältigt; jetzt spüre ich, dass ich nachlasse, den Überblick verliere, erschöpft bin, obwohl die Arbeit dieselbe geblieben ist. Was tue ich »dagegen«? – Ein Freund öffnet mir die Augen, dass ich meinem privaten Partner intellektuell und hinsichtlich der Vitalität nicht mehr genüge. Was mache ich damit? – Ich konnte mich bisher auf meinen Kopf »blind« verlassen, habe damit aber jetzt so sehr Schiffbruch erlitten (z. B. Verkehrsunfall, Betriebsunfall, sportliche, berufliche, private Niederlage), dass ich zutiefst verunsichert bin, das Vertrauen in die körperliche Basis meines Handelns verloren habe und mich davon nie wieder ganz erhole.

ÜBUNG Suchen Sie Beispiele, die für Sie zutreffen.

All diese Situationen haben gemeinsam, dass mein Boden, der mir bisher Halt und Vertrauen gab, auf den ich mich blind, weil körperlich, stützte, unabänderlich (irreversibel) verloren gegangen ist. In mir geht gleichzeitig oder nacheinander Folgendes vor:

a. Die von mir oder Anderen entdeckten Unfähigkeiten, mein Versagen, meine erworbenen Defekte.

b. Meine körperlich tief empfundene, daher mehr ge- als er-lebte Angst, Beunruhigung, Verunsicherung, eine abgrundtiefe Scham gegenüber meinen bisherigen Erwartungen und den Erwartungen der Anderen. Hilflosigkeit mit kleinkindhaftem Verhalten, Regression und als Grundstimmung leicht eine dysphorische, selbstmitleidvolle Resignation.

c. Streben nach Problemlösung: Die Realität so schlecht zu sehen, wie sie ist; die Angstsignale anzunehmen; meine Grenzen zurückzunehmen, meine Erwartungen, Wünsche und Träume zu revidieren; mich auf ein einfacheres Handlungsniveau, auf einen engeren und noch überschaubareren Bereich, auf eine auch zeitlich geschrumpfte Perspektive, auf noch verlässliche Gewohnheiten zu beschränken und mir so einen neuen Halt, Basis für Selbstvertrauen zu erkämpfen.

d. Schließlich mein Streben nach Abwehr und Bagatellisieren, »weitermachen«; krampfhaftes Anklammern und Haften an der längst verlorenen Position; Sich-Erschöpfen bei der Beweisführung für mich und Andere, dass es doch noch geht; Entwicklung zwanghafter Rituale gegen die bedrohlich gewordenen inneren und äußeren Reize (gegen die nicht mehr zu tolerierenden Frustrationen); Weg-Rationalisieren oder konfabulatorisches Erfinden von Gründen für die wunschfeindliche Veränderung; illusionäre Umdeutung der Realität zum vermeintlichen eigenen Vorteil; projektive Umkehr der eigenen Schwäche in starrsinnig gegen alle Anderen verteidigte Stärke und Gewissheit; paranoider Kampf gegen Angriffe, die in jedem Blick, in jeder Begegnung vermutet werden; und – besonders wirksam, weil meist z. T. zutreffend – die Neigung, die eigene fundamentale biologische Veränderung als bloß seelisches Tief, als durch familiäre Belastung, durch den Partner, durch die gesellschaftliche Misere oder durch soziale Benachteiligung verschuldet zu erklären.

Dieser »Selbstversuch« ist vereinbar mit den neurobiologischen Erkenntnissen der Demenz, so wenig Sicheres bisher auch bekannt ist. Zum anderen zeigt er, wie kompliziert jedes einzelne Schicksal ist, wenn jedes Symptom mehrere Bedeutungen haben kann. Dies umso mehr, als die Persönlichkeitsstruktur, die Biografie (Ausbildung, »Gehirntraining«, Beruf, soziale Schicht, Problemlösungsgewohnheiten) sowie die Erwartungen der Angehörigen die Auswirkung des organischen Defektes mitprägen. Gerade der körperkränkende Mensch verweist uns überdeutlich darauf, dass er nicht nur gekränkt, sondern auch kränkend ist. Er zeigt uns darüber hinaus, dass jeder Mensch aus sich selbst und seiner Landschaft, aus Ich und Nicht-Ich besteht. Ein nacktes Selbst, das ich verwirklichen könnte, existiert nicht. Es ist eine abendländische Fortschrittsillusion, was uns heute ökologisch bewusst wird. Dies allen humanistischen Selbst-Therapeuten – auch uns selbst – ins Stammbuch!

BEISPIEL Frau D., 53 J., allein stehend, betreibt seit über 20 Jahren ein kleines Kurzwarengeschäft. Dem Lieferanten fällt sie erstmals als »komisch« auf, als sie bestellte Waren nicht mehr bezahlen kann. Er benachrichtigt den SpD: Beim Besuch in ihrem Laden »funktioniert« sie allen Kunden gegenüber einwandfrei in ihrer Berufsrolle. Der Hausbesuch offenbart totale Verwahrlosung. Eine Bemerkung über ihre fast schwarze, sicher seit über einem Jahr nicht mehr gewechselte Bettwäsche provoziert einen Scham- und Wutausbruch: »Wie können Sie eine Frau nur so beleidigen, die immer für blütenweiße Wäsche bekannt war!« Mühsam ist herauszufinden, dass zwei Jugendliche seit Monaten ihr regelmäßig die Tageseinnahme weggeholt haben. Frau D. mochte es nicht wahrnehmen, schon gar nicht anzeigen: Sie hätte damit ihre Unfähigkeit zugestehen müssen. Klinisch lag eine Demenz vor. Sie hatte weder von ihrer Anschrift noch vom Datum eine Vorstellung, brauchte das auch in ihrem Alltag nicht.

Meine Selbstwahrnehmung kann dem Patienten helfen, sich vollständiger wahrzunehmen, zumindest die einzelnen Anteile seines Handelns besser zu unterscheiden: Was ist verloren, was kann ich noch und was könnte ich neu lernen? Was ist berechtigte Angst, Verunsicherung und Trauer um das Verlorene und welche Abwehr treibt die Angst zur Panik? Wo kann ich mir helfen und wo brauche ich Hilfe? Wo kämpfe ich mit Recht um einen Standort, wo mache ich mir was vor? Wie groß ist mein Spielraum und wo mache ich ihn mir größer oder kleiner, als er ist?
Bei der Normalisierungs-Frage, was der Patient mit mir macht, wozu er mich verführt, stoße ich für meine Haltung auf mindestens *drei Gefahren*: Erstens »Wenn er einen hirnorganischen Defekt hat, was hat er dann noch mit meinen Gefühlen zu tun?« Ergebnis: Ich nehme ihn nur noch als Un-Person wahr und vergrößere seine Isolierung. Zweitens »Wenn er so tut, als ob nichts wäre oder aggressiv wird, dann *will* er eben nicht sehen, dann soll er doch selbst ...« Ergebnis: Ich verstärke seine Abwehr. Drittens »Wenn er sich so hilflos gibt, dann *kann* er eben nicht, dann muss ich für ihn planen.« Ergebnis: Ich verstärke seine Unfähigkeit und Vermeidung. – Also nicht nur er, sondern auch ich muss meine Gefühle sortieren: Nur wenn er z.B. spürt, dass ihm ein Recht auf seine Resignation zugebilligt wird, muss er sie nicht immerzu verteidigen, sondern kann einen darüber hinausgehenden Schritt wagen. Mindestens ebenso viel Begleitung bei der Sortierungsarbeit der Gefühle braucht der Angehörige, der Partner. Er hat mit der Frage zu kämpfen, ob er den Patienten jetzt und in der Zukunft noch als Person wahrnehmen kann, steht in der Gefahr, in ihm nur noch einen defekt gewordenen Leistungsmechanismus zu sehen, den man entweder ablehnen oder überbefürsorgen kann. Er muss sich fragen, ob er weiter mit ihm leben will. Das kann er aber nur, wenn es ihm – gemeinsam mit mir – gelingt, ihn in seinem So-Sein zu akzeptieren, sich von seinen sprechenden Augen in Dienst nehmen zu lassen, seine Menschenwürde – mit dem Defekt – neu oder anders oder sogar besser oder vielleicht auch zum ersten Mal im Le-

ben zu entdecken. Anders wäre ein weiteres Zusammenleben unmöglich. Die Tochter einer Demenz-Patientin: »Wenn das Rationale, auch die Sprache wegfällt, bleibt für die Begegnung nur noch das Existenzielle! Irgendwie kommt unsere Beziehung jetzt erstmals zum Wesentlichen.«

■ Handeln und Behandeln: Rehabilitation und Pflege

Für COP-Patienten ist die Therapiezeit zu Ende, sie sind behindert, »unheilbar«. Der Zustand ist »chronisch« geworden, stationär oder fortschreitend. Es bleibt also Rehabilitation, Wiedereingliederung und Pflege. Die leichteren COP gehen freilich meist sowohl daran als auch an der Psychiatrie vorbei. Sie werden nach der medizinischen Therapie sich selbst überlassen. Es fehlt eine Sozial- oder Gemeinde-Neurologie. So fand SPERLING gerade hier am häufigsten schwere psychosoziale Folgeschäden: Ohne medizinische und soziale Anerkennung des Defektes und damit der Ermöglichung einer neuen Rolle werden diese Patienten und ihre Angehörigen sich selbst überlassen. Sie scheitern an der unklaren Position, ständigen Missverständnissen, Ungeduld des Partners oder des Arbeitgebers (»Auf den muss man ewig Rücksicht nehmen, warum eigentlich?«). Alle an der Landschaft Beteiligten bedürfen der standortklärenden Begleitung durch ein ambulant-mobiles Team, da die wegen ihrer Geringfügigkeit schwer erkennbaren Probleme nur in der Alltagswirklichkeit der Wohnung bzw. des Arbeitsplatzes wahrnehmbar gemacht werden können. Die Ehefrau weiß nicht, wie ihr geschieht, dass sie sich plötzlich in die ungewollte dominante Rolle gedrängt sieht. Der Arbeitgeber weiß nicht, ob der gesundgeschriebene Patient nicht kann oder nicht will.

Die schwerst-dementen Patienten (Gefäßleiden, degenerative Krankheiten), die bzw. ihre Familien mit der Versorgung überfordert sind, können ebenfalls durch die Begleitung der SpD oder der Sozialstation in ihrer Wohnung gehalten werden, durch Hauspflege die notwendige Unterstützung bekommen und dort auch sterben, was meist ihr Wunsch ist. Bei Pflegeheim-Einweisung ist immer noch die weiterhin notwendige fachpsychiatrische Begleitung nicht regelhaft gewährleistet.

Die Gruppe der stabil gewordenen mittelschweren COP hat das Recht der Rehabilitation in Berufsförderungswerken mit späterer Vermittlung auf einen (beschützten) Arbeitsplatz des freien Marktes oder einer Werkstatt für Behinderte. Es fehlen vorgeschaltete Trainingsstationen.

Für Reha-Einrichtungen, Stationen, Pflegeheime, ebenso wie Hauspflege ergeben sich aus der Grundhaltung folgende rehabilitativ-pflegerische Grundsätze:

- Ruhiges, daher verlässliches Milieu mit mittlerem Reizangebot und klar strukturiertem Tageslaufprogramm, auch – als Nachbetreuung – in der Wohnung des Patienten; jede Verlegung in ein anderes Zimmer, jede zeitliche Rhythmusänderung kann den Patienten »umwerfen«.

- Vertrauensbildung, damit der Patient auf Abwehr und Vermeidung verzichtet und auch nur das kleinste Leistungsansinnen gewagt werden kann.
- Jeder Austausch muss einfach sein: kurze Sätze; die Worte des Patienten benutzen; gemeinsames Tun oder körperlicher Kontakt oft besser als Worte; an den einfachsten Bedürfnissen (Essen, Körperpflege, Kleidung) anknüpfen; genug Zeit lassen; Beschränkung aufs Konkrete und Gegenwärtige; unbedingte Verlässlichkeit besonders meiner Versprechungen (nicht: »Ich gebe Ihnen die Tablette nachher mal«).
- Ziele und Reihenfolge der Schritte vereinbaren: Die Reichweite der Ziele richtet sich danach, wie der Patient einen Spielraum als sinnvoll bewertet. Änderungen zunächst in der Vorstellung durchspielen, wobei in jeder Wunschillusion der Rest an Selbstinteresse, in jeder Aggression die Möglichkeit produktiver Aktivitäten mitzusehen ist.
- Unter Anerkennung der Anteile, in denen der Patient »behandelt wird« und verlässlichen Außen-Halt braucht, gilt es, den Spielraum behutsam zu erweitern, für das Team ebenso anstrengend wie lohnend: als Unterscheidungsleistung muss das Gekonnte so eindeutig bezeichnet werden wie das Nicht-Gekonnte; jedes Misserfolgserlebnis ist zu vermeiden; Unterforderung ist so gefährlich wie Überforderung; bei jeder Leistung ist der technische Wert, aber auch der Gefühlswert (Zuwachs an Verantwortung) wahrnehmbar zu machen. Abholen des Patienten beim früher mal Gekonnten. (Kochen, Spielen, Singen, berufsbedingte Gewohnheiten).
- Begleitend muss die Neigung zur Selbstüberforderung (»Ich muss doch können!«) und Selbstunterforderung (»Ich kann doch sowieso nicht mehr.«) bearbeitet werden, der Umgang mit der daraus resultierenden Scham und mit den wirklichen oder vermeintlichen Demütigungen durch die Umwelt (Ballastexistenz, Schande und Last der Familie). 12
- Der wichtigste Grundsatz: Die Angehörigen müssen genauso kontinuierlich Stütze bei ihrer Positionsfindung erfahren (Angehörigengruppe) wie der Patient. Sperling hat nachgewiesen, dass die Familie mit einem hirnbehinderten Menschen unter größerem Diffamierungsdruck steht als die Familie mit einem Körperbehinderten. (»Bei denen ist jemand nicht richtig im Kopf«), isolierter und resignierter lebt und weniger Aufstiegschancen hat. Verschlechterung der Patienten hat entscheidend mit dem Alleingelassensein der Familie (und u. U. des Arbeitsplatzes) zu tun.

Bei der Umweltabhängigkeit der COP-Patienten führt die Beachtung dieser Grundsätze zu erstaunlichen Besserungen. Als Beispiel der Brief einer ungünstig eingeschätzten dementen Patientin: Nachdem sie eindrucksvoll ihre Aktivitäten ein Vierteljahr nach der Entlassung schildert, schließt sie ironisch »... verbleibe ich mit besten Grüßen, Ihr hirnorganischer Prozess«. Die Grundsätze fördern einen einheitlichen Handlungsstil – wichtig, da gerade der COP-Patient empfindlich und panisch auf die »Zerreißprobe« durch verschiedene Kompetenzen reagiert.

Pflegerisch gilt, dass COP-Patienten sich oft vernachlässigt haben, vernachlässigt worden sind oder Hilfsbedürftigkeit nicht wahrhaben mögen. Schwestern und Pfleger haben erst selbst auf die Grundpflege zu achten, dann den Patienten selbst darauf achten zu lassen. Schon durch solche Pflege entsteht über das Körpergefühl die Basis für eine neue Selbstachtung und damit für alle anderen Entfaltungsmöglichkeiten.

Der *Arzt* hat neben dem Grundleiden auf Folgendes zu achten: Stabilisierung der Herz- und Kreislauffunktion, auch wenn das vordergründig nicht notwendig erscheint, zur Verbesserung der Hirndurchblutung. Zu Präparaten zur Beeinflussung des Hirngewebes vgl. Kapitel 18, für den Umgang mit alten Menschen s. Kapitel 13.

Was den Verlauf angeht, so ist das unbeeinflussbare Fortschreiten eines COP bis zur schwersten Demenz oder zum Tod nicht die Regel. Andererseits ist Heilung naturgemäß ausgeschlossen. Da wir gerne heilen (therapieren), fällt es uns immer wieder schwer, »Unheilbarkeit« und Behinderung zu akzeptieren und positiv zu wenden, obwohl wir wissen, dass die meisten COP – bei überraschenden Schwankungen – auf einer bestimmten Ebene zum Stillstand kommen. Ähnlich wie bei chronischen schizophrenen, depressiven oder süchtigen Patienten heißt es auch hier wieder: Nach Feststellung der Unheilbarkeit fängt unsere Aufgabe erst neu und richtig an. Wenigstens dann, wenn wir nicht mehr durch das Starren auf die Krankheit verdorben sind und den »Unheilbaren« verschämt und schnell in ein Pflegeheim abschieben. Dabei heißt Unheilbarkeit ja nichts anderes, als dass ein Krankheitsprozess einigermaßen an sein Ende gekommen ist, es daher nun nichts mehr zu bekämpfen gibt und stattdessen ein Mensch mit bestimmten negativen oder positiven Eigenschaften, so wie er ist, zu akzeptieren und seine weitere Entwicklung zu fördern ist. Im Übrigen gilt, was für chronisch schizophrene, depressive und süchtige Menschen gilt: a) Seine Zukunft aus seinem gesamten Lebenslauf zu entwickeln, b) jedem seiner wichtigen Angehörigen gleichviel Aufmerksamkeit zukommen zu lassen, c) eine mehr oder weniger geschützte Arbeit oder eine für Andere sinnvolle Tätigkeit zu finden oder – mit aller Fantasie – herzustellen (zweite Lebenswelt) und d) Herstellung einer freien Wohnform, entweder in der Familie oder im »betreuten Wohnen« allein, zu zweit, zu dritt oder in einer Wohngruppe, wobei wir für den Flankenschutz solch neuer Bodenständigkeit mehr oder weniger Dauer-Ersatzspieler zu sein haben. Auch wenn jeder von uns noch bei dieser »konkreten Utopie« erschrickt, gilt heute schon: Niemand muss dauerhaft in einem Heim leben.

ÜBUNG Diskutieren Sie, wie, wenn das Wirklichkeit wäre, auch fast alle anderen gesellschaftlichen Beziehungen anders, ver-ändert würden.

Hier noch ein weiterer Blick in die Landschaft: Kennen Sie die »Phase F«?

Auch im Bereich der neurologischen Langzeitrehabilitation hat sich innerhalb der letzten Jahre neben dem Heranrücken an die Gemeinde eine Entwicklung vollzogen, die außer dem Ausbau einer leistungsfähigen Akutmedizin Modelle für eine langfristige Unterstützung schwerst neurologisch Geschädigter einfordert, damit das lebenslange Recht auf Rehabilitation auch für die Menschen umsetzt, bei denen das Bemühen anscheinend keine Veränderung bewirkt und die fehlende Bewegung Stillstand oder eine Sackgasse suggeriert.

Nach Akutbehandlung (A), Frührehabilitation mit Behandlungs- und Pflegeschwerpunkt (B), der weiterführenden Rehabilitation mit kurativ-medizinischen und hohem pflegerischen Aufwand (C), der Phase nach der Früh-Rehabilitation – Anschlussheilbehandlung (D) und der Rehabilitationsphase nach Abschluss der medizinischen Rehabilitation – berufliche Rehabilitation (E) steht die Phase F mit dauerhaft unterstützenden, betreuenden oder zustandserhaltenden Leistungen nicht am Ende des Bemühens bei zum Beispiel »Wach-Koma«-Patienten, sondern *parallel* zu den anderen Phasen. Dies erschließt den schwer Schädel-Hirngeschädigten die Möglichkeit, bei Bedarf wieder in die anderen Phasen einzusteigen, ohne dass dies zwingend bei der Phase E enden muss.
Im Unterschied zu den anderen Etappen ist die Phase F auf Dauer angelegt, oft bis ans Lebensende des Betroffenen, nicht nur auf stationäre oder ambulante Facheinrichtungen beschränkt und auf ein »kleines soziales Netzwerk« angewiesen, bei denen die Angehörigen eine wesentliche Rolle spielen können. Sie umfasst neben der Grund- und Behandlungspflege, Beaufsichtigung, medizinisch-therapeutische, psychotherapeutische sowie heilpädagogisch-sozialtherapeutische Maßnahmen auch Leistungen zur Unterstützung bei der sozialen Eingliederung entsprechend den individuellen Möglichkeiten des Betroffenen.
Um den individuellen Bedürfnissen der Betroffenen Rechnung tragen zu können, auch individuelle kleine Veränderungen zu bemerken, bewerten und Betreuungskonzepte neu festlegen zu können, bedarf es der umfassenden Wahrnehmung der Betroffenen. Da die Pflegenden den wohl größten Anteil bei der Betreuung leisten, sind sie bei der Koordination der einzelnen Ersatzspieler besonders gefragt und gefordert. Dies setzt bei Schärfung der Aufmerksamkeit für die Reha-Pflege in den Pflegewissenschaften auf pflegerische Kompetenz bei einer ganzheitlichen Versorgung und Funktionstherapie, damit die Pflegenden ihrem Anteil entsprechend die Federführung übernehmen können. 12

D Grundstörungen der organischen Psychosyndrome

Wir wenden uns jetzt den Schäden und Krankheiten zu, die zu den beschriebenen Psychosyndromen führen können. Bevor wir aber auf die Grundstörung mit Hirnbeteiligung eingehen, wollen wir uns zunächst um einige Situationen und Schicksale kümmern, bei denen eine Schädigung oder Krankheit des Körpers ohne Hirnbeteiligung in allen Bereichen der Medizin zu Aufgaben für den psychiatrischen Konsiliardienst führt, falls nicht ein aus der Körpermedizin selbst entwickelter Dienst (Facharzt für »psychotherapeutische Medizin«) existiert; denn schließlich kann man auch sagen, dass alle Krankheiten zugleich in somatischer und in psychischer Perspektive zu sehen sind (v. Uexküll 1988). Dies wäre für die Körpermedizin die bessere Lösung.

Körperkränkung ohne Hirnbeteiligung (Stigmatisierung) – Psychiatrischer Konsiliar- und Beratungsdienst

In Anlehnung an GOFFMAN verstehen wir unter körperlicher Stigmatisierung: Jede wirkliche oder vermeintliche körperliche Eigenart, die mich durch eigene und/oder fremde Bewertung zu einem »Besonderen« macht, meist – aber nicht immer – im Sinne der Wertminderung, in jedem Fall aber mit (potenziell schmerzhafter) Veränderung der gewohnten Erwartungen. Wieder – wie fast immer in der Psychiatrie – ist nicht die Eigenart selbst das Problem, sondern das Misslingen der Auseinandersetzung mit der Eigenart, die Abwehr der von ihr ausgelösten Angstsignale, statt ihre Nutzung. Was dann zum »Symptom« führt, ist nicht selten der langfristige Preis für das Einstreichen kurzfristiger Vorteile mit Hilfe der Eigenart. Solche Körperkränkungen (man könnte unschön von »Somatopsychik« sprechen) haben bisher wenig Aufmerksamkeit gefunden. Das mag auch daran liegen, dass wir nach der Nazizeit einen Nachholbedarf an Aufmerksamkeit für psychische und soziale Stigmatisierungen hatten (und haben). Jetzt besteht Anlass genug, auch unsere Wahrnehmung für körperliche Stigmatisierungen zu schärfen.

Tödliche Krankheiten – Sterben

Angesichts des Todes sind die Möglichkeiten der Angstabwehr zahllos und eingeschliffen. Statt das Besondere dieser Situation wahrnehmen zu können, greift man zu Begriffen wie regressive oder hysterische Verhaltensstörung, spricht von der »Gefahr« sich aufzugeben. Das entspricht freilich nur der Vermeidungshaltung vieler medizinischer Krankenhaus-Stationen, etwa einen Krebskranken mit einer Grauzone indirekter Andeutungen, Halbwahrheiten und verlogener Ermutigungen zu umgeben, um hinterher zu sagen: »Der Patient spielt ein Doppelspiel: er tut nur so, als ob er nichts wüsste.« In Wirklichkeit spielt der Patient das Spiel, das seine Umgebung sich von ihm wünscht. Dabei ist oft genug nachgewiesen worden, dass offenes Sprechen über das Sterben, verbunden mit dem Angebot des Begleitens, so gut man kann, meistens den Bedürfnissen *aller* Beteiligten eher entspricht, Suizide dadurch auch nicht häufiger werden. – Schließlich weiß ich schon von mir selbst, dass ich natürlich Krebsangst habe, wenn ich mit unklaren Beschwerden ins Krankenhaus muss. Viel früher habe ich mich freilich schon zu fragen, ob ich mein Leben führe *gegen* den oder *mit* dem Tod.

ÜBUNG Die internistische Stationsschwester ruft an: »Kommen Sie doch mal zu uns, ein Patient wehrt sich so schrecklich gegen das Sterben, das ist gar nicht mitanzusehen.« Was machen Sie? Ein Gespräch mit dem Patienten über das Sterben führen? Ihm eine Spritze geben? Ihn beruhigen? – Falsch. Vielmehr sollten Sie mit dem Pflegeteam der Station über seine Angstabwehr sprechen und es in die Lage versetzen, die Sterbebegleitung des Patienten selbst zu übernehmen. Sonst fördern Sie die heillose Tendenz, für alles Schwere, auch für das Sterben, den Psycho-Fachmann zu holen, wodurch Sie beitragen, medizinische Stationen noch mehr zu technisieren.

ÜBUNG Wenn 90 Prozent von uns zu Hause sterben wollen, aber 90 Prozent heute nicht zu Hause sterben, warum versagen wir diesen letzten und vornehmsten Wunsch von fast allen von uns so systematisch?

■■ Langzeitkrankheiten (Leberkrankheiten, Tuberkulose, Rheuma, orthopädische Krankheiten, komplizierte Frakturen)

Diagnostisch sehen Sie depressives Nicht-mehr-Mitmachen, manisches Überspielen, kleinkindhafte Regression, Erregungszustände bis zum deliranten Ausmaß, Entfremdungserlebnisse. Mehr zu achten ist auf das Maß an aufgezwungener Unbeweglichkeit (Bettlägerigkeit), Diät sowie das Maß an sensorischer und sozialer Reizverarmung (Deprivation), mit Verlust der gewohnten Rollen und ersatzweisem Anklammern an die Patientenrolle. Ihre Haltung ist angemessen, wenn der Patient spürt, dass ihm ein Recht auf sein Handeln (auch auf die Haltung »ich gebe auf«) zugebilligt wird. Erst dann kann er nach Möglichkeiten in sich suchen, nicht gegen, sondern mit seiner Situation zu leben, vom Bett aus einen Teil seiner Rollen aufrechtzuerhalten (durch Nachdenken über seine Lebensprobleme, mündliche oder schriftliche Beratung seiner Angehörigen, sinnvolle manuelle Tätigkeit) und wieder aus einer Perspektive heraus (»in vier, acht, zwölf Wochen werde ich das und das tun«) zu leben.

■■ Körperliche Dauerbehinderung (z. B. nach schwerem Herzinfarkt oder anderen unsichtbaren leistungseinengenden Schäden)

Hier gilt eine ähnliche Haltung wie für COP. Die Körperkränkung trifft Patienten umso mehr, je mehr sie bisher ihr Selbstgefühl über Leistung und Potenz aufgebaut haben. Deshalb müssen sie früh zur Verhinderung eines Leugnungspanzers andere nicht-leistungsbezogene Möglichkeiten fürs Selbstwertgefühl entdecken und ausprobieren. Ambulante Nachbetreuung wegen der Rollenumverteilung im familiären und beruflichen Bereich.

■■ Entstellende Körperschäden (Amputationen, Gesichtsentstellung nach Unfall oder Operation, Hautentstellung nach Verbrennungen)

Meine Selbstwahrnehmung sagt mir, dass es nicht auf die objektive Ausdehnung der Entstellung, sondern auf ihre subjektive Bewertung ankommt. Denn gerade bei weniger auffallenden Entstellungen hört der Patient von seiner Umgebung nur: »Das ist doch nicht so schlimm, das macht mir gar nichts aus.« Eben das drängt ihn in endlose Beweiswut, dass es für ihn eben doch schlimm sei, dass alle seine Schwierigkeiten darauf zurückzuführen seien, dass er ein Krüppel, eine ästhetische Schande für die Öffentlichkeit und die Menschheit, eine lebensunwerte Existenz sei. Das kann in Selbstisolation führen, schon eine Hasenschartennarbe oder Haarausfall können in Selbstzerstörung (Verbrennung, Suizid) treiben, der Verlust eines Fingergliedes das körperliche Selbstgefühl bis zum Ausmaß eines schizophrenen Syndroms vernichten, mit Rachefeldzügen gegen alle anderen, als vollkommen, schön, heil und »ganz« erlebten Menschen. Aus der Ablehnung eines eigenen Körpermangels und dem Kampf dagegen kann man den Vorteil eines lückenlosen Weltbildes ziehen, freilich ein Gefängnis, in dem man selbst umkommt (Wilhelm II., Goebbels). – Wichtig für die plastische Chirurgie und die orthopädische Rekonstruktion ist, dass der Patient gleichzeitig über eine therapeutische Beziehung oder Selbsthilfegruppe zur Veränderung seiner Selbst- und Weltwahrnehmung kommt.

■■ Verlust von Sinnesfunktionen

Während bei entstellenden Körperschäden (s. o.) und körperlichen Missbildungen (s. u.) meine Wirkung auf die Außenwelt stigmatisiert ist, gilt das hier für die Wirkung der Außenwelt auf mich. Die Folgen können sein: Angst, Verunsicherung, soziale Isolation; das Gefühl, mangelhaft informiert, überhaupt zu kurz gekommen zu sein; die Angst, hintergangen und betrogen zu werden, die Umwelt nicht kontrollieren zu können. Die ungünstige Abwehrbildung beginnt schon da, wo ich schon aus leichter Behinderung der Seh- oder Hörfähigkeit kurzfristigen Vorteil zu ziehen versuche, indem ich den Mangel als Entschuldigung für mir unangenehme Situationen benutze und indem ich nicht sehe / höre, was ich nicht sehen / hören will. In der Abwehrsackgasse stecke ich, je mehr ich mein ganzes Leben von diesem Mangel her bewerte, meine übrigen Fähigkeiten übersehe. Ich kann mich selbst und / oder die Umwelt nur noch hassen und bestrafen.
Sehbehinderung führt eher zu überangepasstem, hysterischem Handeln oder zu einem aus Kontrollschwäche geborenen Kontrollbedürfnis der jeweiligen Bezugspartner (Familie, Arbeitskollegen, Team), Hörbehinderung zu Misstrauen (»es wird über mich geredet«) mit der Neigung, alles auf sich zu beziehen bis zu paranoid-halluzinatorischen Verarbeitungen. – Hier geht es darum, dass der Patient sein Stigma akzeptiert sieht, sodass er es nicht mehr ständig beweisen und verteidigen muss, sondern es sich leisten kann, sein Leben wieder vollständig wahrzunehmen.

■■ Körperliche Missbildungen

Je mehr sie öffentlich stigmatisierend sind, also gegen die ungeschriebenen ästhetischen Normen verstoßen, Ekel, schamhafte Abwendung oder aggressive Verspottung provozieren, desto eher kommen Konstellationen wie bei entstellenden Körperschäden zu Stande, mit Isolation und infantilem Handeln, Bosheit und Rache an der Gesellschaft. Entsprechend hat auch unsere Haltung zu sein, allerdings sind bei einem missgebildeten Kind zunächst die Eltern die Patienten. Denn sie nehmen die stigmatisierenden Reaktionen der Gesellschaft oft schon vorweg, schützen die Öffentlichkeit vor dem Anblick ihres Kindes, stellen also schon selbst die Isolation und die ungünstigen Abwehrformen ihres Kindes her, sodass ohne Hilfe später nur das Heim bleibt. Da es sich hier um lebenslanges Schicksal von Geburt an handelt, gilt im Übrigen Kapitel 2. Für das Schicksal des Spastikers vgl. F. Saal (1992).

Körperliche Eigenarten

Sie gehören zu den am meisten unterbelichteten Bereichen des Aufmerksamkeitsfeldes der Psychiatrie. Gemeint sind alle wirklichen oder vermeintlichen körperlichen Gegebenheiten, durch die jemand sich von den Anderen zu unterscheiden glaubt. Es ist dies ein weites Feld, das umso schwerer zur Sprache zu bringen ist, als es tief in unseren Selbstverständlichkeiten verankert ist. Und doch kennt es jeder aus seiner Selbstwahrnehmung.

BEISPIEL 1 Als Kind wurde ich gehänselt, weil ich dick war. Seit 25 Jahren bin ich nicht mehr dick, sondern »normal«. Wenn ich mir aber meinen Körper vorstelle, ja, selbst wenn ich mich im Spiegel betrachte, nehme ich immer noch meinen Körper als dick, eklig und negativ wahr, obwohl ich »weiß«, dass das Unsinn ist.

BEISPIEL 2 Ein 18-jähriger Junge mit schizophrenen Symptomen fühlt sich durch sein entstelltes Gesicht gequält, mag es sich und anderen nicht zumuten. Im Gespräch habe ich ihm mehrfach mitgeteilt (und ihn getröstet), er sehe aus wie alle Anderen. Plötzlich, durch irgendeinen Zufall, sehe ich anders als üblich hin: ich entdecke, dass die Gesichts-Asymmetrie in der Tat eine Spur anders ist als beim Durchschnitt. Erst jetzt wird mir klar, dass ich es bisher so wahrgenommen hatte, wie es sozial üblich ist: Man »übersieht« so etwas höflich. Erst jetzt kann ich mir vorstellen, dass dem Jungen bisher nur ein solches höfliches »Übersehen« begegnet ist, wodurch ihm seine nicht-akzeptierte Angst vor dem »Anderssein als Andere« immer überwertiger und berechtigter wurde.

BEISPIEL 3 In kurzer Zeit haben mehrere Leute in meiner Nähe gesagt »Es riecht schlecht!« Dadurch »weiß« ich, dass ich einen schlechten Körpergeruch habe, obwohl ich ihn bei mir nicht wahrnehmen kann (ich mag meinen Körpergeruch gern); aber ich weiß, dass Leute mir so etwas nie direkt sagen würden, da ich weiß, dass ich es auch nicht tun würde.

BEISPIEL 4 Ich bin schön, ich habe einen schönen Körper, die Leute sagen es mir, und ich kann es mir auch sagen, wenn ich mich mit Anderen vergleiche. Aber meine Schönheit, mein Anderssein, wird mir zum Gefängnis. Ich stehe unter einem großen, aber undeutlichen Erwartungsdruck. Wenn Leute mich ansprechen, weiß ich nie genau, was sie meinen: z.B. »Die ist schön, das ist aber auch alles« oder »wenn sie schön ist, muss sie auch sonst vollkommen sein« oder »die ist nur was fürs Bett« oder »ein ästhetischer Genuss«! Ich kann nie unbefangen sein, unauffällig, eine unter vielen. Ich muss immer auf der Hut sein, misstrauisch; niemand sagt mir offen, was er denkt oder will. So habe ich mir einen Abwehrpanzer zugelegt, mache mich unnahbar, kalt und ausdruckslos, zeige meine Gefühle nicht, zeige keine Blöße, lasse niemanden an mich heran und veröde allmählich an dieser Isolierung.

Die Beispiele zeigen der Reihe nach: erstens dass ein Stigma wirksam sein kann, auch wenn der Anlass seit Jahrzehnten nicht mehr besteht; zweitens dass winzige körperliche Eigenarten mit Hilfe höflicher Wahrnehmungsverleugnung zum Stigma gezüchtet werden können; drittens dass auch etwas, das gar nicht existiert, aufgrund der vermuteten Zuschreibung durch Andere zum Stigma werden kann; und viertens dass nicht nur negative, sondern auch positiv-bewertete Eigenarten zum Stigma werden können.

ÜBUNG Sammeln Sie Beispiele, die für Sie zutreffen, und stellen Sie fest, wie sie sich in Ihrem Umgang mit Freunden, Arbeitskollegen bzw. Patienten auswirken.

Für unsere Bemühungen um eine Grundhaltung fällt hier ein neuer Hinweis an: Die sieben Stigmatisierungskonstellationen zeigen die Angst vor dem »Anderssein«, vor der »Individualität«, vor dem Unterschied, während »so sein wie die Anderen« zu beruhigen scheint. Wir sind beruhigter, wenn unser »Nächster« so ist wie wir, sind ängstlich, wenn er anders und fremd ist. Die Begegnungsangst ist größer. Von der gebieterischen Fremdheit, Andersheit des Anderen (»du wirst mich dir nicht gleichmachen«) lassen wir uns nicht gern – nur wider Willen – in Dienst nehmen. Die Nazionalsozialisten haben den »Volksgenossen« die »Gemeinschaftsfremden« gegenübergestellt, die sie auszugrenzen und zu vernichten suchten (Peukert 1982). Jemanden von seinem Anderssein her zu begegnen und ihn so sein zu lassen, wie er ist, fällt uns schwer – schon bei unserem Partner, unserem Kind oder unseren Eltern. Daher steht und fällt die Chance eines Teams damit, eine Atmosphäre herzustellen, in der ich nicht aus Angstabwehr (Peinlichkeit, Ekel, Scham, Höflichkeit) gerade auch körperliche Besonderheiten und Unterschiede »übersehe«, sondern in der wir alle Unterschiede widerwillig gern sehen und nutzen. Außerdem fällt gerade hier wieder auf, dass die Aufhebung der Stigmatisierung oft genug leichter über die Mitspieler erfolgt als über denjenigen, der seinen Opfergang schon angetreten hat. Schon aus diesen Gründen ist psychiatrische Konsiliar- und Beratungstätigkeit (Ärzte, Sozialarbeiter, Psychologen, Schwestern) auf internistischen/chirurgischen Stationen, im Heim, in der Familie und Wohngruppe nicht nur nützlich für die Empfänger, sondern vor allem auch unerhört lehrreich, notwendig für jeden psychiatrisch Tätigen. Darin besteht einer der großen Vorteile der psychiatrischen Abteilung am Allgemeinkrankenhaus gegenüber der Fachklinik. Wenn Sie diese Fortbildungschance nutzen, gilt die Grundregel: Mehr als mit dem betroffenen Patienten haben Sie mit dem Stammpersonal der jeweiligen Station zu arbeiten, schon weil die Selbstwahrnehmung des Stationsteams diagnostisch mehr hergibt als mein momentaner Zufallseindruck von dem Patienten. Außerdem geht es darum, das Stammpersonal zu befähigen, in Zukunft selbst die Begegnungen mit ihren Patienten vollständiger und offener nutzen zu können, wobei die Pflegenden wichtiger, weil dauerhafter sind als die Ärzte. Dass Sie mit dieser Tätigkeit erfolgreich sind, merken Sie daran, dass Sie seltener gerufen werden: Sie haben dem Team dieser Station nichts ab- und weggenommen, sondern es bereichert, sich selbst überflüssig gemacht. Während dieser Tätigkeit werden Sie auch entdecken, dass selbst schwer psychotische Patienten oft auf einer internistischen oder chirurgischen Station schneller und leichter wieder zu sich finden als auf einer psychiatrischen Station. Das wird Sie verblüffen und nachdenklich machen und Ihnen hoffentlich Anregungen geben zu einer alltagsnäheren Umgestaltung Ihrer eigenen psychiatrischen Station.

Körperkränkung mit Hirnbeteiligung

Hier geht es um die Frage, welche hirneigenen oder hirnbeteiligten Grundstörungen den organischen Psychosyndromen zu Grunde liegen können, wie sie zu diagnostizieren, zu therapieren, zu pflegen und zu rehabilitieren sind. Meist ist Zusammenarbeit mit anderen medizinischen Spezialisten erforderlich, so mit Neurologen, Neurochirurgen, Internisten, Chirurgen, Ophthalmologen (Augenärzten). Daher werden die organischen Grundstörungen nur in den für die psychiatrische Praxis wichtigsten Aspekten dargestellt; darüber hinaus wird auf die zuständigen Fachbücher verwiesen.

Hirndiagnostische Technik

Die klinisch-neurologische Untersuchung ebenso wie die technischen Zusatzmethoden sind aus neurologischen Fachbüchern zu lernen, hier nur ein Überblick:

Liquordiagnostik

Entnahme der Hirn-Rückenmarksflüssigkeit lumbal, zisternal oder u. U. aus dem Hirnventrikel. Die Untersuchung dient der Diagnostik entzündlicher Erkrankungen (einschließlich Autoimmunerkrankungen), der Untersuchung auf Tumorzellen, Blutungen und von Blut-Liquor-Schrankenstörungen. Der unauffällige Liquor ist wasserklar, enthält kaum Zellen, hat einen charakteristischen Eiweißgehalt und im Verhältnis zum Blut eine spezifische Konzentration von Zucker (Glukose und Laktat). Anhand der typischen Veränderungen der Liquorbestandteile kann vor allem auf die Art entzündlicher Krankheiten des Zentralen Nervensystems geschlossen werden. Neben diagnostischen Hinweisen durch Trübung, Eiweißerhöhung, dem vermehrten Gehalt von Zellen und Konzentrationsveränderungen des Zuckergehaltes kann durch immunologische oder gentechnologische Verfahren ein Erregernachweis erfolgen.

Kontraindikation für Lumbal- und Zisternalpunktion: Neben Störungen der Blutgerinnung ist schon der kleinste Verdacht auf einen raumfordernden Prozess der hinteren Schädelgrube eine Kontraindikation, da bei Druckminderung im Spinalkanal die tödliche Einpressung des Kleinhirns in das Hinterhauptloch droht!

Zerebrale Angiographie

Beim Angiogramm wird ein Kontrastmittel über einen Katheter in die Arterien des Aortenbogens injiziert. Röntgenaufnahmen zeichnen ein Bild über den Verlauf der arteriell-capillar-venösen Hirndurchblutung, für die Diagnostik von Tumoren, Hämatomen, Aneurysmen und sklerotischen Gefäßveränderungen und Verschlüssen. Durch digitale Bildverarbeitung bei Serienaufnahmen (Digitale Subtraktionsangiographie) gelingen recht detailgenaue Abbildungen der Gefäße. Myelographie ist die Röntgenaufnahme der Wirbelsäule nach Kontrastmittelgabe in den Duraraum und dient zur Darstellung von raumfordernden Prozessen im Rückenmarksbereich.

▪▪▪ Elektroencephalogramm (EEG)

Das ist die uni- oder bipolare Ableitung der Potenzialschwankungen, die als gemeinsame Resultante der elektrischen Aktivität der Hirnzellen, des Gehirns bzw. aus Einzelteilen des Gehirns an der Schädeloberfläche abgeleitet werden. Nicht nur in der Epilepsiediagnostik lassen sich mit dieser Methode diffuse Allgemeinveränderungen und / oder lokale / umschriebene Veränderungen feststellen. Neben den Wachuntersuchungen mit Aktivierungs- bzw. Provokationsmethoden (Hyperventilation, Photostimulation) lässt das Schlaf-EEG weitere diagnostische Differenzierungen zu.

▪▪▪ Evozierte Potenziale

Die Messung von Spannungsschwankungen visueller, akustischer und somatosensibel provozierter Potenziale durch Reizung des entsprechenden Sinnesorgans dient der Lokalisation von Nervenschädigungen bzw. einer weiter differenzierten Diagnostik bei neurologischen Störungen.

▪▪▪ Elektroneurographie (ENG), Elektromyographie (EMG)

Mit Oberflächenelektroden werden elektrisch ausgelöste Potenziale peripherer Nerven gemessen. Damit wird deren Leitgeschwindigkeit bestimmt und eine Aussage über Nervenläsionen und deren Ortung bzw. zur Verlaufskontrolle möglich. Das EMG dient der Differenzierung nervlicher und muskulärer Veränderungen und wird direkt mittels Nadelelektroden aus dem Muskel abgeleitet.

▪▪▪ Doppler- und Duplexsonographie

Diese Ultraschalluntersuchung misst die Strömungsgeschwindigkeit in den extrakraniellen Gefäßen auf der Grundlage des Dopplereffekts. Gefäßverengungen bzw. -verschlüsse können so frühzeitig und schonend erkannt werden. Durch die Kombination mit dem morphologischen Bild (Duplex) gelingt eine genauere Darstellung. Transkraniell gelingt mit dieser Technik auch die nichtinvasive Untersuchung intrakranieller Gefäßabschnitte auf Verengungen und / oder Verschlüsse.

▪▪▪ Hirnszintigraphie, Liquorszintigraphie

Beim Hirnszintigramm werden radioaktive Isotope intravenös injiziert, die sich in Tumorgewebe stärker als in Hirngewebe anreichern und dadurch Diagnose sowie die Lokalisation von Hirntumoren erlauben. Veränderung der Durchlässigkeit der Blut-Hirnschranke bzw. Zirkulationsstörungen des Liquors können durch die Liquorszintigraphie dargestellt werden. Beide Verfahren finden durch die folgenden Methoden nur noch selten Anwendung.

■■■ Computertomographie (kranial und spinal)

Dies Verfahren beruht auf der Messung unterschiedlicher Röntgenabsorptionswerte der verschiedenen Gewebestrukturen. Durch Detektoren werden die Unterschiede gemessen und in elektrische Impulse umgewandelt. Es ergeben sich Schichtbilder, die in der Regel im Abstand von vier bis acht Millimetern voneinander dann weiter digital verarbeitet oder auf einem Monitor dargestellt werden. Die abgebildeten Dichteunterschiede dienen dem Nachweis umschriebener oder diffuser Veränderungen des Gehirn oder des Rückenmarks wie Tumoren, Blutungen, Fehlbildungen, Atrophien, Ödemen, Abszessen oder Infarkten. Mit einer zusätzlichen Kontrastmittelanreicherung gelingt die Darstellung pathologischer Prozesse, wie Gefäßveränderungen oder eine gestörte Blut-Hirn-Schranke. Die Strahlenbelastung ist geringer als bei konventionellen Röntgenaufnahmen. Die Untersuchung ist ohne große Vorbereitung auch ambulant möglich und kann in der ersten Diagnostik die eingreifenderen Techniken ersetzen.

■■■ Magnetresonanztomographie (MRT)

Diese Technik, auch Kernspintomographie genannt, erlaubt ohne Strahlenbelastung die Darstellung physiologischer Strukturen und pathologischer Prozesse des Gehirns und des Rückenmarks. Mittels eines starken Magnetfeldes werden die Wasserstoffatome der Gewebe auf der Grundlage ihres kreiselartigen Drehmoments ausgelenkt. Nach Abschalten des Magnetfeldes kehren sie in ihre Ausgangslage zurück. Die dabei von ihnen benötigte Zeit ist von den physikalischen und chemischen Gewebeeigenschaften und der Dichte der Wasserstoffatome abhängig. Es ergibt sich daraus ein Signal, dass durch seine jeweilige Intensität die einzelnen Strukturen besser als beim CT sichtbar und Unterschiede noch deutlicher macht. Neben der genaueren Darstellung bei Projektionen in verschiedenen Ebenen gelingt mit dieser Methode ein frühzeitiger Nachweis kleinster Veränderungen, wie zum Beispiel von Entzündungsprozessen, die bessere Darstellung degenerativer oder verteilter sehr kleiner Veränderungen bei Systemerkrankungen und bei Rückenmarkserkrankungen.

■■■ Emissionscomputertomographie (ECT)

In der Weiterentwicklung der Isotopenverfahren und der computerisierten Abbildungs- bzw. deren Auswertungsmöglichkeiten dient dieses Verfahren der Darstellung immer kleinerer Struktureinheiten und ihren speziellen Stoffwechselvorgängen. Mit einer dreidimensionalen Messung des Zuckerstoffwechsels des Gehirns und deren digitalen Auswertung gelingt eine exakte neuroanatomische Darstellung.

Bei der PET (Positronen-Emissions-Tomographie) werden kurzlebige Radionuklide, die Positronen aussenden, appliziert. Diese verbinden sich mit Elektronen, wodurch eine messbare und räumlich bestimmbare Strahlung entsteht. Diese lässt Rückschlüsse auf die regionale Durchblutung, sowie den Sauerstoff- und Glukosestoffwechsel zu. Damit können epileptogene Orte im Gehirn besser geortet werden. Auch dient diese Methode zur Diagnostik des Morbus Parkinson und präseniler Hirnatrophien. In der Forschung findet diese Methode bei der Untersuchung der Rezeptoren der Zellen Anwendung. Bei der SPECT (Single-Photon-ECT) wird ein Radiopharmazeutikum injiziert, dessen Verteilung zeitlich und räumlich erfasst wird. Durch eine rotierende Gammakamera und Multidetektorensysteme können so zerebrale Fließstörungen sehr genau bestimmt werden.

■■ Psychodiagnostische Technik

Leistungsfunktionsstörungen sind nur relativ zur Landschaft eines Menschen feststellbar. Eine testpsychodiagnostische Untersuchung kann sinnvoll sein, wenn sich aufgrund eines Ereignisses im Lebenslauf oder von den Beschwerden her die Vermutung einer Leistungsstörung verdichtet. Dabei ersetzen die Testverfahren nicht unsere Wahrnehmung bzw. entledigen uns der Ursachensuche. Bei dem reichhaltigen Angebot möglicher Tests (siehe dazu Brickenkamp) kommt es dabei nicht auf die Menge der einbezogenen Verfahren an, denn viele Daten verstellen eher das nahe liegende Bild. Die Ergebnisse sollten uns nicht zu vorschnellen Rückschlüssen bzw. zu einer falschen Objektivität verleiten, da sie interpretierbar sind (wozu man eine gewisse Erfahrung braucht) und jedes für sich nur einen Aspekt widerspiegelt. Eine Verallgemeinerung von Leistungseinbußen ist dadurch allein nicht möglich, da sich der Untersuchte nicht in seiner Alltagswelt und deren Bewältigung befindet.
Die standardisierten Untersuchungen erlauben aber die Vergleichbarkeit der Ergebnisse mit anderen Menschen bzw. im Verlauf einer Beobachtungszeit und können so bei der Beschreibung von Art und Ursache von Leistungsstörungen hinweisend sein. Deshalb ist neben dem Charakter der Testsituation, die nicht als Prüfung oder Blamage gestaltet werden sollte, eine überlegte Auswahl der Verfahren zu treffen, die den Möglichkeiten des Untersuchten entspricht. Man unterscheidet drei große Gruppen von psychodiagnostischen Testverfahren. Neben den vielfältigen und weit verbreiteten Leistungstests (die verbal, schriftlich, manuell oder in Form von Verhaltenproben aufgebaut sind) dienen psychometrische Persönlichkeitstests (Störungen des Temperaments, Antriebs, Takts oder der Selbstkontrolle) und Persönlichkeits-Entfaltungsverfahren (Neuanpassung, Differenzierungs-, Organisations- und Steuerungsfähigkeit) als qualitativer und unter Umständen als quantitativer Gradmesser für individuelle Ausprägung bestimmter Persönlichkeitszüge. Aber: jedes Testergebnis gilt nur relativ zu allen anderen Befunden.
Häufig begegnen wir ihnen auch außerhalb klinisch-diagnostischer Fragestellungen bei der Rehabilitation und der Berufsfindung bzw. Umschulung (Einschätzung von Belastbarkeit und Konzentrationsfähigkeit mit ihrer jeweiligen Intensität und Dauer).

■■ Frühkindliche Hirnschäden

Hierzu rechnen die Folgen aller prä-, peri- und postnatalen Schäden, die das Gehirn während seiner Ausreifungsphase, also zwischen dem sechsten Schwangerschaftsmonat und

Ende des ersten Lebensjahres, hemmen. Wird der Schaden nicht kompensiert, lassen sich je nach Schwerpunkt und Ausmaß drei Störungsgruppen unterscheiden.

▪▪▪ Zerebrale Kinderlähmung

Spastische Lähmungen, athetotische oder choreatische Bewegungsstörungen, Dysarthrie, epileptische Anfälle, oft kombiniert mit geistiger Behinderung (vgl. neurologische bzw. pädiatrische Lehrbücher).

▪▪▪ Geistige Behinderung

vgl. Kapitel 2

▪▪▪ Frühkindlicher Residualschaden

Auffälligkeiten im psychosozialen Handeln, während Intelligenz und Motorik intakt, nur leicht oder teil-beeinträchtigt sind. Ihre praktische Bedeutung zeigt ihre Epidemiologie: Lempp (1970) fand sie bei 41 Prozent verhaltensgestörter Kinder, aber auch bei 17 Prozent einer Zufallsauswahl von Schulkindern. Jeder von uns kann also eine solche Beeinträchtigung haben, von der er lebenslang nichts merkt. Unter schärferen Anforderungen in Schule oder Beruf oder in dauerbelastenden zwischenmenschlichen Beziehungen kann jedoch die unterschwellige Behinderung zu Versagen und Zusammenbruch führen. Da aber niemand eine hirnorganische Bedingung vermutet, werden die Umstände (Schule, Familie, Bezugspartner) oder der Betroffene beschuldigt. Aus der Nicht-Wahrnehmung wird Verleugnung und Abwehrbildung: so wird das trotzige, »unartige«, neurotische oder verhaltensgestörte Kind gezüchtet (vgl. Abschnitt »Psychorganische Schwächung«). 12

Zeitweilig war man freilich so begeistert von den neueren diagnostischen Möglichkeiten (z. B. EEG), dass man schon bei unbedeutenden Abweichungen einem Kind zu Unrecht den »Residualschaden« anhängte und es so iatrogen unnötig stigmatisierte.

Residualschäden äußern sich – wenn überhaupt – in körperlichen Merkmalen (Schädelasymmetrie, konstitutionelle Dysplasien), häufiger in der Sprachentwicklung, Teilagnosien (z. B. Legasthenie), Konzentrationsschwäche, Reizüberempfindlichkeit, Antriebssteigerung bei mangelnder Ausdauer, Gehemmtheit, Distanz- und Beziehungsunsicherheit, scheinbar grundlosen Minderwertigkeitsgefühlen. Manche Kinder bringen es ersatzweise-kompensierend in nicht-behinderten Bereichen zu besonders guten (aber auch spezialisiert-engen) Leistungen. Andere neigen dazu, sich durch ehrgeizige, ständige Selbstüberforderung zu erschöpfen.

- **Hyperkinetisches Syndrom:** Ständige Unaufmerksamkeit, psychomotorische Unruhe mit Impulsivität und aggressivem Handeln, was sekundär zu emotionalen Belastungen und sozialen Schwierigkeiten führt. Das Aufmerksamkeitsdefizit-Hyperaktivitätssyndrom (ADHS) hat gerade in den letzten Jahren zunehmend das Interesse von Wissenschaftlern und Therapeuten geweckt. Ob es aber lediglich auf organische Ursachen zurückzuführen ist und inwieweit die sozialen Bedingungen den Krankheitswert ausmachen, ist trotz der Inflation der Behandlungsfälle bisher nicht geklärt.

- **Legasthenie:** Frühkindlich erworbene oder erblich-angeborene, bei Jungen fünfmal häufigere Lese- und Rechtschreibeschwäche. Vor allem Umlaute und Doppellaute werden schwer erfasst, Vokale und Endsilben vergessen oder verdoppelt. Das Ausmaß der Hirnbedingtheit ist umstritten. – Gefahr der Neurotisierung durch Fremd- oder Selbstabwertung. Frühzeitige logopädische Betreuung entscheidend.

Körperkrankheiten mit Hirnbeteiligung

Infektionskrankheiten

Praktisch alle können zu AOP führen, häufiger: Herpes, HIV, Grippe, Pneumokokken-Pneumonie (mehr delirant), Virus-Pneumonie (dysphorisch-apathisch), Typhus, bakterielle Ruhr, Endocarditis, Sepsis, Erysipel; akutes Gelenkrheuma, Chorea minor, auch Echinokokken- und Askariden-Befall. Ob die Hirnbeteiligung über Erreger-Toxine, die Erreger selbst oder über gleichzeitige Infektion des Körpers und des Gehirns (z. B. bei Tollwut- und Fleckfieber-Enzephalitis) erfolgt, ist nicht immer zu klären.

Krankheiten innerer Organe

Bei Herzkrankheiten (bes. Aortenstenose, Mitralinsuffizienz) AOP aufgrund von Hirn-Hypoxie und Angst. Hepatitis: prä- wie postikterisch Durchgangssyndrome. Leberzirrhose (bes. bei portokavalem Shunt): COP. Pankreatitis: schon zum Zeitpunkt noch fehlender Bauchsymptome delirante, paranoide, schizophreniforme Zustände, die fälschlich schon zu Hirnoperation verführt haben. Auch B12-Avitaminose, Porphyrie, Lupus erythematodes, Morbus Paget, Erythroblastose, Polyzythämie, Gicht, Urämie oder ein Karzinom können als Erstes durch ein organisches Psychosyndrom auffallen.

Endokrinopathien

Bewirken ein endokrines Psychosyndrom (s. dort) oder in der akuten Stoffwechselkrise ein AOP. Durch medikamentöse Substitution rückbildungsfähig, wenn es nicht durch Hirnatrophie oder Neurotisierung dauerhaft wird.

Besonderheiten je nach Organ:

- *Hypothyreose und Myxödem:* antriebsarm, apathisch, paranoid, ohne Substitution, Demenz
- *Hypoparathyreodismus:* dysphorisch, schizophreniform
- *Hyperthyreose:* reizbar, ängstlich, argwöhnisch bis paranoid, delirant in der metabolischen Krise, gelegentlich paranoide Psychose, die fortbestehen kann
- *Hypophysäre Simmondssche Kachexie:* apathisch oder delirant bis zur Erschöpfung, Stupor, Koma; die Cortison-Behandlung kann selbst ein toxisches Delir erzeugen
- *Diabetes:* AOP oder COP, durch Hirngefäßschwäche mitverursacht

- *Akromegalie und eosinophiles Adenom:* dysphorisch oder paranoid
- *Diabetes insipidus:* hysterisch
- *Adiposogenitale Dystrophie* (Fröhlich): AOP oder COP
- *Addisonsche Erkrankung:* dysphorisch, ängstlich, reizbar, delirant
- *Cushing-Syndrom:* apathisch, schizophreniform-introvertiert
- *Adrenogenitales Syndrom:* sexuelle Identitätskrisen bis zu psychotischem Ausmaß
- *Phäochromozytom:* Angstzustände
- *Hypogonadismus, Hermaphroditismus, Klinefelter-Syndrom:* depressive Zustände und Geschlechtsrollenkonflikte

▪▪▪ Generationsvorgänge

Endokrine und psychosoziale Bedingungen sind nicht sicher abgrenzbar, weder bei den teils depressiv, teils endokrin wirkenden Syndromen prämenstruell und im Klimakterium, noch bei den Schwangerschafts- und den häufigeren Wochenbettpsychosen. Je kürzer Psychosebeginn nach Entbindung, desto eher AOP, dies auch bei Eklampsie und Hyperemesis. Wochenbettpsychosen 50 Prozent schizophreniform, 25 Prozent depressiv, 25 Prozent mischpsychotisch; Beginn meist um den zehnten Tag, wenn nach der Entlassung die Klinikgeborgenheit gegen die neue Mutterrolle getauscht wird. Erstgebärende werden am häufigsten psychotisch. Oft wird eine ambivalent-gestörte Beziehung zum Kind vermutet, die die Mutter nur in der Psychose (interesselos, aggressiv oder zwanghaft besorgt) zu äußern sich traut. Offener Ausdruck *aller* Gefühle während der Schwangerschaft ist also präventiv.

12

▪▪ Ernährungsmängel (Dystrophien)

Im Zusammenhang mit KZ-Verfolgung oder Kriegsgefangenschaft sind im 2. Weltkrieg und danach massenhaft schwerste Hungerdystrophien aufgetreten (extreme Abmagerung und Eiweißmangelödeme). Als Folge blieb häufig ein COP bestehen: antriebsverarmt, verlangsamt, erschöpfbar, dysphorisch, durchsetzungsunfähig, Schlafstörungen. Im CT geringe Erweiterung der Ventrikel, im EEG Allgemeinveränderungen. Offenbar Hirnschrumpfung durch Hirnödem, wie auch bei Säuglingsdystrophien. Die Betroffenen galten oft als Versager, bis ihre hirnorganische Behinderung gutachterlich geklärt wurde. Auch in der heutigen Traumatisierungsdebatte im Zusammenhang mit der Abschiebung von Bürgerkriegsflüchtlingen sollte bei Begutachtung auch an die Möglichkeit solcher hirnorganischer Schädigungen nach Überstehen von Hungerdystrophien gedacht werden. Überhaupt kann die Psychosomatologie genauso von einer Theorie aus und damit ideologisch die einmalige, biografische Wirklichkeit des »Opfers« verfälschen, wie ein einseitig somatisches Psychiatrie-Konzept. Auch auf diesem kann »tödliches Mitleid« den Betroffenen instrumentalisieren und sein ohnehin schreckliches Schicksal zusätzlich aus lauter politisch gutem Willen chronifizieren. Andere Ernährungsmangelkrankheiten können zu ähnlichen

Schäden führen: Pellagra, Beriberi, Wernicke-Enzephalopathie, Magenkarzinom, perniziöse Anämie, Skorbut (Vitamin C-Mangel) sowie die tropische Eiweißmangelkrankheit Kwashiorkor. Therapie: vollständige Ernährung. Dasselbe gilt in Entwicklungsländern für die Prävention.

Postoperative Psychosyndrome

Sie sind Alarmsignale des vital verunsicherten Organismus, äußern sich delirant, paranoid-halluzinatorisch, verwirrt oder dysphorisch, treten akut auf, dauern zwei bis vierzehn Tage und verselbstständigen sich selten. Angst besteht immer, ist zugleich wichtigster therapeutischer Ansatzpunkt. Am häufigsten, wenn die Operation Herz (20 bis 50 Prozent), Lunge, Gehirn, geschlechtsbedeutende Organe (Gebärmutter, Brust, Prostata), Augen, Hormonorgane, Kiefer- oder Bauchbereich betrifft.

Entstehung: durch Zusammenwirken vieler Bedingungen. Hier eine Auswahl: Bedeutung des Organs; Bedeutung der körperlichen Intaktheit oder des Lebens; Angst vor dem Tod; Angst, sich mit der Operation aus der Hand zu geben; mangelhafte präoperative Vorbereitung (kein Eingehen auf die Angst, keine die Operationsfolgen vorwegnehmende Ausrichtung auf die Zukunft, keine technische Aufklärung); mit der Operation einhergehende Veränderungen im Organismus (Blutverlust, Erschöpfung, endokrine Störung, Elektrolytstörung, vor allem Hypokaliämie, Infektionen); präoperativ bestehender, aber geleugneter Alkohol- oder Medikamentenmissbrauch (Lebensgefahr!); Auswirkungen der prä- oder postoperativen Medikation; Herz-Lungen-Maschine, Hirnschädigung durch die Narkose (Dauer, technische Fehler oder anders bedingter Sauerstoffmangel).

Längerer Sauerstoffmangel des Gehirns (Hypoxie, Anoxie) führt auch aus anderen Gründen zu Nekrose bzw. Schwund des empfindlichen Hirngewebes und damit zu Delir, Verwirrtheit oder Demenz; z. B. hoher Blutverlust, Anämie, Durchblutungssturz bei Herz- und Gefäßkrankheiten, perinatale Asphyxie, Versuche des Erhängens oder Erwürgens, Höhenkrankheit, Taucher- (Caisson-) Krankheit und Raumfahrt-Schäden.

Der psychiatrische Konsiliardienst kann eine falsch indizierte Operation verhindern, wenn z. B. bei bisher unerkannter Depression oder Medikamenten-Abhängigkeit ein Patient seine Beschwerden in *ein* Körperorgan lokalisiert oder wenn er aus Selbstbestrafung, Abhängigkeit oder dem Wunsch, seine Schwierigkeiten durch ein technisches »Wunder« loszuwerden, den Chirurgen zur Operation drängt (»Operationssucht«).

Akute und chronische Vergiftungen

Medikamente

Die meisten wirksamen Medikamente setzen eine Störung im Organismus, können grundsätzlich keimschädigend wirken und zu AOP bzw. COP führen. Medikamente sind uns schneller zur alltäglichen Selbstverständlichkeit geworden, als wir das Abwägen ihrer Chancen und Risiken lernen konnten. So geht es z. B. um den Unterschied zwischen zwei Situationen: einmal nehme ich das Risiko in Kauf, weil im Verhältnis zur Grundstörung der Vorteil größer ist als der nur mögliche Nachteil (etwa bei Antibiotika, Cortison, Neuroleptika). Das andere Mal verweigere ich mich genauso bewusst, nämlich wenn ich nach gründlicher Untersuchung dem Patienten mitteile, dass trotz seiner Beschwerden das Risiko einer Medikamentenverschreibung nicht gerechtfertigt oder er beim Arzt überhaupt an der falschen Adresse ist, etwa weil er mit seinen Beschwerden leben zu lernen hat, weil er Psychotherapie oder eine soziale Problemlösung braucht. Solche Verweigerung ist schwer, da gegen die Erwartung gerichtet, man könne Schwierigkeiten chemisch wegzaubern, gegen den Wunsch, in jedem Fall für seinen Patienten, Klienten, Kunden etwas tun zu können (z.B. damit der Patient das Gefühl hat, »dass irgendetwas geschieht«), also ein Schritt, u.U. auch gegen die eigenen ökonomischen Interessen.

Der Wirkmechanismus für medikamentös bedingte Psychosyndrome ist oft nicht klar. In Betracht kommt toxische oder allergische Schädigung oder Auslösung einer unterschwelligen Psychose.

Im Einzelnen:

- *Antibiotika, Sulfonamide, Tuberkulostatika* bewirken auch bei therapieüblichen Dosen delirante Syndrome, selten – bei vorgeschädigter Blut-Hirn-Schranke – auch mit tödlichem Ausgang. Ein bei mehrfacher Plasma-Infusion, verschiedener Arten eines Heilserums, Antihistaminika, Penicillin, Novocain, auftretendes AOP kann als allergische Reaktion aufgefasst werden; zu bekämpfen durch Absetzen des Antigen-Medikaments und Ausgleich des Elektrolyt- und Wasserhaushaltes.
- *Kortikosteroide:* manische, depressive oder paranoide Zustände.
- *Disulfiram (Antabus), Akineton, aber auch Digitalis, Atropin:* delirante oder paranoid-halluzinatorische Zustände – eher Depressivsein.
- *Schmerz-, »Schlaf-«, Aufputsch-, Antiasthmamittel, Halluzinogene, Insulin, Neuroleptika und Tranquilizer* vgl. Kapitel 8 und 18.

Industriegifte

AOP durch industrieübliche Lösungsmittel: Toluol, Benzol, Schwefelkohlenstoff, Trichlor- oder Tetrachlor-Verbindungen. Schwermetalle, Phosphor, Arsen, Thallium, Ammoniak bewirken delirante Zustände, die in COP übergehen können. Chronische Bleivergiftung führt zu Apathie, Reizbarkeit, Kopfschmerz, Demenz. Ähnlich Quecksilber-Enzephalopathie. Auch bei einmaliger Vergiftung (z.B. bei Ammoniak, Bleitetraäthyl, E 605) COP oder neurologische Spätschäden. Kohlenmonoxid oder Leuchtgas: nicht nur AOP (bei Unfall oder Suizidversuch), sondern zunehmend auch COP, z.B. bei zu langer Exposition in Garagen, Flugzeughallen oder im Straßenverkehr. Reizbarkeit, gelegentliche leichte Bewusstseinstrübung oder Leistungsabfall sind erste Anzeichen. Das Arsenal der Industriegifte weitet sich täglich aus.

Alkohol

Vgl. Kapitel 8

Entzündliche Hirnkrankheiten

Neurolues

Noch um 1900 litten 20 bis 50 Prozent der Patienten in psychiatrischen Anstalten an den Folgen der Lues (Syphilis). Daher war die Entdeckung der Ursache (Spirochaeta pallida) und der ersten wirksamen Therapie (Malariakur durch Wagner von Jauregg 1917) für das psychiatrische Denken lange Zeit richtungsweisend. Seit 1943 durch Penicillin ersetzt.

- **Frühluische Meningitis** (Sekundärstadium): Symptome dezent, »asthenisches Syndrom«: Schwindel, Benommenheit, emotionelle und vegetative Labilität, flüchtige Lähmungen und Verstimmungen. Kann ohne Behandlung abklingen. Reflektorische Pupillenstarre, positiver WaR und Liquor-Zellvermehrung, wenn man daran denkt!
- **Lues zerebrospinalis** (Tertiärstadium): drei bis fünf Jahre nach Infektion, befällt mesodermale Anteile, also meist als vaskuläre Form (Gefäßverschlüsse und ischämische Erweichungsherde, daher Verwechslungsgefahr mit Hirngefäßleiden, einschließlich Schlaganfall, wenn Pupillen-, Liquor- und Blutbefunde übersehen werden!); seltener als meningitische Form (Spätmeningitis: verläuft subakut, bevorzugt Hirnbasis); gummöse Form selten (Verwechslung mit anderen raumfordernden Prozessen). Therapie auch hier Penicillin.
- **Progressive Paralyse** (Quartärstadium): 5 bis 15 (3 bis 30) Jahre nach Infektion, bei 10 Prozent der Infizierten als chronische Enzephalitis (ektodermal, d. h. Hirngewebe befallen). Verlauf: in ein bis drei Jahren Demenz und Tod (selten in wenigen Wochen). Kombination mit Tabes möglich. Anatomisch: Rindenatrophie, besonders frontal. Frühdiagnose in den drei Monaten nach Symptombeginn für volle Heilung entscheidend: Ermüdbarkeit, Vergesslichkeit, intellektuelles Versagen; Vernachlässigung des Äußeren und der Form, alberne und taktlose »Ausrutscher«; gelegentliches Versprechen oder artikulatorische Sprechstörung (Dysarthrie: verwaschenes oder silbenschmierendes Sprechen, daher Testworte wie »schleimige schuppige Schellfischflossen«, »Flanelllappen«); mimische Schlaffheit, Gesichtsflattern oder mimisches Beben um den Mund. Jemand mit so vieldeutigen Symptomen wird leicht auf einen falschen Weg gewiesen. Die Frage nach Geschlechtskrankheiten darf mir genauso wenig »peinlich« sein wie die nach Suizidgedanken! Neurologischer Befund: Argyll-Robertson-Zeichen (reflektorische Pupillenstarre, d. h. fehlende oder herabgesetzte Reaktion auf Licht bei erhaltener Konvergenz- und Naheinstellungsreaktion); Pupillen entrundet, ungleich (Anisokorie), auch mal verengt (Miosis). Liquorbefund: mäßige Zellvermehrung (bis 150/3). Anstieg des Gesamteiweißes auf 50 bis 100 mg%, besonders Globulinanstieg, daher Eiweißquotient um oder über 1,0; tiefer und breiter Linksausfall der Mastixreaktion; Erhöhung der Gamma-Globuline und Verminderung der Albumine in der Elektrophorese); WaR und die anderen

Lues-Reaktionen meist im Liquor und Serum positiv, wenigstens der Nelson-Test. – Im Verlauf hohe Verwechslungsgefahr mit anderen psychiatrischen Syndromen. Die progressive Paralyse kann sich entwickeln als:

a. COP (Stirnhirnsyndrom);
b. euphorisch-expansives Syndrom (gegenüber einer Manie Maßlosigkeit: Patient ist Obergott, besitzt Millionen Schiffe);
c. Depression (hier Erspüren der »organischen Tönung« besonders schwer);
d. paranoide Beziehungssetzungen (Abwehranteil der Symptome überwiegt); und
e. AOP (Delir). In jedem Fall schreitet die organische Persönlichkeitsveränderung fort.

Die jugendliche Form aufgrund einer angeborenen (kongenitalen) Lues über die infizierte Mutter äußert sich in der Schulzeit zusätzlich durch die Hutchinson-Trias: Innenohrschwerhörigkeit, tonnenförmige Einkerbung der Schneidezähne, Keratitis parenchymatosa. Auch diese Form führt unbehandelt in wenigen Jahren zum Tod.

Die Neurolues wurde hier wegen ihrer historischen Bedeutung so ausführlich beschrieben, erklärt doch der weitgehende Sieg über diese schreckliche Erkrankung z. T. den rigorosen Fortschrittsglauben der Psychiater in den 20er Jahren des vorigen Jahrhunderts. Außerdem muss man auch heute bei steigenden Infektionszahlen für Lues immer auch mal mit dem Auftreten neuroluischer Erkrankungen in Einzelfällen rechnen, die dann – weil selten – besonders leicht übersehen oder fehlgedeutet werden können. Die Neurolues wird mit Antibiotika behandelt.

▪▪▪ Andere entzündliche Hirnkrankheiten

Jede *Meningitis* (Hirnhautentzündung) bewirkt ein AOP, von kaum wahrnehmbarer Bewusstseinstrübung bis zum schwersten delirant-komatösen Syndrom.

Die *Enzephalitis* (Hirnentzündung) führt häufiger in die Psychiatrie. Die heute seltene *Enzephalitis lethargica* (v. Economo) ging als Epidemie 1916–1928 um die ganze Erde, beginnt mit AOP und mit Umkehr des Schlafrhythmus, mit unfreiwilligem Augenrollen (bei Augenmuskelbefall) und mit aggressiven Zwangsgedanken. Im akuten Stadium stirbt ein Drittel. Folgeschäden: COP im Sinne eines fortschreitenden Parkinson-Syndroms (auch nach jahrelanger Latenz) oder Demenz, jedoch auch paranoide, katatone, schizophreniforme, manische, depressive, zwanghafte oder aggressive Syndrome. Die Erkrankung kann auch als psychorganische Schwächung (mit gelegentlichen psychotischen Äußerungen) halbwegs ausheilen. Bei unserer zuweilen das Psychische betonenden Einstellung zu Beginn oft als »hysterisch«, »ungezogen« verkannt! Therapeutische Chancen sind von Oliver Sacks (1991) literarisch verewigt.

Ähnlich andere Formen der Enzephalitis, so die

- **Tollwut (Lyssa)-Enzephalitis:** ohne Frühimpfung 10 bis 30 Tage nach Verletzung durch infiziertes Tier, Delir, Apathie, Reizbarkeit, quälende Kontraktionen beim Essen oder Trinken (daher Hydrophobie), in wenigen Tagen tödlicher Verlauf.

- **Cerebrale Toxoplasmose:** bei fetaler Protozoeninfektion oder nach der Geburt, bei allgemein-körperliche und Hirnentzündung, besonders bei AIDS.
- **Fleckfieber-Enzephalitis:** Bei Rikettsien-Infektion (epidemisch in Kriegen, auch in KZ-Lagern) delirantes Syndrom, im Verlauf oft konfabulatorisch, später psychoorganische Schwächung oder Demenz. – Weitere Enzephalitiden nach Grippe, Windpocken, Masern, Mumps, Pocken, HIV-Virus, Herpes-Viren oder durch Infektion durch andere neurotrope Viren, von denen ständig neue Arten entdeckt werden. Schließlich werden die Prionen-Erkrankungen theoretisch wie praktisch zunehmend bedeutsam, die durch infektiös gewordene Proteine zustande kommen. Von ihnen hält uns eine neue Variante der Creutzfeld-Jakob-Erkrankung besonders in Atem, wobei der Infektionsweg über den Verzehr von Fleisch an Rinderwahnsinn erkrankter Tiere zwar nicht gesichert, aber nicht unwahrscheinlich ist.

Hirnentzündungen im Kindesalter hinterlassen außerdem alle Grade des geistigen Zurückbleibens, Krämpfe und unkontrolliertes (aggressives, sexuelles) Handeln.

- **Multiple Sklerose:** (Enzephalomyelitis disseminata): Entmarkungsschäden im gesamten zentralen Nervensystem, evtl. durch Virus bedingt, beginnt um das dritte Lebensjahrzehnt, schreitet fort, Verlauf aber außerordentlich wechselnd und von Lebensbedingungen abhängig. Symptome: Sehschwäche, Nystagmus, Schwäche oder spastische Lähmung der Beine, Intentionstremor, Blasen-Mastdarmstörungen, häufig »oberflächliche«, unselbstständige, euphorische, hysterische, nachgiebige und überschwengliche Haltung (also Verleugnung der Krankheit als bevorzugte Abwehr). Patienten mit besseren Möglichkeiten in der Lebensgestaltung und Hilfsbedingungen haben einen eindeutig günstigeren Krankheitsverlauf. Therapeutisch wichtig: Verhinderung von Berentung und längeren Krankenhausaufenthalten, Strukturierung des Tagesablaufs, Gleichgewicht zwischen Ruhe und sinnvoller Aktivität sowie Vermittlung einer Lebenshaltung, die Angst zulässt, statt sie abzuwehren, und *mit* der Krankheit zu leben erlaubt.

Traumatische Hirnschäden

Hirnerschütterung (Commotio cerebri)

Durch meist stumpfe Gewalteinwirkung (Schlag und/oder Fall) bewirkte funktionelle, anatomisch nicht fassbare Hirnschädigung ohne Dauerfolgen. Symptome: sofortige Bewusstlosigkeit von Sekunden bis zu ein bis zwei Stunden (durch plötzliche Hirnbeschleunigung bzw. -abbremsung); retrograde und anterograde Amnesie (»keine Erinnerung an eine kurze Zeit vor und nach dem Unfall«); diffuser Kopfschmerz, Schwindel, oft anfangs Übelkeit und Erbrechen. Nach dem Erwachen: verwundert, verwirrt, auch ängstlich und bedroht-misstrauisch (Durchgangssyndrom).

Therapeutische Haltung anders als früher: Der Patient soll erstens ausführlich seine Gefühle äußern, Ärger über den Unfall, Befürchtungen (»Jetzt beruhigen Sie sich erst mal!« verstärkt nur die Beunruhigung); zweitens über den Unfall informiert werden (er wird nicht geschont!); drittens früh und stufenweise belastet werden; und viertens nach Möglichkeit keine Schmerz-, Beruhigungs- und Schlafmittel bekommen (wenn doch, dann mit der Maßgabe: »Das Mittel wird auf drei Tage befristet; wir wollen Ihnen die Beschwerden nicht nehmen, nur erträglich machen.«).

Dadurch soll der Patient Unfall und Commotio angemessen bewerten: bei Unterbewertung Gefahr zu später Wahrnehmung von Komplikationen (Hämatombildung), bei Überbewertung nutzt Patient Beschwerden zur Erklärung für bestehende Lebensschwierigkeiten. Was früher als Simulation und Rentenwunsch galt, ist oft durch falsche Haltung der ersten Therapeuten gebahnt. Arbeitsfähigkeit nach drei bis sechs Wochen. Das »postkommotionelle Syndrom« (Kopfschmerz, Schwindel, Puls- und Blutdruckschwankungen, Schwitzen, z.B. bei körperlicher Belastung) kann jedoch eine gewisse Erwerbsfähigkeitsminderung bis zu einem halben Jahr bedingen.

▪▪▪ Hirnquetschung (Contusio cerebri)

Durch stumpfe oder punktuelle Gewalteinwirkung mit und ohne Schädelfraktur entsteht eine anatomisch fassbare Hirnschädigung, und zwar als Rindenprellungsherd am Ort der Gewalteinwirkung oder am Gegenpol (contre-coup), meist über Hirnödem und Zirkulationsstörungen. Die Hirnatrophie ist im CT erst nach einigen Wochen, meist an den inneren Liquorräumen nachweisbar. Das EEG zeigt Herdbefunde und/oder Allgemeinveränderungen.

Gutachterlich gilt gegenüber Commotio: längere Bewusstlosigkeit (über drei Stunden bis mehrere Tage), außer bei rasanter Gewalteinwirkung (Schussverletzung): längere Amnesie; neurologische Ausfälle; Krämpfe; Blutungen aus Schädelöffnungen, die beschriebenen Veränderungen im EEG und CT. Aus der Bewusstseinstrübung kann abrupt ein AOP, die »Kontusionspsychose« entstehen. Im Stil delirant, konfabulatorisch, paranoid-halluzinatorisch oder dysphorisch-euphorisch, dauert Tage bis Wochen und ist wegen der unkontrollierbaren Angst und Aggressivität ein pflegerisch-therapeutisches Problem. 12

Dauerschäden: COP, zentral-vegetative Störungen, neurologische Ausfälle oder traumatische Epilepsie, die zwischen zweitem und viertem Halbjahr beginnt. Bei späterem Beginn Ausschluss einer anderen Ursache (z.B. Tumor!).

Therapie: Intensivbehandlung. Später gibt ein gemeinsam vereinbartes Programm der stufenweisen Wiederbelastung den Rahmen für Hydrotherapie, Gymnastik und Beratung zur Lebensführung (z.B. Alkohol- und Nikotinabstinenz). Größter Fehler: dem Patienten Schonzeit zu verordnen und ihn damit allein zu lassen. Viele wissen nicht, wie man sich schont und sich dabei ein gutes Gewissen erhält. Die »Schonzeit« wird zur Strapaze und kann so selbstzerstörerisch sein wie zu früher Arbeitsbeginn. Ambulante und mobile Nachbetreuung ist also entscheidend.

Hirnhautblutungen

Sie gehören zu den gefährlichsten Ereignissen aller psychiatrischer und neurologischer Einrichtungen, da sie bei getrübter Aufmerksamkeit des Teams leicht zu übersehen sind und die sofort erforderlichen neuro-chirurgischen Hilfen zu spät kommen.

- **Epiduralhämatom:** Blutansammlung zwischen Dura und Schädelkalotte (Blutung aus Meningealarterie), schnell zunehmend noch während der Hirntrauma-Bewusstlosigkeit oder nach kurzem freiem Intervall, selten auch ohne Hirntrauma. Alarmsignal: wieder zunehmende Benommenheit und Schläfrigkeit nach vorherigem Wachwerden, weite Pupille, andere Halbseitensymptome und Frakturlinie auf der Seite des Hämatoms.
- **Akutes Subduralhämatom:** Meist bei schwerer Kontusion aus Venenblutung in den subduralen Raum. Symptome: Liquor immer blutig, sonst wie beim Epiduralhämatom. Arteriogramm, CT oder Probetrepanation sichern die Diagnose. Therapie: möglichst schnelle Entlastung von Hirndruck.

- **Chronisches Subduralhämatom:** langsam sich ausdehnendes kleines akutes Hämatom. Nur Dreiviertel der Patienten erinnern ein vorhergehendes, oft nur leichtes Trauma. Gefährdung bei Antikoangulantientherapie! Das Hämatom wird erst nach Wochen bemerkbar, akut nach zwei bis drei Monaten. Symptome: wechselnde, aber zunehmende Bewusstseinsstörung, Kopfschmerzen, meist keine neurologischen Ausfälle, aber xanthochromer Liquor. Beweisend: CT und Arteriogramm. Therapie: neurochirurgisch. Häufiger sind ältere und alkoholabhängige Patienten betroffen.

Hirntraumatische Dauerschäden

Psychorganische Schwächung, hier auch »posttraumatisches Syndrom« genannt, und leichte Persönlichkeitsveränderungen machen drei Viertel aller posttraumatischen COP aus. Symptome: Kopfschmerzen, Schlafstörungen, Schwitzen, Ermüdbarkeit, reizbare Schwäche (»hyperästhetisch-emotionelles Syndrom«). Entstehungsbedingungen: Erstens organische: Schwere des Unfalls, Vorschädigung. Zweitens psychosoziale: bei unbefriedigender Lebenslage kann die »Rolle« des Hirntraumatikers befriedigender erlebt werden als die bisherige Rolle. Drittens therapeutische: wenn das Team Angst, Erregung, Abhängigkeitswunsch oder Untätigkeit des Patienten nicht aktiv aufgreift, sondern z. B. medikamentös unterdrückt, oder wenn die ambulante Nachbetreuung fehlt. Gefahren der Hirntraumatiker-Karriere: hysterische oder hypochondrische Verarbeitung; Alkohol- und Medikamentenabhängigkeit; Impotenz; familiäre Selbsteinengung und -isolation; Resignation oder Kollisionskurs zum sozialen und beruflichen Leben; eher aggressive Delikte. Auch die »Schlagtrunkenheit« (punch drunk), Berufskrankheit von Boxern, die oft k.o. geschlagen wurden, kann bis zur schweren Hirnatrophie (ähnlich Morbus Pick) führen. COP-Reha ist schon beschrieben. Da das Selbstwertgefühl des Hirntraumatikers von Leistung abhängig ist, ist im Reha-Plan die Arbeits-Rehabilitation entscheidend. Der Reihenfolge nach sind folgende Möglichkeiten durchzuspielen: sofortige Rückkehr an den alten Arbeitsplatz mit voller Belastung; dasselbe mit ermäßigter bzw. gestufter Belastung; Aufenthalt in neurologischer bzw. psychiatrischer Reha-Einrichtung mit Rückkehr auf den alten, wenn nicht mehr möglich, auf einen neuen Arbeitsplatz im alten Beruf; berufsfördernde Maßnahmen im Berufsförderungswerk, entweder mit Spezialtraining für den alten oder Umschulung auf einen neuen Beruf; wenn auch das unmöglich ist, WfB, Selbsthilfe-Firmen, Heimarbeit oder für Andere sinnvolle Tätigkeit von der Wohnung aus. Im Übrigen s. andere Langzeit-Kapitel.

■■ Hirntumoren

Hirntumorkranke Patienten werden fälschlich psychotherapiert und neurotische fälschlich hirnoperiert. Dies wird gern für weltanschauliche Schaukämpfe missbraucht, nach der Art: »Da kannst du mal wieder sehen, wie unverantwortlich die psychotherapeutisch (bzw. die organisch) Orientierten ihre Psychiatrie betreiben!« Dabei sprechen solche Ereignisse nur dafür: die Frühdiagnose des Hirntumors kann maßlos schwer sein; psychiatrisch-psychotherapeutische Wahrnehmung hat eine Einheit zu sein und ist daher oberstes Lernziel dieses Lehrbuches. Von 20.000 Menschen wird einer zu Lebzeiten als hirntumorkrank diagnostiziert. Aber bei Obduktionen wird viel häufiger ein unerkannter, oft operabler Hirntumor als Todesursache festgestellt, nicht zuletzt bei Langzeit-Patienten in Heimen.
Symptome: Wenn neurologisch (epileptische Anfälle, Kopfschmerzen, Sehstörungen, Lähmungen), ist die Diagnose leichter. Aber oft über Monate und Jahre nur seelische Signale: neurotische Beschwerden, Sprachstörungen, intellektuelles Nachlassen und Persönlichkeitsveränderungen, etwas seltener Müdigkeit, Verhangenheit, depressive oder paranoide Symptome. Wir haben uns ständig – aus den Symptomen und ihrem »Drumherum« (der Landschaft) – für die Vermutung offen zu halten, das »Neurotische« könne auch »organisch«, speziell hirndruck-bedingt sein: Angst z. B. kann eine Spur zu diffus, dunkel, unerklärlich, »körperlich« wirken. Die persönliche Note der Angstabwehr (hysterisch, zwanghaft usw.) ist abzugrenzen. Erst wenn das Tumorwachstum eine kritische Grenze übersteigt (über Drucksteigerung, Ödembildung oder Blutungen im Tumor) entsteht ein AOP.
Hirndruckzeichen für die Früherkennung entscheidend: Kopfschmerzen (diffus, dauerhaft, stärker morgens); Erbrechen (im Bogen, im Nüchternzustand); Benommenheit, Apathie; Augenbefund (Stauungspupille, die in Stunden entstehen kann, Sehstörungsattacken, Abduzensparese); Einklemmungszeichen (Streckkrämpfe, Atemstörungen, langsamer Puls, Bluthochdruck, Okulomotoriusparese, Pupillenstörungen); Schädel-Röntgenbild (vertiefte Impressiones digitatae, weite Sella, Rarefizierung des Dorsum Sellae, Schädelnahtsprengung bei Jugendlichen); EEG (diffus oder rhythmisch-langsam über vorderen Hirnbereichen); und Liquor (Druck über 200 mm H_2O), bevor Arteriogramm und CT die Indikation für die neurochirurgische Therapie stellen. Außer Hirntumoren (auch gutartige sind bei Wachstum bösartig!) gehören zu den raumfordernden Prozessen im Schädel: Meningiome,

Neurinome, Hämangiome, Hirnmetastasen (bei Bronchialkarzinom oft erstes Symptom, sonst bei Brustkrebs, Melanom und Hypernephrom), Hämatome, Hirnabszesse, Arachnoidalzysten, Enzephalitisfolgen, Parasitenzysten, Tuberkullome, Gummen und sonstige Granulome (BOECK).

■■ Hirngefäßkrankheiten

Häufige Bedingung für organische Psychosyndrome, besonders im Alter (s. Kapitel 11). Begriffe wie »Hirnarteriosklerose« oder »Zerebralsklerose« sind falsch, da z. B. bei Bluthochdruck meist die kleineren Arteriolen wandgeschädigt werden (Lipoidose, Kalzinose) und da nicht das Gewebe, sondern die Gefäße sklerotisch werden.
Hirn- und Körpergefäße erkranken unterschiedlich, weil das Hirngewebe nur sparsam durch Kapillaren versorgt ($^1/_{10}$ des Herzmuskels), sein Sauerstoffbedarf aber hoch ist: 15 Prozent des Herzminutenvolumens, obwohl es nur zwei Prozent des Körpergewichts ausmacht. Die kritische Blutdruckgrenze liegt für Gesunde bei systolisch 70 mmHg, für Gefäßkranke aber höher (mehr Gefäßwiderstand durch Elastizitätsverlust). Der Spielraum ist eingeengt. Unterhalb der kritischen Grenze: relative Blutleere (Ischämie) und damit Zerfall (Nekrose) von Hirnsubstanz. Zerreißung (Ruptur) der geschädigten Gefäße führt zu kleineren oder zu Massenblutungen. Ergebnis: blutleere oder blutige Hirnerweichungsherde (Enzephalomalazie), sekundäre Zysten oder narbige Schrumpfungen (Grenzgebiete zwischen den Versorgungsbereichen der drei Großhirnarterien am gefährdetsten). Zu hoher Blutdruck fördert weitere Gefäßzerstörung. Therapeutisch geht es also um Finden und Erhalten eines für den Einzelfall optimalen Blutdruckniveaus. 40 Prozent aller Gefäßkranken leiden an Bluthochdruck.

Symptome und Verlauf: Das Leiden kann plötzlich sichtbar werden: a) organisch wird es durch eine Krankheit (z. B. Grippe) »demaskiert« oder »schlagartig« durch einen Schlaganfall (apoplektischer zerebraler Insult) offenbart; und b) psychosozial durch jede eingreifende Lebensveränderung, z. B. Wohnungswechsel, Partnerverlust, Berentung, Wechsel oder Umstellung des Arbeitsplatzes.

BEISPIEL Herr C., 61 J., Schreinermeister, gilt als gesund und leistungsfähig, als er seine Werkstatt durch Feuer verliert. Sie wird wieder aufgebaut. Obwohl der Neubau übersichtlicher und bequemer ist, findet Herr C. sich darin nicht mehr zurecht. Ihm gelingen die einfachsten Handgriffe nicht mehr. Klinisch ist »plötzlich« eine hirngefäßbedingte Demenz festzustellen.

Symptome beim meist allmählichen Beginn: Kopfdruck, Schlafumkehr (Einnicken tags, Schlaflosigkeit nachts), Schwindel, Flimmern vor den Augen, Ohrensausen, reizbare Schwäche, weiter: Voralterung, welke Haut, Abmagerung, Arcus senilis der Augen, Verhärtung der tastbaren Arterien, u. U. Blutdruckerhöhung mit entsprechenden Schäden anderer Körperorgane, gebeugte Körperhaltung, Gang unbeholfen oder kleinschrittig, Mimik und Gestik verarmt, Zittern von Händen und Kopf, Bewegungsablauf starr (Parkinson-Symptome). Unsystematische neurologische Pyramidenbahnzeichen, selten Anfälle, nachts (Blutdruckabfall!) delirante oder Verwirrtheitszustände. Seelische meist früher als neurologische Auffälligkeiten. Später Persönlichkeitsveränderung oder Demenz, hier die Multiinfarktdemenz (MID), rund 20 Prozent aller Alters-Demenzen. Anfangs kann die Leugnung oder die depressive, hypochondrische oder paranoide Abwehr der Angst vor der geahnten Leistungs- und Persönlichkeitsveränderung die Verweigerung jeden Arzt-Kontaktes bewirken.

Diagnose-Technik: Spiegelung des Augenhintergrundes: Arterien verdickt, wechselnd im Umfang, von silbrig-weißem Streifen begleitet; Venen erweitert, geschlängelt, komprimiert bei Kreuzung von Arterien (Kreuzungszeichen); Degenerations- und Blutungsherde. Das Ophthalmodynamogramm erlaubt bei verzögerten Pulsierungen der Arteria opthalmica Rückschlüsse auf den Hirnblutdruck. Arteriogramm: Carotissinus erweitert, Gefäßschlängelung, Abbruch der Füllung bei thrombotischem Verschluss, kahler Gefäßbaum (infolge des Verlustes an kleinen Gefäßen). CT zeigt die Hirnatrophie als Erweiterung der Ventrikel und der Subarachnoidalräume (Hydrocephalus internus und externus). Auch Doppler-Sonographie aussagefähig.

Die Unabhängigkeit der Hirngefäßleiden lehrt, wie sehr wir uns in unsere selbst aufgebaute Landschaft hineinformulieren und uns von ihr steuern lassen. »Fassade« ist ein hierfür zu negativer Begriff, verdunkelt die Therapiechancen, die in dieser menschlichen Fähigkeit liegen. Denn was wie ein endgültiger Zusammenbruch aussieht, ist nicht selten durch Beeinflussung des organischen und sozialen Kontextes rückbildungsfähig. Grundsätzlich ist der Prozess fortschreitend, bleibt aber auch lange stationär.

Hirngefäßinsulte sind zu drei Viertel ischämisch, d.h. Folge der Sklerose und Thrombose der Hirngefäße (Enzephalomalazie) oder der Hirnembolie, dies als Ruheinsult (bei nächtlichem Blutdruckabfall), Belastungsinsult (z.B. nach schwerer Mahlzeit) und Entspannungsinsult (nach intensiver Beanspruchung). Seltener sind apoplektische Insulte als Gehirnblutung (Enzephalorrhagie, etwa 15 Prozent), die akute (jugendliche) subcorticale Blutung, hypertensive Enzephalopathie, Pseudobulbärparalyse und die akute Subarachnoidalblutung (meningeale Apoplexie). – Ebenso können Verengungen (Stenosen) oder Verschlüsse von Arterien außerhalb des Schädels (besonders der Arteria carotis interna an der Gabelung) sowie Narkosezwischenfälle, Herz- und Atemstillstand, Strangulation, Herzkrankheit und Herzfehler über zerebrale Ischämien zu AOP oder COP führen. Für die Therapie insbesondere des Insultes ist möglichst schneller Beginn wichtig, weshalb ein flächendeckendes Netz von »stroke units« an neurologischen Abteilungen geschaffen worden ist.

BEISPIEL Herr Z., 46 J., Bankfilialleiter, hatte bei einer Wirbelsäulenoperation durch Narkosezwischenfall einen zerebralen Ischämieschaden bekommen. Auf der Intensivstation durchlief er ein delirantes, ein halluzinatorisches, ein expansiv-aggressives und jetzt ein manisches (besser: euphorisches) Durchgangssyndrom: Seine sprachmotorisch mühsam geäußerten anzüglichen Witzeleien belustigten die Station. Als der konsiliarische Psychiater Herrn Z. auf seine Gefühle ansprach, brach er in Tränen aus und stammelte: »Meinen Sie, es macht mir Spaß, witzig zu sein? Aber witzig sein geht leichter. Wenn ich normal rede, mache ich Fehler. Ich schäme mich so sehr und habe wahnsinnige Angst, Fehler zu machen!« Dies verhalf dem Stationsteam zu einer angemesseneren Haltung. – Solche Äußerungen sind Schlüssel zum Verständnis vieler Handlungen älterer, hirngefäßleidender Patienten, z. B. der »Stammtischatmosphäre«, aber auch der Neigung zu Kindern als Sexualpartnern = es geht leichter, man muss sich nicht schämen, Fehler zu machen.

Therapie:

1. Herz- und Kreislaufbehandlung mit Glykosiden zur Verbesserung der Hirndurchblutung.
2. Blutdruckregulierung auf den optimalen, engen Spielraum (Hypertonie langsam senken).
3. Suche nach zusätzlichen Störungsfaktoren (z. B. Polyzytämie, Diabetes).
4. Infusionsbehandlung zur Herabsetzung der Blutviskosität, Verbesserung der Mikrozirkulation, für Flüssigkeitsbedarf und Stoffwechselausgleich.
5. Medikamente zur Gefäßerweiterung und zur analeptischen Wirkung.
6. Bei nächtlicher Zunahme der Symptome abendliche Medikation.
7. Infektprophylaxe der Harn- und Atemwege; Regulierung des Stuhlgangs.
8. Regulierung des Schlaf-Wach-Rhythmus durch Aktivierung am Tage, Kaffee und – wenn nötig – durch Chloraldurat, Neuroleptika. Alle Sedativa wirken blutdrucksenkend und können paradox (Erregung) wirken.
9. Diät: fett-, salz- und kalorienarm, eiweiß- und vitaminreich; Nikotin- und Alkoholeinschränkung, so weit dies nicht die letzte Freude am Leben nimmt.
10. Aktivierung durch Hydrotherapie, Gymnastik und Belastungstraining.

Bedingungen: bisher neben familiärer Häufung Fettleibigkeit, Bluthochdruck, Diabetes, Nikotin bekannt, also Faktoren der Lebensweise.

▪▪ Hirngewebskrankheiten

sind »primär hirnatrophische Prozesse«: »primär«, weil bei anderen Krankheiten die Atrophie des Hirngewebes selbst sekundär ist – »Prozess«, weil fortschreitend. Die Namen »degenerative Hirnprozesse« oder »erbliche« = »Heredo-degenerative Hirnkrankheiten« sind heute überholt: das Wort »Degeneration« ist zu einem Schimpfwort geworden und als Erblichkeit werden Stoffwechsel- oder Immundefekte oder Viren diskutiert, womit freilich auch hier der Begriff »primär« fraglich wird. Es überwiegen seelische Symptome und am Ende oft die Demenz. Es gibt diffuse und umschreibbar-systematische Hirnatrophien. Erstere [Senile Demenz, Vorzeitiger hirnorganischer Versagenszustand und Präsenile Demenz (Typ Alzheimer)] werden zuerst besprochen. Nicht berücksichtigt werden die neurologischen Systemerkrankungen.

▪▪▪ Senile Demenz (Demenz vom Alzheimer-Typ)

Jeder Mensch unterliegt einem hirnatrophischen Prozess. Über sein Ausmaß und Tempo ist außer einem Erbfaktor wenig bekannt. Bei seniler Demenz dagegen sind die alterseigenen Einbußen eines alternden Menschen (ab 65 bis 70 Jahre) gesteigert. Ebenso sind anatomisch gegenüber der normalen Alterung gesteigert: diffuser Hirnschwund (Hydrozephalus internus und externus), Ganglienzellschwund, Alzheimersche Fibrillenveränderungen, senile Plaques und Drusen in der grauen Substanz. Die nur quantitative Definition verrät unsere Unkenntnis der wirksamen Bedingungen. Wie fast immer in der Psychiatrie hängt Sichtbarwerden und Auswirkung der senilen Demenz von der Selbstständigkeit und sozialen Integration eines Menschen ab.

Wir bleiben bewusst beim Begriff »senile Demenz«, auch wenn heute gern stattdessen von der »Alzheimerschen Krankheit« oder der »Demenz vom Alzheimer-Typ DAT« gesprochen wird, die 80 Prozent der Alters-Demenzen umfasst. Richtig daran ist unser heutiges Wissen, dass diesen Zuständen dieselben Hirngewebsveränderungen zu Grunde liegen, die Alzheimer bei seiner »präsenilen Demenz« (s. dort) gefunden hat, nur verstärkt. Gut daran ist auch, dass es jetzt eine »Alzheimer-Gesellschaft« gibt, eine Lobby für diese wachsende Bevölkerungsgruppe. Schlecht daran ist, dass nun private Alzheimer-Kliniken verzweifelten Familien fragwürdige Heilungshoffnungen machen. Wir werden sehen.

Symptome: Merkschwäche, (Alt-Gedächtnis dafür lebhafter), Wortfindungsstörung (»Na, wie heißt denn meine Schwester gleich noch!«), Versagen (in ungewohnten Situationen), Urteilsschwäche, Mangel an Selbstkritik, Desorientiertheit (Wohnungstür wird nicht mehr gefunden) und evtl. Konfabulation. Altgewohnte Handlungszusammenhänge und konventionelle Unterhaltung gelingen noch lange Zeit, bis später nichts mehr geht. Meist besteht eine dysphorisch-apathisch-teilnahmslose Grundhaltung, unterbrochen von panischen Angstreaktionen, Erregungszuständen, deliranten oder Verwirrtheitszuständen; sonst euphorische, schallplattenhafte Geschäftigkeit. Aus Angst, Scham und Misstrauen aggressive Verteidigungshaltung bzw. ein Altersparanoid – über Vermutungen, bestohlen, verfolgt, vergiftet, ermordet oder sexuell begehrt zu werden. Körperliche Auszehrung (Marasmus) und nicht mehr abzuwehrende Körperkrankheiten führen zum Tod, besonders oft nach (zwangsweiser) Verbringung in ein Pflegeheim. Differenzialdiagnostisch gegen Hirngefäßleiden: Patienten klagen weniger (da Selbstwahrnehmung gestört), haben seltener neurologische Ausfälle, mehr intellektuelle und weniger affektive Einbußen; der Verlauf ist weniger wechselhaft.

Oft ist die Unterscheidung zwischen Demenz und Hirngefäßleiden nicht möglich.

Therapie: Somatisch dieselbe wie beim Hirngefäßleiden. Auch wenn alle paar Jahre eine neue Welle von Medikamenten den Markt erfreut und die Angehörigen hoffen lässt, gibt es kein kausal wirksames Heilmittel gegen die Demenz. Zum psycho- und soziotherapeutischen Rahmen s. Kapitel 13. Weiter zur Therapie: Rahn und Mahnkopf (2000).

■■■ Vorzeitiger hirnorganischer Versagenszustand

Zunehmend kommen Menschen, meist Männer, zwischen 30 und 60 Jahren an die Psychiatrie, die ihre Beschwerden in dem Satz zusammenfassen: »Ich kann nicht mehr so wie bisher.« Diagnostisch behelfen wir uns mit Begriffen wie »Versagenszustand«, »Erschöpfungszustand«, »Asthenisierung«. Bei der gemeinsamen Suche im Gespräch finden wir meist Zusammenhänge zwischen gesteigerten Anforderungen und ungünstigen Problemlösungsmethoden. Bei einem Teil der Patienten finden wir aber zudem Symptome einer psychorganischen Schwächung, einer leichten Persönlichkeitsveränderung bzw. einer ganz leichten Demenz: Nachlassen des Antriebs, der Lust an allem, des Energiegefühls; Abstumpfen; Einfalls- und Erlebnisleere; körperliche Schwäche, vitale Verstimmung; leichte Merk- und Konzentrationsschwäche. Oft scheint die Kraft nicht mal für die üblichen Abwehrsymptome zu reichen. Im CT leichte Hirnatrophie oder nichts. Die Interpretation von CT-Befunden bei Hirnatrophie ist noch unsicher, die Bedeutung des Befundes wird oft überschätzt! Sowohl Psychosyndrom wie Hirnatrophie schreiten kaum fort. Das Leben geht auf einem niedrigeren Energieniveau weiter. Eine Erklärung fehlt oft. Am ehesten mag ein frühkindlicher oder auch später erworbener Hirnschaden sich auswirken, der zeitlebens unerkannt geblieben wäre, wenn nicht die Summe der Stress-Faktoren oder die Alterung die kritische Grenze der Belastbarkeit überschritten hätte.
Oft werden solche Patienten aufgrund zweitrangiger Körperkrankheiten berentet. Dadurch tragen die Gutachter zwar dazu bei, dass die Zahl der Frührentner die der Altersrentner schon überschritten hat, aber den Patienten wird durch die Berentung oft geschadet. Stattdessen ist ein kombiniertes somatopsychosoziales Therapieprogramm erforderlich und – vor allem durch die gegenseitige Annäherung von Anspruch und Fähigkeit – erfolgreich.

■■■ Präsenile Demenz (Typ Alzheimer)

Demenzprozesse gibt es schon im Kindes- und Jugendalter: z.B. infantile Demenz (Heller). Hirnpathologen haben viele andere seltene Typen beschrieben.

Typ Alzheimer: auf das 40. bis 60. Lebensjahr vordatierte Demenz, mit denselben anatomischen Veränderungen. Familiäre Häufung, aber kein Erbgang, Hinweis auf langsame Viruserkrankung oder Defekt im Aluminium-Stoffwechsel. Auch bei Enzephalopathien nach Nierendialysen Aluminium-Konzentrationen im Gehirn und z.T. ähnliche Symptome (Sprachstörungen).

Symptome: Merkschwäche, räumliche Desorientiertheit, Sprachstörungen: Aphasien, unwillkürliche Wiederholung von Worten und Satzteilen (Echolalie), rhythmisch-gestotterte Wiederholung von Silben (Logoklonie). Nach Antriebsverarmung und extrapyramidaler Symptomatik (Rigor, Tremor) körperlicher Verfall. Tod schon nach einem Jahr, meist nach vier bis acht Jahren.

Therapie: hilflose Beschränkung auf die allgemeine Demenz-Behandlung.

▪▪▪ Präsenile Demenz (Typ Pick)

Beginnt noch früher (selten schon im dritten Lebensjahrzehnt). Der Begriff »Dementia praecox«, den KRAEPELIN für schizophrene Patienten erfand, wäre hier logisch richtig. Frauen häufiger krank. Ein Teil der Familien zeigt dominanten Erbgang. Der Prozess führt in drei bis zwölf Jahren zum Tode.
Die Hirnatrophie bevorzugt die jüngsten = spezifisch menschlichen Regionen, das Stirn- und Schläfenhirn. Daher z. T. Stirnhirnsyndrom mit Gefühlskontrollverlust, Triebenthemmung. Später Antriebsverlust, Zerfall oder Stereotypien (»stehende Redensarten«) der Sprache, weniger extrapyramidale Symptome als beim Typ Alzheimer, bis die Demenz in den Vordergrund tritt.

▪▪▪ Parkinson-Syndrom

Es ist das häufigste der extrapyramidalen Syndrome, zu denen noch Chorea, Athetose, (Hemi-)Ballismus, Torticollis spasticus, Torsionsdystonie, Morbus Wilson und Myoklonien gehören. Sie stellen unterschiedliche Schäden in den komplexen Regelkreis-Systemen des Stammhirns dar, wodurch die Ausarbeitung automatischer Bewegungsabläufe, die Tonusregulierung und die Harmonisierung der motorischen Aktivität gestört ist.
Dem Parkinson-Syndrom entspricht eine Atrophie der Substantia nigra, u. U. auch anderer melaninpigmenthaltiger Kerne des Hirnstamms. Biochemisch liegt ein Mangel an Dopamin vor, Ansatzpunkt der modernen Therapie.

Neurologisch-extrapyramidale Symptome: Bewegungsverarmung (Hypokinese) mit starrer Mimik (Hypomimie), seltenem Lidschlag, »harziger« Verlangsamung aller Bewegungen (wie steife Holzpuppen). Gang kleinschrittig, Schriftbild verkleinert (Mikrographie). Sprache leise, monoton. Bei Stoß oder Stolpern wird das Gleichgewicht nicht durch Gegenbewegungen wieder hergestellt (Pro- bzw. Retropulsion), außer bei starker Gefühlserregung (paradoxe Kinesie). 12

- Im Rigor äußert sich die Zunahme des extrapyramidalen Muskeltonus: gegen passive Bewegung zähflüssiger, »wächsener« Widerstand, u. U. mit »Zahnradphänomen« (Widerstandsüberwindung stufenweise), beides gut am Handgelenk zu testen. Zunahme des Halte- und Antagonistentonus: Knie, Ellenbogen und Rumpf leicht gebeugt bzw. im Liegen wird der Kopf in der Luft gehalten.
- Ruhetremor der Finger (»Geldzählen«) und Beine, rhythmisch, 4 bis 8 / Sek. Frequenz, stärker bei Erregung, nicht im Schlaf, weniger bei Anpassung und Zielbewegung.
- Zentral-vegetative Symptome: Zunahme des Speichelflusses, des Schwitzens, der Talgsekretion bis zum »Salbengesicht« und Hitzewallungen. – Zusätzlich Zunahme der Eigenreflexe der Gesichtsmuskeln, je nach Ursache auch Krämpfe einzelner Gesichtsmuskeln.

Seelische Symptome: Persönlichkeitsveränderung (z. T. als hirnlokales Syndrom): also dysphorische Verstimmung, Antriebsminderung, Dehnung aller Abläufe, Gleichgültigkeit, gelegentlich Drangzustände, Entwicklung zur Demenz selten.

Für unsere Grundhaltung wichtig: Der Parkinson-Patient wird von Anderen als »schwer kranke Erscheinung«, also hilfloser und abgebauter wahrgenommen, als er ist. Ohnehin verunsichert, ist er in Gefahr, der Fremdwahrnehmung mehr zu glauben als sich selbst und nicht mehr auszuprobieren, was er kann. Zudem ist das Leiden durchaus noch nicht immer zu erklären. Nur z.T. liegt der dominant erbliche Morbus Parkinson (=Paralysis agitans) vor, der besonders bei Männern zwischen 50 und 60 Jahren auftritt. 60 Prozent der angenommenen Anlageträger entwickeln Symptome. – Symptomatischer Parkinsonismus besteht, wenn die Symptome z.B. auf Enzephalitis (Latenz einige Monate bis 30 Jahre), Hirngefäßleiden, Hirntrauma (auch bei punch drunk), Vergiftungen mit CO und Mangan, selten auch auf Schlafmittel- und Alkoholintoxikation, auf Hirntumor oder chronisches Subduralhämatom rückführbar sind. Psychiatrisch wichtig ist schließlich das medikamentöse Parkinson-Syndrom bei der Therapie vor allem mit Neuroleptika (s. dort).

Therapie: Zunächst haben wir organische Defekte und Abwehr des Patienten zu unterscheiden. Im Vordergrund steht die Krankengymnastik. Medikamente: Anticholinergica, Amantadin, Bromocreptin. Wegen des Wirkungsverlustes abwarten mit Dioxyphenylalanin (L-Dopa, als Vorstufe des Katecholamin Dopamin). Bei 50 bis 80 Prozent wirksam, vor allem hinsichtlich der Hypokinese/Akinese. In schwersten Fällen Symptom-Ermäßigung durch stereotaktische Operation. Die Einpflanzung embryonalen Gewebes ist bis auf weiteres ein Wunschtraum.

■■■ Chorea-Syndrom

Entsteht durch systematische Atrophie, vor allem des Corpus striatum (Putamen und Nucleus caudatus). Biochemisch: Verminderung der GABA-Konzentration. Die *Symptome* sind das Gegenstück zum Parkinson-Syndrom: Motorik hyperkinetisch-hypoton (schlaffer Muskeltonus und regellose, unsymmetrische, einschießende, unwillkürliche Bewegungsunruhe), anfangs als »Verlegenheitsbewegungen« zu missdeuten. Später verhindern die ziellosen, ausfahrenden, zuckenden und schleudernden Bewegungen jede geordnete Tätigkeit der Arme und äußern sich im Gesicht als Grimassieren, Schmatzen und Artikulationsstörungen. Bisweilen Kombination mit zentral-vegetativen Störungen wie Magersucht oder Diabetes (Hypothalamus), mit zentralen Schmerzen (Thalamus), mit Parkinson-Syndrom oder mit Athetose.

Die dominant erbliche, im vierten bis fünften Jahrzehnt auftretende Form, die Chorea Huntington (=Erbchorea, Erbveitstanz) zeigt neurologisch oft Beimengung athetotischer Symptome: unwillkürliche gequält-verkrampfte Hand-, Arm- und Fußbewegungen, Überstreckung und Überbeugung der Gelenke, bizarr-verkrampfte Stellungen der Gliedmaßen. Kann sich auch lange nur psychisch äußern: einschießende affektive Äußerungen oder mürrische Verstimmungen, Reizbarkeit, überraschende und persönlichkeitsfremde triebhafte oder strafbare Handlungen oder euphorische Gleichgültigkeit (»Choreopathie«); – oft erst in 10 bis 20 Jahren Fortschreiten zu Demenz und Tod.

Symptomatische Chorea-Syndrome sind z. B.: Chorea minor: (nach Infektionen bei Kindern, meistens ausheilend); Chorea gravidarum (3. bis 5. Schwangerschaftsmonat); Formen, die durch Hirngefäßleiden (z. B. Apoplex), Hirntumor, Vergiftungen, Residualschäden oder längere Neuroleptika-Medikation bedingt sind. Ähnlich können Zustände (»Schüttelneurose«) aussehen.

Therapie: Nur symptomatisch und unbefriedigend mit starken Neuroleptika. GABA- und Kainsäure-Beeinflussung in Erprobung. Stereotaktische Operation (Ausschaltung prämotorischer Felder) kann in manchen schweren Fällen das Leiden ermäßigen. Die Huntington-Gesellschaft hat Richtlinien für die schwere Frage entwickelt, ob und wann ich wissen will, dass die Krankheit bei mir auftreten wird.

■■■ Wilsonsche Krankheit

= Hepatolentikuläre Degeneration oder Morbus Westphal-Strümpell-Wilson, entsteht durch Zelluntergang im Putamen, ist rezessiv erblich, beginnt zwischen dem 10. und 40. Jahr und endet nach unterschiedlicher Dauer (Durchschnitt vier bis fünf Jahre). Durch Mangel an Zäruloplasmin vermehrte Kupferablagerung in den Basalganglien und in der Leber. Neben neurologischen Symptomen (zunehmender Tremor nach Art des »Flügelschlagens« bei ausgestreckten Armen, Rigor, Artikulationsstörungen, Torsionsbewegungen, grün-gelb-brauner Kayser-Fleischer-Kornealring) Leberzirrhose möglich. – Psychisch geht dem oft eine Chorea-ähnliche Persönlichkeitsstörung voran.

Therapeutisch: sind die Kupferablagerungen mit Penicillamin, Dimercaprol anzugreifen.

Auch bei anderen Leberkrankheiten finden wir Wilson-ähnliche Syndrome. Daher die Hypothese, dass Leber und Hirnstamm ein Funktionssystem darstellen, wobei Störungen des einen Teils sich im anderen äußern können.

■■■ Heredoataxien

sind ebenfalls Systematrophien von Hirngewebe: der spinale Typ (Friedreich) beginnt im Kindesalter, der zerebellare Typ (Nonne-Marie) im vierten Lebensjahrzehnt. Neben den neurologischen Symptomen entsteht im ersten Fall geistige Behinderung, im letzteren Fall ein COP. Demenz fortschreitend.

E Epileptische Anfallsleiden

Für den Anfallskranken gilt insbesondere, dass er in einer Landschaft ohne Boden lebt. Mehr noch: Nicht einmal auf die Bodenlosigkeit kann er sich verlassen. Vielmehr kann er sich einreden, er habe dieselbe Bodensicherheit wie alle anderen. Dafür lebt er in der ständigen Erwartung, dass schon der nächste Schritt im Anfall brutal und unvorhersehbar ihm den Boden unter den Füßen wegreißt, ihm die eingebildete Sicherheit nimmt. Er hat sein Leben also in einer buchstäblich fundamentalen Verunsicherung zu leben – und alle Mitspieler seiner Landschaft ebenfalls. Er ist für sich, alle anderen und die Öffentlichkeit ein Unsicherheitsfaktor. Daher wird ihm in unserer Gesellschaft, die auf der Kalkulierbarkeit menschlichen Handelns aufbaut, die Öffentlichkeitsfähigkeit, mindestens die Arbeits-, Verkehrs- und Ehefähigkeit am liebsten pauschal bestritten. – Das Gemeinsame aller epileptischen Anfallsleiden ist die Befähigung zur Herstellung des Anfalles. Sie hat die Epilepsie seit dem Altertum zur »heiligen Krankheit« (morbus sacer) gemacht, was die damit begabten Menschen in den Augen der Anderen zu etwas Besonderem, Andersartigem werden ließ, egal, ob sie nun als Auserwählte, Erleuchtete, Heilige oder Genies verehrt oder als Teufelsbesessene, Träger des Bösen, verfolgt wurden. Historische und transkulturelle Untersuchungen (Jilek 1980) haben zudem gezeigt, dass die positive Bewertung des Anfallskranken eher die Ausnahme war und ist. In der Alltagswirklichkeit der abendländischen Geschichte und der heutigen Entwicklungsländer ist der Anfallskranke durchgehend negativ bewertet, löst Angst aus (mehr noch als Lepra), gilt sozial, religiös und hygienisch als auszustoßen. Sein Anfall wird als Tod oder ansteckende Gefahr wahrgenommen, sodass sein Schicksal als Strafe für Sünde, als Verhexung, Besessenheit oder als ansteckende Krankheit gewertet und gewaltsam (mit Vorliebe Brennen und Schneiden) behandelt/verfolgt wurde und wird.

Spuren davon finden sich am ehesten, wo die Anfallskrankheit sich am bedrohlichsten auswirkt: Bei den »Nächsten« des Anfallskranken, den von uns allein gelassenen Angehörigen. Grundsätzlich – das haben wir uns auch hier in den Kopf zu hämmern – leidet nicht ein Mensch an Epilepsie, sondern eine Familie: Schuldgefühle auf Grund der geheimnisvollen wirklichen oder vermeintlichen Erblichkeit, die tagnächtliche Allgegenwärtigkeit der Gefahr, die Ohnmacht, sich gegen den nächsten An- oder Unfall zu schützen, die wirklichen oder vermeintlichen Angriffe durch die Umwelt (»So ein Mensch bringt ja das ganze Haus in Gefahr!«), verschlechterte Heiratsaussichten der Geschwister führen dazu, dass hier auch der Problemlösungsversuch der Familie gewaltsamer ist als in anderen Behinderten-Familien: entweder (selten) gnadenlose Ausstoßung oder ebenso gnadenlose Überfürsorge. Das beginnt schon damit, wie die Mutter sich um ihr Kind dreht: Aus Anfallsangst Schlafen im selben Bett, Aufgeben der Berufstätigkeit, minutiöse Medikamentenkontrolle, Einengung der Lebensgewohnheiten des Kindes, wogegen sich dieses nicht selten dadurch wehrt, dass es seine Fähigkeit zur Anfallsherstellung um psychogene Anfälle erweitert (Schernus). Für diese ungünstige Familienentwicklung hat Broussand die Diagnose »epileptische Familie« gefunden, allerdings vergessen, dass das Alleinlassen durch uns Profis und das Fehlen von Angehörigengruppen die Hauptschuld daran hat.

Wir behandeln die Anfallsleiden in diesem Kapitel wegen ihrer AOP und COP. Wir könnten sie auch in der Nähe der Psychosen sehen (s. u.), was wieder mal die Hilflosigkeit unserer Systematisierungsversuche gegenüber der Wirklichkeit zeigt. Ermutigend ist es dagegen, dass gerade neurologische Epilepsieforscher (D. Janz) auch die psychischen Aspekte der Epilepsien wahrnehmbar gemacht haben, womit sie auch für andere psychiatrische Probleme methodisch richtungweisend sein können. Denn die Erfolge der Epilepsieforschung verdanken wir nicht nur der verbesserten diagnostischen (EEG) und therapeutischen (Medikamente) Technik, sondern auch der vollständigeren Wahrnehmungsmethode: Erstens wird das, was objektiv beobachtbar ist, eingebettet in die Selbstwahrnehmung des Patienten, der aus sich heraus verstanden wird. Zweitens gehen Diagnose und Therapie nicht mehr vom Krankenhaus aus, sondern vom Patienten in seiner sozialen Landschaft und damit von der Ambulanz. Drittens können durch eine nicht berufs-, sondern sachorientierte Organisation, die »Liga gegen Epilepsie«, Behandlungseinrichtungen und -maßnahmen leichter qualifiziert werden. Hierzu zusammenfassend Janz (2001): »Epilepsie beginnt und verläuft – im Gegensatz zu anderen Krankheiten – dem eigenen Bewusstsein des Kranken verborgen, der um so weniger von den Anfällen wahrnimmt, je heftiger sie sind. Der Betroffene erlebt sein Kranksein erst im Spiegel seiner Umwelt. Dem Mangel eigenen Krankheitsgefühl steht das Entsetzen seiner Umwelt krass gegenüber. Diese Spaltung von Erlebnis und Geschehnis, von Befallen- und Betroffensein im Individuum selbst wie in seinem sozialen Verband wird so zur Ursache ständig neu aufbrechender, weder rationell noch emotionell, weder vom Kranken noch von seiner Umgebung zu bewältigender Konflikte. Epilepsie manifestiert sich also nicht nur primär als soziale Krise, die zunächst die Umgebung stärker betrifft als den Kranken, auch die medizinische Behandlung kann neue soziale Krisen beschwören, wenn sie nicht zugleich eine Sozialtherapie ist.«

■ Was ist der epileptische Anfall?

Neurophysiologisch gilt folgendes Bild: während die einzelne Nervenzelle jederzeit maximal entladungsfähig ist, kann das Gehirn normal funktionieren, weil durch anhaltende Bremsaktivitäten ein mittleres Erregungsniveau in einem labilen Gleichgewicht gehalten wird. Nachlassen der Bremsfunktion ermöglicht den Anfall: einzelne Nervenzellen entladen sich ungebremst, d.h. geben ihre Energie an die Bewegungs- bzw. Sinnesapparate weiter, wobei sie Teile des Gehirns (kleine Anfälle) oder das ganze Gehirn (große Anfälle) in die Entladung hineinreißen. Wie bei anderen Symptomen (z.B. zum Zweck der Angst- oder Spannungsbewältigung) lässt sich so vorstellen, dass der *einzelne* Anfall (vor allem der erste) eine biologisch zweckmäßige Selbsthilfe darstellt: Ausgleich einer Überspannung durch Entladung.

Zwar ist jedes menschliche Gehirn anfall-fähig (vgl. Elektrokrampf). Aber das eine Gehirn benötigt massive äußere Reize für eine Entladung, das andere Gehirn nur kleine oder keine für uns erkennbare Reize. Daher bekommen 4 bis 5 Prozent der Bevölkerung epileptische *Gelegenheitsanfälle*, z.B. bei Fieber, Vergiftungen, Alkohol oder Pharmaka, besonders Kinder. Hirnschäden aller Art führen zum Symptom epileptischer Anfälle, also zu *symptomatischen Epilepsien*, wobei eine gewisse Anfallsbereitschaft erforderlich ist. Ihr Anteil liegt jetzt – dank besserer Methode – bei fast 50 Prozent. Bei den restlichen Anfallskranken findet man bis heute (selbst bei Sektionen) keine Hirnschädigung. Wir finden für sie die auch für zyklothyme und schizophrene Patienten üblichen Verlegenheitsbegriffe (Epilepsie galt früher als dritte Geisteskrankheit): genuine, idiopathische, kryptogene oder *endogene Epilepsien.* Diese Begriffe erlauben – wie bei anderen psychiatrischen Problemen – die Vermutung, dass hier die besondere Verletzbarkeit des Individuums, seine *Selbstreizung* für die Anfallsproduktion eine Rolle spielen.

Folgt man dem neurophysiologischen Modell, d.h. hält man den einzelnen (ersten) Anfall für eine sinnvolle Handlung, dann beginnt das Pathologische nicht mit dem einmaligen Anfall, sondern mit der Anfallswiederholung, also mit dem uns aus anderen Problemen bekannten Mechanismus des »mehr desselben« (Watzlawick 1978). Epilepsie-krank wird man also, wenn Spannungsausgleich immer wieder durch Entladung erkauft wird, um den Preis größerer Labilität und Wiederholungswahrscheinlichkeit, d.h. zunehmende Anfalls-Bahnung: Die Epilepsie »kommt in Gang« (Janz 2001). Über diesen Teufelskreis kommen hirnorganische und psychische Schäden zu Stande, wird auch die genuine durch die Anfallshäufung sekundär zur symptomatischen Epilepsie. Auch dies wie bei psychotischen oder neurotischen Symptomen, vorausgesetzt, wir nehmen sie auch als Selbsthilfe und Abwehrversuche wahr. Daher die zunehmende Aufmerksamkeit für die fördernden und hemmenden Bedingungen der einzelnen Anfälle. Und daher die Erfahrung, dass sich die Selbstwahrnehmung des Anfallspatienten durch angemessene Grundhaltung fördern, vertiefen und therapeutisch nutzen lässt.

Epidemiologie: 0,6 bis 1 Prozent der Bevölkerung leiden an Epilepsie. Jedoch haben 10 Prozent von uns nach EEG-Befunden eine erhöhte Anfallsbereitschaft. Obwohl heute schon 60 bis 80 Prozent der Kranken anfallsfrei werden können, werden nur 20 Prozent angemessen behandelt, ein Zeichen für das Missverhältnis zwischen Vorurteil und Aufklärung. Nur 5 bis 10 Prozent mussten bisher längere Zeit im Krankenhaus bzw. Heim sein. Auch für sie beginnen wir erst, freiere Wohnformen zu erproben (z.B. in Bielefeld-Bethel). Epilepsie ist also eine prognostisch günstige Krankheit.

■ Anfallstypen

■■ Generalisierter Krampfanfall (Grand mal)

Zur Hälfte Beginn mit subjektiver Vorempfindung, der Aura, die oft mit Initialschrei in Bewusstlosigkeit übergeht; zugleich plötzliches steifes Hinstürzen (tonischer Krampf) mit Atemstillstand (etwa zehn Sekunden), dann rhythmisches Zucken der Glieder (klonischer Krampf), selten länger als eine Minute, oft Zungenbiss, blutiger Schaum vor dem Mund, Urinabgang. Wachwerden über Verwirrtheit, Dämmerzustand oder (postparoxysmaler) Übergang in Erschöpfungs- oder Nachschlaf. Verletzungen besonders bei fehlender Aura. Bestand zuvor ein Zustand quälender psychovegetativer Unruhe, wird der Anfall eher als befreiend erlebt. Kam der Anfall »aus heiterem Himmel«, fühlt sich der Patient danach eher bedrückt.

Altersgebundene oder generalisierte kleine Anfälle

Treten im Kindes- oder Schulalter auf, entweder allein oder mit Übergang in andere Anfallstypen.

- **Blitz-, Nick- oder Salaamkrämpfe:** im ersten und zweiten Lebensjahr auftretend, bei kurzem Bewusstseinsverlust blitzartige Kopfbewegung nach vorn, Einknicken des Körpers oder gedehntes Vorbeugen des Kopfes; nach der Richtung der Kopfbewegung auch Propulsiv-Petit mal genannt.
- **Myoklonisch-astatisches Petit mal:** im zweiten bis vierten Lebensjahr auftretend, wechselnde Bewusstseinsbeeinträchtigung, mal nur als kurzes Nicken, mal als Zusammensinken, mal als Hinstürzen mit meist klonischem Krampf.
- **Absencen:** meist im sechsten bis achten Lebensjahr beginnend, Bewusstseinstrübung wenige Sekunden, wirkt oft nur wie Zerstreutheit: kurzes Starren oder Verharren in einer Tätigkeit, die dann fortgesetzt wird. Wegen ruckender Bewegungen der Augäpfel nach oben und des Kopfes nach hinten: Retropulsiv-Petit mal. Häufige Absencen als einzige Anfallsart = Pyknolepsie. Angst, Konzentration und Hyperventilation können eine Absencen-günstige vegetative Lage schaffen; deshalb vor der EEG-Ära oft als hysterisches Handeln verkannt.
- **Impulsiv-Petit mal:** beginnend meist im 14. bis 17. Lebensjahr: bei vollem Bewusstsein einmaliger (selten salvenartig wiederholter) Stoß meist der Schultern oder Arme, wie elektrischer Schlag oder jähes Erschrecken; Gegenstände werden fortgeschleudert; wenn Beine betroffen knicken die Kranken ein, schnellen aber gleich wieder hoch. Dabei volles Bewusstsein, daher von der Umgebung oft als Unart verkannt (vgl. Einschlafzuckungen bei uns allen).

Altersungebundene oder fokale Anfälle

Sie sprechen in der Regel für eine lokalisierbare Herdstörung (= fokale Form der symptomatischen Epilepsie).

- **Kortikale Halbseiten- oder Jackson-Anfälle:** klonische Zuckungen (75 Prozent), sensible Missempfindungen (5 Prozent) oder beides, die lokal beginnen (50 Prozent Arm, Hand, Finger; 30 Prozent Gesicht; 20 Prozent Bein, Fuß), sich auf derselben Seite ausdehnen, bei freiem Bewusstsein miterlebt werden, die ganze Körperhälfte erfassen und mit Bewusstseinsschwund in einen generalisierten Krampfanfall münden können. Selten Aura, hinterher (postikal) vorübergehende Lähmung oder Taubheit der erfassten Region möglich. Dies spiegelt die Ausbreitung der Entladungen auf der Gegenseite des Gehirns, den »march of convulsion« oder »Jackson-march« (Dauer bis 5 min.) – Adversiv-*Anfälle:* Allmähliche tonische Wendung von Augen, Kopf, auch Arm oder Schulter auf die Gegenseite des Herdes, wobei das Bewusstsein nur bei sekundärer Anfallsgeneralisierung erlischt. Manche Patienten lernen durch Selbstwahrnehmung, ihre Anfälle zu fördern oder zu hemmen.

◎ **Psychomotorische Anfälle:** früher = temporale oder Schläfenlappenepilepsie, jedoch kann der Herd auch tiefer (z. B. näher zum limbischen System) liegen. Sie stehen daher zwischen den fokalen und den zentrenzephalen (Hirnstamm, Zwischen- und Mittelhirn) Epilepsien. Sie vereinigen Anteile von beiden. Periodische (zykloleptische) Häufung: alle ein bis sechs Wochen während zwei bis vier Tagen je zwei bis acht Anfälle. Von allen Anfallstypen haben sie die meisten subjektiven Anteile. Schon die Aura ist hier am häufigsten und vielgestaltigsten: Vertrautes oder Fremdes wird verschoben oder verkehrt erlebt (déjà-vu oder jamais-vu-Erlebnis); die Wahrnehmung erfährt eine teilweise oder »Allsinnsveränderung«, beschleunigt oder verlangsamt sich, vergrößert oder verkleinert die Außenwelt, wird »es-haft«, »anders als«, »als ob«. Der Patient kann mit einzelnen Sinnen wie mit seinem Gemeinsinn illusionär verkennen oder szenisch halluzinieren, oft mit Elementen aus dem Ernährungsbereich (epigastrische Aura) oder aus dem sexuellen oder religiösen Erleben. Oft scheint sich Verdrängtes zu äußern, ein Sich-Verlieren in die Sehnsucht nach Bedürfnisbefriedigung, eine Ahnung, die Gewissheit will, ein Hinsteuern auf eine Wandlungskrise, für die der eigentliche Anfall mit Aufhebung des Bewusstseins Scheitern oder Erlösung bedeuten kann. So wirkt der Zusammenhang von Aura (oder dreamy state) und Anfall bisweilen wie ein neurotisch-biologischer Kreislauf. Daher das häufige religiöse Interesse epileptischer Patienten (Wiedergeburt, Kenntnis einer anderen Welt). Der eigentliche Anfall – er muss nicht folgen – entspricht einer ausgedehnteren Absence, allerdings mit bestimmten motorischen Erscheinungen: meist mit Kauen, Schmatzen, Schlucken (oraler Typ), mit Kopf oder Körperwendung (adversiver Typ) oder mit Äußerung von Lauten oder Worten (dysphasischer Typ). Der dritte Akt besteht im postparoxysmalen Dämmerzustand. Hier haben die Bewegungen meist wieder Handlungscharakter eines Subjekts. Die Handlungen können kurz und stereotyp sein (Fußscharren, Auf- oder Zuknöpfen der Kleider), oder ausgedehnt und szenisch, können sich als »besonnene Dämmerzustände« über Stunden und Tage erstrecken. Auch wenn es sich dabei nicht um die berühmten epileptischen Wanderzustände und Reisen (»fugue epileptique« oder Poriomanie) handelt, hat man den Eindruck, dass viele Patienten in diesem Zustand ihre »zweite Natur« (Janz 2001) ausleben, also das, was sie sich normalerweise selbst verbieten, insgeheim aber ersehnen. Daher sowohl die Amnesie als auch ihre relative Aufhebbarkeit bei Suchhaltung in der therapeutischen Begegnung. – Verwechslung ist möglich z. B. mit hysterischen »Anfällen«, zumal diese Epilepsie-Zeichen im EEG haben, psychomotorische Anfälle aber einen EEG-Befund vermissen lassen können.

Auch bei den epileptischen Formen der Körperkränkung sind also Gelebtes und Erlebtes, Natur und Geschichte eines Menschen nicht trennbar. Jedes der organischen Psychosyndrome ist *zugleich* als Ausdruck des Defektes, der Angst, der Bewältigungs- und der Abwehrversuche eines Menschen vollständig wahrzunehmen. Sonst bleibt die Systematik der Psychosyndrome tot.

Akut-organische Psychosyndrome

Delirante, verwirrte und Dämmerzustände können nach einem Anfall, unabhängig vom Anfall oder bei einem epileptischen Status auftreten. Status epilepticus = Zustand, in dem Anfälle sich so schnell wiederholen, dass zwischendurch der Normalzustand nicht erreicht wird; er ist eine vitale Notfallsituation.

Als Durchgangssyndrom sind Verstimmungszustände aufzufassen: sie dauern Stunden, Tage oder Wochen, können sich durch Anfall entladen, sind missmutig-dysphorisch, ängstlich-gespannt, gehoben-euphorisch bis ekstatisch, dranghaft oder aggressiv-gereizt, wobei Fremd- wie auch Selbstgefährdung in der Methodenwahl die Neigung zu gewaltsamen Lösungen verraten, was Krankenhausaufnahme erfordert. Paranoid-halluzinatorische Durchgangssyndrome sind als Lösungsversuch für ein vitales Selbsteinengungsgefühl anzusehen. So werden Patienten alternativ dadurch psychotisch, dass ihnen medikamentös die Anfälle genommen und ihr EEG normalisiert wird: forcierte Normalisierung (LANDOLT). Offenbar brauchen sie Anfälle in einem gewissen Maß für ihr Gleichgewicht, wofür in diesem Fall die u. U. anfallfördernden und psychosehemmenden Neuroleptika hilfreich sind. Suizide finden wir gerade dann, wenn Anfallsfreiheit medikamentös »erzwungen« ist. Da dies oft auch die Zeit ist, in der von dem therapierten Patienten mit einem Mal die Bewältigung seiner »normalen Probleme« wieder erwartet wird, ist die Frage angezeigt, ob in diesem (wie im psychotischen) Fall die therapeutische Begeisterung zu einseitig medikamentös war, während es an der Grundhaltung zur Vorbereitung auf die Anfallsfreiheit fehlte.

Chronisch-organische Psychosyndrome

Dass Demenz und »Wesensänderung« schicksalhafte Folgen der Epilepsien seien, ist heute als von Anstaltspatienten abgeleitetes Vorurteil erkannt. Demenz ist vielmehr nur Folge der Häufigkeit und Schwere der Anfälle, d. h. der durch Hirnmangeldurchblutung und Hirntraumatisierung (Sturz im Anfall) bedingten Hirnatrophie. Beweis: wo wir durch frühzeitige und konsequente Therapie Anfallsfreiheit erreichen, vermeiden wir in aller Regel auch die Demenz.

»Wesensänderung«: Hier ist das Problem komplizierter: Schon der Begriff sollte entfallen. Wesen lässt sich nicht ändern. Daher besser Persönlichkeitsänderung, -umbau (s. dort). Früher ordnete man sie der genuinen Epilepsie zu: Verlangsamung und Haften aller Handlungsabläufe (= enechetische Struktur); Denken und Handeln zähflüssig, umständlich, sich wiederholend (perservierend); Patienten überangepasst, halten an Gewohnheiten fest, wirken unterwürfig, selbstgefällig, selbstgerecht und rechthaberisch, schießen in ihren positiven (Freude, Hilfsbereitschaft) wie negativen (Wut bis zur Gewaltanwendung) Gefühlen oft ungebremst übers Ziel hinaus, manövrieren sich also leicht in eine Sackgasse. Bei der Bewertung dieser enechetischen Züge kommt es auf die Vollständigkeit unserer Wahrnehmung an: im Zusammenhang mit Struktur und Entwicklung des Menschen, also nach dem

beobachtbaren Aspekt und nach der Art, wie die Patienten sich selbst verstehen und mit sich umgehen, entsteht ein lebendigeres und therapeutisch hilfreicheres Bild von der Situation anfallskranker Menschen – wie vor allem Janz uns gezeigt hat: *Enechetische Persönlichkeitszüge* sind nämlich unter den Patienten mit großen Anfällen oft bei den Schlafepileptikern (S) zu beobachten, die vorwiegend aus dem Schlaf heraus ihre Anfälle bekommen, ferner bei Kranken mit psychomotorischen Anfällen. Dagegen zeigen die Aufwachepileptiker (A), die vorwiegend nach dem Erwachen oder Aufstehen sich mit Grand mal entladen, und die Pyknoleptiker entgegengesetzte Züge: eher oberflächlich, leichtfertig, unstet, labil, nehmen alles leicht. Bei den Patienten, deren große Anfälle sich diffus über den Tag verteilen (D), und den mit Jackson-Anfällen ist auch die Verteilung der Persönlichkeitszüge uneinheitlich. Nach der Häufigkeit verteilen sich A zu S zu D wie 33:44:23 Prozent. Während Gruppe A als genuin und D überwiegend als symptomatisch anzusehen ist, nimmt S eine Mittelstellung ein. Entsprechend verteilen sich die Hinweise auf familiäre Häufung. Also gerade die genuinen Formen (A) zeigen nicht die enechetischen Verhaltensmuster.

Noch wichtiger sind die Unterschiede des konstitutionell-vegetativen Umgangs mit sich selbst. A-Patienten schlafen schlecht ein, schlafen unruhig, kommen erst morgens in den Tiefschlaf, haben – daraus geweckt – ihre Anfälle, kommen schwer in Gang, werden erst abends munter. S-Patienten umgekehrt: schlafen rasch ein, fallen bald in Tiefschlaf, vertiefen den Schlaf im Laufe der Nacht ein zweites Mal, haben ihre Anfälle während der zwei Einschlafvorgänge, wachen morgens frisch auf, sind vormittags aktiv, werden abends müde. Gruppe A hat gegenüber Gesunden ein Schlafdefizit von 40 bis 50 Prozent, S ein Schlafüberschuss von 48 bis 55 Prozent, D unterschiedliche Schlafstile, bei Schlafdefizit zwischen 18 und 48 Prozent. Schon von diesem Schlaf-Wach-Rhythmus her ist also die S-Gruppe eher zu einem pflichtbewussten, sozialangepassten Tageslauf disponiert, die A-Gruppe eher zu einem wechselhaften Tagesverhalten. So auch die vegetativen Reaktionen: bei A eher labil, bei S eher stabil; körperlich konstitutionell wirken A-Patienten eher muskulär-robust oder gestreckt, S-Patienten eher dysplastisch (z. B. öfter gesichtsasymmetrisch oder mit kleinerem Hirnschädel).

Schließlich: wenn wir nicht – wie die unaufgeklärte Umgebung – uns von »negativen« Charakterzügen abstoßen lassen, sondern alle Anteile der Wirkung der Patienten auf uns ihnen mitteilen und ihnen so Gelegenheit geben, sich aus sich selbst zu verstehen, kommen wir zu einem volleren Verständnis, das sich zudem durch psychologische Tests bestätigen lässt: A-Patienten leben ihre Konflikte nach außen aus, sind und machen sich von äußeren Reizen abhängig, nutzen sie aus, verkehren ihre Angst (auch die vor Anfällen) ins Gegenteil, bagatellisieren und harmonisieren gern, wirken insofern kindlich, geben sich ihren Neigungen hin, wirken großzügig, leben ungebremst, überschätzen sich, sind natürlich schlecht auf ein therapeutisches Setting festzulegen. S-Patienten dagegen sind von inneren Reizen (autonomen Schwankungen, Triebwünschen, inneren Wertvorstellungen) geleitet, fühlen sich von sexuellen und aggressiven Neigungen bedroht, die sie aber am liebsten nicht wahrnehmen, sondern verdrängen, weshalb sie sich als besonders sozial angepasst geben, gerade dadurch aber übergebremst, zwanghaft, unecht oder devot wirken; sie leben nichts aus, was sie daher gelegentlich »zum Platzen« erregbar macht; ihr starker Wunsch nach Nähe wird oft als distanzlos und aufdringlich erlebt und abgelehnt, was sie mit Ressentiments füllt. Dem neurophysiologischen Modell der Epilepsie entsprechend verhalten sich A zu S wie bremsschwach zu übergebremst.

Diese Forschungsergebnisse werfen sicher mehr Fragen auf, als sie beantworten. Sie ermöglichen es jedoch, die Epilepsien nicht mehr nur als Krankheit zu sehen, sondern auch als Äußerungsformen des körperlich-seelisch-sozial ge- und erlebten Lebens von Menschen. Natürlich können die aufgezeigten Handlungsstile, die in der Regel mit einer selbstständigen privaten, auch beruflichen Lebensführung durchaus vereinbar sind, sich akzentuieren und vergröbern: durch lokale oder sekundäre diffuse Hirnschäden (als Anfallsfolgen), durch medikamentöse Beeinträchtigung, ungünstige Umweltreaktionen und/oder durch eine neurotische Entwicklung, die sich aus der beschriebenen Art des Umgangs mit dem Selbst und mit Anderen ergeben kann.

■ Therapie – Beratung – Rehabilitation

Im Rahmen der Grundhaltung ist zunächst die medikamentöse Technik entscheidend. Bei Aufwachepilepsien (und bei manchen altersgebundenen Petit mal-Epilepsien) sind die dämpfenden Barbiturate (Maliasin, Mylepsinunh) angezeigt, schon zur Regulierung des Schlafdefizits und damit des Tageslaufs. Umgekehrt stehen bei Schlafepilepsien die weniger dämpfenden Hydantoine (Mesantoin, Zentropil, Phenhydan) im Vordergrund. Bei diffusen Epilepsien und bei corticalen Herdanfällen zunächst Phenytoin oder Carbamazepin, dann auch Valproat und Lamotrigin. Ein Signal für gute medikamentöse Einstellung ist die Annäherung der Schlafmenge und -kurve an Gesunde. Tegretal reguliert psychische Veränderungen, besonders bei psychomotorischen Epilepsien. Außerdem wirken Succinimide und Valproat bei Absencen und Benzodiazepine bei frühkindlichen Anfällen und beim Status epileptikus. Frühestens zwei Jahre nach dem letzten Anfall kann man die Medikamente allmählich absetzen; plötzlicher Entzug kann einen Status epileptikus provozieren! Bei therapieresistenten Epilepsien mit konstantem Herd im EEG ist ein operativer Eingriff zu erwägen.

Wir haben noch zu lernen, für das Alltagsleben des Anfallskranken bzgl. anfallsfördernder und -hemmender Situationen hinreichend aufmerksam zu sein. Gerade unser Wissen über den Schlaf-Wach-Rhythmus gibt uns Möglichkeiten an die Hand, den Patienten zu einem seinen Gegebenheiten angemesseneren Selbstumgang zu bringen. Verhaltenstherapeutisches Training ist möglich. Die eher »ordentliche« S-Gruppe hat den Vorteil, einen einmal vereinbarten Plan pedantisch einzuhalten, während es bei der A- und D-Gruppe leichter ist, auslösende Situationen zu finden (A: Schlafmangel, vorzeitiges Wecken, Alkohol, unregelmäßiges Leben; D: akute Anstrengungen und Aufregungen, extremes Wetter, manche öffentlichen Verkehrsmittel). Patienten müssen auf Anfallsfreiheit therapeutisch vorbereitet werden: ich darf ihnen nicht etwas medikamentös wegnehmen, was bisher zu ihnen gehörte (Anfälle), ohne dass sie dafür etwas anderes bekommen (ein auch vegetativ wirksames Selbstvertrauen).

An die Stelle der Frühberentung bzw. Anstaltsverwahrung hat die Rehabilitation zu treten. Aber der Grundsatz »Rehabilitation vor Berentung« muss sich offenbar erst noch gegen unsere eigenen Vorurteile durchsetzen. Die Arbeitsunfallgefahr muss nicht überschätzt, sondern kalkuliert werden. Ungeeignet sind nur – wenn noch Anfälle vorkommen – gefährliche Arbeitsplätze (Absturzgefahr, ungeschützte Maschinen, Kfz-Benutzung), Schichtdienst bei Aufwach-Epilepsie (wegen der notwendigen regelmäßigen Lebensführung) und allenfalls Arbeitsplätze mit Publikumsverkehr, solange keine Anfallsfreiheit erreichbar ist. Anfallsfreie Personen sind auch für den Öffentlichen Dienst so geeignet wie eingestellte Diabetiker: Für Jugendliche sind Berufsfindung und Arbeitserprobung im Berufsbildungs- bzw. für Erwachsene im Berufsförderungswerk erforderlich. Die soziale und berufliche Rehabilitation hat zugleich mit der Therapie zu beginnen: berufsübergreifende und ambulante Team-Arbeit ist Voraussetzung. Grundsätzlich besteht keine Kraftfahrtauglichkeit bei gesicherten Anfällen. Aber jeder Fall verlangt individuelle Beurteilung. Die Deutsche Sektion der »Liga gegen Epilepsie« stellt Richtlinien zur Verfügung. Ähnlich die genetische Beratung: auch wenn bei unbekanntem Erbgang für Anfallsbereitschaft das Risiko etwa für gewünschte Kinder pauschal das Zehnfache der Gesunden (5–7 Prozent) beträgt, hilft auch hier nur die individuelle Prüfung weiter; denn das Risiko z. B. bei symptomatischer Epilepsie mit fokalen Anfällen ist niedriger, bei genuiner Epilepsie mit generalisierten Anfällen höher als im Durchschnitt.

F Epidemiologie and Prävention

So klein die Zahl der Signale ist, mit denen wir als Organismus und Person eine Körperkränkung anzeigen können, so vielfältig ist die Zahl der körperlichen, individuell-seelischen, familiären und sozialen Bedingungen, die jeden Einzelfall zu einem einmaligen Problem des diagnostischen und therapeutischen Handelns machen. Wie groß ist nun das Problem, und wie können wir es als Ganzes präventiv beeinflussen?

Nach der epidemiologisch-ökologischen Untersuchung der Stadt Mannheim waren 26,3 Prozent aller Menschen, die 1965 als psychiatrisch behandlungsbedürftig ersterfasst wurden, den Diagnosen der Körperkränkung zuzuordnen (s. Psychiatrie-Enquête, S. 70). Das sind drei pro 1000 Einwohner, fast so viel wie die größte Gruppe der Neurosen/Reaktionen 27,6 Prozent), während z. B. schizophrene nur 4,6 Prozent und zyklothyme Patienten 6,8 Prozent ausmachen. Die 26,3 Prozent setzen sich so zusammen: 8,6 Prozent akute und chronische Hirnschädigungen, 13,8 Prozent Abbauprozesse (präsenile und senile Demenz) und 3,9 Prozent Anfallsleiden, wobei die organischen Folgen der Sucht (6,3 Prozent) noch ausgenommen sind. – Oder: von den 140.990 Patienten, die nach der Stichtag-Erhebung am 30.5.1973 in den stationären psychiatrischen Einrichtungen der Bundesrepublik Deutschland waren, galt für 16,77 Prozent eine der Körperkränkungs-Diagnosen (davon 5,45 Prozent Anfallsleiden). Das ist nächst den geistig Behinderten (30,68 Prozent) und den Schizophrenen (26,67 Prozent) die drittgrößte Gruppe (Psychiatrie-Enquête S.105). Daran dürfte sich auch heute – mit Ausnahme des alterungsbedingten Demenzanstiegs- nicht viel geändert haben.

Bei dieser Bedeutung der körperlich bedingten seelischen Störungen haben wir uns zu fragen, ob, wo und wie präventive Strategien direkt oder indirekt denkbar sind.

Schon bezüglich der frühkindlichen Residualschäden genügt nicht die Verbesserung der Schwangeren-Fürsorge, der Geburtshilfe und der kinderneurologischen Prävention. Je mehr nämlich das Schulbildungssystem »fürs Leben« auf spätere Hochleistung oder Arbeitslosigkeit vorsortiert, desto schonungsloser werden auch die uns allen eigenen hirnorganischen Schwächen aufgedeckt, was zu Angst, dann zu kompensierender und scheinbar entlastender Symptombildung führt und damit immer mehr Menschen zu Patienten macht, die bei gerechterer Verteilung von Arbeit und Einkommen nie Patienten geworden wären. Dasselbe gilt für die vielschichtig, aber eben auch organisch bedingten Versagenszustände im mittleren Lebensalter sowie für das präsenile und senile Leistungsversagen, also für die leichteren Formen der Demenz. Deren Zunahme hängt ebenfalls nicht nur mit höherer Lebenserwartung, sondern auch mit höherer Leistungserwartung zusammen.

Das Zusammenspiel zwischen körperlichen und psychosozialen Bedingungen bei Psychosyndromen im Wochenbett, nach Operationen und bei Hormonstörungen ist zwar noch unklar. Jedoch ist die Bedeutung einer präventiven Beratung bzw. Betreuung gesichert.

Die Störungen aufgrund akuter oder chronischer Vergiftungen nehmen ebenfalls zu. Bei den Industriegiften können jeden Tag neue Stoffe zu neuen Risikoquellen werden. Dieselbe Zuwachsgefahr geht von den Medikamenten aus, an deren kritikloser Benutzung Pharmaindustrie, Apotheker und Ärzte so erfolgreich arbeiten, dass schon mehr Menschen sich an Medikamenteneinnahme als an regelmäßiges Zähneputzen gewöhnt haben. Mit dem »Medikamentenmüll« ist bereits ein Problem des Umweltschutzes entstanden. Sollte hier der Prävention eine grundlegende Änderung gelingen, hätten ihre Auswirkungen nachgerade den Rang einer Kulturrevolution.

Bei den entzündlichen Hirnkrankheiten kann niemand voraussagen, wann und wo enzephalitische Epidemien welche Schäden verursachen. Dagegen ist der Niedergang der luetischen Infektionen und damit der progressiven Paralyse ein eindrucksvolles Beispiel für die Wirkung konsequenter Prävention. Denn ähnlich wie bei der Tuberkulosebekämpfung ist der Erfolg durch die Entdeckung wirksamer Medikamente zwar ermöglicht, aber durch präventive Maßnahmen erst quantitativ verwirklicht worden.

Die Zunahme der Hirnverletzungen ist vor allem durch Verkehrs- und Betriebsunfälle verursacht – vorausgesetzt, wir können weiterhin Kriege verhindern. Auch hier also ein präventives Problem im Zusammenhang mit den Industrialisierungsfolgen, aber auch mit dem Konkurrenzprinzip und mit dem privaten Auto als Statussymbol. Hier wäre jeder präventive Erfolg an eingreifende politische Entscheidungen geknüpft. Gegenwärtig bedürfen in der Bundesrepublik Deutschland jährlich 10.0000 bis 20.0000 Schädelhirnverletzte stationärer Behandlung, davon 10.000 Schwerverletzte einer Rehabilitation. Dezentralisierung neurochirurgischer Abteilungen, Frührehabilitation schon an der Akut-Abteilung sowie Langzeit Rehabilitation mehr noch am Wohnort statt in abgelegenen Spezialeinrichtungen sind erforderlich, um diese Auswirkungen unseres gesellschaftlichen Entwicklungsstandes zu beeinflussen. Hirntumoren sind präventiv durch Vorsorgeuntersuchungen bisher kaum anzugehen. Dies ist abhängig vom Stand der allgemeinen Tumorforschung. Hirngefäßleiden machen gegenwärtig 20 Prozent der Todesursachen der über 65-jährigen aus. Die Erforschung ihrer Risikofaktoren (Ernährung, Nikotin, Stress) gibt uns immerhin für präventive Maßnahmen einige Voraussetzungen an die Hand.

Literatur

Bauer, Joachim (1994): Klinische Diagnostik u. Therapiemöglichkeiten der Demenz vom Alzheimer-Typ. In: *Fortschr. Neurol.Psychiat.* 62: 417–32

Böhm, Erwin (2000/2002): 1. Ist heute Montag oder Dezember? Erfahrungen mit der Übergangspflege (2002); 2. Verwirrt nicht die Verwirrten. Neue Ansätze geriatrischer Krankenpflege (2002); 3. Alte verstehen – Grundlagen und Praxis der Pflegediagnose (2000). Bonn, Psychiatrie-Verlag. Die drei Bände sind einzeln oder zusammen erhältlich

Bleuler, Manfred (1954): Endokrinologische Psychiatrie. Stuttgart, Thieme

Bonhoeffer, Karl (1910): Die symptomatischen Psychosen. Leipzig. Deuticke

Brickenkamp, Rolf (1997): Handbuch psychologischer und pädagogischer Tests, Göttingen, Hogrefe-Verlag für Psychiatrie, 2. Auflage

Broussand, G. (1980): Les parents de lènfant épileptique. *Gaz. Med. de France* 87: 1161–70

Camus, Albert (1997): Der Mythos von Sisyphos. Ein Versuch über das Absurde. Düsseldorf, Rauch

Dörner, Klaus (1993): Bewusst-Sein. Tagungsband des DBfK-Fortbildungszentrums. Essen

Finzen, Asmus (2001): Medikamentenbehandlung bei psychischen Störungen. Bonn, Psychiatrie-Verlag, 13. aktualisierte Aufl.

Förstl, Hans u. a (1995): Alzheimer Angehörigengruppe. In: *Psychiat. Praxis* 22: 68–71

Goffman, Erving (2001): Stigma. Über Techniken der Bewältigung beschädigter Identität. Frankfurt/M., Suhrkamp, 15. Aufl.

GOLDSTEIN, Kurt (1934): Der Aufbau des Organismus. Haag, M. Nijhoff

HUBER, G. (1972): Klinik und Psychopathologie der organischen Psychosen. In: Psychiatrie der Gegenwart, Band II/2. Berlin, Springer

JANZ, Dieter (1998): Die Epilepsien. Stuttgart, Thieme, 2. unveränd. Aufl.

JANZ, Dieter (2000) in: Gründungsaufruf des Berlin Brandenburg Epilepsie-Netzwerk 1+1=3

JILEK, W. & L. (1980): Die soziale Stellung des Epileptikers. In: PFEIFFER; SCHOENE (Hg.): Psychopathologie im Kulturvergleich. Stuttgart, Enke

LAUTER, H. (1972): Organisch bedingte Alterspsychosen. In: Psychiatrie der Gegenwart, Band II/2. Berlin, Springer

LEMPP, Reinhard (1978): Frühkindliche Hirnschädigung und Neurosen. Bern, Huber, 3. überarb. Aufl.

LENZ, Siegfried (1998): Der Verlust. Hamburg, Hoffmann und Campe

PEUKERT, Detlev; JULIO, K. (1982): Volksgenossen und Gemeinschaftsfremde. Anpassung, Ausmerze und Aufbegehren unter dem Nationalsozialismus. Köln, Bund-Verlag

RAHN, Ewald; MAHNKOPF, Angela (2000): Lehrbuch Psychiatrie. Bonn, Psychiatrie-Verlag

SAAL, Fredi (1996): Warum sollte ich jemand anderes sein wollen? Gütersloh, Jakob van Hoddis, 2. Aufl. (Paranus Verlag, Neumünster)

SACKS, Oliver W. (1994): Awakenings – Zeit des Erwachens. Reinbek, Rowohlt

SCHERNUS, Renate: Vom Sinn psychogener Anfälle bei Kindern. Unveröffentl. Manuskript Bethel

SPERLING, Eckard (1967): Die psychosoziale Lage von Hirnverletzten. Stuttgart, Thieme

UEXKÜLL, Thure v., WESEIACK, Wolfgang (1998): Theorie der Humanmedizin. München, Urban & Schwarzenberg, 3. völlig überarb. Aufl.

WATZLAWICK, Paul (1991): Die Möglichkeit des Andersseins. Zur Technik der therapeutischen Kommunikation. Bern, Huber, 4. Aufl.

ZIEGER, A. (1988): Grenzbereiche der Wahrnehmung. Über die ungewöhnliche Lebensform von Menschen im Koma und Wachkoma. Behinderte 6: S. 21–40

13 Der alte Mensch

A Alter: Was ist das heute?

Als Jüngere begegnen wir oft Menschen, die die Beschäftigung mit dem Alter vermeiden: verrückte Idee, wenn man jung ist, Fimmel, jeder ist so jung, wie er sich fühlt. Oder: Alt, das sind die Anderen.

Dabei durchzieht »alt« und »altern« das ganze Leben. Es hat seine psychologische Bedeutung, dass wir die Vorstellung von »alt« an das hohe Lebensalter und an den Verlust gesellschaftlicher Aufgaben knüpfen. Wenn wir nicht lebensunfähig werden wollen, brauchen wir die Erfahrung der Alten. Die Erfahrungen mit der Geschichte, mit der Politik, mit dem persönlichen Tempo, mit Partnerschaften, mit der Moral, mit den Gewohnheiten, der Mode, der Gesundheit und vielem mehr ändern sich im Laufe eines Lebens und von Generation zu Generation. Erst die Wahrnehmung der Unterschiede ermöglicht uns Distanz und Kritikfähigkeit gegenüber unseren Lebensbedingungen.

Heutzutage kann die Lebenszeit, die wir Alter nennen, sehr lang sein. Die meisten fürchten sich vor dem Alter und seinen Bedingungen. Die meisten Jüngeren haben das Vorurteil, dass alle alten Menschen arm, hilfebedürftig, zerbrechlich und traurig sind, sich nicht mehr entwickeln, dass sie sich langweilen und eigentlich nur auf den Tod warten, ihn heimlich sogar herbeisehnen. Nur so seien die Suizide bei alten Menschen zu erklären. Ein Verständnis etwa, das den Suizid zu einer bewussten Handlung macht, scheint nicht möglich. Aus der Zeit, als es noch nicht so viele alte Menschen gab, stammt der Mythos: Weisheit, Güte, Menschlichkeit sind Eigenschaften der Alten. Schon weil der Alte selten war, hatte er einen besonderen Status. Seit Alter etwas Durchschnittliches geworden ist (früher alterten vor allem Leute aus den besseren Schichten, erst jetzt gilt Alter für alle), wird man gewahr, dass die ehemaligen Vorurteile nicht mehr gültig sind.

Die Gefahr des Abschiebens in ein soziales und psychisches Ghetto ist z. Zt. von allen Bevölkerungsgruppen für die Alten am größten. Von Soziologen wird als Grund für die Entwertung des Alters oft angeführt, dass die Erfahrungen, die die jeweils Älteren gemacht haben, für die jeweils Jüngeren nichts mehr besagen: Maschinen, Lebensweisen, Notwendigkeiten im Umgang mit der Welt ändern sich so schnell, dass oft die Jüngeren den Älteren Meister sein können und nicht umgekehrt (Margaret Mead). Jedoch: die Erfahrung, älter und alt zu werden, ist nach wie vor an den Menschen gebunden und damit auch die Erfahrung, menschliche Aufgaben übernommen zu haben, etwa Kind gewesen zu sein, Eltern gewesen zu sein, Großeltern zu sein, Bindungen eingegangen und gelebt zu haben, ob erfreulich oder unerfreulich, Menschen verloren zu haben durch Unfall, Krankheit oder Tod.

Gerade darum sind wir in diesen Erfahrungen, die ans Individuum gebunden sind, wo nie die Jüngeren den Älteren zum Meister werden können, auf die Alten und deren Bewältigungsversuche angewiesen, auch angewiesen auf die Kenntnis von misslungenen Bewältigungsversuchen. Tod, Sterben, Siechen sind normal, über das Leben alter Menschen erfahrbar. Je mehr die Alten »sich vermehren«, wächst die professionelle Zuwendung zu alten Menschen. Damit gelingt es, die Not zu veröffentlichen. Es wird gerade aus solchen Berich-

ten deutlich, dass die Not der Alten nicht die Not, des einzelnen alten Menschen ist, sondern eine gesellschaftliche.
Die Renten bestimmen sich nicht nach den Bedürfnissen der Alten: man hat zufrieden zu sein mit dem, was man bekommt (Bedürfnislosigkeit in schlicht allen Bereichen, von der Sexualität bis zur Gesundheitspflege als ein, wenn nicht *der* Mythos des Alterns!). Im Alter sind die sozialen Ungleichheiten viel größer als in jedem anderen Lebensalter. Für die meisten ist Altsein mit finanziellen Einbußen verbunden. In unserem Staat ist keiner arm, sagen wiederum die Jüngeren. Und dennoch kennen viele die – vor allem weiblichen – Rentner, die die Scheiben Brot zählen, die sie täglich essen dürfen, um über den Monat zu kommen.
In der Bundesrepublik waren 1997 15,8 Prozent der Bevölkerung älter als 65 Jahre (über 22 Prozent sind über 60). Dabei ist ohne einen regionalen Unterschied das Verhältnis von Frauen und Männern 2:1. 30,6 Prozent des Sozialbudget von 0,6 Mrd. EUR (208 Millionen EUR) gingen laut dem statistischen Bundesamt 1997 an die Rentenversicherung. Dazu kommen Pflegeversicherung (2,3 Prozent) und soziale Hilfen und Dienste (8,1 Prozent). Schon jetzt geht jede siebte Mark, die verdient wird, an Rentner. Die Renten der Frauen sind dabei zu fast 50 Prozent niedriger als die der Männer. In den neuen Bundesländern liegt das Rentenniveau bei 70 Prozent der alten Bundesländer.
Eine Million alter Menschen in der Bundesrepublik haben ein Einkommen, das unter dem Regelsatz der Sozialhilfe liegt. Diese Menschen an der untersten Schwelle zur Armut sind wesentlich häufiger auf dem Land anzutreffen als in der Stadt. Bemerkenswert ist, dass die Mehrzahl dieser Menschen, etwa 70 Prozent, nie eine Kur gemacht hat und dass etwa die Hälfte dieser Gruppe nie in Urlaub war. Der Wunsch nach Selbstständigkeit ist sehr groß, mehr noch bei den Frauen. So entspricht es auch meist den Wünschen aller, wenn die ältere Generation getrennt von den Jüngeren lebt. Als ideal wird die Wohnung in der Nähe der Jüngeren gesehen. Dieser Abstand verbessert die Beziehung.
7–8 Prozent der über 65-jährigen leben in Wohn- und Pflegeheimen. Der Grund ist vor allem das Fehlen eines sozialen Netzes, nicht der Grad der Gestörtheit. Wir wissen heute auch, dass kaum noch ein alter Mensch freiwillig ein Heim wählt, vorausgesetzt, man informiert ihn hinreichend über ambulante Betreuungsalternativen, die ihm die notwendige Heim-Sicherheit in die Wohnung bringen (Netz 1996). Vor allem ältere allein stehende Menschen verlieren bei längeren Krankenhausaufenthalten leicht ihre Wohnung und werden gegen ihren Willen in Heimen untergebracht, zumal gerade Klinik-Mitarbeiter oft so wahrnehmungs-hospitalisiert sind, dass sie sich ein Zurechtkommen des Alten in der eigenen Wohnung nicht vorstellen können. Hier sind besonders sozial Schwache gefährdet und bedürfen professioneller Unterstützung, um den meist vorhandenen Wunsch, in ihre Wohnung zurückzukehren, realisieren zu können.
Alternative Lebensformen, die die Pflege integrieren, wie z. B. Wohngemeinschaften von Alten und Jungen, stehen nur selten zu Verfügung.

Die abrupte Beendigung des Arbeitsverhältnisses ist oft der Zählbeginn des Alters. Wir halten nichts von der strikten Altersgrenze. Auch gibt es zu wenig vernünftige Beschäftigungsmöglichkeiten für Alte. Alte Menschen verhalten sich seltener ihrem körperlichen und seelischen Befinden entsprechend, sondern häufiger so, wie man es von ihnen erwartet. Das heißt: passiv und hilflos. Dabei spielen viele gesetzliche und ökonomische Einschränkungen eine Rolle. Teilnahme am gesellschaftlichen und kulturellen Leben kostet Geld, auch der Besuch sportlicher Einrichtungen ist nicht unentgeltlich. Es bleibt abzuwarten, wie viel Einfluss die Alten zukünftig auf das gesellschaftliche Leben und ihre Lebensbedingungen nehmen werden.

B Auffälligkeiten: Die Aufgabe zur Wahrnehmungsschärfung

■ Überblick über normale Altersveränderungen

■■ Körperliche Veränderungen

Organe: Einige altern schneller als andere, wobei z.B. der Grad der sexuellen Funktionseinbuße wesentlich von der Existenz eines interessierten Partners abhängt. Kein einzelnes Organ konnte bisher als eines gefunden werden, das Altern macht. Es gibt keine spezifischen Funktionen, die als Erste altern. Wichtig: Das Klimakterium bei Frauen ist nicht ein Signal für beginnendes Altern, es hört zwar die Empfängnisfähigkeit auf, aber die sexuelle Erlebnisfähigkeit lässt nicht nach. Insgesamt werden die aktiven Zeiten mit dem Alter weniger.

Haut: Wird zunehmend trocken und faltig, unelastisch. Vitamine und Hormone sind für die Verzögerung dieses Vorganges von geringem Wert, beeinflussen eher die Einstellung, die jemand zu sich selbst hat. Es gibt schneller blaue Flecken und Beulen und sie bleiben länger, da die Blutgefäße in der Haut zerbrechlich sind. Pigmentierung ist üblich, vor allem an den sichtbaren Partien der Haut.

Haar: Neues Haar hat weniger Farbe, es ist grau oder weiß, das Ergrauen ist ein langsamer Vorgang. Kahlköpfigkeit kommt wegen der Androgene bei Männern häufiger vor als bei Frauen.

Blutgefäße: Auf ihren Funktionsverlust wirken unter anderem zwei Faktoren: ein möglicher erblicher Defekt des Fettstoffwechsels und ein Abbau des elastischen Gewebes in den Arterienwänden bei erhöhtem Blutdruck, was möglicherweise auch durch psychische Belastungen unterstützt wird (s. Kapitel 12).

Bewegung: Die Muskeln zeigen Schwäche und Schwund (atrophische Prozesse), vor allem an Armen und Beinen. Ein gewisses Zittern während der Wachheit ist häufig (seniler Tremor). Das führt weniger zu objektiven Einschränkungen (Schrift wird krakeliger), oft jedoch zu Scheu und dem Versuch, das Zittern zu verbergen, was zu mehr Zittern führt. Gebrauch der

Arme und Beine beugt dem Abbau der Fähigkeiten am ehesten vor. Knochen werden brüchiger, vor allem weil der Proteinhaushalt einem Wandel unterliegt. Jedoch sollte aus Angst vor Stürzen der tägliche Spaziergang nicht vermieden werden. Die Wirbelsäule beugt sich, was das Ausbalancieren erschwert. Die Gesichtszüge werden weniger beweglich und die Gesamtgestik weniger und langsamer. Das durchlebte Leben wird sichtbar.

Sinnesorgane: Die Augenlinse wird zunehmend weniger elastisch, das Auge kann weniger gut auf nahe Dinge fokussiert werden. In hohem Alter lässt die Lichtempfindlichkeit der Augen nach. Das Ohr wird gradweise taub für hohe Töne, sodass Laute und Worte falsch zugeordnet und verstanden werden. Komplette Taubheit ist insofern eine Katastrophe, als sie zu größerer sozialer Isolation führt als der Verlust aller anderen Sinnesorgane. Von hundert sozial isolierten alten Menschen sind 50 Prozent schwerhörig (geholfen werden könnte durch frühzeitigen Abbau der Scheu vor Hörgeräten). Geschmack und Geruch werden weniger fein, sodass Blumen den Duft und Tabak den Geschmack verlieren. In bestimmten Situationen bedeutet das Gefahr, z. B. wenn Brand nicht gerochen wird.

Verdauung: Die Sekretion der Verdauungssäfte lässt nach, die Bewegungen der Darmmuskulatur (Peristaltik) wird weniger. Für das Leben notwendige Vitamine und Mineralien, wie z. B. Vitamin B, Kalzium und Eisen werden nicht mehr so gut absorbiert. Außerdem werden die Verdauungssäfte, die helfen, Protein zu verdauen, weniger produziert.

Anpassung: Die Fähigkeit zur Anpassung an sich ändernde Bedingungen, die für alle Lebewesen fundamental ist, wird mit dem Alter weniger wirksam und langsamer. Dies ist durch die beschriebenen strukturellen Veränderungen bedingt. Ein Faktor ist manchmal der im Alter häufige aber meist ignorierte Alkohol- und Medikamentenmissbrauch.

Faulheit ist (nicht nur) im Alter eine große Gefahr, denn geschwächte Muskeln und schlechte Gesundheit sind häufig Folge von Unbewegtheit und nicht Ursache. Selbst bei bester Kondition wird die Anpassungsfähigkeit schwächer, was sich besonders deutlich in Belastungssituationen zeigt. Die Muskel- und Atemreserven sind bei alten Menschen schneller erschöpfbar, und die stabilisierende Möglichkeit des Körpers, sich Temperaturen anzupassen, arbeitet nicht mehr so präzise. Wasser- und Elektrolythaushalt geraten bei Infekten leichter aus dem Gleichgewicht.

■ ■ Seelische Veränderungen

Geistige Fähigkeiten: Schon bei der Betrachtung der Veränderung der geistigen Fähigkeiten, wie sie z. B. durch Intelligenztests gemessen werden, zeigt sich die Bedeutung der Vorbildung. Ging man früher davon aus, dass Menschen mit dem Alter dümmer werden (gradweiser Abbau der intellektuellen Fähigkeiten durch das Alter), so weiß man heute, dass das Alter nur eine Nebenrolle spielt und dass z. B. die letzte berufliche Stellung, die Schulbildung, die Gesundheit, die Motivation, der derzeitige Umgang, die derzeitige Umgebung – anregend oder nicht – sehr viel bedeutsamer für die intellektuellen Fähigkeiten im Alter sind als das schiere Alter.

Diese Erfahrung wird auch durch die Berliner Altersstudie (BASE) erneut bestätigt, nach der eine geringe Schulbildung das Risiko, an einer Demenz zu erkranken deutlich höher erscheinen lässt (Mayer / Baltes 1999, S. 204)

Lernfähigkeit: Lange Zeit ging man davon aus, dass alte Menschen nicht mehr dazulernen können. Nach heutigem Wissen lässt sich das nicht so eindeutig sagen. Lernfähigkeit und Gedächtnis gehen nicht »verloren«, jedoch ergeben sich charakteristische und schwerwiegende Änderungen. Neue Erlebnisse werden nicht so gut erinnert, neue Lerninhalte nicht so gut gelernt. Für das Lernen im Alter sind die Beweggründe (Motivation) von großer Bedeutung: Warum soll etwas gelernt werden, lohnt sich das noch? Die Frage des Arztes oder Richters beim Anhörungstermin zur Unterbringung nach dem Datum des Tages ist eine Diskriminierung, denn was interessiert das den alten Menschen! Bedeutsam für das Lernen im Alter ist auch die Darbietung. Lerninhalte müssen anschaulich und konkret dargeboten werden, um behalten zu werden. Sicher ist auch, dass sich das Tempo verändert. Alte lernen nicht so schnell – und der Vergleich der Schnelligkeit des Lernens lässt oft den Eindruck entstehen, weniger lernfähig zu sein. Aber bei genügend Zeit können Alte genauso lernen wie Junge (natürlich mit der Einschränkung, dass die Lerninhalte sowohl der Interessenlage als dem geistigen Niveau entsprechen müssen).

Gedächtnis: Alte Menschen haben ein gutes Gedächtnis für Erlebnisse ihrer Jugendzeit, jedoch ein schlechteres für neuere Erlebnisse (Kurzzeit- und Langzeitgedächtnis). Es ist nicht eindeutig, ob wirklich eine Verbesserung des Altgedächtnisses auftritt oder ob lediglich das Nachlassen von Kontrollmöglichkeiten den Eindruck der Verbesserung hervorruft. Auch hier ist dem Faktor des Interesses große Bedeutung beizumessen. Ein alter Mensch mag sich wieder mehr für seinen Lebenslauf interessieren, auch sich an vergangene Zeiten erinnern, während er das Interesse an aktuellen Ereignissen verliert. Bei alten Menschen können die peripheren Gedächtnisinhalte (Selbstverständlichkeiten in Zeitabläufen oder Logik von Handlungen) so an Bedeutung verlieren, dass es zu kleineren oder größeren Desorientierungen kommen kann. Sicher hängt damit auch die Vergesslichkeit zusammen. Dabei ist zu erwähnen, dass die subjektive Bedeutung einer Sache prägend ist. Wenn ein junger Mensch vergesslich ist, wird er der Schusseligkeit geziehen und angehalten, den z. B. verlorenen und verlegten Gegenstand so lange zu suchen, bis er ihn gefunden hat, oder gemahnt, nächstes Mal nicht mehr so vergesslich zu sein. Bei alten Menschen reicht die Benennung der Vergesslichkeit zusammen mit dem Schluss: »Das ist das Alter!«, aus, um die subjektiv empfundene Gewissheit zu vergrößern und damit die Gedächtnisleistung zu verschlechtern und weiterführende Handlungen zu unterlassen.

Psychomotorik: Vom 30. Lebensjahr an lässt sich eine zunehmende Verlangsamung des psychischen Tempos und der psychomotorischen Fähigkeiten beobachten, wobei entscheidend die Verlängerung der Reaktionszeit ist. Jedoch zeigt sich im Bereich der Psychomotorik (Auto fahren, Schreiben, Nähen, Basteln), wie abhängig Veränderungen vom sozialen Status sind und dem, womit man sich immer beschäftigt (Übung), auch von Gesundheit und Motivation (warum soll ich einen Brief schnell schreiben, ich habe doch so viel Zeit, bzw. warum soll ich schnell gehen?).

Persönlichkeit: Die Aussagen darüber, ob sich im Alter die Persönlichkeit verändert, starrer, enger, bizarrer, ausgeprägter, tiefer, flacher wird, sind einmal davon abhängig, wie man solche Fragen untersucht (Hillmann 2000). Wendet man Längsschnittuntersuchungen an, so bleiben die Menschen eher gleich (Konstanz der Persönlichkeitsmerkmale). Querschnittsuntersuchungen, die z. B. eine 70-jährige Gruppe mit einer Gruppe 80-jähriger vergleicht, zeigen, dass sich Persönlichkeitsmerkmale ändern. Soziale und motivationale Einflüsse sind zu bedenken. Jemand, der jetzt zehn Jahre älter ist, lebt nie unter gleichen Bedingungen wie der, der zehn Jahre jünger ist. Mit einiger Sicherheit kann man sagen, dass sich für den Alten die sozialen Kontrollen ändern, was einen Einfluss auf die persönlichen Handlungsweisen hat (in gewissem Umfang genießen die alten Menschen Narrenfreiheit, nicht selten ist der Satz zu hören: »Ich kann mir das jetzt ja leisten.«). Das reine Altern ist für Persönlichkeitsänderungen weniger bedeutsam als die Ausgangssituation, soziale und biografische Aspekte.

Angst: Angst als Lebensgefühl lässt im Alter nach. Man hat seine Position gefunden, auch die Einsicht in das Unveränderbare der Lage akzeptiert.

Am Ende dieses Abschnittes über die »normalen« Verläufe im Alter ist Folgendes zu betonen:

1. Die große Zahl der Menschen über 65 kommt nicht dadurch zu Stande, dass die Lebenserwartung gestiegen ist (die Menschen werden heute im Durchschnitt nur fünf Jahre älter als vor 100 Jahren, wobei für bestimmte Gruppen – männliche Industriearbeiter – nicht einmal das gilt), vielmehr gibt es mehr Alte, weil verbesserte soziale Bedingungen und medizinische Versorgung dazu beitragen, dass mehr Menschen alt werden. Mit der schwankenden Geburtenrate ändert sich der Anteil der Alten an der Gesamtbevölkerung.
2. Die Kränkungen, die sich im Alter ergeben, sind wesentlich nicht durch das Alter bedingt, sondern durch die psychische und soziale Situation alter Menschen. Am gerechtesten wird man der Frage wohl, wenn man Alter ganz klar als psychosomatische und soziosomatische Einheit sieht. Die Kränkungen, die im Alter zu verkraften sind, sind dann u. a.:

   Das Gefühl, unerwünscht zu sein: Der alternde und alte Mensch hört oft, er solle sich nicht bemühen, lieber aus dem Wege gehen, Dinge liegen lassen, sich bloß nicht kümmern. Er darf nicht mehr berufstätig sein (wie Kinder, nur noch in der Fantasie). Es hängt nichts mehr von ihm ab; viele werden sich lieber aus dem Staube machen und sich zurückziehen, still werden, sich lieber nicht einmischen, um diesem Gefühl, unerwünscht zu sein, nicht begegnen zu müssen.

   Finanzielle Unsicherheit und das Gefühl finanzieller Unsicherheit: Das Alter bringt für die meisten ein gewisses Maß an Verarmung mit sich. Besonders auffallend ist das für Witwen, die keine eigene Rente haben. Entscheidend ist nicht allein die absolute Höhe des monatlich zur Verfügung stehenden Betrages, sondern auch die Kluft zum vorher Gehabten. Die Arbeitskraft ist nicht mehr einsetzbar und damit erhöht sich die Abhängigkeit. Von daher steht man jeder wirtschaftlichen Veränderung, auch jeder größeren Anschaffung, ängstlich und bedroht gegenüber. Das Gefühl schwindender körperlicher Kraft und Sicherheit wird auch aufs Geld übertragen (Verarmungsangst). In manchen Fällen mag zutreffen, dass für alte Menschen Geld gleichbedeutend ist mit Stärke und Einfluss. Auf der anderen Seite sollte man nicht vergessen, wie abhängig man als Rentner tatsächlich von der wirtschaftlichen Situation eines Landes und von dessen Politikern ist.

Das Gefühl, unbrauchbar zu sein: Mit dem Wegfallen der Arbeit entsteht für die meisten Menschen ein großes Zeitloch, das sie nicht füllen können. Arbeit stellt im Leben eines Menschen nicht nur ein notwendiges Übel, sondern auch ein Teil seiner Selbstverwirklichung dar. Wenn er dieses Teiles beraubt ist, kann der Mensch in tiefe Krisen geraten. In manchen Ländern begegnet man dem, indem man Werkstätten oder Arbeitsplätze für alte Menschen organisiert. Dies ist sicher leichter umsetzbar in Ländern, in denen eine Arbeitsplatzplanung möglich ist. Nicht unwidersprochen blieb die Aussage einiger Soziologen, dass nur der gesund altern könne, der in der Lage sei, sich von seinen Erwachsenen-Rollen zu entfernen (Disengagement), wobei gelegentlich hinzugefügt wird, dass ein neues Engagement für neue Aufgaben förderlich sein kann. Dem einen ist entgegenzuhalten, dass eine Loslösung aus gewohnten Aufgaben und Rollen das Gefühl der Unbrauchbarkeit verstärkt und dass auf der anderen Seite, selbst wenn man ein neues Engagement bejaht, so viele Aufgaben gar nicht zur Verfügung stehen. Bei den bisher aufgeführten Gesichtspunkten sind soziale Unterschiede zu berücksichtigen. Jedoch ist zu vermuten, dass bei dem Gefühl, unbrauchbar zu sein, soziale Unterschiede in Abhängigkeit von der letzten beruflichen Situation am deutlichsten zu Tage treten. Allerdings spielen andere Faktoren, wie die Nähe zur Familie, das Engagement in Hobbyclubs oder in der Politik u. Ä. eine Rolle.

Einsamkeit: Einsamkeit ist nicht gleich Isolation. Wesentlich für das Erlebnis der Einsamkeit ist, dass man nicht seinesgleichen findet und keinen Gesprächspartner hat. Ein Mensch, der einsam ist, sorgt sich um seine Seele, wobei er aus Gründen der Ablenkung und der Vermeidung totaler Einsamkeit häufig Ärzte aufsuchen mag, die ihm Zeit widmen. Auch bei den kirchlich organisierten Altenhilfen ist darauf zu achten, dass das seelsorgerische Element bei der Begegnung mit der Einsamkeit nicht vernachlässigt und zu Gunsten der Versorgung (z. B. mit Essen und Gesundheitspflege) hintenangestellt wird. In einer von Blume (1968) durchgeführten Untersuchung hat sich ergeben, dass viele Alte behaupten, nicht einsam zu sein, obwohl sie es objektiv sind. In dieser Art des Umgangs mit der Einsamkeit zeigt sich möglicherweise Selbstschutz und Abwehr.

Langeweile, Ziellosigkeit: Häufig ist nicht der Mangel an Arbeit oder Beschäftigung Auslöser für Gefühle von Langeweile und Sinnlosigkeit, sondern der Mangel eines Zieles. Eine gute Möglichkeit, Ziele zu finden, ist dort verwirklicht, wo für Alte Aktivitäten wie Busreisen, Gymnastik, gemeinsames Kaffeetrinken, gemeinsame Diskussionsabende u.Ä. angeboten werden, wobei wichtig ist, die bereits eingeschlichene Langeweile zu diskutieren und nicht durch Programme zuzuschaufeln. Anzumerken ist, das nach BLUMES Befunden organisierte Reisen sehr effektive, in ihrem Strukturierungspotenzial noch lange nicht ausgeschöpfte Angebote sind.

Plötzliche Veränderungen: Desorientiertheit und Verwirrtheit treten weniger auf, wenn der alte Mensch Gelegenheit hat, sich auch in seinen Tätigkeiten, seinen Besuchen und seinen Erlebnissen eine gewisse Routine anzueignen. Es ist günstiger, regelmäßig Besuche zu haben bzw. regelmäßigen Aktivitäten nachzugehen, als plötzliche Aufschwünge. Den gleichen Ausflug mit 14 Tagen Erwartungszeit gemacht, erlebt eine alte Frau wesentlich angenehmer, als wenn er nach einem plötzlichen Entschluss am Abend zuvor erfolgt. Alte Menschen brauchen längere Zeit, sich von einem Ort zum anderen zu bewegen, sich anzukleiden, ihre Sachen zusammen zu haben, sodass plötzliche Ereignisse sie überfordern und in eine gefährdende Hektik hineintreiben.

Komplexität der Anforderungen: Zwei alte Frauen wollen eine Straße überqueren, obwohl die gegenüberliegende Ampel rot zeigt. Deutlich hörbar nähert sich ein Unfallwagen, sodass alle Autos an der Kreuzung anhalten. Es sprechen also zwei Signale, sowohl das Rot der Fußgängerampel als auch das Aufheulen des Martinshornes gegen das Überqueren der Straße, dennoch nehmen die beiden Frauen das Halten aller Autos zum Anlass, auf die Straße zu gehen. Für sie ist diese Situation sicher zu komplex, und die einfache Orientierung, an die sie sich sonst halten, reicht nicht aus.

Angst vor dem Tod: Es ist unwahrscheinlich, dass alte Menschen nur noch leben, um zu sterben. Vielmehr leben sie aus diesem oder jenem Grund oder einfach auch nur so vor sich hin, aber häufig wird das Warten aufs Sterben als Grund für das Leben angegeben. Dieses kann immer als Ausdruck erlebter Sinnlosigkeit oder erlebter Angst verstanden werden. Die älteren Menschen bevorzugen normalerweise, über ihre Angst vor dem Sterben und über ihre Wünsche, wie sie gern sterben möchten, offen zu sprechen. Auch über die Art der Beerdigung, die ja schließlich ihre Beerdigung ist, sollte nicht geschwiegen werden. Häufig beginnen alte Menschen solche Gespräche, die ihre Furcht vor dem Sterben, aber auch ihre Gedanken daran, wie es denn sein wird, beinhalten, und häufig genug wird ihnen mit einer Bemerkung über den Mund gefahren: »Unsinn, du lebst doch mindestens noch zehn Jahre!« (als ob das nicht Unsinn ist). Für den alten Menschen wird die Angst vor dem Tod zunehmend Wirklichkeit, sodass man ihr offen begegnen muss. Die Einstellung zum Tod ist in unserer Gesellschaft diffus. Viele erleben ihn als etwas Grauenvolles, manchmal wird vom Sterben als etwas Stillem, manchmal auch etwas Bewegtem gesprochen. Je nach Einstellung und Erziehung wird man gefasst oder aufgewühlt. Es gibt Todesbilder, die individuell sehr verschieden sind, vor allem, wenn Menschen nicht kirchlich gebunden sind.

Diese Aufzählung will nur die Nachdenklichkeit anregen, und es ist sicher, dass jedem einzelnen Leser, mehr noch den Gruppen, Probleme einfallen, die den alternden Menschen in besonderem Maße betreffen oder beeinträchtigen. Nicht ausführlich benannt sind hier z. B. die soziale Isolation auch durch das Sterben der eigenen Generation, die mangelhafte Wohnsituation, Probleme, die sich durch den Verkehr ergeben, oder auch Schwierigkeiten der Freizeitbedingungen.

Schwierigkeiten bzw. Krankheiten

Zu den häufigsten psychiatrischen Erkrankungen im hohen Lebensalter gehören die Beeinträchtigungen, die mit Hirngefäßleiden einhergehen (s. Kapitel 11). Wesentliche Symptome betreffen die

- **Sprache:** Die Beeinträchtigung kann darin bestehen, dass Wörter nicht richtig artikuliert und benutzt werden können (motorische Aphasie), dass Wörter nicht richtig verstanden werden (sensorische Aphasie). Meist sind beide Bereiche betroffen, jedoch selten vollständig. Beeinträchtigungen der Fähigkeiten zu lesen, zu schreiben und zu rechnen, sind meist Begleitsymptome. Es kann jedoch auch vorkommen, dass Menschen eine komplette motorische Aphasie haben, also nicht mehr sprechen können, sich schriftlich aber ganz gut verständigen können. Es ist in jedem Einzelfall neu zu diskutieren, ob man die Anstrengung auf sich nehmen soll, »Ersatzsprachen« (z. B. über Bewegung) zu trainieren, da die Enttäuschung, trotz der Anstrengung mangels Partner nichts mit der Ersatzsprache anfangen zu können, schlimme Folgen haben kann. Neben der Sprache können Beweglichkeit und Orientierung gestört sein. Räumliche Orientierung kommt in fast allen Alltagshandlungen vor, beim Aufstehen, Anziehen, Haare kämmen, Zähne putzen usw. Wie beim Verlust der Sprache zeigt sich die Beeinträchtigung der räumlichen Orientierung leichter bei Handlungen, die nicht zur Routine eines Menschen gehören. Bei der Auswirkung dieser Störung sind soziale und psychische Faktoren von Bedeutung.
- **Senilität:** Veränderungen sind z. T. irreversibel (nicht mehr rückgängig zu machen). Heute weiß man aber, dass z. B. die Hebung der Gefühlslage und die Besserung der Kooperationswilligkeit Folgen von angemessenem psychischen und sozialen Zugang sind. Zur Senilität gehören als *Symptome*:
  - **a.** Weitgehender Verlust des Gedächtnisses für neue Ereignisse.
  - **b.** Veränderung der Persönlichkeit in den Bereichen Sozialverhalten, Temperament, Beeinflussbarkeit, Selbsteinschätzung. Es kann auch zur Beeinträchtigung der Urteilsfähigkeit kommen.
  - **c.** Emotionale Labilität ist häufig, wobei sie sich äußert einmal in einer Kluft zwischen der gefühlsmäßigen Reaktion und dem auslösenden Reiz. Es besteht die Tendenz, aus keinem sichtbaren Anlass extrem zu lachen oder zu weinen; zum zweiten äußert sie sich in heftigen Stimmungsschwankungen in kürzester Zeit.

d. Es kann ein Sprechzwang auftreten, wobei ununterbrochen gebrabbelt wird, meist wird dieselbe Geschichte oder dasselbe Wort oder derselbe Satz wiederholt.

e. Ruhelosigkeit und der Zwang herumzuwandern sind Ausdruck seniler Erkrankungen, beides tritt periodisch auf und ist nicht andauernd. Es kann jedoch sein, dass der Zwang herumzuwandern einigermaßen kontrolliert ist, die Ruhelosigkeit sich darin äußert, dass der Betreffende ständig an sich herumfummelt, mit den Händen spielt, etwas trinkt oder Gegenstände in der nahe liegenden Umgebung begreift.

f. Auch bei senilen Handlungsweisen können spezielle Störungen wie Sprachstörungen und Störungen der räumlichen Orientierung vorkommen. Es gibt für senile Handlungsweisen nicht eine Ursache, vielmehr sind sie auch als Ausdruck eines psychosomatischen Geschehens zu verstehen, dessen Zusammenhänge nicht geklärt sind.

◎ Wenn man Senile ermutigt, sie in anregende und gefällige Umgebung bringt, alle Anforderungen vereinfacht, sie in Gemeinschaft hält, sie zu Aktivität anregt, ihre körperliche Gesundheit fördert, gleichzeitig Gewohnheiten, z. B. auf die Toilette zu gehen, ausbildet, desto wahrscheinlicher wird eine Besserung des physischen Gesundheitszustandes. Anmerkung zu dem auf die Toilette gehen: Ruhelosigkeit und Umherirren können häufig dazu führen, dass Menschen den ihnen gewohnten Weg zur Toilette nicht finden bzw. die Zeiten falsch einschätzen, sodass sie in die Hose machen. Dies ist allen Menschen äußerst peinlich, sowohl den Betroffenen als den Angehörigen, sodass es meist verheimlicht wird.

BEISPIEL Eine alte Frau stapelte Berge schmutziger Unterhosen, die sie nicht wusch, weil die Angehörigen dann von ihren Missgeschicken erfahren hätten.

◎ **Senile Demenz als Alzheimersche Krankheit**: Hierunter fasst man eine neuropathologisch nachweisbare Veränderung, die mit dem Verlust von Ganglienzellen und der Ausbildung von »Alzheimer-Fibrillen« und »senilen Plaques« einhergeht. Sie wurde 1906 von ALZHEIMER erstmalig beschrieben. Die Alzheimersche Krankheit gehört zu den irreversiblen Veränderungen des Gehirns. Vorsicht: Egal ob reversibel oder nicht: der Umgang ist der Gleiche, es macht keinen Unterschied. Es gibt keine wirklich wirksamen Medikamente. Es sind bisher keine spezifischen Risikofaktoren ermittelt worden. Eine ursächliche Therapie oder eine wirksame Prävention gibt es (bisher) nicht. Die Behandlung von Begleitsymptomen, Erregung, Schlafstörung, Aggressivität z. B., ist hilfreich – auch die bereits angedeuteten Verhaltensübungen. Bei der Behandlung und Pflege ist zu bedenken, dass an seniler Demenz erkrankte Menschen bestimmte Anwendungen – z. B. Operationen – nicht verstehen können. Diskussionen über das ethisch Angemessene unter den Helfenden sind unerlässlich.

◎ **Störung der Beziehung zu Anderen und sich selbst:** Depressiv sein gehört im Alter zu den häufigsten Umgehensweisen mit Schwierigkeiten. Die Klärung des Ausmaßes endogener und reaktiver Beteiligung ist eher belanglos. Die Anlässe, depressiv zu handeln, häufen sich. Eine alte Person, deren Handeln vorwiegend depressiv ist, wird extrem langsam, sie verliert Interesse an fast allem, vor allem an Kontakten mit Menschen und mit der Umwelt. Die Einstellung zu sich selbst ist von größter Wertlosigkeit gekennzeichnet. Die eigene Schuld an vielen kleinen und großen Vorkommnissen gilt als erwiesen. Die Beschäftigung gilt vorrangig der Verdauung. Der Ausdruck geht verloren oder er wird starr. Es ist nicht immer einfach, Personen, die depressiv sind, von solchen, die senil sind, zu unterscheiden. Ein guter Indikator ist das Gedächtnis: bin ich depressiv, so antworte ich langsam, aber richtig. Depressive Handlungsweisen folgen Schockerlebnissen und starker Verzweiflung, häufig dem Tod der Partnerin oder des Partners. Oft schleicht sich eine depressive Haltung allmählich ein. Menschen, die von früher her zu depressivem Handeln neigen, sind bei Anforderungen im Alter leicht depressiv, weil sie diese Art des Umgehens mit Schwierigkeiten gelernt haben. Hat ein alter Mensch den Gedanken, sich umzubringen, so tötet er sich auch eher wirklich als ein jüngerer Mensch. Der Gebrauch von Alkohol, Schmerzmitteln, »Schlafmitteln«, Tranquilizern als Mittel gegen Gefühle der Einsamkeit und Sinnlosigkeit ist häufiger geworden.

- **Paranoide und schizophrene Handlungen:** Jede motorische und sensorische Beeinträchtigung, vor allem die im Bereich des Hörens und Sehens, kann zu paranoider Verarbeitung führen. Wahninhalte beziehen sich meist auf die Situation des alten Menschen (die Familie will ihn umbringen, damit das Erbe angetreten werden kann). Nicht nur sensorische Beeinträchtigungen, sondern auch sensorische Deprivation (wie soziale Isolation, wenn die durchschnittlich gebrauchte Anregung unter ein subjektiv tolerierbares Maß sinkt) kann zu paranoidem Handeln führen.

BEISPIEL für das Zusammenspiel organischer, seelischer und sozialer Bedingungen: Ein alter Mensch begegnet seiner Merkschwäche (er hat die Geldtasche verlegt), die er nicht wahrhaben mag, mit der Äußerung: »Ich verlege nie etwas!« (Scham-Abwehr der Angst vor Verlust der eigenen Fähigkeiten). Aber eine Erklärung für die verschwundene Geldtasche muss her. Also: »Da ich die Geldtasche nicht verlegt habe und auch nicht weggenommen habe, muss jemand anderes in der Wohnung gewesen sein!« (paranoide Umdeutung und Abwehr). Er sucht Beweise und findet sie: z. B. um das Schlüsselloch der Wohnungstür von außen herum sind Kratzspuren (bedingt durch die eigene Zitterigkeit). Er weiß auch, wer es war: junge Leute, die unter ihm wohnen und ihn durch »sexuelle Orgien« sowieso stören (Abwehr selbst-verbotener sexueller Wünsche). Eventuell wird er sich an ihnen rächen, z. B. durch Klopfen auf den Fußboden oder indem er mit Nachbarn über sie herzieht. – Akute schizophrene Erkrankungen gibt es im Alter so gut wie überhaupt nicht; allerdings können alte Menschen, die früher zu schizophrenen Handlungsweisen geneigt haben, bei Nachlassen der sozialen Kontrolle im Alter wieder ihre schizophrenen Züge und Anteile mit gedanklicher Verworrenheit, sprachlicher Zerfahrenheit und abstrusen Gedanken (Paraphrenie) verstärken.

C Die Begegnung

Mitleid ist nicht das Gefühl, das man sich selbst als alter Mensch wünscht. Denn schließlich hat man ja gelebt, ist 60, 70, 80 Jahre alt geworden und dann Mitleid: das kann nur noch zur Verbitterung beitragen. Unterschied zwischen den Generationen ist nicht zu leugnen, von keiner Seite. Es ist etwas anderes, jetzt 80 zu sein und jetzt 20 zu sein. Anerkennung des unaufhebbaren Generationsunterschiedes führt zur Auseinandersetzung und damit zum Verständnis. Wenn ich nicht alt bin, kenne ich Altsein nur aus der Fremdwahrnehmung, aber Altwerden aus der Selbstwahrnehmung; denn wir alle sind ständig für etwas alt genug oder zu alt.

BEISPIEL In eine Klinik wird eine alte Frau gebracht, fast steif, zerzaust und verschmutzt, Unverständliches brabbelnd. Sie war wimmernd unter ihrem Bett gefunden worden, nicht mehr ansprechbar, kaum noch auf Reize reagierend. Nachdem sie gewaschen war, sollte sie ins Bett gelegt werden, was sich wegen der anhaltenden Steife nur schwer machen ließ. Folgender Dialog entspann sich zwischen zwei Pflegekräften:

P 1: Mensch, lass die doch einfach liegen.

P 2: Ich weiß nicht, die tut mir leid, wahrscheinlich war sie völlig isoliert.

P 1: Da brauchst du auch nicht gleich unters Bett zu kriechen und zu verkommen, also mir passiert das bestimmt nicht.

P 2: Stell dir vor, du bist über Wochen allein, da wirst du doch ängstlich, vielleicht konnte sie auch nicht mehr die Treppen runtergehen, um sich was zu essen zu holen.

P 1: Hätte ja auch telefonieren können.

P 2: Ich kann mir vorstellen, dass man irgendwann das Telefon auch nicht mehr benutzt. Es muss doch furchtbar sein, gleichzeitig ganz allein sein zu müssen und immer, wenn du mit jemandem sprechen willst, ist es, um Hilfe zu bitten, das macht doch krank.

P 1: Ich würde eben rechtzeitig in ein Altersheim oder Altenpflegeheim gehen, da kann so was nicht passieren.

P 1: Trotzdem können wir hier nichts machen. Die liegt so ganz gut, muss Medikamente kriegen oder ’ne Sonde.

P 2: Ich weiß nicht, wenn die wirklich so lange unterm Bett gelegen hat, vielleicht tut es ihr gut, wenn wir sie massieren oder streicheln und ihr was zu trinken geben.

P 1: Igitt, mir graut vor alter Haut, ich stell mir das entsetzlich vor, wenn ich die kriege. Kann ich nicht anfassen.

■ Selbstwahrnehmung

Was fühle und empfinde ich, wenn ich es mit alten Menschen zu tun habe? Wie verwandelt sich meine Ungeduld? Wie möchte ich nicht sein, wenn ich alt sein werde? Was denke ich, wann ist jemand »normal« alt und wann muss ich jemand in die Psychiatrie einweisen?

Wichtig: Wie oft beim Lesen der Fragen taucht die Neigung zu leugnen, zum Verwerfen, zum »Ich-doch-nicht« auf. Wenn Alter etwas mit Isolation zu tun hat und Isolation etwas mit psychiatrischer Symptomatik, wenn in Altersheimen neben Hospitalismus auch andere Fehlhandlungen auftreten und wenn Kontaktdichte zwischen Alten und Jungen einer Familie etwas mit psychischer Gesundheit zu tun hat: wie denke ich, dass meine Eltern altern sollen und wie will ich selbst altern (ganz ehrlich, ohne falsches Idyll). Dürfen Alte zärtlich, sexuell bedürftig, sehnsüchtig, albern sein oder sind solche Gefühle Grund für Entmündigung bis zur rechtlichen Betreuung? Und einfacher: mit wie viel Alten habe ich Kontakt, war ich schon einmal in einem Altersheim, kenne ich Alte, die in psychiatrischen Einrichtungen sind? Sind sie da, weil sie alt sind oder weil sie krank sind, oder ist das schwer auseinander zu halten? Wenn ein alter Mensch mich auf der Straße anguckt, was empfinde ich?
Ich empfinde Neugier darauf, was dieser Mensch alles erlebt hat, ich bin ungeduldig, wenn er zu lang, zu umständlich erzählt, ich bin froh, wenn er selbstständig ist, es ist schwer, ein Gleichgewicht zwischen tun und tunlassen zu finden, es ist interessant, das ganze Leben eines Menschen wahrzunehmen. Ich empfinde Angst bei der Vorstellung meines Alters, Angst vor Abhängigkeit und Hinfälligkeit. Ich weiß nicht, wovon es abhängt, ob man gesund bleibt, ich kann den Zufall nur schwer akzeptieren. Der Widerstand, die Empörung dagegen, dass jemand, der ein gutes Leben geführt hat, siech und elend verkümmert, ist gegen niemanden, vor allem nicht gegen die alte Person zu richten. Die Zuneigung, die der gesunden Person galt, ist zu bewahren.
Wie gehe ich damit um, dass alte Menschen meist als Notfall in die Psychiatrie kommen? Meist lassen wir uns mit den Alten Zeit, obwohl wir wissen, dass ein Hinauszögern oder eine Verschiebung des Kontaktes eine Normalisierung der Beziehung unmöglich machen kann. Und noch ein anderer Aspekt der Zeit: die meisten von uns, nicht nur die Nervenärzte, haben einen ziemlich genauen Zeitplan, der mit den gewöhnlichen Mittelschichterwachsenen klappt. Der alte Mensch braucht mehr Zeit. Die Gefahr besteht also: ich diagnostiziere Verlangsamung; die Selbstdiagnose wäre aber: ich habe nicht so viel Zeit, wie dieser Mensch braucht, oder: wenn der alte Mensch etwas von mir will, muss er wieder die Abhängigkeit lernen. Probleme der Zeit und der Abhängigkeit können in den psychiatrisch Handelnden Unwillen und Aggressivität hervorrufen. Wie gehe ich damit um? Auch können der Auftrag, eine möglichst genaue Anamnese zu erheben, und das Gedächtnis des alten Partners im Widerspruch stehen. Dann auch die Frage der Motivation: selten wird ein alter Patient von sich sagen, er habe emotionale Probleme. Wahrscheinlicher ist, dass er jemanden sucht, von dem er denkt, dass er ihn versteht. Wie gehe ich damit um, dass es häufig schwer ist, die unmittelbaren Gefühlsausbrüche von älteren Menschen anzunehmen? Das ständige Hin und Her auf dem Kontinuum Nähe und Distanz kann zu einem Problem zwischen mir und dem alten Menschen werden. Ist für den alten Menschen die Zukunft weniger wichtig als die Gegenwart?
Zumindest wird Zukunft für ihn etwas anderes, als für einen jungen Menschen bedeuten.

Dies muss bei der Bewältigung aktueller Krisen berücksichtigt werden, weil der Lebenshorizont alter Menschen nicht mehr das Ausmaß an Freiheit und Möglichkeiten bietet, den wir Helfende bei den zu lösenden Aufgaben für uns beanspruchen.
Wichtig ist auch, dass ich meine Geduld und meine Ungeduld dort kennen lerne, wo ich dafür verantwortlich bin, alte Menschen vor den moralischen Urteilen der Umgebung zu schützen, aber auch, wo ich dafür verantwortlich bin, Rede und Antwort zu stehen, was in einem Leben fehlt. Ist es wirklich wert, jetzt das Rauchen aufzugeben oder das Trinken? Ist es wirklich wert, sich neue Aufgaben zu suchen? Ist es wirklich wert, neue Selbstkontrolle aufzubauen? Wie will man das entscheiden?
Die Gefahr liegt darin, dass man dem Alten das antwortet, von dem man denkt, dass er es gerne hören will, dass man sich nicht auf ihn einlässt, es nicht auf eine Beziehung ankommen lässt, sondern eher eine autoritäre Beziehung herstellt. Was bewerte ich im Umgang mit dem alten Menschen als Erfolg? Wie groß muss die für den psychiatrisch Tätigen sowieso notwendige Frustrationstoleranz im Umgang mit alten Patienten sein, wo immer wieder Stellung zu nehmen ist zu Unfähigkeit, Tod, Verlust, Abbau? Wie stehe ich selbst da, wenn ich genau weiß, wie schmerzlich es ist, Bindungen aufzugeben und dennoch vermitteln zu sollen, dass diese Loslösung (Disengagement) notwendig ist. Neben anderen ist folgende Frage wichtig: Wie können Menschen, die aufgrund der eigenen Lebensentwicklung noch gar nicht richtig im Leben drin sind, sich mit Menschen beschäftigen, die viel mit Abschied, Tod, Trennung, Lösung zu tun haben?

■ Vollständigkeit der Wahrnehmung

Die alten Menschen müssen viel Aggression und Gewalt aushalten. Darüber hinaus befürchten sie häufig, Opfer von Gewalttaten zu werden. Das verstärkt ihre Angst und ihre Abkapselung. Oft werden die Urteile, die alte Menschen haben, aggressiv als Vorurteile bekämpft, ohne dass man sich um die Erfahrungen, die ein Leben währen, kümmert. Aber gerade das Ertragen aller Erfahrungen, die ein Mensch gemacht hat, auch wenn sie mir gegen den Strich gehen, führt zur Vollständigkeit der Wahrnehmung. Alte Menschen wünschen dauerhafte, vorhersagbare und kontinuierliche Beziehungen. Es ist eine der Erfahrungen, dass sie vor ihrem Tod am ehesten hin- und hergeschoben werden. Ihre Bitte um Anhänglichkeit wird oft als Klammern verstanden. Gelegentlich ist auch nur noch Abwehr und Aufbegehren zu spüren.
Wir dürfen nicht verleugnen, dass in den Beziehungen zu alten Menschen mehr Gewalt auftaucht als sonst – vor allem in den helfenden, sowohl privat wie öffentlich. Die Wut, die narzisstische Kränkung, die Abwehr, die Angst, der Ekel, die Leugnung der eigenen Werdens-Möglichkeiten müssen bedacht werden.

ÜBUNG Jeder sollte jetzt mutwillig und absichtlich im Café, auf der Bank, im Zug, in der Rathauskantine – wo die alten Menschen zu treffen sind – ein Gespräch mit einem alten Menschen herbeiführen und versuchen, etwas von dessen Altern mitzubekommen.

Dies Treffen ist sowohl für die Selbstwahrnehmung als für die Vollständigkeit der Wahrnehmung auszuwerten.

■ Normalisierung der Beziehung

Alt zu sein, ist für die psychische Gesundheit riskant, nicht so sehr jedoch, weil man alt ist, sondern weil man mit mehr Problemen zu tun hat, die man auch in der Jugend nicht gut verkraftet hätte. Es soll noch einmal das Beispiel von vorhin aufgegriffen werden:

Beispiel Bei der alten Frau begann sich nach einer Weile nicht nur der Massageeffekt im Sinne besserer Durchblutung durchzusetzen, sie wurde auch zunehmend entspannter, konnte sich ohne weitere Medikamente ruhig und behaglich im Bett einrichten und konnte nach anfänglichen Schwierigkeiten auf die Frage: »Ist es Ihnen lieber, ich füttere Sie, oder wollen Sie selbst essen?« eine Suppe selbstständig mit einem Röhrchen einnehmen. Für den weiteren Aufenthalt in der Klinik, der nur ein paar Tage dauerte, war wichtig, dass sie nicht »die Alte« oder »das Omchen«, sondern Frau W. war. Es war ihr peinlich, unter den beschriebenen Umständen in die Klinik gekommen zu sein. Sie war lange allein gewesen, hatte allmählich den Überblick über die Wochentage und die Tageszeit verloren, obwohl sie gewissenhaft das Kalenderblatt jeden Tag abriss. Sie war dann eines morgens aufgewacht mit Hunger, ohne etwas zu essen im Hause zu haben und sich zu schwach fühlend, rauszugehen. So hatte sie begonnen, jeden Winkel der Wohnung nach etwas Essbarem abzusuchen. Da sie häufig im Bett aß, hatte sie die Hoffnung gehabt, unter dem Bett ein Stück Brot, Schokolade oder Ähnliches zu finden. Dabei muss sie einen Schwächeanfall erlitten haben. An mehr konnte sie sich nicht mehr erinnern. 13
Sie fühlte sich nach ihren eigenen Angaben in der Klinik nicht entwürdigt, sondern verstanden. Auch spürte sie, dass die Menschen sie nicht bemitleideten, sondern sie in ihren Handlungsweisen zu verstehen versuchten. Das trug dazu bei, dass sie selbst das Ungeheuerliche der Situation und ihre Scham besser ertrug. Bedeutsam für sie war: dass man sie nicht zum Fall machte; dass man sich für ihre Wünsche und Bedürfnisse (z. B. Fernsehen, Baden, Frisieren, nicht im Flügelhemd auf den Flur zu müssen) interessierte; dass sie spürte, wie die Höflichkeit aufrecht erhalten wurde; dass man ihr keinen Vorwurf machte und auch nicht einfach nur sagte, sie sei jetzt senil, sondern ihr half zu verstehen, was geschehen war; dass man sie nicht noch mehr isolierte, sodass ihr »kalt« wurde, sondern dass sie »Wärme« spürte; dass man ihr nicht mit der Vorstellung begegnete, nun endgültig in Pflege zu müssen; dass man ihr das Gefühl gegeben hat, es lohnt sich noch: sie hatte zwar keine Angst vor dem Sterben, jedoch hätte sie bei dem Eindruck, es lohne sich nicht mehr, die Anstrengung der Gesundung gescheut; dass sie sich ernst genommen fühlte darin, dass man sie auch in ihren Sorgen und »Pusseligkeiten« zu verstehen versuchte und sie nicht abtat. Für sie war entscheidend, dass man ihr als Mensch begegnete, der seine besonderen Schwierigkeiten hat und nicht als seniler Frau, um die man sich nicht besonders zu kümmern brauchte.

D Handeln

■ Angehörige

Die Angehörigen psychisch kranker alter Menschen erschrecken oft besonders stark, wenn ein ihnen vertrauter Mensch plötzlich verwirrt ist oder sich verfolgt und bedroht fühlt. Egal, ob sie dem schwächer werdenden alten Angehörigen gegenüber sowieso schon Distanz haben, oder ob eine vertrauensvolle Beziehung besteht, es wird auf jeden Fall darauf ankommen, dass die Angehörigen sich von Schuld freisprechen können. Erst, wenn sie dazu Gelegenheit gehabt haben und so auch die Bindungen zu ihren alten Angehörigen überprüfen können, können sie frei handeln. Oft ist es schwer, die jahrelange, inzwischen festgefahrene Eltern-Kind-Beziehung in eine ruhige und distanziertere und wohlmeinende Beziehung zu wandeln, ist dies auch im günstigsten Fall immer mit einer Umkehrung des alten Verantwortungs- und Autoritätsverhältnisses verbunden.

1. BEISPIEL Die Tochter einer alten, gebrechlichen und verwirrten Frau, die eigentlich gern helfen und unterstützen wollte, dass ihre Mutter nicht in ein Heim käme, war immer noch gekränkt durch die Ablehnung, die sie in der Kindheit von der Mutter erfahren hatte. So nutzte sie jedes Treffen, sich doch noch zu rechtfertigen, um noch späte Anerkennung von der Mutter zu erhalten. Das brachte die beiden regelmäßig in Streit, die Mutter in emotionale Erregung, sodass sie nach dem Weggehen der Tochter noch verwirrter war. Die Tochter, die dies erkannte, entwickelte nun Schuldgefühle der »armen, kranken« Mutter gegenüber, und sie bemühte sich, den Wunsch nach Rechtfertigung zu unterdrücken. Das gelang nicht. Erst als die Tochter mit dem Sozialarbeiter und dann in einer Angehörigengruppe ihre Beziehung wahrnehmen konnte, wurde ihr klar, dass sie die Mutter in ihrem Haushalt nicht haben wollte. Sie fühlte sich jedoch in der Lage, die Mutter oft zu besuchen und sie zu Besuch zu haben. Entsprechend wurde ein betreuter Wohnplatz in der Nähe der Wohnung der Tochter gesucht.

2. BEISPIEL Der Vater eines Mannes wurde paranoid, und die Mutter, die sich nicht gewachsen und durch ihren Mann bedroht fühlte, rief den Sohn um Hilfe. Da dieser mit seiner Familie in einer anderen Stadt wohnte, verstrickte er sich in tiefe Schuld. Er war so erzogen worden, den Eltern in schwierigen Situationen auf jeden Fall beizustehen. Das brachte ihn dazu zu denken, er müsse seine Familie, die ja auch ohne ihn leben könne, verlassen, um den Eltern zu helfen. Er konnte sich in einer Eheberatungsstelle von der Schuld freisprechen, und es konnte eine Lösung gefunden werden. Die Eltern übersiedelten in die Stadt, in der die jüngere Generation wohnte, sie zogen in eine Wohnung »in der Nähe«, wo der Vater auch ambulant psychiatrisch betreut werden konnte.

Obwohl in den letzten Jahren die Situation der alten Menschen bewusster wahrgenommen wird, und obwohl immer wieder der soziale Rückzug der alten Menschen als eine wesentliche Bedingung ihres Leids benannt wird, versäumen es psychiatrisch Tätige immer wieder, nicht nur nach leiblichen Angehörigen zu fahnden, sondern auch nach Menschen, die sich in den Lebenswelten der alten Menschen angehörig fühlen. Die Einsamkeit wird leicht als etwas Selbstverständliches genommen. Es gibt jedoch Beispiele, wo sogar über den Tod von alten Menschen hinaus Nachbarn sich angehörig fühlen und die Gräber von Verstorbenen betreuen, weil sonst niemand da ist. Die Erfahrung, dass sie mit zu Beerdigungen gehen, dass sie Hausbesuche machen, nimmt den Alten die Angst, unbemerkt zu sterben und zu verrotten, was bei allein stehenden Alten eine tiefe Angst ist.

Institutionen

Häufig werden gerade in Institutionen alte Menschen entmündigt, zu Kindern gemacht. Nur zu leicht wird der alte Mensch behandelt wie jemand, der nicht weiß, was gut für ihn ist, wie jemand, der noch nie in seinem Leben auch nur eine Schwierigkeit bewältigt hat, wie jemand, dem man nicht zutraut, dass er über sein Wissen, wie er eine Situation angegangen wissen möchte, verfügt. Sowohl im ambulanten wie im stationären Bereich kommt der Pflege ganz besondere Bedeutung zu. Der Arzt muss zwar die somatischen Beschwerden kontrollieren, jedoch ist gerade die Unterstützung der Pflege von sich selbst, der Pflege der unmittelbaren Umgebung und der Pflege der Beziehungen von ganz besonderer Bedeutung. Viele Menschen, die als »Chroniker« die Institutionen füllen, könnten mit pflegerischer Unterstützung und nach geeigneter Anpassung der Wohnung in den eigenen vier Wänden wohnen. Die logische Fortsetzung der Psychiatrieenquete des Bundestages wäre eine Heimenquete.

Wie das gelingt, kann die Umsetzung der Pflegeversicherung zeigen. Die Pflegeversicherung wurde eingerichtet, um das finanzielle Risiko von Pflegebedürfigkeit absichern zu helfen. Die Versicherung zahlt erst nach entsprechender medizinischer Begutachtung. Die Untersuchung wird von den alten Menschen häufig als Prüfungssituation unangenehm erlebt und ist je nach Geschick des Gutachters vielfach mit Schamgefühlen bei den alten Menschen belastet. Deshalb verschweigen alte Menschen oft den auch für sie realen Hilfebedarf. Besonders problematisch und zum Teil zu absurden Ergebnissen führt die Begutachtung psychisch kranker, besonders dementer Menschen, weil die Einstufung nach der Pflegeversicherung stark auf körperliche Defizite ausgerichtet ist und es daher passieren kann, dass hirnorganisch eingeschränkte Menschen ohne fachliche Berücksichtigung der psychischen Verfassung keine Einstufung nach der Pflegeversicherung und damit auch keine finanzielle Unterstützung bei der häuslichen Pflege bekommen. Es ist deshalb sinnvoll, und regelmäßig zu fordern, dass der alte Mensch von einer Person seines Vertrauens in der Begutachtungssituation begleitet, gegebenenfalls im Widerspruchsverfahren ein psychiatrisch versierter Gutachter gefordert wird.

Der Mobilität der Menschen kommt eine besondere Bedeutung zu, denn nachweislich unterscheidet sich die Gruppe der Alten, die im Heim bzw. in Institutionen leben, hinsichtlich mangelnder Bewegung von den anderen.

Nach der Berliner Altersstudie (BASE) leben 61,4 Prozent der untersuchten 1219 über 70-jährigen Westberliner/innen alleine, 24,9 Prozent mit einem Partner, 5,3 Prozent mit sonstigen Personen und 8,4 Prozent in Heimen. Dabei ist der Anteil der Frauen unter den

Heimbewohnern doppelt so hoch wie der der der Männer. Je höher die soziale Schicht desto geringer ist der Anteil der Heimbewohner.
Folgende Überlegungen sollten zur Gewohnheit werden: Zur Entscheidung, ob ein alter Mensch in ein psychiatrisches Krankenhaus soll, oder bei der Frage der Heimunterbringung, die besonders häufig während eines Krankenhausaufenthaltes gestellt wird, hat jemand aus dem Krankenhaus in die Wohnung mit dem alten Menschen zu gehen und dort gemeinsam die Entscheidung zu treffen, denn nur dort sind Indikationen bzw. Alternativen zu finden. Immer häufiger findet eine gemeinsame Konferenz mit dem Richter, dem Sozialarbeiter und den Angehörigen zunächst in der Wohnung statt: dies Vorgehen muss Pflicht werden!
Wenn jemand in ein psychiatrisches Krankenhaus kommt, können zur Entinstitutionalisierung unterschiedliche Wege gegangen werden. Einer wird von Erwin Böhm (2002), einem Wiener Pfleger, beschrieben: vom PKH aus kann der alte Mensch seine Wohnung und seine Umwelt, sein Ökosystem zurückerobern. Als Übergangspflege wird er von einem Mitglied des Pflegepersonals begleitet. Aufgabe dieser Person ist vor allem, da zu sein, nicht einzugreifen, zwar beizustehen, aber nichts zu tun, wenn dem alten Mann der Wohnungsschlüssel hinfällt, wenn er mehrmals die Treppen steigt, um sich zu versorgen usw. (Ein anderer Weg wird z. B. in Bielefeld von den Mitgliedern des »Vereins freie Altenhilfe« gegangen. Dort werden Hilfsangebote jeder Art durch junge Leute gemacht, mit dem Ziel, dass der alte Mensch zu Hause sterben kann, nicht ins Heim muss. Die Hilfen werden pro Stunde bezahlt, entweder selbst oder von der Krankenkasse oder über die Sozialhilfe [BSHG §§68, 69], wodurch die Jungen zugleich sich ihren Arbeitsplatz schaffen.)
Sozialstationen sind auch ein Weg, besonders wenn die Mitarbeiter durch praxisbegleitende Qualifizierung geschult werden, mit den Folgen von Verwirrtheit im Alltag umzugehen, wie es seit Jahren im Rahmen eines Kooperationsvertrages zwischen dem SpD Berlin-Reinickendorf und den frei-gemeinnützigen Trägern der Sozialstationen geschieht. Positiv wirkt sich die Mitarbeit von Pflegekräften in Kontakt- und Beratungsstellen aus. Von dort aus können nicht nur Gruppen organisiert und Hausbesuche gemacht werden, sondern Kontakte gepflegt werden bis in Pflegeheime hinein. So kann man die, die in solchen Heimen arbeiten, unterstützen, nicht stumpf zu werden. Gerade im Bereich der Pflege hat sich die individuelle Verantwortung für einen einzelnen Patienten (Bezugspflege) als günstig erwiesen.
Im Umgang mit alten Menschen werden wir an unsere Grenzen des Handelns geführt, und wir finden uns der Herausforderung gegenüber, uns Originalität bei der Bewältigung von Lebensproblemen zu gestatten, den Alten aus sich heraus zu verstehen, mutig zu sein, auch gegen Sitte und Anstand und gegen mögliche Erwartungen von Angehörigen und Berufskollegen zu verstoßen. Anzustreben ist die Verwirklichung gerontopsychiatrischer Zentren, die als Motor der Wahrnehmung der Belange der Alten in jeweiligen Bezirken arbeiten können (z. B. Gütersloh, Münster).

BEISPIEL Eine Frau, die lange allein gelebt hat, möchte noch einmal eine Beziehung eingehen, wobei ihr die Vorstellung von intimen Kontakten und körperlicher Zärtlichkeit – sie ist 70 – Konflikte bereitet. Einerseits möchte sie keine Zweckgemeinschaft, andererseits stehen ihr Schamgefühle im Weg. Da sie ihrer stark erlebten Einsamkeit wegen schon mit erheblichen Störungen und neuerlich mit einem Suizidversuch mehrfach zur Beratung war, wird jetzt mit ihr erarbeitet, wie sie ausprobieren kann, welche Art von Partnerbeziehung ihr möglich ist. Es wird vereinbart, dass sie – wie in früheren Jahren – versucht, mit einem Mann Zeit zu verbringen, später in Urlaub zu fahren und zu sehen, was sie dabei empfindet, wenn sie sich nahe kommen. Die auftauchenden Gefühle sind Inhalt der therapeutischen Begegnung.

Im Umgang mit Alten wird Hoffnungslosigkeit häufig dadurch bestärkt, dass ich denke: so jemandem kann man keine Hoffnungen mehr machen. Die Antwort lautet: Ich tue es gar nicht, ich nehme die Wünsche des alten Menschen ernst und suche in seiner Wirklichkeit nach Lösungen, von denen Verzicht eine mögliche ist, aber auch nur eine.
Die Berliner Alterstudie ergab übrigens, dass das Selbstbild heute über 70-jähriger gar nicht so negativ ist: positive Selbstbewertungen waren doppelt so häufig wie negative (Mayer/Baltes 1999, S. 231).

BEISPIEL Alte Menschen kommen (bisher) selten mit Partnerproblemen zur Beratung, obwohl Störungen der Partnerbeziehung krankes Handeln des Einzelnen bedingen. Einem seit fünf Jahren nicht mehr berufstätigen Ehepaar war es nicht gelungen, nach der Berentung die Frage der Distanz und der Nähe neu zu bestimmen. Früher hatte jeder seinen Beruf, Freizeit verbrachten sie zusammen. Nach der Berufszeit fiel die Möglichkeit, eigene Wege zu gehen, deswegen weg, weil man sich geschworen hatte, die Zeit gemeinsam zu verleben: beide waren betroffen zu sehen, dass sie durch das Sich-gegenseitig-Beschränken krank geworden und nun im Streit darüber waren, wer wen pflegen musste. Es wurde vereinbart, dass sie beide tagsüber unterschiedlichen Aktivitäten nachgehen sollten, in dem Rahmen, den sie sich zutrauten. Die Frau besuchte eine Tagesklinik für Alte, der Mann baute Kontakte zu einer Gruppe auf, in der frühere Berufskollegen schon waren.

Oft sind die Widerstände, auf die wir stoßen, eine so feste Mischung von subjektiven und objektiven Gründen, dass Lösungen Kompromisse sein müssen.

BEISPIEL Es bricht ein Mann zusammen, unmittelbar nachdem er seine zusammengebrochene Frau gefunden hat, weil er denkt, dass sie gestorben sei. Selbst als er später erfährt, dass sie noch lebt, handelt er, als wäre sie tot. Er freut sich nicht, ist nicht erleichtert, besucht sie nicht, sondern benimmt sich »komisch«, realitätsfern, desorientiert, ist voll Verzweiflung und Trauer. Innerlich hat er den Moment der endgültigen Trennung von der Frau sehr befürchtet, und so war es für ihn »klar«, dass der Moment, in dem er sie wie leblos daliegen sah, der Moment der Trennung war. In dieser Situation kann es für den Mann nicht die richtige Lösung sein, überredet zu werden, seine Frau zu besuchen, sondern es kommt darauf an, ihm Zeit zu lassen, ihn gegen die Anforderung der Verwandten, doch die Frau zu besuchen, zu schützen, ihm zu ermöglichen, seine Gefühle der Traurigkeit und der Verzweiflung anzunehmen als etwas, was selbst, wenn es jetzt nicht Wirklichkeit ist, in unmittelbarer Zukunft Wirklichkeit werden kann.

Autonomiebedürfnis und Selbstmedikation

Da viele Alte ihre Beschwerden und Probleme verheimlichen wollen, ist es bei Gesprächen – und vor allem in Zusammenhang mit Medikamentenvergabe – unerlässlich, auf so genannte »kommerzielle Selbsthilfe« zu sprechen zu kommen, die darin besteht, dass von der Industrie angebotene Produkte gegen Altern, für die Hirndurchblutung, für stabilen Kreislauf, gegen Verkalkung, gegen Verdauungsbeschwerden usw. eingenommen werden. Die Aussage, dass jemand »keine« Medikamente nehme, ist insofern richtig, als diese freiverkäuflichen pharmazeutischen Produkte nicht vom Arzt verordnet sind, also nicht als »Medikamente« definiert werden. Daher müssen die Gewohnheiten angesprochen und Alternativen diskutiert werden. Verdauungsfördernde Präparate bei absoluter Bewegungshemmung oder durchblutungsfördernde Tropfen bei gleichzeitiger Reizarmut in der Umgebung führen zu Mehreinnahme desselben. Ähnliche Gespräche müssen über Schlaf- und Essgewohnheiten geführt werden. Häufig kommen alte Menschen mit Klagen über Schlaflosigkeit, wobei es eine Rolle spielt, dass alte Menschen im Durchschnitt weniger Schlaf brauchen und außerdem tagsüber häufiger ein Nickerchen machen. Dennoch bringen leichte Schwankungen des Schlafs den Menschen oft so durcheinander, dass er sich als leidend und krank oder alt erlebt. Hier »Schlafmittel« zu verordnen, ist fahrlässig; vielmehr gilt es, die Schlafgewohnheiten zu betrachten und möglicherweise neu zu strukturieren. Viele Beschwerden, auch psychische, hängen mit einem dem Alter nicht gemäßen Essen zusammen. Die Essgewohnheiten können so entgleiten, dass Verdauungsstörungen die Folge sind. Es ist nicht nur wichtig, das Ende einer möglichen Kette zu betrachten, sondern nach dem Anfang zu suchen und mögliche Änderungen der Handlungsweisen herbeizuführen.

Ich habe mich hier auf Dispute einzulassen, nicht locker zu lassen und nicht gleichgültig zu sein. Die Richtung soll sein: Ich nehme dem alten Menschen nicht das Alter, nicht die Gebrechen, nicht das Sterben weg, sondern ich stelle mich dem, helfe ihm dabei, das Maß der Verleugnung so gering wie möglich zu halten.

E Epidemiologie und Prävention

Verbreitung

Es gibt immer noch wenig epidemiologische Untersuchungen über psychiatrische Erkrankungen im Alter, für die Demenz.

1999 ist die schon mehrfach erwähnte Berliner Altersstudie erschienen, die die Lebenssituation von 1219 (West)Berliner/innen über 70 nach sozialen, wirtschaftlichen und medizinischen Kriterien sehr umfassend beschreibt. Die Studie ist das Ergebnis einer interdisziplinär arbeitenden Gruppe der Berlin-Brandenburgischen Akademie der Wissenschaften. Ihr methodologischer Ansatz erscheint uns beispielhaft und in seiner Breite einzigartig. Sie be-

zieht sich aber auf Menschen, die den größten Teil ihres Lebens in einer Großstadt mit einer besonderen politischen Situation verbracht haben. Schon der Vergleich mit alten Menschen aus dem Ostteil der Stadt wäre außerordentlich interessant und wünschenswert.
Es interessieren uns das Auftauchen und die Zusammenhänge psychischer Probleme. Fragen sind z. B.: Welche alten Menschen kommen eher mit psychiatrischen Institutionen in Kontakt, welchen Einfluss hat das Alter auf das Erscheinen in der Psychiatrie, wie viele alte Menschen werden ambulant versorgt, wie viele stehen in stationärer Behandlung?
Vereinzelt vorkommende epidemiologische Untersuchungen lassen sich schwer vergleichen, da sie sich auf unterschiedliche Fragen beziehen oder unterschiedliche diagnostische Kategorien benutzen. Immerhin ist die Aussage gültig, dass etwa ein Viertel der Menschen über 65 nicht unerhebliche psychische Probleme haben. Diese nehmen mit dem Alter zu. Aber – wie in anderen Lebensaltern auch – das führt nicht unbedingt in psychiatrische Behandlung. Gerade bei alten Menschen, die oft an mehreren Krankheiten gleichzeitig leiden (Multimorbidität), werden viele psychische Leiden von den Internisten mitbehandelt.

■ Bedingungen

Wir wissen, dass Verwitwung in eine psychische Krise führen kann. Frauen, die über 65 ihre Männer verlieren und nicht unmittelbar Rückhalt in der Familie haben, werden deshalb manchmal krank. Zumindest über das Aufgeben der Berufstätigkeit gibt es eindeutige Aussagen: Rentenschock und Pensionierungstod sind zwei Schlagwörter, die die Situation kennzeichnen. Jemand, dem die Arbeit das Wichtigste in seinem Leben war, der die Arbeit mit der Altersgrenze aufgibt und der danach keine neue zeit- und sinnfüllende Tätigkeit finden kann, wird mit größerer Wahrscheinlichkeit psychiatrische Hilfe brauchen. Wenige lernen früh genug mit soviel freier Zeit umzugehen. Entscheidend für den psychiatrisch Tätigen ist das Wissen, dass die Ausgangssituation, d. h. die Situation des 17- bis 25-jährigen, für den 60- bis 80-jährigen von Bedeutung ist: Bildung, Berufsausbildung, Schulabschluss, die Organisation von Freizeit, die Bereitschaft, Bücher zu lesen, sich neuen Situationen zu stellen, die Art und Weise, wie ich das Leben anpacke, auch die körperliche und psychische Gesundheit mit allen sozialen Verknüpfungen lassen bereits darauf schließen, wie jemand sich zu einem alten Menschen sozialisiert. Gebildete und Leute mit höherem Sozialstatus werden mit den Problemen des Alterns leichter fertig, möglicherweise, weil sie sich früher schon gedanklich mit den Aufgaben des Alters auseinander gesetzt haben. Sicher aber auch, wie unterschiedliche Untersuchungen zeigen, weil sie die Hilfsquellen besser beanspruchen können. So zeigt sich für die alten Menschen, was HOLLINGSHEAD und REDLICH mit ihrer Untersuchung allgemein festgestellt haben: dass alte Menschen mit höherem Sozialstatus bei geringeren psychischen Problemen früher ambulante psychiatrische Hilfe in Anspruch nehmen, während alte Menschen mit niedrigerem Sozialstatus mit schweren Erkrankungen in höherem Lebensalter in Institutionen landen.

Die Situation ausländischer alter Menschen mit ihren vielfältigen kulturellen Dimensionen ist bisher kaum erforscht. So gilt auch hier, dass im hohen Lebensalter die Erfahrungen der Jugend wichtiger werden. Viele ausländische Bürger haben die Sprache ihres Aufenthaltslandes erst als zweite oder dritte Sprache gelernt und sprachen in ihrer Kindheit häufig eine völlig andere Sprache (z. B. kurdisch). Es kann dann im Alter zum Problem werden, wenn die tradierte Versorgungssituation durch die Familie nicht mehr möglich ist und auf ein türkischsprachiges Pflegeangebot zurückgegriffen werden muss. Dies gilt ähnlich für viele andere ausländische Gruppen. Diese Probleme werden in den nächsten Jahren zunehmen, weil es mittlerweile nicht mehr so wie früher üblich scheint, dass die älteren ausländischen Bürger in ihr Heimatland zurückkehren. Ein deutsch-türkisches Altenheim (wie in Duisburg) ist dabei ein erster Schritt.

Bedeutung

Es besteht die Neigung, psychischen Störungen in den Handlungsweisen des Alters die Bedeutung von Verfall, Desorganisation, Beeinträchtigung des Hirns, Verkalkung und Zerbröckelung zu geben. Heute, wo wir das Alter nicht nur als »Minus« gegenüber dem leistungstüchtigen Erwachsenen messen, sondern wo wir auch die eigenen psychischen Anforderungen und Chancen des Alters berücksichtigen, neigen wir zur Interpretation der Störungen als Vermeidung, nicht Sehen- und nicht Begreifen-Wollen des Alterns, sich wehren, aber auch der Situation ausgeliefert und nicht gewachsen zu sein.
Gerontopsychiatrie sollte nicht nur zu einem Fach für Spezialisten werden, sondern die in der Psychiatrie Tätigen haben über die Ergebnisse der Altersforschung, besonders der alterspsychiatrischen Forschung, orientiert zu sein. Dort wird nicht nur Wissen über Alte erworben, sondern auch Wissen über uns. Eine Anmerkung noch: Es ist bei der Betrachtung des Alters wichtig, die *Natürlichkeit* der biologischen Veränderungen und des Lebensendes gegen die sozialen und psychischen Einschränkungen abzuheben und zu berücksichtigen. Alt zu sein allein, auch mit den Einschränkungen, die dieser Lebensabschnitt mit sich bringt, bedeutet nicht, psychisch krank zu sein.

Prävention

Altern beginnt dann, wenn wir Abschied nehmen müssen von Möglichkeiten. Dies beginnt sehr früh im menschlichen Leben, es wird nur immer akzentuierter, immer notwendiger und immer auswegloser. Wichtig für die Prävention ist es, Jugend zu entmythologisieren, um dem Alternden und den alten Menschen einen Zwang zu nehmen und ein Recht auf Eigenleben zu geben. Gleichzeitig werden damit wieder betulichere und beschaulichere Aktivitäten möglich, die jetzt als »undynamisch« verpönt sind. Das heißt, es kann mehr Möglichkeiten für ein Individuum geben, sich an Tätigkeiten zu binden. Auch auf die

Geselligkeit kann sich das auswirken. Weil Betätigung im Alter auch Lebenszufriedenheit bedeutet, sollten wir noch für alte Menschen angemessene Arbeitsplätze einrichten oder erhalten. Wir sollten die Tendenz unterstützen, die wegführt von der Kleinfamilie und von Familienmitgliedern weniger geografische Mobilität verlangt. Und wir sollten die Architekten ermutigen, Oma- bzw. Großeltern-Wohnungen um die Ecke zu bauen.
Zu verbreitern sind auch Bildungsangebote für alte Menschen, wie z.B. die Studiengänge für Menschen im dritten Lebensalter in Frankfurt/M., Dortmund oder an der Humboldt-Universität in Berlin. Nicht hinreichend ausgenutzt sind die Chancen von Wissens-Börsen (Alte geben ihr Wissen an Junge weiter) oder Oma-Börsen (z.B. in Berlin). Auch die vom Bundesministerium für Wissenschaftliche und Technische Zusammenarbeit geförderte Aussendung von Alten als Berater in die 3. Welt kann Schule machen.
Dem Alter kann man nicht vorbeugen, aber den Schädigungen. Da ist Fantasie gefragt. Wenn nicht sozialpolitisch eine Integration gefördert wird, werden wir die Ausgrenzung fördern und den Verteilungskampf verschärfen. Wir sollten weder alten- noch kinderfeindlich sein!
Grausamste Symptome solcher inhumaner Ausgrenzungen sind nicht zuletzt »Problembewältigungen« oder gar »Endlösungen« eine Art »stille Euthanasie« in Kliniken, Alten- und Pflegeheimen. Vorfälle wie sie in Wuppertal, Wien, Gütersloh und Köln vorkamen, und wie sie sicher auch – wenn eben auch nicht öffentlich gebrandmarkt – in Familien vorkommen. Fortbildung, Professionalität, die Diskussion um die Ethik und den Wert des menschlichen Lebens können hier präventiv sein.

Literatur

Baltes, Paul B., Mittelstrass, J. (Hg.) (1992): Zukunft des Alterns und gesellschaftliche Entwicklung. Akademie der Wissenschaften zu Berlin. Berlin, New York, Walter de Gruyter

Beauvoir, Simone de (2000): Das Alter. Reinbek, Rowohlt

Blume, Otto (1968): Möglichkeiten und Grenzen der Altenhilfe, Tübingen, Mohr

Böhm, Erwin (2000/2002): 1. Ist heute Montag oder Dezember? Erfahrungen mit der Übergangspflege (2002); 2. Verwirrt nicht die Verwirrten. Neue Ansätze geriatrischer Krankenpflege (2002); 3. Alte verstehen – Grundlagen und Praxis der Pflegediagnose (2000). Bonn, Psychiatrie-Verlag. Die drei Bände sind einzeln oder zusammen erhältlich

Gümmer, M., Döring, J. (1994): Im Labyrinth des Vergessens – Hilfen für Altersverwirrte und Alzheimerkranke. Bonn, Psychiatrie-Verlag

Kübler-Ross, Elisabeth (2001): Interviews mit Sterbenden. Stuttgart, Kreuz

Lehr, Ursula (2000): Psychologie des Alterns. Heidelberg, UTB, 9. Aufl.

LEIDINGER, Friedrich; PITTRICH, W.; SPÖHRING, W. (Hg.) (1995): Grauzonen der Psychiatrie – Die gerontopsychiatrische Versorgung auf dem Prüfstand. Bonn, Psychiatrie-Verlag

LESSING, Doris (1997): Das Tagebuch der Jane Somers. München, Heyne

MAYER, Karl Ulrich; BALTES, Paul B. (Hg.) (1999): Die Berliner Altersstudie, Berlin, Akademie Verlag, 2. Auflage

MÜLLER, Christian (1967): Alterspsychiatrie Stuttgart, Thieme

NETZ, Peter (1996): Psychisch kranke alte Menschen und soziale Unterstützung. Frankfurt/M., Mabuse-Verlag

OESTERREICH, Klaus (1981): Psychiatrie des Alterns. Heidelberg, UTB, 2. überarb. Aufl.

REST, Franco (1998): Sterbebeistand, Sterbebegleitung, Sterbegeleit. Stuttgart, Kohlhammer, 3. überarb. Aufl.

SCHACHTNER, Christel (1988): Störfall Alter. Für ein Recht auf Eigen-Sinn. Frankfurt/M., Fischer

SCHWEIDTMANN, Werner (1992): Sterbebegleitung. Stuttgart, Kreuz

SEIBL, Ursula (1995): Sterbebegleitung im Pflegeheim. Heidelberg, Media-Verlag

TEWS, Hans Peter (1971): Soziologie des Alterns. I und II. Heidelberg, UTB

WIESENHÜTTER, Eckard (1995): Blick nach drüben. Selbsterfahrungen im Sterben. Gütersloh, Mohn, 6. Aufl.

14 Spielräume (Ökologie der Fremd- und Selbsthilfe)

A Grundsätze der Spielraumgestaltung für die 2. Reform-Halbzeit

Die psychiatrische Reformbewegung hat – wie jede Bewegung – ihre Halbwertzeit, in der sie ihre ursprüngliche Kraft verbraucht hat. Es begann Mitte der 70er Jahre mit der anklagenden Ist-Beschreibung der menschenunwürdigen Bedingungen für psychisch kranke Bürger. Dagegen wurden die damals utopisch wirkenden Soll-Ziele der Reform gesetzt. Die Spannung zwischen Ist und Soll bewirkte die erstaunliche, auch politisch und öffentlich wirksame Reformkraft, die Begeisterung des Aufbruchs. Indem wir uns an die Arbeit der praktischen Umsetzung machten, wurden wir zwangsläufig pragmatisch. Die Spannung von These und Antithese sollte in die Synthese aufgelöst werden. Ein Teil der Reformziele wurde als unrealistisch aufgegeben, ein anderer verwirklicht. So stehen wir heute in der Gefahr einer ziel- und spannungslosen, pragmatisch erkämpften Synthese, eines synthetischen Breis. Warum Gefahr? Weil jeder Reformprozess sich zur Halbzeit in einem besonders labilen, störanfälligen Zustand befindet: Das alte, wenn auch schlechte Gleichgewicht ist verlassen, das neue, angestrebte Gleichgewicht nicht erreicht. Da Kraft und Begeisterung verbraucht sind, erfolgt wahrscheinlich, wenn wir einfach so weitermachen, der Rückfall auf ein etwas verbessertes Ausgangsniveau, wie die Geschichte lehrt.

Wenn wir das nicht wollen, brauchen wir für die zweite Halbzeit oder für die neue Reform auch neue Utopien, eine neue Spannung zwischen Ist und Soll, die politisch und öffentlich wirksam die erforderliche neue Begeisterung herstellt. Um den Unterschied an einem Beispiel deutlich zu machen: Die alte Reform konnte sich noch durch die quantitative Annäherung an ihre Ziele erfolgreich finden; die neue Reform hingegen muss für qualitative Durchbrüche begeistern – qualitativ einmal im Sinne von Problemlösungen für den je einmaligen Einzelfall im Sinne seines Rechts auf Wohnen und Arbeiten, zum anderen im Sinne einschneidender struktureller Veränderungen, so einschneidend, dass sie die Schmerzgrenze der beteiligten Personen und Träger überschreiten, weil Institutionen, z. B. Heime oder Krankenhäuser, auch wegfallen können. Zum Glück kann die neue Reform auch mit neuen Voraussetzungen beginnen, die die Grundsätze ihrer Spielraumgestaltung und damit ihre Ziele heute bestimmen:

1. Während wir Profis vor 25 Jahren Fürsprecher der Sprachlosen waren, besteht die wichtigste Veränderung darin, dass erst die Angehörigen, dann auch die psychisch Kranken selbst auf kommunaler und auf Bundesebene sich zu Selbsthilfeinitiativen zusammengeschlossen haben und selbst für ihre Interessen kämpfen. Alles muss anders sein, seit die psychiatrische Diskussion somit auf drei grundsätzlich gleichberechtigten Partnern, auf einem Trialog beruht. Eine solche trialogische Psychiatrie muss eine ungleich stärkere politische Glaubwürdigkeit haben. Vorausgesetzt, wir Profis erliegen nicht der Versuchung, unsere Partner zu instrumentalisieren, sondern unsere Rolle neu zu definieren, mehr Assistenten für die Bedürfnisse anderer zu sein, also mehr dienend.
2. Gegenüber der guten alten, eher konservativen Psychiatrie-Enquête von 1975 verbessern

heute die »Empfehlungen der Expertenkommission der Bundesregierung zur Psychiatriereform« von 1988 die Psychiatrie-Personalverordnung von 1990 und die Gesundheitsstrukturgesetze der letzten Jahre unsere Chancen wesentlich, bisher stationäre Anteile unseres Arbeitens immer mehr ambulant zu gestalten.

3. Unsere Erfahrungen seit mehr als 25 Jahren begründen die Hoffnung, dass auch noch der letzte psychisch Kranke in einer eigenen Wohnung leben und einen eigenen Arbeitsplatz haben kann. Das ist erreichbar, und erst dann ist das Ziel »Gemeindepsychiatrie« erfüllt.
4. Auch die andere wesentliche Norm der Psychiatrie-Enquête, die Gleichstellung mit körperlich Kranken, ist erfüllbar, aber erst dann, wenn alle notwendigen Regelleistungen von der Sozialversicherung, also von Krankenkassen und Rehabilitationsträgern, bezahlt werden und nichts mehr für die Sozialhilfe übrig bleibt, wo diese nichts zu suchen hat.
5. Da die neue Reform vor allem aus einschneidenden Strukturveränderungen besteht, haben wir von jetzt an verstärkt dafür zu sorgen, den Politikern die erforderlichen politischen Vorgaben abzuringen. Von diesen sind aber in Zukunft nicht nur die Sozialexperten unsere Partner, sondern – gar nicht mal nur wegen der leeren Kassen – vermehrt die Finanzexperten. Von diesen wiederum weniger die kurzatmigen Betriebswirtschaftler, sondern mehr die Volkswirtschaftler, mit denen wir auszurechnen haben, weshalb es sich lohnt, für die weniger Kranken weniger Geld, dafür für die unbeliebtesten Kranken das meiste Geld auszugeben, weshalb die vervollständigte Psychiatrie-Reform sich langfristig rechnet.
6. All das ist erreichbar, wenn wir in den zukünftigen ambulanten Strukturen bereit sind, nicht wie bisher die Patienten, sondern uns Profis so harten Kontrollen zu unterwerfen, wie sie in der Vergangenheit nur für den stationären Bereich galten. Die Idee der »gemeindepsychiatrischen Pflichtversorgung« und des »gemeindepsychiatrischen Verbundes« kann sich – unter Aufgabe mancher lieb gewordener »Freiheiten« – nur durch ein Netz vertraglicher Vereinbarungen nach dem Motto »Geld gegen Leistung« verwirklichen.
7. Für all dies müssen wir uns freilich auch konzeptuell weiterentwickeln, etwa das eher negative Konzept der Deinstitutionalisierung durch das eher positive Konzept der Community care (2001) ergänzen/ersetzen, was bedeutet, dass die »Sorge« selbst aus den Institutionen der letzten 150 Jahre wieder in die Kommune zurückkehrt, dass die Bürger allgemein sich wieder am Sorgen beteiligen.

B Der selbstheilend-präventive Spielraum der Gemeinde

ÜBUNG Spielen Sie folgende, Sie vielleicht erschreckende Vision im Rollenspiel durch: Sie spielen einen Gemeinderat und haben beschlossen, Ihre Gemeinde zur »psychiatriefreien Zone« zu erklären und sämtliche psychiatrischen Dienste abzuschaffen, verbunden mit dem Verbot, auch nur einen psychisch kranken oder behinderten Menschen nach außerhalb wegzugeben. In der Debatte haben Sie zu beschließen, wer die nun anfallenden Aufgaben übernimmt. Beispiel: Die Polizei übernimmt den mobilen Kriseninterventionsdienst. Die niedergelassenen Ärzte werden wieder Hausärzte, machen nicht nur die medikamentöse Behandlung, sondern auch die Angehörigenarbeit. Die kirchlichen Gemeinden und Pfarrer erweitern ihr seelsorgerisches Angebot auf psychotherapeutische Arbeit. Bürger schließen sich zu Nachbarschaftsgruppen zusammen und übernehmen Einzel- und Familienbetreuungen, gründen einen Club und eine Teestube, bekommen vielleicht Geld dafür. Unternehmerverband und Gewerkschaften tun sich zusammen, um die Begleitung am Arbeitsplatz zu garantieren. Das örtliche Krankenhaus und das Gefängnis teilen sich die stationäre Begleitung. Wohnungsamt, Arbeitsamt und Sozialamt bilden einen Ausschuss, um den Bedürfnissen der chronisch kranken Behinderten gerecht zu werden. – Malen Sie sich aus und diskutieren Sie, welche Auswirkungen dies auf die gesamte Öffentlichkeit und auf das Gemeindeleben hätte.

Wenn Sie dies durchfantasiert und sich von dem Schrecken über den Verlust Ihres Arbeitsplatzes erholt haben, könnte man auf die paradoxe Idee kommen, dass das Experiment der italienischen Psychiatrie nicht deshalb in Schwierigkeiten geraten ist, weil es zu radikal war, sondern weil es nicht radikal genug war, nämlich die Herrschaft der psychiatrisch Tätigen gerettet hat.

Dieses Rollenspiel lässt uns erkennen, wer unsere natürlichen Kooperationspartner im Gemeindespielraum sind, wie wir den sozialen (öffentlichen und privaten) Raum unserer Gemeinde so gestalten, dass möglichst wenige Menschen psychiatriebedürftig werden. Dafür gibt es zahllose Möglichkeiten für jedes Gemeindemitglied, wenn wir nur lernen, mehr in »Gesundheit« als in »Krankheit« zu denken.

BEISPIELE 1. In einer Neubausiedlung wurde durchgesetzt, dass Sitzbänke und öffentliche Toiletten an den Straßen und in den Anlagen installiert wurden. Erst jetzt konnten sich auch alte Menschen frei bewegen: eine Hilfe, um ihrer Isolationsgefahr entgegenzuwirken. – 2. In einem Großbetrieb wurden Beratungsgespräche zwischen den Lehrlingsausbildern und einem Mitglied des SpD (bzw. des Jugendpsychiatrischen Dienstes) vereinbart, was sich günstig auf den Umgang mit den Problemen der Lehrlinge auswirkte. – 3. Der Leiter eines Bezirksamtes wurde zu der Empfehlung ermutigt, dass die Angestellten sämtlicher Dienststellen, die wegen eines

Problems (Psychose, Abhängigkeit, Konflikt) selbst keine Lösung finden, freiwillig zur präventiven Beratung zum SpD des Gesundheitsamtes kommen können. Bis dahin hatte man zugesehen, wie solche Angestellte allmählich dienstunfähig wurden, und sie erst danach dem Gesundheitsamt »gemeldet«.

Exemplarisch zählen wir folgende unmittelbar gemeindewirksamen Aktivitäten auf:

■ Krisendienst

Jede Krise, wenn man noch gar nicht weiß, ob sie psychosozial oder psychiatrisch ist, sollte am Ort ihrer Entstehung aufgesucht und genutzt werden. Denn erst, wenn das nicht reicht, kämen andere, weitergehende Hilfsangebote in Frage. Daher hat jedes Standardversorgungsgebiet (SVG), also jede Stadt und jeder Landkreis einen mobilen, flächendeckenden Krisendienst rund um die Uhr einzurichten. Auch Mosher und Burti beginnen ihr spannendes Gemeindepsychiatrie-Buch mit diesem einfachen Gedanken, der einleuchtet, schon weil man weitergehende Hilfen möglichst sparsam vorhalten möchte. Bei dem rigiden Sozial-Sparkurs der 90er Jahre stimmt es hoffnungsvoll, wie viele städtische und ländliche Kommunen zusätzliches Geld für Krisendienste bewilligt haben, obwohl diese mindestens zu Hälfte von den davon profitierenden Krankenkassen finanziert werden müssten. Aus gutem Grund ist der Krisendienst die vornehmste Forderung der Angehörigen. Am besten ist er übrigens über die jeweilige PSAG zu organisieren, weil dann auch sein anderer Vorteil zum Tragen kommt, dass nämlich Mitarbeiter aller psychosozialer und psychiatrischer Dienste daran teilnehmen und sich dadurch besser kennen lernen. Gelungene Beispiele: Bielefeld, Berlin (Müller 2001).

■ Bürgerinitiativen

Zunächst kann jeder von uns – als Bürger seiner Gemeinde – oder über eine Partei, eine Gewerkschaft, eine Kirchengemeinde, über seinen Betrieb tätig werden. Er kann sich um das Erziehungswesen, um Schulen, Wohnungsbau, Arbeitsverhältnisse, Kinderläden, Nachbarschaftshilfe, Freizeitangebote, Altentagesstätten, Umweltschutz in seiner Gemeinde kümmern. Zudem kann er als Mitglied oder Gründer einer PSAG, eines Hilfs- oder Trägervereins, als Bürger oder als Mitglied eines Gemeindeclubs dazu beitragen, dass Teile des Psychiatrie-Bereichs in das Gemeindeleben »normalisiert« werden. Auch Kliniken und Heime können sich mit der sie tragenden Gemeinde verflechten, z. B. über Bürgerhelfergruppen, Patenschaften, »Tage der offenen Tür« oder Mitbenutzung (Turnhalle, Cafeteria) durch die Bevölkerung. Patienten- und Angehörigen-Selbsthilfegruppen wirken in dieselbe Richtung. Bürger können auch daran verdienen (Aufnahme eines Langzeitpatienten in die Familie gegen Pflegegeld). Ein anderes Beispiel: »Verein freie Altenhilfe Bielefeld«, der gegen Stundenlohn alten Leuten hilft, die dadurch statt im Pflegeheim in ihrer Wohnung leben und sterben können. Oder: In Offenbach pachtet jemand mit Finanzhilfe der Mitarbeiter der psychiatrischen Abteilung des Allgemeinkrankenhauses eine normale Kneipe. Gegenleistung: Patienten dürfen dort allein oder als Gruppe jederzeit sein – die ökologische Durchmischung mit den bisherigen Stammbesuchern der Kneipe gelingt und jeder kommt auf seine Kosten. – Als gesellschaftliche Kraft heißt das »Kommunitarismus«.

■ Gemeindeclubs und Clubs

Sie sollten sich entprofessionalisieren und in Selbstverwaltung der sich überall gründenden Selbsthilfegruppen der »Psychiatrie-Erfahrenen« übergehen – wie in Gütersloh. Schwer gestörte Patienten kommen nur, wenn sie atmosphärisch hinreichend »unter sich« sind. Zweck ist gemeinsame Freizeit- und Lebensgestaltung, gegenseitige Hilfe, Teilhabe am öffentlichen Leben, Arbeit für soziale Ziele.

■ Beratung sozialer Begleiter

Lehrer, Erzieher, Juristen, Lehrlingsausbilder und Werkmeister, Seelsorger, Polizisten, Bewährungshelfer, Sozialarbeiter, Krankenhausärzte und -schwestern usw. gehen täglich mit Menschen in Not um. Sie bedürfen daher der Beratung (Counseling). Zu empfehlen für sie sind z. B. die berufsgemischten und berufsbegleitenden Fortbildungskurse der DGSP.

■ Beratungsstellen, Sozialstationen

Bei Ersteren herrscht in der Bundesrepublik ein Dschungel. Er beginnt mit schulpsychologischen Diensten, Beratungsstellen der Arbeitsämter und Sozialversicherung und endet mit den teils öffentlichen, teils privaten Erziehungs-, Ehe-, Familienberatungsstellen 14
und der Telefonseelsorge noch lange nicht. Hier sind psychosozial Professionelle am Werk. Aber ob sie nun Beratung oder Therapie treiben, ist ein Streit um Worte (Erziehungsberatungsstellen z. B. »dürfen« therapieren). Entspezialisierung ist angesagt: Dezentralisierte Lokalisierung, fachlich vielseitige Teams, die möglichst vielen Bedürfnissen eines kleinen Wohnbereichs entsprechen. Statt Zweierbeziehung mobile Öffnung gegen Familie, Nachbarschaft und Gemeindeöffentlichkeit. Angliederung eines Clubs. Nur so können beratungsmisstrauische Gruppen erreicht werden.
Sozialstationen, die für Pflege, Rehabilitation, präventive Gesundheitsberatung und Gemeindearbeit zuständig sind, haben den hautnahesten Kontakt zur Bevölkerung und öffnen sich daher segensreich zunehmend auch den psychisch Kranken ihres Wohnviertels.

■ Allgemein-Ärzte

Sie gehören zu den gemeindenahesten psychiatrischen Begleitern – oft ohne es zu wissen. 10 Prozent der Bevölkerung gehen jedes Jahr zu ihnen wegen seelischer Schwierigkeiten. Sie – »die Hausärzte« – sind der einzige Teil der Medizin, der noch systematisch familienorientiert auf der Basis eines oft großen Vertrauens und mobil (Hausbesuche!) arbeitet. Daher können sie den körperlichen, seelischen und sozialen Bedingungen einer Familie gleich große Aufmerksamkeit widmen. Mit Hilfe unserer bei einiger Übung zeitsparenden Grundhaltung ist entscheidbar, wann eine Störung Ausdruck eines Konfliktes im Arbeits- oder Familienbereich ist; wann eine Vermittlung sozialer oder psychiatrischer Hilfe angemessen ist; wann die richtige Hilfe in der Verweigerung der Hilfe und damit in der Stärkung der Selbsthilfe besteht. Zum Erlernen der Grundhaltung und zum Verlernen berufsbedingter Fehler (z. B. um der Sicherheit willen etwas lieber zu tun als es zu lassen) empfiehlt sich die *Balint-Gruppe*, d. h. berufsbegleitendes Bearbeiten der eigenen Schwierigkeiten am Beispiel des Umgangs mit »schwierigen« Patienten in einer Gruppe mit Hilfe eines psychiatrisch Tätigen.

C Ambulanter Spielraum

Die Akzeptanz fachpsychiatrischer Be- oder Weiterbehandlung hat in der Bevölkerung nicht nur wegen der geänderten Verschreibungsbestimmungen und der Budgetierung zugenommen. An eine fachpsychiatrische Behandlung zu kommen, sei es stationär oder ambulant, scheitert aber häufig noch immer an den Vorbehalten der Betroffenen, wobei auch hier die Schwellenangst nachlässt.

Im Ergebnis der Entwicklungen in der Psychiatrie innerhalb der letzten Jahre hat sich der früher deutliche Unterschied zwischen ambulanten und stationären Patientengruppen verwischt. Die stationäre Verweildauer von Patienten in einem Krankenhaus (synonym »Behandlungstage«) ist insgesamt und unabhängig vom jeweiligen psychischen Problem gesunken. Dies gilt auch für Patienten mit alterspsychiatrischen und schizophrenen Störungen, Abhängige und geistig Behinderte – die wichtigsten Problemgruppen. Sie sind aber noch nicht bei den »anderen« Ambulanten ausreichend angekommen. Daher müssten sich auch die niedergelassenen Nervenärzte vermehrt dieser Patienten annehmen. Um eine Chancengleichheit in dieser Entwicklung für alle Betroffenen in der Zukunft zu wahren, sind die Möglichkeiten der ambulanten Begleitung sinnvoll auszuschöpfen.

■ Psychiatrisch-psychotherapeutische Praxis

Die Weiterbildung zum »Arzt für Psychiatrie und Psychotherapie« lässt ab 1993 auch hier den unsinnigen Unterschied zwischen Psychiatrie und Psychotherapie verschwinden. Für die Integration in die Gemeinde ist ein Teil der Arbeitszeit für Angehörigengruppen, Betreuung von Reha- und Beratungsdiensten zu bezahlen. Es ist arztrechtlich eine Form zu finden, die es erlaubt, dass niedergelassene Nervenärzte bzw. Psychotherapeuten mit Angehörigen anderer psychiatrischer Berufe gleichberechtigt zusammenarbeiten, um Teamarbeit, gegenseitige Kontrolle und damit Versorgung der Kränksten zu ermöglichen. So könnte die nervenärztliche Praxis vollständig das werden, was sie zu Beginn war: die historisch erste gemeindepsychiatrische Einrichtung. Ansonsten wäre die Nichterfüllung des Sicherstellungsauftrags zuzugeben.

Institutsambulanz

Sie ist auf Grund der RVO-Änderung von 1976 den Kliniken, seit 2000 auch den versorgungsverpflichteten psychiatrischen Abteilungen am Allgemeinkrankenhaus gestattet. Sie hat die folgenden Aufgaben: 1. Nachsorge für »nicht-wartezimmerfähige« Patienten, insbesondere Langzeit-Patienten. 2. Verhütung stationärer Aufnahmen. 3. Krisenintervention. 4. Konsiliarische Betreuung anderer Krankenhäuser, Heime, Sozialstationen. 5. Übernahme von Intensiv-Team-Therapie in komplexen Fällen. 6. Psychiatrische Therapie alter Leute in der Wohnung. 7. Angehörigen-Gruppen. 8. Als *Instituts*ambulanz macht sie *alle* Klinikmitarbeiter auch für ambulante Begleitung zuständig: das Krankenhaus *hat* nicht nur, sondern es *ist* eine Ambulanz. Sie besteht aus einem »mobilen Team« von Ärzten, Sozialarbeitern, Pflegenden und Psychologen. Sie wird »vor Ort«, also familien- und arbeitsplatzorientiert tätig.

Sozialpsychiatrischer Dienst am Gesundheitsamt (SpD)

Er arbeitet mobil und berufsübergreifend. Ihm obliegen alle gemeindepsychiatrischen präventiven und rehabilitativen Aufgaben sowie Krisenintervention. Er berät die anderen Gemeindebegleiter und startet Initiativen zur Primärprävention, z. B. Herstellung von mehr Öffentlichkeit, um Isolationsentwicklung der Bürger zu verhindern oder Wiederherstellung großfamiliärer bzw. nachbarschaftlicher Beziehungen, d. h. Ausschöpfung des Potenzials an Hilfsbereitschaft und Selbsthilfefähigkeit, der Gemeinde zu erreichen. Er unterstützt die Bildung von Selbsthilfegruppen sowie die Angehörigenarbeit. In den meisten Bundesländern gehören die SpDs zu den Gesundheitsämtern der Kommunen. Das erleichtert ihren Mitarbeitern, sich auch und besonders für die hoffnungslosen und gewalttätigen »unmotivierten« psychisch Kranken zuständig zu fühlen. Dem dient auch die Wahrnehmung hoheitlicher Aufgaben (z. B. Zwangseinweisungen). Dass dies auch getrennt vom Gesundheitsamt gelingen kann, hat Obert (2001) für Stuttgart gezeigt.

■ Ambulanz durch »Nicht-Ärzte«

Seit 1999 ist das Psychotherapeutengesetz in Kraft getreten. Seither sind auch Psychologen – bei entsprechender Weiterbildung – bei den Krankenkassen zugelassen. Da es nun auch »Kassenpsychologen« gibt, haben die Ärzte nicht mehr das uneingeschränkte Monopol für den ambulanten Sicherstellungsauftrag. Der Wortlaut des Gesetzes ist interessant, weil man ihm entnehmen kann, dass Psychotherapie sich eigentlich in den psychologischen Wissenschaften gründet, auch wenn Ärzte sich natürlich für diese Kunst qualifizieren können. Privilegiert für die Kassenzulassung sind freilich die medizinnäheren, »eingreifenderen« verhaltenstherapeutischen und tiefenpsychologisch-psychoanalytischen Methoden. Wir halten es für notwendig, dass zumindest auch noch die gesprächstherapeutische Methode zugelassen wird. Ob bei dieser nun gewählten, mehr marktförmigen Lösung des Problems der Psychotherapie-Zulassung die nicht nur von uns gesehene Gefahr real wird, dass diese Regelung die »gesünderen« psychisch Kranken begünstigt, die »kränkeren« jedoch eher benachteiligt, verlangt in der nächsten Zeit aufmerksame Beobachtung.

Daneben gibt es inzwischen wohl in allen Städten Philosophen, die ihren Elfenbeinturm verlassen und eine allgemein zugängliche »Philosophische Praxis« (natürlich ohne Kassen) eröffnet haben, in der sie – à la Sokrates – Menschen in Nöten zu Selbsterkenntnis, Selbstwahrnehmung und -wahrmachung verhelfen – eine spannende Provokation für die psychotherapeutische Konzeptentwicklung. (Information beim deutschen Begründer dieser internationalen Bewegung Dr. Gerd Achenbach, H. Löns-Straße 56 c, 51469 Bergisch-Gladbach)

D Stationär-teilstationärer Spielraum

■ Psychiatrische Abteilung und Klinik

Schon die Enquête forderte 1975, dass die stationäre Psychiatrie von der Landesebene (»*Landes*krankenhaus«) auf die Gemeindeebene rückzuholen sei. Daher ist die psychiatrische Abteilung des zuständigen Allgemeinen Krankenhauses der Typ der Zukunft, wie dies mehr oder weniger zügig bundesweit überall umgesetzt wird. Die »Psychiatrie-Personalverordnung« erlaubt, dass die stationären Teams sich weniger auf den Stationen aufhalten, sondern gemeinsam mit dem Patienten dessen Landschaft erkunden, womit sie den Spielraum des Krankenhauses derart erweitern, dass man es nur als ein stationär-ambulant wirkendes Begleitinstrument des Patienten bezeichnen kann (wie es in Bremen Nord konsequent versucht wird). Denn anders kann das Krankenhaus heute seinen Auftrag nicht mehr erfüllen. Die Station selbst ist immer mehr im Soteria-Stil zu gestalten (Kroll 1998). In welchem Umfang die Zahl der stationären Plätze gesenkt werden kann zeigt in der Bundesrepublik z. B. die Klinik Lengerich (0,4 pro 1000 Einwohner).

Ein *Großkrankenhaus* befindet sich in der nicht nur von der DGSP geforderten *Auflösung*, wenn es

1. in der gerade beschriebenen Weise sich ambulant macht;
2. seinen Langzeit-Patienten in ihren Heimatgemeinden Wohnmöglichkeiten (Einer-, Zweier-Wohnungen, Wohngruppen und Kleinstheime) sowie Tätigkeitsmöglichkeiten verschafft;
3. sich intern sektorisiert, d.h. bestimmte Stationen für ein bestimmtes SVG seines Einzugsbereiches zuständig macht;
4. seine hierarchisch-bürokratische Struktur durch Dezentralisierung und Demokratisierung abbaut;
5. die übrigen SVGs eines Einzugsbereiches an andere Träger abgibt,
6. und endlich nur noch für die akut und in dieser Situation ambulant nicht zu betreuenden Kranken des SVG zuständig ist, in dem es selbst liegt (wie z.B. in Gießen), wobei es sich durch Hinzunahme anderer medizinischer Fächer zu einem Allgemeinkrankenhaus entwickeln kann.

Psychiatrische Abteilungen an Allgemeinkrankenhaus haben (mit Ambulanz und Infrastruktur für chronisch Kranke) auch den Vorteil, dass durch ein Konsiliarsystem **a.** die körpermedizinische Mangelversorgung der psychiatrischen Patienten aufhört und **b.** die ebenso wichtige psychiatrische Versorgung der körpermedizinischen Stationen garantiert ist. Auch aus anderen Gründen kommen künftig nur noch Einheiten von der Art und Größe einer »Abteilung« für die stationäre Behandlung in Frage. Es war immer schon die vornehmste Forderung der Angehörigen (und Psychiatrie-Erfahrenen), dass alle, die das Krankenhaus nötig haben durch dieselbe Tür gehen, egal ob sie die interne, die chirurgische oder die psychiatrische Abteilung aufsuchen. Mittlerweile wird auch eine weitere Empfehlung der Enquetekommission umgesetzt: immer mehr Unikliniken übernehmen die Vollversorgung eines SVG, wodurch Lehre und Forschung versorgungsbezogener werden können, was in der Schweiz immer schon der Fall war. In jedem Fall ist der stationäre Bereich nicht mehr der Nabel der psychiatrischen Welt. Und daher – so komisch es klingen mag – arbeitet jeder Mitarbeiter eines Krankenhauses in Wirklichkeit auch außerhalb des Krankenhauses.

■ Tagesklinik

Sie soll die »Schwundquote« der Patienten verkleinern, die in das »Loch« zwischen ambulanter und stationärer Begleitung fallen, und somit Teil des gerade beschriebenen »Fließgleichgewichts« zwischen beiden Seiten sein. Daher gibt es zwei Funktionen:

Kriseninterventions-Tagesklinik: Zur Verhinderung einer stationären Aufnahme für alle Krisen und Krankheiten, einschließlich Psychosen (evtl. vorher drei Tage Station). Sie ermöglicht Aufrechterhaltung der sozialen Beziehungen und hat einen hohen präventiven Wert. Die Aufenthaltsdauer ist zu begrenzen (z.B. vier Wochen).

Rehabilitations-Tagesklinik: Zur Verkürzung des stationären Aufenthaltes und der schrittweisen Wiederzumutung der sozialen Beziehungen, vorwiegend für chronifizierende Patienten.

Die ersten Tageskliniken entstanden in der Sowjetunion kurz nach 1917. Nach England, Kanada, USA, Skandinavien und Holland setzte sich die Idee der Tagesklinik Anfang der 70er Jahre auch in der Bundesrepublik durch. Inzwischen gehört sie zum Regelangebot und hat sich auch an körpermedizinischen Krankenhäusern bewährt.

Die Arbeitsweise wird deutlich durch die Art, wie Sie sie einem neuen Patienten beschreiben könnten: »Sie machen sich jeden Werktagmorgen zu einem normalen Acht-Stunden-Arbeitstag auf den Weg, nur dass sie in der Tagesklinik an sich selbst und nicht für den Arbeitgeber arbeiten. Unser Ziel ist es, Ihnen Gelegenheit zu geben, mit sich und Anderen besser umgehen zu lernen. Daher haben wir das Programm aus solchen Situationen zusammengesetzt, die Ihrem Alltag entsprechen. Aber mit dem Unterschied, dass wir ständig über diese Situationen sprechen können: Sie können mit Anderen über Schwierigkeiten sprechen (Gruppentherapie). Sie arbeiten einige Stunden (Arbeitstherapie). Sie versuchen, Ihre Freizeit produktiver zu gestalten (Beschäftigungstherapie und beim gemeinsamen morgendlichen und abendlichen Kaffeetrinken können wir Rück- und Vorschau halten, was Sie sich für den Feierabend bzw. das Wochenende vorgenommen haben und wie Ihnen das gelungen ist.« Viele Patienten legen auch Wege bis 30 km zurück, um ihren Tag in der Tagesklinik zu verbringen

Arbeit in einer Tagesklinik ist gut zum Lernen vollständiger Wahrnehmung. Denn hier leben Sie mit Patienten zugleich unter Krankenhaus- und Alltagsbedingungen eine Zeit lang zusammen. Sie kommen anfangs nicht selten in eine persönliche Krise und in eine Krise Ihrer Berufsrolle.

■ Nachtklinik

Dieses Angebot gibt es z.Z. nicht mehr als Institution, sondern nur noch als Funktion, wenn z.B. eine Station einem Patienten eine solche Übergangsnutzung für ein paar Nächte einräumt. – Ähnlich funktionell kann man isolationsgefährdeten oder angestrengt lebenden Menschen eine Station nur für die Wochenenden als »Wochenendklinik« anbieten.

E Spielräume für chronisch Kranke (komplementäre und rehabilitative Dienste)

Für sie beschreiben die »Empfehlungen« von 1988 das gemeindepsychiatrische Kernstück: die kommunale Infrastruktur, die Funktionen zur Befriedigung ihrer Grundbedürfnisse nach Wohnen und Arbeiten – und zwar für alle!

Wohnraum- und Tätigkeitsbeschaffung

Unsere Denktraditionen haben uns verdorben, vorschnell immer an »Einrichtungen« zu denken, weniger einzelnen Menschen zu trauen, daher oft lange Umwege zu machen, um auf das Einfachste zuletzt zu kommen. Die Erfahrung hat uns korrigiert: Die weitaus meisten Langzeit-Patienten brauchen keine neuen »Übungseinrichtungen«, sie haben vielmehr dieselben Bedürfnisse wie wir alle, wollen und können in einer Wohnung allein, zu zweit oder in einer Gruppe wohnen und leben, brauchen darüber hinaus Arbeit, jedenfalls eine für Andere sinnvolle Tätigkeit. Hierzu ist zunächst nur eins erforderlich, dies aber unbedingt: Jede Klinik oder Abteilung und jeder SpD bzw. Trägerverein haben einen psychiatrisch Tätigen ganz oder schwerpunktmäßig dafür freizustellen, dass er die Mechanismen des Wohnungsmarktes zu beherrschen lernt und mit den Verwaltern des Wohnungsmarktes so gut steht, dass ständig hinreichend und variabel Wohnraum zur Verfügung steht. Wieder einmal: Kontextarbeit statt Patientenarbeit. Es lohnt sich, und die Mühe zahlt sich vielfach aus. Dieser Mitarbeiter hat auch die Einrichtung der Wohnungen sowie die Betreuung zu organisieren. Notwendig ist ferner, dass regionale Mitarbeiter einen Trägerverein gründen, da oft besser der Verein die Wohnung mietet und an die Patienten getrennt vom Betreuungsvertrag weiter vermietet. Unter diesen Bedingungen sind die Mitarbeiter des Wohnungs- und Sozialamtes wesentlich kooperativer und flexibler, als unser Vorurteil es sich träumen lässt. Beispiel: Trägerverein Solingen.
Einen weiteren Mitarbeiter sollten die genannten Einrichtungen schwerpunktmäßig verantwortlich machen für die Beschaffung von Arbeits- und Tätigkeitsmöglichkeiten. Hier geht es darum, die Rand- oder Grauzonen des Arbeitsmarktes zu entdecken und für Langzeit-Patienten zu nutzen, gleichgültig, ob es sich dabei um ein reguläres Arbeitsverhältnis handelt oder um sozial sinnvolle Hilfstätigkeiten wie das Zusammenschieben der Einkaufswagen eines Supermarktes. Für nicht wenige in Wohnungen entlassene chronisch Kranke ist es auch sinnvoll, weiter zu ihrem aus der Arbeitstherapie vertrauten Arbeitsplatz der Klinik ambulant zu gehen, solange wir keine besseren Möglichkeiten finden. Entscheidend: Auch chronisch Kranke, bei denen man das für unmöglich hielt, sind mit nur ambulanter Betreuung in ihrer Wohnung stabil, wenn sie gleichzeitig ihr Bedürfnis, für Andere da zu sein (z. B. Arbeit), auch befriedigen können, wie wir das in Gütersloh empirisch zeigen konnten (DÖRNER 1998).

Selbsthilfe-Firmen

Anders als wir träumen, wollen viele chronisch Kranke keine Reha-Einrichtungen, um sich immer besser trainieren zu lassen. Vielmehr wollen sie mit den ihnen verfügbaren Fähigkeiten schlicht und einfach arbeiten, wenn nur der Lohn um einiges besser ist als der Sozialhilfeanspruch. Dann sind sie endlich von jeglicher Mildtätigkeit und Fürsorgeabhängigkeit frei, leben auch ökonomisch als freie Menschen. Eine ganze Reihe von Selbsthilfe-

oder Integrationsfirmen gibt es inzwischen in der Bundesrepublik, z. T. als eigene Unternehmungen oder als Zulieferfirmen für größere Betriebe. Dies ersetzt nicht die »Werkstätten für Behinderte«, sondern stellt eine notwendige Ergänzung dar für Patienten, die eigentlich – jedoch nur unter ihnen bekömmlichen Bedingungen – arbeitsfähig sind, aber bei den immer härteren Bedingungen des üblichen Arbeitsmarktes keine Chancen haben. Beispiele: Rümpel-Fix Münster; Dalke-gGmbH Gütersloh; Backstern Berlin; Integra Walldorf; Hof Sondern Wuppertal u. v. a. m.
Die Fachberatung für Arbeits- und Firmenprojekte (FAF gGmbH) berät bei Gründung und auftauchenden Problemen von Selbsthilfefirmen für psychisch Kranke. Zudem vermittelt der »Psychosoziale Dienst« einzelne chronisch psychisch Kranke auf einen Arbeitsplatz in einer regulären Firma manchmal auch mit Hilfe einer Arbeits-Assistenz (Einzelbetreuer am Arbeitsplatz für einige Zeit), wie dies von den Hauptfürsorgestellen anfangs nur geistig Behinderten bewilligt wurde. In »Jeder Mensch will notwendig sein« (Dörner 1995) ist beschrieben, wie das gesellschaftspolitische Ziel »Ein Arbeitsmarkt für alle« erreichbar wäre.

■ Tagesstätten- und Kontaktstellenfunktion, Zuverdienstfirmen

Inzwischen können wir sagen: Alle Menschen, die früher langfristig in Institutionen (Krankenhäusern oder Heimen) untergebracht worden sind, können mit Hilfe der gemeindepsychiatrischen Infrastruktur weitgehend »normal« wohnen und arbeiten. Einen Teil des Tages bewegen sie sich anonym unter fremden Menschen wie alle anderen, einen anderen Teil des Tages aber wollen sie – weil weniger anstrengend – »unter ihresgleichen sein« – ebenfalls wie alle anderen. Hierfür haben die »Empfehlungen« die Tagesstätten- und Kontaktstellenfunktion vorgeschlagen, die inzwischen allgemein verwirklicht ist. Kontaktstelle meint einen Ort, von dem man weiß, dass man unverbindlich immer mal wieder vorbeischauen kann. Er verpflichtet zu nichts. Tagesstätte hingegen meint einen Ort, an dem man sich mit einer gewissen Regelmäßigkeit gern aufzuhalten bereit ist, weil man erkennen kann, dass man davon profitiert. Man kann dort dieses und jenes tun, sich verabreden, auch etwas lernen, was man noch nicht so gut kann, Kaffee trinken und dabei Anderen bei der Arbeit zugucken. Entscheidend aber ist, dass man hier – gewissermaßen nach Lust und Laune – auch selbst etwas arbeiten und hinzuverdienen kann, etwa ein bis zwei Stunden am Tage, wobei man so viel verdient, dass es einem von der Sozialhilfe nicht abgezogen wird, z. B. 102,20 EUR im Monat. Warum ist das entscheidend?: Nur durch das Angebot des Zuverdienstes macht man die Tagesstätte so niedrigschwellig, dass auch die schwerer gestörten, besonders ängstlichen und gehemmten Menschen dort hinkommen, während die Tagesstätte ohne Zuverdienst oft nur die gesünderen Menschen erreicht und damit ihr Ziel verfehlt. Zum anderen stärkt dieses »Schnupper-Arbeiten« aus eigenem Antrieb und ohne

Zwang das Selbstvertrauen ungemein. So wechseln von den ca. 200 Zuverdienern in Gütersloh (über zehn Zuverdienstfirmen verteilt, fast alle ohne Tagesstättenstatus) jedes Jahr 10 Prozent in ein versicherungspflichtiges Arbeitsverhältnis, eine Erfolgsquote, die auf keinem anderen Weg erreichbar ist – nach dem Motto: Rehabilitationserfolg gerade weil ohne Rehabilitationsabsicht. Deshalb sollten wir Tagesstätten (nach dem Bedürfnis der Betroffenen) als eine Form der Zuverdienstfirmen bezeichnen, die ja auch gerade durch das zwanglose Nebeneinander von bezahlter Arbeit und Geselligkeit ihre unglaublich stabilisierende Wirksamkeit vor allem – niedrigstschwellig – für schwierige, chaotische und misstrauische chronisch Kranke erreichen. Bisher hat Mittelfranken die schwierige Finanzierung der Zuverdienstfirmen mit EUR 255 pro Monat und (mehrfach besetzbarem) Arbeitsplatz sowie Grundpauschale am besten geregelt, zumal damit der bürokratische Tagesstätten-Pflegesatz entfällt (Information über: Bezirk Mittelfranken Ansbach). Sozialpolitisches Ziel: Kontaktstellen und Tagesstätten / Zuverdienstfirmen sind von der Sozialversicherung, nicht von der Sozialhilfe zu bezahlen.

■ Betreutes Wohnen

Die meisten chronisch psychisch Kranken brauchen, um selbstständig wohnen und leben zu können, zumindest für eine gewisse Zeit eine professionelle Bezugsperson. Für dieses »Betreute Wohnen«, weil ambulant, vom örtlichen Sozialhilfeträger zu finanzieren, hat sich bundesweit der Schlüssel 1:12 eingebürgert. Zumindest in Kombination einer Arbeitsmöglichkeit bis hin zum Zuverdienst ist dieses für ca. 80 Prozent des Personenkreises auch ausreichend, wenn man keine Überbetreuung will (Dörner 1998). Für die restlichen Menschen bedarf es eines intensiveren Betreuungsschlüssels, der am besten auch ambulant oder, wo das noch nicht durchzusetzen ist, über den Pflegesatz eines dezentraliserten Heims zu organisieren ist. Auch hierfür wäre, zumindest überwiegend, die Sozialversicherung zuständig. Das Milliarden-Geschäft der Ambulantisierung der bisher stationären (Heim-)Betreuung zur Entlastung des Sozialetats findet aber nur statt, wenn auch für die teureren 20 Prozent die ambulante Betreuung bezahlt wird.

■ Reha-Einrichtungen für psychisch Kranke (RPK)

Einen wichtigen Schritt in die richtige Richtung haben insbesondere die Rentenversicherungsträger getan, als sie zustimmten, zunächst in jedem Bundesland eine RPK zu eröffnen (fast überall realisiert, z. T. überschritten). Hier können chronisch Kranke oder von Chronifizierung Bedrohte für zwei Jahre oder länger, internatsmäßig untergebracht, über Versuch und Irrtum den für sie richtigen Weg zur Wiedererlangung der Arbeitsfähigkeit finden, da es sich hierbei um Einrichtungen der medizinisch-beruflichen Rehabilitation handelt. Wo immer sich RPKs etabliert haben, waren sie erfolgreich, egal ob am Ende der freie

Arbeitsmarkt, eine Ausbildung, die Arbeit in einer Selbsthilfefirma oder in einer WfB herauskam. Alle Tendenzen sind zu begrüßen, das bisherige System der Übergangsheime durch ein ortsnahes System von RPKs zu ersetzen. Beispiel: Westfalen.

MERKE **Da wir es zugelassen haben, dass gerade die verletzbarsten chronisch psychisch Kranken heute im Heimsystem konzentriert sind, gilt: Nur wen Sie eine Zeit lang in einem Heim gearbeitet haben, wissen sie, was es heißt, sich von den sprechenden Augen des Letzten in Dienst nehmen, psychiatrische Verantwortung vom Letzten her beginnen zu lassen (kategorischer Imperativ der »Gebrauchsanweisung«).**

Gerade wenn es keine Übergangsheime mehr gibt, gibt es auch keine Dauerwohnheime mehr. Vielmehr wird jedes Wohnheim zu einem Übergangsheim, das heißt zu einer Einrichtung, in der besonders verletzbare Menschen für eine grundsätzlich befristete Zeit leben können, bis sie den Mut zur Verselbstständigung finden, auch wenn für einzelne Menschen dieser Aufenthalt – wenigstens noch in der nächsten Zeit – zu einer dauerhaften Bleibe wird. Wir haben in »Aufbruch der Heime« und »Aufhebung der Heime« beschrieben, wie die bisher im Abseits befindlichen Wohnheime sich flexibel in die gemeindepsychiatrische Infrastruktur integrieren können, wie sie sich einen kommunalen Zuständigkeitssektor schaffen, wie die regelmäßige und für eine definierte Wochenstundenzeit hauptamtliche Tätigkeit eines Psychiaters rehabilitationsfördernd wirkt und wie die bisher wenig wirksame Heimaufsicht über die Beteiligung von Mitgliedern des zuständigen kommunalen Parlaments Leben gewinnen kann. Die Chancen für jeden Heimbewohner, auch wieder in ein normales Wohnen und Arbeiten in die Gemeinde hineingefördert zu werden, könnten im Übrigen gerade in diesen Jahren erheblich zunehmen; denn auf der Basis des neuen § 93 BSHG, wonach nur noch die Leistungen bezahlt werden, die jemand hier und jetzt wirklich braucht, könnte der von der »Aktion psychisch Kranke« eingeläutete epochale Wechsel »von den institutionszentrierten zu den personenzentrierten Hilfen« (Kruckenberg 1997) auch real greifen.

Doch machen wir uns nichts vor: da es sich hier um Macht, Besitz und Aneignungslogik an Dauerheimbewohnern als bequem und beständig sprudelnden Einnahmequellen handelt, wird sich nichts daran ändern, dass weniger als 10 Prozent der Gelder in das ambulante betreute Wohnen fließen, obwohl bis zu 80 Prozent der chronisch Kranken damit auskämen (Personalschlüssel 1:12, Dörner 1998), und wird sich nichts daran ändern, dass Träger ambulanter Betreuung dafür auch noch finanziell bestraft werden, während Träger der stationären Betreuung – insbesondere die großen gemeinnützigen und privaten Konzerne – für diese teurere Lösung belohnt werden, wenn, ja, wenn wir alle nicht die von unserer Verantwortung vom Letzten her kommende Kraft aufbringen, die Politiker davon zu überzeugen, dass das Heimsystem als solches grundsätzlich, also gesetzlich infrage zu stellen und schon aus Gründen der Menschen- und Bürgerrechte durch den Aufbruch in eine weitgehend heimlose Gesellschaft zu ersetzen ist, wofür wir freilich – verantwortlich, wie z. B. die Schweden – Jahrzehnte bräuchten und das Ziel auch nicht unbedingt 100%ig erreichen müssten. Aber ohne die Grundsatzfrage wird sich – wegen der unvermeidlich anzugreifenden Machtverhältnisse – gar nichts bewegen, und stellen können diese Grundsatzfrage nur wir!

Etwa so:

1. Die skandinavischen Länder, England, USA, Kanada haben uns längst vorgemacht, wie weit man auf diesem Weg kommen kann.
2. Der Institutionstyp Heim (und Anstalt) war als Problemlösungsmethode im 19. Jh. oft geradezu lebensrettend, ist aber für das 21. Jh. überholt.
3. Er ist bezogen auf die Expansion der Persönlichkeitsrechte nicht mehr kontrollierbar und verfassungsrechtlich als »besonderes Gewaltverhältnis« – da nicht mehr alternativlos – nicht mehr zulässig.
4. Nach der spätmodernen Individualisierungsnorm kann man sagen, dass kein Mensch in Kenntnis der schon vorhandenen und erprobten Alternativen heute noch freiwillig von sich aus das Leben in einem Heim wählen kann, weshalb es nur noch faktisch unfreiwillige Heimaufenthalte gibt.
5. Blankenburg, Gütersloh, Offenbach, für geistig Behinderte Hephata und Alsterdorf (vgl. Kap. 2) usw. haben empirisch gezeigt, wie weit Behinderte ohne Heim auskommen.
6. Kostenträger halten das Heimsystem ohnehin für in Kürze unbezahlbar.

Und

7. Wer ernsthaft die Gesellschaft zu einer Zivil- und Bürgergesellschaft weiter entwickeln will, muss wissen, dass dies nur eine weitgehend heimlose Gesellschaft sein kann.

Fazit: Es ist – in Fortschreibung der Psychiatrie-Enquête von 1975 – vom Bundestag die Einsetzung einer Heim-Enquête zu fordern!

■ Familienpflege und Pflegefamilien

Nach wie vor ist die ehrwürdige Tradition Familienpflege für manche Langzeit-Patienten – insbesondere im ländlichen Raum – gut. Denn es handelt sich um Wohnung und Arbeit im Rahmen eines Familienverbandes. Die manchmal harte Arbeit und karge Wohnung als Ausbeutung zu bezeichnen, ist nicht immer, aber oft Vorurteil von Intellektuellen, die weder etwas vom Landleben noch von der Massenkasernierung einer Langzeit-Station wissen. – Umgekehrt wird aber in Zukunft die Pflegefamilie eher von zunehmender Bedeutung sein: Da die nach Abklingen des Effektes der NS-Euthanasie wieder vermehrt alt werdenden seelisch und geistig Behinderten kaum noch arbeitsfähig sind, ist es angemessener, ihnen zwar den Rahmen eines Familienverbandes zu geben, ihre Pflegebedürftigkeit aber insofern anzuerkennen, dass die aufnehmende Familie dafür Pflegegeld bekommt.

Werkstätten für behinderte Menschen

Sie dienen der Eingliederung geistig, körperlich und seelisch Behinderter ins Arbeitsleben. Wichtig ist

a. die Stufung in Eingangs-, Trainings- und Produktionsstufe;

b. die regionale Verteilung kleinerer Werkstätten im Verbund;

c. die Unterscheidung der Behinderungsarten. *Für seelisch Behinderte ist Arbeit nicht so sehr als Fertigkeit, sondern als zwischenmenschliche Beziehung ein Problem*;

d. die gerechte Entlohnung, die immer noch überwiegend ein Hohn ist. Viele WfbM schaffen in der letzten Zeit getrennte Filialen für seelisch Behinderte, mit Erfolg. Je nach Behinderungsgrad und Bereitschaft, einen guten Leistungsträger loszulassen (!), steht am Ende die Vermittlung auf dem freien Arbeitsmarkt, in eine Selbsthilfefirma oder auf einen Dauerarbeitsplatz in der Werkstatt.

Beschützende Arbeitsplätze

Eine WfbM hat über beschützende Arbeitsplätze in den umliegenden Betrieben der freien Wirtschaft bzw. der öffentlichen Hand zu verfügen. Der Rehabilitationswert ist höher, wenn Behinderte allein oder als Gruppe in einem normalen Betrieb sich den Belastungen eines Arbeitsplatzes auszusetzen lernen. Die WfbM grenzt dann weniger aus und überträgt das oberste Prinzip der Gemeindenähe auch auf den Arbeitsbereich. Dies zu unterstützen, ist eine bisher zu wenig gesehene Aufgabe der Gewerkschaften, die die Solidargemeinschaft der Arbeitnehmer vertreten. England ist und die ehemalige DDR war hier weiter. – Die WfbMs und ihre ausgelagerten Arbeitsplätze sind genauso wichtig wie alle anderen Arbeitsmöglichkeiten, vor allem Zuverdienst- und Selbsthilfefirmen; entscheidend ist die Breite des Spektrums.

Berufsbildungs- und Berufsförderungswerke

Erstere dienen der Erstausbildung jeglicher Behinderter, Letztere der Umschulung erwachsener Behinderter. Sämtliche Einrichtungen dieser Art sind auf dem Weg, sich auf die Besonderheiten auch seelisch Behinderter einzustellen. Die entsprechende Grundhaltung auch der Werkmeister ist Voraussetzung dafür. Nachteilig ist und bleibt die Gemeindeferne.

Gemeinde-Psychiatrisches Zentrum (GPZ)

Es fasst alle wichtigen außerklinischen Dienste für chronisch Kranke einer Region zusammen, was sich aus Gründen der Gemeindenähe, der Flexibilität und Ökonomie bewährt. Zwei GPZ werden von der DGSP getragen: Sie bestehen aus RPK, Wohnheim, Tages-

stättenfunktion und Werkstatt (im Verbund mit einer größeren WfbM) und können damit die Begleitung von Langzeit-Patienten in den Bezirken Hamburg-Eimsbüttel und Hamburg-Eilbek organisieren. Ambulante und präventive Angebote können angegliedert werden. Stellt man sich einen solchen Angebotskomplex für jeden Bezirk in Hamburg vor, entstünde das, was in Wien vom Kuratorium psychosozialer Dienste mit Erfolg verwirklicht wurde. Eine ähnliche Funktionsbündelung stellen die »Sozialpsychiatrischen Zentren« des Rheinlandes dar.
Aber Achtung: jede Zentrierung von Funktionen bringt auch die Gefahr, nach der Deinstitutionalisierung der Krankenhäuser (und Heime) nunmehr die Gemeinden selbst zu institutionalisieren, wofür sogar schon der Typ »Tagesstätte« und »Kontaktstelle« ein Frühwarnsignal ist. Jedes Mal wenn Sie hören »... ist doch eine so schön praktische Vereinfachung«, sollten bei Ihnen die roten Warnlämpchen aufleuchten.

F Begleitung für einzelne Gruppen

Hier ist auf die zuständigen Kapitel zu verweisen. Wir ergänzen wie folgt:

■ Geistig Behinderte

Hier beschränken wir uns auf den Hinweis, dass bei der kommunalen Besiedlung mit geistig Behinderten die Kooperation mit den Verantwortlichen für psychisch Kranke, Altersverwirrte, Jugendliche, Nichtsesshafte usw. (PSAG, Verbund) hinsichtlich der sozialen Tragfähigkeit eines Stadtteils, einer Straße vitale Bedeutung hat.

■ Kinder und Jugendliche

Ihre Standardversorgungsgebiete werden doppelt so groß wie die für Erwachsene veranschlagt, obwohl doch die Nähe der Angehörigen für die Begleitung der Kinder und Jugendlichen noch wichtiger ist. Daher gibt es zunehmend kinder- und jugendpsychiatrische Abteilungen am Allgemeinkrankenhaus. Stationärer Bedarf für geistige Behinderung 0,6 ‰, für seelische Störungen 0,3 ‰. Heime für geistig und seelisch Behinderte 0,45 ‰, davon für Schwerstbehinderte 0,15 ‰. Plätze für längerfristige stationäre Versorgung an »Zentren für Kinder- und Jugendpsychiatrie« 0,2 ‰. Dienste mit besonderen psychotherapeutisch-sonderpädagogischen Angeboten 0,15 ‰. Dienste für therapiebedürftige Jugendliche (Tagesdienste, Wohnheime, Wohngruppen in der Gemeinde) 0,15 ‰. – Die Mängel gegenüber den Bedürfnissen gerade von Kindern und Jugendlichen zeigt die fehlende präventive Ausrichtung unseres Sozial- und Gesundheitssystems besonders drastisch.

Seelisch kranke alte Menschen

Nach den »Empfehlungen« für jedes SVG ein »Gerontopsychiatrisches Zentrum« mit Ambulanz, Beratungsstelle und Tagesklinik; Prinzip: Wenn in einer Familie z.B. ein Altersverwirrter lebt, zunächst Beratung durch eine erfahrene, träger-neutrale (!) Pflegekraft (Vorbild: Dänemark), sodann Ambulanz vor Ort, um ein soziales Netz zu stricken. Wenn das nicht reicht: Tagesklinik. Nur wenn auch das nicht trägt (Selbst- oder Fremdgefährdung), erfolgt stationäre Aufnahme. Dies reduziert den Bedarf an Klinikbetten und Heimplätzen erheblich. Beispiel: Gütersloh (Remlein 1996).

Abhängige, Anfallskranke, Hirnverletzte, Suizidgefährdete

Auch hier ist die Begleitung – wie in den einzelnen Kapiteln beschrieben – von mobilen Ambulanzen her zu organisieren. Nur so ist gemeindenahe Prävention, Rehabilitation und z.T. auch Therapie (Spezial-Therapie ist immer ambulant zu realisieren) möglich. Aus den Problemen, die auf diese Weise nicht gelöst werden können, ergibt sich der Bedarf an stationären und komplementären Diensten.

Nichtsesshafte

Ihre Zahl wird z.Z. auf über 100.000 geschätzt. Sie wächst vor allem im Zusammenhang mit der strukturellen Wirtschaftskrise. Für eine angemessene Versorgung ist die Einrichtung spezieller Beratungsstellen, die Verdopplung der Wohnplätze auf 25.000 und der Abbau des karrierefördernden Asylcharakters der Obdachlosenunterkünfte erforderlich. Nur wo Gemeindepsychiatrie unverantwortlich, nicht vom Letzten her, betrieben wird, steigt der Anteil psychisch Kranker an den Nichtsesshaften.

Psychisch kranke Straftäter

Die gesicherten Sonderabteilungen für die nicht schuldfähigen psychisch kranken Straftäter sollen nicht im Krankenhaus, sondern benachbart lokalisiert sein, höchstens 100 bis 150 Patienten umfassen und Einrichtungen des Krankenhauses mitbenutzen (können). Die spätere Versorgung auf offener Station erfolgt in der Abteilung/Klinik des Wohnorts, dessen gemeindepsychiatrisches Angebot auch die ambulante Begleitung dieser besonders Benachteiligten übernimmt. Ähnliches gilt für solche Menschen, die in einer forensischen Entziehungseinrichtung untergebracht sind (Kap. 11/16).

G Zusammenarbeit der Begleiter

Der beste Vorschlag der Psychiatrie-Enquête hierfür war und ist die »Psychosoziale Arbeitsgemeinschaft« (PSAG). Das basisdemokratische Element einer Bürgerinitiative gibt diesem Instrument seine Chancen, natürlich auch seine Grenzen. Was die Enquête mit dem »Psychosozialen Ausschuss« gemeint hat, ist in zahlreichen Variationen in vielen Kommunen, wenn auch meist unvollständig, umgesetzt worden. Mal treffen sich die psychiatrischen Profis mit den Abgeordneten der Fraktionen des kommunalen Parlaments, mal mit den Kostenträgern; mal sind heute die Vertreter der Angehörigen und der Psychiatrie-Erfahrenen dabei, mal noch nicht.

Darüber hinaus haben die »Empfehlungen« den »gemeindepsychiatrischen Verbund« vorgeschlagen. Dies ist ein ebenso richtiger wie notwendiger Vorschlag: Der Verbund soll die »gemeindepsychiatrische Pflichtversorgung« garantieren. Er soll aus einem Netz vertraglicher Bindungen zwischen den Beteiligten bestehen, wobei dem kommunalen Gesundheitsdienst mit und ohne einem Psychiatrie-Koordinator die Schlüsselrolle zufällt. Auf diesem Gebiet fallen die für die Zukunft wichtigsten Entscheidungen, da die von uns beschriebene gemeindepsychiatrische Infrastruktur, die den chronisch psychisch Kranken ein Leben ohne Institution ermöglichen soll, nur dann hinreichende Sicherheit garantieren kann, wenn alle Beteiligten auf einen Teil ihrer herkömmlichen Freiheiten verzichten und sich einer Kontrolle unterwerfen, die daran orientiert ist, dass auch der schwierigste und ungeliebteste chronisch psychisch kranke Bürger zu seinem Recht kommt.

H Community Care: Versorgung – Entsorgung – Selbstversorgung

Wir wollen dieses Kapitel mit einem Blick in die Zukunft schließen. Wir stehen in einem Dilemma: Einerseits ist das Versorgungssystem, gemessen an dem berechtigten Bedarf, unvollständig. Es ist zu vervollständigen. – Andererseits haben wir dieses Versorgungsdenken immer auch »gegen den Strich zu bürsten«. Wer versorgt wird, wird auch verwaltet. Je besser ein Versorgungssystem funktioniert, desto mehr verselbstständigt es sich gegenüber den Bedürfnissen und desto schwerer haben es einmal von ihm erfasste Menschen, es nicht mehr zu brauchen, sich zu »normalisieren« und es zu verlassen. Deshalb sind bei aller Versorgungsplanung folgende Entsorgungs-Fragen immer mitzustellen:

1. Welche gemeinde-präventiven Maßnahmen schränken das Ausmaß notwendiger Versorgungsmaßnahmen ein? Etwa: Herstellung von mehr öffentlichem Leben, Wohnungsbau- und Stadtplanung, Umweltschutz, Erziehungshilfe, Sicherung der Arbeitsplätze.
2. Wie kann ich bei der Versorgungsplanung von den am wenigsten aufwendigen, am wenigsten einschneidenden und bürgernächsten Einrichtungen ausgehen? Etwa: Planungsbeginn von den Beratungsstellen und ambulanten Diensten aus.

3. Wie kann ich bei bestehenden oder zu erstellenden Einrichtungen genauso viel Aufmerksamkeit auf die System-Ausgänge wie auf die System-Eingänge für Patienten richten? Etwa: Wohnungsbeschaffung für Kliniken und Heime, Selbsthilfefirmen, Selbsthilfegruppen.

Der erstere Aspekt (Versorgung) verlangt rechnerisches Denken, der letztere (Entsorgung) soziale Fantasie. Aber erst beides zusammen macht Vernunft aus, macht Normalisierung möglich.

Zudem: Wer von Versorgung und Entsorgung redet, muss Selbstversorgung im Auge haben: Für den Problembereich der Abhängigkeit haben uns die Sucht-Selbsthilfegruppen gezeigt, dass diese Form der Selbsthilfe bzw. Selbstversorgung wichtiger ist und mehr bringt als alle unsere helfenden Bemühungen. Die »Lebenshilfe« und auch die »Liga gegen Epilepsie« machen deutlich, dass wir weiterkommen, wenn die Betroffenen – selbst oder stellvertretend – sich zusammenschließen. 1985 haben sich zuerst die Angehörigen zum »Bundesverband der Angehörigen psychisch Kranker« zusammengeschlossen, dann auch – im Oktober 1992 – die Patienten zum »Bundesverband Psychiatrie-Erfahrener«. Zusammen mit uns Profis gibt es nun Begegnungsmöglichkeiten zwischen drei Partnergruppen – einen Trialog, eine trialogische Psychiatrie –, eine für uns alle neue Chance, die die zukünftige Entwicklung qualitativ bereichert, wenn wir sie nutzen (u.a. Psychoseseminare, Bock 2000).

Eben dies macht aber jetzt abschließend den Blick frei für die – neben der Verüberflüssigung der Heime – größte neue Aufgabe der nächsten Zeit, eine Aufgabe, mit der Gemeindepsychiatrie steht und fällt, mit der aber in der Vergangenheit kaum jemand von uns so recht gerechnet hat: wir meinen die Sorge nicht um die psychisch Kranken, nicht um deren Angehörige, nicht mal um die Bürgerhelfer, sondern die Sorge um den stinknormalen Durchschnitts- oder Zufallsbürger, den wir bisher allenfalls als behindertenfeindlich stigmatisiert auf der Rechnung hatten, der aber als Passant, als Busfahrgast, Kinogänger oder Kneipenbesucher, als Arbeitskollege, Verkäuferin oder Postangestellter, als Vermieter oder Nachbar immer mehr zum ungefragten Hauptträger der neuen Last der gemeindepsychiatrischen Kommune wird.

BEISPIEL Als in der Stadt Gütersloh gegen Ende des Deinstitutionalisierungsprozesses fast alle Langzeitpatienten in ihren Wohnungen lebten, und zwar in dreifacher Dichte als zu erwarten war, wurden wir von den Bürgen zunehmend gefragt: »Also jedesmal, wenn ich in die Stadt gehe, treffe ich mindestens einen von euren komischen Typen; ich weiß gar nicht, wie ich mich verhalten soll.« – Erst jetzt guckten wir genauer hin: in der Tat hatten die Ex-Anstaltsinsassen durchschnittlich nur etwa 10 Prozent ihrer Sozialkontakte mit uns Profis, 90 Prozent jedoch mit Zufallsbürgern, die wir bis dahin mit ihren unbezahlten Beiträgen zu »unserem« System gar nicht wahrgenommen hatten. – Das hatte zur Folge, dass wir in den nächsten Jahren sicher die meiste Zeit für diese Zufallsbürger oder mit ihnen investiert haben – mit durchschlagendem Erfolg für die nunmehr öffentlich bekannte – Stabilität des gemeindepsychiatrischen Engagements, an dem sich nun alle Bürger irgendwie beteiligt wussten: (z.B. ständig Lokalpressberichte mit praktischen Beispielen für Toleranz, systematische Gespräche mit Mitarbeitern von

Behörden und größeren Firmen, mit allen politischen Parteien und Kirchengemeinden, Gründung einer Bürger-Stiftung, Vereinbarung mit sieben Schulen aller Typen, dass jeder Schüler einmal ein theoretisch vor- und nachbereitetes Begegnungspraktikum mit psychisch Kranken (z. B. Thema Fremdenangst) wahrnimmt, Schüler-Sponsorenlauf usw.).

Wenn also das Konzept der Community Care (wie in Kap. 2 schon mal angedeutet) heißt, dass die »Sorge« aus den sozialen Institutionen wieder in die Gemeinde zurückkehrt, die Kommune also – wie sie es bis vor 200 Jahren recht und schlecht war – wieder eine insgesamt »sorgende Kommune« wird, dann geht das nur, indem alle Bürger sich daran beteiligen, aber mit so kleinen Zeithäppchen und auf so viele Schultern verteilt, dass das für alle mit ihren eigenen vielen und berechtigten egoistischen Interessen vereinbar ist. Soweit ich aber nicht Angst haben muss, dass soziale Teilhabe mich verschlingt, kann ich sie sogar als ein Recht, als Bürgerrecht, reklamieren, weil vorübergehende Spuren des »dem Anderen – mich aussetzen« hilfreich sind, mein im Übrigen selbstbestimmtes Leben auch als sinnvoll zu empfinden, was ohne solche »Spurenelemente« schwierig wäre. Im Grunde ist das nichts anderes, als das, was schon 1806 der Tübinger Internist Prof. Autenrieth angesichts des schizophrenen Dichters Hölderlin geraten hat: »Die psychisch Kranken nicht konzentrieren, sondern gleichmäßig über die ganze Gesellschaft verteilen, sodass die Last, die sie bedeuten, sich auf alle Schultern verteilt und dadurch erträglich wird, und das Positive, das sie auch bedeuten, genossen werden kann und außerdem jeder zu seinem kleinen Stückchen Recht, für Andere verantwortlich sein zu wollen, auch kommt, wodurch sein Leben mit der Last auch Gewicht und Bedeutung bekommt.«
So gesehen klingt es nicht mehr ganz so utopisch, wenn das Konzept der Community Care – zivilgesellschaftlich – erreichen will, dass alle Gegebenheiten und Dienstleistungen der Kommune gleichermaßen von Menschen mit und ohne Behinderung genutzt werden, es somit keine Sonderangebote mehr gibt. Und die Aufgabe von uns Profis bestünde dann darin, nicht mehr wie bisher alles selbst zu tun und das Soziale zu monopolisieren, sondern es eben auf die Schultern aller Bürger so gerecht und sensibel zu verteilen, dass diese es geradezu von uns fordern. Vermutlich gibt es zu diesem Weg kaum eine Alternative. Doch werden wir wohl mindestens 50 Jahre üben müssen, bis wir diese Kunst einigermaßen beherrschen.

Literatur

Basaglia, Franco (Hg.) (1980): Die negierte Institution. Frankfurt/M., Suhrkamp, 3. Aufl.

Bauer, Manfred (1977): Sektorisierte Psychiatrie. Stuttgart, Enke

Bericht über die Lage der Psychiatrie in der Bundesrepublik Deutschland (1975). Deutscher Bundestag, Drucksache 7/4200 (Psychiatrie-Enquete)

Buck, D., Bock, Thomas (2000): Es ist normal, verschieden zu sein. Psychose-Seminare – Hilfen zum Dialog. Psychosoziale Arbeitshilfe 10. Bonn, Psychiatrie-Verlag

Community Care, Tagungsband (2001). Ev. Stiftung Alsterdorf, Hamburg

DGSP, DGVT, GWG (1982): Psychosoziale Hilfen im regionalen Verbund. Tübingen, dgtv-Verlag

Depner, R., Regus, M. (1998): Psychosoziale und psychiatrische Krisen- und Notfalldienste. Ergebnisse der Begleitforschung zu einem Modellprogramm in Nordrhein-Westfalen, Siegen: *Sozial* 3. Jg. Heft 1

Dörner, Klaus (Hg.) (1991): Aufbruch der Heime. Gütersloh, Jakob van Hoddis

Dörner, Klaus u. a. (1995): Jeder Mensch will notwendig sein. Gütersloh, Jakob van Hoddis

Dörner, Klaus u. a. (1997):Aufhebung der Heime. Gütersloh. Jakob van Hoddis

Dörner, Klaus u. a. (1998): Ende der Veranstaltung. Gütersloh, Jakob van Hoddis (Paranus Verlag, Neumünster)

Empfehlungen der Expertenkommission der Bundesregierung zur Reform der Versorgung im psychiatrischen und psychotherapeutisch / psychosomatischen Bereich. Bundesministerium für Gesundheit. Bonn 1988

Finzen, Asmus (1986): Tags in die Klinik – abends nach Hause. Bonn, Psychiatrie-Verlag

Goffman, Erving (1972): Asyle – Über die Situation psychiatrischer Patienten und anderer Insassen. Frankfurt / M., Suhrkamp, 12. Aufl. 1999

Konrad, Michael; Schmidt-Michel, P.-O. (1994): Die zweite Familie – Psychiatrische Familienpflege. Bonn, Psychiatrie-Verlag

Kroll, Bettina (1998): Mit Soteria auf Reformkurs. Gütersloh, Jakob van Hoddis

Kunze, Heinrich (1982): Psychiatrische Übergangseinrichtungen und Heime. Stuttgart, Enke

Mosher, Loren R., Burti, Lorenzo (1994): Psychiatrie in der Gemeinde. Bonn, Psychiatrie-Verlag, 2. Aufl.

Müller, Wolf (2001): Die Metropole, die Krise und ihr Dienst, *Verhaltenstherapie & psychosoziale Praxis* 33. Jg., 31–38

Obert, Klaus (2001): Alltags- und lebensweltorientierte Ansätze sozialpsychiatrischen Handelns. Bonn, Psychiatrie-Verlag

Pörksen, Niels (1974): Kommunale Psychiatrie. Reinbek, Rowohlt

Psychiatrische Praxis. Stuttgart, Thieme (alle Hefte dieser Zeitschrift)

Remlein, Karl-Hubert (1996): Von der Siechenstation zum Gerontopsychiatrischen Zentrum. Gütersloh, Jakob van Hoddis

Sozialpsychiatrische Informationen. Bonn, Psychiatrie-Verlag (fast alle Hefte dieser Zeitschrift)

Stumme, Wolfgang (1975): Psychische Erkrankungen im Urteil der Bevölkerung. München, Urban & Schwarzenberg

15 Wege der Psychiatrie (Psychiatrie-Geschichte)

A Unsinn und Sinn der Psychiatrie-Geschichte

Wir haben die Landschaft jeder psychischen Störung durchwandert – nach ihren Beziehungen und ihrer Geschichte – räumlich und zeitlich. Genauso ist auch die Psychiatrie selbst als Landschaft darzustellen – räumlich und zeitlich, im 14. Kapitel nach ihren Spielräumen also räumlich, hier zeitlich, also historisch. Praktisch wie theoretisch, als Einrichtung wie als Wissenschaft. Allzu lange haben sich die Historiker damit aufgehalten, uns die Fachgeschichte als Aneinanderreihung von Fortschritten zu erzählen. Das ist aber weit von einer vollständigen Wahrnehmung entfernt. Schüchtern beginnen nun Historiker, die Psychiatriegeschichte vom Alltag her zu verstehen: Wie haben im Alltag psychisch Kranke, Angehörige und psychiatrisch Tätige miteinander und gegeneinander gehandelt? Wie gingen die drei Gruppen mit Angst, mit Gewalt um? Welche Bedeutung hatten psychische Störungen für die Familien, die Gemeinden, die Wirtschaft, die Religion, die Gesellschaft? Vielleicht als erster hat der gelernte Historiker Blasius uns in seinem Buch »Der verwaltete Wahnsinn« gezeigt, wie man all diese Fragen aus dem Alltag heraus stellt. So praxisbezogen und komplex muss die Psychiatriegeschichte geschrieben werden. Da stehen wir am Anfang.

Wir verstehen Geschichte nicht mehr so, als ob wir nur auf lauter Verdiensten unserer Vorgänger aufbauten (spätestens die NS-Psychiatrie hat uns das zerschlagen), als ob wir nur Stein auf Stein zu setzen hätten und selbst immer gerade an der Spitze eines ewig fortschreitenden Fortschritts stünden. Es ist eher wie mit der Begegnung zwischen Ihnen und dem Patienten in den klinischen Kapiteln: Je vollständiger Sie das Gegenwärtige wahrnehmen, desto mehr erschließt sich Ihnen die Vergangenheit. Diese wiederum macht Sie frei für eine Perspektive, für Ihren Entwurf der Zukunft, von dem aus Sie Ihren nächsten Schritt bestimmen – privat wie beruflich. Und wer kann schon jahrelang dasselbe tun, wenn er nicht an der Weiterentwicklung desselben Interesse hat? Auf diese Weise machen wir die historische Wahrnehmung für den Praxisalltag nützlich, freilich ohne jene für uns zu funktionalisieren. Zu diesem Zweck müssen wir noch andere Einseitigkeiten früherer Geschichtsschreibung ausgleichen. Wir wissen heute, dass selbst in so eindeutigen Wissenschaften wie Mathematik oder Physik eine neue Sicht (Paradigma) möglich wird durch neue sozioökonomische Erfordernisse (Kuhn 1973). Das schmälert nicht die Leistung »großer Individuen«. Vielmehr macht es sie erst verständlich. Umso mehr trifft das für eine praktische Wissenschaft wie die Psychiatrie zu. Hier hängt eine neue Sicht davon ab, was eine Gesellschaft als »vernünftig« und als »unvernünftig« definiert; wie sie das Unvernünftig-Auffällige bewertet und welche Umgangsformen und Einrichtungen sie für die Unvernünftigen erfindet. Hierfür sind ökonomische und geistige Bedingungen einer Zeit gleich wichtig. Eine neue psychiatrische Sicht (Paradigma, handlungsleitende Theorie, Psychopathologie) wird nur dann geschaffen, wenn die alte Sicht die sich weiterentwickelnden gesellschaftlichen Bedürfnisse nicht befriedigt. Jede so zustande kommende Einrichtung erlaubt nur bestimmte Wahrnehmungen der Unvernünftigen, verhindert andere. (Nachbarschaftshilfe, Anstalt, Praxis, Tagesklinik, Heim, Familientherapie stellen unterschiedliche »Wirklichkeiten« her.)

MERKE **Zwischen dem, was eine Zeit als Vernunft und Unvernunft bewertet, besteht immer eine wechselseitige (dialektische) Abhängigkeit.**

B Altertum

Heute lösen bestimmte Handlungsweisen die Wahrnehmung »psychisch krank« aus. Die gleichen Handlungsweisen lösten in mythischen, naturreligiös-dämonischen Zusammenhängen Verehrung und/oder Entsetzen aus. An ihnen konnten die Wünsche und Ängste der Zeit festgemacht werden. Mit ihnen beschäftigten sich (oder sie waren es selbst!) Schamanen, Zauberer, Medizinmänner und Priester. Sie wurden Opfer magisch-religiöser Praktiken (Tempelschlaf, Aussetzung, Exorzismus) und dienten gerade dadurch als Beweismittel für die Macht dieser Riten und Institutionen. Über semitische, phytagoräisch-gnostische, mystisch-christliche und romantische Traditionen leben auch solche Sichtweisen in je anderer Form bis heute in jedem von uns weiter. Selbst Exorzismus mit Todesfolge und Hexenprozesse waren noch Möglichkeiten des 20. Jahrhunderts.
Die griechische Kultur, vor allem die Schule des Hippokrates (später Galenus), bevorzugte eine nüchternere Sicht der psychischen Störungen. Sie waren eben Krankheiten wie andere auch – freilich im weitgefassten psychosomatischen Rahmen einer Humoralpathologie des Säftegleichgewichts, die noch das 18. Jahrhundert beeinflusste. Die präzisen Beschreibungen von Manie, Depression, Fieberdelir, Wochenbettpsychose und Epilepsie (der Hippokrates den heiligen Charakter absprach) sind ein Beleg, dass seelische Leiden auch im historischen Sinne allgemein-menschliche Möglichkeiten sind. Der angemessene Umgang war schon damals strittig: körperliche Gewalt, diverse Medikationen oder die heilende Kraft des Gesprächs, worauf vor allem die für den Dialog zuständigen Philosophen schworen. Der Begriff »Psychotherapie« stammt immerhin von Plato. Der Philosoph und Arzt Aristoteles entwickelte als Lebensziel die mesotes, den Begriff der guten Mitte. Philosophie und Medizin waren eine Einheit, deren Verlust wir heute immer noch thematisieren (Dörner 2001).

C Mittelalter

Das Erbe der Griechen wurde vor allem von der arabischen Kultur bewahrt. Daher gab es im damals arabischen Spanien erstmals vereinzelt psychiatrische Spitäler. Mitteleuropa blieb davon unberührt. Hier waren im Mittelalter Gesundheit und Soziales eine Sache der Kirchen und Ordensgemeinschaften. Aus ihren Schwestern und Brüdern wurden die heutigen Krankenschwestern und -pfleger. Sie betrieben und leiteten die Hospitäler, welche für alle offen standen, die aus körperlichen, seelischen und sozialen Gründen in Not geraten waren (Hospital kommt von hospes = der Fremde, freilich auch mit hostis = Feind verwandt. Es war der allem Fremden geweihte ökologische Ort). Pflege hieß also die vollständige

Wahrnehmung aller sozialen, seelischen und körperlichen Bedürfnisse, einschließlich der Rollen des Arztes und des späteren Sozialarbeiters und Psychologen (das hat sich nie ganz geändert: auf jeder Krankenhausstation finden Sie auch heute Menschen, die eigentlich aus seelischen oder sozialen Gründen dort sind). Die meisten psychisch Kranken freilich blieben im Verband der eigenen Familie und Dorfgemeinschaft. Grundsätzlich entsprach dem christlichen Geist dieser Zeit ein umfassender Begriff von Vernunft: Alle Menschen, auch die geringsten, also auch die »Irren«, waren nicht auszugrenzen, sondern anerkannt als Kinder Gottes, als »der einen Welt Gottes« zugehörig. Manchmal sogar in besonderem Maße: so wurden bei einzelnen Klöstern und Wallfahrtsorten (z. B. Geel/Flandern) Irrensiedlungen angelegt und, unter Wahrung größtmöglicher Selbstständigkeit, betreut. So etwas wie Solidarität zeigt sich auch in den »Narrenfesten« (vgl. Karneval!), die kirchlich gefördert wurden, um auch der angeborenen Narrheit des Menschen, »unserer zweiten Natur«, zu ihrem Recht zu verhelfen. Kehrseite der Medaille: klösterliche Tugenden wie Keuschheit, Armut, Gehorsam, Weltflucht, Arbeit, Hausordnung gelten z. T. noch heute als Behandlungsprinzipien für »Verirrte«. Der Theologe Vinzenz von Paul hat in Frankreich praktische Psychiatrie organisiert, lange bevor Ärzte auf eine solche Idee kamen.
Die Inquisition hingegen, der viele seelisch Kranke als »Besessene« oder »Hexen« zum Opfer fielen, begann erst mit Ausgang des Mittelalters und dauerte bis weit in die Neuzeit: Erst als die Kirche im Konkurrenzkampf um die Macht dem weltlichen Staat endlich unterlag, schuf sie sich mit der Inquisition ein ebenso erbärmliches wie unwirksames Mittel, um ihre Macht dennoch zu demonstrieren. Seelisch Kranke und andere »eigenartige« Menschen wurden hier zum ersten (und nicht zum letzten) Mal als Sündenböcke und abschreckende volkserziehende Modelle benutzt, gefoltert und ermordet.

D Renaissance

Das 15. und 16. Jahrhundert war die Zeit der aufblühenden Städte, die miteinander um die Herrschaft über Handelswege und Handelskapital konkurrierten. In diesem Konkurrenzkampf bemühten sich die Bürger, ihre Stadt zur reichsten, ästhetisch schönsten, ordentlichsten, saubersten und sichersten Stadt zu machen. Daher das Streben, die eigene Stadt von »unsozialen, bettelnden, vagabundierenden, unsauberen, gefährlichen und störend-auffälligen« Menschen zu reinigen, das Streben, solche Menschen unsichtbar zu machen oder auszugrenzen, eben auch die nicht familiengebundenen = armen Irren: 15

1. Die Bürger gründen eigene Stadtkrankenhäuser. An diesen haben nun auch Ärzte Interesse. Denn im Gegensatz zum Ordens- ist das Stadthospital eine Einnahmequelle. Und zudem finden Ärzte in den armen Patientenmassen günstige »Versuchskaninchen« für vergleichend-experimentelle Untersuchungen im Rahmen ihrer beginnenden naturwissenschaftlichen Sichtweise. Daher wünschen sie nur Körperkranke in den Krankenhäusern, während seelisch und sozial Notleidende als nicht mehr recht zugehörig gelten.

(Wichtig: Ärzte bleiben bis heute Gäste im Krankenhaus. Visite = Besuch. Sie gehen entweder zwecks Ausbildung horizontal durch und lassen sich nieder oder sie gehen vertikal durch und werden Chefarzt, während das Pflegepersonal bleibt. Diese uralte Tatsache ist Quelle für Missverständnisse in jedem Stations-Team!)

2. Unsoziale (und seelisch Kranke) werden aus der Stadt ausgewiesen oder Händlern mitgegeben.
3. Die wenigen »Gefährlichen« werden in Zellen in der Stadtmauer oder in Türmen untergebracht (»Narrenturm«) – gleichsam auf der Grenze zwischen zivilisierter Stadt und naturhaft unzivilisierter Nicht-Stadt. Oder sie werden in transportable »Dollkisten« gesperrt.
4. Manche werden als ansteckende Kranke »ausgesetzt«, z. B. in abgelegene Häuser, die früher Pest- oder Leprakranken dienten, den »Aus-sätzigen«. (Heute werden ehemalige Tbc-Einrichtungen und Hotels zur Deportation von Langzeitpatienten gewinnbringend genutzt.)

MERKE **An dieser zwar richtigen, aber eben isolierten Darstellung können Sie lernen, dass Psychiatrie nicht der Nabel der Welt, sondern stets nur in der gesamtgesellschaftlichen Entwicklung zu verstehen ist: denn in Wirklichkeit ging es zu Beginn des 16. Jahrhunderts um viel mehr, nämlich um die erste gesamteuropäische und umfassende sozialpolitische Operation, da diese Zeit (neben Reformation, Entdeckung Amerikas, Humanismus und Städteblüte) durch einen Paradigmenwechsel der Moral charakterisiert ist, wonach – erstmals so umfassend – alle Menschen arbeiten sollten, was es erzwang, dass man nun auch – ebenfalls erstmals – (die nichtarbeitenden) Armen statt als Gelegenheit zum Gottesdienst als Plage und die Bürger ökonomisch und emotional überfordernde Flut (Armen-Epidemie) ansah. Problemlösung in ganz Europa:**

1. **Ausgrenzung aller fremden Armen;**
2. **Zählung und öffentliche Kenntlichmachung (z. B. mit einem gelben Kreuz) aller eigenen Armen;**
3. **Selektion und Institutionalisierung:**
   a. **für die kranken = arbeitsunfähigen = guten Armen die Krankenhäuser und**
   b. **für die gesunden = arbeitsfähigen = schlechten Armen die Institution vom dadurch erst entstehenden Typ des Zucht-, Korrektions- oder Arbeithauses, mit Zwangsarbeit und Züchtigung bis zum Abschreckungsmittel der öffentlichen Hinrichtung, also das komplette Gewaltarsenal der modernen Gesellschaften (Geremek).**

E Absolutismus und Aufklärung

Wir sind jetzt im 17. und 18. Jahrhundert. Unter absoluten (und aufgeklärten) Monarchen bilden sich in Europa die modernen Staaten. Die Bürger versuchen, unter der Fahne der Aufklärung sich von allem Irrationalen (Unvernünftigen) zu befreien und ihr gesamtes öffentliches und privates Leben auf die Rationalität (Vernunft) zu gründen. Beides hat Folgen für uns. Es wiederholt sich auf der Ebene der Staaten, was zuvor auf der Ebene der Städ-

te stattfand. Die Rationalisierung erfasst von der Landwirtschaft aus immer mehr Lebensbereiche. Die Wirtschaftsform des Merkantilismus mit vorindustriellen Manufakturbetrieben sieht den Monarchen als obersten Unternehmer. Damit ist dieser bzw. der Staat zum ersten Mal in der abendländischen Geschichte vital am Besitz einer möglichst großen Zahl gesunder und arbeitsfähiger Untertanen interessiert. Man versucht durchaus dirigistisch, sie »vernünftig« zu machen, d.h. sie in kinderreiche und moralisch anständige Eheleute, fromme Soldaten, fleißige (=industria) Manufakturarbeiter und pünktliche Steuerzahler zu verwandeln. Dieses schon engmaschigere Sieb der Vernunft lässt mehr Menschen als »Unvernünftige« durchfallen. Da die Aufklärung aber sagt, dass jeder Mensch »an sich« vernünftig ist, entsteht auch der Wille, die gesamte Gesellschaft restlos vernünftig zu machen – nach den obigen Prinzipien der Vernunft. Wer nicht will, muss erzogen werden. Wer sich auch dem widersetzt, wird sozial unsichtbar gemacht.
Zu den Mitteln für diese Ziele gehören:

1. das Militär als »Schule der Nation« (allgemeine Wehr- und Schulpflicht).
2. Statt des kirchlichen ein zunehmend engerer bürgerlicher Moralkodex.
3. Die Entmündigung, um das vernünftige Gut »Besitz« gegen Verschleuderung zu schützen.
4. Die Medizin, die jetzt logischerweise zu den Polizei- oder Staatswissenschaften gerechnet wird, da für die innere Ordnung und Sicherheit zuständig, vor allem ihre ersten Spezialisierungen Hygiene, Geburtshilfe, Kinderheilkunde und Orthopädie.
5. Schließlich die großen Reservoirs für die halsstarrigen Unvernünftigen, die ersten Konzentrationslager Europas, im Sinne von Umerziehungslagern. In England wurden sie workhouse genannt, in Frankreich hôpital général, in Deutschland Zucht-, Arbeits-, Korrektions-, Toll-, Versorgungs- oder Verwahrungshäuser, jetzt in ihrer pädagogischen Absicht über die Herstellung von Arbeitsfähigkeit hinausgehend. Es war dies ein imponierendes Netz von Zwangseinrichtungen. Wer den bürgerlich Vernünftigen unvernünftig erschien, konnte hier mit der Vorform der heutigen Zwangseinweisung für die Öffentlichkeit unsichtbar gemacht werden. Es konnten dies sein: Bettler und Vagabunden, Besitz-, Arbeits- und Berufslose, Asoziale, Unmoralische und Straffällige, Dirnen und Lustseuchenkranke. Politische Aufrührer und religiös Irrgläubige, entjungferte Töchter, verschwenderische Söhne und missliebige Ehefrauen; und eben auch Alkoholiker, Idioten, Sonderlinge, Narren und Irre gehören dazu. – Das Elend dieser Einrichtungen ist aktenkundig. Die Demonstration tobender Irrer gegen Entgelt galt ebenso wie die Besichtigung wilder Tiere in den damals aufkommenden Zoos als pädagogisch lehrreiches und abschreckendes Vergnügen (Bändigung der »zügellosen« Natur) bei den vernünftigen Bürgern der europäischen Großstädte.

Ohne Zweifel stehen wir heute noch in der Tradition der menschenbefreienden Aufklärung mit ihren Zielen der Freiheit, Gleichheit und Brüderlichkeit. Aber wir haben auch zu lernen, dass die Aufklärung, wie jede Idee, zum Terror wird, wenn die jeweils Herrschenden sie als allein gültige »Vernunft« absolut setzen. Diese »Dialektik der Vernunft« (Hork-

HEIMER) mitsamt den Schattenseiten der folgenden Revolution meinte der Maler Goya, als er um 1800 einem Bild den Titel gab: »Der Traum der Vernunft gebiert Ungeheuer«. Auch die Nationalsozialisten setzten ihre Werte (der gesunde, leistungs- und gemeinschaftsfähige Mensch) als ihre Vernunft absolut.

F Industrialisierung und Romantik: Entstehung der Psychiatrie

Die Entstehung einer eigenständigen Psychiatrie hängt zeitlich mit der Durchsetzung des freien Marktes als Paradigma der Ökonomie und mit dessen Folge, der industriellen Revolution zusammen: d.h. im gesellschaftlich fortgeschrittenen England ab 1750, in Frankreich kurz vor und nach der bürgerlich-politischen Revolution um 1800 und in Deutschland wegen der Kleinstaaterei (»die verspätete Nation«) verzögert zwischen 1800 und 1850. Zeitgleich waren diese Länder in denselben Phasen außer von der Aufklärung auch stark von einer ersten romantischen Welle geprägt. Wie kann man dieses merkwürdige zeitliche Zusammentreffen von Markt, Industrialisierung, Romantik und Psychiatrie verstehen (DÖRNER 1995)?

Die Umstellung der Wirtschaft von der Subsistenz- auf die Marktwirtschaft und auf die industrielle Produktionsweise erforderte: Kapital für die großen Investitionen zur Erstellung einer Fabrik; Technische Erfindungen (Dampf-, Spinn- und Webmaschinen); Verfügungsgewalt über eine wachsende Zahl geeigneter Arbeiter, da die Wirtschaft jetzt nach dem kapitalistischen Prinzip des expansiven, quantitativen Wachstums und der Vernichtungs-Konkurrenz betrieben wurde. Zudem mussten die Bürger sich durch die bürgerliche Revolution vom staatlichen Zwang befreit haben, um als freie Privatunternehmer durch freie Arbeitsverträge über »freie« (nämlich jetzt nicht mehr ständisch geschützte) Arbeiter verfügen zu können. Da die fortschreitende Rationalisierung nach dem Kleinbauerntum auch das Handwerk und Kleingewerbe zu zerstören begann, hatte man zunächst genug arbeitslose Arbeitskräfte, die man zwang, jetzt erstmals jeden Tag »zum Arbeiten« in die Fabrik zu gehen, sich so zu »entfremden«. Aber diese reichten bald nicht mehr, waren auch nicht immer zur rückgratverbiegenden Umerziehung bereit. Denn die Frage der Eignung führte jetzt zu neuen Kriterien der Vernunft: Als vernünftig für das neue industrielle System galt jetzt die Fähigkeit zum reibungslosen, monotonen Funktionieren, Freisein von störenden persönlichen Eigenarten sowie Kalkulierbarkeit und Vorausberechenbarkeit des Verhaltens. Denn Maschinen (und Verkehr) werden von nun an immer kostspieliger und störanfälliger. Sie verlangen immer mehr diszipliniertes, genormtes und selbst-verbietendes Verhalten. Einer der Gründe für die Zunahme unbrauchbarer, gestörter, frühinvalider und psychiatrisierter Menschen – bis heute.

Da entsann man sich der Umerziehungslager für die Unvernünftigen des aufgeklärten Absolutismus. Man löste sie aber nicht bloß auf, sondern man verteilte um: Nur die Brauchba-

ren nach den obigen neuen Kriterien der Vernunft kamen in die Fabriken, wurden zum Proletariat. Für die anderen schuf man je nach der Art ihrer Unvernunft oder Unbrauchbarkeit Spezialeinrichtungen. So entstanden die Grundzüge des heute noch gültigen sozialen Versorgungssystems. Diese tief greifende und ebenfalls gesamteuropäische Reform hatte zugleich den Sinn, die Familien von solchen zu pflegenden Mitgliedern zu »befreien«, die – gemessen an der eingeengten industriellen Vernunft – un-nütze Ballastexistenzen sind: So konnte aus dem vormodernen mit Nachbarschaft und Gemeinde verflochtenen Haushalt die für den industriellen Produktionsprozess zweckrationale und isolierte Kleinfamilie werden, mit deren auch schädigenden Folgen wir heute zu tun haben, beruflich und persönlich!
Im Zuge dieser Umverteilung wurden immer systematischer: für unbrauchbare Alte Altersheime errichtet, für Pflegebedürftige Pflegeheime, für unversorgte oder störende Kinder Waisenhäuser und Kindergärten, für geistig Behinderte Idiotenanstalten, für »Arbeitsscheue« Arbeitshäuser, für Straffällige erstmals eigene Gefängnisse und für die Irren eben Irrenanstalten. Dies ist die Geburt der Psychiatrie *als Einrichtung*, nach den obigen Zeitangaben erst in England, dann in Frankreich, dann in Deutschland. So gesehen, ist die Psychiatrie ein Spaltprodukt der damaligen Lösung der »sozialen Frage«. Denn es handelte sich ja um das Schicksal der »*armen* Irren«. Für Irre aus begüterten Familien gab es nach wie vor andere Möglichkeiten: Hauspflege, Hausärzte, Sanatorien oder die damals beliebten Bäderreisen in Begleitung. So pflegten die besseren Bürger ihre »unvernünftigen« Anteile. Es gehörte fast zum guten Ton, dass man seine »Hypochondrie«, seine »Hysterie« oder seinen »english spleen« hatte. Dies war dadurch begünstigt, dass Th. Willis (1622–1675) die Erforschung der Nerventätigkeit gefördert und Begriffe wie »Neurologie«, »Reflex« und »Neurose« hoffähig gemacht hatte: seit Willis konnten die Bürger »es an den Nerven haben«, während die »armen Irren« in die Irrenanstalten »aus-gemeindet« wurden!
Den Zusammenhang von Industrialisierung, »sozialer Frage« und Psychiatrie-Entstehung können Sie sich am besten mit Hilfe von Jeremy Bentham merken. Dieser umfassend kluge liberale utilitaristische Philosoph legte 1791 einen geradezu technokratischen Organisationsplan für die industriell-kapitalistische Wirtschaftsgesellschaft vor. Da die Bürger nun auf die nicht-bürgerlichen unsozialen Unvernünftigen angewiesen seien, müssten sie auch für deren ständige Kontrolle sorgen. Dies lasse sich perfekt und billig durch sog. »panoptische Anstalten« machen: nach dem Prinzip des Spinnennetzes könne von einem zentralen Überwachungsraum aus im Idealfall eine Person alle davon ausgehenden Gänge mit den an ihnen liegenden Zellen oder Arbeitsplätzen kontrollieren. Diese panoptische und durchaus human gemeinte Konstruktion, die in vielen Varianten architektonisch verwirklicht wurde, empfahl er gleichermaßen für Gefängnisse, Arbeits- und Waisenhäuser, Irrenanstalten, und – auf derselben Ebene des Kontrollbedarfs – auch für Fabriken! Darin wird das Gemeinsame dieser Gruppen besonders deutlich. – Herzog (1984) hat die besondere Gemeinsamkeit von Gefängnis und Irrenanstalt nachgewiesen: Freiheitsentzug für die beiden störendsten Gruppen als »besonderes Gewaltverhältnis«.

Seither und bis heute fordert die Industriegesellschaft mit Hilfe der von ihr finanzierten Einrichtungen Konzentration und Kontrolle der Unvernünftigen. Das ist die eine Seite. Die andere Seite besteht darin, dass diese »Veranstaltung« der Überflüssigen wohl notwendig war, die sonst der Verelendung des Frühkapitalismus zum Opfer gefallen wären. Zudem glaubte man, dass nun durch ihre spezialisierte Lokalisierung auch die besonderen Bedürfnisse der einzelnen Gruppen besser gesehen und befriedigt werden konnten. Die Irrenanstalten waren also Voraussetzung dafür, dass die in ihnen Tätigen durch die tägliche Erfahrung mit den Insassen erst die Psychiatrie als eigene Wissenschaft mit Theorie und therapeutischer Praxis entwickeln konnten, allerdings: als »Insassen-Wissenschaft«! Forderten nun die Wirtschaftsbürger Kontrolle und Absonderung, so forderten die Bildungsbürger humane Hilfe und soziale Annäherung für die Unvernünftigen. Die Triebkraft hierfür kam einerseits aus der Aufklärung mit ihrer Forderung nach Erziehung und Befreiung des Menschen zu sich selbst. Andererseits kam sie aber mindestens ebenso stark aus der zeitgleichen Protestbewegung der Romantik. Diese erzeugte Faszination für psychisches Kranksein wie überhaupt für alle dunklen Gefühle, die »Nachtseiten« (Novalis) d.h. gerade für die Seiten des Menschen, die sich naturhaft der Einzwängung in berechenbares Verhalten widersetzen. K.Ph. Moritz ist mit seiner »psychologischen« Autobiographie »Anton Reiser« (1785–90) eine Art Urvater aller späteren Selbsterfahrungsbewegungen geworden.

Auch die Romantik ist gesamteuropäisch und erneuert sich bis heute als Gegen-Bewegung gegen die industrielle Rationalisierung aller Lebensbereiche immer wieder. Damals führte sie zur gefühlsmäßigen Zuwendung zu den psychisch Kranken, aber auch dazu, dass Irrenanstalten mit Vorliebe auf dem Lande gegründet wurden. Die Irren sollten den hektischen Einflüssen der Stadt entzogen und der Heilkraft der Natur zugeführt werden.

Das erste Modell (Paradigma) für eine eigenständige, nach Theorie und Praxis vollständige Psychiatrie als Einrichtung und Wissenschaft entwickelt England – entsprechend seinem Fortschrittsvorsprung: William Battie (1704–1776) gründete 1751 das St. Luke's Hospital als Gegenmodell gegen das Unwesen des Londoner Unvernunft-Reservoirs Bedlam. 1758 veröffentlichte er seine »Psychiatrie als Wissenschaft«. Dies geschah erstmals auf der Basis wirklicher Erfahrungen täglichen Umgangs, während die Ärzte bisher meist nur erfahrungslose Klassifikationen psychischer Symptome nach Art des Botanikers Linné produziert hatten. Batties epochale Zusammenfassung seiner Erfahrung: »Management did much more than medicine.« Die Beeinflussung des Kontextes der Patienten schien ihm wirksamer als Medikamente. Darauf baute das »moral management« von F. Willis und des Quäkers Tuke (1796) auf, später auch die No-Restraint-Bewegung (Behandlung ohne Zwangsmittel) von J. Conolly (1856).

In Frankreich wird die Befreiung der Irren von ihren Ketten als Akt der bürgerlichen Revolution gefeiert und Philippe Pinel (1745–1826) zugeschrieben. Bezeichnender ist jedoch, dass aus den großen Pariser Unvernunft-Reservoirs Salpêtrière und Bicêtre alle anderen Unvernunft-Gruppen schon befreit oder umverteilt, die Irren allein übrig geblieben waren. Das ist verständlich. Denn wenn die neue industrielle Vernunft die Vorausberechenbarkeit des Verhaltens am höchsten bewertet, dann stellen die Irren das Gegenextrem dar: noch heute wird in Meinungsumfragen den psychisch Kranken von der Bevölkerung an erster Stelle die Eigenschaft »Unberechenbarkeit« zugesprochen. 1793 hat PINEL die Ketten durch das von den Engländern übernommene pädagogische Regime des »traitment moral« ersetzt. 1801 publiziert er seine Erfahrungen des Umgangs mit den Irren als eigenständige psychiatrische Wissenschaft. Er fasst psychische Störungen als Selbst-Entfremdung (alienation) auf: Irre sind Leute, die sich und Anderen fremd werden. Dagegen entspricht seine Methode der minutiösen Symptombeobachtung schon mehr der neuen naturwissenschaftlichen Wahrnehmungsweise der Medizin. Sein Schüler ESQUIROL (1772–1840) hat diesen Ansatz ausgearbeitet. Er hat die therapeutische Lehre aus den Schrecken der Revolution gezogen, dass Freiheit nur gut ist, wenn sie sorgfältig kanalisiert wird.

Für den zersplitterten und sich langsamer entwickelnden deutschsprachigen Raum ist es schwieriger, das erste vollständige Modell der Psychiatrie als Wissenschaft zu bestimmen. Zwar werden auch hier ab 1800 spezielle Irrenanstalten gegründet (oft in den leer stehenden Klöstern und Schlössern). Wichtig sind hier: 1784 in Wien Zusammenschluss des »Narrenturms« mit anderen Einrichtungen zu einem Allgemeinkrankenhaus durch Joseph II.; 1805 die »psychische Heilanstalt« im preußischen Bayreuth durch G. LANGERMANN; 1806 Charité in Berlin durch E. HORN, der die pädagogische Therapie zum militärischen Drill abwandelte. 1811 Sonnenstein / Pirna als erste reine »psychische Heilanstalt« Deutschlands durch C. HAYNER und E. PIENITZ; im selben Jahr freilich auch das Lindenhaus Lemgo für das Fürstentum Lippe; 1814 Marsberg / Westfalen durch W. RUER, der als Erster die Ausbildung des gesamten Personals verwirklichte. Das damals dänische Schleswig 1820 durch P. W. JESSEN. 1827 verwirklichte G. H. BERGMANN in Hildesheim erstmals den für das 19. Jahrhundert endgültigen Anstaltstyp, die »relativ verbundene Heil- und Pflegeanstalt«. Hier wurden die akut und chronisch Kranken zwar getrennt behandelt, jedoch baulich benachbart untergebracht. Bis heute ist dies ein Kernproblem jeder Versorgungsplanung: »das Ärgernis sind immer die Unheilbaren«! BLASIUS (1981) zeigt, wie die erste Reform-Anstalt Siegburg schnell für die Heilbaren reserviert war, wodurch die Lage der Unheilbaren in der Region noch schlechter wurde. Und heute? Lange blieb es in Deutschland dabei, dass die praktisch tätigen Psychiater wenig schrieben, während ihre Bücher schreibenden Kollegen kaum Erfahrung hatten, so J. HEINROTH, der die Tradition vom Irresein als Sünde wiederbelebte, oder J. C. REIL mit seinen naturphilosophischen »Rhapsodien« von 1803.

Es bedurfte schon des kurzlebigen geistigen Aufschwungs der nachgeholten und halben bürgerlichen Revolution von 1848, um auch in Deutschland ein vollständiges Modell der Psychiatrie auch als Wissenschaft herzustellen: W. GRIESINGER (1817–1868) verarbeitete seine Erfahrungen 1845 in »Pathologie und Therapie der psychischen Krankheiten«. Hier fasste er in noch heute exemplarischer Weise die seelischen und körperlichen, die subjektiven und objektiven, die idealistischen und materialistischen Aspekte des Problembereichs

Psychiatrie zusammen, ausgehend vom Schmerz und dem Umgang mit ihm! Er setzte sich für die englische No-Restraint-Bewegung ein. Zugleich entwickelte er die Idee der »Stadtasyle«: kleine stationäre Einheiten in der Gemeinde, Hausbesuche, Beachtung der Lebensbedingungen, ambulante Nachsorge. Damit forderte er (freilich nach der Fürstin Pauline von Lippe) als Erster Gemeindepsychiatrie. Diese Idee musste also über 100 Jahre warten, bis sie heute seit der Psychiatrie-Enquête wenigstens gefordert wird. So massiv waren und sind die Widerstände. Allerdings ist selbst Griesinger (wie noch die Enquête) zwiespältig zu sehen: als naturwissenschaftlicher Modernisierer interessierte er sich nur für die Akutkranken, bei denen der unterstellte Nervenkrankheitsprozess, noch »lebendig« = beeinflussbar sei, während ihn aus demselben Grund die chronisch Kranken als Unheilbare nicht interessierten, sie sollten – weit weg – in Anstalten sein. Seine erbitterten Gegner – die Anstaltspsychiater – hingegen hatten, so »reaktionär« ihr Krankheitskonzept auch war, ein gleich liebevolles Interesse für die chronisch, wie für die akut Kranken (SAMMET).
Zusammengefasst zeigt die Entstehung der Psychiatrie, dass wir psychiatrisch Tätigen von der Gesellschaft für zwei Aufgaben bezahlt werden, die oft im Streit liegen: für die Kontrolle und für die Befreiung der psychisch Kranken. Unser schlechter Kompromiss: wir halten sie z. B. in Heimen, als »ewig zu Befreiende«. Wäre trialogische Psychiatrie mit den Psychiatrie-Erfahrenen und Angehörigen der Mittelweg?

G 19. Jahrhundert und erste Hälfte des 20. Jahrhunderts: Die Psychiatrie wird medizinische Wissenschaft

Zu Anfang war die Zuordnung des neuen Bereichs Psychiatrie offen. Die Leitung der Anstalten hatten neben Ärzten auch Lehrer, Apotheker, Geistliche, Philosophen, Offiziere, Juristen, Kaufleute. Im Übrigen arbeiteten in den Anstalten entlassene Soldaten, Straffällige mit und ohne Bewährung, stellenlos gewordene oder ruinierte Bauern, Landarbeiter oder Handwerker. Wenn man für die Irren arbeitete und mit ihnen aß und lebte, galt man als kaum weniger ausgegrenzt. Die Grundhaltung war aktiv, pädagogisch, um die Beeinflussung der inneren Bedingungen (Aufmerksamkeit, Leidenschaften) und der äußeren Bedingungen (Lebensgewohnheiten) bemüht. In heutigen Begriffen: sozio-, arbeits- und verhaltenstherapeutisch. Letzteres z. T. in heute noch lehrreicher Weise, z. T. aber auch mit terroristischen Torturen verbunden. So steckte man Patienten in Zuber mit lebenden Aalen, brachte sie in Drehmaschinen zur Bewusstlosigkeit, traktierte sie mit schmerzenden Wasserkuren, kurz, man versuchte, sie *um jeden Preis* zur Vernunft zu quälen. Auch diese Versuchung ist heute noch bekannt. Ob Neuroleptika weniger quälend sind? Das Anstaltsregime war patriarchalisch-familiär. Bei diesem human-begeisterten therapeutischen Aktivismus waren die Anstaltsaufenthalte anfangs kurz. Offen war auch, ob die Psychiatrie als Wissenschaft zur Medizin oder zur Philosophie mit ihren pädagogischen, psychologischen und soziologischen Anteilen gehöre. Die wichtigen Philosophen der Zeit haben auch eine Psychiatrie entwickelt, so Kant, Hegel und Schelling. Endlos wie heute stritten »Psychiker« (Heinroth, Reil, Ideler) und »Somatiker« (Nasse, Jacobi) darum, ob die seelischen oder körperlichen Ursachen wichtiger seien.

Warum gilt nun am Ende des 19. Jahrhundert die Psychiatrie überall als Unterdisziplin der Medizin? Wir nennen einige Gründe:

1. Das 19. Jahrhundert war die Zeit der größten Fortschritte in der Medizin. Körpermedizinische Erklärungen hatten also große Überzeugungskraft.
2. Liberal-humane Einstellung und Fortschrittsglaube waren im 19. Jahrhundert meist kombiniert mit naturwissenschaftlichem und antiphilosophischem Denken. Es war 1848 eine Revolutionsforderung von Virchow und anderen sozial-engagierten Medizinern, das »Philosophikum« für Medizinstudenten durch das »Physikum« zu ersetzen.
3. Es war daher human, Irresein als Körperkrankheit anzusehen: die Patienten waren so von den Schuldgefühlen religiösen oder moralischen Versagens und auch von den pädagogischen Torturen der psychiatrischen Pionierzeit zu befreien.
4. Der größte psychiatrische Erkenntnisfortschritt des 19. Jahrhunderts war die Rückführung der progressiven Paralyse auf die Lues bzw. Spirochäten-Infektion. Dies musste die Psychiater umso mehr faszinieren, als damals bis zur Hälfte der Anstaltspatienten an dieser fast alle psychischen Syndrome imitierenden Krankheit litten. Was lag näher, als nun für alle seelischen Störungen hirnorganische Ursachen bzw. Erreger zu suchen.
5. Das berufspolitische Interesse: durch die Vermehrung der Anstalten entfaltete sich ein Berufsstand, der Anerkennung, Prestige, bessere Bezahlung, Alterssicherung und akademische Rechte (Lehrstühle, Prüfungsrecht, Forschungsgelder) beanspruchte. Dafür war der Anschluss an die damals so erfolgreiche Medizin am günstigsten. Auch das half den Schlachtruf zu begründen: »Geisteskrankheiten sind Gehirnkrankheiten«.

Diese Selbsteinengung der Wahrnehmung auf den Körper hatte Erfolg: ab 1900 hatte man ziemlich allgemein die Anerkennung als medizinische Disziplin durch die medizinischen Fakultäten durchgesetzt. (Freilich nie ganz: Mediziner belächeln die psychiatrisch Tätigen bis heute – mit Recht – als nicht vollständig zugehörig.) Fortan durften Nervenärzte als Fachärzte sich niederlassen und Pflegekräfte das Milieu der Anstalten medizinisch prägen. Die neuropathologische Aufmerksamkeit zeitigte die Erkennung alkohol- und infektionsbedingter Psychosen. Vor allem verfeinerte die naturwissenschaftlich-objektivierende Fallbeobachtung nach Symptomatik und Verlauf die Kunst des Diagnostizierens und Klassifizierens. Die Zusammenfassung der zahllosen, unendlich mühseligen und sorgfältigen Beobachtungen (freilich an »Insassen«) ist das uns bis heute prägende Werk Emil Kraepelins (1856–1926), ergänzt durch E. Bleuler (1857–1939). Wie viel von der psychiatrischen Wirklichkeit damit immerhin beschreibend erfasst war, zeigt sich daran, dass Kraepelins diagnostisch-nosologische Grundbegriffe heute, nach 90 Jahren, noch gelten, und zwar weltweit: in Russland ebenso wie in Europa, in den USA und in der internationalen Klassifikation (ICD) der WHO. Ein wissenschaftsgeschichtlich ziemlich einmaliger Vorgang, wenn man bedenkt, wie schnell die Grundbegriffe etwa der Physik sich wandeln. Er spricht freilich auch für die Angst der Psychiatrie, sich der *ganzen* Wirklichkeit zu öffnen.

So weit die Vorteile dieser Entwicklung. Nun die Nachteile, die vor allem aufseiten der Patienten liegen. Sie gelten jetzt zwar als körperlich krank, haben aber wenig davon, da die Entdeckung der körperlichen Ursachen und der daraus folgenden kausalen Therapien stets ein Versprechen für kommende Generationen bleibt. Entsprechend verändert sich die »therapeutische Haltung« ihnen gegenüber: Das Interesse an ihnen ist vorwiegend diagnostisch, klassifikatorisch oder beschreibend-psychopathologisch (K. JASPERS 1913), an ihren Leichen hirnpathologisch. Als Körperkranke werden sie vermehrt in Betten behandelt, was die Mehrzahl zusätzlich hospitalisiert. Aus der therapeutischen Begeisterung der moralisch-pädagogischen Ära der Anfangszeit wird »therapeutischer Nihilismus«. Die Aufenthaltsdauer in den Anstalten steigt rapide an. Da die Meinungsbildung nun an den Universitäts-Kliniken erfolgt, werden die Anstalten provinziell, zum Arbeitsplatz für abgebrochene Karrieren. Die Universitäts-Kliniken hingegen nehmen verzerrt wahr, weil sie nur eine Auswahl günstigerer und besserer Patienten sehen. Das gilt z. T. auch für die Nervenarztpraxen. Die Gesamtheit des seelischen Elends wird wieder unsichtbarer.

Jeder weiß aber von sich selbst, dass Einseitigkeit der Wahrnehmung *ideologieanfällig* macht: um die Lücken zu füllen bzw. um die Einseitigkeit zu verschleiern. So füllt sich die Psychiatrie mit unzulässigen Wertungen auf, die in der Imperialismus-Ära der Wende zum 20. Jahrhundert (Nationalismus, Abwehr der erstarkenden Arbeiterklasse und der Frauen, expansive Erschließung der Kolonialmärkte, Monopolkapitalismus) auch gesellschaftlich bereitliegen. Aus z. T. wichtigen Einzelbeobachtungen werden schein-naturwissenschaftliche, sozialdarwinistische und biologistische Verabsolutierungen gemacht:

MOREL nimmt verdienstvollerweise die ersten umfangreichen Familienforschungen vor, entwickelt daraus aber eine kulturpessimistische Degenerationstheorie, die bis zur Wertung von angewachsenen Ohrläppchen als Entartungszeichen reicht. Aus denselben Gedanken entwickelt MÖBIUS sowohl den »physiologischen Schwachsinn des Weibes« als auch das Endogenitäts-Konzept. LOMBROSO erfindet den »geborenen Verbrecher«, KOCH den Psychopathen als »moralisch Schwachsinnigen«. Die wichtige Entdeckung der Erblichkeit verführt Psychiater (z. B. RÜDIN) dazu, Psychosen zu »Erbkrankheiten« zu vereinseitigen. Aus der Beobachtung kulturell-»landsmannschaftlicher« Unterschiede werden rassistische und antisemitische Theorien. BINDING und HOCHE fordern 1920 als extreme«, d. h. »die Vernichtung lebensunwerten Lebens«.

All dies brachte solche Psychiater, die trotz des therapeutischen Nihilismus als Ärzte wirksam sein wollten, zu der Haltung: Wenn schon keine Therapie und Befreiung des einzelnen Patienten möglich ist, dann wenigstens staatstragende Sozialhygiene und Ausgrenzung der psychisch Kranken in den Anstalten. So hielten es KRAEPELIN u. a. schon für einen Fortschritt, möglichst viele psychisch Kranke über das fortpflanzungsfähige Alter hinaus in den Anstalten zu bewahren. Dasselbe »gesellschaftstherapeutische« Ziel, die Sehnsucht nach einer Gesellschaft ohne seelische Leiden, nach der heilen Welt, machte viele Psychiater, subjektiv ziemlich reinen Herzens und bester Absicht, mit dem Nationalsozialismus einverstanden. Aufgrund der biologischen Weltanschauung konnten ohnehin die meisten Mediziner glauben, dass die Medizin jetzt endlich wichtigste Wissenschaft geworden sei und dass sie all ihre Ideale verwirklichen könnten. In der Tat bestand das innenpolitische Programm der Nationalsozialisten in der *medizinischen* Endlösung der »sozialen Frage«: *alle* Menschen, die gemessen am technischen Produktionsfortschritt nicht mehr ganz gesund, leistungs- und gemeinschaftsfähig waren, sollten medizinisch diagnostiziert, selektiert und – bei Unverbesserlichkeit – medizinisch beseitigt = getötet werden, als gesetzliche Grundlage zuletzt noch 1944 im »Gemeinschaftsfremdengesetz« verankert (Peukert). Was ist hier aus dem Fremden-Begriff des Mittelalters geworden? (Aber denken Sie die heutige Ausländerfeindlichkeit mit?) Der Medizinprofessor H. W. Kranz schrieb 1940 ein Lehrbuch dafür: »Die Gemeinschaftsunfähigen«, in dem er die vielen auszumerzenden Gruppen u. a. als »Ballastexistenzen« und »Lebenskünstler« bezeichnete. – Das psychiatrische Töten war zwar das erste industrielle Massentöten (Gas), aber nur ein Test für das umfassende gesellschaftliche Gesundungsprogramm. Schon kurz nach der Machtergreifung von 1933 begann das Programm der Zwangssterilisierung zur Beschleunigung der Abschaffung seelischen Leidens, ohne nennenswerten Widerstand. 300.000 Menschen sind Opfer dieser Maßnahmen geworden, etwa 1.000 sind dabei gestorben: Erst nach über 50 Jahren, haben die noch lebenden Opfer (auf Antrag bei der Oberfinanzdirektion Köln) – jetzt ohne Gutachten – eine Rente erkämpft, ein symbolischer Akt, der ihre und ihrer Familie Scham- und Schuldgefühle mindert. Durch die Zwangssterilisierungsaktion und ähnliche Maßnahmen wurden die psychiatrisch Tätigen unmerklich auf die »Endlösung der psychiatrischen Frage« vorbereitet: Mit dem 1. September 1939 begann das nationalsozialistische Deutschland nicht nur den Vernichtungskrieg nach außen, sondern auch nach innen (Dörner 1980). Schon 14 Tage nach dem Einmarsch der deutschen Truppen in Polen begannen die nachrückenden Einsatzkommandos systematisch, zunächst die polnischen Patienten der psychiatrischen Krankenhäuser in Polen zu ermorden; auch die Vergasungsmethode wurde erst an polnischen Patienten erprobt (Jaroszewski): Dies geschah noch ziemlich öffentlich! Wir wissen durch zahlreiche Zeugenaussagen, dass die deutschen Teilnehmer am Polenfeldzug, auch die Ärzte, dies wussten und diskutierten, wenn auch meist ablehnten oder nicht wahrhaben wollten. Dieses Wissens- und Gefühlsgemisch bestand auch bei den meisten Psychiatern, als 1940 die Meldebögen in die deutschen psychiatrischen Krankenhäuser gelangten und die Patiententransporte zusammengestellt wurden. Wir wissen, dass die weitaus meisten Psychiater und Pflegekräfte dies ablehnten und dass sie z. T. bemüht waren, einzelne Patienten zu retten. Gleichwohl war man an die Entwertung der chronisch Kranken so gleitend gewöhnt, dass es in den staatlichen Einrichtungen kaum systematischen Widerstand gab, wie

z. B. durch Ewald in Göttingen und Müller in Lindenhaus/Lemgo. Man machte im Regelfall mit, weil man sich nichts anderes vorstellen konnte. Wohin führt Sie heute die Frage: »Was hätte ich gemacht?«

Im kirchlichen Bereich war man etwas mutiger, wobei es eine Rolle gespielt hat, dass man sich hier noch einer anderen Obrigkeit verpflichtet fühlte, so z. B. in Bethel (Bielefeld); aber auch diejenigen staatlichen Krankenhäuser, in denen Ordensschwestern arbeiteten, haben sich etwas systematischer um Rettung von Patienten bemüht. Gleichwohl ging das systematische Töten nach dem Stop dieser Gas-Mordaktion 1941 bis zum Ende des Krieges weiter, jetzt nicht mehr durch Vergasen, sondern mit den medizinischen Mitteln der Diät (fettfreie Nahrung) und der Medikamentengabe sowie dezentralisiert auf mehr Krankenhäuser verteilt – also mehr schon im Sinne der geplanten Nachkriegs-Euthanasie-Regelversorgung. Möglicherweise wurde dieser Teil nach 1945 noch aktiver vergessen, weil hier wohl erstmalig – die Erfahrungen des Hungersterbens im 1. Weltkrieg nutzend – bisher zum Heilen gebräuchliche ärztliche Kenntnisse als Mordwaffen verwendet wurden. Faulstich hat belegt, dass die gezielte Herstellung einer Übersterblichkeit durch »Hungersterben« die wirksamste Tötungsmethode der Nationalsozialisten war, so dass die Gesamtzahl der ermordeten chronisch psychisch Kranken eher bei 300.000 liegt, auch ohne die Mordopfer unter den Behinderten in Polen, der Sowjetunion, Frankreich und anderen Ländern.

Es ist auch noch nicht genug bekannt, dass die Nationalsozialisten das systematische Töten von Menschen an den psychisch Kranken erprobt haben, einschließlich der technischen Perfektion bis zum Mord durch Gas, um es dann auf Juden und andere Gruppen zu übertragen. Das Personal der psychiatrischen Vergasungseinrichtungen hat die Konzentrationslager in Vernichtungseinrichtungen umgerüstet und betrieben. Als man sich in Auschwitz anschickte, Menschen umzubringen, hat man das Verfahren im psychiatrischen Krankenhaus Sonnenstein/Pirna studiert. Die Mordmaschine in Auschwitz und anderen KZ war vollständig in ärztlicher Hand, so dass man den Ablauf »therapeutisches Töten« genannt hat (Aly, Schmuhl, Baumann und Klee 1983 und 1997). So war auch das Selbstverständnis der Täter.

Wir kennen heute genug Dokumente, u. a. eine Denkschrift der fünf führenden »Euthanasie-Professoren« von 1943 über die Entwicklung der Psychiatrie nach dem Ende des Krieges, um die eigentliche Absicht genauer benennen zu können: Das Ermordungsprogramm richtete sich ausschließlich gegen »Unheilbare«, also gegen die chronisch Kranken und Behinderten (Dörner 1993). Es war also die medizinisch eingeengte Sichtweise, die die Psychiater dazu brachte, die unheilbaren Patienten, die ihre therapeutische Ohnmacht deutlich machten, als medizinisch sinnlos und gesellschaftlich nutzlos zu beseitigen. Dagegen wollte man alles tun, um die psychiatrischen Krankenhäuser für die Heilbaren, d. h. die akut Kranken, immer besser auszurüsten, auch in psychotherapeutischer Hinsicht, zumal man damals glaubte in Kürze, fast alle Patienten therapieren zu können. Man kann sogar sagen, dass diese fünf »Euthanasie-Professoren« so fortschrittlich waren, dass sie für die Zeit nach dem Kriege ein gemeindepsychiatrisches Programm entwickelt haben (mit Ambulanzen und Abteilungen an den Allgemeinkrankenhäusern), so wie wir dies erst in den 70er Jahren mit der Psychiatrie-Enquête zu Stande bringen konnten. Ihr Motto war: Radikal alles für die Heilbaren, radikal nichts oder die »Erlösung« für die Unheilbaren. Zu aktives Vorgehen gegen Krankheiten wird – nicht nur in der Psychiatrie – leicht zu einem zu aktiven Vorgehen gegen die Kranken, gegen Menschen. – Bis heute sind die Zwangssterilisierten und die ermordeten psychisch Kranken, ihre Hinterbliebenen und Angehörigen nicht mit anderen Verfolgtengruppen gleichgestellt. – Liegen wir falsch, wenn wir behaupten, dass wir auch für unsere praktische psychiatrische Tätigkeit aus der NS-Psychiatrie das Entscheidende erst noch zu lernen haben? Oder kann heute etwa jemand von uns schlecht schlafen, weil wir mindestens 50.000 seelisch und geistig behinderten Heimbewohnern eine eigene Wohnung, betreutes Wohnen und wesentliche Grundrechte widerrechtlich vorenthalten, obwohl dies fachlich und moralisch geboten wäre?

Noch einmal zurück: Dass die Anpassung der Psychiatrie an die Körpermedizin im 19. Jahrhundert neben den Vorteilen auch die beschriebenen Nachteile brachte, war nicht zwangsläufig. Dies war vielmehr Folge des Umstandes, dass die Medizin selbst sich im 19. Jahrhundert auf den Körperaspekt einengte. Bis etwa 1800 – Sie können es in jedem alten Lehrbuch nachprüfen – fühlte sich die Medizin erstens an die philosophische Reflexion gebunden und zweitens war es ihr selbstverständlich, bei jeder Krankheit körperliche, seelische und soziale Ursachen gleichwertig zu erwägen. In diesem letzteren ganzheitlichen Sinne hätte sich die Psychiatrie ohne Schaden als »medizinische Wissenschaft« verstehen können, nicht aber in Orientierung an ein amputiertes, den Menschen auf einzelne Körperorgane reduzierendes »medizinisches Modell«. Dies musste zur blinden Überanpassung und zur Verblendung gegenüber den psychosozialen Problemen und damit den wirklichen Menschen führen: Subjekt konnte nicht mehr der Andere, der Fremde, der Dritte (Angehörige) und schon gar nicht der Letzte sein. (DÖRNER 2000)

H Gegenwart: Korrektur der medizinischen Einseitigkeit

Von dieser Engführung der Medizin sind wir durchaus auch heute noch geprägt – zumal gerade jetzt in Gestalt der Gentechnik-Welle. Es gibt jedoch gegenläufige Tendenzen, erstmals systematisch und weltweit nach 1945 – Zufall? Diese laufen auf die epochale Umkehr der seit 150 Jahren wirksamen »Aus-Gemeindung« der psychisch Kranken zu Gunsten ihrer Wiedereingemeindung in ihren und unseren Lebensbereich hinaus. Offenbar – auch statistisch beweisbar – können wir sie wieder näher an uns heranlassen, sie und uns so sein lassen, wie sie und wir sind. Dem liegen – außer den Lehren aus der NS-Zeit – tief greifende Gesellschaftsprozesse zu Grunde. Folgende kann man erwägen: 1. die Bürger werden immer sensibler für Prozesse der Individualisierung und der Expansion der Persönlichkeitsrechte aller Menschen; 2. die Mittel der sozialen Kontrolle sind jetzt psychologisch und chemisch derart verfeinert, dass man auf brutalere Kontrollmittel wie die körperliche Ausgrenzung, Aus-Gemeindung, Tötung unliebsamer Menschen verzichten kann; 3. das bisherige Wirtschaftsprinzip des unbegrenzten Wachstums und der Arbeitspflicht für alle gilt nicht mehr. Damit muss sich auch das ändern, was als Vernunft, Wert und Sinn des Menschen gilt. Genauer können wir diese Gesellschaftsprozesse noch nicht benennen. Denn wir haben nicht genügend Abstand: wir selbst stellen sie täglich her.

Was sind die wichtigen Veränderungen der Psychiatrie im 20. Jahrhundert? Angefangen haben sie wohl mit FREUDS Psychoanalyse. Unter den Bedingungen der nervenärztlichen Praxis entwickelte FREUD eine wirklich psychische Therapiemethode. Noch wichtiger sind seine Modelle für die Persönlichkeitsentwicklung, für Abwehrmethoden und für die therapeutische Beziehung. Hieran kommt seither keine »Grundhaltung« vorbei. Dies wirkte derart provozierend auf die medizinisch eingeengte Psychiatrie, dass sie die zahlreichen Gemeinsamkeiten mit FREUD nicht wahrnahm, sondern sich ideologisch, auch politisch gegen die Psychoanalyse verhärtete, bis weit nach 1945. Ausnahmen waren etwa E. BLEULER, der aus FREUDS und KRAEPELINS Wahrnehmungen das erste Schizophrenie-Konzept kombinierte. Oder E. KRETSCHMER, der damit begann, konstitutionell-biologische, psychodynamische und sozial-situative Bedingungen zusammenzusehen. Über die Psychosomatik schlägt die Psychoanalyse eine Brücke zu der ebenfalls wieder ihren Wahrnehmungsradius erweiternden Körpermedizin. – So groß der Nutzen der Psychoanalyse für die therapeutische Haltung ist, so gering ist er für die Versorgung. Hierfür sind psychotherapeutische Weiterentwicklungen, da sie eher allen Patientengruppen zugute kommen, wie Gesprächs- und Verhaltenstherapie wichtiger. Mit ihnen kommen als eigene Berufsgruppe die Psychologen in die psychiatrischen Einrichtungen. Seither ist von einer einheitlichen medizinischen Fundierung der Psychiatrie nicht mehr zu sprechen, zumal das Psychotherapeutengesetz die Erkenntnis birgt, dass Psychotherapie eher ein Ergebnis der Wissenschaft der Psychologie darstellt.

Zeitgleich mit der Psychoanalyse setzt auch die Wiederentdeckung der sozialen Aspekte ein. In Deutschland empfiehlt KOLB 1908 das Erlanger Modell der »offenen Irrenfürsorge« (= Nachsorge geht vom Krankenhaus aus), während das Gelsenkirchener Modell nachsorgende und psychohygienische Dienste beim Gesundheitsamt verankert. Damit wird der Sozialarbeiter zum integralen Bestandteil der Psychiatrie: ein weiteres Stück medizinischer Einseitigkeit ist rückgängig gemacht. Die soziale Wahrnehmung wird von Psychiatern wie BÜRGER-PRINZ, KISKER, HÄFNER, BOSCH, KULENKAMPFF und WULFF sowie von Psychoanalytikern wie W. REICH, E. FROMM und H. E. RICHTER mitvollzogen und später von Soziologen aufgegriffen. All dies führt zu dem eigentlich überflüssigen Begriff »Sozialpsychiatrie«; denn es dreht sich dabei nur um die Vervollständigung der Psychiatrie in sozialer Hinsicht. Dazu gehört:

1. Epidemiologie-Forschung mit der Erarbeitung präventiver Möglichkeiten.

2. Untersuchung der psychiatrischen Einrichtungen selbst, ihrer negativen und positiven Wirkungen (z. B. Hospitalismus).
3. Von daher Entwicklung günstigerer Einrichtungen (z. B. Tagesklinik).
4. Milieu- und soziotherapeutische Ansätze.
5. Untersuchung des psychiatrischen Handelns (z. B. Diagnostizieren als Etikettieren; »Labeling«-Ansatz« nach Szasz, Th. Scheff).
6. Entwicklung eines chancengleichen Versorgungssystems, auch für die chronisch Kranken, Untersuchung der Isolationsfolgen (sensorische Deprivation, Gehirnwäsche, Haftpsychosen, KZ-Schäden).

Aus sozialpsychiatrischen und psychotherapeutischen Erfahrungen werden rollen- und kommunikationstheoretische Konzepte erarbeitet, die der Tatsache gerecht werden sollen, dass nie nur Individuen, sondern Beziehungen (Interaktionen) mehrerer Menschen gestört und daher zu therapieren sind: z. B. die Double-bind-Theorie von Bateson, Watzlawicks »Lösungen« sowie alle Formen der Gruppen-, Partner- und Familientherapie, woraus sich die Angehörigengruppen verselbstständigt haben. – Diese soziale Wahrnehmung bedeutet auch Wiederanknüpfung an die moralisch-pädagogische Haltung der Anfangspsychiatrie, die Herstellung lebensnäherer Orte der Begegnung mit psychisch Kranken und ist damit Voraussetzung für eine Haltung, in der wir uns unserer Begegnungsangst eher öffnen können. Sie tritt an die Stelle oder ist die Vervollständigung der nur symptom- und fallobjektivierenden klassischen Psychopathologie.

Es wurde in psychiatrischen Anstalten immer schon gearbeitet, und sei es nur, um die Betriebskosten zu verringern. Auch hier beginnt im 20. Jahrhundert eine neue Ära, indem u. a. H. Simon in Gütersloh am Beispiel des Arbeitens entdeckt, dass pädagogisches Handeln wichtiger als medizinisches ist, nicht ohne z. T. dem Aktivismus seiner aktiveren Heilbehandlung zu erliegen. Vor allem England und die Sowjetunion begannen eine umfangreiche industrielle Fertigung und ein System beschützender Werkstätten zu entwickeln, was aber ab 1980 zu den normalisierenden Formen der Selbsthilfe- und Zuverdienstfirmen führte. Aber erst wo Arbeit als eine für die Selbstverwirklichung des Menschen bedeutsame Situation erlebnisfähig gemacht wird, kann man mit einigem Recht von Arbeits*therapie* reden. Daneben tritt – auch erst nach dem 2. Weltkrieg – die Beschäftigungstherapie, die mehr das schöpferisch-produktive (kreative) Umgehen mit sich selbst anhand von Material bezweckt. Damit bereichern als neue Berufe Arbeits- und Beschäftigungstherapeuten, aber ähnlich auch Ökotrophologen, die Psychiatrie um einen weiteren, im weitesten Sinne pädagogischen Bereich.

Eine ähnliche Entwicklung sehen wir in der Aufmerksamkeit für den Körper: Sport und Krankengymnastik entwickeln sich zur Bewegungstherapie, die – mit Anleihen bei Psychodrama, Rollenspiel, Musik- und Gestalttherapie – sich nicht nur um die Leistungs-, sondern auch um die Sinn- und Ausdrucksmöglichkeiten des Leibes kümmert und damit Körper und Leib unterscheidbar macht.

Endlich erfolgt im 20. Jh. auch die Wiederannäherung von Psychiatrie und Philosophie – erstmals seit 1800. Das beginnt 1913 mit JASPERS »Psychopathologie«, die sich auf HUSSERLS Phänomenologie stützt, welche die Existenzphilosophie HEIDEGGERS und SARTRES trägt. Von ihr leiten sich die daseinsanalytische (BINSWANGER, v. BAEYER) und die anthropologische Psychiatrie (v. GEBSATTEL, V. v. WEIZSÄCKER) ab. Ihnen ist gemeinsam, dass sie den Menschen – auch den psychisch kranken – als selbstständig handelndes Subjekt wieder in die Psychiatrie einführen, auch mit der Möglichkeit der »Daseinsführungsschuld«. Verwandt ist das »dialogische Prinzip«, die Subjekt-Subjekt-Beziehung, der Philosophie M. BUBERS, von E. LEVINAS, der von den sprechenden Augen des Anderen (»Du wirst mich nicht töten, nicht allein lassen ...«), von der Subjektivität des – letzten – Anderen ausgeht, noch einmal radikalisiert. Verwandt ist auch die Idee des weltoffenen, sich in die Umwelt hineinformulierenden Menschen von BÜRGER-PRINZ, der sich auf die Anthropologie A. PORTMANNS und A. GEHLENS bezieht und der den Glauben an die Erklärbarkeit des (psychisch kranken) Menschen durch irgendeine *Einzel*wissenschaft verspottete. Auf die Philosophie von Karl MARX schließlich berufen sich z. B. F. BASAGLIA, E. WULFF und K. WEISE. Die englischen Antipsychiater (LAING, COOPER) die mit der Idee der Aufhebung der Psychiatrie freilich eher nur spielen, gleichwohl damit ebenso viel Angst wie Abwehr auslösen, verbinden Existenzphilosophie und Marxismus. Auch CIOMPI (»Affektlogik«) gehört zu denen, die der Psychiatrie einen neuen philosophischen Reflexionsraum eröffnen. Dass im deutschsprachigen Raum ausgerechnet die jüngere Generation der Daseinsanalytiker (KULENKAMPFF, BOSCH, KISKER, HÄFNER, WULFF) seit 1960 die praktische Sozialpsychiatrie eingeführt und maßgebend die Reformvorstellungen der Psychiatrie-Enquête geprägt haben, muss auch von ihrem philosophischen Ansatz gebahnt worden sein: Das Ausgehen vom »handelnden Subjekt«, Bereitschaft zur Selbst-Reflexion ist heute wieder Ausgangspunkt des Wissenschaftsbegriffs auch der Naturwissenschaften (PRIGOGINE), die eigentlich sogar diese Wende ab 1900 eingeläutet hatten.

Eine scheinbare Kleinigkeit ist bezeichnend: die neuerliche Einführung von Psychologie und Soziologie (und Pädagogik) in die Pflege- und in die Ärzte-Ausbildung stellt die Wiederherstellung von Kernstücken des ehemaligen Philosophikums dar. Wurde dieses 1848 durch revolutionäre Ärzte abgeschafft, so geht seine teilweise Wiedereinführung auf eine ebenfalls revolutionäre Forderung der Studentenbewegung von 1967/68 in der Bundesrepublik zurück! Dieselbe Bewegung erreichte in Frankreich die Einbeziehung der Psychiatrie in die medizinische Ausbildung überhaupt. Darüber hinaus wird es allmählich immer deutlicher, dass ohne die tief greifenden gesellschaftlichen Umwälzungen der 68er-Bewegung die gemeindepsychiatrische Reformbewegung in dieser Form gar nicht möglich gewesen wäre.

Was bedeutet nun diese umfassende Zurücknahme der medizinischen Einseitigkeit vor allem in der zweiten Hälfte des 20. Jahrhunderts für den *medizinischen* Anteil der Psychiatrie? Das Gegenteil von dem, was Sie vielleicht erwarten. Natürlich ist er erheblich geschrumpft, aber er hat sich gesundgeschrumpft, hat sich weitgehend von den Ideologien der Jahrhundertwende freigemacht, konnte sich auf wirklich naturwissenschaftliches Vorgehen beschränken. Daher ist der medizinische Anteil im 20. Jahrhundert ungleich erfolgreicher gewesen als im 19. Jahrhundert, wobei auch hier jede neue naturwissenschaftliche Erkenntnis mit dem Anspruch des Ultimativen verbunden wurde, der wie das »goldene Kalb« mit Erlösungswartungen belastet war, die nicht erfüllt wurden. Es begann mit der Malaria-Kur gegen die progressive Paralyse, die WAGNER V. JAUREGG den bisher einzigen Nobel-Preis der Psychiatrie einbrachte. Es folgte in den 30er Jahren die »Schock-Ära«, die erste einigermaßen erfolgreiche Therapie für die bisher als schicksalhaft hingenommenen, als endogen bezeichneten Psychosen: Insulin-Koma-Therapie (1932), Kardiazol-Schock (1933) und Elektrokrampftherapie (1937). Darin lag und liegt auch eine Gefahr für die Patienten, die sich durch die neuen Errungenschaften in der Behandlung nicht oder nicht genügend besserten. Die medikamentöse Epilepsie-Therapie konnte bis heute ständig verbessert werden. Endlich eröffnete 1952 das Chlorpromazin die heute noch nicht abgeschlossene Zeit der Psychopharmaka. Diese machte gemeinsam mit sozialpsychiatrisch veränderten Einrichtungen und psychotherapeutisch verändertem Umgangsstil ein seit der Pionierzeit der Psychiatrie unbekanntes Engagement möglich. Die Aufenthaltsdauer sinkt ständig. Ambulante Vor- und Nachsorge können dadurch zur Hauptsache werden. Aufgrund dieser Fortschritte kann auch die biologische Grundlagenforschung zu treffenderen Erklärungsmodellen für seelische Leidenszustände kommen, wenn auch die psychiatrische Genetik, gerade auf Grund der Begeisterung über ihren gegenwärtigen Entwicklungsschub, an einem Rückfall in monokausale Erklärungsansprüche krankt und daher erst wieder lernen muss, ihre hoffnungsvollen Entdeckungen bescheiden in die größeren (epigenetischen) Zusammenhänge einzubetten, was ihr – wie fast immer in der Wissenschaftsgeschichte und wenn wir sie nicht allein lassen, sondern sie sympathisch-kritisch begleiten – auch gelingen wird. Entwicklungskrisen sind auch hier zwar gefährlich, aber zu nutzen. Obwohl wir wegen der inkaufzunehmenden Nachteile mit keiner dieser Errungenschaften zufrieden sind, kann der Erfolg des medizinischen Anteils der Psychiatrie das Selbstbewusstsein der Ärzte so steigern, dass sie ihren nicht mehr gerechtfertigten alleinigen Führungsanspruch ohne Sorge abgeben und sich als gleichwertig in das psychiatrische Team einreihen können.

I Perspektiven für das 21. Jahrhundert

Diese kritische Befragung der Gegenwart und Vergangenheit muss jeder für sich selbst so übersetzen, dass er daraus Perspektiven für sein gegenwärtiges und zukünftiges Handeln gewinnt. Darum hier nur noch ein paar Anregungen für Ihre soziale Fantasie. Immer noch behindern unser Handeln etliche alte *und neue* Absolutheitsansprüche: »Marktbeherrschend« für den psychiatrischen Alltag sind noch viele ideologische Verfestigungen des 19. Jahrhunderts, mit denen Macht ausgeübt wird, sowohl auf Patienten als auch auf vor allem nicht-ärztliche psychiatrisch Tätige. Neben dem – bekannten – somatischen grassiert zunehmend ein psychologischer Absolutheitsanspruch: Jede Befindlichkeitsstörung hat inzwischen die Chance, als psychische Störung gewertet, diagnostiziert, therapiert und gerade dadurch – vor allem wenn sie geringfügig ist – chronifiziert und damit sekundär »therapeutogen« zur Krankheitswertigkeit hochstilisiert zu werden. Ferner gibt es inzwischen den sozialpsychiatrischen oder soziologischen Absolutheitsanspruch, der, nicht weniger unsinnig als seine Konkurrenten, alles auf soziale Bedingungen zurückführen will. Zudem schleppen wir als Erbe des 19. Jh. noch den Institutions-Absolutheitsanspruch, vor allem das System der Anstalten und Heime, mit uns herum: an den Rändern zwar abbröckelnd, im Kern aber noch unhinterfragt, obwohl es für die davon betroffenen chronisch psychisch Kranken und geistig Behinderten Alternativen gäbe. Schließlich ist ein moderner technokratischer Absolutheitsanspruch zu beachten. Er tritt in zwei Varianten auf: Erstens als »multikonditionaler Ansatz«, der zwar mit Recht mehrere Bedingungen für eine seelische Krankheit behauptet, jedoch mit einer solchen Beliebigkeit, dass die Bedeutung des lebendigen handelnden Menschen für die Entstehung seines Leidens ausgeblendet bleibt. Und zweitens als »Versorgungstechnokratie«, die für jede Krankheitsgruppe perfektionistisch ein eigenes Versorgungssystem als Spezialisierung fordert, was im Ergebnis das Ende jeder Selbsthilfe wäre. Dies ist ein Zug, von dem auch die Psychiatrie-Enquête nicht frei ist.

Wenn das so ist, was ist dann für die nächste Zeit unsere Aufgabe? Wir haben uns aus den beschriebenen Verfestigungen zurückzuziehen. Stattdessen haben wir uns mehr den als banal und allzu schlicht übergangenen Fragen auszusetzen: Was bedeutet es für uns Menschen überhaupt, dass wir uns über seelische Krankheiten ausdrücken können (anthropologische Frage)? Was ist das für eine Landschaft, für ein Kontext, dass aus winzigen Besonderheiten und Auffälligkeiten im Miteinander von Menschen so schwerwiegende und Angst machende Zustände des Leidens und Störens entstehen (ökologische Frage)? Wie können wir als psychiatrisch Tätige, als Angehörige oder als Patienten uns der Angst vor gewaltsamen Lösungen und vor der Begegnung so öffnen, dass wir allen subjektiven und objektiven Anteilen einer Beziehung entsprechen können: der (unvermeidlichen) Subjekt-Objekt Dimension, der (wünschenswerten) Subjekt-Subjekt-Dimension, aber auch der (assitierenden) Objekt-Subjekt-Dimension, in der ich mich nicht mehr aktiv, sondern passiv-dienend dem Anspruch des Anderen aussetze? Und wie können wir begreifen, dass wir nur mit Angehörigen und Psychiatrie-Erfahrenen arbeiten und weiterkommen können (Trialog-Frage)?

Solange diese Fragen uns leiten, müsste es möglich sein, die brauchbaren Kerne des bisherigen Wissens für die Antworten auf unsere Fragen nutzbar zu machen. Aus somatischer Orientierung müssten wir es nicht mehr ideologisch finden, die seelischen und sozialen Beziehungen handelnder Menschen ernst zu nehmen. Umgekehrt müsste uns die psychosoziale Wahrnehmung nicht mehr verführen, somatische Prozesse auszublenden, weil sie unser Konzept stören. Ja, wir brauchen nicht einmal mehr den Spott der Anderen zu fürchten, wenn wir – neben der kulturellen Prägung – von der Natur sprechen, sowohl von der Natur des Menschen im Allgemeinen als auch von der Natur des einzelnen Menschen, von seiner körperlich-seelischen Besonderheit und Einmaligkeit, von seiner wirklichen Privatheit, deren Grenzen er und wir nicht um jeden Preis zwanghaft nach irgendeinem theoretischen Konzept verstehend oder erklärend sprengen müssen. Es wird uns also in Zukunft gut anstehen, wie als Bürger, so auch als psychiatrisch Tätige, neben der Quantität mehr auf die Qualität zu achten, neben der Begrenzung mehr auf die Möglichkeiten des Lebens und damit auf die Grenzen unseres Professionalitäts-Wachstums zu sehen.

Solche Grenzen des Wachstums und unseres Einflusses zeichnen sich überall ab: Die Grenzen des Verstehens haben wir in unserer Grundhaltung zu akzeptieren. Die Grenzen der Manipulierbarkeit betreffen die Moral unseres psychiatrischen Handelns im Dienste am Anderen, vor allem unserer therapeutischen Techniken.

Die Grenzen des ökonomischen Wachstums leiten unser präventives Handeln. Hier haben wir vor allem eines zu verhindern: dass nämlich das Sieb der Vernunft noch einmal engmaschiger wird und noch mehr »unvernünftige« Ausschussware produziert. Im 18. Jahrhundert galt der »wohlanständige Mensch« als vernünftig. Im 19. Jahrhundert fordert die Industrialisierung den »vorausberechenbaren Menschen« als vernünftig. Jetzt haben wir daran zu arbeiten, dass die jeweils vorherrschenden Sachzwänge nicht den »total verfügbaren Menschen« oder den »total kommunikationsfähigen Menschen« – als für das 21. Jahrhundert »vernünftig« – von uns verlangen!

Die Grenzen neben den Möglichkeiten des Wachstums sind schließlich auch bei der Verwirklichung der Gemeindepsychiatrie zu beachten: die eine Seite ist die Schaffung neuer Einrichtungen in jeder Gemeinde mit dem Ziel eines bedürfnisgerechten Versorgungssystems. Die andere Seite, an der die Erstere zu messen ist, ist jedoch die Ermöglichung jeder Form von Selbsthilfe – des psychisch Kranken, der Familie, der Nachbarschaft, des Wohnbezirks, der Gemeinde und ihrer Organisationen und eben auch aller psychiatrischer Einrichtungen. Dies Letztere mit dem Ziel, mit ihnen so selbsthilfeorientiert zu arbeiten, dass sie im Laufe der Zeit möglichst weitgehend wieder überflüssig werden. Mit dem Ziel also, dass auch kommunale Fremdverwaltung wieder Selbstverwaltung werden kann: community care.

Für uns sind folgende Kriterien entscheidend: für die nächsten 50 Jahre (so lange sollte es – behutsam – schon dauern) wird unsere vornehmste Aufgabe darin bestehen, alle 200.000 chronisch psychisch kranken und geistig behinderten Heimbewohner, vom Letzten her, wieder in ihre Gemeinde zu integrieren und damit care, die Sorge, wieder in die Kommune, wo sie bis 1800 gewohnt hat, zurückkehren zu lassen. Je länger nun dieser Deinstitutionalisierungsprozess, der ja schon längst begonnen hat, dauert, desto häufiger (= normaler) werden die Sozialkontakte der bisher Ausgegrenzten nicht mehr mit den Profis, sondern mit unausgewählten, unfreiwilligen Durchschnittsbürgern werden. Diese, die wir bisher damit allein gelassen, sie allenfalls als behindertenfeindlich beschimpft haben, brauchen zukünftig vor allem unsere professionelle Begleitung, wofür die richtigen Formen erst noch zu erfinden sind (mehr noch als die psychisch Kranken und Angehörigen). Im Übrigen kann nur so Bürgergesellschaft entstehen.

Dazu abschließend noch eine wahre Geschichte, die Ihnen besser als alles andere zeigt, was Sie im 21. Jh. zu tun haben: Im Jahre 1806 waren die Angehörigen / Freunde des schizophren gewordenen Dichters Hölderlin so erschöpft, dass sie einen Profi um Rat fragen wollten. Da es noch keine Psychiater gab, gingen sie zum Tübinger Internisten Prof. Autenrieth. Dieser untersuchte Hölderlin und dozierte dann etwa so: Zwar habe er gerade auf einer Dienstreise in die USA und nun auch im Königreich Württemberg gesehen, dass man damit anfängt psychisch Kranke und geistig Behinderte in großer Zahl in riesigen Häusern zu konzentrieren, um sie zu vergleichen und dadurch besser kennen lernen zu können. Er halte diese Modernisierung für völlig falsch. Man sollte sie vielmehr umgekehrt möglichst gleichmäßig über die ganze Gesellschaft verteilen. Warum? Damit 1. die Last, die sie bedeuten, sich möglichst gleichmäßig auf alle Schultern verteilt, damit sie für alle erträglich bleibt, sodass die Bürger weiterhin ihren Eigeninteressen nachgehen können. Nur dadurch werde 2. das Positive, das diese psychisch Kranken und Behinderten auch darstellen (das Originelle, Kreative, Emotionale, Seismografische, Prophetische) wahrnehmbar und genießbar. Und 3. würden auf diese Weise die Bürger, die zwar alle, aber nur erträglich belastet würden, bald merken, dass dies nicht etwa eine Pflicht, sondern ein einzuforderndes Recht auf soziale Teilhabe sei, das ihnen und ihren eigeninteressierten gesunden Geschäften einen sozialen, also am Anderen orientierten Lebenssinn, verschafft, der anders nicht zu haben sei, den sie aber dringend brauchten, denn sie wollen notwendig sein, was freilich auch für die psychisch Kranken und die Behinderten gälte.

Natürlich gab es Anfang des 19. Jh. gute Gründe, diese Sicht AUTENRIETHS für reaktionär zu halten, und Hölderlin war sozusagen der Letzte, der von ihr in der Tübinger Familienpflege profitierte. Aber Autenrieth musste nur schlappe 200 Jahre und das Ende der Epoche der Moderne abwarten, bis – unter freilich veränderten Bedingungen – seine Sicht den Sinn unseres heute gültigen gemeindepsychiatrischen Paradigmas, der community care, geradezu optimal umschreibt. Und Sie wissen jetzt, was ihr vornehmster professioneller Job im 21. Jh. ist: Sie haben Vernetzer oder Schulterverknüpfer zu sein.

Literatur

BECK, Christoph (1995): Sozialdarwinismus, Rassenhygiene, Zwangssterilisation und Vernichtung »lebensunwerten Lebens« – Eine Bibliografie zum Umgang mit behinderten Menschen im »Dritten Reich« und heute. Bonn, Psychiatrie-Verlag, 2. erw., aktualisierte u. neu ausgest. Aufl.

BINDING, Karl; HOCHE, Alfred (1920): Die Freigabe der Vernichtung lebensunwerten Lebens – ihr Maß und ihre Form. Leipzig, Meiner

BLASIUS, Dirk (1981): Der verwaltete Wahnsinn. Frankfurt / M., Fischer

Bock, Gisela (1986): Zwangssterilisation im nationalsozialistischen Staat. Opladen, Westdeutscher Verlag

Dörner, Klaus (1999): Bürger und Irre. Frankfurt / M., Syndikat; Nachdruck (1995), Hamburg, Europäische Verlagsanstalt, 2. Aufl.

Dörner, Klaus u. a. (Hg.) (1980): Der Krieg gegen die psychisch Kranken. Rehburg-Loccum, Psychiatrie-Verlag

Dörner, Klaus (1988): Tödliches Mitleid. Neu aufgelegt 1998, Gütersloh, Jakob van Hoddis (Paranus Verlag, Neumünster)

Faulstich, Heinz (1998): Das Hungersterben in der Psychiatrie 1914–1949. Lambertus, Freiburg

Foucault, Michel (1999): Wahnsinn und Gesellschaft. Frankfurt / M., Suhrkamp, 13. Aufl.

Güse, Hans-Georg; Schmacke, Norbert (1976): Psychiatrie zwischen bürgerlicher Revolution und Faschismus (2. Bd.). Kronberg, Athenäum

Habermas, Jürgen (2001): Strukturwandel der Öffentlichkeit. Neuwied, Luchterhand, 7. Aufl.

Herzog, Günther (1984): Krankheits-Urteile. Rehburg-Loccum, Psychiatrie-Verlag

Horkheimer, Max; Adorno, Theodor W. (1972): Dialektik der Aufklärung. Frankfurt / M., Suhrkamp

Jaroszewski, Zdzislaw (Hg.) (1993): Zaglada chorych psychicznie w Polsce 1939–1945 = Die Ermordung der Geisteskranken in Polen 1939–1945. Warszawa, Wyd. Naukowe PWN

Jaspers, Karl (1973): Allgemeine Psychopathologie. Berlin, Springer, 9. Aufl.

Klee, Ernst (1983): Euthanasie im NS-Staat. Frankfurt / M., Fischer

Köhler, Ernst (1977): Arme und Irre. Berlin, Wagenbach

Kuhn, Thomas (1999): Die Struktur wissenschaftlicher Revolutionen. Frankfurt / M., Suhrkamp, 2. rev. u. um das Postskriptum von 1996 erg. Aufl., 15. Aufl.

Kranz, Heinrich Wilhelm (1940): Die Gemeinschaftsunfähigen. Gießen, Christ

Leibrand, Werner; Wettley, A. (1961): Der Wahnsinn. Freiburg, Alber

Peukert, Detlev Julio, K. (1982): Volksgenossen und Gemeinschaftsfremde. Köln, Bund

Siemen, Hans Ludwig (1982): Das Grauen ist vorprogrammiert. Gießen, Focus

Späte, Helmut; Thom, Achim; Weise, K. (1982): Theorie, Geschichte und aktuelle Tendenzen in der Psychiatrie. Jena, G. Fischer

16 Recht und Gerechtigkeit

A Das Problem (die Landschaft)

Gesetze sind allgemeine Gebote, nach denen Bürger und Behörden handeln sollen. Vor dem Gesetz sind alle Menschen gleich. Die Psychiatrie hat es ihrerseits von vornherein mit »Ungleichen« zu tun, mit Menschen, die, aus welchen Gründen auch immer, den »normalen« Anforderungen der Gesellschaft nicht entsprechen. Früher, als noch kein Arzt mit sozial Auffälligen zu tun haben wollte, wurden diese Menschen in Asyle, Orte der Verwahrung verwiesen. Sie unterstanden hier allein dem System der Justiz. Es hat lange gedauert, bis solche Asyle Ärzte zu Rate zogen und schließlich von diesen geleitet wurden (s. Kapitel 15). Lange Zeit entwickelte sich die Psychiatrie geradezu als ein System, in das hinein von der Justiz befreit wurde. Auf der anderen Seite: Es war sehr schwer, als die Sowjetunion sich auflöste, und Menschenrechtsfragen wieder diskutiert wurden, Juristen zu finden, die sich der Rechte psychisch Kranker annahmen. Man wollte sich die Hände nicht schmutzig machen. Und noch ein Hinweis: In den USA gibt es Gesetze, die das Aussetzen von Tieren verbieten, nicht aber solche, die das Aussetzen von (verwirrten) Menschen verbieten, sodass Familien in ihrer Hilflosigkeit immer häufiger zu diesem Mittel der Lösung ihrer Probleme greifen.

In diesem Zusammenhang ist zu bedenken, dass die Ermordung psychisch Kranker allein in dem System der deutschen Psychiatrie entstanden ist. Dies hatte aber sogar innerhalb des Rechtssystems des Dritten Reiches keine gesetzliche Grundlage.

Psychiatrische und strafrechtliche Unterbringung gehörten von Alters her wie Lehnsherrschaft und elterliche Gewalt zur »besonderen Gewalt« (besonderes Gewaltverhältnis), die seit Anfang der 70er Jahre aufgrund der Rechtsprechung des Bundesverfassungsgerichts allerdings ihren rechtlichen Ausnahmecharakter (Ausnahme vor dem Grundsatz, dass alle Eingriffe in Freiheitsrechte der Person einer gesetzlichen Grundlage bedürfen) eingebüßt hat.

Zum Teil gelingt es heute, die Spannungen zwischen den beiden Systemen Psychiatrie und Recht deutlicher werden zu lassen, als dies früher der Fall war. Dazu haben etwa Beschwerdezentren und Bürgerrechtsbewegungen beigetragen, die von Rechtsanwälten unterstützt werden. Ein Zeichen dafür ist auch die Gründung der Zeitschrift »Recht & Psychiatrie« im Jahre 1983. Allgemein hat die Auseinandersetzung mit dem Bezugsfeld »Psychiatrie« und »Recht« auf allen Ebenen – aufseiten der betroffenen Patienten, den in der Psychiatrie Tätigen, der breiten Öffentlichkeit, der Politik wie auch der Wissenschaft – zugenommen.

Dadurch, dass Gegensätze deutlicher formuliert werden, fühlen sich allerdings vor allem die im Bereich der Psychiatrie Tätigen (Ärzte, Pfleger u. a.) bedroht. Sie wehren sich auch gegen die »sachfremden Argumente« aus dem System Justiz, sie kämpfen gegen die »bürokratisch-formalistischen Gefährdungen des therapeutischen Prozesses«. Wenn durch die Diskussion die psychiatrisch Tätigen eine größere Sensibilität dafür entwickeln, dass psychisch Kranke und Behinderte die gleichen Rechte wie Gesunde besitzen, kann sich daraus auch ein klareres Bewusstsein für »menschenunwürdiges« Handeln ergeben. Seit in den siebziger Jahren öffentlich anerkannt wurde, dass vieles im Bereich des Systems Psychiatrie »menschenunwürdig« ist, haben wir uns um institutionelle Veränderung und um Veränderung der Umgangsweisen der Einzelnen mit den psychisch Kranken (vor allem durch Aus- und Fortbildung) bemüht.

Um jedoch eine wirkliche Änderung zu bewirken, brauchen wir die spannungsreiche Auseinandersetzung mit Juristen und Politikern über die rechtliche Situation psychisch kranker und behinderter Menschen. Dass diese Auseinandersetzung dringend notwendig ist, zeigt sich sowohl bei der Formulierung der Datenschutzgesetze, die den Belangen der psychisch Kranken nur unzureichend Rechnung tragen, als auch bei der Kritik am Strafgesetzbuch, in dem immer noch der Begriff der »Abartigkeit« tradiert wird. Es gilt, sich bewusst zu werden, dass Gesetze von Menschen für Menschen gemacht sind und in einer bestimmten politischen Situation ihre Geltung erlangen. Wenn sich die gesellschaftlichen Voraussetzungen ändern, muss dem die Änderung des Rechts nachfolgen.

Da Recht und Gesetz für alle gelten, wir es im System Psychiatrie jedoch mit Menschen zu tun haben, die zu einem bestimmten Zeitpunkt jedenfalls nicht wie alle sind, müssen Recht und Gesetz auch Vorkehrungen für Ausnahmesituationen treffen. Konflikte rühren dabei daher, dass die Anerkennung eines Menschen als »Ausnahme« wiederum durch Menschen erfolgt und insofern stets fehlbar ist. Oft wird auch übersehen, dass derjenige, der in bestimmten Bereichen eine »Ausnahme« darstellt, in anderen Bereichen der »Norm« entspricht und gleichbehandelt werden muss. So hat zum Beispiel auch jemand, der sich langfristig in einer Psychiatrischen Einrichtung aufhält, nach wie vor ein Anspruch auf Schutz seiner Menschenwürde und persönlichen Freiheit; die Grundrechte, z. B. das Recht auf Eigentum, stehen ihm nach wie vor zu, und Entsprechendes gilt (zumeist) auch für andere Rechte, z. B. das Wahlrecht.

Für beide Systeme – Recht und Psychiatrie – gilt die Forderung nach Herstellung größtmöglicher Gerechtigkeit und gilt vor allem die Grundsatznorm unserer Verfassung, dass die Würde des Menschen unantastbar ist (Art. 1 GG). Je mehr dieser Grundsatz verwirklicht wird, desto humaner ist auch das System Psychiatrie, desto humaner ist dann – wenn Recht und Gesetz mit Hilfe der Psychiatrie den »Ungleichen« schützen – auch das System Recht, ein Kriterium für das Maß verwirklichter Gerechtigkeit in einer Gesellschaft. Mit Recht wird darauf hingewiesen, dass sich der sittliche und kulturelle Reifegrad einer Gesellschaft in ihrem Umgang mit Minderheiten zeigt. Eine Demokratie ist immer nur so gut, wie sie auch für die Minderheiten gilt.

Es soll schließlich darauf hingewiesen werden, dass Entscheidungen in diesem Bereich nicht immer leicht zu treffen sind und häufig geduldige und beharrliche Auseinandersetzung verlangen. So z. B. beim Datenschutz: Der Wissenschaftler hofft, durch das möglichst genaue und vollständige Sammeln von Daten wichtige Erkenntnisse gewinnen zu können. Dafür mag es ihm nützlich erscheinen, von möglichst vielen Menschen möglichst viele und genaue Daten über einen möglichst langen Zeitraum zu sammeln. Steht dies mit den Anforderungen des Rechts, namentlich mit dem Grundgesetz, im Einklang? Würde er Gleiches auch für sich – in der Situation des psychisch Kranken in Deutschland in den vergangenen Jahrzehnten – als mögliches Objekt wissenschaftlicher Fragestellung gelten lassen? Wo ist die Grenze? Von wann ab gilt der Datenschutz unbedingt als Gebot des »Grundrechts auf informationelle Selbstbestimmung«, wie es vom Bundesverfassungsgericht in seinem grundlegenden Volkszählungs-Urteil konkretisiert worden ist? Wie muss auf diesem Hintergrund ein zeitgemäßes, die Anforderungen von Wissenschaft und psychisch Kranken gleichermaßen Rechnung tragendes, diese unterschiedlichen Interessen zu einem ausgewogenen Verhältnis bringendes Datenschutzrecht aussehen?

B Wie gehen wir um mit Recht und Gerechtigkeit?

Wie gehen wir eigentlich mit dem Recht in der Psychiatrie um? Vermutlich sind uns die Gesetze in den meisten Fällen relativ gleichgültig, weil wir genug zu tun haben mit den Alltagsanforderungen, die im System Psychiatrie an uns gestellt werden. Tauchen Rechtsfragen auf, so verweisen wir gern an Experten, d. h. an Rechtsanwälte oder sonstige Juristen. Allenfalls bei der Stellung von Anträgen und der Erstellung von Gutachten können wir (Psychiater, Psychologen, Sozialarbeiter) uns am System Recht nicht vorbeimogeln, wir tun es gleichwohl gern – nicht selten auf Kosten des Patienten. Wir wollen auch deshalb an dieser Stelle den Umgang mit dem Recht erarbeiten: Er ist ein wesentlicher Teil unserer Gesamtwirklichkeit.

Dabei spielt eine große Rolle, dass sich der Übergang zur liberalen Ordnung als Ablösung des ständischen Statusrechts durch das moderne Kontraktrecht fassen lässt. Alle Einzelnen sind nun nicht mehr eingefügt in eine ständisch abgestufte Lebens- und Herrschaftsordnung, sondern sie sind formal gleichberechtigt; und es ist ihnen freigestellt, ihre neuen Entfaltungschancen selbstverantwortlich durch privat-autonomes Vertragshandeln zu nutzen. Die Beziehungen in der Psychiatrie finden immer statt in dem Spannungsfeld zwischen Schutz und Schirm und Rat und Hilfe und in dem rechtsstaatlichen durch Normen, Verträge und auf ihre Zwecke begrenzten System. Die daraus resultierenden Konflikte sind auszuhalten.

■ Selbstwahrnehmung

Im Regelfall nehmen wir Gesetze, nach denen wir leben, kaum wahr. Meist konzentrieren wir uns nicht auf das Recht, das uns geschieht, sondern auf das, das uns nicht geschieht: Wir sind verärgert, fühlen uns eingeengt, gestört, zu Umwegen gezwungen, kontrolliert, überwacht, ungerecht behandelt. Von demjenigen, der mit dem Gesetz in Konflikt geraten ist, ist häufiger die Rede als von dem, der gesetzestreu lebt. Weithin wird der Umstand, mit dem Gesetz und insbesondere mit dem Gericht zu tun zu haben, als Makel erlebt, sowohl in der Selbst- als in der Fremdwahrnehmung. Der Umgang mit dem Strafrichter, Unterbringungsrichter oder Richter in Betreuungsfällen wirkt stigmatisierend. Das Personal der Verwaltung wird weithin als lästig, überflüssig und mit seinen Anforderungen als arrogant erlebt. Gleichwohl nehmen wir gerne die Vorteile wahr, die sie uns als Professionelle des Systems Psychiatrie gewähren, und gerne verstecken wir uns hinter ihnen, wenn Anliegen von unseren Patienten an uns herangetragen werden, die uns lästig erscheinen. Zugleich teilen wir in gewisser Weise gefühlsmäßig auch die Vorurteile, die sie gegenüber dem psychisch Kranksein haben.

■ Vollständigkeit der Wahrnehmung

Auch wenn es uns unangenehm ist, uns vielleicht in unseren idealistischen Berufsvorstellung stört oder von uns als nebensächlich übergangen wird: Wenn wir vollständig wahrnehmen wollen, müssen wir davon ausgehen, dass jemand, der mit dem System Psychiatrie in Berührung kommt, es mit einiger Wahrscheinlichkeit irgendwie und irgendwann auch mit dem System Recht zu tun bekommt. Dies ist nicht zuletzt deshalb so, weil die Systeme Recht und Psychiatrie sich sehr nahe sind: Die Gesellschaft setzt sie beide als Kontroll- und Reaktionssystem für Abweichungen von den Formen des menschlichen Zusammenlebens ein, die als »normal« angesehen und als »Regel« betrachtet werden. Weil Verstöße gegen »Regeln« der Psychiatrie in vielen Fällen auch Rechtsverstöße sind, müssen die in der Psychiatrie Tätigen um Recht und Gesetz wissen, um sowohl der Gesellschaft als insbesondere auch ihren Patienten »gerecht« werden zu können. Dazu gehört auch, dass die im Gesetz vielfach enthaltenen Möglichkeiten, so oder anders zu handeln, ausgeschöpft werden. Mangelndes Verständnis für das System Recht hindert uns allzu häufig daran, den Spielraum, den das Recht lässt, so oder anders zu handeln, zu Gunsten unserer Patienten, aber auch zu unserem eigenen Nutzen, voll auszuschöpfen.

Zur Vollständigkeit der Wahrnehmung gehört deshalb auch, dass psychiatrisches Handeln darauf überprüft wird, ob die Hilfe, die von Rechts wegen möglich ist, auch gewährt wird. Auch geben uns Recht und Gesetz wichtige Hinweise darauf, wie eine Psychiatrie mit »menschenwürdigem Antlitz« aussehen muss. Kein Patient streitet sich gern mit seinem Arzt, jeder Patient – und auch jeder in der Psychiatrie Tätige – fürchtet die Auseinandersetzung mit Juristen. Dennoch haben wir uns gegebenenfalls dieser Notwendigkeit zu stellen, zumal das Recht nicht zuletzt auch die Arzt / Psychologe / Sozialarbeiter-Patient-Beziehung regelt, und zwar (jedenfalls weithin) von der neutralen Warte eines »unparteiischen Dritten« aus, der in vielen Fällen ein besseres Augenmaß für die Pflichten des Behandlers wie für die (Mitwirkungs-)Pflichten des Patienten hat. So sind uns die von der Justiz aufgenötigten Aufklärungs- und Beratungspflichten, die wir gegenüber unseren Patienten haben, in vielen Fällen gewiss lästig, ja häufig mögen wir sie für therapeutisch schädlich und der Arzt / Psychologe / Sozialarbeiter-Patient-Beziehung abträglich halten. Gleichwohl müssen wir uns diesen Anforderungen stellen, die eben nicht allein die Interessen des Behandlers und das Wohl des Patienten (welches ja auch Ziel der Tätigkeit des Behandlers ist) zum Gegenstand haben, sondern auch die Freiheit des Patienten, die es zu respektieren gilt; auch da, wo sie »unvernünftig« gebraucht oder gar missbraucht zu werden und dem objektiven Wohl des Patienten zu widersprechen scheint

■ Normalisierung der Wahrnehmung

Warum haben wir Gesetze? Gesetze können vor Willkür schützen, können die Freiheit des Einzelnen einschränken, können gleichfalls aber Freiheit gewährleisten und Leistungen verbürgen. Das Recht bindet und schützt zugleich. Wie die Vergangenheit gezeigt hat, kann sich das Recht auch gegen den Menschen wenden. Dies gilt auch heute noch. Insofern gehört zur Normalisierung auch, dass ich mein Vertrauen in die rechtssetzenden und rechtsanwendenden Instanzen überprüfe. Normalisierung heißt, aus der Neigung, zwischen unbegründetem Vertrauen und unbegründetem Misstrauen hin- und herzuschwanken, herauszutreten. Normalisierung heißt, Bewusstsein, Kenntnis herzustellen, Partei zu ergreifen und Veränderung herbeizuführen.

C Welche Gesetze müssen wir kennen?

■ Charta der Grundrechte der Europäischen Union

Es ist davon auszugehen, dass die EU-Charta, weil sie in den Rang einer Verfassung der Europäischen Union rückt, für die Beteiligten wichtiger wird, als es das Grundgesetz ist. Für die psychisch Kranken und die, die Hilfen für sie organisieren, sind die Artikel 20 bis 26 von besonderer Bedeutung. Diese befassen sich alle mit der Gleichheit vor dem Gesetz. Der Artikel 21 stellt ein Diskriminierungsverbot als eine besondere Ausprägung des Gleichheitssatzes auf. Wie die entsprechende Bestimmung des Artikel 3 im GG statuiert der Artikel 21 der EU-Charta kein absolutes Gleichbehandlungsgebot aus dem zwingend Maßnahmen erfolgen.

Aus sachgerechten Gründen kann eine Besonderung möglich sein. Ausdrücklich müssen die organisatorische Kapazität und finanzielle Leistungsfähigkeit einer Einrichtung die Integration ermöglichen. Der Artikel 21 erschöpft sich in seiner Bedeutung nicht als folgenloser Programmsatz oder als immerhin objektiv-rechtliches Staatsziel. Vielmehr stellt das Diskriminierungsverbot ein Grundrecht der Betroffenen dar, das nötigenfalls auch gerichtlich eingeklagt werden kann. 16

Artikel 21, Abs. 1: Diskriminierungen insbesondere wegen des Geschlechts, der Rasse, der Hautfarbe, der ethnischen und sozialen Herkunft, der genetischen Merkmale, der Sprache, der Religion oder der Weltanschauung, der politischen oder der sonstigen Anschauung, der

Zugehörigkeit zu einer nationalen Minderheit, des Vermögens, der Geburt, einer Behinderung, des Alters oder der sexuellen Ausrichtung sind verboten.
Das Grundrecht des Artikel 21 der Charta wird durch das Gebot der Integration von Menschen mit Behinderungen in Artikel 26 der Charta flankiert, der sich speziell mit der Integration von Menschen mit Behinderung befasst. Danach haben sie in der EU ein Recht auf ihre Achtung, insbesondere auf ihre soziale und berufliche Eingliederung und ihre Teilnahme am gesellschaftlichen Leben. Er lautet:
Artikel 26: Die Union anerkennt und achtet den Anspruch von Menschen mit Behinderung auf Maßnahmen zur Gewährleistung ihrer Eigenständigkeit, ihrer sozialen und beruflichen Eingliederung und ihrer Teilnahme am Leben der Gemeinschaft.

Das Grundgesetz (GG)

Das Grundgesetz vom 23.05.1949 ist die formelle Verfassung der Bundesrepublik Deutschland. Zuletzt gab es ein Gesetz zur Änderung des Grundgesetzes am 27.10.1994 im Rahmen der Vereinigung beider Deutschlands.
Neben dem Staatsorganisationsrecht werden im Ersten Abschnitt in Art. 1 bis 19 die Grundrechte geregelt, die für Legislative, Exekutive und Judikative gleichermaßen verbindlich sind: Nach Art. 20 Abs. 3 GG ist nämlich die Gesetzgebung an die verfassungsmäßige Ordnung, sind vollziehende Gewalt und Rechtsprechung an Gesetz und Recht gebunden. Gemäß Art. 1 GG ist die Würde des Menschen unantastbar. Sie zu achten und zu schützen ist Verpflichtung aller staatlichen Gewalt. Gemäß Art. 1 Abs. 3 GG binden die nachfolgenden Grundrechte Gesetzgebung, vollziehende Gewalt und Rechtsprechung als unmittelbar geltendes Recht.
Art. 2 GG (Persönliche Freiheitsrechte): Jeder hat das Recht auf die freie Entfaltung seiner Persönlichkeit, soweit er nicht die Rechte anderer verletzt und nicht gegen die verfassungsmäßige Ordnung oder das Sittengesetz verstößt. Jeder hat das Recht auf Leben und körperliche Unversehrtheit. Die Freiheit der Person ist unverletzlich. In diese Rechte darf nur auf Grund eines Gesetzes eingegriffen werden.
Art. 3 GG (Gleichheit vor dem Gesetz): Alle Menschen sind vor dem Gesetz gleich. Männer und Frauen sind gleichberechtigt. Niemand darf wegen seines Geschlechtes, seiner Abstammung, seiner Rasse, seiner Sprache, seiner Heimat und Herkunft, seines Glaubens, seiner religiösen oder politischen Anschauungen benachteiligt oder bevorzugt werden. Zu den Änderungen gehört, dass niemand wegen seiner Behinderung benachteiligt werden darf.
Die weiteren Grundrechte sind:

- Art. 4: Glaubens-, Gewissens- und Bekenntnisfreiheit, Art. 5: Recht der freien Meinungsäußerung, Art. 6: Ehe, Familie und nichteheliche Kindern, Art. 7: Schulwesen, Art. 8: Versammlungsfreiheit, Art. 9: Vereinigungsfreiheit, Art. 10: Brief-, Post- und Fernmeldegeheimnis, Art. 11: Freizügigkeit, Art. 12: Berufsfreiheit, Art. 12 a: Wehrdienst- und andere

Dienstverpflichtungen, Art. 13: Unverletzlichkeit der Wohnung, Art. 14: Eigentum, Erbrecht und Enteignung, Art. 15: Sozialisierung, Art. 16: Ausbürgerung, Auslieferung, Asylrecht, Art. 17: Petitionsrecht, Art. 17 a: Einschränkung von Grundrechten bei Soldaten, Art. 18: Verwirkung von Grundrechten, Art. 19: Einschränkung von Grundrechten. So weit nach diesem Grundgesetz ein Grundrecht durch Gesetz oder auf Grund eines Gesetzes eingeschränkt werden kann, muss das Gesetz allgemein und nicht nur für den Einzelfall gelten. Außerdem muss das Gesetz das Grundrecht unter Angabe des Artikels nennen. In keinem Fall darf ein Grundrecht in seinem Wesensgehalt angetastet werden.

Die genannten Grundrechte gelten entweder für alle Menschen oder für alle Deutschen. Ein Unterschied zwischen Gesunden und Kranken, körperlich Kranken und psychisch Kranken besteht nicht. Auch für Personen, die sich in psychiatrischen Einrichtungen aufhalten, gelten die Grundrechte in vollem Umfang. Einschränkungen dürfen nur durch Gesetz oder auf Grund eines Gesetzes, z. B. auf Grund der landesrechtlichen Unterbringungs- oder Psychischkrankengesetze vorgenommen werden. So bedarf beispielsweise die Einschränkung des Briefgeheimnisses bei untergebrachten Personen einer besonderen Regelung, ist insbesondere die Freiheitsentziehung selbst gesetzlich zu regeln. Dazu findet sich eine besondere Regelung in Art. 104 GG (Rechtsgarantie bei Freiheitsentziehungen). Die Freiheit der Person kann nur auf Grund eines förmlichen Gesetzes und nur unter Beachtung der darin vorgeschriebenen Formen beschränkt werden. Festgehaltene Personen dürfen weder seelisch noch körperlich misshandelt werden. Über die Zulässigkeit und Fortdauer einer Freiheitsentziehung hat nur ein Richter zu entscheiden. Bei jeder nicht auf richterliche Anordnung beruhenden Freiheitsentziehung ist unverzüglich eine richterliche Entscheidung herbeizuführen. Das Nähere ist gesetzlich zu regeln. Von jeder richterlichen Entscheidung über die Anordnung oder Fortdauer einer Freiheitsentziehung ist unverzüglich ein Angehöriger des Festgehaltenen oder eine Person seines Vertrauens zu benachrichtigen. Die Maßregelvollzugsgesetze der Länder und die landesrechtlichen Unterbringungs- und Psychischkrankengesetze tragen diesen Anforderungen Rechnung. Auch die Unterbringung in einem psychiatrischen Krankenhaus nach dem Betreuungsgesetz muss ihnen genügen. Mit Recht wird allerdings angezweifelt, ob dies derzeit in hinreichendem Maße gewährleistet ist.

Generell gilt, dass die in der Psychiatrie Tätigen ein scharfes Bewusstsein dafür haben müssen, dass Menschen, die in psychiatrischen Kliniken behandelt werden und Heimbewohner (häufig aus therapeutischen Gründen) wesentlichen Einschränkungen und Gefährdungen ihrer Grundrechte ausgesetzt sind. Deshalb ist auch bei der Ausgestaltung derartiger Einrichtungen und bei der Durchführung therapeutischer und sonstiger Maßnahmen darauf hinzuwirken, dass die Grundrechte nur in dem absolut notwendigen Umfang und auf die schonendste Weise eingeschränkt werden.

Landesrechtliche Unterbringungsgesetze und Gesetze über Hilfen und Schutzmaßnahmen bei psychischen Krankheiten (PsychKG)

In den landesrechtlichen Unterbringungsgesetzen und den landesrechtlichen Gesetzen über Hilfen und Schutzmaßnahmen bei psychischen Krankheiten ist auch die Unterbringung psychisch Kranker in einer geschlossenen psychiatrischen Einrichtung geregelt. Die Unterbringung muss den Anforderungen des Art. 104 GG entsprechen. Seit geraumer Zeit haben sich die Landesgesetzgeber verstärkt bemüht, die alten Verwahr- und Unterbringungsgesetze, die sehr stark polizeirechtlich geprägt waren, durch modernere Gesetze abzulösen, die zwar gleichfalls polizeilichen Charakter haben, d. h. den Bedürfnissen des Schutzes der öffentlichen Sicherheit und Ordnung Rechnung tragen, zum anderen jedoch auch in verstärktem Maße die Fürsorge für den Betroffenen zum Anliegen haben.

Diese Gesetze:

- rücken die Hilfen in den Vordergrund,
- stellen den Anspruch auf vorausgehende (präventive) und nachgehende (rehabilitative) Hilfen fest,
- schreiben diese Aufgaben in der Regel den Gesundheitsämtern zu, die sich dadurch zu gemeindepsychiatrischen Diensten ausbauen müssen,
- versuchen, die Zwangseinweisung als Schutzmaßnahme in diesen Hilfsrahmen zu stellen, um sie dann entweder zu erübrigen oder zu humanisieren,
- bemühen sich um die Sicherheit der Rechte untergebrachter Patienten,
- betonen ganz allgemein das Recht psychisch Kranker, ein menschenwürdiges Leben in der Gemeinschaft (Gemeinde) zu führen.

Bei dem Ausbau dieser Gesetze spielt das Bemühen eine große Rolle, die Zahl der zwangsweisen Unterbringungen herabzusetzen. Dies geschieht zum einen unter dem Eindruck der verfassungsrechtlichen Erfordernisse, zum anderen unter dem Einfluss internationaler Erfahrungen, die lehren, dass eine Vielzahl von Zwangsunterbringungen bei rechtzeitiger Hilfe überflüssig werden. Aus vielen Erfahrungen wird etwa deutlich, dass etliche Zwangsunterbringungen, die einen erheblichen Einschnitt im Leben eines Menschen darstellen, vermieden werden können, wenn ein psychiatrischer Kriseninterventionsdienst rund um die Uhr zur Verfügung steht, der als Alternative zur Zwangseinweisung mögliche Hilfe vor Ort geben kann.

Die Regelungen über vorsorgende und nachgehende Hilfen und die darin verbürgten Leistungen (frühzeitige ärztliche Behandlung, Beratung u. a.) sollen vor allem dazu dienen, psychisch Kranken möglichst ambulante Hilfe zuteil werden zu lassen und eine stationäre Behandlung zu vermeiden.

Kritisch ist anzumerken, dass die neuen landesrechtlichen Unterbringungs- und Psychischkrankengesetze zu einem Nebeneinander von »fürsorglicher« öffentlich-rechtlicher und »fürsorglicher« privatrechtlicher (betreuungsrechtlicher) Unterbringung führt. Dies verur-

sacht erhebliche Rechtsunsicherheiten und erscheint deshalb reformbedürftig. Insbesondere ist eine klare Abgrenzung der Regelungen der Unterbringung aus Gründen der Gefahrenabwehr für Dritte und der Unterbringung aus Gründen der Selbstgefährdung des Betroffenen zu fordern.
Wichtig ist auch eine weiterführende Diskussion darüber, was »selbst-« und »fremdgefährdend« heißt. Häufig gibt es im Alltag gerade an dieser Nahtstelle Uneinigkeit. Über den Begriff der »freie Wille« sollte man philosophisch und empirisch diskutieren.

Bürgerliches Gesetzbuch (BGB)

Die wichtigste Neuerung innerhalb des Bürgerlichen Gesetzbuches ist das Betreuungsgesetz. Deswegen wird hier ausführlicher darauf eingegangen.
Das Gesetz zur Reform des Rechts der Vormundschaft und Pflegschaft für Volljährige trat am 1. Januar 1992 in Kraft. An die Stelle der Vormundschaft über Volljährige sowie der Gebrechlichkeitspflegschaft ist die Betreuung getreten. Das Wesen der Betreuung besteht darin, dass für eine volljährige Person ein Betreuer bestellt wird, der in einem genau festgelegten Umfang für sie handelt. Betroffen ist, wer aufgrund einer psychischen Erkrankung oder einer körperlichen, geistigen oder seelischen Behinderung seine Angelegenheiten ganz oder teilweise nicht besorgen kann. Seit In-Kraft-Treten des Betreuungsgesetzes hat sich die Zahl der Betreuten von 400.000 auf 800.000 verdoppelt, was Sinn macht. Viele Betroffene sind alte Menschen. Das neue Gesetz ist in den §§ 1896 bis 1907 BGB gefasst. Zunächst ist die Bestellung eines Betreuers geregelt. Neben einer Krankheit oder Behinderung muss ein Fürsorgebedürfnis vorhanden sein. Ein Betreuer darf nur bestellt werden, »wenn der Betroffene auf Grund dieser Krankheit oder Behinderung seine Angelegenheiten ganz oder teilweise nicht zu besorgen vermag«. Zumeist handelt es sich dabei um die Bereiche Finanzen, Gesundheitsfürsorge und Aufenthalt. Die Bestellung eines Betreuers ist keine Entrechtung, sie hat nicht zur Folge, dass der Betreute in seiner Geschäftsfähigkeit eingeschränkt wird (§ 106 BGB). In den Fällen, in denen der Betreute keine Einsicht in die Wirkung und Tragweite seines Handelns hat, ist er im natürlichen Sinn – unabhängig von der Betreuerbestellung – geschäftsunfähig (§ 104 Nr. 2 BGB). Die Betreuerbestellung hat keinen Einfluss auf Heirat oder Errichtung eines Testamentes, wenn nicht Geschäftsunfähigkeit oder Testierunfähigkeit vorliegen. Wichtig ist, dass die Betreuerbestellung nicht länger als notwendig dauern darf, daher wird in der gerichtlichen Entscheidung das Datum des Tages aufgenommen, an dem das Gericht die getroffene Maßnahme überprüft haben muss. Spätestens nach fünf Jahren muss über Aufhebung oder Verlängerung entschieden werden.
Als nächstes ist die Auswahl der Betreuer geregelt. Der Betreuer wird vom Vormundschaftsgericht bestellt. Es soll nach Möglichkeit eine einzelne Person ausgewählt werden, wobei den Wünschen des Betroffenen Beachtung zukommt. Betreuungsvereine wurden bereits zahl-

reich gegründet. In dem Betreuungsgesetz sind ebenfalls der Umgang mit Sterilisation und Unterbringung geregelt. Unterbringung, ähnliche Maßnahmen und Wohnungsauflösungen gehören in dieses Gesetz. Das Verfahren der Betreuerbestellung ist vom Vormundschaftsgericht des Bezirkes vorzunehmen, in dessen Bezirk der Betroffene zurzeit der Antragstellung seinen gewöhnlichen Aufenthalt hat. Wichtig ist, dass der Richter sich in einer persönlichen Anhörung einen unmittelbaren Eindruck von dem zu Betreuenden macht. Ein Antrag ist jedoch nicht unbedingt Voraussetzung, das Gericht hat von Amts wegen tätig zu werden. Der Betroffene kann aber auch selbst eine Betreuung anregen. Es muss immer ein Gutachten eines Facharztes für Psychiatrie und Psychotherapie bzw. eines Nervenarztes vorliegen, das Gutachten eines Psychologen reicht nicht.

Das Betreuungsgesetz gilt auch für die vor dem 1.1.1992 angeordneten Vormundschaften und Gebrechlichkeitspflegschaften. Die Vormünder und Pfleger wurden zu Betreuern. Für eine Bewertung des neuen Betreuungsgesetzes ist die Laufzeit noch zu kurz. Einerseits ist für die psychisch Kranken eine merkliche Anhebung des Selbstbewusstseins erreicht, zumal eine Betreuung in ihrer Befristung auch Ausdruck einer abschließbaren Krankheitsphase sein kann (»Ich beende die Betreuung, wer weiß, ob ich sie je wieder brauche.«). Der Betreuer hat – anders als im alten Pflegschafts- und Vormundschaftsrecht – bei der Führung seines Amtes nicht nur objektive Maßstäbe zu berücksichtigen, sondern ist verpflichtet, die Dinge aus der Sicht des Betroffenen zu sehen und bei der Entscheidungsfindung dessen Wünsche besonders zu berücksichtigen. Er muss den Betroffenen, soweit das möglich ist, bei allen wesentlichen Entscheidungen beteiligen. Zwar ist die Entmündigung abgeschafft, doch hat sie durchs Hintertürchen in Form des Einwilligungsvorbehaltes wieder Eingang gefunden, wonach das Vormundschaftsgericht unter bestimmten Voraussetzungen anordnen kann, dass der Betroffene in bestimmten Dingen stets die Zustimmung seines Betreuers benötigt, ähnlich einem Minderjährigen (§ 1903 Abs. 1 BGB). Kosten, Verwaltungsaufwand und Verschleiß von Personen sind bei dem neuen Betreuungsrecht recht hoch. Für viele Vorgänge gibt es auch noch keine Entscheidungswege, sodass Gerichte, weil oft auch der Rechtspfleger zu entscheiden hat, z. B. bei Wohnungsauflösung, sehr oft zu Rate gezogen werden und sich um Dinge kümmern müssen, die nicht zu ihrem Fach gehören. Sicher ist es wichtig, den Betreuer im Namen seines Mandanten hinsichtlich der Nebenwirkungen von Medikamenten zu informieren. Was aber, wenn er nein sagt, wenn er die Institution abwählt und noch eine und noch eine, und wenn dadurch ein Machtmissbrauch entsteht? Was, wenn Richter zur Frage Stellung nehmen sollen, ob Leponex® ein Mittel der Wahl ist? Möglicherweise ist das Betreuungsgesetz auf einem rechtsstaatlichen Niveau angesiedelt, das psychisch Kranke und ihre Behandler überfordert. Man sollte sich aber bewusst machen, dass sich das Betreuungsgesetz hervorragend dazu eignet, Verantwortung hin- und herzuschieben, dass sich Behandler möglichst jede therapeutische Maßnahme vorab vom Richter absegnen lassen, die Behandlung nicht primär mit dem Betroffenen zu besprechen, sondern diesen zu institutionalisieren.

Es ist auch zu fragen, inwieweit Vormundschaftsrichter Neigung und Interesse entwickeln, sich um diese Abläufe wirklich zu kümmern, zumal sie von ihrer Ausbildung her Juristen sind und keine Zusatzqualifikation besitzen. Die Gründung eines eigenen »Vormundschaftsgerichtstages e. V.« enthält die große Chance, dass die Betreuungsrichter, die bisherigen »Kellerkinder« der Justiz, zu eigener Kompetenz und eigenem Engagement finden.

ÜBUNG Machen Sie Rollenspiele mit Betroffenen, Ärzten, Richtern, Sachverständigen, Angehörigen, Betreuern als Rollen, in denen es um die Einrichtung oder Beendigung einer Betreuung geht.

Im Bereich des Zivilrechts kann ein Gutachter herangezogen werden, um die Geschäftsunfähigkeit festzustellen nach § 104 BGB: »Geschäftsunfähig ist **1.**,wer nicht das 7. Lebensjahr vollendet hat, **2.**, wer sich in einem, die freie Willensbestimmung ausschließenden Zustand krankhafter Störung der Geistestätigkeit befindet, sofern nicht der Zustand seiner Natur nach ein vorübergehender ist.« (Geschäftsunfähigkeit muss positiv bewiesen werden, Zweifel genügen nicht.)
Die Begutachtung der Testierfähigkeit erfolgt nach § 2229 BGB: »Wer wegen krankhafter Störung der Geistestätigkeit, wegen Geistesschwäche oder wegen Bewusstseinsstörung nicht in der Lage ist, die Bedeutung einer von ihm abgegebenen Willenserklärung einzusehen und nach dieser Einsicht zu handeln, kann ein Testament nicht errichten.« Dasselbe gilt für Personen, für die § 104 Abs. 2 BGB gilt. Die Begutachtung ist hier besonders schwierig, weil u. U. ein Mensch beurteilt werden muss, der nicht mehr lebt, jedoch ein mehrfach begehrtes Vermögen hinterlässt.
Bleibt an dieser Stelle zu erwähnen, dass die psychische Erkrankung auch im Ehe-, Kindschafts- und sonstigen Familienrecht sowie im Erbrecht eine wichtige Rolle spielt.

■ Maßregelvollzug und Strafrecht

Dem Menschen wird der »freie Wille« zugeschrieben, das Gute oder das Böse zu tun bzw. sich gegen das Böse zu entscheiden. Von diesem freien Willen geht das Strafrecht aus. Was gut und böse ist, ist wieder Norm. Allerdings hat es hier die Form von Recht oder Unrecht angenommen. Das Böse, das nicht in eine Norm Eingang gefunden hat, ist rechtlich uninteressant. Insgesamt wird bei dem Zusammenleben von Menschen davon ausgegangen und erwartet, dass Menschen sich gegen das Unrecht entscheiden. Wenn sie es dennoch nicht tun, wendet die Gesellschaft eine Reihe von Strafen und Maßregeln an. Dabei steht die Strafe in Beziehung zur Schuld. Gleichzeitig soll die Bestrafung des Einzelnen bewirken, dass möglichst viele nicht straffällig werden.
Auch nach der Reform bleibt das Strafrecht der Bundesrepublik am Schuldgedanken orientiert. Unmittelbar daneben und sicher in Einzelfällen in Widerspruch steht als verpflichtender Leitgedanke das Ziel der Resozialisierung des Täters.

Nicht jeder, der Böses tut, ist krank (obwohl das für manche die harmonisierendste oder entlastendste Formel wäre). Aber manche Menschen sind auf Grund bestimmter Bedingungen nicht oder nur eingeschränkt in der Lage, die (bösen) Folgen ihres gesetzeswidrigen Tuns zu erfassen: Ihr freier Wille ist eingeschränkt. Demnach können sie nach dem Gesetz nicht in gleicher Weise behandelt werden wie die, bei denen davon ausgegangen wird, dass ihr freier Wille nicht eingeschränkt ist.
Die §§ 20 und 21 Strafgesetzbuch (StGB) geben dem Richter Handhabe, diese Menschen herauszufinden. Die beiden Paragrafen lauten:

- § 20: Schuldunfähigkeit wegen seelischer Störungen: Ohne Schuld handelt, wer bei Begehung der Tat wegen einer krankhaften seelischen Störung, wegen einer tief greifenden Bewusstseinsstörung oder wegen Schwachsinns oder einer schweren anderen seelischen Abartigkeit unfähig ist, das Unrecht der Tat einzusehen oder nach dieser Einsicht zu handeln.
- § 21: Verminderte Schuldfähigkeit: Ist die Fähigkeit des Täters, das Unrecht der Tat einzusehen oder nach dieser Einsicht zu handeln, aus einem der in § 20 bezeichneten Gründe bei Begehung der Tat erheblich vermindert, so kann die Strafe nach § 49 Abs. 1 gemildert werden.

Die in diesem Gesetz genannten quasidiagnostischen Begriffe sind dem Bemühen zuzuschreiben, möglichst viele Psychiater auf einen Nenner zu bringen. Wann immer sich bei der Lektüre dieser Paragrafen Widerspruch regt, muss man bedenken, dass viele Sitzungstage lang von Psychiatern unterschiedlicher Richtungen und Schulen um die Begriffe gerangelt wurde und dass die derzeitige Formulierung eine Kompromissformel ist. Dass in diesen Sitzungstagen niemand Anstoß an dem Begriff der »Abartigkeit« genommen hat, ist allerdings sehr erstaunlich. Begriffe wie Zurechnungsfähigkeit, Schuldfähigkeit oder strafrechtliche Verantwortlichkeit werden allgemein meist gleichwertig gebraucht. Bei Verwendung des Begriffes Schuldfähigkeit ist zu bedenken, dass psychiatrisch Tätige meist einen anderen Schuldbegriff haben als bei Gericht Tätige, was wiederum der betroffene Begutachtete nicht wissen kann. Dies kann dort eine Rolle spielen, wo auf Grund des Handelns der Betroffene im strafrechtlichen Sinne nicht schuldfähig ist, weil krank, man gleichzeitig an die kranken Anteile aber nur herankommen kann, wenn der Betroffene in die Lage gesetzt wird, sich mit seinen gewissensbildenden Instanzen und Schuldgefühlen auseinander zu setzen. Die Konsequenzen, die sich daraus für einen Begutachteten ergeben können, sind in den §§ 63 und 64 des Strafgesetzbuches festgehalten und im Kapitel 11 dieses Buches mit ihren Auswirkungen weiter ausgeführt.

ÜBUNG Tauschen Sie untereinander Ihre Wertungen bezüglich der Begriffe »Schuld« und »freier Wille« aus, damit Sie besser klären können, welche Wertung Sie eigentlich im praktischen Umgang mit sich und anderen leitet.

Immer wieder werden vermehrt die Themen von möglicher Besserung und vorhersagbarer Rückfallgefahr diskutiert. Die Debatte darüber ist u. a. abhängig vom politischen Klima, von der Häufung der Taten, oft Sexualverbrechen, vom Stand der Wissenschaft, von der Größe und Isoliertheit der entsprechenden Institutionen.

■ Jugendgerichtsgesetz (JGG)

Entscheidend ist § 3 JGG: »Ein Jugendlicher ist strafrechtlich verantwortlich, wenn er z. Zt. der Tat nach seiner sittlichen und geistigen Entwicklung reif genug ist, das Unrecht seiner Tat einzusehen und nach dieser Einsicht zu handeln.« Jugendlich ist, wer 14 Jahre, aber noch nicht 18 Jahre alt ist. Ein Heranwachsender ist 18, aber noch nicht 21 Jahre. Nicht verantwortlich ist das noch nicht 14-jährige Kind.
Im Falle des JGG werden von dem Sachverständigen entwicklungspsychologische bzw. entwicklungspsychiatrische Aussagen erwartet. Auch Aussagen über das Milieu spielen eine Rolle. Vom 18. Lebensjahr an wird der Mensch grundsätzlich als strafrechtlich voll verantwortlich betrachtet; allerdings können Heranwachsende je nach der Reife ihrer Persönlichkeit und je nach der Art ihrer Straftat auch mit Jugendlichen gleichgestellt werden (§ 105 JGG). Bei der Beurteilung der Person jugendlicher Straftäter arbeiten psychiatrische, psychologische, sozialpädagogische bzw. heilpädagogische Sachverständige mit dem Richter eng zusammen.
Bei jugendlichen und heranwachsenden Straftätern steht der Begutachter immer vor der Frage, ob pädagogische bzw. psychotherapeutische Maßnahmen geeignet und vorhanden sind, um eine Entwicklung in die Straffälligkeit zu verhindern. Es besteht die Gefahr der Verharmlosung und Bagatellisierung von Straftaten, vor allem im jugendlichen und heranwachsenden Alter. Erneut stehen wir bei der Bewertung der Straftaten gegen ausländische Mitbürger, die vor allem von jugendlichen Straftätern verübt werden, vor diesem Dilemma. Es sind schwerste Straftaten, und die Täter sind junge Menschen.

■ Kinder- und Jugendhilfegesetz (KJHG / SGB VIII)

Das Kinder- und Jugendhilfegesetz wurde im Juni 1990 verabschiedet und gilt jetzt in der Neufassung vom Dezember 1998. Das bis 1990 geltende Jugendwohlfahrtsgesetz war noch wesentlich geprägt von eingriffs- und ordnungsrechtlichen Vorstellungen, während das jetzt geltende Gesetz äußerst fortschrittlich ist, weil es auf Dialogstrukturen aufbaut. Das bis dahin geltende Jugendwohlfahrtsgesetz war primär ein Aufgaben- und Maßnahmengesetz. Das KJHG ist ein echtes Leistungsgesetz. Es war die wesentliche Absicht des Gesetzgebers, ein präventiv orientiertes Leistungsgesetz zu schaffen, das die Eltern bei ihren Erziehungsaufgaben unterstützt und jungen Menschen das Hineinwachsen in die Gesellschaft erleichtert. Die Kinder- und Jugendhilfe ist mit der Neuordnung des Jugendhilfe- 16 rechts durch das KJHG als Achtes Buch in das SGB einbezogen worden. Dementsprechend enthält § 8 SGB I eine Umschreibung des sozialen Rechts auf Jugendhilfe und § 27 SGB I eine Grundbeschreibung der Leistungstatbestände der Jugendhilfe. Traditionell und von der Aufgabenverteilung des Grundgesetzes her obliegt im Bereich der Kinder- und Jugendhilfe die Regelung organisationsrechtlicher, personeller und finanzieller Fragen den Ländern. Das Elternrecht hat in Art. 6 Abs. 2 und 3 des Grundgesetzes besonderen verfassungsrechtlichen Schutz gefunden. In der neueren Diskussion wird in Literatur und Rechtsprechung die Elternverantwortung gegenüber dem Kind herausgestellt. Dieses Elternrecht ist für die Gestaltung des KJHG von zentraler Bedeutung. Kinder- und Jugendhilfe hat vom Grundgesetz her keinen eigenen Erziehungsauftrag. Unmittelbare Adressaten des KJHG sind, trotz des Zuschnitts auf die Förderung von Kindern und Jugendlichen weitgehend die Eltern. Die Eltern sollen in ihrer Erziehungsverantwortung unterstützt werden, damit die Erziehungssituation von Kindern und Jugendlichen verbessert werden kann. Dabei begründet § 1631 Abs. 2 BGB jetzt ein Recht auf gewaltfreie Erziehung. Insbesondere bemüht sich das KJHG in seinen Formulierungen, die Subjektivität des Kindes und Jugendlichen im Erziehungsprozess hervorzuheben und den jungen Menschen nicht als bloßes Objekt der Erziehungshilfe zu betrachten. Dabei ist auf die Förderung der Entwicklung gezielt, wobei Erziehung als individueller Prozess gesehen wird, auch wenn Hilfen dazu mit allgemeinen Angeboten der Jugendhilfe gewährt werden. Garantiert ist das Wunsch- und Wahlrecht der Betroffenen. Für die Zwecke des vorliegenden Buches ist von Bedeutung, dass die im § 27 Abs. 3 SGB VIII geregelte therapeutische Hilfe immer den Charakter der Hilfe zur Erziehung hat und im Kontext von Familie und erweiterter Erziehungsumgebung zu sehen ist. Es werden erzieherische Verhältnisse immer mitbehandelt. Nach § 35a SGB VIII werden für seelische Behinderte spezielle Hilfen, die auch psachotherapeutische Maßnahmen umfassen, begründet.

Nach dem KJHG soll auch jungen Volljährigen Hilfe für die Persönlichkeitsentwicklung und zu einer eigenverantwortlichen Lebensführung gewährt werden. Diese Hilfe soll solange gegeben werden, wie sie aufgrund der individuellen Lebenssituation erforderlich sind. Wichtiges Steuerungsinstrument ist der Jugendhilfeausschuss.

■ Sozialgesetzbuch (SGB)

■■ I. Das gegliederte System des Sozialrechts

Unter dem gegliederten System des Sozialrechts versteht man dessen Einteilung in verschiedene selbstständige Bereiche – also in der großen Gliederung: Sozialversicherung, soziale Entschädigung, Sozialförderung und Sozialhilfe. Auf der Ebene darunter erfolgt dann noch eine weitere Gliederung. Für die Sozialversicherung heißt das: Kranken-, Pflege-, Renten- und Unfallversicherung. Im Allgemeinen wird behauptet, das gegliederte System habe sich bewährt. Diese Bewertung ist aber zumindest dort in Zweifel zu ziehen, wo eine komplexe, die einzelnen Bereiche übergreifende Versorgung, erforderlich ist. Gerade im Bereich der psychiatrischen Versorgung oder allgemein der Behindertenarbeit stellt sich besonders nachdrücklich die Frage nach der Rechtfertigung des gegliederten Systems. Denn immer dann, wenn eine umfassende Betreuung des Sozialleistungsberechtigten erforderlich ist, spricht alles dafür, diese Betreuung in eine Hand zu legen. Genau das aber ist im Sozialrecht nicht der Fall. Die einzige Erklärung, die es dafür gibt, ist die Tatsache, dass das Sozialrecht historisch so gewachsen ist.

Die vier großen Bereiche des Sozialrechts und ihre Untergliederungen haben jeweils ihre eigenen charakteristischen Merkmale. Aber wir finden sie in der Praxis niemals in der reinen begrifflichen Form vor. Jeder Bereich übernimmt auch Elemente der anderen drei. Insbesondere das Arbeitsförderungsrecht als Teilgebiet der Sozialförderung schwankt häufig zwischen Elementen der Versicherung, der Förderung und teilweise auch der Fürsorge.

▪▪▪ 1. Die vier großen Bereiche

a. Als Grundmerkmale der Sozialversicherung (Kranken-, Pflege-, Renten- und Unfallversicherung) können wir trotz erheblicher Veränderungen noch immer nennen: die Versicherungspflicht und die Finanzierung des Systems vor allem durch Beiträge der Versicherten. Das Soziale dieser Versicherung kommt in erster Linie darin zum Ausdruck, dass die Höhe der Beiträge nicht vom versicherten Risiko, sondern vom Einkommen abhängig ist (§ 4 SGB I). Wichtige gemeinsame Merkmale der Sozialversicherung sind in den Gemeinsamen Vorschriften über die Sozialversicherung (SGB IV) geregelt. Die Arbeitslosenversicherung als Teil der Sozialförderung folgt weitgehend den gleichen Grundsätzen, obwohl sie gemeinsam mit einer Reihe weiterer Maßnahmen im SGB III ihren eigenen Standort gefunden hat.

Für die weiteren Überlegungen im Umgang mit dem Leistungsrecht der Sozialversicherung ist es besonders wichtig, sich immer zu vergegenwärtigen, dass die Sozialversicherung ihrer Herkunft nach eine Versicherung der Arbeitnehmer ist. Sie hat also anfangs diesen Bevölkerungsteil zwangsweise zusammengeschlossen, um bestimmte Lebensrisiken, die mit der Existenz als Arbeitnehmer zusammenhängen (z. B. Arbeitsunfähigkeit infolge von Krankheit, Arbeitslosigkeit, Invalidität, Verlust der Erwerbsfähigkeit im Alter), abzusichern. Probleme im zwischenmenschlichen Bereich, wie wir sie in der Psychiatrie vorfinden, lassen sich deswegen immer nur über die »Grundrisiken« in den Schutz der Sozialversicherung einbeziehen. Mehr als einhundert Jahre Sozialversicherung haben hier viel verändert, das gilt vor allem für die Krankenversicherung.

b. Wesentlich geringere praktische Bedeutung hat die Soziale Entschädigung. Sie ist auch kaum einem grundlegenden Wandel unterworfen. Ihrer Herkunft nach ist sie Kriegsopferversorgung. Die soziale Entschädigung knüpft an den Gedanken der Abgeltung eines besonderen Opfers, das ein Einzelner erbracht hat (§ 5 SGB I). Da hier der Gedanke des Eintretens der Allgemeinheit für den Einzelnen im Vordergrund steht, ist es konsequent, dass die soziale Entschädigung aus Steuermitteln finanziert wird. Die soziale Entschädigung hat sich heute weit über die Kriegsopferversorgung hinaus entwickelt. Besonders wichtig ist, dass Opfer von Impfschäden in Anwendung der Bestimmungen des Bundesversorgungsgesetzes, also wie Kriegsopfer, entschädigt werden (Infektionsschutzgesetz). Dasselbe gilt nach den Bestimmungen des Opferentschädigungsgesetzes für die Opfer von Gewalttaten.

Menschen, die in der NS-Zeit mit der Begründung des Vorliegens einer geistigen Behinderung oder einer psychischen Krankheit zwangssterilisiert oder ermordet wurden, und ihre Angehörige zählen zwar immer noch nicht zu den rassisch, politisch oder weltanschaulich Verfolgten des »Bundesentschädigungsgesetzes«. Dennoch ist das ihnen angetane NS-Unrecht – nach langem Kampf – 1987 vom deutschen Bundestag immerhin offiziell anerkannt; sie sind nun wenigstens Verfolgte zweiter Klasse. Außerdem erhalten sie bei sozialer Bedürftigkeit und bei (nunmehr unterstelltem) verfolgungsbedingtem Gesundheitsschaden eine laufende Beihilfe nach dem »Allgemeinem Kriegsfolgeschadengesetz« im Sinne einer Rente. Beratung, Unterstützung und Zusammenhalt finden sie beim »Bund der ›Euthanasie‹-Geschädigten und Zwangssterilisierten«, Schorenstraße 12, 32756 Detmold.

Seit Anfang der 90er Jahre kann eine während der Wehr- oder Zivildienstzeit erstmals aufgetretene Schizophrenie u. U. zu einer Versorgungsrente führen, und zwar auf dem Wege der so genannten Kann-Versorgung für Erkrankungen, deren Entstehungsbedingungen nicht hinreichend bekannt sind.

c. Der Gedanke der Sozialförderung liegt nicht so sehr wie in den bisher genannten Bereichen in der Reaktion auf ein Risiko, das sich verwirklicht hat, sondern in einem staatlichen Beitrag zur Verwirklichung der Chancengleichheit (§ 3 SGB I). So soll z.B. niemand aus Mangel an finanziellen Mitteln Bildungsreserven ungenutzt lassen müssen. Zur Sozialförderung gehört also vor allem die Bildungs- und Arbeitsförderung (BaföG, SGB III). Man rechnet hierher aber auch das Kinder-, Erziehungs- und Wohngeld und neuerdings auch zumindest Teile des Kinder- und Jugendhilferechts (§ 8 SGB I). Die Finanzierung erfolgt ganz überwiegend aus Steuermitteln. Im Bereich der Arbeitsförderung finden wird aber auch die Finanzierung durch Beiträge. Diese Form der Finanzierung wird zuweilen deswegen als systemfremd angesehen, weil nicht alle Aufgaben der Arbeitsförderung den Charakter einer Versicherung haben (z. B. Berufsberatung, Förderung der beruflichen Bildung). Auf jeden Fall aber gehört das im SGB III geregelte Arbeitslosengeld systematisch zur Sozialversicherung, die Arbeitslosenhilfe ist dagegen schon eine beitragsrechtlich verfremdete Form der Fürsorge. Die im SGB III geregelte Arbeitslosenversicherung stellt auf jeden Fall nur einen Ausschnitt aus dem gesamten Arbeitsförderungsrecht dar. Reine Sozialförderung sind die Leistungen zur beruflichen Bildung (§§ 59 ff. SGB III) und zur beruflichen Rehabilitation (§§ 97 ff. SGB III).

d. Die staatliche Fürsorge (Sozialhilfe) hat die eigentliche Aufgabe der Grundsicherung des

Bürgers (§ 9 SGB I). Sie knüpft an eine im Gesetz näher umschriebene Notlage, wobei es nicht darauf ankommt, wie diese Notlage entstanden ist. Leistungen der Fürsorge werden nur erbracht, wenn anderweitig keine Hilfe möglich ist. Die Fürsorge ist also nachrangig. Sie wird aus Steuermitteln finanziert. Vor allem weil das System der Sozialversicherung begrenzt ist, kommt der Sozialhilfe eine enorme Aufgabe zu. Sie ist gleichsam der Lückenbüßer des Gesamtsystems (»Ausfallbürgin«). Vor allem in der psychiatrischen Versorgung erfolgt heute vieles als soziale Rehabilitation durch die Sozialhilfe, was zum Teil doch eher zu den Leistungen der Sozialversicherung zu rechnen ist. Hier finden gegenwärtig erhebliche Auseinandersetzungen statt. Die damit zusammenhängenden Fragen werden heute sehr stark von der Interessenlage der Sozialleistungsträger her und nicht auf der Basis der Grundlagen des Sozialrechts beantwortet.

e. Seit dem 1.1.2003 ist das Fürsorgesystem um das Grundsicherungsgesetz erweitert worden. Es wendet sich an zwei Personengruppen. Hauptsächlich alte Menschen über 65 Jahre auf Sozialhilfeniveau eine Grundsicherung. Sie selbst müssen natürlich vorrangig ihr Einkommen und Vermögen einsetzen. Ihre unterhaltspflichtigen Kinder werden aber nur herangezogen, wenn sie ein Einkommen von über 100.000 Euro im Jahr haben. Diese Grundsicherung besteht des Weiteren für behinderte Menschen über 18 Jahren, die dauerhaft voll erwerbsgemindert sind. Es bedarf also keine Aussicht bestehen, dass sich ihre Lage durch Rehabilitationsmaßnahmen verbessern lässt. Für die unterhaltspflichtigen Eltern gilt die 100.000-Euro-Regel. Ehepartner werden in allen Fällen herangezogen, wenn ihr eigener Bedarf gedeckt ist.

▪▪▪ 2. Die Schließung der Lücken im System

Seit vielen Jahren bemühen sich sowohl die Gesetzgebung, die Rechtsprechung als auch die Wissenschaft darum, die Lücken im System zu schließen. Dieser im Grunde hochinteressante Prozess ist teils sozialpolitischer, teils methodischer Natur. Nimmt man etwa das Risiko der Pflegebedürftigkeit, so ist es eine methodische Frage, wie man Behandlungsbedürftigkeit und Pflegebedürftigkeit voneinander abgrenzt. Es hat hier keinen Sinn, mit sozialpolitischen Postulaten zu kommen. Die Frage ist unter Berücksichtigung der Aufgaben der einzelnen Sozialleistungsbereiche unter Heranziehung medizinischen Wissens zu beantworten. Wer bei den regelmäßig wiederkehrenden Verrichtungen im Ablauf des täglichen Lebens (z.B. Waschen, Anziehen, Essen) der Hilfe bedarf, ist eben nicht behandlungsbedürftig. Unter Vernachlässigung von Abgrenzungsproblemen müssen wir feststellen, dass er Leistungen der Krankenversicherung nicht erhalten kann. Das Ergebnis ist unbefriedigend und führte zu der sozialpolitischen Überlegung, wie man die Pflegebedürftigkeit als Risiko der Sozialversicherung anerkennen kann. Das geschah zunächst durch eine Ergänzung der Krankenversicherung und in einem nächsten Schritt durch Schaffung der Pflegeversicherung als der fünften Säule der Sozialversicherung im SGB XI. Die sozialpolitische Dimension dieses Problems wird auch dadurch deutlich, dass man in vielen Bestimmungen eine für die Sozialversicherung sonst nicht typische Leistungsbegrenzung einführte. Im Ergebnis sind deswegen Pflegebedürftige oft noch zusätzlich auf Leistungen der Sozialhilfe angewiesen.

a. Häufig ist der Vorgang der Lückenschließung ganz pragmatisch. Vor allem durch die Schaffung zweier gesetzlicher Klammern um die vier großen Bereiche ist ein Prozess der Harmonisierung des Sozialrechts in Gang gekommen. Seit 1975 ist der Gesetzgeber darum bemüht, das zersplitterte Sozialrecht in einem einheitlichen Sozialgesetzbuch zu ordnen. Die erste wichtige Klammer ist das Sozialgesetzbuch – Allgemeiner Teil (SGB I). Dieses Buch enthält wichtige Grundaussagen, die – mit den Einschränkungen des § 37 SGB I – für alle Sozialleistungsbereiche gelten. Dazu gehören etwa der Zugang zu Sozialleistungen (§§ 13 – 17 SGB I), der Mitwirkungsgedanke (§§ 33, 60 ff SGB I), die vorläufigen Leistungen (§§ 42, 43 SGB I) oder der Geheimnisschutz (§ 35 SGB I). Die zweite wichtige Klammer ist das Sozialgesetzbuch – Verwaltungsverfahren (SGB X). In diesem Buch ist das Verfahren vor den Behörden geregelt, also vor allem die Phase von der Antragstellung bis zum Erlass eines Verwaltungsaktes (§§ 8 ff SGB X). Besonders wichtig sind der Amtsermittlungsgrundsatz (§ 20 SGB X), die Anhörung (§ 24 SGB X), das Akteneinsichtsrecht (§ 25 SGB X), die Korrektur von Verwaltungsakten (§§ 44 ff SGB X) oder die Offenbarung von Sozialgeheimnissen (§§ 67 ff SGB X). Für das Verhältnis der Sozialleistungsträger untereinander ist das Erstattungsrecht der §§ 102 ff. SGB X von großer Bedeutung.

Das SGB I und das SGB X regeln Komplexe, die sehr eng zusammenhängen. Man hätte beide auch in einem einzigen Buch zusammenfassen können. Der Zusammenhang wird vor allem deutlich im Antragsverfahren (§§ 16 SGB I, 8 ff. SGB X) und bei der Begründung von Verwaltungsakten (§§ 39 SGB I, 35 SGB X). Von Bedeutung ist noch eine kleinere Klammer. Es ist das SGB IV – die Gemeinsamen Vorschriften für die Sozialversicherung. In diesem Teil des Gesetzes sind also Vorschriften enthalten, die sich nur auf die Sozialversicherung (Kranken,- Pflege-, Unfall- und Rentenversicherung) beziehen. Besondere praktische Bedeutung hat darin die Vorschrift über die geringfügige Beschäftigung (§ 8 SGB IV).

b. Praktisch wichtige gesetzliche Regelungen, die eine Verknüpfung der einzelnen Sozialleistungsbereiche bewirken, sind folgende: Die §§ 13 – 15 SGB I begründen einen sehr umfassenden Informationsanspruch des Bürgers. Nach § 15 Abs. 2 SGB I ist ein Anspruch auf Auskunft über den zuständigen Sozialleistungsträger zu gegeben. Dieser muss gemäß § 14 SGB I über alle Rechte und Pflichten beraten. Anträge auf Sozialleistungen können gemäß § 16 Abs. 2 SGB I auch bei einem unzuständigen Träger gestellt werden. Dieser muss den Antrag weiterleiten. Gemäß § 43 SGB I sind bei einem Zuständigkeitsstreit vom zuerst angegangenen Sozialleistungsträger Vorleistungen zu erbringen. Bei einem Streit um die örtliche Zuständigkeit trifft gemäß § 2 Abs. 1 SGB X die Aufsichtsbehörde eine Entscheidung. Viele Regelungen im SGB I und SGB X bewirken also, dass ein Zuständigkeitsstreit nicht zu Lasten des Bürgers gehen kann. Allerdings muss man sagen, dass die Praxis noch weit von einer Umsetzung dieser Vorschriften entfernt ist.

c. Eine besondere Aufgabe bei der Lückenschließung hat, wie erwähnt, die Sozialhilfe. Sie ist gleichsam das Netz unter dem Netz der sozialen Sicherung. Im Zusammenhang mit der Sozialversicherung erfüllt sie ihre Aufgaben auf drei Ebenen. Typischerweise muss man sozialversicherungsrechtliche Fragen in drei Schritten beantworten. Man muss fragen:

aa. Gehört eine Person zum versicherten Personenkreis,

bb. hat sich das Risiko dieses Versicherungszweiges verwirklicht, ist also der Versicherungsfall eingetreten,

cc. welche Leistungen erbringt diese Versicherung in diesem Falle?

Nur wenn alle drei Fragen bejaht sind, besteht ein Anspruch auf Leistungen. Oftmals müssen sogar noch zusätzliche Voraussetzungen geprüft werden (z. B. bestimmte Versicherungszeiten).

Die Sozialhilfe tritt auf allen drei Ebenen ergänzend ein. Gehört eine Person (z. B. ein Nichtsesshafter) nicht zum versicherten Personenkreis, ist sie aber krank, so leistet die Sozialhilfe (§ 37 BSHG), weil die Frage zu aa) verneint wurde. Gehört jemand zum versicherten Personenkreis, und betreibt er in Verbindung mit weiteren Problemen Alkoholmissbrauch, ohne krank zu sein, so leistet die Sozialhilfe (§§ 8, 72 BSHG), weil die Frage zu bb) verneint wurde. Benötigt ein versicherter körperbehinderter Mensch nicht nur einen Rollstuhl (§ 33 SGB V), sondern dazu auch eine Anfahrrampe, um ins Haus zu kommen, so leistet die Sozialhilfe (§§ 55 Abs. 2 Ziff. 5 SGB IX, 40 Abs. 1 Ziff. 2 BSHG), weil diese Rampe von der Rechtsprechung nicht als Hilfsmittel im Sinne der Krankenversicherung angesehen wird. Es wurde also die Frage zu cc) verneint.

Haben wir z. B. in der psychiatrischen Versorgung einen psychisch Kranken, der einer Arbeit nachgeht, und der gewisser Hilfen im häuslichen Bereich bedarf, dann müssen wir in der gleichen Weise prüfen. Er muss zum versicherten Personenkreis gehören. Daran kann es gerade bei den neuen Beschäftigungsformen für psychisch Kranke fehlen, nämlich dann, wenn sie nur geringfügig auf dem allgemeinen Arbeitsmarkt tätig sind (vgl. §§ 8 SGB IV, 7 SGB V). Konnten wir die Frage zu aa) bejahen und ist die Frage zu bb) unproblematisch, weil eine Krankheit gegeben ist, dann müssen wir uns zu cc) fragen, welche Leistungen im häuslichen Bereich gehören zu den Leistungen der Krankenversicherung. Das wird zu einem Problem der Abgrenzung des § 37 SGB V (häusliche Krankenpflege) von §§ 11 Abs. 3, 70 BSHG (Hilfe zur Weiterführung des Haushalts) mit der Folge, dass u. U. wieder die Sozialhilfe leistet. 16

Je komplexer also die sozialen Probleme sind, umso schwieriger werden auch die sozialrechtlichen Fragen. Das hängt z. B. in der psychiatrischen Versorgung damit zusammen, dass wir hier eine umfassende Betreuung unter Einbeziehung der sozialen Dimension brauchen. Unser gegliedertes System ist aber gar nicht auf so umfassende Dinge hin angelegt. Wer lediglich krank, lediglich arbeitslos ist, wer lediglich einen Unfall erlitten oder schlicht kein Geld hat, der kann mit dem gegliederten System leben, weil er sich zumeist nur an eine Stelle wenden muss. Das reicht aber bei behinderten Menschen, zumal bei psychisch Kranken, nicht aus.

e. Es war schon immer ein Anliegen der Behindertenarbeit, die Rehabilitation in einem einheitlichem Gesetz zu regeln. Im Jahre 1974 hatte man das mit dem Rehabilitationsangleichungsgesetz versucht. Einen neuen Anlauf hat der Gesetzgeber mit dem Gesetz über Rehabilitation und Teilhabe behinderter Menschen (SGB IX) unternommen. Es ist am 1.7.01 in Kraft getreten. Das Gesetz bringt Verbesserungen, aber sie bleiben weit hinter dem zurück, was ursprünglich beabsichtigt war. Vor allem hält der Gesetzgeber an den überkommenen Strukturen des gegliederten Systems des Sozialrechts fest. Mit dessen Aufgabe war realistischerweise auch nicht zu rechnen. Punktuell kommt es zur Beseitigung einiger Unzuträglichkeiten.

In § 2 SGB IX wird unter Übernahme des WHO-Konzepts der Begriff der Behinderung definiert. Die §§ 4–7 SGB IX treffen allgemeine Regelungen über die Rehabilitationsträger und die Leistungen. In diesen Punkten werden Neuerungen ausdrücklich vermieden. So sieht § 6 Abs. 2 SGB IX vor, dass die Rehabilitationsträger ihre Aufgabe selbstständig und eigenverantwortlich wahrnehmen, wo doch gerade eine Kooperation erforderlich ist. In § 7 SGB IXwird bestimmt, dass die Vorschriften des SGB IX nur gelten, wenn sich aus den Regelungen über die anderen Sozialleistungsbereiche (z.B. Kranken-, Pflege-, Rentenversicherung) nichts anderes ergibt. Damit wird aber auch deutlich, dass die Koordination innerhalb des SGB IX denkbar gering ist. Wer etwa in § 26 Abs. 3 SGB IX psycho-soziale Leistungen findet, muss erst in den Besonderen Teilen des Sozialgesetzbuches suchen, ob er sie dort auch »wiederfindet«. Entdeckt er dann in § 37a SGB V die Soziotherapie, so wird er bei genauerer Lektüre der Vorschrift sehr ernüchtert sein.

Auch die Vorschriften über die Zusammenarbeit der Rehabilitationsträger weichen von diesem Grundkonzept nur in einzelnen Fällen und nur geringfügig ab. So werden zwar in den §§ 10–13, 17 SGB IX Koordination und Zusammenwirken geregelt. Aber nach § 10 Abs. 1 SGB IX handelt der zuständige Rehabilitationsträger nur im Benehmen mit den anderen Rehabilitationsträgern. In rechtlicher Hinsicht ist ein Benehmen nichts anderes als eine gegenseitige Anhörung ohne jede rechtliche Konsequenz. Nach § 13 Abs. 1 SGB IX vereinbaren die Leistungsträger »gemeinsame Empfehlungen«. Eine Empfehlung begründet nun keine Verpflichtung. Es überrascht dann nicht mehr, dass nach § 17 Abs. 1 SGB IX der zuständige Rehabilitationsträger Leistungen allein oder gemeinsam mit anderen Leistungsträgern lediglich erbringen kann. Selbst wenn er es im Einzelfall tun will, fehlt jede Rechtsgrundlage für eine Integration von Leistungen. Einen wirklichen Fortschritt gibt es hier nur bei der Frühförderung und der Früherkennung (§ 30 SGB IX). Hier wird erstmals eine Integration pädagogischer, psychologischer und medizinischer Leistungen im Sinne einer Komplexleistung ermöglicht.

Hinsichtlich des Zuganges zu den Rehabilitationsleistungen trifft § 14 SGB IX eine Regelung über die Zuständigkeitsklärung, die das Verfahren erheblich beschleunigen dürfte. Sie kann aber nicht das Weiterleiten von Anträgen verhindern. Ihr Verhältnis zur Vorleistung (§ 43 SGB I) ist aber noch ungeklärt. Überwiegend vertritt man in der Praxis die Auffassung, ein Rehabilitationsträger, der sich nicht für zuständig hält, muss den Antrag innerhalb von zwei Wochen weiterleiten. Der zweitangegangene Rehabilitationsträger darf nicht noch einmal weiterleiten. Er muss den Rehabilitationsbedarf feststellen. Wenn er aber nach seinem Recht nicht leisten darf, dann kann das Verfahren blockiert werden. Allein deswegen muss man daran festhalten, dass eine Vorleistung nach § 43 SGB I im Rehabilitationsverfahren weiterhin erfolgen kann und muss.

In den §§ 22 und 23 SGB IX sind die Aufgaben der Servicestellen geregelt, die mit ihrem Beratungs- und Betreuungsangebot gleichfalls eine Verbesserung in das Verfahren bringen dürften. Nicht uninteressant ist das in § 63 SGB IX geregelte Klagerecht der Verbände. Doch die Bezeichnung ist falsch. Es gibt anders als um Umwelt- und Verbraucherschutz kein Verbandsklagerecht, sondern nur ein Recht der Verbände, behinderte Menschen mit ihrem Einverständnis zu vertreten. Betrachtet man die §§ 14, 23 und 63 SGB IX im Gesamtzusammenhang, so bringen auch sie gegenüber dem SGB I und dem SGB X zwar Verbesserungen. Sie sind jedoch gering.

Auch das Leistungssystem bleibt unverändert. Dessen allgemeinen Grundlagen werden in den §§ 26–42 SGB IX geregelt. Sie haben eher informatorischen Charakter. Immerhin erweitern die §§ 26 Abs. 3 und 33 Abs. 6 SGB IX sowohl die Leistungen der medizinischen als auch der beruflichen Rehabilitation um die psycho-soziale Versorgung. Soweit die Besonderen Teile des Sozialgesetzbuches auf die Bestimmungen des SGB IX verweisen, integrieren sie es auch in ihr Regelungskonzept. Das ist im Augenblick weitgehend der Fall. Insoweit haben wir mit den Schwerpunktregelungen der §§ 26 und 33 SGB IX ein modernes Leistungsrecht. Aber wir haben kein koordiniertes Rehabilitationsverfahren und wir haben keine integrierte Versorgung (im Einzelnen P. Mrozynski, Recht & Psychiatrie 2002 S. 139).

Die §§ 44 ff. SGB IX regeln ohne inhaltliche Veränderungen ergänzende und finanzielle Leistungen an behinderte Menschen. In den §§ 55 ff. SGB IX wird gleichfalls ohne eine Erweiterung der Komplex geregelt, den man auch bisher schon als soziale Rehabilitation der Sozialhilfe zugewiesen hat. Dabei bleibt es. Immerhin wird in § 57 SGB IX die Rechtsgrundlage für den Gebärdendolmetscher geschaffen. Im Zusammenhang mit dem SGB IX ist die Heranziehung zu Kostenbeiträgen in der Sozialhilfe durch Neufassung des § 43 Abs. 2 BSHG erheblich eingeschränkt worden.

Die §§ 68 ff. SGB IX bringen keine Neuerung, sondern übernehmen das Schwerbehindertenrecht in das SGB IX. Gemeinsam mit den Leistungen zur Teilhabe am Arbeitsleben nach § 33 SGB IX, also der herkömmlichen beruflichen Rehabilitation, bildet das reformierte Schwerbehindertenrecht einen entwicklungsfähigen Komplex zur beruflichen

Eingliederung behinderter Menschen. Bei der Teilhabe am Arbeitsleben ist eine wichtige Unterscheidung zu treffen. Sie ist zum einen die gezielte Verbesserung der individuellen beruflichen Fähigkeiten des behinderten Menschen (berufliche Rehabilitation). Zum anderen dient sie als begleitende Hilfe im Arbeitsleben der Schaffung behinderungsgerechter Arbeitsbedingungen. Dieses letztere Form der Teilhabe am Arbeitsleben ist noch immer unterentwickelt. Doch auch für die psychiatrische Versorgung kündigt sich hier mit den Integrationsfachdiensten, der Arbeitsassistenz und den Integrationsprojekten eine Neuerung an. Auf sie wird unten zurückzukommen sein.

■■ II. Die Rehabilitation Behinderter

Das BSG hat in einer Reihe von Entscheidungen den Begriff der medizinischen Rehabilitation präzisiert: Die Rehabilitation wird vom BSG als ganzheitlich bzw. multifunktional bezeichnet (BSG SGb 1993 S. 281). Selbst der pädagogische Charakter einer Maßnahme schließt, insbesondere in der Rentenversicherung, ihre Zuordnung zur medizinischen Rehabilitation nicht aus. Schon in seiner Entscheidung aus dem Jahre 1982 hatte das BSG klargestellt, dass auch pädagogisch ausgerichtete Maßnahmen, die der Behebung einer psychischen Fehlhaltung bzw. der Stabilisierung der Persönlichkeit zur Erreichung der Drogenabstinenz dienen, der medizinischen Rehabilitation zuzurechnen sind. In der erwähnten Entscheidung ging es um die sozialrechtliche Bewertung folgender in eine Wohngemeinschaft für Drogenabhängige integrierte Einzelmaßnahmen: Gewöhnung an einen geregelten Tagesrhythmus, Gruppengespräche, Sport, Freizeitveranstaltungen, Hausdienste, Schulbesuch mit dem Ziel eines Realschulabschlusses (BSG 54 S. 59).

In seiner neueren Rechtsprechung, die man jetzt als gesichert ansehen kann (BSG 57 S. 157; BSG 66 S. 87), hat das BSG die Aufgabe der medizinischen Rehabilitation dahingehend konkretisiert, dass sie Maßnahmen beinhaltet, die über die ärztliche Behandlung hinausgehen, und mindestens ebenso notwendig Maßnahmen der psycho-sozialen Behandlung umfassen, die der Stabilisierung der Persönlichkeit dienen. Das umfasst auch pädagogisch ausgerichtete Leistungen. Ausdrücklich wird hervorgehoben, dass diese sich auch auf Maßnahmen erstrecken, die vom medizinischen Personal als »soziale Rehabilitation« bezeichnet werden. Ohne Beschränkung auf den stationären Bereich hat das BSG ausgeführt, dass Maßnahmen der Rehabilitation häufig multifunktional wirken, d.h. sie bewirken außer dem Sacherfolg, auf den sie ihrer Bezeichnung und inhaltlichen Gestaltung nach zunächst ausgerichtet sind, noch weitere Erfolge. So kann eine Maßnahme der beruflichen Rehabilitation zugleich auch der gesundheitlichen oder gesellschaftlichen Rehabilitation oder eine Maßnahme der gesundheitlichen Rehabilitation zugleich der beruflichen oder gesellschaftlichen Rehabilitation dienlich sein. Der leistungsrechtliche Charakter und damit auch die Zuständigkeit ist nach dem Schwerpunkt der Maßnahme zu bestimmen (BSG SGB 1993 S. 281). Diese Rechtsprechung bezieht sich zwar im Wesentlichen auf Leistungen der Rentenversicherung. In ihrem Kern kann man sie aber auch auf die Krankenversicherung übertragen. Das ergibt sich jetzt auch aus § 26 Abs. 3 SGB IX, der eine allgemeine Regelung zur medizinischen Rehabilitation trifft.

▪▪▪ 1. Allgemeines

Im Folgenden wird die Rehabilitation vor allem am Beispiel der psychiatrischen Versorgung, einschließlich der Sucht, erläutert. Die Ausführungen gelten sinngemäß auch bei anderen Behinderungen. Bei der geistigen Behinderung ist aber zu beachten, dass eine Leistungspflicht der Krankenkasse in der Regel nicht gegeben ist, weil die geistige Behinderung nicht mit medizinischen, sondern mit (heil)pädagogischen Mitteln angegangen wird.
Die Zuständigkeit für die Rehabilitation behinderter Menschen ist im gegliederten System unseres Sozialrechts i. d. R. auf vier verschiedene Leistungsträger verteilt. Es sind dies die Krankenkasse, die Rentenversicherung, das Arbeitsamt und die Sozialhilfe. Auch die Leistungen der Unfallversicherung und der sozialen Entschädigung umfassen Rehabilitationsleistungen. Die beiden letzteren Sozialleistungsträger erbringen die Leistungen – sogar einschließlich der Pflege – immer »aus einer Hand«. Darüber hinaus kommen für die vollständige Eingliederung behinderter Menschen in allen Bereichen des Sozialrechts immer auch Leistungen des Schwerbehindertenrechts hinzu, dass von den Integrationsämtern ausführt wird.
Kennzeichnet man zunächst die in der Rehabilitation zu erfüllende Aufgabe, so ergibt sich für die Zuständigkeit der Leistungsträger bzw. Behörden Folgendes: In Klammern jeweils die zentralen leistungsrechtlichen Vorschriften, die anzuwenden sind.

a. **Krankenkasse**: alleinige Zuständigkeit für die Akutbehandlung und nachrangige Zuständigkeit für die medizinische Rehabilitation (§ 11 Abs. 2, 40 SGB V)
b. **BfA / LVA:** vorrangige Zuständigkeit für die medizinische und die berufliche Rehabilitation (§§ 9 ff. SGB VI),
c. **Arbeitsamt**: nachrangige Zuständigkeit für die berufliche Rehabilitation (§§ 97 ff. SGB III),
d. **Integrationsamt:** Förderung der behinderungsgerechten Arbeit (§§ 102 ff. SGB IX),
e. **Sozialamt**: soziale Rehabilitation und nachrangige Zuständigkeit für alle Hilfen an behinderte Menschen, soweit einer der zuvor genannten Leistungsträger nicht zur Leistung verpflichtet ist. Das ist in der Regel bei fehlendem Versicherungsschutz gegeben (§§ 39, 40 BSHG),
f. **Jugendamt:** Jugendamt: Eingliederungshilfe für seelisch behinderte junge Menschen, insoweit vorrangig gegenüber der Sozialhilfe (§§ 10 Abs. 2, 35 a SGB VIII).

Dieses noch recht einfache Zuständigkeitsschema ist mit einer Fülle von Abgrenzungsproblemen belastet. So kann zweifelhaft sein, wann die Akutbehandlung endet und die medizinische Rehabilitation beginnt. Es ist vor allem nicht so, dass an behinderte Menschen nur Rehabilitationsleistungen zu erbringen wären. Wird z. B. ein körperbehinderter Mensch mit einem Rollstuhl ausgestattet, so handelt es sich dabei um eine Akutversorgung

(§ 33 SGB V). Entsprechendes gilt für die reine Entzugsbehandlung bei einem Alkoholkranken (§ 39 SGB V). Heilmittel (§§ 32, 124 SGB V) können heute in der psychiatrischen Versorgung als therapeutische Dienstleistungen einen wichtigen Stellenwert haben. Sie gehören aber zur Akutbehandlung. Im Allgemeinen steht die Akutversorgung am Beginn der Maßnahmen.

Was methodisch unter medizinischer Rehabilitation zu verstehen ist, lässt sich am besten in § 107 Abs. 2 Ziff. 2 SGB V nachlesen. Die wesentlichen gesetzlichen Merkmale lauten: »... auch durch geistige und seelische Einwirkungen ... bei der Entwicklung eigener Abwehr-Heilungs- und Widerstandskräfte zu helfen.« Heftige Auseinandersetzungen werden um die Abgrenzung der medizinischen von der sozialen Rehabilitation geführt. Auch die Übergänge von der beruflichen Rehabilitation zur behinderungsgerechten Arbeit sind fließend. Von beruflicher Rehabilitation kann man nur dann sprechen, wenn die individuellen beruflichen Fähigkeiten eines behinderten Menschen, sei es durch einen Lehrgang, oder Einzelmaßnahmen gezielt verbessert werden. Die Schaffung bestimmter Erleichterungen im Arbeitsleben (die behinderungsgerechte Gestaltung eines Arbeitsplatzes) gehört allenfalls im Ansatz dazu. Durch § 33 SGB IX ist hier eine Flexibilisierung eingeleitet worden.

▪▪▪ 2. Die sozialrechtlichen Regelungen der Rehabilitation

Unabhängig von den Abgrenzungsfragen ist vorab festzustellen, dass die Akutbehandlung nichts anderes, sondern eine Erweiterung der medizinischen Rehabilitation darstellt. Letztere bezieht also alle medizinischen Maßnahmen in ihr Konzept ein.

▪▪▫ a) Zum Begriff der Akutbehandlung

Größere begriffliche Probleme haben wir mit der Akutbehandlung nicht. Sie entspricht im Wesentlichen dem, was man als Heilbehandlung nach den Regeln der ärztlichen Kunst bezeichnet. Ihren gesetzlichen Rahmen erhält sie durch die §§ 28, 72 Abs. 2 SGB V. Des Öfteren ist sie in der Praxis von der Grundpflege bei Hilflosigkeit abzugrenzen. Von Behandlung sprechen wir, wenn der Zustand eines Kranken prinzipiell durch ärztliche Heilmaßnahmen beeinflussbar ist. Es reicht, wenn die Behandlung der Linderung des Leidens oder der Verlängerung des Lebens dient. Die Grundpflege, so heißt es, erfolgt nur um ihrer selbst willen. Sie richtet sich auf die regelmäßig wiederkehrenden Verrichtungen im Ablauf des menschlichen Lebens (Waschen, Anziehen usw.). Mit dem Wort regelmäßig ist vor allem gemeint, dass es sich um Verrichtungen handeln muss, die nicht durch eine Krankheit erforderlich geworden sind.

Wenn wir also sagen können, dass sich die Akutbehandlung auf den Gesundheitszustand des Versicherten richtet, so wie er jetzt »akut« ist, so wird damit deutlich, dass die Behandlung in dieser Phase maßgeblich vom Arzt bestimmt wird (§ 28 SGB V). Dass die Behandlung vom Arzt verantwortet wird, schließt aber nicht aus, dass andere Berufsgruppen tätig werden. Zum Teil drängen sie sogar in den Kernbereich der ärztlichen Tätigkeit. Das gilt in besonderem Maße für die psychologischen Psychotherapeuten (§ 28 Abs. 3 SGB V). Angesichts der Dominanz des Arztes wird auch das begrenzte Blickfeld der Akutbehandlung deutlich. In der anschließenden medizinische Rehabilitation wird ohne weitere Einschränkung »besonders – nämlich für die jeweils zu erfüllende Aufgabe – geschultes Personal« tätig.

b) Versicherungsrechtliche Voraussetzungen

Die Akutbehandlung ist die angestammte Domäne der Krankenversicherung. Dabei ist eindeutig klargestellt, dass die Rentenversicherung auch dann nicht zur Akutbehandlung leisten muss, wenn diese Akutbehandlung den ersten Teil einer umfassenden Rehabilitationsmaßnahme darstellt und der Behinderte nicht in den Schutz der Krankenversicherung einbezogen ist (§ 13 Abs. 2 Ziff. 1 SGB VI). In diesem Falle muss der Träger der Sozialhilfe die Kosten für die Akutbehandlung übernehmen. Die anschließende Rehabilitation erbringt dann der Träger der Rentenversicherung.

In der Praxis kann sich eine solche Konstellation dann ergeben, wenn ein psychisch Kranker in der Vergangenheit einige Zeit versicherungspflichtig sowohl in der Kranken- als auch in der Rentenversicherung (§§ 5 Abs. 1 Ziff. 1 SGB V, 1 Abs. 1 Ziff. 1 SGB VI) beschäftigt war. Er mag seine Beschäftigung aufgegeben haben und für einige Zeit ohne Arbeit gewesen sein. In dieser Phase wird er weder arbeitsunfähig noch arbeitslos gemeldet gewesen sein. Vielleicht hat sich hier der Ausbruch seiner Krankheit angekündigt. Manifestiert sich jetzt die Akuterkrankung, dann fehlt es in aller Regel an einem Schutz in der Krankenversicherung. Denn nach dem Erlöschen der Mitgliedschaft (§ 190 SGB V) besteht ein Anspruch auf nachgehende Leistungen nur für einen Monat (§ 19 Abs. 2 SGB V). Bei den Rehabilitationsleistungen der Rentenversicherung wird dagegen an länger zurückliegende Beitragsleistungen angeknüpft (§ 11 SGB VI). Das kann im Ergebnis dazu führen, dass die Akutphase vom Träger der Sozialhilfe und die anschließende medizinische Rehabilitation vom Träger der Rentenversicherung finanziert wird.

c) Veränderungen im Akutbereich

Seit 1980, spätestens aber seit der Gesundheitsreform im Jahre 1989 hat es im Bereich der Akutbehandlung eine erhebliche Bewegung gegeben. Das betrifft einmal die Entwicklung in der Häuslichen Krankenpflege (§ 37 SGB V) und zum anderen die bei den Heilmitteln (§ 32 SGB V). Seit Anfang 1995 wurde ein Modellvorhaben sog. soziotherapeutischer Maßnahmen in Angriff genommen, das jetzt auch zu einer gesetzlichen Regelung geführt hat (§ 37a SGB V). Im Folgenden wird sich zeigen, dass der Begriff der Akutbehandlung ganz erheblich ausgeweitet worden ist. In diesem recht weiten Sinn findet die Akutbehandlung Eingang in die medizinische Rehabilitation.

Heilmittel

Heilmittel werden auf der Grundlage des § 32 SGB verbracht. Lange Zeit haben sie im Bereich von Massagen, Krankengymnastik usw. eine gewisse, aber keine herausragende Bedeutung gehabt. Das hat sich in den letzten Jahren geändert. Seit der Neufassung der Heil- und Hilfsmittelrichtlinien im Jahre 1991 und nochmals der Heilmittelrichtlinien im Jahre 2001 gilt für Heilmittel im Sinne des § 32 SGB V Folgendes:
Als Behandlungsziele ergotherapeutischer Maßnahmen kommen insbesondere in Betracht:
... bei psychischen Funktionseinschränkungen

- Verbesserung der psychischen Grundleistungsfunktionen wie Orientierung, Belastbarkeit, Ausdauer, Flexibilität und Selbstständigkeit in der Tagesstrukturierung (z.B. durch stützende, strukturierende Techniken auch handwerklicher Art),
- Verbesserung von auf psychischem oder medikamentös-toxischem Wege eingeschränkten körperlichen Funktionen wie Grob- und Feinmotorik, Körperhaltung und Körperwahrnehmung (z.B. durch Geschicklichkeits-, Körperwahrnehmungs- und Koordinationsübungen),Verbesserung von Motivation und Kommunikation beeinflussenden Funktionen wie Antrieb, Selbstvertrauen, Realitätsbezogenheit, Selbst- und Fremdwahrnehmung, Kontaktfähigkeit, Angstbewältigungsverhalten (z.B. durch gelenkte Gruppenprojekte mit lebenspraktischen, gestalterischen Inhalten einerseits und durch kreatives, freies Gestalten mit Werkmaterial, bildnerischen oder literarischen Medien) usw.
- Für das Heilmittel der Ergotherapie gilt nach den neuen Heilmittelrichtlinien: Sie wird u.a. zur Entwicklung, Verbesserung Erhaltung oder Kompensation von krankheitsbedingt gestörten motorischen, sensorischen, psychischen und kognitiven Funktionen und Fähigkeiten erbracht. Sie bedient sich komplexer, aktivierender und handlungsorientierter Methoden unter Einsatz von adaptiertem Übungsmaterial, funktionellen, spielerischen, handwerklichen und gestalterischen Techniken sowie lebenspraktischen Übungen (BAnz 2001 Nr. 118 a) .

  Heilmittel haben den Charakter von therapeutischen Dienstleistungen und dürfen nur von den in § 124 SGB V genannten Berufsgruppen (Ergotherapeuten, Logopäden) und insbesondere nicht von Sozialarbeitern erbracht werden.

Häusliche Krankenpflege

Auch die häusliche Krankenpflege (§ 37 SGB V) gehört zur Akutversorgung und damit zu den Aufgaben der Krankenkasse. Die häusliche Krankenpflege wird, ohne Festlegung auf eine bestimmte Berufsgruppe, von geeigneten Kräften geleistet. Hierüber werden nach § 132 a SGB V Vereinbarungen geschlossen. In der psychiatrischen Versorgung steht man mit dieser Leistung noch ganz am Anfang. Das ist eine erstaunliche Tatsache, denn mit der häuslichen Krankenpflege kann man in der außerstationären Versorgung einiges bewirken, was ganz in der Zielsetzung der Gemeindepsychiatrie liegt.

Die häusliche Krankenpflege kann einmal krankenhausvermeidend sein (§ 37 Abs. 1 SGB V). Sie kann aber, als gleichsam schwächere Form, auch nur die ambulante ärztliche Behandlung unterstützen. Die Praxis bezeichnet sie dann als Sicherungspflege (§ 37 Abs. 2 SGB V). Für die psychiatrische Versorgung ist die erstere Form (krankenhausvermeidend) besonders interessant. Insoweit nämlich als durch sie die Krankenhausbehandlung ersetzt wird, umfasst sie alles, was auch in einem psychiatrischen Krankenhaus an Leistungen zu erbringen wäre. Dazu gehört auch ein gewisses Maß an sozialer Betreuung. Denn gemäß der Regelung des § 112 Abs. 2 Ziff. 4 SGB V muss jedes Krankenhaus die soziale Betreuung der Versicherten sicherstellen. Es ist zudem eine alte Tatsache, dass die Krankenhausbehandlung umfassender sein muss als die ambulante Versorgung. Dieser umfassende Charakter wird nun durch die häusliche Krankenpflege nach § 37 Abs. 1 SGB V gleichsam in den ambulanten Bereich hineingetragen. Konsequenterweise rechnet § 37 Abs. 1 SGB V zur häuslichen Krankenpflege nicht nur die Behandlungs-, sondern auch die Grundpflege und die hauswirtschaftliche Versorgung. Hier lässt sich noch einiges entwickeln.

Bereits im Jahre 1980 hat das Bundessozialgericht folgende Leistungen zur häuslichen Krankenpflege für eine psychisch kranke Frau gerechnet: »Die Versorgung der Patientin mit Medikamenten, ihre Beruhigung und Aufheiterung sowie die Anleitung bei häuslichen Tätigkeiten und der Versuch, mit der Patientin produktiv zu arbeiten, beispielsweise Bastel- und Handarbeiten zu verrichten, auch ihre Begleitung bei Arztbesuchen, Spaziergängen und Einkäufen.« (BSG 50 S. 73) Es ist also an der Zeit, Konzepte für eine moderne psychiatrische Hauspflege zu entwickeln. Die Rechtsgrundlagen dafür bestehen längst. Allmählich schickt man sich an, dies in die Praxis umzusetzen:

Inzwischen nennt man im Zusammenhang mit der häuslichen Krankenpflege folgende Verrichtungen:

1. Die Verabreichung der Medikamente und Kontrolle der medikamentös bedingten Wirkungen und Nebenwirkungen
2. Die Überwachung der Medikamenteneinnahme einschließlich kontinuierlicher Aufklärung und Motivierung
3. Motivierung zum Arztbesuch, Begleitung zum Arzt und Kontaktaufnahme nur in Ausnahmefällen, ggf. im Zusammenhang mit der Krankenhausentlassung bzw. -wiederaufnahme
4. Gezielte fachliche Gespräche mit dem Patienten über Lebensprobleme infolge der Erkrankung, ggf. auch mit Angehörigen (im Einzelfall im zeitlichen Zusammenhang mit der Klinikentlassung). In die Gespräche können ggf. auch Überlegungen zur Angstbewältigung einfließen.
5. Feststellung und Beobachtung des jeweiligen Krankheitszustandes und der Krankheitsentwicklung
6. Die Krisenintervention, die die Befähigung der Pflegeperson zur Beurteilung erfordert, welche Maßnahmen bei einer krisenhaften Verschlechterung der Krankheit zu treffen

sind. Von der Pflegeperson ist auch die Frage der Zuziehung bzw. Information des Arztes zu beantworten
7. Vorbeugung bei Suizidgefährdung (z. B. Treffen von Abmachungen)
8. Tages- und Wochenstrukturierung (in zeitlich begrenztem Rahmen).

Die Aufzählung von Einzelmaßnahmen der häuslichen psychiatrischen Krankenpflege ist nur beispielhaft. Als allgemeines Kriterium verbleibt der Gesichtspunkt, dass in der häuslichen Krankenpflege all diejenigen Maßnahmen in Betracht kommen, die im psychiatrischen Krankenhaus zu den Aufgaben des Pflegepersonals gehören. Das gilt für die beiden Formen der häuslichen Krankenpflege nach § 37 Abs. 1 und 2 SGB V. Für die krankenhausvermeidende häusliche Krankenpflege nach § 37 Abs. 1 SGB V kommen noch die hauswirtschaftliche Versorgung und die Grundpflege hinzu.

Welche Einzelleistungen der häuslichen Krankenpflege verordnet werden dürfen, ergibt sich aus dem Leistungsverzeichnis zu den Richtlinien zur häuslichen Krankenpflege (§ 92 Abs. 1 Satz 2 Nr. 6, Abs. 7 SGB V). Im betreuten Wohnen ergeben sich zusätzliche ganz erhebliche rechtliche Schwierigkeiten daraus, dass die häusliche Krankenpflege mit anderen Leistungen in integrierter Form erbracht wird. Die Krankenkassen können aber nur dann Leistungen erbringen, wenn diese eindeutig als medizinische Leistungen identifiziert sind. Die integrierte Versorgung in Form von Mischleistungen ist eines der größten und auch durch das SGB IX nicht gelösten Probleme der Rehabilitation. In einer Tagesstätte für Behinderte etwa lässt sich für diese Leistungsintegration ein praktikabler Weg beschreiten. Hier kann man mehrere Leistungen (z. B. Arbeitstherapie, berufsvorbereitende Bildungsmaßnahmen, soziale Betreuung) jeweils noch relativ verselbstständigt und dann durch mehrere Sozialleistungsträger (Krankenkasse, Arbeitsamt, Sozialhilfe) erbringen. In der privaten Sphäre des betreuten Wohnens ist das aber ungleich schwieriger.

■□□ Soziotherapeutische Maßnahmen

Ähnliche Schwierigkeiten ergeben sich auch in der Soziotherapie nach § 37 a SGB V. Schon die Bezeichnung ist missverständlich. Sie umfasst nur im Ansatz eine soziale Betreuung, nämlich nur in Form einer Koordination der Leistungen und einer Anleitung und Motivation zu ihrer Inanspruchnahme. Sie richtet sich zudem nur auf ärztlich verordnete Leistungen. Verordnen kann der Arzt aber nur medizinische Leistungen (§ 72 Abs. 2 SGB V). Psycho-soziale Leistungen im eigentlichen Sinne gehören nicht dazu.

In Anerkennung der Tatsache, dass die Befähigung zur Aufnahme normaler Beziehungen eines Kranken zu seiner Umwelt zur Akutversorgung gehören kann, haben zwar die Krankenkassen seit 1995 einen Modellversuch zu soziotherapeutischen Maßnahmen durchgeführt. Völlig unklar war dabei, wie die leistungsrechtliche Zuordnung dieser Maßnahmen innerhalb der Krankenversicherung erfolgen soll. Man sprach ohne weitere Präzisierung von einem »Komplexleistungsprogramm«, einem Maßnahmebündel. Angestrebt wurde damit vor allem, den psychisch Kranken in die Lage zu versetzen, grundlegende kommunikative

Fähigkeiten zu entwickeln. Damit ergaben sich Abgrenzungsschwierigkeiten zur sozialen Rehabilitation nach § 40 Abs. 1 Ziff. 8 BSHG. Letztlich hat man sich auf die Regelung des § 37a SGB V beschränkt. Der Grundgedanke der soziotherapeutischen Maßnahme ist damit aber nicht aufgegeben. Die Verbesserung grundlegender sozialer Fähigkeiten des Menschen (z. B. die Fähigkeit zur Kommunikation als solcher, zu elementaren Handlungen der Lebensführung) gehört zur Akutversorgung. Entscheidend für die Abgrenzung zur Sozialhilfe ist also weniger das Ziel der Maßnahmen, sondern der Einsatz der Mittel. In der Krankenversicherung müssen sie – im weitesten Sinne – medizinischer Natur sein. Die richtige leistungsrechtliche Zuordnung der medizinischen Maßnahmen zur Verbesserung der kommunikativen Kompetenz dürfte in einer Kombination von Heilmitteln und den ergänzenden Leistungen (§§ 32, 43 Ziff. 2 SGB V) zu sehen sein.

■■□ d) Medizinische Rehabilitation in der Krankenversicherung

Durch das Rehabilitationsangleichungsgesetz wurden im Jahre 1974 die Krankenkassen in den Kreis der Rehabilitationsträger einbezogen. Heute sieht § 40 SGB V vor, dass die Krankenkasse auch Leistungen zur medizinischen Rehabilitation erbringt. Sie tut es grundsätzlich jedoch nur, wenn kein anderer Sozialleistungsträger dazu verpflichtet ist (vgl. § 40 Abs. 4 SGB V). Im Einzelnen ist die Abgrenzung im Zusammenhang mit den Bestimmungen der Rentenversicherung vorzunehmen. Neben dem Grundsatz, dass die Krankenkasse in der Rehabilitation nur nachrangig leistet, ist aber noch ein zweiter Grundsatz zu beachten: »Die Akutbehandlung verdrängt die medizinische Rehabilitation.« Ein besonderer Akzent ergibt sich neuerdings aus der sog. Frührehabilitation, die noch während der Phase der akuten Behandlungsbedürftigkeit einsetzt. Im Zusammenhang mit der Schaffung des SGB IX wurde die Frührehabilitation zum Bestandteil der Krankenhausbehandlung erklärt (§ 39 Abs. I Satz 3 SGB V).

In jüngster Zeit ist schließlich wichtig geworden, dass Rehabilitationsleistungen der Krankenkasse auch der Vermeidung bzw. Linderung einer (drohenden) Behinderung oder Pflegebedürftigkeit dienen (§ 11 Abs. 2 SGB V). In diesem Bereich hat also die Krankenversicherung eine eigenständige Rehabilitationsaufgabe, mit der sie neben die Rentenversicherung tritt. Die medizinische Rehabilitation dringt also in viele Bereiche vor. Das führt u. a. aber auch zu einer stärkeren Belastung der Krankenkassen (vgl. §§ 40 Abs. 4 SGB V, 13 Abs. 2 Ziff. 1 SGB V). Gemäß § 11 Abs. 2 Satz 3 SGB V gilt für die Inhaltsbestimmung der medizinischen Rehabilitation in der Krankenversicherung § 26 SGB IX.

■■□ e) Medizinische Rehabilitation in der Rentenversicherung

Die medizinische Rehabilitation wird als Hilfestellung bei der Entwicklung eigener Abwehr-, Heilungs- und Widerstandskräfte umschrieben (vgl. § 107 Abs. 2 Ziff. 2 SGB V). (Nur) für die Rentenversicherung kommen als weitere Voraussetzungen hinzu, dass die Erwerbsfähigkeit des Versicherten infolge von Krankheit oder Behinderung zumindest erheblich gefährdet sein und dass eine Erfolgsaussicht (Sicherung der Erwerbsfähigkeit) gegeben sein muss (§ 10 SGB VI). Diese Erfolgsaussicht muss entgegen verbreiteter Praxis nicht zwingend bereits bei der Einleitung medizinischer Leistungen durch den Rentenversicherungsträger bestehen. Unabhängig davon erweist sie sich in der psychiatrischen Versorgung als ein vielschichtiges Problem, das auch von den Bedingungen abhängt, die auf dem Arbeitsmarkt vorherrschen.

Der Versicherte muss außerdem die beitragsrechtlichen Voraussetzungen des § 11 SGB VI erfüllen. Für medizinische Maßnahmen zur Rehabilitation bedeutet das, dass er die 15-jährige Wartezeit des § 11 Abs. 1 Ziff. 1 SGB VI erfüllt haben oder dass er eine Rente wegen verminderter Erwerbsfähigkeit beziehen muss (§ 11 Abs. 1 Ziff. 2 SGB VI). Diese Voraussetzungen erfüllen Behinderte nur selten. Häufig erfüllen sie jedoch die Voraussetzungen des § 11 Abs. 2 Ziff. 2 SGB VI, die nur für die medizinische, nicht jedoch für die berufliche Rehabilitation gelten. Danach genügt es, wenn der Versicherte innerhalb der letzten zwei Jahre vor dem Antrag für sechs Monate Beiträge entrichtet hat.

Damit kann es häufiger dazu kommen, dass ein psychisch Kranker sowohl Leistungen zur Rehabilitation nach § 40 SGB V von der Krankenkasse, als auch solche nach den §§ 9 ff SGB VI von der Rentenversicherung verlangen kann. Über das Verhältnis beider Versicherungsträger zueinander wird noch immer gestritten. Früher wurde erklärt, die Krankenkasse sei für die Erbringung ambulanter Leistungen zur Rehabilitation zuständig, wohingegen die Rentenversicherung zur stationären Rehabilitation leistet. Diese Ansicht war nie ganz zutreffend. Heute ist sie auf jeden Fall überholt, weil der Gesetzgeber inzwischen in allen Bereichen des Sozialrechts die ambulante Rehabilitation aufgewertet hat (§ 19 Abs. 2 SGB IX).

Allgemein ist zur Zuständigkeitsabgrenzung Folgendes richtig: Die Zuständigkeit der Krankenkasse ist quasi-nachrangig. Sie leistet nur, wenn kein anderer leistet. Dieser andere ist oft der Träger der Rentenversicherung. Er leistet, wenn die Erwerbsfähigkeit des Versicherten zumindest gefährdet und wenn sie durch die Maßnahme gebessert werden soll. Da die Rehabilitation noch immer in den meisten Fällen auf die Erwerbsfähigkeit ausgerichtet ist, muss von Gesetzes wegen auch der Träger der Rentenversicherung leisten (§§ 40 Abs. 4 SGB V, 15 Abs. 2 SGB VI).

Die Ausrichtung auch der medizinischen Rehabilitation auf die Erwerbsfähigkeit, jedenfalls in der Rentenversicherung, verhilft zwar einerseits zu einer brauchbaren Abgrenzung. Andererseits aber schafft sie neue Probleme. Nunmehr erhebt sich die Frage, wie weit die Betreuung im sozialen Raum erfolgen kann bzw. darf, mit anderen Worten: Wie verhält sich die Eingliederung in das Erwerbsleben zur Eingliederung in die Gesellschaft und damit die medizinische zur sozialen Rehabilitation?

f) Berufliche Rehabilitation

Auch für die berufliche Rehabilitation ist der Träger der Rentenversicherung vorrangig zur Leistung verpflichtet. Das gilt vor allem im Verhältnis zum Arbeitsamt (§ 22 SGB III). Die persönlichen Voraussetzungen entsprechen denen bei der medizinischen Rehabilitation. Sie sind gemeinsam in § 10 SGB VI geregelt.

Anders ist die Rechtslage bei den beitragsrechtlichen Voraussetzungen. Die erleichternde Regelung des § 11 Abs. 2 SGB VI gilt nicht für die berufliche Rehabilitation. Demnach muss der Versicherte die allgemeinen Voraussetzungen des § 11 Abs. 1 SGB VI erfüllen. Er muss also entweder Bezieher einer Rente wegen verminderter Erwerbsfähigkeit sein oder die Wartezeit von 15 Jahren zurückgelegt haben. Diese Voraussetzungen erfüllen nur die wenigsten Behinderten. Das gilt in besonderem Maße für psychisch Kranke mit ihrer von vielen Unterbrechungen gekennzeichneten beruflichen Biografie. Häufig ist die Vorschrift des § 11 Abs. 2a SGB VI anwendbar. Danach leistet der Träger der Rentenversicherung zur beruflichen Rehabilitation, wenn andernfalls eine Rente wegen verminderter Erwerbsfähigkeit (§ 43 SGB VI) zu leisten wäre, oder wenn unmittelbar im Anschluss an eine medizinische Maßnahme eine berufliche Rehabilitation erforderlich ist.

Die z. T. hohen beitragsrechtlichen Anforderungen der Rentenversicherung sind der Grund dafür, warum in der Praxis die Bundesanstalt für Arbeit eine so große Bedeutung in der Rehabilitation bekommen hat. Das gilt vor allem für geistig Behinderte. An sie sind ja keine Leistungen der medizinischen Rehabilitation zu erbringen. Folglich kann auch § 11 Abs. 2 a SGB VI keine Anwendung finden. Die Bundesanstalt für Arbeit erbringt ihre Leistungen zur Rehabilitation nach den §§ 97 ff SGB III, jedoch auf Grund der Regelung des § 22 Abs. 2 SGB III nur dann, wenn keiner anderer Rehabilitationsträger zur Leistung verpflichtet ist.

Leistungen zur beruflichen Rehabilitation werden nur erbracht, wenn die Förderung der beruflichen Bildung (§§ 59 ff. SGB III), die grundsätzlich jeder erhält, nicht ausreichend ist. In § 98 SGB III wird dann nochmals eine Rangfolge zwischen den allgemeinen (§ 100 SGB III) und den besonderen Leistungen (§ 102 SGB III) der beruflichen Rehabilitation begründet. Gemäß § 97 Abs. 1 SGB III gehören zur beruflichen Rehabilitation alle Leistungen, die zur Eingliederung des Behinderten in das Erwerbsleben erforderlich sind. Es gibt also keine abschließende Aufzählung. Wichtig ist, dass als berufliche Rehabilitation jede gezielte Verbesserung der Erwerbsfähigkeit eines Behinderten anzusehen ist. Nicht erforderlich ist, dass Lehrgänge durchgeführt werden. Auch Einzelmaßnahmen können den Charakter einer beruflichen Rehabilitation haben.

Von Nachteil ist, dass der Gesetzgeber generell die berufliche Rehabilitation auf grundsätzlich zwei Jahre begrenzt hat (§§ 37 SGB IX). Diese Frist wird in der Praxis zwar zunehmend aufgelockert. Dennoch sind wir weit von der Anerkennung des Grundsatzes entfernt, dass ein Behinderter der dauernden beruflichen Förderung bedarf. Während die wiederholte Durchführung einer Behandlung in der Akutversorgung völlig unstreitig ist und auch die medizinische Rehabilitation die »Wiederholungskur« kennt, geht das Gesetz in der beruflichen Rehabilitation von der unzutreffenden Vorstellung aus, jeder behinderte Mensch sei nach Durchführung einer beruflichen Förderung grundsätzlich eingegliedert. Zwar enthalten die gesetzlichen Regelungen die Formulierung »es sei denn, der behinderte Mensch ist nur durch eine länger dauernde Maßnahme einzugliedern« (vgl. § 37 Abs. 2 SGB IX), doch ihrer Umsetzung in die Praxis stehen erheblich Widerstände entgegen. Insoweit hat § 37 SGB IX also keine Verbesserung gebracht. Besonders auffällig wird diese Begrenzung in der Werkstatt für behinderte Menschen. Hier sieht § 40 Abs. 3 SGB IX eine Befristung der Förderung auf zwei bis drei Jahre vor. Das BSG hat jedoch entschieden, dass eine Maßnahme auch wiederholt werden kann (BSG 73 S. 83).

Ein weiterer Mangel der beruflichen Rehabilitation ist die einschränkende Regelung für die Zahlung von Übergangsgeld in § 160 Abs. 1 SGB III (anders § 20 SGB VI). Übergangsgeld erhält danach grundsätzlich nur, wer in den letzten drei Jahren mindestens zwölf Monate lang beitragspflichtig beschäftigt war (Ausnahmen in § 160 Abs. 1 Ziff. 2, 162 SGB III). Das bedeutet, dass ein psychisch Kranker zwar die Kosten für die Durchführung einer berufsfördernden Maßnahme vom Arbeitsamt erhält, zur Bestreitung seines Lebensunterhalts ist er aber des Öfteren auf Leistungen der Sozialhilfe angewiesen.

3. Behinderungsgerechte Arbeit

Ein weiterer Mangel unserer Rehabilitationsrechts ist die Tatsache, dass das Gesetz davon ausgeht, die Schaffung behinderungsgerechter Arbeitsbedingungen sei nicht Aufgabe der Träger der Sozialversicherung und nur ansatzweise Aufgabe der Arbeitsämter. Das Arbeitsförderungsrecht kennt in der Form der institutionellen Förderung nur die Schaffung von Arbeitsplätzen in Werkstätten für behinderte Menschen. Im praktischen Ergebnis bedeutet das, dass der behinderte Mensch zwar für eine bestimmte Zeit Maßnahmen der beruflichen Rehabilitation erhält. Dass aber die Verhältnisse auf dem Arbeitsmarkt auf seine beruflichen Möglichkeiten hin umgestaltet werden müssen, das hat man noch nicht als Aufgabe der Sozialversicherung erkannt. Daran hat sich durch das Neunte Buch nichts geändert, auch wenn § 33 SGB IX jetzt von »Teilhabe am Arbeitsleben« spricht. Das Gesetz geht zu sehr von der Vorstellung der beruflichen Rehabilitation als einer gezielten Förderung aus, mit der irgendwann ein Erfolg erreicht ist. Durch die Einfügung des Schwerbehindertenrechts in das SGB IX ist allerdings ein Wandel vorbereitet worden. So können die Instrumente der Integrationsfachdienste und der Arbeitsassistenz, wenn auch zeitlich begrenzt, jetzt in der beruflichen Rehabilitation eingesetzt werden (§ 33 Abs. 6 Ziff. 8, Abs. 8 Ziff. 3 SGB IX).

Die Bedingungen für die behinderungsgerechten Arbeit müssen heute dennoch weitgehend auf andere Weise geschaffen werden. Deutlich wird das wieder an dem Beispiel der Werkstatt für behinderte Menschen. Es erfolgt eine auf zwei bis drei Jahre begrenzte Rehabilitation nach § 40 Abs. 3 SGB IX. Im Anschluss daran muss der behinderte Mensch in der Lage sein, auf einem produktiven Arbeitsplatz in der Werkstatt zu arbeiten. Die Schaffung dieses Arbeitsplatzes erfolgt mit Mitteln der Sozialhilfe auf der Grundlage des § 40 Abs. 1 Ziff. 7 BSHG. Bei dieser Vorschrift wird allerdings zu wenig beachtet, dass sie die Werkstatt für behinderte Menschen nur als eine von mehreren Möglichkeiten für die Schaffung behinderungsgerechter Arbeitsplätze anspricht. Der Träger der Sozialhilfe ist auch verantwortlich für »sonstige Hilfen eines geeigneten Platzes im Arbeitsleben« (§ 40 Abs. 1 Ziff. 3 BSHG). Auf Dauer wird man diese Aufgabe nicht allein dem Träger der Sozialhilfe überlassen dürfen.

Vorläufig ergeben sich nur aus dem reformierten Schwerbehindertenrecht Ansätze für eine weitergehende berufliche Integration schwerbehinderter Menschen, die auch in der psychiatrischen Versorgung nicht übersehen werden dürfen:

Die Neuerungen wurden allesamt aus den »begleitenden Hilfen im Arbeitsleben« heraus entwickelt. In den §§ 102ff. SGB IX werden die Aufgaben des Integrationsamtes und der Bundesanstalt für Arbeit konkretisiert. Als Neuerung ist der Anspruch des schwerbehinderten Menschen nach § 102 Abs. 4 SGB IX auf die Übernahme der Kosten für eine notwendige Arbeitsassistenz zu erwähnen. Interessant ist hier, dass die Kosten als persönliches Budget übernommen werden (vgl. § 17 Abs. 1 Ziff. 4 SGB IX). Der schwerbehinderte Mensch beschafft sich mit den ihm überlassenen Mitteln die Arbeitsassistenz selbst. Solche Arbeitsassistenzen sind in den vergangenen Jahren entwickelt worden. Einzelheiten die Voraussetzungen des Anspruchs sowie Höhe und Dauer der Leistungen werden in einer Rechtsverordnung der Bundesregierung geregelt. Die Aufgaben der Bundesanstalt für Arbeit bei der Eingliederung schwerbehinderter Menschen auf dem allgemeinen Arbeitsmarkt werden in den § 104 ff. SGB IX konkretisiert. Dabei wird das Augenmerk stärker auf besonders benachteiligte oder langzeitarbeitslose schwerbehinderte Menschen gelegt. Außerdem wird geregelt, dass der Übergang von der Werkstatt für behinderte Menschen oder einem Integrationsprojekt auf den allgemeinen Arbeitsmarkt besonders zu fördern ist (§ 104 Abs. 1 Ziff. 3 c SGB IX).

In den §§ 109 ff. SGB IX werden die Aufgaben der Integrationsfachdienste geregelt. Diese Dienste werden von der Bundesanstalt für Arbeit bei der Durchführung ihrer Aufgaben unter Verwendung von Mitteln aus der Ausgleichabgabe und aus dem Ausgleichsfond beteiligt. Auch die Integrationsfachdienste sind nur eine gesetzliche Weiterentwicklung dessen, was bei der Eingliederung schwerbehinderter Menschen auch schon in den vergangenen Jahren praktiziert worden ist.

Die Integrationsfachdienste werden nur für besondere Aufgaben eingesetzt. Das gilt insbesondere für Schwerbehinderte mit einem besonderen Bedarf an arbeits- und berufsbegleitender Betreuung. Ein solcher Bedarf ist vor allem bei Schwerbehinderten mit geistiger oder psychischer Behinderung oder mit einer schweren Körper-, Sinnes- oder Mehrfachbehinderung gegeben, wenn sich diese Behinderung im Arbeitsleben besonders nachteilig auswirkt. Häufig wird sie mit Alter, Langzeitarbeitslosigkeit oder unzureichender Qualifikation zu-

sammentreffen (§ 109 Abs. 2 Ziff. 1 SGB IX). Die zweite Gruppe der schwerbehinderten Menschen, in deren Interesse die Integrationsfachdienste tätig werden können, ist diejenige, die nach zielgerichteter Vorbereitung durch eine Werkstatt für Behinderte auf den allgemeinen Arbeitsmarkt eingegliedert werden soll und dabei auf personalintensive individuelle arbeitsbegleitende Hilfen angewiesen ist (§ 109 Abs. 2 Ziff. 2). Schließlich werden die Integrationsfachdienste auch noch im Interesse einer dritten Gruppe tätig. Es handelt sich um schwerbehinderte Schulabgänger, die für die Aufnahme einer Beschäftigung auf dem allgemeinen Arbeitsmarkt auf eine entsprechende Unterstützung angewiesen sind (§ 109 Abs. 2 Ziff. 3 SGB IX). Erwähnenswert ist noch die Regelung des § 109 Abs. 4 SGB IX). Danach kann der Integrationsfachdienst auch im Interesse von Behinderten, die nicht schwerbehindert sind, tätig werden. Es handelt sich dabei um Personen, die trotz einer nicht allzu großen Beeinträchtigung unverhältnismäßige Schwierigkeiten auf dem Arbeitsmarkt haben.
Zu den Aufgaben der Integrationsfachdienste gehören die Beratung und Unterstützung der Schwerbehinderten und ihre Vermittlung auf geeignete Arbeitsplätze sowie die Information der Arbeitgeber. Genauer regelt dann § 110 Abs. 2 Ziff. 1 – 7 SGB IX, dass die Integrationsfachdienste die Fähigkeiten des Schwerbehinderten bewerten und eine individuelles Fähigkeits-, Leistungs- und Interessenprofil erstellen. Sie begleiten die schwerbehinderten Menschen im Arbeitsleben, stehen als Berater für Mitarbeiter und Arbeitgeber zur Verfügung und leisten Nachbetreuung bis hin zur Krisenintervention. Des Weiteren erschließen sie Arbeitsplätze auf dem allgemeinen Arbeitsmarkt, was natürlich unter Hinweis auf die finanziellen Vorteile eine Beschäftigung Schwerbehinderter geschieht.
In den §§ 132 ff. SGB IX sind die Integrationsprojekte geregelt. Es handelt sich dabei um selbstständige Unternehmen (Integrationsunternehmen), unternehmensinterne Betriebe (Integrationsbetriebe) oder um Abteilungen (Integrationsabteilungen) zur Beschäftigung von schwerbehinderter Menschen auf dem allgemeinen Arbeitsmarkt. Ähnlich wie bei den Integrationsfachdiensten (§ 109 Abs. 2 SGB IX) nennt auch § 132 Abs. 2 SGB IX als Begünstigte besonders benachteiligte schwerbehinderte Menschen, solche, die die Werkstatt für behinderte Menschen verlassen und Schulabgänger. Insbesondere diesen drei Gruppen stehen die Integrationsprojekte zur Verfügung, wenn anders eine Eingliederung auf dem allgemeinen Arbeitsmarkt trotz Ausschöpfens aller Fördermöglichkeiten und des Einsatzes von Integrationsfachdiensten auf besondere Schwierigkeiten stößt.
In den Integrationsprojekten, die dem allgemeinen Arbeitsmarkt zuzurechnen sind, arbeiten behinderte und nichtbehinderte Arbeitnehmer gemeinsam. Integrationsunternehmen (nicht Betriebe oder Abteilungen) müssen mindestens 25 Prozent Schwerbehinderte beschäftigen. Ihr Anteil soll 50 Prozent nicht übersteigen (§ 132 Abs. 3 SGB IX). Den schwerbehinderten Menschen wird auf diese Weise die Möglichkeit von Beschäftigung, Weiterbildung und arbeitsbegleitender Betreuung geboten. Da die Integrationsprojekte mit den Betrieben des allgemeinen Arbeitsmarktes konkurrieren, muss es einen gewissen Ausgleich geben. In § 134 SGB IX ist deswegen vorgesehen, dass aus der Ausgleichsabgabe Mittel für

Aufbau, Erweiterung, Modernisierung und Ausstattung aufgebracht werden. Von Nachteil ist, dass die Integrationsprojekte nur schwerbehinderten, aber nicht allen behinderten Menschen zur Verfügung stehen.
Sozialpolitisch hochinteressant, aber bei weitem noch nicht ausgeschöpft, ist der sog. Minderleistungsausgleich nach § 102 Abs. 3 Ziff. 2 Buchst. b) SGB IX. Nach dieser Vorschrift können aus der Ausgleichsabgabe als Leistung an Arbeitgeber dauerhaft Mittel aufgewendet werden, um eben die Minderleistung eines behinderten Menschen auszugleichen.

▪▪▪ 4. Soziale Rehabilitation

Herkömmlicherweise behandelt man die soziale Rehabilitation als Aufgabe des Trägers der Sozialhilfe. Heute wird sie in den §§ 55 ff. SGB IX als Hilfe zur Teilhabe am Leben in der Gemeinschaft bezeichnet. Ihre fast ausschließliche Rechtsgrundlage in den Besonderen Teilen des Sozialgesetzbuches findet sie weiterhin in § 40 Abs. 1 Ziff. 8 BSHG. Dennoch muss die Eingliederung des behinderten Menschen in die Gesellschaft als eine eigenständige Aufgabe der Krankenkassen und vermittelt über die Berufstätigkeit auch der Träger der Rentenversicherung bezeichnet werden. Das ergibt sich bereits aus der Rechtsprechung des BSG zur Multifunktionalität der Rehabilitation. Die Frage ist und bleibt nur, in welchem Umfang und mit welchen Mitteln diese soziale Rehabilitation anzustreben ist. Nach der gesetzlichen Ausgangslage ist jedenfalls eindeutig, dass die Krankenkassen ihre Aufgaben nur mit medizinischen Leistungen und die Träger der Rentenversicherung dasselbe nur mit medizinischen und berufsfördernden Leistungen tun. Man wird Folgendes sagen müssen: Die Einbeziehung der »sozialen Dimension« lässt noch nicht den Schluss auf eine soziale Rehabilitation zu. Der Erwerb grundlegender sozialer Kompetenzen (z. B. die Befähigung eines psychisch Kranken zu normaler Kommunikation) ist vielmehr der Akutversorgung bzw. der medizinischen Rehabilitation zuzurechnen. Die soziale Rehabilitation (§ 40 Abs. 1 Ziff. 8 BSHG) ist dagegen eher darauf ausgerichtet, dem behinderten Menschen das Leben mit der Behinderung zu erleichtern. Diese Fragen sind zur Zeit sehr umstritten.
Es ist derzeit gängige Praxis, den überwiegenden Bereich der Nachsorge, vor allem Übergangsheime, Wohngemeinschaften, Tagesstätten, als soziale Rehabilitation zu behandeln.
Der häufige Fehlschluss der Praxis besteht wohl darin, dass man allzu leicht solche Maßnahmen, die sich im sozialen Raum vollziehen, der sozialen Rehabilitation und damit der Sozialhilfe zurechnet. Dagegen spricht schon das einfache Beispiel, dass ein hörbehinderter Mensch, der eines Hilfsmittels nur für die private Gesprächsführung bedarf, oder weil er gern Streichquartette hört, die erforderliche Leistung natürlich von der Krankenkasse erhält. Die Leistung ist als Hilfsmittel im Sinne des § 33 SGB V eindeutig medizinischer Natur. Das ist aber nicht anders, wenn, wie im psychiatrischen Bereich, sich die Krankheit als Störung der sozialen Beziehung manifestiert. Wird sie in dieser sozialen Beziehung behandelt, bzw. werden diese Beziehungen durch die Behandlung verbessert, dann sind die Leistungen immer noch medizinischer Natur.

Die soziale Rehabilitation beginnt erst jenseits dieses Bereichs. Ihre zentrale Bedeutung hat sie in der Verbesserung der äußeren Lebensumstände des behinderten Menschen, wenn also durch eine Maßnahme nicht gezielt auf die Behinderung Einfluss im Sinne einer Veränderung genommen wird (also Hilfen bei der Haushaltsführung, Begegnung mit Nicht-Behinderten, Freizeit, Sport, Urlaubsfahrten). Das kann auch im Wohnbereich durchaus der Fall sein, wenn es dem behinderten Menschen ermöglicht wird, mit anderen behinderten Menschen unter den ihnen möglichen Bedingungen zu leben. Das wird aber schon anders, wenn das »Wohnen« gezielt eingesetzt wird, um einen bestimmten therapeutischen Zweck zu verfolgen.

Im Einzelnen wird man einräumen müssen, dass die Abgrenzung zwischen medizinischer und sozialer Rehabilitation vor allem im psychiatrischen Bereich äußerst kompliziert ist. Gegen die derzeitige Praxis wird man jedoch einwenden müssen, dass sie zu früh eine soziale Rehabilitation annimmt und damit vor allem den Besonderheiten der psychischen Krankheit nicht Rechnung trägt, wozu sie aber gemäß § 10 Abs. 3 SGB IX verpflichtet ist.

Soweit für die soziale Eingliederung des behinderten Menschen Leistungen der Sozialhilfe in Betracht kommen, sind die §§ 39, 40 BSHG anzuwenden. Hierbei ist aber zu beachten, dass seelisch behinderte jüngere Menschen diese Leistungen nach § 35a SGB VIII vom Jugendamt erhalten. Das gilt immer bis zur Altersgrenze von 21 Jahren, in Einzelfällen kann die Maßnahme auch bis zum Erreichen des 27. Lebensjahres fortgesetzt werden (§ 41 SGB VIII).

Leistungen der Eingliederungshilfe für behinderte Menschen sind in § 40 BSHG nicht abschließend aufgezählt. Die in § 40 Abs. 1 Satz 2 BSHG jetzt vorgenommene Begrenzung bezieht sich nur auf die medizinische und die berufliche Rehabilitation. Zu erbringen sind alle Leistungen, die in dem spezifischen Sinne der Eingliederung des behinderten Menschen dienen. Da Leistungen der Sozialhilfe nur nachrangig erbracht werden (§ 2 Abs. 1 BSHG), müssen zunächst alle Versicherungsleistungen ausgeschöpft sein. Der behinderte Mensch muss in den Grenzen der §§ 79–84 BSHG selbst sein Einkommen und sein Vermögen (§ 88 BSHG) einsetzen. Auch die Unterhaltspflichtigen werden in Anspruch genommen (§ 91 BSHG). Der Heranziehung der Eltern eines behinderten Menschen sind in § 91 Abs. 2 Satz 2 BSHG jedoch gewisse Grenzen gesetzt. Das gilt in besonderem Maße, wenn die Hilfe nach Vollendung des 18. bzw. 21. Lebensjahres geleistet wird. Die jetzt in § 43 Abs. 2 BSHG vorgenommene Freistellung erstreckt sich nur auf die dort genannten Hilfen, also insbesondere nicht auf den Komplex der »sozialen Rehabilitation«.

Die Entlastung der Familie bei Leistungen der Eingliederungshilfe (§§ 39 BSHG, 35a SGB VIII) erfolgt aber nur für diese Leistungen selbst. Unserem Sozialrecht haftet nun die Besonderheit an, dass stationäre Maßnahmen mit Unterkunft und Verpflegung immer insgesamt als Eingliederungshilfe angesehen werden (§ 27 Abs. 3 BSHG). Verlässt der behinderte Mensch eine Einrichtung, so kann er, wenn auch in beschränktem Umfange, selbstständig leben, dann bedarf er über die ambulante Betreuung hinaus häufig der Hilfe zum

Lebensunterhalt (§§ 22 ff. BSHG). Diese belaufen sich schnell auf etwa 750 EUR monatlich. Von diesen Lasten wird die Familie niemals freigestellt, da sich § 91 BSHG auf nicht auf die Hilfe zum Lebensunterhalt erstreckt. Das erschwert natürlich den Ausbau der ambulanten Versorgung.

▪▪▪ 5. Sozialrechtliche Gesichtspunkte der Gerontopsychiatrie

AAuch in der Gerontopsychiatrie zeigen sich die grundlegenden Schwächen unseres gegenwärtigen Versorgungssystems besonders deutlich. Es ist dies die noch immer nicht vollständige sozialversicherungsrechtliche Absicherung der Pflegebedürftigkeit. Zudem zwingt uns das gegliederte System des Sozialrechts dazu, den menschlichen Zustand, den wir mit Hilflosigkeit bezeichnen, von anderen Zuständen, insbesondere von der medizinischen Behandlungsbedürftigkeit abzugrenzen. Die Rechtsprechung zum »Behandlungs- und Pflegefall« ist unübersehbar und nur eine geringe Zahl von Urteilen ist in jeder Hinsicht überzeugend. Diese Unsicherheit mag darauf zurückzuführen sein, dass es in der Sache »den Behandlungsfall« oder »den Pflegefall« nicht gibt. Das gilt in besonderem Maße bei alten Menschen. Andererseits ist es nach der Rechtslage unausweichlich, eine Unterscheidung vorzunehmen. Daran hat sich auch nach Einführung der Pflegeversicherung nichts geändert. Die leistungsrechtlichen Grundsätzen der Pflegeversicherung unterscheiden sich noch sehr von denen der Krankenversicherung. Es wird auch weiterhin einen enormen Unterschied machen, ob ein Mensch krank oder hilflos ist.

Nach der herkömmlichen Abgrenzung erfolgt die Behandlungspflege unter ärztlicher Verantwortung mit medizinischen Mitteln. Sie dient mindestens der Linderung eines Leidens oder der Verlängerung des Lebens. Demgegenüber soll die Pflege nur »um ihrer selbst willen« erbracht werden. Nicht wichtig ist dabei, dass die Versorgung aus Anlass einer Krankheit oder Behinderung erfolgt. Das ist in aller Regel der Fall. Pflege richtet sich immer auf die regelmäßig wiederkehrenden Verrichtungen im Ablauf des täglichen Lebens (Waschen, Anziehen, Essen, Verrichten der Notdurft). Es handelt sich also um Verrichtungen, die nicht durch die Notwendigkeit der Behandlung einer Krankheit ausgelöst wurden, sondern die jeder Mensch normalerweise selbst vornimmt. Allerdings muss man die therapeutisch ausgerichtete Befähigung oder Wiederbefähigung zur Vornahme dieser Verrichtungen der medizinischen Versorgung zurechnen (§ 11 Abs. 2 SGB V). Dazu hat es in der Vergangenheit immer wieder Ansätze in der Rechtsprechung gegeben. Heute berechtigt zu dieser Ansicht die Neufassung der Heilmittelrichtlinien in ihrer besonderen Zielrichtung auf die psychiatrische Versorgung. Heute gehören zur medizinischen Behandlung, die u. a. durch Heilmittel zu leisten ist, auch die »Verbesserung der zur Erhaltung der Selbstständigkeit erforderlichen Funktionen, insbesondere bei psychisch kranken alten Menschen z. B. durch lebenspraktisches Training, Orientierungs- und Wahrnehmungsübungen, Mobilisation der kognitiven, motorischen und sozioemotionalen Fähigkeiten«.

Ob ein Mensch noch medizinisch versorgt werden kann, ob also sein Zustand behandlungsbedürftig ist, das hängt sicher auch von seinem Leiden ab – aber ganz gewiss nicht von seinem Alter. Entscheidend ist auch der Stand des medizinischen Wissens. Hat man nämlich erkannt, dass ein bestimmter menschlicher Zustand noch auf irgendeine Weise heilungszugänglich ist, sei es auch nur im Sinne einer Linderung des Leidens, dann ist Behandlungs- und nicht Grundpflege die richtige Leistung. Gegenwärtig wird man dies besonders sorgfältig bei der sog. aktivierenden Pflege (§ 28 Abs. 4 SGB IX) prüfen müssen. In ihr können medizinische Anteile enthalten sein, das gilt insbesondere für das Training bestimmter menschlicher Grundfunktionen (Mobilisation).

Betrachtet man das Leistungsspektrum im Umfeld der Gerontopsychiatrie im Einzelnen, so kommt zuerst die Krankenbehandlung i. S. der § 27 ff. SGB V in Betracht. Der Anspruch auf Krankenhausbehandlung nach § 39 SGB V besteht danach nur, sofern der Kranke der besonderen Mittel des Krankenhauses bedarf. Das bedeutet, dass der Anspruch nicht besteht, wenn eine Krankheit an sich ambulant behandelt werden kann, aber wegen der besonderen sozialen Situation des Kranken eine stationäre Versorgung erforderlich ist. Es muss also allein die Art oder das Ausmaß der Krankheit die Notwendigkeit der Krankenhausaufnahme erforderlich machen. Im Krankenhaus werden dann allerdings Grund- und Behandlungspflege geleistet. Die Erklärung ergibt sich daraus, dass bei besonders schweren Erkrankungen die Fähigkeit zur Grundversorgung gemindert oder ausgeschlossen ist. Man denke an den Zustand unmittelbar nach einer schweren Operation oder nach einem Schlaganfall, solange noch eine medizinische Versorgung erforderlich ist.

Die Krankenhausbehandlung kann durch häusliche Krankenpflege nach § 37 Abs. 1 SGB V vermieden werden. Auch in diesem Falle (des Absatzes 1) werden aus den genannten Gründen Grund- und Behandlungspflege sowie hauswirtschaftliche Versorgung geleistet. Die häusliche Krankenpflege nach § 37 SGB V leidet aber an einem grundlegenden Konstruktionsfehler. Der Leistungsanspruch besteht nur im eigenen Haushalt des Versicherten oder in dem seiner Familie. Wer in einem Altenheim erkrankt, hat also keinen Anspruch auf häusliche Krankenpflege. Das bedeutet, dass er ins Krankenhaus muss, was bei einem alten Menschen noch weniger sinnvoll ist als sonst. Es zeichnet sich allerdings ab, dass die hier entstehende Lücke in Zukunft durch medizinische Tagesbehandlungsstätten geschlossen werden muss.

Die genannten Leistungen müssen durch Rehabilitationsleistungen nach § 40 SGB V ergänzt werden. Die Rehabilitation durch die Krankenversicherung dient durchaus auch der Befähigung zur Bewältigung des Alltags (Aktivitäten des täglichen Lebensvollzugs). Dieser Leistungskomplex umfasst so viele Einzelmaßnahmen, dass er von der Akutversorgung über die medizinische Rehabilitation bis hin zu den Leistungen nach §§ 39, 40 BSHG reicht. Ein Teil dieser Leistungen zur Alltagsbewältigung ist aber auf jeden Fall dem System der Krankenversicherung zuzuordnen. Das ist bereits aus § 11 Abs. 2 SGB V abzuleiten. Danach werden alle medizinischen Leistungen der Krankenkasse auch erbracht, um eine (drohende) Behinderung oder Pflegebedürftigkeit wenigstens zu vermindern. Die Pflegebedürftigkeit bzw. ihre Vermeidung richtet sich aber zum großen Teil auf die Bewältigung des Alltags, wie sich aus den Merkmalsgruppen des § 14 Abs. 4 Ziffern 1–4 SGB XI ergibt. Das sind also die Bereiche der Körperpflege, Ernährung, Mobilität und hauswirtschaftlichen Versorgung. Die Befähigung zur Vornahme solcher Verrichtungen, etwa durch Heilmittel als therapeutische Dienstleistungen (§§ 32, 124 SGB V) gehört zu den Aufgaben der Krankenversicherung. Nur der eigentliche Bereich der Pflege selbst wird versicherungsrechtlich heute durch die §§ 36 ff. SGB XI abgedeckt, jedoch müssen noch immer ergänzend Leistungen der Sozialhilfe (§§ 68, 69 BSHG) in Anspruch genommen werden.

▪▪▪ 6. Besonderheiten der Kinder- und Jugendpsychiatrie

Die Versorgung behinderter Kinder und Jugendlicher ist im Wesentlichen auf drei verschiedene Sozialleistungsträger verlagert. Es sind dies die Krankenkassen sowie die Träger der Jugend- und der Sozialhilfe. Es hat zwar immer wieder Ansätze gegeben, die Betreuung vor allem in der Kinder- und Jugendpsychiatrie einheitlich in eine Hand zu legen, doch ist dies nie gelungen. Zu fest gefügt sind die gewachsenen Strukturen unseres Sozialrechts, als dass sie allein durch sachbezogene Argumente aufgebrochen werden könnten.

Die Leistungspflicht der Träger der Krankenversicherung ist nach den §§ 27 ff. SGB V dann gegeben, wenn eine Krankheit behandelt wird. Davon kann man nur sprechen, wenn medizinische Mittel eingesetzt werden, wenn also im engeren Sinne therapiert wird. Das bedeutet, dass körperbehinderte Kinder alle Leistungen der Krankenversicherung, insbesondere die Hilfsmittel nach § 33 SGB V erhalten. Geistig behinderte Kinder, die vor allem auf heilpädagogische Hilfen (§ 56 SGB IX) angewiesen sind, erhalten praktisch keine Leistungen nach den §§ 27 ff. SGB V. Schwierig ist die Lage bei den seelisch behinderten jungen Menschen.

Immerhin schreiben die §§ 10 Abs. 3 SGB IX, 27 Satz 3 SGB V vor, dass bei der Krankenbehandlung den besonderen Bedürfnissen psychisch Kranker Rechnung zu tragen ist. Dies hat in der letzten Zeit dazu geführt, dass nun im jugendpsychiatrischen Bereich eine gewisse Flexibilität festzustellen ist. Als Heilmittel gehört heute auch zur Akutbehandlung die »Verbesserung entwicklungspsychologisch wichtiger Funktionen wie Autonomie und Bindungsfähigkeit, insbesondere bei kinder- und jugendpsychiatrischen Erkrankungen z. B. durch einzel- oder gruppentherapeutische Verfahren mit gestalterischen und spielerischen Inhalten« In der Kinder- und Jugendpsychiatrie muss man noch besser erkennen, dass ein besonderes Gewicht auf die medizinische Rehabilitation zu legen ist. Im Allgemeinen leistet dazu vorrangig der Träger der Rentenversicherung nach den §§ 9 ff. SGB VI. Kinder- und Jugendliche erfüllen aber i. d. R. die beitragsrechtlichen Voraussetzungen dafür nicht, sodass für sie der Träger der Krankenversicherung nach § 40 SGB V zuständig ist.

Die medizinische Rehabilitation ist wesentlich stärker von dem engeren Konzept der Akutbehandlung abgelöst. Sie umfasst eine Vielzahl von Maßnahmen, die darauf ausgerichtet sind, dem Patienten Hilfestellung bei der Entwicklung eigener Abwehr-, Heilungs- und

Widerstandskräfte zu leisten (§ 107 Abs. 2 Ziff. 2 SGB V). Vervollständigt wird das Leistungsspektrum durch die ergänzenden Leistungen zur Rehabilitation nach § 43 Ziff. 2 SGB V. Sie sollen das Ziel der Rehabilitation erreichen helfen, dürfen aber nicht der »allgemeinen« sozialen Eingliederung dienen. Offensichtlich können sie also sehr wohl derjenigen sozialen Eingliederung dienen, die behinderungsbedingt erforderlich geworden ist.

Es bleibt also weiterhin dabei, dass die Kinder- und Jugendpsychiatrie nicht ohne Sozialbzw. Jugendhilfe auskommt. Herkömmlicherweise fand sich die zentrale leistungsrechtliche Norm in § 39 BSHG, der Eingliederungshilfe für Behinderte. Im Bereich der Betreuung behinderter Kinder und Jugendlicher hatte es in der Vergangenheit vielfältige Auseinandersetzungen über die Frage gegeben, ob ein Minderjähriger seelisch krank oder behindert ist, oder ob er sich nur in einer Entwicklungskrise befindet. Im ersteren Falle musste der Träger der Sozialhilfe leisten, im letzteren war das Jugendamt für ihn zuständig. Im Zusammenhang mit der Reform der Kinder- und Jugendhilferechts hat man dieses Problem etwas entschärft.

Gemäß § 10 Abs. 2 SGB VIII gilt allgemein ein Vorrang der Jugend- vor der Sozialhilfe. In § 10 Abs. 2 Satz 2 SGB VIII wird dann geregelt, dass für die behinderungsbedingten Leistungen an körperlich oder geistig behinderte junge Menschen (§ 7 SGB VIII) weiterhin der Träger der Sozialhilfe nach den §§ 39, 40 BSHG zuständig ist. Für die seelisch behinderten jungen Menschen leistet das Jugendamt nach der selbstständigen Regelung des § 35 a SGB VIII. Gewisse Unsicherheiten verbleiben in den Fällen, in denen man Zweifel haben kann, ob eine geistige oder seelische Behinderung vorliegt. Bis zur Klärung dieser Frage kommen, sofern eine Zuständigkeitsklärung nach § 14 SGB IX zu keinem Ergebnis führt, Vorleistungen nach § 43 SGB I in Betracht.

Das Leistungsspektrum der Eingliederungshilfe für seelisch behinderte junge Menschen ist in § 35 a SGB VIII unter Verweisung auf § 40 BSHG geregelt. Die Leistungen werden übrigens ohne Einschränkung bis zur Vollendung des 21. Lebensjahres erbracht und werden, wenn sie vorher begonnen wurden, bis zur Vollendung des 27. Lebensjahres fortgeführt (§ 41 SGB VIII). Von Kostenbeiträgen sind die Eltern weitgehend freigestellt (§§ 93, 94 SGB VIII).

Zusammenfassend gilt Folgendes: Körperbehinderte Kinder und Jugendliche erhalten Akutversorgung und medizinische Rehabilitation nach den §§ 27 ff. SGB V und die soziale Rehabilitation nach § 40 BSHG. Geistig behinderte Kinder und Jugendliche erhalten praktisch keine medizinischen Leistungen. Sie sind also auf solche nach § 40 BSHG angewiesen. Seelisch behinderte Kinder und Jugendliche erhalten die Akutversorgung und medizinische Rehabilitation nach den §§ 27 ff. SGB V. Leistungen der sozialen Rehabilitation werden an sie nach § 35 a SGB VIII erbracht. Das kann bis zur Vollendung des 27. Lebensjahres geschehen (§§ 7 Abs. 1 Ziff. 4, 41 SGB VIII). Zur seelischen Behinderung gehört auch die Sucht.

Für die Frühförderung aller behinderten Kinder gilt eine Sonderregelung. Auf Grund der Vorschrift des § 10 Abs. 2 Satz 3 SGB VIII ist sie in den meisten Bundesländern einheitlich den Sozialhilfeträgern zugewiesen.

Einen ersten Schritt dahin, das gegliederte System zu überwinden, hat der Gesetzgeber mit der Schaffung einer Komplexleistung nach § 30 Abs. 1 SGB IX getan. Nach dieser Vorschrift sollen die Krankenkassen und die Träger der Jugend- bzw. Sozialhilfe Leistungen der Früherkennung und Frühförderung in integrierter Form gemeinsam erbringen und anteilig finanzieren. Hierfür findet erstmals zu Recht der Begriff der Komplexleistung Verwendung. Nach Möglichkeit sollen auch die Schulen ins Boot geholt werden. Das konnte der Bundesgesetzgeber aber nicht abschließend regeln, weil das Schulrecht Sache der Länder ist.

D Was können wir tun?

Auch in diesem Kapitel ist die Frage zu stellen: Wie können wir nicht nur wahrnehmen, sondern auch wahrmachen? Verfassungs- / Gesetzestext und -wirklichkeit decken sich nie vollständig. In sämtlichen dargestellten Rechtsbereichen und Gesetzen gibt es Ungerechtigkeiten, die entweder noch gar nicht zum öffentlichen Problem gemacht worden sind oder die zwar schon mit Hilfe eines Gesetzestextes abgeschafft worden sind, bei denen aber die Übertragung in die Wirklichkeit, die Verwirklichung von Recht und Gerechtigkeit, von uns erst noch zu leisten ist. Beispiele haben wir genügend erwähnt. Was können wir tun, um Anspruch und Wirklichkeit einander anzunähern?◎ Als Bürger und damit als Teile der demokratischen Öffentlichkeit können wir uns selbst und andere kontrollieren, indem wir Druck auf Gesetzgebung und Verwirklichung ausüben: Parteien, Gewerkschaften, Kirchen, unseren jeweiligen Berufsverband, Benutzung der Massenmedien oder über Vereine, die unmittelbar die Verbesserung der Psychiatrieversorgung betreiben, wie die Deutsche Gesellschaft für Soziale Psychiatrie (DGSP), die »Aktion psychisch Kranke« und die Bundesverbände der Angehörigen und Psychiatrie-Erfahrenen.

◎ Als psychiatrisch Tätige haben wir alle Gesetze bis an den Rand ihrer Möglichkeit für Gerechtigkeit und Menschenwürde auszuschöpfen, womit wir zugleich den Anlass für die Formulierung besserer Gesetze schaffen.

◎ Als Bürger und damit als Teile der demokratischen Öffentlichkeit können wir uns selbst und andere kontrollieren, indem wir Druck auf Gesetzgebung und Verwirklichung ausüben: Parteien, Gewerkschaften, Kirchen, unseren jeweiligen Berufsverband, Benutzung der Massenmedien oder über Vereine, die unmittelbar die Verbesserung der Psychiatrieversorgung betreiben, wie die Deutsche Gesellschaft für Soziale Psychiatrie (DGSP), die »Aktion psychisch Kranke« und die Bundesverbände der Angehörigen und Psychiatrie-Erfahrenen.

◎ Als wissenschaftlich und politisch Interessierte können wir die Chancen besser herausarbeiten, über die unsere Gesellschaft zur Verwirklichung von Gerechtigkeit und Menschenwürde eigentlich längst verfügt.

◎ Dabei ist ein Vergleich mit anderen Ländern nützlich. Wegen der Vorzüge einiger Länder (z. B. Gesetzgebung in den Niederlanden, Skandinavien, England) und wegen Gefahren in einigen Ländern (z. B. politischer Missbrauch in einigen Ländern; oder neuere Tendenzen in den Niederlanden und USA zur »Euthanasie unheilbar Kranker«).

- Schließlich hat sich in den USA das Verfahren positiv ausgewirkt, dass Betroffene, also Patienten oder Angehörige, vor Gericht das ihnen zugesprochene Recht auf optimale Behandlung in Selbsthilfe eingeklagt haben. Wir sollten solches Handeln nicht vorschnell und überempfindlich aus schlechtem Gewissen nur als inkompetente Angriffe gegen uns als »Experten« abwehren, sondern eher begrüßen als, wenn auch schmerzliche, sicher auch mal ungerechte, Kontrolle und ein hilfreiches Mittel, die Öffentlichkeit aufmerksam zu machen. Wirksame Reformen zur Verbesserung der Lage psychiatrischer Patienten setzen politische Entscheidungen voraus, die gesellschaftliche, auch ökonomische Prioritäten verändern. Die dazu erforderlichen Meinungsbildungsprozesse in der Öffentlichkeit sowie in der Fachwelt können auch durch gerichtliche Bestätigung von Patientenrechten gefördert werden.
- Unter dem großen Thema »Recht und Psychiatrie« soll auch erwähnt sein, dass es in den letzten Jahren vielerorts Bemühungen gibt, Patienten noch stärker in die Behandlung einzubeziehen. So wird z. B. die Patienten-Verfügung oder Vorsorgevollmacht wie für andere medizinische Behandlungen auch, diskutiert: d. h. zum Beispiel wird diskutiert, wieweit Dokumente, die die jeweilige Behandlung betreffen, die jemand für die (psychiatrische) Behandlung in einer (psychiatrischen) Notfall-Situation bei sich trägt oder vorher hinterlegt hat, auch juristisch relevant sind. Davon unterschieden sollte die »psychiatrische Behandlungsvereinbarung« zwischen Behandlern, Betroffenen und Angehörigen oder Vertrauenspersonen, auch Juristen, sein, die zwar in Bielefeld erfunden, inzwischen jedoch einigermaßen verbreitet ist.

Literatur

Bernsmann, K. (1982): Grundrechtswahrung in staatlichen Verwaltungsverhältnissen. In: Dörner, Klaus (Hg.): Edelpsychiatrie oder Arme-Leute-Psychiatrie. 34. Gütersloher Fortbildungswoche 1982. Rehburg-Loccum, Psychiatrie-Verlag

Bley, Helmar; Kreikebohm, Rolf; Marschner, Andreas (2001): Sozialrecht. Neuwied, Luchterhand, 8. Aufl.

Brill, Karl-Ernst (2003): Psychisch Kranke im Recht – Ein Wegweiser. Bonn, Psychiatrie-Verlag, 2. aktualisierte Aufl.

Jarrass, Hans; Pieroth, Bodo (1997): Grundgesetz Kommentar, München, Beck 4. Aufl.

Kretschmer, Hans-Jürgen; Maydell, Bernd v.; Schellhorn, Walter (1996): Gemeinschaftskommentar zum Sozialgesetzbuch. Allg. T. Neuwied, Luchterhand, 3. Aufl.

Kühl, J. (1991): Grundrechte in der Psychiatrie. In: Materialien zur Kriminalpolitikforschung Bd. 1. Bremen, Universitäts-Verlag

Leibfried, Stephan; Tennstedt, Florian (Hg.) (1985): Politik der Armut oder Die Spaltung des Sozialstaats. Frankfurt/M., Campus

Marschner, Rolf; Volckart, Bernd (2001): Freiheitsentziehung und Unterbringung, Kommentar München, Beck 4. Aufl.

Mauz, Gerhard (1986): Die Gerechten und die Gerichteten. Frankfurt/M., Fischer

Mrozynski, Peter (1992): Rehabilitationsrecht. München, Beck, 3. vollst. neubearb. u. erw. Aufl.

Mrozynski, Peter (2002): Sozialgesetzbuch IX, Teil 1, Regelungen für behinderte und von Behinderung bedrohte Menschen. München, Beck

Mrozynski, Peter (2003): Sozialgesetzbuch Allgemeiner Teil. München Beck 3. vollst. neubearb. u. erw. Aufl.

Mrozynski, Peter, (2004): Kinder- und Jugendhilfesetze. München, Beck, 4. Aufl.

Müller-Wenner, Dorothee/Schorn (2003): Ulrich, Sozialgesetzbuch IX, 2. Teil, Besondere Regelungen zur Teilhabe schwerbehinderter Menschen. München, Beck

Rasch, Wilfried (1964/1995): Tötung des Intimpartners. Stuttgart, Enke; Nachdruck (1995), Bonn, Psychiatrie-Verlag

Rasch, Wilfried (2000): Forensische Psychiatrie. Suttgart, Kohlhammer, 2. Aufl.

Schulin, Bertram; Igl, Gerhard (2002): Sozialrecht. Düsseldorf, Werner 7. Aufl.

Schulte, Bernd; Trenk-Hinterberger, Peter (1998): Bundessozialhilfegesetz (BSHG) mit Durchführungsverordnungen und Erläuterungen. München, Beck, 2. neubearb. Aufl. 1988, mit Nachtrag 1992, 3. Aufl.

Schulte, Bernd; Trenk-Hinterberger, Peter (1986): Sozialhilfe. Eine Einführung. Heidelberg, C. F. Müller, 2. Aufl.

Speck, Otto (1999): Die Ökonomisierung des Sozialen, München, Reinhardt

Venzlaff, Ulrich., Foerster, K. (2000): Psychiatrische Begutachtung. Stuttgart, Fischer, 3. Aufl.

Volckart, Bernd (1991): Maßregelvollzug. Neuwied, Luchterhand, 3. Aufl.

17 Soziotherapeutische Techniken

A Die Landschaft des soziotherapeutischen Umgangs

Das Wort »Soziotherapie« wird unterschiedlich, fast beliebig benutzt. Die einen reden von Soziotherapie, wenn sie psychotherapeutische Maßnahmen meinen, die auf die sozialen Einstellungen von Menschen gerichtet sind; die anderen, wenn sie von Techniken sprechen, die der Beeinflussung der mitmenschlichen Umwelt (auch Milieutherapie) dienen; Dritte wiederum, wenn sie Gruppentherapie mit schizophren Erkrankten im Sinn haben. Dann gibt es solche, die von Soziotherapie sprechen, wenn Sozialarbeiter oder Ergotherapeuten therapeutisch aktiv werden. Neuerdings wird der Begriff angewendet, wenn die Tätigkeiten von Sozialarbeiterinnen und Sozialarbeitern beschrieben werden, die kassentechnisch relevant sind, wie z.B. Motivierung von Patienten oder das Einhalten von Behandlungsplänen. Die Umsetzungen sind sehr vielfältig. Schließlich kann aus der Sicht der Pflegeberufe unter Soziotherapie verstanden werden: a) bestimmte Aufgaben, b) alle Aufgaben von Schwestern und Pflegern in der Psychiatrie oder c) eine Weiterbildungsmöglichkeit für den Pflegebereich. – Schon wenn man diese Äußerungen liest, kann einem wirr werden und man fragt ungeduldig, was ist Soziotherapie denn nun wirklich? Vielleicht bringt uns diese Aufzählung schon eine Erkenntnis; Soziotherapie scheint viel zu *allgemein* zu sein, als dass man sie aus der Sicht nur eines Berufes bestimmen könnte. So ist es wohl der Sinn von Soziotherapie, auf das Allgemeine zu weisen, auf den Umgang mit Regeln und Normen und Pflichten und Freiheiten, mit Individualität (Spezialität des Berufes, individuelle Erkrankung oder Abweichung) und dem Sozialen (dem Handeln im Team, der Gruppe, im Weiteren: der Gesellschaft).

Die Gefahr ist die: Soziotherapie als eine Technik zu verfeinern, die neben Psychotherapie, Körpertherapie, Arbeitstherapie, Bewegungstherapie steht. Dabei würde dann der Gesichtspunkt gelten, dass neben all diesen Aspekten einmal auch wenigstens der soziale in den Brennpunkt der Wahrnehmung gerückt werden sollte.

In der Psychiatrie kann der Körper des Menschen auf der individuellen Ebene zum Objekt der Betrachtung gemacht werden (medizinisches Modell) oder die Seele in der Einzelpsychotherapie, aber es ist im Ansatz verkehrt, auch ausgeschlossen, das Soziale zu individualisieren. Die Betrachtung des Sozialen ist an den Zusammenhang, an die Gruppe gebunden. In unserem Sinne gehört zur Soziotherapie in jedweder Einrichtung die Entwicklung einer »haltenden Kultur«, d.h. eines Milieus, eines Ökosystems, in dem Einzelne und Gruppen Neues ausprobieren, Kritik üben, Einfluss üben können, ohne dass dies bedrohlich wird.

Die Vorteile der haltenden Kultur gelten auch für die Mitglieder des Teams. Haltende Kultur und Grundhaltung gehören zusammen.

BEISPIEL 1 Ein junger Mann reagierte in ihn frustrierenden Situationen am Arbeitsplatz immer wieder aggressiv, war zuletzt in einer akut psychotischen Erregung gewalttätig geworden und war dann ins Krankenhaus gekommen. Neben der medizinischen und psychologischen Betreuung konnte das kritische Lernen für diesen jungen Mann erst dann beginnen, als er in der therapeutischen Arbeitsgruppe in eine ähnliche Lage kam. Die tägliche Arbeit mit der Gruppe, die Auseinandersetzungen mit den Pflichten, den Zwängen, den Pausen, den Erwartungen, dem Faulsein, dem Vermögen der jeweils anderen, den Aufgabenstellungen ermöglichte das Lernen im Ernstfall, auch die Hinwendung zum Sozialen.

BEISPIEL 2 Eine junge Frau hatte in einer psychotischen Krise die Wohnung unter Wasser gesetzt. In der Folge wurden die unter ihrer Wohnung liegenden Wohnungen beschädigt. Nach der stationären Behandlung erhielt sie im Rahmen vom »Betreuten Wohnen« eine kleine Wohnung. Kurz nachdem sie dort eingezogen war, setzte sie auch diese Wohnung unter Wasser. Keiner der Betreuer hatte daran gedacht, für einen solchen Fall eine Versicherung abzuschließen. Alle hatten nur das »klinische Bild« gesehen, nicht aber das Soziale.

Zu Beginn des 19. Jahrhunderts hat man den Versuch gemacht, einen »sensus communis« zu identifizieren, jedoch ist beim Umgang mit Sozialem immer der Blick auf die Bezugsgruppe wichtig. Man hat versucht, die Unterscheidung zwischen Soziotherapie und Psychotherapie so zu sehen, dass Patienten in der Psychotherapie ihre »Innenpolitik« regeln und in der Soziotherapie ihre »Außenpolitik«. Diese Unterscheidung führt zu ganz merkwürdigen Überlegungen. So ist die Angst, eine neue Wohnung zu besorgen, z. T. »innenpolitisch«, d. h. psychotherapeutisch, z. T. »außenpolitisch«, d. h. soziotherapeutisch zu verstehen: wie will man da sprechen? Bedeutsam sind zwei Aspekte:

1. Die Diskussion um die Soziotherapie entstand einmal, als man mehr und mehr zur Kenntnis nahm, wie stark soziale Bedingungen auf die Seele der Menschen wirken und damit die seelische Gesundheit fördern oder gefährden. Soziotherapie wäre dann auch Öffentlichkeitsarbeit und Arbeit in den politischen Raum hinein. Es ist unsozial, gerade die Wirkung der Landschaft, des Ökosystems dem Individuum anzulasten.
2. In unmittelbarem Zusammenhang damit steht der zweite Aspekt: Die Diskussion um die Soziotherapie entstand, als Einzelne in der Psychiatrie Tätige begriffen, dass das Leben in einer demokratischen Gesellschaft sowohl der Behandlung als von der Rehabilitation erfordert, dass sie für das Leben im öffentlichen Raum vorbereitet, wie von der Öffentlichkeit größere Toleranz. Dies zumal, als (auch psychisch) Behinderte nach den Menschenrechten und nach den neuen Regeln des Grundgesetzes nicht wegen ihrer Behinderung Nachteile erfahren dürfen.

■ Soziotherapie: neue Spezialisierung (Technik) oder Basis?

Soziotherapie ist die Basis therapeutischen Handelns in psychiatrischen Einrichtungen. Insofern überschneiden sich Pflege und Soziotherapie. Nur was sie *nicht* leisten kann, fällt an Psycho- und Somatotherapie (wie an die Sonderpädagogik in der Schule). Dem Gesamt-Anspruch von Medizin und Psychotherapie werden durch die Soziotherapie Grenzen gesetzt.

In der Psychotherapie soll Lernen ohne Druck von sozialen Normen unter Berücksichtigung der emotionalen Bedingungen des Einzelnen erfolgen können. Die erforderliche Dynamik kann nur entstehen, wenn die Situation möglichst permissiv (gewährend) gestaltet ist, sodass der Patient auch ihn betreffende Inhalte ausdrücken kann, die er sonst nicht sagen kann. Das heißt, in gewisser Weise wirkt Psychotherapie der Wirklichkeit entgegen, stellt den Patienten sogar von den Ansprüchen der Wirklichkeit frei. Im Schutz der Psychotherapie kann er alles an der Wirklichkeit in Frage stellen. Psychotherapie kann aber immer nur einen kleinen Teil des Tageslaufs ausmachen, auch wenn sie in einer psychiatrischen Abteilung oder einem Heim stattfindet. Nun können z. B. auf einer Station entweder Strukturen aufgelöst werden, und es kommt gewissermaßen zu einer Ganztagstherapie; oder es sind Strukturen vorgegeben, die aber nur vordergründig und formal eingehalten werden, weil inhaltlich doch Psychotherapie gemacht wird. Zu beiden Möglichkeiten ein Beispiel.

BEISPIEL 1 Man stelle sich eine Station vor, in der die Patienten nur unter psychoanalytischen, verhaltenstherapeutischen oder klientenzentrierten Gesichtspunkten wahrgenommen werden. Bei jeder Begegnung mit einem Psychotherapeuten handelt dieser entsprechend seiner therapeutischen Einstellung und Wahrnehmung: Er verbalisiert Gefühle des Patienten, sieht nur den Übertragungsanteil oder überlegt, ob er handeln soll, weil seine momentanen Handlungen eine Vermeidungshaltung bestärken können. Die Regeln, nach denen von den Schwestern das Zusammenleben auf der Station geregelt wird, interessieren die Therapeuten nicht, da sie ein reines Interesse an der Verwirklichung ihrer Psychotherapie haben.

BEISPIEL 2 Es gibt eine Station, die einen strukturierten begründeten Tageslauf hat. Die Struktur besteht aber nur scheinbar, weil alle Teammitglieder in allen Situationen des Tagesablaufs die gleichen psychotherapeutischen Umgehensweisen haben, »immer« Psychotherapeuten sind, in jeder Äußerung von Patienten nur eine Möglichkeit sehen, verständnisvoll auf ihn einzugehen. Damit werden Regeln, wird Struktur zur sinnlosen Kulisse, da sich vor ihr immer wieder dasselbe Stück abspielt.

Beide Stationsstrukturen sind gefährlich, weil sie notwendige soziotherapeutische Gesichtspunkte außer Acht lassen: Für beide Fälle trifft schon mal zu, dass die Gruppe, der Rahmen, der Kontext unberücksichtigt ist, wieder ist die und der Einzelne nur Zielobjekt von Absichten. Darüber hinaus gilt:

Zu Beispiel 1 Dieser Stil ist gefährlich, weil er dem Patienten eine Wirklichkeit vorgaukelt, die er außerhalb der psychiatrischen Einrichtung nicht wiederfindet. Patienten werden nicht nur zur Regression, sondern zur Hospitalisierung verführt. Die Kluft zwischen Wirklichkeit und Kranksein ist zu groß, ebenso die Kluft zwischen Pflege und Therapie. 17

Zu Beispiel 2 Diese Lösung ist noch gefährlicher, weil dieser Stil den Patienten mit den Mitteln des Alltags vorgaukelt, er kann immer und überall in jeder Situation ohne Unterschied und ohne Rücksicht auf die Situation krank sein. Zwar wird beabsichtigt, seine gesunden Anteile zu fördern, wahrgenommen werden jedoch nur die kranken. Nie wird eine Äußerung nur banal genommen, platterdings; immer ist der Patient gehalten, für sich noch was rauszuholen.

Die daraus folgende Forderung: Psychotherapie und Medizin können nur einen kleinen abgegrenzten Teil des Handelns in psychiatrischen Institutionen ausmachen; wesentliche Teile der Begegnung sind nicht im engeren Sinn psychotherapeutisch, sondern eher »normal«. Zum Beispiel während der Arbeit oder während des Mittagessens sollten wir »Psychotherapeutisches« vermeiden bzw. auf die Therapie verweisen. Ein Vorteil dieser Vorgehensweisen: Patienten lernen, nicht immer und zu jeder Zeit und an jedem Ort von ihren Beschwerden zu sprechen. Wenn es während der Arbeit zu Symptomhandlungen kommt, haben wir anders damit umzugehen als »psychotherapeutisch«. Natürlich muss der Patient z. B. in der Arbeitstherapie neue Handlungsweisen finden und ausprobieren. Er soll sich klar werden, wie er umgeht mit Erfolgserlebnissen oder mit Fehlern und Kritik, wie er den Arbeitsplatz ordnet oder überhaupt zu Gesichtspunkten wie Ordnung, Sauberkeit und Pünktlichkeit steht, wie seine Einstellung zur Arbeit ist, wie er sich in dem Spannungsverhältnis Arbeit und Freizeit einrichtet. Daher sollen aber auch die in nicht psychotherapeutischen Situationen mit dem Patienten umgehenden Therapeuten, also das Team, nicht mehr der Abweichung nachgehen (und sie bearbeiten), vielmehr haben sie ihn mit den Aspekten des Allgemeinen und Gesunden, des Alltäglichen, des Normalen (wieder) anzufreunden: Dies fängt dort an, wo der Patient lernt, die Umwelt nicht als gegen sich gerichtet wahrzunehmen, sondern wo er sehen kann, dass es Situationen gibt, in denen er »krank sein muss«, und andere, in denen er »gesund sein kann«.

Soziotherapie ist die Basis! Sie kann nicht als Technik neben anderen stehen, sondern macht die Anwendung anderer Techniken erst möglich. Dazu gehört dann auch die Folgerung, dass Pflegepersonen (z. B. wegen ständiger Präsenz) mehr als Andere Ausführende der Soziotherapie sind. Pflegepersonen sind Spezialisten für Bedürfnisse und Notwendigkeiten, es ist zu berücksichtigen, dass Pflege zugleich nicht Spezialisierung ist, sondern das Allgemeine und damit die Basis für Spezialisierung.

Bisheriges *Fazit*: Soziotherapie fördert die normalen, regelhaften, allgemeinen, alltäglichen, gesunden, nicht an Krankheit gebundenen, d. h. freien Anteile eines Individuums; und: In dem Maße, in dem ein Patient in unbestimmten, in allgemeinen, d. h. auch in informellen Situationen seine Reaktionen auf Anforderungen aus dem Alltag, auf Regeln, auf Normales, Banales kennen und überprüfen lernen kann, in dem Maße findet Soziotherapie statt. Dazu gehört natürlich, dass Regeln, Alltag, Normales (Wirklichkeit) in einen therapeutischen Rahmen auch dem Patienten wahrnehmbar und handhabbar eingebracht werden. Sich befreien von Zwängen kann er nur, wenn er sich mit ihnen auseinander setzen kann, d. h. wenn sie da sind.

Regelmäßigkeit und Eigenart

Mit jeder Erkrankung verliert der psychisch kranke Mensch Welt; Welt und die Wege, die Bilder von den Wegen, die in die Welt führen. Damit ist die konkrete äußere Welt (der Waschsalon, die Bank, die Kneipe, die Post, das Museum, die Selbsthilfegruppe) angesprochen, vor allem aber auch das soziale Handeln, das die Teilnahme an der Welt ermöglicht.
Woher nimmt der Patient die Kenntnis vom Umgang mit Menschen (Menschen am Arbeitsplatz, Menschen in der Kneipe, Menschen in der Familie, Menschen in der Verwandtschaft, Menschen in der Straßenbahn, Menschen im Club oder im Verein), woher auch nimmt er im Bereich seines Krankseins Bezug zu den Regeln (= Normen), denen auch sein Handeln weitgehend unterstellt ist? Noch wichtiger scheint uns der Aspekt zu sein, dass jedes Krankwerden oder Sich-Krankmachen, jede Benennung als krank, den Menschen absondert, auf sich stellt, zu jemanden macht, der anders ist als andere, wenn man will, ihm Individualität gibt –, aber so, dass er sich von den Anderen eindeutiger unterscheidet. Je länger die Krankheiten dauern, je eindeutiger sie dem psychiatrischen Bereich zugeordnet werden, also je regelwidriger die Handlungsweisen eines Menschen sind, desto gröber wird sein Herausfallen aus den jeweiligen Alltags- und Bezugsgruppen sein und desto schwieriger wird es für ihn sein, seine normalen sozialen Fähigkeiten zu erhalten bzw. wieder kennen zu lernen und wieder ein gutes Gefühl für seine Eigenheiten zu entwickeln.
Soziotherapie wäre dann das, was Psychotherapie und Somatotherapie nicht liefern, wäre die Möglichkeit zur Auseinandersetzung mit dem Normalen, mit dem, was in mir und Anderen gesund ist.

Bedürfnisse und Notwendigkeiten

Essen und Trinken, Schlafen, Wohnen, Tätigsein, Privatsein, Zusammen sein, Ruhe, Raum (Territorium), Sexualität, Information (Neuigkeiten, Neugier), Arbeit und Kontrolle sind Bedürfnisse, die jeder hat. Schon in diesem »jeder hat« liegt die Anerkennung einer Regelhaftigkeit, einer Normalität. Allerdings kann der Ausdruck von und der Umgang mit Bedürfnissen gestört sein. Es kann sein, dass ich aufgrund meiner Umweltbedingungen keine Möglichkeit habe, meine Bedürfnisse zu berücksichtigen. Das ist in Gefängnissen, in psychiatrischen Abteilungen, in Lagern, auch in ökonomischen Notsituationen leicht so. Dann kann es sein, dass aufgrund einer besonderen biologischen Behinderung der Umgang mit meinen Bedürfnissen erschwert ist. Und dann kann es sein, dass Andere und ich es schwer haben, uns miteinander zu einigen, wie mit Bedürfnissen umzugehen ist. In allen drei Fällen sind Regeln einzusetzen, und das Wahrnehmen und Einhalten von Regeln wird bedeutsam. Im Umgang mit meinen Bedürfnissen stoße ich immer an die Grenze, dass auch die Anderen mit ihren Bedürfnissen umgehen, und zwar jeder Andere. Um nun möglichst Gleichwertigkeit der Bedürfnisse und Gleichwertigkeit der Menschen herzustellen, muss man sich einigen, muss man Regeln haben.

Rücksicht, Kontrolle, Anpassung und Toleranz zum Beispiel sind Notwendigkeiten und Pflichten, deren Wahrnehmung ebenso gestört sein kann, auch aus den gleichen Gründen, wie das bei den Bedürfnissen der Fall ist. Auch hier ist die Organisation im sozialen Feld an Regeln gebunden.

Dem Kennenlernen des Umgangs mit Bedürfnissen ist das Kennenlernen des Umgangs mit Notwendigkeiten gleichgestellt. Daraus ergibt sich das Kennenlernen der Regeln, nach denen ich mich regele, nach denen die Anderen sich regeln, in unterschiedlichsten Bereichen des Zusammenlebens. Für manche mag sich das als das Spannungsfeld von Freiheit und Zwang darstellen, von Individuation und Sozialisation, von Normalität und Abweichung, von Anpassung und Aufbegehren: man kommt um das Wahrnehmen der Regeln und um ein Nachdenken über den Umgang mit Regeln nicht herum!

Dabei kommt es uns darauf an hervorzuheben, dass auch der psychisch Kranke sich nicht aus dem Sozialen lösen kann. Soziotherapie im Gefüge der jeweiligen Situation belegt den Zusammenhang in der Gruppe. Selbst bei sehr hospitalisierten Menschen, die unter noch unwürdigen Bedingungen in Kliniken gelebt haben und heute noch davon geprägt sind, findet man – wie im Lager – kleine Zeichen der Solidarität. Wenn einem Patienten Unrecht getan wird, gibt es immer Zeugen, d. h. Patienten sammeln sich und gucken, oder es wird zum Zeichen des Trostes eine Zigarette angeboten. So schwer es ist, sich den hospitalisierenden Einflüssen zu verweigern, so weit man gehen kann, sich aus der Welt zurückzuziehen, immer noch braucht man die Rollen, die einem den sozialen Raum ermöglichen.

1. ÜBUNG Wie reagiere ich auf Spieler eines Mensch-ärgere-Dich-nicht-Spieles oder Kartenspieles, die sich eindeutig nicht an die Regeln halten? Nach welchen Regeln und Rhythmen lebe ich? Bei welchen Regeln im Umgang mit Menschen erwarte ich unbedingt, dass sie eingehalten werden? Welche bin ich selbst bereit einzuhalten, bei welchen bin ich in beiden Fällen großzügiger?

2. ÜBUNG Wie üben wir Respekt und Höflichkeit? In welchen Situationen übertreten wir die Regel: Was du nicht willst, das man dir tu, das füg'auch keinem andern zu? Wie gesellen wir uns? Wie viel Schutz brauchen wir in der U-Bahn, wie viel Schutz geben wir in der U-Bahn? Wann nehmen wir uns zurück, wann mischen wir uns ein?

B Das Lernen ist der Ernstfall

Ziel all der Bemühungen ist, dem Patienten seine Handlungsfähigkeit im sozialen und politischen Raum erfahrbar zu machen, auch erfahrbar zu machen, in welchen Bereichen seine kranken Teile ein wirkliches Hindernis für ihn sind und wo er sie dazu macht. Dies kann aber nur sein, wenn dort, wo diese Erfahrungen gemacht werden, gleichzeitig die Mitsprache möglich ist. Der Patient muss erfahren können, dass er Einfluss auf Regeln hat, welchen Einfluss er auf Regeln hat, auf welche Regeln er keinen Einfluss hat, wie er den Einfluss ausübt, dass er Ämter übernehmen kann, Ämter auch wieder abgeben kann. So kann

er ein Gefühl für Rollen und Positionen erwerben, die in jeder alltäglichen (formalisierten) Gruppierung eine Rolle spielen. In jedem Freizeitverein wird nach solchen Regeln verfahren, bei Gewerkschaftssitzungen, in Parteien oder gemeinnützigen Vereinen, in Bürgerinitiativen.
Die Menschen in einer repräsentativen Demokratie im Zeichen hoch entwickelter Technik können in dieser nur auf Dauer bestehen (und das heißt, dass auch die repräsentative Demokratie nur auf Dauer bestehen kann!), wenn diese durch partizipatorische Demokratie vor Ort ergänzt und begrenzt wird. Wie schwer das ist, erfährt man wirklich erst, wenn man es tut. Reden lässt sich allerlei. Gerade bei der Veränderung der Institutionen ist dieser Gesichtspunkt zu berücksichtigen. Seit es die Betroffenengruppen gibt und diese sich bundesweit organisieren, seit es auch die Herausforderung des Trialog gibt, ist die Mitbestimmungsmöglichkeit durch Patientinnen und Patienten der Ernstfall. Verhandeln statt Behandeln!
Oft machen Patienten die Erfahrung, dass sie zu diesem und jenem gehört werden, aber eigentlich geschieht doch das, was »die da oben« (die fest Angestellten) wollen.
Überhaupt ist dieses das Kapitel, in dessen Rahmen die Machtfrage zu stellen ist. Es ist schon an vielen Stellen gesagt worden, wie nutzlos es ist, für den Patienten etwas tun zu wollen und wie wichtig das Dabei-Sein oder Mit-Sein ist. Der Grund, auf dem diese Überlegungen stehen, hat viel mit Macht zu tun: dem Anderen seine Stärke, Würde lassen, ohne die Hilflosigkeit zu negieren. Auch für den Helfer: Wie kann ich helfen, ohne in eine Attitüde der Macht oder eine Selbstgefälligkeit des Mächtigen zu geraten?
In den letzten Jahren sind vielerorts unterschiedliche Wege gegangen worden, um im öffentlichen Raum zur Stärkung der psychisch Kranken beizutragen. In einigen Orten, ausgehend von Hamburg, gibt es Psychose-Seminare. In anderen, ausgehend von den Niederlanden, gibt es Selbsthilfegruppen für Menschen, die Stimmen hören – und gestärkt durch die Selbsthilfegruppenbewegung gibt es eine große Zahl von Selbsthilfegruppen psychose-erfahrener und psychiatrie-erfahrener Menschen. Es gibt seit einigen Jahren den »Bundesverband Psychiatrie-Erfahrener« wie es den »Bundesverband der Angehörigen« gibt. Sowohl die berufsübergreifend organisierte Deutsche Gesellschaft für Soziale Psychiatrie als auch diese beiden Bundesverbände haben 1994 den Weltkongress für Soziale Psychiatrie in Hamburg getragen: ein Beleg für gemeinsames Handeln im öffentlichen Raum. Andererseits ist das ein Beginn von öffentlichem Zusammentragen unterschiedlicher Interessen.

ÜBUNG Anhand des Kapitels 13 über das Versorgungssystem für jede einzelne Institution ausdenken, wie viel Mitbestimmung bzw. Selbstverwaltung für Patienten möglich ist, d.h. den Versuch unternehmen, maximal viel Selbstbestimmung im Planspiel herzustellen.

Die Widersprüchlichkeit bleibt: Psychisch Kranke sind oft in ihrer Krankheit dadurch gekennzeichnet, dass sie ihre Rechte und Pflichten nicht gut bzw. krankheitsbedingt gestört wahrnehmen. Deshalb gehört diese Übung in jede Institution. Und ein gutes Instrument zur Übung ist die Vollversammlung. In allen psychiatrischen Institutionen kann man Vollversammlungen, an denen Patientinnen und Patienten sowie Helferinnen und Helfer teilnehmen, organisieren.

Diese Vollversammlung ist ein zeitlich zwar begrenzter, jedoch grundlegender Teil der Arbeit. Natürlich ist das Lernen gleichzeitig der Ernstfall – vor allem für die Hauptamtlichen. Man kann nicht so tun »als ob«. Oft wird dieser Teil der Arbeit nicht ernst genommen oder nicht gewollt. Ein Argument ist, das habe mit Gesundheit nichts zu tun. Es zeigt sich jedoch, dass bei dem Wahrnehmen des Ökosystems, der Lebensbedingungen, dieser Teil der gesellschaftlichen Einbindung sehr wichtig ist. Wenn das Ziel eines therapeutischen Bemühens ist, Menschen zu Autonomie, Selbstbestimmung, zur Fähigkeit der Exploration und Veränderung ihrer Lebensbedingungen zu verhelfen, so müssen die Institutionen, die das zum Ziel haben, auch Elemente enthalten, die das Erreichen des Zieles ermöglichen. Außerdem, analog der Entwicklung eines Kindes in der Familie oder von Schülern in der Schule, muss aus der Phase der Abhängigkeit und des Aufbegehrens eine der gemeinsamen Verantwortung und gemeinsamen Handelns entwickelt werden. Sonst bleibt die Therapeut-Patient-Relation unangetastet. Die Machtfrage wird durch immer feinere Organisierung des Versorgungsfeldes ohne die Teilnahme der Betroffenen nicht gestellt bzw. umgangen.

Wenn man als Psychotherapeut sich aus Gründen der therapeutischen Abstinenz raushalten will, dann kann man Soziotherapie aufgeben. Wenn man psychiatrische Institutionen bruchlos den Regeln der Gesellschaft entsprechend gestalten will, dann muss man Soziotherapie aufheben. Es soll betont werden, dass dies nicht gegen Psychotherapie spricht, auch nicht gegen die Spezialisierung des Arztes. Beides muss jedoch begrenzt sein, womit dem psychiatrischen Handeln eine andere Basis gegeben wird. Es soll auch betont werden, dass es sich hier nicht nur um ein moralisches und politisches Problem handelt, sondern dass man sich in dieser Gesellschaft, verstanden als Ökosystem, als Landschaft, in der wir leben, als haltende Kultur nur bewegen kann, wenn die Institutionen, in denen die Beweglichkeit gelernt wird, nicht Stationen sind, in die hinein aussortiert wird, sondern als Teil des Ganzen der Ernstfall sind.

Wenn wir uns auf die Fragen nach Regelmäßigkeit und Eigenart einlassen, müssen wir bereit sein, den Sinn und Unsinn mancher Verpflichtungen, Normen, Regeln, auch Unvollkommenheiten der Mitbestimmung und Demokratisierung nicht nur wahrzunehmen und zu beklagen, sondern zu unterscheiden um a) auf dem Sinnvollen zu bestehen und b) das Unsinnige in dem Maße, in dem wir können, zu ändern; d. h. nicht gleich umstürzlerischen Gedanken nachzuhängen, aber es geht in die Richtung: Einflussnehmen auf noch so kleine Details, wo wir Unterdrückung, Tabus, Zwanghaftigkeit spüren, mit dem Ziel, eine humanere, sozialere und demokratischere Umgebung zu haben. Dabei meint »sozial«, wofür es ursprünglich stand: dass soziale Ungleichheiten sich nicht fortsetzen als vom Schicksal gefügt. Soziale Gleichheit und Gleichheit vor dem Gesetz ist die Einzige, die auf dem Hintergrund der biologischen und psychischen Ungleichheit wirklich herstellbar ist. Das ist gemeint, wenn gesagt wird, alle Menschen sind gleich. Psychische und biologische Gleichheit sind nicht herstellbar und vor allem nicht gewollt.

Psychiatrie steht im Spannungsfeld zwischen Gesellschaft und Patient, und so stehen wir psychiatrisch Tätigen im Dienste beider. Ganz sicher werden wir von der Versichertengemeinschaft bezahlt, um die Unvernunft, die öffentlich nicht tolerierbar scheint, gut zu verwalten. Ganz sicher übernehmen wir damit im Interesse der Patienten die Aufgabe, die Grenzen dieser Toleranz mit gestalten zu helfen und die Gesellschaft zu beeinflussen.

Zum Schluss noch zwei grundsätzliche Überlegungen

1. Der Gleichheitsgrundsatz stellt ein Prinzip der Ausgrenzung natürlicher oder sonst wie dem Menschen vorgegebener Unterschiede dar.
   Es besteht in unserer Gesellschaft die große Gefahr, dass der Gleichheitsgrundsatz nicht nur politisch, rechtlich, sozial und ökonomisch verstanden wird. Die Notwendigkeit des Menschen, in der Gruppe zu sein, wird zur straffen Forderung der Gesellschaft nach Eingliederung in die Gruppe. So sollten die psychiatrisch Tätigen mithelfen, die Grundrechte der Menschen zu verteidigen, die als Grenzen gegen das Ausgrenzen zu verstehen sind und gegen den politischen Zugriff aufgerichtet werden.
2. Im Zuge der Normierung der Arbeitskraft, der strengen Trennung von Arbeitsräumen einerseits und anderen Lebensräumen andererseits, sind (irre) Erscheinungen, die früher vertraut und erträglich waren (s. Kapitel 15), zu etwas Fremdem geworden. Es liegt nun an uns, die Eigenart und Rolle des Gesinnungswechsels zu begreifen, der eine soziale Gruppe allmählich dazu bringt, sich zu reinigen von allem, was nicht der Norm einer Arbeitsgesellschaft entspricht. Diese Teilung endet damit, dass Irren, Wahnsinn und Torheit aus dem Bild des Alltags möglichst entfernt werden. In der heutigen Zeit der Umwälzung von Arbeitslandschaften und Lebensverhältnissen liegt aber auch eine große Chance der Veränderung.

Literatur

Basaglia, Franco (Hg.) (1980): Die negierte Institution oder die Gemeinschaft der Ausgeschlossenen. Frankfurt/M., Suhrkamp, 3. Aufl.

Bock, Thomas; Weigand, H. (Hg.) (1998): Hand-werks-buch Psychiatrie. Bonn, Psychiatrie-Verlag, 4. vollst. überarb. Aufl.

Bock, Thomas u. a. (Hg.) (1995): Abschied von Babylon – Verständigung über Grenzen in der Psychiatrie. Bonn, Psychiatrie-Verlag

Bosch, Gerhard (1967): Psychotherapie und Soziotherapie. *Sozialpsychiatrie*: 2: 111–124

Döll, Hermann K. A. (1983): Philosoph in Haar. Frankfurt/M., Syndikat

Edelson, Marshall (1976): Sociotherapy. Chicago, University Press

Eichenbrenner, Ilse (2001): Alles wird gut. Bonn, Psychiatrie-Verlag

Empfehlungen der Expertenkommission der Bundesregierung zur Reform der Versorgung im psychiatrischen und psychotherapeutisch/psychosomatischen Bereich auf der Grundlage des Modellprogramms Psychiatrie der Bundesregierung

Goffman, Erving (2000): Das Individuum im öffentlichen Austausch. Frankfurt/M., Suhrkamp, 2. Aufl.

Keupp, Heinrich u. a. (1978): Die gesellschaftliche Organisierung psychischen Leidens. Frankfurt/M., Suhrkamp

Mosher, Loren R., und Burti, Lorenzo (1994): Psychiatrie in der Gemeinde – Grundlagen und Praxis. Bonn, Psychiatrie-Verlag, 2. Aufl

Pirella, Agostino (Hg.) (1976): Sozialisation der Ausgeschlossenen. Praxis einer neuen Psychiatrie. Reinbek, Rowohlt

Rave-Schwank, Maria; Winter-v. Lersner, Christa (1994): Psychiatrische Krankenpflege. Stuttgart, Fischer, 6. erg. Aufl.

Richter, Horst-Eberhard (1995): Die Gruppe. Reinbek, Rowohlt, 2. Aufl.

Richter, Horst-Eberhard (1998): Lernziel Solidarität. Reinbek, Rowohlt

Schäfer, Walter (1979): Erziehung im Ernstfall. Frankfurt/M., Suhrkamp

Stephan, Cora (1993): Der Betroffenheitskult. Berlin, Rowohlt

Stephan, Cora (1995): Neue deutsche Etikette. Berlin, Rowohlt

Zeelen, Jacques; Weeghel, Jaap van (1994): Berufliche Rehabilitation psychisch Behinderter. Weinheim und Basel, Beltz

18 Körpertherapeutische Techniken

A Landschaft des körpertechnischen Umgangs

Wie anders will ein Mensch mich erreichen als über meinen Körper? Insofern sind alle Wege zum Menschen körperlich und alle psycho- und soziotherapeutischen Techniken körperlich wirksame Techniken. Gerade von psychotherapeutischer Seite hat die körperliche Seite des Austausches zwischen Menschen mehr Aufmerksamkeit gefunden. Die »Bewegungstherapie« ist ein Ergebnis solcher Bemühungen. Zwar werden auf dem »Psycho-Markt« darüber hinaus körperwirksame Verfahren angeboten, die wirkungsgenauer sein wollen. Je aktiver und zielgerichteter aber etwas auf Menschen angewandt wird, desto aggressiver dringt es in sie ein. Erträglich, wenn solche Verfahren der Selbsterfahrung erlebnisarm lebender psychiatrisch Tätiger als Ersatz für Lebenserfahrung dienen. Bei Anwendung auf kranke Patienten ist jedoch Vorsicht geboten, denn die Beziehungen zwischen Menschen werden von der Logik des Umgangs regiert, während man sich nur Sachen im Frontalangriff nähern kann.
Wir beschränken uns in diesem Kapitel auf die Beschreibung solcher Techniken, mit denen die Medizin immer schon versucht hat, sich der Seele zu nähern und denen man deshalb häufig in der psychiatrischen Landschaft begegnen kann. Dies sind insbesondere Medikamente. Bezeichnend für die Wirkungs-Weite der alten Medizin ist, dass 1584 LORICHIUS aus Hadamar unter dem Titel »Psychopharmacon« (das heißt: Medizin der Seele) eine Sammlung von Gebeten veröffentlichte und damit dies heute so aktuelle Wort prägte.

Es gelten für uns folgende Grundsätze:

1. Alle therapeutischen Techniken stellen Eingriffe in den Körper dar, vor allem in das zentrale Nervensystem.
2. Sie wirken nur indirekt auf die Seele bzw. das Handeln des Menschen, indem sie eine Störung oder Krankheit des Körpers künstlich erzeugen. Deshalb ist
3. das Risiko von Anwendung und Nicht-Anwendung abzuwägen, was freilich für jede Technik gilt.
4. Neben dieser indirekten Wirkung besteht immer auch eine direkte Wirkung auf die Seele. Wir nennen sie: Suggestion, Placebo-Effekt, Abhängigkeitswunsch, Erwartung, »dass überhaupt etwas geschieht« oder »Droge Arzt«. Daher ist die Übertragbarkeit von theoretischen Modellen und Tierexperimenten auf Menschen prinzipiell begrenzt.
5. Körpertherapeutische Techniken sind immer nur im Rahmen einer zu erarbeitenden Grundhaltung anzuwenden.

Diese Grundsätze decken auch einen technokratischen Unsinn auf: Denn, wenn es – außer Gebeten – kein Pharmacon gibt, das auf die Psyche wirkt, dann gibt es auch keine »psychotrope Wirkung« und keine »Psychopharmaka«, sondern nur die »encephalotrope Wirkung« einiger ZNS-wirksamer Pharmaka, also »Neuropharmaka«, die sich psychiatrisch als nützlich erwiesen haben.

B Psychiatrische Pharmakotherapie

Geschichtlich ist nachweisbar, dass fast jedes in der Medizin neu entdeckte Erklärungs- oder Wirkprinzip und also auch fast alle neuen Pharmaka, auch an psychiatrischen Patienten ausprobiert wurden. Jede chemische Substanz kann sich irgendwie auch auf Erleben und Handeln eines Menschen auswirken. Warum hat nun seit 1952 eine Gruppe der Neuropharmaka, die wir fälschlich »Psychopharmaka« nennen, fast alle anderen Pharmaka verdrängt?

- Sie erzeugen weniger ein hirndiffuses Hirnrindensyndrom, sondern eher ein hirnlokales »pharmakogenes Stammhirnsyndrom« mit affektiv-antriebsmäßigem Durchgangssyndrom sowie extrapyramidalen und vegetativen Symptomen, die mit der beabsichtigten Wirkung verknüpft sind. Sie verwandeln also einen psychiatrischen in einen neurologischen Patienten, was psychisch entlastend wirkt.
- Sie wirken daher spezifischer, d. h. verändern – dämpfend oder anregend – weniger Bewusstsein und intellektuelle Funktionen, sondern mehr Stimmung, Gefühle und Antrieb, Erleben und Handeln der Menschen. Sie wirken also nicht ursächlich, heilen auch nicht, nehmen Symptome (Angst, Unruhe, Halluzinationen) nicht weg, sondern unterdrücken sie, machen sie weniger wahrnehmbar, indem sie die Verletzbarkeit mit einem »dickeren Fell« (FINZEN) umkleiden.
- Sie fördern gemeindenahe Psychiatrie, da die Menschen mit dieser Fremdhilfe, diesem »Korsett«, dieser »Krücke« sich leichter bzw. früher wieder in ihrer Landschaft bewegen können.
- Sie haben wegen der auch unangenehm empfundenen Wirkung ein geringes Suchtrisiko, mit Ausnahme der Tranquilizer.
- Sie haben auch in der Forschung Team-Arbeit zu Stande gebracht: Biochemiker, Pharmakologen, Neurophysiologen, Verhaltensforscher, Psychologen und Psychiater konnten über sie präzisere – zu präzise? – Erklärungsmodelle für die Entstehung psychischer Krankheiten erarbeiten.
- Sie machen den Umgang mit Patienten gewaltfreier, aber auch bequemer.

Jede therapeutische Technik hat ihre Lebenszeit. Auch die Neuropharmaka sind nach einer Begeisterungs- in eine Ernüchterungsphase eingetreten. Anzeichen dafür:

- Es gibt zunehmend Patienten, die lieber an ihren Symptomen als an ihren Pharmaka leiden.
- Wir können jetzt auch besser ihre Nachteile wahrnehmen.
- Alarmierend die epidemische Verschreibungswut von Tranquilizern. Zeichen für eine Lebenshaltung der Schmerz-, Leidens- und damit Lebensvermeidung mit Hilfe von Pharmaka. So werden normale Probleme in pharma-abhängige, chronifizierte und dann kaum noch therapierbare Leidenszustände künstlich pathologisiert – dem Komfort des sofortigen, aber nur scheinbaren Leidensabbau zuliebe. Gesamtgesellschaftlich ist die Frage nach Nutzen und Schaden der Neuropharmaka noch offen.

Zum verantwortlichen Umgang mit psychiatrischen Pharmaka gehört:

- Die Indikation für Pharmaka ergibt sich aus dem je einzelnen Lebensproblem, den Symptomen und Besonderheiten; solche Indikationskriterien sind ständiger Diskussion und Entwicklung unterworfen.
- Pharmaka setzen einen Therapie-Gesamtplan voraus; d.h., dass der Patient sein Leben während der Pharmatherapie sinnvoll gestaltet – zu Hause oder in einer Einrichtung: zehn Stunden täglich, sieben Tage pro Woche!
- Die durch Pharmaka gelähmten Emotionen sind durch eine emotional tragfähige Beziehung zu ersetzen.
- Sie sind angezeigt, wenn anders die Problembearbeitung nicht möglich ist.
- Die Risiken der Erkrankungen sind gegen das Risiko der Therapie sorgfältig abzuwägen. Patient und Arzt haben gemeinsam zu unterschreiben, dass eine vollständige Wirkungs-Aufklärung stattgefunden hat (auch über die Gefahren der Potenzierung durch Alkohol und bei der Verkehrsteilnahme).
- Sie sind grundsätzlich zeitlich begrenzt zu geben.
- Ihr jeweiliger Einsatz sollte begründet erfolgen und sich bezüglich Dosis und Dauer nach allgemein anerkannten Grundsätze ausrichten.
- Keine Polypragmasie oder häufige Wechsel bei der Verordnung von Neuropharmaka: Die Mittel sollten in ihren Wirkungen (einschließlich Nebenwirkungen) bekannt sein, um sinnlose und zum Teil gefährliche Kombinationen zu vermeiden.

Zwar kommt man nach der WHO mit sechs Mitteln aus: zwei Neuroleptika, ein Depot-Neuroleptikum, ein Thymoleptikum, ein Lithium-Präparat und ein Tranquilizer, dennoch sollte man dabei die aktuellen Entwicklungen im Bereich der psychiatrischen Pharmakotherapie nicht außer Acht lassen. Ein kritischer Umgang mit diesen Entwicklungen sollte in einen verantwortlichen Gebrauch dieser Fortschritte münden. Die Verführung theoretischer Erklärungsmodelle der Pharmakologie über die Wirkweise und Auswirkung von Medikamenten birgt die Gefahr, sich mit simplen Kausalketten dem Leid und der Lebenswelt des Anderen zu nähern und ihn in unserer Wahrnehmung auf ein chemisches Ungleichgewicht zu reduzieren, das es nur auszugleichen gilt. Das würde die Hierarchie unserer Beziehung zum Anderen in sein Gegenteil verkehren.

Für die Forschung ist die Aufgabe ungelöst (unlösbar?), ein Medikament zu entwickeln, das nicht symptom-unterdrückend, sondern problem-lösend wirkt und das weder durch unangenehme Wirkungen die Belastung des Patienten, noch durch angenehme die Abhängigkeitsgefahr vermehrt. Dabei steht die pharmakologische Forschung freilich nicht schlechter da als andere psychiatrische Forschungsrichtungen.

Im Folgenden wollen wir nur einen Überblick über die uns häufig begegnenden Mittel geben. Für weitere Einzelheiten sei an die entsprechende Literatur verwiesen, vor allem auf das Buch von A. Finzen (2001).

Neuroleptika (= NL)

Ihre Ära ist geprägt durch die Einführung des Phenothiazins Chlorpromazin (Megaphen) 1952 durch Delay und Deniker, des Rauwolfia-Alkaloids Reserpin 1954 durch Kline, und der Butyrophenone (z. B. Haldol) 1958 durch die Firma Janssen. Ursprünglich sind sie Produkte der tierexperimentellen Suche nach besseren Antihistaminika, Wurm-, Narkose- und Schmerzmitteln.

Definition, Wirkprinzip, Einteilung

NL sind Pharmaka, die vorwiegend am Stammhirn angreifen, daher Veränderungen des extrapyramidalen und vegetativen Systems bewirken und in Zusammenhang damit die Aktivität dämpfen und Symptome schizophrenen Handelns unterdrücken (entaktualisieren). Das zentrale dopaminerge System übt eine wichtige koordinierende und modulierende Funktion beim Zusammenspiel mit anderen neuronalen Systemen aus. Örtlich begrenzte Störungen dieses Gleichgewichtes können wegen der komplexen Vernetzung zu weit reichenden Fehlregulationen in anderen Regionen des Gehirns führen.

Zum Verständnis ist festzustellen, dass es drei wichtige dopaminerge Neuronensysteme mit unterschiedlicher Verteilung von Dopaminrezeptoren gibt. Das *nigrostriale* System kontrolliert die Motorik, ist damit auch für die extrapyramidalen Nebenwirkungen verantwortlich. Das *mesolimbische* System ist vermutlich der Hauptangriffsort für die Unterdrückung psychotischer Symptome. Über das *tuberoinfundibuläre* System werden neuroendokrinologische Prozesse gesteuert und damit auch vegetative und endokrinologische Nebenwirkungen der NL ausgelöst. Daneben spielen aber auch andere Rezeptortypen (u. a. für Histamin und Serotonin) eine zu beachtende Rolle.

BEACHTE **Egal welches NL verwendet wird, es greift in ein hochkomplexes und vernetztes System ein, in dem es keine simple Zuordnung für seinen Adressaten gibt!**

Biochemie: NL verursachen eine Verminderung des am postsynaptischen Dopamin-Rezeptor verfügbaren Dopamins in den Gehirnstrukturen Striatum und limbisches System, was eine kompensatorische Steigerung der Catecholamin-Biosynthese und des Dopamins bewirkt. Auch antihistaminische, anticholinerge und antiadrenerge Wirkungen sind u. U. am neuroleptischen Effekt beteiligt. Davon leiten sich Hypothesen über biochemische Störungen vor allem bei schizophrenen Patienten ab.

Die Wirkung der NL lässt sich nach zwei Polen einer gleitenden Skala nach ihrer »neuroleptischen Potenz« ordnen, wobei Chlorpromazin als Bezugspunkt 1 festgelegt wurde. Diese Einteilung bleibt stark vereinfachend und spiegelt das jeweilige Wirkungsspektrum nur ungenau wider. Die »hochpotenten NL« (z. B. Butyrophenone und die Phenothiazine mit Piperazinyl-Seitenkette) erreichen danach eine starke antipsychotische Wirkung ohne Sedierung, die »niedrigpotenten NL« (z. B. Phenothiazine mit aliphatischer Seitenkette) bewirken eine deutliche Sedierung bei geringer antipsychotischer Wirkung in niedrigen bis mittleren

Dosierungen. Extrapyramidal-motorische Symptome (EPMS) sind danach (wenn auch dosisabhängig) an ehesten bei den hochpotenten NL zu erwarten. Ihre Wirkung auf die Schmerzwahrnehmung nutzt die Anästhesie (Neuroleptanalgesie): z. B. ist Thalamonal die Kombination aus dem rasch wirkenden NL Droperidol und dem Narkosemittel Fentanyl.

Da durch die Einführung zahlreicher neuer NL deren Einordnung in die oben genannten Systeme problematisch wurde, diese sich in Wirkmechanismus und klinischer Wirkung von den klassischen bzw. konventionellen NL unterscheiden, gibt es den neuen Einteilungsmodus nach »atypischen und typischen« NL, wobei »Atypizität« ein vermindertes Auftreten von EPMS (die aber, wenn auch seltener, auftreten können) und ein erweitertes antipsychotisches Wirkungsspektrum anhand eingegrenzter Rezeptorbindungsprofile beschreiben soll. So wird eine bevorzugte Bindung an Dopaminrezeptoren im Limbischen System beschrieben, was einerseits die geringere Rate extrapyramidaler Nebenwirkungen erklären mag, aber andererseits auch für die zum Teil deutlichen vegetativen Nebenwirkungen (Gewichtszunahme) verantwortlich ist. Nach Kinon et al. (1996) wird für diese Gruppe eine günstige Beeinflussung der schizophrenen Minussymptomatik, der Erhöhung des Prolactinspiegels (wobei die unterschiedliche Wirkung bei Frauen und Männer noch genauer zu untersuchen wäre) und eine Effizienz bei der Behandlung allgemeiner kognitiver Störungen bzw. der Verhinderung kognitiver Langzeitstörungen angegeben. Aber auch bei dieser Einteilung sind die Grenzen zwischen den Wirkungs- und unerwünschten Nebenwirkungsspektren fließend.

Für die Einteilung nach der chemischen Struktur folgen wir z. T. Benkert / Hippius:

Bei den **trizyklischen NL** unterscheiden wir:

Phenothiazin-Derivate:

a. mit aliphatischer Seitenkette: z. B. Chlorpromazin (Propaphenin); Levomepromazin (Neurocil); Promethazin (Atosil); Trifluopromazin (Psyquil);

b. mit Piperidyl-Seitenkette: z. B. Thioridazin (Melleril);

c. mit Piperazinyl-Seitenkette: z. B. Fluphenazin (Dapotum, Lyogen); Perazin (Taxilan) mit breitem mittleren Indikationsbereich, da gleichermaßen dämpfend und antipsychotisch; Perphenazin (Decentan).

Thioxanthen-Derivate: Chlorprothixen (Truxal); Clopenthixol (Ciatyl); Flupenthixol (Fluanxol).

Dibenzodiazepine, Dibenzothiazepine, Dibenzothiepine, Thienobenzodiazepine: Zotepin (Nipolept); Quentiapin (Seroquel); Olanzapin (Zyprexa); Clozapin (Leponex).

Weitere Gruppen sind:

- **Butyrophenone:** Benperidol (Glianimon); Pipamperon (Dipiperon); Haloperidol (Haldol). 18
- **Diphenylbutylpiperidine, Benzisoxazol(piperidine), Phenylindol(piperidine):** Pimozide (Orap); Fluspirilene (Imap); Penfluridol (Semap); Risperdion (Risperdal).
- **Benzamide:** Sulpirid (Dogmatil); Amisulprid (Solian).

Therapeutischer Umgang

Wir geben NL nur als Hilfsmittel im Rahmen unserer Begegnung mit dem Patienten. Daher sollen NL nicht seine Symptome wegmachen, zumal er ihren Schutz (Angstabwehr) braucht, bis er innerlich und äußerlich etwas gefunden hat, aus dem heraus er besser leben kann. NL sollen den Patienten und mich gesprächsfähig machen, sodass er sich nicht mehr nur in seiner Angstabwehr (Angst vor der Angst) zerkämpfen muss, sondern seine Angst als Signal für seine Probleme wieder nutzen kann. Quält der Patient sich, wird er NL nehmen wollen. Häufiger ist seine Angstabwehr jedoch projektiv (z. B. paranoid, manisch), gegen Andere gerichtet – so quält er mehr uns. Er kann dann keinen Grund sehen, NL zu nehmen. Wenn er sie doch nimmt, kann er dies nur gegen seine eigene Überzeugung tun. Es ist dann fair, wenn ich ihm zu verstehen gebe: »Wir brauchen es, dass du NL nimmst, wir können sonst nicht mit dir sprechen, wir können dich sonst nicht aushalten.« Insofern geben wir Neuropharmaka auch zu unserer eigenen Selbstbehandlung. Solche Ehrlichkeit zahlt sich aus. Wir kommen damit um die Lüge herum, dem Patienten das Medikament als »Heilmittel« zu verkaufen. Es ist auch ein Sozialisierungsmittel. Dies meinen wir gerade angesichts der Bedenken der Gerichte gegenüber Neuropharmaka. So hat das OLG Hamm schon 1982 in einem Urteil festgestellt, dass Neuropharmaka bei langem, hoch dosiertem Gebrauch eine »persönlichkeitszerstörende Wirkung« haben können.
Auch die Erfahrungsberichte mit Neuroleptika, wie sie Peter Lehmann in seinem Buch »Schöne neue Psychiatrie« (1996) darstellt, machen Behandelnden deutlich, wie notwendig eine fachliche Indikationsstellung und eine Auswahl nach dem Störungsbild ist. Eine detaillierte Aufklärung über die Behandlung lässt eine Zusammenarbeit erst entstehen.
Die Hochdosierung hat sich nicht bewährt. Wir haben mit der niedrigsten Dosierung auszukommen, mit dem unser oben definiertes Ziel erreichbar wird. Längerfristig, vor allem ambulant, müssen wir zu einer Dosierung kommen, die auch außerhalb einer Station praktikabel ist, schon da niemand am Arbeitsplatz mittags seine Pillen schlucken wird. In günstigen Fällen kommt man mit einer einmaligen Dosis am Abend aus. Bei Depot-NL scheint es sich zu bewähren, allmählich auf symbolische Dosen zu reduzieren, vorausgesetzt, es besteht ein so enger Betreuungskontakt, dass sich anbahnende Rückfälle mit vorübergehend höherer Dosierung auffangen lassen. Die Zuverlässigkeit der Medikamenteneinnahme kann nur gering sein. Ein Teil der NL-Wirkung besteht darin, dass der Patient nicht mehr gegen seine Angst kämpft, sondern gegen seine extrapyramidal-vegetativ-dämpfende Beeinträchtigung durch die NL. Er tut dies, indem er heimlich NL weglässt, unangenehmer jedoch dadurch, dass er Kaffee oder Cola konsumiert – und dies bis zu einer »Kaffee-Sucht«, die nicht nur die NL-Resorption hemmt, sondern uns auch ziemlich ohnmächtig macht. Es gilt daher auch bei derjenigen Beziehung zwischen mir und dem Patienten, die über Medikamente läuft, dass wir so lange miteinander verhandeln, bis eine Vereinbarung getroffen wird, die beide Seiten einhalten wollen. Die richtige Dosis muss sowieso in jedem Einzelfall neu herausgefunden werden, da die NL-Empfindlichkeit extrem unterschiedlich ist. Schließlich ha-

ben wir darauf zu achten, dass wir die »Plus-Symptomatik« (z. B. Wahnideen, Stimmen) nicht so total »bekämpfen«, dass an ihre Stelle ein Zuwachs an »Minus-Symptomatik« (z. B. Apathie, Antriebslosigkeit) tritt, womit wir den Startschuss in die Hospitalisierungskarriere geben würden. Statt zwischen Wirkung und Nebenwirkung der NL unterscheiden wir zwischen gewünschten, in Kauf zu nehmenden und zu verhindernden Wirkungen. Dabei gibt es drei Wirkungsrichtungen:

▪▪▪ Psychische Wirkungen

Psychomotorische Dämpfung (indirekt auch intellektuell) mit Müdigkeit, Antriebs- und Interessen-Einbuße, gefühlsmäßiger Indifferenz / Wurstigkeit, Einschränkung der Wahrnehmbarkeit von Angst und anderen Gefühlen. Dies ist nutzbar:

a. bei Erregungszuständen psychotischer oder nicht-psychotischer Art (z. B. bei affektiver Spannung);
b. bei akuten psychotischen Krisen und katatonen Verhaltensstörungen; und
c. bei der ambulanten Langzeitbehandlung von Menschen, deren psychotisches Handeln den Lebensplan immer wieder durchkreuzt.

▪▪▪ Extrapyramidal-motorische Wirkungen

Die Dosis, bei der die antipsychotische Wirkung der NL beginnt, ist oft am Auftreten einer extrapyramidalen Bewegungsstörung bzw. vegetativen Störung zu erkennen, z. B. an der Feinmotorik der Handschrift. Je geringer die Dosis, mit der ein NL diese »neuroleptische Schwelle« erreicht, desto größer seine »neuroleptische Potenz«: nach diesem Zeichen können wir alle NL in einer Reihe einordnen, bezogen auf das mittel-potente Chlorpromazin = 1. Unter 1 liegen z. B. Thioridazin, Chlorprothixen, Levomepromazin. Für Perazin gilt 2, für Haldol und Fluphenazin 30–60, für Benperidol 100.

NL können zwar psychotische Symptome »wegdämpfen«, verwandeln aber die psychiatrischen in neurologische Patienten, mit dem Aussehen und der Behinderung von Parkinson-Kranken. Die Unterscheidung der extrapyramidalen Wirkung der NL ist für alle psychiatrisch Tätigen wichtig:

1. **Frühdyskinesien** (hyperkinetische Dystonien): Zungen-, Schlund- oder Blickkrämpfe, Trismus (Kiefernklemme durch Kaumuskelkrampf), Streckkrämpfe des Rumpfes (Opisthotonus), mimische Hyperkinesen, Torticollis-ähnliche, choreatisch-athetoide oder torsionsdystone Hals- und Armbewegungen. Auftreten durch zu schnelle Dosissteigerung besonders potenter NL in zeitlich nahem Zusammenhang mit der Einnahme.
2. **Parkinson-Syndrom** (Parkinsonoid, hypokinetisches Syndrom): Einengung der Beweglichkeit, Verlust der Mitbewegungen, Hypomimie, kleinschrittiger Gang, Erhöhung des Muskeltonus mit Rigor, Tremor, Salbengesicht und Speichelfluss (Hypersalivation). Extremzustand völliger Bewegungs- und Willenlosigkeit (akinetisch-abulisches Syndrom). Auftreten je nach Potenz und Dosis des NL bzw. der individuellen Disposition, ab der

zweiten Behandlungswoche. Therapie: Dosisreduktion, Umsteigen auf ein anderes Medikament bzw. Kombination mit anticholinerger Substanz (nur als Ausnahme).

3. **Akathisie:** quälende Unruhe mit Unfähigkeit, ruhig zu stehen oder zu sitzen, Drang zu ständiger Bewegung (Tasikinesie). Auftreten durch hochpotente NL, meist nach längerer Gabe. Auch hier Dosisreduktion oder Wechsel auf ein anderes Präparat. Kombination mit einem anticholinergen Medikament ist meist unwirksam. Achtung: diese »innere Unruhe« ist nicht mit der psychotischen zu verwechseln!
4. **Parkinson-Haltung:** Auch nach Absetzen der NL ist oft kaum entscheidbar, ob ein Parkinson-Syndrom weiterbesteht oder ob der Patient die Parkinson-Haltung gelernt hat, um seine Gefühlsabwehr auf die parkinsonistische Gefühlsausdruckssperre umzustellen. Unter dieser Parkinson-Maske kann er sein inneres Elend, seine Angst verbergen. Auf diese Möglichkeit ist zu achten; sonst kann ein scheinbar unerklärlicher Suizid das Ergebnis sein.
5. **Spätdyskinesien** (terminales extrapyramidales Defektsyndrom): choreatisch-athetoide, ballistische oder torsionsdystone Hyperkinesen im Bereich des Mundes, des Gesichts, der Hände und Füße als oft irreversible Dauerschäden. Degkwitz u.a. fanden sie bei 70 Prozent ihrer mindestens zehn Jahre mit NL behandelten Patienten. Begünstigend: Therapiedauer, Dosis und Potenz des NL, häufige Gabe von Antiparkinson-Mitteln, Hirnvorschädigungen und Alter des Patienten. Daher enge Indikation für Dauertherapie, die möglichst oft zu unterbrechen ist. Ist der Schaden da, wirken Antiparkinson-Mittel verstärkend, während eine NL-Erhöhung oder Absetzung die Hyperkinesien bisweilen dämpft, selten aber zum Verschwinden bringt. Neben dem NL Thioridazin (Melleril) bewirkt auch das Benzamid Tiaprid (Tiapridex) eine Besserung der Beschwerden, wenn man die Gefahren dieses Pharmakons nicht aus den Augen verliert.

▪▪▪ Vegetative und andere Wirkungen

Komplikationen: allergisches Exanthem (zweite bis vierte Woche). Fotosensibilität (Vorsicht beim Sonnenbad). Pigmentablagerung in Haut, Linse und Herzmuskel. Allergische Verquellung der Gallenkapillaren mit intrahepatischer Cholestase, Verschlussikterus und Anfälligkeit für Virushepatitis (besonders zweite bis vierte Woche). Degkwitz u.a. fanden bei 80 Prozent der Patienten mit zehnjähriger Neuroleptikatherapie pathologische Leberwerte und eine Cholangitis mit geringer Leberfunktionseinbuße. Thrombosen mit Gefahr der Lungenembolie. Große epileptische Anfälle und delirante Syndrome durch zu schnelle Dosissteigerung oder -senkung. Hormonstörungen: Gewichtszunahme (bis zu 15 Prozent!), Menstruationsstörungen, Gynäkomastie, Dämpfung der Libido und Potenz. Zu Beginn der NL-Therapie Müdigkeit und Konzentrationsschwäche, was sich später meist bessert (Autofahrverbot! Zumindest zu Beginn der Behandlung).

Vor allem bei trizyklischen NL (Phenothiazine) und Clozapin kann es zu bedrohlichen Blutdrucksenkungen, kompensatorischen Tachycardien und zu einer direkten Herz-

wirkung kommen. Weiterhin sind Temperatursenkung oder -anstieg beschrieben. Gefährlich und lebensbedrohlich können weiter eine Leukopenie, Thrombopenie, Eosinophilie, bis hin zur Panzytopenie und vor allem die u. U. tödliche Agranulozytose (vierte bis zehnte Woche), hier besonders beim Clozapin, auftreten. Daher müssen wöchentliche, später monatliche Blutbildkontrollen erfolgen: Bei schnellem Absinken der Leukozytenzahl muss auf ein NL überhaupt verzichtet werden. Unter Trizyklika sollten in den ersten drei Monaten keine Schmerz- und Fiebermittel gegeben werden. Andere notwendige Untersuchungen: anfangs täglich Puls / Blutdruck, vierteljährlich Harnstoff, Kreatin, Transaminasen, EKG. All dies auch als Voruntersuchung.
Aktuell gewinnt auch die Berücksichtigung der Interaktion der NL mit anderen Substanzen / Medikamenten an Bedeutung (König, Kaschka u. a. 2000). Dies ist nicht nur dem besseren Verständnis der Stoffwechselprozesse, der genetischen Varianz z. B. beim Cytochrom-P450-Enzymsystem beim Leberstoffwechsel und dem wachsenden Verständnis für Rezeptorprofile geschuldet. Hier können Ursachen für den fehlenden Erfolg einer medikamentösen Intervention gesucht werden, ohne primär eine »Noncompliance« dem Gegenüber zu unterstellen.

■■ Kontraindikationen

bestehen – zumindest relativ – bei Schwangerschaft, Harnverhalt, Glaukom, Prostatahypertrophie, Pylorusstenose, Vorschädigung des Blut bildenden Systems oder der Leber. Vorsicht bei älteren Patienten, Herz-Kreislauf-Schwäche und Gehirnschädigung. Keine Kombination mit »Schlaf-« und Schmerzmitteln, Opiaten oder Alkohol.
Das Team sollte das möglichst kleine Repertoire seiner NL fachlich sicher beherrschen, nicht nur um einen unkritischen Einsatz der NL zu verhindern, sondern um die Auswahl symptomzentriert treffen zu können und meist unsinnige Kombinationen mehrerer NL zu vermeiden; Ausnahme: wenn die neuroleptisch angezielten Symptome (»Zielsymptome«) weit auseinander liegen, z. B. bei gefährlichen Aggressionen einer akuten Wahnpsychose.

MERKE **NL bleiben ein Behelf, eine unterdrückende und einengende Krücke – unverzichtbar und verantwortbar nur, solange wir nicht besser sind.**

ÜBUNG Führen Sie mit Ihrem Gegenüber ein Aufklärungsgespräch zu Beginn einer NL-Behandlung. Welche Argumente fallen Ihnen gegen eine solche Behandlung ein? Wie gehen Sie mit solchen Argumenten um?

■ Anticholinerge Antiparkinsonmittel

Ist die Entscheidung für den Einsatz von NL getroffen, darf man die extrapyramidalen Nebenwirkungen nicht aus den Augen verlieren, da gerade sie eine Akzeptanz des Medikamentes und damit auch die Zusammenarbeit wieder zunichte machen. Auch wenn man vorher über solche Auswirkungen informiert wurde, ist das Erleben etwas ganz anderes. Eine »Wunderheilung« suggerieren hier die anticholinergen Antiparkinson-Mittel. Dennoch sollten sie nie vorsorglich verordnet werden, da nur 30 Prozent der Patienten entsprechende Nebenwirkungen bekommen. Außerdem wird durch eine vorauseilende Gabe die Abhängigkeitsentwichlung gefördert und auch das Auftreten von Spätdyskinesien begünstigt. Bei NL-Therapie verringern sie die antipsychotische Wirkung des NL (!) und können dadurch wieder psychotische Symptome auslösen. Biperiden (Akineton), Trihexyphenidyl (Artane) und Benzatropin (Cogentinol) wirken zentral-anticholinerg und antihistaminerg, erzeugen euphorische und delirante Zustände (Letztere bei Älteren, hirnorganischen Störungen und in Kombination mit mehreren NL).

Indikation: Wann macht die Gabe Sinn? Bei neuroleptisch bedingten Frühdyskinesien (die durchaus auch lebensbedrohliches Ausmaß annnehmen können) und bei neuroleptisch bedingtem Parkinson-Syndrom.

Kontraindikation: Glaukom, Prostatahypertrophie, Harnsperre, Herzkreislauf-Komplikationen, neuroleptisch bedingte Akathisie und Spätdyskinesie.

■ Anxiolytika oder Tranquilizer (=Tq)

Das Milliardengeschäft der Tq macht Menschen vom praktischen Arzt, von der ambulanten und stationären Psychiatrie mehr abhängig als unabhängig. Daher hat eine verantwortliche Psychiatrie und Medizin Sinn und Unsinn der Tq kritisch zu sichten. Ihre Ära begann 1946 mit dem Meprobamat und trat 1960 mit dem ersten Benzodiazepin-Derivat Librium (der »Sonnenbrille für die Seele«) in die selbst-betrügerische Kommerzialiserungsphase ein.

■■ Definition, Einteilung und Wirkprinzip

Tq sind hirnwirksame Mittel, die u. a. am limbischen System angreifen, daher Affektivität, Aggressivität, Angst und das vegetative System dämpfen sowie den Schlaf anstoßen. Ferner wirken sie als Interneuronenblocker muskelrelaxierend-entspannend, beeinflussen auch so die motorischen Äußerungen von Angst. Endlich wirken sie antikonvulsiv der Krampfneigung entgegen. Während NL (und »Schlafmittel«) in geringen Dosen den dämpfend-beruhigenden Tq-Effekt haben, zeigen Tq nie neuroleptisch-antipsychotische Wirkung.

Die Einteilung erfolgt wegen der unterschiedlichen Wirksamkeit nach der chemischen Struktur:

Benzodiazepin-Derivate: Chlordiazepoxid (Librium, kombiniert mit Amitriptylin = Limbatril); Diazepam (Valium); Dikalium-Chlorazepat (Tranxilium); Lorazepam (Tavor); Medazepam (Nobrium); Oxazepam (Adumbran, Praxiten); Prazepam (Demetrin); Bromazepam (Lexotanil); Clobazam (Frisium). Benzodiazepine steigern über die Bindung an spezifische Benzodiazepinrezeptoren an GABAergen Neuronen deren hemmende Funktion. GABA (Gamma-Amino-Buttersäure) ist der wichtigste hemmende Botenstoff im ZNS.

Azapiron: Buspiron (Bespar) entfaltet über das serotoninerge System seine Wirkung.

Diphenylmethan-Derivate: Hydroxyzin (Atarax, AH3) hat eine H1-antihistaminerge Wirkung. Darüber hinaus kommt es zu adrenolytischen und anticholinergen Effekten.

Trizyklische Tranquilizer: Benzoctamin (Tacitin); Opipramol (Insidon). Diese Gruppe ist für die Forschung interessant, weil man wegen der strukturchemischen Ähnlichkeit mit den Thymoleptika hofft, aus ihnen Tq mit verminderter Suchtgefahr entwickeln zu können.

Kavain (pflanzliches Präparat) das in seinem Wirkmechanismus noch unklar ist, wobei es Hinweise auf Interaktionen mit dem GABA-Rezeptorkomlex gibt.

■■ Therapeutischer Umgang

Für den praktischen Gebrauch sind die Benzodiazepine die wesentliche und weltweit am häufigsten verordnete Gruppe. Indikation: nicht-psychotische Erregungs-, Angst-, Spannungs- und Unruhezustände, sofern organisch bedingt. Insbesondere Diazepam beim Status epilepticus, bei epileptischen Erregungs- und Verstimmungszuständen, neurologisch bedingten Muskelspasmen sowie bei Angst machenden und belastenden akuten Körperkrankheiten (z. B. Herzinfarkt) oder als operative Prämedikation. Sind diese Zustände aber psychogen, neurotisch oder reaktiv bedingt, handelt es sich um Indikationen für psychotherapeutisches Vorgehen. Allen Werbemaßnahmen und dem gerade hier stattfindenden Geschäft zum Trotz sind Tq hier in der Regel kontraindiziert.

Auch wenn es für den sprichwörtlich viel beschäftigten Klinik- oder Praxisarzt noch so verführerisch ist, schwierige und lästige Neurotiker mit einem Tq zeitsparend (ab)zuspeisen. Auch wenn eine solche Fütterung (orale Befriedigung) kurzfristig zufriedene und dankbare Patienten erzeugt: Millionenfach machen wir durch Tq aus vorübergehenden Lebenskrisen, Versagens- und Erschöpfungszuständen langfristige neurotische und psychosomatische Entwicklungen. Und wir, die Schädiger, verspotten die Geschädigten, unsere eigenen Produkte, obendrein als »Zivilisationsschäden«. Wie ist das möglich?

- Die Angst, in die man sich durch ungünstigen Umgang mit eigenen Schwierigkeiten hineingelebt hat, wird durch Tq nur schwerer wahrnehmbar, kann sich unter dieser Maske bei unverändertem Leben umso besser weitersteigern.
- Die Angst ist aber das wichtigste Signal, an dem jemand seine Krise erkennt. Ohne diese Einsicht können wir nicht therapeutisch arbeiten.
- Tq wirken angenehm, oft euphorisierend, sodass der Konsument immer »mehr desselben« haben möchte, zumal seine Grundschwierigkeiten durch sie nicht »unangenehm« berührt werden.
- Dadurch werden a) manche Tq-Konsumenten körperlich abhängig; b) viele psychisch abhängig; und vor allem c) treiben wir alle Patienten in die Haltung, ihre Schwierigkeiten noch mehr zu maskieren und zu vermeiden. Sie erwarten ihr Heil statt von Arbeit an

sich selbst von einem immer anspruchsvolleren Glauben an äußere Mittel. Daher liegt nahe, dass viele Tq-Konsumenten in Fortsetzung dieser Haltung auch Alkohol trinken, was wegen der Potenzierung schon allein kontraindiziert ist. Und daher steigt der Anteil neurotischer Patienten an den gerade für sie ungünstig-hospitalisierenden Krankenhausaufnahmen ständig. Dies ist eine makabre Form einer Antipsychiatrie, an der wir alle mitwirken, wenn wir nicht lernen, dass die beste Hilfe auch in der Verweigerung von Hilfe bestehen kann.

Von dieser Kontraindikation gibt es Ausnahmen:

1. Nicht-psychotische akute Erregungszustände, auch hier ggf. eher ein NL.
2. Ausnahmezustände, die für einen Menschen auf die eigene Entwicklung bezogen bedeutungslos und zufällig sind, z. B. Katastrophen- oder posttraumatische Belastungsreaktionen, nicht jedoch Trauerreaktionen!
3. Angst, die jemanden total besetzt oder die z. B. durch psychosomatische Symptome ganz wegorganisiert ist. Hier können Tq diese Angst in einem mittleren Maß wieder erlebnisfähig machen, was psychotherapeutische Arbeit erst ermöglicht. Auch (chronisch) psychotische oder geistig behinderte Patienten, die sich in störende gewalttätige Angstabwehr gegen sich oder Andere rettungslos zerkämpft haben (z. B. Selbstverletzung), können durch befristet gegebene Tq wieder zu der für sie normalen, nutzbaren Angst zurückfinden.
4. Angst-Krisen, die im Rahmen einer therapeutischen Beziehung auftreten, aber nicht mehr zu nutzen bzw. anders aufzufangen sind (z. B. nicht anders zu beherrschende Panikattacken).
5. Bei akuten Psychosen mit extremer Angstüberflutung kann die zeitlich zu befristende Kombination der NL mit einem Tq einen entlastenden Vorteil haben.

▪▪ Richtlinien

Sie dürfen Tq

1. nur im Rahmen eines Therapieplans geben,
2. nur kurz befristet, eine bis höchstens drei Wochen, was mit dem Patienten vorher zu vereinbaren und zu begründen ist.
3. Alkoholverbot.
4. Autofahrverbot, zumindest für die erste Woche.
5. Hauptdosis – oder überhaupt nur eine Dosis – zur Nacht wegen der meist kombinierten Schlafstörungen.
6. Bei Älteren vorsichtiger Beginn (z. B. 2 mg Diazepam).
7. Bei Erregungszuständen (langsam bei der i. V.-Gabe, da an eine mögliche Atemdepression zu denken ist; Applikationsintervalle und Tageshöchstdosen beachten).

Nebenwirkungen: anfangs Schläfrigkeit, Konzentrationsschwäche, Blutdruckabfall. Bei Überdosierung Verlangsamung, Muskelschwäche, Apathie, Sprechstörung, Doppelbil-

der, Ataxie, Schwindel. Suizidversuche allein mit Tq praktisch nie tödlich. Bei Abhängigkeit zusätzlich: Vergesslichkeit, dsyphorische Verstimmung, Abmagerung, Muskelschwäche, Delir, Krämpfe. Paradoxe Reaktion als Erregungszustand und Schlaflosigkeit.
Entzugs-Syndrom: Tremor, Ataxie, Erbrechen, Delir und Krämpfe (Auftreten je nach Halbwertszeit noch nach zwei bis drei Wochen Abstinenz!); daher allmählicher Abbau über Wochen. Sonstige Kontraindikation: Myasthenia gravis, Ataxie, Potenzierung durch Alkohol, Opiate und Barbiturate.

■ Schlafmittel (Hypnotika)

= alle Pharmaka, nach deren Einnahme Schlaf erfolgt. In geringerer Dosis wirken sie beruhigend (Tq), die klassischen Vertreter (Barbiturate) in stärkerer Dosis narkotisierend, werden heutzutage nicht mehr eingesetzt. Schlafstörungen (der Mangel an Schlaf und/oder Schlafqualität) gehören mit einer Prävalenzrate von fast 25 Prozent zu den häufigsten Beschwerden in der Bevölkerung. Die Versuchung der »schnellen Lösung« durch Medikamente dürfte nicht nur deshalb besonders groß sein.

■■ Einteilung und Wirkprinzip

Eine unscharfe Abgrenzung zu den Tq ergibt sich durch die Gruppe der **Benzodiapepin-Hypnotika** z.B. Brotizolam (Lendormin); Flurazepam (Daladorm); Lormetazepam (Noctamid). Weitere Gruppen anhand der chemischen Struktur sind das **Chloralhydrat**; die **Dimethylethylamine**; z.B. Diphenyhydramin (Dormutil) und Doxylamin (Hogger N); **Benzamide**: Imidazopyridin, z.B. Zolpidem (Stilnox); Zyklopyrrolon, z.B. Zopiclon (Ximovan), deren Wirkungsprinzip den Benzodiazepinen ähnlich ist, ihre Wirkung durch den Benzodiazepinantagonisten Flumazenil aufgehoben werden kann.
In der naiven Definition »Schlafmittel« steckt ein gefährlicher Selbstbetrug. Denn es gibt keine Schlafmittel im eigentlichen Sinne, nur Dämpfungs- oder Betäubungsmittel! Was wir fälschlich so nennen, verhindert in Wirklichkeit den natürlichen Schlaf, bewirkt Entzug und Abnahme von Tiefschlaf und unterdrückt den Traumschlaf (=REM-Schlaf=rapid eye movements). Es stört die körpereigene Schlaffähigkeit und kann so die eigentliche Schlaflosigkeit verschlimmern. Da sich der Körper schon ab der zweiten Woche an das Mittel gewöhnt, ist die Verführung zum Dauerkonsum bei abnehmender Wirkung und Dosiserhöhung, also die Suchtgefahr, gebahnt. Dies kann – außer der pharmazeutischen Industrie – niemandem nützen.
Wir haben also mit der Gewohnheit zu brechen, »Schlafmittel« zu verordnen. Was stattdessen tun? Zunächst haben wir wie bei jedem Symptom den Sinn, den Signalwert sowie den Bedingungskreis der Schlafstörung wahrzunehmen. Oft ist eine zu Grunde liegende Körperkrankheit zu behandeln (zum Beispiel Asthma bronchiale, Schmerzsyndrome, Herzinsuffizienz). Hier hilft die internistische Behandlung eher. Bei Psychosen sollte die abend-

liche Erhöhung des NL zunächst versucht werden. Grundsätzlich ist zu klären, wie jemand seine Schlafstörung unterhält. Bei Sinnleere im Tagesablauf ist deren Behebung das geeignete »Schlafmittel«. Tag-Nacht-Rhythmus und Einschlafgewohnheiten sind zu verändern. Man muss »seinen« Trick finden: z. B. sich einen liebevoll zerlegten Apfel ans Bett stellen; feuchte Socken im Bett an den Füßen trocknen lassen; sich einreden, man wolle gar nicht schlafen, sondern entspannt wach bleiben. So gehen auch Verhaltenstherapie und autogenes Training vor, wobei zu beachten ist, dass die Wirkung bald nachlässt, solange ich mich nur auf die von außen einwirkende Technik verlasse, statt das Gelernte aktiv in meinen eigenen Lebensalltag zu übersetzen. Andere haben die Haltung zu lernen, sich zu »ihrer« Schlafstörung zu bekennen, sie wenigstens momentan als zu sich gehörig anzunehmen, nicht mehr krampfhaft gegen sie zu kämpfen, »nichts gegen sie zu tun«, sondern mit ihr zu leben. Meist ermäßigt schon dies die Schlaflosigkeit. Schlafstörung ist ein gutes Beispiel für unseren ökologischen Grundsatz: kein Frontalangriff, sondern Umgang, alle Aufmerksamkeit für den Kontext!
Schlaffähigkeit will sich aus sich selbst heraus verwirklichen. »Schlafmittel« einzusetzen bedeutet, jemandem die Hoffnung auf Selbsthilfe zu nehmen und damit eine möglicherweise lebenslange Einbuße seiner Schlaffähigkeit billigend in Kauf zu nehmen. Wer von uns jemandem zum ersten Mal ein »Schlafmittel« gibt, weist ihn auf einen Weg mit höherem Risiko als z. B. eine Blinddarmoperation, wenn man den Verlust an Selbstvertrauen und die Wahrscheinlichkeit für Sucht und Suizid bedenkt.
Bleiben als Indikationen für »Schlafmittel« übrig: Erstens, absehbar kurzfristige und »bedeutungslose« Krisen und zweitens, anders unbeeinflussbare schwere Körperkrankheiten und vorübergehend bei psychotischen Zuständen.

■■ Richtlinien

1. Vorher vereinbarte Befristung auf wenige Tage.
2. Das ungefährlichste Mittel (wenn nicht die Abwendung einer Gefahr schnelle Schlafentwicklung erzwingt).
3. Keine Kombinationspräparate!
4. Keine Kombination mit potenzierenden Stoffen.
5. Verschreibung kleiner Mengen.
6. Dauermedikation ist ein Kunstfehler.
7. Ist Dauermedikation unvermeidlich, dann Verteilung von vier bis sechs Schlafdosen über einen Monat.

In Frage kommen folgende »Schlafmittel«: ungefährliche pflanzliche Präparate (Baldrian, Hopfen), wenn zusätzlich die Placebo-Wirkung genutzt wird. Im Übrigen die im Vergleich weniger riskanten Benzamide (Ximovan) vor den Tq Nitrazepam (Mogadan), oder Flurazepam (Dalmadorm), da klinisch weniger Hangover-Effekte und Absetzprobleme berichtet werden. Eher noch sind auch schlafanstoßenden NL oder Chloralhydrat rot/blau (Chloraldurat) zu empfehlen, gerade auch bei erkennbarer Suchtgefahr!

■ Thymoleptika (= TL)

Von den anregenden Psychoanaleptika haben nur die Thymoleptika Bedeutung. 1956 wurden Imipramin und 1957 die Monoaminoxydasehemmer (MAOH) entdeckt. Ferner, etwa ab 1960, die Lithium-Wirkung, bes. von M. Schou erforscht. Mittlerweile ist die Gruppe der Thymoleptika um zahlreiche, chemisch heterogene Substanzen erweitert, wobei keine für sich eine Überlegenheit bei allen Indikationen in Anspruch nehmen kann. Den Begriff »Antidepressiva« vermeiden wir, weil man Depression nicht »anti« bekämpfen kann.

■■ Definition, Wirkprinzip, Einteilung

TL sind hirnwirksame Pharmaka, die vor allem an den Zentren des Hypothalamus angreifen und dort auf das vegetative System mit seinen Botenstoffen (Neurotransmitter) wirken. Dabei stehen Noradrenalin und Serotonin im Mittelpunkt bei der Erklärung der stimmungsaufhellenden und/oder antriebsfördernden Effekte durch TL. NL- und TL-Wirkprinzip lassen sich also als zwei Pole eines Wirkspektrums beschreiben, zumal beide Gruppen – so weit trizyklisch – chemisch verwandt sind. Daher gibt es auch NL mit stimmungshebender Komponente: Truxal, Melleril.

Biochemie: TL führen zum Anstieg des am Rezeptor einer Zelle verfügbaren Noradrenalins und/oder Serotonins (z.T. auch des Dopamins) und heben den gegenteiligen Effekt des experimentell depressionsauslösenden Reserpins auf. Aus solchen tierexperimentellen Befunden stammt die Hypothese, dass beim Menschen der Depression eine Störung des zentralnervösen Stoffwechsels einiger Neurotransmitter im Gehirn ursächlich oder als Folge entspricht. Die Wirkung der TL beruht somit auf ihrer pharmakologischen Beeinflussung eines oder mehrerer Neurotransmittersysteme im Gehirn. Dies geschieht nicht nur durch einfache Blockade oder Stimulation von Rezeptoren oder inzwischen nachgewiesener Rezeptoruntergruppen, die die Wirkung des Botenstoffes vermitteln. Auch die Beeinflussung der Inaktivierungsmechanismen der Neurotransmitter spielt eine wichtige Rolle. Über direkte und indirekte Rezeptorblockade oder Stimulation kann die Inaktivierung eines Neurotransmitters gehemmt werden.

Die klassische Einteilung der TL nach ihrer chemischen Struktur ist nach Einführung zahlreicher neuer Pharmaka, die untereinander keine strukturchemischen Gemeinsamkeiten zeigen, wenig aussagekräftig, da Vertreter innerhalb einer chemisch strukturverwandten Gruppe durchaus unterschiedliche Wirkungsspektren haben. Zum Verständnis soll aber kurz anhand der **trizyklischen** TL die Notwendigkeit eines differenzierten Umganges mit diesen hirnwirksamen Substanzen deutlich gemacht werden. Kielholz ordnete den drei Zielsyndromen depressiver Zustände drei thymoleptische Wirkungstypen zu:

Bei ängstlich erregten Depressionen – der **Amitriptylin-Typ** (= stimmungshebende und psychomotorisch dämpfende Wirkung); z.B. die den NL ähnlichen Trizyklika Amitriptylin (Saroten), Doxepin, Trimipramin.

Bei vital verstimmten Depressionen – der **Imipramin-Typ** (=stark stimmungshebende und mäßig aktivierende Wirkung): die Trizyklika Imipramin (Tofranil), Clomipramin, Lofepramin, Dibenzepin (Noveril); die Tetrazyklika Maprotilin und Mianserin.
Bei psychomotorisch gehemmten Depressionen – der **Desimipramin-Typ** (=stimmungshebende und stark aktivierende Wirkung); z. B. die Trizyklika Desimipramin, Nortriptylin.
Bisher hat sich kein Mittel allein oder eine Gruppe als generell für alle therapeutischen Anwendungen als geeignet erwiesen. Parallel zum besseren Verständnis von Stoffwechselprozessen im Gehirn und den bereits angedeuteten Prozessen an der Zelloberfläche mit ihren Rezeptoren und Neurotransmittern hat sich eine Einteilung der TL nach deren Wirkmechanismus als günstiger erwiesen (Rosenbaum 1997; Pfeiffer 1997). So unterscheidet man die

1. Trizyklika, die mit ihrer Hemmung der Serotoninaufnahme auch heute noch bei den oben genannten schweren Depressionen Anwendung finden
2. Tetrazyklika, die durch selektive Noradrenalin-Rückaufnahmehemmung in die Zelle, wie z. B. Maprotilin, bei mittelschweren Depressionen verwendet werden
3. hauptsächlich oder selektiven Serotonin-Rückaufnahmehemmer (SSRI); z. B. Citalopram (Cipramil), Fluoxetin (Fluctin), Paroxetin (Seroxat), Reboxitin (Endronax). Sie bewirken eine Blockade des Rücktransportes des Serotonins in die Zelle. Die SSRI gelten im Vergleich zu den vorher genannten Gruppen als nebenwirkungsärmer und finden heute manchmal eine vorschnelle Anwendung auch bei leichteren depressiven Verstimmungen, aber auch bei Angst-, Zwangs- und Essstörungen
4. kombinierte Serotonin und Noradrenalin Wiederaufnahmehemmer (SNRI), z. B. Venlafaxin (Trevilor)
5. noradrenerge und spezifisch serotonerge TL (NASSA), z. B. Mirtazapin (Remergil) und Mianserin (Tolvin), die nicht wie die SSRI die Wiederaufnahme der Neurotransmitter in die Zelle hemmen, sondern über die Blockade spezifischer Rezeptoren eine Konzentrationserhöhung der Botenstoffe erreichen
6. Serotonin-Rezeptor-Antagonist und Serotonin-Wiederaufnahmehemmer (SARI), z. B. Nefazodon (Nefadar)
7. irreversible Monaminoxydasehemmer (MAO-Hemmer). Diese Pharmaka blockieren das Enzym, dass die Neurotransmitter verstoffwechselt und damit inaktiviert, z. B. Trancylcypromin (Jatrosom N). Damit unterscheiden sich diese TL generell von den anderen Gruppen, da sie nicht in das Rezeptorsystem der Zellen eingreifen
8. Reversible Monaminoxydasehemmer (RIMA), z. B. Moclobemid (Aurorix)

■■ Therapeutischer Umgang

Zu schwierigen Fragen der Indikation für TL überhaupt s. Kapitel 7. Nur im Rahmen einer therapeutischen Beziehung sind unter den Anteilen eines Patienten solche auszumachen, denen die Selbsthilfe misslingt. Sie rechtfertigen den Weg der TL-Fremdhilfe, sei es als

Starthilfe, sei es länger. In jedem Fall ist es schwerwiegend, jemandem das erste Mal TL zu verordnen: denn wahrscheinlich wird man auch in zukünftigen depressiven Krisen so verfahren; und TL werden hinfort den Lebensweg des Patienten begleiten, da sein Selbsthilfepotenzial mit der Häufigkeit der Fremdhilfe abnimmt.

Da TL zunächst den Antrieb steigern, erst nach etwa 14 Tagen die Stimmung heben, besteht in der Zwischenzeit innere Unruhe und Suizidgefahr. Daher sollte man mit einem dämpfenden Präparat beginnen. Wenn dann erst nach vier Wochen umsteigen, stark antriebssteigernde Mittel nur notfalls wählen. Denn – wir erinnern uns: kein Frontalangriff, sondern Flankenschutz, Kontextarbeit auch hier: die Depression ist nicht zu bekämpfen, sondern ist ein Schutz, den es überflüssig zu machen gilt.

Bei organischen und Spätdepressionen steht internistische Behandlung im Vordergrund, bei neurotischen die Psychotherapie. Bei larvierten Depressionen (»versteckt«, ohne typische Merkmale verlaufend) wirkt der Amitriptylin-Typ, bei Erschöpfungsdepressionen oft eher ein thymoleptisch wirksames NL. Bei echten Depressionen schizophrener Patienten kann man NL und TL kombinieren (»Zweizügeltherapie«). Man muss aber sicher sein, dass die Depression nicht schon NL-bedingt ist. Außerdem würde bei einem zu stark aktivierenden TL die Gefahr der Aktivierung schizophrener Symptome bestehen (»Symptomprovokation«).

Ist ein TL nach vier Wochen unwirksam, legt man eine Woche Pause ein, da TL wie NL auch depressiv machen können. Bei Unruhe, Qual, Suizidgefahr eher Wechsel auf ein NL. Mehr als ein Drittel der Patienten spricht auf TL nicht an. Langzeittherapie z. B. mit Imipramin soll bei unipolaren periodischen Depressionen so präventiv wirken wie Lithium.

■■ Begleitwirkungen und Gefahren

Die thymoleptische Wirkung wird begleitet von vegetativen Veränderungen, und zwar in beide Richtungen: d. h. Blutdruck, Puls, Verdauung, Speichel-, Schweiß- und Harnproduktion, Temperatur und Temperaturempfindung, Hautdurchblutung, Wachheit und Pupillenweite können nach oben oder nach unten auslenken. Ferner: Akkomodationsschwäche, orthostatische Regulationsschwäche, Schwindel, Kopfschmerzen, Stenocardien (bis zum Herzinfarkt), Herzarrhythmie, Übelkeit, Erbrechen, feinschlägiger Tremor. Solche oft unangenehmen Wirkungen in Kauf zu nehmen ist als Eigenleistung des Patienten herauszustellen, da es sein Selbsthilfegefühl aufrecht hält. Auch hier (s. NL) dürfte die Wirkung z. T. über die Nebenwirkung laufen: Umlenkung der Aufmerksamkeit auf den Körper – entsprechend der Logik der Gefühle.

Sofortiges Absetzen: bei Arrhythmie, anderen Herzstörungen, Kollapszuständen, paralytischem Ileus, schwerer Harnsperre und Blutzellenschädigung (Agranulozystose), die bei den Trizyklika möglich ist. Behandlung verlangen anhaltende Tachycardie (z. B. Dociton), Kreislaufregulationsschwäche (z. B. Dihydergot), Miktionsstörung. Parkinson-Syndrom und Akathisie sind seltener als bei NL, verlangen besser Atosil als Akineton. – Zu schnelle Dosisänderungen können Krämpfe erzeugen, zu Beginn ein Delir, beim Absetzen eine Art Entzugssyndrom. Stark aktivierende TL haben weitere Gefahren: paranoid-halluzinatorische Symptomprovokation, »Umkippen« ins Manische und – wie schon gesagt – Suizidgefahr. Aktivierende TL sind daher bei Suizidalität und bei ängstlich-erregten Depressiven kontraindiziert. – Weitere Kontraindikationen: Glaukom, Pylorusstenose, Prostatahypertrophie, akute Vergiftungen, Herz-, Leber- und Nierenschäden, Diabetes mellitus und Thromboseneigung.

Weitere Richtlinien

1. Vor Beginn Routineuntersuchung (Kontrollen wie bei NL): Blutbild, Puls, Harnstoff, Transaminasen und besonders EKG.
2. Langsame Steigerung, Absetzen entsprechend.
3. Bei Schlafstörungen abendliche Dosiserhöhung bei dämpfenden Mitteln wie Amitriptylin-Typ.
4. Kurmäßige Anwendung, da erst nach etwa vier Wochen Wirkungslosigkeit eines Mittels feststellbar ist, die auch durch zu hohe, öfter zu niedrige Dosierung bedingt sein kann.
5. Grundsätzlich bei einem TL bleiben. Kombination bei ängstlich-erregten Depressiven, nur anfangs, mit NL. Kombination mit »Schlafmittel« vermeiden.
6. Eingeschränkte Verkehrstauglichkeit.
7. Selten Abhängigkeit von TL.
8. Bei Therapieerfolg die TL-Medikation etwa sechs Monate beibehalten, da Symptome nur unterdrückt werden und man schlecht weiß, wann die Depression vorbei ist.

Rückfall(Phasen-)prophylaxe bei affektiven Psychosen

Seit den sechziger Jahren ist bekannt, dass einige Substanzen, damals speziell die Lithiumsalze, dass Ausmaß affektiver Psychosen beeinflussen und bei langfristiger Gabe auch das Wiederauftreten bzw. den raschen Wechsel von Manien und Depressionen verhindern oder deren Schweregrad mindern helfen. In den letzten Jahren hat sich die Palette in Frage kommender Medikamente vergrößert und zum Begriff der *Moodstabilizer* geführt, was auch deren Anwendung außerhalb der Phasenprophylaxe, so zum Beispiel bei Persönlichkeitsstörungen erweiterte. Der Name suggeriert dabei mehr, als er halten kann. Es wäre zu einfach, die emotionale Befindlichkeit bzw. die Stimmung (mood) als chemisch titrierbare bzw. zu manipulierende Größe zu verstehen, die nur einer entsprechenden »chemischen Krücke« bedarf, um ein gestörtes Gleichgewicht wieder herzustellen, Unzufriedenheit mit sich selbst oder der Anderen zu beseitigen. Durch ein sorgfältiges Abwägen von Nutzen und Risiko und ein durch Zusammenarbeit bestimmtes Vorgehen können bei richtiger Indikation den Betroffenen durchaus stabile Lebensphasen und damit ihr eigenständiger Weg in der Landschaft ermöglicht werden.

Lithium wirkt auf verschiedene Signalübertragungssysteme bremsend und gleicht damit starke Schwankungen in deren Aktivität aus. Der Einsatz ist an eine umfangreiche Vordiagnostik (Labor- und Apparateuntersuchungen, u.a. EKG) gebunden und bedarf gerade zu Beginn einer engmaschigen Betreuung.
Indikation für die präventive (prophylaktische) Wirkung des Lithium besteht, wenn in zwei Jahren drei oder mehr manische und/oder depressive Phasen auftreten. Der Erfolg ist umso größer, je »lehrbuchhafter« sich der zyklothyme Verlauf darstellt. Von den Patienten, die die Therapie durchhalten, treten bei etwa 70 Prozent Phasen nicht mehr auf, werden abgeschwächt oder haben längere symptomfreie Intervalle. Einzelne Patienten empfinden den Mischzustand zwischen »gesund« und »krank« so unangenehm, dass sie das Durchleben der Phasen vorziehen. Zu beachten ist, dass der Rückfall-Schutz erst nach mehreren Monaten eintritt. Die Patienten müssen dabei lernen, Begleit- von Überdosierungswirkungen zu unterscheiden, Erstere in Kauf zu nehmen und ihren Lebensstil (z.B. Ernährung, Regelmäßigkeit) so einzurichten, dass ein mittlerer Blutspiegel des Lithiums gewährleistet ist. Dies ist der therapeutisch wichtige Selbsthilfeanteil des Patienten. Die Dosierung muss so sein, dass ein Serumspiegel von 0,5–1,0 mval/l erreicht und erhalten wird, bei Älteren weniger.
Lithium bei hypomanischen und manischen Zuständen soll in der Dosierung einen Serumspiegel von 1,0–1,4 mval/l anstreben. Da mit einem Wirkungseintritt aber erst nach ein bis zwei Wochen zu rechnen ist, wird begleitend eine Gabe von NL erforderlich. Kombination von Lithium und NL bei Älteren sollte wegen der Gefahr der Lithium-Intoxikation unterlassen werden.
Begleitwirkungen zu Beginn können sein: feinschlägiger Tremor (Therapieversuch mit Dociton, nicht bei Herz- und Asthmakranken), Übelkeit, Völlegefühl, Polyurie, Durst, Muskelschwäche, Müdigkeit, EKG-Veränderungen. Allein durch eine Dosisreduktion bessern sich diese Beschwerden meist.
Spätere Begleitwirkungen: Außer Tremor auch Gewichtszunahme, Gesichts- und Knöchelödeme, Polyurie, Durst. Insgesamt scheitert die präventive Lithium-Einstellung bei einem Drittel der Patienten aus verschiedenen Gründen: nach Degkwitz u.a. senken wir bei Langzeit-Gabe von Lithium die Begleitwirkungen um 60 Prozent, wenn wir auf zusätzliche NL oder TL verzichten und die Dosis bis an die Grenze von Nebenwirkungen schieben. Bei 10 Prozent kommt es zur Ausbildung einer euthyreoten Struma der Schilddrüse oder eines Myxödem. Hier kann eine halbe bis eine Tablette Novothyral helfen bzw., wenn eine Dosisreduktion nicht den gewünschten Effekt hat, ein Absetzen erforderlich sein.
Lithium-Intoxikation: ab 1,6 mval/l grobschlägiger Tremor, Erbrechen, Durchfall, Abgeschlagenheit, Schläfrigkeit, Schwindel, Sprachstörungen, später Muskelzuckungen, Rigor, Reflexsteigerung, Krampfanfälle, Verwirrtheit, Bewusstseinstrübung bis Koma. Ab 2,0 mval/l Lebensgefahr und Behandlung unter Intensivbedingungen, einschließlich von Dialyseverfahren. Im Übrigen gelten die Therapieregeln akuter Vergiftungen. Bleibende Schäden bisher

unbekannt. *Ursachen* der Lithium-Vergiftung: neben einer (auch suizidalen) Überdosierung, Erkrankungen mit Nieren- oder Elektrolytstörungen (Durchfälle, Erbrechen), kalium- oder kochsalzarme Diät, Diuretika, Narkose, Operation.
Verhütung von Komplikationen: Regelmäßige Lithium-Kontrolle: erst wöchentlich, nach vier Wochen monatlich, nach sechs Monaten alle drei Monate. Blutentnahme morgens, zwölf Stunden nach der letzten Tablette. Vor Therapie-Beginn und zu Anfangs wöchentlich Kontrolle von EKG, EEG, Blutzucker, Leukos, Blutdruck, Kreatinin, Harnstoff, Elektrolyten. Nach Einstellung: Lithium und Elektrolyte alle vier Wochen. Die Patienten müssen auf ausreichende Kochsalz- und Flüssigkeitszufuhr achten, haben ihre Ess- und Trinkgewohnheiten beizubehalten.
Kontraindikation: Niereninsuffizienz, Herzkreislauf-Krankheiten, Addisonsche Krankheit, Elektrolytstörungen, Notwendigkeit kochsalzarmer Diät. Da Kinder von Müttern, die mit Lithium behandelt wurden/werden, häufiger Missbildungen (besonders am Herz) haben, ist Frauen zusätzlich ein Verhütungsmittel zu verschreiben. Bei erwarteter Schwangerschaft vier Monate lang kein Lithium. Vor Wehenbeginn, Narkose oder Operation Absetzen des Lithiums. Vorsicht bei höherem Alter, schlechtem Allgemeinzustand und bei Krampfbereitschaft.
Häufig zu findende Lithium-Präparate sind zum Beispiel für Lithium-Acetat (Quilonum), für Lithium-Carbonat (Hypnorex, Quilonum retard), für Lithium-Sulfat (Lithium-Duriles).

In den letzten Jahren finden die Antikonvulsiva (Mittel gegen Krampfanfälle) zunehmend Berücksichtigung bei der Phasenprophylaxe. Sie kommen vor allem dann zu Einsatz, wenn die Gabe von Lithium nicht möglich bzw. ohne erwünschten Effekt bei so genannten »Rapid-cycling-Phänomenen« ist. Beispiele sind Carbamazepin (Tegretal), Valproat (Orfiril) und Lamotrigin (Lamictal). Über die Beeinflussung von Ionenkanälen an der Zelloberfläche führen sie zu einer Minderung der Entladungsfrequenzen bei der Signalübertragung an den Nervenzellen und wirken sich somit auch bremsend auf die Transmittersysteme aus. Auch hier ist eine Behandlung nur längerfristig erfolgreich, bedarf sie ebenso der verantwortlichen Vorbreitung und der Selbsthilfe, ein Abwägen von Nutzen der gewünschten Wirkung und Risiko der Nebenwirkungen.

■ Pharmaka für die Behandlung von Entzugssyndromen und bei Abhängigkeit von Stoffen

Wie im Kapitel 8 dargestellt, kann der sich und andere versuchende Mensch bei einer krisenhaften Zuspitzung oder Bewältigung seiner stoffgebundenen Abhängigkeit auch auf medikamentöse Hilfen angewiesen sein. Der Einsatz dieser Medikamente sollte aber nicht bedingungslos in Wald und Wiese, sondern nur in bestimmten Räumen der Landschaft erfolgen, bzw. eng an diese gebunden sein, da sonst eher die Abhängigkeit mit medizinischen Mitteln befördert, eine Lösung vermieden und der Ausweg zwingend verpasst wird.

Entgiftungsmittel

Chlormethiazol (Distraneurin)

Chemisch ist es dem Aneurin (Vitamin B_1) ähnlich; wirkt dämpfend, schlafmachend und antikonvulsiv, durch Unterstützung der hemmenden Neurotransmitter GABA und Glycin.

Indikationen: 1. Alkohol- oder andere pharmakologisch induzierte Delire. 2. Erregungs- und Verwirrtheitszustände, wenn NL versagen. 3. Status epilepticus. 4. Alters-Schlafstörungen, wenn andere Mittel keinen Nutzen bringen.

Wegen der Gefahren von Atem- und Kreislaufdepression sollte die Anwendung nicht ambulant durchgeführt werden und wegen der großen Gefahr einer körperlichen Abhängigkeit zeitlich klar begrenzt sein. Gegebenfalls muss dann nach dem Absetzen auf ein NL gewechselt werden.

Nebenwirkungen: Magenbeschwerden, Exanthem, Nies- und Hustenreiz. Wegen der Suchtgefahr ist eine Verordnung von Distraneurin als Dauerschlafmittel oder als vorbeugendes Mittel gegen erneutes Trinken ein Kunstfehler!

Kontraindikation: obstruktive Lungenerkrankungen und Kombination mit anderen hirnwirksamen Substanzen (incl. Alkohol). Die Verkehrstüchtigkeit ist beeinträchtigt.

Entwöhnungsmittel

Disulfiram (Antabus)

1948 als Aversionstherapie bei chronischem Alkoholismus eingesetzt, stellt es heute keine Standardtherapie bei der Rückfallprophylaxe mehr dar. Es wird als nützlich im Rahmen einer guten therapeutischen Beziehung beschrieben. Gegen die Verordnung sprechen die Komplikationen im Rahmen einer Disulfiram-Alkohol-Reaktion. Disulfiram führt in der Leber zu einem dramatischen Anstieg des Alkoholabbauproduktes Acetaldehyd, was neben Übelkeit, Kopfschmerzen, Angst, Herzrasen und diffusen Schmerzen, bis zu Atem- und Kreislaudepression, Krampfanfällen und Tod führen kann. Die Hemmung der Leberenzyme macht auch eine Kombination mit Medikamenten aus einem anderen Fachbereich, so diese über die Leber verstoffwechselt werden, unübersichtlich und schwierig, weshalb heute der Einsatz nur die Ausnahme sein kann.

Kontraindikation: mangelnde Motivation des Patienten und Therapeuten; Leber- und Herzkrankheiten, Epilepsie, Hormonstörungen, Gravidität.

Acamprosat (Campral)

Seit Mitte der 90er Jahre wird dieses Pharmakon auch im deutschen Raum als »Anticraving-Substanz« (Reduzierung des Trinkdrucks) eingesetzt. In den verfügbaren Studien wird die Notwendigkeit der Einbindung in ein psycho- und soziotherapeutisches Gesamtkonzept bei der Verordnung betont, wenn ein unterstützender Effekt für die Alkoholabstinenz erreicht werden soll. Pharmakologisch wird eine Stimulierung hemmender Neurotransmitter angenommen. Zu begrüßen ist auf jeden Fall, dass die Verordnung für sich allein nicht empfohlen wird, Wert auf eine Begleitung auch über die akute Entgiftungs- und Entwöhnungsbehandlung hinaus gelegt wird. Diese sollte aber auch ohne Campral möglich sein. Es bliebe genauer zu prüfen, wie dann die Bewertung auch ohne diese »Krücke« ausfallen würde. Zur Behandlung des Alkoholentzuges ist Campral nicht geeignet. Eine Abhängigkeitsentwicklung ist nicht bekannt.

▪▪▪ Naltrexon (Nemexin)

Nach erfolgter Opiatentgiftung dient Nemexin zur medikamentösen Unterstützung der Entwöhnungsbehandlung Opiatabhängiger. Es bindet sich an den Opiatrezeptor, ohne eine entsprechende Reaktion auszulösen (Halbwertzeit mit Metaboliten bis zu 13 Stunden). Dagegen wird Naloxon (Narcanti) mit seiner wesentlich kürzeren Halbwertzeit bei der Opiatintoxikation eingesetzt. Gefährlich kann es werden, wenn neben Nemexin weiter Opiate genommen werden, da die Opiatdosis erheblich gesteigert werden muss, um die hemmende Wirkung des Nemexin zu durchbrechen. Dies führt unter Umständen zu lebensgefährlichen Opiatdosen mit Atem- und Kreislaufdepression. Ähnlich wirken sich auch niedrige Opiatdosen nach dem Absetzen von Nemexin aus, da es unter der Therapie zu einer Überempfindlichkeit der Opiatrezeptoren kommt. Es sollte also ein verantwortliches Abwägen vor der ersten Gabe erfolgen, was nicht nur Motivation und Integration des Betreffenden umfassen sollte.

▪▪ Substitutionsmittel (Methadon bzw. Levomethadon)

Pharmakologisch ähnelt die Wirkung denen der Opiate, da sich Methadon an die gleichen Rezeptoren wie diese bindet. Der Einsatz ist an gesetzliche Bestimmungen gebunden und damit eigentlich streng reglementiert (Betäubungsmittel-Verschreibungsordnung – BtVV). Sinnvoll ist der Einsatz bei lebensbedrohlichen Zuständen im Entzug (wie es bei akuten oder schweren Erkrankungen mit Krankenhausbehandlung notwendig werden kann), schweren konsumierenden Erkrankungen bzw. schweren Folgeerkrankungen bei i. v.-Abhängigkeit.

Bei chronischer Abhängigkeit und momentaner Abstinenzunfähigkeit kann die Substitution helfen, über eine soziale Stabilisierung eine Rehabilitation und auch spätere Abstinenz zu erreichen. Zu achten ist neben einer kontrollierten Abgabe dieser Droge auf den ausbleibenden Konsum anderer Drogen (Beigebrauch) und die Gewährleistung einer psychosozialen Betreuung, da sonst der therapeutische Ansatz verloren geht, der Arzt sich selbst zum Dealer in Weiß degradiert.

Andere psychiatrisch wichtige Pharmaka

Psychogeriatrische Mittel

1992 wurden in Deutschland für 500 Mio. EUR Mittel gegen Demenz (Antidementiva) verschrieben. 1998 waren es nur noch ca. 250 Mio. EUR. Ein Rückgang, der nicht nur den greifenden Sparmaßnahmen geschuldet war. Bei diesen Mitteln handelt es sich um zentralwirksame Pharmaka, die bei Einbußen der Hirnleistung (Gedächtnis, Aufmerksamkeit, Konzentration) Anwendung finden. Ziel ist die Beeinflussung der Demenz. Dabei ist auf die Unterschiede zwischen der durch Gefäßveränderungen bedingte vaskuläre Demenz und anderen Formen (z. B. M. ALZHEIMER) zu achten. In den 80er und Anfang der 90er Jahre gab es eine von Euphorie begleitete Flut neuerer Medikamente, die unter der viel versprechenden Bezeichnung »Antidementiva« subsumiert wurden. Fest steht, dass die Mechanismen für die Ausbildung einer Demenz zwar in Ansätzen verstanden werden, generell von einem Durchbruch nicht gesprochen werden kann. Es gibt zahlreiche plausible theoretische Erklärungsmodelle, aus denen sich »studiengestützt« medikamentöse Strategien ableiteten. In die Praxis lassen sich diese Modelle aber wegen der notwendigen Medikamentendosis und anderer Interaktionen im »biologischen System Mensch« nicht so einfach übertragen. Die bisherigen Studien verweisen daher auch eher auf statistisch berechnete Verbesserungen als auf klinisch relevante Besserungen bei den Patienten.

Entsprechend der verschiedenen Ansätze setzen sich die Antidementiva, auch Nootropika genannt, aus einer bunten Gruppe von Mitteln zusammen. Neben Präparaten mit unspezifischen Effekt auf den Hirnstoffwechsel oder die Durchblutung wie Sekalealkaloidderivate und Vitamin E (Antioxydantien als Radikalfänger), Piracetam (Nootrop, Normabrain) und Ginkoextrakt stehen zur Zeit die Acetylcholinesterase-Hemmer im Zentrum des Interesses. Mit Tacrin (Cognex) gab es seit 1993 ein erstes Mittel, mit geringer therapeutischen Breite und zahlreichen Nebenwirkungen. Neuere Mittel wie das Rivastigmin (Exelon) sind zwar besser verträglich, aber auch sie sind den klinischen Beweis ihrer statistischen Wirksamkeit (über sechs Monate hinaus) noch schuldig.

Cyproteronacetat (Androcur)

Auch dieses Mittel gehört zu den körpertherapeutischen Techniken in der psychiatrischen Landschaft. Seit 1973 ist es im Handel. Als Steroidhormon-Analogon blockiert es die Wirkung des männlichen Sexualhormons und hat somit eine antiandrogene, gestagene und antigonadotrope Wirkung. Es führt beim Mann zur Verminderung des Sexualtriebs, der Ejakulatmenge und der Spermiogenese. Die Anwendung liegt bei gefährlichem und mit Strafe bedrohtem sexualdevianten Handeln nahe, sollte aber nur bei entsprechend subjektivem Leidensdruck und nur im Rahmen einer therapeutischen Beziehung zum Einsatz kommen. Beachte: Androcur beeinflusst nur die Triebstärke, nicht die -richtung.

Andere Psychoanaleptika sowie Psychodysleptika

Wegen ihrer Gefahren besteht keine Indikation mehr für Aufputschmittel (Psychostimulantien). Ausnahme: Ritalin statt des üblichen Ephedrin bei Narkolepsie. Der gestiegene Einsatz in der Kinder- und Jugendpsychiatrie (als medikamentöser Ausweg aus dem Hyperkinetischen Syndrom) ist Besorgnis erregend. Die Verwendung von Euphorika hat sich erübrigt, von denen die Opiate Pantopon und Neurophillin früher bei depressiven, hirnorganischen und Altersstörungen gegeben wurden. Historisch ist auch die Verwendung von Psychodysleptika (= Psychomimetika, Halluzinogene, psychedelische Drogen). Früher wurde z. B. mit LSD eine »psycholytische Therapie« erprobt. Auch glaubten Psychiater der 20er Jahre, im Selbstversuch z. B. mit Mescalin eine »Modellpsychose« herstellen und das Wesen schizophrener Psychosen imitieren zu können.

C Andere körpertherapeutische Techniken

Schlafentzug / Wachtherapie

Jeder kennt seine Aufgedrehtheit nach einer durchlebten Nacht. Dies versucht man im Rahmen der Wachnacht für die vegetative Umstimmung depressiver Menschen auszunutzen. Dabei unterscheidet man den totalen (maximal 40 Stunden) vom partiellen Schlafentzug, wobei die zweite Nachthälfte durchwacht wird. Bei etwa 50 Prozent der Patienten kommt es zumindest zu einer vorübergehenden Besserung des Befindens, was dann weitere gemeinsame Wege eröffnen kann, auch wenn nach zwei Tagen sich alte Haltungen wieder einstellen. Gemeinsam sollte man sich diese Möglichkeit erarbeiten, damit diese Technik nicht als Bestrafung erlebt wird bzw. falsche Erwartungen bei Nichteintreten eher dem gemeinsamen Bemühen schaden.

Schlafentzug kann überall und ohne großen Aufwand durchgeführt werden. Dies sollte aber gut mit dem Patienten vorbereitet und für seine sinnvolle Betätigung in der zu wachenden Zeit gesorgt werden. Das lässt sich oftmals in einer Gruppe einfacher gestalten. Eine Unterstützung dabei kann sich nicht auf das Wecken und den Fernseher Einschalten beschränken.

Lichttherapie

Diese Technik hat sich aus Untersuchungen über die Effektivität und die Belastbarkeit von Nachtschichtarbeitern abgeleitet, wonach eine helle Beleuchtung für mehr Aufmerksamkeit sorgte und zu weniger müdigkeitsbedingten Fehlern führte, indem man versuchte, den tageszeitlichen Biorhythmus zu überlisten. Ähnliches verbirgt sich hinter der Lichttherapie. Besonders in der dunklen Jahreshälfte tritt Niedergeschlagenheit gehäuft auf. Durch morgendliche »Sitzungen« vor einer Lichtwand, wenn es draußen noch dunkel ist,

soll der jahreszeitliche Biorhythmus beeinflusst werden. Effekte einer Wachnacht können damit zusätzlich unterstützt werden.
Für beide Methoden gilt aber, dass ihre bloße Verordnung ohne die Anstrengung der Grundhaltung illegitim ist. In der jeweiligen Vorbereitung setzen wir uns dem Gegenüber aus, signalisieren ihm unsere Bereitschaft und (An)Teilnahme an seiner Problembewältigung und reduzieren ihn bzw. unsere Beziehung zu ihm nicht auf eine anzuwendende Therapietechnik.

■ Elektrokrampftherapie (EKT)

Die EKT wurde 1937 von L. Bini und U. Cerletti eingeführt. Dagegen ist die chemische Krampfauslösung (1934 Cardiazol-Schock durch Meduna) veraltet. Mittels Strom wird künstlich ein generalisierter epileptischer Krampfanfall ausgelöst, also dasselbe Prinzip wie bei der Pharmako-Therapie: Wir verwandeln den seelisch leidenden vorübergehend in einen hirnorganisch kranken Menschen. Nach Abklingen der Begeisterung über die Erfolge der Pharmakotherapie besteht für manche die Versuchung, wieder mehr auf die EKT zurückzugreifen. Begründet wird dies mit ihrer schnelleren Wirkung, dem niedrigen Preis sowie vermeintlich selteneren Komplikationen und Dauerschäden.

■■ Wirkungsweise

Sie ist unbekannt. Mehr aus Verlegenheit spricht man von zentral-vegetativer Umstimmung in Folge der generalisierten Krampfentladungen. Laienhaft kennt jeder psychiatrisch Tätige und Angehörige das naive Bedürfnis: »Ich möchte den Herrn X mal richtig von Grund auf durchschütteln, damit er endlich wieder zu sich kommt!« So entspricht die EKT-Wirkung der ältesten psychiatrischen Erfahrung: körperliche Krankheiten führen zu Abschwächung, Unterbrechung oder Abbruch des psychotischen Handelns. Lebens- oder Körperangst kann psychotische Angst erübrigen. Nach der recht breit gefächerten Anwendung in der Vergangenheit hat sich für die EKT ein kleiner Indikationsbereich bei einem Teil der Fachleute erhalten: Einmal bei der nicht anders abwendbaren Gefahr depressiver Chronifizierung nach Scheitern anderer Behandlungsversuche (Psychopharmaka-Unverträglichkeit), zum anderen – als vitale Indikation – bei der immer seltener werdenden hochfieberhaften katatonen Krise, wenn die an sich gebotene und wirksame Behandlung auf der internistischen Intensivstation scheitert. Kontraindikationen sind Hirnschäden und schwere Körperkrankheiten, besonders des Herz-Kreislauf- und des Hormonsystems.
In der Bundesrepublik wird seit 1945 bis heute seltener als in allen anderen Ländern zu dieser körpertherapeutischen Technik gegriffen, wobei die Frage nach den Gründen für diese Zurückhaltung lohnt. Obwohl die EKT als Therapieverfahren nunmehr seit 60 Jahren etabliert ist, ist sie die einzige Technik, die auch heute noch grundsätzlich kontrovers diskutiert wird. Festzustellen ist, dass die knappe Hälfte der psychiatrischen Kliniken und Abteilungen

der Bundesrepublik ohne EKT auskommen. Gestritten wurde über die EKT auch schon in den 50er Jahren: So begründete der Schweizer Psychiater Max MÜLLER ihre Wirksamkeit mit der »Unterbrechung des Erlebniskontinuums« und wandte die EKT höchstens ein bis zweimal hintereinander an. Die deutschen Psychiater, die Müller wegen ihrer Blocktechnik scharf angegriffen hatte, meinten dass die Wirkung erst mit der Erzeugung eines deutlichen hirnorganischem Syndroms einsetzte. Möglicherweise hatten beide Recht.
Es widerspricht unserem praktisch und wissenschaftlich bewährten Konzept, einen Patienten seines Symptomschutzes mit EKT gewaltsam zu berauben, zumal eine Entlastung, wenn überhaupt, meist nur vorübergehend eintritt und die erstmalige Anwendung die passivierende und risikosteigernde Wiederholung wahrscheinlich macht. Aber auch wenn ich seit dreizig Jahren ohne EKT ausgekommen bin, hat meine Haltung so offen zu sein, dass ich morgen erstmals zur EKT greife, wenn die Lebensrettung eines Patienten mich dazu zwingt; denn niemand darf sein Konzept so verabsolutieren, dass er ihm einen Menschen opfert (DÖRNER 1992). Damit nehmen wir in dieser Kontroverse eine vermittelnde Position ein.

■■ Therapeutischer Umgang

Einwilligung des Patienten: sie ist mit ihm zu erarbeiten, von ihm zu unterschreiben und unter Benennung eines dritten Gesprächspartners im Krankenblatt zu protokollieren. Nur bei vitaler Indikation ist die EKT auch ohne Einwilligung »aus übergesetzlichem Notstand« sofort statthaft.

Vorbereitung des Patienten: internistische Untersuchung. Information über den Ablauf. Die Angst ist dem Patienten nicht auszureden, sondern zu teilen (gemeinsames Gefühl der Ohnmacht!). Am Vorabend ist ihm der Zeitpunkt der EKT für den nächsten Morgen mitzuteilen. Am EKT-Tag bleibt der Patient nüchtern. Er legt beengende Kleidung, Schmuck, Uhr, Prothesen, Haarklammern ab. Dasselbe Team-Mitglied bleibt vor, während und nach der EKT bei dem Patienten.

Vorbereitung des Raumes: das flachgestellte, mit Gummituch und Laken versehene Bett steht so, dass es von allen Seiten zugänglich ist. Bereitstellung von Zungentubus, weichem Mundkeil, Sauerstoff-Flasche, manuellem Beatmungsgerät, Intubationsbesteck, Absauggerät, Zungenzange, Kiefernsperre, Notfallkoffer. Die Elektroden werden an beiden Schläfen (bitemporal) angesetzt. Unilaterales Ansetzen auf der Seite der nicht dominanten Hemisphäre verringert die Nebenwirkungen.

Durchführung der EKT:

a. Patient liegt flach auf dem Rücken.

b. Kurznarkose durch den Anästhesisten.

c. Nach dem Einschlafen kurz wirkendes Muskelrelaxans (meistens Succinylcholin.

d. Schläfengrube anfeuchten, Leinenläppchen auflegen.

e. Zungentubus und Mundteil einführen.

f. Elektroden ansetzen.

g. Stromauslösung 30–60 Sekunden nach Relaxans-Injektion. Bei dieser Vorbereitung kommt es zu einer peripheren Atemlähmung, die die motorischen Krampfreaktionen eine kurze Zeit überdauert.

h. Mundkeil nach Ablauf des Krampfanfalles entfernen.

i. Oberkörper leicht erhöhen, Kopf seitlich lagern.

j. Manuelle Beatmung bis zum Einsetzen der Spontanatmung.

Die EKT wird heute in Intubationsnarkose durchgeführt. Die Dauer der Krampfentladung wird durch die gewählte Stromstärke und Stromdurchlaufzeit bestimmt und sollte mindestens 25 Sekunden betragen. Die Wirkung ist oft deutlicher, wenn die EKT als Krampfblock (sechs bis maximal zehn Krämpfe in mindestens zweitägigem Abstand) eingesetzt wird, möglicherweise bedingt durch das dann sehr viel ausgeprägtere, länger anhaltende nachfolgende hirnorganische Psychosyndrom.

Nachbetreuung des Patienten: Überwachung von Puls und Atmung für mindestens ein bis zwei Stunden. Erwachen des Patienten meist nach 20–60 Minuten. Ist der Patient klar, bekommt er sein Frühstück und (erst dann!) seine Morgenmedikation. Das betreuende Team-Mitglied bleibt auch als Gesprächspartner bei ihm. Nach dem Frühstück kann der Patient das Bett verlassen.

■■ Begleitwirkungen und Komplikationen

Durch die Muskelrelaxion kommt es nicht mehr zu Frakturen von Wirbelkörpern oder Extremitäten. Die unter Anästhesie durchgeführte EKT macht auch die andere bedrohliche Komplikation, die verlängerte Atemlähmung, selten. Nach einem Block kann es zu Bewusstseinstrübung, einem Durchgangssyndrom bzw. einem amnestischen Syndrom mit Merkschwäche, Desorientiertheit und Gefühlslabilität kommen. Dauer und Intensität des Psychosyndroms hängt vom Lebensalter sowie von Zahl und Dichte der Krämpfe ab und bildet sich nach ein bis drei Tagen, manchmal auch sehr viel später zurück. Selten kann es in der Folge zu epileptischen Anfällen oder langfristigen hirnorganischen Beeinträchtigungen kommen.

■ Insulin-Therapie

Die große Insulin-Kur (Sakel 1935) hat durch Herstellung eines hypoglykämischen Schockzustandes (nicht diabetisches Koma!) ebenfalls das Ziel einer vegetativen Umstimmung. Da sie große Risiken hat (Nachschock, verlängerter Schock, apallisches Syndrom, Sterblichkeit früher 1 Prozent), findet sie keine Anwendung mehr. In einigen psychiatrischen Einrichtungen wurde danach noch die kleine Insulin-Kur durchgeführt: kleine Dosen Alt-Insulin bis zu leichter Hypoglykämie, die höchstens zu einer meist wohlig empfundenen Schläfrigkeit führen soll. Für körperlich gesunde Patienten kein Risiko. Abbruch bei Insulin-Überempfindlichkeit. Eine Indikation sah man bei Depressions- und Erschöpfungszuständen, wenn diese mit körperlicher Auszehrung und Regressions-Nachholbedarf verbunden waren. Dabei kann die intensive Zuwendung »wie zu einem bettlägerig Kranken« und die Gewichtszunahme als stabilisierend erlebt werden. Aber auch hierfür kann von einer echten Indikation nicht mehr die Rede sein.

■ Operative Eingriffe

Da sie immer die letzte Möglichkeit (»Ultima Ratio«) sind und unwiderrufliche Veränderungen schaffen, ist hier besonders auf ihre Einbettung in eine fortdauernde therapeutische Beziehung zu achten! Die folgenden Beispiele sind heute in der Mehrzahl zwar bedeutungslos bzw. in vielen Ländern als psychiatrisches Therapiemittel verboten. Für das Bild der Psychiatrie in der Öffentlichkeit oder die Angst vor ihr sind sie dennoch von Bedeutung. Sie belegen die Irrwege und Moden, die mich der unkritische Fortschrittsglaube und Forscherdrang gehen lässt. Als Teil der Entwicklung im Fach Psychiatrie sind sie wichtig, um sich die Konsequenzen des eigenen Handelns, eigener Irrwege und einfacher Antworten bewusst zu machen.

■■ Operative Kastration

Sie kann bei einem Menschen mit gefährlichen und strafbedrohten Sexualstörungen angewandt werden, wenn Psychotherapie und hormonelle Kastration nicht wirken und der Eingriff für ihn als nicht zu gefährlich und als Erfolg versprechend ärztlich-gutachterlich befürwortet wird. Die Fragwürdigkeit der Entscheidungsfreiheit bei drohendem oder schon laufendem Freiheitsentzug ist dabei abzuwägen. Libido und Erektionsfähigkeit gehen nicht immer ganz verloren. Von den negativen Folgen verlangen zum Teil schwere Depressionen und Selbstwertkrisen kontinuierliche Betreuung. Der Eingriff ist gesetzlich geregelt. Die Untersuchung der oft fragwürdigen Ergebnisse der Kastration hat zu größerer Zurückhaltung geführt.

■■ Operative Sterilisierung

Unerwünschte Schwangerschaften sowie deren Abbrüche können psychisches und körperliches Elend von Frauen verursachen und beeinträchtigen somit ihre Partnerbeziehungen sowie ihre Familien. Arzt und Beratungsstellen haben für Empfängnisverhütung, Sexualität, Partnerbeziehung und Familienplanung präventive Hilfe anzubieten. Dass »bewusste Planung« auch die Angst vor spontanem Handeln in einer lebendigen Beziehung erhöhen kann, muss heute schon eigens erwähnt werden! Oder können/wollen Sie Ihre Partnerbeziehung in den entscheidenden Fragen immer »bewusst planen«? Präventive Techniken sind hier vor allem die Verhütungsmittel. Zuverlässig sind nur hormonelle Kontrazeption, intrauterine Mittel und Sterilisierung des Mannes oder der Frau. Letztere ist –

als operativer Eingriff – auch hier nur »letztes Mittel«, wenn die wirksame Freiwilligkeit des Wunsches ärztlich geprüft ist. Da aber niemand in seine eigene Zukunft blicken kann, wird dieser Schritt später oft bereut. Eine gesetzliche Regelung besteht nicht.

■■ Präfrontale Leukotomie (Lobotomie)

Mit diesem von dem Chirurgen MONIZ 1936 eingeführten Eingriff wurde operativ ein Teil des Stirnhirns zerstört, die Abschwächung schizophrener und zwangsneurotischer Symptome beabsichtigt und eine Unzahl schwerer hirnorganischer Persönlichkeitsdefekte erreicht. Die zwanzigjährige Leukotomie-Ära ist ein besonders warnendes Beispiel für idealistisch-perfektionistischen Therapiewillen »um jeden Preis« und für die Verantwortungslosigkeit gegenüber den Patienten. Die erschütternden Folgen für diesen Fall der Verselbstständigung einer Technik und der Behandlung und Bekämpfung von Menschen als Sachen hat E. KOCH beschrieben.

■■ Stereotaktische Operationen

Wie die Pharmakotherapie, so ist auch die Hirnchirurgie mit psychiatrischer Indikation den Weg von der globalen Hirnrindenbeeinflussung zur gezielteren Veränderung subkortikaler Zentren gegangen: Mittels einer Gehirnsonde werden ein- oder beidseitig winzige mm-große Felder ausgeschaltet. In der Bundesrepublik wurde die Technik (neben neurologischer Indikation wie Parkinson oder Schmerzzustände) auf Menschen mit so verschiedenen Problemen angewandt wie: Sexualstörungen, Zwängen, Depressionen, Schizophrenie, Fettsucht oder Alkoholabhängigkeit. Wie bei allen neuen Techniken waren die ersten Ergebnisse z. T. so eindrucksvoll, dass die beteiligten Operateure und Psychiater begeistert zur Ausweitung der Indikation schritten. Die Verführung – auch für die Patienten – war groß: jemand hat sich jahrelang vergeblich mit Depressionen, Zwängen, Alkohol oder mit seiner pädophilen Neigung herumgeschlagen, unterzieht sich einer so eindrucksvollen Veranstaltung wie einer Gehirnoperation, steht auf und ist sein Elend los, ohne etwas davon gemerkt zu haben und ohne sich langwierigen und anstrengenden medikamentösen oder psychotherapeutischen Hilfen zur Selbsthilfe auszusetzen. 1976 hatten – eingedenk der Leukotomie-Katastrophe – die »Deutsche Gesellschaft für Sexualwissenschaft« und die »Deutsche Gesellschaft für Soziale Psychiatrie« auf die Gefahren einer wiedermal sich verselbstständigenden Technik hingewiesen: es gibt keine klaren Indikationen; der therapeutische Rahmen für die Technik ist oft nicht gewährleistet; es fehlen Untersuchungen über Folgeschäden; das Verfahren ist unkontrolliert und dem Missbrauch offen. In den meisten Ländern besteht z. Zt. ein Verbot. Auch in der Bundesrepublik ist diese Modewelle inzwischen gebrochen. Die nächste kommt bestimmt.

D Psychiatrische Notfalltherapie

■ Psychiatrische Notfälle

Notfälle sind elementare Situationen nicht nur für den Betroffenen, sondern führen auch uns an existenzielle Grenzen: ihre Extremität, ihre Lebensgefahr müssen uns auch noch nach Jahrzehnten »Berufsroutine« die Knie weich machen können. Situationen, die unmittelbares Handeln erfordern, entstehen nicht nur durch körperliche Erkrankungen (z.B. Herzinfarkt). Auch unser Erleben kann uns in Ausweglosigkeiten / Krisen treiben, in denen wir uns ohne Hilfe verlieren. Die Gründe solcher Zuspitzungen sind vielfältig – bis hin zu Notfällen, die durch Psychopharmaka bedingt sind.

Auch wo Gefahr besteht, die schnelles Handeln fordert, wirke ich zwangsläufig zunächst durch meine Person. Schon in Sekunden verhelfen die sprechenden Augen des Anderen, wenn ich mich ihnen bloß aussetze, mir zu der mir und der Situation gemäßen Grundhaltung, um das Bedrohliche in eine Be-gegnung einzulenken, etwa, indem ich dem Anderen mitteile, dass seine Bedrohlichkeit mir Angst macht, was oft genügt, um eine Beziehung anzubahnen. In anderen Fällen, wo eine Beziehungsaufnahme kaum noch möglich ist, habe ich dies durch einen sofortigen körperlichen (meist pharmakotherapeutischen) Eingriff zu ergänzen, um dem Notfall gerecht zu werden. Eigene Grenzen, eigene Ohnmacht habe ich einzugestehen, um die Hilfe durch andere nicht zu verzögern oder aus einem falschen Heldentum heraus zu verhindern. Wenn dabei Zwangsmaßnahmen unumgänglich sind, sollten diese schnell, ruhig und sicher erfolgen, um eine weitere Eskalation der Situation zu verhindern. Die wichtigsten Notfälle sind: Psychomotorische Erregungszustände, Bewusstseinsstörungen, Delire, Intoxikationen, Stupor und Suizidalität.

■■ Psychomotorische Erregungszustände

Sie sind nicht auf einzelne Erkrankungen beschränkt, sondern vielmehr eine Möglichkeit, in der jede Krise des psychischen Befindens und des subjektiven Erlebens ihren Ausdruck finden und von allen Beteiligten als bedrohlich erlebt werden kann. Wir begegnen ihnen bei Psychosen, Manien, bei Angst, hirnorganischen und körperlichen Veränderungen, beim Alkoholrausch, anderen Intoxikationen und beim Delir. Auch bei einem Anfallsleiden, wo ein Anfall ebenfalls eine Notfallsituation darstellt, eine Anfallsserie bis hin zu einem Status epilepticus lebensbedrohlich wird und intensiver Überwachung bedarf. Auch kann innerhalb eines epileptischen Dämmerzustandes ein plötzlicher Erregungszustand auftreten.

Neben dem vermehrten Bewegungsdrang führen situationsinadäquates und aggressives Handeln zur Gefährdung der Person und des Umfelds. Eine eindeutige Klärung der Ursache ist anfangs oftmals schwer möglich, wenn die Notwendigkeit zu schnellem Handeln wegen der bestehenden Gefahr eine Diagnostik nicht zulässt. Vorerfahrungen und, wenn vorhanden, die Beobachtungen Anderer helfen bei der Ursacheneinschätzung. Mein Versuch,

durch mein Auftreten und meine Grundhaltung der Situation gerecht zu werden, ist durch meist pharmakotherapeutische Eingriffe zu unterstützen. Je nach Ursache kommen NL und/oder Tq zum Einsatz, wobei wegen möglicher Komplikationen eine weiterführende engmaschige Betreuung, auch durch eine Krankenhauseinweisung, sicherzustellen ist. Ausnahme sind Intoxikationen. Hier ist bis zur Ursachenklärung auf Medikamente zu verzichten.
Bei Situationskrisen (reaktive, psychogene Erregung, Konfliktausdruck) hat die Erregung durchaus ihren Sinn. Hier habe ich den Ausdruck der Aggression zu fördern und gerade nicht mit Psychopharmaka zu verhindern. Nur wenn Fremd- oder Selbstgefährdung es erzwingen, sollte auch hier eine rasche medikamentöse Intervention erfolgen.

■■ Bewusstseinsveränderungen

Man unterscheidet quantitative und qualitative Bewusstseinsveränderungen. Zu Ersteren: Bei der Somnolenz besteht eine vermehrte Schlafneigung und eine herabgesetzte Reaktionsfähigkeit. Ursachen können neurologisch (nach einem Krampfanfall), internistisch (Stoffwechselstörungen) oder Vergiftungen sein. Hier steht die Ursachensuche im Vordergrund! Beim Sopor gibt es kaum noch spontane körperliche Reaktionen. Es ist ein schläfriger Zustand, der nur durch starke Schmerzreize unterbrochen werden kann. Das Koma ist dagegen durch tiefe Bewusstlosigkeit gekennzeichnet, wobei auf Schmerzreize keine oder nur ungezielte Reaktionen folgen. Die Aufrechterhaltung der lebenswichtigen Körperfunktionen steht im Vordergrund und nach Abklärung die Beseitigung der Ursache. Der Vollständigkeit halber sei die Synkope erwähnt, ein kurzzeitiger und von selbst verschwindender Bewusstseinsverlust, wo die Ursachenabklärung ebenfalls den ersten Schritt bildet. Alle hirnwirksamen Mittel, besonders dämpfende Mittel, sind dabei kontraindiziert, wenn nicht ein Erregungszustand einen Kompromiss erzwingt.
Bei den qualitativen Veränderungen unterscheiden wir den Dämmerzustand, eine zeitlich begrenzte traumartige Einengung der Bewusstsseinsinhalte bei erhaltener Handlungsfähigkeit der Betroffenen, und Verwirrtheitszustände. Hierbei können eigen- und fremdaggressives Handeln, Affektdurchbrüche und Erregung den Einsatz von NL oder Tq erfordern. Dies ersetzt nicht die Ursachensuche und ein engmaschiges Bemühen über den Moment hinaus.

■■ Delir

Ein Delir ist eine akute organische Psychose mit Verwirrtheit, Desorientiertheit, Suggestibilität und Sinnestäuschungen (meistens optische Halluzinationen und illusionäre Verkennungen) bei motorischer Unruhe. Neben der Erregung entwickeln sich Bewusstseinsstörungen, die eine lebensbedrohliche Komplikation signalisieren und eine intensivmedizinische Betreuung erfordern. Am bekanntesten ist das Alkoholentzugsdelir. Zu beachten ist aber, dass Delire auch im Rahmen fieberhafter Erkrankungen, bei Vergiftungen, Stoffwechselkrankheiten, akuten hirnorganischen Problemen und bei therapeutischer Anwendung von zentral wirksamen Medikamenten auftreten können. Sofortiger Entzug der entsprechenden Droge mit gleichzeitiger Entgiftungsbehandlung (ggf. Clomethiazol bei Alkohol) im stationären Rahmen und medizinische Überwachung sind unumgänglich. Bei Erregungszuständen können NL angezeigt sein, wobei auf sedierende Begleitpharmaka wegen der Atemdepression zu verzichten ist. Bei Neuropharmaka-induzierten Delir muss das entsprechende Medikament abgesetzt bzw. reduziert werden.

■■ Intoxikation

Vergiftungen ereignen sich vor allem durch Fehleinschätzungen (z. B. Drogenintoxikationen), durch sich addierende bzw. potenzierende Effekte (bei Drogenmischkonsum oder Kombination mehrerer Pharmaka inklusive Behinderung der jeweiligen Verstoffwechselung) oder in suizidaler Absicht. Neben der ABC-Regel aus der Intensivmedizin (**A**temwege frei machen, **B**eatmung, **C**irkulation – Kreislauf, = die Aufrechterhaltung der Vitalfunktionen) gibt es außer einer symptomatischen Behandlung allgemein die primäre (Erbrechen bzw. Durchfall fördern, Magenspülung) und die sekundäre (Harnausscheidung fördern, Dialyse) Detoxifikation. Durch ihre Abhängigkeit vom Zeitpunkt der Vergiftung, der Art der Substanz und deren Verstoffwechselung im Körper sind diese Methoden, wie auch die Gabe von Antidota (»Gegengiften«) in ihrer Wirksamkeit begrenzt. Auf eine intensivmedizinische Erstbehandlung und Diagnostik sollte auf keinen Fall verzichtet werden, da sich manche Intoxikation in ihren fatalen Folgen erst schleichend manifestieren kann! Bei akuten Syndromen unter Rauschmittelgebrauch ist ebenfalls so zu verfahren. Ein ambulantes Vorgehen, auch wenn zunächst keine lebensbedrohlichen Folgen befürchtet werden, setzt hinreichende Erfahrungen voraus. Beispiele für Antidota, die in jeder Notfallapotheke vorhanden sein sollen, sind Flumazenil (Adnexate) bei Vergiftungen mit Benzodiazepinen und Naloxon (Narcanti) bei Opiatintoxikationen.

■■ Stupor

Der stuporöse Patient befindet sich in einem abnormen Zustand, in dem (fast) alle Aktivitäten eingestellt zu sein scheinen. Trotz seines wachen Bewusstseins reagiert er kaum auf Versuche, mit ihm in Beziehung zu treten. Diese psychomotorische Hemmung findet sich bei manchen schizophren Erkrankten, bei Depressiven, als psychogener Stupor nach kurz vorausgegangenen belastenden Ereignissen, organisch, oder durch Intoxikation bedingt. Neben der kontinuierlich engmaschigen Überwachung und Aufrechterhaltung der Vitalfunktionen ist eine medikamentöse Intervention entsprechend der zu Grunde liegenden Ursache meist notwendig.

■■ Suizidgefahr

Unabhängig von der jeweiligen psychischen Problematik ist der Versuch, sich das Leben zu nehmen, für den Betroffenen, aber auch den helfenden Menschen ein mit Ängsten oder Ratlosigkeit besetzter Ausweg aus der Situation. Auch hier ist zunächst die Person des anderen für den Umgang bzw. die Wiederherstellung einer Beziehung entscheidend. Erst wenn dies nicht gelingt, ist eine Sedierung wie bei Erregungszuständen, meist kurzfristig NL/Tq, zu Hilfe zu nehmen.

■ Notfälle durch Pharmakotherapie

Habe ich mich für den Einsatz von Psychopharmaka entschieden, muss ich mit deren akuten Gefahren vertraut sein. Neben den bereits benannten Intoxikationen durch Überdosierungen sind hier unerwünschte Nebenwirkungen, Medikamentenwechselwirkungen bei Kombination mehreren Medikamenten (aufgrund ihrer jeweiligen chemischen Struktur oder Verstoffwechselung im Körper) und Absetzphänomene (paradoxe Wirkung, Rebound-Phänomene) zu nennen. So treten unter NL pharmakogene Depressionen bis hin zur Suizidalität auf. Die extrapyramidalen Syndrome der NL mit Frühdyskinesien, Parkinson-Syndrom, Akathesien sind bereits beschrieben. TL ohne sedierende Eigenschaften oder hoch dosierte NL rufen Erregungszustände hervor. Delire oder Bewusstseinstörungen können bei zu hohen NL- oder TL-Dosierungen ebenfalls auftreten.

Das **maligne neuroleptische Syndrom** ist eine seltene Nebenwirkung, vorwiegend bei hohen Dosen hochpotenter NL, dass in den ersten Wochen nach Beginn der NL-Therapie auftritt: Extrapyramidale Symptome, Bewegungsunruhe oder -losigkeit, wechselnde Bewusstseinsstörungen, vermehrtes Schwitzen, Herzrasen und Bluthochdruck entwickeln sich innerhalb von 24–72 Stunden. Die vitale Gefährdung besteht in einem multiplen Organversagen, u. a. dem Ausfall der Nieren (Crushniere durch Rhabdomyolyse = Zerstörung von Muskelfasern). Die Behandlung oder weitere Diagnostik ist zwingend an eine Intensivstation gebunden.

Ein **zentrales Serotoninsyndrom** kann in den ersten 24 Stunden nach Einnahme von Pharmaka mit serotoninerger Wirkkomponente (Trizyklische TL, SSRI, Amphetamine, Lithium) im Sinne einer Überaktivität auftreten: Fieber, Tremor, Verwirrtheit und Desorientiertheit, teilweise auch Erregungszustände kennzeichnen das Bild. Lebensbedrohlich wird das Syndrom durch Krampfanfälle, Herzrhythmus- und Gerinnungsstörungen bis hin zu Koma und Organversagen (intensivmedizinische Therapie!). In den meisten Fällen reicht bereits das Absetzen der auslösenden Medikamente aus.

Das **zentrale anticholinerge Syndrom** mit trockener Haut und Schleimhaut, Hyperthermie, Harnverhalt, paralytischem Ileus (Verschwinden der Darmbewegungen) und Herzrasen wird durch anticholinerg wirkende Mittel wie Clozapin (Leponex), trizyklische TL, Promethazin (Atosil) oder deren Kombination mit anderen zentral wirksamen Pharmaka durch Medikamentenwechselwirkung auch bei niedrigen Dosierungen ausgelöst. Eine agitierte Verlaufsform mit Desorientiertheit, Verwirrung und Halluzinationen, Erregung und u. U. Krampfanfällen, wird von der sedativen Verlaufsform mit Somnolenz bis Koma unterschie-

den. Neben einer symptomatischen Behandlung von Kreislauf, Atmung und Wasserhaushalt ist ein intensivmedizinisches Monitoring angezeigt, um unter ständiger Kontrolle der Kreislaufparameter eine Behandlung mit Physostigmin als Antidot einzuleiten.
Psychiatrische Notfälle sind oft auf ein stationäres Team, dass den notwendigen Betreuungsrahmen bieten kann, angewiesen. Die gute Zusammenarbeit ambulant und stationär Tätiger ist schon deshalb aktiv zu pflegen, weil der Notfall per definitionem nur ein zeitlich begrenzter Abschnitt auf einem gemeinsamen Weg ist.

ÜBUNG Besprechen Sie mit einem Patienten die erfolgte Fixierung und/oder Zwangsmedikation, nachdem sein Erregungszustand abgeklungen ist! Was an Ihrem Handeln hat das weitere Arbeitsbündnis mit dem Patienten begünstigt/beeinträchtigt? Besprechen Sie in Ihrem Team denkbare Notfallsituationen im »Trockenkurs« (Rollenspiel)!

Literatur

Abrams, Richard (1997): Elektoconvulsive Therapy. 3. Auflage, New York, Oxford University Press

Benkert, Otto; Hippius, Hanns (2000): Kompendium der Psychiatrische Pharmakotherapie. Berlin, Heidelberg, Springer, 2. überarb. Aufl.

Breggin, Peter Roger (1980): Elektroschock ist keine Therapie. München, Urban & Schwarzenberg

Degkwitz, Rudolf u. a. (1976): Therapeutische Risiken bei Langzeitbehandlung mit Neuroleptika und Lithium. *Nervenarzt*, 47: 81–87

Dörner, Klaus (1992): Ethische Probleme der Elektrokrampftherapie. Vortrag auf EKT-Kongress Graz, *Sozialpsychiatr. Inf.* 24: 31–32, 1994

Finzen, Asmus (2001): Medikamentenbehandlung bei psychischen Störungen. Bonn, Psychiatrie-Verlag, 13. Auflage

Haase, Hans-Joachim (1982): Therapie mit Psychopharmaka und anderen psychotropen Medikamenten. Stuttgart, Schattauer, 5. erw. u. neubearb. Aufl.

Kinon, B., Liebermann, J. (1996): Mechanism of action of atypical antipsychotic drugs: a critical analysis, *Psychopharmacology* 124, S. 2–34

Koch, Egmont (1978): Chirurgie der Seele. Stuttgart, überarb. Ausgabe; Frankfurt/M., Fischer

König, Frank; Kaschka, Wolfgang P. (2000): Interaktion und Wirkmechanismen ausgewählter Psychopharmaka. Stuttgart, Thieme

Kuhs, H., Tölle, R. (1986): Schlafentzug (Wachtherapie) als Antidepressivum. *Fortschr. Neurolo. Psychiat.* 54 S. 341–355, Stuttgart, Thieme

Lehmann, Peter (1996): Schöne neue Psychiatrie. Band 1 und 2, Berlin, Antipsychiatrieverlag

McEvoy, Joseph P.; Scheifler, P. L.; Frances, A. (1999): Treatment of Schizophrenia. The Expert Consensus Guidelines Series. The Journal of Clinical Psychiatry 60, Supplement 11

Möller, Hans-Jürgen (2000): Aktuelle Bewertung neuer/atypischer Neuroleptika. *Nervenarzt* 71, S. 329–344, Heidelberg, Springer

Möller, Hans-Jürgen (2000): Therapie psychiatrischer Erkrankungen. Stuttgart, Thieme, 2. völlig überarb. Aufl.

Naber, Dieter; Lambert, Martin; Krausz, Michael (2000): Atypische Neuroleptika in der Behandlung schizophrener Patienten. Uni-Med Verlag AG, 2. erw. Aufl.

Schicke, Romuald (1976): Sozialpharmakologie. Stuttgart, Kohlhammer

Schwabe, Ulrich; Paffrath, Dieter (1999): Arzneiverordnungs-Report 1999. Berlin, Heidelberg, Springer

19 Psychotherapeutische Techniken (Der systematische Zugang zur Seele)

A Die Landschaft des seelentechnischen Umgangs

■ Voraussetzung

Bei der Beschreibung des – therapeutischen – Handelns in den klinischen Kapiteln ist unsystematisch, ins Alltägliche übertragen, psychotherapeutisches Wissen schon angewandt worden.

Es muss angestrebt werden, alltags-psychiatrisches Handeln und psycho-therapeutisches Handeln nicht als unterschiedliche »Behandlungs«-Weisen zu sehen. Vielmehr hat ein ständiger Austausch zwischen den beiden Erfahrungsbereichen – alltägliches psychiatrisches Handeln und systematisch angewendete Psychotherapie – stattzufinden. Überall dort, wo Psychiatrie und Psychotherapie als unvereinbar gesehen werden, findet eine Ausgrenzungsdynamik statt. Vielmehr sind Psychiatrie und Psychotherapie jeweils und nach Bedarf zu integrieren. Dem Abgrenzungsprozess sollte man – auch administrativ – entgegenwirken. Gesetzliche Rahmenbedingungen und die Orientierung an »der großen Masse« führen immer wieder zu der Haltung, dass Psychotherapie für »unsere« Patienten, die, die in der Psychiatrie sind, kein Mittel der Wahl sei. Dem ist zu widersprechen. Obwohl jeder Arzt und jeder Psychologe in Psychotherapie weitergebildet wird, gilt dies leider auch heute noch so. Psychotherapie im engeren Sinne ist oft kein Mittel der Wahl. Man muss sich auf den psychotherapeutischen Weg einlassen wollen. Das tun etwa 15 Prozent der Menschen mit schizophrenem, depressivem oder manischem Handeln. Aber auch für alle Anderen ist das psychotherapeutische Wissen nutzbar zu machen: in der Verwirklichung von Beziehungsarbeit, in der Gestaltung von Milieus der haltenden Kultur, in jeder Absicht, die die Anregung von Persönlichkeitsentwicklung zum Ziel hat.

Auf eine weitere Voraussetzung, die unbedingt zur Landschaft, zum Ökosystem der Anwendung von Psychotherapie dazugehört, soll hingewiesen werden: Ursprünglich sind die psychotherapeutischen Methoden als Methoden der Einzeltherapie entwickelt worden. Psychotherapie geht – wie auch immer – auf jeden Fall den Weg der einzelnen Seele: mit deren Bildern, Ängsten, Nöten, Fantasien, Begehren, Hoffnungen, Entwicklungsbeschränkungen und -möglichkeiten. Wie viel oder wie wenig von jedem liegt in der einzelnen Therapie, im Therapeuten, in den Patientinnen und Patienten und in der Zusammenwirkung? Vergleiche sind erlaubt und erfordert, sowohl um einer Vereinheitlichung von Psychotherapie vorzubeugen, als auch um den gesellschaftlichen Reichtum der Bilder und Fantasien nutzbar zu machen.

Angehörige und Welt erscheinen in der Psychotherapie als Reflexion des Individuums. Zu oft und zu voreilig sind daraus zwei charakteristische Fehler entstanden. Der eine besteht darin, Angehörigen »die Schuld« zu geben oder sie zu »pathogenen Faktoren« zu zählen, also die Sicht des Individuums, als Wahrheit zu nehmen. Lange waren es die überprotektiven Mütter, heute sind es die vergewaltigenden Väter oder Männer der Familie, die in dieser Weise funktionalisiert werden. Bald werden wir gar keine positiven Elternbilder mehr haben. 19

Viel zu spät werden Angehörige sowohl als beteiligte als auch gleichzeitig als unabhängige Menschen gesehen. Sie nehmen in irgendeiner Weise an der Krankheit oder Krise, an der Entwicklung eines zu ihnen gehörenden Menschen teil, sei es ablehnend, sei es stützend, sei es versteckend, leugnend, sei es fördernd. Jedoch gehört es zu der Vollständigkeit der Wahrnehmung, dass sie auch ein Recht auf eine eigenständige, unabhängige Wahrnehmung haben.

In der Regelversorgung sollten Gruppen für Angehörige angeboten werden. Diese Gruppen wären der Ort, an dem die Angehörigen ihre Bedürfnisse, Behinderungen, Neigungen entdecken könnten. Partnerkonflikte und Konflikte zwischen Eltern und Kindern sollten wahrgenommen und bearbeitet werden. Bei besonderen Indikationen ist an die Anwendung von Familientherapie zu denken.

Der andere Fehler, die andere Gefahr besteht darin, jede Äußerung über das Draußen zu einer Äußerung über das Drinnen des Menschen umzuformulieren: So hatte Freud die Neigung, jede Äußerung über sexuelle Beziehungen zwischen den Generationen in der Familie als Wunsch-Fantasie zu werten. Oder – ein anderes Beispiel – es wurde von vielen Psychoanalytikern das Nachdenken über die Angst vor dem Krieg in einer psychoanalytischen Behandlung als Ausdruck intrapsychisch sich strukturierender Aggressivität verstanden. Jetzt ist auch dort anerkannt, dass die Angst vor dem Krieg eine Wirklichkeit sein kann, sodass das Nachdenken darüber als Ausdruck der Auseinandersetzung mit einem bestimmten Aspekt des Ökosystems verstanden wird. Natürlich gehören auch Arbeitsplatz, Kollegen, Vorgesetzte, Freunde, Wohnumgebung zum Ökosystem des Therapierten. Auch die politische Situation, in der wir uns zurechtfinden müssen.

So ist sicher die Angst vor dem Tod der Natur nicht (nur) Ausdruck depressiver Grundstimmungen, sondern auch der Versuch, sich der Lebensbedingungen bewusst zu werden und eine Einstellung zu finden.

Begrenzung

Wir sprechen von Psychotherapie, wenn Änderungen im Handeln eines Menschen aufgrund psychischer Einflüsse erzielt werden. Allerdings sind die Grenzen gegenüber der Pädagogik und bestimmten Methoden medikamentöser Behandlung offen. Dennoch scheint es sinnvoll, die Frage nach der Psychotherapie so zu formulieren: Lassen sich Änderungen der (Seelen)-Erlebnisse, Denkinhalte, Einstellungen, Gefühle, Handlungen eines Menschen mit gestörten Handlungen, mit kranker Seele durch psychische Einflussgrößen fassen? Wichtig ist dabei der psychosomatische Zusammenhang. Immer! Da kein Ereignis aus dem Ökosystem entweder nur auf die Seele oder nur auf den Körper wirkt, sind diese beiden als Äußerungsformen des Gleichen zu sehen. Menschen lernen, sich in Bezug auf ihre Umwelt mehr über den Körper oder mehr über die Seele zu erleben. Wir sehen in solchen Ausdrucksweisen wie »jemandem geht etwas an die Nieren, jemandem schlägt etwas auf den Magen, fährt etwas in die Knie, geht etwas unter die Haut« sprachlich solche Erfahrungen gebündelt, die sowohl das seelische Erleben als die körperliche Empfindung beschreiben.

ÜBUNG Suchen Sie – bei sich selbst beginnend – weitere Sprachbilder, die das Körperliche und Seelische miteinander vereinen.

Psychotherapie ist ein wissenschaftlicher Versuch, der Rat- und Hilflosigkeit von Menschen mit psychischen Mitteln zu begegnen. In dem Maße, in dem Psychotherapie organisiert und verwissenschaftlicht wird, erfährt man mehr und mehr über die Möglichkeiten der Kontrolle und Manipulation von Menschen. In dem Maße, in dem im Zeichen der Wissenschaft stehende Produkte hohes Ansehen genießen, haben Psychotherapeuten eine Chance, von Menschen, die ratlos sind, um Rat gefragt zu werden. Das Wissen um Psychotherapie sollte nicht nur in den Händen derer bleiben, die eine Ausbildung darin erlangen können, vielmehr sollte jeder psychiatrisch Tätige psychotherapeutische Anteile in seinem Handeln wahrnehmen und wahrmachen lernen. Psychiatrie und Psychotherapie sind vom Grundsatz her identisch, nicht jedoch in ihren gesellschaftlichen Ausformungen.

Hintergrund

Jeder, der sich mit Psychotherapie beschäftigt oder selbst therapeutisch tätig werden will, muss zur Kenntnis nehmen, dass Helfen erst im 20. Jahrhundert und in unserer Gesellschaftsstruktur öffentliches Handeln geworden ist. Früher war gerade dieses Helfen ganz privates, heimliches, an Familien und Nachbarschaften gebundenes oder in verborgenen gesellschaftlichen Räumen auffindbares Tun.

Lange, ehe die Bemühungen um eine wissenschaftliche Psychotherapie begannen, um eine systematisierte und in der Systematik überprüfbare Psychotherapie, wurden psychologische Mittel eingesetzt, um Störungen zu beseitigen: z. B. das Gesundbeten, das Besprechen, das Austreiben von bösen Geistern (Schamanen und Heiler). Wir haben diese Art von Therapieversuchen, die ja auch heute noch existieren, durch unsere wissenschaftlichen Systeme ersetzt.

Die Tradition wurzelt in der griechischen Philosophie. PLATON hielt das systematische philosophische Gespräch für ein Heilmittel. Die erste wissenschaftliche Therapie ist der von MESSMER (1734–1815) begründete Magnetismus. Für die weitere Entwicklung der Psychotherapie waren die Versuche mit Hysterie und Hypnose von CHARCOT (1825–1893) bedeutsam. Zu seinen Schülern zählte vor allem Sigmund FREUD (1856–1939). FREUD entwickelte die analytische Psychotherapie. Neue Möglichkeiten der Therapie sind in den vierziger und fünfziger Jahren durch die Gesprächspsychotherapie und die Verhaltenstherapie entstanden.

B Psychotherapeutische Haltung

Beispiel Eine Patientin beginnt ihre erste Stunde Psychotherapie mit der Frage an die Psychotherapeutin, ob sie der Meinung sei, dass die Therapie auch helfe. Auf die Frage der Psychotherapeutin, was sie denn erwarte, sagt die Frau, sie habe jetzt schon eine ganze Reihe von Therapien ausprobiert, habe Gruppentherapie, Psychoanalyse und Verhaltenstherapie versucht, habe Selbsterfahrung betrieben, und keine dieser Methoden habe ihr geholfen, sodass sie jetzt nicht glauben kann, dass eine neue Methode »ihr etwas bringen« könne.

Psychotherapie wird häufig als etwas wahrgenommen, das Hilfe »bringen« muss. Wenn dann eine Methode versagt hat, wird die nächste versucht und die nächste, immer mit der Erwartung, dass eine Methode doch endlich mal besser sein, dass es eine »wahre« Methode geben muss.

ÜBUNG Wenn Sie sich besser verstehen wollen, sich wahrnehmen wollen, sich vielleicht sogar ändern wollen, wie machen Sie das? Wo gehören Erwartungen hin wie: das bringt was, da zieh ich was draus, da kommt was rüber, das gibt mir was?

■ Was charakterisiert einen Psychotherapeuten?

Jüngere Therapeuten entsprechen in ihrem Handeln meistens dem, was die Schule, in der sie gelernt haben, von ihnen erwartet. Ältere erfahrene Psychotherapeuten unterschiedlicher Schulen werden sich über die Jahre in ihrer Arbeit immer ähnlicher. Der Schuleinfluss lässt nach, die Erfahrung nimmt zu.

Was ist das Gemeinsame im Handeln?

- Alle Psychotherapeuten legen viel Wert auf die Güte der therapeutischen Beziehung, d. h. auf Toleranz, Verständnis, Respekt, Interesse, Anteilnahme, Beständigkeit, Reife und Takt.

Psychotherapeuten handeln wie »gute Eltern«, »ein guter Freund«, »anständige Menschen«. Sie unterscheiden sich von »anständigen Menschen« jedoch durch die Systematik, die Distanz, die Kontrolle und damit Disziplin ihrer Ausbildung und ihres Vorgehens. Dies hat einen Sinn:

Früher waren Tante Anna oder Onkel Ernst die »anständigen Menschen«, an die man sich in der Hilflosigkeit gewandt hat. Sie waren jedoch bekannt und standen unter unmittelbarer Kontrolle der Familie. Dies oder jenes konnte als Marotte abgetan werden, da lächelte die ganze Verwandtschaft drüber; aber bei bestimmten Äußerungen konnte unbedingt vertraut werden.

Diese unmittelbare Kontrolle ist wegen der Professionalisierung und der damit verknüpften Anonymität der helfenden Personen nicht mehr möglich. Als Patient hat man jetzt zwei Möglichkeiten der Kontrolle: entweder man fragt überall rum, ob dieser oder jener ein guter Psychotherapeut sei, oder man überprüft, welcher Schule er entstammt und ob man mit den Grundlagen dieser Schule übereinstimmen kann. Was fehlt, ist ein Gesundheitsamt für Psychotherapie-Forschung.

◎ Alle Psychotherapeuten beeinflussen Patienten mit Mitteln, die auch in Propaganda und anderen Bereichen sozialpsychologischer und pädagogischer Einflussnahme angewendet werden.

WICHTIG ist, dass jeder Psychotherapeut sich seiner *manipulierenden Anteile* bewusst ist:

a. *Suggestion*: Alle Situationen der Hilflosigkeit führen dazu, dass ich anfällig werde für beschwörende, rationale wie irrationale, »Signale« aus der Umwelt, von denen ich eine Verminderung meiner Hilflosigkeit, Angst, Unsicherheit bzw. eine Strukturierung erhoffe.
b. Der Patient wird angeregt, *offen, echt, er selbst, ehrlich* zu sein und sich selbst zu überprüfen.
c. Er wird auf zerstörerische Haltungen in seinen Beziehungen zu sich und Anderen, auf Wünsche und Fantasien und auf verzerrte Vorstellungen hingewiesen: *Konfrontation* bzw. *Interpretation*.
d. Er soll sein Leben nach Gesichtspunkten der *Selbststeuerung, Selbstkontrolle* und *Selbstverantwortung* leben, wahrnehmen und interpretieren lernen.
e. Durch ihre Art des Handelns und des Anregens von Handlungen sind Psychotherapeuten beispielgebend *(Lernen am Modell)*.
f. Die *Wertskala* von Patienten bzw. ihre subjektiven Belohnungen und Bestrafungen werden überprüft und neu bestimmt.
g. Psychotherapeuten versuchen auch, durch *Informationen* Änderungen herbeizuführen.

Oft werden Bereitschaft und Fähigkeit zur Psychotherapie nur in dem Patienten gesucht. Es wird verkannt, dass als Erstes der Psychotherapeut bereit und in der Lage sein muss, mit den Patienten eine tragfähige, vielleicht Jahre währende Beziehung einzugehen. Es gibt Psychotherapeuten, die geschulter sind, lang anhaltende Beziehungen einzugehen, während andere gerade aus der Kürze der Beziehung die Bestätigung ihrer Funktionstüchtigkeit holen.

■ Selbst- und Menschenbild des Psychotherapeuten

Alle Ausbilder von Psychotherapeuten finden es wichtig, die zu lernende Methode an sich selbst zu erproben: Man macht eine Lehranalyse, Selbsterfahrung oder modifiziert nach den Regeln der Verhaltensmodifikation irgendein – unerwünschtes – Verhalten von sich. Diese Anwendung auf sich selbst begünstigt nicht nur das Lernen und eine größere Überzeugung (Identität), sondern vermittelt auch Einsichten, was man mit dem Anderen macht. Zur Selbstwahrnehmung gehört auch, die Bedingungen zu kennen, unter denen ich selbst lerne und unter die ich die Patienten stellen werde; natürlich auch, was es mir bedeutet, psychotherapeutisch tätig zu sein.

Beispiel Für mich heißt psychotherapeutisch tätig sein nur zu einem Teil, dass ich Menschen helfen kann, aus leidvollen Situationen herauszufinden. Schließlich ist bedeutsam, dass ich Entwicklungsimpulse geben und die Entknotung von Konflikten unterstützen kann. Ich erfahre sie als Originalität, als Anwendung von Regeln, auch darin, wie wenig nötig ist, um dem Anderen viel möglich zu machen. Dann ist Psychotherapie für mich eine Risikosituation: es muss klappen.

Zur Selbstwahrnehmung gehört die Wahrnehmung des Menschenbildes, nach dem ich handele. Von Erich FROMM stammt das Zitat: »Die Analyse war und ist sehr kostspielig und deshalb immer nur für eine bestimmte Klasse greifbar gewesen, das ist ihr Hauptnachteil. Aber es ist nicht nur das. Die Analyse entspricht einfach nicht mehr dem Geist unserer Zeit – dem industriellen Geist. Sie widerspricht der industriellen Methode, ... die fragt: wie ist das Verhältnis zwischen Kosten und Effekt ... Freud hatte die geniale Idee zu sagen, es lohnt sich, mit einem Menschen unzählige Stunden zu sprechen – weil ein einziger Mensch so wichtig ist! Der heutigen Gesellschaft und ihrer Auffassung klingt das lächerlich – das sind handwerkliche Prinzipien und keine industriellen Prinzipien und sowohl die Professionellen wie die Kunden wehren sich dagegen – das ganze System ist veraltet. Heute arbeitet man industriell; d.h. möglichst schnell und effizient. Wie kann man mit den geringsten Mitteln den größten Erfolg erzielen. Das hat den wesentlichen ökonomischen Vorteil, dass man damit mehr Patienten erfassen kann, wenn man billigere und raschere Methoden anbieten kann, dann erweitert man den Patientenkreis ungeheuer.« ... In diesem Zitat sind einige Kriterien enthalten, anhand derer ich überprüfen kann, welches Bild vom Menschen in das psychotherapeutische Verfahren einfließt, das ich bevorzuge, das der Patient, das meine Kollegin bevorzugen: Wie wertvoll ist mir der Mensch? Welches Gewicht gebe ich ökonomischen Gesichtspunkten? Arbeite ich in Serie oder von Fall zu Fall? Was entspricht unserer Zeit? Wo enthält die eine Methode Elemente der Kritik für eine andere?
Folgende Gesichtspunkte sollen berücksichtigt werden.

- Viele Psychotherapeuten bevorzugen (immer noch) jüngere Klienten. Bei Menschen über 45 ist entweder die Distanz zu groß oder es herrscht die veraltete Vorstellung, dass die Persönlichkeit nach diesem Alter nicht mehr wandelbar sei. Obwohl auch Ältere in tiefe Persönlichkeitskrisen geraten können.
- Immer noch bevorzugen Psychotherapeuten den Umgang mit neurotischen und gesünderen Patienten.
- Es besteht immer noch die Neigung, Psychotherapie sozial ungerecht anzubieten. Psychotherapeuten siedeln am liebsten in Mittelschicht-Gegenden und arbeiten mit ihresgleichen.
- Geistig behinderte, wenig begabte Menschen und lang Hospitalisierte erhalten immer noch wenig systematische therapeutische Zuwendung. Es gibt jedoch gute Beispiele.
- Da für angestellte Psychotherapeuten das Geldverdienen geregelt ist, haben bei ihnen ärmere Patienten eher eine Chance. Es hat sich gezeigt, dass besser zahlende Patienten län-

ger in ambulanter Therapie sind, und zwar nicht in Abhängigkeit von der Schwere ihrer Erkrankung. Und es ist eine Binsenweisheit, dass in den Einrichtungen, die Patienten nicht weiterschieben können, a) mehr arme Menschen sind und b) Psychotherapie so gut wie nicht vorkommt.

Wichtig ist der Hinweis, dass auch für sehr schwer psychisch Kranke der Weg in die individuelle Psychotherapie offen sein muss, wie es in den Überlegungen zur personenzentrierten Versorgung auch vorgesehen ist (Gromann, 2001). Dort ist ein Platz für Vertrauen und Intimität, den sie für die mühsame Balance ihrer Menschenwürde und ihrer Gesundheit brauchen. Ziel psychotherapeutischen Bemühens ist dann nicht tief greifender Persönlichkeitswandel, sondern unterstützende Lebensbegleitung.

C Psychotherapeutische Techniken

Wir stellen nur solche psychotherapeutischen Techniken dar, die über lange Zeit in der Psychiatrie angewendet worden sind bzw. deren Wirksamkeit wissenschaftlich nachgewiesen ist.

■ Klientenzentrierte Gesprächspsychotherapie

1942 wurde die Gesprächspsychotherapie von dem amerikanischen Psychologen Carl Rogers begründet. Seither ist in zahlreichen Untersuchungen der Nachweis ihrer Wirksamkeit erbracht worden. Rogers hat in seiner ersten Veröffentlichung nicht nur beschrieben, wie er sich die psychotherapeutischen Gespräche vorstellte, sondern auch deutlich gemacht, was Gesprächspsychotherapie nicht sein sollte: interpretative Psychotherapie und Beratung. Für die Gesprächspsychotherapie galt und gilt, dass die in ihrem Namen Handelnden an einem Prozess teilnehmen. Eine gefügte Theorie wurde bisher nicht formuliert, es ist eine Theorie des Offenheit. Kontrolle therapeutischen Tuns bezieht sich nicht darauf, ob mein Handeln mit einer Theorie übereinstimmt, sondern auf den *Rahmen der Handlung:* Die Vorstellung des Prozesses, des Werdens und Wachsens, des Geschehens und damit eines *offenen* Systems, ist grundlegende Voraussetzung für die Gesprächspsychotherapie.

Die Autonomie des Klienten war von vornherein ein hoher Wert. In der Entwicklung der Gesprächspsychotherapie wurde von der strengen Forderung nach Objektivität und Zurückhaltung zu Gunsten größeren Engagements abgewichen. Die Erwägung, dass eine für den Psychotherapeuten zu stark strukturierte Situation nicht gleichzeitig den Patienten befreien könnte, führte in die zweite Entwicklungsphase der Gesprächspsychotherapie. Während die erste Phase vorwiegend unter dem Kennwort »*nicht-direktiv*« stand, steht die nachfolgende Phase vor allem unter dem Kennwort »*klientenzentriert*«. Der Begriff »klientenzentriert« beschreibt viel genauer, dass der Inhalt psychotherapeutischer Gespräche die *un-*

mittelbare Erfahrungswelt des Klienten zu sein hat. Heute sprechen wir von dem personenzentrierten Ansatz. Es ist die Aufgabe des Psychotherapeuten, so weit wie möglich den inneren Bezugsrahmen des Klienten wahrzunehmen und anzunehmen, die Welt so zu sehen, wie der Klient sie sieht, den Klienten so zu sehen, wie er selbst sich sieht, alle Wahrnehmungen, die unter dem Gesichtspunkt eines äußeren Bezugsrahmens gemacht werden, zur Seite zu stellen und darüber hinaus dem Klienten etwas von diesem einfühlenden Verständnis mitzuteilen. Die Persönlichkeitstheorie befasst sich damit, wie sich das Selbst entwickelt. Der Theorie zufolge entwickelt das Individuum aufgrund seiner Erfahrungen ein relativ stabiles und überdauerndes Gerüst von selbstbetreffenden Einstellungen. Diese Struktur wird Selbstkonzept genannt. Selbstkonzept ist nicht gleich Selbstbeschreibung, sondern auch Antriebskraft und Gestaltungskraft für das Handeln eines Individuums. Jemand, der sich selbst erfahren und akzeptieren und der seine Erfahrungen und Selbsterfahrungen seinem Selbstkonzept zuordnen kann, ist als gesunde Person zu bezeichnen. Gestört ist jemand, der sein Selbstkonzept durch Auswahl bestimmter Erfahrungen und durch Verleugnung anderer erhalten hat. Diese Person hat im Verlauf ihrer Entwicklung gelernt, dass bestimmte Wahrnehmungen und Erfahrungen »gefährlich« für das Handeln sein können. Sie erhalten keinen Platz im Selbstkonzept, sondern werden geleugnet, dadurch entsteht der Konflikt: der Kampf, die Person intakt, handlungsfähig zu erhalten, dafür aber einen Teil seiner selbst durch Verleugnung aufzugeben. Eine Konsequenz einer solchen Entwicklung wäre Spannung und Angst; eine zweite, in gleicher Weise beeinträchtigend: die Person lernt, sich selbst und den eigenen Erfahrungen als Maßstab für Handlungen zu misstrauen. Die Alternative besteht darin, sich abhängig zu machen, d. h. in der Umwelt Hinweise zu finden, die als sicher bewertet werden.

Daraus ergibt sich für das Handeln des Psychotherapeuten: Er hat zunächst den Klienten zu begleiten, die integrativen Fähigkeiten, die durch die Entwicklung gestört sind, zu entfalten. Unter der Voraussetzung einer sicheren Atmosphäre kann der Klient seine geleugneten Gefühle sehen und als zu sich gehörend *wahr*nehmen, die vorher zu schmerzhaft für das Selbstkonzept waren. Dieser Vorgang des Sichselbstentdeckens ist mit dem Begriff *Selbstexploration* gemeint. Dabei ist ein hohes Maß von Selbstentdeckung dann möglich, wenn der Klient überwiegend von seinen Gefühlen berichtet, wobei ein Ansatz zu bemerken sein muss, dass er bemüht ist, seine Gefühle tiefer zu klären, etwa, sie in biografischen Zusammenhängen zu sehen. Der Psychotherapeut kann dadurch hilfreich sein, dass er diese vorsichtig geäußerten Gefühle empathisch aufgreift und dem Klienten das, was er zu verstehen glaubt, mitteilt, wobei dieses Verständnis in der *subjektiven* Welt des Klienten wurzelt.

Drei grundlegende Bedingungen des Psychotherapeuten-Handelns sind:

a. einfühlendes Verständnis,

b. positive Wertschätzung und emotionale Wärme des Psychotherapeuten für den Klienten und

c. Echtheit und Kongruenz des Psychotherapeuten.

Zu **a.**: Wie gut der Psychotherapeut in der Lage ist, einfühlendes Verständnis aufzubringen, zeigt sich an der Verbalisierung persönlich-emotionaler Erlebnisinhalte des Klienten durch den Psychotherapeuten: er äußert sprachlich die persönlich-emotionalen Inhalte des Erlebens des Klienten, wie sie vom diesem in der vorhergehenden Äußerung ausgedrückt wurden. Mit persönlich-emotionalen Inhalten des Erlebens sind gemeint: Gefühle, gefühlsmäßige Bewertungen von Ereignissen, Wünsche, Interessen, Erleben der eigenen Person und Erleben der Wirkung der eigenen Person auf Andere. Mit anderen Worten: Der Psychotherapeut sucht die innere Welt des Klienten mit ihren Bedeutungen und Gefühlen, wie Verwirrung, Furcht, Freude, so, wie der Klient sie erlebt, wahrzunehmen und zu verstehen, so, als ob er sie selbst erleben würde (jedoch ohne diese Verwirrung, Furcht oder Freude selbst zu empfinden); und er teilt diese dem Klienten in angemessenem sprachlichen Ausdruck mit.

Zu **b.**: Positive Wertschätzung und emotionale Wärme lassen sich folgendermaßen beschreiben: die Wertschätzung einer Person soll nicht an Bedingungen gebunden sein. Sie ist dann in hohem Maße vorhanden, wenn der Psychotherapeut mit Wärme das, was der Klient erlebt und äußert, akzeptiert, ohne die Akzeptanz und Wärme von Bedingungen abhängig zu machen. Die Forderung geht also dahin, ohne Zorn und Eifer zugewandt sein zu können, eine tiefe Achtung vor dem Klienten als Person von Wert und vor seinen Rechten als freies Individuum zu haben. Hierbei ist der Klient frei, er selbst zu sein. Wenn der Psychotherapeut so handeln kann, wirkt sich das vor allem in einer Verminderung der Ängste des Klienten aus: der Klient wird fähiger, bereitwillig seine Probleme darzustellen und sich auf Veränderungen einzulassen.

Zu **c.**: Echtheit und Kongruenz: Der Psychotherapeut kann in der therapeutischen Beziehung er selbst sein, er ist offen für Erfahrungen und Gefühle aller Art, sowohl erfreulicher wie verletzender Natur, ohne sich verteidigen oder in seine Berufsrolle zurückziehen zu müssen. Es ist wichtig, dass der Psychotherapeut sich nach Möglichkeit zu jeder Zeit nach seinen eigenen subjektiven Bedeutungen und Gefühlen fragen kann, jedoch ist es nicht nötig, dass er persönliche Gefühle ausdrückt. Die Echtheit des Therapeuten hat Modelleffekt für den Klienten: er kann lernen, sich angstfreier selbst zu entdecken.

Bewertung: In der Gesprächspsychotherapie findet eine Systematisierung dessen statt, was eingangs als psychotherapeutische Grundhaltung, die allen Psychotherapien eigen ist, beschrieben wurde. Kennzeichnend für die Gesprächspsychotherapie ist zudem das konzentrierte Wahrnehmen der Gefühle als subjektive Wahrheit eines Menschen und deren Klärung, was helfen kann herauszufinden, was die Welt subjektiv bedeuten kann und soll. Große Bedeutung hat das Selbst.

Personenzentrierte Psychotherapeuten sind oft kritisch gefragt worden, wie sie vom Wahrnehmen zum Wahrmachen von Änderung kommen. Dem ist zum einen zu antworten, dass in jedem Wahrnehmen ein Handlungsansatz bereits enthalten ist, denn sonst ist nicht *wahr*genommen worden; zum anderen ist der Rahmen des psychotherapeutischen Geschehens so gesteckt, dass hohe Selbstexploration nicht nur das Nachdenken über neue Möglichkeiten, sondern auch die Beschreibung von erlebten Gefühlen beim Ausprobieren neuer Handlungen umfasst. Von daher haben Psychotherapeuten und Klienten die Möglichkeit, innerhalb des Bezugsrahmens der Gesprächspsychotherapie vom Wahrnehmen zum Wahrmachen zu gelangen.

■ Psychoanalyse

Die Psychoanalyse wurde ab etwa 1895 von dem Wiener Nervenarzt Sigmund Freud begründet und von vielen seiner Schüler weiterentwickelt oder abgewandelt. Während Freud die Dynamik der seelischen Prozesse aus der Triebtheorie (Libido und Aggression) erklärte, gehen seine Nachfolger heute von vier konzeptuell trennbaren Psychologien aus. Es sind dies die Psychologie der Triebe, des Ichs, der Objektbeziehungen und des Selbst, die alle zusammen an der Konflikthaftigkeit seelischen Erlebens beteiligt sind.

Im psychoanalytischen Verständnis werden neurotisches Handeln und andere Störungen aus unbewussten psychischen Zusammenhängen hergeleitet, z. B. aus Konflikten, Komplexen, Fixierungen, Gehemmtheiten und zwar als deren Wiederkehr oder pervertierter Ausdruck, als Ersatz oder Kompromiss mit anderen Regungen oder als Preis für eine Vermeidung. Wichtige Quelle neurotischen Leidens ist die missglückte Verarbeitung des Ödipuskomplexes, andere Quellen sind frühe Störungen der Mutter-Kind-Beziehung oder Überforderungen in der Phase des motorischen- und Reinlichkeitslernens. Zum Beispiel kann ein *Konflikt* entstehen, wenn meine libidinösen Anteile unmittelbar auf Befriedigung drängen, in meiner Umgebung (Realtätsprinzip) aber keine Möglichkeiten zur Bedürfnisbefriedigung gegeben sind, sodass eine Aufschiebung nötig wird. *Komplexe* sind Ergebnis psychischer Traumen (Verletzungen): tabuierte und stark affektiv besetzte Erlebnisinhalte, wie die Liebe zum gegengeschlechtlichen Elternteil werden verdrängt und bilden im Unbewussten Komplexe, die zumeist in symbolisierter Form wieder auftauchen: z. B. kann ein Schuldkomplex im depressiven Handeln später wieder auftauchen. In Kapitel 4 wurden bereits die *Abwehrmechanismen* dargestellt. Es werden z. B. unerwünschte Sexualimpulse verdrängt, bedrohliche Erfahrungen abgespalten oder gefährliche aggressive Impulse in ihr Gegenteil verkehrt. Der Psychoanalyse verdanken wir die Theorie der *Triebentwicklung*, besonders der Schwierigkeiten der Sexual- und Aggressionsentwicklung. Dabei spielen die Komplikationen der frühkindlichen Entwicklung eine besondere Rolle. Die Beschreibung erfolgte im Kapitel 3. Endlich entwickelte die Psychoanalyse die Theorie der *psychischen Instanzen*: Es, Ich und Über-Ich. Das Ziel psychoanalytischer Bemühungen ist die Arbeits- und Genussfähigkeit von Patienten: wo Es war, soll Ich werden.

Die Psychoanalyse ist eine Methode, die über das Mittel der freien Assoziation ver-sucht den unbewussten Sinnzusammenhang einer seelischen Erkrankung oder eines Symptoms, zu erkunden und in einem langen Durcharbeitungsprozess zur Integration bisher abgespaltener Selbstanteile zu gelangen. Auch Träume und lebensgeschichtliche Früherinnerungen sind zu berichten und durch Äußerung spontaner, oft nur indirekt und ganz subjektiv dazugehöriger Einfälle zu ergänzen (Verpflichtung auf die psychoanalytische Grundregel). Durch diese Instruktion wird erreicht, dass die Orientierung am Realitätsprinzip allmählich nachlässt, sodass in diesem gelockerten Zustand bis dahin unbewusstes oder verdrängtes psychisches Material (vor allem durch Träume) zum Ausdruck kommt und dass Gefühle, die früher anderen Personen (Eltern) galten, auf den Psychotherapeuten *übertragen* werden. Der Psychotherapeut nimmt durch Deutungen sprachlich Stellung. Die therapeutische Arbeit konzentriert sich auf die Analyse von Übertragung und Widerstand. Dabei ist die Übertragung mehr als die Wiederbelebung der Vergangenheit Sie ermöglicht es die Kindheit unter besseren Bedingungen noch einmal zu erleben. Dank der größeren Ich-Stärke des Erwachsenen und der verständnisvollen Verhaltens des Analytikers kann der Patient jetzt im Bewusstsein zulassen, was er früher in pathologischer Weise abwehren musste: so kann in der Beziehung zum Analytiker die Integration seiner Persönlichkeit gelingen. Durch Deutung und Widerstandsarbeit werden frühkindliche Fixierungen behoben, Fehlhaltungen aufgelöst und Wiederholungszwänge überflüssig gemacht. Gleichzeitig wird Einsicht ermöglicht.

Ursprünglich ist die Psychoanalyse eine langwierige Technik, sodass nur wenige und privilegierte Menschen in den Genuss dieser Behandlung kamen. Neuere Entwicklungen der analytischen Psychotherapie bemühen sich um die Anpassung der Methode an andere psychische Erkrankungen, an andere soziale Bedingungen, und um einen strafferen und geplanteren Verlauf. Dazu ist es nötig, einen bestimmten Konflikt als Störherd (Focus), eine bestimmte umschriebene Fehlhaltung oder eine fehlentwickelte Teilstruktur zu erfassen und nur sie gezielt zu bearbeiten, während andere Aspekte der Persönlichkeit unberücksichtigt bleiben.

Bewertung: Gegen das psychoanalytische Vorgehen sind folgende Einwände vorgebracht worden: das zu Grunde gelegte Menschenbild hat mechanistische, biologische und triebmythologische Komponenten. Es verpflichtet das Individuum zu sehr, seine Entwicklung unter dem Aspekt frühkindlicher Sexualität zu sehen. Die Dauer einer Psychoanalyse ist zu lang, d.h. zu wenig Patienten können davon profitieren (Effizienzkriterium). Das Hier und Jetzt wird zu wenig beachtet. Die Psychoanalyse ist eine eher auf das Individuum zentrierte Theorie, umgreift zu wenig Zusammenhänge zwischen Individuum und Gesellschaft. Zu bewundern ist, dass der Psychoanalytiker sich viel Zeit für den einzelnen Menschen nimmt, auch dass durch die Psychoanalyse die dynamischen Aspekte menschlichen Handelns betont werden, und dass sie vor allem zur Selbstwahrnehmung der im psychosozialen Bereich Handelnden entscheidend beiträgt (Balint-Gruppen). Psychoanalytiker drängen wenig auf Veränderung des Handelns, sondern fördern mehr die Einsicht in Zusammenhänge von Denken, Handeln und Fühlen. In der Abgeschiedenheit der psychotherapeutischen Zweiersituation wird die Alltagswirklichkeit eher als Störvariable angesehen, nicht aber als das

Feld, in dem der Patient täglich mit den in der Therapie gewonnenen Einsichten umgehen muss. Die Psychoanalyse kann als Verfahren entscheidend dabei helfen, Tabus aufzudecken und System-Wirkungen, bzw. System-Fehlentwicklungen zu beschreiben.

■ Verhaltenstherapie

BEISPIEL Eine fast mutistisch-katatone Patientin, die seit 16 Jahren nur noch aß, wenn sie von einer Schwester in den Speisesaal des Heimes geführt wurde, Teller, Besteck und Essen vorgesetzt bekam und man ihr gut zuredete. Gelegentlich ließ sie sich auch füttern. Diese Essgewohnheiten sind eine erhebliche Belastung für die Station. Eine Beobachtungszeit legte die Vermutung nahe, dass die Essschwierigkeiten der Patientin dadurch aufrechterhalten wurden, dass die Schwestern so handelten, wie sie handelten, nämlich die Patientin in den Saal führten, ihr das Essen richteten und sie gelegentlich fütterten (Aufrechterhalten des Problemverhaltens durch soziale Zuwendung). Dementsprechend wurden die Schwestern zunächst aufgefordert, die Patientin nicht mehr in den Saal zu führen, sie aber dann, wenn sie den Raum allein betreten hatte, genauso wie früher zu unterstützen. Diese Veränderung der Bedingungen führte dazu, dass die Patientin vier Tage lang während der Mahlzeiten auf ihrem Stuhl sitzen blieb und nichts zu essen bekam. Allmählich näherte sie sich vom fünften Tag an dem gewünschten Verhalten, und man erreichte in sieben Wochen, dass die Patientin den Speisesaal ohne jede Hilfe aufsuchen konnte. Im nächsten Abschnitt des Programms sollten ihre Essgewohnheiten im Speisesaal verändert werden. Entsprechend wurden die Schwestern wieder angehalten, ihr nichts vorzusetzen, sondern sie dann zu bekräftigen, wenn sie selbstständige Handlungen unternahm. Holte die Kranke ihren Teller selbst, wurde sie mit einer Süßigkeit belohnt. Es gelang mit der Zeit, dass die Patientin den Speisesaal pünktlich aufsuchen und selbstständig essen konnte.

Der Begriff »Verhaltenstherapie« wurde 1953 von SKINNER eingeführt. Während in den sechziger Jahren ausgehend vom Behaviorismus die Verhaltenstherapie überwiegend lerntheoretisch begründet wurde, fanden ab den siebziger Jahren zunehmend sozialpsychologische und psychophysiologische Erkenntnisse Eingang in die theoretischen Konzepte. Dies führte unter anderem zur »kognitiven Wende« (BECK) in der Verhaltenstherapie. Die Berücksichtigung der interpersonellen Wechselwirkungen und des Selbstmanagements (KANFER) im therapeutischen Prozess in den neunziger Jahren differenzierten und fächerten die verhaltenstherapeutischen Strategien weiter auf. Verhalten wird demnach als komplexer Vorgang mit kognitiven, motorischen und physiologischen Anteilen verstanden, auf deren Ebenen sich entsprechend einzelne Therapieformen ausrichten. Die Erklärungsmodelle aus der *Lernpsychologie* sind zum Beispiel folgendermaßen:

a. Störungen (sowohl neurotische als psychotische) werden aufgefasst als unter Belastung erlernte Fehlverhaltensweisen, gedankliche Fehlbewertungen und Erwartungen. Das Ausmaß und die Dauer ihres Fortbestehens hängen von denselben Bedingungen ab, wie es bei anderem erlernten Verhalten der Fall ist. Dies ist ein wichtiger Satz, der vor allem zur Diskussion des Krankheitsmodells führt. Er besagt, dass störendes Verhalten weder ein Symptom für zu Grunde liegenden Konflikt ist noch eine vom Gesunden abweichende Krankheit, sondern ein in bestimmten Situationen erworbenes Handeln, das den gleichen Lerngesetzen wie anderes Handeln auch unterliegt.

b. Wenn man, wie im obigen Beispiel ersichtlich, durch die Verhaltensanalyse herausfindet, durch welche Bedingungen Verhalten kontrolliert und aufrechterhalten wird, lassen sich therapeutische Konsequenzen ableiten. Werden, auch wie im obigen Beispiel, die Umweltbedingungen geändert, die die Symptome aufrechterhalten bzw. ihre Einprägung fortsetzen, oder wird ein Umlernprozess in Gang gesetzt, d.h. das Verlernen von Fehlverhalten und das Neulernen angepassteren Verhaltens, wie im zweiten Teil des Beispieles, so verschwinden die Symptome bzw. die Krankheit.

c. Zur Klärung sowohl der Entstehung (Pathogenese) wie der Veränderung (Modifikation) werden Theoreme aus Lerntheorien herangezogen, wie zum Beispiel das klassische Bedingen nach Pawlow. Treten Schwindel, Schwitzen, Herzjagen und Kopfschmerz häufiger beim Überqueren von Straßen auf, so wird das Überqueren der Straßen allein, oft auch schon die Vorstellung der Überquerung von Straßen – Generalisierung – zum angstauslösenden Reiz. Zur Erklärung des Überdauerns werden vorrangig Theorien aus der operanten bzw. instrumentalen Konditionierungstheorie herangezogen (Skinner). Gemeint sind damit Gesetze, die das Lernen durch Verstärkung bzw. das Ausbleiben von Bestärkung und Extinktion beschreiben, auch das Lernen am Modell bzw. am Erfolg oder Misserfolg eines Modells.

Beispiel Wenn ein Patient mit ausgeprägter Angst und Ekel vor Schmutz beobachtet, wie ein von ihm akzeptiertes Modell, z. B. eine Schwester, mit Schmutz umgehen kann, ohne sich davor zu ekeln oder mögliche Konsequenzen zu fürchten, hat der Patient es leichter, sich eben auch ohne Angst und Ekel dem Schmutz anzunähern.

Mittelweile finden sich kognitive und verhaltensorientierte Techniken, in Verbindung mit Biofeed-back und Entspannungsverfahren, als Behandlungskonzepte für ein breites Spektrum psychischer Beschwerden. Neben Phobien, Zwangshandlungen und Depressionen, wo auf eine Änderung der eigentlichen Beschwerden abgezielt wird, gibt es auch begleitende Ansätze für Süchtige oder bei schizophren Erkrankten. Gemeinsam ist allen Methoden, nach einer aktuellen Problem- und Verhaltensanalyse zu Beginn, die genaue Zielorientierung zwischen Patient und Therapeuten für die gemeinsame Arbeit im Therapieprozess bis hin zur Übertragung der Lösungsmöglichkeiten in den Alltag des Patienten. Die Berücksichtigung der Subjektivität ist eine Entwicklung, die zunächst von Verhaltenstherapeuten nicht angestrebt wurde: vielmehr wollten sie eigentlich Techniken liefern für den Umgang mit Schwierigkeiten. Dies zeigte sich in übermäßiger Kritik am methodischen Vorgehen der Psychoanalytiker und an der Art ihres Umgangs mit Theorie, wobei z. B. jedes Interesse am Lebenslauf eines Menschen, d.h. an der Lerngeschichte bestritten wurde. Inzwischen nimmt die Analyse lerngeschichtlich erworbene Überlebensstrategie einer gestörten Handlungsweise mit individuellen Denkstilen, Einstellungen und Plänen bei der Problem- und Verhaltensanalyse, neben der Berücksichtigung einer Organismusvariable und der jeweiligen Lebenssituation, ihren festen Platz in den methodischen Modellen der Verhaltenstherapie ein.

Bewertung: In der Entwicklung der Verhaltenstherapie geht man immer mehr von der Kontrolle der Bedingung zum Verfahren der Selbstkontrolle über. Verhaltenstherapie ist nicht mehr nur das manipulierende Handeln eines Psychotherapeuten am Objekt; sondern Verhaltenstherapeuten streben die Hilfe bei der Selbsthilfe an, indem sie Klienten oder Patienten ein Mittel an die Hand geben, Handlungsweisen bei sich zu beobachten und zu ändern. Schließlich ist Verhaltenstherapie eine sehr handlungsnahe psychotherapeutische Methode; d.h. im Verlauf des therapeutischen Prozesses folgt dem Wahrnehmen auf jeden Fall das Wahrmachen. In der vergleichenden Psychotherapieforschung zeigt sich freilich, dass in den nachtherapeutischen Phasen auf die Dauer kein Unterschied zwischen diesen handlungsnahen und handlungsferneren Verfahren besteht. Zu diskutieren bleiben die Folgen, die sich aus der Gegenüberstellung von Verhalten und Handeln ergeben.

■ Rollenspiel

Es wird vielfältig eingesetzt, und zwar sowohl im Umgang mit Patienten als in Lernsituationen im Umgang mit psychiatrisch Tätigen. Das Rollenspiel dient dazu, in aktiver Form innere Konflikte darzustellen und zu lösen sowie neue Handlungsweisen zu lernen. Vorteilhaft ist beim Rollenspiel, dass ich nicht nur meine Rollen spielen und ändern kann, sondern durch das Spielen der Rollen meiner jeweiligen Handlungspartner (Patient- Krankenschwester, Krankenschwester-Arzt, Vorgesetzter- Arbeitnehmer, Mutter-Kind, Ehemann -Ehefrau) z.B. auch Einsichten gewinnen kann, wie ich auf diese wirke, wie diese auf mich wirken und wie ich damit umgehe. Auf diese Weise kann ich in der geschützten Situation des therapeutischen Raumes verändertes Handeln ausprobieren, bin aber dem wirklichen Handeln schon sehr nahe. Rollenspiel kann als isoliertes psychotherapeutisches Verfahren angewandt werden, aber auch innerhalb anderer psychotherapeutischer Prozesse sowohl gedanklich, als auch real.

Für die Durchführung ist es wichtig, viel Zeit zu haben. Es soll genau gespielt werden, Situationen im Detail nachgestellt und nachempfunden werden, auch genau auf die konflikthafte Fragestellung eingegrenzt sein, Rollentausch soll möglich sein und, wenn gewünscht, Re-Inszenierungen.

Bewertung: Das Rollenspiel bewährt sich vor allem in jeder Art Lernsituation hervorragend, da die Lernenden bald merken, dass sie sich spielend veränderte Handlungsmöglichkeiten erarbeiten können. Das Rollenspiel ist zurzeit die einzige Psychotherapie (und Pädagogik), die keine Einschränkungen für Nichtakademiker kennt.

Gestalttherapie

Es ist auffallend, dass in der Psychiatrie wenig Gestalttherapie betrieben wird, wenn auch oft gestalttherapeutische Elemente in ein Konzept mit Sinn aufgenommen werden. Auch die Gestalttherapie bezieht sich auf FREUD und JUNG, wesentlich sind jedoch die Bezüge auf LEWIN und andere Gestaltpsychologen. Wie die klientenzentrierte Gesprächspsychotherapie nicht fertig aus der Feder von ROGERS stammt, so hat auch PERLS, der Begründer der Gestalttherapie, eine offene, entwicklungsfähige therapeutische Schule begründet. Gestalttherapie zielt mit der Betonung des Wie (Konkretheit) und des Jetzt (Gegenwärtigkeit) ab auf die Erfahrung, dass die – lebenslaufbedingte – Entfremdung des Menschen hinsichtlich seiner unterschiedlichsten körperlichen und seelischen Empfindungen und Bedürfnisse hier und jetzt zum Ausdruck kommt und gelebt wird. Darin ist enthalten, dass die Entfremdung hier und jetzt wahrgenommen und überwunden werden kann. Die Gestalttherapie betont die Umgebung (den Kontext, das Ökosystem) eines jeden individuellen Verhaltens. Jede menschliche Funktion sei eine Interaktion in einem Organismus – Umgebung – Feld, soziokulturell, sinnlich und physisch, so PERLS. Das Grundelement dieser Beziehung ist der Kontakt, ein Schlüsselwort, wobei die Beziehung zwischen Individuum und Umwelt auf Wachstum gerichtet ist. Eine Störung, Gekränktes, ist dadurch gekennzeichnet, dass die Neigung besteht, eine Situation als unwandelbar wahrzunehmen, als ob sie keine neuen Elemente enthalte, sodass Wachstum stagniert. Um die Stagnation zu unterstützen, schränkt das Individuum die Wahrnehmung ein, bleibt in vergangenen Umständen gefangen und sieht sich als unfähig, sich zu ändern, oder die Situation als festgefahren an.
In der Gestalttherapie gibt es drei Elemente, diese Selbstentfremdung wieder aufzuheben: Bewusstheit, Kontakt zwischen Organismus und Umgebung, Experiment. In ungekränkter Befindlichkeit bestimmen die Bedürfnisse des Individuums die Bewusstheit, sie bewegt sich wechselnd zwischen einem innerlich vermittelten Focus und reaktiver Aufmerksamkeit auf die Umgebung. Eine Unterbrechung der Bewusstheit, eine Störung tritt ein, wenn das Individuum den Glauben an sich oder die Umgebung eingeschränkt hat. Therapie bedeutet die Umkehr zur Erfahrung der Veränderlichkeit der Erfahrung, eine Entfixierung der Angst bindenden Gestalt. Dieser Mut braucht therapeutische Unterstützung. Wenn der Einfluss der Bewusstheit erfahren wird, führt das Erkennen des Erfolges zu Wohlbefinden. Wenn der Prozess abgeschlossen ist und als abgeschlossen erkannt ist (Gestalt), kann sich das Individuum frei aufmachen zu neuen Erfahrungen. Es kommt zu Kontakt, so entsteht Wachstum als Interaktion zwischen Organismus und Umwelt. Im Kontakt ist die Energie auf eine befriedigende Vervollständigung der Interaktion gerichtet, nicht auf eine Vereinigung. Angst vor Veränderung kennzeichnet Hemmung, Unterdrückung und eine Verhinderung des Kontaktes. Nach diesem Konstrukt sind die Ich-Grenzen archäologische Aufzeichnungen des erfahrungsmäßigen Hintergrunds für die figürlich präsenten Kontaktmöglichkeiten. 19
Das Experiment ist eine Gestalttechnik, die darauf zielt, den festgefahrenen Punkten im Leben eines Menschen wieder die ursprünglichen Impulse zu geben. Gestalttherapeuten re-

gen vielfältig zu Experimenten an: gedanklichen Rollenwechseln während der therapeutischen Sitzungen und Ausprobieren von Neuem. Der Prozess der Integration folgt über Akkomodation und Assimilation. Akkomodation ist der notwendige Schritt, mit dem ein Patient anfängt, sich in ihrer aktuellen Umwelt entsprechend den in der Therapie gewonnenen Einsichten zu verhalten. Mit der Assimilation fühlt sich das Individuum in der Lage, den Anforderungen, denen es begegnet – oder die es selbst schafft – gegenüberzutreten und einen notwendigen oder erfolgreichen Ausgang für möglich zu halten.

Bewertung: Die Gestalttherapie kommt häufiger in niedergelassener Praxis in Einzelbehandlung und weniger in klinischen Institutionen zur Anwendung. Eine Gefahr für die gestalttherapeutische Therapie ist, dass ihr ganzheitlicher Anspruch vereinfachend missverstanden und missbraucht wird.

■ Gruppentherapie

Wir möchten sie so darstellen, dass nach Möglichkeit ein Leitfaden entsteht, der für den Alltag der psychiatrisch Tätigen brauchbar ist. Dabei können die aufgeführten Punkte nicht nur zur Gruppentherapie, sondern auch zur Gruppenarbeit benutzt werden. Gruppentherapie ist für uns nicht nur ein mögliches, sondern ein notwendiges Mittel im Umgang mit psychisch kranken Menschen. Die Gruppe garantiert größere Unabhängigkeit vom Therapeuten, macht Selbsthilfe wahrscheinlicher (denn die Gruppenmitglieder erfahren, dass sie voneinander lernen, einander hemmen und fördern können), sowie solidarisches Handeln. Die Vereinzelung der Einzeltherapie ist eher eine künstliche Situation, wenn oft auch notwendig. Die gesündere und normalere Situation ist die Gruppensituation. Die Möglichkeit zur Vielfalt der Wahrnehmung (ich vergleiche mich mit Anderen, wo bin ich ähnlich, wo bin ich anders, wo kann ich etwas übernehmen, wo kann ich so bleiben, wie ich bin?) ist nur in Gruppen möglich. Der Mensch ist auf soziales Handeln angelegt, sodass die Gruppe seiner Wirklichkeit, d.h. seiner Abhängigkeit mehr entspricht. Möglicherweise klafft die krankmachende Wirklichkeit des Alleinseins und der Isolation mit dieser ursprünglichen Situation auseinander, sodass in der Gruppentherapie der Einzelne auch wahrzunehmen lernt, wieweit er sich von Anderen schon wegentwickelt hat und wie er wieder zu Anderen kommen kann.

In der folgenden Darstellung beziehen wir uns besonders auf das von I.D. Yalom 1970 geschriebene Buch über Theorie und Praxis der Gruppentherapie. Die *zehn Bedingungen* haben sich als geeignet erwiesen, das Entstehen von Gruppenprozessen, die Entwicklung der Gruppe und die Herstellung befriedigender zwischenmenschlicher Beziehungen zu fördern. Diese Bedingungen sind Handlungsweisen, wie wir sie alle im Alltag anwenden, nur in der Gruppentherapie erfolgt die Anwendung, je nach dem Ziel der Gruppe, systematisch und kontrolliert. Die Reihenfolge der Bedingungen ist so gewählt, dass die ersten vor allem für beginnende, die späteren mehr für fortgeschrittene Gruppen wichtig sind.

- **Weitergeben von Informationen:** Egal ob eine einzelne Gruppenstunde oder eine beginnende Gruppentherapie: der Anfang ist unstrukturiert. Unstrukturiertheit erhöht Unsicherheit, Unsicherheit erhöht Angst. Daher ist eine genaue Information wichtig, die entweder an die einzelnen Gruppenmitglieder vor Beginn der Gruppentherapie gegeben wird oder zu Beginn der Gruppe: falsche Erwartungen sind abzubauen, äußere Ängste zu mindern, und der Rahmen ist zu bezeichnen, in dem die Gruppentherapie stattfindet. Darüber hinaus kann das Informieren zur Gefahr werden, da gerade Menschen, die in medizinischen Bereichen arbeiten, eher gewohnt sind, die Dinge in die Hand zu nehmen, und nicht, sie sich entwickeln zu lassen. Es nutzt nur eine Erkenntnis oder Problemlösung, die die Gruppe selbst erarbeitet hat. Häufig kommen gerade Ärzte, die als Gruppentherapeuten arbeiten wollen, mit ihrer Rolle in Konflikt: denn sie sind es gewohnt, Anweisungen zu geben und Entscheidungen zu fällen, während sie in Gruppensituationen äußerste Zurückhaltung üben müssen. – Wenn Gruppenmitglieder sich gegenseitig Informationen oder Ratschläge geben, gibt es mehrere Möglichkeiten des Umgangs. Zum Beispiel: Sie machen die Bitte um Information oder Rat zu einem allgemeinen Problem der Gruppe: »Welchen Rat kann die Gruppe geben?« Dann entsteht statt eines zufälligen Rates das Modell einer Gruppe, die sich gemeinsam anstrengt, Unsicherheit mitträgt und kooperiert, um die Lösung für ein Problem zu finden.
- **Eine hoffnungsvolle Atmosphäre herstellen:** Die Gruppe soll die Erfahrung machen können: »Wir können etwas machen, wir kommen ein Stück weiter, Veränderung ist möglich.« Es ist erwiesen, dass dort, wo Hoffnung besteht, Therapie eher anschlägt, als dort, wo Hoffnungslosigkeit überwiegt. Es ist ein Vorteil der offenen Gruppe (d.h. die Mitglieder fangen nicht geschlossen gleichzeitig an, sondern kommen zu unterschiedlichen Zeiten in die Gruppe und gehen, wenn ihre Ziele erreicht sind), dass in ihr zu jeder Zeit noch schwer leidende Neuankömmlinge mit schon gebesserten Mitgliedern zusammenarbeiten. So können sie sich ihrer eigenen Hoffnung versichern (z.B. Selbsterfahrungsgruppen). Hoffnungsvolle Atmosphäre fördern Sie auch, indem Sie nicht andauernd die Schwächen, Störungen, Krankheiten, Beschwerden von Gruppenmitgliedern zum Thema machen, sondern dass Sie die Aufmerksamkeit auf Stärken oder gesunde Anteile lenken. Und es ist wichtig, nicht zu beschwichtigen, sondern echte Ansätze für Hoffnung zu bestärken.
- **Herstellen von Allgemeinheit, von Öffentlichkeit:** Die meisten Menschen, die neu in eine Gruppe kommen, haben das Gefühl großer Isolierung. Sie haben die Erfahrung gemacht, dass sie von ihren Alltagspartnern wenig verstanden werden, sodass sie das Gefühl entwickelt haben, dass ihr Problem oder Leiden einzigartig ist. Es ist daher bedeutsam, das Gefühl der Einzigartigkeit und der Isolierung abzubauen. Dieses gelingt dadurch, dass Sie die Gruppenmitglieder aufmerksam machen, dass der eine oder andere sich in den Äußerungen anderer wiederfindet, dass es Ähnlichkeiten zwischen den Gruppenmitgliedern gibt. Dieses Aufmerksamwerden auf Ähnlichkeit führt zur Erleich-

terung und Entspannung bzw. Entlastung des Einzelnen, damit aber auch zu größerer sozialer Nähe und zu einem stärkeren Gefühl der Gruppenzusammengehörigkeit.

- **Altruismus-Egoismus:** Viele Menschen haben sich seit langem daran gewöhnt, dass sie anderen Leuten nicht helfen und nichts nehmen können. Dieses Gefühl verdichtet sich, wenn es einem schlecht geht, wobei man dann gerade die Erfahrung macht, dass die Anderen einem nicht helfen können. Es ist daher bedeutsam, in der Gruppe die Aufmerksamkeit darauf zu lenken, wenn einer dem anderen gegeben oder eben etwas genommen hat, z. B. Verständnis. Es ist entscheidend, dass die Gruppe dies wahrnehmen und offen anerkennen kann. Das ist eine Voraussetzung dafür, dann auch eigene Interessen vertreten zu können.
- **Bisherige Erfahrungen korrigieren:** In ihrer allerersten Gruppe, in der Primärfamilie (wo man selbst das Kind ist), haben die meisten Gruppenmitglieder schlechte Erfahrungen bei der Aufnahme sozialer Beziehungen gemacht. Oft liegt im kindlichen Lernen schon der Kern für das spätere Misslingen von Bindungen. So kommt es, dass viele Gruppenmitglieder die Gruppe ähnlich wie die eigene Primärfamilie auffassen, mit Eltern und Geschwistern. Sie wiederholen hier das, was sie schon in der Primärfamilie gemacht haben, z. B. Abhängigkeit von bzw. Bewunderung des Vaters, Rivalität zu den Geschwistern, der Wunsch nach unbegrenzter Zuwendung durch die Mutter. Entscheidend ist nun, dass die Gruppenmitglieder lernen können, dass die Anderen tatsächlich nicht die Eltern bzw. die Geschwister sind, sondern andere Menschen, sodass sie sich den Anderen gegenüber nicht wie ein Kind oder wie Geschwister benehmen müssen, sondern eigenständig handeln können. Diese Erfahrung führt zu größerer Freiheit und zu der Möglichkeit, neue Handlungsweisen auszuprobieren. Darauf zu achten ist, dass nicht die Familie oder einzelne Personen zu Sündenböcken für das eigene Leben gemacht werden.
- **Neue soziale Umgangsweisen werden entwickelt:** Oft haben Gruppenmitglieder jahrelang nur bemerkt, dass ihnen soziale Kontakte immer wieder misslingen, aber niemand hat ihnen gesagt, warum. Die Offenheit der gegenseitigen Kritik in der Gruppe macht es möglich, dass jemand auf Fehler aufmerksam gemacht wird, die man ihm im Alltag nie gesagt hätte, weil man es peinlich findet, z. B. wenn jemand seinen Partner im Gespräch nicht anzugucken wagt oder sein Gegenüber ständig mit Details langweilt. So kann man Dinge lernen wie: ausreden lassen, zuhören, deutlich sprechen, die Gruppe nicht zu lang für sich in Anspruch nehmen, aber auch offenes Mitteilen von Gefühlen, Echtheit, gleichbedeutender Ausdruck des sprachlichen und des nicht-sprachlichen Handeln. In solchen Situationen kann es hilfreich sein, wenn Sie ein Modell für mögliches Handeln sind.
- **Nachahmungslernen:** Die Nachahmungsvorgänge in einer Gruppe sind ebenso kompliziert wie wichtig. Die Wahrnehmung dafür muss geschärft werden. Jeder kann zu einem Modell für einen anderen werden und zwar nicht nur mit seinen gesunden, sondern auch mit seinen kranken Anteilen. Sie müssen sich in der Frage klar sein: »Was empfehle ich eigentlich durch mein eigenes Handeln Anderen, mit und ohne Worte, wie wirke

ich auf Andere, und wie reagieren sie darauf?« Es ist erwiesen, dass manche sich nur dadurch ändern, indem sie zuschauen, wie jemand während der Therapie für sich Änderung herbeiführt. Das ist bei Gruppenmitgliedern wie bei Therapeuten, je nach Temperament und Erfahrung verschieden. Wichtig ist eine Einstellung, die Ihnen zulässt, Ihre Ängste nicht zu leugnen, gleichzeitig das Gruppenmitglied zu ermuntern, dass es sich seine eigenen Ängste in Ruhe angucken kann. Wenn die Gruppe mit der Situation eines Mitgliedes oder mit der Situation der Gruppe selbst einmal offensichtlich nicht weiterkommt, kann es richtig sein, dass die Therapeuten nicht nach, sondern während der Gruppenstunde sich eine Zeit lang gegenseitig fragen, womit die Schwierigkeit der Situation (z.B. das Stocken, die Spannung, das Unverständliche) zusammenhängen könnten. Sie geben damit ein Modell für Problemlösung.

- **Katharsis:** Darunter versteht man die Verdichtung der kritischen Gefühle, sodass plötzlich etwas aufbricht und eine Einsicht über neues Handeln möglich wird. Die Gruppe hat eine Verstärkerwirkung auf die Gefühle der Mitglieder. Es ist sogar gesagt worden, dass eine therapeutische Gruppe nur so viel taugt, wie sie emotionale Spannungen hervorzubringen vermag. Die Offenheit in der Gruppe führt dazu, dass Gefühle so »überlaufen« oder sich entladen, dass der Gruppe daran deutlich wird, welches besonders verletzende oder wichtige Ereignis der Kindheit oder Gegenwart bearbeitet wird. Damit können die Mitglieder ihr im Alltag gewohntes Abwehrverhalten aufgeben oder mindern. Die Bedingung für die Katharsis ist, dass die Mitglieder bereits einiges Sicherheitsgefühl und eine bejahende Einstellung zur Gruppe haben. Besonders wichtig ist hier Ihre Aufmerksamkeit, denn kathartische Gefühlsentladungen geschehen häufig gerade in Auseinandersetzung mit dem Therapeuten und sie gelingen nur, wenn Sie nicht Ihrerseits jeden Angriff gegen sich abwehren.
- **Zwischenmenschliches Lernen:** Durch Beachtung des Wechselspiels zwischen den Gruppenmitgliedern, d.h. durch die Offenheit des Gesprächs erfolgt zwischenmenschliches Lernen. So wird Einsicht auf vier Ebenen möglich: Ich lerne 1., wie die Anderen mich sehen, 2., wie ich mit Anderen umgehe, 3., warum ich so mit Anderen umgehe und 4., wie mein gegenwärtiges Handeln in der Vergangenheit entstanden ist und sich entwickelt hat. In diesem Zusammenhang haben Sie eine besonders wichtige Aufgabe: die Übersetzung von Symptomen in eine Sprache zwischenmenschlichen Handelns. Statt »Gruppenmitglied A hat eine Depression, ist ängstlich, ist paranoid«, müsste es heißen: »engt sich in bestimmten Situationen ein, handelt in bestimmten Situationen ängstlich, fühlt sich verfolgt«. Gefühle, die bisher geheim blieben, weil sie zu viel Scham oder Wünsche darstellen, können geäußert werden, ohne dass die bisher stets befürchtete Katastrophe eintritt. Wichtig für Sie ist, die Gruppe als Mikrokosmos wahrzunehmen und darauf zu achten, dass in der Gruppe gemachte Erfahrungen mit der Alltagswirklichkeit verknüpft werden und dass Berichte über die Alltagswirklichkeit in der Gruppe angeregt werden oder bestärkt werden.

◎ **Gruppenzusammengehörigkeit:** In einer Gruppentherapie ist die Gruppenkohäsion entscheidend. Unter Gruppenkohäsion wird verstanden das Gemeinsame aller Kräfte, die auf alle Mitglieder wirken, die in der Gruppe bleiben. Durch die Attraktivität einer Gruppe für ihre Mitglieder ist Gruppenbewusstsein ihr Bewusstsein von Solidarität. Gruppenkohäsion ist nicht so sehr in sich ein therapeutischer Faktor, jedoch eine notwendige Bedingung für eine wirksame Therapie. Gruppenkohäsion hat also zu tun mit der Häufigkeit des Miteinandersprechens oder -Tuns in der Gruppe und mit dem Ausmaß des gegenseitigen Verstehens und Akzeptierens. Dabei ist das Verstehen und Akzeptieren zwischen den Mitgliedern für den Therapieerfolg wichtiger als jenes zwischen den Mitgliedern und Ihnen. Gruppenkohäsion fördert den Ausgleich zwischen Selbsteinschätzung und Gruppeneinschätzung (Fremdeinschätzung). Wichtig: Gruppenkohäsion ist nicht zu verwechseln mit ausgeglichener Gruppenstimmung. Kohäsive Gruppen zeigen zwar mehr emotionale Nähe, mehr Intimität, mehr Verstehen und Akzeptieren; jedoch erlauben sie auch mehr Äußerung von feindseligen und aggressiven Gefühlen, mehr Wahrnehmung von Spannungen, mehr Austragen von Konflikten. Gerade die Kommunikation zwischen Mitgliedern, die sich ablehnen, ist für alle Mitglieder und die Gruppe therapeutisch besonders wirksam. Gruppenkohäsion erleichtert es auch, Feindseligkeit gegen den Therapeuten (als Modell für alle Autoritäten) zu äußern. Sie haben dann ein Modell zu geben, an dem das angreifende Mitglied und die Gruppe lernen, dass man offen feindselig sein kann, ohne dass der Angegriffene sich gleich verteidigt oder gekränkt abwendet. Der Angriff gegen den Therapeuten oder Gruppenleiter hat oft den Vorwurf zum Inhalt, man bekomme keine Hilfe vom Leiter. In diesem Fall vermittelt die Bedingung der Gruppenkohäsion der Gruppe die wichtige Erfahrung, dass die offene Äußerung gerade auch aggressiver Gefühle weiter hilft als alle von außen angebotene Hilfe, vermittelt also die Erfahrung: fähig zu sein zur Selbsthilfe.

Diese zehn Bedingungen charakterisieren den gruppendynamischen Prozess; sie bestehen z. T. gleichzeitig, z. T. nacheinander.

ÜBUNG Welche Selbsthilfegruppen kennen Sie? Vergleichen Sie zum Verständnis der Bedingungen den gegenwärtigen Stand Ihrer eigenen Arbeitsgruppe bzw. Lerngruppe. Welche Bedingungen sind erfüllt, welche waren dran, welche werden sein? Was sind Unterschiede zu therapeutischen Gruppen? Malen Sie Ihre Gruppen auf.

Mehr als in der Einzeltherapie wirken die Psychotherapeuten oder Gruppenleiter in der Gruppentherapie indirekt, sind nur für den Kontext der Gruppe zuständig, damit die Patienten umso besser selbst die therapeutischen Bedingungen zum Tragen bringen können. Zu den *Aufgaben des Gruppentherapeuten* gehört die Aufrechterhaltung der Gruppe: Wesentliches hierfür passiert schon vor Beginn der Gruppe, z. B. bei der Auswahl nach Alter, Geschlecht, nach Gruppengröße und den Problemen der Einzelnen und bei der Beachtung günstiger äußerer Umstände, räumlich und zeitlich: Milieu!

- **Die Einführung von Gruppennormen:** Das Bewachen der Gruppennormen, welche und wie sie entstehen, liegt in Ihrer Verantwortung. Die Normen (Regeln) müssen zwei Bedingungen gleichzeitig erfüllen: die Mitglieder müssen sich darauf einigen können, und sie müssen dem Gruppenziel dienlich sein; z.B. freie Interaktion, Offenheit, nicht verurteilen, das Akzeptieren der Patientenrolle (das ist: Bereitschaft zur kritischen Selbstprüfung), Äußern von Gefühlen und Konflikten. Sie haben darauf zu achten, dass sich nicht solche Normen wie »du sollst, du musst, das geht doch nicht« einschleichen; dies ist sehr leicht und schnell möglich. Auch Fehlen, Zuspätkommen, Untergruppenbildung verlangen Ihre Aufmerksamkeit und Ihr Eingreifen (Intervention des Therapeuten) ebenso wie die Entwicklung antitherapeutischer Normen, wie z.B. Verschlossenheit (»ich sag dir nichts«), Abhängigkeit, Erwartung von Hilfe (»das müssen Sie doch schließlich machen«), Verurteilungen (»du spinnst, so geht das doch nicht«), Intellektualisierung von Gefühlen. Diese Verantwortung nimmt Ihnen niemand ab. Ihr Handeln als Therapeut ist wesentlich durch zwei Rollen bestimmt. Zum einen sind Sie technischer Experte, dazu gehört die Art, wie Sie die beschriebenen Aufgaben erfüllen. Das geschieht auch, indem Sie gewünschtes Handeln der Gruppenmitglieder bestärken (Aggressionen gegen den Therapeuten) oder Äußerungen gegenseitigen Interesses, oder indem Sie bestimmte Handlungsweisen der Gruppe oder der Gruppenmitglieder herauskristallisieren (warum ungewohnte Offenheit auch Angst macht). Entscheidend für den Erfolg des technischen Experten ist es, dass Sie sich nicht *nur* als technischer Experte einführen, sondern dass dabei gleichzeitig ein *Gruppenstil* entsteht, der eine zunehmende Unabhängigkeit von Ihnen möglich macht. Dieser Handlungsaspekt ist für Sie wesentlich riskanter als der des technischen Experten, weil in Ihrem Tun Offenheit nicht nur eine Norm sein darf, sondern Sie z.B. Spontaneität, Fehlbarkeit, Getroffenheit oder Unwissen auch handeln können müssen. Gerade in diesem Zusammenhang ist eine Supervisionsgruppe für Sie wichtig. Die gegenseitige Aussprache mit anderen Therapeuten erst setzt Sie in die Lage, die eigenen Besonderheiten und Wirkungsweisen kennen zu lernen. Auch zu wissen, in welcher Weise das Handeln der Mitglieder der Gruppe Reaktion auf das eigene Handeln ist. Sie müssen sich allerdings vor der Illusion hüten, dass Sie je Vollmitglied der Gruppe werden. Die Öffnung des Therapeuten wird nie Ziel, bleibt stets Mittel. Für das Handeln des Therapeuten ist die Berücksichtigung folgender Gesichtspunkte wichtig:
- **Die Berücksichtigung des Hier-und-Jetzt-Prozesses:** Die Aussage eines Gruppenmitgliedes zu einem anderen: »Mach das Fenster zu, möchtest du nicht das Fenster zumachen, ist dir nicht kalt, mir ist kalt, warum ist das Fenster offen«, gibt nicht nur einen Inhalt wieder, sie enthält zugleich Wichtiges über die Beziehung zwischen den Kommunikationspartnern, über die Gefühle zwischen beiden. Diese Information über die Art des Miteinanderumgehens muss von Ihnen aufgegriffen und geäußert werden. Nur so kann es zu einem Verständnis des Gruppenprozesses kommen. Wann sagt wer etwas, wie und warum zu wem? Was sagt eine Folge von Äußerungen über die Beziehung Mitglied-Grup-

pe, Gruppe-Therapeut oder über die Gruppenentwicklung und ihre Aufgabe? Das konkrete Umgehen der Gruppenmitglieder miteinander (hier und jetzt) ist das Einzige, was für alle Mitglieder gleich gut greifbar ist, d. h. wo einer den anderen beobachten und sich verantwortlich mit ihm auseinander setzen kann. Äußerungen der Mitglieder über Geschehen außerhalb der Gruppe (irgendwo) oder aus der früheren Lebensgeschichte (irgendwo und irgendwann) können zwar den Eindruck von Einvernehmen fördern, für Sie bleibt es wichtig, wahrzunehmen und damit umzugehen, wohin die Gruppe jetzt die Situation der Therapie verschleppt. Daher ist ein Eingriff von Ihnen (Intervention) dann hilfreich, wenn Sie die Aufmerksamkeit der Gruppe für die Hier- und Jetzt-Kommunikation erhöhen oder deren Vermeidung verhindern.

- **Den Gruppenprozess kommentieren:** Sie haben den ganzen Gruppenprozess vor Augen, d. h. die Geschichte und die Perspektive. So werden Sie gelegentlich sich und die Gruppe mit früheren Stadien konfrontieren oder an die Aufgaben erinnern. Sie verbinden verschiedene Situationen miteinander, äußern, was einzelne Mitglieder unausgesprochen mitteilen, z. B. Misstrauen, Zuwendung, Entspannung für die Gruppe, Kritik an der Gruppe. Sie übersetzen das nicht-sprachliche Handeln in sprachliches. Sie können auch ein offensichtliches Gruppendilemma zu Ihrem eigenen machen, etwa: »Ich zögere jetzt, etwas zu sagen, aus Sorge, dass eine Partei in der Gruppe sich dann zurückzieht.« Sie sollten auch zu wissen versuchen, in welchem Stadium der Gruppenprozess sich befindet. Die Hier-und-Jetzt-Regel würde eine in einem frühen Entwicklungsstadium stehende Gruppe verwirren: z. B. »Allgemeinheit« kann eher durch Beispiele erreicht werden, die von außerhalb der Gruppe kommen. Besonders gut kann das Stadium der Gruppe erkannt werden durch das, was ausgelassen oder vermieden wird (z. B. Sie werden nie attackiert). Die Gruppe muss aufmerksam für ihre Vermeidungen werden.
- **Interpretation:** Damit sind alle Eingriffe des Therapeuten gemeint, mit denen er entweder eine Beziehung zwischen einzelnen Mitgliedern klären hilft (z. B. Spiegelreaktion: ein Mitglied ärgert an anderen, was ihm selbst eigen ist und was er bei sich selbst nicht bekämpfen kann) oder eine Beziehungsstruktur der ganzen Gruppe (z. B. die Gruppe macht jemanden zum Sündenbock). Solche Eingriffe sind notwendig, wenn der Gruppenprozess gehindert ist a) durch Gruppenangst, erkennbar an Vermeidung oder Flucht (auch Schweigen oder Intellektualisierung) und b) durch Entwicklung einer antitherapeutischen Gruppennorm.

Die Gruppe ist ein Handlungsfeld (Übungsfeld) – ohne das volle soziale Risiko. Allerdings muss man berücksichtigen, dass ein Patient nicht in jedem Fall für Mitpatienten ein therapeutisch positives Wirkungsquantum ist. Er kann in Passivität ausweichen, beginnende Entfaltung hemmen, Klarheit wieder verwirren oder verletzend scharf sein. Bei solchen Vorkommnissen ist es wichtig, im Auge zu behalten, dass die Gruppe auch für den Umgang mit negativen Erfahrungen ein Übungsfeld ist. Es fällt Ihnen zu, gleichzeitig das Hier und Jetzt, d.h. das aktuelle Handeln der Gruppe, zu unterstützen *und* den Charakter als

Übungsfeld aufrechtzuerhalten und für die Gruppenmitglieder wahrnehmbar zu machen. Eine Gefahr der Durchführung von Gruppentherapie liegt darin, dass häufig nicht nur die Mitglieder, sondern auch die Therapeuten dazu neigen, das hier und jetzt Stattfindende für das Normale und das Alltägliche zu halten und das Hergestellte der Situation zu vergessen. Es hat was mit dem Umgang des Therapeuten mit sich selbst zu tun, ob er es nötig hat, die Erfahrungen, die die Gruppe während der Gruppentherapie macht, für die Wirklichkeit auszugeben, für das Alltägliche, oder ob er es sich leisten kann, durchsichtig bleiben zu lassen, dass es sich hier um eine hergestellte Situation handelt.

■ Selbsthilfegruppen

Eine andere Art des Helfens hat sich entwickelt und Eingang in die Psychiatrie gefunden: die Selbsthilfegruppen. Manchmal wollen sie Alternativen, manchmal Ergänzung zum etablierten Versorgungssystem sein. Ganz sicher ist der Effekt der Selbsthilfegruppen zum einen Solidarität und – daraus erwachsend – Einflussnahme auf das Gesundheitssystem im Sinne größerer Emanzipation aufgrund anerkannter Partnerschaftlichkeit. Ein Beispiel für die Psychiatrie sind die Verträge zwischen Patienten und in der Klinik Arbeitenden, die nicht möglich wären, gäbe es nicht die Selbsthilfegruppe. Ein anderes Beispiel sind die Selbsthilfegruppen von Menschen, die Stimmen hören, die aufgrund ihrer Aufklärungsarbeit zum Beispiel soziale Distanz zwischen sich und Angehörigen und sich und Arbeitskollegen erheblich vermindert und so zu einer Verringerung von Isolation beigetragen haben. Grundsätzlich unterscheidet man die Arbeit der Selbsthilfegruppen von der der Selbsthilfevereine und Selbsthilfeorganisationen. Manchmal sind Grenzen fließend und Übergänge möglich. Die originäre Selbsthilfegruppe ist eine selbstbestimmte Zusammenkunft von sieben bis elf Menschen, die alle in gleicher Weise betroffen sind, z. B. vom Stimmenhören oder von der Psychose. Jeder ist Experte seiner selbst. Jeder und jede geht in die Gruppe, um sich selbst zu helfen, nicht um anderen zu helfen. Hilfe – auch die für andere – wird dadurch möglich, dass jede streng dem Grundsatz der Selbsthilfe folgt. Insofern kann der Satz »Das bringt hier nichts« in der Selbsthilfegruppe nur von Menschen gesprochen werden, die zu dieser Zeit von der Selbsthilfe nicht profitieren können. Selbsthilfegruppen sind frei in der Organisation, jedoch wird eine gewisse Konstanz nahe gelegt. Arbeitsplatzselbsthilfegruppen z. B. (anstelle von Supervision) treffen sich regelmäßig wöchentlich zur selben Zeit in festem Kreis: keine Gäste, keine Praktikanten. Bei der Gründung oder in Krisen können Selbsthilfegruppen Unterstützung in Anspruch nehmen. Es gibt ein sehr differenziertes Netz der lokalen, regionalen, nationalen, europäischen und weltweiten Selbsthilfegruppenunterstützung. Über diese sind jeweils auch Kontaktaufnahmen möglich.

ÜBUNG Welche Selbsthilfegruppen kennen Sie? Unter welchen Bedingungen würden Sie in eine Selbsthilfegruppe gehen? Sprechen Sie über Chancen und Risiken von Arbeitsplatz-Selbsthilfegruppen.

D Grenzen

Es ist offensichtlich etwas Sprengendes an der Psychotherapie, wenn jetzt zum zweiten Mal in einem Kapitel über Grenzen gesprochen wird. In der Tat sind alle therapeutischen Theorien auch geeignet, gesellschaftliche Strukturen zu kritisieren. Auch die, die wir selbst herstellen.

Die größte Gefahr der Psychotherapie ist die häufige Verwechslung von Psychotherapie mit der Hoffnung des Patienten, einen Sinn fürs Leben zu finden. Die notwendige Aufklärung und damit Selbstbeschränkung der Therapie würde eine neue gesellschaftliche Dimension der Prävention eröffnen. Es ist jedoch wichtig, darauf hinzuweisen, dass es eine psychotherapeutische Richtung gibt, die Logotherapie von Viktor FRANKL begründet, die in dem Aufspüren von Lebenssinn das therapeutische Agens sieht.

Psychotherapie kann nie Therapie sein, die einen Krankheitsprozess heilt. Sonst müsste es eine Krankheit geben, die mit dem Ende der Psychotherapie zu Ende ist, wo dann das Kaputte, das Kranke heilgemacht wäre. Dies ist absurd, weil unhistorisch. Psychotherapie wirkt vielmehr so, dass jemand lernt, was ihm begegnet, anders zu sehen und neu zu ordnen, sie wirkt nicht wie eine Salbe, die man absetzt, wenn die Wunde geheilt ist. Psychotherapie, so verstanden als zu lernende Methode, sich und sein Handeln zu bedenken und zu ändern, muss aus der Abhängigkeit vom Therapeuten zur Selbsttherapie führen.

Um *Hilfe bei der Selbsthilfe* zu ermöglichen, sind folgende Bedingungen zu gewährleisten:

1. sollten Psychotherapeuten lernen, Patienten so kurz wie möglich und so lang wie nötig zu therapieren;
2. ökonomische Vorteile darf nicht der Psychotherapeut haben, der einen gut zahlenden Patienten länger behält, und
3. müsste das Menschenbild des Psychotherapeuten und damit die Art, wie er seine Technik anwendet, dem gesetzten Ziel entsprechen: Wer dem Patienten hilft, sich selbst zu helfen, oder den Patienten untereinander hilft, sich selbst zu helfen, wird nicht nur therapeutische Kapazität freisetzen, sondern sich auch davor bewahren, immer mehr und immer genauer kontrollieren zu wollen.

BEISPIEL Eine Gruppe phobischer Patienten erarbeitet morgens mit zwei Psychotherapeuten für jeden Einzelnen die angstauslösenden Situationen, das Vermeidungsverhalten und die Möglichkeiten, sich den angstauslösenden Situationen und Reizen zu nähern. Im Rollenspiel wird unter Anleitung der Psychotherapeuten das erwünschte Verhalten geübt. So wird jedem Mitglied der Gruppe deutlich, wo die Fähigkeiten, aber auch die Schwierigkeiten des Anderen liegen, seine Angst zu überwinden. Am Nachmittag geht die Gruppe ohne die Psychotherapeuten in die vereinbarten unterschiedlichen Angstsituationen hinein, sodass die einzelnen Gruppenmitglieder zum Psychotherapeuten für die je anderen Gruppenmitglieder werden. Jeder Einzelne hat zugleich Unterstützung und Kritik, kann sich geborgen fühlen und kann erfahren, was er selbst Anderen geben kann. Im Verlauf der Gruppenarbeit machen sich die Psychotherapeuten immer überflüssiger, die Gruppe wird immer mehr selbst aktiv; und am Ende der gemeinsamen Gruppenarbeit, die unter der Anleitung der Psychotherapeuten erfolgte, tauschen die Gruppenmitglieder ihre Telefonnummern aus, um sich bei Wiederauftauchen der Ängste gegenseitig zu konsultieren.

ÜBUNG Diskutieren Sie, welchen Einfluss Institutionen auf Gruppen haben: in einer Arztpraxis, in Beratungsstellen, psychiatrischen Abteilungen, großen psychiatrischen Krankenhäusern. Welches sind die spezifischen Gefahren?

Die Befähigung zur Selbsthilfe ist der wichtigste Maßstab für die Wirksamkeit meiner Therapie. Sie ist nicht gegeben, wenn ein Patient mein Denksystem nur nachzusprechen lernt. So gibt es psychoanalytisch anbehandelte Patienten, die sehr wohl die Wörter Ödipuskomplex, Schuldgefühle, orale Bedürfnisstruktur u. Ä. vor sich hertragen, ohne je darüber erschrocken gewesen zu sein oder dieses Erschrecken so zuzulassen, dass neue Handlungen möglich werden. Ähnlich gibt es in der Gesprächspsychotherapie Klienten, die sich »echt« verstanden fühlen oder »echt« offen sein können oder denen die vorherige Behandlung »echt etwas gebracht« hat. In beiden Fällen sind nur Wörter gelernt worden, mit denen der Patient sein Problem wieder anders formulieren, aber wieder vermeiden kann, es zu lösen. Erst wenn ich Selbsthilfe anstrebe, die Anstrengung, die damit zusammenhängt, nicht vermeide, unterstütze ich mich und den Patienten, nicht nur eine neue Selbstwahrnehmung anzustreben, sondern das, was wahrgenommen wird, auch wahr zu machen.
Psychotherapeuten lernen fähig zum Abschied sein. Der Unterschied und das Gemeinsame von Trennung, Lösung und Abschied ist zu lernen. Gerade in einer Zeit großer Verfügbarkeit und (oft oberflächlicher) Beziehungsvielfalt im Alltag ist ein Widerstand zu setzen.
In der Psychotherapieforschung wird die Klärung methodischer Fragen betrieben. Dabei ist in den letzten Jahren vor allem unter dem Gesichtspunkt größerer Effizienz geforscht worden. Ein wichtiger Forschungsbereich ist der der Indikationsforschung, d. h. welche Methoden sind bei welchen Störungen angezeigt. Weitere Bereiche der Psychotherapieforschung sind Erforschung des Therapieverlaufes, auch die Frage, wie Persönlichkeitseigenschaften von Patienten und Psychotherapeuten den Therapieverlauf unterschiedlich beeinflussen. Bei der Bewertung von wissenschaftlichen Untersuchungen über die Wirkung von psychotherapeutischen Verfahren sollte immer bedacht werden, dass die Aussage, eines ist besser als das andere, nicht ausreicht, um eine differenzierte Bewertung zu ermöglichen. Erst der Fragenkomplex: »Welches therapeutische Verfahren bewirkt was bei wem und wie?« macht eine genauere Bewertung möglich. Dazu gehört auch, dass man die Kriterien, nach denen die Aussagen gemacht werden, genau unter die Lupe nimmt. Die wissenschaftstheoretische Diskussion in der Psychotherapieforschung lässt ebenfalls Rückschlüsse auf das ziehen, was die psychotherapeutischen Verfahren zu tun beanspruchen.
Abzuschließen ist mit dem warnenden Hinweis: Auch die Tatsache, dass jemand überhaupt Psychotherapie erhält und nicht eine andere Art des Umgangs mit Problemen lernt, wird sein Handeln in der Zukunft beeinflussen. Ist sie in seinem Sinne erfolgreich, wird er etwa

die Einstellung übernehmen, dass mehr Dinge in seiner Verantwortung liegen, als er es vorher geglaubt hat. Sein Denken wird auch weniger mechanistisch, sondern dynamischer sein. Eine Gefahr bei der Anwendung von Psychotherapie überhaupt liegt aber darin, dass die Seite der Seele ein Übergewicht erhält und dass körperliche Aspekte eher als der Seele untergeordnet oder beigeordnet empfunden werden, nicht aber aus demselben System kommend. Wie jemand bei medikamentöser Behandlung nicht lernt, sich nach seinen seelischen Anteilen zu fragen, könnte jemand, der nur psychotherapeutisch behandelt wird, verlernen oder nicht lernen, sich nach körperlichen Anteilen zu fragen. Damit ist allerdings jeweils die andere Seite derselben Medaille ausgeblendet. Und noch eine Gefahr: Wie ein als hypochondrisch zu bezeichnender Mensch lernt, seine körperlich empfundenen Beschwerden als Panzer vor sich herzutragen, und verlernt, ernste Informationen aus dem Körper von unernsten zu trennen, kann ein psychotherapeutisierter Mensch verlernen, »Problemchen« und existenzielle Erschütterungen zu unterscheiden, und damit verlernen, mit den Möglichkeiten der Psychotherapie ernst zu machen. Und noch eine Gefahr: Psychotherapie ist kein geschützter Begriff. In keinem anderen Bereich machen Scharlatane ein so großes Geschäft aus dem Leid von Menschen wie in diesem.
Und ganz zum Schluss beim Nachdenken über Grenzen: Psychotherapeutisches Wissen kann auch missbraucht werden. Das dürfen wir nicht verdrängen, denn Psychotherapie und Psychiatrie sind eine ganz heikle Nahtstelle zwischen Individuum und Gesellschaft.

Literatur

BATRA, Anil; WASSMANN Reinhard; BUCHKREMER, Gerhard (Hg.) (2000): Verhaltenstherapie: Grundlagen – Methoden – Anwendungsgebiete. Stuttgart, Thieme

BIERMANN-RATJEN, E.-M.; ECKERT, J.; SCHWARTZ, H. J. (1995): Gesprächspsychotherapie. Stuttgart, Kohlhammer

BINDER, U.; BINDER H.-J. (1981): Die Klientenzentrierte Psychotherapie bei schweren psychischen Störungen. Frankfurt/M., Fachbuchhandlung für Psychologie

BLÖSCHL, Lilian (1979): Grundlagen und Methoden der Verhaltenstherapie. Bern, Huber, 5. Aufl.

CHRIST, Jakob; HOFFMANN-RICHTER, Ulrike; (1979): Gruppentherapie. Bonn, Psychiatrie-Verlag

CORSINI, Raymond Joseph (1975): Roleplaying in Psychotherapy. Chicago, Aldine, 3 print

FINKE, J. (1994): Empathie und Interaktion. Stuttgart, Thieme

FRANKL, Viktor E. (1998): Der Mensch vor der Frage nach dem Sinn. München, Serie Piper, 10. Aufl.

FREUD, Sigmund (1963): Abriss der Psychoanalyse. Frankfurt/M., Fischer

FÜRSTENAU, Peter (1994): Grundlagen psychoanalytisch-systemischer Psychotherapie. München, J. Pfeiffer, 2. Aufl.

GRAWE, Klaus u. a. (2001): Psychotherapie im Wandel. Göttingen, Hogrefe, 5. unveränd. Aufl.

GROMANN, Petra (2001): Integrierte Behandlungs- und Rehabilitationsplanung. Psychosoziale Arbeitshilfen 17. Bonn, Psychiatrie-Verlag.

HOFFMANN-RICHTER, Ulrike (1994): Freuds Seelenapparat. Die Geburt der Psychoanalyse aus dem Wiener Positivismus und der Familiengeschichte Freuds. Bonn, Edition Das Narrenschiff, Psychiatrie-Verlag

KAYSER, Hans u. a. (1981): Gruppenarbeit in der Psychiatrie. Erfahrungen mit der therapeutischen Gemeinschaft. Stuttgart, Thieme, 2. überarb. u. erw. Aufl.

KEAGEN, Robert (1986): Die Entwicklungsstufen des Selbst. München, Kind

KERNBERG, Otto F. (1997): Objektbeziehungen und Praxis der Psychoanalyse. Stuttgart, Klett-Cotta, 6. Aufl.

KEUPP, Heiner (1994): Psychologisches Handeln in der Risikogesellschaft. München, Quintessenz

MARGRAF, Jürgen (Hg.) (1996): Lehrbuch der Verhaltenstherapie. Bd. 1: Grundlagen – Diagnostik – Verfahren – Rahmenbedingungen. Bd. 2: Störungen – Glossar. Berlin, Springer

POLSTER, Ervino und Miriam (2001): Gestalt-Therapie. Stuttgart, Fischer, 8. Aufl.

POPPER, Karl R., ECCLES, John C. (2000): Das Ich und sein Gehirn. München, Piper, 7. Aufl.

REINECKER, H. (Hg.) (1994): Grundlagen der Verhaltenstherapie, 2. überarbeitete Auflage, Weinheim, Psychologie-Verlags-Union

ROGERS, Carl R. (2000): Die klientenzentrierte Gesprächspsychotherapie. Stuttgart, Fischer, Neuaufl.

ROGERS, Carl R. (1974): Encounter-Gruppen. München, Kindler

SCHULZ VON THUN, Friedemann (2000): Miteinander reden. Bd. 1 u. 2. Reinbek, Rowohlt

SCHWÄBISCH, Lutz; SIEMS, Martin (2000): Anleitung zum sozialen Lernen für Paare, Gruppen und Erzieher. Reinbek, Rowohlt

STROTZKA, Hans (Hg.) (1978): Psychotherapie: Grundlagen, Verfahren, Indikationen. München, Urban & Schwarzenberg

SWILDENS, Hans (1991): Prozessorientierte Gesprächspsychotherapie. Köln, GWG Verlag, 2. überarb. u. erw. Aufl.

WATZLAWICK, Paul (1991): Die Möglichkeit des Andersseins. Bern, Huber, 4. Aufl

WOLLSCHLÄGER, Martin (Hg.) (2001): Sozialpsychiatrie – Entwicklungen, Kontroversen, Perspektiven. Tübingen, dgvt-Verlag

WYSS, Dieter (1991): Die tiefenpsychologischen Schulen von den Anfängen bis zur Gegenwart. Göttingen, Vandenhoek & Ruprecht, 6. erg. Aufl.

Yalom, Irvin D. (1999): Theorie und Praxis der Gruppentherapie. München, J. Pfeiffer, 5. Aufl.

Zeig, Jeffrey K. (Hg.) (1991): Psychotherapie – Entwicklungslinien und Geschichte. Tübingen, dgvt-Verlag

Anhang

Grundlegende Literatur

I. Zeitschriften

Sozialpsychiatrische Informationen, Bonn, Psychiatrie-Verlag. *Hier findet zwischen Autoren und Lesern aller psychiatrischen Berufe ein besonders reger Erfahrungsaustausch statt.*

Der Nervenarzt, Berlin, Springer. *Hier erscheinen wichtige Arbeiten, besonders der klinischen Psychiatrie.*

Psychiatrische Pflege Heute, *Stuttgart, Thieme. Nachrichten und aktuelles Wissen zur Betreuung und Pflege psychisch kranker Menschen.*

Psychiatrische Praxis, Stuttgart, Thieme. *Hier sind wichtige Arbeiten, vor allem zur therapeutischen Praxis und zur Versorgung, zu finden.*

Sozialpsychiatrie, Berlin, Springer; *besonders Arbeiten zur Epidemiologie und Prävention.*

Psychosoziale Umschau, Bonn, Psychiatrie-Verlag. *Informiert über aktuelle Probleme und politische Entwicklungen in der Sozialpsychiatrie. Gleichzeitig Mitteilungsblatt des Dachverbandes psychosozialer Hilfsvereinigungen, des Bundesverbandes der Angehörigen psychisch Kranker und des Bundesverbandes PsychiatrieErfahrener.*

Soziale Psychiatrie, Köln und Walldorf, Integra-Verlag. *Herausgegeben von der Deutschen Gesellschaft für Soziale Psychiatrie, berichtet berufsübergreifend und aktuell über die sozialpsychiatrische Diskussion.*

Recht & Psychiatrie, Bonn, Psychiatrie-Verlag. *Schlägt eine Brücke zwischen den beiden Fachgebieten und ist insofern mit seinen grundlegenden Beiträgen einmalig.*

II. Handbücher und Grundlagen

Psychiatrie der Gegenwart. Berlin, Springer 1999/2000 (es ist das wichtigste deutschsprachige Handbuch; alle Bereiche der Psychiatrie sind ausführlich dargestellt und werden auf dem laufenden gehalten)

Handbuch der Neurosenlehre und Psychotherapie. München, Urban & Schwarzenberg, 1959

Arieti, Silvano (Hg.): American Handbook of Psychiatry. New York-London, Basic Books, jeweils in aktueller Auflage (das wichtigste englischsprachige Handbuch)

Bock, Thomas; Weigand, H. (Hg.) (1998): Hand-werks-buch Psychiatrie. Bonn, Psychiatrie-Verlag

Bericht über die Lage der Psychiatrie in der BRD. Bundestagsdrucksache 7/4200, 1975

Empfehlungen der Expertenkommission der Bundesregierung zur Reform der Versorgung im psychiatrischen und psychotherapeutisch/psychosomatischen Bereich auf der Grundlage des Modellprogramms Psychiatrie der Bundesregierung

III. Lehrbücher

BARZ, Helmut (1991): Praktische Psychiatrie für Schwestern und Pfleger. Bern, Huber, 4. Aufl.

BAUER, Manfred; BOSCH, G. (1999): Psychiatrie-Psychosomatik-Psychotherapie. Stuttgart, Fischer, 6. neubearb. u. erw. Aufl.

BLEULER, Manfred (1983): Lehrbuch der Psychiatrie. Berlin, Springer, 15. Aufl.

BOSSHARD, Marianne; EBERT, Ursula; LAZARUS, Horst (2001): Sozialarbeit und Sozialpädagogik in der Psychiatrie. Bonn, Psychiatrie-Verlag, 2. Aufl.

DÖRNER, Klaus (2001): Der gute Arzt. Lehrbuch der ärztlichen Grundhaltung. Stuttgart, Schattauer

HUBER, Gerd (1999): Psychiatrie. Stuttgart, Schattauer, 6. Aufl.

RAHN, Ewald; MAHNKOPF, Angela (2000): Lehrbuch Psychiatrie für Studium und Beruf. (Arbeitsbuch: 2001) Bonn, Psychiatrie-Verlag, 2. Aufl.

RAVE-SCHWANK, Maria; WINTER-V. LERSNER, Christa (1994): Psychiatrische Krankenpflege. Stuttgart, Fischer, 6. erg. Aufl.

REDLICH, Frederick C., FREEDMAN, Daniel X. (1976): Theorie und Praxis der Psychiatrie. Frankfurt/M., Suhrkamp

SCHÄDLE-DEININGER, Hilde; VILLINGER, Ulrike (1997): Praktische Psychiatrische Pflege. Arbeitshilfen für den Alltag. Bonn, Psychiatrie-Verlag, 2. Aufl.

SCHULTE, Walter; TÖLLE, Rainer (1988). Psychiatrie. Berlin, Springer, 8. neubearb. Aufl., Hans-Jörg (1979): Psychiatrie im Grundriß. Berlin, Springer, 4. völlig neubearb. u. erw. Aufl.

IV. Bücher und Aufsätze

Hier sind nur solche Arbeiten aufgeführt, die für die ganze Psychiatrie und/oder ihren Zusammenhang Bedeutung haben und die für die weitere Entwicklung der Psychiatrie Anstöße erwarten lassen.

AEBI, Elisabeth; CIOMPI, Luc; HANSEN, H. (Hg.) (1993): Soteria im Gespräch – Über eine alternative Schizophreniebehandlung. Bonn, Psychiatrie-Verlag, 3/1996

ALY, Götz (1995): »Endlösung«, Völkerverschiebung und der Mord an den europäischen Juden. Frankfurt/M., S. Fischer

AREND, Arie van der (1998): Ethik für Pflegende. Bern, Huber

ARENDT, Hannah (1994): Vita activa oder Vom tätigen Leben. Stuttgart, Piper; 12. Aufl. 2001

ARNDT, Marianne (1996): Ethik denken – Maßstäbe zum Handeln in der Pflege. Stuttgart, Thieme

BAEYER, Walter von, HÄFNER, Heinz; KISKER, Karl-Peter (1964): Psychiatrie der Verfolgten. Berlin, Springer

Bandura, Albert (1971): Principles of behavior modification. London

Basaglia, Franco u. a. (1972): Die abweichende Mehrheit. Die Ideologie der totalen sozialen Kontrolle. Frankfurt/M., Suhrkamp

Bateson, Gregory (1983): Ökologie des Geistes. Frankfurt/M., Suhrkamp, 1999/7. Aufl.

Bauer, Manfred (1977): Sektorisierte Psychiatrie. Stuttgart, Enke

Bauer, Rüdiger (1997): Beziehungspflege. Berlin, Ullstein Mosby

Baumann, Zygmut (1992): Dialektik der Ordnung – Die Moderne und der Holocaust. Hamburg, Europäische Verlagsanstalt, 1995

Baumann, Zygmut (1992): Moderne und Ambivalenz – Das Ende der Eindeutigkeit. Hamburg, Junius

Beck, Aaron T.; Rush, A. J.; Shaw, B. F., Emery, G. (1996): Kognitive Therapie der Depression. Weinheim, Psychologie Verlags Union, 4. Auflage

Bleuler, Manfred (1987): Schizophrenie als besondere Entwicklung. In: Dörner (Hg.): neue Praxis braucht neue Theorie. Gütersloh, Jakob van Hoddis

Bleuler, Manfred (1972): Die schizophrenen Geistesstörungen im Lichte langjähriger Kranken- und Familiengeschichten. Stuttgart, Thieme

Bock, Thomas u. a. (Hg.) (1995): Abschied von Babylon – Verständigung über Grenzen in der Psychiatrie. Bonn, Psychiatrie-Verlag

Bock, Thomas; Deranders, J. E., Esterer, Ingeborg (Hg.) (1998): Im Strom der Ideen Stimmenreiche Mitteilungen über den Wahnsinn. Bonn, Psychiatrie-Verlag, 2. Aufl.

Bock, Thomas; Deranders, J. E., Esterer, Ingeborg (Hg.) (2001): Stimmenreich – Mitteilungen über den Wahnsinn. Bonn, Psychiatrie-Verlag, 7. Aufl.

Bronfenbrenner, Urie (1981): Die Ökologie der menschlichen Entwicklung. Stuttgart, Klett-Cotta

Buber, Martin (1992): Das Problem des Menschen. Heidelberg, Lambert Schneider, 6. durchges. Aufl.

Buber, Martin (1992): Die Schriften über das dialogische Prinzip. Heidelberg, Lambert Schneider, 6. durchges. Aufl.

Caplan, Gerald (1964): Principles of preventive psychiatry. New York-London, Basic Books

Ciompi, Luc (Hg.) (1994): Sozialpsychiatrische Lernfälle. Bonn, Psychiatrieverlag, z. Aufl., 2. Aufl.

Ciompi, Luc (1998): Affektlogik. Stuttgart, Klett-Cotta, 5. Aufl.

Cooper, Brian; Morgan, Howard Gethin (1977): Epidemiologische Psychiatrie. München, Urban & Schwarzenberg

Cranach, Michael von, Finzen, Asmus (Hg.) (1972): Sozialpsychiatrische Texte. Berlin, Springer

Deger-Erlenmaier, Heinz (Hg.) (1994): Wenn nichts mehr ist, wie es war ... Angehörige psychisch Kranker bewältigen ihr Leben. Bonn, Psychiatrie-Verlag, 2. Aufl.

Devereux, Georges (1998): Angst und Methode in den Verhaltenswissenschaften. Frankfurt/M., Suhrkamp, 4. Aufl.

Dörner, Klaus (1978): Psychiatrie und Gesellschaftswisssenschaften. In: Psychiatrie der Gegenwart. Berlin, Springer

Dörner, Klaus (1981): Diagnosen der Psychiatrie. Frankfurt/M., Campus, 2. Aufl.

Dörner, Klaus (1999): Bürger und Irre. Hamburg, Europäische Verlagsanstalt, 2. Aufl.

Dörner, Klaus u. a. (1997): Freispruch der Familie. Bonn, Psychiatrie-Verlag, 2. Aufl.

Dörner, Klaus; Plog, Ursula (1973): Sozialpsychiatrie. Neuwied, Luchterhand, 2. korrig. Aufl.

Dörner, Klaus (1996): Kieselsteine – Ausgewählte Schriften. Hrsg. Wollschläger u. a. Verlag Gütersloh, Jakob van Hoddis (Paranus Verlag, Neumünster)

Dörner, Klaus (1998): Ende der Veranstaltung – Anfänge der Chronisch-Kranken-Psychiatrie. Verlag Gütersloh, Jakob van Hoddis (Paranus Verlag, Neumünster)

Douglas, Jack D. (1970): The social meanings of suicide. Princeton, N. J., Princeton Paperback Printing

Dührssen, Annemarie (1992): Psychogene Erkrankungen bei Kindern und Jugendlichen. Göttingen, 15. Aufl.

Finzen, Asmus (1993): Schizophrenie – Die Krankheit verstehen. Bonn, Psychiatrie-Verlag

Finzen, Asmus (2000): Psychose und Stigma. Stigmabewältigung – zum Umgang mit Vorurteilen und Schuldzuweisung. Bonn, Psychiatrie-Verlag

Finzen, Asmus (2001): Schizophrenie – Die Krankheit behandeln. Bonn, Psychiatrie-Verlag

Finzen, Asmus; Schädle-Deininger, Hilde (1979): Die Psychiatrie-Enquete – kurzgefasst. Werkstattschriften zur Sozialpsychiatrie. Wunstorf, Psychiatrie-Verlag

Finzen, Asmus; Hoffmann-Richter, Ulrike (Hg.) (1995): Was ist Sozialpsychiatrie – Eine Chronik. Bonn, Psychiatrie-Verlag

Etzioni, Amitai (1997): Die Verantwortungsgesellschaft. Frankfurt/M., Campus

Fengler, Christa; Fengler, Thomas (1994): Alltag in der Anstalt. Bonn, Edition Das Narrenschiff im Psychiatrie-Verlag

Freud, Sigmund (ab 1969): Gesammelte Werke. Studienausgabe in 10 Bänden. Frankfurt/M., Fischer

Gehlen, Arnold (1997): Der Mensch. Bonn, Athenäum, 13. Aufl. / Wiesbaden: Quell & Meyer

Goffman, Erving (2000): Das Individuum im öffentlichen Austausch. Frankfurt/M., Suhrkamp, 2. Aufl.

Goffman, Erving (1972): Asyle – über die Situation psychiatrischer Patienten und anderer Insassen. Frankfurt/M., Suhrkamp

Goodman, Paul: Aufwachsen im Widerspruch. Darmstädter Blätter, o. J., 2. Aufl. 1980

Habermas, Jürgen (1968): Thesen zur Theorie der Sozialisation. Stichworte zur Vorlesung

Habermas, Jürgen (1996): Legitimationsprobleme im Spätkapitalismus. Frankfurt/M., Suhrkamp, Neuaufl.

Hoffmann, Holger; Heise, H., Aebi, Elisabeth (Hg.) (1994): Sozialpsychiatrische Lernfälle. Bonn, Psychiatrie-Verlag

Hohm, Hartmut (1977): Berufliche Rehabilitation von psychisch Kranken. Weinheim, Beltz

Hollingshead, August B., Redlich, Fredrick (1975): Der Sozialcharakter psychischer Störungen. Frankfurt/M., Fischer

Horkheimer, Max; Adorno, Theodor W. (2001): Dialektik der Aufklärung. Frankfurt/M, Fischer, 13. Aufl.

Jaspers, Karl (1973): Allgemeine Psychopathologie. Berlin, Springer, 9. Aufl.

Jonas, Hans (1998): Das Prinzip Verantwortung. Frankfurt/M., Suhrkamp

Kanfer, Frederick H., Phillips, Jeanne S. (1970): Learning Foundations of Behavior Therapy. New York

Kapapa, Paul (1984): Der Mensch und seine Landschaft. *Sozialpsych. Informationen* Heft 2

Kegan, Robert (1994): Die Entwicklungsstufen des Selbst. München, Kindt, 3. Aufl.

Keupp, Heinrich (1972): Psychische Störungen als abweichendes Verhalten. München, Urban & Schwarzenberg

Kind, Hans (1997): Leitfaden für die psychiatrische Untersuchung. Berlin, Springer, 5. korrig. Aufl.

Klee, Ernst (1999): »Euthanasie« im NS-Staat. Frankfurt/M., S. Fischer, 9. Aufl.

Kretschmer, Ernst (1976): Körperbau und Charakter. Berlin, Springer, 26. neubearb. u. erw. Aufl.

Levinas, Emmanuel (1995): Die Zeit und der Andere. Hamburg, Meiner, 3. Aufl.

Levinas, Emmanuel (1989): Humanismus des anderen Menschen. Hamburg, Meiner

Levinas, Emmanuel (1992): Jenseits des Seins oder anders als Sein geschieht. Freiburg, Alber, 2. Aufl.

London, Perry (1973): Der gesteuerte Mensch – Über die Möglichkeit einer Verhaltenskontrolle. München

Luhmann, Niklas (2000): Vertrauen. Stuttgart, Enke, 4. Aufl.

Mead, Margaret (2000): Der Konflikt der Generationen. Freiburg, 2. unveränd. Aufl.

Merleau-Ponty, Maurice (1976): Phänomenologie der Wahrnehmung. Berlin, de Gruyter (nach der Ausgabe 1966)

Merleau-Ponty, Maurice (1990): Humanismus und Terror. Weinheim, Athenäums

Mosher, Loren R., Burti, Lorenzo (1994): Psychiatrie in der Gemeinde – Grundlagen und Praxis. Bonn, Psychiatrie-Verlag, 2. Aufl.

Pfeiffer, Wolgang M. (1994): Transkulturelle Psychiatrie. Stuttgart, Thieme

Pinding, Maria (Hg.) (1972): Krankenpflege in unserer Gesellschaft. Stuttgart, Enke

Pirella, Agostino (1975): Sozialisation der Ausgeschlossenen. Praxis einer ne
Psychiatrie. Reinbek, Rowohlt

Plessner, Helmuth (1964): Conditio humana. Pfullingen, Neske

Plog, Ursula (1997): Die Begegnung mit dem Anderen. In: Die Psychotherapeutin. Psychiatrie-Verlag, S. 45 – 50

Pörksen, Niels (1974): Kommunale Psychiatrie. Reinbek, Rowohlt

Portmann, Adolf (1979): Vom Lebendigen. Frankfurt / M., 2. Aufl.

Prigogine, Ilya; Stengers, Isabelle (1993): Dialog mit der Natur. München, Piper, 2. Aufl.

Rogers, Carl R. (2000): Die klientenzentrierte Gesprächspsychotherapie. Frankfurt / M., Fischer, 14. Aufl.

Ruesch, Jürgen; Bateson, Gregory (1987): Communication: the social matrix of psychiatry. New York, Norton, 3. Aufl.

Saal, Freddi (1996): Warum sollte ich jemand anderes sein wollen? Gütersloh, Jakob van Hoddis

Schwarz, Günther (Hg.): Wort und Wirklichkeit – Beiträge zur allgemeinen Semantik. Darmstadt, o. J., 1968

Selbsthilfe und ihre Aktivierung durch die soziale Arbeit. Dt. Fürsorgetag Dortmund 1976. Schriften des Dt. Vereins f. öff. u. priv. Fürsorge. Frankfurt / M., Eigenverlag 1977

Sennett, Richard (1998): Der flexible Mensch. Bolz Verlag

Sennett, Richard (1991): Verfall und Ende des öffentlichen Lebens. Die Tyrannei der Intimität. Frankfurt / M., Fischer

Smythies, John Raymond (1970): Biologische Psychiatrie. Stuttgart, Thieme

Stoffer, Hellmut (1963): Die Echtheit – in anthropologischer und konflikt-psychologischer Sicht. München

Swoboda, Helmut (1974): Die Qualität des Lebens. Frankfurt / M., Suhrkamp

Taylor, Charles (1975): Erklärung und Interpretation in den Wissenschaften vom Menschen. Frankfurt / M., Suhrkamp

Trojan, Alf (1978): Psychisch krank durch Etikettierung? München, Urban & Schwarzenberg

Watzlawick, Paul (1978): Kommunikation und Interaktion in psychiatrischer Sicht. In: Psychiatrie der Gegenwart. Berlin, Springer

Watzlawick, Paul u. a. (2001): Lösungen. Zur Theorie und Praxis menschlichen Wandels. Bern, Huber, 6. Aufl.

Wendt, Wolf Rainer (1982): Ökologie und soziale Arbeit. Stuttgart, Enke

Wienberg, Günter (Hg.) (1999): Schizophrenie zum Thema machen – Psychoedukative Gruppenarbeit mit schizophren und schizoaffektiv erkrankten Menschen. Grundlagen und Praxis, und dazu ergänzend: Manual und Materialien. Bonn, Psychiatrie-Verlag, 3. aktual. u. verbesserte Aufl.

Zutt, Jürg (1963): Auf dem Weg zu einer anthropologischen Psychiatrie. Berlin, Springer

Sachregister*

* Irren ist menschlich

Autorenregister